Allgemeines

Reisepraktisches

Ostküste

Der Südosten

Südküste

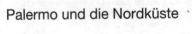
Der Westen

Palermo und die Nordküste

Eolische (Liparische) Inseln

Inselinneres

Text und Recherche: Thomas Schröder
Wanderungen: Peter Amann, Thomas Schröder
Literatur und Internet: Peter Amann, Thomas Schröder
Lektorat: Anja Keul
Redaktion und Layout: Sven Talaron
Fotos: alle s/w-Fotos Thomas Schröder; außer: S. 191, 194, 204, 291, 469 (Hans-Peter Koch) und S. 29, 197, 238, 372, 386, 398, 444, 466, 473, 484, 572, 606 (Peter Amann);
Farbseiten: Thomas Schröder, Peter Amann, Cesare Tini, Michel Yolka, Gunter Quaißer
Titelfotos: Blick auf Vulcano (oben), Cefalù (unten; beide Thomas Schröder)
Umschlaggestaltung: Karl Serwotka
Karten: Susanne Handtmann, Judit Ladik

Herzlichen Dank den vielen Leserinnen und Lesern, die mit Tipps und Beiträgen bei der Aktualisierung dieser Auflage geholfen haben:
Michael Temming, Dr. Klaus Truöl, Ingrid Schulte, Giuseppe Palumbo, Christian Hammel, Michaela Hesse, Dr. Joachim Böhm, Carmen Zauner, Guido Berg, Birgit Kürzinger, Evelyn Diethelm & Christoph Mosimann, Ralph Glöckner, Claus Böbel, Cornelia Süßenbach, Margrit Nägeli, Karl Ebenau, Marlies Kuhlmann, Corinna & Christian Bachmann, Viktoria Urmersbach, Sybille Blümli, Sonja Fischer & Stefan Fellehner, Peter Burzlaff, Stephan Graber, Bernadette Plunger & Georg Reider, Helmut Wider, Nicole Frieser, Markus Stöger, Frank-Michael Böhle, Andrea Salzmann, Ilonka Heyn, Dr. Oliver Nass, Gabriele Schweikert, Evmarie Becker, Heidi & Günther Holzapfel, Christiane Setzkorn, Suk-Geoung Han & Thorsten Behnke, Hannelore Backe, Regina & Norbert Hübers, Dr. Annegret Winter, Renate Meyer, Stefanie Refior, Hubertus Volmer, Markus Lochmann, Andrea Dohmessen & Dirk Lenzkes, Julianne Wagemann, Eleonore Steinhäuser, Sabine Schmidt & Stefan Gneiting, Ingrid Demanega, Hans Georg Bier, Claudia Horni, Dr. Karl Kaspar, Anja Scheidt, Andreas Schefer, Martin Douven, Verene Bernhofer, Jürgen Butz, Susi Burri & Franz Schmid, Hannelore Büttner, Erika & Albert Limmer, Judith Reusch, Renate & Elena Nickel & Jan Krüger, Margit Wiesel, Familie Stefan Marlok, Rudolf Meyer, Dieter L. Schwarzhans, Tobias Burkhardt, Annette Grusemann & Christian Reuter, Elke-Marion Steinmair, Ina Lachmann, Lilly & Siegi Lauinger, Alexandra & Dirk Thewes, Christa Wenker, Thomas Schnetzer, Gunda Thielking, Josef Berchtold, Michela Gey & Andreas Poldrack, Michaela Gerdes & Roman Pchalek, Nicole Frieser, Sandra Hörger, Wolfgang Freiberg, Martin Niemöller, Roswitha Dissen, Edith Schlaich, Benita von Behn & Tanja Rausch, Marc Hoffmann, Klaus Haupt, Thomas Trautwein, Stefan Roth, Robert Wolf, Annette Sander & Jürgen Maier, Catharina Pagenstecher, Margrith & Felix Mähly, Dr. Günter Karhof, Elisabeth Steinberg, Kerstin & Stefan Doldis, Kristina Rosenfeld, Irmgard Magg, Brigitte Canz, Gero Falkenstein, Agnes Henning, Bettina & Armin Wolf, Natalie Cusenza, Eik Martin, Thomas Dobner, Martina Roessmam-Wolf, Michael Beer, Heide & Rudolf Engelen, Uwe Blinzler, Dr. Andreas Friz-Töpfer, Andreas Schefer, Markus Fischer, Dr. Wolfgang Engelhardt, Monika & Ulrich Schwarz, Gabriele Bedbur, Bernhard Rüppel, Ulrike Hartwein & Dr. Uwe Fröhlich.

ISBN 3-89953-157-4

© Copyright Michael Müller Verlag GmbH, Erlangen 1991, 1995, 1998, 2001, 2004.
Alle Rechte vorbehalten. Alle Angaben ohne Gewähr. Printed in Germany.

Aktuelle Infos zu unseren Titeln, Hintergrundgeschichten zu unseren Reisezielen sowie brandneue Tipps erhalten Sie in unserem regelmäßig erscheinenden Newsletter, den Sie im Internet unter **www.michael-mueller-verlag.de** kostenlos abonnieren können.

5. erweiterte und aktualisierte Auflage 2004

SIZILIEN

Thomas Schröder

INHALT

Ein erster Überblick ... 12

Sizilien-Highlights ... 14

Sizilien entdecken ... 19
Landschaft und Geographie ... 19	Tradition und Brauchtum ... 34
Natur und Umwelt ... 22	Literatur ... 36
Wirtschaft ... 31	

Geschichte ... 42
Vor- und Frühgeschichte ... 43	Il Risorgimento ... 58
Sikaner, Elymer und Sikuler ... 44	Faschismus und der Zweite
Griechen und Phönizier ... 44	Weltkrieg ... 59
Sizilien unter Rom ... 48	Autonome Region Sizilien ... 60
Arabische Blütezeit ... 50	Die Neunziger ... 60
Normannen und Staufer ... 51	Italiens politische Situation heute ... 62
Französisches Intermezzo ... 54	Mafia ... 63
Spanier und Bourbonen ... 55	

Anreise ... 68
Mit Auto und Motorrad ... 69	Interessante Stopps ... 85
Anreiserouten ... 74	Anreise mit dem Flugzeug ... 87
Anreise mit der Bahn ... 81	Fährverbindungen ... 88
Anreise mit dem Bus ... 84	

Unterwegs auf Sizilien ... 95
Mit dem eigenen Fahrzeug ... 95	Mit dem Bus ... 101
Mietfahrzeuge ... 99	Sonstige Verkehrsmittel ... 102
Mit der Bahn ... 100	Wandern auf Sizilien ... 103

Übernachten ... 105
Ferienhäuser/Apartments ... 108	Agriturismo ... 110
Bed & Breakfast/Privatzimmer ... 108	Camping ... 111
Jugendherbergen ... 110	

Küche und Keller ... 113

Wissenswertes von A bis Z ... 121
Ärztliche Versorgung ... 121	Landkarten ... 134
Baden ... 122	Öffnungszeiten und
Drogen ... 124	Eintrittsgebühren ... 134
Einkaufen ... 124	Papiere ... 135
Feiertage und Feste ... 125	Post ... 135
Geld ... 126	Reisebüros ... 135
Haustiere ... 127	Sport ... 136
Information ... 128	Sprachkurse ... 137
Internet ... 129	Strom ... 137
Klima und Reisezeit ... 131	Telefonieren ... 137
Konsulate ... 133	Zigaretten ... 138
Kriminalität ... 133	Zollbestimmungen ... 139

Ostküste ... 140

Messina ... 141	Gola d'Alcántara ... 173
Zwischen Messina und Taormina ... 151	Castiglione di Sicilia ... 174
Letojanni ... 152	Giarre und Riposto ... 174
Taormina ... 153	Acireale ... 175
Giardini Naxos ... 169	Riviera dei Ciclopi – die Zyklopenküste ... 179
San Marco ... 172	

Die Etna-Region ... 180

Naturpark Etna ... 181	Randazzo ... 193
Auf den Vulkan ... 183	Bronte ... 195
Etna-Nord ... 184	Adrano ... 198
Sant Álfio ... 186	Paternò ... 199
Zafferana Etnea ... 187	**Catania** ... 199
Etna-Süd ... 189	Zwischen Catania und Siracusa ... 211
Nicolosi ... 189	Lentini und Carlentini ... 211
Unter dem Vulkan: **Etna-Rundfahrt** ... 192	Augusta ... 212
Linguaglossa ... 192	Megara Hyblea ... 213

Der Südosten ... 214

Siracusa ... 215	Pantálica und Anapo-Schlucht ... 233
Ortigia ... 225	Die alte Bahnlinie durch die Anapo-Schlucht ... 238
Achradina ... 228	Palazzolo Acrèide ... 239
Neapolis ... 228	Buscemi ... 242
Tyche ... 230	

Südostküste ... 244

Ávola ... 245	Noto Antica ... 255
Riserva Naturale di Cava Grande del Cassibile ... 247	Riserva Naturale Orientata Vendicari ... 257
Noto ... 248	

Küste zwischen Portopalo und Gela ... 259

Portopalo di Capo Passero ... 260	Marina di Ragusa ... 263
Pozzallo ... 261	Punta Braccetto ... 264
Marina di Mòdica ... 262	Scoglitti ... 265
Donnalucata ... 262	

Die Barockstädte im Hinterland ... 266

Íspica ... 266	**Ragusa** ... 275
Cava d'Íspica ... 268	Comiso ... 281
Mòdica ... 269	Vittoria ... 281

Südküste … 283

- Gela … 284
- Falconara … 287
- Licata … 288
- Zwischen Licata und Agrigento … 289
- Palma di Montechiaro … 289
- Marina di Palma … 289
- Naro … 289
- **Agrigento** … 290
- Tal der Tempel (Valle dei Templi) … 297
- Porto Empedocle … 302

Pelagische Inseln … 303

- Lampedusa … 304
- Linosa … 308

Weiter an der Südküste … 308

- Siculiana Marina … 308
- **Eraclea Minoa** … 310
- Antikes Eraclea Minoa … 311
- Ribera … 312
- Caltabellotta … 313
- **Sciacca** … 313
- Menfi … 318
- Porto Palo di Menfi … 318

Der Westen … 319

- **Selinunte und Marinella** … 321
- Das antike Selinunt … 324
- Castelvetrano … 328
- Das Hinterland von Castelvetrano … 330
- Salemi … 330
- Gibellina Nuova/Ruderi di Gibellina … 330
- Montevago/Terme Acqua Pia … 332
- Campobello di Mazara … 332
- Cave di Cusa … 332
- **Mazara del Vallo** … 333
- **Marsala** … 336
- Laguna dello Stagnone … 341
- Mozia (Motya) … 344
- **Trapani** … 347
- **Erice** … 354

Isole Egadi … 359

- Favignana … 361
- Levanzo … 367
- Marettimo … 368

Pantelleria … 371

Weiter im Westen … 377

- Golf von Castellammare … 377
- San Vito lo Capo … 378
- Von San Vito zum Naturpark Zingaro … 381
- Scopello … 382
- Riserva Naturale dello Zingaro … 384
- Castellammare del Golfo … 388

Abstecher ins Inland … 390

- Alcamo … 390
- Calatafimi … 391
- **Segesta** … 392

Weiter am Golf … 394

- Balestrate … 394
- Trappeto … 395
- Terrasini … 395

Palermo ... 398

Besuch bei einer Legende: Leoluca Orlando ... 399	Capo-Viertel ... 422
Geschichte ... 401	Piazza Castelnuovo und Umgebung ... 424
Sehenswertes ... 417	Um die Vucciria ... 424
Um die Quattro Canti ... 417	La Kalsa ... 427
Albergheria-Viertel und Normannenpalast ... 419	Äußere Stadtbezirke ... 430
	Monte Pellegrino ... 432

Palermos Umgebung ... 435

Mondello ... 435	San Martino delle Scale ... 442
Sferracavallo ... 436	San Cipirello und Antica Iato ... 442
Isola delle Femmine ... 436	Piana degli Albanesi ... 443
Montelepre ... 437	Bagheria ... 446
Monreale ... 438	Solunto ... 447

Ústica ... 448

Nordküste ... 450

Termini Imerese ... 451	Zwischen Termini Imerese und Cefalù ... 455
Cáccamo ... 453	**Cefalù** ... 456
Cerda ... 454	

Das Hinterland von Cefalù – die Madonie ... 468

Parco Regionale delle Madonie ... 468	Piano Battaglia ... 471
Santuario di Gibilmanna ... 470	Castelbuono ... 471
Piano Zucchi ... 470	

Zwischen Cefalù und Milazzo ... 475

Pollina ... 475	San Marco d´Alúnzio ... 485
Castel di Tusa ... 475	Capo d'Orlando ... 485
Fiumara d'Arte – Kunst in der Landschaft ... 477	Brolo ... 487
Halaesa ... 480	Gioiosa Marea ... 488
Santo Stefano di Camastra ... 480	Capo Calavà ... 488
Abstecher in die Nebrodi: Mistretta ... 480	San Giorgio ... 489
Caronia Marina ... 481	Patti ... 489
Torre del Lauro ... 482	**Tindari** ... 490
San Fratello ... 482	Oliveri ... 492
Sant'Agata di Militello ... 482	Zwischen Oliveri und Milazzo ... 494
Alcara li Fusi ... 483	Castroreale ... 494
	Milazzo ... 494

Eolische (Liparische) Inseln ... 499

Lipari ... 508

- **Lipari-Stadt** ... 508
- **Rund um die Insel** ... 524
- Canneto ... 524
- Acquacalda ... 526
- Quattropani ... 526
- Varesana und Pianoconte ... 530
- Terme di San Calogero ... 530
- Belvedere Quattrocchi ... 531

Vulcano ... 532

- Porto di Levante und Porto di Ponente ... 536
- Vulcanello ... 537
- Inselinneres ... 540

Salina ... 541

- Santa Marina Salina ... 543
- Lingua ... 544
- Malfa ... 547
- Pollara ... 548
- Valdichiesa ... 549
- Leni und Rinella ... 549

Filicudi ... 550

Alicudi ... 553

Panarea ... 555

Stromboli ... 557

- Ginostra ... 558
- Stromboli-Ort ... 559
- Auf den Vulkan ... 564

Inselinneres ... 570

Der Westen: Zwischen Agrigento und Palermo ... 571

- Sant'Angelo Muxaro ... 571
- San Biágio Platani ... 572
- Mussomeli ... 572
- Cammarata/San Giovanni Gemini ... 572
- Lercara Friddi ... 573
- Prizzi ... 573
- Palazzo Adriano ... 573
- Corleone ... 574

Zentralsizilien ... 576

- **Caltanissetta** ... 576
- **Enna** ... 580
- Leonforte ... 586
- Centuripe ... 586
- **Piazza Armerina** ... 587
- **Villa Romana Casale** ... 591
- Aidone ... 594
- Morgantina ... 594
- Caltagirone ... 595

Entlang der SS 120 ... 599

- Polizzi Generosa ... 600
- Petralìa Sottana und Petralìa Soprana ... 601
- Gangi ... 602
- Sperlinga ... 602
- Nicosia ... 603
- Troìna ... 605
- Cesarò ... 605

Etwas Italienisch ... 608

Sach- und Personenregister ... 618

Geographisches Register ... 620

Kartenverzeichnis

Palermo	vordere Umschlagklappe
Sizilien Übersicht	hintere Umschlagklappe

Agrigento/San Leone	295	Ostküste	143
Alicudi	554	Palermo Übersicht	407
Alpenstraßen	74	Palermo Umgebung	435
Catania	203	Panarea	555
Cefalù	461	Pantelleria	373
Enna	582/583	Piazza Armerina	588/589
Entlang der SS 120	601	Provinzen, Naturschutzgebiete	25
Eolische Inseln	501	Ragusa Ibla	278
Erice	356	Ragusa	277
Etna	180	Riserva Naturale Orientata Vendicari	257
Fährverbindungen	91	Salina	542
Filicudi	551	Sciacca	315
Fiumara d'Arte	479	Selinunte/Marinella	325
Gela	287	Siracusa/Ortigia	221
Giardini Naxos	171	Stromboli	558
Isola di Lampedusa	305	Südküste	284/285
Isole Egadi	360	Südosten	214
Lipari (Insel)	509	Taormina	159
Lipari (Stadt)	513	Trapani	350/351
Marsala	339	Villa Romana Casale	593
Mazara del Vallo	335	Vulcano	535
Messina	147	Westen	320
Milazzo	497	Zentralsizilien	577
Módica	271	Zwischen Agrigento und Palermo	571
Nordküste	452/453		
Noto	251		

Zeichenerklärung für die Karten und Pläne

- Autobahn
- Asphaltstraße
- Piste
- Wanderweg
- Bahnlinie
- Strand
- Gewässer
- Grünanlage

- ▲ Berggipfel
- ✝ Kirche/Kapelle
- Kloster
- Schloss/Festung
- Turm
- Aussicht
- ✈ Flughafen/-platz
- △ Campingplatz
- Leuchtturm
- Badestrand
- ∩ Höhle

- 𝑖 Information
- P Parkplatz
- Post
- BUS Bushaltestelle
- Taxistandplatz
- ✚ Krankenhaus
- M Museum
- Antike Sehenswürdigkeit
- ☎ Telefon
- ★ Sehenswürdigkeit

Verzeichnis der Wanderungen

Wanderung 1:	Von Taormina nach Castelmola und auf den Monte Veneretta	166–169
Wanderung 2:	Rundweg um die Monti Sartorio	185/186
Wanderung 3:	Zum Monte Ruvolo und Monte Minardo	196–198
Wanderung 4:	Zu den Nekropolen von Pantálica	236–238
Wanderung 5:	Auf den Monte Falcone	369/370
Wanderung 6:	Rundweg durch die Riserva dello Zingaro	386–388
Wanderung 7:	Von Palermo zum Santuario di Santa Rosalia	432–434
Wanderung 8:	Zu den Schneegruben von Piana degli Albanesi	444–446
Wanderung 9:	Auf den Burgberg von Cefalù	466/467
Wanderung 10:	Riesen-Stechpalmen am Piano Pomo	473/474
Wanderung 11:	Auf die Rocche del Crasto	484/485
Wanderung 12:	Von den Kaolingruben zu den Terme di San Calogero	528/529
Wanderung 13:	Auf den Gran Cratere	538–540
Wanderung 14:	Auf den Monte Fossa delle Felci	545–547
Wanderung 15:	Zum Bergsee Lago Biviere	606/607

Alles im Kasten

Über den Ölbaum 28
Die Bauerstädte des Inselinneren 32
Alte Tradition, neu entdeckt 119
Eine Reisesaison auf Sizilien 132
Das "achte Weltwunder": Die Brücke über den Stretto wird gebaut 142
Die Ungeheuer im Stretto 150
Die Legende von Galatea, Aci und dem bösen Polyphem 176
Schaf-sinniger Odysseus 179
Die Etna-Ausbrüche von 2001 bis 2003 und der aktuelle Stand ... 182
Papyrus – das älteste Papier der Welt 227
Treibhauskulturen in Südostsizilien ... 259
Die tödliche Schildkröte 285
Das Mädchen und die Hosen 288
Göttlicher Empedokles 292
Fluchtziel Lampedusa 304
Zu heiß gebadet 312
Oliven, das flüssige Gold von Castelvetrano 328
Entwicklungshilfe: England und der Marsala-Wein 337
La Via del Sale, die Salzstraße der Provinz Trapani 343
La Mattanza – Schlacht um den Thun 364/365
Danilo Dolci, "Ghandi von Sizilien" ... 395
"Die 100 Schritte" – Cinisi und das Kino 397
Mafia 403
Santa Rosalia, Pestheilige Palermos 432
Salvatore Giuliano, Freiheitsheld und Massenmörder 438
Gesundes Gemüse – Disteln als Delikatesse 454
Aleister Crowley, Bürgerschreck von Cefalù 465
L'Atelier sul Mare – Devozione alla Bellezza 476
"Schwarz bin ich, aber schön" 491
Ehre und Verpflichtung: Die Inseln in der Liste des Welterbes 500
Vom Schaden der Neugier 501
Pulieri, bisuolu und bagghiu – die Architektur der Inseln 507
Lipari und der Bimsstein 526
Die Rache des Vulkans 533
Nach den schweren Ausbrüchen von 2002 und 2003 565
"Vom Symbol der Mafia zum Symbol für Erneuerung und Zivilcourage" ... 575
Ein Frauenraub und die Folgen 585

Liebe Leserin, lieber Leser,

Sizilien ist fast schon ein Kontinent für sich. Die mit über 25.000 Quadratkilometern größte Insel des Mittelmeers verblüfft durch zahlreiche Kontraste: blühende Zitronenplantagen am Meer und kahle, sonnenverbrannte Berglandschaften, chaotische Metropolen und idyllische Barockstädtchen, hastig hochgezogene Badesiedlungen und einsame Strände. Nicht zu vergessen die Inselchen um die Insel, jede von ganz eigenem Charakter und alle einen Besuch wert.

"Noi siamo arabi", "Wir sind Araber", meint nicht ohne Stolz die Dame im Fremdenverkehrsamt von Caltanissetta. Sie hat nicht ganz unrecht, doch fließt in den Adern der Sizilianer auch das Blut von Griechen, Römern, Normannen, Staufern, Franzosen und Spaniern. Wohl nirgendwo in Europa kam es zu einer solch ausgeprägten Vermischung der Kulturen wie auf Sizilien: Das Wort vom "Schmelztiegel" ist hier sicher nicht übertrieben. Die Eroberer brachten der Insel die zahllosen Kunstschätze, für die sie heute gerühmt wird, allen voran die griechischen Tempel und die normannischen Kathedralen. Gleichzeitig aber beuteten die fremden Herren die Bevölkerung rücksichtslos aus, plünderten, versklavten und mordeten – der Grund für das immer noch spürbare Misstrauen der Sizilianer gegenüber allem, was von "jenseits des Meeres" kommt. Heute sind das vor allem norditalienische Investoren, die sich nur in den Methoden von ihren räuberischen Vorgängern unterscheiden.

Sizilien ist kein heiteres, "pflegeleichtes" Ferienparadies, die krassen sozialen Gegensätze sind besonders in den Großstädten nicht zu übersehen. Dennoch fasziniert die Vielfältigkeit der Insel. Sizilien ist für einen bloßen Strandurlaub zu schade, Sizilien will entdeckt werden. Dieser Führer möchte Ihnen mit zahlreichen praktischen Tipps und mit Hintergrundinformationen zu Geschichte und Sehenswertem dabei helfen und auch Wege abseits der Hauptrouten des Tourismus aufzeigen. Meine Bitte für den Fall, dass Sie Ungewöhnliches und Interessantes entdecken oder aktuelle Änderungen feststellen: Schreiben Sie uns, Ihr Tipp kommt der nächsten Auflage zugute.

Viel Spaß auf Sizilien – buone vacanze in Sicilia!

Thomas Schröder
Michael Müller Verlag
Kennwort "Sizilien"
Gerberei 19
D - 91054 Erlangen
thomas.schroeder@michael-mueller-verlag.de

Ausblick auf Strombolicchio: Nur die Madonna kehrt dem Inselchen den Rücken zu

Ein erster Überblick

Landschaftlich wie kulturell präsentiert sich Sizilien ausgesprochen facettenreich. Auf einer einzigen Reise von vielleicht einigen Wochen Dauer wird man diesen Fundus wohl kaum ausschöpfen können.

Mancher kommt deshalb Jahr für Jahr wieder ... Die folgende Kurzübersicht richtet sich jedoch eher an Sizilien-Neulinge und skizziert ein erstes Bild der vielfältigen Insel.

▶ Die **Ostküste** zwischen Messina und Augusta wird von dem rund 3300 Meter hohen Vulkanriesen *Etna* beherrscht, dessen Eruptionen immer wieder ganze Dörfer bedrohen. Dank der fruchtbaren Lava-Asche und ausgeklügelter Bewässerungssysteme gilt das dicht besiedelte Gebiet jedoch auch als der "Garten" Siziliens. Gleichzeitig liegt hier das wohl bekannteste Fremdenverkehrszentrum der Insel: *Taormina*, seit über einem Jahrhundert fast schon ein Synonym für Sizilien-Tourismus.

▶ Der **Südosten** zeigt sich trockener und rauer als die heitere Ostküste. Olivenkulturen, Gartenbaubetriebe und windgepeitschtes Brachland lösen die Feigenbäume und Zitronenhaine ab, tief eingeschnittene Schluchten und zerrissene Kalkberge prägen das Bild. Die Küsten fallen in diesem Bereich flacher ab als weiter nördlich, lassen Raum für lange Strände. Bedeutendste Siedlung des Südostens ist *Siracusa*, dessen Stadtbild an vielen Stellen noch an die glanzvollen Zeiten der Antike erinnert.

Ein erster Überblick

- Die **Südküste** ist dünn besiedelt, die Entfernungen zwischen den Ortschaften sind weit. Mit ausgedehnten Stränden gesegnet, zeigt die trockene Hügelregion nur in bewässerten Gebieten Zeichen von Fruchtbarkeit. Da es nur wenige natürliche Häfen gibt, liegen viele Siedlungen etwas landeinwärts. So auch *Agrigento*, die wichtigste Stadt des Südens, die für Reisende auf den Spuren Großgriechenlands einen der Hauptanziehungspunkte darstellt.

- Der **Westen** wirkt mit einer überwiegend flachen bis leicht hügeligen Landschaft auf manchen recht monoton. Da es zudem seinen größeren Städten, auch der bedeutenden Hafenstadt *Trapani*, im Vergleich zu denen des Rests der Insel ein wenig an Attraktivität mangelt, wird der Westen von ausländischen Touristen eher selten besucht. Schade: Wer schöne Strände, intakte Naturlandschaften und kunstgeschichtliche Leckerbissen sucht, wird hier nämlich durchaus fündig.

- **Palermo**, Siziliens Hauptstadt, schreckt mit Mafiaberichten und hoher Kriminalitätsrate manchen Reisenden von vornherein ab. Das muss nicht sein: Beachtet man nur einige einfache Vorsichtsmaßregeln, sind die Gefahren kaum höher als in einer heimischen Großstadt. Da Palermo sich in den letzten Jahren sehr zum Positiven hin verändert hat, zudem mit einer Fülle an Kunstschätzen ganz verschiedener Epochen, mit buntem Alltagsleben und einer vielfältigen Umgebung aufwarten kann, lohnt sich ein Besuch unbedingt.

- Die **Nordküste** ähnelt in vielerlei Hinsicht der Ostküste: Relativ wasserreich und deshalb üppig mit Orangen- und Zitronenhainen, mit Gemüsegärten und Obstplantagen bestanden, fällt auch sie vielerorts steil ins Meer ab und ist zumindest stellenweise fast ebenso dicht besiedelt. Das malerische Städtchen *Cefalù* entspricht als wichtigstes internationales Ferienziel des Nordens der Rolle Taorminas. Im Hinterland locken die bis auf fast zweitausend Meter Höhe ansteigenden Gebirgszüge der Madonie und der Nebrodi.

- **Innersizilien** ist Welten entfernt von der Betriebsamkeit der Küsten. Ein weites Land rollender Hügel, im Frühjahr ein Blütenmeer, später von der Sommerglut verbrannt. Fast zeitlos

Kunst im Flussbett:
Fiumara d'Arte

Rush-hour auf dem Meer: Vor Favignanas Cala Rossa

scheint diese raue Landschaft, die sich über die Jahrhunderte kaum verändert hat. Große Distanzen erstrecken sich zwischen den einzelnen Ortschaften, die festungsgleich Bergkuppen besetzen. Auf einer solchen Kuppe liegt auch *Enna*, fast genau im Zentrum der Insel und deshalb der "Nabel Siziliens" genannt.

▶ Die **Inseln um Sizilien** schließlich, über ein Dutzend von ihnen bewohnt, umgeben die große Insel wie Satelliten. Einen Besuch sind sie alle wert, einige würden sogar schon allein die Reise in den tiefen Süden lohnen. Am höchsten in der Gunst ausländischer Touristen rangieren die sieben *Eolischen (Liparischen) Inseln* vor der nordöstlichen Küste. Die *Pelagischen Inseln* Lampedusa, Linosa und Lampione liegen wie die Vulkaninsel *Pantelleria* im offenen Meer weit südlich von Sizilien und sind vor allem bei Norditalienern beliebt. Auch die *Egadischen Inseln*, nur einen Katzensprung von der Westküste Siziliens entfernt, und das einsam gelegene Eiland *Ustica* nördlich von Palermo sind – unverständlicherweise – bislang eher eine Domäne italienischer Urlauber geblieben.

Sizilien-Highlights ...

... für kunstgeschichtlich Interessierte

Den Freund der Kunst und Architektur vergangener Epochen erwartet auf Sizilien ein geradezu überwältigendes Angebot. Zu den weltberühmten Attraktionen der Insel zählen:

Taormina: Das griechisch-römische Theater vor seiner hinreißenden Kulisse ist eine der schönsten antiken Stätten der Insel, gleichzeitig eine der zauberhaftesten Sizilienansichten überhaupt.

Sizilien-Highlights 15

Siracusa: Die Altstadt auf der Insel Ortigia scheint sich seit Jahrhunderten kaum verändert zu haben. Unbedingt sehenswert sind auch das Archäologische Museum und die Ausgrabungsstätte Neapolis.

Die Barockstädte im Südosten: Alle sind sie einheitlich nach Plan aufgebaut, von den besten Baumeistern der Insel als Bühne des Alltagslebens konzipiert. Acht dieser Städte sind seit 2002 als Weltkulturerbe ausgewiesen, die prächtigste von ihnen ist sicherlich Noto.

Agrigento: Das berühmte, ausgedehnte Tal der Tempel, ebenfalls zum Weltkulturerbe ernannt, erinnert an die hohe Zeit Großgriechenlands und zeigt die Kunst der damaligen Architekten. Das Archäologische Museum ist eines der besten Siziliens.

Selinunte: Der größte archäologische Park Europas gibt einen hervorragenden Eindruck von der Gesamtanlage einer griechischen Stadt und der Entstehung ihrer Tempel.

Segesta: Ein nie vollendeter, aber bestechend schöner Tempel. Ebenso wie das nahe Amphitheater erhebt er sich in der einsamen, wunderschönen Landschaft des Inselwestens.

Normannische Kirchen und Paläste: "Multikultureller" Glanz in Palermo, Monreale und Cefalù – Künstler und Architekten aus Orient und Okzident schufen wahrhaft erstaunliche Werke.

Villa Romana Casale: Die prachtvoll ausgearbeiteten Mosaiken der römischen Villa (Weltkulturerbe) bei Piazza Armerina erzählen von Wagenrennen, Großwildjagden in Afrika – und den "ersten Bikinis der Geschichte".

Neben diesen absoluten "musts" besitzt Sizilien eine solche Fülle weniger bekannter kunsthistorischer Leckerbissen, dass ihre Aufzählung hier den Rahmen sprengen würde. Hingewiesen sei deshalb nur auf die Totenstadt *Pantálica* im Hinterland von Siracusa, auf die "archäologische Insel" *Mozia* bei Marsala und auf das Denkmalstädtchen *Erice* oberhalb von Trapani.

Fast tropisch: Strand auf Lipari

Badespaß im Inland: Cava Grande del Cassibile

... für Liebhaber schöner Strände

Allein für einen reinen Strandurlaub wäre Sizilien zu schade – und dafür gäbe es, ehrlich gesagt, auch bessere Adressen am Mittelmeer. Dennoch findet sich, über die Insel verstreut, eine Reihe von Stränden, die keinen Vergleich scheuen müssen. Eine kleine Auswahl unter den Favoriten des Autors:

Bei Eloro/Naturpark Vendicari, im Südosten, unweit von Noto: Hier erstrecken sich mehrere wenig besuchte Sandbuchten – ein paar Kilometer nördlich drängeln sich die Massen.

Bei Eraclea Minoa, an der Südküste zwischen Agrigento und Sciacca: Die kilometerlangen, von schönen Kalksteinfelsen begrenzten Sandstrände bieten mehr als genug Platz.

Bei Marinella/Selinunte, im Südwesten: Der lange Sandstrand "mare pineta" wird von Pinien beschattet. Schön badet es sich auch am Ortsstrand direkt unterhalb der antiken Akropolis.

Im Zingaro-Naturpark im Westen, südöstlich von San Vito lo Capo: In dem geschützten Gebiet liegen kleine Kiesbuchten, schwer zu erreichen und deshalb, vom August abgesehen, meist menschenleer.

Bei Oliveri, an der Nordküste zwischen Cefalù und Milazzo: Die verschlungenen Lagunenstrände unterhalb des Heiligtums von Tindari sind schon von oben ein traumhafter Anblick, erst recht aus der Nähe.

Inseln um Sizilien: Jede hat ihre Spezialitäten. Auf Lampedusa ist es der Strand bei der Isola dei Conigli, auf Pantelleria mangels Stränden der wundervoll ge-

Durchblick auf Salina: Der Felsbogen ist ein Produkt der Erosion

legene Salzwassersee Bagno dell'Acqua, auf Favignana der Lido Burrone und die Cala Rossa. Die Eolischen Inseln glänzen mit der Spiaggia Valle Muria von Lipari, dem Strand von Pollara auf Salina, der Cala Junco auf Panarea und nicht zuletzt mit den schwarzen, wunderbar weichen Lavasandstränden von Vulcano und Stromboli.

... für Landschafts- und Naturgenießer

Trotz des vielerorts rücksichtslosen Raubbaus an der Natur hat sich Sizilien abseits der Großstädte und Industriegebiete eine Fülle an Schönheiten ganz unterschiedlichen Charakters bewahren können. Eine Beschreibung der wichtigsten größeren Naturschutzgebiete finden Sie im Kapitel "Natur und Umwelt". Doch sind auch sonst noch viele Entdeckungen zu machen:

Taormina: Nicht umsonst ist das Städtchen das traditionsreichste Reiseziel der Insel – trotz weiträumiger Zersiedelung der Umgebung bezaubert die traumhafte Lage des Ortes bis heute.

Gola d'Alcántara: Die bizarre, von einem eiskalten, schnell fließenden Bach ausgewaschene Basaltschlucht liegt in der Umgebung von Taormina und wird deshalb ziemlich stark besucht.

Etna-Gebiet: Eine Fülle unterschiedlicher Vegetationsformen, unterbrochen von erstarrten Lavaströmen, überzieht die Hänge des Giganten. Ein Teil seiner Fläche steht unter Naturschutz.

Anapo-Schlucht: Die von Höhlen durchzogene Schlucht im Hinterland von Siracusa wird durch einen reizvollen Wanderweg erschlossen, der entlang einer ehemaligen Eisenbahnstrecke führt.

Sizilien-Highlights

Cava Grande del Cassibile: Eine unter Naturschutz gestellte Schlucht im Bergland von Ávola. Der Fluss Cassibile hat hier herrliche Badebecken ausgeschliffen, die nur zu Fuß zu erreichen sind.

SS 120: Die Nationalstraße zwischen Palermo und dem Etna-Gebiet ist eine Panoramaroute par excellence. Vom Fernverkehr wird sie durch eine parallel verlaufende Autobahn entlastet.

Inseln um Sizilien: Auch landschaftlich sind sie fast immer ein Genuss. Zu den reizvollsten zählen Pantelleria, Marettimo, Vulcano, Salina und Stromboli, doch hat jedes der Satelliteninselchen seine eingeschworenen Liebhaber.

... für die Fans von Ungewöhnlichem und Kuriosem

Eine von so vielen verschiedenen Kulturen bereicherte, gleichzeitig von inneren Widersprüchen zerrissene Insel muss fast zwangsläufig einige Kuriosa aufweisen. Aber auch die Natur sorgt auf Sizilien für manch ungewöhnlichen Anblick ...

Papyrus in Siracusa: Die Pflanze, aus der die alten Ägypter Papier gewannen, wächst in "freier Wildbahn" auf europäischem Boden nur bei Siracusa – in den dortigen Läden sind deshalb Papyrussouvenirs mit Pharaonenmotiven keine Seltenheit.

Castello Incantato: Jahrzehntelang kannte Filippo Bentivegna nur eine Leidenschaft: Köpfe zu formen, sie aus Stein zu hauen, ins Holz von Olivenbäumen zu schnitzen. Bei Sciacca an der Südküste sind die Ergebnisse seiner Anstrengungen zu sehen.

Ruderi di Gibellina: Das Dorf im Belice-Tal in Westsizilien wurde 1968 durch ein Erdbeben völlig zerstört. Der Künstler Alberto Burri überzog die Ruinen mit Beton und schuf so ein begehbares Kunstwerk.

La Mattanza: Auf der Egadeninsel Favignana werden alljährlich im Mai und Juni riesige Thunfischschwärme nach uralter Tradition eingekesselt und geschlachtet – ein blutiges, archaisches Schauspiel.

Convento dei Capuccini: Eine makabre Kuriosität, nicht jedermanns Sache: Im Kapuzinerkloster in Palermo warten Tausende von Mumien auf die Ewigkeit, ähnlich auch in der Dorfkirche von Savoca an der Ostküste.

Villa Palagonia: In Bagheria bei Palermo besuchte schon Goethe diese Villa des frühen 18. Jh., deren Umgebung mit allerlei skurrilen Fabelwesen geschmückt ist. Der Dichterfürst zeigte sich nicht sehr angetan: "missgestaltetes, abgeschmacktes Gebilde".

Fiumara d'Arte: An der Nordküste, östlich von Cefalù, ließ der Unternehmer und Mäzen Antonio Presti gigantische, tonnenschwere Kunstwerke in die Landschaft stellen. Im nahen Castel di Tusa steht Prestis Hotel, dessen Zimmer von verschiedenen Künstlern ebenfalls sehr eigenwillig gestaltet wurden.

Stromboli: Auf der Lipareninsel erhebt sich der einzige permanent tätige Vulkan Europas. Oft mehrmals pro Stunde schleudert der Stromboli gewaltige Glutfontänen in den Himmel, vor allem nachts ein ungemein beeindruckendes Schauspiel, einer der Höhepunkte jeder Sizilien-Reise.

Scala dei Turchi: Die "Türkentreppe" führt bei Porto Empedocle ans Wasser

Sizilien entdecken

Anders als es die Fremdenverkehrswerbung gern suggerieren möchte, besteht Sizilien nicht nur aus Sonne, Strand und Tempeln. Denn natürlich besitzt die Insel auch ein Alltagsgesicht.

Und zwar ein durchaus interessantes. Das folgende Kapitel widmet sich deshalb der Landschaft und Geographie, der Natur und Umwelt, der Wirtschaft und dem Brauchtum Siziliens, nicht zuletzt natürlich auch dem heiklen Thema "Mafia".

Landschaft und Geographie

Mit einer Fläche von 25.708 Quadratkilometern ist Sizilien die größte Insel des Mittelmeers, mit knapp über fünf Millionen Einwohnern auch die bevölkerungsreichste.

Gleichzeitig nimmt Sizilien im Mittelmeer eine zentrale, geradezu strategische Position ein: einer der Gründe, weshalb die Insel über Jahrtausende hinweg immer wieder die Eroberungsgelüste fremder Eindringlinge weckte. Vom italienischen Festland wird sie nur durch den drei Kilometer breiten *Stretto* getrennt, die Straße von Messina. Afrika wiederum liegt auch nicht weit entfernt, nämlich gerade mal 140 Kilometer, eine Distanz, die deutlich geringer ist als beispielsweise die Strecke von Messina nach Siracusa, die immerhin 154 Kilometer beträgt.

Trinakria, Insel der drei Vorgebirge: Wegen seiner fast dreieckigen Form hieß Sizilien in der Antike Trinakria, das "Land der drei Vorgebirge". Gemeint sind die Kaps von Capo Peloro (Capo Faro) im Nordosten bei Messina, Capo Passero im äußersten Südosten und Capo Lilibeo im Westen bei Marsala.

Ein Land der Hügel und Berge: Nahezu 90 Prozent der Fläche Siziliens sind hügelig bis bergig. Geologisch betrachtet, bildet die Insel in weiten Teilen ein Anhängsel des italienischen Stiefels; erst ein paar hunderttausend Jahre ist es her, dass der Anstieg des Meeresspiegels die Landverbindung unterbrach. Deutlich wird diese Zugehörigkeit zur italienischen Halbinsel an der Gebirgskette des Sizilianischen Apennin, der im Norden der Insel vom Capo Peloro bis zum Capo Lilibeo reicht und sich in verschiedene Bergzüge gliedert: Im äußersten Osten bilden die bis auf 1374 Meter ansteigenden Peloritani-Berge eine direkte Fortsetzung der kalabresischen Berge, weiter westlich schließen sich die Bergzüge der vorwiegend aus Sandstein aufgebauten, bis zu 1847 Meter hohen Nebrodi an. Dann folgen die Kalkgipfel der Madonie, deren Höhen bis an die zweitausend Meter (Pizzo Carbonara, 1975 m) reichen und somit die nach dem Etna höchste Erhebung Siziliens bilden. Gegen Westen nehmen die maximalen Höhen ab, lösen sich die Gebirgszüge in eine Folge einzelner Kalkstöcke auf, die bis zu den Egadischen Inseln reichen.

> "1039 Kilometer Küste – 440 am Tyrrhenischen Meer, 312 am Afrikanischen Meer, 287 am Ionischen Meer: doch diese große Mittelmeerinsel scheint in ihrer Art, in ihrem Leben ganz nach innen gewandt zu sein, angeklammert an Hochebenen und Berge, darauf bedacht, sich dem Meer zu entziehen und dieses hinter einen Vorhang von Anhöhen oder Mauern zu verbannen, um sich der möglichst vollständigen Illusion hingeben zu können, das Meer gebe es nicht."
>
> (Leonardo Sciascia)

Das **Hügelland im Inneren und im Süden** der Insel erreicht nur geringere Höhen und fällt zur Südküste hin ab. Bis knapp tausend Meter hoch liegt die "schwefelhaltige Hochebene" (Altipiano Zolifero) im Inselzentrum um Caltanissetta und Enna. Ähnliche Höhen weisen auch die verkarsteten, von Schluchten durchzogenen Monti Iblei im Südosten auf, das am stärksten erdbebengefährdete Gebiet der Insel, das im Dezember 1990 sein bislang letztes großes Beben erlebte. Eine geologische Ausnahmeerscheinung ist das nahe Plateau von Ragusa: Es zählt bereits zur afrikanischen Platte, also zum "schwarzen Kontinent".

Vulkanisches Gebiet prägt den Osten Siziliens. Dazu gehören auch die Eolischen (Liparischen) Inseln mit dem Stromboli, dem aktivsten Vulkan Europas. Auf der Insel Vulcano liegt der letzte Ausbruch zwar schon ein Weilchen zurück, doch erwartet mancher Wissenschaftler die nächste Eruption schon innerhalb der nächsten Jahre oder Jahrzehnte. Beherrschend in jeder Hinsicht ist aber natürlich das Massiv des *Etna*, des größten aktiven Vulkans Europas,

Landschaft und Geographie

Süße Früchte, wehrhafte Dornen: der Feigenkaktus Fica d'India

das eine Fläche von rund 1200 Quadratkilometern bedeckt. Mehr als 3300 Meter Höhe erreicht Siziliens "Berg der Berge"; der exakte Wert ändert sich durch Eruptionen immer wieder.

Ebenen finden sich auf Sizilien nur wenige. Die ausgedehnteste Ebene der Insel ist die 430 Quadratkilometer große *Piana di Catania*, ein äußerst fruchtbares Schwemmlandgebiet des Simeto-Flusses und seiner Nebenflüsse. Kleinere Küstenebenen liegen um Gela, Marsala, Trapani und Palermo, auch sie sehr fruchtbar und deshalb dicht besiedelt.

Die **Flüsse** Siziliens führen, je nach Jahreszeit, sehr unterschiedliche Wassermengen. Im Sommer vielfach fast ausgetrocknet, erreichen sie nach den Winterregen ihren Höchststand, der dann oft Überschwemmungen verursacht. Der wasserreichste Fluss der Insel ist der Simeto im Osten, der zusammen mit dem Alcantara das Etna-Gebiet bewässert. Am längsten ist der Salso, der an der Südküste mündet, wie die anderen Flüsse in diesem Gebiet (Platano, Belice) aber nur relativ wenig Wasser führt. Naturgemäß nur kurz sind die Flüsse an den Steilküsten des Nordens und Ostens; umso reißender zeigen sich diese "torrenti" nach den Winterregen, wie an den breiten, sommertrockenen Flusstälern leicht zu erkennen ist.

Seen sind eine Seltenheit, zumindest Seen natürlichen Ursprungs. Eine Ausnahme bildet der mythische *Lago di Pergusa* bei Enna, der allerdings immer wieder mal von Austrocknung bedroht ist und durch eine umlaufende Rennstrecke verschandelt wird. Häufiger zu finden sind dagegen *Stauseen*, die der Elektrizitätsgewinnung und Bewässerung dienen.

Natur und Umwelt

Naturfrevel sind auf Sizilien keine Erfindung der Neuzeit. Bereits in der Antike wurde die Insel geplündert. Heute richten Umweltverschmutzung, Bauspekulation und Industrialisierung die schlimmsten Schäden an. Immerhin besteht Hoffnung, denn auch in Italien wächst langsam das Umweltbewusstsein.

Bis sich die neue Sensibilität im Umgang mit der Umwelt auch im Alltagsleben durchgesetzt hat, dürfte es allerdings noch eine Weile dauern. Gegenwärtig jedenfalls, und sicher noch für eine weitere Reihe von Jahren, hat Sizilien mit einigen massiven Problemen zu kämpfen. Dabei zählt die bei jedem Einkauf unaufgefordert gereichte Plastiktüte ("sacchetto") wohl noch zu den kleineren Übeln. Immerhin sind seit 1998 alle italienischen Gemeinden verpflichtet, Möglichkeiten zur getrennten Sammlung von Verpackungsabfall bereit zu stellen. Doch grau ist alle Theorie – es passiert schon mal, dass der mühsam getrennt gesammelte Müll aus Glas, Papier, Kunststoff und Metall beim Abtransport einfach wieder zusammengekippt wird und auf der nächsten versteckten Deponie landet.

Schwarzbauten: Eine Geißel vornehmlich der Küsten, doch ist auch das Etna-Gebiet stark betroffen. Siziliens Bauindustrie ist fast völlig in den Händen der Mafia. Dank guter Beziehungen zu Lokalpolitikern und eben den Mitgliedern der "Ehrenwerten Gesellschaft" stellt sich gegen ein gewisses Entgelt so mancher sein Wohn- oder Ferienhaus dorthin, wo es ihm gerade passt. Die Folgen sind nicht nur eine verschandelte Landschaft, sondern auch "wilde" Kanalisationseinleitungen ins Meer und eine Siedlungsdichte, der die örtlichen Wasserwerke natürlich nicht angepasst sind. Während der sommerlichen Urlaubszeit müssen in manchem der rasant gewachsenen Feriendörfer der Süd- und Südwestküste deshalb Wassertanks für die Versorgung installiert werden.

Industrialisierung: So notwendig eine gewisse Industrialisierung für den Wohlstand breiter Bevölkerungsschichten sicher ist, so sollte Sizilien diesbezüglich doch besser nicht als Musterbeispiel dienen. Insbesondere die gigantischen Anlagen der Petrochemie, die um Augusta, Gela, Ragusa und Milazzo zumeist Rohöl in Halbfertigprodukte verwandeln, haben die in sie gesetzte Erwartung, in großem Umfang Arbeitsplätze zu schaffen, nicht erfüllt, verpesten jedoch mangels ausreichender Filteranlagen weiträumig Luft und Wasser. Nicht anders steht es um die großen Anlagen der chemischen Industrie, die beispielsweise um Porto Empedocle das Meer belasten.

Waldbrände: Obwohl Siziliens Wälder durch den Raubbau der Vergangenheit ohnehin schon arg dezimiert sind, gehen Jahr für Jahr erneut große Flächen in Rauch auf. Nach Sardinien hält die Insel gar den traurigen Landesrekord an Sommerbränden. Nicht immer ist Leichtsinn, ist die weggeworfene Zigarettenkippe oder die als Brennglas wirkende Glasscherbe die Ursache: Nach einer Untersuchung sind drei von vier Feuern auf Brandstiftung zurückzuführen. Schließlich drängt sich abgebrannter Wald als mögliches Bauland geradezu auf ... Auch Wiederaufforstungsbetriebe und die Besitzer von Löschflugzeugen verdienen an den Bränden. Nach einem Bericht des "Spiegel" wurde der "feuer-

Natur und Umwelt

Die einheimische Palma Nana: Zwergpalme im Zingaro-Naturpark

bedingte Umsatz" auf Sizilien auf rund 250 Millionen Euro pro Jahr geschätzt. Leichtes Spiel haben die Brandstifter besonders bei Scirocco, wenn hohe Lufttemperaturen und starke Windböen ihnen die Arbeit erleichtern.

Lärm: Auch Lärmbelästigung fällt unter das Stichwort "Umweltverschmutzung", kann sogar Krankheiten verursachen. Auf Sizilien wird, wie ja oft im Süden, mit dem Problem recht lässig umgegangen. An Baustellen dröhnt der Betonmischer von frühmorgens bis in die Nacht, Wasserpumpen rattern rund um die Uhr, Discotheken beschallen benachbarte Campingplätze und Hotels mit ohrenbetäubender Musik. Vom Verkehr ganz zu schweigen: Bei Messungen erwies sich Palermos Via Roma als lauteste Straße Italiens... Wer Sizilien bereist, wird mit diesem Lärm leben müssen, die Einheimischen scheinen sich daran nur selten zu stören.

Tourismus: Der internationale Fremdenverkehr erweist sich auf Sizilien noch nicht als so massiv umweltschädigend, wie es beispielsweise auf manch kleinerer Insel Griechenlands der Fall ist. Von ganz wenigen Orten wie Taormina und Cefalù einmal abgesehen, sind die Besucherzahlen dafür derzeit einfach zu gering. Dennoch bringt der Tourismus natürlich auch auf Sizilien einige Beeinträchtigungen mit sich: Luftverschmutzung durch Urlauberjets, zunehmender Verkehr auf der Insel selbst, erhöhter Verbrauch des kostbaren Trinkwassers, ein stärkeres Müllaufkommen und die Zerstörung natürlicher Lebensräume durch den Bau neuer Hotels und landschaftsfressender Feriendörfer. Zumindest ein wenig kann jeder einzelne Reisende dazu beitragen, die Belastung durch seine Anwesenheit so gering wie möglich zu halten: Wählen Sie eine möglichst umweltfreundliche Art der Anreise; verzichten Sie, wo immer es geht, auf Getränkedosen und Plastikflaschen, auch auf die Tragetaschen aus Plastik, die zu jedem noch so kleinen Einkauf automatisch ausgehändigt werden;

24 Sizilien entdecken

belasten Sie Ihre Urlaubsinsel nicht mit Sondermüll, z.B. ausrangierten Batterien – nehmen Sie diese wieder mit nach Hause. Schonen Sie bitte auch ökologisch sensible Zonen, indem Sie dort die Wege nicht verlassen.

• *Umweltschutzorganisationen* **WWF**, der World Wide Fund For Nature, besitzt auch eine sizilianische Abteilung und diese eine sehr informative Website, leider nur auf Italienisch: www.wwf.it/sicilia.

Italia Nostra arbeitet landesweit im Dienst des geschichtlichen, kulturellen und natürlichen Erbes Italiens. Die Website (nur Italienisch) verzeichnet die recht zahlreichen Sektionen Siziliens: www.italianostra.org/sezioni/sicilia.htm.

Naturschutzgebiete

Italiens Naturschutzgebiete werden staatlicherseits in eine Vielzahl von Kategorien unterteilt, die vom Biotop bis zum Nationalpark Parco Nazionale reichen. Ein Gebiet letzterer Klassifizierung existiert auf Sizilien allerdings nicht, wie es generell um den Naturschutz nicht zum besten steht. Wenn überhaupt etwas geschieht, dann meist auf Drängen der verschiedenen Umweltverbände hin, die in den Achtzigerjahren einige beachtliche Erfolge vermelden konnten: 1980 führte eine "Massenbesetzung" des Zingarogebietes zur Gründung des dortigen Regionalparks, ein Jahr später sorgte eine ähnliche Aktion für die längst überfällige Verabschiedung einiger den Etna-Naturpark betreffender Gesetze. 1983 gelang es den Organisationen schließlich, den Bau einer riesigen Feriensiedlung, einer wahren touristischen Stadt, im Bereich von Vendicari zu verhindern. Doch insgesamt geht es nur langsam voran mit dem Naturschutz. Obwohl in der Bevölkerung das Umweltbewusstsein allmählich zunimmt, betätigen sich Politik und Verwaltung eher als Bremser denn als Förderer. Es wird deshalb noch eine ganze Reihe von Jahren dauern, bis alle derzeit geplanten Projekte auch realisiert sind. Derzeit sind gerade einmal knapp neun Prozent der Inselfläche als Schutzgebiet ausgewiesen. Zum Vergleich: In der Bundesrepublik war bereits 1992 mehr als ein Viertel der Landesfläche (27,8 %) auf die eine oder andere Art unter Schutz gestellt.

Bedeutende Naturschutzgebiete

Parco Regionale dell'Etna: Mit einer Fläche von insgesamt 60.000 Hektar einer der größten Regionalparks Italiens, auf Sizilien vom Schutzgebiet der Nebrodi allerdings noch übertroffen. Neben vulkanischen Erscheinungen ist die überwältigende Vielfalt an Vegetationsformen das besondere Kennzeichen des Gebietes: Je nach Höhenlage gedeihen hier ganz unterschiedliche Pflanzenarten.

Parco Regionale delle Madonie/dei Nebrodi: Seit 1989 bzw. 1993 sind auch diese Bergzüge im Hinterland der Nordküste unter Naturschutz gestellt. Mit einer Reihe von Schutzhütten und anderen Unterkünften bilden besonders die Madonie ein beliebtes Ausflugsgebiet der Palermitaner.

Riserva Naturale Orientata Vendicari: Entlang der südöstlichen Küste, etwa im Gebiet zwischen Noto und Portopalo di Capo Passero, bewahrt dieses Naturreservat die Schönheiten einer seltenen Lagunenlandschaft, die ein wichtiges Rückzugsgebiet besonders für Vögel darstellt.

Riserva Naturale Orientata Zingaro: Im Nordwesten Siziliens, zwischen San Vito lo Capo und Scopello. Das Küstengebirge, abseits der großen Fernstraßen gelegen, wurde 1981 als erstes Naturschutzgebiet Siziliens ausgewiesen. Es beeindruckt mit großartiger Landschaft und spezialisierter, artenreicher Vegetation.

Riserva Naturale Marina Isola di Ustica: Das Meeresschutzgebiet rund um die Insel Ustica, erstes seiner Art in Italien, ist in Schutzzonen unterschiedlicher Priorität gegliedert. Planktonreiches Wasser ernährt hier eine Vielzahl von Fischarten, Schwämmen und Korallen; Taucher und Schnorchler finden hier paradiesische Möglichkeiten.

Provinzen und wichtige Naturschutzgebiete Siziliens

Bosco della Ficuzza: Ehemals Jagdrevier der Könige, ein ausgedehntes, hoch gelegenes Wald- und Wiesengebiet zwischen Palermo und Agrigento, unterhalb des Berges Rocca Busambra. Obwohl bereits 1981 die gesetzlichen Grundlagen hierfür geschaffen wurden, steht die Ausweisung als Naturpark bislang noch aus.

Pflanzenwelt

Dank der vielen unterschiedlichen Böden und Klimazonen zeigt sich die Flora der Insel äußerst artenreich. Besonders im Frühjahr, wenn sich selbst die kargsten Hänge in ein Blumenmeer verwandeln, wird dieser Schatz deutlich. In der Sonnenglut des Sommers sind viele Blüten dann schon verdorrt.

An die dreitausend Pflanzenarten sollen auf Sizilien wachsen, rund doppelt so viele wie beispielsweise auf Sardinien. Doch stammen längst nicht alle Gewächse, die uns heute als so charakteristisch für Sizilien erscheinen, wirklich von hier: Viele Nutzpflanzen, aber auch Blumen und Ziersträucher, wurden erst von den zahlreichen Eroberern eingeführt.

Vermutlich brachten erst die Griechen den Ölbaum, den Mandelbaum und die Weinrebe nach Sizilien. Den Arabern verdankt die Insel Zitronen, Orangen und Maulbeerbäume, Baumwolle, Zuckerrohr, Dattelpalme und Pistazie; die nahezu allgegenwärtigen Feigenkakteen und Agaven stammen vom amerikanischen Kontinent.

Bäume und Wälder

Einst war Sizilien fast völlig von dichten Wäldern bedeckt, doch haben die verschiedenen Eroberer die Insel für den Bau von Schiffen und für die Gewinnung von Ackerland gründlich abgeholzt. Heute findet man Eichen, Ulmen, Buchen und Birken fast nur noch in den höheren Lagen des Etna, der Peloritani und Nebrodi sowie im Gebiet des Bosco di Ficuzza.

Sizilien entdecken

Typische Bäume auf Sizilien

Pinien/Aleppokiefern: Beides sind Kiefernbäume, die vor allem in Küstennähe wachsen und oft in Gruppen oder ganzen Wäldern (pineta) stehen. Pinien, die große Zapfen mit essbaren Samen bilden, sind an ihrer schirmförmigen Krone zu erkennen; die der Aleppokiefer wirkt dagegen meist etwas "zerzaust".

Panzerföhren: Ebenfalls zu den Kiefern gehörig, verdanken sie ihren Namen der aus großen Platten bestehenden Rinde. Diese uralte, bis zu 20 Meter hohe Baumart wächst vor allem im nordöstlichen Etnagebiet, wo sie bei Linguaglossa eine ausgedehnte Pineta bildet.

Zypressen: Die schlanken Nadelbäume in der Form geschlossener Regenschirme sind nicht auf Sizilien heimisch, sondern ein Import. Oft stehen sie an Friedhöfen und dienen als Windschutz; sie liefern gutes Holz und ätherische Öle.

Eukalyptusbäume: Kenntlich an der abblätternden Rinde, stammen sie eigentlich von der südlichen Halbkugel. Als schnell- und hochwüchsige Laubbäume, die mit hohem Wasserverbrauch Sumpfgebiete trocken legen (und so der Malaria die Grundlage entziehen) können, werden sie in vielen Mittelmeerländern gepflanzt. Gefährlich dabei: Die stark ölhaltigen Bäume brennen besonders leicht.

Kastanien/Nussbäume: In Höhenlagen bis um 800 Meter, teilweise bis 1000 Meter recht häufig zu finden, besonders an den Hängen des Etna. Die Früchte sind im Oktober reif.

Olivenbäume: Im ganzen Mittelmeergebiet vertreten, wächst der Ölbaum natürlich auch auf Sizilien. Näheres unter dem Stichwort "Kulturpflanzen".

Macchia und Garigue

Macchia: Der Oberbegriff für immergrüne Krüppelbäume, Büsche und Sträucher, die häufig Rodungsgebiete oder Waldbrandflächen besetzen. Etwa zwei bis vier Meter hoch, dornig und stachelig, bildet die für das Mittelmeergebiet charakteristische Vegetationsform ein oft undurchdringliches Hindernis. Macchia ist vor allem in Höhen zwischen 300 und 600 Meter anzutreffen, teilweise aber auch schon fast auf Meereshöhe.

Garigue: Eine typische Erscheinung trockener, felsiger Küstengebiete, aber auch überweideter Zonen, in denen Schafe und Ziegen alles abgefressen haben, was halbwegs verdaulich scheint – die Garigue zählt nicht dazu, wehren sich die kugeligen, höchstens kniehohen Sträucher doch durch spitze Stacheln und Dornen. Im Umfeld, durch die Waffen der Garigue mitgeschützt, wachsen oft duftende Kräuter wie Oregano, Thymian oder Rosmarin.

Häufige Arten in Macchia und Garigue

Agaven: Eine Sukkulentenart, die ursprünglich vom amerikanischen Kontinent stammt. Ihre auffälligen, meterhohen Blütenstände blühen im Juni; nach der Blüte stirbt die Pflanze ab.

Feigenkakteen (Opuntien): Große, fleischige Kakteen, die oft regelrechte Hecken bilden oder als Zäune gepflanzt wurden. Die herrlich süßen Früchte werden von winzigen, aber sehr lästigen Stacheln geschützt – nicht anfassen! Wer ans Fruchtfleisch möchte, bearbeitet sie am besten unter fließendem Wasser mit einer Wurzelbürste (Fingerschutz durch Handschuhe, Gabel o. Ä.).

Erdbeerbaum: Immergrüner Strauch mit rötlichem Stamm, der zu den Heidekrautgewächsen zählt; die Früchte ähneln Erdbeeren nur optisch.

Ginster: Im Frühjahr und Frühsommer leuchtend gelb blühende Sträucher, die statt Blättern grüne Zweige und Dornen ausbilden; an den Hängen des Etna bilden sie oft einen tollen Kontrast zum Schwarz der Lavafelder.

Keuschlammstrauch: Im alten Griechenland eine mythologische Pflanze. Die oft übermannshohen Sträucher mit ihren auffällig gefingerten Blättern blühen im Sommer rosa, weiß oder hellblau und bevorzugen feuchte Standorte.

Oleander: In vielen sommertrockenen Flussbetten bildet der an den lanzettförmigen Blättern kenntliche Strauch wahre Dschungel, wird aber auch oft an Straßenrändern u. Ä. angepflanzt. Im Frühsommer blüht er rosa, rot oder weiß. Achtung, die Blüten sind sehr giftig!

Zwergpalmen: Die einzige einheimische Palme Europas (alle anderen wurden eingeführt) ist eine typische Pflanze der küstennahen Garigue, besonders häufig im Schutzgebiet des Zingaro. An geschützten Stellen erreicht die sonst buschartige Palme über zwei Meter Höhe; ihre Blätter wurden früher zu Körben, Seilen etc. geflochten.

Kapern: Der dornige Strauch mit seinen fast runden Blättern besetzt Standorte, an denen sonst kaum noch etwas wächst, krallt sich besonders in küstennahen Gebieten in kleinste Gesteinsritzen. Die Blütenknospen dienen, eingesalzen oder in Essig eingelegt, als Gewürz und sind eine Spezialität vor allem Pantellerias sowie der Liparischen und Egadischen Inseln, aber auch auf Sizilien selbst in fantastischer Qualität zu erstehen.

Agaven am Meer

Kulturpflanzen

Ein großer Teil der fruchtbaren Gebiete Siziliens wird landwirtschaftlich genutzt, die Fülle an Kulturpflanzen ist deshalb besonders augenfällig. Fast überreich gedeihen Paprika, Auberginen, Melonen, Tomaten, Artischocken, Pfirsiche, Aprikosen und anderes Obst. Wer zur jeweiligen Erntezeit die Insel besucht, wird überall am Straßenrand Lkw sehen, die Feldfrüchte en gros anbieten. Angesichts der äußerst niedrigen Preise sollten Kaufinteressenten nicht um geringe Beträge feilschen oder versuchen, Miniaturmengen zu erstehen.

Weitere auffällige Kulturpflanzen Siziliens

Feigenbäume: Wie der Ölbaum eine uralte Kulturpflanze; er trägt zwei- bis dreimal jährlich Früchte. Meist stehen die weit ausladenden Bäume allein oder in kleinen Gruppen.

Pistazien: Eine Spezialität des Etna-Gebietes, besonders zwischen Adrano und Bronte. Die leckeren, nur optisch nussähnlichen Samen des immergrünen, harzigen Baums können nur alle zwei Jahre geerntet werden.

Granatapfelbäume: Krummästige, manchmal dornige Bäume, die rot, gelb oder weiß blühen. Im Inneren der Früchte umgibt geleeartiges, süßes Fruchtfleisch die Samenkerne.

Dattelpalmen: Wie viele andere Kulturpflanzen wurden auch sie von den Arabern ins Land gebracht. Die hochstämmigen Palmen zieren oft Boulevards und Plätze.

Johannisbrotbäume (Karoben): Immergrüne Bäume mit ledrigen Blättern, die an ihren länglichen, erst grünen, im Reifezustand dann schwarzen Schoten erkennbar sind. Sie wachsen meist wild an äußerst trockenen Standorten, die kaum andere Vegetation zulassen; die Schoten sind essbar, werden normalerweise jedoch nur als Tierfutter verwendet.

Zitrusfrüchte: Zitronen, Orangen und Mandarinen gedeihen vor allem in den fruchtbaren, wasserreichen Ebenen der Ost- und Nordküste (Piana di Catania, Palermos Conca d'Oro).

Über den Ölbaum

Rund ums Mittelmeer wird seit Tausenden von Jahren der Ölbaum kultiviert, der neben Öl auch Essoliven, Olivenseife und das harte, widerstandsfähige Olivenholz liefert. Dass er auf Sizilien spätestens zur Zeit der Griechen heimisch war, beweisen die steinernen Ölpressen, wie sie zum Beispiel in Selinunte gefunden wurden.

Der Baum: Zur Olacea-Familie der Olivenbaumgewächse zählen auch Jasmin, Liguster und Flieder. Die kultivierten Arten des Olivenbaums, Sativa genannt im Unterschied zum wilden Oleasterbaum, zählen etwa 50 Unterarten, die sehr unterschiedliche Früchte hervorbringen. Olivenbäume, die mehrere hundert Jahre alt werden können, vertragen nur wenige Frosttage bis maximal fünf Grad unter Null. Die Sommer müssen warm und trocken sein, im Herbst und Winter jedoch brauchen die Kulturen einige kräftige Regengüsse. Im Mai und Juni zeigen sich die kleinen, gelb-weißen Blüten, Reifezeit ist zwischen September und November. Obwohl er keine großen Ansprüche an die Qualität des Bodens stellt, gedeiht der Olivenbaum doch am besten auf Lehmböden, die nicht höher als etwa 600 Meter liegen. Der Anbau verlangt Geduld: Je nachdem, ob aus Stecklingen oder Samen gezogen, trägt ein Baum erst nach fünf bis zehn Jahren die ersten Früchte; den höchsten Ertrag erzielt er, mit durchschnittlich 20 kg Oliven, aber erst nach 20 Jahren – dann jedoch bei guter Pflege mehrere Jahrhunderte lang.

Ernte und Verarbeitung: Die Ernte gestaltet sich arbeitsintensiv, da sorgfältig vorgegangen werden muss: Wenn die zarte Haut der Früchte verletzt wird, sinkt die Qualität des Öls drastisch. Und schnell muss es auch gehen – zwischen Ernte und Pressung dürfen nicht mehr als zwei oder drei Tage liegen. Teilweise werden Oliven noch von Hand gepflückt, oder aber es werden große Fangnetze unter den Bäumen ausgelegt: Reife Früchte schüttelt der Wind herunter, störrischere Oliven werden mit Stangen und Kämmen vom Baum geholt. In den großen Reihenkulturen übernehmen mittlerweile manchmal auch Rüttelmaschinen den Großteil der Arbeit, doch können diese nicht alle Früchte ernten, weshalb auch dort noch etwa ein Drittel der Oliven manuell gepflückt werden muss. Ob Speiseoliven grün oder schwärzlich gefärbt sind, ist abhängig von der Verweildauer am Baum und von der Behandlung nach der Ernte. Die für die Ölproduktion vorgesehenen Früchte werden von Ästen und Blättern gereinigt und wandern dann in eine der vielen Ölmühlen, in denen die gesäuberte und gewaschene Ernte von hochkant stehenden Mühlsteinen gemahlen und anschließend gepresst wird: die sogenannte Kaltpressung (Heißpressung gibt es schon lange nicht mehr), die das beste Öl liefert, nach EU-Verordnung als "Natives Olivenöl extra" bzw. "Olio Extra Vergine" klassifiziert. Chemische Extraktion und Raffinierung ergeben nur minderwertiges Öl.

Bananen: Mit allerdings recht kleinen Früchten wachsen sie an geschützten, bewässerten Stellen des Etnagebietes und der Südküste.

Mandelbäume: In niedrigen Lagen fast rund um die Insel vertreten. Sie blühen sehr früh, nämlich bereits ab Anfang Februar, in Agrigento Anlass für das berühmte Mandelblütenfest.

Sanfratellani: halbwild lebende Pferderasse in den Nebrodi

Maulbeerbäume: Nicht hoch, aber breit, mit dichtem, großflächigem Blattbewuchs. Palermo und Catania waren einst Zentren der Zucht von Seidenraupen, die sich von den Blättern eben dieses Baumes ernähren.

Tierwelt

Weit weniger artenreich als die Flora – die Fauna Siziliens ist arg dezimiert. Grund ist neben der Umweltverschmutzung vor allem der schier unbezähmbare Jagdtrieb der Italiener.

Jagd ist auf Sizilien wie in ganz Italien eine Art Volkssport, auch wenn es eben deshalb kaum mehr etwas zu jagen gibt. In ihrer Not ballern die Waidmänner da auch schon mal auf den einen oder anderen Spatz oder erlegen, wie alljährlich zur Jagdsaison im Herbst in den Zeitungen nachzulesen, im Eifer des Gefechts versehentlich einen Spaziergänger.

Zum Artensterben in der sizilianischen Tierwelt haben aber auch die Trockenlegung von Feuchtgebieten, die Einleitung von Industrie- und kommunalen Abwässern und die zunehmende Verbauung der Küsten beigetragen. Die großen *Säugetiere* sind besonders betroffen. Wolf, Hirsch, Reh und Wildschwein wurden praktisch ausgerottet. Selten sieht man Füchse oder die wehrhaften Stachelschweine, etwas öfter noch Wildkaninchen und Marder. Häufiger findet man die domestizierten, mehr oder minder freiwilligen "Freunde des Menschen": Hühner, Ziegen und Schafe, als Lasttiere Esel und Maulesel, seltener auch Pferde. Zahlreicher sind die Vertreter der Insekten, Reptilien und Vögel.

Insekten

Stechmücken: Mit ihnen muss man leben – ein mückenabweisendes Mittel sollte deshalb im Gepäck sein.

Zikaden: Kaum zu überhören, denn die unscheinbaren, nur wenige Zentimeter großen Pflanzensauger machen mit gewalti-

Sizilien entdecken

Seesterne: Nachher legt sie der Schnorchler zurück auf den Meeresgrund

gem Getöne auf sich aufmerksam. Manchmal trifft man auf einen Baum, der voll von diesen Tieren ist – tritt man kurz dagegen, ist zunächst Ruhe, dann fängt Zikade für Zikade erneut zu rumoren an. Das Geräusch entsteht, indem die männlichen (nur die!) Tiere eine Chitinplatte bis zu 8000-mal pro Sekunde schwingen lassen.

Heuschrecken: Von Afrika kommen gelegentlich Wanderheuschrecken in großer Zahl übers Meer geflogen. Häufiger jedoch lassen sich Gottesanbeterinnen beobachten: Die kurios geformten, räuberischen Fangheuschrecken sind etwa 4–7,5 Zentimeter lang, grasgrün, beige oder braun. Sie bewegen sich meist nur ganz langsam, fast unsichtbar, können mit ihren gefalteten, dornenbewehrten Raubbeinen (etwa in Gebetsstellung gehalten, daher der Name) aber blitzschnell zupacken und kleinere Tiere greifen. Ein schlechtes Los haben die Männchen dieser Art gezogen: Sie werden nach der Paarung gefressen.

Reptilien

Schlangen begegnet man eventuell auf Wanderungen, aber auch bei der Besichtigung archäologischer Stätten. Die meisten Arten sind ungiftig, es gibt jedoch auch Vipern, deren Biss (zwei Einstichpunkte im Gegensatz zum halbmondförmigen Abdruck ungiftiger Schlangen) lebensgefährlich sein kann: dann die Bisswunde abbinden und sofort zum Arzt. Beste Vermeidungsstrategie ist in unübersichtlichem Gelände aber ein fester Schritt – Schlangen flüchten, wenn man ihnen die Chance lässt –, dazu knöchelhohes Schuhwerk und lange, feste Hosen; Vorsicht bei Steinhaufen und Ruinen. Dort leben auch **Skorpione**, deren Stich schmerzhaft, jedoch in der Regel nicht lebensbedrohlich ist. An freundlicheren Reptilien finden sich die possierlichen **Geckos**, die mit ihren Saugfüßchen oft an Wänden zu kleben scheinen und in der Nähe von Lichtquellen auf nächtliche Insektenjagd gehen; außerdem verschiedene Eidechsenarten, leider nur noch ganz selten auch Wasser- und Landschildkröten.

Vögel

Nur noch wenige Exemplare des **Steinadlers**, des **Aas-** und des **Gänsegeiers** kreisen über den Gipfeln der Gebirgsregionen; etwas häufiger finden sich die verschiedenen **Falkenarten**. Ein wichtiges Durchzugs- und Überwinterungsgebiet für zahlreiche

Vogelarten sind die Lagunen des Naturschutzgebietes von Vendicari, in denen man mit etwas Glück Störche, Flamingos, Kraniche, verschiedene Entenarten und sogar weiße Löffler beobachten kann.

Meerestiere

Obwohl ihnen eifrig nachgestellt wird, gibt es im Meer um Sizilien, besonders im Stretto di Messina, noch zahlreiche Fischarten; am besten mit ihnen vertraut macht ein Streifzug über einen der Fischmärkte. Außer Fischen leben in Siziliens Gewässern noch **Weichtiere** (Tintenfische etc.), seltener auch **Korallen** und **Schwämme**. An Meeressäugern sieht man mit viel Glück gelegentlich **Delphine**; wohl ausgestorben ist leider die **Mönchsrobbe** (bue marino).

Wirtschaft

Landwirtschaft und Fischfang, in bescheidenerem Maße auch die Viehzucht, zählen immer noch zu den Hauptstützen. Verglichen mit dem Rest Italiens, spielt die Industrie dagegen eine relativ geringe Rolle. Wie überall wächst auch auf Sizilien der Dienstleistungssektor.

Immer schon galt der Süden als das Armenhaus Italiens. Bis heute hat sich daran wenig geändert: Das Bruttosozialprodukt Siziliens ist nicht einmal halb so hoch wie das der Lombardei, die Arbeitslosigkeit erreicht besonders bei Jugendlichen Rekordwerte. Verständlich, dass viele Sizilianer ihr Glück im Ausland suchen – seit mehr als einem Jahrhundert ist der Weg in die Emigration für viele die einzige Hoffnung auf ein besseres Leben. Mittlerweile leben weit mehr gebürtige Sizilianer in Norditalien und im Ausland als auf ihrer Heimatinsel. Rund eine Million sind es allein jenseits der Staatsgrenzen, viele davon in den USA.

Auf Sizilien selbst erstreckt sich ein weiteres Wirtschaftsgefälle zwischen den vergleichsweise wohlhabenden Küstenregionen und den teils bitterarmen Gebieten Innersiziliens. Hier fristen viele noch als Tagelöhner ihr Dasein, was bedeutet, dass sie nur während eines Zeitraums von vier oder fünf Monaten Lohn und Brot finden – aber in keiner Arbeitslosenstatistik erscheinen.

Landwirtschaft: Auf dem Agrarsektor arbeiten heute auf Sizilien noch weit mehr Menschen als sonst in Italien, bezogen auf die Bevölkerungszahl fast doppelt so viele wie im nationalen Durchschnitt. Die Landwirtschaft der Insel zeigt sich jedoch deutlich zweigeteilt. An den Küsten dominieren intensive, ertragreiche und arbeitsaufwändige Kulturen, werden auf engem Raum Wein, Obst, Gemüse und Oliven angebaut. Aus den hiesigen Bewässerungslandschaften stammen 90 % der Zitronen, 60 % der Orangen und Mandarinen Italiens; im Südosten versorgen die riesigen Treibhauskulturen der Provinz Ragusa halb Europa mit Frühgemüsen, die stattliche Preise erzielen.

Anders in den wasserarmen Weiten Innersiziliens. Neben der heute noch wichtigen, aber im Rückgang befindlichen Zucht von Eseln, Pferden, Ziegen und Schafen war hier immer extensive Getreidewirtschaft vorherrschend – schon seit der Antike gilt Sizilien als Weizeninsel. Für den Anbau von Getreide ist jedoch aus wirtschaftlichen Gründen die Bestellung ausgedehnter Felder fast zwingend. Der Bodenreform, die Anfang der 50er-Jahre die einstigen Latifundien in kleinere Parzellen aufteilte, war deshalb wenig Erfolg beschieden; viele frischgebackene Kleinbesitzer waren schon bald genötigt, ihre Felder zu verkaufen. Heute ist wieder der Großgrundbesitz mit allen seinen unerfreulichen sozialen Begleiterscheinungen die Regel.

Abgeschieden: Bauernhof im Südosten

Die Bauernstädte des Inselinneren

Kleine Dörfer und einzelne Bauernhöfe, wie wir sie kennen, sind im Inneren Siziliens selten. Die verstreut liegenden Gehöfte, die da und dort anzutreffen sind, dienen in der Regel nur dem Aufseher und einigen Arbeitern als saisonale Unterkunft. Die Mehrzahl der Bauern, Pächter und Landarbeiter wohnt seit jeher in zumeist weit entfernten Dörfern, die von ihrer Größe her eher als Städte zu bezeichnen sind. Bedrohung durch Banditen und Piraten, aber auch Wassermangel in der Umgebung der Felder waren bzw. sind die Ursachen für diese Siedlungsballungen, die oft Zehntausende von Einwohnern zählen. Im Zeitalter des Pkw und der Vespa sind die langen Distanzen zum Arbeitsplatz kein Problem mehr. Früher aber dauerte der Weg zum Feld oft Stunden.

Fischfang: Die Fischerei spielt nach wie vor eine wichtige Rolle, auch wenn die Erträge rückläufig sind. Etwa ein Fünftel des italienischen Fischs wird in sizilianischen Häfen angelandet. Der größte Fischerhafen der Insel, gleichzeitig einer der bedeutendsten des ganzen Landes, ist Mazara del Vallo an der Westküste. Von dort starten die großen Fangschiffe bis vor die Küsten Tunesiens und Libyens, wobei Konflikte mit diesen Ländern nicht ausbleiben. Der Fang von Schwertfischen, mit speziellen Booten vor allem im Stretto betrieben,

Wirtschaft 33

geht ebenso zurück wie der Thunfischfang: Fast alle der großen Anlagen (tonnare), von denen früher der Fang und die Verarbeitung betrieben wurden, sind stillgelegt. Nur an wenigen Orten wie auf der Egadeninsel Favignana findet noch alljährlich im Frühjahr die berühmte "Mattanza" statt, das Einkesseln und Schlachten der Thunfische von Booten aus. Der Großteil des Fangs geht direkt in die Hände japanischer Einkäufer.

Industrie: Der industrielle Sektor besitzt auf Sizilien, wie im gesamten Süden, eine geringere Bedeutung als in Norditalien. Die Schwefelgruben im Inselinneren um Caltanissetta, die ab der Mitte des letzten Jahrhunderts ihre große Zeit erlebten, fielen großteils der billigeren nordamerikanischen Konkurrenz zum Opfer; die Salinen bei Trapani arbeiten gleichfalls nur noch in bescheidenem Umfang. Besser im Geschäft sind die Kalium- und Steinsalzgruben um Agrigento.

Die verarbeitende Industrie findet sich vornehmlich in Küstennähe. Im Norden steht bei Termini Imerese ein großes Montagewerk von Fiat, dessen Zukunft durch die Krise des Konzerns jedoch bedroht ist. Sehr umstritten sind die riesigen Anlagen der petrochemischen und chemischen Industrie um Augusta, Ragusa, Gela, Porto Empedocle und Milazzo, die ab den 50er-Jahren unter Federführung der "Cassa per il Mezzogiorno" gegründet wurden, einer Art Entwicklungshilfebank für den unterwickelten Süden. Wahre Giganten, benötigen diese Zeugnisse staatlicher Fehlplanung dennoch aufgrund weitgehend automatisierter Abläufe kaum Personal. Die wenigen Arbeitsplätze werden zudem überwiegend durch spezialisierte Facharbeiter besetzt.

Dienstleistungssektor: Er beschäftigt heute, wie überall in Westeuropa, die meisten Arbeitnehmer auf Sizilien. Neben Handel, Banken, Versicherungen und dem Transportwesen fällt hierunter auch der Tourismus, ein zumindest auf Sizilien nicht sehr stabiles Gewerbe mit deutlichen Nachfrageschwankungen. Zuletzt zählte Sizilien etwa 400.000 Ankünfte aus Deutschland pro Jahr, etwa ebenso viele wie die erheblich kleinere Baleareninsel Ibiza; 50.000 Besucher kamen aus Österreich und knapp 80.000 aus der Schweiz. Mit Hilfe erheblicher Investitionen und kräftiger finanzieller Unterstützung der EU wird nun versucht, den Fremdenverkehr anzukurbeln. Allein rund sechs Milliarden Euro sind für den Ausbau der Verkehrswege zur Insel und auf Sizilien selbst vorgesehen, beispielsweise für neue Eisenbahnlinien, Autobahnen und die Erweiterung der Fährverbindungen zu den umliegenden kleineren Inseln. 400 Millionen Euro fließen in den Ausbau der Hotellerie, deren Kapazität von bislang etwa 115.000 Gästebetten um gut ein Drittel aufgestockt werden soll. 14 zusätzliche Yachthäfen sind in Bau oder geplant, wodurch sich die Zahl der Liegeplätze fast verdoppeln wird. Eine breit angelegte Werbekampagne, betreut von der renommierten Agentur Saatchi & Saatchi, hebt besonders das reiche kulturelle Erbe der Insel hervor. Nicht zuletzt setzt das zuständige Ministerium auch auf eine Entzerrung der Touristenströme, eine bessere Auslastung der Nebensaison und darauf, Sizilien möglichst als Ganzjahresziel etablieren zu können – Hoffnungen also, die viele Ziele im Mittelmeerraum hegen.

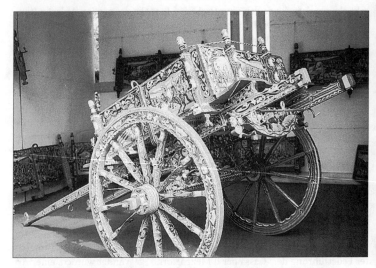

Carretti: Die bemalten Karren sind fast nur noch im Museum zu sehen

Tradition und Brauchtum

Ob auf kulinarischem Gebiet, in Form überlieferter Mythen oder als Motiv farbenprächtiger Feste: Die zahlreichen Kolonisatoren Siziliens haben der Insel so manches Andenken hinterlassen. Viele alte Traditionen sterben jedoch leider allmählich aus.

Sicilianità: Ein fester Bestandteil nahezu jedes Sizilien-Essays. Dabei ist es schwierig, diesen Begriff auch nur zu umreißen. Grundsätzlich handelt es sich um den Versuch, das Wesen der Sizilianer zu charakterisieren, ein Ansinnen, das zwangsläufig die Gefahr mit sich bringt, in Klischees wie die vom "schwermütigen", "fatalistischen" oder "genügsamen" Sizilianer zu verfallen. Vielleicht hält man es doch lieber mit dem Dichter Angelo Fiore, der schrieb, es gebe "fünf Millionen Sizilien" – ebenso viele, wie die Insel Einwohner zählt...

Opera dei Pupi: Das sizilianische Marionettentheater reicht bis ins 18. Jh. zurück und wird als spanisches Erbe angesehen. Die praktisch immer gleiche Rahmenhandlung der Stücke rankt sich um die Erlebnisse der Paladine Karls des Großen, um den Kampf der Christen gegen die Mauren und damit auch den Kampf von "Gut" gegen "Böse". Doch flechten die Puppenspieler (pupari) regelmäßig Alltagsszenen und Liebeleien ein, um ihr Publikum zu interessieren und bei der Stange zu halten: In gewissem Sinne markieren die Puppentheater so einen Vorläufer der heutigen "Seifenopern". Ein Happy End ist ohnehin immer garantiert.

Palermo und Catania waren die Zentren dieses volkstümlichen Vergnügens. Noch Ende der 30er-Jahre gab es allein in Palermo zwöf Puppentheater. In den 60er-Jahren setzte, vor allem durch die Konkurrenz des Fernsehens, der Nieder-

Tradition und Brauchtum 35

Nachfolger der "carretti" und selbst eine Rarität: bemalter Cinquecento

gang der Puppentheater ein, die zwischenzeitlich nahezu ausgestorben waren, seit einigen Jahren jedoch eine bescheidene Renaissance erleben. Gelegentliche Aufführungen sind unter anderem in Palermo zu sehen, und das dortige "Museo delle Marionette" beherbergt eine große Sammlung von Puppen, darunter natürlich auch der unumstrittene "Star" unter den Figuren, der Ritter Orlando.

Carretti: Die berühmten sizilianischen Karren sind gleichfalls nur mehr selten anzutreffen. Farbenprächtig mit naiven Szenen aus Geschichte und Alltag bemalt, wurden sie ab dem 18. Jh. in der Landwirtschaft und von fliegenden Händlern eingesetzt. Der Autoverkehr unserer Tage lässt naturgemäß kaum noch Raum für die traditionellen Vehikel. In manchen Jahren findet jedoch in Taormina Ende Mai ein Treffen besonders schöner Exemplare statt. Alte Meisterstücke lassen sich auch bei verschiedenen anderen Festen sowie im Museo Pitre in Palermo und im Museo Civico von Terrasini studieren. Und obwohl den Karren selbst eine nur mehr folkloristische Bedeutung zukommt, so lebt die Tradition der Bemalung von Fahrzeugen auf Sizilien dennoch weiter: Heute sind es dreirädrige Vespas oder andere Kleinlieferwagen, die man da und dort bunt bemalt durch die Gegend flitzen sieht.

Feste: Siziliens Feste (siehe auch "Wissenswertes von A–Z") sind ein Kapitel für sich. In ihrer Mischung aus tiefer Religiosität und teilweise noch vorchristlich anmutenden Gebräuchen erinnern sie oft an die ausschweifenden Fiestas Spaniens. Hier wie dort war die katholische Kirche nicht immer erfolgreich beim Versuch, uralten Traditionen ein christliches Mäntelchen überzustülpen. So dürfen zu den Osterfesten in San Fratello und Prizzi erst einmal Gruppen junger Männer als Teufel verkleidet ihr Mütchen kühlen, ehe schließlich doch das Gute siegt. Interessant ist in diesem Zusammenhang auch der abergläubische Gebrauch des Horns als Amulett, das – mal stilvoll aus Koralle, mal neuzeitlich aus Plastik – an so manchem Schlüsselbund oder dem Innenspiegel des Autos hängt: Die Sizilianer "rufen also den Teufel (den großen Gehörnten) zu Hilfe, um den Tod fernzuhalten" schrieb Carlotta Tagliarini. Dennoch bleibt der Tod allgegenwärtig, man denke nur an die Mumien im Convento dei Capuccini in Palermo. Und an Allerseelen, in der Nacht zum 2. Dezember, warten die Kinder auf die Seelen der Toten, die dann die Friedhöfe verlassen, um ihnen Geschenke zu bringen ...

Literatur

Eine wahre Fülle an Autoren hat sich mit der größten Insel des Mittelmeers befasst. Viele bedeutende Schriftsteller wurden hier geboren und zeichneten und zeichen ihr persönliches Bild von Sizilien, andere kamen von außerhalb und verliebten sich in die Insel. Sizilien ist deshalb Thema zahlreicher Bücher, die entsprechenden Bände ließen sich leicht meterweise aufreihen. Auf den folgenden Seiten finden Sie eine Auswahl von Literatur ganz unterschiedlicher Themenstellung, zusammengestellt mit Unterstützung von Peter Amann, www.walksicily.de.

▶ **Sizilianische Autoren**: Sizilien hat eine erstaunliche Fülle an Schriftstellern hervorgebracht, darunter viele weibliche Autoren. Reichlich Lesespaß, gleichzeitig humorvolle Einblicke in weniger bekannte Facetten der Insel, vermitteln die Krimis von Andrea Camilleri und Santo Piazzese.

Lampedusa, Giuseppe Tomasi di: Der Leopard, Piper Verlag und andere. Für die Familiensaga des Fürsten Salina, der im Jahre 1860 den Zusammenbruch des Königreichs beider Sizilien miterlebte, wählte Tomasi di Lampedusa seinen Großvater als Vorbild. Sprachgewaltig schildert der Autor den Untergang eines sizilianischen Adelsgeschlechts zur Zeit Garibaldis und beschwört Schicksale und Zeiten herauf, die für das Ende des alten Europa stehen. Giuseppe Tomasi di Lampedusa, der Herzog von Palma und Fürst von Lampedusa (1896-1957) führte ein zurückgezogenes Leben, das einzige öffentliche Amt, das er innehatte, war die Präsidentschaft des Roten Kreuzes auf Sizilien. 1955 brachte er seinen einzigen Roman innerhalb weniger Wochen zu Papier. Opulent verfilmt wurde "Il Gattopardo" 1963 von Luchino Visconti, in den Hauptrollen Burt Lancaster, Claudia Cardinale und Alain Delon.

Verga, Giovanni: Mastro Don Gesualdo, Wagenbach Verlag. Giovanni Verga, 1840 in Catania geboren, ging 1865 nach Florenz und Mailand, kehrte aber nach wenigen Jahren wieder nach Sizilien zurück, wo er 1922 starb. Mit diesem sozialkritischen Roman (und mit "Die Malavoglia") begründete Verga den sogenannten "Verismus".

Verga, Giovanni: Sizilianische Dorfgeschichten/Cavalleria rusticana, dtv-Verlag. In diesem zweisprachig italienisch-deutschen Band sind fünf kurze Erzählungen des Meisters des "Verismo" versammelt, darunter auch die literarische Vorlage der Oper "Cavalleria rusticana".

Pirandello, Luigi: Feuer ans Stroh. Sizilianische Novellen, Wagenbach Verlag. Luigi Pirandello, geboren bei Agrigento, erhielt 1934 den Literatur-Nobelpreis. Er starb 1936. Sein Wohnhaus in Agrigentos Ortsteil Caos kann besichtigt werden, siehe Kapitel "Umgebung von Agrigento". In diesem Band sind 15 seiner sizilianischen Erzählungen versammelt, einige, wie "Mondkrankheit" oder "Der Ölkrug", vielleicht aus der kongenialen Verfilmung der Brüder Taviani (Kaos, 1984) bekannt.

Sciascia, Leonardo: Mein Sizilien, Wagenbach Verlag. Der 1989 verstorbene sizilianische Schriftsteller, bekannt vor allem durch seine Mafia-Romane "Der Tag der Eule" oder "Tote auf Bestellung", erzählt in diesem wunderbaren Buch über die Geheimnisse Siziliens und der Sizilianer, im Großen wie im Kleinen.

Sciascia, Leonardo: Das weinfarbene Meer, Wagenbach Verlag. Sciasca hat die Texte für diesen Band selbst zusammenge-

Literatur

stellt. Es sind dreizehn wunderschöne Erzählungen, die auf Sizilien spielen und die der Autor als eine "Art Resümee" seiner Arbeit betrachtete.

Natoli, Luigi: Der Bastard von Palermo, Aufbau Taschenbuch Verlag, zwei Taschenbücher im Schuber. Die volkstümlich-historischen Romane Luigi Natolis sind für die Sizilianer, was die Romane von Alexandre Dumas oder von Karl May für Franzosen oder Deutsche sind. Natoli (1857–1941) lebte nach einer kurzen Zeit als Gymnasialprofessor in Palermo als Journalist und freier Autor. Er verfasste zahlreiche populäre Romane über Themen der sizilianischen Geschichte, aber "I Beati Paoli" (Der Bastard von Palermo) bleibt bis heute auf Sizilien sein meistgelesenes Buch.

Fava, Giuseppe: Bevor sie Euch töten, Unionsverlag. Sein engagierter Kampf gegen die Mafia, den er mit künstlerischen Mitteln führte, kostete Giuseppe Fava 1984 vor seinem eigenen Theater in Palazzolo Acreide das Leben. In diesem Roman schildert Fava, 1925 geboren, den verzweifelten Kampf einiger sizilianischer Banditen ums nackte Überleben. Das Grundthema ist das aller seiner Bücher: das undurchschaubare, unerklärliche Netz aus Macht, Tradition, Geld, Gewalt und Ehre, das von einer "ehrenwerten Gesellschaft" gesponnen wurde und wird. Er zeigt die Opfer und die Hilflosigkeit der anderen. Morde ohne Täter und Motive, nur unbefriedigende und beunruhigende Aufklärungen. Und über allem das "Omertà", das Schweigen. Im selben Verlag erschienen: **Ehrenwerte Leute**, die Geschichte einer jungen Lehrerin in einem sizilianischen Bergdorf und ihrer mysteriösen Begegnung mit der Mafia.

Grasso, Silvana: Der Bastard von Mautàna, Berlin Verlag. Silvana Grasso ist eine der sprachgewaltigsten sizilianischen Autorinnen. Mit diesem Roman, der im Sizilien der ersten Hälfte des 20. Jh. spielt, eroberte sie die italienischen Bestsellerlisten. "Die Erde getränkt von Geschichte, eine Gesellschaft bestimmt von traditionellem Ritus – das alles eingefangen mit einer homerischen Sprache, der Sprache des 'Leoparden', schrieb "Il Manifesto".

Maraini, Dacia: Bagheria. Eine Kindheit auf Sizilien, Piper Verlag. Die bekannte Schriftstellerin kehrt an den Ort ihrer Kindheit zurück, in die kleine sizilianische Barockstadt Bagheria, die sie durch die Bauspekulationen der Mafia nahezu vollständig zerstört vorfindet. Nicht ohne Nachsicht und Zärtlichkeit taucht sie ein in die eigene Familiengeschichte und Geschichte der Stadt, erzählt von der Liebesheirat ihrer Eltern und zeichnet eindrucksvolle Porträts sizilianischer Frauen. Von Dacia Maraini stammt auch **Die stumme Herzogin**, ebenfalls erschienen im Piper Verlag.

Conoscenti, Domenico: Das Zimmer der roten Lichter, Berlin Verlag. Der junge Saverio Guarneri reist ins sommerlich-schwüle Palermo, um eine Stelle als Barmann anzutreten. Dort gerät er in den Bann zweier Frauen. Die eine ist Saverios alte, unfreundliche Vermieterin, die ihm jedoch eine Erbschaft in Aussicht stellt, die andere die schöne Norditalienerin Luisa, die betrügerischen Geschäften nachgeht und eine kalkulierte Affäre mit ihm beginnt. Autor Domenico Conoscenti wurde 1950 in Palermo geboren.

Consolo, Vincenzo: Das Lächeln des unbekannten Matrosen, Suhrkamp Verlang. Vincenzo Consolo schildert in seinem historischen Roman das Sizilien des Jahres 1860, als Garibaldis Truppen die Insel eroberten und befreiten – und die Armen doch wieder das Nachsehen hatten. Zentrale Figur des Buches ist der Baron Enrico Pirajno di Mandralisca, der Antonello da Messinas "Porträt eines unbekannten Matrosen" erwirbt und eine überraschende Ähnlichkeit zu einem der demokratischen Aufständischen entdeckt. Das berühmte Gemälde, das Consolo zu diesem spannenden Roman inspiriert hat, kann man heute im Museo Mandralisca in Cefalù bewundern.

Consolo, Vincenzo: Die Steine von Pantalica. Sizilianische Geschichten, Suhrkamp Verlag. Vincenzo Consolo, gebürtiger Sizilianer, der seit 1968 in Mailand lebt, unternimmt eine literarische und ganz persönliche Wanderung durch Sizilien. Seine in über dreißig Jahren gesammelten Erlebnisse und Begegnungen auf der Insel gibt er in Erzählungen, Reportagen, Porträts und Fundstücken wieder.

Camilleri, Andrea: Die Form des Wassers. Commissario Montalbano denkt nach, Edition Lübbe. Montalbanos erster Fall. Der palermitanische Verlag Sellerio hat den sizilianischen Regisseur, Theatermann und Autor Camilleri früh auch als Verfasser köstlicher Kriminalliteratur entdeckt. Mittlerweile hat der liebenswerte Commissario, ein Freund guten Essens (nicht umsonst erinnert sein Name an den leider verstorbenen

38 Sizilien entdecken

Schöpfer eines ebenfalls sehr genusssüchtigen Detektivs aus Barcelona) und der Frauen, auch in Deutschland eine große Fangemeinde. Seine kriminalistischen Erlebnisse in der fiktiven Küstenstadt Vigáta vermitteln auf humorvolle Weise ein vielschichtiges Bild des heutigen Sizilien. In der Edition Lübbe, bei Piper und bei Wagenbach erschienen weitere Abenteuer des Commissario, allesamt unbedingt lesenswert, z.B. **Der Hund aus Terracotta, Der Dieb der süßen Dinge** sowie **Die Stimme der Violine**. "The Camilleri's fans club" hat eine ausführliche italienische Homepage eingerichtet: www.vigata.org.

Piazzese, Santo: Die Verbrechen in der Via Medina-Sidonia, DuMont Verlag. Santo Piazzese gelingt es mit seinem Krimi-Debüt, ein äußerst lebendiges Porträt seiner Stadt Palermo zu entwerfen. Inzwischen hat der promovierte Biologe sich nicht nur einen Namen als Autor, sondern vor allem auch als Life-Style-Experte gemacht. Piazzeses Alter Ego Lorenzo La Marca – ein Biologe wie sein Schöpfer – wird im sommerlich-heißen Palermo zum unfreiwilligen Detektiv. Seine Suche nach dem Mörder spickt er mit palermitanischen Lebensweisheiten, Zitaten aus Filmen und dem Jazz. Ansonsten genießt er das Leben in Palermo – und spart dabei nicht mit guten Tipps zur Stadt! Mittlerweile sind weitere Titel erschienen bzw. in Vorbereitung, darunter "Das Doppelleben von M. Laurent" (DuMont). "The Camilleri's fans club" hat auch Santo Piazzese einen Platz auf seiner italienischen Homepage eingerichtet: www.vigata.org/piazzese.

▶ **Klassiker:** Zwei klassische deutsche Autoren, die sich Sizilien mit unterschiedlichen Zielen und Erwartungen und auch mit ganz verschiedenen Fortbewegungsmitteln näherten.

Goethe, Johann W. v.: Italienische Reise, als Taschenbuch im Insel Verlag, gebunden bei Hanser. Goethes "Italienische Reise" führte auch nach Sizilien. Vom 2. April bis zum 12. Mai 1787 hielt sich der Dichter auf Sizilien auf und besuchte Palermo, die Villa Palagonia in Bagheria, Segesta, Girgenti (Agrigento), Castro Giovanni (Enna), Catania, den Etna, Taormina und Messina. Als Vorbereitung, zur Nachbereitung oder Begleitung einer Sizilien-Reise ist der klassische Text uneingeschränkt zu empfehlen. Handlicher auf Reisen ist sicher die einbändige Taschenbuchausgabe. Die schön illustrierte Hanser-Ausgabe besticht durch ihren umfangreichen und interessanten Anhang. Der komplette Text von Goethes "Italienischer Reise" findet sich online beim Projekt Gutenberg-DE: www.gutenberg2000.de.

Seume, Johann G.: Spaziergang nach Syrakus im Jahre 1802, dtv-Verlag. Johann Gottfried Seumes Bericht seiner Reise aus dem sächsischen Grimma nach Sizilien und zurück über Paris ist ein klassisches Beispiel engagierter Reiseliteratur. Anders als Goethe war Seume nicht auf der Suche nach einem verlorenen Arkadien, sondern erlebte Italien auch als ein Land erschreckender sozialer und politischer Missstände. Bewusst legte Seume die weite Reise zu Fuß zurück und schrieb: "Wer geht, sieht im Durchschnitt anthropologisch und kosmisch mehr, als wer fährt (...) Ich halte den Gang für das Ehrenvollste und Selbstständigste im Manne und bin der Meinung, dass alles besser gehen würde, wenn man mehr ginge." Der Text folgt der zweiten, verbesserten Auflage von 1805. Der komplette Text von Seumes "Spaziergang" findet sich online beim Projekt Gutenberg-DE: www.gutenberg2000.de.

▶ **Belletristik mit dem Thema Sizilien:** Viele Romane, Krimis, aber auch Märchen spielen auf Sizilien. Neben der Handlung bieten sie dem Leser auch – mal mehr, mal weniger tiefe – Erkenntnisse über die Insel.

Durrell, Lawrence: Blühender Mandelbaum. Sizilianisches Karussell, Rowohlt Verlag. Die Originalausgabe von Durrells sizilianischen Reisebeschreibungen erschien 1977 unter dem Titel "Sicilian Carousel". Der wiederholt für den Literatur-Nobelpreis vorgeschlagene Autor beschreibt amüsant die Erlebnisse einer skurrilen Reisegruppe und zeichnet dabei mit leichter Hand ein farbiges Porträt der Kulturgeschichte Siziliens.

Farinetti, Gianni: Brennende Insel, Bastei Lübbe Verlag. Der zweite Roman des jungen Autors aus Turin liegt nun ebenfalls in deutscher Sprache vor. Ein Krimi und Gesellschaftsbild, mit dem sommerlichen Stromboli als brennender Bühne und einer exzentrischen Urlaubergesellschaft als Darsteller. Ein amüsant zu lesendes Buch, das auch viel Stromboli-Atmosphäre vermittelt.

Literatur

Verspielt: Balkonkonsolen in Ragusa-Ibla

Herbst, Alban Nikolai: New York in Catania. Eine phantastische Reise durch Sizilien, Rowohlt Verlag. Die Handlung dieses spannenden Romans verschmilzt virtuos das gegenwärtige und das mythische Sizilien. Fast wie nebenbei führt das Buch aber auch zu den bedeutendsten Sehenswürdigkeiten der Insel.

Russo, Enzo: Grüße aus Palermo, Fischer Taschenbuch. Ein toter Schriftsteller und trotzdem kein Kriminalfall. Der stille Roman spielt auf überraschende Weise mit den Vorurteilen des Norditalieners – der hier allgemein für den Nicht-Sizilianer steht – Sizilien gegenüber. Nicht nur ein Schlüsselroman über das zeitgenössische Italien, sondern auch eine Moralbetrachtung seiner Gesellschaft.

Studer-Frangi, Silvia: Märchen aus Sizilien, Fischer Verlag. Die wechselvolle Geschichte der Insel spiegelt sich auch in der Vielschichtigkeit ihrer Märchen wieder. Der Band enthält einen Querschnitt von 24 Märchen aus den Sammlungen von Giuseppe Pitrè (1841–1916) und Laura Gonzenbach (1842–1878), darunter auch die Geschichte von "Cola Pesce", die Friedrich Schiller zu der Ballade "Der Taucher" angeregt hat.

Theresa Maggio: Mattanza, Diana Verlag. "Liebe, Tod und das Meer – Ein sizilianisches Ritual", so der Untertitel, erzählt die Liaison einer Amerikanerin mit einem sizilianischen Fischer, berichtet aber vor allem in fast wissenschaftlicher Manier vom Thunfischfang auf Favignana, der legendären Mattanza.

▶ **Literatur zu Kultur, Kunst und Geschichte**: Über die Jahrhunderte hinweg war Sizilien immer wieder neuen kulturellen Einflüssen ausgesetzt. Vertiefendes Material zu Kunst, Geschichte und Kulturgeschichte der Insel finden Sie in der folgenden Auswahl von Titeln.

Carnabuci, Brigit: Sizilien, DuMont Verlag. Der Kunstreiseführer hat durch die Neubearbeitung gewonnen. Die Texte wurden gestrafft, die Informationsfülle des Buches jedoch nicht geschmälert. Alle wesentlichen archäologischen Ausgrabungsstätten, Museen, Kirchen, Paläste und Kunstdenkmäler Siziliens werden detailliert und anschaulich beschrieben.

Peterich, Eckart: Sizilien, Prestel Verlag. Herausgelöst aus der schon klassischen "Italien-Trilogie" von Peterich, die gleichermaßen mitreißend über Geologie, Landschaft, Mythologie, Geschichte wie Kunst erzählt. Von Bene Benedikt vollständig überarbeitete Ausgabe. Die Texte des 1968 verstorbenen Peterich lassen sich auch heute noch mit großem Gewinn und Genuss

Sizilien entdecken

lesen, dabei hält der Autor mit persönlichem Urteil nicht zurück und steckt mit seiner Begeisterung an.

Finley, Moses I.: Das antike Sizilien. Von der Vorgeschichte bis zur arabischen Eroberung, dtv-Verlag. Sir Moses Finley (1912–1986) gehörte zu den führenden Sozialhistorikern auf dem Gebiet der Antike. In seiner lebendigen Darstellung des prähistorischen, antiken und mittelalterlichen Siziliens stützte sich Finley auf Originalquellen und die neuesten Forschungen.

Finley, Moses I. & Dennis Mach Smith, Christopher Duggan: Geschichte Siziliens und der Sizilianer, Beck Verlag. In der Übersetzung und Überarbeitung von Kai Brodersen ist dieses Werk, das von ausgewiesenen Kennern der sizilianischen Geschichte verfasst wurde, uneingeschränkt zu empfehlen.

Rill, Bernd: Sizilien im Mittelalter. Das Reich der Araber, Normannen und Staufer, Belser Verlag. Rill fasst in seiner flüssig geschriebenen Darstellung die Höhepunkte des sizilianischen Mittelalters zusammen und malt ein farbenprächtiges Bild der Epoche, in der die geschichtsträchtigste Insel des Mittelmeers dessen glänzender und heiß umkämpfter Mittelpunkt war. Nicht zuletzt wird die Figur des Stauferkaisers Friedrich II. in ihren sizilianisch-süditalienischen Kontext gerückt.

Nestmeyer, Ralf (Hrsg.): Sizilien – Ein literarisches Landschaftsbild, Insel Verlag. Bekannte und häufig zitierte Passagen wie die Rede des Fürsten an Chevalley in Lampedusas "Leoparden", aber auch jüngere Texte von Alban Nikolai Herbst oder Santo Piazzese zeichnen ein vielschichtiges Bild Siziliens. Ein Anhang listet die wichtigsten Sehenswürdigkeiten auf. Das handliche Buch eignet sich hervorragend als Reisebegleiter und regt zum Weiterlesen an.

Amann, Peter: Sizilien, Merian Classic bei Gräfe & Unzer. Ein Sizilien-Buch des Inselkenners Peter Amann (siehe z.B. auch unter "Wanderführer"), der auch für weite Teile dieser Literaturliste verantwortlich zeichnete. Viel Insiderwissen, exzellenter Überblick über die vielen Facetten Siziliens. Schöne Fotos, viel Hintergrundinformation.

Tyroller, Luise und Amann, Peter: Sizilien, Bruckmann Verlag, aus der Reihe Bruckmanns Länderporträts. Für diesen opulenten Band haben die Sizilien-Spezialisten Tyroller (Text) und Amann (Fotos) zusammengearbeitet – eine Zierde fürs Buchregal.

▶ **Literatur zum Thema "Mafia"**: Wer sich mit Sizilien befassen will, kommt natürlich an der "Ehrenwerten Gesellschaft" nicht vorbei. Gerade in den letzten Jahren erschien eine ganze Reihe von Büchern zum Thema.

Falcone, Giovanni: Inside Mafia, Herbig Verlag. Die französische Originalausgabe des Buches erschien noch zu Lebzeiten Falcones, der 1992 zusammen mit seiner Frau und drei Leibwächtern von der Mafia ermordet wurde. Das Buch entstand aus zwanzig Gesprächen, die der Journalist Marcelle Padovani mit dem Untersuchungsrichter führte. Die sechs Kapitel ziehen sich wie konzentrische Kreise um den Kernpunkt des Mafiaproblems: den italienischen Staat. Der Palermitaner Falcone zeichnet mit großer Kenntnis sein Bild Siziliens und der Mafia von innen.

Stille, Alexander: Die Richter, Fischer Verlag. Eines der besten Bücher zum Thema Mafia in Sizilien und Italien! Ein fesselnder Report über die Arbeit und den Tod der beiden 1992 von der Mafia ermordeten Untersuchungsrichter Falcone und Borsellino. Seine Basis sind Interviews mit Mitarbeitern der Ermittlungsbehörden und geständigen Überläufern der Mafia.

Butta, Carmen: Jetzt gehörst Du nicht mehr dieser Welt. Reportagen über die Mafia, Hirzel Verlag. Die italienische Autorin und Fotografin Carmen Butta lebt in Deutschland, verfasste Reportagen für große Magazine und ist Trägerin des Joseph Roth- und des Egon-Erwin-Kisch-Preises. Auszug aus dem Verlagstext: "Von einem Killer, der sich weigert, seinen Bruder zu ermorden und deshalb von seinem eigenen Paten umgebracht wird. Von einem Staatsanwalt, dessen eigene Wohnung sein Gefängnis ist, und von einem abtrünnigen Mafioso, der nun das Leben eines angstgejagten Biedermannes führt. Von einem in die Einöde verbannten Pater und weißen Chrysanthemen, die als Mordankündigung überreicht werden."

Robb, Peter: Sizilianische Schatten. Kunst, Geschichte, Essen, Reisen und die Mafia, DuMont Verlag. Ein mitreißender Blick von außen auf Sizilien und die vielschichtigen Verquickungen des organisierten Verbrechens mit der Politik, Wirtschaft und italienischen Gesellschaft. Peter Robb ist Australier und lebt in Sydney. Mehr als 14 Jahre verbrachte er als Journalist und Dozent in Süditalien. Seine Art, Zusammenhänge sehen, macht das Buch zu einem spannenden und manchmal unheimlichen Lesevergnügen.

Battaglia, Letizia: Leidenschaft, Gerechtigkeit, Freiheit: Sizilianische Fotos, Zweitausendeins. Jahrzehntelang engagierte sich Letizia Battaglia (ihr Name bedeutet "Kampf") in ihrer Heimatstadt Palermo als Fotografin, Publizistin, Stadträtin, Mitglied der Ökologie-Bewegung und Aktivistin für Frauen- und Menschenrechte. Über mehr als zwanzig Jahre hinweg dokumentierte sie fotografisch die Gewalt der Mafia. Ihre Bilder zeigen die Opfer des Terrors, die Trauer der Angehörigen, aber auch die Täter. Texte von Angela Casiglia Battaglia, Melissa Harris, Simona Mafai, Leoluca Orlando, Roberto Scarpinato und Renate Siebert begleiten Battaglias Bilder.

▶ **Sizilien kulinarisch**: Eine mittlerweile erkleckliche Anzahl von Titeln widmet sich der von zahlreichen fremden Einflüssen geprägten Küche und den oft unterschätzten, dabei jedoch ausgezeichneten Weinen Siziliens.

Meuth, Martina & Bernd Neuner-Duttenhofer: Reiseziele für Lebenskünstler – Sizilien, Karl Blessing Verlag. Der üppig ausgestattete Band ist sehr viel mehr als nur ein hübsch illustriertes Kochbuch mit der Angabe einiger Restaurantadressen. Martina Meuth und Bernd Neuner-Duttenhofer ist es gelungen, ein sehr lebendiges und vielschichtiges Porträt Siziliens zu zeichnen.

Blum, Doris & Jean Pierre König: A Tavola in Sicilia, AT Verlag. Der uralten Dreiteilung der Insel folgend, haben die Autoren ihr Buch in drei Teile gegliedert: "Unter dem Vulkan", "Un po d'Africa in giardino" und "Süße Mandeln und ein barocker Himmel". Ein Buch zum genussvollen Lesen und Schauen, mit 90 ausgewählten Rezepten. Ein Verzeichnis besonders empfehlenswerter Trattorien, Restaurants, Hotels, Einkaufsadressen und weiterführender Literatur rundet das Werk ab.

Meier, Chris: Sizilien. Kulinarische Reiseskizzen, Hädecke Verlag. Chris Meier durchstreift auf seiner kulinarischen Reise durch Sizilien und die benachbarten Inseln die Trattorie und Ristoranti, führt zu den Tischen einfacher Bauern und Fischer, aber auch zu den Tafeln der Adligen, öffnet Weinkeller und verrät vor allem zahlreiche Rezepte, die sich fast alle auch außerhalb Siziliens nachkochen lassen. Im Anhang diverse Adressen und ein Festkalender.

Peter, Peter: Cucina Siciliana. Vom Essen und Trinken in Sizilien, Hugendubel Verlag. Bei seinem Gang durch die Küche Siziliens lässt Peter Peter die Protagonisten selbst zu Wort kommen und stellt 14 Lokale, drei Marsala-Kellereien und vier Pasticcerie bzw. Gelaterie vor. Ausgewählte Rezepte der vorgestellten Trattorie und Ristoranti finden sich in den Randspalten.

Kriesi, Rolf: Vinoteca. Die Weine aus Sizilien und Sardinien, Falken Verlag. Das kleine Büchlein gibt überraschend vollständig Auskunft über die Weinsorten und Anbaugebiete Siziliens (und Sardiniens), rät zu "kulinarischen Hochzeiten", empfiehlt die besten Weingüter und verrät auch etliche gute Einkaufsadressen.

▶ **Wanderführer**: Lange gab es praktisch keinerlei deutschsprachige Wanderliteratur zur Insel. Diese Lücke ist seit einigen Jahren geschlossen.

Amann, Peter: Landschaften auf Sizilien, Sunflower Verlag. Peter Amann, ausgewiesener Sizilienkenner und Autor der Mehrzahl der in diesem Reisehandbuch beschriebenen Touren, führt auf mehr als 40 Wanderungen durch ausgedehnte Naturschutzgebiete, in wilde und unberührte Küstenregionen und in ebenso reizvolle wie bislang wenig bekannte Landschaften. Präzise Beschreibungen, schöne Fotos, neu entworfene Karten.

Mesina, Caterina & Nikolaus Groß: Wandern auf Sizilien, DuMont Verlag. 35 ansprechend beschriebene Wanderungen, begleitet von klaren Karten und Höhenprofilen.

Asisa Madian & Kai Matthießen: Sizilien und Liparische Inseln, Bruckmann Verlag. Bei Redaktionsschluss angekündigt, mittlerweile aber wohl bereits erschienen. Ein neuer Wanderführer, der vor allem im Etna-Gebiet wegen der großen Veränderungen durch die letzten Eruptionen dort zumindest vorläufig einen gewissen Aktualitätsvorsprung haben dürfte.

Geschichte

Die Vergangenheit als aufschlussreiches Mosaiksteinchen im Bild der Gegenwart: Für Sizilien gilt das ganz besonders. Eine über fast drei Jahrtausende hinweg nie abreißende Kette von Eroberern und Fremdherrschern hinterließ nicht nur die zahllosen Monumente, die die Insel zum Dorado für kunstgeschichtlich Interessierte machen. Sie formte auch die Mentalität der heutigen Bewohner.

Griechen, Karthager und Römer zankten sich jahrhundertelang um den fruchtbaren Boden und die strategische Position im Mittelmeer. Goten und Vandalen plünderten und mordeten. Es regierten Araber, Normannen und Staufer, alle vergleichsweise moderat und weise. Franzosen und Spanier pressten der Insel dann wieder das Letzte ab. Nie aber hatten die Sizilianer selbst etwas zu sagen, nie hatten sie einen Einfluss auf die Politik der regierenden ausländischen Mächte. Durchaus verständlich ist also das instinktive Misstrauen der Sizilianer gegenüber allen Einmischungen von jenseits des Meeres. Mit dem 1860 erfolgten Anschluss an Italien änderte sich aus der Sicht der leidgeprüften Inselbewohner nur wenig. Auch der neue Staat liegt für sie "in Übersee". Entsprechend kritisch und reserviert werden die Entscheidungen der hohen Herren in Rom beäugt. Als Italiener fühlt sich kaum ein Sizilianer.

Die jahrtausendelange Besatzung durch Fremdvölker hinterließ ihre Spuren auch im Aussehen der Inselbevölkerung. Dem durchaus nicht selten vertretenen blonden und blauäugigen Sizilianer ist das normannische Erbe ebenso deutlich anzusehen wie manchem Besitzer einer besonders "klassisch" geformten Nase seine griechische Abstammung. Die Mehrzahl allerdings entspricht tatsächlich dem gängigen Klischee des relativ kleinen, dunkelhäutigen Sizilianers mit den schwarzen Augen – das nahe Arabien lässt grüßen ...

> "Man kann also sagen, dass Unsicherheit der wichtigste Faktor in der sizilianischen Geschichte ist und sich im allgemeinen wie individuellen Verhalten, in der Daseinsweise und Lebensauffassung niederschlägt, in Furcht, Sorge, Misstrauen, unzugänglichen Leidenschaften; in der Unfähigkeit, außerhalb von Gefühlsbindungen Beziehungen aufzubauen; in Gewalt, Pessimismus und Fatalismus."
>
> (Leonardo Sciascia)

Vor- und Frühgeschichte

Nur wenig weiß man über die ursprünglichen Bewohner der Insel. Aufschluss bringen vielleicht die im März 2004 bei Petralìa Sottana entdeckten, bis zu 10.000 Jahre alten steinzeitlichen Felsreliefs – eine archäologische Sensation.

Bereits im Neolithikum (Jungsteinzeit), das auf Sizilien ab etwa dem 4. Jahrtausend v. Chr. angesetzt wird, tauchten die ersten Kolonisatoren auf. Sie kamen wahrscheinlich aus dem Orient und brachten als neue Kulturstufe Ackerbau und Viehzucht. Auch Keramik war ihnen bekannt, wie Funde der nach einer neolithischen Siedlung nahe Siracusa so benannten *Stentinello-Kultur* bewiesen.

Sehenswertes aus der Vorgeschichte

Funde aus der Vorgeschichte Siziliens und der Eolie sind besonders in den Archäologischen Museen Palermo, Siracusa und Lipari ausgestellt.

Grotta del Genovese: Die Höhle auf dem Inselchen Levanzo vor Trapani bewahrt Felszeichnungen und Malereien des Paläolithikums, deren Alter auf zehn- bis zwölftausend Jahre geschätzt wird.

I Sesi: Auf der Insel Pantelleria finden sich kuppelförmige megalithische Grabmäler der Jungsteinzeit, aufgeschichtet aus Lavasteinen.

Capo Graziano: Die Grundmauern einer bronzezeitlichen Siedlung des 17.–13. Jh. v. Chr. liegen auf der Insel Filicudi (Eolische Inseln).

Capo Milazzese: Ähnlich, allerdings etwas jüngeren Datums, nämlich von etwa 1400 bis 1270 v. Chr. Als zusätzliches Bonbon lockt die benachbarte Badebucht Cala Junco. Bucht und Kap liegen auf Panarea (Eolische Inseln).

Die **Kupferzeit** begann im Mittelmeerraum ab dem 3. Jahrtausend v. Chr. Nun sorgte die Schifffahrt, verstärkt notwendig geworden durch den Handel mit Metallen, für Kontakte mit anderen Zivilisationen. Das verkehrsgeographisch günstig gelegene Sizilien geriet erneut zum Ziel fremder Einwanderer, erstmals wurden auch größere Siedlungen gegründet. Eine Sonderstellung nahmen die Eolischen Inseln ein, die schon in vormetallischer Zeit durch den Handel mit dem glasigen, extrem harten Vulkangestein Obsidian zu Reichtum gelangten und ein wichtiger Warenumschlagplatz waren.

In der **Bronzezeit**, etwa im 2. Jahrtausend v. Chr., behielten die Eolischen Inseln den Charakter einer bedeutenden Handelsstation bei. Die Kulturen von *Capo Graziano* (Filicudi) und später von *Capo Milazzese* (Panarea) standen besonders zum griechischen Mykene in regem Warenverkehr, anzunehmen sind aber auch Handelskontakte bis nach Ägypten und England. Auf Sizilien selbst entwickelte sich zunächst die eigenständige *Kultur von Castelluccio* zwischen Noto und Palazzolo Acreide, später die von *Thapsos* (nördlich von Siracusa), wobei letztere auch regen Handel mit der mykenischen Welt betrieb.

Sikaner, Elymer und Sikuler – die ersten bekannten Kolonisatoren

In der mittleren und späten Bronzezeit wurde Sizilien von einer wahren Welle von Einwanderern überflutet.

Erst ab diesem Zeitraum ist die Herkunft der einzelnen Eroberer-Völker zu identifizieren, ein Verdienst der Geschichtsschreiber des Altertums. Sie waren es auch, die uns den ältesten bekannten Namen Siziliens überlieferten: *Trinakria* wurde die Insel genannt, das "Land der drei Berge".

Zunächst waren es die ursprünglich aus Libyen stammenden, später auf der Iberischen Halbinsel heimischen *Sikaner*, die es nach Sizilien zog. Doch bald landete im Westen der Insel starke Konkurrenz: *Elymer* gründeten die Städte Eryx (Erice) und Egesta (Segesta). Sie führten ihre Herkunft auf Trojaner zurück, die nach der verlorenen Schlacht gegen die Achäer geflohen waren. Kriegerisch zeigten sich auch die aus Mittelitalien stammenden *Sikuler*, die irgendwann zwischen dem 13. und dem 11. Jh. v. Chr. die Meerenge Stretto überwanden und sich, auch dank des Wissens um Bronze und Eisen, den Osten der Insel sicherten. Sizilien war nun in der Hand dreier Völker: Im Westen Elymer, im Osten Sikuler (von denen möglicherweise auch der Name "Sizilien" stammt), unglücklich dazwischen gedrängt und im Ringen um die Herrschaft ohnehin schon abgeschlagen die Sikaner.

> ### Sehenswertes aus der Zeit der Sikuler
> Viel hat sich nicht erhalten – die meisten der frühen Siedlungen wurden in späteren Zeiten von Griechen und Phöniziern übernommen und ausgebaut.
>
> **Nekropole Pantálica**: Über 5000 Grabhöhlen, die Mehrzahl sikulischen Ursprungs, außerdem Grundmauern des Anaktoron, eines sikulischen Herrscherpalasts mit Anklängen mykenischer Architektur. Am stärksten beeindruckt die fantastische Lage hoch über der Anapo-Schlucht zwischen Ferla und Sortino in der Nähe von Siracusa.

Griechen und Phönizier – Kampf um Sizilien

Sikaner, Elymer und Sikuler waren nur Statisten in der Altertumsgeschichte Siziliens: Im ersten Jahrtausend v. Chr. machten sich weit mächtigere Völker auf der Insel breit.

Zunächst war es die Seefahrernation der *Phönizier*, die an den Küsten im Westen Siziliens Handelsstationen wie Panormos (Palermo), Motya (Mozia) und Solus (Solunto) gründete und die ansässigen Elymer teils inseleinwärts verdrängte, teils sich mit ihnen vermischte. Die aus Syrien stammenden Phönizier, auf Sizilien später hauptsächlich von ihrer Tochterkolonie Karthago vertreten, brachten die Kulte ihrer orientalischen Gottheiten mit auf die Insel –

Griechen und Phönizier 45

Dorisch: der Tempel von Segesta

ein besonders blutrünstiges Exemplar war der Hauptgott *Baal*, der Kleinkinder als Opfer verlangte.

Mit der Gründung der ersten Kolonien der *Griechen* im Osten begann das lange Ringen der beiden Völker um die Vorherrschaft auf Sizilien. Hellas blieb dabei erster Sieger; Karthago andererseits ließ sich aus dem Westen der Insel erst nach vielen Jahrhunderten von Rom vertreiben. Griechische Händler und Seefahrer – letztere episch gewürdigt in Homers Odyssee – hatten durch zahlreiche Kontakte besonders zu den Sikulern des Ostens schon den Boden bereitet, als im 8. Jh. v. Chr. die ersten Einwanderer aus Griechenland ihr Glück auf der Insel suchten. Hauptauslöser war die ständig zunehmende Bevölkerung der Heimat, dadurch ansteigende Armut und die Notwendigkeit der Erschließung neuer Anbauflächen. Auch die guten Handelsmöglichkeiten im Zentrum des Mittelmeers lockten wohl die Immigranten, die sich aus verschiedenen griechischen Volksstämmen zusammensetzten. Die einheimischen Völker wurden ins Bergland abgedrängt, zum Teil auch "hellenisiert" und nahmen Götter und Gebräuche der Griechen an.

Vom Mutterland waren die Kolonien von Anfang an unabhängig, wurden zeitweise auch mit Verachtung, Neid und Argwohn betrachtet. Ausgehend von der Ostküste (Naxos 734 v. Chr., Syrakus 735 v. Chr.) schoben sich die griechischen Siedlungen im Verlauf von eineinhalb Jahrhunderten allmählich in den Süden (Gela 690 v. Chr., Akragas 582 v. Chr.), den Norden (Himera, 648 v. Chr.) und den Westen (Selinunt 628 v. Chr.) vor. Nach dem Vorbild der Heimat wurden die einzelnen Stadtstaaten voneinander unabhängig regiert, zunächst durch aristokratische Familien, später meist durch Tyrannen, ein ursprünglich wertfreier Ausdruck für Alleinherrscher. Antike "Demokratien" – in denen Frauen, Leibeigene und Sklaven selbstredend nichts zu melden hatten – blieben relativ kurzfristige Ausnahmen.

Sehenswertes aus der griechischen Epoche

Während von den Bauten der Phönizier bzw. Karthager nur wenig erhalten blieb, gehören die Relikte der Griechen zu den kunstgeschichtlichen Höhepunkten Siziliens. An finanziellen Mitteln und Arbeitskräften für die Errichtung von Prachtbauten hatte es den Inselgriechen ja nicht gefehlt, und so setzten sie alles daran, ihr Heimatland in Monumentalität und Ausführung zu übertreffen.

Die griechischen Tempel: Es sind vor allem die Tempel der Griechen, die das Interesse der Besucher auf sich ziehen. Sie waren im Gegensatz zur früheren Lehrmeinung nicht "klassisch weiß", sondern in bunten und leuchtenden Farben bemalt. Berücksichtigt man diese Erkenntnis jüngerer Zeit, so entsteht – etwa beim Betrachten der östlichen Tempelreihe in Agrigento – mit etwas Fantasie ein skurriles, auch ein wenig kitschiges, aber jedenfalls lebendigeres Bild als das der bleichen und irgendwie freudlosen Heiligtümer, das frühere Kunstexperten vor Augen gehabt haben müssen. Der Aufbau der Tempel war, zumindest grundsätzlich, immer gleich: der Naos, das eigentliche Tempelhaus, besteht aus dem säulengestützten Pronaos (Vorhalle), der Cella (Hauptraum) und dem Opisthodom, dem architektonischen Gegenstück zum Pronaos. Eine Eigenheit der Tempel in den großgriechischen Kolonien ist, dass häufig an die Cella noch ein kleiner Hinterraum angeschlossen wurde. Als Allerheiligstes galt die Cella mit dem Kultbild des Gottes – sie durfte nur von Priestern betreten werden. Bei einem Peripteros, einem Ringhallentempel, ist der Naos von einer Säulenreihe eingefasst. Neben den Tempeln sind noch zahlreiche Ausgrabungsstätten griechischer Siedlungen eine Besichtigung wert. Oft beeindrucken dabei weniger die teilweise spärlichen Reste privater und öffentlicher Gebäude, als die landschaftliche Lage. Für die meist an Berghänge gebauten, halbkreisförmig ansteigenden Theater suchte man sich – im Gegensatz zu den Römern – die schönsten Plätze mit weiter Fernsicht aus.

Im Folgenden nur eine kurz gefasste Auswahl der wichtigsten Sehenswürdigkeiten – es gibt noch viel mehr zu entdecken, besonders auch in den Museen von Siracusa, Gela, Agrigento und Palermo!

Taormina: Von den Rängen des später von den Römern umgebauten Teatro Greco bietet sich eine Aussicht auf Etna und Küste, die schon Goethe überschwänglich bewunderte.

Siracusa: Der Dom, in den der Athena-Tempel des 5. Jh. v. Chr. integriert wurde, bildet ein gelungenes Beispiel der Kombination von Bauten verschiedener Zeitalter; die antike Substanz ist noch gut zu erkennen. Im antiken Stadtteil Neapolis warten das griechische Theater, ein gigantischer Opferaltar und die blumenbewachsenen Steinbrüche Latomie.

Agrigento: Das Tal der Tempel ist die eindrucksvollste Ansammlung griechischer Kultbauten auf Sizilien, landschaftlich schön gelegen und von modernen Gebäuden fast völlig verschont. Der Concordia-Tempel gehört zu den am besten erhaltenen Tempeln der Antike, der von Karthago zerstörte Zeus-Tempel war der größte dorische Bau aller Zeiten.

Selinunte: Auf dem weiten Ausgrabungsgelände der antiken Stadt liegen zahlreiche Tempel, die großteils durch Erdbeben eingestürzt sind. Dennoch als Musterbeispiel einer Griechenstadt sehr sehenswert, zumal in der Umgebung auch schöne Sandstrände locken.

Mozia: Auf dem idyllischen Inselchen vor der Westküste ist eine der wenigen Ausgrabungsstätten phönizisch-karthagischer Siedlungen zu sehen. Man erkennt noch einen kleinen Hafen und viele Grundmauern, außerdem Reste der grausigen Kultstätte, in der dem Gott Baal Kinder geopfert wurden.

Segesta: Ein einsam stehender dorischer Tempel, unter griechischem Einfluss von Elymern errichtet. Der nie völlig fertig gestellte Bau ist hervorragend erhalten und im Zusammenspiel mit der Landschaft ein optischer Genuss. Am Hang oberhalb bietet ein Theater weiten Ausblick bis zum Meer.

Griechen und Phönizier 47

Magna Graecia, Großgriechenland, war jedoch trotz Wohlstands und Expansion bislang noch nicht zum Höhepunkt seiner Macht gelangt – dafür brauchte es, wie meist in der Geschichte, erst einen Krieg. Karthago hatte den westwärts weisenden Drang der sizilianischen Griechen schon lange mit Argwohn betrachtet; wohl nicht zu Unrecht fürchtete es um sein angestammtes Gebiet. Wie praktisch fügte es sich da, dass zu Beginn des 5. Jh. v. Chr. Perserkönig *Xerxes* ein Auge auf das griechische Mutterland geworfen hatte. Perser und Karthager verbündeten sich. Auf Sizilien nahmen sich *Gelon von Syrakus* und *Theron von Akragas* (Agrigento) ein Beispiel und taten desgleichen. Im Jahr 480 v. Chr. schlugen die hoch gerüsteten mittelmeerischen Großreiche aufeinander los. Es wurde ein einzigartiger Triumph für die Griechen und ihre sizilianischen Tochterstädte. Die vereinigten Heere von Gelon und Theron schlugen die Karthager bei Himera vernichtend; fast zeitgleich erlebte die persische Flotte beim griechischen Salamis ein Desaster.

Der Weg nach oben war für Siziliens Griechenstädte gebahnt und mit reicher Kriegsbeute gepflastert. Es folgte eine Blütezeit, wie sie die Insel noch nicht erlebt hatte. Die mächtigen Tempel von Akragas entstanden, gebaut von karthagischen Sklaven. Gelon und seine Nachfolger verstärkten und erweiterten Syrakus, machten die Stadt zur mächtigsten Metropole des westlichen Mittelmeers. Gleichzeitig besann man sich auf die griechische Tradition der schönen Künste, lud Dichter wie Pindar oder Aischylos nach Syrakus. Für einige Jahrzehnte kehrte sogar eine Art Demokratie ein. Die Machtposition der Kolonialisten festigten wie nebenbei die Siege über die Etrusker 474 v. Chr. und den rebellischen Sikulerfürsten Duketius 452 v. Chr.

Allmählich wurde sogar Athen um seine Vormachtstellung besorgt. Während des *Peloponnesischen Kriegs* griff sein Heer 414 v. Chr. Syrakus an – und erlebte eine katastrophale Niederlage. Landstreitkräfte und die größte Flotte, die Athen je entsandt hatte, wurden fast völlig vernichtet, über 7000 Athener wanderten als Sklaven in die Steinbrüche, in denen sie elendiglich zugrunde gingen.

Doch auch Syrakus war schwer angeschlagen. Karthago nutzte die Gelegenheit, attackierte erneut und diesmal erfolgreicher. Selinunt und Himera wurden 409 v. Chr. zerstört; Akragas fiel 406, Gela 405 v. Chr. in die Hände der Nordafrikaner. Es bedurfte eines starken Tyrannen, Karthago zu stoppen: Syrakus hatte ihn in *Dionysios I.*, der nicht nur 395 v. Chr. Karthago besiegte und wieder in den Westen zurückdrängte, sondern während seiner fast vierzigjährigen Herrschaft die Stadt zu einem erneuten Höhepunkt führte. Syrakus beherrschte Sizilien und war eine der mächtigsten Städte der damaligen Welt.

Weniger glücklich und führungsstark waren Dionysios' Nachfolger, so dass der aus Korinth kommende Timoleon, ein Mann im Ruf großer Weisheit, die Demokratie wiedereinführen konnte. Es gelang ihm auch, einen Waffenstillstand mit Karthago zu schließen. Nach seinem Tod kamen wieder Tyrannen ans Ruder, der Konflikt mit den Karthagern flammte erneut auf. Auch untereinander zerstritten sich die Städte, die Hoch-Zeit griechischer Machtentfaltung auf Sizilien ging zu Ende.

Von Karthago immer stärker bedroht, rief man den mit der Tochter eines Tyrannen verheirateten König *Pyrrhus* aus Epirus zu Hilfe. Dies auch im Angesicht einer neuen Gefahr: die Römer meldeten sich zu Wort... Pyrrhus konnte sie unter schweren Verlusten (der "Pyrrhussieg") 280/79 v. Chr. zwar noch einmal zurückschlagen, auch die Karthager kurzfristig verdrängen, doch dann war es soweit: Rom griff sich im *Ersten Punischen Krieg* 264–241 v. Chr. gegen Karthago große Teile Siziliens. Einzig Syrakus blieb unter Hieron II. noch für einige Jahrzehnte selbständig. Sein Nachfolger machte dann den entscheidenden Fehler. Im *Zweiten Punischen Krieg* paktierte er mit dem Erzfeind Karthago gegen die Römer und hatte damit aufs falsche Pferd gesetzt. 212 v. Chr. eroberte Rom auch Syrakus; der geniale Mathematiker Archimedes kam dabei ums Leben. Sizilien war römisch.

Sizilien unter Rom – Ausbeutung in großem Stil

Mit dem Sieg der römischen Flotte in der Seeschlacht gegen Karthago bei den Isole Egadi 241 v. Chr. war der Erste Punische Krieg entschieden. Sizilien wurde die erste Provinz der Römer und von ihnen ausgequetscht wie eine Zitrone.

Die Herren vom Tiber freuten sich nicht nur über die strategische Position, sondern sahen die Insel vor allem auch als gigantischen Supermarkt, in dem sie sich nach Herzenslust bedienen konnten. Paradebeispiel ist der Statthalter *Verres*, der in seiner Amtszeit (73–71 v. Chr.) alles an griechischen Kunstschätzen stahl, was nicht niet- und nagelfest war und von Cicero deshalb erfolgreich vor dem Senat angeklagt wurde.

Besonders am Herzen lag den Römern die landwirtschaftliche Nutzung Siziliens. Weite Teile der Wälder wurden abgeholzt, zum einen für den Bau von Kriegsschiffen, aber auch zur Gewinnung von Anbauflächen. Die Insel wurde zur *Kornkammer Roms*. Um deren reibungslose Funktion zu garantieren, griff man zu schweren Repressalien. Die Städte wurden, je nach ihrem romfreundlichen oder -feindlichen Verhalten im Punischen Krieg, in vier Stufen klassifiziert. Die Mehrheit, die sogenannten Civitates Decumanae, mussten zehn Prozent ihrer Ernte abführen; wer sich Rom gegenüber "korrekt" verhalten hatte, wurde wie Taormina oder Messina von Abgaben befreit. Ganz hart ging man mit Siedlungen um, die sich mit Karthago verbündet hatten: Der Boden wurde den römischen Besitztümern zugeschlagen, auf denen die Bewohner unter den Bedingungen von Leibeigenen arbeiten mussten. Solchermaßen unterdrückt, schlossen sich auch viele Bürger den beiden *Sklavenaufständen* (135–131 und 104–101 v. Chr.) an, die von Rom nur mit Mühe und äußerster Brutalität niedergeschlagen werden konnten.

In der römischen *Kaiserzeit*, die um die Zeitenwende unter Augustus begann, verbesserte sich die Lage Siziliens etwas. Für einige Jahrhunderte genoss die Insel, von kriegerischen Auseinandersetzungen verschont, die Ruhe der Provinz. Die schlimmsten Repressalien wurden aufgehoben, Städte wie Taormina und Termini Imerese entwickelten sich zu Kur- und Ferienorten für die römische Oberschicht. Das *Christentum* breitete sich auf Sizilien relativ schnell aus, Syrakus gehörte zu den ersten christlichen Gemeinden der Insel. Mit dem Niedergang und der Teilung des Römischen Reichs im 4. Jh. waren die stabilen

Sizilien unter Rom

Jagdszene in der Villa Casale: Jäger opfern der Göttin Diana

Zeiten vorbei; wechselweise gehörte Sizilien zum östlichen Reich von Byzanz und zum westlichen Reich von Rom.

Der Druck der Völkerwanderung schlug auch nach Sizilien durch, das von den schwachen Herrschern nicht mehr geschützt werden konnte. Im Jahr 440 fielen die *Vandalen* ein und plünderten nach Leibeskräften. Ihnen folgten die *Ostgoten*, die Sizilien quasi als Nachfolger des Weströmischen Reichs regierten, wenn auch nur kurzfristig.

Sehenswertes aus der römischen Zeit

Die römisch-byzantinische Epoche hinterließ auf Sizilien nur wenige bemerkenswerte Bauten – darunter allerdings ein echtes Glanzstück.

Villa Romana Casale: Die Villa vom Beginn des 4. Jh., der Spätphase des römischen Reiches, gehört zu den größten Attraktionen der Insel. Ihr sicher schwerreicher Bauherr ist bis heute nicht bekannt; die meisten Archäologen tippen auf einen hohen Beamten. Bei den erst 1950 systematisch aufgenommenen Ausgrabungen kamen über 3500 Quadratmeter Fußbodenmosaiken ans Licht. Die farbenprächtigen Bilder zeigen mehrere hundert Szenen, deren Schwerpunkt antike Mythen und Jagdgeschichten bilden; in der Tourismuswerbung beliebter allerdings ist die Darstellung der so genannten "Bikini-Mädchen". Die Villa Casale liegt im Inselinneren unweit von Piazza Armerina.

Siracusa: Das römische Amphitheater im antiken Stadtteil Neapolis ist eines der größten der antiken Welt. Im Unterschied zu den normalen Theatern fanden hier die beim Volk sehr beliebten Gladiatorenspiele statt. Zeugen der Repressalien, denen die frühen Christen ausgesetzt waren, sind die Katakomben unter der Kirchenruine San Giovanni, die sich an Ausdehnung leicht mit denen Roms messen können. Hier fand man auch den kunstvoll gestalteten "Sarkophag der Adelphia", zu besichtigen quasi um die Ecke im Archäologischen Museum.

535 wurde Sizilien erneut von Byzanz besetzt. Es folgten Jahrhunderte des langsamen Niedergangs unter einer korrupten Administration. Im Osten ging währenddessen der Stern einer neuen Religion auf, die das kränkelnde Byzanz schnell ins Wanken brachte. Unter der Bedrohung durch islamische Araber verlegte Kaiser Konstans II. 663 seine Residenz nach Syrakus, wo er 668 ermordet wurde. Ein innerchristlicher Religionsstreit der Herren aus Rom und Byzanz, der die Insel arg erschütterte, ließ schließlich den Islam zum lachenden Dritten werden: Einem Hilferuf aus Syrakus folgten die Araber nur zu gern und landeten 827 bei Mazara del Vallo.

Arabische Blütezeit

Die Araberherrschaft wurde eine der glücklicheren Epochen der Inselgeschichte, Sizilien hat ihr viel zu verdanken.

Nach ihrer Landung bei Mazara im Jahr 827 benötigten die Araber (auch als Sarazenen tituliert) noch über sieben Jahrzehnte, bis sie 901 mit Taormina die letzte Bastion des Widerstands erobern konnten. Hätten sie gewusst, was sie erwartet, hätten sich die Sizilianer vielleicht weniger vehement gewehrt, denn die Anhänger des Islam nahmen nicht nur – anders als ihre Vorgänger gaben sie auch. Ihre Emire förderten den Handel und den Abbau von Bodenschätzen, begannen mit der Anlage von Salinen zur Salzgewinnung. Eine taugliche Verwaltung wurde installiert, deren Steuern die Einwohner nicht erdrückten. Auch die Landwirtschaft erfuhr grundlegende Verbesserungen durch den Abbau der Latifundienwirtschaft zugunsten kleinerer, intensiver zu bearbeitender Flächen. Zusätzliche Erträge brachten der Bau raffinierter Bewässerungsanlagen und die Einführung neuer Nutzpflanzen: Dattelpalmen, Zuckerrohr, Baumwolle, Reis, Pistazien und nicht zuletzt Zitronen- und Orangenbäumen – das Sizilienbild unserer Tage trägt viele Züge, die auf die arabische Herrschaft zurückgehen.

In der arabischen Epoche übernahm erstmals Palermo – anstelle von Syrakus, das lange Widerstand geleistet hatte – die Rolle der Hauptstadt Siziliens. Binnen kurzem stieg es zu einer der mächtigsten und prachtvollsten Städte des islamischen Reichs auf, nur vergleichbar mit solchen Kapitalen wie Kairo oder dem spanischen Córdoba, damals im Zeichen des Halbmonds eine der größten Städte der Welt. Auch die Wissenschaften blühten auf, denn die aufgeklärten Sarazenen setzten auf eine Kombination der Erkenntnisse von Morgen- und Abendland. Palermo wurde zum Treffpunkt von Gelehrten aus Ost und West. In Religionsfragen gaben sich die islamischen Herrscher ebenfalls recht tolerant, jeder durfte nach seiner Façon selig werden. Christen waren allerdings durch die Einführung einer Spezialsteuer und geringe Aufstiegsmöglichkeiten doch so gehandicapt, dass viele Sizilianer zum Glauben Mohammeds konvertierten.

Trotz aller Erfolge währte die arabische Herrschaft auf Sizilien nicht einmal 200 Jahre. Ursache für den Untergang war, wie schon so oft in der Inselgeschichte, ein interner Streit der Herrschenden. Und der nächste Okkupator wartete schon – die Normannen lagen auf der Lauer.

Sehenswertes aus der arabischen Zeit

Erstaunlicherweise blieb von den zahlreichen arabischen Bauten Siziliens – es gab allein weit mehr als 100 Moscheen – so gut wie nichts erhalten. Sie wurden vermutlich von den Normannen und der einheimischen Bevölkerung nach dem Abzug der Araber zerstört, ein in diesem Fall nur schwer zu erklärender Hass auf die Besatzer. Zu sehen sind einzig noch ein arabisches Waschhaus in Cefalù und die Thermenanlage Bagni di Cefalà nahe der SS 121, knapp 30 Kilometer südöstlich von Palermo. In vielen Bauten der Normannen, ihren Kirchen, Palästen und Schlössern ist der arabische Einfluss dagegen bis heute deutlich spürbar geblieben.

Auch auf anderen Gebieten hat sich die Insel einiges an arabischem Erbe bewahrt. Ortsnamen, die mit *"Calta-"* (Burg) oder *"Gibil-"* (Berg) beginnen, weisen ebenso auf die arabische Herrschaft hin wie die köstlichen Süßspeisen der heutigen Zuckerbäcker. Auch in kulinarischer Hinsicht also trugen die Nordafrikaner ihren Teil zur Verbesserung der Lebensqualität auf Sizilien bei.

Nordländer auf Sizilien – Normannen und Staufer

Vom Papst unterstützt und sogar ausdrücklich dazu aufgefordert, machten sich die Normannen, ursprünglich Söldner und kaum mehr als bessere Strauchdiebe, daran, auch Sizilien zu erobern.

Roger I., Bruder des bereits über Süditalien herrschenden Robert Guiscard, landete 1061 mit seinen Truppen bei Messina, doch erst nach drei Jahrzehnten fiel mit Noto das letzte arabische Bollwerk. 1101 starb Roger, seine Witwe Adelasia übernahm interimsmäßig die Amtsgeschäfte. 1112 war der damals siebzehnjährige *Roger II.* alt genug, um als Herrscher eingesetzt zu werden. Er regierte, ab 1130 als erster normannischer König Siziliens, mehr als 40 Jahre. Es wurden nicht die schlechtesten in der Geschichte der Insel.

Wie schon sein Vater, erwies sich Roger II. als begabter Politiker. Beide hatten schnell erkannt, dass sich das sizilianische Gemisch der Völker und Religionen auf Dauer nur mit Verständnis und Toleranz kontrollieren ließ. Unter den Normannen herrschte auf der Insel völlige Glaubensfreiheit, alle Religionsgemeinschaften waren gleichgestellt; Griechisch, Arabisch und Latein waren als Amtssprachen zugelassen. Soviel Aufgeschlossenheit hatte natürlich ihre Gründe: Die Normannen brauchten die Kenntnisse der auf Sizilien zurückgebliebenen Araber dringend. Mangels eigener Verwaltung übernahmen sie weitgehend den vorhandenen Apparat, auch die Steuergesetze der Araber fanden großteils weiter Anwendung. Großzügige Förderung erfuhr, wie schon unter den Arabern, der Austausch von Gelehrten aus Ost und West, der die Wissenschaften zur Blüte brachte. Es entstand eine fruchtbare Mischung islamischer und normannischer Kultur: Sizilien blieb eine Drehscheibe zwischen Orient und Okzident.

Die wirtschaftliche Macht allerdings wussten sich die Normannen zu sichern. Sie führten den Großgrundbesitz wieder ein und betrauten zuverlässige Adlige mit der Verwaltung der Feudalgüter – eine Praxis, die für Siziliens Landbevölkerung bis in die Gegenwart hinein fatale Folgen hat.

Wuchtig: Normannenkastell in Erice

Als Roger II. 1154 starb, übernahm sein einziger überlebender Sohn, *Wilhelm I.* (wegen Querelen mit der Kirche "der Böse" genannt) den Thron. Ihm folgte ab 1166 *Wilhelm II.*, "der Gute". Mangels direkter Nachkommen fiel dessen Amt nach seinem Tod 1189 für kurze Zeit an Tankred, den unehelichen Spross eines früh verstorbenen Sohns Rogers II., und dessen Nachfolger. 1194 endete, nach etwas mehr als hundert Jahren, die Normannenherrschaft auf der Insel: Ein mächtiges Königshaus sah sich schon seit Jahren zu berechtigterer Nachfolge Rogers II. berufen und setzte dies militärisch schließlich auch durch – die aus Schwaben stammenden *Staufer* hielten Einzug in Sizilien. Nach dem kinderlosen Tod Wilhelms II. hatte sich der stauferische Kaiser Heinrich VI., verheiratet mit Konstanze, einer Tochter Rogers II., schon als legitimer Thronerbe gefühlt. Die normannischen Adligen sahen das zwar anders, wurden 1194 von Heinrichs Heer jedoch eines Stärkeren belehrt. Die Deutschen blieben auch nach der Krönung Heinrichs im November 1194 nicht gerade beliebt bei den blaublütigen Lehnsherren, die um ihre Pfründe fürchteten. 1197 bereits starb Heinrich, seine Frau ein Jahr später. Ein vierjähriges Kind war der einzige Thronfolger.

Die Herrschaft Friedrichs II.: Der kleine Friedrich II. wuchs zu einer der faszinierendsten und widersprüchlichsten Persönlichkeiten der Geschichte Süditaliens heran, respektvoll *stupor mundi* ("Das Wunder der Welt") tituliert. In Palermo unter der Vormundschaft des Papstes erzogen, prägte ihn der intensive Kontakt mit der arabisch-islamischen Kultur, für die er eine besondere Vorliebe zeigte. Vielsprachig und hochgebildet, galt sein Interesse der Kunst, den Wissenschaften und der Philosophie; berühmt wurden seine Gedichte in sizilianischem Dialekt und sein Buch über die Falkenjagd. Als Staatsmann ließ er sich von herrschenden Dogmen nicht einengen und legte sich häufig mit der Kirche an, was ihm mehrfach den päpstlichen Bann eintrug. Stationen einer Karriere: 1198 König von Sizilien, 1214 König von Deutschland, 1220 römischer Kaiser, 1229 nach einem Kreuzzug König von Jerusalem. Der Politiker Friedrich II. zeigte sich gleichzeitig fortschrittlich und gnadenloskonservativ. Sizilien erhielt eine neue, effektive und zentralistisch gesteuerte Verwaltung; ein fast modern anmutender Beamtenstaat entstand. Gleichzeitig wurde die Macht des Landadels rigoros beschnitten, wurden aufbegehrende

Araber ohne viel Federlesens niedergemacht oder umgesiedelt und religiöse Minderheiten unterdrückt. Doch auch die römische Kirche musste viele Privilegien abgeben.

Sehenswertes aus der Zeit der Normannen und Staufer

Das kurze Jahrhundert der Normannenherrschaft hinterließ auf Sizilien eine erstaunliche Anzahl von hochrangigen Kunstschätzen, an Bedeutung durchaus mit denen der griechischen Epoche zu vergleichen. Als Demonstration von Macht und Reichtum der Herrscher konzentrieren sie sich vorwiegend im Raum der Hauptstadt Palermo. Der guten Beziehungen zu den Päpsten wegen entstanden außer Palästen vornehmlich Sakralbauten. Der arabische Einfluss, der auch an der Architektur nicht vorüberging, ist den Kirchen jener Zeit deutlich anzusehen: Quadratische Grundrisse, von roten Kuppeln überspannt, und viel Ornamentik im Mauerwerk sind Kennzeichen, die den arabisch-normannischen Stil prägen. Im Inneren vor allem der großen Kathedralen begeistern die kunstvoll ausgeführten, farbenprächtigen und großflächigen Mosaiken, die von byzantinischen Meistern oder unter ihrer Anleitung geschaffen wurden. Die Staufer – der Kirche ohnehin nicht hold – verlegten sich der praktischen Denkweise Friedrichs folgend eher auf den Bau oder Ausbau von Kastellen, wie sie in Catania, Siracusa, Augusta oder Enna zu sehen sind.

Palermo: Höhepunkt der Stadtbesichtigung ist die mit Mosaiken und edlen Materialien aufs Feinste ausgeschmückte Capella Palatina, die Privatkapelle Rogers II. im Normannenpalast. Anschauungsunterricht in Sachen arabisch-normannischer Architektur bieten im engeren Stadtbereich auch die Kathedrale (mit Königsgräbern der Normannen und Staufer) sowie die Kirchen La Martorana, San Cataldo und San Giovanni degli Eremiti, letztere mit einem sehr romantischen Kreuzgang. In den äußeren Stadtbezirken sind die bereits 1071 errichtete Kirche San Giovanni dei Lebbrosi, quasi als Prototyp aller normannischen Kirchenbauten, und die stark arabisch beeinflussten Lustschlösschen La Cuba und La Zisa zu bewundern.

Monreale: Die oftmals umgebaute Kathedrale Wilhelms "des Guten" erscheint von außen eher langweilig, birgt im Inneren aber das Hauptwerk normannisch-byzantinischer Mosaikenkunst. Die goldglänzenden Bilderzyklen erzählen auf über 6000 (!) Quadratmetern Geschichten aus Altem und Neuem Testament – eine Pracht, die sich kein Besucher der Insel entgehen lassen sollte.

Cefalù: Aufgrund eines in Seenot abgelegten Gelübdes ließ Roger II. in dem damaligen Fischernest einen großen Dom errichten. Seine Mosaiken sind teilweise älter als die von Monreale, wenn auch nicht so aufwändig; trotzdem allemal einen Besuch wert.

Auf Sizilien, das ja nur ein kleiner Teil seines Imperiums war, hielt er sich nur noch selten auf. 1250 starb Friedrich II. in Apulien. Sein Sarkophag jedoch liegt in der Kathedrale von Palermo. Mit dem Tode des Regenten ging die Stauferherrschaft auf Sizilien auch schon wieder ihrem Ende entgegen. Nachfolger Manfred erwies sich als schwach – zu schwach, um dem Druck der römischen Kirche, die endlich eine Chance zur Beseitigung des verhassten Stauferreichs sah, standhalten zu können. 1265 erklärte der Papst einen Franzosen zum König über Sizilien.

54 Geschichte

Ausguck an der Küste: Wachtturm bei San Vito la Capo

Französisches Intermezzo – kurz und blutig
Dem Ruf von Papst Clemens IV., sich doch bitte Sizilien unter den Nagel zu reißen, folgte Karl von Anjou nur zu gerne.

1266 schlug der Bruder des französischen Königs mit einer gewaltigen Militärmaschinerie das Heer von Stauferkönig Manfred, der dabei ums Leben kam. Anschließend machte Karl sich daran, ganz im Sinn der Kirche, das Geschlecht der Staufer systematisch auszurotten. Die meisten Mitglieder der Königsfamilie fanden nach jahrzehntelanger Kerkerhaft den Tod. Den aussichtsreichsten Kandidaten für die Thronfolge, den erst sechzehnjährigen Konradin, ließ Karl vorsichtshalber sogar öffentlich enthaupten. Als dann folgte Karl der unrühmlichen Tradition vieler Herren Siziliens und plünderte die Insel nach Kräften aus. Seine Beamten beschlagnahmten Land, Vieh und Ernten, die Steuern wurden in schwindelnde Höhen getrieben. Neapel wurde statt Palermo die neue Hauptstadt des Reichs, der Glanz aus den Tagen der Araber bis Staufer schwand. Das Volk hasste die Franzosen, selbst der einheimische Adel murrte.

Die Sizilianische Vesper: Es folgte – nach Jahrtausenden der Unterdrückung! – der erste echte Volksaufstand gegen Besatzer Siziliens. Ein französischer Soldat, der am Ostermontag, dem 31. 3. 1282, in Palermo eine Sizilianerin beim Kirchgang belästigte, war nur der Auslöser. Die lang gestaute Wut brach sich ihre Bahn, sämtliche beim Gottesdienst anwesenden Franzosen wurden niedergemetzelt. Gleichzeitig läuteten die Vesperglocken der Kirche Santo Spirito: Die Sizilianische Vesper hatte begonnen. Der blutige Aufstand breitete sich schnell aus, noch in der gleichen Nacht wurden alle in Palermo lebenden Franzosen ermordet. Der Rest der Insel schloss sich an. Die in ihren Festungen verschanzten Besatzer hatten keine Chance, nur wenige überlebten.

Nach dem Massaker stellte sich für Sizilien die Frage nach der künftigen Regierung: Von den Truppen des Hauses Anjou weiterhin bedroht, brauchte die Insel einen starken Verbündeten. Die Adelsschicht fand ihn im Ehemann der Stauferin Konstanze, Tochter Manfreds. *Pedro von Aragón*, ein Spanier, nahm an und Sizilien nach zwanzigjährigem militärischen Gerangel mit dem Haus Anjou in seinen Besitz. 1302, im Frieden von Caltabellotta, war es offiziell: Sizilien hatte wieder einmal den Herrn gewechselt. Ein besonders guter Tausch wurde es nicht gerade. Unzweifelhaft jedoch, dass die jahrhundertelange spanische Fremdherrschaft zu jenen Epochen zählt, die die Insel bis heute am stärksten prägen – wer einmal die berühmte Osterprozession von Trapani gesehen hat, wird da nicht widersprechen. Kein Gebiet Italiens erinnert stärker an Spanien als Sizilien.

Spanier und Bourbonen – Sizilien verkommt

Mit der Herrschaft des Hauses Aragón war Sizilien von der Entwicklung Italiens zunächst abgekoppelt und wieder einmal Spielball fremder Mächte. Andere Katastrophen taten ein Übriges.

Die in Italien allmählich eintretenden sozialen Verbesserungen konnten die Insel nicht erreichen. Auch die ab 1412 einsetzende Regierung durch spanische Vizekönige und die Zugehörigkeit zum spanischen Weltreich ab 1479 änderte an dieser Entwicklung nichts. Den Landadligen und dem Klerus, die mit spanischer Unterstützung ihre Position festigten, ausbauten und unter der Hand die eigentlichen politischen Drahtzieher wurden, war die Abwesenheit echter Herrscher, vor denen sie sich hätten verantworten müssen, nur recht. Auf ihren riesigen Ländereien, fern aller Einmischung durch Regierung und korrupte Verwaltung, herrschten sie wie kleine Könige. Luxuriöser Lebensstil und Prachtbauten wurden wie gehabt über maßlose Steuern, Abgaben und Pachtzinsen

---

Sehenswertes aus der Zeit der Renaissance

Die Renaissance hat wenig Spuren hinterlassen, konnte durch die spanische Herrschaft auf Sizilien nur wenig Einfluss gewinnen. Die adligen Herren hielten sich bei ihren Palazzi an den von zu Hause gewohnten und importierten gotisch-katalanischen Stil. Auch in Malerei und Skulptur fallen auf Sizilien während dieser Periode nur wenige Künstler ins Gewicht. Zu sehen sind ihre Werke u. a. im Museo Regionale in Messina, im Palazzo Bellomo in Siracusa und vor allem in der Galleria Regionale in Palermo, die Arbeiten der Bildhauer auch in zahlreichen Kirchen.

Antonello da Messina (1430–1479) gilt als einer der größten Renaissancemaler Italiens, kehrte seiner Heimat am Stretto aber schon bald den Rücken. In seinen Werken setzte er den Schwerpunkt besonders auf die Ausdruckskraft der abgebildeten Personen.

Francesco Laurana (1430–1502) war Architekt und gleichzeitig ein genialer Bildhauer. Der aus Dalmatien über Neapel nach Sizilien gelangte und zwischen der Insel und Südfrankreich pendelnde Künstler war auf Frauenbüsten und natürlich Madonnen spezialisiert.

Domenico Gagini (1420–1492) war der Stammvater einer ganzen Künstlersippe – Sohn Antonello zeugte weitere fünf männliche Nachkommen, allesamt wurden sie Bildhauer. Madonnenstatuen der Gaginis sind in zahllosen Kirchen Siziliens vertreten.

56 Geschichte

Opulent: Fassaden der Barockstadt Noto

finanziert. Armut, Verelendung und Hungersnöte unter der Bevölkerung waren die Folgen. Verzweifelte Aufstände in Palermo und Messina wurden blutig niedergeschlagen. Andere Katastrophen kamen hinzu. Ab dem 15. Jh. wütete die *Inquisition*: Alle Juden wurden von der Insel vertrieben, die Wirtschaft dadurch immens geschwächt. In ungeschützten Küstenstrichen und auf den vorgelagerten Inseln fielen häufig *Piraten* ein, im Inselinneren entwickelte sich das *Brigantentum* in Form organisierter Gangsterbanden, denen die verarmte Bevölkerung Respekt, teilweise gar Wohlwollen entgegenbrachte.

Im 16. und 17. Jh. tobte die Pest, 1669 zerstörte ein *Etna-Ausbruch* Catania. 1693 verwüstete ein schreckliches *Erdbeben* Südost-Sizilien. Der prunkvolle Wiederaufbau von Adelspalästen, Kirchen und ganzer Städte verschlang Unsummen. Als aus dem ausgebluteten Volk nichts mehr herauszuholen war, verschuldete sich der Adel bedenkenlos. Zu Beginn des 18. Jh. war Sizilien am Ende.

Der Spanische Erbfolgekrieg brachte 1701 das Ende der spanischen Macht auf Sizilien, gefolgt von einem raschen Wechsel neuer Herren. Zunächst regierte das Haus Savoyen, dann Österreich, ab 1734 herrschten von Neapel aus die *Bourbonen*. Deren König Karl III. zeigte sich zwar willig, soziale Verbesserungen einzuführen, der Adel hintertrieb jedoch geschickt eventuelle Reformen. Die *Französische Revolution* kam nicht nach Sizilien, spülte stattdessen den bisher in Neapel residierenden König Ferdinand IV. ins sizilianische Exil. 1812 spendierte er den Sizilianern großmütig eine eigene Verfassung, die er 1816 nach dem Sturz Napoleons und seiner eigenen Rückkehr nach Neapel widerrief. Fortan regierte er das *Königreich beider Sizilien*, nämlich Neapel und die Insel.

Unter den Bourbonen ereigneten sich gewaltige wirtschaftliche und soziale Umwälzungen, die erneut zu Lasten des Volks gingen. Ab 1815 entstand mit dem beginnenden *Schwefelabbau* die einflussreiche Kaste der Grubenbesitzer.

Sehenswertes aus der Zeit des Barock

Die Zeit des Barock gehört neben der griechischen und normannischen Epoche zu den künstlerisch herausragenden Perioden in Siziliens Geschichte. Das verheerende Erdbeben von 1693, das den Südosten der Insel verwüstete, gab den Anlass zu einer ganzen Reihe planmäßiger Neugründungen von Städten. Die Geldbeutel von Adel und Kirche waren dank deren blutsaugerischer Politik so prall gefüllt, dass der Wiederaufbau in aller Pracht erfolgte. Die besten Architekten der Insel (vor allem Rosario Gagliardi in Noto, Modica und Ragusa; Giovanni Battista Vaccarini in Catania) durften nach Herzenslust gestalten. Sie formten nicht nur einzelne Gebäude, sondern die Grundrisse ganzer Ortschaften. Die berühmten sizilianischen Barockstädte entstanden, konzipiert als Bühnen für das Alltagsleben der Bewohner, das sich auf Sizilien ja vorwiegend im Freien abspielt: die Stadt als vergrößertes Wohnzimmer. Das harmonische Zusammenspiel der einzelnen Gebäude und überraschende, genau komponierte Perspektiven verraten den genießerischen Augenmenschen des Barock. Immer wieder stößt man auf amüsante Details; besonders die mit grotesken Monstren und Fabelwesen geschmückten Balkonkonsolen zeigen Sinn für Skurrilität und Humor. Das Baumaterial der Barockstädte, der warme, honigfarbene Kalksandstein, verleiht dem Stadtbild zusätzlichen Reiz und eine gewisse Leichtigkeit. Eine Ausnahme bildet Catania, dessen Gebäude aus schwarzem Lavastein der Stadt einen düsteren, pessimistischen Anstrich geben – angesichts der fatalen Nähe des Etna ja durchaus passend... Wieder anders war die Situation in Palermo. Vom Erdbeben verschont, mussten die Kirchen und Paläste der Barockzeit zwischen intakte Gebäude eingepasst werden; ein durchgängig gestaltes Stadtbild wie im Südosten ließ sich so natürlich nicht erreichen. Stattdessen wirkte in Palermo ein Meister der Stuckdekoration. Giacomo Serpotta schmückte im 17. Jh. die Innenräume einer ganze Reihe von Gotteshäusern mit seinen phantasievollen und außergewöhnlichen Gipsarbeiten; sein Paradestück ist die Darstellung der Seeschlacht von Lepanto im Oratorio di Santa Zita. Ganz anderer Natur ist die Villa Palagonia in Bagheria. Die 1715 errichtete Villa wird von einer Ansammlung von Fabelwesen – Monstren, Zwergen, Zentauren, etc. – bewacht, die schon Goethe schockierte. Mancher findet soviel "schlechten Geschmack" aber schon wieder herrlich.

Die schönsten Barockstädte

Noto, die prächtigste von allen, wurde nach dem Untergang des alten, landeinwärts gelegenen Noto antica völlig neu erbaut. Entlang dreier Parallelstraßen reihen sich die Prunkbauten wie Perlen einer Kette. Am Palazzo Villadorata finden sich besonders schöne Beispiele verrückter Balkondekoration. **Mòdica** ist nicht so einheitlich aufgebaut wie Noto, glänzt dafür mit lebendigerem Alltagsleben. Das Ortsbild lebt vom Spannungsfeld zwischen der Unterstadt mit ihren Palästen und dem Gassengewirr der Oberstadt.

Ragusa: die dreigeteilte Stadt. Unterhalb des heutigen Zentrums liegt mit Ragusa-Ibla die Barockabteilung: romantisch und ruhig, mit viel schläfrigem Charme – ein Platz für einen verträumten Nachmittag. Der Dom von Ibla gilt als Gagliardis Meisterstück.

Grammichele ist eher ein "Barockdorf". Keine besonders großartigen Bauten, der sechseckig angelegte Grundriss des Ortskerns ist dafür auf Sizilien einmalig.

Schon vorher hatte sich das System der Unterverpachtung der großen Ländereien herausgebildet. Der Adel, in die großen Städte gezogen und mangels Rendite an eigener Verwaltung der Güter nicht mehr interessiert, kassierte fortan eine Pauschalsumme von den so genannten *Gabellotti* (eigentlich: "Steuereintreiber"), meist ehemalige Banditen oder andere Personen "von Ansehen", die im Gegenzug das Land aufteilten und weiterverpachteten. Dass dieses System nur zu vermehrter Ausbeutung der Kleinpächter und Tagelöhner führte, liegt auf der Hand, ebenso, dass sich plötzlich auch für Nichtadlige neue Aufstiegsmöglichkeiten boten: Ein Gabellotto war schon wer... In Abwesenheit staatlicher Autoritäten entstanden so auf dem Land die Grundzüge der *Mafia*. Ein Wechselspiel entwickelte sich.

Um überhaupt als Großpächter angenommen zu werden oder als solcher bessere Bedingungen zu erstreiten, setzten so manche Briganten den Adel mit Anschlägen unter Druck. Gleichzeitig kontrollierten sie die Unterpächter und Tagelöhner, belohnten Wohlverhalten und bestraften Aufsässigkeit, schritten bei Übergriffen des Adels auch mal auf Seiten des Volkes ein. Je größer das gepachtete Gebiet, desto höher der Einfluss, desto nötiger auch ein zuverlässiger Stamm an "Soldaten", die den Willen ihres Herrn durchsetzen konnten. Dieses System einer zwischen Obrigkeit und Volk geschalteten, unabhängigen Macht lebt als Grundprinzip der "Ehrenwerten Gesellschaft" bis heute fort. In den Städten artikulierte sich derweil die Wut und Verzweiflung der Bevölkerung gegenüber der verhassten Bourbonenherrschaft in mehreren Revolten. 1820/21 wurden Aufstände in Palermo blutig niedergeschlagen. 1848/49 entwickelte sich – besonders in Messina und Palermo – gar eine echte Revolution, die aber an internen Zwistigkeiten und dem Bombenhagel von Ferdinand II. ("Re Bomba") scheiterte. 1860 kam es schließlich dann doch noch zur zur Einigung Italiens.

Il Risorgimento – Aufschwung für Sizilien?

Am 11. Mai 1860 landete Giuseppe Garibaldi bei Marsala. Sein Ziel: Der Idee des "Risorgimento", eines geeinten Italien, endlich zum lang ersehnten Durchbruch zu verhelfen.

Seine Soldaten: gerade 1000 schlecht bewaffnete Männer, die sogenannten "Rothemden" – eine lachhaft scheinende Zahl angesichts des bourbonischen Heers. Doch Garibaldi war ein hervorragender, taktisch gewiefter Militär und fand breite Unterstützung in der Bevölkerung, der er Bodenreformen und Steuersenkungen versprach. Am 15. Mai schlug er bei Calatafimi eine weit stärkere und besser ausgerüstete Bourbonentruppe. Der berühmt gewordene *Zug der Tausend*, dem sich immer mehr Sizilianer anschlossen, wurde zum Triumphmarsch über die Insel, die schon nach einem Monat in den Händen der Rebellen war. Garibaldi, für kurze Zeit Diktator Siziliens, hielt im Oktober eine Volksbefragung ab, bei der sich 99,5 % der Sizilianer zum Anschluss an das Königreich Italien unter König *Vittorio Emanuele* von Savoyen-Piemont bekannten. Für das Volk änderte sich wenig bis nichts. Während der ohnehin schon reichere Norden mit zunehmender Industrialisierung aufblühte, verharrte der agrarisch strukturierte Süden, der *Mezzogiorno*, in Armut und Einflusslosigkeit – wie viele Sizilianer meinen, eine durchaus angestrebte und geförderte Entwicklung. Das Latifundiensystem und die Macht der Gabellotti, aus deren Vermittlerrolle zwischen Bauern und dem Adel nebst piemontesischer Verwaltung sich zunehmend die Mafia entwickelte, blieben weitgehend unangetastet. Auch die versprochenen Steuersenkungen fanden nur in stark abgeschwächter Form statt. In den Schwefelgruben von Caltanissetta war Kinderarbeit unter entsetzlichen Bedingungen an der Tagesordnung, gleichzeitig suchten Hunderttausende ihr Heil in der Emigration, die nach dem Erdbeben in Messina 1908 einen traurigen Höhepunkt erreichte. Die Abwanderung hatte aber auch ihre guten Seiten: Geldtransfer der Auslandsarbeiter in die Heimat und ein verstärktes Angebot an Arbeitsplätzen. Andere blieben und schlossen sich den frühen Gewerkschaftsgruppen der Fasci an. Deren Streiks wurden von der Regierung in Rom blutig niedergeschlagen – ausgerechnet unter Premierminister *Francesco Crispi*, einem Sizilianer, der im Risorgimento eine führende Rolle gespielt hatte. Die Sizilianer lernten nun auch den italienischen Staat in der Rolle des Kolonialisten kennen.

Faschismus und der Zweite Weltkrieg

Siziliens Lage zu Ende des Ersten Weltkriegs war wie gehabt, nämlich schlichtweg miserabel. Die Auswanderung hielt weiter an.

1922 übernahm Faschist *Mussolini* die Regierung Italiens. Für die Mafia brachen harte Zeiten an. Die Faschisten, die neben sich keine andere Macht dulden wollten, griffen zu Methoden abseits aller juristischen und rechtsstaatlichen Grundsätze – und hatten Erfolg damit. Wer nur irgendwie im Ruf stand, der Mafia anzugehören, wanderte in den Kerker. Die "Ehrenwerte Gesellschaft" ging auf Tauchstation. Gleichzeitig versuchte der "Duce", den Ruf seines Regimes durch landwirtschaftliche Maßnahmen wie die sogenannte "Schlacht um Getreide" zu verbessern. Die Sizilianer blieben skeptisch. Zu Recht, denn die extensive Ausweitung der Kornfelder nützte wieder einmal vor allem den Grundbesitzern.

> ### Sehenswertes aus dem 20. Jahrhundert
> Mit großartigen Bauten kann das Sizilien des 20. Jahrhunderts gewiss nicht prunken. In Palermo und Mondello entstand in den Zwanzigerjahren eine ganze Reihe von Villen im so genannten Liberty-Stil (italienischer Ausdruck für Jugendstil), die aber allesamt in Privatbesitz und nicht zugänglich sind. Drollige Kioske dieser Art sind an der Piazza Verdi in Palermo zu besichtigen. Für Räuberromantiker interessant sein mag ein Besuch in Montelepre, Geburts- und Begräbnisort des geheimnisumwitterten Banditen Salvatore Giuliano. Eher "wegsehenswert" sind die Prunk- und Protzbauten der Ära Mussolini, meist sterile und gigantomanische Verwaltungsbauten.

Im Zweiten Weltkrieg war Sizilien Schauplatz einer der großen Landeoffensiven der Alliierten. In deren Schlepptau tauchte die Mafia wieder auf und wurde mächtiger denn je. Die Amerikaner hatten verurteilte exil-sizilianische Verbrecher wie *Lucky Luciano* als Mittelsmänner eingeflogen. Im Tausch gegen ihre Freiheit stellten sie den Kontakt zu den einheimischen "Paten" her, die den Landungstruppen nur zu gern behilflich waren, schließlich winkten dicke Schieber-Geschäfte. Erfreut zeigte sich die Mafia auch über den nach Abzug der Amerikaner im Volk aufkommenden Separatismus; ungestörter als auf einem selbständigen Sizilien hätte es sich wohl kaum "arbeiten" lassen. Man unterstützte die Bewegung also nach Kräften und bediente sich dabei auch gern solcher politischen Naivlinge wie *Salvatore Giuliano*, einem später von Film und Literatur romantisch verbrämten Banditenführer. Unter Druck gesetzt, war die italienische Regierung zu Zugeständnissen gezwungen und erweiterte Siziliens Rechte.

Autonome Region Sizilien

1946 gewährte die Regierung in Rom unter dem Druck des Volkes der Insel einen teilautonomen Status, der sich in eigenem Parlament und Präsident manifestiert. Seitdem ist die Abhängigkeit Siziliens weniger politischer als vielmehr wirtschaftlicher Natur. Die 1950 gegründete *Cassa per il Mezzogiorno*, ein Fonds zur Entwicklung der südlichen Landesteile, richtete wenig aus: Zu häufig flossen die Gelder in die falschen Kanäle... Die groß angelegten Industrialisierungsprojekte der inzwischen aufgelösten Cassa brachten der Insel abschreckende Beispiele übelster Umweltverschmutzung, aber nur wenige Arbeitsplätze. Die Milliardenerträge jedoch wanderten nach Turin oder Mailand. Das inneritalienische Nord-Süd-Gefälle wurde so von Jahr zu Jahr steiler, Ursache für wachsende Ressentiments zwischen den Bevölkerungsgruppen und Auftrieb für die Sezessionisten von der Lega Nord.

Die Neunziger – von der Schmiergeldrepublik "Tangentopoli" in die Währungsunion

In den 90er-Jahren erschütterte eine Kette von Skandalen ganz Italien. Dann schien Ruhe eingekehrt. Gegen Ende des Jahrzehnts jedoch befürchtete wieder mancher Kommentator "italienische Verhältnisse". Auf Sizilien allerdings herrschte Aufbruchstimmung.

Der 17. Februar 1992 war ein besonderes Datum in der Geschichte Italiens: An jenem Tag erwischte der damalige Mailänder Staatsanwalt Antonio Di Pietro den Kommunalpolitiker Mario Chiesa "mit den Händen in der Marmelade", sprich beim Kassieren von Schmiergeldern, den *tangenti*. Ein verhältnismäßig kleiner Fisch nur, doch der Anfang vom Untergang der Ersten Republik. Das riesige Ausmaß der Korruption in Staat und großen Industrieunternehmen, das Di Pietro und seine Kollegen von der Aktion *Mani Pulite* ("Saubere Hände") in der Folge aufdeckten, erstaunte selbst viele Italiener. Knapp eineinhalb Jahre später wurde schon gegen jeden sechsten Politiker strafrechtlich ermittelt, stand fast jeder vierte Parlamentarier der damaligen Christdemokraten von der Democrazia Cristiana/DC und sogar nahezu jeder dritte Abgeordnete der Sozialisten unter Korruptionsverdacht. Wie sich immer deutlicher abzeichnete, hatten abgekartete Deals zwischen Industrie und Politik in ganz Italien jahrzehntelang die Kassen der Parteien und die Privatschatullen der Politiker bis zum Bersten gefüllt. Auf der Liste der wegen Korruption angeklagten Politiker und Wirtschaftsführer fanden sich ehemalige Minister für Finanzen, Gesundheit und Haushalt neben Topmanagern der Konzerne Fiat und Eni. Ins Visier der Fahnder geriet auch der inzwischen verstorbene Sozialistenchef Bettino Craxi, der es freilich vorzog, in seine tunesische Villa zu fliehen und sich von dort wegen Krankheit für prozessuntauglich erklären zu lassen. Schockierender noch fand mancher Italiener die Anklagen gegen die einstige DC-Galionsfigur Giulio Andreotti: Dem siebenfachen Regierungschef wurden nicht nur enge Kontakte mit der Mafia vorgeworfen, der er nach den Aussagen mehrerer Überläufer als der "Onkel" bekannt war. Die Staatsanwaltschaft vermutete auch eine Verstrickung in die Ermordung des des 1979 in Rom erschossenen Journalisten Mino Pecorelli. Letztlich endeten alle Verfahren jedoch mit einem Freispruch des Senators auf Lebenszeit.

Besser spät als nie – das Ende der Ersten Republik: Der Sog aus Bestechungsvorwürfen, Rücktritten von Spitzenpolitikern und immer neuen Enthüllungen erschütterte Italien zutiefst, schleuderte die Politik in die tiefste Krise der Nachkriegszeit und brachte die bisherige Parteienlandschaft zum Einsturz. Vorsichtshalber wechselten die Christdemokraten der durch jahrzehntelange Regierungsbeteiligungen verwöhnten, nunmehr aber schwer angeschlagenen Democrazia Cristiana (DC) flugs den Namen, nannten sich fortan Italienische Volkspartei (PPI) – es half ihnen wenig. Nahezu führungslos geworden, blieb Italien nichts anderes übrig, als einen Neuanfang zu wagen. Im April 1993 stimmten die Italiener in einem Referendum mit deutlicher Mehrheit dafür, das alte Verhältniswahlrecht überwiegend durch ein neues, allerdings immer noch eingeschränktes Mehrheitswahlrecht zu ersetzen. Die "friedliche Revolution", die das jahrzehntealte Machtkartell aus Politik, Wirtschaft und organisierter Kriminalität zerstört hatte, fand naturgemäß nicht nur Freunde, doch ließ sich die "Perestroika auf italienisch" ("Spiegel") auch durch dunkle Mächte nicht mehr stoppen.

Wenig verheißungsvoll – die Anfänge der Zweiten Republik: Im März 1994 fand die erste Parlamentswahl der Zweiten Republik statt. Lange konnte sich der neue Ministerpräsident Silvio Berlusconi, Anführer des rechten Parteienbündnisses "Freiheitsalliianz", dem neben Berlusconis Partei "Forza Italia" auch die separatistische Lega Nord sowie die neofaschistische Alleanza Nazionale angehörten, seines Sieges nicht erfreuen: Bereits im Dezember des selben Jahres musste der umstrittene Medienunternehmer nach drei Misstrauensanträgen zurücktreten. Italienisch kurz waren auch die Amtszeiten seiner Nachfolger, des an sich tüchtigen, angesehenen und in der späteren Regierung als Außenminister wieder vertretenen Lamberto Dini und des hoffnungsvoll als "Mechaniker" titulierten, aber bereits nach wenigen Wochen gescheiterten Antonio Maccanico.

Mit dem "Olivenbaum" in die Währungsunion: Im April 1996 schenkten die Italiener ihr Vertrauen der Mitte-Links-Allianz des bescheidenen und an sich wenig charismatischen Wirtschaftsprofessors Romano Prodi. Dessen Bündnis "Ulivo" (Olivenbaum) ließ die von Berlusconi angeführte Mitte-Rechts-Allianz "Polo" deutlich hinter sich. Bessere Ergebnisse erreichte der Berlusconi-Block auf Sizilien; offensichtlich kam der Medienmagnat, gegen den zum Zeitpunkt der Wahl insgesamt acht (!) Korruptionsverfahren liefen, in gewissen sizilianischen Kreisen gerade deshalb gut an. Insgesamt werteten es politische Kommentatoren jedoch als das "Wunder von Italien", dass Prodis nachdenkliche Ehrlichkeit den großen Versprechungen, die Berlusconi wieder einmal gemacht hatte, den Rang ablief. Entgegen manch skeptischer Prognose führte Prodi das Land tatsächlich erfolgreich in die Währungsunion. Europa freute sich, in Italien schienen stabile Verhältnisse eingekehrt. Doch auch Prodi schaffte es nicht, sich eine volle Legislaturperiode im Amt zu halten – keine Schande, immerhin währte seine Amtszeit 28 Monate, ein Rekord, den bislang nur Bettino Craxi und später auch Silvio Berlusconi überboten.

Der Rückfall: Prodis Sturz, ausgelöst durch die Kommunisten, erschütterte alle Hoffnungen, Italien sei "erwachsen geworden". Misstrauensanträge, aufgelöste Parlamente, zurückgetretene oder gestürzte Ministerpräsidenten schienen eine Sache der Vergangenheit, doch nun wechselten sich die Regierungschefs wieder in rascherer Folge ab. Zu allem Unglück scheiterte auch der Anlauf, in einem Referendum das Verhältniswahlrecht endlich komplett abzuschaffen und so die lähmende Zersplitterung der politischen Landschaft zu beenden. Noch immer werden 25 Prozent der Sitze über Listen vergeben, sehr zur Freude der kleinen Parteien. Insgesamt bewerben sich in Italien mehr als 40 politische Gruppierungen um die Gunst der Wähler, und so wird wohl auch künftig manche Regierung auf die Unterstützung von einem halben Dutzend Kleinstparteien angewiesen sein.

Italiens politische Situation heute

Nach einem Wahlkampf, der ganz auf seine Person zugeschnitten war und von seinen Fernsehsendern und Zeitungen gebührend begleitet wurde, gewann Silvio Berlusconi im Mai 2001 als Anführer des breiten Mitte-Rechts-Parteienbündnisses "Haus der Freiheiten" die italienischen Parlamentswahlen mit einer soliden Mehrheit, die wie schon 1994 vor allem auf Berlusconis Forza Italia, Finis Alleanza Nazionale und zu einem geringeren Teil auch auf Bossis Lega Nord fußte. Auf Sizilien wurden sogar sämtliche 61 Direktmandate erobert, Herausforderer Leoluca Orlando, der charismatische Ex-Bürgermeister von Palermo, ging leer aus. Der "Tagesspiegel" kommentierte das Wahlergebnis so: "Wo wäre es denkbar, dass ein Regierungschef gewählt wird, gegen den Ermittlungsverfahren wegen Bestechung, Bilanzfälschung und Geldwäsche anhängig sind?" Eben jener zahlreichen Verfahren versuchte sich der reichste Mann Italiens denn auch rasch mittels einer ganzen Reihe von maßgeschneiderten Gesetzesänderungen und Eingriffen in das Strafrecht zu entledigen – nur einer von vielen Skandalen, die die erste Hälfte der Legislaturperiode begleiteten.

Forza Italia: Schlachtruf der Berlusconi-Partei

Ob Berlusconi seine volle Amtszeit auch ausschöpfen kann, muss sich erst noch zeigen. Immerhin wäre er damit der erste Ministerpräsident Italiens seit dem Zweiten Weltkrieg, dem dies gelingt. So oder so, ob erst zum regulären nächsten Wahltermin 2006 oder, nach einem Einsturz des "Hauses der Freiheiten", denn doch schon früher: Einen aussichtsreichen Kandidaten der Opposition scheint es schon zu geben, nämlich erneut Romano Prodi.

Sizilien in Aufbruchstimmung: Abseits der großen, landesweiten Politik zeigt sich auf Sizilien ein neues, bisher nicht gewohntes Selbstbewusstsein. Die Menschen wagen früher Undenkbares, begehren auf, nehmen Stellung, erheben Forderungen. Verfallene Viertel werden restauriert, uralte Fußwege als Wanderrouten wiederhergestellt, jahrzehntelang geschlossene Kulturdenkmäler wieder geöffnet. In den großen Städten, nach Einbruch der Dunkelheit früher oft wie ausgestorben, entwickelten sich Oasen des Nachtlebens. Es wirkt, als hätten die Sizilianer eine lange verschüttete Lebensfreude wiederentdeckt.

Mafia

Mafia – meist die erste Assoziation überhaupt beim Gedanken an Sizilien. Kann man da überhaupt noch hinfahren? Man kann, denn der Reisende hat von der Mafia absolut nichts zu befürchten.

Schließlich kassiert die *Cosa Nostra*, wie die sizilianische Mafia genannt wird, am Tourismusgeschäft kräftig mit und möchte die Devisenbringer nicht vergraulen. Doch für die meisten Sizilianer ist die Mafia immer noch traurige Realität. Das für Außenstehende völlig unübersichtliche und undurchdringbare Geflecht aus Angst, Gewalt, Korruption und Geldgier hat lange Tradition auf der Insel. Seine Anfänge reichen bis an den Beginn des 19. Jh. zurück:

Unter der schwachen Bourbonenherrschaft jener Zeit gelang es einer Reihe rüder Aufsteiger, sich als "Vermittler" zwischen adlige Großgrundbesitzer und kleine Landpächter zu drängen, so die eigentliche Herrschaft über den Boden zu erlangen und, wichtiger noch, die Kontrolle der Wasservorkommen an sich zu reißen. Bald reichte der Einfluss dieser Herrschaften bis in die höchsten Führungsränge der Gesellschaft: Die Mafia, der "Krake" (*La Piovra*), hatte sich etabliert. Die Mehrheit der Sizilianer, nämlich die, die nicht von den Verbrechen profitierten, nahm ihre Existenz als unabwendbares, fast gottgegebenes Übel hin, sah weg und schwieg.

Nach einer durch den italienischen Faschismus gewaltsam erzwungenen Ruhepause formierte sich die Mafia noch während des Zweiten Weltkriegs aufs Neue, mit Mitgliedern, die teilweise aus den Vereinigten Staaten quasi reimportiert worden waren. In der zweiten Hälfte des 20. Jahrhunderts erschlossen sich die verschiedenen Clans dann, zusätzlich zu den "klassischen" Einnahmequellen wie Entführung und Schutzgelderpressung, noch ganz andere, weit profitablere Möglichkeiten: Drogen- und Waffenschmuggel, Subventionsbetrug und Manipulationen in der Hochfinanz. Und immer noch hielten sich die Sizilianer an das berüchtigte Gebot der *Omertà*, der Schweigepflicht. Schließlich sorgte die Mafia auf diese und jene Weise für Arbeitsplätze. Ihre Morde trafen auch nur selten den kleinen Mann auf der Straße, sondern meist einen ungebührlich objektiven Staatsanwalt, einen allzu neugierigen Journalisten oder das Mitglied einer rivalisierenden Familie. Dass die zunehmenden Anstrengungen des Staates zur Beseitigung des "Kraken" echte Erfolge zeitigen würden, glaubten die wenigsten Sizilianer. Zumindest war das früher so – denn gerade im letzten Jahrzehnt hat sich einiges getan.

Erste Erfolge

Ende der 70er-Jahre hatten sich die bis dahin eher sporadischen Scharmützel zwischen Staat und Mafia zum Krieg ausgeweitet, hatte die *Cùpola* ("Kuppel") genannte Spitze der Cosa Nostra ihre Todeskommandos erstmals auf hohe Beamte des Staates gehetzt. Erstes prominentes Opfer war der Richter Cesare Terranova im September 1979, gefolgt von Piersanti Mattarella, dem Präsidenten der Region Sizilien. Auch Pio La Torre bezahlte seine Idee, der Mafia über die von ihr erwirtschafteten Riesensummen auf die Spur zu kommen, mit dem Leben. Der sizilianische Kommunistenchef, der ein entsprechendes Gesetz zur Einschränkung des Bankgeheimnisses im römischen Parlament durchgeboxt hatte, wurde im April 1982 erschossen. Die Botschaft war deutlich: Wer gegen die Mafia agierte, musste mit dem Schlimmsten rechnen.

In der Folge trat eine Entwicklung ein, die die Herren der Cosa Nostra sicher nicht erwartet hatten und die ihnen vielleicht noch gefährlicher erscheinen musste als die zunehmenden Aktivitäten der Justiz – die Bevölkerung begann, sich gegen die Mafia aufzulehnen. Ein wichtiges Signal waren die wütenden Demonstrationen anlässlich der Ermordung von Dalla Chiesa. Der beliebte Polizeipräfekt, ehemaliger Kämpfer gegen die Roten Brigaden und als "Wunderwaffe" gegen die Mafia nach Sizilien geholt, war am 3. September 1982 zusammen mit seiner Frau erschossen worden. Was früher undenkbar gewesen wäre, geschah: Erstmals in seiner Geschichte ging ein Teil des sizilianischen

Armut als Nährboden der Mafia in Palermo

Volkes gegen die Mafia auf die Straße. Der Wind hatte sich gedreht. Neben dem Staat nahmen nun immer mehr Privatpersonen den Kampf gegen die Mafia auf. Aktionsbündnisse aus Gewerkschaften, Studenten- und Fraueninitiativen konstituierten sich, darunter auch die von der Witwe des Richters Terranova gegründete Organisation "Frauen gegen die Mafia". Ein bekannter Mafiagegner, Leoluca Orlando, wurde zum Bürgermeister von Palermo gewählt. Weiteren Auftrieb bekam die Bewegung durch den "Maxiprozess" der Jahre 1985 bis 1987. Die Verurteilung weithin bekannter Mafiagrößen zerstörte die Mär von der Unangreifbarkeit der Familien. Der Ucciardone von Palermo, das schwerbewachte Gefängnis in Hafennähe, füllte sich nun auch mit denen, die sich bisher vor staatlicher Verfolgung sicher wähnten: 475 Mafiosi, verurteilt zu insgesamt 2665 Jahren Freiheitsstrafe.

Aber auch Rückschläge blieben nicht aus. Zu ihnen zählten die Herabsetzung der Haftstrafen in der Revision des Maxiprozesses 1990 und die Demonstrationen für den "Arbeitgeber Mafia", die in Palermo und anderswo stattfanden. Immer deutlicher wurden gleichzeitig die Anzeichen für die Verwicklung höchster Kreise von Politik und Justiz. Doch sah man damals allenfalls die Spitze des Eisbergs ...

1992 – Das blutige Jahr der "sauberen Hände"

Der 17. Februar 1992 markiert einen dramatischen Wendepunkt nicht nur der Geschichte Italiens, sondern auch des Kampfes gegen die Mafia: Mit der Verhaftung des bestechlichen Kommunalpolitikers und Altenheim-Managers Mario Chiesa durch den damaligen Mailänder Staatsanwalt und heutigen Minister für öffentliche Bauvorhaben Antonio di Pietro begann die Aufdeckung des größten Korruptionsskandals Europas. Das gigantische Ausmaß der Bestechlichkeit, das Di Pietro und seine Kollegen in den folgenden Monaten bloßlegten, überstieg selbst die schlimmsten Vermutungen. Gleichzeitig beraubte der sich damals bereits abzeichnende Zusammenbruch des italienischen Parteiensystems die Mafia ihrer politischen Rückendeckung, die bis in die obersten Spitzen der Parteien gereicht hatte.

Die Cosa Nostra, durch eine Welle von Verhaftungen angeschlagen und von der neuen Anti-Mafia-Sonderpolizei DIA (Direziona Investigativa Antimafia) unter Druck gesetzt, griff zu verzweifelten, blutigen Aktionen, um zu demonstrieren, welche Macht sie auf Sizilien immer noch besaß. 1992 wurde zum bisher schlimmsten Jahr des Mafia-Terrors gegen den Staat. Am 12. März wird Salvatore Lima, ehemaliger Bürgermeister von Palermo und Mafia-Kontaktmann, in Brüssel erschossen. Nur einen Tag später trifft es Salvatore Gaglio, den Sozialistenchef von Palermo, am 4. April den Polizeikommandanten Giuliano Guazzelli. Ihren Höhepunkt erreicht die Attentatswelle, die ganz Italien erschüttert, mit der Ermordung der sizilianischen Richter Giovanni Falcone am 23. Mai und Paolo Borsellino am 19. Juli, beide von Autobomben in Stücke gerissen. Die erhoffte Wirkung, nämlich der Mafia den beim Volk verloren gegangenen Respekt zurückzuerobern, blieb jedoch aus. Siziliens Bevölkerung antwortete im Gegenteil mit Generalstreiks und Großdemonstrationen.

> "Das Revolutionärste, was man in Sizilien überhaupt tun konnte, war einfach die Gesetze anzuwenden und die Schuldigen zu bestrafen"
>
> (Giovanni Falcone)

Der Staat schlägt zurück

Nach den Attentaten erreichte die Zahl der *Pentiti*, der aussagewilligen Überläufer, nie gekannte Ausmaße. Immer mehr Mafiosi kleineren und größeren Kalibers bekamen kalte Füße. Ihre Informationen enttarnten Mafiagrößen in höchsten Ämtern: Bruno Contrada, Chef des italienischen Geheimdienstes auf Sizilien, wurde ebenso als Mafioso enttarnt (und zu zehn Jahren Haft verurteilt) wie Matteo Cinque, Polizeipräsident Palermos. In Rom flog der aus Sizilien stammende Corrado Carnevale auf: Als derjenige Richter am höchsten Gerichtshof Italiens, der abgeschlossene Verfahren gegen Mafiosi noch einmal zu überprüfen hatte, nutzte Carnevale seine Position, um mit oft sehr windigen Begründungen viele Urteile zu annullieren. Medienberichte über diese seltsame Praxis hatten daran lange nichts ändern können, im Gegenteil war Carnevale sogar noch ausgezeichnet worden. 1993 gelang dann endlich auch die Verhaftung der mutmaßlichen Nummer eins der sizilianischen Mafia: Salvatore ("Totò") Riina aus dem berüchtigten Dorf Corleone, der rund zwanzig Jahre lang unbehelligt und angeblich "unauffindbar" dort und in Palermo gelebt hatte. Zumindest die Wochen vor seiner Festnahme hatte er in einem unterirdischen Versteck auf einem brachliegenden Grundstück verbracht, das, welch Zufall, der Region Sizilien gehörte. Vier Monate später, genau am Jahrestag der Ermordung des Richters Falcone, ging der Polizei ein weiterer dicker Fisch ins Netz, der seit zehn Jahren gesuchte Boss Nitto Santapaola. Drei

Jahre darauf fasste die Polizei Giovanni Brusca, berüchtigt als "Schlächter der Mafia" und nach eigenem Geständnis verantwortlich für mehrere Dutzend Morde. Unter den Opfern war der erst elfjährige Sohn eines Überläufers, den Brusca nach monatelanger Gefangenschaft erdrosselte. Auch die Ermordung des Richters Falcone ging auf Bruscas Konto: Er selbst habe die Fernbedienung der Bombe betätigt, gab der Mafia-Killer zu Protokoll. Im Verfahren wegen des Mordes wurde er zusammen mit 29 anderen Mafiosi verurteilt, von denen 24 lebenslängliche Haft erhielten, darunter auch Riina und Santapaola. Zu den größten Erfolgen der Fahnder zählte die Inhaftierung der mutmaßlichen Nummer zwei der Cosa Nostra: Pietro Aglieri, wegen seiner stets korrekten Kleidung "der kleine Herr" genannt, wurde bei einem Geheimtreffen auf einem Bauernhof bei Bagheria in der Nähe von Palermo gefasst. Und die Verhaftungen gehen weiter, kaum ein Monat vergeht, in dem nicht von Razzien und Festnahmen berichtet wird. Wichtigstes Ziel der Ermittler ist immer noch Bernardo Provenzano, Riinas Nachfolger als Chef der Cosa Nostra, geboren 1933 und seit 40 Jahren untergetaucht – das letzte Foto des in Deutschland vermuteten Paten datiert aus dem Jahr 1958.

Der Anfang vom Ende der Mafia?

Trotz aller Erfolge wäre es sicher falsch, diese Frage pauschal zu bejahen. Wohl wurde die Mafia durch die Anstrengungen der Fahnder geschwächt, sicher aber nicht besiegt. Viele Ermittler glauben sogar, die Cosa Nostra sei nach einer Phase der erzwungenen Reorganisation nun gefährlicher denn je, die Beziehungen zur Politik längst wieder hergestellt. Die neue, unsichtbare Mafia besitze straffere Kommandostrukturen und wäre noch stärker abgeschottet als früher, die Stellvertreter der verhafteten oder gesuchten Paten seien selbst innerhalb der Clans nur wenigen bekannt. Die Mafia ist scheinbar lautlos geworden, blutige Bandenkriege sind ihre Sache nicht mehr. Die Ruhe trügt jedoch. "Das Geschäft ist dasselbe geblieben: Waffenschmuggel, Drogenhandel, Erpressung, Wirtschaftsbetrug. Nur der Stil hat sich gewandelt", so der "Spiegel". Da trifft es sich gut, dass in den nächsten Jahren eine wahre Geldlawine auf Sizilien zurollt: Rund 9 Milliarden Euro hat die EU der Insel für den Ausbau der Infrastruktur bis 2006 versprochen, weitere 14 Milliarden schießt der italienische Staat zu – ein hochinteressanter "Brocken für den Appetit der Mafia" (Leoluca Orlando). Ein weiteres Problem ist die immense Schwerfälligkeit der italienischen Justiz. Immer wieder müssen inhaftierte Mafiosi freigelassen werden, weil der vorgesehene Zeitrahmen von maximal vier Jahren bis zum endgültigen Richterspruch überschritten wurde.

Die grundlegenden Strukturen der "Ehrenwerten Gesellschaft" sind in Siziliens Dörfern und Städten ohnehin weitgehend intakt geblieben. Wohl wissend, dass sie zumindest bislang keineswegs am Ende ist, zeigen sich die meisten Sizilianer denn auch immer noch sehr zurückhaltend, wenn von der Mafia die Rede ist. Zwar wird deren Existenz, wie vor einigen Jahren noch durchaus zu erleben, heute von kaum jemandem mehr bestritten, zwar wagen es sogar immer mehr Geschäftsleute, die "Schutzgeld"-Zahlungen zu verweigern, doch sprechen viele Menschen trotzdem nur sehr ungern und einsilbig über die Mafia – wer wollte es ihnen verdenken.

Anreise

Die Sonne Siziliens strahlt über 1600 km von München entfernt – weit genug, sich über die Art der Anreise Gedanken zu machen.

Es gibt viele Wege, die Insel zu erreichen: auf dem Landweg den Stiefel hinab, Abkürzen per Fähre oder Anflug mit dem Jet. Kriterien der Entscheidung sind neben den Kosten auch die Bequemlichkeit und Dauer der Anreise, nicht zuletzt auch die Mobilität auf Sizilien selbst.

- **Mit Auto oder Motorrad**: Das eigene Fahrzeug hat gerade in der Frage der Beweglichkeit vor Ort natürlich den Kotflügel vorn. Man bleibt unabhängig von den Fahrplänen von Bus und Bahn, erreicht auch die entlegensten Orte und Strände ohne Schwierigkeiten. Für Surfer, Schlauchbootkapitäne, Taucher und zeltende Großfamilien bleibt der Pkw ohnehin die einzige Wahl. Eine interessante Alternative zum stressigen Landweg bilden die *Fährverbindungen* ab Oberitalien und Neapel, die nicht unbedingt viel teurer sein müssen – siehe dazu weiter unten.

- **Mit dem Zug**: Die Anreise per Zug stellt ab Süddeutschland eine der preisgünstigsten Anreisevarianten dar. Ab Norddeutschland allerdings schlagen die teuren Tarife der DB dann doch deutlich zu Buche. Ein im Sitzfleisch spürbarer Nachteil der Bahnanreise ist die lange und unbequeme Fahrt (etwa 22–24 Std. ab München) in meist überfüllten Zügen. Dafür dürfen sich Bahnreisende den "Blauen Umweltengel" ans Revers heften: Umweltschonender als per Zug kann man kaum reisen.

- **Mit dem Bus**: Fahrpreise und auch die Fahrzeiten liegen in etwa auf dem Niveau der Bahn. Von den meisten Reisenden wird allerdings die Zugfahrt als etwas bequemer empfunden, da man sich unterwegs die Beine vertreten kann.

- **Mit dem Flugzeug:** Natürlich mit Abstand die bequemste und kürzeste Form der Anreise, per Charter oder mit Billigtarifen nicht einmal unerschwinglich und in Verbindung mit einem Mietwagen die komfortabelste Art, Sizilien zu bereisen.

- **Mit der Fähre:** Außer für Fluggäste ohnehin nicht zu vermeiden – schließlich ist Sizilien eine Insel und die Brücke über die Meerenge von Messina noch für einige Jahre Zukunftsmusik. Als Anreise-Alternative sind hier aber die Fähren ab Genua, Civitavecchia und Neapel gemeint. Auto- und Motorradfahrern sparen sie Zeit und Nerven, Zugreisenden bieten sie eine abwechslungsreiche Alternative zum Non-Stop-Trip den Stiefel hinunter. Über Korsika und Sardinien sind zudem interessante Variationen möglich.

Mit Auto und Motorrad

Die Vorteile der Mobilität unterwegs und auf Sizilien sind eindeutig. Erkauft werden müssen sie mit relativ hohen Fahrtkosten: Die deftigen Benzinpreise und die Mautgebühren schlagen kräftig zu Buche.

Für eine realistische Kostenrechnung muss aber auch der nicht unerhebliche Verschleiß an Fahrzeug und Reifen einkalkuliert werden. Mit steigender Zahl der Mitfahrer erreichen die Reisekosten dennoch erträgliche Werte. Gut dran sind auch Diesel-Fahrer. Obwohl die Preise in den letzten Jahren stark angezogen haben, ist Diesel in Italien immer noch deutlich billiger als Benzin.

Vor dem Start

- **Abkürzung per Fähre?** Bequemer ist's sowieso. Entscheidungskriterien zu den finanziellen Vor- oder Nachteilen einer der Fährverbindungen ab Genua, Civitavecchia und Neapel sind Reisezeit, Länge und Benzinverbrauch des Fahrzeugs sowie die Zahl der Mitreisenden. Nicht außer acht lassen sollte die Berechnung den ersparten Verschleiß am Fahrzeug. So reisen Motorradfahrer unter Berücksichtigung der entsprechenden Kosten (Reifen, evtl. Kette etc.) per Schiff entschieden günstiger.

  Wer sich für die Fähre entscheidet, sollte als Pkw-Fahrer zumindest in den Sommermonaten *rechtzeitig vorbuchen*. Neuralgische Zeiten sind für die Hinfahrt nach Sizilien besonders Mitte Juli bis Mitte August, für die Rückfahrt August bis Mitte September. Motorradfahrer finden zwar leichter noch ein Plätzchen, in den entsprechenden Zeitabschnitten wird's aber speziell an den Wochenenden auch für sie recht eng: Dann blickt regelmäßig eine ganze Schar von Zweiradfans vom Ufer aus der ablegenden Fähre enttäuscht nach.

- **Autoreisezug:** Für den Sprung über die Alpen besonders für Familien mit Kindern ideal. Auch Motorräder können so transportiert werden, die Fahrer dem nördlichen Klima im Zug entfliehen. Die einzelnen Linien ändern sich immer wieder mal. Da die Züge nach Neapel leider (vorläufig?) eingestellt wurden, bleiben momentan beispielsweise die Verbindungen ab München nach Rimini sowie ab Hamburg, Berlin, Hildesheim, Düsseldorf und Frankfurt/M. nach Livorno. Die Züge verkehren nur von etwa Anfang Mai bis September bzw.

Oktober. Zur Nebensaison sind die Fahrpreise zum Teil recht günstig, zur Hochsaison dagegen happig.

- *Information* In Deutschland ist bei größeren Bahnhöfen und den Büros des DER/ABR die Broschüre "Autoreisezüge" mit allen nötigen Daten erhältlich. Servicetelefon: 01805/241224, Internet: www.dbautozug.de
- *Preisbeispiel* (2. Klasse im Liegewagen): Hamburg-Livorno, Pkw mit zwei Personen je nach Saison ab etwa 380 €; München-Rimini, Pkw mit zwei Personen ab rund 200 €. Bei gleichzeitiger Buchung von Hin- und Rückfahrt ist der Rückfahrtpreis ermäßigt. Kinder von 4 bis 11 Jahren zahlen die Hälfte des Fahrpreises.

▶ **Fahrzeug-Check/Pannenvorsorge:** Wichtig ist neben einer allgemeinen Kontrolle der wichtigen Fahrzeugteile vor allem die Profiltiefe und der Luftdruck der Reifen. An Bord sollten sein: Verbandskasten (in Österreich auch für Motorradfahrer Pflicht) und Warndreieck, Reserverad (Luftdruck?), Wagenheber, Radkreuz oder Radmutternschlüssel, Starthilfekabel und Abschleppseil, Keilriemen, Satz Glühbirnen/Zündkerzen/evtl. Kontakte; außerdem Bremsflüssigkeit, Motoröl (in Italien teurer), Behälter mit Kühlwasser zum Nachfüllen, destilliertes Batteriewasser, Kontaktspray, Grundausstattung an Werkzeug. Benzinkanister sind in Italien *verboten*. Besonders Fahrer *japanischer Autos* sollten an die gängigsten Ersatzteile denken: Durch die langjährige restriktive Importpolitik der Regierung sind Japan-Autos in Italien immer noch recht selten, das Werkstättennetz ist entsprechend weitmaschig. Italienische Mechaniker sind zwar Meister im Improvisieren, bei einer ausgefallenen Zündbox hilft das aber auch nicht weiter. Japanische Motorräder, speziell Enduros, sind dagegen verbreitet.

▶ **Fahrzeugpapiere:** Vorgeschrieben sind nur der nationale Führerschein und der Fahrzeugschein. Die Grüne Versicherungskarte ist nicht mehr Pflicht, aber dringend empfohlen: Ohne sie gibt es Ärger bei Unfällen und eventuell unschöne Verzögerungen bei Verkehrskontrollen.

▶ **Zusatzversicherung:** Wertvolle und neue Fahrzeuge sichert man am besten durch eine kurzfristige Vollkaskoversicherung ab, denn die Deckungssummen italienischer Haftpflichtversicherungen reichen bei größeren Schäden nicht unbedingt aus. Auch bei Diebstahl springt die Vollkasko (oder Teilkasko) ein.

▶ **Auslandsschutzbrief:** Ebenfalls ratsam, zumal Pannenhilfe durch den italienischen Automobilclub ACI nicht mehr kostenlos ist. Zu erhalten bei den Automobilclubs oder bei Versicherungen. Zu den Serviceleistungen zählen der Heimtransport von Fahrzeug und Besatzung bei Reparaturschwierigkeiten oder Krankheit, Erstattung dadurch entstandener Übernachtungskosten, Ersatzteilversand, Fahrzeugverzollung bei Totalschaden etc. Details bei den jeweiligen Versicherern.

▶ **Karten:** Für die Anreise nach Sizilien via Autobahn reicht die vom italienischen Automobilclub ACI an der Grenze abgegebene Straßenkarte 1:1.500.000 völlig aus, ebenso jeder Straßenatlas. Wer dagegen Abstecher am Stiefel plant, sollte den Kauf einer detaillierteren Italienkarte ins Auge fassen – Maßstab maximal um die 1:800.000 und von vielen Verlagen erhältlich. Mitglieder von Automobilclubs können sich ein kostenloses Paket mit Karten, Gebühreninformationen etc. zusammenstellen lassen.

Mit Auto und Motorrad

Verkehrstipps

Italienische Autofahrer beharren in aller Regel nicht stur auf ihrem Recht, sondern passen sich den Erfordernissen des Verkehrsflusses an.

Wer dieses Prinzip beherzigt, Flexibilität und Rücksichtnahme zeigt, wird am Autofahren in Italien viel Spaß haben. Eine gewisse Durchsetzungsfähigkeit ist dabei besonders in Großstädten nützlich: "Zauderern" wird nicht gern Platz gemacht. Besser fährt, wer beim Abbiegen, Spurwechseln oder Einfädeln zügig vorgeht und entsprechende Lücken sofort nutzt.

Bezüglich der Beachtung von Verkehrsregeln zeigt sich ein deutliches Nord-Süd-Gefälle. Fahren Mailänder und Turiner noch recht brav, so gelten schon in Rom Verkehrszeichen und teilweise auch Ampeln eher als gut gemeinter Vorschlag. Ob man als Ausländer da mittut, ist Ermessenssache – an der roten Ampel in Neapel eine hupende Autoschlange hinter sich zu wissen, ist nervig, eventueller Kontakt mit der Verkehrspolizei allerdings auch ...

▶ **Autobahngebühren:** Ein Großteil der italienischen Autobahnen ist *gebührenpflichtig*. Ausnahmen sind die Strecke Salerno-Reggio di Calabria in Süditalien, die Autobahnen im Inneren und Westen Siziliens und einige Ringautobahnen um Städte. An manchen Stationen muss vorab bezahlt werden, meist geht es jedoch nach folgendem Schema: An der Einfahrt zur Autobahn erhält man an Kontrollstellen die Mautkarte (den großen roten Knopf drücken), an der Ausfahrt wird gezahlt. Die noch vorhandenen Zahlstationen unterwegs werden mehr und mehr abgebaut. Deshalb gut auf das Ticket aufpassen, wer

Anreise mit dem eigenen Fahrzeug – beweglich und flexibel

es verliert, muss die mögliche Gesamtstrecke zahlen! Achten Sie auch darauf, sich in die richtige Spur einzuordnen: Es gibt Telepass-Spuren für Einheimische, solche, an denen mit Kreditkarte und andere, an denen mit Bargeld gezahlt wird. Wer die falsche Spur wählt, sollte keinesfalls zurückstoßen, die Strafen sind extrem hoch!

Abweichende Verkehrsregeln in Italien

• *Teure Verkehrsdelikte* Die Bußgelder für Verkehrssünden in Italien sind hoch, werden regelmäßig weiter erhöht und müssen auf der Stelle beglichen werden, andernfalls wird das Fahrzeug beschlagnahmt. Ein einfacher Parkverstoß z.B. schlägt mit Strafen ab etwa 35 € aufwärts zu Buche, eine Geschwindigkeitsübertretung um mehr als zwanzig Stundenkilometer mit mindestens 140 €. Für viele Verkehrsdelikte ist an Ort und Stelle ein Fahrverbot vorgesehen, das bedeutet sofortigen Einzug des Führerscheins und Rücksendung über deutsche Behörden: bei Geschwindigkeitsüberschreitung um mehr als 40 km/h, Alkoholfahrten, Fahrerflucht, Befahren von Einbahnstraßen in falscher Richtung, aber auch schon für Kurvenschneiden oder Befahren des Sicherheitsstreifens.

• *Geschwindigkeitsbeschränkungen* Übertretungen werden weit härter bestraft als in Deutschland! Auf Landstraßen gilt 90 km/h für Motorräder und Pkw; auf Schnellstraßen mit zwei Spuren in jeder Richtung und baulich getrennten Fahrbahnen 110 km/h bzw. mit Anhänger 70 km/h; auf autobahnen 130 km/h (wo entsprechend beschildert 150 km/h), mit Anhänger 80 km/h. Höchstgeschwindigkeiten bei Regen, Schnee und Nebel: 110 km/h auf Autobahnen und 90 km/h auf Schnellstraßen. Achtung: Motorräder bis 149 ccm dürfen keine Autobahnen befahren.

• *Weitere Bestimmungen* Wer an der **Mautstelle** die falsche Spur erwischt, zurückstößt und dabei ertappt wird, muss bis zu 1500 € berappen und mit der Stilllegung des Fahrzeugs für drei Monate rechnen! **Außerorts** muss tagsüber überall (nicht mehr nur auf Autobahnen) **mit Abblendlicht** gefahren werden! **Promillegrenze 0,5**. Vor dem **Anhalten** ist Blinken Vorschrift, **Abschleppen** durch Privatfahrzeuge auf der Autobahn verboten. **Straßenbahnen** haben grundsätzlich Vorfahrt. In Tunneln, die mehr als zwei Kilometer lang sind, muss zum Vordermann ein Abstand von 100 m eingehalten werden. **Dachlasten**, wie Surfbretter etc., die über das Fahrzeugheck hinausragen, müssen mit einer 50x50 cm großen, rot-weiß gestreiften und reflektierenden Tafel gekennzeichnet sein. Die Polizei gleich hinter dem Brenner ist auf solche Fälle spezialisiert und verhängt gerne saftige Strafen! Generelle Pflicht ist das Mitführen einer reflektierenden **Signaljacke**, die bei Panne oder Unfall getragen werden muss. **Handys** dürfen nur mit Freisprecheinrichtung benutzt werden. Und natürlich **Gurt-** bzw. **Helmpflicht**.

• *Parken* Verboten an schwarz-gelb markierten Bordsteinen. Ansonsten ist Falschparken oft Ermessenssache. An gefährlichen Stellen und in manchen Innenstadtgebieten ("zona rimozione") wird schnell und teuer abgeschleppt, anderswo gibt es mangels Personal oder Interesse nicht einmal einen Strafzettel. Generell: in Großstädten intensive Kontrollen und große Abschleppgefahr.

VIACARD: Eine magnetische Kreditkarte zur elektronischen Abbuchung der Mautgebühr, erhältlich bei ACI-Büros an Grenzübergängen, großen Raststätten und beim ADAC. Die Karte bringt Zeitvorteile an Zahlstellen, die mit Extra-Spuren für automatische Abbuchungen (auf ausreichende Deckung achten – Aufzahlung in Bargeld nicht möglich!) ausgerüstet sind. Sonst kann man sie auch beim normalen Kassenhäuschen abbuchen lassen.

Mit Auto und Motorrad 73

Derzeit *nicht* bezahlt werden können mit dieser Karte die Gebühren auf der Strecke Messina–Catania.

Kreditkarten: Seit einigen Jahren ist die Bezahlung der italienischen Autobahngebühr auch mit Visa und Eurocard möglich. Dennoch ist es ratsam, immer ausreichend Bargeld mitzuführen.

• *Gebühren* Die Gebühren für Pkw und Motorräder sind auf den meisten Strecken identisch; Wohnmobile etc. kosten mehr.

An Gesamtgebühren fallen für einen Pkw bis Salerno – südwärts dann bis Sizilien frei – ab Brenner oder Tarvisio rund 50 € an.

▶ **Diebstahl:** Ganze Autos verschwinden zwar nicht ganz so häufig, wie das Klischee es will, aber immerhin... Spitzenreiter sind natürlich deutsche Nobelschlitten, aber auch VW sind beliebt, speziell die Dieselmodelle. Sicherheit schafft weniger eine Alarmanlage als vielmehr ein stabiles Schloss, das Lenkrad und Kupplung oder Bremse blockiert und im Autozubehörhandel für relativ wenig Geld erhältlich ist. Häufiger ist allerdings der *Einbruch* mittels eingeschlagener Seitenscheibe und anschließende Entführung des beweglichen Inhalts. Abhilfe: nichts im geparkten Auto lassen, signalisiert durch ein offenes Handschuhfach; CD-Player ausbauen und mitnehmen. So mancher Fahrer eines älteren Wagens lässt in Italien ohnehin die Fenster runtergekurbelt (Lenkradschloss verriegelt): für die ganz Dummen unter den Autoknackern, die sonst womöglich doch das Seitenfenster einschlagen ...

Unfall/Panne

• *Unfall* Bei kleineren Schäden einigt man sich in Italien gerne ohne Polizei und in bar. Ist dagegen mehr kaputt als ein Scheinwerferglas oder ein Blinker, sollte man dennoch die Polizei holen, Namen, Anschrift sowie Versicherungsnummer und -gesellschaft des Unfallgegners (auf der Plakette an der Windschutzscheibe) und die Adressen von Zeugen notieren. Es empfiehlt sich dann auch, Fotos der Unfallstelle zu machen und unbedingt den ADAC-Notruf zu konsultieren. Im Fall des Falles ist ein "Europäischer Unfallbericht", erhältlich bei den Automobilclubs, Gold wert.

• *Notrufsäulen* mit internationalen Symbolen für Pannenhilfe bzw. Ambulanz stehen entlang der Autobahnen im Abstand von 2 km.

• *Straßenwacht des ACI* Unter ✆ 803116 in ganz Italien rund um die Uhr zu erreichen, auf Autobahnen über die Notrufsäulen, per Handy unter 800 116 800. Pannenhilfe mit Bordmitteln und Abschleppen zur nächsten Werkstatt sind auch für ausländische Fahrzeuge kostenpflichtig! Ein Auslandsschutzbrief kann sich da schnell bezahlt machen.

• *Polizeinotruf/Rettungsdienst* Landesweit unter ✆ 112/118, per Handy immer 112.

• *Notrufstation des ADAC* ✆ 02 661591, in Mailand, ganzjährig.

▶ **Tankstellen:** Super Bleifrei (*benzina senza piombo*) hat 95 Oktan und ist flächendeckend verfügbar. Diesel (*gasolio*) ist deutlich billiger als Benzin. Tankstellen haben an Autobahnen rund um die Uhr geöffnet, sonst meist von 7–12.30 und 15.30–19.30 Uhr. An Samstagen sind viele, an Sonntagen fast alle Zapfstationen geschlossen. An manchen Tankstellen finden sich *Tankautomaten*, die mit (unzerknitterten!) Geldscheinen gefüttert werden können.

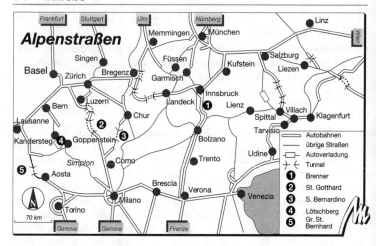

Anreiserouten

Ob von Frankfurt, München oder Wien – die kürzeste Anreise auf dem Landweg erfolgt über die "Autostrada del Sole", die West-Autobahn bis Rom, dann weiter den italienischen Stiefel hinunter.

Ab **Bologna**, spätestens ab **Rom**, treffen die Hauptrouten aufeinander. Bis dahin jedoch scheiden sich die Geister. In den folgenden Abschnitten sind deshalb die einzelnen Anreisevarianten ab den drei Städten beschrieben – früher oder später wird man auf dem Weg von nördlichen Gefilden auf eine dieser Strecken stoßen. Die Anreiserouten zu den *Fährhäfen in Genua und Civitavecchia* finden sich im entsprechenden Kapitel.

> Aus Platzgründen und wegen der längeren Entfernung nicht näher beschrieben, für manchen aber vielleicht dennoch eine Überlegung wert ist die von Leserin Anita Bursch empfohlene *Ostküstenroute* über Rimini-Ancona-Taranto: "Nicht so viele Lastwagen, lange Strecke dreispurig, bessere Straßendecken, kaum Baustellen, weniger Tunnel, weniger Berge. Die Strecke Taranto-Sibari am gleichnamigen Golf ist weitgehend als Superstrada ausgebaut. (...) Geheimtipp der Lastwagenfahrer, günstige Übernachtungsmöglichkeiten am Golf von Taranto".

Warum hektisch "durchheizen"? Ganz Harte (oder Verrückte?) machen München–Messina per Pkw mit mindestens zwei Fahrern nonstop zwar in etwa 24 Stunden – die Fahrzeuginsassen sind danach allerdings wirklich urlaubsreif. Wer sich langsam und gemütlich Sizilien nähert, erreicht die Insel entspannter. Zudem bietet Italien 1001 Gelegenheit zu interessanten Abstechern, an denen vorbeizufahren wirklich schade wäre. Ein paar Tage Zeit sollte man sich nach Möglichkeit für die Anreise schon reservieren, die damit zum Erlebnis statt zur sturen Kilometer-Bolzerei wird.

(1) München – Bologna

Insgesamt ca. 550 km, Brenner – Bologna 350 km

Für einen Großteil Deutschlands die direkte Verbindung. Via Autobahn relativ flott; zwischen Innsbruck und dem Brenner allerdings hohe Mautgebühr. Im Sommer häufig Staus.

Von München über die A 8 Richtung Salzburg, ab Inntaldreieck dann A 93 bis Grenzübergang Kiefersfelden-Kufstein. Weiter über die nun A 12 genannte, mautpflichtige Inntalautobahn bis Innsbruck. Hier Abzweigung auf die zusätzlich gebührenpflichtige (Pkw 8 Euro einfach) Brennerautobahn A 13 zur italienischen Staatsgrenze.

Verkehrstipps Österreich

- *"Pickerl"/Maut* **Pflicht** auf Österreichs Autobahnen, Benutzer ohne das Pickerl riskieren hohe Geldstrafen – auf der Inntalautobahn bei Wörgl müssen Autofahrer damit rechnen, mit einem Verkehrsleitsystem zu einer Kontrollstelle gelenkt zu werden. Für Pkw und Wohnmobile (inkl. Anhänger) bis 3,5 Tonnen kosten Jahresvignetten über 70 €, 2-Monats-Vignetten rund 22 € und 10-Tages-Vignetten knapp 8 €. Motorradfahrer kommen etwas günstiger davon, Wohnmobile über 3,5 t brauchen eine sogenannte Go-Box, die an Verkaufsstellen entlang der Hauptzufahrten erhältlich ist. Am besten besorgt man sich das "Pickerl" schon vorab beim ADAC oder an manch größeren Tankstellen, Verkauf auch an den ADAC-Grenzstationen Kiefersfelden und Mittenwald/Scharnitz. In Österreich ist die Vignette z.B. an Tankstellen und in Tabakläden erhältlich.
- *Geschwindigkeitsbegrenzungen* Pkw und Motorrad auf Landstraßen 100 km/h. Auf Autobahnen Pkw und Motorrad 130 km/h, zwischen 22 und 5 Uhr nur 110 km/h.
- *Verbandskasten* ist auch für Motorradfahrer Pflicht!
- *Benzin* Deutlich billiger als in Italien, vor der Grenze deshalb noch einmal auffüllen!
- *Unfall/Panne* **Polizeinotruf** ☎ 133, **Rettungsdienst** ☎ 144 (über Handy 112). **Pannendienst** an Autobahnen über Notrufsäulen, sonst ☎ 120, auch vom Handy.

▶ Ab dem **Brennerpass** (1374 m Höhe, Staatsgrenze) zunächst ziemlich steil, kurvig und mit schlechtem Fahrbahnbelag. Nicht zu schnell fahren, aufpassen in den schlecht beleuchteten Tunnels! Die Route führt über Sterzing (Mautstelle mit sommerlicher Staugefahr) und weiter bis Bozen. Von hier durch ausgedehnte Obstplantagen zügig das Etschtal abwärts. Bei Salurn/ Salorno ist die Sprachgrenze erreicht, ab hier zählt nur noch Italienisch. Bei Verona südwärts halten und über die A 22 durch die flache Poebene nach Modena, am dortigen Autobahnkreuz oft kilometerlange Staus. Von Modena schließlich östlich auf die A 1, die berühmte "Strada del Sole."

Autobahngebühren Brenner-Bologna ca. 18 €; Brenner–Verona ca. 12 €, Verona–Bologna ca. 6 €.

▶ **Varianten**: Für Fahrer aus der Mitte Deutschlands und dem Raum Stuttgart/ Ulm. Andere Routen zur Senkung der Mautgebühren oder einfach, um die Landschaft zu genießen. Hingewiesen sei jedoch darauf, dass gerade die "pickerlfreien" Schleichwege oft überlastet und in den geplagten Ortschaften Staus deshalb häufig sind. Nach Meinung des Auto Club Europa (ACE) fährt man unter Einbeziehung aller Faktoren, darunter Fahrzeit, Benzinkosten und auch Umweltbelastungen, letztlich mit der Vignette sogar günstiger.

- *Ulm–Innsbruck* über die A 7 bis zum Autobahnende, dann über Landstraße mit häufig sehr zähem Verkehr zum Grenzübergang Pfronten-Reutte (oft Staus!), weiter über den Fernpass (1209 m) auf die Auffahrt Mötz der Autobahn nach Innsbruck. Landschaftlich schöne Route, zur Feriensaison allerdings meist überlastet.
- *Ulm–Meran* Vignetten- und mautfreie Alternative zum Brenner, allerdings sehr stauanfällig. Route wie oben, hinter dem Fernpass dann auf Bundesstraßen über Imst-Landeck-Reschenpass nach Meran und weiter nach Bozen-Süd.
- *München–Innsbruck–Brenner* über die Autobahn nach Garmisch-Partenkirchen, weniger befahren als die Salzburger Strecke. Etwa 12 km vor Garmisch Ende der Autobahn, auf dem folgenden Landstraßenstück und im Ort selbst gelegentlich zäh fließender Verkehr mit Staugefahr. Bei Scharnitz Grenzübergang. In Österreich dann steile 16 % den Zirlerberg hinunter ins Inntal; in der Gegenrichtung für Gespanne verboten; Radfahrer müssen bergab (!) schieben. Insgesamt 17 km kürzer als über die Salzburger Autobahn, in der Regel jedoch kein Zeitgewinn, zudem als vignettenfreier Schleichweg (über Kematen, Axams und Mutters zur Brennerstraße) stauanfällig.
- *Innsbruck–Brenner* Etwa eine Stunde länger als über die Autobahn dauert die Fahrt über die alte Brennerstraße 182 (Lkw-Verbot). Abfahrt von der Inntalautobahn bei Innsbruck-Süd, dann über den neuen Umgehungsring bis zum Abzweig. Sehr kurvenreich, eng und leider auch unfallträchtig, aber mit schönen Rastplätzen und netten kleinen Ortschaften. Geschwindigkeitsregelungen und Überholverbote genau einhalten – die Polizei kontrolliert hier gern und erfindungsreich, teilweise von weit entfernt mit dem Fernglas!
- *Brenner–Verona* Zum Sparen der Autobahnmaut bietet sich natürlich die parallel verlaufende Staatsstraße SS 12 an. Deutlichen Zeitverlust einkalkulieren! Bis vor Bozen durchaus empfehlenswert, in Bozen-Nord aber besser auf die Autobahn und erst Ausfahrt Auer-Neumarkt wieder runter; dazwischen besonders im Berufsverkehr oft lange Staus. Selbiges Verfahren dann zwischen Trento und Rovereto-Sud/ Lago di Garda Nord. Hier entweder Abstecher über den Gardasee (landschaftlich toll, aber viel Verkehr) oder via SS 12 weiter bis zum Zubringer zur Auffahrt Verona-Nord der A 22.

(2) Frankfurt (Basel) – Bologna

Insgesamt ca. 920 km, Basel – Bologna ca. 560 km, Chiasso (ital. Grenze) – Bologna ca. 360 km

Die Route für alle, die im Westen Deutschland starten. Zügig über die Rheinautobahn, dann landschaftlich eindrucksvoll (und vignettenpflichtig) über die Highways der Schweiz.

Von Frankfurt zunächst die Rheinautobahn A 5 bis Basel; dann auf der N 2 vorbei an Luzern und dem Vierwaldstätter See zum gebührenfreien Sankt Gotthard-Tunnel – mit 16,3 km der längste der Alpen! Am anderen Ende wartet schon die italienische Schweiz, die meist auch das passende Wetter zu bieten hat. Über Lugano mit dem gleichnamigen See geht es über eine landschaftlich sehr hübsche Strecke, allerdings mit sommerlicher Staugefahr, zum Grenzübergang Chiasso; einige Kilometer vorher noch eine Raststätte.

▸ Jenseits der Grenze dann über die A 9 auf die A 8, Milano unbedingt auf der Autobahnumgehung im Süden umfahren. Die gesamte Gegend um Milano ist an Wochenenden und im Berufsverkehr ein klassisches Staugebiet! Hinter Milano dann durchgehend die A 1 (Autostrada del Sole) bis Bologna, schnelle Fahrt durch die optisch reizlose Poebene.

Autobahngebühren Chiasso-Bologna ca. 12,50 €, Chiasso-Milano ca. 2,5 €, Milano-Bologna ca. 10 €.

Anreiserouten

Verkehrstipps Schweiz

- *Vignette* Die rund 27 € teure Plakette (Pkw und Wohnmobile bis 3,5 t) ist auf Schweizer Autobahnen **Pflicht** – wer ohne sie ertappt wird, riskiert eine saftige Geldstrafe! Erhältlich ist sie bei den meisten Automobilclubs und an der Schweizer Grenze. Die Vignette gilt für ein Kalenderjahr.
- *Geschwindigkeitsbegrenzungen* Auf Landstraßen für Pkw und Motorräder 80 km/h, auf Autobahnen 120 km/h; mit Anhänger 80 km/h.
- *Unfall/Panne* **Polizeinotruf** und **Rettungsdienst** ✆ 117, Handy 112.
  Pannendienst an Autobahnen über die Notrufsäulen, sonst ✆ 140, Handy 0318 505311.
- *Benzin* Preiswerter als in Italien. Achtung, das gilt nicht für Diesel!

▶ **Varianten:** Für alle diejenigen, die es schon früher an die Küste zieht.

Entweder schon ab Autobahnumgehung Milano auf der A 7 Richtung Genua über den Apennin, dann weiter über die A 12 vorbei an La Spezia. Oder (kürzer, etwas gebührengünstiger) erst bei Parma von der A 1 meerwärts ab (A 15), wiederum über den Apennin, um dann hinter La Spezia auf die Küstenautobahn zu stoßen. In jedem Fall landet man bei Livorno (vorher vielleicht den Schiefen Turm von Pisa ansehen), wo derzeit die Autobahn zu Ende ist. Bis vor Civitavecchia dann eine stark befahrene Landstraße, die im August noch zusätzlich durch Kurzstreckenverkehr italienischer Urlauber belastet wird. Ab etwa 10 km vor Civitavecchia dann wieder Autobahn bis Rom, dort allerdings erst über den verkehrsreichen Autobahnring zur Autobahn Richtung Neapel.

(3) Wien – Bologna

Insgesamt ca. 750 km, Wien – Tarvisio (ital. Grenze) 380 km, Tarvisio – Bologna 370 km

Die Route für Fahrer mit Ausgangspunkt im Osten Österreichs.

Von Wien südwärts über die A 2, vorbei an Graz und, derzeit noch streckenweise auf Landstraße, bis Klagenfurt. Weiter auf der A 2, vorbei an Villach, bis zum Grenzübergang bei Tarvisio.

▶ In Italien über die Alpen-Adria-Autobahn A 23, am Autobahnkreuz südlich von Udine auf die A 4. Eventuell einen Zwischenstopp im wunderschönen Venedig einschalten – dazu nicht bis in die Stadt fahren, sondern die weit billigeren Parkplätze vor der Lagunenstraße nutzen; häufige Busverbindung. Vor Padua geht's auf die A 13 nach Bologna.

Autobahngebühren: Tarvisio-Bologna 18 €, Tarvisio-Venedig 10 €, Venedig-Bologna 8 €.

Bologna – Rom

Insgesamt ca. 370 km, Bologna – Florenz ca. 95 km, Florenz – Rom ca. 275 km

Landschaftlich eins der schönsten Teilstücke der Anfahrt nach Sizilien – quer durch die grüne Toskana und durch Umbrien.

Verlockend natürlich für zahlreiche Abstecher: Kulturmetropole Florenz, Siena mit einem der schönsten Plätze Italiens, die Stadt der Türme San Gimignano, und vieles, vieles mehr ... Das waldreiche Umbrien liegt ruhig und verträumt abseits der Touristenströme.

▶ **Bologna – Florenz:** Kurvige und steile Fahrt auf der A 1 über den Apennin. Optisch toll, leider oft Staus dank mühsam bergauf kriechender Lkw und hohem Verkehrsaufkommen. Die parallel verlaufende SS 65 ist zwar wenig befahren und führt durch urwüchsige, wunderschöne Gebirgslandschaft, braucht aber der vielen Kurven und Steigungen wegen ihre Zeit: Um die drei Stunden muss man schon rechnen. Florenz, eine der schönsten Städte Italiens, ist zwar chronisch von Touristen überfüllt, trotzdem aber unbedingt einen Abstecher wert.
Autobahngebühr Gut 5 €, die angesichts des großen Zeitgewinns bestens angelegt sind.

▶ **Florenz – Rom:** Entspannte Fahrt durch liebliche Landschaften, grüne Hügel und Weinberge. Frühmorgens und im abendlichen Dämmerlicht sehr romantisch, besonders, wenn Nebelfetzen in der Luft hängen. Trotzdem – die knapp 280 km ziehen sich etwas. Tipp für einen Zwischenstopp: Das malerische Orvieto, in toller Lage auf einem Tuffsteinklotz, mit wunderschönem Dom und nah an der Autobahn. Nicht weit entfernt lockt das glasklare Wasser des Lago di Bolsena, an dem es mehrere Campingplätze gibt. Wer nicht nach Rom hinein möchte: an der Gabelung etwa 30 km vor dem Zentrum der Beschilderung nach Neapel folgen und die Autobahnumgehung nutzen – die Ringautobahn Raccordo um Rom versinkt regelmäßig im Chaos, zudem ist die obige Strecke kürzer. Rom allerdings gehört natürlich zu den Höhepunkten einer Fahrt den Stiefel hinunter; wer es sich leisten kann, sollte sich einige Tage Zeit für die "Ewige Stadt" nehmen.
Autobahngebühren Florenz-Rom ca. 12 €.

▶ **Variante:** Toskana pur. Von Florenz gebührenfreie, vierspurige Schnellstraße nach Siena, nach einem Stadtbummel über die SS 2 zum Lago di Bolsena. Hügelige und kurvige Straße, im Herbst vielerorts die großen Heurollen – Nebenprodukt der Getreideernte. Vom See entweder auf die Autobahn bei Orvieto oder quer durch Latium (auf der Strecke das mittelalterliche Viterbo) zum Autobahnring von Rom.

Rom – Neapel

Insgesamt 220 km

Weiter abseits der Küste. Hügelige Landschaft, aber allmählich weniger grün als die Toskana – der Süden macht sich bemerkbar.

Wer nicht schon vor Rom abgebogen ist, nimmt den Abzweig von der Ringautobahn auf die A 2. Die ist zwar ziemlich stauanfällig, ausweichen auf die Küstenstraße bringt aber auch nichts: Zwischen Rom und Neapel reihen sich Feriensiedlungen wie Terracina, berüchtigt aus dem Film "Man spricht deutsh" von Gerhart Polt.

Wer Neapel (leider) rechts liegen lassen will, nimmt an der Autobahngabelung hinter Caserta den Abzweig auf die A 30 Richtung Salerno. Der gesamte Großraum Neapel/Salerno ist mit langen Schlangen vor den Mautstellen und immensem Verkehrsaufkommen eine sehr wirkungsvolle Bremse für den Drang südwärts.

Neapel wird als Stadt oft unterschätzt, nur mit Slums und der lokalen Mafia Camorra gleichgesetzt. Beides gibt es natürlich, aber gleichzeitig ist Neapel

Alternative zur Autobahn: SIREMAR-Fähre nach Lipari und Milazzo

eine der vitalsten und farbigsten Städte Italiens. In der Umgebung locken Pompeji und die Inseln Capri und Ischia.

Autobahngebühren Rom-Neapel ca. 10 €; Rom-Salerno ca. 11 €.

▶ **Varianten**: Die stark belastete Küstenstraße ist wenig zu empfehlen. Statt dessen ein Tipp für die ganz Sparsamen auf der Durchreise: Auch wer bisher nur via Landstraße gefahren ist, sollte den Raum Neapel/Salerno unbedingt auf der Autobahn durchqueren! Die mehr als 60 Kilometer sind fast durchgehend bebautes Gebiet mit Unmengen von Ampeln, Kreuzungen, Lastkarren und dergleichen Hemmnissen mehr. Wer die Strecke in einem halben Tag schafft, kann sich glücklich schätzen. Die Alternative ab Caserta über die Autobahn bis Salerno ist die paar Euro mehr als wert!

Neapel – Villa San Giovanni (Sizilienfähre)

Insgesamt ca. 500 km

Eine landschaftlich absolut faszinierende Strecke – wilde, kahle Einsamkeit in bizarr geformten Bergen. Weiteres Zuckerl: Ab Salerno ist die Autobahn kostenlos.

Wer den Abstecher nach Neapel gemacht hat, muss zunächst aber erst einmal den dicht befahrenen Großraum Neapel-Salerno überbrücken. Dazu unbedingt auf die nächste Autobahnauffahrt, denn die Sache zieht sich sehr! Ermüdend werden die nächsten 440 km auf der A 3 trotz großartiger Panoramen nämlich auch: Schlechter Straßenzustand und viele Baustellen, speziell auf den zahlreichen Brücken, fordern den Fahrer und senken den Reiseschnitt. Trotzdem ist die Autobahn noch schneller als die Küstenstraße mit ihren zahlreichen Badeorten.

80   Anreise

▶ **Varianten**: Die Route über die Küstenstraße ist südwärts von Salerno nur noch als Kontrastprogramm zum Autobahn-Brettern interessant, Maut gibt's keine mehr zu sparen.

Bei **Battipaglia** runter von der Autobahn und auf die küstennahe SS 15; 20 km weiter bei den griechischen Tempeln von Paestum vielleicht schon mal einen Vorgeschmack auf sizilianische Ausgrabungen holen. Danach – wenn schon Abstecher, dann richtig – einige Kilometer hinter Agropoli meerwärts von der SS abbiegen und das wunderschöne Küstenstück über Castellabate und Palinuro mitnehmen: glasklares Wasser, viele kleine Buchten und besonders um die beiden Orte reichlich Campingplätze. Im weiteren Verlauf fällt dann bei Sapri die Entscheidung, ob zurück auf die Autobahn oder nicht – südlich dauert es ein ganzes Stück, bevor man sie ohne großen Umweg wieder erreicht.

Capo Vaticano: Der "Höcker" vor der Spitze des Stiefels liegt ebenfalls abseits aller Durchgangsstraßen und erfreut mit üppiger, plantagenartiger Vegetation und guten Bademöglichkeiten. Das kleine Städtchen Tropea besitzt viel Flair; beim Kap selbst liegen eine ganze Reihe von Campingplätzen mit teils sehr schönem Strand – optimal für eine letzte Übernachtung vor dem Sprung nach Sizilien!

Fähren ab Villa San Giovanni

Die Zufahrt von der Autobahn zu den Fähranlegern ist zwar ganz gut beschildert, dennoch darauf achten, rechtzeitig die richtige Spur zu wählen! Die Überfahrt dauert gut eine halbe Stunde. Folgende Gesellschaften stehen zur Auswahl:

FS/Bluvia: Die Fähren der italienischen Staatsbahn verkehren im Schnitt alle 40 min., abhängig von der Frequenz der eintreffenden Züge (die auch verladen werden). Die FS ist die preisgünstigste Lösung: pro Person etwa ein Euro; Pkw je nach Größe etwa 15–20 €. Es gibt Sondertarife für die gleichzeitige Buchung von Hin- und Rückfahrt; vor dem Einschiffen zur Rückfahrt muss man das Ticket dann im Fährbüro abstempeln lassen.

Caronte & Tourist: Private Gesellschaft mit häufigeren Überfahrten, im Schnitt alle 20 Minuten, dabei etwas teurer als die FS.

Anreise mit der Bahn

Die FS – Ferrovie dello Stato, die italienischen Staatsbahnen – sind das Verkehrsmittel Nummer eins im Land. Vom Staat subventioniert, mit dichtem Netz, sehr günstigen Tarifen und entsprechend gut gebucht.

Dem alten Kalauer entsprechend lässt sich die Anreise per Bahn daher wirklich "in vollen Zügen genießen". Zeit und Ausdauer braucht es auch: München–Messina bzw. Basel–Messina schlägt je nach Anschlussverbindungen mit etwa 22 Stunden aufwärts zu Buche. Mit Verspätungen ist zudem manchmal zu rechnen, obwohl sich in den letzten Jahren, besonders bei den ohnehin schon schnellen EC/IC und Rapido-Zügen, einiges gebessert hat. Ein weiteres mögliches Hemmnis: *lo sciòpero*, der Streik – immer wieder aktuell. Wann die "italienische Krankheit" im Bahnwesen ausbricht, ist für die Anreise in der Regel rechtzeitig den Tageszeitungen zu entnehmen. Direktzüge ab Deutschland nach Sizilien existieren nicht, einmal Umsteigen ist mindestens nötig.

Hauptrouten über die Alpen

▶ **Brenner-Linie**: München – Innsbruck – Brenner – Verona – Bologna – Firenze – Roma. Für den Großteil Deutschlands die übliche Strecke, beste Umsteigestation ist Roma Termini, der Hauptbahnhof von Rom. Wer ohne Platzkarte reist, was nicht empfehlenswert ist, sollte in Rom unbedingt schon 1–2 Stunden vor Abfahrt der Sizilien-Züge am Bahnsteig präsent sein, um sich mit Bereitstellung der Züge sofort um den Sitzplatz kümmern zu können – durchsetzungsfähige Ellbogen sind auch dann noch vonnöten. Ein dickes Zeitpolster beruhigt auch bei Verspätungen: das Bangen um den Anschlusszug, der nur selten wartet, entfällt.

▶ **Gotthard-Linie**: Basel – Luzern – Göschenen (St. Gotthard-Tunnel, 15 km) – Bellinzona – Lugano – Chiasso – Como – Milano – Bologna – Firenze – Roma. Interessant für Reisende aus dem äußersten Südwesten Deutschlands und aus der Schweiz. Günstigste Umsteigestation ist Milano, bis dort sehr gute (und meist pünktliche!) IC-Verbindungen ab Basel SBB.

Weiter nach Sizilien

▶ **Bologna – Rom**: Die sogenannte *direttissima* Bologna–Firenze–Rom ist eine großartige Leistung der Ingenieure: Fast ohne Kurven quert sie den Apennin, 29 Tunnels (der längste 19 km!) wurden zwischen den beiden Weltkriegen durch das Bergmassiv gebohrt. Florenz ist mit seinen Bauwerken und Kulturschätzen trotz sommerlichen Andrangs jederzeit einen Stopp wert – und sei es nur für ein paar Stunden zwischen zwei Zügen. Auch die Umgebung (Nebenlinien nach Siena und Pisa) hat einiges zu bieten. Hinter Firenze verläuft die Linie nahezu völlig gerade durch die schöne Landschaft der Toskana, die einem die je nach Zug-Kategorie zwei- bis dreistündige Fahrt bis Rom nicht langweilig werden lässt.

Italiens Metropole Rom lohnt mit Attraktionen en masse natürlich einen Aufenthalt beliebiger Länge. Mit dem Ziel Sizilien im Auge wird man sich in Rom aber wohl bestenfalls ein paar Tage gönnen wollen. Von Roms Bahnhof Termini

82 Anreise

Am Ziel: Bahnhof von Taormina

gibt es laufend Züge nach Civitavecchia, Ausgangspunkt der Fähre nach Sardinien; eine reizvolle Alternative zur Tour den Stiefel hinunter: Rüber auf die Insel, von Olbia gemächlich und mit Stopps und Abstechern hinunter zur Südspitze bei Cagliari (Bahnverbindung), dann per Fähre weiter nach Palermo – eine abwechslungsreiche Sache und gar nicht mal so viel teurer.

Rom – Messina: Hinter Rom bekommen die meisten Bahnreisenden erstmals das Meer zu Gesicht, denn alle schnelleren Züge nehmen hier die Küstenstrecke. Badeort reiht sich an Badeort, im Sommer unheimliches Gedränge; zum Aussteigen nicht unbedingt verlockend.

Neapel lohnt einen Stopp schon eher. Eine unglaublich vielschichtige Stadt, von überschäumender Vitalität geprägt. Ein paar Stunden sollte man Neapel schon gönnen; das Zentrum und der berühmt-berüchtigte "Diebesmarkt" liegen nah beim Bahnhof. Empfehlenswert allerdings, das Gepäck in der Aufbewahrung am Bahnhof aufzugeben und gut auf Taschendiebe zu achten...

Fähranschlüsse: Neapel ist auch Fährhafen für die Sizilien-Fähre via Eolische Inseln nach Milazzo. Überlegenswert: Eine Sommernacht an Deck ist allemal angenehmer als im überfüllten Zug, zudem erreicht man mit der Vulkaninsel Stromboli gleich einen der Höhepunkte jeder Sizilienreise – Details im Kapitel Fährverbindungen.

Die Küstenstrecke südlich von Neapel bildet schließlich den landschaftlichen Höhepunkt der Fahrt: kleine Buchten, bizarre Felsformationen und die Bahnlinie oft dicht am Wasser. Kurz vor der Überfahrt nach Sizilien lockt nochmal ein kleiner Umweg – der "Höcker" des Capo Vaticano wäre der schönen Badeplätze wegen sogar einen längeren Aufenthalt wert. Charmant ist besonders das Städtchen Tropea (eine letzte Übernachtung vor Sizilien? Camping "Paradise" nah beim Ort). Nur wenige der Schnellzüge kommen hier vorbei, besser in Lamezia Terme umsteigen – der Abstecher ist im Ticket inbegriffen!

▶ **Sizilien-Fähre**: Die Überfahrt Villa San Giovanni–Messina ist für Bahnreisende mit Fahrkarte nach Sizilien im Preis eingeschlossen. Die Überfahrt dauert gut 1/2 Stunde. Tipp: Das Hinein- und Herausrangieren der Züge in die Schiffe braucht seine Zeit, Minimum eine Stunde. Wer aus- und in die nächste Fähre einsteigt, ist um einiges früher drüben. In Messina sind es vom Fährhafen zum Bahnhof nur etwa 300 überdachte Meter, und ein früherer Zug nach Taormina/Catania oder Palermo steht oft schon bereit.

Bahntipps und -tricks

Der Tarifdschungel der Bahnen im In- und Ausland ist im Rahmen dieses Führers unmöglich darzustellen und zudem häufigen Änderungen unterworfen, weshalb hier nur einige Beispiele gegeben werden sollen. Daneben existiert eine Vielzahl weiterer Vergünstigungen – unter anderem für Kinder, Familien, kleine und größere Gruppen und Senioren – sowie Netzkarten wie z.B. das Euro-Domino-Ticket. Infos erhält man mit etwas Nachbohren (wichtig!) in den auf Bahnreisen spezialisierten Reisebüros, zum Beispiel dem DER bzw. ABR.

- *Information im Internet* www.bahn.de, die Site der Deutschen Bahn, unter "Reiseauskunft" sind Verbindungen (keine Preise) auch nach Italien und innerhalb Italiens abrufbar.

www.trenitalia.com, die Site der Staatsbahn, zum Teil auch deutschsprachig, aber etwas kompliziert aufgebaut. Immerhin mit guter Fahrplanauskunft.

- *Reguläre Fahrpreise* Der staatlichen Subventionen wegen in Italien sehr günstig. Tausend Schienenkilometer 2. Klasse kosten in Italien kaum über 40 € und selbst im IC oder EC nur etwa 55 €.

Mit nicht ermäßigten Fahrkarten schlagen die Strecken in Deutschland, Österreich oder der Schweiz dagegen unglaublich stark zu Buche: Hamburg – Messina kostet deutlich mehr als das Doppelte der Strecke München – Messina! Tipp für den, der im hohen Norden startet: Es gibt Spezialpreise für die Hin- und Rückfahrt ab jedem bundesdeutschen Bahnhof zu einem beliebigen Grenzbahnhof in D oder A (im Fall Sizilien Kufstein bzw. Brenner), die allerdings nur vier Wochen gültig sind.

- *Langstreckenrabatt* Mit zunehmender Fahrstrecke verbilligen sich die Tarife in Italien noch, beim Kauf der Fahrkarte also das am weitesten entfernte Sizilien-Ziel anpeilen. Die Tickets sind zwei Monate lang gültig.

- *Zugarten* **Locale (L)** und **Regionale (R)** für den Nahverkehr – halten überall und sind dementsprechend langsam. **Diretto (D)** und **Interregionale (IR)** sind etwas schneller, halten aber auch noch ziemlich häufig. **Espresso (E)**, schon recht "zügig" unterwegs. **Intercity/Eurocity (IC/EC)** sind mit die flottesten Züge, im innerstalienischen Verkehr besteht aber Zuschlags- (ca. 30%) und oft auch Platzkartenpflicht. Ein reiner Schlaf- und Liegewagenzug ist der **Euronight (EN)**. Der Stolz der italienischen Bahnen sind die Hochgeschwindigkeitszüge **Pendolino** bzw. **Eurostar (ES)**, die mit kräftigen Zuschlägen ihren Preis haben.

- *Fahrpläne* Umfassend informiert der **Orario Generale** in Taschenbuchgröße, für 3,50 € am italienischen Bahnhofskiosk zu erstehen.

- *Platzkarten* Für die Anreise dringend zu empfehlen; sowohl für die alpenüberquerenden Linien als auch für die Anschlusszüge ab Rom oder Milano. Reservierungen auch für italienische Züge sind von jedem größeren Bahnhof der Heimat aus machbar.

- *Schlaf- und Liegewagen* Angesichts der relativ niedrigen Preise für eine alpenüberquerende oder innerstalienische Nachtfahrt eine durchaus feine Sache. Langfristige Reservierung ratsam, da auch in Italien sehr beliebt!

- *Fahrradtransport* Ein schwieriges Kapitel, zumal sich auch die Modalitäten häufig ändern. In einigen internationalen Fernzügen ist die Mitnahme als Reisegepäck möglich. Innerhalb Italiens zeigt sich die Situation problematischer, sieht man von den im Kursbuch mit einem Fahrradsymbol versehenen Verbindungen ab, in denen das Rad gegen Kauf einer Fahrradkarte ("supplemento bici", je nach Zuggattung 3,50–5,20 Euro) ins Gepäckabteil gestellt werden kann. Entsprechende Verbindungen lassen sich auch auf der Website der DB unter dem Stichwort "Reiseauskunft" ("Fahrradmitnahme" anklicken!) heraussuchen; südlich von Neapel sieht es allerdings trübe aus. Vielleicht günstiger: In allen Zügen außer dem Pendolino und dem Eurostar ist der Transport in einer sogenannten "Radtasche" (max.

84 Anreise

110-mal 80x30 cm) möglich, wobei zwar eine Extra-Fahrkarte nötig ist, das Rad ansonsten jedoch als ganz normales Gepäck behandelt wird. Allerdings reichen diese Maße gerade mal für ein kleines Rennrad oder Mountainbike mit demontiertem Vorderrad. Grundsätzlich ist es ratsam, sich schon eine gewisse Zeit vorab über die gegenwärtigen Möglichkeiten zu informieren. Tipp: am besten auch eine Geschäftsstelle des Allgemeinen Deutschen Fahrradclubs ADFC kontaktieren und sich dort über die aktuellen Möglichkeiten beraten lassen; Büros gibt es in fast jeder Großstadt.

Radfahrer-Hotline der Deutschen Bahn: 01805/151415. www.bahn.de/bahnundbike.
ADFC, Hauptgeschäftsstelle Bremen: 0421 346290, 0421 3462950, im Internet: www.adfc.de.

• *Gepäckaufbewahrung* Schließfächer existieren nicht, dafür aber an den meisten Bahnhöfen Gepäckaufbewahrung, oft rund um die Uhr – für einen kleinen Abstecher zwischen zwei Zügen allemal sinnvoller, als Koffer/Rucksack zu schleppen und sich damit als interessantes Opfer von Dieben zu präsentieren.

Anreise mit dem Bus

Rund ums Jahr ist Sizilien auch per Linienbus zu erreichen. Im Sommer verkehren daneben sporadische Sonderbusse.

Der Bahn gegenüber kann die Busfahrt den Vorteil ins Feld führen, ab Norddeutschland in der Regel etwas preiswerter zu sein, Sondertarife der Bahnen einmal ausgenommen. Generell sind die Busse durchaus komfortabel ausgestattet – die reine Erholung ist eine Busfahrt über eine Distanz von 1600 Kilometern aufwärts aber natürlich ebensowenig wie die Anfahrt per Bahn oder Auto. Doch hat der Bus offensichtlich seine Vorzüge: Viele in Deutschland tätige Sizilianer nutzen die Busverbindung zur Anreise in den Heimaturlaub.

▶ **Linienbusse:** Die Busse der "Europäischen Fernlinienverkehre" (Europabus) verbinden Sizilien mit vielen Städten Mitteleuropas. Ansprechpartner in Deutschland ist meist die *Deutsche Touring*.

• *Preisbeispiel* (einfache Fahrt): München–Messina etwa 100 €. Rückfahrttickets bringen Ermäßigung, Studenten bis 26 Jahre erhalten 10%, Kinder bis 12 Jahre nach Alter 50–70 % Rabatt.
• *Modalitäten* Zwei Gepäckstücke sind frei, Übergepäck gegen Aufpreis und nur, falls genug Platz ist. Fahrradmitnahme ist nicht möglich.

• *Information, Buchungen* **Reservierungsleitstelle Frankfurt**, Deutsche Touring GmbH, Am Römerhof 17, 069/ 790350, 069/7903219.
Internet: www.deutsche-touring.com.
Ansprechpartner auf Sizilien **Segesta Internazionale**, Via Libertà 171, 90143 Palermo, (0039) 091 342525, (0039) 091 343411.

▶ **Fahrradbusse:** Unter dem Signet "Bike & Bus" bieten mehrere Veranstalter von Busreisen mit Fahrradtransport ein gemeinsames Programm. Allerdings fahren die Busse nur bis Livorno, Florenz oder Grosseto, weshalb man für die Weiterreise auf den inneritalienischen Bahntransport angewiesen ist. Die Veranstalter besorgen sehr preiswerte Bahntickets zu den Zustiegsorten.

• *Veranstalter des Programms Bike & Bus*
Reisezeit: Guldeinstraße 29, 80339 München; 089/505050, 089/501005, www.reisezeit-online.de.
Natours, Untere Eschstraße 15, 49177 Ostercappeln; 05473/92290, 05473/8219, www.natours.de.

Sausewind, Meeschweg 9, 26127 Oldenburg, 0441/935650, 0441/3047109, www.sausewind.de.
• *Weitergehende Informationen* Allgemeiner Deutscher Fahrradclub (ADFC), Bremen, 0421/346290, 0421/3462950. ADFC-Büros gibt es auch in den meisten größeren Städten. www.adfc.de.

Weitere Anbieter: Manche Veranstalter organisierter Busreisen verkaufen einige Tage vor Abfahrt die bis dahin nicht gebuchten Plätze auch ohne Hotel zum Sondertarif. Geworben wird für diese Restplätze nicht, man muss in den auf Busreisen spezialisierten Reisebüros schon extra danach fragen. Ähnliches gilt für Sonderfahrten aus Industriestädten mit hohem Anteil an italienischen Gastarbeitern. Wer hier einen Platz erwischt, kann oft ein Schnäppchen machen.

Interessante Stopps

+++ Kunstmetropole Florenz +++ grandiose Landeshauptstadt Rom +++ lebendiges, faszinierendes Neapel +++

Auf den etwa 1400 Kilometer den Stiefel hinab gibt es natürlich viele Möglichkeiten. Hier deshalb nur eine Kurzbeschreibung der drei wichtigsten Städte – eine durchaus subjektive Auswahl.

Florenz

Nicht zu groß, überschaubar und im Zentrum ein Traum von einer Stadt, für die Einwohner dank der allsommerlich hereinströmenden Touristenmassen mittlerweile allerdings ein Alptraum. Verständlich, dass die Innenstadt zur autofreien Zone erklärt wurde. Großer Andrang, hohe Preise – und trotzdem, für ein paar Stunden oder Tage hat Florenz seine Reize.

Zu den Hauptsehenswürdigkeiten zählt der Dom in verschiedenfarbigem Marmor mit der zweitgrößten Kuppel der Welt. Die nahe Piazza della Signoria ist der Hauptplatz von Florenz, Treff von Malern und Straßenartisten vor der Kulisse historischer Gebäude und unglaublich teurer Cafés. Südlich, im Anschluss an die Piazza, stellt die weltberühmte Gemäldegalerie der Uffizien eine immense Fülle an Kunstwerken aus. Ein kleines Stück flussabwärts überspannt der Ponte Vecchio den Arno, beliebter abendlicher Treffpunkt von Reisenden unterschiedlichster Couleur. Geradeaus über die Brücke warten nach ein paar hundert Metern im Palazzo Pitti gleich fünf Museen, nebenan ein schöner Park.

• *Information* **Informazioni Turistiche**, Piazza Stazione 4, gegenüber des Hauptausgangs vom Bahnhof, hinter der Kirche Santa Maria Novella, ✆ 055 212245. Geöffnet März–Oktober 8.15–19.15 Uhr, übrige Zeit 8.15–13.45 Uhr.

• *Übernachten* Nicht ganz billig, mehrere preiswertere Pensionen in Bahnhofsnähe. Achtung, das Stadtzentrum ist autofreie Zone, Anfahrt nur zum Ausladen vor dem Hotel möglich. Der Großparkplatz "Fortezza da Basso" liegt in der Nähe des Hauptbahnhofs, Stadtbusverbindung ins Zentrum.

Zimmervermittlung: Consorzio ITA im Bahnhof, ✆ 055 28283, geöffnet etwa 9–21 Uhr, oft lange Schlangen.

Area di Servizio Agip Perètola, eine weitere Reservierungszentrale, von Bologna kommend an der letzten Raststätte vor Florenz.

• *Camping* **Michelangelo**, auf einer Anhöhe jenseits des Flusses. Meist überfüllt (vormittags kommen!), wenig Schatten, aber zentrumsnah und mit äußerst reizvollem Blick auf die Stadt. Ganzjährig geöffnet, ✆ 055 6811977.

Panoramico, oberhalb des Städtchens Fiesole, ca. 8 km vom Zentrum, Busverbindung. Guter Platz, ganzjährig geöffnet, ✆ 055 599069.

Rom

Italiens Hauptstadt und eine der großen Metropolen der Welt. Anders als in Florenz muss man es sich in Rom verkneifen, bei einem kurzen Aufenthalt auch nur die wichtigsten unter den zahllosen Sehenswürdigkeiten "abhaken" zu wollen: es sind einfach zu viele.

Stattdessen besser Schwerpunkte setzen. Vielleicht den Vatikanstaat besuchen, dabei die Peterskirche – die größte der Welt – und das Vatikanmuseum (Sixtinische Kapelle mit Fresken Michelangelos) ansehen. Oder das "antike Rom" mit Kapitol (Museen!), Foro Romano und der gigantischen Arena des Kolosseums besuchen. Nicht zu vergessen natürlich die Katakomben, zahllose Kirchen usw. Mögliche Alternative: einfach über die Hauptgeschäftsstraße Via del Corso bummeln, sich auf der Spanischen Treppe mit Reisenden aus aller Welt treffen oder auf der Piazza Navona den Porträtmalern und Straßenmusikanten zusehen ...

• *Information* **APT**, im Hauptbahnhof Stazione Termini, Haupthalle Galeria Gommata, ☏ 06 48906300; geöffnet 8–21 Uhr.
APT, die Hauptstelle, Via Parigi 5, in einer Seitengasse jenseits des Bahnhofsvorplatzes, etwa 5 Minuten vom Bahnhof, ☏ 06 48899253, Mo–Sa 9–19 Uhr.
• *Übernachten* Hohe Preise, einfache Hotels vor allem im Gebiet um den Hauptbahnhof.
Zimmervermittlung: Auch die Infostellen der APT helfen bei der Zimmersuche.
Enjoy Rome, Via Marghera 8, wenige Fußminuten nördlich des Hauptbahnhofs, beim Verlassen nach rechts halten; ☏ 06 4451843.
Geöffnet Mo–Fr 8.30–14, 15.30–18 Uhr. Sa 8.30–14 Uhr. Neben Zimmervermittlung auch geführte Touren per Rad oder zu Fuß. www.enjoyrome.com.
• *Camping* Mehrere Plätze am Autobahnring Raccordo oder in dessen Nähe, für Autofahrer gut beschildert und meist mit Busverbindung in die Stadt.
Camping Flaminio Village, stadtnächster Platz, ca. 6 km nördlich des Zentrums, vom Raccordo ausfahrt 6, Via Flaminia in Richtung Innenstadt, beschildert. Ruhige Lage, geöffnet März bis Dezember, ☏ 06 3332604. www.villageflaminio.com.

Neapel

Neapel – unverkennbar eine Stadt des *mezzogiorno*, des armen, unterentwickelten Südens. In den Gassen der Altstadt heruntergekommene Elendsquartiere, im besseren Viertel Vomero jede Wohnungstür gleich dreifach mit Schlössern gesichert. Trotz allem jedoch eine faszinierende Stadt. Wer einmal erlebt hat, wie Neapolitaner einen Sieg ihres Fußballclubs oder ein Volksfest zu feiern wissen, wird Neapel lieben.

Gleich neben dem Bahnhofsplatz beginnt der "Diebesmarkt" im Viertel Duchesca: vom geklauten CD-Player bis zur Rolex-Imitation ist hier alles zu haben. Absolutes Kontrastprogramm ist die in Hafennähe liegende Galleria Umberto, eine von einer hohen Kuppel überwölbte, wunderschöne und sehr elegante Einkaufshalle des 19. Jh. Unbedingt einplanen: Das Museo Archeologico im oberen Bereich der Hauptstraße Via Toledo – eine der bedeutendsten archäologischen Ausstellungen der Welt! Sind im Reisefahrplan ein paar Tage für Neapel reserviert, sollte man die Ausgrabungen von Pompeji keinesfalls versäumen, ab dem Hauptbahnhof zu erreichen mit der Privatbahn Circumvesuviana. Beliebte Ausflugs- und Badeziele der Neapolitaner sind die Inseln Capri und Ischia. Wer den etwa 1280 Meter hohen Vulkan Vesuv besteigt, wird mit einer grandiosen Aussicht auf den Golf belohnt. "Neapel sehen und sterben" muss ja nicht sein ...

- *Information* In allen Büros erhältlich sind Stadtpläne etc., außerdem das nützliche Heft "Qui Napoli".

A.A.S.T., Via San Carlo 9, gleich bei der Galleria Umberto, ✆ 081 402394. Geöffnet Mo–Sa 9–20 Uhr, So 9–14 Uhr.

EPT, im Hauptbahnhof, kleines Büro am Durchgang von der Schalterhalle zu den Zügen. Geöffnet Mo–Sa 8–20 Uhr, So 9–13.30 Uhr; ✆ 081 268779.

EPT, im Bahnhof Mergellina, unweit der Abfahrtstelle der Tragflügelboote zu den Eolischen Inseln, geöffnet Mo–Fr 9–19 Uhr. ✆ 081 7612102.

- *Übernachten* Neapel ist teuer, und die unteren Kategorien sind teilweise mit besonderer Vorsicht zu genießen, da oft als Stundenhotels genutzt – besser, einmal ein paar Euro mehr anzulegen. Auf die Hotelschlepper im Bahnhof sollte man sich besser nicht einlassen.

- *Camping* **Camping Vulcano Solfatara**, beim von Erdbeben schwer geprüften Küstenvorort Pozzuoli. Angenehmer, wenn auch etwas teurer Platz, völlig schattig und sehr gepflegt; Swimmingpool und Bungalows. Innerhalb des Geländes ein kahler Vulkankrater der Phlegräischen Felder – Schlamm blubbert und es stinkt nach Schwefel... Zu erreichen vom Bhf. Neapel per Metro, noch ca. 2 km zu Fuß; per Auto Ausfahrt Agnano von der Tangenziale, alternativ über die von Rom kommende Küstenstraße. Geöffnet April bis Oktober, ✆ 081 5262341. www.solfatara.it.

Elegant: Neapels Galleria Umberto

Anreise mit dem Flugzeug

Ab zahlreichen deutschen Flughäfen ist Sizilien mit Direktflügen der verschiedenen Chartergesellschaften und Low-Cost-Airlines zu erreichen. Man sollte sich allerdings rechtzeitig um das Ticket bemühen, denn die preisgünstigen Flüge sind für die Hauptsaison schnell ausgebucht.

Die besonders flexibel buchbaren Linienflüge mit den etablierten Gesellschaften Lufthansa und Alitalia sind hingegen in der Regel mit Umsteigen auf dem berüchtigten Mailänder Flughafen Malpensa oder in Rom verbunden, also auch mit dem Risiko, den Anschlussflug zu verpassen. Zudem sind sie im Normaltarif ausgesprochen teuer. Lufthansa und Alitalia offerieren jedoch verschiedene Spar-Angebote, die den Preis auf ein erträgliches Maß senken.

Wichtigster internationaler Flughafen auf Sizilien ist die Ostküstenstadt Catania, Palermo wird deutlich seltener angesteuert. Bei besonders günstigen Angeboten mögen auch Neapel und der kalabrische Flughafen Lamezia Terme interessant werden, Weiterfahrt dann per Fähre oder Zug. Das Angebot verteilt sich auf zahlreiche Gesellschaften, wobei die Preise je nach Ausgangsflughafen,

88　Anreise

Saison und Anbieter erheblich differieren können. Um die preislich und zeitlich günstigste Möglichkeit zu finden, erkundigen Sie sich deshalb möglichst bei mehreren Reisebüros oder durchforsten Sie das Internet.

- *Preise* Je nach Saison, Abflughafen und Gesellschaft sehr unterschiedlich, deutlich über etwa 400 € sollten jedoch Hin- und Rückflug selbst zur Hochsaison nicht kosten. Zu bestimmten Terminen kann evtl. der Umweg über ein anderes Bundesland helfen, einiges einzusparen. Eine gute Möglichkeit zum Preisvergleich bietet beispielsweise die Datenbank der Seite www.reise-preise.de.
- *Gabelflüge* Die Möglichkeit, für Hin- und Rückflug zwei verschiedene Flughäfen zu wählen, z.B. Anreise nach Catania, von den Liparischen Inseln dann per Fähre nach Neapel und vom dortigen Flughafen zurück in die Heimat.
- *Transport von Fahrrädern und Sportgepäck* Die Gebühren für Fahrräder, Surfbretter, Tauchausrüstung (incl. leerer Sauerstoffflaschen) und Ähnliches Sportgerät sind je nach Fluggesellschaft unterschiedlich. Auf Charterflügen fliegt Taucherausrüstung meist gratis, ein Fahrrad kostet in der Regel 15–30 €, ein Surfbrett meist 30–50 €. Wichtig allerdings, entsprechende Wünsche gleich bei der Buchung anzumelden.
- *Last Minute/Restplatzbörsen* Auch Nur-Flüge werden "in letzter Minute" abgegeben. Zur Hochsaison ist so kaum Platz zu bekommen, dafür erwischt man in der Nebensaison schon mal ein echtes Schnäppchen.

Fährverbindungen

Die Fährlinien nach Sizilien ersparen Pkw- und Motorradfahrern viele Anreisekilometer, Besatzung und Gefährt erreichen die Insel ausgeruht und frisch. Zugreisende erfreuen sich an "Beinfreiheit" und möglichen Abstechern.

Kreuzfahrtstimmung à la "Traumschiff" sollte man von einer Fährpassage besser nicht erwarten, obwohl der Komfort auf vielen Linien deutlich zugelegt hat. Bequemer als die beengte Sitzerei im Auto, im Zug oder Bus ist die Reise auf einer großen Fähre mit Sonnendecks, Bars und Restaurant allemal.

Bei der Reiseplanung zu bedenken ist die starke Bewegung, die derzeit auf dem Fährmarkt herrscht: Neue Linien eröffnen (manche nur für einen Sommer), andere schließen wieder. Erkundigen Sie sich deshalb bitte rechtzeitig nach der aktuellen Lage. Als stabil gelten dürfen die Verbindungen Genua–Palermo und die Fährlinien von Neapel nach Palermo und auf die Liparischen Inseln/Milazzo; auch die neue Verbindung Civitavecchia–Palermo der renommierten Gesellschaft Grandi Navi Veloci sollte sich auf dem Markt behaupten können.

▶ **Vorausbuchung** ist zumindest im Sommer auf allen Fähren für Pkw-Fahrer und Kabinenschläfer angeraten. Verstärkt gilt das noch für die italienische Hauptreisezeit von Mitte Juli bis Mitte August (Hinfahrt) bzw. von Mitte August bis Mitte September (Rückfahrt). Adressen der Generalagenturen in Deutschland siehe unten, zu buchen aber auch in verschiedenen Reisebüros.

▶ **Vor Ort** im italienischen Reisebüro oder direkt am Hafen gekauft, sind die Tarife der Tickets jedoch oft günstiger, Richtwert etwa fünf bis zehn Prozent. Für *Rucksackreisende* ohne Interesse an Kabinen ist der Kauf vor Ort zu allen Zeiten problemlos. *Motorradfahrer* stehen vor der Abwägung, auf Nummer Sicher zu gehen oder die Ersparnis beim Kauf in Italien zu nutzen. In der ganz heißen Zeit Ende Juli und in der ersten Augusthälfte ist sicher ersteres ratsam. *Pkw*-Fahrer haben die größten Schwierigkeiten, vor Ort noch eine Passage zu ergattern.

In den ruhigeren Monaten bis etwa Ende Juni (nicht Ostern!) oder ab Anfang September können es Risikofreudige jedoch mit Aussicht auf Erfolg versuchen.

▶ **Generell** ist es nützlich, sich von den Agenturen oder Reisebüros rechtzeitig die Broschüren mit den aktuellen Preisen, Saisonzeiten etc. schicken zu lassen; einerseits um die genauen Termine in Erfahrung zu bringen, andererseits um die einzelnen Gesellschaften mit ihrer unterschiedlichen Tarifstruktur vergleichen zu können. Achtung: kurzfristige Änderungen sind jederzeit möglich, deshalb die Daten vor Abreise noch einmal gegenchecken.

Gesellschaften, Linien, Agenturen und Buchungsstellen

• *Grandi Navi Veloci* ("Große schnelle Schiffe"): Seit 1993 auf dem Markt, ist diese Gesellschaft der Grimaldi-Gruppe nun die wichtigste Verbindung nach Sizilien. Neben der Hauptlinie **Genua–Palermo** wird auch die neue Linie von **Civitavecchia** (bei Rom) nach **Palermo** bedient. Generalagenten in Deutschland sind das Münchner Reisebüro Italian Step (siehe "A–Z", Reisebüros) und die Agentur J. A. Reinecke, Jersbeker Str. 12, 22941 Bargteheide, ✆ 04532/205516, ✉ 04532/22566, www.jareinecke.de. Infos und Buchung auch in vielen Reisebüros. Direktinfos im Internet: www.gnv.it.

• *Tirrenia* Einst der Gigant im italienischen Fährverkehr, beschränkt sich die Tirrenia im Personenbereich nun auf die Fährlinie **Neapel–Palermo** sowie auf Verbindungen nach Sardinien und Tunesien. Generalagent in Deutschland: Armando Farina GmbH, Schwarzwaldstr. 82, 60505 Frankfurt/M; ✆ 069/6668491, ✉ 069/6668477. Buchung ist aber auch bei vielen Reisebüros möglich. Infos im Internet: www.tirrenia.it.

• *Siremar* Zuständig hauptsächlich für die Inseln um Sizilien, bedient die Tochtergesellschaft der Tirrenia auch als einzige Fährlinie die Strecke **Neapel–Eolische Inseln–Milazzo**. Agentur in Deutschland ist Armando Farina in Frankfurt, siehe Tirrenia. Buchungsadresse in Neapel: Ontano Tours, Piazza Municipio Varco Angioino, 80133 Neapel; ✆ ab Deutschland 0039/081 5800340, ✉ 0039/081 5800341. www.tirrrenia.it/siremar.

• *Snav* Der Spezialist für Schnellboote besitzt mehrere Linien nach Sizilien. Normalfähren (ganzjährig) sowie der rasante "Sicilia Jet" (Juni bis September; auch Autotransport) bedienen die Linie **Neapel–Palermo**. Schnelle Aliscafi (Tragflügelboote, nur Passagierverkehr) fahren von etwa Juni bis September auf der Linie **Neapel–Eolische Inseln–Milazzo**, Bislang leider keine Agentur in Deutschland, Tickets nur vor Ort, Infos auch unter www.snav.it.

• *TTT-Lines* Eine neue Linie **Neapel–Catania** – mal sehen, ob sie sich hält. Bislang keine Agentur in Deutschland, Tickets nur vor Ort, Infos unter www.tttlines.it.

• *Caronte & Turist* Fähren von **Salerno** (etwa 50 km südöstl. Neapel) nach **Messina**, eine ebenfalls neue Variante, reine Fahrzeit 7 Std. Mit dem Pkw über die gebührenfreie Autobahn und weiter mit einer der häufigen Fähren ab Villa San Giovanni ist man aber wohl deutlich schneller am Ziel. Infos: www.traveltickets.it oder im Büro Messina, ✆ 0039/090 6416352.

Fähren ab Genua

München – Genua ca. 700 km, Frankfurt – Genua ca. 850 km, Wien – Genua ca. 1000 km

Für Reisende mit dem eigenen Fahrzeug die gebräuchlichste Fährverbindung nach Sizilien. Vorteile sind die häufigen Frequenzen und die kürzeste Anreise von Deutschland und der Schweiz aus. Wer über den Brenner kommt, spart gut 900 Autobahnkilometer, Frankfurter und Schweizer noch mehr.

Anreise

Hier geht's los: im Hafen von Genua

Anreise nach Genua: Zu den Strecken bis Verona, Milano und Padua siehe im Kapitel "Anreise mit dem eigenen Fahrzeug".

1) **Ab München**: Ab Verona zunächst über die A 4 bis Brescia, dann die A 21 über Cremona und Piacenza; bei Tortona dann südlich auf die A 7, über den Apennin bis Genua. Die vom Kartenbild her interessant aussehende SS 45 Piacenza–Genua durch den Apennin braucht sehr viel Fahrzeit – auf diesem Abschnitt lohnt sich die Autobahn (für Motorradler übrigens ausnahmsweise ein Schmankerl) auch für sehr Sparsame. Mautgebühren Brenner – Genua rund 26 €.

2) **Ab Frankfurt, Basel**: Ab Milano direkt auf der A 7 über den Apennin nach Genua. Mautgebühren Chiasso (Grenze) – Genua ca. 10 €.

3) **Ab Wien**: Civitavecchia liegt im Verhältnis Anfahrtsstrecke/Fährpreis wohl deutlich günstiger. Wer der häufigeren Verbindungen wegen Genua ansteuern will, fährt ab Padua über die A 4 bis Brescia, dann weiter wie unter 1). Mautgebühren Tarvisio (Grenze) – Genua etwa 30 €.

Anfahrt zum Hafen von Genua: Von der A 7 zunächst den Schildern "Genova Ovest" folgen, dann der Beschilderung "Porto", schließlich dem Hinweis "Terminal Traghetti".

Vom Bahnhof: Ab Bahnstation *Porta Principe* entweder den Stadtbus vom Vorplatz aus nehmen oder in ca. 20 min. zu Fuß zum Hafen (Stazione Marittima) marschieren.

▶ **Fährverbindungen**: Die Fahrzeit von Genua nach Palermo beträgt mit den komfortablen Schiffen der Grandi Navi Veloci etwa 20 Stunden, Verspätungen von einer bis zwei Stunden sind allerdings möglich.

• *Grandi Navi Veloci* Tickets gibt es im ersten Stock des neuen, modernen Shoppingcenters am Hafen, in dem man sich auch mit Proviant versorgen kann, ✆ 010 25465. www.gnv.it.

Frequenzen: Saisonunabhängig täglich von Mo–Sa (jeweils abends); im Juli, August und September teilweise sonntags.

Preise variieren je nach Saison, für **Pkw** auch nach Länge, Minimum etwa 105 €, Maximum etwa 190 €. **Motorräder** über 200 ccm kosten nach Saison etwa 70–105 €.

Fährverbindungen

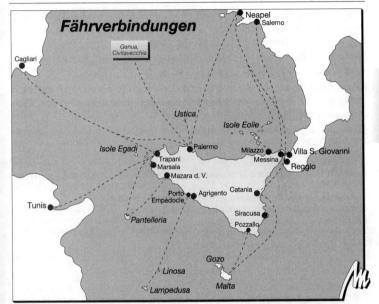

Personen in Kabinen mit Du/WC und Klimaanlage je nach Größe und Lage 90 € (Nebensaison, Viererkabine innen) bis 195 € (Hochsaison, Einerkabine außen); es gibt Einer-, Zweier-, Dreier- und Viererkabinen sowie Suiten. Die Überfahrt in so genannten, sehr unbequemen "Pullmannsesseln" à la Reisebus kostet nach Saison 70–110 €. Alle genannten Preise beziehen sich auf vor Ort gekaufte Tickets.

Fähren ab Civitavecchia

München – Civitavecchia ca. 900 km, Frankfurt – Civitavecchia ca. 1200 km, Wien – Civitavechia ca. 1050 km

Die neue Linie von Civitavecchia bei Rom nach Palermo ersetzt die bisherige Verbindung ab Livorno. Rein von den Anfahrts-Kilometern her liegt Civitavecchia nur für den Osten Österreichs recht günstig. Wer genau plant und auf die Stunde pünktlich anreisen kann, spart aber eventuell auch ab dem Brenner etwas Zeit, da die Palermo-Fähren von hier deutlich schneller (und preiswerter) sind als die Verbindungen ab Genua.

Anreise Civitavecchia: Zu den Strecken bis Bologna bzw. Milano siehe im Kapitel "Anreise mit dem eigenen Fahrzeug".

1) **München – Civitavecchia**: Ab Bologna auf der A 1 über den Apennin und um Firenze (Florenz) herum Richtung Rom; bei der Anschlussstelle Firenze–Certosa auf die vierspurige, gebührenfreie Schnellstraße Richtung Siena. Von dort auf der SS 222/223 Richtung Grosseto und vor der Stadt auf die hier vierspurige SS 1 (E 80) Richtung Civitavecchia und Rom. Mautgebühren Brenner–Florenz etwa 23 €.

2) **Frankfurt – Civitavecchia**: Ab Milano auf der A 1 bis zum Kreuz vor Parma; dort auf der A 15 über den Apennin und ab La Spezia auf der A 12 Richtung

Anreise

Pisa. Zwischen Pisa und Livorno auf die Autobahnumgehung A 12 Richtung Grosseto und weiter auf der SS 1 via Grosseto nach Civitavecchia. Mautgebühren Chiasso (Grenze) – Chivitavecchia etwa 28 €.

3) Wien – Civitavecchia: Ab Bologna wie unter 1). Die Mautgebühren von Tarvisio (Grenze) nach Firenze liegen bei etwa 28 €.

▶ **Fährverbindungen**: Fahrzeit von Civitavecchia nach Palermo mit Grandi Navi Veloci etwa 12 Stunden, Verspätungen von einer bis zwei Stunden sind allerdings auch hier durchaus möglich.

• *Grandi Navi Veloci* Abfahrt ab den Banchine Commerciali (vom Varco Vespucci dieser Beschilderung folgen), Landungsbrücke Banchina 21. Hafenbüro hinter dem Gebäude der Hafenbehörde und Grenzpolizei, ✆ 0766 366590. www.gnv.it.

Frequenzen: Ganzjährig 3-mal pro Woche, zuletzt Mo, Mi und Fr, jeweils abends.

Preise: Die Preise liegen deutlich günstiger als ab Genua, variieren aber auch hier nach Saison. **Pkw** kosten nach Saison und Länge etwa 80–120 €, Motorräder über 200 ccm nach Saison 45–60 €, **Personen** in Kabinen mit Du/WC und Klimaanlage je nach Größe und Lage 60 € (Nebensaison, Viererkabine innen) bis 145 € (Hochsaison, Einerkabine außen). Es gibt Einer-, Zweier-, Dreier- und Viererkabinen sowie Suiten. Die Überfahrt im unbequemen "Pullmannsessel" kostet nach Saison 45–65 €. Alle genannten Preise beziehen sich auf vor Ort gekaufte Tickets.

Fährtipps und -tricks

• *Stornogebühren* sind nach Zeit gestaffelt; genaue Bedingungen in den Broschüren der Reedereien.

• *Dachlasten* wie Surfbretter, Fahrräder etc. kosten nicht zu knapp extra – Preise vergleichen lohnt sich.

• *Anwesenheit am Kai* Mit eigenem Fahrzeug spätestens zwei Stunden vor Ablegen der Fähre obligatorisch; Fußgänger eine Stunde – andernfalls kann man den Anspruch auf die Passage verlieren.

• *Übernachtung an Bord* **Kabinen** sind wegen der z.T. geringen Aufpreise zur HS oft schon Monate im voraus ausgebucht – rechtzeitig reservieren! Der alternativ verfügbare **Schlafsessel** ("poltrona" oder "posto pullman") ist dermaßen unbequem, dass zumindest Schlafsackbesitzer es sich besser an Deck bequem machen. Die noch preiswerteren **Deck**plätze ("posto ponte") werden nicht immer abgegeben; schlafen darf man dort natürlich jederzeit.

• *Verpflegung* Auf allen Fähren sind relativ preiswerte Self-Services geboten, allerdings oft überfüllt und mit limitierten Öffnungszeiten. Getränke, besonders alkoholischer Natur, sind recht teuer. Generell ist es günstig, sich im Abfahrtsort oder besser noch vorher einzudecken.

• *Mitnehmen an Bord* alles, was man unterwegs benötigen könnte – an die Autos kommt man während der Fahrt nicht ran! Auch im Hochsommer an warme Kleidung fürs nachts recht frische Deck denken.

• *Keine Haftung* der Reedereien für beschädigte Fahrzeuge – bei den Generalagenturen kann man entsprechende Zusatzversicherungen recht preiswert abschließen.

Fähren ab Neapel

München – Neapel ca. 1150 km, Frankfurt – Neapel ca. 1500 km, Wien – Neapel ca. 1350 km

In Neapel ist man schon ein ganzes Stück den Stiefel hinunter. Bis Villa San Giovanni, dem direkten und mit Abstand preisgünstigsten Fährhafen nach Sizilien (Messina), sind es nur mehr 500 Autobahn-Kilometer, deren Großteil zudem frei von Mautgebühren ist. Auf der anderen Seite spart derjenige, der ab Palermo ins Sizilien-Geschehen einsteigen will, immerhin noch knapp 750 km. Ob

Fährverbindungen

sich der Pkw-Transfer ab Neapel im Vergleich zu den Fährhäfen Genua oder Civitavecchia finanziell lohnt, muss jeder selbst ausrechnen und dabei die Personenzahl, die Autolänge, den Benzinverbrauch, die Saisonzeit etc. einkalkulieren. Für Bahnreisende bringt keine der Fähren eine Ersparnis, sehr wohl aber Abwechslung vom überfüllten Schienenstrang. Reizvoll ist besonders die Variante über die unbedingt besuchenswerten Eolischen Inseln nach Milazzo, abends per Fähre ab, am nächsten Morgen an. Wer es eiliger hat, kann im Sommer auch ein Aliscafo (Tragflügelboot) nehmen. Pkw- und Motorradfahrer sollten bedenken, dass manche Inseln für Fremdfahrzeuge tabu sind, Näheres im Text zu den Eolischen Inseln.

Zur Anreise nach Neapel siehe in den Kapiteln "Anreise mit Pkw und Motorrad" bzw. "Anreise mit der Bahn", Näheres über die Infostellen im Kapitel "Interessante Stopps". Falls man einen günstigen Last-Minute-Flug erwischt, kann Neapel auch als Anreisestation per Flugzeug interessant sein.

• *Flug* **Aeroporto Capodichino**, nordwestlich nicht allzuweit außerhalb des Zentrums. Busverbindung zum Bahnhof und zur Piazza Municipio (dort zum Hafen Stazione Marittima über die Straße) mit dem schnellen ALIBUS (Tickets im Bus, 3 €) oder, etwas preisgünstiger, aber deutlich zeitaufwändiger, mit Stadtbus 3 S, Tickets am Flughafenkiosk. Ein Taxi zu einer der beiden Abfahrtsstellen sollte um die 16–18 € kosten, Transferdauer bei guten Bedingungen deutlich unter einer Stunde, bei starkem Verkehr jedoch entsprechend länger.

• *Zug* **Hauptbahnhof Stazione Centrale** (Termini) am Altstadtplatz Piazza G. Garibaldi. Im Umfeld und auch in den hier startenden öffentlichen Verkehrsmitteln unbedingt erhöhte Vorsicht vor Taschen- und Trickdieben! Geldwechsel, Telefonzentrale, Infobüro etc. Die U-Bahn Metropolitana, Abfahrt im Untergeschoss, fährt zum Lokalbahnhof Mergellina nahe der Abfahrtsstelle der Snav-Aliscafi (Tragflügelboote zu den Eolischen Inseln). In Richtung Piazza Municipio bzw. Fährstation am Hafen Stazione Marittima mit dem ALIBUS (Tickets im Bus) oder Stadtbus 3 S; die Entfernung vom Bahnhof zum Fährhafen Stazione Marittima beträgt etwa zwei Kilometer. Einheitliche Tickets (ca. 0, 80 €) für alle städtischen Verkehrsmittel in Tabakgeschäften und am Busstand der Piazza Garibaldi.

▶ **Fährverbindungen:** Fahrzeit nach Palermo etwa 10 Stunden, mit den Schnellbooten "Sicilia Jet" der Snav deutlich darunter. Die Siremar-Linie über die Eolischen Inseln braucht wegen der zahlreichen Stopps bis zum sizilianischen Milazzo über 15 Stunden, die flotten Tragflügelboote der Snav sind bis dorthin gut sechs bis sieben Stunden unterwegs.

• *Tirrenia* Abfahrt der Autofähre (Traghetto) nach Palermo im Fährhafen Stazione Marittima, Call-Center 199 123199 bzw. aus dem Ausland 0039/081 3172999. www.tirrenia.it.
Frequenzen: Ganzjährig 1-mal pro Tag.
Preise: variieren je nach Saison. **Pkw** kosten nach Länge und Saison 70–110 €, **Motorräder** über 200 ccm saisonunabhängig 40 €. **Personen** zahlen in der Kabine je nach Komfort (Vierbettkabine innen/Zweibettkabine außen) und Saison 55–85 €, im Sessel "Poltrona" nach Saison 40–50 €, auf einem Deckplatz noch geringfügig weniger.

• *SNAV-Fähren und Schnellfähren nach Palermo* Sowohl die normalen, erst vor wenigen Jahren auf dieser Linie in Dienst gestellten Fähren als auch der bis zu 75 Stundenkilometer schnelle Katamaran "Sicilia Jet" starten im Fährhafen Stazione Marittima, Info-Telefon ☎ 081 4285555. www.snav.it.
Frequenzen: Normalfähre ganzjährig 1-mal täglich, "Sicilia Jet" etwa Juni bis September 1-mal täglich.
Preise: Die erst 2002 in Dienst gestellte Normalfähre der Snav unterbietet die Tirrenia-Preise (vorläufig?) deutlich. Pkw kosten nach Länge und Saison etwa 60–95 €, Motorräder um die 35 €, die Kabine p.P. je nach Komfort und Saison 40–70 €, letzteres in der Doppelkabine; Schlafsessel knapp 30–35 €. Auf dem schnellen "Sicilia Jet" kosten Pkw bis 4,5 Meter Länge inklusive zwei Personen etwa 140–225 €, das Motorradpaket mit Fahrer kommt auf 95–140 €, Personen

Reisepraktisches

ohne Fahrzeug zahlen nach Saison 60–85 €. Es gibt zudem eine Reihe von Spezialangeboten, z.B. für gleichzeitige Buchung von Hin- und Rückfahrt, Abfahrten an bestimmten Wochentagen zur Nebensaison etc.

• *SIREMAR-Autofähren zu den Eolischen Inseln* Abfahrten und Tickets ebenfalls im Fährhafen Stazione Marittima, ✆ 081 2514721. www.tirrenia.it/siremar.

Frequenzen: Abfahrten auf der Linie Napoli–Stromboli–Panarea–Salina–Lipari–Vulcano–Milazzo ganzjährig 3-mal wöchentlich (zuletzt Di, Fr, So), im Juli/August täglich außer Mi. Fahrzeit nach Stromboli 8, nach Lipari 12,5 Stunden. Achtung: Oft kommt die Fähre z.B. in Stromboli früher an als im Fahrplan angegeben, und fährt auch früher wieder ab!

Preise: Für einen Pkw nach Lipari zahlt man (bis 4/4,5 m) 95/105 €, Personen (Deckspassage) kosten auf derselben Linie 40–45 €; nach Stromboli und Panarea sowie im Winter liegen die Preise etwas günstiger. Kabinen gibt es schon für einen relativ geringen Aufpreis, weshalb sich, ebenso wie für Pkw, besonders im Sommer langfristige Reservierung dringend empfiehlt.

• *Snav-Aliscafi zu den Eolischen Inseln* Abfahrt *nicht* im Fährhafen, sondern am Molo Mergellina, ein paar hundert Meter vom Vorort-Bahnhof Napoli–Mergellina, Infotelefon 081 4285555. www.snav.it.

Frequenzen: Die Aliscafi fahren ab Neapel nur im Sommer, im Juni 1-mal täglich, bisher 14.30 Uhr, von Juli bis September 2-mal täglich, zuletzt 8.30 Uhr, 14.30 Uhr. Fahrzeit nach Stromboli etwa 4, nach Lipari 5–6 Stunden. Achtung, bei schlechtem Wetter (böswilligen Gerüchten zufolge auch bei unbefriedigender Buchungslage) fallen die empfindlichen Seerenner schon mal aus.

Preise: Die Preise für Personen liegen saisonunabhängig bei 75 € nach Lipari und bei 55 € nach Stromboli. Der Transport von Pkw und Motorrädern ist naturgemäß nicht möglich. Warme Sachen mitnehmen, die Klimaanlage arbeitet oft auf Hochtouren.

• *TTT-Lines nach Catania* Eine neu eröffnete Linie; bleibt abzuwarten, was die Zukunft bringt. Abfahrt an der Stazione Marittima, ✆ 081 5802744. www.tttlines.it.

Frequenzen: Ganzjährig Mo–Sa, jeweils abends; Fahrzeit bis Catania 10 Stunden.

Preise: Pkw kosten je nach Länge und Saison 70–85 €, Motorräder 35–50 €. Der Schlafsessel kommt auf ca. 35–50 € (Deckplätze sind günstiger), die Viererkabine auf 45–60 € p.P., die Zweierkabine auf 55–80 €. Für eine Einzelkabine sind 100–150 € zu berappen.

• *Ustica Lines* Eine ganz exotische Variante – Tragflügelboote über Ustica und die Egadeninsel Favignana nach Trapani, allerdings ein recht teurer (Trapani 85 €) und nur von Juni bis September 3- bis 4-mal wöchentlich angebotener Spaß. Tickets in Neapel bei Ontano Tour, Piazza Municipio (am Fährhafen), ✆ 081 5800340, www.usticalines.it.

Varianten über Sardinien und Korsika

Eine reizvolle Anreisevariante für Leute mit viel Zeit – Sizilien sollte man dabei aber nicht aus den Augen verlieren! Beide Inseln sind landschaftlich großartig, bieten viel Abwechslung, schöne Strände und sauberes Wasser.

Der Umweg über *Sardinien* geht nicht allzusehr ins Geld. Die wichtigsten Fähren nach Sardinien starten in Genua, Livorno und Civitavecchia, weiter nach Sizilien dann auf den Linien Cagliari–Palermo oder Cagliari–Trapani, beide mit der Tirrenia.

Die Variante über *Korsika und Sardinien* ist fast schon etwas viel für einen Urlaub: um nicht nur durchzuhetzen, braucht man reichlich Zeit. Falls man sie hat, eine feine Sache, Korsika ist eine faszinierende Insel. Besonders schön zeigt sich das wilde Inselinnere mit steil aufragenden Bergen und ausgedehnten Wäldern, und auch die schroff und bizarr geformte Westküste ist landschaftlich ausgesprochen reizvoll. Südfranzösische Fährhäfen nach Korsika sind z. B. Marseille, Nizza und Toulon. Ab Bonifacio an Korsikas Südspitze geht es dann nach Santa Teresa di Gallura auf Sardinien (rechtzeitig um Tickets kümmern!) und weiter nach Sizilien wie oben.

Leser Tobias Brendler hat es sich nicht ganz leicht gemacht – aber dafür hatten er und seine Familie viel Spaß auf ihrer Sizilien-Tour

Unterwegs auf Sizilien

Sogar im Vergleich zu norditalienischen Verhältnissen ist Siziliens Verkehrsnetz nicht schlecht: Mit öffentlichen Verkehrsmitteln (und etwas Geduld) ist nahezu jede Ortschaft zu erreichen.

Die preiswerte Bahn erschließt mit Ausnahme des Südens einen großen Teil der Küsten, gehört aber nicht gerade zu den schnellsten Europas. Ältere Züge und vielfach immer noch nur einspurige Streckenführung sorgen für geruhsame Durchschnittsgeschwindigkeiten.

Flotter unterwegs sind meist die Busse, die bis (fast) in jedes Bergnest fahren. Mit hoher Zuverlässigkeit und ähnlich niedrigen Preisen wie die Bahn sind sie im öffentlichen Sektor Siziliens Hauptverkehrsmittel.

Für Motorradler und Pkw-Lenker mit Spaß am Fahren ist Sizilien ohnehin ein Dorado. Von den großen Städten und Hauptrouten abgesehen, hält sich der Verkehr in Grenzen, viele kleine und kurvige Sträßchen laden zu gemütlichen Touren ein.

Mit dem eigenen Fahrzeug

Die Mobilität des eigenen Fahrzeugs bringt viel. Schnelle Ortswechsel sind möglich, man bleibt unabhängig von Fahrplänen, und das Schlauchboot darf auch mit.

Zudem sind mit Bussen und Bahnen zwar fast alle Siedlungen, aber noch lange nicht jeder einsam gelegene Strand zu erreichen; so manch interessante Ausgrabungsstätte liegt ebenfalls weit abseits der Segnungen des öffentlichen

Verkehrsnetzes. Bei allen Vorzügen sollte man jedoch die Nachteile besonders eines Pkw nicht übersehen. In Großstädten ist er nur ein Klotz am Bein, diebstahlgefährdet und mit wenig Chancen auf einen Parkplatz; die Mitnahme auf die reizvollen Inseln und Inselchen um Sizilien geht – so sie überhaupt möglich ist – schwer ins Geld, und in der Höchstsaison bleibt dem Autofahrer aus Platzgründen schon mal der eine oder andere Campingplatz versperrt. Dennoch: Das eigene Fahrzeug bleibt die angenehmste Art, Sizilien zu bereisen.

Tipps, viele davon auch auf Sizilien gültig, im Kapitel "Anreise mit Auto und Motorrad".

Entfernungstabelle der Provinzhauptstädte

	Agrigento	Caltanissetta	Catania	Enna	Messina	Palermo	Ragusa	Siracusa	Trapani
Agrigento	•	57	167	95	265	126	133	218	180
Caltanisetta	57	•	110	38	207	127	131	161	236
Catania	167	110	•	85	94	207	103	60	316
Enna	95	38	85	•	183	136	136	137	245
Messina	265	207	94	183	•	237	202	158	346
Palermo	126	127	207	136	237	•	248	259	107
Ragusa	133	131	103	136	202	248	•	85	308
Siracusa	218	161	60	137	158	259	85	•	368
Trapani	180	236	316	245	346	107	308	368	•

- **Pannenhilfe** (*soccorso stradale*) durch den Straßenhilfsdienst des italienischen Automobilclub ACI, in ganz Italien unter ✆ 803116, auf Autobahnen über die Notrufsäulen, per Handy unter 800 116 800. Der Service ist mittlerweile allerdings nicht mehr kostenlos.
- **Automobilclub**: Der ACI (Automobile Club d'Italia) hat neben seinen Hauptbüros in praktisch jeder mittleren Stadt eine Filiale, hilfreich bei Unfällen und komplizierteren Pannen.
- **Karten**: Empfehlenswerte Straßenkarten siehe unter dem Stichwort "Landkarten" im Kapitel "Wissenswertes von A–Z".
- **Straßennetz**: Engmaschig und großteils auch in gutem Zustand, in den letzten Jahren wurde viel gebaut und ausgebessert. Besonders im Inselinneren und auf Nebenstrecken muss man trotzdem jederzeit mit Schlaglöchern, Bodenwellen und ähnlichen Hindernissen rechnen. Achtung auch vor den Bahnübergängen mit ihren manchmal extremen Höhenunterschieden! Vorausschauende Fahrweise ist angebracht.
- **Autobahnen** sind mit Ausnahme der A 18 Messina–Catania und der bei Redaktionsschluss noch unfertigen A 20/A 19 Messina–Palermo gebührenfrei. Achtung: Es gibt kaum Tankstellen auf den *autostrade*.

Natur pur: Cava Grande bei Ávola

▲▲ Im Frühjahr ein Blütentraum: Siziliens Flora

▲ Rustikal: Pizzeria in Favignana
Farbenfroh: Strandbar auf Lipari
▲▲ Kunst im Hotel: Castel di Tusa

▲ Zyklopisch: Cala Rossa auf Favignana

Mit dem eigenen Fahrzeug 97

▶ **Fahrweise**: Sizilianer sind meist sehr flott unterwegs, bewahren dabei aber die Übersicht. In Großstädten wie Catania und Palermo scheint für den Fremdling das absolute Verkehrs-Chaos zu herrschen: Mopeds und Vespas schlängeln sich wild durch, Busspuren dienen zum Überholen, rote Ampeln werden nur teilweise beachtet, permanente Hupkonzerte... Für die Einwohner ist dies Alltag, der sie nicht mehr aus der Fassung bringt. Wer im Großstadtstau halbwegs vorankommen will, darf es an Selbstbewusstsein nicht fehlen lassen, übervorsichtige Fahrweise stresst viel mehr als lockeres Mitschwimmen. Erst einmal an die Landessitten gewöhnt, lässt sich der hiesigen Fahrweise durchaus Spaß abgewinnen. Unfälle mit Personenschaden sind übrigens relativ selten, Blechschäden dagegen häufig. Die meisten Sizilianer regen sich daüber nicht weiter auf, sehen sie ihr Auto doch als Transportmittel, oft auch als Sportgerät, aber nicht als Götzen.

▶ **Tanken**: Den Tank immer rechtzeitig auffüllen, nicht zum letzten Tropfen leerfahren. In größeren Städten gibt es Tankautomaten, die zu jeder Tages- und Nachtzeit (unzerknitterte!) Geldscheine annehmen. Bei *sciòpero*, dem auch bei Tankwarten beliebten Streik, helfen sie allerdings auch nichts, da werden sie dann nämlich abgestellt.

▶ **Parken**: In Großstädten aus vielerlei Gründen ein heikles Kapitel. Legale Parkplätze sind in den Ortszentren kaum zu finden, im Parkverbot – auch an den schwarz-gelben Bordsteinen – muss beispielsweise bei verkehrsbehinderndem Abstellen oder dem Schild "Zona rimozione" mit Abschleppen gerechnet werden. Aus den engen Altstadtgassen halte man seinen Wagen ohnehin besser heraus, sie sind nicht für Vierradler konzipiert. Alternative: In den neueren Stadtteilen parken, wo man auch meist einen geeigneten Platz findet. In den letzten Jahren wurden in vielen Orten gebührenpflichtige Parkzonen eingerichtet, zu erkennen meist an der blauen Markierung. Für die Bezahlung der Gebühr gibt es eine verwirrende Vielfalt von Systemen. Oft stehen an den Straßenecken Parkautomaten, an denen auch die Zeiten angeschrieben sind, zu denen bezahlt werden muss; das so erworbene Ticket muss zur Kontrolle hinter die Windschutzscheibe gelegt werden. Andernorts wird von Personen kassiert, die Parkzettel verteilen, wieder anderswo muss das Ticket am nächsten Kiosk oder in einem Tabakgeschäft erworben werden.

▶ **Diebstahl**: Der Pkw selbst (siehe auch Kapitel "Anreise") ist insgesamt weniger stark gefährdet als sein Inhalt. Besondere Vorsicht ist in Großstädten und an Strandparkplätzen geboten. Relativ (!) sichere Parkplätze sind die Umgebung von Taxiständen oder natürlich Polizeirevieren. Nichts, aber auch gar nichts sichtbar im Wagen lassen, Handschuhfach offen, CD-Player raus – die Chancen auf eine eingeschlagene Seitenscheibe stehen sonst gut. Gefährlich ist außer der Nacht besonders die Siesta-Zeit, wenn kaum jemand auf der Straße ist. In Catania und Palermo sollte man auch an Ampeln Vorsicht walten lassen: Der schnelle Griff durchs Fenster zur Handtasche ist dort beliebt. Die Einwohner verstauen ihre Wertsachen während der Fahrt deshalb häufig unter dem Sitz.

▶ **Motorrad**: Für Tourer ist Sizilien ein ideales Ziel. Speziell im Inselinneren warten jede Menge kurvige, verkehrsarme Straßen, die Wetterverhältnisse sind fast immer gut. Motorradfahrer finden relativ preisgünstige Fähren zu

Unterwegs auf Sizilien

den kleinen Inselchen im Umfeld und fast immer einen sicheren Platz auf dem Camping. Biker sind in Italien durchweg gern gesehen, die "sportliche Leistung" der Anreise wird gewürdigt. Enduristen treffen in den Gebirgsregionen noch auf viele interessante Schotterstraßen ohne Verbotsschilder. Wie überall sollte man aus Umweltgründen natürlich auf Querfeldeinfahrten verzichten.

Aber: In Städten droht Zweiradlern erhebliche Diebstahlsgefahr auch beim Gepäck. Im Kampf mit dem Brecheisen ist der Schalenkoffer chancenlos – bepackt parkt man am besten direkt vor einer Polizeiwache. Belebte Plätze verwandeln sich zur Siesta-Zeit in menschenleere Wüsten; nur der Dieb, der schläft nicht... Diebstahlgefährdet ist auch das Motorrad selbst, natürlich insbesondere neuere Modelle. Eine wirklich kräftige Kette in Verbindung mit Teilkasko kann sich bezahlt machen.

Achtung: Ernste Rutschgefahr besteht auf manchen älteren Asphaltstrecken. Teilweise ist der Belag so schmierig glatt, dass schon bei leichter Schräglage oder minimaler Bremsberührung die Fuhre ausbricht. Das Tückische daran: Optisch sind die Schmierstücke nicht zu erkennen. In den letzten Jahren hat sich hier zwar einiges gebessert, wurden viele besonders unfallträchtige Beläge entfernt. Zurückhaltung am Gasgriff ist aber angesichts der besonders auf Nebenstrecken lauernden Schlaglöcher ohnehin angebracht.

- *Motorradtreffen* Alljährlich in der ersten Augusthälfte veranstaltet der Motorradclub Belpasso im Etnagebiet ein mehrtägiges Treffen ("Motoraduno Internazionale") mit Ausfahrten, Oldtimerwettbewerben, Prämierung der längsten Anfahrt etc., gefolgt von einem ebenfalls mehrtägigen, touristisch inspirierten "Rally Touring" zu interessanten Zielen auf Sizilien. Ein traditionsreiches Treffen, 2001 feierte die Veranstaltung 25-jähriges Jubiläum. Infos, Anmeldungen (auch in Englisch): Moto Club Belpasso, 15. Traversa 45, 95032 Belpasso (CT); ✆/✉ 095 913131, www.motoradunoetna.it.

Mit dem eigenen Fahrzeug 99

Fahrrad: Näheres zum Transport nach Sizilien per Zug, Bus oder Flugzeug steht in den entsprechenden Anreisekapiteln. Prinzipiell besitzt das Fahrrad fast alle Vorteile des Motorrads, verhilft zudem noch besser zu näherem Kontakt zu Landschaft und Bevölkerung. Angesichts der Hitze, des meist fehlenden Schattens und vor allem der häufigen und starken Steigungen sind Fahrradtouren durch Sizilien aber nur für wirklich Trainierte ein Vergnügen – dem Wochenendradler hängt schnell die Zunge aus dem Hals. Unangenehm kann manchmal der Wind werden, der oft gegen Mittag aufzufrischen beginnt: fein raus, wer da schon den Großteil der Tagesstrecke geschafft hat. Vor den Schlaglöchern auf Nebenstrecken sollten sich Radfahrer besonders bei schnellen Bergabfahrten in Acht nehmen. Das gilt erst recht für die oft extrem holprigen Bahnübergänge, die bei höheren Geschwindigkeiten ernsthafte Schäden verursachen können.

Den widrigen Bedingungen zum Trotz hat der Bike-Boom mittlerweile aber tatsächlich auch Sizilien erfasst: Mountainbikes sind mächtig im Kommen. Besonders bergig fällt das Inselinnere aus. Flacher und damit angenehmer zu erradeln sind die Küstenstraßen des Südostens, des Südens und des Westens, auch wenn besonders im Süden die Entfernungen zwischen den einzelnen Orten oft recht groß sind. An Teilen der Nord- und Ostküste gibt es stattdessen zwar kleinere, sich häufig wiederholende Steigungen (und meist mehr Verkehr), doch ist hier immerhin eine gewisse Bar-Dichte vorhanden, die Landschaft zudem abwechslungsreicher. Wer einmal ein Stück Weg mit öffentlichen Verkehrsmitteln zurücklegen möchte, ist übrigens mit Bussen oft besser bedient als mit der Bahn, siehe jeweils auch dort.

Vor dem Start neue Mäntel aufzuziehen und die gängigsten Ersatzteile mitzunehmen kann viel Ärger ersparen: In italienischen Werkstätten sind längst nicht alle bei uns üblichen Größen und Modelle vorrätig.

Mietfahrzeuge

In Verbindung mit der Anreise per Flugzeug ist der Mietwagen natürlich die komfortabelste Art, Sizilien zu bereisen.

Billig sind Mietwagen auf Sizilien allerdings nicht! Firmen finden sich in jeder Großstadt und zahlreichen Urlaubsorten, Adressen in den jeweiligen Kapiteln. Es lohnt sich, mehrere Agenturen abzuklappern und die Preise zu vergleichen, die Unterschiede sind oft beträchtlich.

Vorausbuchung spart Geld: Die Preise bei Buchung in Deutschland, Österreich oder der Schweiz liegen teilweise deutlich unter denen der Anbieter vor Ort. Wer also schon zuhause genau weiß, wann und wie lange er den Wagen benötigt, sollte bereits in der Heimat buchen, eventuell z.B. auch in Kombination mit dem Flug. Günstige Vermieter finden sich im Internet, in den Gelben Seiten, in Reisebüros etc. Neben dem Preisvorteil hat man so auch in der Hochsaison die Gewähr, wirklich ein Auto zu bekommen. Und: Der Gerichtsstand bei etwaigen Differenzen liegt dann in der Regel in der Heimat und nicht in Palermo ...

Unterwegs auf Sizilien

Eine spaßige Sache für Kurztrips sind die Motorroller, die besonders in Urlaubsorten und auf den Inseln angeboten werden. Alle Fahrzeuge sollte man sich vor Anmietung genau ansehen (Bremsen, Öl, Kühlwasser, Werkzeug, Reifenprofil – genügend Luftdruck im Ersatzreifen?)

• *Konditionen und Preise bei der Miete vor Ort* Auch bei der Anmietung auf Sizilien werden fast nur noch Fahrzeuge mit **unbegrenzten Kilometern** ("chilometri illimitati") angeboten. Steuern und Vollkaskoversicherung ab etwa 40–50 € pro Tag zu haben. Einige Vermieter in Großstädten bieten auch günstige Wochenendpauschalen (Fr–So) an. Selten geworden sind Verträge **mit Kilometergeld**, bei denen zu einem niedrigen Grundpreis noch eine Gebühr für jeden gefahrenen Kilometer zu zahlen ist, ein für Wenigfahrer durchaus erwägenswertes Modell.

Natürlich kann auch derjenige, der vorhat, erst auf Sizilien zu buchen, sich vorab schon mal z.B. im Internet umsehen. Gelegentlich gibt es recht günstige Angebote, die man dann vor Ort vielleicht belegen können sollte: "Das mitgebrachte, vor Reisebeginn ausgedruckte Sonderangebot der Firma Sicily by Car (www.sbc.it) hat sich bezahlt gemacht", so der Leserbrief von Markus Fischer.

Achtung: Zu den von den Vermietern genannten Preisen ist in manchen Fällen noch die italienische Mehrwertsteuer IVA mit 20% zu addieren, oft auch die (fast immer obligatorische) Vollkaskoversicherung – was auf den ersten Blick ein Superangebot zu sein scheint, hält näherer Prüfung nicht unbedingt stand.

Roller sind mit unbegrenzten Kilometern inkl. Steuern und Vollkasko je nach Saison und Verhandlungsgeschick ab etwa 20 € aufwärts zu leihen. Achtung, auch für kleine Roller gilt die Helmpflicht. 50er dürfen bislang nur von einer Person benutzt werden, doch ist eine Gesetzesänderung vorgesehen. **Motorräder** sind nur selten im Angebot und ausgesprochen teuer. Einen spezialisierten Vermieter gibt es in Catania, siehe dort. **Fahrräder** werden vorwiegend auf den Inselchen um Sizilien angeboten; teilweise ziemlich abgewrackte Modelle, für Kurzstreckenverkehr aber brauchbar.

• *Versicherung* Haftpflicht ist inklusive, Vollkasko mit Selbstbeteiligung vielfach obligatorisch, aber leider nicht immer in die genannten Preise einbezogen. Insassenversicherung und Vollkasko ohne Selbstbeteiligung sind gegen entsprechenden Aufpreis erhältlich. Auch für Zusatzversicherungen fallen 20 % IVA an.

• *Bedingungen* Bei Pkw-Vermietung Mindestalter 21 Jahre, Führerschein mindestens 1 Jahr alt, Kaution bzw. Kreditkarte, ohne die eine Miete oft gar nicht möglich ist. Bei Rollern (50–200 ccm) 18 Jahre Mindestalter, entsprechender Führerschein.

Mit der Bahn

Prinzipiell ist jede größere Stadt auf Sizilien per Bahn zu erreichen – wer nicht entlang der Hauptrouten reist, muss sich aber auf häufiges Umsteigen an den Knotenpunkten einstellen. Zuckerl für Zugfans: die Privatbahn FCE rund um den Etna.

Siziliens Züge sind weder besonders modern noch aufregend schnell; vor allem im Westen der Insel rumpelt es sich nur mühsam voran. Dafür sind sie – wie in ganz Italien – erfreulich preiswert: 100 Schienen-Kilometer kosten derzeit keine 5 €. Ein weiteres Plus: An Sonn- und Feiertagen, wenn Siziliens Busverkehr praktisch ruht, ist die Bahn noch halbwegs häufig unterwegs. Nachts allerdings verkehren praktisch keine Züge.

▶ **Staatsbahn FS:** Die Hauptlinien Messina–Palermo an der *Nord-* und Messina–Siracusa an der *Ostküste* bieten gute Verbindungen. Beide Endpunkte sind auch mit Direktzügen vom Festland zu erreichen – Verspätungen sind hier allerdings nicht unwahrscheinlich. Mehr schlecht als recht von der Nebenstrecke Siracusa–Gela bedient werden die Barockstädte im *Südosten*; die

Mit dem Bus 101

Bahnhöfe liegen oft ein ganzes Stück außerhalb des Zentrums. Entlang der *Südküste* existiert keine Bahnlinie, nur Agrigento, Licata und Gela sind per Zug zu erreichen.

Im *Westen* ist das Schienennetz weitmaschig. Dort besteht nur die Rundverbindung Palermo–Trapani–Marsala–Mazara–Castelvetrano–Palermo, ein wichtiger Umsteigebahnhof ist Alcamo Diramazione.

Im *Inland* liegen die Bahnhöfe oft kilometerweit von den zugehörigen Ortschaften entfernt. Längst nicht immer existiert eine Busverbindung, häufig ist Marschieren angesagt! Hier sind vom praktischen Aspekt her die verschiedenen Buslinien eindeutig vorzuziehen, da sie regelmäßig bis ins Zentrum fahren. Andererseits sind die innersizilianischen Zuglinien durch die weiten Täler und Hochebenen landschaftlich oft ein Traum.

- *Fahrpläne* Sie ändern sich zweimal pro Jahr, wenn vom Sommer- auf den Winterfahrplan bzw. umgekehrt umgestellt wird.
- *Orario Generale* Fahrplanverzeichnis der italienischen Bahn im handlichen Taschenbuchformat. Kostet rund 3,50 € und ist an jedem Bahnhofskiosk zu erstehen.
- *Fahrkarten* so sie in Italien gekauft wurden, müssen an den gelben Automaten auf den Bahnsteigen entwertet werden und sind bei Kurzstrecken dann 6 Stunden gültig. Auf Strecken unter 200 Kilometern sind keine Fahrtunterbrechungen mehr gestattet.
- *Fahrradmitnahme im Zug* stößt innerhalb Siziliens auf die gleichen Probleme wie im internationalen Transport (siehe auch Anreise). In manchen Regionalzügen – im Fahrplan mit dem Fahrradsymbol ausgewiesen – kann das Rad mitgenommen werden, in anderen Zügen muss das Bike jedoch in einer passenden Radtasche verstaut werden.

► **FCE – Einmal rund um den Etna, bitte!** Ein landschaftlicher Leckerbissen ist die private Schmalspurbahn Ferrovia Circumetnea an der Ostküste zwischen Catania und dem Doppelbahnhof Giarre/Riposto. In Kombination mit dem FS-Teilstück an der Küste ist so eine anschauliche Umrundung des größten Vulkans Europas möglich. Die Szenerie wechselt häufig, mal geht's durch blühende Obstplantagen, mal vorbei an wild-schroffen, erkalteten Lavaströmen. Details im Kapitel über den Etna.

Mit dem Bus

+++ Verbindungen bis ins kleinste Nest +++ zuverlässig und meist pünktlich +++ hält im Zentrum des Geschehens +++

Für Reisende mit öffentlichen Verkehrsmitteln ist der Bus das günstigste Verkehrsmittel, zumindest abseits der FS-Hauptlinien im Norden und Osten. Im Inselinneren und zwischen großen Städten ist er meist auch schneller als die Bahn.

Neben den beiden großen Gesellschaften AST (mehr für den Lokalverkehr zuständig) und SAIS (überwiegend Fernbusse) samt deren Untergesellschaften ETNA und INTERBUS existieren viele örtliche Busunternehmen. In Großstädten gibt es je nach Gesellschaft und Ziel oft mehrere Abfahrtsstellen. Sonst sind Start und Ziel an einer zentrumsnahen Piazza oder an der *Autostazione*, dem zentralen Busbahnhof. Wo keine Fahrpläne aushängen – leider die Regel – weiß man in der nächsten Bar bestens Bescheid. In vielen Fällen kann auch die Touristeninformation mit Abfahrtszeiten dienen. In den Bus-Büros der Großstädte liegen oft eine ganze Reihe von Faltblättern mit Fahrplänen der jeweiligen Gesellschaft aus; es kann nicht schaden, sich damit einzudecken. Ebenfalls nicht schaden kann ein leichter Pullover im Handgepäck, da in manchen Bussen die Klimaanlage auf Hochtouren läuft.

Die Preise sizilianischer Busse können mit denen der Bahn durchaus konkurrieren und fallen im europäischen Vergleich sehr günstig aus. Fahrkarten gibt es in den Bus-Büros, manchmal auch in den Bars an der Abfahrtspiazza, sonst im Bus selbst. Stadtbustickets für die Großstädte werden in der Regel in den Tabacchi (Tabakläden) verkauft.

• *Fahrradmitnahme im Bus* Nach den Erfahrungen mehrerer Leser funktioniert der (kostenlose) Transport von Fahrrädern im Gepäckabteil der Busse in der Regel problemlos, freundliches Fragen beim Fahrer und genügend Stauraum vorausgesetzt.

> **Achtung**: An *Sonntagen* und *Feiertagen* ist der Busverkehr (auch bei Stadtbussen) generell stark eingeschränkt bis inexistent. Touren, bei denen man auf Anschluss- oder Rückreisebusse angewiesen ist, sollte man deshalb besser auf Werktage (auch Samstage) verschieben, will man nicht erhebliche Gefahr laufen, hängenzubleiben!

Sind die Verbindungen zwischen Städten allgemein sehr gut, fahren in die abgelegenen kleinen Ortschaften meist nur ein bis zwei Busse pro Tag. Wer dort nicht versacken will, in der Regel noch ohne Übernachtungsmöglichkeit, sollte sich vor Abfahrt unbedingt nach Möglichkeiten der Weiterreise oder eventuellen Terminen der Rückfahrt erkundigen.

Sonstige Verkehrsmittel

▶ **Taxis**: stehen meist an belebten Plätzen und vor den Bahnhöfen bereit. Prinzipiell sind Taxifahrten etwas preisgünstiger als bei uns. Unübersichtlich wird die Sache durch diverse Zuschläge, beispielsweise nachts von 22–6 Uhr, an Sonn- und Feiertagen, bei Bestellung per Telefon, bei Fahrten in Vororte, für Gepäckstücke etc. Ein besonders hoher Aufschlag wird für Fahrten zu den Flughäfen verlangt. Trotzdem bleiben Fahrten im Stadtgebiet bezahlbar - wenn man darauf achtet, dass der Taxameter eingeschaltet wird. Bei Taxitouren über Land können bzw. müssen die Preise grundsätzlich frei verhandelt werden.

▶ **Schiff**: Rund um Sizilien warten viele lohnende Insel-Ziele. Neben den schon recht bekannten Eolischen (Liparischen) Inseln sind auch die *Isole Pelagie*, also Lampedusa und Linosa, *Ustica* sowie die *Isole Egadi* und *Pantelleria* einen Besuch durchaus wert.

• *Wichtige Häfen* **Milazzo**: Ab hier erfolgt die preisgünstigste und kürzeste Überfahrt zu den Eolischen Inseln.
Porto Empedocle bei Agrigento: Der Fährhafen für Lampedusa und Linosa.
Trapani: Fähren zu den nahen Egadischen Inseln, nach Pantelleria und Tunesien.
Palermo: Der wichtigste Hafen für die Überfahrt nach Ustica.

▶ **Flugzeug**: Innerhalb Siziliens gibt es keine Flüge, wohl aber zu den größeren Inseln im Süden – nach Lampedusa ab Palermo, nach Pantelleria ab Trapani und Palermo. Günstige Flugpreise, Details in den jeweiligen Kapiteln.

Ape: traditionelle Transportkutsche Italiens

Trampen: Auf Sizilien nicht sehr gebräuchlich. Wenn es schon mal klappt, dann meistens im Kurzstreckenverkehr. Alleinreisende Frauen: Finger weg! Kombination Männlein/Weiblein geht flott; zwei Jungs stehen sich die Beine in den Bauch.

Wandern auf Sizilien

Wandern auf Sizilien? Aber sicher! Zwar wird die Insel erst langsam als Wanderziel entdeckt, sind die häufig fehlenden Markierungen und natürlich auch das sommerliche Klima gewisse Hemmnisse. Wanderer mit einem gewissen Pioniergeist belohnt Sizilien jedoch mit seinen zahlreichen versteckten Schönheiten.

Etwas Wandererfahrung fordern die meisten Touren schon: Die schönsten Wandergebiete sind bergig, ihre Pfade steinig, nicht immer leicht zu finden und längst nicht überall schattig. Bei längeren Wanderungen ist deshalb ein guter Orientierungssinn nötig, denn die erhältlichen Karten sind nicht immer aktuell, Markierungen nur selten vorhanden und gelegentlich sogar irreführend. Etwas Kondition und Ausdauer sollte man ebenfalls mitbringen. Dann belohnt Sizilien den Wanderer mit den ausgedehnten Blumenteppichen des Frühjahrs, den schattigen Schluchten, einsamen Wäldern und weiten Ausblicken. Schöne Wanderreviere finden sich prinzipiell überall dort, wo das Hinterland bergig und relativ unbewohnt ist, die besten Möglichkeiten bieten sich am Etna und in den Naturschutzgebieten der Madonie und Nebrodi. Dort gibt es auch eine Reihe von Berghütten (*Rifugi*), die sich gut als Standquartier eignen. Mit vielfältigen und ausnahmsweise sogar gut ausgeschilderten Routen lockt auch der Naturpark Zingaro am Golf von Castellammare.

Es könnte noch viel mehr schöne Wanderrouten geben. Leider aber sind viele der alten Wirtschaftswege und Maultierpfade längst verfallen und überwuchert. Kaum ein Sizilianer geht noch zu Fuß, wenn es sich vermeiden lässt. Häufig bremsen deshalb Erosion und meterhohe Macchia den Wanderer. Umso erfreulicher, dass in einigen Regionen, wie zum Beispiel der Provinz Palermo, rührige Fremdenverkehrsämter und teilweise auch engagierte Privatpersonen begonnen haben, die aufgegebenen alten Wege zu restaurieren.

- *Jahreszeiten* Das Frühjahr, wenn viele Gebiete in Blüte stehen, ist sicher die beste Wanderzeit, von den sehr heißen Monaten Juli und August dagegen eher abzuraten. Der Herbst ist klimatisch wieder günstiger, doch ist die Vegetation dann karger und die Tage sind deutlich kürzer. Im Winter regnet es häufig.

- *Basisausrüstung* Viele Wegstrecken sind steinig und steil – knöchelhohe und gut eingelaufene (!) Wanderschuhe mit fester Profilsohle sind deshalb dringend zu empfehlen. Beim Durchqueren stachliger Macchia leistet eine lange Hose aus festem Stoff gute Dienste. Nicht zu vergessen: Sonnenschutzmittel, -brille und eine Kopfbedeckung, Rucksack. Bei Touren in Bergregionen empfehlen sich zusätzlich ein Pullover und ein leichter, regendichter Anorak.

- *Verpflegung* Zum Essen nur das nötigste, jedoch reichlich (!) Wasser mitnehmen. Quellen gibt es längst nicht überall.

- *Vorgestellte Wanderungen* In diesem Buch finden Sie 15 Wanderungen bzw. Touren inklusive Routenskizzen, die natürlich keine Wanderkarten ersetzen wollen. Einige Wanderungen sind leicht zu bewältigen, bei anderen jedoch Kondition und Orientierungssinn gefragt. Falls Sie einmal nicht sicher sein sollten, sich auf dem richtigen Weg zu befinden, kehren Sie besser um. Gehen Sie nicht das Risiko ein, sich in weglosem Gelände zu verlaufen! Und: Überfordern Sie sich und ihre Tourenerfahrung nicht! Die angegebenen Wanderzeiten, die keine Pausen beinhalten, sind natürlich nur als Richtwerte zu verstehen, mancher geht eben schneller, mancher langsamer. Bereits nach kurzer Zeit jedoch werden Sie unsere Angaben in die richtige Relation zu Ihrem Wandertempo setzen können.

- *Landkarten* Zum Etna und den Naturschutzgebieten Madonie und Nebrodi gibt es in den Fremdenverkehrsämtern und den Naturparkverwaltungen recht gute topographische Gratiskarten, meist im Maßstab 1:50.000, die allerdings manchmal vergriffen sind. Die topographischen Karten des Istituto Geografic Militare (IGM) decken ganz Sizilien ab, sind jedoch oft veraltet und deshalb teilweise unzuverlässig.

Übernachten

+++ Hotels, Apartments, Privatzimmer und rund 90 Campingplätze +++ Im August häufig belegt +++ Preise zur Nebensaison oft Verhandlungssache

Vom Budgethotel bis zur Luxusherberge im restaurierten alten Kloster – auf Sizilien ist alles vertreten. Die Preisskala ist dementsprechend weit: Doppelzimmer für 40 € sind ebenso im Angebot wie solche für 400 €.

Siziliens Hotellerie konzentriert sich in den Urlaubszentren an der Küste und den Großstädten, wobei die preiswerte Ein-Stern-Klasse in den Badeorten meist unterrepräsentiert ist. Schwierigkeiten bei der Quartiersuche können sich in der Zeit von *Mitte Juli bis Ende August* ergeben. Besonders im August, dem Urlaubsmonat der Italiener vom Festland wie auch der Sizilianer selbst, sind die Hotels an der Küste oft bis aufs letzte Bett ausgebucht. Wer nicht langfristig reserviert hat, wendet sich dann am besten an die örtliche Tourismusinformation, die noch am ehesten Bescheid weiß, wo freie Zimmer aufzutreiben sind. Ein Tipp für Reisende im August: Nehmen Sie sich nach Möglichkeit eine einfache Zeltausrüstung mit (kleines Zelt, Schlafsack, Unterlegmatte) – auf Campingplätzen findet sich, trotz starken Andrangs auch dort, oft noch ein Plätzchen.

Alle italienischen Hotels werden von den lokalen Touristenämtern klassifiziert. Die Übernachtungspreise kann jeder Hotelier zwar selbst bestimmen, doch müssen einmal festgelegte Preise auch eingehalten werden. Generell gilt, dass Stadthotels meist das ganze Jahr über denselben Preis kosten, während in Ferienorten starke Saisonschwankungen herrschen.

> ### Hotel-Tipps
>
> **Hotelverzeichnisse**: Wer eines der gesamtsizilianischen Unterkunftsverzeichnisse "Alberghi della Sicilia" erwischt, und sei es eines von vor zwei Jahren, darf sich glücklich schätzen. Häufiger erhältlich, dafür meist auch aktueller, sind die Quartierlisten der einzelnen Provinzen – sofern sie denn welche erstellen, Agrigento und auch Messina sind da leider sehr sparsam.
>
> **Zimmerpreise** müssen auf Tafeln an der Rezeption und in den Zimmern ausgehängt sein. Offiziell müssen die Preise nach oben wie nach unten eingehalten werden. Zur *Nebensaison (NS)* zeigt sich jedoch so mancher Hotelbesitzer verhandlungsbereit – probehalber kann es sich da schon lohnen, mal nach einem "sconto" (Rabatt) beispielsweise für mehrtägigen Aufenthalt zu fragen. Verlangt der Hotelier mehr als den ausgewiesenen Preis, zeigt die Drohung mit dem Gang zum Tourismusamt (A.A.P.I.T. oder A.A.S.T.) fast immer Wirkung; falls nicht, sollte man sie auch ausführen – hilft garantiert. Ein anderer Trick ist es, ein Einzelzimmer durch ein Zusatzbett zum (engen) Doppelzimmer hochzustufen. Auf der Preisliste steht dann meist der EZ-Preis: reklamieren! Die in diesem Führer angegebenen Preise gelten fürs *Doppelzimmer (DZ)*. Falls die Zimmer über kein eigenes Bad verfügen, ist dies jeweils vermerkt.
>
> **Singles** haben es nicht leicht auf Sizilien, denn nicht jedes Hotel verfügt über Einzelzimmer. Wo vorhanden, kostet ein Einzelzimmer im Schnitt etwa zwei Drittel des DZ-Preises. Wenn ein Doppel- als Einzelzimmer abgegeben wird, ohne dass es der Kunde ausdrücklich verlangt hat, dürfte der Hotelier zwar nicht mehr als den Einzelzimmerpreis verlangen – der Nachweis allerdings wird schwierig.
>
> **Zusatzbetten** im Doppelzimmer dürfen mit maximal 35 % Aufschlag auf den Zimmerpreis berechnet werden.
>
> **Pensionspflicht**: Sie ist das leidigste Kapitel in Siziliens Hotellerie. Viele Hotels und Pensionen in den Urlaubsgebieten verlangen in der *Hochsaison (HS*, meist Mitte Juli/August) mindestens *Halbpension (HP)*: eine beliebte Möglichkeit, das zugehörige Restaurant auszulasten und noch ein paar Extra-Euro einzufahren. Faustregel: Der Halbpensionspreis entspricht pro Kopf etwa dem Preis für ein Doppelzimmer, in besonders beliebten Gegenden auch schon mal mehr.
>
> **Reservierungen**: Wer sich sein Quartier schon ab der Heimat vorbuchen möchte, kann dies auf mehrere Arten tun. Der Postweg braucht seine Zeit und ist eher unsicher, telefonische Reservierungen gehen flott, haben aber den Nachteil, nicht schriftlich fixiert zu sein. Eine praktikable Variante der Vorbestellung ist die Reservierung per Fax – die Faxnummern der einzelnen Unterkünfte sind, soweit vorhanden, im Text jeweils angegeben. Und natürlich lassen sich Zimmer vor allem höherer Kategorien mittlerweile auch über das Internet vorbuchen; die Adressen der Homepages der einzelnen Hotels sind, sofern bei Redaktionsschluss vorhanden, ebenfalls vermerkt.

▶ **Hotel-Klassifizierung**: Die Bezeichnung *albergo* (Hotel) sagt wenig aus, fast jeder Übernachtungsbetrieb mit Rezeption darf sich so nennen. Zu unterscheiden ist die allmählich aussterbende Kategorie der Locanda, eine Einfachherberge meist in Großstädten oder dem Inselinneren, und die Pensione. Letztere bietet (theorethisch) immer Essensmöglichkeit und ist meist auch in den niedrigeren Kategorien anzutreffen; die Atmosphäre schwankt zwischen herunter-

Hotels

Reizvoll: Landhotel bei Palazzolo Acrèide

gekommen und pieksauber-familiär. Besonders in den Ferienorten und auf den kleineren Inseln um Sizilien finden sich bildhübsche kleine Pensionen, die der ganze Stolz ihrer Eigentümer sind. Insgesamt ist diese Kategorie jedoch selten vertreten.

Italienische Tourismusämter teilen die Hotels in fünf Klassen ein, die Kategorien der einzelnen Häuser sind in diesem Führer jeweils angegeben. Nicht immer ist dieser Zuordnung wirklich etwas über den Standard zu entnehmen. Niedriger bewertete Hotels können durchaus besser eingerichtete Zimmer bieten als der höher klassifizierte Konkurrent gegenüber – manchmal verhindert nur das fehlende Radio im Zimmer, die nicht vorhandene Bar oder einfach auch nur die insgesamt zu geringe Zimmerzahl die Einteilung in die entsprechende Kategorie.

***** = **Obere Luxusklasse**, Aircondition, Swimmingpool, Fernseher auf dem Zimmer etc. sind Selbstverständlichkeiten. Auf Sizilien derzeit nur drei Hotels dieser Klasse (eins in Palermo, zwei in Taormina), beide auch von der Architektur her höchst stilvoll. Die Preise beginnen bei knapp 200 € fürs Doppel aufwärts.

**** = **Luxus-Hotels**, im Komfort der Fünf-Stern-Klasse ähnlich, im Stil nicht unbedingt – manchmal handelt es sich um neuzeitliche Betonkästen mit allerdings sehr guter Zimmerausstattung. Um die 150 € aufwärts muss man fürs Doppel schon rechnen.

*** = **Mittelklasse-Hotels**, die in Komfort und Ausstattung sehr unterschiedlich ausfallen können. Teilweise schöne Villen, seltener auch heruntergekommene, ehemalige "Grand-Hotels", die diesen Namen längst nicht mehr verdienen. Die Durchschnittspreise liegen bei etwa 80–100 € fürs Doppelzimmer; in Feriengebieten und Großstädten sind durchaus deutliche Ausreißer nach oben möglich.

** = **Untere Mittelklasse**, in der Ausstattung ebenfalls große Bandbreite; neben engagiert geführten Familienbetrieben auch (seltener) abgewohnte Häuser, die ohne Durchführung nötiger Renovierungen nur noch "gemolken" werden. Die Regel ist aber brauchbarer Standard zu Durchschnittspreisen von etwa 60 bis 80 € fürs Doppel, in Touristenzentren teilweise mehr.

* = **Unterste Kategorie**, schwankt zwischen der (selten gewordenen) Absteige mit Uraltbetten und Wackeltisch und der blitzsauberen Unterkunft mit durchaus ordentlicher Einrichtung. Teils mit Bad/WC im Zimmer, teils nur Gemeinschaftsbäder/WC. In den Urlaubsorten der Küste sind Einsternunterkünfte nicht immer zu finden; wenn doch, sind teilweise sehr nette Pensioni darunter. In Catania und Palermo reichlich Auswahl, allerdings auch gehobene Preise, da viele Quartiere in den letzten Jahren renoviert wurden. Die superbilligen Locande, die da und dort noch in Unterkunftsverzeichnissen auftauchen, sind allerdings dauerbewohnt von Studenten oder Wohnungslosen. Preislich überwiegend im Dreh zwischen 50 und 70 € fürs Doppelzimmer, Abweichungen nach oben (Großstädte, Feriengebiete) und unten (dann oft sehr mäßiger Standard) sind möglich.

Ferienhäuser/Apartments

In den Küstengebieten sind sie zum Schaden der Landschaft reichlich vertreten. Besonders die sonst noch recht unberührte Südküste hat unter wuchernden und monoton-einfallslosen Siedlungen zu leiden. Stilvollere Häuschen mit Terrasse, umwuchert von viel Grün, sind auf vielen der kleineren Inseln um Sizilien zu finden, z.B. den Eolie oder Pantelleria.

Insgesamt ist die Miete eines Hauses oder einer Wohnung eine feine Sache; speziell der eigene Herd ist Goldes wert, spart er doch manch teuren Restaurantbesuch. Bei der Vermittlung des meist nur wochenweise zu buchenden Quartiers helfen die Touristenämter und auch manche Reisebüros. Chancenreich ist dieses Verfahren in der Nebensaison; im Juli und besonders im August wird man vor Ort nur mehr ein bedauerndes Lächeln ernten. Ab der Heimat vorbuchen kann man bei manchen Italien-Spezialisten unter den Reisebüros oder bei Privat. Gute "Jagdgründe" sind die Kleinanzeigen in den Reisebeilagen überregionaler Zeitungen (Süddeutsche etc.). Generell gilt: je mehr Personen sich zur Miete einer Einheit zusammentun, desto preiswerter kommt die Sache.

- *Vermieter/Vermittler* **Interhome**, Hoeschplatz 5, 52349 Düren, ✆ 02421/1220, ✆ 02421/122299, www.interhome.de, in der Schweiz über www.interhome.ch. Auch "Last-Minute"-Angebote.
Sard Reisedienst, Erwin-Renth-Straße 1, 55257 Budenheim, ✆ 06139/766, ✆ 06139/1488, www.sard.de. Häuser und Apartments auf Sizilien, Lipari, Panarea und Stromboli sowie auf Lampedusa und Pantelleria.
www.fewo-direkt.de, einer von vielen ähnlichen Netzanbietern, vermittelt online mehrere Dutzend Ferienwohnungen auf Sizilien.

Bed & Breakfast/Privatzimmer

Bed & Breakfast, kurz B&B, wurde erst 2001 als offizielle Kategorie in Siziliens (und Italiens) Gastgewerbe etabliert. Dank Steuererleichterungen und einem ungewöhnlich niedrigen Bürokratieaufwand bei der Eröffnung entstand seitdem eine ganze Reihe von Quartieren, die sich derzeit aber noch sehr ungleich verteilen; absoluter Spitzenreiter auf der Insel ist sicher die Provinz Siracusa und hier wieder die Stadt Noto. B&Bs besitzen nur wenige Zimmer (drei bis vier im Schnitt), die Einrichtung ist meist recht geschmackvoll und neu.

Schöner Wohnen in Erice

- *Preise* Gar so günstig, wie man hoffen könnte, bieten die B&Bs ihre Dienste leider nicht an – 50–60 € für das DZ, natürlich inklusive des Frühstücks, sind die Regel, manche Betriebe verlangen auch schon überzogene 80 €. Vielleicht sinken die Preise infolge des steigenden Angebots künftig wieder etwas.
- *Ein Vermittler* www.bed-and-breakfast-sizilien.com, Online-Vermittler mit recht umfangreichem Angebot. Preise werden leider erst auf exakte Anfrage verraten.

Affittacamere, so die offizielle Bezeichnung für Privatzimmer, waren die Vorreiter von Bed&Breakfast. Es gibt sie auch heute noch, doch ist das Angebot deutlich geringer als bei der jüngeren Konkurrenz. Am breitesten ist die Auswahl noch auf den kleineren Inseln, auf Sizilien selbst sind Privatzimmer nur in einigen Ferienorten zu finden. Neben offiziellen, beim Staat angemeldeten und zum Teil auch in den Unterkunftsverzeichnissen aufgeführten Vermietern bieten manchmal auch "schwarze" Steuersparer Privatzimmer an. Die Vermittlung erfolgt manchmal über die Touristenämter, teilweise auch über Reisebüros. Wo beides nicht vorhanden ist, erfährt man Adressen auch in Bars oder Geschäften. Offizielle Mindestmietdauer ist eine Woche, was aber meist nicht so eng gesehen wird. Preislich liegen Privatzimmer manchmal etwas günstiger als B&Bs.

Jugendherbergen

Vielleicht im Windschatten des B&B-Booms entstanden in den letzten Jahren eine Reihe neuer Jugendherbergen (*albergo della gioventu*) auf Sizilien. Nicht alle gehören dem offiziellen Jugendherbergs-Verband an oder bestehen auf der Mitgliedskarte. Vertreten sind JH oder jugendherbergsähnliche Unterkünfte in Taormina, Nicolosi am Etna, Catania, Noto, Mazzara del Vallo, Sferracavallo bei Palermo, Castroreale an der Nordküste bei Barcellona sowie in Canneto auf der Insel Lipari. Oft sind JHs von Gruppen belegt, vorherige Anmeldung empfiehlt sich also dringend.

Preise/Infos Der Preis p.P. für Übernachtung/Frühstück liegt meist bei ungefähr 15 €, also nicht gerade niedrig. Einige offizielle JHs sind auf der Website **www.ostellionline.org** aufgeführt, der deutsche Verband ist unter **djh.de** erreichbar.

Agriturismo

Die italienische Variante von Ferien auf dem Bauernhof ist eine reizvolle Sache und nicht nur für Kinder sicher ein Erlebnis – intensives Kennenlernen der Region und der Menschen ist auf der *azienda agricola* garantiert. Zudem handelt es sich um einen sanften Tourismus, der dem bereisten Gebiet nicht schadet, sondern die Abwanderung aus den ländlichen Gebieten wenigstens bremsen kann. Angeboten werden ganze Ferienwohnungen, Zimmer (oft mit Halbpension, meist exquisite Küche) oder Campingmöglichkeit, außerdem meist Direktverkauf der auf dem Hof hergestellten Produkte. Viele Agriturismi erwarten offiziell einen Mindestaufenthalt von zwei bis drei Tagen, doch gibt man sich in der Nebensaison schon mal verhandlungsbereit. Übrigens: Hunde sind – anders als in den Hotels – fast überall gern gesehen. Die Preise variieren, ebenso wie der gebotene Komfort, sehr stark, allerdings geht der Trend eindeutig zu besser ausgestatteten und damit auch teureren Quartieren. Viele moderne Agriturismi offerieren durchaus hotelähnlichen Komfort und, da in den ländlichen Gebieten an Platz nicht gespart werden muss, meist erfreulich geräumige Zimmer. Für die Hochsaison ist langfristige Vorbestellung ratsam, denn auch Italiener schätzen diese Urlaubsform. Außerhalb der Hauptreisezeit ist jedoch meist genügend Platz.

• *Informationen* Listen der Agriturismo-Betriebe der jeweiligen Provinz oder Region sind in vielen größeren Informationsstellen erhältlich. Auch das Unterkunftsverzeichnis "Alberghi di Sicilia" enthält entsprechende Adressen.

Agriturist: Die Dachorganisation der großen Bauernbetriebe für ganz Italien, politisch eher konservativ. Breites Angebot, Vertretung auf Sizilien: Agriturist, Via Alessio Di Giovanni 14, 90144 Palermo, ✆ ab D: 0039/091 346046.
Im Internet: www.agriturist.it.

Turismo Verde, in gewisser Weise die "grüne" Konkurrenz, Via Remo Sandron 63, 90143 Palermo, ✆ 091 308151, ✆ 091 348061. www.turismoverde.it.

Agriturismo di Sicilia, jährlich neu aufgelegter, italienischsprachiger Führer, in dem weit über hundert Agriturismo-Betriebe auf Sizilien ausführlich vorgestellt werden. Erschienen im Sicard-Verlag, Palermo, und z.B. in dortigen Buchhandlungen erhältlich. www.sicard.it.

• *Internetadressen* Neben den oben genannten Möglichkeiten gibt es noch weitere Verzeichnisse im Netz. **www.enexa.com/agriturismo**: Agriturismo-Adressen in ganz Sizilien, aufgelistet nach Provinzen, zum Teil auch mit direkten Links zu den einzelnen Betrieben.

www.agriturismo.com: Italienweite Site, mit einem Klick ist man auf Sizilien. Relativ wenige Betriebe, dafür mit Preisangaben. Wo möglich, gibt es direkte Links zu den Betrieben; Beschreibungen zum Teil auch auf Deutsch oder Englisch.

• *Preise* Wie erwähnt, ist die Bandbreite groß. Ein Doppelzimmer ist in entlegenen Gebieten vielleicht schon mal ab unter 40 € zu haben; die Regel sind jedoch 50–60 €, in besonders gefragten und luxuriösen Agriturismi kann man auch mal deutlich mehr hinlegen müssen. Halbpension kostet im Schnitt 40–50 € pro Person.

Camping

Sizilien zählt etwa 90 offizielle Campingplätze. Der Standard ist in der Regel gut. Erkauft werden muss er mit den in Italien für Camping üblichen hohen Preisen.

Insgesamt zeigt sich Sizilien für Campingurlaub gut gerüstet. Fast alle Plätze liegen in unmittelbarer Nähe der Küste. Besonders im Norden und Osten ist das Angebot vielfältig, der Süden schon etwas weniger gut bestückt. Dünn wird es im Westen. Auch im Inland finden sich – von den Plätzen am Etna abgesehen – fast keine Möglichkeiten. Öffnungszeiten und aktuelle Preise sind mit etwas Glück dem Verzeichnis "Alberghi di Sicilia" und den Unterkunftsverzeichnissen der jeweiligen Provinzen zu entnehmen. Mancherorts spart man sich allerdings die Mühe, Preise und Öffnungszeiten anzugeben; dafür stehen dann auch Plätze in der Liste, die seit Jahren geschlossen sind.

Eine schwere Prüfung für Camper ist der *August* – die Plätze sind randvoll belegt und man riskiert, besonders mit Pkw, manchmal abgewiesen zu werden. Angesichts des für Zeltler idealen Klimas ist es auch schade, dass viele nur von Mai bis September geöffnet halten. Es gibt jedoch Plätze, die länger offen sind, manche sogar ganzjährig. Die offiziellen Öffnungszeiten sind im Text angegeben, jedoch oft mit Vorsicht zu genießen: Bei Mangel an Kundschaft wird auch früher geschlossen oder später geöffnet. Ärgerlich auch, dass viele an sich grundlegende Versorgungseinrichtungen wie Bar, Einkauf und Restaurant oft nur zur Hochsaison in Betrieb sind, von Swimmingpools etc. nicht zu reden. Überhaupt zeigt sich so mancher Platz zur Vorsaison im Mai, zum Teil aber auch bis in den Juni hinein, eher als traurige Baustelle denn als serviceorientierter Betrieb, was die Besitzer jedoch selten abhält, den kompletten Preis zu verlangen – dem geplagten Gast bleibt da nur die verfrühte Abreise.

Campers Traum, leider Geschichte:
Der Platz bei Taormina wurde geschlossen

Die in diesem Führer angegebenen Preise beziehen sich auf einen Pkw, zwei Personen und ein kleines Zelt (*tenda canadese*; Hauszelte und Caravans kosten deutlich mehr) zur Hochsaison. Die Nebensaison ist auf manchen Plätzen günstiger. Warmduschen muss man oft extra bezahlen; die speziellen Münzen *gettoni* zum Betrieb derselben gibt es an der Rezeption. Wer nur im Schlafsack *sacco a pelo* nächtigt, zahlt auf vielen Plätzen einen etwas höheren Grundpreis, die Parzelle ist dafür frei. Auf Plätzen höherer Kategorie sind solche Schläfer aber nicht gerade gern gesehen, müssen gelegentlich sogar mit Ablehnung rechnen.

"Wild" zelten: Die ehemaligen Oasen für Freicamper sind schon vor vielen Jahren fast völlig aufgelöst worden. Verständlich ist diese von den Behörden angeordnete und von den Carabinieri durchgeführte Haltung einerseits schon – verantwortungsloser Umgang mit Abfällen und Feuer hat eine solche Reaktion geradezu herausgefordert. Andererseits ist es besonders um die landschaftlich schön gelegenen Möglichkeiten natürlich schade.

Küche und Keller

+++ Erbe vieler Jahrhunderte +++ "falsu magru" und Schwertfischrouladen +++ starker Etna-Wein und süßer Marsala

Die sizilianische Küche von heute vereint die Kochkünste aller Vorfahren: Araber, Franzosen, Spanier und all die anderen zeitweiligen Herrscher über die Insel haben ihren Anteil an den Traditionen.

Zudem ist jede Provinz stolz auf ihre ganz eigenen Spezialitäten. Gemeinsam ist allen, das Inselinnere einmal ausgenommen, die häufige Verwendung von Fisch und Meeresfrüchten: Trotz Überfischung der Meere um Sizilien wird doch noch so mancher Fang gelandet.

▶ **Frühstück**: Bekanntermaßen nicht gerade eine italienische Spezialität. Ein *cornetto* und ein *espresso* oder *cappuccino* in der Bar reichen dem Sizilianer völlig aus. Zunächst ungewohnt, aber sehr erfrischend an heißen Tagen ist eines der süßen, mit Eis gefüllten Brötchen oder ein Wassereis (*granite*), das ebenfalls mit einem süßen Brötchen gegessen wird. Das durchschnittliche Hotelfrühstück hingegen gestaltet sich mit Brötchen, Butter und Marmelade alles andere als aufregend, kostet aber trotzdem einiges – da geht man besser in die nächste Bar.

Essen gehen

In italienischen Restaurants wird grundsätzlich erwartet, dass der Gast ein komplettes Menü bestellt. Sizilien macht keine Ausnahme.

Die Minimalversion besteht aus dem ersten Gang *primo piatto*, meist Nudeln, und dem Hauptgang *secondo piatto*, Fisch oder Fleisch. Kombiniert wird der Hauptgang mit der extra zu bestellenden und zu bezahlenden Beilage *contorno*. Erweitern lassen sich die Tafelfreuden noch mit *antipasto* (Vorspeise, oft vom Buffet) und dem Dessert *dolce*. Preislich liegt solch ein üppiges Mahl ohne Getränke in Regionen ab etwa 30 € weit aufwärts – die in diesem Führer angegebenen Menü-Preise beziehen sich dagegen in der Regel auf die Minimalversion. Meist bestellt man à la carte, in Ferienorten wird daneben oft ein preisgünstigeres *menu turistico* offeriert, von dem man sich aber normalerweise keine kulinarischen Höhenflüge erwarten sollte. In "besseren" Lokalitäten, die auf ihren Ruf achten müssen, können jedoch auch solche Festpreismenüs durchaus akzeptabel sein. In den großen Städten bieten immer mehr Restaurants den Angestellten der Umgebung preisgünstige Mittagsmenüs an, die meist ebenfalls recht ordentlich ausfallen.

Wer am festlich gedeckten Tisch dagegen nur Spaghetti bestellt, hat je nach Temperament des Wirts mit verachtungsvollem Naserümpfen oder auch unverhohlener Unfreundlichkeit zu rechnen. Die Toleranzschwelle steigt mit wachsendem Umsatz: Nudeln plus großer Salat werden schon eher akzeptiert, Antipasto mit Hauptgericht ist durchaus salonfähig. Weniger problematisch

114 Küche und Keller

ist dieser Zwang zur Menüfolge in Restaurants, denen eine Pizzeria angegliedert ist – Spaghetti statt Pizza geht dann völlig in Ordnung. Wer aufs Geld schauen muss, wende sich *pizzeria* oder *spaghetteria*, alternativ vertrauensvoll den vielen Möglichkeiten des *Imbisses* zu: Siziliens Gastronomie leistet da für wenig Geld Beachtliches.

Lokale

• *Preisüberraschungen* Zu den Preisen für Essen und Getränke kommt in den meisten Restaurants und Trattorie, ebenso in manchen Pizzerie, noch ein zweifacher Obolus hinzu. Das Bedienungsgeld **servizio** bedeutet einen prozentualen Aufschlag auf die Gesamtrechnung (meist 10–15 Prozent), **coperto** meint einen Festbetrag für Gedeck und Brot. Beide Aufschläge stehen meist kleingedruckt in einer Ecke der Speisekarte. **Trinkgeld** ist bei Zufriedenheit mit Küche und Service in einer Höhe von etwa 5–10 Prozent trotz des Servizio üblich. Allerdings lässt man sich, anders als in der Heimat, beim Bezahlen zunächst genau herausgeben, später beim Gehen dann den entsprechenden Betrag auf dem Tisch liegen. Die Rechnung **il conto** muss beim Verlassen des Lokals mitgenommen und bei eventuellen Kontrollen der Finanzpolizei vorgezeigt werden. Hat man sie nicht mehr, verlangen die Beamten mal eben 120 Euro Strafe...

• *Ristorante* Meist eine etwas edlere Lokalität, die Tische säuberlich gedeckt, die Kellner im Frack. Ein Ristorante kann, muss aber nicht teurer sein als eine Trattoria. Vielerorts existieren absolute Spitzenadressen, die im Preisvergleich mit deutschen Sterne-Etablissements sehr gut dastehen.

• *Trattoria* Oft die bodenständigere Ausgabe des Ristorante, die Mamma am Herd, Sohn und Tochter im Service. Gekocht wird dann meist hervorragend zubereitete "Hausmannskost", wie sie die Sizilianer auch daheim essen; die Preise können etwas ziviler ausfallen als im Ristorante. Die Lokale, die in Großstädten um die Märkte herum liegen, fallen oft in diese Kategorie. Gelegentlich tarnen sich aber auch feudalere Restaurants mit der Bezeichnung "Trattoria" (gern auch ganz rustikal: "Osterìa"): Die Küche mag dann durchaus bodenständig ausfallen, die Preise nur selten.

• *Pizzeria* Aus der Heimat bekannt; oft ein Ristorante, das abends (nur dann!) auch Pizzas anbietet. Von den Kosten her etwa wie bei uns und somit die preisgünstigste Möglichkeit, "gepflegt" speisen zu gehen.

• *Spaghetteria* Hauptsächlich in Großstädten und Ferienzentren vertreten und mit der Taschengeld-Jugend als Hauptkundschaft; hier kann man es wirklich beim Nudelgericht bewenden lassen. Preislich etwa auf gleichem Niveau wie die Pizzeria.

• *Tavola Calda* Sehr einfache Lokale, teilweise auch eine Unterabteilung in Bars. Oft nur wenige oder gar keine Sitzgelegenheiten, das Essen gibt's auch zum Mitnehmen. Im Angebot warme Mahlzeiten (Fettgebäck, einfache Nudel- und Reisgerichte etc.), die auf Warmhalteplatten ihrem Verzehr entgegensehen – für ein schnelles, preiswertes Mahl keine schlechte Adresse.

• *Rosticceria* Das gilt auch für diese Grillstuben. Fast immer ohne Sitzmöglichkeit, abends viele Interessenten an Hühnchen mit Kartoffeln zum Nachhausenehmen. Manche Rosticceria ist auch eine umbenannte Tavola Calda.

• *Bars und Cafés* Auf Sizilien weniger ein Kommunikationszentrum, in dem man Stunden verbringt; stattdessen gedacht für einen schnellen Kaffee, ein Hörnchen, ein Eis oder einen Aperitif vor dem Essen. Ist eine **pasticceria** angeschlossen, wird man eine reiche Auswahl an meist hervorragendem Süßgebäck finden. Kneipen im mitteleuropäischen Sinn, wie die **birreria** mit breiter Bierauswahl, finden sich höchstens in Städten oder Urlaubszentren. **Achtung:** In Bars und Cafes konsumiert man am preiswertesten am chromblanken Tresen stehend; in diesem Fall muss man oft zunächst an der Kasse zahlen und den Bon ("scontrino") dann dem Barkellner geben. Wer sich innen hinsetzt, zahlt schon deutlich mehr, an den Tischen auf der Terrasse oder im Freien hagelt's noch mal einen satten Aufschlag.

• *Imbiss* Viele Möglichkeiten auf Sizilien. Keine Imbissbuden wie bei uns, sondern diverse Kleinigkeiten zum Mitnehmen ("per portare via") oder an Ort und Stelle zu verzehren: in der Tavola Calda, auf Märkten oder auch als Fettgebäck und Pizzastückchen in vielen Bäckereien.

Sizilianische Spezialitäten

▶ **Antipasti (Vorspeisen):** Im Restaurant vom dekorativen Büffet im Eingangsbereich, in der kleinen Trattoria kommt zumeist ein oft hausgemachtes Potpourri auf den Teller. Oft sind die Sachen in Öl eingelegt, die Vielfalt ist bestechend: Tintenfische, Muscheln, reichlich Gemüse, im Inland auch Pilze, Schinken und Wurst.

Caponata: Eine in Essig und Öl eingelegte Mischung aus Auberginen, Tomaten, Sellerie, Kapern, Oliven und dergleichen mehr. So eine Caponata ist nichts für schwache Mägen, aber ausgesprochen lecker.

Primi Piatti (Erster Gang): Mit *Pasta* ist hier die Nudel gemeint, in der Pasticceria allerdings heißt so das Süßgebäck. Sie ist fast Pflicht – die *maccheroni* sollen auf der Insel erfunden worden sein, wie überhaupt die italienische Nudel wahrscheinlich aus Sizilien und nicht aus Marco Polos China stammt. Alternativ kann es auch ein *risotto* sein, der seine eigentliche Heimat aber in Norditalien hat.

Pasta con le sarde: Makkaroni mit Sardinen, wildem Fenchel, Pinienkernen und Rosinen; eine Spezialität aus Palermo.

Pasta alla Norma: mit Tomatensauce, Ricotta und Basilikum, obenauf gebratene Auberginenscheiben – sie sind nach der Oper des in Catania geborenen Komponisten Bellini benannt.

Pasta con nero di seppie: Nudeln schwarzgefärbt mit der Tinte des Tintenfischs und aufgewertet mit Stückchen desselben, kommen aus der Provinz Messina, sind aber auf der ganzen Insel verbreitet. Sehen gewöhnungsbedürftig aus, schmecken aber köstlich.

Cuscus ist eine örtliche Spezialität der Provinz Trapani – das nahe Afrika und das arabische Erbe lassen grüßen. Aus Hartweizengries und meist mit Fisch, seltener auch mit Fleisch zubereitet, ist er oft ein verkapptes Hauptgericht. Ob Cuscus als solches oder als Vorspeise gedacht ist, merkt man am Preis.

Sizilianischer Gemüsehändler: Verkauf direkt ab Ape

▶ **Secondi piatti (Hauptgerichte):** Bei den Hauptgerichten steht an der Küste natürlich meist Fisch auf dem Programm. Im Inselinneren entsprechen allerdings Fleischgerichte eher der örtlichen Tradition.

Fischgerichte: Fisch wird portionsweise oder im Ganzen gewogen angeboten. In letzterem Fall beziehen sich die angegebenen Preise auf jeweils 100 Gramm (*un etto*). Dann sollten Vorsichtige besser nachfragen, was es wohl kosten wird

Sizilianische Spezialitäten 117

– bei besonders stämmigen Exemplaren kann die Sache sonst ins Geld gehen! Der starken Nachfrage und der Überfischung wegen ist Meeresgetier nämlich ziemlich teuer geworden. Am günstigsten sind noch Sardinen, eine Stufe höher rangieren der Thunfisch *tonno* und der Schwertfisch *pesce spada*, beide auf fast jeder Speisekarte anzutreffen. Edelfische wie die Seezunge *sogliola* oder die Rotbarbe *triglia* kosten deutlich mehr. Meist im preislichen Mittelfeld rangieren Meeresfrüchte, darunter *cozze* (Miesmuscheln), *vongole* (Venusmuscheln) oder *calamari* (Tintenfische). Mollusken sind überhaupt reichlich vertreten, es finden sich auch der größere Tintenfisch *seppia* und der Krake *polipo*. Etwas mehr finanziellen Einsatz fordern Krabbenarten wie *scampi* und *gamberoni*. Die Languste *aragosta* schließlich hat, wie fast überall, ihren hohen Preis.

Pesce spada alla ghiotta (oder: alla messinese): Schwertfisch mit Zwiebeln, Knoblauch, Oliven und Kapern; gibt's auch mit Thunfisch. Seine "Heimatprovinz" ist Messina, die Hauptfangquelle für den Schwertfisch.

Involtini di pesce spada (oder: di tonno): Ebenfalls in der Provinz Messina heimisch sind diese lecker gefüllten Rouladen aus Schwertfisch bzw. aus Thun.

Sarde a beccafico: Vor allem in der Provinz Palermo zu finden und ein arabisches Erbe: panierte Sardinen, gefüllt mit Pinienkernen, Brotstückchen und Rosinen.

Zuppa di pesce: eine höchst gehaltvolle Fischsuppe. Nicht gerade billig, angesichts der verarbeiteten Mengen aber ihren Preis wert.

Fleischgerichte: Traditionell vor allem im Inselinneren zu finden. Dem auf Siziliens Weiden eher selten vertretenen Rind sind Zicklein (*capretto*), Lamm (*agnello*) und Kaninchen (*coniglio*) vorzuziehen. Das *pollo* genannte Huhn gibt es ohnehin überall. Berühmt für Schweinefleisch (*maiale*, das lebende Tier allerdings *porco*) und die entsprechenden Würste ist Chiaramonte Gulfi bei Ragusa.

Involtini alla siciliani: die sizilianische Version von Rouladen, gefüllt mit Semmelbröseln, Salami, Pinienkernen, Rosinen und Ei.

Coniglio agrodolce: Kaninchen süßsauer mit Gemüsen, Kapern und Oliven – wo es zu bekommen ist, unbedingt probieren!

Falsomagro (sizil. farsumagru): bedeutet ungefähr "falsches Mageres" und ist es dann auch: ein Kalbsrollbraten, gefüllt mit Käse, Salami, Eiern, Zwiebeln und Petersilie.

Contorni (Beilagen): Trotz des reichlichen Angebots auf den Märkten ist Gemüse auf den Speisekarten leider nur schwach vertreten. Wer Glück hat, findet die typischen Saubohnen *fave*, zur entsprechenden Zeit im Inland auch *funghi* (Pilze). Ansonsten regieren die üblichen Variationen von Kartoffeln, *patate*.

Parmigiana: Dieser Auflauf aus Auberginen, Tomatensauce, Ei, Mortadella und Käse wird in Restaurants als Beilage, daheim oft als Hauptgericht gegessen.

Parmigiana all'Agata: Zwei mittelgroße Auberginen in Scheiben schneiden, auf einem Küchentuch ausbreiten und salzen, um Wasser und Bitterstoffe herauszuziehen. Nach einer halben Stunde mit Küchenpapier abtrocknen und anbraten. Parallel aus Tomaten, Zwiebeln und Knoblauch eine Tomatensauce bereiten und zwei Eier hartkochen; Mortadella (wahlweise gekochten Schinken) in Streifen schneiden. Die Auberginen in einer Teflonpfanne mit Deckel oder einer Auflaufform abwechselnd mit Käse- und Eierscheiben und Mortadella bzw. Schinken aufschichten, über jede Schicht Tomatensauce geben. Das Ganze auf kleiner Flamme oder im Backofen garen.

Dolce, Gelato, Frutta – Süßspeisen, Eis, Früchte: Bei den Desserts machen sich süße arabische Erbschaften bemerkbar, und auch einen Gutteil ihrer Früchte verdankt die Insel den Nordafrikanern. Sizilien rühmt sich zudem, das Eis

Küche und Keller

Nach dem Essen: Likörchen gefällig?

erfunden zu haben. Palermo und Catania streiten sich um diese Ehre. Catania hatte wohl zumindest die besseren natürlichen Gegebenheiten: Früher wurde der Schnee vom Etna per Esel in die Stadt geschafft und dort mit Früchten aromatisiert. Wie auch immer, das sizilianische Eis *fatto artigianale* (nicht "künstlich", sondern "kunsthandwerklich") ist Spitze. Aus Ricotta, Marzipan, Biskuit und kandierten Früchten wird die *cassata siciliana* hergestellt, *cannoli* sind Teigrollen, die mit süßer Ricotta gefüllt wurden. Sehr erfrischend wirkt *granita*, eine Art halbflüssiges Wassereis, meist in den Geschmacksrichtungen limone, caffè oder menta (Pfefferminz), zur Saison aber auch als Erdbeere (fràgola) zu bestellen und wahlweise mit oder ohne Sahne (panna) gegessen.

▶ **Imbiss**: Siziliens Tradition in preisgünstigen Kleinigkeiten ist groß und mit dem bei uns angebotenen "Fast-food" absolut nicht zu vergleichen. So mancher Reisende mit schmalerem Geldbeutel ernährt sich fast ausschließlich von den mundfertig angebotenen Köstlichkeiten. Eine längst nicht erschöpfende Auswahl:

Arancine: heißen ähnlich wie Orangen, und sehen meist auch so aus. Dabei handelt es sich um frittierte Reisbälle mit einer Füllung aus Ragout und Erbsen und Käse.

Panelle: werden aus Kichererbsenmehl frittiert und dann in ein Brötchen gepackt. Eine der beliebtesten Speisen in Palermo.

Focacce und **calzone**: Teigkrapfen mit salziger Füllung wie Schinken und Käse. In Großstädten (Palermo!) sind manchmal noch **focaccerie** zu finden, preiswerte und traditionelle Lokalitäten, die sich nur der Imbiss-Zubereitung widmen. Ansonsten sind Focacce und Calzone vielerorts auch in Bäckereien erhältlich.

Guastedde (Lungen- oder Milzbrötchen), **trippa** (Kutteln) oder die anderen vertretenen Innereien sind eher etwas für experimentierfreudige Esser.

Panini: Belegte Brötchen, zu haben in der "Panineria", die meist gleichzeitig ein Teenagertreff ist. Man kann sie sich aber auch in fast jedem Lebensmittelgeschäft zusammenstellen lassen. Ideale Ergänzung: die in vielen Supermärkten angebotenen **antipasti** – gefüllte Oliven, in Öl eingelegte **carciofini** (Artischocken), etc. Nicht vergessen sollte man in jedem Fall das gute sizilianische Brot (**pane**), das den oft etwas labbrigen Brötchen vorzuziehen ist.

Getränke

Wein (*vino*) ist immer noch das alkoholische Hauptgetränk. Vom Ausstoß her steht Sizilien mit seiner Anbaufläche von 150.000 Hektar und einer Jahresproduktion von etwa 11 Millionen Hektolitern zusammen mit Apulien italienweit an der Spitze. Dennoch stimmt das Vorurteil von der massenhaft produzierten Billigware heute nicht mehr – qualitativ hat der sizilianische Weinbau in den letzten Jahren erheblich zugelegt.

Alte Tradition, neu entdeckt

Noch Anfang der 90er-Jahre landete der Großteil der sizilianischen Rebenernte über wenige marktführende Weinhändler im Piemont oder in Frankreich, um die dortige Produktion mit den alkoholreichen sizilianischen Trauben zu stärken. Doch dann begannen die ersten Weingüter, als Vorreiter die renommierten "Aziende Agricole Planeta", auf Qualitätsausbau umzustellen und sich auf die einheimischen Rebsorten zu besinnen. Königin unter ihnen ist die autochthone Traube Nero d´Avola, die kräftige, körperreiche Rote hervorbringt, für die es auf der Weinmesse Vinitaly in Verona mehrfach Auszeichnungen gab.

Besonders interessant ist das Anbaugebiet bei Ragusa – die dortigen Lagen auf rund 600 Meter Höhe bieten ganz andere klimatische Bedingungen als die Tiefebenen. Aber auch die Vulkanböden des Etna, das Hinterland von Selinunte und des Golfo di Castellammare liefern ausgezeichnete Tropfen. Neben den internationalen Spitzenweinen werden natürlich weiterhin wie seit Römerzeiten für den Hausgebrauch unbehandelte Tröpfchen gekeltert, die ganz jung getrunken werden müssen. Diese „Winterweine" werden auf dem Land jeweils bis März oder April ausgeschenkt – wer im Frühjahr auf Sizilien unterwegs ist, hat gute Chancen auf ein paar urige Schlucke.

Sizilianer bevorzugen trockenen Wein, durchgegorene Süßweine oder Spätlesen sind nicht ihr Fall. Eine Ausnahme machen die vielen starken Dessertweine, die auch auf der Insel teilweise recht süß ausfallen. In Trattorie oder einfacheren Ristoranti wird meist der preisgünstige und gute sogenannte offene Hauswein (*vino della casa*) kredenzt, in gehobeneren Etablissements dagegen meist Flaschenwein. Abseits der Gastronomiebetriebe lassen sich gute Tröpfchen auch in den Weinhandlungen der Städte, von den Genossenschaften (*cantina sociale*) oder im Direktverkauf vom Winzer (*vino di proprietà*) erstehen. Meist kommt er dann vom Fass, weshalb man nach Möglichkeit leere Flaschen mitbringen sollte.

• *Weinsorten* Garantie für Qualität ist das DOC-Zeichen, die Denominazione di Origine Controllata, von denen Italien weit über 300 besitzt. Man kann aber auch mit Weinen ohne diese kontrollierte Herkunftsbezeichnung sehr angenehme Überraschungen erleben. So sind **Corvo** und **Regaleali** sehr verbreitete und angesehene Namen.

• *Wichtige sizilianische DOC-Weine* **Faro**, ein kleines Weinbaugebiet am Stretto von

120 Küche und Keller

*Orientalisch inspiriert:
Kasbah Café auf Lipari*

Messina; rubinfarbene, trockene Rotweine.
Vino dell'Etna, von den Hängen des Vulkans und erhältlich als Roter, Rosé oder Weißer, fällt mit bis zu 13 % relativ kräftig aus.
Cerasuolo di Vittorio, ein Roséwein aus der Provinz Ragusa, erreicht ebenfalls 13 % und gilt als idealer Begleiter zu Fleischgerichten, Wurst etc.
Santa Margherita Belice, ein trockener Weißer aus dem Belice-Tal, mundet bestens zu frischem Fisch.
Bianco d'Alcamo, ebenfalls ein Weißwein aus der Provinz Tapani, hervorragend zu Fisch und Meeresfrüchten.
Moscato di Pantelleria, ein süßer oder trockener weißer Dessertwein von der Insel Pantelleria, der bis zu 17 % erreicht.
Passito di Pantelleria, ähnlich dem Moscato aus Pantelleria, hergestellt aus getrockneten Trauben.
Malvasia, ein weiterer Dessertwein, diesmal von den Eolischen Inseln, vor allem aus Salina.
Moscato di Noto, ebenfalls ein Dessertwein, goldgelb und mit einem Alkoholgehalt um die 11,5 %.
Marsala, der berühmteste Wein Siziliens. Sehr unterschiedliche Sorten, mal Dessertwein, die besseren Qualitäten hervorragende Aperitifs. Näheres im Text zur Stadt Marsala.

Andere Getränke: Bier (*birra*) ist auch auf Sizilien auf dem Vormarsch. Puristen seien allerdings gewarnt: Vom Reinheitsgebot hat man in Italien noch nichts gehört, mit Schaumstabilisatoren und anderer Chemieware im Gerstensaft ist zu rechnen. Gelegentlich erhält man Bier *alla spina*, vom Fass und oft von deutschen Brauereien produziert. Hier sollte man sich nicht täuschen lassen: Bier, das speziell für Italien hergestellt wird, enthält dem bekannten Markennamen zum Trotz meist auch Chemie. Alkoholfreies Bier (Buckler, Tourtel) findet sich im Supermarkt nur selten, in Bars und Restaurants fast nirgendwo.

• *Kaffee* Ein **caffè** meint nicht irgendeinen Kaffee, sondern einen Espresso. Der sättigende **cappuccino** mit druckluftunterstützter Milchhaube wird nur morgens getrunken! Wer nach dem Mittag- oder gar Abendessen einen cappuccino bestellt, beleidigt den Wirt, signalisiert man ihm doch dadurch, dass sein Essen so schlecht oder wenig war, dass man danach noch ein komplettes Frühstück zu sich nehmen kann... Eine **latte macchiato** ("gefleckte Milch") ähnelt dem Cappuccino, enthält jedoch deutlich mehr Milch. Ein **caffè corretto** ist ein Espresso mit alkoholischem (Grappa, Brandy) Inhalt.

• *Wasser* Leitungswasser ist trinkbar, schmeckt aber nicht gerade besonders.

Acqua minerale, also Mineralwasser, ist entweder mit Kohlensäure ("con gas", "frizzante") oder ohne ("senza gas", "naturale") zu haben.

• *Säfte/Mandelgetränke* **Spremuta** (Fruchtsaft) gibt's in jeder Bar, fast immer frisch gepresst, entweder als "spremuta di arancia" aus Orangen oder als "spremuta di limone" aus Zitronen.
Latte di mandorla, Mandelmilch, ist eine extrem süße Sache, vielleicht nicht jedermanns Geschmack.
Vino di mandorla meint das recht kräftige alkoholische Pendant; zuckersüß und bei mehr als einem Glas mit der Garantie für Kopfschmerzen am nächsten Morgen.

Früh übt sich, wer ein Macho werden will ...

Wissenswertes von A bis Z

Ärztliche Versorgung	121	Landkarten	134
Baden	122	Öffnungszeiten	134
Drogen	124	Papiere	135
Einkaufen	124	Post	135
Feiertage und Feste	125	Reisebüros	135
Geld	126	Sport	136
Haustiere	127	Sprachkurse	137
Information	128	Strom	137
Internet	129	Telefonieren	137
Klima und Reisezeit	131	Zigaretten	138
Konsulate	133	Zollbestimmungen	139
Kriminalität	133		

Ärztliche Versorgung

Prinzipiell übernehmen die privaten und gesetzlichen Krankenkassen die Kosten ambulanter Behandlungen im EU-Ausland. Erkundigen sie sich jedoch vorab unbedingt bei Ihrer Kasse über die aktuelle Verfahrens- und Abrechnungsweise. Um vor unangenehmen Überraschungen sicher zu sein, ist die *Urlaubs-Krankenversicherung*, die z.B. im Gegensatz zu fast allen anderen Versicherungen auch medizinisch notwendige Krankenrückflüge einschließt, in jedem Fall eine sinnvolle Ergänzung. Zu erhalten ist sie zu sehr günstigen Tarifen bei manchen Automobilclubs und bei fast allen privaten Krankenversicherern, natürlich auch für Mitglieder gesetzlicher Kassen. Vor Ort geht man dann einfach zum Arzt, bezahlt bar, lässt sich unbedingt eine genaue Rechnung mit Diagnose und Aufstellung der ärztlichen Leistungen geben und reicht diese beim heimischen Versicherer zur Rückerstattung ein.

> **Notruf**: ✆ **112** (in ganz Italien wählen, rund um die Uhr).
> Adresse nennen und um Unfallhilfe (*pronto soccorso*) bitten. Die Polizei am anderen Ende schickt dann die Ambulanz.

▶ **Erste Hilfe**: In fast jedem Touristenort ist eine gemeindeeigene *Guardia Medica* vorhanden, in der angehende Ärzte Erste Hilfe leisten. Diese Zentren kann man nicht nur nach einem Unfall aufsuchen, sondern auch bei plötzlicher Krankheit etc. Die Behandlung ist kostenlos, das Personal kundig und freundlich.

▶ **Apotheken**: Die *farmacia* kann bei kleineren Wehwechen oft den Arzt ersetzen; die Apotheker sind gut ausgebildet und dürfen zum Teil auch Medikamente abgeben, die daheim rezeptpflichtig sind. Ungefähre Öffnungszeiten, Mo–Sa 8–13, 16–20 Uhr; Nacht- und Sonntagsdienste (*turno*) sind an jeder Apotheke ausgehängt.

Baden

Gemessen an der südlichen Lage beginnt die Badesaison auf Sizilien relativ spät. Erst Mitte Mai überschreiten die Wassertemperaturen die Bibbergrenze von 20 Grad. Dafür bleibt das Meer bis weit in den Herbst hinein angenehm warm: Im Oktober kann man noch überall baden, an der Südküste sogar bis in den November.

Die Verschmutzung des Mittelmeers ist auch an Sizilien nicht spurlos vorbeigegangen, glücklicherweise blieb die Insel von Tankerunglücken und ähnlichen Katastrophen jedoch verschont. Die verschmutzten Zonen sind (bislang) noch hausgemacht und halten sich in Grenzen. Ursachen sind fehlende Kläranlagen und wie immer die Industrie. Insgesamt zählt das Wasser um Sizilien jedoch mit zum Saubersten, was Italien zu bieten hat. Rund 1600 Kilometer Küste sind zum Baden freigegeben.

Die **Ostküste** ist zwischen Messina und Ali Terme stark belastet. Meiden sollte man den gesamten Großraum Catania, insbesondere das Gebiet um Acitrezza. Das gilt erst recht für den Golf von Augusta – wer einmal die dortigen Chemiewerke und Raffinerien gesehen hat, wird kaum den großen Zeh ins Wasser halten wollen.

Im **Südosten** wird es südlich von Siracusa erfreulicher. Mangels Industrie und größerer Städte ist die Wasserqualität in Ordnung. Einzige Ausnahme sind hier die Abflüsse von Ragusa.

Die **Südküste** zählt ebenfalls zu den sauberen Abschnitten der Insel. Vom direkten Umfeld größerer Siedlungen und der Umgebung der Industriestädte Gela und Porto Empedocle abgesehen, gibt es hier durchweg sauberes Wasser und mit die schönsten Strände Siziliens.

Der **Westen** glänzt ebenfalls mit meist guter Wasserqualität, abgesehen natürlich vom Einzugsbereich der größeren Städte Mazara, Marsala und Trapani.

Die **Nordküste** präsentiert sich gemischt. Vom Großraum Palermo bis hinter Termini Imerese schwer belastetes Meer, ganz besonders im Bereich Capaci und Isola delle Femmine. Im weiteren Verlauf lokale Probleme bei Städten, aber auch viele saubere

Baden unter Bergen: San Vito lo Capo

Stellen, um den Golf von Milazzo und östlich anschließend dann wieder starke Verschmutzungen.

Bleiben noch die **Inseln** um Sizilien. Ein kurzes und angenehmes Kapitel: Von der direkten Umgebung der wenigen Städte abgesehen, lockt überall 1a-Wasser.

Die **Strände** Siziliens bieten jedem etwas; Felsküsten für Taucher, für Sonnenanbeter Sand und Kies. An der *Ostküste* ist neben reichlich Publikum meist Kies vertreten, um San Marco und vor Riposto auch längere Sandabschnitte. Leerer wird's im *Südosten*, hier vielfach Sand. Im *Süden* dann kilometerlange Sandstrände, außerhalb der Hauptsaison im August nur wenige Besucher. Im äußersten *Westen*, zwischen Marsala und Trapani, teils flache, messerscharfe Felsküste, zum Baden wenig angenehm; teils aber auch sandige Abschnitte mit schöner Aussicht auf die Egadischen Inseln. Sehr schöne Strände liegen bei Selinunte und um den Golf von Castellamare. In den badefähigen Teilen der *Nordküste* wechseln sich meist kleine Buchten ab, mal Kies, mal Sand, dazwischen Fels; bei Cefalù ein längerer und gepflegter – gewiss aber nicht einsamer – Sandstrand. Die Inseln haben hauptsächlich Felsküste und damit hervorragende Tauchreviere zu bieten, dazwischen findet sich aber auch so mancher wunderschöne kleine Kies- oder Sandstrand.

Mittlere Wassertemperaturen am Beispiel Taormina					
Januar	Februar	März	April	Mai	Juni
14°	13°	14°	15°	17°	21°
Juli	August	September	Oktober	November	Dezember
24°	25°	24°	22°	19°	16°

124 Wissenswertes von A bis Z

Brille, Schnorchel, Flossen dürfen mit

Die meisten Strände sind frei zugänglich (*spiaggia libera*), in einigen Bereichen besonders an der Ostküste und um Palermo wurden jedoch Lizenzen für die Aufstellung von Sonnenschirmen und Liegen vergeben. Wer in einem solchen "Stabilimento" liegen möchte, wird dann für die Benutzung der Einrichtungen zur Kasse gebeten.

FKK: Auf Sizilien kein Thema. Nacktbaden widerspricht dem Moralempfinden der Bevölkerung. Man sollte es, schließlich ist man Gast, also bleiben lassen, vom offiziellen Verbot ganz abgesehen. "Oben ohne" ist (laut einem Gerichtsurteil aus Gründen der Gleichberechtigung ...) zwar überall erlaubt, an Stränden, die hauptsächlich von sizilianischen Familien frequentiert werden, aber nicht gern gesehen. Im Zweifel orientiere frau sich an der einheimischen Damenwelt.

Drogen

Die Berlusconi-Regierung schafft neue Fakten: Nach einer Gesetzesvorlage des stellvertretenden Ministerpräsidenten Gianfranco Fini soll der Konsum und Besitz auch kleinerer Mengen weicher Drogen wie Haschisch und Marihuana, in Italien seit 1993 keine "echte" Straftat mehr, wieder strafrechtlich verfolgt werden. In diesem Zusammenhang dürften auch die vor allem bei Rucksacktouristen ohnehin nicht seltenen Kontrollen der italienischen Finanzpolizei wohl noch verschärft werden. Laut dem von der Opposition heftig bekämpften Gesetzentwurf wird zudem die gesetzliche Unterscheidung zwischen harten und weichen Drogen aufgehoben.

Einkaufen

Insgesamt ist Italien nicht mehr das günstige Einkaufsland, das es noch vor Jahren war. Bei Kleidung und vor allem bei hochwertigen Schuhen lassen sich aber immer noch "Schnäppchen" machen. Das gilt erst recht für den Schlussverkauf (*saldi*) im Juli/August und im Februar, bei dem Preisnachlässe von 50 % und mehr keine Seltenheit darstellen. Auf Sizilien auffallend ist das weitgehende Fehlen großer Kaufhäuser; Boutiquen, aber auch altmodische kleine Tante-Emma-Läden herrschen vor. Bei jedem Einkauf müssen der Kassenzettel (scontrino) oder eine Quittung (ricevuta) mitgenommen und eine Weile aufgehoben werden, um bei Kontrollen der Finanzpolizei vorgezeigt werden zu können: Der Staat nimmt die Kunden in die Pflicht, um Steuerhinterziehung

Saldi bei Benetton: Caltanissettas Teenager in Ekstase

bei den Händlern aufzudecken. Ins Visier der Polizei kann man zumindest theoretisch auch beim Kauf auf der Straße geraten: Für den Erwerb einer illegal gebrannten CD, wie sie von vielen Straßenhändlern angeboten werden, ist eine Geldstrafe von 150 Euro vorgesehen.

Souvenirs: Neben viel Sizilien-Kitsch (bemalte Karren en miniature, Blechritter etc.) finden sich auch recht interessante Sachen.

• <u>Kunsthandwerk</u> In erster Linie **Keramik** aus den Keramikorten San Stefano di Camastra an der Nordküste und Caltagirone im Inselinneren. Hübsche **Teppiche** werden in Erice gewebt.

• <u>Kulinarisches</u> Sehr reiche Auswahl, ein Besuch der Märkte inspiriert ungemein.
Kapern sind qualitativ hervorragend und sehr preisgünstig auf vielen der kleinen Inseln, aber auch zum Beispiel in Palermos Vucciria zu erstehen. Beim **Wein** (siehe auch "Küche und Keller") wird sich mancher mit einigen Flaschen Marsala oder Etna eindecken wollen. Ebenfalls empfehlenswert: Mandelplätzchen und andere Süßwaren; eingelegte Sardellen; auf der Egadeninsel Favignana auch Thunfischrogen und geräucherter Thunfisch.

Feiertage und Feste

Feste: Siziliens Festkalender erlebt seinen Höhepunkt im Frühjahr. Der *Karneval* wird besonders in Acireale, Termini Imerese und Sciacca ausführlich und bunt gefeiert. Berühmter noch ist die *Karwoche*: Die spektakulärsten christlichen Prozessionen finden in Trapani, Enna und Caltanissetta statt. Ein inselweites Fest liefert auch *Mariä Himmelfahrt* am 15. August: Feuerwerk und Remmidemmi bis ins kleinste Nest.

Neben den auf ganz Sizilien begangenen Hauptfesten feiert jedes Dorf der Insel das Fest seines Ortsheiligen mit großer Begeisterung. Die Prozessionen werden dabei mit kirchlichem Ernst vorgenommen, vorher und danach geht es eher fröhlich-profan zu. Hier nur eine Auswahl der wichtigsten Veranstaltungen, Hinweise auf die vielen anderen Festivitäten in den Ortskapiteln. Komplette Auflistungen aller Feste einer Provinz sind in den Tourismus-Büros der großen Städte erhältlich.

- *1.–5. Februar, Catania* **Fest der Stadtheiligen Sant'Agata**, mit der Prozession der **Cannaroli** – sechs Meter hohe Kerzenständer, die in einer Art Ausdauerwettbewerb getragen werden.
- *Erste Februarhälfte, Agrigento* **La Sagra del Mandorlo**, Folklorefestival zur Feier der Mandelblüte.
- *15. Juli, Palermo* **U fistinu di Santa Rosalia**, Fest zu Ehren der Stadtheiligen – die Palermitaner wissen zu feiern! Schon einige Tage früher beginnt der Trubel, am 15. Juli explodiert die Stadt dann geradezu.
- *13.–14. August, Piazza Armerina* **Palio dei Normanni**, aufwändige Reiterspiele in historischen Kostümen der Normannenzeit; zur Erinnerung an die Befreiung von den Arabern.
- *14.–15. August, Messina* **Sfilata dei Giganti** und **Vara**, Umzüge mit riesigen Reiterstatuen und Schau-Karren. Ähnliche Veranstaltung in Randazzo am Etna.
- *Silvester, Taormina* **Riesen-Feuerwerk**, zu dem sich die halbe Insel versammelt.

Italienische Feiertage

1. Januar	Neujahr
(wechselnde Termine)	Ostersonntag, Ostermontag
25. April	"La Liberazione": Tag der Befreiung vom Faschismus
1. Mai	Tag der Arbeit
(wechselnde Termine)	Christi Himmelfahrt
2. Juni	Fondazione della Repubblica, Gründung der Republik
15. August	"Ferragosto"; Mariä Himmelfahrt
1. November	"Ognissanti": Allerheiligen, gleichzeitig Tag der nationalen Einheit
8. Dezember	"L'Immaculata": Mariä Empfängnis
25./26. Dezember	Weihnachten/Santo Stefano

Geld

Über die Gestaltung der Rückseite der italienischen Euro-Münzen ließ man das Fernsehpublikum von Rai Uno abstimmen. Das Ergebnis kann sich wider Erwarten sehen lassen. Auf der 2-Euro-Münze ist mit Dante Alighieri einer der bedeutendsten Dichter Italiens abgebildet, die 1-Euro-Münze zeigt Leonardo da Vincis berühmte Proportionenstudie "Vitruvianischer Mann". Die Rückseite der 50-Cent-Münze ziert eine Abbildung des Reiterstandbilds von Kaiser Marc Aurel in Rom, auf der 20-Cent-Münze ist es eine moderne Skulptur ("Forme uniche nella continuità dello spazio") von Umberto Boccioni und auf der 10-Cent-Münze ein Ausschnitt von Sandro Botticellis legendärer "Geburt der Venus" aus den Uffizien in Florenz. Die kleinen Cent-Münzen sind mit architektonischen Motiven versehen: das Kolosseum in Rom (5 Cent), der pagodenähnliche Turm Mole Antonelliana in Turin (2 Cent) und das staufische Castel del Monte in Apulien (1 Cent). Cent heißen in Italien übrigens "Centesimo" bzw. "Centesimi".

Banken: Mit Gepäck ist es nahezu unmöglich, sie überhaupt zu betreten. Fast jede Bank sichert sich, zusätzlich zu den schwer bewaffneten Wächtern, mit elektronischer Doppeltür nebst Metalldetektor ab. Zwar gibt es am Eingang Schließfächer, doch haben diese oft Miniaturformat. Mit einem Rucksack oder einer Tasche jedoch wird der Einlass verwehrt. Glücklich hineingelangt, geht meist das Warten los. Hoch ist das Ansehen der italienischen Bankangestellten, die sich am Arbeitsplatz als kleine Götter fühlen. Entsprechend wichtig – und zeitaufwändig – gestalten sich die Formalitäten. Falls Sparbücher und dergleichen am Schalter auf einen Haufen gelegt werden, ersetzt dieses Verfahren die Warteschlange; wer Pass oder Scheckkarte nicht von sich aus dazubugsiert, kommt nie an die Reihe. Siziliens Banken halten in der Regel von 8.20–13.20 Uhr geöffnet, einige Filialen auch von 15–16 Uhr – verlassen sollte man sich darauf nicht.

Bargeld ist natürlich sehr diebstahlgefährdet, im Gegensatz zu Schecks gibt's bei Verlust keinerlei Ersatz.

Geldautomaten ("Bancomat"): Um an Bargeld zu kommen, ist das Abheben mit der Magnetkarte wohl mit die beste und bequemste Lösung, auch wenn pro Abhebevorgang (von Filialen der eigenen Bank abgesehen) etwa 3–6 € fällig werden. Bankautomaten gibt es in größeren Städten und vielen Ferienorten. Die Bedienungsanleitung kann deutschsprachig abgerufen werden und man spart sich die langen Warteschlangen am Bankschalter. Bei *Verlust* der EC-Karte sofort das Konto sperren lassen: ✆ (ab Italien) 0049/1805/021021.

Reiseschecks: bei praktisch jeder Bank zu bekommen. Beim Kauf wird 1% Gebühr erhoben, in der auch die Versicherung enthalten ist. Bei der Einlösung auf Sizilien fällt die übliche Bankenkommission an. Schecks, die auf höhere Summen ausgestellt sind, bringen also eine gewisse finanzielle Ersparnis; auf der anderen Seite schleppt man nach der Einlösung viel Bargeld mit sich herum.

Postsparbuch: Für Geldabhebung im Ausland muss das Sparbuch bei der heimischen Postbank in die "Postbank Sparcard" umgetauscht werden, mit der auch Geld am Automaten abgehoben werden kann. Alle Details in den Filialen der Postbank.

Kreditkarten: Bargeldloses Zahlen ist auch mit gängigen Karten (Eurocard, Visa) nicht mit der bei uns gewohnten Selbstverständlichkeit möglich. "Selten habe ich in den letzten Jahren so viel Bargeld benötigt wie auf Sizilien" (Leserbrief). Manche Hotels bestehen gleich von vornherein auf Barzahlung, in anderen werden die Kreditkartenmaschinen just zum Zeitpunkt der Abrechnung von seltsamen Krankheiten befallen. Ganz auf die Karte verlassen sollte man sich auf Sizilien also besser nicht. Geldabheben vom Konto ist mit Karte möglich, allerdings teuer.

Schnelles Geld: Bei finanziellen Nöten, die sofortige Überweisungen aus der Heimat nötig machen, ist die Geldüberweisung mit Western Union die flinkste Methode. Jemand geht aufs heimische Postamt und zahlt dort den entsprechenden Betrag ein, der schon Minuten, maximal wenige Stunden später beim italienischen Western-Union-Agenten eintrifft und gegen Angabe der Referenznummer in Empfang genommen werden kann. Mit saftigen Gebühren ist bei diesem Verfahren allerdings zu rechnen, deshalb eher für den Notfall geeignet.

Haustiere

Lassen Sie Ihren Hund besser bei Verwandten oder Freunden daheim. Abgesehen davon, dass die lange Anreise und die sommerliche Hitze ihm sehr zu schaffen machen können, wird man von vielen Hotels und Privatvermietern mit Hund nicht aufgenommen. Auch Strände sind, zumindest offiziell, für Hunde Tabuzone. Falls Sie Ihr Haustier dennoch mitnehmen wollen, sprechen Sie unbedingt vorab mit ihrem Tierarzt über die nötigen Formalitäten.

Das Gefühl für Tierliebe ist im Süden weniger ausgeprägt als in mitteleuropäischen Breiten; Sizilien macht da leider keine Ausnahme. Häufig sieht man Hunde, die zur Bewachung irgendwelcher Ställe an kurzen Ketten gehalten werden. Herrenlose, ausgesetzte und streunende Hunde und Katzen sind erst recht keine Seltenheit.

Kein Hundeleben: vierbeiniger Insulaner

Information

In Italien sind die Regionen für die Fremdenverkehrswerbung verantwortlich. Das landesweite Fremdenverkehrsamt ENIT ist in Umstrukturierung, bleibt aber als nationale Behörde im Dienste der Regionen erhalten. Für telefonische Anfragen nach Prospekt- und Informationsmaterial hat das Amt eine gebührenpflichtige *Service-Nummer* eingerichtet; schriftliche Anfragen per Fax oder Brief können weiterhin an die Ämter selbst gestellt werden. Angesichts der Größe des Landes ist es durchaus verständlich, dass die ENIT-Auskunftsstellen nur selten mit speziellem Material zu einzelnen Orten dienen können. Für Sizilien selbst hat sich die Situation, von den z. T. veralteten Hotelverzeichnissen abgesehen, jedoch verbessert. So ist, neben einer Reihe allgemeiner Informationen, manchmal auch eine gute Sizilienkarte des ACI vorrätig. Wer speziellere Wünsche (Preislisten für Unterkünfte, Ortsbroschüren etc.) hat, kann sich auch, möglichst in italienischer Sprache, an den sizilianischen Regionalrat für Tourismus oder an die Provinzbüros wenden. Lange Bearbeitungs- und Postzeiten sind dabei einzukalkulieren, ganz detaillierte Fragen werden oft nur mittels Broschüren "geklärt" – wenn überhaupt geantwortet wird... Am zuverlässigsten bei der Beantwortung schriftlicher Anfragen arbeiten noch die Büros in Palermo, im Osten und Südosten Siziliens sowie die meist recht engagierten Infostellen in den Fremdenverkehrsorten, Adressen letzterer in den Ortskapiteln.

• *Service-Nummer in Deutschland* ✆ 00 80000 482542. Unter dieser gebührenfreien Rufnummer kann Info-Material zu Gesamtitalien und zu einzelnen Regionen angefordert werden.

Haustiere 129

• *Informationsstellen in D, A, CH*
ENIT, Lenbachplatz 2, 80333 München; ✆ 089/531317. Enit-muenchen@t-online.de.
ENIT, Kaiserstr. 65, 60329 Frankfurt/Main; ✆ 069/237430. Enit.ffm@t-online.de.
ENIT Berlin, Kontorhaus Mitte, Friedrichstr. 187, 10178 Berlin, ✆ 030/2478398. Enit-berlin@t-online.de.
ENIT, Kärtnerring 4, 1010 Wien, ✆ 01/5051630, ✆ 01/5050248. enit-wien@aon.at.
ENIT, Uraniastr. 32, 8001 Zürich, ✆ 01/2117917, ✆ 01 2113885. enit@bluewin.ch.

• *Informationsstellen auf Sizilien* **Assessorato dell Turismo**, 90141 Palermo, Via Emanuele Notarbartolo 9, ✆ 091 6968201, ✆ 091 6968135, www.regione.sicilia.it/ turismo. Der Regionalrat für Tourismus, zuständig für ganz Sizilien. Recht umfangreiches Material, ratsam jedoch, lange vorab anzufragen.

A.A.P.I.T. (Azienda Autonoma Provinciale per l'Incremento Turistico): Die Provinzialämter für den Fremdenverkehr, zuständig für die gesamte Provinz und jeweils in der Hauptstadt vertreten, leider jedoch durch Finanzierungsprobleme immer wieder mal in ihrer Existenz bedroht. An Material stehen Hotel- und Campingverzeichnisse, Karten, Broschüren, Listen wichtiger Adressen und Telefonnummern ("notizie utili") etc. zur Verfügung, mal vielfältig und ausgesprochen gut gemacht, mal bezüglich aktueller Informationen sehr zurückhaltend und uralt. Die folgenden Anschriften beziehen sich auf die Verwaltung, die auch für den Materialversand zuständig ist. Die Adressen der für den Publikumsverkehr eingerichteten Auskunftsbüros vor Ort differieren gelegentlich; sie finden sich unter dem Stichwort "Information" in den einzelnen Ortskapiteln.

A.A.P.I.T. Messina, Via Calabria, Isolato 301 bis, 98100 Messina; ✆ 090 640221, ✆ 090 6411047, www.azienturismomessina.it.

A.A.P.I.T. Catania, Via Cimarossa 10, 95124 Catania; ✆ 095 7306211, ✆ 095 316407, www.apt.catania.it.

A.A.P.I.T. Siracusa, Via S. Sebastiano 43, 96100 Siracusa; ✆ 0931 481200, ✆ 0931 67803. www.apt-siracusa.it.

A.A.P.I.T. Ragusa, Via Cap. Bocchieri 33, Palazzo La Rocca, 97100 Ragusa, ✆ 0932 621421, ✆ 0932 623476.

A.A.P.I.T. Agrigento, Viale della Vittoria 255, 92100 Agrigento; ✆ 0922 401352, ✆ 0922 25185.

A.A.P.I.T. Trapani, Via Vito Sorba 15, 91100 Trapani; ✆ 0923 545511, ✆ 0923 29430, www.apt.trapani.it.

A.A.P.I.T. Palermo, Piazza Castelnuovo 35, 90100 Palermo; ✆ 091 6058351, ✆ 091 586338, www.palermotourism.com..

A.A.P.I.T. Caltanissetta, Corso V. Emanuele 109, 93100 Caltanissetta; ✆ 0934 530411, ✆ 0934 21239. www.aapit.cl.it.

A.A.P.I.T. Enna, Via Roma 411, 94100 Enna; ✆ 0935 528288, ✆ 0935 528229. www.aptenna.com.

A.A.S.T. (Azienda Autonoma di Soggiorno e Turismo): städtische Fremdenverkehrsämter, die in größeren Orten und Fremdenverkehrszentren eingerichtet sind. Informationen und Material gibt es meist nur über den Ort selbst und seine Region, das Personal ist dafür aber meist recht hilfreich und engagiert – Adressen unter dem Stichwort "Information" in den jeweiligen Ortskapiteln. Allerdings steckt auch das System der örtlichen Fremdenverkehrsämter in einer finanziellen Krise, möglich deshalb, dass einzelne Büros schließen müssen.

Pro Loco: Gelegentlich in kleineren Touristenorten zu finden. Manchmal hilfreich, manchmal ganz offensichtlich nur eine Arbeitsbeschaffungsmaßnahme für den Neffen des Bürgermeisters. Adressen ebenfalls in den Ortskapiteln.

Internet

Auch das Internet bietet mittlerweile schon ganz gute Möglichkeiten, sich vorab über Sizilien zu informieren. Viele Fremdenverkehrsämter und Hotels haben in den letzten Jahren eigene Homepages angelegt, in Zukunft werden es sicher noch deutlich mehr werden. Das gilt auch für die Internet-Cafés, die es bislang vorwiegend in Großstädten und einigen wenigen Ferienorten gibt; Adressen sind im Text jeweils angegeben. Und dann gibt es – für aktuelle Infos nach Redaktionsschluss dieser Auflage, aber auch für das schnelle Senden stets gern gesehener Lesertipps – natürlich noch die Seite unseres Verlags ...

Wissenswertes von A bis Z

• *Einige ausgewählte Sites* Im Folgenden einige interessante Seiten, weitere Adressen finden Sie unter den jeweiligen Themenbereichen, zum Beispiel für die Fremdenverkehrsämter der Provinzen im Text oben und für die Eolischen Inseln im dortigen Kapitel. Deutschsprachige Sites sind rar, Englisch ist aber relativ häufig verfügbar.

www.regione.sicilia.it/turismo, die Website des sizilianischen Fremdenverkehrsamtes. Umfangreicher Index, sehr verschachtelt, zahlreiche Seiten. Auch in Englisch.

www.sicilia.indettaglio.it, auf den ersten Blick wenig bedeutend, aber mit einer Fülle an Inhalt – jede Gemeinde ist verzeichnet. Auch in Englisch.

www.bestofsicily.com, eine sehr umfangreiche Site mit breit gestreutem Inhalt – Natur und Kultur, Geschichte, Festkalender, Gastronomie und vieles mehr. Zahlreiche Links. Englisch.

www.raisi.it/villglob, eine Site mit interessanten Routen durch das ländliche Sizilien sowie Links zu verschiedenen Kommunen und Fremdenverkehrsämtern. Auch in Deutsch.

www.toursicily.com, die Site der kulturellen Organisation "Arba Sicula" mit Sitz in Brooklyn. Zuletzt teilweise in Umbau. Bald sollte eine Reihe von Städten wieder virtuell besucht werden können, außerdem gibt es Artikel u. a. über sizilianische Karren und das Marionettentheater. Amüsant ist das "Virtual Marionette Theatre". Englisch.

www.pupisiciliani.com, die Site zweier sizilianischer Marionettenspieler, u. a. mit einem Abriss der Geschichte und der Vorstellung meistgespielter Stücke.

www.parks.it/regione.sicilia/index.html, Links zu den drei sizilianischen Regionalparks Parco dell'Etna, Parco delle Madonie und Parco dei Nebrodi, außerdem zu anderen Naturschutzgebieten auf Sizilien.

www.stromboli.net, die Site von Stromboli on-line, ein echter Tipp für alle, die sich für Vulkane interessieren. Hunderte Fotos, Karten, Diagramme und Videoclips von Ausbrüchen sind ebenso abrufbar wie aktuelle Informationen zur Besteigung. Das Beste aber sind die virtuellen Exkursionen. Auch in Deutsch.

http://boris.vulcanoetna.com, das Gegenstück zum Etna, ebenfalls stets brandaktuell gehalten und beileibe nicht nur für Vulkanologen interessant. Englisch.

www.siciltrek.ch, die Site des deutschsprachigen Vulkanführers Andrea Ercolani, der geführte Touren auf den Etna und den Stromboli anbietet.

www.wetteronline.de/de/europa.htm, aktuelle Klimadaten zu ganz Europa. Über Süd – Italien – Sizilien gelangt man an die Daten vieler sizilianischer Orte. Für jeden ist das aktuelle Wetter mit Wassertemperatur sowie einer 3-Tages-Vorhersage abrufbar. Deutsch.

www.acena.it/sicilia.html, ein Verzeichnis sizilianischer Restaurants höherer Kategorien, ausgewählt aus verschiedenen bekannten Restaurantführern wie Michelin oder Gambero Rosso. Öffnungszeiten, ungefähre Preise etc. Könnte allerdings besser gepflegt sein, zuletzt waren manche Preisangaben noch in Lire! Italienisch.

www.italiafestival.it, eine Aufstellung zahlreicher Events in Italien, auch mit weiterführenden Links. Sizilien ist bislang nicht sehr umfangreich vertreten.

www.italienreiseveranstalter.de, ein recht ausführliches Verzeichnis von Reiseveranstaltern, die Italienreisen anbieten.

www.gds.it, die Online-Ausgabe der nicht immer durch kritische Berichterstattung, aber dafür durch hundertprozentige Berlusconi-Treue auffallenden Tageszeitung "Giornale di Sicilia" aus Palermo. Tagesaktuelle Artikel, Recherche im Archiv, Veranstaltungstipps, Wetter, Fahrpläne etc. Italienisch.

www.lasicilia.it, die Konkurrenz "La Sicilia" aus Catania. Tagesaktuelle Artikel auch der einzelnen Provinzausgaben. Die Archivrecherche soll ausgebaut werden. Italienisch.

www.walksicily.de, die private Homepage des Sizilienkenners, Fotografen, Autors und Reiseleiters Peter Amann, der zu diesem Reisehandbuch Wanderungen, Fotos, Texte und viele wichtige Tipps beigesteuert hat. Zahlreiche Links, unbedingt besuchenswert!

www.sizilien-rad.de, häufig besuchte deutsche Site mit umfassenden Infos. Tourenradler und Mountainbiker finden viele Tipps zu Literatur, Veranstaltern etc., aber auch andere Reisende erhalten hier zahlreiche Anregungen. Prima Linkliste.

www.michael-mueller-verlag.de: unsere Seite, für aktuelle Infos nach Redaktionsschluss dieser Auflage (Reiseinfos und Reise-News klicken), aber auch für das rasche Senden Ihres Feedbacks – schauen Sie doch mal rein!

Klima und Reisezeit

Der Größe der Insel wegen ist das Klima Siziliens vielschichtig. Im Inselinneren kann man fast schon von Kontinentalklima mit heißen Sommern und kalten Wintern sprechen. An den Küsten präsentiert sich die Witterung ausgeglichener; eine Besonderheit der Südküste sind die hier relativ häufigen starken Winde, die dann auch für entsprechenden Wellengang sorgen. Insgesamt aber gehört das Klima Siziliens zu den wärmsten und trockensten in Europa. Ab Mitte Februar beginnt schon der Frühling, der die Insel mit einer Fülle an Blüten überzieht. Von Mitte Mai bis in den Oktober herrscht Sommer auf Sizilien. Dann steigen die Temperaturen auf manchmal mehr als 40 Grad, Regenfälle sind extrem selten. Nicht umsonst ist zwischen 13 und 16 Uhr in den Ortschaften kaum ein Mensch zu entdecken, sind die Fensterläden zum Schutz vor der Glut des Mittags verrammelt. Gelegentlich streicht aus dem nahen Afrika der lähmende Wüstenwind Scirocco herüber, macht Mensch und Tier fast besinnungslos vor Hitze. Nachttemperaturen von 30 Grad sind dann noch Ende September keine Seltenheit. Erst ab Oktober werden die vom ausgedörrten Land herbeigesehnten Niederschläge wieder häufiger. Die Winter sind an der Küste regenreich und mild, in den Hochlagen des Landesinneren fällt dann auch Schnee – Wintersportgebiet Sizilien!

Reisezeit: Die Saison für Sizilien beginnt etwa an Ostern und endet im Lauf des Oktobers. Die günstigste Reisezeit variiert nach Interessenlage – Entdeckungsurlaub und Badeferien lassen sich besonders im Frühsommer und im Frühherbst schön verbinden. Für Radreisende ist auch der November, sofern man nicht Pech mit dem Wetter hat, noch ein guter Monat: Tagsüber wird es nicht mehr zu warm, und alle Besichtigungsstätten lassen sich ohne Trubel erleben. In den Ferienorten haben dann allerdings schon viele Einrichtungen geschlossen.

> ### Eine Reisesaison auf Sizilien
>
> **März/April/Mai:** Jetzt zeigt sich die Insel herrlich grün und in voller Blüte. Mit dem einen und anderen Regenschauer ist aber immer wieder zu rechnen; im März und April kann es sogar gelegentlich noch hageln und abends und nachts durchaus kühl werden. Die Badesaison beginnt erst ab Mitte Mai. In kleineren Touristenorten, vor allem in solchen mit vorwiegend italienischen Besuchern, sind viele Hotels, Restaurants und auch so manches Fremdenverkehrsamt noch geschlossen. Mancher reinrassig italienische Urlaubsort (Südküste) präsentiert sich fast als Geisterstadt, viele der ohnehin nicht zahlreichen geöffneten Campingplätze sind eine Baustelle. Dennoch sind diese Monate, vor allem der Mai, eine gute Zeit für Rundreisen, zumal der Besucher noch alle Vorzüge der Nebensaison genießt.
>
> **Juni:** Der Sommer gewinnt an Kraft und Beständigkeit. Es wird bereits ausgesprochen heiß, doch hält die Blüte mancher Pflanzen besonders in höheren Regionen an. Hotels, Restaurants und Campingplätze sind praktisch überall geöffnet. Das Meer erreicht Temperaturen, bei denen sich auch verfrorene Gemüter wohlfühlen können, die Preise liegen jedoch noch auf dem Niveau der Nebensaison: ein idealer Monat für Entdeckungs- und Badeferien.
>
> **Juli/August:** Im Laufe des Juli rollen die Touristenscharen an, zuerst aus dem Ausland, ab Mitte des Monats dann auch aus Italien. Es wird eng auf den Fähren, in Hotels und Restaurants. Viele Herbergen in Küstenorten verpflichten ihre Gäste jetzt zur teuren Halbpension. Hochsaisonpreise allerorten! Den Höhepunkt erreicht die Reisewelle im August – nun kann es sogar schwer werden, auf Campingplätzen unterzukommen. Immerhin: Schönes Wetter ist garantiert, badewannenwarmes Meer auch.
>
> **September:** Am Wochenende nach Ferragosto (15. August) sind die ersten italienischen Gäste bereits wieder abgereist. Jetzt im September kehrt wieder Ruhe ein, die Preise sinken. Heiß ist es immer noch, das Meer herrlich warm. Ein schöner Monat für Rundreisen und Badeferien, mit nur kleinen Einschränkungen: In Küstenorten, die vom inneritalienischen Tourismus geprägt sind, schließen allmählich bereits die ersten Einrichtungen, und die Tage werden deutlich kürzer.
>
> **Oktober:** Es gibt die ersten kühleren Tage und vor allem Abende, manchmal regnet es auch. Zwischendurch kehrt der Sommer jedoch zurück, und Baden lässt es sich allemal noch. Ein Großteil der Campingplätze hat allerdings bereits geschlossen. Auch die Hotels, Restaurants und Infostellen in den Fremdenverkehrsorten gehen spätestens jetzt allmählich in Winterpause – die Saison ist vorbei. Wer seine Reise gut plant und sich immer rechtzeitig um die Unterkunft kümmert, fährt mit einer Reise im Oktober jedoch nicht schlecht.

Temperaturen am Beispiel Taormina

Mittlere Höchsttemperaturen – Jahresdurchschnitt bei 22,2°

Januar	Februar	März	April	Mai	Juni
14°	14,7°	16,4°	20°	23,8°	28,6°

Juli	August	September	Oktober	November	Dezember
31,3°	31,4°	28,1°	23,5°	19,3°	15,6°

Mittlere Tiefsttemperaturen – Jahresdurchschnitt bei 14,5°

Januar	Februar	März	April	Mai	Juni
8°	8,2°	9,1°	11,5°	14,7°	19,1°

Juli	August	September	Oktober	November	Dezember
21,9°	22,2°	20°	16,5°	12,8°	9,7°

Konsulate

Ansprechpartner im akuten Notfall – zuviel erwarten sollte man sich allerdings nicht. Immerhin gibt's bei Diebstahl oder Verlust aller Geldmittel meist die Bahnfahrkarte nach Hause plus etwas Verpflegungsgeld für unterwegs; selbstverständlich sind alle Auslagen zurückzuzahlen. Die unten angegebenen Konsulatsadressen können sich schon einmal ändern; bevor man also mit dem letzten Geldschein quer durch Sizilien anreist, empfiehlt es sich, die entsprechende Anschrift durch Anruf oder Nachfrage im nächsten Fremdenverkehrsamt gegenzuchecken. Konsulate sind in der Regel nur Mo–Fr am Vormittag geöffnet.

- *Deutsche Konsulate* **Palermo**, Viale Francesco Scaduto 2 d, ✆ 091 6254660.
Messina, Via San Sebastiano 13, ✆ 090 671780.
Catania, Via Milano 10a, ✆ 095 386928.
- *Österreichisches Konsulat* **Palermo**, Viale Leonardo da Vinci 145, ✆ 091 6825696.
- *Schweizer Konsulat* **Catania**, Via Gabriele d´Anunzio 25, ✆ 095 445129.

Kriminalität

Die Mafia braucht der Tourist nicht zu fürchten. Es gibt jedoch Orte, an denen er auf seinen Geldbeutel aufpassen sollte: Insbesondere in Palermo und Catania sind Diebstähle, Handtaschenraub, auch der schnelle Griff durchs Fenster in den vor der Ampel haltenden Wagen keine Seltenheit. Autobruch ist in Großstädten oder auf Strandparkplätzen beliebt. In Catania verfielen vor Jahren ganz schlaue *scippatori* (Straßenräuber) sogar auf die Idee, durch Umstellen oder Fälschen von Straßenschildern ahnungslose Touristen in die Falle zu locken.

Panik und Misstrauen gegen jedermann sind nicht angebracht, sehr wohl dagegen die üblichen Vorsichtsregeln: geparktes Auto immer offensichtlich leer lassen (Handschuhfach offen!); Handtaschen zur Häuserseite hin tragen, um das Wegreißen vom Motorrad aus zu vermeiden; Geld und Pass am Körper tragen, Fotoapparate lieber im abgewetzten Rucksack als in der auffälligen Fototasche transportieren etc. Die finsteren Ecken der Großstädte sind in der toten Zeit zwischen 13 und 16 Uhr, wenn kaum ein Mensch auf der Straße ist, genauso ungemütlich wie in tiefer Nacht! Kleiner Trost: Trotz aller Schlagzeilen sind gewalttätige Überfälle auf Touristen insgesamt sehr selten! Den Helden spielt man im Ernstfall jedoch besser nicht: Ganoven sind auf handgreifliche Auseinandersetzungen nun mal besser eingestellt (und darin geübter) als der Normalurlauber.

Und natürlich gibt es da und dort, insgesamt aber eher selten, auch die kleinen Tricks, wie sie in vielen Reisegebieten der Welt gern versucht werden: falsch herausgegebenes Wechselgeld im Taxi, ein nicht bestelltes und nie gegessenes Gericht, das trotzdem auf der Restaurantrechnung landet etc. Ein wenig Wachsamkeit kann deshalb nicht schaden.

Landkarten

Topographische Karten des Istituto Geografic Militare (IGM) sind leider durch die Bank veraltet und deshalb meist unzuverlässig. Auch für Straßenkarten gilt: Hundertprozentig genau ist keine. Trotzdem gibt es einige sehr brauchbare Exemplare.

Kümmerly und Frey, Sizilien 1:200.000; eine Lizenzausgabe der Karte des TCI (Touring Club Italiano). Gutes, detailliertes Kartenbild, geeignet auch für Radtouren.

TCI, das Original, ist in Italien preiswerter. Zu kaufen in Zeitschriftenläden oder am Kiosk, nicht an der Tankstelle.

Polyglott, Sizilien 1:300.000; ebenfalls sehr übersichtlich und detailgetreu.

Mairs Geographischer Verlag, Generalkarte Sizilien, 1:200.000. Sehenswürdigkeiten sind mit Sternchen hervorgehoben, die Kartografie stammt vom Istituto Geografico De Agostini.

Öffnungszeiten und Eintrittsgebühren

Die Öffnungszeiten auf Sizilien sind von der Hitze vorgegeben. Die Nachmittagsruhe *Siesta* (13–17 Uhr) ist den Sizilianern deshalb heilig. Abends bleiben manche Geschäfte dafür länger geöffnet als in unseren Breiten üblich. Die Eintrittsgebühren für Sehenswürdigkeiten haben sich in den letzten Jahren deutlich erhöht.

• *Öffnungszeiten* **Läden** in Städten von Mo–Sa ab ca. 8.30/9 Uhr bis 13 Uhr; nachmittags wieder 17–20 Uhr; Supermärkte und die großen Einkaufszentren außerhalb der Städte sind dagegen oft durchgehend geöffnet. Kaufhäuser bleiben teilweise Samstagnachmittag geschlossen; kleine Lebensmittelgeschäfte können in Ferienorten auch bis in die Nacht hinein geöffnet sein. Märkte sind, mit wenigen Ausnahmen, meist nur bis zur Siesta geöffnet.

Museen: unterschiedliche Regelungen; Öffnungszeiten sind im Text jeweils angegeben, können sich aber schnell ändern. Beliebtester Ruhetag ist der Montag, wer Di–Fr von 9–12 Uhr kommt, geht nie fehl.

Kirchen: offen theoretisch meist von etwa 7–12 Uhr, nachmittags 17–20 Uhr. Allerdings völlig im Ermessen des Zuständigen, die besten Chancen bestehen vormittags.

Archäologische Stätten: in der Regel von 9 Uhr bis eine Stunde vor Sonnenuntergang zugänglich, wo kein Zaun drum rum ist, auch rund um die Uhr. Details im jeweiligen Text.

• *Eintrittsgebühren* sind im Text jeweils angegeben und werden nach den deftigen Erhöhungen der letzten Jahre hoffentlich nicht weiter steigen. Für die berühmten Ausgrabungsstätten und Museen sind in der Regel 4,50 € zu rechnen, andernorts kommt man mit 2–2,50 € davon. Allerdings genießen EU-Bürger unter 18 Jahren sowie Rentner aus der EU in vielen Sehenswürdigkeiten freien Eintritt oder erhalten, ebenso wie manchmal auch 18–25-Jährige, zumindest Ermäßigung – nachfragen!

Papiere

Trotz des Schengener Abkommens ist weiterhin der Personalausweis oder Reisepass nötig. Besser jedoch, man nimmt gleich beide Personaldokumente mit: Der Pass bleibt im Hotel, der Ausweis kann dann beim Wechseln, der Automiete etc. vorgelegt werden. Autofahrer brauchen den nationalen Führerschein und den Kfz-Schein; dringend empfohlen ist die Grüne Versicherungskarte (siehe auch im Kapitel *Anreise*). Bei Verlust oder Diebstahl der Dokumente sofort auf die italienische Polizei, dort werden dann kurzfristig gültige Ersatzpapiere ausgestellt. Das Verfahren beschleunigt sich, wenn man Fotokopien der Dokumente besitzt, was generell ratsam ist – wer weiß schon auswendig die Nummer seines Personalausweises oder das Ausstellungsdatum seines Führerscheins?

Post

Postämter sind mit kleinen lokalen Abweichungen in der Regel Mo–Sa von 8.30–13 Uhr geöffnet, in größeren Städten oft von Mo–Fr bis 18 Uhr, Sa wie oben. Die Gebühren für Briefe und Postkarten ändern sich nahezu jährlich. Zu erfragen sind sie auch in einem der vielen Tabakgeschäfte *tabacchi*, in denen es ebenfalls Briefmarken (*francobolli*) gibt. Lang sind die Laufzeiten bis in die Heimat. Briefe werden schneller befördert als Postkarten: Steckt man letztere in einen Umschlag, erreichen sie die Lieben daheim früher. Wer seine Post sicherer und schneller befördern lassen will, kann sich der natürlich etwas teureren *Posta prioritaria* bedienen, für die es eigene Briefmarken und einen separaten blauen Aufkleber gibt.

Poste restante: Die Möglichkeit, sich Briefe aufs italienische Postamt schicken zu lassen. Persönliche Erfahrungen lassen allerdings eher abraten ... Zu adressieren sind Briefe, die Poste restante geschickt werden sollen, nach folgendem Muster:

Name, Vorname; Poste Restante
PLZ/ Ort; Italien
Tipp: Falls der Beamte nicht fündig wird, auch mal unter dem Vornamen nachschauen lassen!

Reisebüros

Viel Urlaubspraktisches (Fähren, Mietwagen, Zugfahrkarten, Flugtickets, evtl. auch Vorbuchungen von Hotels) ist schon in der Heimat zu erledigen. Reisebüros sind da die richtigen Ansprechpartner und bei den meisten Leistungen nicht einmal teurer, da die Büros ihre Provisionen vom Transportunternehmen, Veranstalter etc. beziehen. Italienspezialisten, in Großstädten zu finden in den Gelben Seiten des Telefonbuchs, kennen sich in ihrer Heimat natürlich besonders gut aus und sind kompetent in allen Verkehrsfragen wie Zug, Fähre, Flugzeug, Mietwagen, aber auch bei Hotelbuchungen etc.

● *Ein Italienspezialist* **Italian Step**, unter anderem mit Generalvertretung für die Fährlinie Grandi Navi Veloci. Hermann-Lingg-Str. 7, D-80336 München, ✆ 089/5309500, ✉ 089/5309523, www.italianstep.de.

Lohn der Mühe: Gruppenfoto auf dem Gipfelplateau

Sport

Wassersport ausgenommen, ist Sizilien nicht gerade ein Dorado für Sportler, was angesichts des Klimas durchaus verständlich scheint.

Angeln im Meer ist frei, die Jagdgründe sind allerdings nicht unbedingt ergiebig. Siziliens Angler spezialisieren sich vornehmlich auf den Fang von Kleinfischen (Haken ab '10 und kleiner!) – für die Pfanne oder besonders die Fischsuppe kommt so einiges zusammen. Tipp, wenn gar nichts beißt: mal bei den einheimischen Kollegen kiebitzen, meist macht's der Köder. Zum Fischen im Süßwasser (vor allem Stauseen) braucht es eine Erlaubnis der Behörden; Infos über die lokale Lage bei den Tourismus-Büros.

Reiten: kommt auch auf Sizilien verstärkt in Mode. Die besten Möglichkeiten (Reitställe, auch mehrtägige Exkursionen) finden sich im Gebirge der Madonie nahe der Nordküste, Adressen siehe dort.

Mountainbiking: Bergtouren per Bike sind auch auf Sizilien im Kommen, das Angebot an Verleihstationen und geführten Touren ist aber noch recht schmal. Eine gute Adresse für Interessenten ist das Hotel Kalura bei Cefalù (siehe dort); das vielseitige Revier der Madonie liegt fast vor der Haustür.

Windsurfen: von der Temperatur her gute Voraussetzungen, windmäßig dagegen eher mager – an weiten Teilen der Küste flaut es im Sommer kräftig ab. Die besten Reviere liegen um die Südostecke bei Capo Passero. Boards zu mieten gibt es vor allem in den internationalen Fremdenverkehrsorten. Die örtlichen Infostellen wissen in der Regel, wo.

Tauchen: Die Felsküsten um Sizilien sind ein reizvolles Revier für Taucher und Schnorchler – Brille, Flossen und Schnorchel also nicht vergessen! Besonders lohnend sind die kleinen Inseln im Umfeld mit glasklarem Wasser und faszinierendem Artenreichtum. Dort finden sich oft auch Nachfüllstationen für die Pressluftflasche. Unterwasserjagd, die schon vieles zerstört hat, ist bekanntlich out und mit Sauerstoffgeräten auch verboten.

Tennis: Plätze sind, auch für Nicht-Gäste zugänglich, bei Hotels oder luxuriöseren Campingplätzen zu finden. In bestem Zustand sind die Courts allerdings nicht unbedingt; manchmal muss auch ein eingezäunter Parkplatz oder dergleichen herhalten.

Sprachkurse

Italienisch lernen unter südlicher Sonne, vielleicht vor einer ausgiebigen Rundreise über die Insel: Eine bessere Einstimmung ist wohl kaum denkbar. In den letzten Jahren hat eine Reihe von Schulen eröffnet, die natürlich auch für die Unterkunft sorgen. Im Folgenden nur eine Auswahl.

• *Sprachschulen* **Solemar Sicilia**, Sprachkurse in Mongerbino (bei Palermo) und Cefalù. Zweiwöchige Kurse je nach Intensität und Ort ab 200 € zuzügl. Anreise und Unterbringung vor Ort. Via F. Perez 85 a, I-90010 Aspra (PA); ab D: ℡ 0039/338 7372833 (mobil), ℡ 0039/338 7372833, www.solemar-sicilia.it.

Kulturforum.it, in Cefalù. Breites Angebot an Sprachkursen, aber auch Seminaren z.B. zum Marionettentheater, der sizilianischen Geschichte oder Literatur. Ähnliches Preisniveau wie oben. Corso Ruggero 55, I-90015 Cefalù, ℡/℡ 0039 0921 923998, www.kulturforum.it.

Giardino di Sicilia, erst vor kurzem eröffnete Schule bei Sant´Agata di Militello an der Nordküste. Abgeschiedene, aber landschaftlich reizvolle Lage (Mietwagen empfehlenswert), persönliche Leitung. C/da Cuntura, I-98076 Sant'Agata Militello, ℡/℡ 0039 0941 703672, ℡ 0039 328 7074615 (mobil), www.giardinodisicilia.com.

Strom

220 Volt sind Standard, Elektrogeräte mit dem flachen Eurostecker passen normalerweise. Schwierigkeiten kann es höchstens in manchen Privatunterkünften geben; wer in solchen übernachten und auf Nummer Sicher gehen will, sollte sich deshalb einen Adapter mitnehmen.

Telefonieren

In Italien, früher eines der europäischen Katastrophengebiete in Sachen Telekommunikation, hat sich in den letzten Jahren vieles gebessert – die Durchwahl in die Heimat ist von überall möglich. Probleme mit dem Durchkommen gibt es vor allem in den Spar-Zeiten am Abend.

Vorwahlen: Italien hat vor einigen Jahren die Vorwahlen de facto abgeschafft bzw. den jeweiligen Teilnehmernummern zugeschlagen, ausgenommen sind nur Telefonsonderdienste und Mobiltelefone. So beginnen beispielsweise innerhalb der Provinz Palermo alle Teilnehmernummern jetzt mit 091. Für die ehemalige Teilnehmernummer 1234567 in Palermo wählt man nun, auch innerhalb der Stadt selbst, die 091 1234567. Falls Sie aus anderen Quellen noch eine ältere Telefonnummer besitzen sollten, wählen Sie einfach die entsprechende frühere Vorwahl mit. Aus dem Ausland ist jetzt keine Vorwahl mehr nötig, stattdessen wird nach der Landesvorwahl 0039 die komplette Teilnehmernummer gewählt.

Telefongesellschaften: Der Telekommunikationsmarkt ist viel zu schnelllebig, um hier verlässliche Informationen über die günstigsten Anbieter für Gespräche Richtung Italien zu geben. Das gilt auch in der Gegenrichtung.

Telefonzellen sind an Sommerabenden an Campingplätzen und vor Hotels dicht umlagert. Münzen werden nur mehr selten angenommen, stattdessen die **Telefonkarten** "Carta Telefonica", die man in der Post, den Büros der SIP und in den meisten Tabacchi erstehen kann. Vor dem Gebrauch muss die perforierte Ecke abgebrochen werden. Die verbrauchten Beträge liest der Apparat von der Karte ab, bis sie leer ist, eine zweite Karte lässt sich nachschieben, ohne dass das Gespräch unterbrochen wird.

Auch die deutsche Telekom macht mit ihrer **T-Card** bargeldloses Telefonieren aus über 50 Ländern möglich; Näheres in den Filialen.

Telefonzentralen: Prinzipiell immer noch die angenehmste Möglichkeit, nach Hause zu telefonieren. Man bekommt am Schalter eine Kabine zugeteilt, die momentan angefallenen Gebühren werden angezeigt, bezahlt wird am Schluss. Allerdings werden die Büros Zug um Zug geschlossen, in vielen Städten gibt es bereits keines mehr.

Von Geschäften, Bars und Hotels: funktioniert oft ähnlich wie bei der italienischen Telecom. Zu finden überall dort, wo draußen das gelbe Wählscheiben-Symbol prangt. Mancherorts hängt auch nur ein normales Telefon, zu füttern mit Münzen oder (häufiger) Karte. Lästig, dass nur wenige Telefone abgeschirmt sind; Bargeplauder oder Verkaufsgespräche stören dann gewaltig.

Gebühren: Generell ist es billiger, sich von der Heimat aus anrufen zu lassen.

Handys: Im Ausland oft ein teurer Spaß – nach der Reise gibt es schon mal böse Überraschungen bei der Tarifabrechnung. So zahlt ein Anrufer aus der Heimat nur die Inlandsgebühren, während der Mobilfunker selbst – auch wenn er angerufen wurde – kräftig zur Kasse gebeten wird. Teuer kann auch die Mailbox werden, besser abschalten oder auf den heimischen Anrufbeantworter umleiten. Generell lohnt sich ein Blick in die Bedienungsanleitung und eine Nachfrage beim Service-Provider.

Bargeldloses Telefonieren: Der Service Deutschland-Direkt der Telekom ermöglicht auch ohne Geld das Telefonieren zu Festnetzanschlüssen in der Heimat; nützlich, um z.B. nach Verlust der Barschaft von daheim Nachschub (siehe Stichwort "Geld") anzufordern – die Gebühr zahlt der Angerufene mit der Telefonrechnung. Telefonnummer ab Italien, ohne Vorwahl: 800 172 490. Eine Zentrale verbindet weiter. Wegen der hohen Gebühren ist dieses Verfahren nur für Notfälle zu empfehlen.

Vorwahlen

Von Sizilien/Italien nach Deutschland 0049, nach Österreich 0043, in die Schweiz 0041. Immer gilt: die Null der Ortsvorwahl weglassen.

Nach Sizilien/Italien ab Deutschland 0039, Österreich 040, Schweiz 0039, dann die komplette Teilnehmernummer (Beispiel: 0039/091 1234567).

Zigaretten

Eine noch relativ preiswerte Variante zu heimischen Marken mittlerer Stärke sind die vom Staat hergestellten MS – oft verballhornt als "morte sicuro" ("todsicher") oder "marlboro siciliano". Aber: Das Rauchen in allen öffentlichen Gebäuden ist verboten. Das gilt auch für die Innenräume von Bars und Restaurants, die bestimmte, sehr hoch gesetzte Anforderungen nicht erfüllen. Mittlerweile sind die vom Staat festgelegten Geldstrafen so drastisch, dass das Rauchverbot (zur Verblüffung vieler ausländischer Beobachter) fast immer auch tatsächlich eingehalten wird.

Zollbestimmungen

Im privaten Reiseverkehr der Europäischen Gemeinschaft, also auch im Verkehr zwischen Deutschland und Italien, ist die Mitnahme von Waren zum eigenen Verbrauch unbegrenzt möglich.

Zollbestimmungen

> Zur Unterscheidung zwischen privater und gewerblicher Verwendung wurden folgende Richtmengen eingeführt:
>
> 800 Zigaretten, 400 Zigarillos, 200 Zigarren, 1 kg Rauchtabak. 10 Liter Spirituosen, 20 Liter Zwischenerzeugnisse, 90 Liter Wein (davon maximal 60 Liter Sekt) und 110 Liter Bier.
>
> Auch die Mitnahme höherer Mengen ist gestattet, sofern sie dem eigenen Verbrauch dienen – was bei eventuellen Kontrollen allerdings glaubhaft zu machen wäre.

Anders ist die Regelung weiterhin beim Transit durch das Nicht-EU-Land Schweiz. Hierzu wurde Folgendes vereinbart: Sofern die vierfachen Nicht-EU-Freimengen (dazu zählen u. a. 200 Zigaretten, 2 Liter Wein, 1 Liter Spirituosen) nicht überschritten werden, gibt es keine Probleme. Bei Mitnahme höherer Mengen ist der Zöllner ungefragt (!) darüber in Kenntnis zu setzen; er entscheidet dann, ob für die Waren eine Transitkaution zu stellen ist, die bei der Ausfuhr wieder erstattet wird. Besonders für Freunde italienischen Schinkens ist darüber hinaus wichtig zu wissen, dass beim Transit durch die Schweiz schon kleinere Mengen von Fleisch- und Wurstwaren Ärger bescheren können.

Was haben Sie entdeckt?

Haben Sie *die* versteckte Bucht entdeckt, eine gemütliche Trattoria, ein empfehlenswertes Privatquartier? Was war Ihr Lieblingsrestaurant, in welcher Pension haben Sie sich wohlgefühlt? Und welcher Tipp war nicht mehr so toll?

Bitte schreiben Sie mir, wenn Sie Kritik, Verbesserungsvorschläge, Anregungen oder Empfehlungen haben:

Thomas Schröder

Stichwort "Sizilien"

c/o Michael Müller Verlag

Gerberei 19

91054 Erlangen

E-Mail: thomas.schroeder@michael-mueller-verlag.de

Memento Mori: Totenkopf an Taorminas Flanierpiazza IX Aprile

Ostküste

Die reichste und am häufigsten besuchte Region der Insel. Neben dem klassischen Touristenziel Taormina und dessen vielfältiger Umgebung erwartet den Besucher auch das quirlige Catania. Herz des Gebiets ist der über 3300 Meter hohe Etna, größter Vulkan Europas und bis heute tätig.

Seine Ausbrüche zerstörten immer wieder ganze Dörfer, die fruchtbare Lavaasche sorgte aber auch für die üppigste Gartenlandschaft der Insel – Wein- und Obstplantagen, Pistazien-, Orangen- und Feigenbäume lösen sich ab, die vielfältigen Gemüsesorten können gleich mehrfach im Jahr geerntet werden. Dieser Reichtum und der Tourismus verursachten allerdings auch eine beispiellose Zersiedelung der Küste. Zwischen Messina und Taormina scheint eine Ortschaft in die nächste überzugehen, und auch weiter südlich bis Catania blieb nur wenig freier Raum erhalten. Die Strände sind mit wenigen Ausnahmen recht schmal und oft kiesig, in der Etnaregion finden sich auch Gebiete mit bizarren Lavafelsen. Südlich von Catania liegt die *Piana di Catania*, eine höchst fruchtbare Ebene, an die sich eine der größten Industrieregionen Siziliens anschließt: die Raffinerien und Chemiewerke um Augusta.

Verbindungen

▶ **Zug**: Entlang der Küste in aller Regel die bessere Wahl als der Bus, häufige und recht schnelle Verbindungen an der viel befahrenen Linie Messina-Catania. Bei den vom italienischen Festland kommenden Zügen ist allerdings mit ziemlichen Verspätungen zu rechnen. Ein Bonbon für Eisenbahnfans bietet die Privatbahn *Ferrovia Circumetnea*, die den Etna umrundet.

* **Bus**: Ebenfalls häufige Anschlüsse, Handicap sind allerdings die vielen engen Ortsdurchfahrten und der starke Verkehr der Küstenstraße. Wirklich schnell voran geht es nur mit den wenigen Bussen, die die Autostrada benützen.

Messina

Das "Tor zu Sizilien", für viele Besucher die erste Begegnung mit der Insel, empfängt mit Riesenstaus und ohrenbetäubendem Hupenlärm. Ansonsten sieht Messina nicht gerade so aus, wie man sich eine "typisch" sizilianische Stadt vorstellt.

Mit breiten, oft kilometerlangen Straßenzügen, großen Plätzen, vielen Hochhäusern und planmäßig angelegten Grünflächen macht die Stadt einen ungewöhnlich sauberen und aufgeräumten, aber auch einen recht langweiligen Eindruck. Grund für das nüchterne Ortsbild sind die vielen Erdbeben und anderen Katastrophen, die Messina in der Vergangenheit fast schon regelmäßig in Trümmer legten – von den zähen Bewohnern immer wieder aufs Neue errichtet. Schon Goethe erlebte auf seiner Italienreise 1787 das wenige Jahre zuvor von einem Erdbeben verwüstete Messina als "den fürchterlichsten Begriff einer zerstörten Stadt: denn wir ritten eine Viertelstunde lang an Trümmern nach Trümmern vorbei".

Fast alle heutigen Bauten stammen aus dem 20. Jahrhundert, in dem die Stadt erneut und sogar gleich zweimal verwüstet wurde: 1908 bei einem schrecklichen Erdbeben, dessen Flutwelle über sechzigtausend Menschen das Leben kostete und 90 Prozent aller Häuser zerstörte, und bei den Bombenangriffen im Zweiten Weltkrieg, die mehr als die Hälfte aller Gebäude erneut in Schutt legten. Die Hartnäckigkeit, mit der die jeweiligen Einwohner trotz der stetigen Erdbebengefahr am alten Standplatz festhielten, liegt am sicheren Hafen des Ortes und der günstigen Lage am *Stretto*, der Meerenge von Messina. Fischfang, Verkehr und Handel waren seit alters her die Quellen des Reichtums der Stadt und sind es bis heute geblieben. So ist Messina, wenn auch nicht schön, so immerhin wohlhabend und sehr lebendig, mit eleganten Boutiquen und regem Straßenleben, das kulturelle, politische und wirtschaftliche Zentrum des Nordostens der Insel.

Geschichte

Die sichelförmige Landzunge, die den Hafen schützt, verlockte schon 730 v. Chr. Bewohner der griechischen Kolonie Kyme (nahe Napoli) zur Anlage der Siedlung *Zankle* – "Sichel". Später *Messana* genannt, geriet der Ort im 4. Jh. v. Chr. unter die Herrschaft von Syrakus, das mit seinem Besitz nicht eben zimperlich umsprang. Als die Stadt 265 v. Chr. gleichzeitig Rom und Karthago zu Hilfe rief, führte diese seltsame Taktik zum Kampf um das strategische Bonbon und zum *Ersten Punischen Krieg*. Unter dem Sieger Rom ging es schnell bergauf, der Reichtum wuchs. In späteren Epochen teilte Messina die Geschicke

Siziliens und wurde von wechselnden Herrschern regiert. Zwischen 1255 und 1266 bildete die Stadt zusammen mit Taormina und Milazzo eine Art Freistaat. Ab dem 18. Jahrhundert mehrten sich dann die Katastrophen, die über die Stadt hereinbrachen: 1743 die Pest, 1783 ein schweres Erdbeben, 1823 Überschwemmung, 1848 Beschießung durch *Ferdinand von Neapel* ("Re Bomba" – König Bombe), 1854 die Cholera und 1894 erneut ein Erdbeben, Vorbote des entsetzlichen Bebens von 1908 – des wohl nur vorläufig letzten ...

Das "achte Weltwunder": Die Brücke über den Stretto wird gebaut

Schon die Römer hatten davon geträumt, Sizilien und das italienische Festland mit einer (allerdings schwimmenden) Brücke zu verbinden. Nun soll der "Ponte sullo Stretto" tatsächlich errichtet werden – und alle Rekorde brechen: Mit einer Länge von 3360 Metern zwischen den beiden je gut 370 Meter hohen und 55 Meter tief im Erdboden versenkten Pylonen wird die Hängebrücke fast das Dreifache der Golden Gate Bridge von San Francisco überspannen und auch die bisher weltgrößte Akashi-Kaikyo-Brücke beim japanischen Kobe (1990 Meter Pfeilerabstand) weit hinter sich lassen. In mehr als 60 Metern Höhe werden auf sechs Fahrspuren und zwei Bahngleisen bis zu 140.000 Autos und 200 Züge täglich in nur drei Minuten die Meerenge passieren. Bis zum Jahr 2011 könnte das rund 5 Milliarden Euro teure, vorwiegend von privaten Investoren finanzierte Prestigeprojekt der Regierung Berlusconi abgeschlossen sein. Refinanzieren soll sich das "achte Weltwunder", wie Teile der italienischen Presse die Brücke bereits titulieren, einzig über Mautgebühren – ein Optimismus, den nicht jeder Bankier und Wirtschaftswissenschaftler teilt.

Die Kritik an dem gigantischen Vorhaben setzt jedoch nicht nur an den betriebswirtschaftlichen Aspekten an. Viele warnen, die Mafia werde sich einen guten Teil der Investitionssumme unter den Nagel reißen. Umweltschützer sehen die Natur der Meerenge bedroht und glauben, dass Wale und Zugvögel durch das Megabauwerk die Orientierung verlieren könnten. Die Angestellten der Fährgesellschaften fürchten um ihre Arbeitsplätze, die Fischer im Stretto um ihre bislang noch reichen Fanggründe. Ungelöst scheint zudem die Frage, wie denn das Straßen- und Bahnnetz beiderseits der Brücke den erhofften Andrang verkraften soll: Die Autobahn auf der kalabrischen Seite ist ein Flickenteppich, die Autostrada Messina-Palermo seit nunmehr schon vierzig Jahren in Bau, und auch die einspurigen Eisenbahnstränge Richtung Rom und Palermo sind nicht gerade auf dem Stand aktueller Verkehrstechnik. Schließlich gibt auch das Kapitel Sicherheit immer noch Anlass zu Diskussionen. Der Stretto, ein geologisch noch junger Grabenbruch, gehört zu den am stärksten erdbebengefährdeten Gebieten der Welt. Zwar soll die Brücke einem Erdstoß bis zu einer Stärke von 7,1 der Richterskala standhalten, doch wurden in Kalabrien auch schon Beben der Stärke 7,9 gemessen. Aufhalten lassen wird sich das Projekt aber trotz aller Bedenken wohl nicht mehr: Bald schon sollen die Bauarbeiten beginnen.

Messina 143

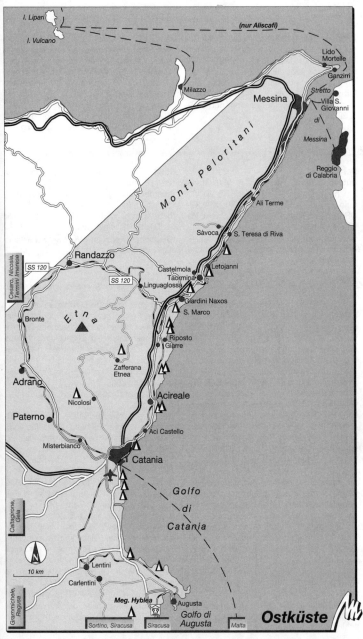

Ostküste
Karte Seite 143

144 Ostküste

Information

Informazione turistiche, Piazza della Repubblica (Bahnhofsvorplatz), aus dem Hauptbahnhof kommend rechts; ✆ 090 672944. Infos über die Stadt und die nähere Umgebung, Veranstaltungen, Pläne, etc. Öffnungszeiten Mo–Fr 9–13.30, Mo–Do auch 15–17 Uhr, Sa (nur im Sommer) 9.30–12.30 Uhr.

A.A.P.I.T., Via Calabria 301, ✆ 090 674236. Einen Block hinter obigem Büro und eigentlich zuständig für die Provinz, gute Tipps aber auch für Messina selbst. Unsichere Zukunft, da in Finanznöten. Öffnungszeiten Mo–Sa 8.30–13.30 Uhr.
www.azienturismomessina.it.
Zugauskunft, Staz. Centrale, tägl. geöffnet von 8.30–21.30 Uhr; auch fremdsprachig.

Adressen

Postleitzahl 98100
Autovermietung EUROPCAR, Via Vittorio Emanuele 77, ✆ 090 661365; HERTZ, Via Vittorio Emanuele 113, ✆ 090 363740; MAGGIORE (von mehreren Lesern empfohlen), Via Vittorio Emanuele 75, ✆ 090 675476. SICILCAR, Via Garibaldi 187, ✆ 090 46942.
Hospital Ospedale Piemonte, Viale Europa 1, ✆ 090 6990.

Post Piazza Antonello 31, am Corso Cavour. Öffnungszeiten Mo–Sa 8–18.30 Uhr.
Internet-Zugang PariNet, Via Centonze 74, zwischen der Via dei Mille und der Via Ghibellina, nicht weit von der Piazza Cairoli; ✆ 090 6413713, www.parinet.it.
Deutsches Konsulat Via San Sebastiano 13, ✆ 090 671780.

Verbindungen

• *Fähren/Aliscafi* Abfahrt der **FS/Bluvia-Fähren** nach Villa S. Giovanni im südlichen Teil des Hafens bei der Stazione Marittima; Autofahrer schiffen um die Ecke ein (Beschilderung folgen, rechtzeitig einordnen, da etwas komplizierte Verkehrsführung); Abfahrten im Schnitt alle 40 min., Fahrpreis p.P. 1 €, Pkw 15–20 €. Zusätzlich besteht 15-mal täglich eine Schnellverbindung ("Traghettamento Veloce") nach Reggio di Calabria, 4-mal täglich zum Airport Tito Minniti; auch die **NGI** verbindet Messina mit Reggio. Private Autofähren der **Caronte & Tourist (C&T)** nach Villa S. Giovanni (Abfahrten etwa alle 20 min., etwas teurer als die FS/Bluvia) starten knapp 3 km nördlich der Stazione Marittima an der Via della Libertà. Dieselbe Gesellschaft fährt 1-mal täglich auch bis nach Salerno unterhalb von Neapel (Fahrtdauer 7 Std., p.P. ab 21 €, Auto 73 €), Abfahrt allerdings am Molo Norimberga bei der Staz. Marittima. Die Station der **Snav** befindet sich etwa 1,5 km nördlich der Stazione Marittima; hier legen die Aliscafi (Tragflügelboote) nach Reggio di Calabria und zu den Liparischen Inseln ab. Preiswerter gelangt man auf die Eolie allerdings mit dem Bus nach Milazzo und anschließender Überfahrt ab dort.

• *Zug* Die **Stazione Marittima** (Verladung auf die Fähren) und die Staz. Centrale liegen etwa 300 Meter auseinander, Verbindung über Bahnsteig. Zugauskunft, Tickets etc. in der **Stazione Centrale**. Tagsüber sehr gute Verbindungen nach Palermo und Catania/Siracusa; nachts verkehren allerdings kaum Züge.

• *Bus* Verschiedene Gesellschaften und Abfahrtsstellen im Zentrum.
SAIS- bzw. INTERBUS-Busse für die Ostküste nach Taormina und Catania (laufend), Catania Airport (16-mal), außerdem Palermo (6-mal) und Rom (1-mal). Abfahrt an der Piazza della Repubblica, aus der Staz. Centrale kommend links.
TAI-Busse für die Nordküste bis Capo d'Orlando 6-mal, nach Tindari direkt 3-mal täglich. Station in der Via Santa Maria Alemana, meerwärts der Piazza Cairoli.
GIUNTABUS nach Milazzo über die Autobahn 16-mal, über Villafranca 12-mal täglich. Haltestelle in der Via Terranova, einer Parallelstraße landeinwärts der TAI.

• *Lokalverkehr* **Busse** und die **Tram** genannte Straßenbahn der ATM für den Stadtbereich. Abfahrt der Busse immer an der Via Calabria, nahe der Infostelle der A.A.P.I.T., Auskunft und Tickets im Büro der Gesellschaft, Parkhaus "Autosilo", Piazza Cavallotti, am Anfang der Via Primo Settembre, hundert Meter vom Bahnhof; Tickets auch in den Tabacchi. Zum Regionalmuseum Busse Nr. 78 und 79, auch die Tram (Haltestellen z.B. an Piazza Cairoli und beim Bahnhof) fährt entlang der Küste zum Regionalmuseum. Nach Ganzirri Bus Nr. 79, zum Lido Mortelle und bis Villafranca Nr. 81.

• *Auto* Durchreisende **Richtung Taormina** sollten den nächsten Weg zur Autobahn A18 Catania (gut beschildert) wählen, das Stadtgebiet mit seinem Verkehrschaos erstreckt sich weit nach Süden. **Richtung Nordküste** bietet die SS 113 schöne Panoramablicke zurück, die gebührenpflichtige Autobahn A20 Richtung Palermo ist aber deutlich schneller. Ein **Parkhaus** "Autosilo" liegt an der Piazza Cavallotti, am Anfang der Via Primo Settembre und nicht weit vom Bahnhof.

Übernachten (s. Karte S. 147)

Für eine verkehrsreiche Stadt dieser Größe gibt es in Messina entschieden zu wenig Hotels insbesondere der unteren Kategorien. Vor allem in den preiswerteren Herbergen ist es deshalb oft schwer, ein Bett zu finden.

• *Hotels* **** **Grand Hotel Liberty (11)**, nahe beim Bahnhof, ein Parkhaus liegt ganz in der Nähe. 1999 eröffnetes Ketten-Hotel in einem schön restaurierten Gebäude, geschmackvolle und komfortable Zimmer. DZ/F etwa 190–250 €. Via I. Settembre 15, ✆ 090 6409436, ✆ 090 6409340, www.framon-hotels.com.

**** **Hotel Royal Palace (13)**, ebenfalls unweit des Bahnhofs und derselben Hotelkette zugehörig wie das "Liberty". Ein Hochhaus in nicht ganz ruhiger Lage, ansonsten mit dem üblichen Komfort dieser Klasse. DZ/F rund 120–160 €. Via Cannizzaro 224, ✆ 090 6503, ✆ 090 2921075, www.framon-hotels.com.

*** **Hotel Villa Morgana (1)**, kleineres Haus mit Garten, außerhalb der Stadt am Ortsrand von Ganzirri gelegen und durch die Straße von der Lagune getrennt. DZ/F etwa 85 €. Ganzirri, Via C. Pompea 237, ✆ 090 325575, ✆ 090 2927233.

*** **Hotel Excelsior (14)**, für ein Dreisternehotel zwar recht mager ausgestattet, aber das einzige dieser Klasse innerhalb der Stadt. Noch in Fußwegentfernung vom

Schönes Ensemble: am Domplatz

Bahnhof. DZ/Bad rund 80 €. Via Maddalena 32, ✆ 090 2931431, ✆ 090 2938721.

** **Hotel Cairoli (10)**, ein ordentlich geführtes Mittelklassehotel in zentraler, aber lauter Lage. Zimmer nach innen nehmen! Die Zimmerpreise fallen je nach Komfort unterschiedlich aus, Richtwert etwa 80 € für das DZ mit Bad, auch einige preiswertere Zimmer mit eigener Dusche. Viale San Martino 63 (Ecke Piazza Cairoli), ✆/✆ 090 673755.

* **Hotel Touring (15)**, nicht nur sehr nah beim Bahnhof und deshalb extrem laut gelegen, sondern auch in einem etwas zwielichtigen Viertel. Die DZ mit Bad sind etwas billiger als im "Cairoli", das jedoch bei weitem vorzuziehen ist; es gibt auch preisgünstigere Zimmer ohne Bad. Via Nicola Scotto 17 (Verlängerung der Via Tommaso Cannizzaro), ✆ 090 2938851.

146 Ostküste

* Hotel Mirage (16), in derselben Straße wie das Touring. Nur für den Notfall: Enge Zimmer, die beiden Gemeinschaftsbäder haben die Bombardierung Messinas im Zweiten Weltkrieg anscheinend überstanden. DZ/Bad etwa 55 €, ohne Bad günstiger; V. Nicola Scotto 1, ✆ 090 2938844.

• *Camping* *** Camping Peloritano**, mehr als 20 km außerhalb der Stadt an der Nordküste zwischen Orto Liuzzo und Sindaro Marina. Einziger Platz weit und breit, nicht direkt am Meer. Von Messina Bus Nr. 81 oder Autobahnausfahrt Messina-Nord/Villafranca, dann die Küstenstraße in östliche Richtung. Zwei Personen, Auto, Zelt kosten knapp 20 €. Geöffnet März bis Oktober, zur NS sollte man vielleicht trotzdem besser vorher anrufen: ✆ 090 348496. www.peloritanocamping.it.

Essen

Die Küche von Messina basiert natürlich auf Fisch. Spezialität ist der Pesce Spada (Schwertfisch), der hauptsächlich hier im Stretto gefangen wird.

Ristorante Sporting (2), eine Kathedrale der Küche in Messinas Badevorort Mortelle, rund ein Dutzend Kilometer vom Zentrum. Nach Renovierung unter neuem Besitzer wieder eröffnet und weiterhin eine Empfehlung. Die kulinarischen Freuden haben natürlich ihren Preis, um die 40–50 € für ein komplettes Menü muss man schon rechnen. Mo Ruhetag; Reservierung ratsam: ✆ 090 321390.

Ristorante Le Due Sorelle (4), der Gourmet-Tempel im Zentrum. Kleines Lokal mit nur 30 Plätzen, traditionsbewusster Küche und umfangreicher Weinauswahl. Menü à la carte ab etwa 25 € aufwärts. Piazza Unione Europea 5; Mo geschlossen, im August Betriebsferien. Auch hier ist Reservierung geboten: ✆ 090 44720.

Trattoria-Pizzeria da Mario (3), knapp außerhalb des Zentrums, direkt gegenüber der Station der SNAV-Aliscafi, Tische auch zur meist recht lauten Straße. Gute Küche, Menü ab etwa 20–25 €, auch Pizza. Via Vittorio Emanuele 103.

Trattoria del Pòpolo (7), ebenfalls etwas abseits der üblichen Rennstrecken an einem kreisrunden, als "Piazza del Pòpolo" bekannten Platz, der mittlerweile offiziell eigentlich "Piazza Francesco lo Sardo" heißt. Hübsche Lage unter Arkaden, bodenständige Regionalküche, preiswert: Menü à la carte schon ab deutlich unter 20 €. So Ruhetag.

Osteria Etnea (5), ganz in der Nähe, mit einigen wenigen Tischen zur lauten Straße, innen klein und gemütlich. Traditionsreiches, bereits 1959 gegründetes Lokal mit sehr solider Küche, Preisniveau wie oben. Via Porta Imperiale 40, So Ruhetag.

Pizzeria Xamayca (8), auch in diesem Gebiet. Trotz des exotischen Namens ("Jamaica") genießen die hiesigen Pizze in Messinas besten Ruf. Nicht teuer. Via Cesare Battisti, Ecke Via Maddalena. Ebenfalls sehr gute Pizza, daneben auch arabische Gerichte, offeriert in der nahen Via Giurba das **Ristorante Shawarma (6)**. Beide sind nur abends geöffnet.

Pizzeria del Capitano (9), sieht mit den gekachelten Wänden wie eine Fleischerei aus, die Pizze sind aber wirklich exzellent. Es gibt auch kleine Snacks wie Focacce, Arancine, dazu offenen Wein, alles sehr günstig. Via dei Mille 88–90, vom Bhf. kommend hinter der Piazza Cairoli, Mo zu. In der Nähe (Nr. 74) eine urige **Weinschänke**, diverse Sorten zum Mitnehmen.

Caffè Cardullo (12), in zentraler, aber ruhiger Lage zwischen Bahnhof und Piazza Cairoli. Ein unscheinbares Café, das an den wenigen Tischen im Freien auch gutes Essen serviert und zudem ausgesprochen preiswert ist. Keine Speisekarte, der Kellner erklärt, was es gibt. Nur mittags geöffnet, So Ruhetag. Via Ugo Bassi 7.

Veranstaltungen

• *Veranstaltungen* "Sfilata dei Giganti", 14./15. August; am 14. Bereitstellung, am 15. der Umzug mit den riesigen Reiterstatuen des dunkelhäutigen Grifone und der Mata, die "Vater" und "Mutter" der Stadt darstellen.

"Vara"-Prozession, 15. August. Die Vara ist ein über zehn Meter hoher Aufbau aus Gipsengeln, Wolken, etc.; an der Spitze Maria und Christus, der sich auf eine Erdkugel stützt. Hunderte barfüßige Gläubige ziehen den Karren an langen Stricken durch die Stadt, abends großes Feuerwerk.

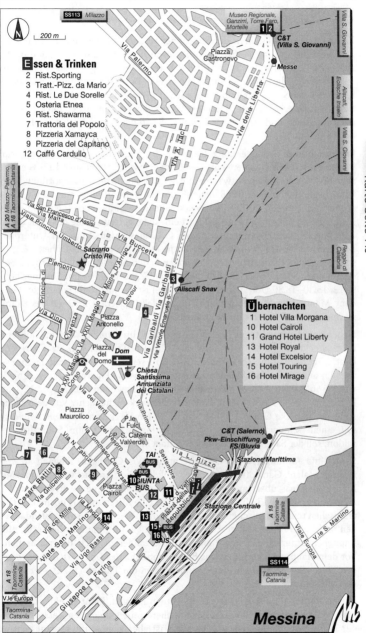

Sehenswertes

Zentrum des Alltagslebens der Einwohner ist die baumbestandene, von heftigem Verkehr umtoste *Piazza Cairoli*. Nördlich liegen die schicken und hochpreisigen Geschäfte der Stadt. An der Piazza Cairoli beginnt auch die lange *Via Garibaldi*, die nur durch eine Häuserzeile vom Hafen getrennte Hauptverkehrsader der Stadt. Der Lungomare selbst besteht hauptsächlich aus Verwaltungsbauten, erstickt fast an Autos. Versöhnlicher stimmt der Blick hinüber nach Kalabrien und auf die *Madonnina*, die an der Hafeneinfahrt die Reisenden begrüßt.

Piazza Duomo: Das ehemalige Zentrum der Stadt, das sich jetzt mehr zur Piazza Cairoli hin verlagert hat. Der **Dom** selbst ist bezeichnend für die Geschichte Messinas: kaum etwas an ihm stammt noch von dem ursprünglichen, 1160 begonnenen Bau. 1908 beim Erdbeben zerstört und mühsam rekonstruiert, machte ihn im Zweiten Weltkrieg eine Brandbombe erneut dem Erdboden gleich. Was man heute sieht, ist eine detailgetreue Kopie des einst unter dem Normannen Roger II. errichteten Gebäudes, original nur der Unterbau. Die drei verzierten *Portale* an der Front stammen aus dem frühen 16. Jh., schön sind die (rekonstruierten) *Mosaiken* in den Apsiden und die Krypta. Bedeutendstes Stück in der "Tesoro" genannten *Schatzkammer* (im Sommer tägl. 9–13, 15.30–18.30 Uhr geöffnet; Eintritt 3 €) ist der im 17. Jh. gefertigte "Goldene Mantel" der Stadtpatronin Madonna della Lettera. Die Orgel des Doms ist mit 16.000 Pfeifen die größte Italiens.

Neben dem Dom wartet ein weiterer Superlativ: Im *Campanile*, dem Glockenturm, steckt die größte astronomische Uhr der Welt. 1933 in Straßburg gebaut, zeigt der Zeitmesser nicht nur Mondphasen, Jahreszeiten und Tierkreiszeichen an, sondern setzt jeden Mittag auch diverse Figuren in Bewegung – wer sie in Aktion erleben möchte, sollte allerdings besser etwas vor 12 Uhr kommen, denn so ganz genau läuft das Uhrwerk nicht mehr. Vor dem Dom steht der barocke *Orionsbrunnen* von 1553, ein Werk von *Giovanni Montorsoli*, einem Schüler Michelangelos. Der mythische Jäger Orion, Sohn des Poseidon, soll der Sage nach Messina gegründet haben.

Santissima Annunziata dei Catalani: an der Via Garibaldi, Eingang an der Piazza Catalani. Ganz offensichtlich ein solides Stück Architektur – als einzige Kirche Messinas überstand sie alle Erdbeben, ohne nennenswerten Schaden zu nehmen. Im 12./13. Jh. errichtet, stellt sie eine Mischung aus normannisch-arabischen und romanischen Stilelementen dar. Die Fassade ist mit Blendarkaden und Steinornamentik geschmückt, die Säulen im Inneren sind antik, mit Kapitellen unterschiedlicher Epochen, unter anderem auch der römischen. Vor dem Hauptportal erinnert das Bronzestandbild des *Don Juan d'Austria* an den Sieger der Seeschlacht von Lepanto gegen die Türken (1571) – er stach von Messina aus in See.

Museo Regionale: Obwohl etwas unbequem gelegen, lohnt es einen Besuch sehr. Viel von Messinas kunstgeschichtlichem Erbe ging in den Zerstörungen der Jahrhunderte verloren, was verblieb, ist aber allemal interessant genug.

Neben archäologischen Funden zeigt es auch Kunsthandwerk, die schönsten Exponate enthält jedoch die angeschlossene *Pinakothek* mit Werken von *Antonello da Messina*, dem berühmten Sohn der Stadt (Raum 4), darunter der Flügelaltar des heiligen Gregorius (1473). Im Raum 10 finden sich zwei Gemälde von *Caravaggio*, "Die Anbetung der Hirten" und "Auferstehung des Lazarus", beide zwischen 1608 und 1609 geschaffen.

● *Lage und Öffnungszeiten* Viale della Libertà 465 (Uferstraße), eine knappe Fußstunde nördlich der Staz. Marittima, zu erreichen mit der Tram ab Bahnhof und den Bussen Nr. 78 und 79, jeweils ab der Via Calabria unweit der A.A.P.I.T . ① Di–Sa 9–14 Uhr; Di, Do und Sa auch 16–19 Uhr (Okt. bis Mai 15–18 Uhr); So 9–13 Uhr; Eintritt 4,50 €.

Neptunsbrunnen: Auf dem Weg zum Museum, ein Stück hinter der Aliscafi-Station, soll der Neptunsbrunnen für Ruhe im Stretto sorgen – der Meeresgott bewacht die beiden Monstren Skylla und Charibdys. Der Brunnen, 1567 von Montorsoli geschaffen, wurde beim Beschuss Messinas durch die Bourbonen schwer zerstört und später rekonstruiert, die Original-Skylla findet sich im Regionalmuseum.

▶ **Baden:** Messinas im Sommer stets knackvoller Lido mit schönem Strand liegt in Mortelle, etwas östlich von Torre Faro. Weiter westlich wird es leerer. Der Stretto selbst ist eigentlich zu verschmutzt zum Baden, was aber nicht jeden davon abhält.

Umgebung von Messina

▶ **Reggio di Calabria:** Die Hafenstadt in Kalabrien, auf der anderen Seite des Stretto, ist per Fähre schnell und preisgünstig, per Aliscafo noch schneller und etwas teurer zu erreichen. Reggio wurde wie Messina beim Erdbeben von 1908 völlig zerstört und ist heute eine moderne Stadt ohne besondere Sehenswürdigkeiten. Eine gewichtige Ausnahme bildet das nicht weit vom Hafen gelegene **Museo Nazionale** (geöffnet täglich 9–18.30 Uhr, am jeweils ersten und dritten Montag im Monat geschlossen). Das Museum präsentiert archäologische Funde von der Vorgeschichte bis zur Römerzeit, außerdem Skulpturen und Gemälde vom Mittelalter bis ins 18. Jh. Die Hauptattraktion, die sich das Museum auch mit deftigem Eintritt bezahlen lässt, sind jedoch die berühmten, fast zwei Meter großen *Bronzen von Riace*: zwei Kriegerstatuen aus Bronze, die 1972 von einem Taucher entdeckt wurden. Unter konservierendem Sand begraben, haben die wundervollen griechischen Arbeiten, die jeden Kunsthistoriker zu Begeisterungsstürmen hinreißen, fast 2500 Jahre auf dem Meeresgrund hervorragend überstanden.

▶ **Stretto:** Mit ihrem planktonreichen Wasser ist die Straße von Messina ein Dorado für eine Fülle von Fischarten. Kulinarisch besonders interessant ist neben dem Thun der Schwertfisch (pesce spada), der von besonderen Booten mit langem Ausleger und hohem Bobachtungsturm aus harpuniert wird. Doch nicht nur Fische beherbergt der Stretto: Die Meerenge ist schon seit der Antike sagenumwoben, berüchtigte Ungeheuer sollen an den Ufern lauern. Die Mythen kommen nicht von ungefähr, denn ganz ungefährlich ist der Stretto für kleinere Boote auch heute nicht: In der Enge zwischen

Ionischem und Tyrrhenischem Meer, die an der schmalsten Stelle nur drei Kilometer breit ist, wechselt durch die unterschiedlichen Gezeiten alle sechs Stunden eine Strömung, die immerhin bis zu zehn Stundenkilometer erreicht. Die dadurch hervorgerufenen gefährlichen Gegenströmungen in Küstennähe heißen bei den Fischern des Stretto ebenso liebevoll wie treffend "bastardi" ...

Die Ungeheuer im Stretto

Odysseus ist in einer schlimmen Lage, er steht gewissermaßen vor der Wahl zwischen Hölle und Fegefeuer. Der Held muss durch den Stretto, doch an beiden Seiten lauern Monstren. Skylla, das Ungeheuer mit den sechs Köpfen, sitzt in einer Höhle der Kalabrischen Küste beim heutigen Ort Scilla. Vorbeifahrenden Schiffen pflückt sie die Besatzung "mit dreifachen Reihen gespitzter dichtgeschlossener Zähne voll schwarzen Todes bewaffnet" (Homer, Odyssee) vom Deck und verschlingt sie genüsslich, pro Kopf ein Mann.

Auf der anderen Seite wartet am Capo Peloro *Charibdys* auf Opfer. Die schöne Tochter Poseidons und der Erde wurde zur Strafe für einen Diebstahl von ihrem Onkel Zeus in einen reißenden Strudel verwandelt. Dreimal am Tag schlürft sie tief das Wasser ein. Jedes Schiff, das ihr zu nahe kommt, ist dann unrettbar verloren.

Von der Zauberin Circe vorgewarnt, hält sich Odysseus lieber an Skylla, denn: "Es ist doch besser, Odysseus, sechs Gefährten im Schiff zu vermissen als alle auf einmal!" So geschieht es denn auch. Die scheußliche Skylla schnappt sich sechs Mann, der Rest entrinnt lebend den Gefahren des Stretto.

▶ **Nördlich von Messina**: Entlang der Küste ist viel verbaut, einstige Fischerdörfer sind großteils zu Wochenendsiedlungen wohlhabender Bewohner Messinas umfunktioniert. Immer wieder reizvoll sind jedoch die schönen Ausblicke auf den Stretto, besonders von den höher gelegenen Straßen und vom Kap. In den Lagunenseen von *Ganzirri* wird Muschelzucht betrieben, hier haben sich deswegen eine Reihe von Restaurants angesiedelt, die Miesmuscheln und anderes Meeresgetier anbieten. An der Spitze der Landzunge bei *Torre Faro*, am Capo Peloro, nimmt sich der Leuchtturm winzig aus gegenüber den über 200 Meter hohen Strommasten, über deren Kabel Sizilien früher seine Elektrizität vom Festland bezog. Und unterhalb des Leuchtturms wartet der Strudel *Cariddi*, die legendäre Charibdys, immer noch auf leichtfertige Bootsführer. Jenseits des Capo Peloro nimmt die Besiedlungsdichte zunächst deutlich ab. Hier stehen nur einzelne (Sommer-) siedlungen und Villen, dazwischen erstreckt sich viel landwirtschaftlich genutztes Gebiet. Etwa auf Höhe der Autobahn verdichtet sich die Bebauung wieder deutlich – vor Milazzo lohnt sich ein Halt dann kaum noch.

Kalabrien ganz nah: Hafen am Capo Peloro

Zwischen Messina und Taormina

Wer die Autobahn oder den Zug nimmt, spart sich lange Staus und verpasst nicht viel: Südlich von Messina folgen zunächst ausgedehnte Vororte, dann eigenständige Siedlungen, die sich fast ohne Übergang abwechseln. Nur die im Winter manchmal reißenden, im Sommer völlig ausgetrockneten und vor Müll oft strotzenden *torrenti* (Sturzbäche) unterbrechen die Bebauung. Die einzelnen Orte unterscheiden sich kaum: zwischen Bahnlinie und Uferstraße in die Länge gezogen, ganz überwiegend mehrstöckige, teils unverputzte Häuser. Einer dieser reizlosen Orte schmückt sich zwar hochstaplerisch mit dem Namen Nizza di Sicilia – ist aber kein Deut attraktiver als die anderen. Die Strände sind feinkiesig bis sandig, das Wasser aber wird erst südlich von *Alí Terme* sauber genug zum Baden. Ansprechender zeigt sich das Hinterland mit den hoch im Gebirgszug der *Peloritani* gelegenen alten Dörfern, Abstecher werden fast immer mit schönem Blick und architektonischen Schmankerln belohnt.

- *Übernachten* **Hotel Le Giare**, hübsches Quartier im Bergdorf Itála, Zufahrt bei km 19 der SS 114, im Bereich zwischen Scaletta Zaclea und Alí Terme. Stilvoll restauriertes Haus mit vielen Antiquitäten, freundlicher und englischsprachiger junger Wirt, gutes Restaurant. Nur neun Zimmer. Prima Preis-Leistungs-Verhältnis, DZ/Bad 45–70 €, ohne Bad etwas günstiger; Frühstück inklusive. Via Santa Caterina 17, ✆ 095 952127, www.legiare.org.

Sávoca: Das malerische Dorf (Busse ab Santa Teresa di Riva) hat neben dem guten Restaurant "La Pineta" und der freundlichen Bar "Vitelli" noch eine weitere, makabre Attraktion zu bieten: In den Katakomben des Kapuzinerklosters warten, ähnlich wie in Palermo, die Mumien früherer Dorfhonoratioren auf die Ewigkeit, seit einem Anschlag von Vandalen auch noch durch grüne Farbe entstellt. Das schauerliche Ensemble, sicher nicht jedermanns Geschmack, war zuletzt jedoch wegen Restaurierung des Gebäudes nicht mehr zugänglich.

SS Pietro e Paolo d´Agro: Inseleinwärts von Sávoca steht diese uralte Klosterkirche, die 1116 errichtet wurde, möglicherweise auf den Grundmauern eines noch weit älteren Heiligtums, und bereits 1172 einen Umbau erfuhr. Das dreischiffige, zinnenbewehrte und mit zwei Kuppeln versehene Gotteshaus zählt zu den ungewöhnlichsten Kirchen Siziliens und wurde bereits für die Unesco-Liste des Kulturerbes der Menschheit vorgeschlagen. Der Bau aus Lava, Ziegeln, Kalk- und Sandstein zeigt byzantinische, arabische und normannische Einflüsse; besonders dekorativ wirken die Blendbögen. Die Kirche liegt beim Bergdorf Casalvecchio Siculo, von dort Richtung Antillo, dann links ab Richtung Flusstal.

Forza d'Agro ist ein weiteres Bergdorf, das eine besonders schöne Aussicht bietet. Gekrönt wird der kleine Ort von einem ruinenhaften Kastell, das schon lange als Friedhof dient und mit seinen zahlreichen, zum Teil ebenfalls verfallenden Gräbern eine ganz besondere Atmosphäre aufweist.

- *Camping* ** **Camping La Focetta**, am langen Strand bei Sant'Alessio Siculo. Recht ordentliche Ausstattung; Bar und Einkaufsmöglichkeit. Offiziell ganzjährig geöffnet, zwei Personen, Auto, Zelt kosten um die 22 €, zur NS deutlich günstiger. Auch Bungalowvermietung. ✆ 0942 751657, ✉ 0942 492277. www.lafocetta.it.
- * **Camping Forza d'Agrò Mare**, ebenfalls im Küstenbereich, aber nicht direkt am Strand. Eng und laut zwischen Staatsstraße und Eisenbahn eingeklemmt, etwas Schatten durch Zitronenbäume. Geöffnet Juni–September, preislich günstiger als der oben erwähnte Platz. ✆ 0942 36418.
- *Essen* **Rist. Il Priore da Gaetano**, ein Lesertipp von Christian Bachmann: "Gaetano, der Chef des Hauses, serviert alle Köstlichkeiten, die das Meer bietet. Auch die Weinkarte kann sich sehen lassen. Am besten, der Gast berücksichtigt nicht die Menükarte, sondern lässt Gaetano seine Spezialitäten herzaubern, solange der Appetit reicht. Die Preise sind der Qualität angemessen und liegen im sizilianischen Durchschnitt. Reservierung empfiehlt sich." Viale delle Rimembranze, ✆ 0942 721096.

Letojanni

Der Badeort, schon im Einzugsbereich des sechs Kilometer entfernten Taormina, wirkt freundlicher als seine nördlich gelegenen Konkurrenten.

Die Durchgangsstraße bleibt etwas abseits, das Zentrum schmückt sich mit palmenbewachsener Piazza. Das Ortsbild allerdings entspricht dem üblichen, etwas langweiligen Schema vieler Ostküstendörfer: Ufer- und parallel verlaufende Hauptstraße, von quer schneidenden Gassen verbunden. Letojanni ist von Reiseveranstaltern längst als preisgünstige Übernachtungsalternative zu Taormina entdeckt. Der Pauschaltourismus hat Fuß gefasst, hält sich aber noch halbwegs in Grenzen – im Juli und August allerdings platzt auch Letojanni aus allen Nähten.

- *Postleitzahl* 98037
- *Verbindungen* Bahnstation an der Linie Messina-Catania, häufige Lokalbusse nach Taormina.
- *Übernachten/Essen* *** **Hotel Albatros**, strandnaher Bau mit fast 80 Zimmern. Service und das Deutsch sprechende Personal wurden von Lesern gelobt. Unterkunft zumindest offiziell nur auf Basis von Halbpension, p.P. nach Saison 55–85 €. Via Luigi Rizzo, ✆ 0942 37560, ✉ 0942 37287, www.hotel-albatros.it.

*** **Hotel Pensione da Peppe**, gleich nebenan, ein hübsch mit sizilianischem Nippes eingerichtetes Quartier, das 2001 nach einer umfassenden Renovierung zum Dreisternhotel hochgestuft wurde. DZ/Bad rund 105 €, zur NS günstiger; wie in allen größeren Quartieren des Ortes viele Pauschalgäste. Bekannt gutes Restaurant, mit den Bildern des Hausherrn dekoriert, Menü ab etwa 30 €. Via Vittorio Emanuele 346, ✆ 0942 36159, ℻ 0942 36843.

* **Pensione La Fornace**, kleiner Familienbetrieb mit nur 14 Zimmern, im südlichen Teil der Uferstraße. Angenehm möbliert, mit schmiedeeisernen Betten und Kachelboden. Geöffnet März–Oktober, DZ zur HS knapp 60 €, dann aber meist HP Bedingung, zur NS geht's auch günstiger. Via M. Garufi 28, ✆ 0942 36622. Das Restaurant ist eins der preisgünstigsten des Ortes, mit schöner weinüberrankter Terrasse.

Ristorante Noemi, im Bergdorf Gallodoro oberhalb von Letojanni. Einfallsreiche Küche, prima Menüs mit umfangreicher Vorspeisenpalette und leckeren Fleischgerichten zum Festpreis, der im Bereich von etwa 20–25 € liegt. Via Manzoni 8, ✆ 0942 37162. Di Ruhetag.

Rist.-Pizzeria La Perla, ein Lesertipp von Regina & Norbert Hübers: "Im südlichen Teil der Uferpromenade, in der Nähe der Brücke. Gutes, preisgünstiges Essen, freundlicher Service. Schöne überdachte Terrasse mit Meerblick."

● *Camping* *** **Eurocamping Marmarucca**, abseits des Meeres und extrem laut gelegen, teils unter einer Autobahnbrücke; Bahnlinie und Durchgangsstraße ebenfalls in Hörweite. Viele Dauercamper; zum Meer zehn Fußminuten. Ausstattung zwar recht komfortabel, es gibt aber schönere Plätze um Taormina. Geöffnet März bis Oktober, Preis für zwei Personen, Auto, Zelt zur HS etwa 21 €. ✆ 0942 36676.

** **Camping Paradise International**, knapp 3 km Richtung Messina. Lang gestreckter, schmaler Platz, Kiesboden und Olivenbäume, die nur wenig Schatten geben. Bahn und Straßen in Hörweite, aber auch das Rauschen des Meeres: Sand- und Kiesstrand vor der Zelttür. Bungalowvermietung, außerhalb der HS recht günstig. Preisniveau etwa wie oben; geöffnet April–Oktober. ✆ 0942 36306, www.campingparadise.com.

▶ **Baden:** Der Ortsstrand, eine Mischung aus Sand und Kies, ist frei zugänglich, das Wasser sauber. Wer mehr Ruhe sucht, kann ein Stück Richtung Taormina wandern, so richtig leer wird es aber nirgendwo.

Taormina

Siziliens meistbesuchter Urlaubsort. Und das nicht erst seit gestern: Schon im vorletzten Jahrhundert war das Städtchen Ziel begüterter Zeitgenossen, die vor dem mitteleuropäischen Winter flüchteten. Taormina heute ist Tourismus pur, Rummelplatz und Freiluftzirkus pauschal gebuchten Ferienvergnügens. Charme besitzt der Ort trotzdem noch reichlich.

Der *Corso Umberto I.*, zwischen den Stadttoren Porta Messina und Porta Catania, ist die Flaniermeile des spätmittelalterlichen Zentrums. Hier reiht sich ein Souveniergeschäft an das nächste, warten Schnellimbisse und teure Cafés, spazieren die Busladungen der Tagesausflügler. Im Sommer sieht man vor Menschen kaum das Pflaster. Kein Wunder: Pro Jahr zählt man inklusive der Strandsiedlungen rund eine Million Übernachtungen, und dies bei einer Einwohnerzahl von nur etwa 10.000 Personen. Deutsche Urlauber bilden mit einem Anteil von fast 40 Prozent der Ankünfte die absolute Majorität unter den ausländischen Gästen, seit einigen Jahren überraschenderweise gefolgt von Touristen aus den USA.

Doch trotz allen Andrangs lohnt sich ein Besuch noch immer: Taorminas Lage, wie ein Balkon rund 200 Meter hoch über der Küste und den gigantischen

Etna im Blick, ist traumhaft. Abseits des Gewühls kommen die gut erhaltenen Fassaden, die blumengeschmückten kleinen Plätze und winkligen Treppengässchen noch zur Geltung. Schließlich lockt das berühmte griechisch-römische Theater, in Szene gesetzt vor einer phantastischen Landschaftskulisse, die schon Goethe ins Schwärmen brachte. Andere illustre Namen folgten ihm: Auch Guy de Maupassant, Christian Morgenstern, Oscar Wilde, D.H. Lawrence, Gustav Klimt, André Gide und Truman Capote begeisterten sich am Charme des Städtchens. Und selbst wenn Taormina heute nun wirklich nicht mehr "ursprüngliches Sizilien" darstellt, so hat es doch ein ganz spezielles Kolorit zu bieten – ganz davon abgesehen, dass manchem der Rummel zwischendrin ja durchaus mal gefallen mag ...

Seiner touristischen Bedeutung entsprechend, gibt sich Taormina in punkto Umweltpolitik für sizilianische Verhältnisse geradezu avantgardistisch. So ist vorgesehen, künftig Trink- und Brauchwasser zu trennen. Das Kanalisationsnetz funktioniert und leitet nur mehr komplett gereinigte Abwasser ins Meer. Als erfolgreich erwies sich auch der Versuch, den Besucherverkehr aus dem Ort herauszuhalten: Parken innerhalb der Stadt, die ohnehin immer stärker verkehrsberuhigt wird, ist nur noch mit limitierten Parkausweisen gestattet. Jüngster Plan zur Steigerung der touristischen Attraktivität ist die Errichtung eines Yachthafens unweit des Bahnhofs Taormina-Giardini.

Der internationale Bekanntheitsgrad von Taormina sorgt auch in den Nachbarorten für reichlich Betrieb. **Mazzaro**, Taorminas großteils aus Hotels bestehende "Badeanstalt", ist mit der Stadt über eine Seilbahn verbunden. Durch den schmalen, langen Ort windet sich die SS 114 und sorgt im Hochsommer mit häufigen Staus für abgasgeschwängerte Atmosphäre. **Castelmola**, fünf Straßenkilometer oberhalb von Taormina, ist aufgrund seiner Lage ein viel besuchtes Ausflugsziel, angesteuert auch von zahlreichen Touristenbussen. **Giardini Naxos** schließlich profitiert als eigenständige Strandsiedlung ebenfalls von Taorminas Ruf und entwickelt sich im Sommer zum touristischen Hexenkessel.

Geschichte

Auf dem Monte Tauro, dort, wo heute die Reste des Kastells verfallen, bestand schon früh eine Siedlung der *Sikuler*. Die Überlebenden der griechischen Kolonie Naxos flüchteten sich hierhin, als ihre Heimat 403 v. Chr. von Dionysios aus Syrakus zerstört wurde. Vergebens: Elf Jahre später schlug Dionysios auch hier zu. Als eigentliches Datum der Stadtgründung gilt das Jahr 358 v. Chr., als *Andromachos*, Vater des Geschichtsschreibers *Timaeus*, den maroden Ort unter seine Fittiche nahm. *Tauromenion*, wie die Kleinstadt genannt wurde, gedieh prächtig und wurde fortan auch von Syrakus akzeptiert. Unter der Herrschaft der *Römer* erhielt Tauromenion Privilegien; schon damals war es beliebtes Urlaubsziel der reichen Gesellschaft. Als das von den *Arabern* bedrängte römisch-byzantinische Reich auf Sizilien in den letzten Zügen lag, wurde Tauromenion sogar zur Hauptstadt. Erst im Jahr 902 musste es sich geschlagen geben. Unter den Arabern wurde die zerstörte Stadt wieder aufgebaut und erhielt zu Ehren des herrschenden Kalifen *Al-*

Muezz den Namen *Almoezia*. 1410, mittlerweile unter der Herrschaft der Spanier, traf sich in Taormina das sizilianische Parlament der Feudalbarone zur Wahl eines neuen Königs. Ab dem 18. Jahrhundert setzte unter den *Franzosen* der Niedergang der Stadt ein, der erst im späten 19. Jahrhundert mit der Wiederentdeckung Taorminas als Ferienort endete. Entscheidenden Anteil am touristischen Aufschwung hatten, rund ein Jahrhundert nach Goethes Besuch, zwei deutsche Künstler. 1868 verliebte sich der preußische Maler *Otto Geleng* in Taormina und machte durch seine Landschaftsgemälde das Städtchen in Paris bekannt. Er gründete auch das erste Hotel (das spätere Hotel Timeo) und wurde sogar zum Vizebürgermeister der Stadt gewählt. Ihm folgte der Fotograf *Wilhelm von Gloeden*, dessen homoerotische, an antike Szenen erinnernde Außenaufnahmen nackter sizilianischer Jünglinge weithin für Aufsehen sorgten; heute sind seine Werke in vielen Souvenirgeschäften und Buchhandlungen Taorminas präsent.

Flanierzone Nummer eins: Taorminas Corso

Information/Verbindungen

- *Information* **A.A.S.T.**, Palazzo Corvaja, im vorderen Teil des Corso Umberto, 98039 Taormina. Eingang Via Teatrino Romano. ✆ 0942 23243; ✉ 0942 24941. Zimmervermittlung, Veranstaltungshinweise und guter Stadtplan; deutschsprachig. ⏰ Mo–Sa 8–14, 16–19 Uhr. **Internetadresse**: www.gate2taormina.com.
- *Weitere Infos im Internet* **www.taormina.it**, die Website des "Taormina Friends Club". Sehenswürdigkeiten, Fotos, diverse Tipps und Informationen. Englischsprachig.
- *Postleitzahl* 98039
- *Verbindungen* **Zug**: Schöner Bahnhof Stazione Taormina-Giardini mit häufigen Anschlüssen an der Hauptlinie Messina-Catania. Angenehme Bar, Infostelle der AAST Giardini Naxos (siehe dort). Unterhalb der Stadt, Busverbindung mindestens alle 30 min, Taxi tagsüber rund 12 € zuzügl. Gepäck. Zu Fuß gibt es eine deutliche Abkürzung ins Zentrum über einen schweißtreibenden Treppenpfad (ca. 25 min.): aus dem Bahnhof kommend rechts, nach ca. 450 m links.
Bus: Autostazione an der Zufahrtsstraße Via Pirandello, gut 600 m vor der Porta Messina, dem Eingang zur Altstadt. INTERBUS- bzw. ETNA-Busse nach Messina, Acireale, Catania (hier Anschlüsse in alle Richtungen) etwa stündlich, 12-mal tgl. Catania Airport. Lokalbusse Richtung Letojanni oder nach Giardini Naxos alle 30–60 min., zur Gola d' Alcántara nach Saison 1- bis 3-mal (siehe aber auch dort), nach Castelmola 8-mal

156 Ostküste

täglich, im Sommer noch häufiger. Für Leute mit wenig Zeit mögen die Ausflugsfahrten interessant sein, die die diversen Reisebüros am Corso anbieten. Preisbeispiele: Alcántara-Schlucht 22 €, Etna-Süd bis zum Rifugio Sapienza 27 € (Etna-Tour gegen Aufpreis), Siracusa 38 €.

Auto: Zufahrt von der Autostrada am besten über Taormina-Nord. In Taormina selbst werden Autofahrer nicht glücklich: Parkplatzmangel und Straßensperrungen allerorten. Auf dem Weg von Taormina-Nord in die Stadt gibt es etwa einen Kilometer vor dem Zentrum das große Parkhaus Lumbi; zentraler liegt jedoch das neue Parkhaus Porta Catania (beste Zufahrt aus Richtung Giardini Naxos); in beiden Parkhäusern beträgt die Gebühr pro Tag 12,50 €. Innerhalb des engeren Stadtgebiets ist Parken nur mit Ausweis gestattet. Gute Hotels höherer Kategorien versorgen ihre Gäste mit Ausweisen, allerdings ist deren Zahl begrenzt – am besten, gleich bei der Buchung danach zu fragen. Wer nie Panne, aber keine Sprachkenntnisse hat: Der deutschsprachigen Autovermietung JET (s.u.) ist eine Werkstatt angegliedert.

Mietwagen: Breites Angebot, hier nur eine Auswahl. AVIS, Via San Pancrazio 6, ✆ 0942 23041; CALIFORNIA (von Lesern empfohlen), Via Bagnoli Croce 86, ✆ 0942 23769, www.californiarentcar.com; CITY, Piazza S. Antonio 5 (Porta Catania), ✆ 0942 23161; TAURO, Via Apollo Arcageta 12 (Porta Catania), ✆ 0942 24700. JET, Via Nazionale 8, etwa 300 m vom Bahnhof Giardini entfernt, freundlich und deutschsprachig, ✆ 0942 56190. Die offiziellen Preise liegen bei den örtlichen Vermietern überall etwa gleich, z.B. 3 Tage Fiat Seicento ohne Kilometerbegrenzung ca. 140 € incl. IVA-Steuer und Vollkasko (meist obligatorisch); in der NS kann sich Handeln schon mal lohnen.

Mietvespa: CALIFORNIA, CITY und TAURO bieten Vespas und Scooter (Automatic-Motorroller) an. Ein guter Tipp in punkto Service ist die Firma JET unten beim Bahnhof Giardini: Die deutschsprachigen Brüder Ferrara haben lange in Berlin gearbeitet. Richtpreise pro Tag: 50er-Scooter ab 20 €, 150er ab 30 €, inklusive der meist obligatorischen Vollkaskoversicherung; Langzeitmiete sollte Rabatt bringen.

Mieträder: Mountainbikes im Hotel Villa Schuler, siehe unten; pro Tag 10 €.

Taxi: Taxistände beim Palazzo Corvaja, ✆ 0942 23000; Nähe Dom, ✆ 0942 23800; am Bahnhof, ✆ 0942 51150 und in Mazzaro, ✆ 0942 21266. Richtpreis für eine Fahrt City-Bahnhof ca. 12 €, nachts und am Sonntag teurer; für die Fahrt zum Airport Catania ist mit etwa 70–80 € zu rechnen. Tariflisten an den Ständen oder bei der A.A.S.T.

Funivia: Die Seilbahn bildet die kürzeste und eleganteste Verbindung zum Strand bei Mazzaro – in weniger als fünf Minuten ist man unten. Station in der Via Pirandello, etwas oberhalb des Busbahnhofs. Viertelstündliche Abfahrten, Betriebszeiten je nach Saison unterschiedlich, im Sommer bis 1.30 Uhr nachts. Hin- und Rückfahrt kosten 2,70 €, preiswerter per Abonnementkarte.

Adressen

Hospital: Ospedale Sirina, Contrada Sirina. Zentrale ✆ 0942 5791, Erste Hilfe ✆ 0942 579297.

Guardia Medica, nächtlicher ärztlicher Notdienst für Touristen: Piazza San Francesco di Paola, westlich der Altstadt, ✆ 0942 625419.

Post: gleich links nach der Porta Catania, am Ende des Corso Umberto, ⓘ Mo–Sa 8–18.30 Uhr.

Internet-Zugang: Omnitel, Corso Umberto 214; ✆ 0942 628839.

Übernachten/Camping (siehe Karte Seite 159)

Teuer, teuer... und im Hochsommer absolut ausgebucht! Außerhalb des Hauptreisemonats August kann es sich dagegen durchaus lohnen, mal nach einem Nachlass zu fragen: Kaum ein Hotel ist dann wirklich ausgelastet.

• *In Taormina* ***** **Grand Hotel Timeo (38)**, das neue alte Tophotel Taorminas, direkt neben dem Teatro Greco und mit wunderbarer Aussicht. Ältestes Hotel der Stadt, 1873 von Otto Geleng gegründet, von Maupassant, Wilhelm II. und der Garbo besucht und nach umfangreicher Renovierung 1998 wieder eröffnet. Renommiertes Restaurant. Ganzjährig, DZ/F nach Saison etwa 270–380 €, auch Suiten. Via Teatro Greco 59, ✆ 942 23801, ✆ 942 628501, www.framon-hotels.com.

Taormina 157

***** San Domenico Palace Hotel (37), die ebenfalls alteingesessene Konkurrenz, vom "Timeo" mittlerweile aber wohl etwas übertrumpft. Ein ehemaliges Kloster aus dem 15. Jahrhundert in toller Panoramalage; 2001 renoviert. Schöner Garten, Swimmingpool. DZ/F etwa 280–470 €. Piazza San Domenico, ✆ 0942 23701, ℻ 0942 625506, www.sandomenico.thi.it.

**** Hotel Excelsior Palace (24), cremefarbener Riesenbau aus Taorminas Glanzzeit um die Jahrhundertwende, an der Fassade Säulen und Stuckdekoration. Angeschlossen ein Park mit Swimmingpool. DZ/F rund 200–210 €; Via Toselli 8 (Porta Catania), ✆ 0942 23975, ℻ 0942 23978, www.excelsiorpalacetaormina.it.

**** Hotel Villa Fabbiano (11), um die Jahrhundertwende im Stil einer Burg errichtet, 1997 nach Besitzer- und Namenswechsel komplett renoviert und dadurch in die Viersterne-Kategorie gerückt. Hübscher Garten und liebevoll gestaltetes Interieur, Zimmer mit schönem Blick, schweizerisch-italienische Leitung. Geöffnet März bis Oktober, DZ/F nach Ausstattung etwa 170–205 €, auch Suiten. Via Pirandello 81, ✆ 0942 626058, ℻ 0942 23732, www.villafabbiano.com.

**** Hotel Villa Angela (3), in Aussichtslage hoch oberhalb des Ortes, Shuttlebus zum Zentrum. Ein ganz neues Hotel, das etwa zeitgleich mit Erscheinen dieser Auflage eröffnet haben sollte. Besitzer und auch für die Konzeption verantwortlich – Sizilienliebhaber Jim Kerr – persönlich antreffen wird man den Sänger der "Simple Minds" hier aber wohl nur selten. Alle Zimmer besitzen Etna- und Meerblick, auch der Pool glänzt mit tollem Panorama. DZ/F nach Ausstattung 200–330 €, auch eine Suite gibt es. Via Leonardo da Vinci, www.hotelvillaangela.com

*** Hotel Villa Belvedere (8), Baujahr 1902, ein Lesertipp von Doris Mayr: "Hervorragendes Hotel in bester Lage mit Pool, schöne Zimmer, freundliche Rezeption, Parkplatz gegen Gebühr. Kostet aber auch nicht wenig." In der Tat: DZ/F etwa 110–190 €. Hübsch auch der Garten. Samstagnacht ist allerdings mit Disco-Geräuschkulisse aus der Nachbarschaft zu rechnen. 2001 renoviert. Via Bagnoli Croci 79, ✆ 0942 23791, ℻ 0942 625830.

*** Hotel Isabella (26), obere Mittelklasse am Corso. Gut geführt, deutschsprachig, alle Zimmer mit Aircondition, von der Terrasse Blick aufs Griechische Theater, Etna und Küste; Minibusverbindung zum Privatstrand bei Spisone. DZ/F ca. 110–160 €; Corso Umberto 58, ✆ 0942 23153, ℻ 0942 23155, www.gaishotels.com.

*** Hotel Bel Soggiorno (12), in Panoramalage an der Zufahrtsstraße, jedoch noch in Fußentfernung vom Zentrum. Ein Lesertipp von Gisela Segesser: "Das Preis-Leistungs-Verhältnis ist super. Schönes altes Haus (1908), vom Besitzer selbst geführt, ständig wird mit viel Liebe renoviert und ergänzt." DZ/F etwa 115 €, ganzjährig geöffnet, Parkplatz. Via Luigi Pirandello 60, ✆ 0942 23342, ℻ 0942 626298, www.belsoggiorno.com.

*** Hotel Vello d'Oro (25), in zentraler Lage wenig oberhalb des Corso. Ein modernes Haus; helles, luftiges und großzügig geschnittenes Interieur mit originellen Akzenten. Wer eines der Zimmer mit Aussichtsbalkon bzw.- terrasse (etwa die Hälfte der Räume) erwischt, hat wirklich einen guten Fang gemacht – das Panorama ist prächtig. DZ/F 115 €. Via Fazzello 2, ✆ 0942 23788, ℻ 0942 626117, www.hotelvellodoro.com.

*** Hotel Villa Schuler (36), ein sehr angenehmes, gepflegtes Haus, seit 1905 in Familienbesitz und überwiegend von Privatgästen gebucht. Sorgsam gehütete alte Villa unter einem ausgeschlafenen deutschen Hotelier aus Leidenschaft, der seine Gäste bei Bedarf auch mit einem kleinen Wanderbüchlein versorgen kann. Mountainbikeverleih. Komfortable Zimmer mit guten Betten, Loggia, Balkon oder Terrasse. Parkähnlicher Garten mit toller Aussicht, in dem auch das üppige Frühstück (à la carte!) eingenommen wird. Hausgäste speisen zum Spezialpreis in drei Vertragsrestaurants. DZ/F etwa 120–130 €, auch Junior-Suiten. Offen von März bis November, Reservierung ratsam. Hier auch Infos zu Ferienwohnungen. Piazzetta Bastione 16, bei der Via Roma, ✆ 0942 23481, ℻ 0942 23522, www.villaschuler.com.

** Hotel Villa Gaia (20), ebenfalls eine sehr empfehlenswerte Adresse. Ein schmuckes Häuschen mit Garten, in absolut zentraler, dabei aber recht ruhiger Lage oberhalb des Domplatzes. Nur acht Zimmer, komplett renoviert, vielleicht etwas plüschig, aber liebevoll dekoriert und mit Aircondition sowie Balkon. Freundliche Atmosphäre, vielsprachige und engagierte Besitzerfamilie, viele Stammgäste. Ganzjährig offen, Vorbestellung ratsam. DZ/F etwa 110–115 €. Via Fazzello 34, ✆/℻ 0942 23185, www.hotelvillagaia.com.

Ostküste

** Hotel Victoria (19), direkt am Corso, ein Lesertipp von Michael Temming: "Stilvolle Zimmer, die nagelneuen Fenster mit Doppelverglasung sorgen für Ruhe. Sehr freundliche Leitung". Ein Teil der Zimmer verfügt über Klimaanlagen. DZ/F etwa 75–105 €. Corso Umberto 81, ℡ 0942 23372, ℻ 0942 623567, www.albergovictoria.it.

** Hotel Villa Nettuno (22), in zentrumsnaher, aber nicht ganz ruhiger Lage an der Zufahrtsstraße. Baujahr 1840; der Salon konnte das Flair vergangener Zeiten auch bewahren. Die Zimmer wirken dagegen recht nüchtern, haben aber teilweise Blick aufs Meer oder den Garten. Insgesamt durchaus empfehlenswert. DZ rund 70 €; Via Pirandello 33, ℡ 0942 23797.

** Hotel Villa Igiea (21), ein ehrwürdiges, stilvolles Haus, das schon mehrfach als Kulisse für Modefotos diente. Zimmer teils mit Originalmöbeln der Zwanziger, schöne Aussicht. Die Räume sollte man sich vorher ansehen, denn sie fallen, ebenso wie die Bäder, sehr unterschiedlich aus – manche Leser waren durchaus angetan, andere weniger begeistert. DZ ohne Bad 60 €, mit Bad 90 €. Via Circonvallazione 28, ℡/℻ 0942 625275, www.villaigiea.com.

** Hotel Villa Chiara (23), zwischen Corso und Umgehungsstraße. Sowohl die Zimmer als auch die Bäder sind recht gut in Schuss, nur an den Betten und an der Lautstärke der nahen Straße gab es Leserkritik. Spätheimkehrer erwartet ein Nachtportier. DZ/F etwa 60–85 €. Via Don Bosco 10b, ℡ 0942 625421, ℻ 0942 52109. www.hotelvillachiara.com.

* Hotel Pensione Svizzera (33), knapp außerhalb der Altstadt, Nähe Busbahnhof. Hübsche und sehr solide geführte Villa mit schöner Aussicht, 2003 renoviert. Ordentliche Zimmer, eher einfach, aber sauber und hell, zum Teil mit Meerblick; kleiner Garten, Parkmöglichkeit gegen Gebühr. Insgesamt viel Komfort und Freundlichkeit. DZ/Bad/F nach Lage und Ausstattung etwa 80–110 €. Ganzjährig geöffnet, Reservierung ratsam. Via Pirandello 26, ℡ 0942 23790, ℻ 0942 625906, www.pensionesvizzera.it.

Pensione Adele (17), nahe der Porta Catania. Hübsches altes Haus, auch das Mobiliar mit nostalgischem Touch; Bäder recht einfach. Zimmer sauber, teilweise sehr geräumig, manche sogar mit Terrasse, auch eine Dachterrasse ist vorhanden. Von Juli bis Mitte September, über Weihnachten und Ostern ist HP obligatorisch, sonst DZ//F nach Ausstattung (mit/ohne Bad) und Saison etwa 60–75 €. Via Apollo Arcageta 16, ℡/℻ 0942 23352, www.pensioneadele.it.

Pensione Casa Grazia (35), ebenfalls ein privates Quartier und in dieser Klasse ausgesprochen empfehlenswert. Nur sieben etwas enge Zimmer, jedoch sehr gepflegt und mit angenehm kühlem Marmorfußboden; auch die Bäder sind modern und sehr sauber. Freundliche Besitzer. DZ/Bad 55 €, ohne Bad 50 €. Achtung: Wenn voll belegt, wurden Leser schon mal in ein weniger gutes Quartier "umgeleitet". Via Iallia Bassa 20, zentral nahe Teatro Greco, ℡ 0942 24776. Gäste empfahlen uns nahe Frühstücksbar die hübsche "Bam-Bar", 40 m weiter in der Via di Giovanni.

Pensione Casa Diana (28), in der Nähe des Corso und der "Casa Grazia", die beiden älteren Vermieterinnen sind befreundet. Nur vier Zimmer, einfach, aber sauber, wegen des nahen "Caffè Mediterràneo" manchmal jedoch nicht ganz ruhig. DZ/Bad etwa 50 €. Auch hier kam es schon mal zu unerwünschten "Umleitungen" der Gäste. Via di Giovanni 6, ℡ 0942 23898.

• *In Mazzaro* Für Autoreisende gar keine schlechte Option. Viele Hotels haben eigene Parkplätze, der Strand liegt vor der Tür und mit der Seilbahn ist man in kaum fünf Minuten oben in Taormina. An die Bahnlinie gewöhnt man sich... Abends ist hier unten allerdings kaum etwas geboten.

**** Hotel Villa Sant´Andrea (10), ausgesprochen stilvolles Quartier direkt am Strand, untergebracht in einer Villa von 1830. Sehr komfortable Zimmer, zwei Restaurants. Schade, dass die Sonne hier besonders im Herbst schon früh am Nachmittag verschwindet. DZ/F etwa 215–320 €. Via Nazionale 137, ℡ 0942 23125, ℻ 0942 24838, www.framon-hotels.com.

* Hotel Villino Gallodoro (5), zwei Fußminuten von der Seilbahn, ein herziges kleines Hotel aus der "guten alten Zeit", engagiert geführt vom perfekt deutschsprachigen Enrico Gallodoro und seinem Bruder Carmelo. 15 Zimmer unterschiedlicher Größe, alle ordentlich neu möbliert und mit Klimaanlage und TV versehen, viele kleine Terrassen und Balkons. Sehr schöne Gemeinschaftsterrasse (zugänglich übrigens für jedermann) mit Bar, überschattet von Bougainvillee und hundertjährigen Glyzinien. Gratis-Parkplatz. DZ/Bad/F 80 €. Geöffnet etwa April bis Oktober. Via Nazionale 147, ℡/℻ 0942 23860.

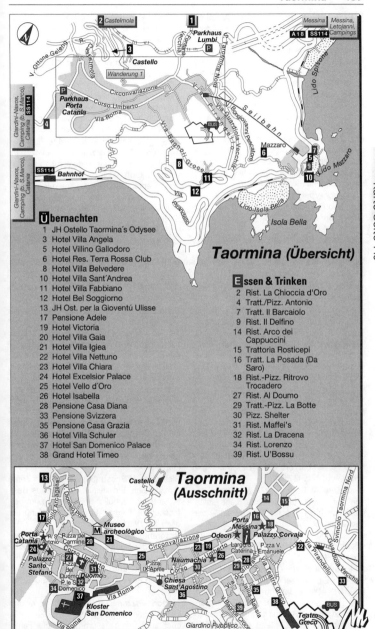

Ostküste

** Residence Terra Rossa Club (6), oberhalb von Mazzaro in Panoramalage. Apartmentsiedlung mit einzelnen, verstreuten Häuschen, gut begrünt, Swimmingpool. Individualreisende und Eltern mit Kindern sind bei den freundlichen Leuten gern gesehen. Apartments mit Bad/Küche für 2–5 Personen. Preise bei Zweierbelegung je nach Termin zwischen etwa 30 und 50 € pro Kopf, bei mehr Personen, längerem Aufenthalt oder in den abgelegenen Bungalows im Tal günstiger. Etwas komplizierte Autozufahrt nur ab Taormina (Ende Via Bongiovanni), Treppen ab Mazzaro. Ganzjährig geöffnet; ✆ 0942 24536, ℻ 0942 23188, www.residence-terrarossa. com.

• *Jugendherbergen* **Ostello per la Gioventú Ulisse (13)**, private JH in zentraler Lage unweit der Porta Catania. Ü/F pro Person ab 15 €. Vico San Francesco di Paola 9, zu erreichen über einen Stufenweg von der Via Apollo Arcageta. ✆ 0942 23193; ostelloulisse.taormina@email.it.

Ostello Taormina's Odyssee (1), eine weitere private JH, allerdings ein ganzes Stück nördlich des Zentrums, noch hinter dem Parkplatz Lumbi. Preise ähnlich wie oben. Traversa A di Via G. Martino, zu erreichen über die Verlängerung der Via Cappuccini; ✆ 0942 24533, www.taorminaodyssey.com.

• *Camping* Schade – der einzige Platz von Taormina, Camping San Leo, wurde 2001 geschlossen, das Gelände am Kap für viel Geld verkauft. Künftig sollen hier Apartments entstehen. Die nächsten Plätze finden sich nun bei Letojanni im Norden und bei Giardini Naxos sowie San Marco im Süden.

Essen (siehe Karte Seite 159)

Wer über das nötige Kleingeld verfügt, kann in Taormina aufs Feinste speisen. Die preiswerteren Restaurants dagegen sind häufig auf Schnellabfütterung ausgelegt. Von den Pizzerien und Schnellimbissen direkt am Corso sei abgeraten: Mäßiges Essen zu hohen Preisen ist hier eher die Regel als die Ausnahme.

• *In Taormina* **Ristorante Maffei's (31)**, in einer winzigen Gasse unterhalb des Corso. Edles Ambiente, Spitzenküche, prima Weinauswahl – eines der absoluten Toplokale Taorminas, qualitativ wie preislich: Menü ab etwa 40 € weit aufwärts. Via San Domenico de Guzman, im Winter Di Ruhetag, von Mitte Januar bis Mitte Februar geschlossen. ✆ 0942 24055.

Ristorante Lorenzo (34), in der Nähe des Klosters San Domenico. Terrasse mit hübscher Aussicht auf die Bucht von Giardini, erlesene Küche, guter Service. Menü ab etwa 35 €. Via Roma 12, Mi Ruhetag, von Mitte November bis Mitte Dezember geschlossen; ✆ 0942 23480.

Ristorante Al Duomo (27), am Domplatz. Von der etwas "touristischen" Lage sollte man sich nicht abschrecken lassen – die Küche gilt als gut und authentisch sizilianisch. Menü ab etwa 35 €. Vico Ebrei 11, im Winter So Ruhetag, im Februar geschlossen; ✆ 0942 625656.

Ristorante Arco dei Cappuccini (14), auch von den Einheimischen viel gelobtes Lokal etwas abseits der Touristenströme. Seit Jahren konstant gute Qualität, prima Service, exquisite Weinauswahl. Prima Preis-Leistungs-Verhältnis, Menü ab etwa 25 €. Via Cappuccini, unweit der Porta Messina; Mi Ruhetag. ✆ 0942 24893.

Ristorante La Dracena (32), ebenfalls etwas versteckter gelegen und ein weiterer Tipp in der gehobenen Kategorie. Seinen Namen trägt das Restaurant nach dem großen Drachenbaum im hübschen Garten. Preisniveau etwa wie oben. Via Michele Amari 4, ✆ 0942 23491.

Ristorante L'Orologio, ein Lesertipp von Andreas Sommer: "Sowohl Fisch- als auch Fleischgerichte sehr empfehlenswert, aufmerksame Bedienung." Auch andere Leser lobten das Restaurant, u. a. wegen der hübschen Lage im Freien. Preise etwa wie oben. Via Don Bosco 37 a, oberhalb der Piazza IX Aprile, ✆ 0942 625572.

Ristorante U'Bossu (39), im unteren Zentrumsbereich. Ein kleines, schmuckes Restaurant mit freundlicher Bedienung, immer frischer Fisch, gute Fischsuppe. Menü ab etwa 25 €. Via Bagnoli Croce 50.

Ristorante La Chioccia d´Oro (2), außerhalb an der Straße nach Castelmola. Gute sizilianische Küche, hausgemachte Nudeln, freundlicher und aufmerksamer Service. Menü ab etwa 20 €. Contrada D´Azio 1, Do Ruhetag.

Trattoria-Pizzeria La Botte (29), an einem kleinen, zentral gelegenen Platz. Freundlicher, auch von Italienern geschätzter Familienbetrieb mit solidem Angebot. Innen vielleicht etwas überdekoriert, dafür gemütlich,

Taormina 161

an den Tischen im Freien recht lauschig. Gute Pizza aus dem Holzofen, Menü à la carte ab etwa 20 €. Piazza Santa Domenica 4.

Trattoria-Pizzeria Antonio (4), für Pizzafans den etwas weiten Weg wert. Hier gibt es wohl die besten Pizze der Stadt, Grund für die hohe Beliebtheit des Lokals bei den Einheimischen. Flinker Service, große Terrasse. Etwa 600 Meter außerhalb der Porta Catania, an der Umgehungsstraße nach Giardini; Fußgänger sollten nachts etwas vorsichtig sein, Taschenlampe nützlich. Wer sich traut, kann durchs Parkhaus abkürzen. Pizza ab 5 €, Menü ab ca. 20 €. Mo Ruhetag.

Pizzeria Shelter (30), eine Alternative im Ort. Üppige Pizze, besonders am Wochenende auch bei der Nachbarschaft beliebt, Pizza etwa 6–7 €. Via Fratelli Bandiera 10, an einem gemütlichen kleinen Platz unterhalb des Corso.

Trattoria Rosticepi (15), ein Lesertipp von Kristina Rosenfeld: "Es war brechend voll, das spricht wohl für sich – die Leute standen sogar draußen Schlange. Das Essen war auch wirklich sehr lecker und reichlich." Menü ab etwa 18 €. Via San Pancrazio 18, nahe der Porta Messina.

Trattoria La Posada (Da Saro, 16), ebenfalls nahe der Porta Messina, ein recht uriger, sympathischer Familienbetrieb. Die Lage ist nicht gerade schön und der Service vielleicht nicht immer perfekt, das Essen erweist sich jedoch als recht gut und günstig: Menü schon ab etwa 15 €. Via Costantino Patricio 26.

Rist.-Pizzeria Ritrovo Trocadero (18), direkt vor der Porta Messina. Trotz der stark frequentierten Lage keine schlechte Adresse: Hier gibt´s auch mittags leckere Pizza ab 6 €, kein Aufpreis für Gedeck oder Service. Spät abends kehrt hier auch schon mal die Nachbarschaft ein. Via Pirandello 1.

Pizze, Focacce und andere warme Köstlichkeiten zum Mitnehmen gibt's abends bei der Bäckerei in der Via Strabone, unterhalb des Domplatzes.

Unter Naturschutz gestellt: die Bucht von Isolabella

• *In Mazzaro* **Ristorante Il Delfino (9)**, am Lido di Mazzaro. Umgrünte Terrasse über dem Strand, abends durchaus stimmungsvoll, der Service aber oft lahm. Preise entsprechend der Lokalität: Menü ab etwa 20 € aufwärts. Von April bis Oktober, täglich geöffnet.

Trattoria Il Barcaiolo (7), am östlichen Ende der Hafenbucht, Zugang fast durch Il Delfino hindurch, am Strand dann links bis zu den Fischerbooten. Romantisches Ambiente, schöner Blick, freundliche, flinke Bedienung, Preise günstiger als im "Delfino".

*C*afes/*N*achtleben/*V*eranstaltungen/*E*inkaufen

• *Bars und Cafes* Am Corso reichlich vertreten, die dortigen Straßencafes sind jedoch alles andere als billig.

Caffè Wunderbar, an der Piazza IX. Aprile und direkt an der Flaniermeile gelegen. Die berühmteste Bar Taorminas, gleichzeitig eine der teuersten.

Caffè del Duomo, mittlerweile offiziell "Billy & Billy" geheißen, am Domplatz und morgens Treffpunkt der Einheimischen auf einen Caffè oder Capuccino.

Caffè Letterario Sikania, hübsches, wenn auch nicht ganz billiges Café gleich außerhalb der Porta Catania. Angeschlossen eine Art Bücherei mit leider fast nur italienischen Zeitungen und Büchern. Piazza San Antonio Abate.

Bar Arco Rosso, angenehme kleine Bar mit guten lokalen Weinen und einigen Tischen auch im Freien. Ganzjährig geöffnet, in

Taormina eine Empfehlung. Via Naumachia 7.
Osteria Nero d'Avola, eine Weinstube, in der es auch Kleinigkeiten zu Essen gibt. Große Auswahl sizilianischer Weine aller Preislagen und Qualitäten, die auch per Glas serviert werden. Der Besitzer erklärt gern die Weine und ist äußerst qualifiziert. Vio de Spuches 8, am Ende des Corso, vor der Porta Catania in die Gasse.

Di Vino, eine weitere empfehlenswerte Weinbar mit guter Auswahl und kompetenter Beratung. Zu suchen an der Piazza Raggia 4, etwas abgelegen bei der Via di Giovanni und nahe der Kreuzung der Via Roma mit der Via Bagnoli Croce, in einem Gebiet, das sich künftig zu einer neuen Kneipenzone entwickeln könnte. Mo Ruhetag.

• _Kneipen, Nachtleben_ **Tiffany Club**, im Viale San Pancrazio 5, außerhalb der Porta Messina. Auch nach dem Besitzerwechsel noch eine der beliebteren Discos von Taormina, nur im Sommer geöffnet. Eintrittsgebühr, mit einem der gelegentlich verteilten Flyer ermäßigt.

Tout Va, exklusiver Open-Air-Nightclub an der Via Pirandello unterhalb der Stadt, ist ebenfalls nur im Sommer geöffnet.

La Giara, bereits 1953 gegründet. Eine Mischung aus Nobelrestaurant, teurer Pianobar und Disco für ein entsprechend schickes und zahlungskräftiges Publikum. Via La Floresta 1.

Ziggy Bar, gegenüber dem Kloster San Domenico. Eine Bar für Gays, für die Taormina schon traditionell (von Gloeden ...) einen Anziehungspunkt bildet.

Re di Bastoni nennt sich eine beliebte, auf rustikal gemachte Bar am Corso Umberto 120, schräg gegenüber der Banco di Sicilia und Treffpunkt für junge Einheimische wie für Touristen. Gelegentlich gibt es hier Livemusik, ebenso im **Caffè Mediterràneo** in der Via di Giovanni nahe der Pension Casa Diana.

• _Einkaufen_ **Supermarkt** SMA an der Via Apollo Arcageta, bergwärts außerhalb der Porta Catania.

Markthalle, geöffnet Mo–Sa, jeweils bis 13 Uhr, an der Via Vecchio Marcello.

Straßenmarkt jeden Mittwochvormittag, zuletzt noch an der Via von Gloeden, doch ist ein Standortwechsel geplant, evtl. hin zum neuen Parkhaus bei der Porta Catania.

• _Veranstaltungen_ **Sfilato del Carretto Siciliano**, dreitägiges Treffen bunt bemalter sizilianischer Karren an wechselnden Terminen im Mai, ein Fest für Fotografen! Zuletzt leider nicht mehr jedes Jahr.

Taormina, Giardino della sicilia: Blumenfest im Mai/Juni, das mittlerweile auch nur noch unregelmäßig stattfindet. Privatleute und Firmen schmücken die Straßen und Plätze mit fantasievollen Arrangements.

Estate a Taormina, Sommerprogramm von Juni bis September, mit Ausstellungen, Straßentheater, Musik.

TaorminaArte, Kulturfestival von Juni bis August, mit Theater, Tanz, dem "Taormina FilmFest" etc., Veranstaltungen u. a. im Griechischen Theater. Infos unter der Website www.taormina-arte.com.

Baden

Der Badeort par excellence ist Taormina sicher nicht – die Strände der Umgebung sind im Sommer überfüllt, weite Teile bestehen aus nur gegen Gebühr zugänglichen und mit Sonnenschirmen und Liegestühlen gepflasterten "Stabilimenti", den Strandbädern. Ruhiger und gebührenfrei liegt es sich bei Letojanni, zu erreichen per Bus oder Bahn.

Lido Mazzeo, Lido Spisone: Zwischen Letojanni und Mazzaro erstreckt sich dieser lange, relativ breite Strand aus Sand und feinem Kies. Hier gibt es noch viele freie Abschnitte. Zu erreichen per Lokalbus Richtung Letojanni, der Lido Spisone auch über einen Treppenweg ab Taormina, Beginn beim Friedhof, etwa eine halbe Stunde Fußweg.

Lido Mazzaro: Ein feiner Sandstrand, in dessen Rücken sich dicht an dicht Hotels und Restaurants drängen, über Seilbahn, Bus oder Treppenweg (ab Seilbahnstation, dann die Straße rechts am Stadion vorbei) gut mit Taormina verbunden. Viele unzugängliche Privatabschnitte von Hotels, der Rest ist fast völlig in der Hand der kräftig gebührenpflichtigen Stabilimenti.

Lido Isolabella: Der Strand vor der viel fotografierten "schönen Insel", die eigentlich eine Halbinsel ist, besteht größtenteils aus Kies. Neben den Stabilimenti finden sich auch freie Abschnitte, allerdings so knapp, dass es in der Hauptsaison reichlich eng wird. Seit 1999 ist die gesamte Bucht von Isolabella endlich als "Riserva Naturale Orientata" unter Naturschutz gestellt. Verantwortlich ist die italienische Sektion des WWF, bei deren Büro in Mazzaro man sich auch zu Besichtigungen der üppig begrünten Insel und sogar zu Schnorchelführungen anmelden kann.

• *Infos, Führungen* **Riserva Naturale Orientata Isola Bella**, in Mazzaro, Vico San Andrea 121, Zugang bei der Via Nazionale 121, Nähe Rosticceria "Gusto Mediterraneo", beschildert; geöffnet täglich 9–18 Uhr. Die Gratis-Führungen fanden zuletzt Di/Do/Sa jeweils um 10 Uhr und um 15 Uhr statt; für kleine Gruppen wurden auch Schnorchelführungen angeboten. Geplant sind zudem Ausstellungen, ein Info-Parcours, Aquarien etc. ✆ 0942 628388, riservaisolabella@tao.it.

Um Giardini Naxos: Der eher unscheinbare Strand von Giardini bildet keine echte Alternative zu den Stränden weiter nördlich, zumal er mit gebührenpflichtigen Badeanstalten weitgehend zugestellt ist. Südlich des Kaps beginnt ab *San Marco* der schönste Strand der Gegend (Auto nötig); leider ist er oft nicht ganz sauber. Details siehe dort.

Sehenswertes

Corso Umberto I.: Der leicht bogenförmig verlaufende Lebensnerv der Stadt, gesäumt von sorgfältig restaurierten alten Häusern, im Parterre Boutiquen, Restaurants oder Reisebüros. Jeder ungenutzte Quadratmeter hieße schließlich, bares Geld zu verschenken. Im Osten beginnt der Corso an der *Porta Messina*, einem 1808 von den Bourbonen errichteten Stadttor. Westliches Gegenstück ist die *Porta Catania*, wesentlich älter und oft umgebaut, zuletzt im 15. Jh. unter den Spaniern. Zweimal verbreitert sich der Corso, zur *Piazza IX Aprile* und zur *Piazza Duomo*, den beiden gepflegten und ansehnlichen Hauptplätzen der Stadt.

Palazzo Corvaja (täglich 8–14, 16–20 Uhr): Am Corso, kurz nach der Porta Messina, rechter Hand der Piazza Vittorio Emanuele. Anfang des 15. Jahrhunderts in vorwiegend gotischem Stil errichtet, gilt er als der schönste Stadtpalast Taorminas, besonders Fenster und Portal lohnen einen Blick. Beim Bau des Palazzo wurde ein noch aus der Araberzeit stammender Turm integriert. Im weiten Innenhof tagte 1410 das sizilianische Parlament, heute finden dort und in der Halle Ausstellungen statt. Im Palazzo residiert außerdem die städtische Infostelle sowie seit einigen Jahren das "Museo Siciliano di Arte e Tradizioni Popolari" (Di–So 9–13, 16–20 Uhr; Eintritt 2,50 €), ein relativ kleines Volkskunstmuseum, das mit dem Nachlass eines örtlichen Antiquitätenhändlers bestückt ist.

Odeon: Die Überreste dieses kleinen römischen Theaters verbergen sich in einer Seitengasse etwas oberhalb des Palazzo Corvaja. Sie wurden erst 1892 bei Erdarbeiten entdeckt. Wohl hauptsächlich für Gesangsdarbietungen bestimmt, war das Theater kurz vor Christi Geburt an einen griechischen Tempel angebaut worden, von dem allerdings kaum etwas erhalten blieb.

Griechisch-römisches Theater: Zugang von der Piazza Vittorio Emanuele über die Via Teatro Greco. Das mit Abstand berühmteste Bauwerk der Stadt, vielleicht sogar Siziliens, riss ob seiner Panoramalage schon den alten Goethe zu literarischen Begeisterungsausbrüchen hin. Strittig ist bis heute, wann und von wem mit dem Bau begonnen wurde. Die Lage spricht eindeutig für die Griechen, die für ihre Theater immer die schönsten Plätze auszusuchen pflegten. Sie begannen möglicherweise schon im 3. Jahrhundert v. Chr. damit, die Sitzstufen in den Fels zu schlagen, von diesem ursprünglichen Bau ist jedoch kaum noch etwas zu sehen. Später bauten die Römer das Theater auf seine heutige Größe aus und ersetzten ab der späten Kaiserzeit die feinsinnigen griechischen Tragödien durch Gladiatorenkämpfe. Ähnlich unsensibel errichteten sie auch die Ziegelwand hinter der Bühne, die erfreulicherweise großteils wieder eingestürzt ist und den Blick auf die weiten Bögen der Küste und den rauchenden Etna freigibt.

> "Nun sieht man an dem ganzen langen Gebirgsrücken des Ätna hin, links das Meerufer bis nach Catania, ja Syrakus; dann schließt der ungeheure, dampfende Feuerberg das weite, breite Bild, aber nicht schrecklich, denn die mildernde Atmosphäre zeigt ihn entfernter und sanfter als er ist." (Goethe)

Am schönsten ist die Szenerie morgens, wenn die Luft noch klar ist. Ein nächtlicher Besuch ist zusätzlich angesagt: Im Sommer werden hier gelegentlich Kinofilme gezeigt oder Konzerte veranstaltet. Am Eingang zum Theater liegt ein (zuletzt allerdings geschlossenes) Antiquarium, in dem Architekturfragmente und Inschriften ausgestellt sind.
⏱ 9 Uhr bis eine Stunde vor Sonnenuntergang, Eintritt 4,50 €.

Naumachia: In der unterhalb parallel zum Corso verlaufenden Via Naumachia findet sich ein mysteriöses Relikt der Römerzeit. Die Funktion des 122 Meter langen Backsteingebäudes ist bis heute nicht genau geklärt. "Naumachia" steht für griechisch "Seeschlacht" – es ist jedoch nicht anzunehmen, dass zur Volksbelustigung hier solche Kämpfe im Kleinformat stattfanden. Wahrscheinlich handelt es sich um die Außenwand einer großen Zisterne.

Piazza 9 Aprile: Noch ein Aussichtspunkt, diesmal direkt am Corso. Die Terrasse ist abendlicher Treff der Stadt, wenn aus dem "Caffè Wunderbar" die Pianoklänge dringen und Straßenmaler, fliegende Händler und Jongleure auf ihren Anteil am Touristensegen hoffen. Auf dem Platz steht die kleine Ex-Kirche *Sant'Agostino* von 1448, heute Bibliothek und Ausstellungsraum für lokale Künstler. Jenseits der Piazza beginnt beim *Torre dell'Orologio*, dem rekonstruierten Uhrturm aus dem 12. Jahrhundert, das mittelalterliche Taormina.

Piazza del Duomo: Zentrum der alten Stadt, ein Stück weiter am Corso. Der Dom stammt aus dem 13. Jh. und wurde später mehrfach umgebaut, mit hübschem Portal und schlichtem Inneren. Vor dem Dom steht ein Barockbrunnen von 1635, gekrönt von einem putzigen Zentaur. Vom Platz führen Stufen zum ehemaligen Kloster *San Domenico*, heute eines der edelsten Hotels von Taormina in punkto Ausstattung und Preis – kein Zutritt für Nichtgäste.

Theater mit Traumblick: Teatro Greco

Palazzo Duca di Santo Stefano (tgl. 9–12, 16–20 Uhr): Unterhalb der Porta Catania steht einer der schönsten Paläste Taorminas, im 14. Jh. erbaut. Neben dem bestimmenden gotischen Stil weist er auch arabische und normannische Anklänge auf. 1964 von der Stadt erworben, beherbergt der Palazzo heute wechselnde Ausstellungen, zu denen er auch schon mal länger geöffnet bleibt als üblich.

Museo Archeològico (Di–So 9–13, 16–20 Uhr; gratis): Taorminas Archäologisches Museum wurde nach langen Planungen im Mai 2002 eröffnet. Untergebracht ist es im Palazzo della Badia Vecchia an der Via Circonvallazione, einem schönen Beispiel sizilianischer Gotik des 14. Jh. Den Kern der Ausstellung bilden die Funde vor allem aus griechischer und römischer Zeit, die bei den zahlreichen Grabungen in und um Taormina ans Licht kamen; bedeutendstes Stück ist ein Prunkschwert des 5./6. Jh. n. Chr., das schnorchelnde Kinder 1991 vor der Isola Bella entdeckten. Leider sind die Erläuterungen bislang nur in Italienisch gehalten.

Giardino publico (Villa Communale): Der Stadtpark von Taormina, an der Via Bagnoli Croce, vom Corso über Treppen zu erreichen. Vielfältige Pflanzenpracht und Ruhe vor der Hektik des Zentrums, abends am schönsten.

Castello: Auf dem Gipfel des Monte Tauro (398 m), des Hausbergs von Taormina. Der Aufstieg erfolgt über einen schmalen Weg ab der Umgehungsstraße Via Circonvallazione, unterwegs passiert man die Wallfahrtskirche Madonna della Rocca (siehe auch Wanderung 1). Das halb verfallene Kastell selbst lohnt den Weg weniger, der Ausblick auf Stadt und Küste ist jedoch fabelhaft. Allerdings ist die Burg seit Jahren wegen Restaurierungsarbeiten geschlossen, Näheres über den aktuellen Stand im Infobüro von Taormina.

Castelmola

Ein mittelalterliches Bergdörfchen oberhalb von Taormina, berühmt für seine weite Aussicht und den zuckersüßen Mandelwein "Vino alla mandorla" – die tagsüber reichlich vorhandenen Reisegruppen treten den Heimweg in entsprechend fröhlicher Stimmung an. Gegen Abend wird es ruhiger, die Atmosphäre angenehmer. Auch Castelmola besitzt ein Kastell, das ebenfalls mit tollem Blick aufwarten kann; zuletzt fanden hier von April bis Oktober Falknereivorführungen statt. Das Dorf liegt fünf kurvige, steile und schmale Straßenkilometer von Taormina entfernt, zu erreichen per Bus und Auto über die Via Circonvallazione oder zu Fuß in etwa einer Stunde über den in Wanderung 1 (siehe unten) beschriebenen Treppenweg.

• *Übernachten* **** **Hotel Villa Sonia,** an der Straße von Taormina, beim Parkplatz kurz vor dem Ort. Der freundliche Besitzer, Wirt aus Überzeugung, betreibt das Hotel schon seit über 20 Jahren. 1999 wurde es erweitert und renoviert und dadurch vom Zwei- zum Viersterner hochgestuft. Großzügige Zimmer, teils mit Etna-Blick; Pool und gutes Restaurant. DZ mit üppigem Frühstück nach Ausstattung und Saison 110–175 €. Ganzjährig geöffnet. Via Portamola 9, ✆ 0942 28082, ✆ 0942 28083.

** **Hotel Panorama di Sicilia,** im Ort und wirklich mit tollem Blick. Die Zimmer sind mit blauem Kachelboden und Schmiedebetten recht hübsch, die Bäder allerdings nicht die neuesten. DZ/F etwa 55 €, Juli/August nur mit HP. Ganzjährig offen; Via dei Gasperi, ✆ 0942 28027.

• *Essen, Kneipen* **Pizzeria Ciccino,** am Domplatz Piazza Duomo. Einfach, ein paar Tische auf dem Pflaster, viel gelobt für seine preiswerten Pizze. Außerhalb der Saison nur Sa/So geöffnet, im Juli und August täglich; jeweils nur abends.

Bar Turrisi, bereits 1812 eröffnet. Heute gibt sich das dreistöckige Lokal etwas ungewöhnlicher als andere Bars: Hier feiert man den Penis (als Statue, Tischlampe etc., aber auch in Marzipan, als Lutscher usw.), beruft sich dabei auf die griechische Vergangenheit. Zu suchen ausgerechnet am Domplatz Piazza Duomo.

Kitsch und Wein in Castelmola

Wanderung 1: Von Taormina nach Castelmola und auf den Monte Veneretta

Route: Taormina – Madonna della Rocca – Castelmola – Monte Veneretta (884,5 m) – Castelmola – Taormina. **Reine Wanderzeit:** 4 Stunden. **Höhenunterschiede:** jeweils 680 Meter Auf- und Abstieg.

Charakteristik: Der Ausflug von Taormina zum Bergstädtchen Castelmola gehörte immer schon zu den beliebten Vergnügungen – Winston Churchill war nur einer von vielen, die auf der Terrasse der Bar San Giorgio

Wanderung 1   167

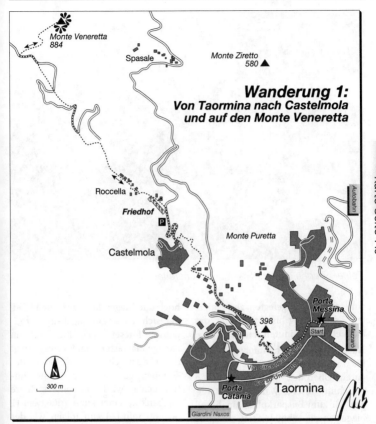

Wanderung 1:
Von Taormina nach Castelmola und auf den Monte Veneretta

den Mandelwein und die wunderbare Aussicht auf Taormina und den Golf von Naxos genossen. Auf alten Eselspfaden kann man von Castelmola aus den Monte Veneretta erklimmen und einen noch grandioseren Blick genießen. Zwar ließe sich Castelmola von Taormina aus auch mit öffentlichen Bussen erreichen (und eigentlich sollte man sich die Fahrt mit den lokalen Kurvenkünstlern zumindest einmal nicht entgehen lassen), es gibt aber auch eine Reihe von Treppenwegen hinauf – schneller als man denkt, ist man zu Fuß oben.

Verlauf: Von der Porta Messina folgen wir der Via Circonvallazione aufwärts Richtung Castelmola, um die scharfe Linkskurve herum, und biegen nach wenigen hundert Metern rechts in den beschilderten Treppenweg, der zur *Madonna della Rocca* hinauf führt. Fantastische Ausblicke begleiten uns. Auf einem Stichweg könnte man den Anstieg bis zum Kastell von Taormina fortsetzen. Richtung Castelmola folgen wir ein Stück weit der Straße und biegen auf Höhe eines Keramikladens links ab. Der letzte Teil des Aufstiegs verläuft

Felder, Ziegen, weiter Blick: Monte Veneretta

auf einem neu angelegten, zementierten Treppenweg bis *Castelmola*, das nach etwa 50 Minuten erreicht ist.

Nach einer Verschnaufpause – die Piazza S. Antonio gewährt uns einen guten Überblick auf den nächsten Abschnitt unserer Wanderung – steigen wir zum Busparkplatz hinab und biegen in die schmale Straße ein, die am Kriegerdenkmal und Friedhof vorbei den Berg hochführt. Ein rostiges Schild weist hier zum "M. Venere", wie der Monte Veneretta auch genannt wird. Auf dem geschotterten, teils zementierten Fahrweg steigen wir nach links in Serpentinen steil zwischen den Häusern der Contrada Rocella hoch. Oberhalb der Häuser verschmälert sich die Fahrspur und führt beinahe eben an aufgelassenen Terassen vorbei. Wir erreichen einen kleinen Sattel, hinter dem sich die Fahrspur asphaltiert fortsetzt. Auf der schmalen Straße gehen wir nur wenige Schritte weiter hoch und biegen links auf einen Pfad, der sich als schön angelegter Treppenweg fortsetzt. Die "Trazzera", ein steingepflasterter Maultierweg, folgt dabei dem Grat. Kurz bevor der Treppenweg von der Straße unterbrochen wird, lädt eine steinere Sitzbank zu einer kurzen Rast ein (1 Std. 30 min.). Dann folgen wir der Straße für ein kurzes Stück, bis sich die Trazzera hinter einem Betonneubau rechts weiter fortsetzt. Die Stufen des Weges sind größtenteils verwachsen. Auf den Hängen kann man noch die alten Ackerterrassen erkennen; längst aufgegeben, dienen sie heute nur noch als Weide. Wieder queren wir die Straße, der Pfad setzt sich auf dem Grat fort. In einem Sattel treffen wir erneut auf das schmale Asphaltband, dem wir ein letztes kurzes Stück nach links folgen. Im nächsten Sattel (1 Std. 45 Min.) biegen wir rechts ab. Ein Pfad führt über Felsplatten hoch, quert eine große

Sattelmulde und steigt weiter hinauf zum *Monte Veneretta* (2 Std.), dessen fast 900 Meter hoch gelegener Gipfel durch eine Steinpyramide markiert ist. Wenige Berge Siziliens bieten ein schöneres Panorama: im Norden die Peloritani, im Osten die Straße von Messina und dahinter Kalabrien. Zu unseren Füßen breiten sich Taormina und die Bucht von Naxos aus, im Süden beherrscht der majestätische Ätna das Bild. Vom Gipfel kehren wir auf dem gleichen Weg nach Castelmola und Taormina zurück.

Giardini Naxos

Einst die erste griechische Siedlung auf Sizilien, heute ein fast reinrassiger Ferienort. Die Nähe zu Taormina macht's möglich – Tourismus total. Immerhin besitzt Giardini Naxos gute Verkehrsverbindungen in alle Richtungen.

Giardini Naxos besteht zum Großteil aus nur zwei Parallelstraßen, die sich kilometerlang zwischen Bahnlinie, Durchgangsstraße und Meer quetschen. Der Lungomare entlang der weit geschwungenen Bucht läuft in einen kleinen Hafen aus und wird von Boutiquen, Restaurants und eher einfachen Hotels geprägt. In der zweiten Reihe dann Apartmenthäuser, deren Klingelschilder fast einen Quadratmeter bedecken ... Südlich des Kaps mit den Resten der Griechensiedlung schließt sich ein nobleres Viertel an, in dem die feineren Hotels, Villen und Apartments liegen. Die Saison ist lang; im August geben Italiener den Ton an, ab Mai und bis in den Oktober die Nordlichter, die großteils pauschal anreisen.

Information/Verbindungen

- *Information* **A.A.S.T.**, Lungomare Tysandros 54 (Uferstraße), Öffnungszeiten von Juli–September: Mo–Sa 8.30–14, 16.30–19.30 Uhr; außerhalb der Saison Mo–Fr 8.30–13, 16.00–19.00 bzw. im Winter 15.30–18.30 Uhr, Sa jeweils nur vormittags. Kompetentes Büro, fremdsprachiges Personal, Stadtplan, Zimmervermittlung. ✆ 0942 51010, www.aastgiardininaxos.it.
A.A.S.T., Zweigstelle im Bahnhof Taormina-Giardini, ✆ 0942 52189. Geöffnet ganzjährig Mo–Sa 9.15–13, 16–19 Uhr.
- *Postleitzahl* 98035
- *Verbindungen* **Zug**: Der Gemeinschaftsbahnhof Taormina-Giardini liegt ungünstige 2 km vom "Zentrum" entfernt. Häufige Anschlüsse an der Linie Messina-Catania.
Bus: Alles, was Richtung Catania oder Messina fährt, hält. Mehrere Haltestellen an der Hauptstraße, Lokalbusse nach Taormina verkehren recht häufig, Fahrpläne bei A.A.S.T.
- *Internet-Zugang* OK Service, Lungomare Regina Margherita 101, im nordöstlichen Bereich der Uferstraße, ✆ 0942 571707.

Drahtig: Nike-Statue am Lungomare

Ostküste

Übernachten

Für diejenigen, die Meeresnähe bevorzugen, kann Giardini eine Alternative zu Taormina sein. Die Busverbindungen dorthin sind gut. Allerdings besteht im Sommer auch hier fast überall Verpflichtung zur Halbpension.

• *Hotels* ***** Hotel Arathena Rocks (10)**, in der "Nobelecke" von Giardini, hinter dem Kap an der Südseite der Bucht. Viele Antiquitäten, aber auch Kitsch – auf gewisse Weise ganz hübsch. Strand aus Lavafels, schöner Swimmingpool, Gartenanlage zum Meer, Park landeinwärts. DZ ca. 100–110 €. Offen von April bis Oktober, Via Calcide Euböa 55, ✆ 0942 51349, ℻ 0942 51690. www.hotelarathena.com.

*** Hotel Nike (9), ebenfalls in diesem Gebiet. Direkt am Meer mit Terrasse und Badesteg, ordentlich eingerichtete Zimmer. Ganzjährig geöffnet, DZ/F etwa 75–95 €. Mindestaufenthalt (zumindest offiziell) eine Woche. Via Calcide Euböa 27, ✆ 0942 51207, ℻ 0942 56315. www.hotelnike.it.

** Hotel Costa Azzura (4), Mittelklassehotel, geräumige Zimmer, die Bäder recht eng. Störend die Bahnlinie hinter dem Haus. DZ etwa 50 €, zur NS günstiger, im August Halbpension Pflicht. Offen April–Oktober. Via Naxos 35 (Nähe A.A.S.T.), ✆ 0942 51458.

* Pensione Otello (1), einfache, aber durchaus solide Unterkunft nahe der A.A.S.T. Die Preise sind zuletzt aber kräftig gestiegen: DZ/Bad etwa 60 €. Lungomare Tysandros 62, ✆ 0942 51009.

Privatzimmer vermittelt die A.A.S.T.

• *Camping* ***** Camping Villaggio Alkantara**, weit im Südwesten von Giardini Naxos und vorwiegend für Wohnwagen und Wohnmobile gedacht; Stellplätze für Zelte gibt es aber auch. Erst im Jahr 2000 eröffneter Platz im Hinterland der Hotelsiedlung südlich des Kaps, einer Apartment-Clubanlage angeschlossen. Hübsch eingegrünt, bislang aber noch wenig Schatten. Gute Ausstattung, zwei Pools, Tennis etc. Geöffnet ganzjährig mit Ausnahme des Zeitraums über Weihnachten/Neujahr; zwei Personen, Auto, Zelt zahlen zur HS rund 35 € (!), zur NS günstiger. ✆ 0942 576031, www.villaggioalkantara.it.

* Camping Maretna, ebenfalls noch relativ neuer Platz in etwas zentralerer Lage, wenn auch durch die Bahnlinie vom Ortskern getrennt. Allerdings war dieser Platz, obwohl offiziell geöffnet, in den letzten Jahren immer wieder für längere Zeit geschlossen, vorab deshalb unbedingt die Infostelle kontaktieren oder gleich vor Ort anrufen ✆ 0942 52794. Ein weiterer Ausweichplatz liegt bei San Marco, siehe unten.

Essen/Nachtleben/Sport

• *Essen* **Ristorante Sea Sound (11)**, im Hotelviertel südlich des Kaps. Die exklusivste Adresse in Giardini, nur im Sommer geöffnet. Menü ab etwa 30 € aufwärts. Viale Jannuzzo 37, ✆ 0942 54330.

Trattoria-Pizzeria Nettuno (2), unweit der A.A.S.T. und mit recht gutem Ruf bei den Einheimischen. Bekannt für fangfrischen Fisch; Menü ab etwa 20 €, auch gute Pizza ab etwa 5 €. Lungomare Tysandros 68.

Ristorante La Romantica (5), ebenfalls am Lungomare, mit Terrasse direkt am Strand. Romantisch nennt sich's am Lungomare von Giardini schon, wenn der Autolärm etwas gedämpft erscheint. Menü um etwa 20 €, auch Pizza.

Bar-Ristorante Garden (3), freistehender, verglaster Hauptbau, die begrünte Terrasse mittels Pergola überspannt. An der Straße auch einige Tische, die aber arg den Abgasen ausgesetzt sind. Menü ab ca. 18 €. Lungomare Tysandros 74, Nähe A.A.S.T. Für den Verdauungsschluck nebenan die schnuckelige und preisgünstige "Bar Tisandros".

Rist. La Cambusa (6), im südlichen Bereich der Bucht. Großes Lokal direkt am Strand, "hervorragende Involtini di Pesce Spada und auch sonst gut. Nicht ganz billig" (Leserbrief von Margrit Nägeli). Lungomare Schisò 3.

Ristorante-Pizzeria Da Angelina (7), noch etwas weiter, am kleinen Hafen von Giardini. Einfach, aber freundlich, preiswert und mit recht solider Küche. Menü etwa 18 €, auch günstige Pizze. Lungomare Calcide Eubea 2.

Ristorante-Pizzeria La Lanterna (8), dort etwa 200 Meter südlich, bei der Nike-Statue. Preislich noch etwas günstiger als Angelina, "Essen schmackhafter" (Leserbrief von Albert und Erika Limmer). Lungomare Calcide Euböa 1.

Ostküste

- *Nachtleben* Einige wenige Discos bzw. Music-Pubs liegen im Gebiet südwestlich des Kaps. Das **Marabù** im Viale Jannuzzo lockt mit Piano-Bar, Restaurant und kleinem Pool und ist, ebenso wie **Peter Pan** (Viale Stracina 6), nur im Sommer in Betrieb. Die Disco **Taitù** in der Via Vulcano öffnet dagegen nur im Winter.
- *Sport* **Tauchcenter Nike Diving Center**, im Hafenbereich, ☎ 0942 47534, Mobil 339 1961559.

Sehenswertes

Vom antiken Erbe – immerhin entstand in Naxos 735 v. Chr. die erste griechische Kolonie Siziliens – ist leider nur wenig erhalten geblieben. Die Ausgrabungen "Scave" zeigen außer Resten eines Ofens kaum mehr als Grund- und Stadtmauern, sind aber hübsch in einem parkähnlichen Gelände gelegen. Angenehm ist ein Besuch am späteren Nachmittag, tagsüber wird es recht heiß. Funde aus dem alten Naxos und anderen Kolonien sind im kleinen Museum am südlichen Ende der Bucht ausgestellt.

⏱ Im Sommer tägl. 9–18.30 Uhr, im Winter nur bis 16.30 Uhr, Eintritt für Museum und Ausgrabungsstätte zusammen 2 €.

▶ **Baden:** Die Ortsbucht von Giardini ist voller Stabilimenti, gerade zwei kleine "Anstandsecken" sind frei gelassen worden. Südlich des Capo Schisò am Ende der Bucht zuerst Felsstrand, der großteils in Hotelbesitz ist, nach einer kleinen Flussmündung dann ein schmaler, mit Steinen durchsetzter Sandstrand vor verbautem Hinterland. Schöner, im Sommer natürlich ebenfalls bestens besucht, ist der Strand bei *San Marco* auf der anderen Seite der Mündung des Alcántara; er ist allerdings für Fußgänger nur umständlich zu erreichen und nicht immer gesäubert. Von den Flussmündungen gilt es generell etwas Abstand zu halten, denn dort ist das Wasser recht verschmutzt.

San Marco

Keine Ortschaft, nur ein Campingplatz und ein Restaurant am wohl schönsten Strand in der Umgebung von Taormina.

Der Strand von San Marco erstreckt sich über Kilometer und besteht aus feinem Sand und Kieseln. Schade deshalb, dass herumliegender Müll hier manchmal die Badefreuden trübt. Das Gebiet ist nur für mobile Leute ohne Schwierigkeiten zu erreichen, da etwas abgelegen acht Kilometer südlich des Bahnhofs Taormina-Giardini; die Anfahrt erfolgt über eine Stichstraße, die bei Calatabiano von der SS 114 abzweigt.

- *Verbindungen* **Zug**: Der Bahnhof Calatabiano liegt gut 3 km entfernt; nur Lokalzüge halten.
Bus: Lokalbusse der SAIS an der Strecke nach Acireale/Catania. Am Bivio (Kreuzung) San Marco aussteigen, noch knapp 2 km. Keine offizielle Haltestelle, zurück Richtung Taormina wird es vielleicht schwierig: Man kann versuchen, Lokalbusse mit Winken anzuhalten; ob's klappt, hängt von der Laune des Fahrers ab.
- *Übernachten* **Azienda Agrituristica Galimi**, im Hinterland der Küste, also ein paar Kilometer vom Strand entfernt, ein Lesertipp von Markus Lochmann: "Zwei moderne Ferienwohnungen mit guten Betten und voll eingerichteter Küche, ganzjährig geöffnet. Günstige Lage für Taormina, Etna-Nord und Meer. Anfahrt: Auf der SS 114 bis hinter Alcántarabrücke, dann noch 2 km bis kurz vor die Agip-Tankstelle; die Einfahrt (Tor) liegt auf der linken Seite, noch 100 m Schotterstraße." Zwei Personen zahlen nach Saison und Ausstattung etwa 40–45 €. SS 114, km 56,1; ☎/📠 095 641756, www.galimi.it.
- *Camping* ** **Camping Almoetia**, der einzige Platz vor Ort – die frühere Konkurrenz

"Castello San Marco" wurde vor Jahren in eine Timesharing-Apartmentanlage umgebaut. An der Zufahrtsstraße etwa 600 Meter vom Meer entfernt, zum Strand also ein Stück zu laufen, dafür sehr persönliche Atmosphäre und freundliche Besitzerfamilie.

Mattendächer und Bäume geben Schatten. Gutes Restaurant, kleiner Laden. Ganzjährig offen, zwei Personen, Auto, Zelt zur HS 25 €, zur NS deutlich günstiger. ✆/📠 095 641936, www.campingalmoetia.it.

Gola d'Alcántara

Eine spektakuläre, bis zu 20 Meter tiefe Schlucht, die sich der Alcántara-Fluss über Jahrmillionen gegraben hat.

Man kann den Canyon aus bizarr geformten Basaltwänden ein ganzes Stück durchwaten. Wer bis zum Wasserfall ganz hinten will, braucht gute Kondition und muss auch mal schwimmen; eine schwierige, wegen möglichem Steinschlag und Strudeln auch etwas riskante und selbst im Hochsommer sehr kühle Exkursion! Der Boden der Schlucht ist von den Wassermassen glatt geschliffen, weshalb es durchaus möglich ist, auszurutschen und ein Stück abgetrieben zu werden. Manchmal gibt es Schaumanschwemmungen: Die Dörfer oberhalb leiten dann offensichtlich Abwasser ein.

Die meisten Besucher fahren vom großen Parkplatz per *Lift* nach unten (2,50 €, als "Eintrittsgebühr" deklariert). Am Eingang findet sich neben Souvenirgeschäften und Bars auch ein teurer Verleih von Stiefeln (5 €) und Latzhosen (7,50 €) aus Gummi. Auf den ersten Blick macht das auch Sinn, da das Wasser sich ganzjährig von der frostigen Seite zeigt; weiter hinten in der Schlucht ist das Gummizeug allerdings nutzlos, denn da wird es zu tief. Übrigens bildet der gebührenpflichtige Haupteingang nicht die einzige Möglichkeit des Zugangs: Wer nicht Aufzug fahren und sich die Eintrittsgebühr sparen will, kommt auch über eine Treppe gratis hinunter in die Schlucht: aus dem Parkplatz kommend auf der Hauptstraße links, 200 Meter weiter, beschildert "Strada communale" – so machen es auch die zahlreichen Italiener, die die Schlucht am Wochenende als Picknickplatz nutzen.

Frisch: Gola d'Alcántara

174 Ostküste

- *Anfahrt* Ab der Kreuzung am Ortsende von Giardini Naxos über die SS 185 Richtung Francavilla di Sicilia, etwa 15 km. Busse 1- bis 3-mal täglich ab Taormina, ab Bhf. Taormina-Giardini 5- bis 9-mal täglich. Unbedingt vorab klären, wann die letzte Rückfahrt stattfindet, manchmal geschieht dies schon am frühen Nachmittag.

Castiglione di Sicilia

Der Besuch der Gola d'Alcántara lässt sich gut mit einem Abstecher zu diesem hübschen mittelalterlichen Hügelstädtchen verbinden.

Für Busreisende ist es jedoch wichtig, in Taormina vorab die Fahrzeiten für diese Kombitour abzuklären. Der Ortsname stammt von der "Löwenburg" Castel Leone. Der Sandsteinfelsen von Castiglione dominiert das Alcántara-Tal und war schon zu griechischen Zeiten Standort eines Beobachtungsturms, der über die Jahrhunderte zur Festung ausgebaut wurde. Das Städtchen selbst, bekannt durch den Anbau von Wein und Haselnüssen, erfreut mit engen Gassen, vielen reizvollen baulichen Details und sehr zahlreichen Kirchen, aber auch schlicht durch die schöne Aussicht, die sich von hier bietet.

- *Essen* **Rist. La Porta del Re**, ein Lesertipp von Thomas Schnetzer: "Innovative Taverne von hoher Güte. Rosario und Carmela del Popolo verwöhnen die Gäste mit exzellenter sizilianischer Küche: Produkte aus der Region und von Hand gemachte Makkaroni – ein Traum. Der Besitzer ist in Castiglione geboren und in der Schweiz aufgewachsen. Via Doberdò 2".

Giarre und Riposto

Die beiden Kleinstädte auf halbem Weg zwischen Taormina und Acireale sind längst zu einer einzigen Siedlung zusammengewachsen.

Die Verbindung zwischen den Zentren der Orte stellt der kilometerlange *Corso Italia* her. Das am Meer gelegene Riposto schmückt sich mit der stolzen Bezeichnung "Hafen des Etna", hat aber städtebaulich und von der Atmosphäre her wenig zu bieten. Das gleiche gilt für das hektische Giarre, das im Verkehr der SS 114 erstickt. Interessant sind die beiden Städte einzig als Umsteigestation von der Staatsbahn auf die private Schmalspurlinie *Ferrovia Circumetnea*, die den Etna umkreist.

Verbindungen

Zug: Die Bahnhöfe der Staatsbahn FS (Gemeinschaftsbahnhof Giarre-Riposto) und der privaten FCE (Bahnhof Giarre, nicht die Endstation Riposto!) liegen nur etwa 200 Meter voneinander entfernt, also günstig zum Umsteigen. Mit der FS häufige Verbindungen Richtung Messina und Catania, mit der FCE 2- bis 4-mal täglich rund um den Vulkan bis Catania. Unterwegs ist teilweise Umsteigen nötig, sonntags kein Betrieb! Näheres in den Kapiteln zum Etna und zu Catania.
Bus: Haltestellen in Giarre am Domplatz; in Riposto ebenfalls am dortigen Domplatz (Nähe Hafen). Busse verschiedener Gesellschaften insges. 9- bis 10-mal täglich Richtung Catania und Taormina, einige Busse auch in die Etna-Region.

Übernachten/Camping

- *Hotels* ** **Hotel Sicilia**, in Giarre. Das einzige Hotel vor Ort, freilich ziemlich abgewohnt und recht laut. DZ/Bad 50 €. Via Gallipoli 444; an der SS 114, vom Zentrum etwa 1,5 km Richtung Catania, gegenüber einer Agip-Tankstelle. ✆ 095 931868, ✆ 095 7792832.
- *Camping* Beide etwa gleichwertigen Plätze liegen nah beieinander zwischen Riposto und der nördlichen Strandsiedlung Fondachello und sind einander in herzlicher

Feindschaft zugetan. Zum schönen und langen Sand- und Kiesstrand über die Straße und durch einen schmalen Pinienwald. Nach Riposto sind es etwa 4 km.

** Camping Mokambo, schmaler, lang gestreckter Platz zwischen Gemüsefeldern. Angenehm begrünt, guter Schatten durch Bäume. Sanitäres gepflegt, recht familiäre Atmosphäre; in der Saison Bar, Restaurant und Geschäft, alles im Kleinformat. Geöffnet von April bis September; zwei Personen, Auto, Zelt knapp 20 €, es gibt auch Bungalows mit Küche/WC. ✆ 095 938731.

** Camping Zagara, 200 m in Richtung Taormina. Ähnlich in der Ausstattung, Sanitäres etwas älter. Sehr vielseitig bepflanzt, fast schon ein botanischer Garten; allerdings etwas weniger Schatten als Camping Mokambo. Preise etwas günstiger, geöffnet Mai bis September; ebenfalls mit Bungalowvermietung. ✆ 095 7700132.

Weitere Plätze bei der Siedlung Pozzillo, acht Kilometer südlich von Riposto, zu erreichen über eine meerwärts parallel zur SS 114 verlaufende Nebenstraße.

*** Camping Al Yag, schattiges Riesengelände mit reichlich Dauercampern, die sich ihre Areale um die Wohnwagen eingezäunt haben. Kleiner Kiesstrand, Swimmingpool, Tennis; in der HS Bar, Geschäft und Restaurant. Geöffnet Juni bis September; zwei Personen, Auto, Zelt kosten je nach Saison bis zu 26 €. ✆ 095 7641763.

** Camping Praiola, von Riposto kommend etwa einen Kilometer vor Al Yag. Schattig, auch hier viele Dauercamper; Strand mit Steinen der Größen Kinderkopf bis Basketball. In HS Bar, Geschäft und Restaurant. Offen von April bis September, etwas günstiger als Al Yag. ✆ 095 964321.

Schöner als die SS 114 zwischen Giarre/Riposto und Acireale ist die meerwärts verlaufende Nebenstraße über *Pozzillo*, die durch ausgedehnte Zitronenplantagen führt. Allerdings ist auch hier die Landschaft schon ziemlich zersiedelt. Worin in dieser Gegend der Anreiz zum Bau von Ferienhäusern liegt, bleibt rätselhaft – die unbequemen Lava- und Steinstrände können es jedenfalls nicht sein.

Acireale

Ein hübsch gelegenes, kulturell engagiertes Städtchen oberhalb der Steilküste, 15 Kilometer vor Catania. Das große Erdbeben von 1693 erfasste auch Acireale. Beim Wiederaufbau sparte man nicht an prächtigen Barockbauten.

Die "Stadt der hundert Glockentürme" nennt sich Acireale, bekannt ebenso durch ihr gutes Eis, denn auch gerne. Kongresse und die heilkräftigen Thermen sorgen für regen Besucherverkehr, auf den die Stadt gut vorbereitet ist. Der Tourismus hat in Acireale lange Tradition: Schon Richard Wagner schrieb hier an seinem "Parsifal". Trotzdem ist die Stadt nicht ausschließlich touristisch geprägt, hat als Hauptort und wirtschaftliches Zentrum der "Zyklopenküste" durchaus Charakter. Die Altstadt zwischen der barocken Piazza Duomo und der Piazza Indirizzo ist einladend und lebendig, die unterhalb liegende Küste mit ihren Zitronenplantagen und Felsklippen durchaus malerisch. Als Badeziel allerdings ist Acireale nur bedingt empfehlenswert. Der Strand am nahen Fischerort Santa Maria la Scala schreckt mit groben Steinen und Verladekränen eher ab – Camper haben es mit den Privatstränden der Plätze da etwas besser.

Information/Verbindungen/Veranstaltungen

• *Information* **A.A.S.T.**, Via Oresti Scionti 15; in einem unscheinbaren Bürohaus oberhalb des Corso Savoia. ⏰ Mo–Sa 8–14 Uhr, Di und Do auch 16–19 Uhr. ✆ 095 892129, ✉ 095 893134, www.acirealeturismo.it.

Ostküste

Ufficio Turistico, Via Romeo, bei der Gemeinde an der Piazza Duomo, ⓘ Mo–Sa 9–14, 16–21 Uhr. ☏ 095 895249.
- *Postleitzahl* 95024
- *Verbindungen* **Zug**, Bahnhof 2 km südlich der Stadt, Linie Messina-Catania, Busverbindung.
Bus: günstiger, da Halt im Zentrum an der Piazza Duomo. INTERBUS- bzw. AST-Busse nach Taormina und Messina tagsüber stündlich, nach Catania noch häufiger. Verbindungen auch in die umliegenden Etna-Dörfer, Fahrplaninfos bei der A.A.S.T. Tickets für Lokalbusse zum Bahnhof oder nach Santa Maria la Scala in den Tabacchi.
- *Veranstaltungen* Der **Karneval** von Acireale ist berühmt für seine Umzüge, zu denen täglich mehr als 500.000 Zuschauer kommen. Dann tobt die Stadt!
Santa Venera: Fest der Heiligen, das aus klimatischen (und wohl auch touristischen ...) Gründen am 26. Juli statt am 20. November stattfindet; große Prozession.

Die Legende von Galatea, Aci und dem bösen Polyphem

Im Umfeld der Thermen hatten bereits die Griechen 731 v. Chr. ihre Siedlung Xinophia gegründet, die unter den Römern dann *Acis* genannt wurde. Wie viele Ortsnamen dieser Gegend, die alle mit "Aci" beginnen, erinnert auch dieser an eine von Vergil und Ovid überlieferte Sage: *Aci*, ein einfacher Hirte, und die Meeresnymphe *Galatea* waren ein glückliches Liebespaar, bis *Polyphem* begann, Galatea nachzustellen. Vergebens versprach der böse Zyklop ihr Reichtum und Macht – die Nymphe hielt zu ihrem Aci. Wütend und eifersüchtig schleuderte Polyphem vom Etna einen riesigen Felsbrocken auf den jungen Hirten und tötete ihn. Die Götter jedoch hatten Erbarmen mit dem jungen Glück und verwandelten den toten Aci in einen kleinen Fluss, der sich seitdem und für alle Zeiten im Meer mit der Nymphe vereinigt – auch wenn der Fiume Aci, nach mehreren Etnaausbrüchen unter Lava begraben, heute unterirdisch fließt.

Übernachten

- *Hotels* ****** Hotel Maugeri**, einziges Stadthotel, zentral mitten im Geschehen. Im Jahr 2000 komplett renoviert, ziemlich nüchtern, aber durchaus komfortabel. DZ etwa 160 €, bei wenig Nachfrage gibt es die Zimmer aber auch schon mal günstiger. Piazza Garibaldi 27, ☏ 095 608666, ℻ 095 608728, www.hotel-maugeri.it.

**** Park Hotel Capomulini, einige Kilometer außerhalb Richtung Catania, ein Lesertipp von Dr. Michael Greßmann: "Ruhig gelegen mit direktem Zugang zum kleinen Hafen von Capo Mulini (zahlreiche Restaurants), guter letzter Stopp für Mietwagenreisende vor Catania". Das Hotel wirkt allerdings etwas unpersönlich. DZ/F 115–160 €. Loc. Capomulini, ☏ 095 877511, ℻ 095 877445. www.parkhotelcapomulini.it.

Bed & Breakfast Aci e Galatea, ein Lesertipp von Stefan Roth: "Frisch renovierter Altbau mit vier sehr sauberen und geschmackvoll eingerichteten Doppelzimmern, liebevoll geleitet von einer netten, englischsprachigen Italienerin. Das gute Frühstück wird auf einer schönen Aussichtsterrasse serviert." DZ je nach Ausstattung (ohne/mit Bad) 60–80 €. Via San Carlo 22, im Gassengewirr oberhalb der Piazza Duomo, ☏ 095 604088, Mobil 338 5619386, www.aciegalatea.com.

- *Camping* Speziell als Ausgangspunkt für Catania ist Acireale für Camper interessant, denn die dortigen Plätze sind meist nicht besonders komfortabel.

** Camping Panorama, große gartenähnliche Anlage mit viel Schatten sehr hoch über dem Meer; Zugang dorthin (nach Lesermeinung nicht ganz ungefährlich) über Holzstege. Felsstrand, und wem der nicht zusagt, der nimmt den Swimmingpool. Sanitäranlagen mittlerweile renoviert. Am Ortsausgang Richtung Catania beim Hotel Aloha meerwärts, zum Zentrum ca. 1,5 km. Zwei Personen, Auto, Zelt zur Hochsaison 22 €. Offiziell ganzjährig geöffnet; Restaurant, Pool etc. außerhalb der Saison jedoch geschlossen. ✆ 095 7634124, ℻ 095 605987.

** Camping Timpa, kleinerer Platz; optisch reizvoll, aber nicht ganz so verkehrsgünstig gelegen. In Santa Maria la Scala, ca. 2 km vom Zentrum von Acireale; Fußgängerabkürzung über den Panoramaweg ab der Durchgangsstraße. Schattig, Sanitäres o.k., in der HS Laden und Restaurant. Zum Felsstrand mit Badeplattform per Lift! Ganzjährig, Preise ähnlich wie im Camping Panorama. ✆ 095 7648155.
www.campinglatimpa.it.

Essen

Ristorante L'Oste Scuro, an der Hauptstraße im Zentrum, mit gemütlichem Interieur und Terrasse zur Kirche San Sebastiano. Renommiertes Lokal mit kleiner, aber feiner Speisekarte und prima Küche (Fisch!); Menü à la carte ab etwa 25 €. Piazza Lionardo Vigo 5–6, Mi Ruhetag.

Trattoria-Pizzeria Al Ficodindia, im Ortsbereich hügelwärts des Domplatzes. Hübsche Lage am Platz, gute Pizza, nicht teuer. Piazza San Domenco 2a.

Bar/Tavola Calda El Dorado, für die schnelle Sättigung mittels Arancine, Focacce etc. Corso Umberto 3.

Caffè del Corso, direkt an der Piazza Garibaldi, ein guter Platz fürs Frühstück auf sizilianische Art: Granite und süße Stückchen. Corso Umberto I. 165.

Schöne Fassade: San Sebastiano

Pasticceria Caffè Castorina, direkt an der Piazza Duomo, mit Tischen innen und außen. Prima Gebäck, auch Tavola Calda. Piazza Duomo 20–21.

Sehenswertes

Piazza Duomo: Ein dekoratives Barockensemble aus dem 17. und 18. Jahrhundert, gleichzeitig der Mittelpunkt der Stadt. Der *Dom* selbst mit neugotischer Fassade und aufwändigem Freskendekor im Inneren, rechts daneben die *Basilica dei Santi Pietro e Paolo* und der *Palazzo Communale* von 1659, Sitz des Rathauses. In südliche Richtung schließt sich an den Domplatz die Piazza Lionardo Vigo an. Hier erhebt sich die Kirche *Basilica San Sebastiano*, die mit ihrer schönen Barockfassade aus der zweiten Hälfte des 17. Jh. stammt; auch sie besitzt im Inneren reizvolle Fresken.

Pinacoteca dell' Academia Zelantea: Gemäldesammlung des 17. und 18. Jahrhunderts, vor allem wegen einer hochberühmten Cesarenbüste Treffpunkt der Kunstbegeisterten. Die Gelehrten streiten noch, ob sie nach Cäsar selbst oder nur nach einem Denkmal angefertigt wurde – der unglaublich detailliert

Reizvoll, aber dicht bebaut: Riviera dei Ciclopi

gearbeitete, realistische Ausdruck lässt ersteres vermuten, auch wenn die (abgeschlagene) Nase in natura sicher eindrucksvoller aussah. Angeschlossen ist eine der größten Bibliotheken Siziliens. Die Pinacoteca liegt in der Via Marchese di San Giuliano 15, zu erreichen vom Domplatz über die ansteigende Via Cavour, an der Piazza San Domenico dann rechts.

① Zuletzt war die Sammlung wegen Restaurierung geschlossen; Infos bei der A.A.S.T.

Piazza Indirizzo: Am anderen Ende der Altstadt, mit dem Domplatz über den Corso Umberto verbunden. Unterhalb des schmucklosen Platzes die *Giardini Pubblici*, ein Stadtpark mit bester Aussicht auf die zitronenbewachsene Zyklopenküste.

Santa Maria del Suffragio: Beim Wiederaufbau der Kirchen im Barockstil dachte man nicht nur an die gehobene Gesellschaft, sondern gönnte auch den einfachen Leuten "ihre" Kirche: Santa Maria del Suffragio nämlich, die innen mit sehr schönen, volkstümlichen Fresken des Malers Vasta dekoriert ist. Sie steht meerwärts des Domplatzes, der Weg führt über die Via Romeo.

Santa Maria la Scala: Der Fischerhafen von Acireale, ein nettes Ensemble älterer Häuser, bunt bemalter Fischerboote und einer Handvoll Trattorie, ist von der Stadt aus in etwa einer halben Stunde Fußmarsch über einen reizvollen Aussichtsweg zu erreichen. Dieser *Chiazette* genannte Weg stammt aus spanischer Zeit und beginnt an der Meerseite der Staatsstraße nach Catania; vom Domplatz über die Via Romeo, vorbei an der Kirche Santa Maria del Suffragio.

Grotta lavica del Presepio: An der Fahrstraße nach Santa Maria la Scala, im Nordwesten der Stadt, birgt die Lavagrotte eine Krippe des 18./19. Jh., die mit lebensgroßen, aus Holz und Wachs hergestellten Figuren ausgestattet ist. Die

Öffnungszeiten (zuletzt nur Sa-Nachmittag und So nach der Messe) wechseln sehr häufig.

Opera dei Pupi: Das sizilianische Puppentheater besitzt eine große Tradition in Acireale. Die Commune hat das alte Puppentheater "Teatrino" in der Via Alessi schon vor Jahren aufgekauft; die Restaurierung dürfte demnächst beendet sein. Bis dahin treten die sarazenischen und christlichen Ritter nur sehr sporadisch an verschiedenen Örtlichkeiten auf; Infos über die Vorstellungen bei der A.A.S.T.

Museo della Civiltà Contadina: Im Ortsteil Aci Platani, der sich hinter dem Stadion erstreckt, erinnert dieses Volkskundemuseum an den Alltag der Bauern und Handwerker vergangener Zeiten. Zu sehen sind alte Gerätschaften, Möbel, Haushaltsgegenstände etc. Das Museum liegt an der Via Vittorio Emanuele III. 124, geöffnet täglich 8–20 Uhr.

Riviera dei Ciclopi – die Zyklopenküste

Ihren Namen hat sie von dem Menschen fressenden Zyklopen Polyphem, dem auch Odysseus in die Falle, respektive Höhle ging.

Soweit die Erklärung Homers für die bis zu 70 Meter hohen Klippentürme der Lavaküste, die besonders bei *Aci Castello* und *Aci Trezza* auffallen. Prosaischer ist die Annahme, dass sie von einem anderen Giganten, dem Etna, geschleudert wurden. Oder waren die beiden identisch? Von einer wilden Schönheit ist die Küste jedenfalls; so schön, dass sie von den Catanesi flugs mit Ferienhäusern, Restaurants und Stabilimenti bepflastert wurde, die noch die winzigste Klippe einnehmen. Als Badeziel ist die Zyklopenküste allerdings kaum zu empfehlen, ergaben sich bei Messungen der Wasserqualität doch teilweise sehr schlechte Werte.

Schaf-sinniger Odysseus

Aus der Gewalt des Zyklopen konnte der Grieche sich und seine Freunde mal wieder durch eine List retten. Freundlich bot er dem Riesen Wein an. Als dieser betrunken eingeschlafen war, stachen Odysseus und seine Gefährten ihm mit einem angespitzten Pfahl das einzige Auge aus. Doch noch lag der große Felsblock vor der gewaltigen Höhle des Riesen, zu schwer, um ihn beiseite zu schaffen. Abwarten hieß die Devise, schließlich musste der vor Schmerz halb wahnsinnige Polyphem irgendwann seine in der Höhle untergebrachte Schafherde auf die Weide lassen. So geschah es dann auch. Polyphem tastete zwar die Rücken aller Schafe ab, der fintenreiche Odysseus und Konsorten hatten sich jedoch an deren Unterseiten festgekrallt. Glücklich in Freiheit und wieder auf dem Schiff, verspotteten die Griechen den unglücklichen Zyklopen aus vermeintlich sicherer Entfernung. Doch der blinde Polyphem verfügte über Gigantenkräfte, riss riesige Felstrümmer los und warf sie nach den Fliehenden, die er nur knapp verfehlte.

▶ **Informationen zu Catania** finden Sie im Anschluss an das Etna-Kapitel.

Ostküste – Etna-Region

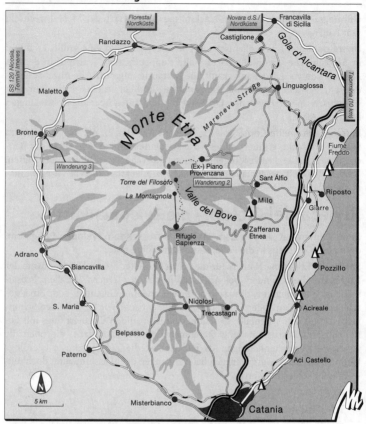

Die Etna-Region

Aus der Ferne betrachtet ein Bild reiner Schönheit: Dekorativ und unschuldig blickt der größte Vulkan Europas auf Sizilien herab. Sanft steigt er auf seine stolze Höhe von über 3300 Meter an. Den bis in den Frühsommer schneebedeckten Gipfel krönt die typische Rauchfahne.

Die scheinbare Sanftmut täuscht jedoch. Die blühenden Gärten, ausgedehnten Plantagen und dichten Wälder, die sich im unteren Bereich die Hänge hochziehen, sind nur dünne Tünche über der nackten Gewalt des Feuerbergs. Unterbrochen werden sie von erkalteten schwarzen Lavafeldern, die auf ihrem Weg alles vernichteten, was ihnen im Weg stand.

Der Etna (auf Deutsch auch Ätna genannt) gibt, und er nimmt. Die Lavaasche macht den Boden äußerst fruchtbar, die seit Menschengedenken immer wiederkehrenden Eruptionen zerstörten ganze Dörfer. Beim bisher schwersten Ausbruch 1669 kroch die Lava langsam, aber unerbittlich bis Catania, begrub die halbe Stadt unter sich und kam erst weit draußen im Meer zum Stillstand. Auch im 20. Jahrhundert und zuletzt in den Jahren 2001 bis 2003 gab es schwere Verwüstungen. Immerhin zählt der Etna zu den aktivsten Vulkanen der Welt. Kein Wunder, dass die alten Griechen hier die Schmiede des Feuergottes Hephaistos vermuteten und die Römer die seines Nachfolgers Vulcanus. Die Einheimischen haben eine respektvolle Hassliebe zu ihrem Vulkan entwickelt, nennen ihn *mongibello*, in Abwandlung des lateinisch-arabischen Doppelnamens für "Berg der Berge".

Der Riese besitzt einen Umfang von über 140 Kilometer, drei Hauptkrater in der Gipfelregion und über 200 Nebenkrater an seinen Flanken. Gerade diese sind es, die den Vulkan so zerstörerisch machen: Sie neigen eher zu überraschenden Ausbrüchen als die Hauptkrater und liegen gleichzeitig den Dörfern viel näher. Gefahr für Leib und Leben der etwa 40.000 Menschen, die an den Hängen des gewaltigen Bergs leben, besteht dank der Langsamkeit der Lavaströme zwar meist nicht. 1991/92 wäre jedoch um ein Haar das Dorf Zafferana Etnea begraben worden. Versuche, die Lava umzuleiten oder mit von Hubschraubern abgeworfenen Betonblöcken zu stoppen, waren fehlgeschlagen. Erst eine Bittprozession, so heißt es, habe den vernichtenden Strom aufgehalten. Glaubt man der Überlieferung, dann war dies nicht das erste Mal. Die Chroniken der Ausbrüche berichten sogar von einer wahren Fülle solcher Wunder. Mal umging die Lava eine Kirche, mal wurde sie von einer Madonnenstatue gestoppt. Vielleicht hat der Etna auch deshalb eine solche Anziehungskraft auf wundergläubige Menschen. Noch vor wenigen Jahren fiel in den Dörfern an seinen Hängen die hohe Zahl an "Magiern" und anderen Scharlatanen auf, die mit Flugblättern und Plakaten ihre fragwürdigen Dienste anpriesen. Durch verstärkten Einsatz der Polizei zeigen sich die falschen Propheten heute zwar zurückhaltender, doch gibt es sie immer noch.

Naturpark Etna

Mit einer Ausdehnung von fast 60.000 Hektar ist der 1987 eingerichtete *Parco Regionale dell'Etna* einer der größten Regionalparks Italiens, eingeteilt in mehrere Schutzzonen unterschiedlicher Priorität.

Zone A: Sie umfasst 19.000 Hektar in den Hochlagen des Vulkans. Dieses Gebiet ist unbesiedelt und fast ausschließlich in öffentlicher Hand. Der menschliche Einfluss soll hier möglichst auf ein Minimum reduziert, dem Walten der Natur freier Lauf gelassen werden.

Zone B: 26.000 Hektar unterhalb der Zone A, teilweise auf kleineren privaten Grundbesitz verteilt und dort dann auch landwirtschaftlich genutzt, insbesondere zum Anbau der berühmten Weine des Etna. Hier versucht die Parkverwaltung, mit finanzieller Unterstützung die Eigentümer zu bewegen, weiterhin die alten Bauernhöfe, Weinpressen, Stallungen etc. zu unterhalten, um den traditionell agrarischen Charakter des Gebiets zu bewahren.

Pre-Parco: Der rund 14.000 Hektar große Vorpark (Zonen C und D) dient sozusagen als "Pufferbereich". Touristische Nutzung ist gestattet, sofern sie im Einklang mit den Anforderungen des Landschafts- und Umweltschutzes steht. Der besiedelte Raum der Dörfer des Gebiets zählt nicht zum Naturpark.

Die Etna-Ausbrüche von 2001 bis 2003 und der aktuelle Stand

Schon der Etna-Ausbruch vom 17. Juli bis zum 19. August 2001 gehörte zur heftigeren Sorte. Binnen weniger Tage öffneten sich gleich sieben Spalten an der Südflanke des Vulkans. Die Lavaströme zerstörten die Bergstation der Seilbahn von Rifugio Sapienza, Skilifte und Straßen, und stoppten erst vier Kilometer oberhalb der Ortschaft Nicolosi. Als noch weit gefährlicher erwies sich der Ausbruch von 2002/2003. Die größte explosive Eruption der letzten hundert Jahre begann am 26. Oktober und wurde begleitet von zahlreichen Erdbeben, von denen eines in Santa Venerina zahlreiche Häuser vernichtete und rund 1000 Einwohner obdachlos machte. In Catania legten Ascheregen das öffentliche Leben lahm, der Flughafen musste gesperrt werden. Beunruhigend auch, dass die Lavaströme diesmal gleich an zwei Seiten des Giganten flossen, im Süden und im Nordosten. Besonders zerstörerisch wirkte sich die Lava an der Nordostflanke aus: Die Hotel- und Skisiedlung Piano Provenzana wurde schon in den ersten Tagen des Ausbruchs völlig unter ihr begraben, die Verbindungsstraßen nach Linguaglossa und Sant Álfio unterbrochen. Im Süden war das Gebiet um das Rifugio Sapienza betroffen, dessen Gebäude schwer beschädigt wurden. Insgesamt werden die durch den Ausbruch verursachten Schäden auf über 800 Millionen Euro geschätzt. Erst am 28. Januar 2003 beruhigte sich die eruptive Aktivität wieder. Beide Ausbrüche, der von 2002/2003 noch deutlicher als der von 2001, veränderten die Gestalt des Vulkans erheblich. Wissenschaftler diskutieren nun, vor allem wegen aufgetretener Änderungen in der Magmastruktur, die Frage, ob der Etna womöglich in eine neue Lebensphase eintritt, sich vom "guten" zum "bösen" Vulkan wandelt. Ein Zusammenhang mit dem schweren Erdbeben in Molise Ende Oktober und mit dem Ausbruch des Stromboli Ende Dezember 2002 wird (obwohl sich diese Annahme natürlich aufdrängt) von den italienischen Behörden zwar ausgeschlossen. Offensichtlich ist jedoch, dass die eruptiven Aktivitäten des Etna in den letzten vier, fünf Jahrzehnten deutlich zugenommen haben. Weitere, vielleicht noch zerstörerische Ausbrüche könnten deshalb bevorstehen.

Der Stand bei Redaktionsschluss: Die bisherigen Zugangsbeschränkungen zum Etna wurden deutlich gelockert. Mit ortskundigen Führern (und demnächst wohl sogar wieder auf eigene Faust, obwohl dies nur Etna-Kennern zu empfehlen ist) darf jeder Punkt des Vulkans besucht werden; über die Einführung einer Art Eintrittsgebühr zum Etna wird spekuliert. Die Seilbahn ab dem Rifugio Sapienza ist in Rekonstruktion und soll etwa zeitgleich mit Erscheinen dieser Auflage in Betrieb genommen werden. Auch die Straßen werden gegenwärtig wiederhergestellt, weshalb an den Karten in diesem Führer diesbezüglich keine Änderungen vorgenommen wurden. Schließlich soll auch die Hotel- und Skisiedlung Piano Provenzana wieder aufgebaut werden, doch wird es bis dahin wohl noch eine Weile dauern. Aktuelle Infos bei den Fremdenverkehrsämtern z.B. in Linguaglossa und Nicolosi oder auf der unten angegebenen Website.

Internet-Informationen: http://boris.vulcanoetna.com, die englischsprachige Site des deutschen Vulkanologen Boris Behncke, interessant und stets aktuell.

Naturpark Etna

Eine Besonderheit des Parks sind die vielen je nach Höhenlage unterschiedlichen Klimazonen. In den unteren Regionen bestimmt eine schöne Kulturlandschaft mit Zitrusfrüchten, Weingärten, Pistazien- und Obstbäumen das Bild, über 1100 Meter dann Kastanien und Steineichen, ab 1500 Meter schließlich Buchen und Birken, die bis zur Baumgrenze auf etwa 1900 Meter reichen. Ärmer zeigt sich die Tierwelt. Neben Füchsen, Wildhasen, wenigen Mardern und Stachelschweinen leben vor allem Vögel an den Hängen des Vulkans, darunter eine seltene Spechtart. Seit 1987 werden auch wieder Königsadler am Etna gesichtet. Noch im Aufbau befindlich ist das Netz von Wanderwegen, Markierungen sind deshalb bisher noch eher selten. Als Naturpark unterliegt das Etna-Gebiet natürlich auch gewissen Schutzvorschriften: Verboten sind unter anderem das Zelten (Strafen von 350–3500 €!), Feuermachen (ähnliches "Preisniveau"), Hinterlassen von Abfällen, Sammeln von Mineralien, Befahren mit Kfz etc.

Der Etna von Giardini Naxos aus

• *Besucherzentrum* **Centro Visita Parco dell'Etna**, in Fornazzo oberhalb von Sant Álfio. In einem ehemaligen Schulgebäude neben der Kirche Chiesa Madre, mit naturkundlicher Sammlung, Videothek etc. Weitere Besucherzentren in Linguaglossa (Pro Loco) und Randazzo (Centro Visite Parco dei Parchi), siehe jeweils dort. Die Parkverwaltung residiert in Nicolosi, siehe ebenfalls dort.

• *Der Naturpark Etna im Internet*
www.parks.it/parco.etna, Site mit Infos zu Routen, Natur, Besucherzentren, Veranstaltungen etc., auch in Englisch.
www.ct.ingv.it/UfMoni, Direktübertragung aktueller Ansichten des Etna (auch Stromboli und Vulcano) per Webcam. Unter "Archives" lassen sich die Bilder der letzten 48 Stunden abrufen.

Auf den Vulkan

Größere Eruptionen sind durch die Vorwarnsysteme der Vulkanologen normalerweise so rechtzeitig absehbar, dass der Gigant mit der nötigen Vorsicht relativ gefahrlos bestiegen werden kann. Die drei Hauptkrater sind jedoch nicht selten wegen drohender "lokaler" Ausbrüche gesperrt. Trotzdem zählt der Weg auf den Vulkan sicher zu den aufregendsten Erlebnissen einer Sizilienreise. Die lebensfeindlichen, urweltlichen Lavawüsten und der Fernblick allein lohnen den Aufstieg – auch wenn es nur bis zu den Endpunkten der Straße ist. Die Routen haben in den letzten Jahrzehnten immer wieder zahlreiche Veränderungen erfahren: durch verstärkte Aktivitäten des Vulkans sind viele Straßen, Schutzhütten und auch die Seilbahn mehrfach zerstört worden. Vieles wurde (und wird noch), zwar wieder aufgebaut, mit weiteren Ausbrüchen des Etna und folgenden "Umgestaltungen" der Verkehrswege ist aber jederzeit zu rechnen.

Gefahren: Lassen Sie sich nicht von den sonnigen Temperaturen an der Küste täuschen – in den höheren Regionen ist auch im Sommer Nachtfrost keine Seltenheit, zudem sind schnelle Wetterumschwünge häufig. Eine Etna-Besteigung ist eine ausgewachsene Bergtour, ausreichende Verpflegung (Wasser!), warme Kleidung und entsprechendes Schuhwerk sind unverzichtbar.

Gesperrte Gebiete nie betreten, es kommt immer wieder zu Todesfällen durch Steinbombardements, angeblich auch durch Gasausbrüche! 1979 starben elf Touristen bei einem plötzlichen Ausbruch ... Die Bergführer wissen, was geht und was nicht, denn sie stehen in Kontakt mit den vulkanologischen Instituten.

Wer zu Fuß hoch will und kein mit detaillierter Wanderkarte und sonstigen Utensilien versehener Bergprofi ist, sollte die Fahrwege nicht verlassen! In den Lavawüsten verirrt man sich schnell, mehrere Menschen sind in den letzten Jahren spurlos verschwunden. Noch ein Tipp: möglichst früh hoch, dann ist die Sicht am besten – an besonders klaren Tagen kann man die ganze Insel überschauen. Sieht man von unten schon Wolken um den Etna (was leider häufig der Fall ist), dann ist oben mit hoher Wahrscheinlichkeit alles in eiskalten Nebel gehüllt: Die Auffahrt kann man sich dann sparen!

Etna-Nord

Der Rummel ist hier zwar deutlich geringer, doch sind die vulkanischen Phänomene vielleicht auch nicht ganz so eindrucksvoll wie auf der Südseite des Vulkans. Auch die Landschaft zeigt sich von einer sanfteren Seite.

Für Reisende ohne eigenes Fahrzeug ist Etna-Nord die umständlichere Variante, da keine Busverbindung auf den Vulkan besteht; Trampen hat mangels Verkehr wenig Sinn. Basis ist *Linguaglossa* an der SS 120 zwischen Fiumefreddo di Sicilia und Randazzo. Von dort geht es auf der Panoramastraße Mareneve vulkanwärts. Von welchem Ausgangspunkt die Vulkantouren genau starten, hängt von den Fortschritten beim Wiederaufbau der Strukturen ab, die beim Ausbruch 2002 zerstört wurden. Derzeitig beginnen die Touren beim Rifugio Ragabo (nahe des bekannteren Rifugio Brunek) auf etwa 1400 Meter Höhe und etwa 15 Kilometer hinter Linguaglossa. Von Frühjahr bis Herbst starten hier Allradbusse bis auf ca. 2700 Meter Höhe. Die Auffahrt kostet inklusive Führer etwa 38 € und beinhaltet auch einen Stopp bei der zerstörten Ski- und Hotelsiedlung *Piano Provenzana* auf 1800 Meter Höhe. Bis zum Ausbruch 2002 war Piano Provenzana selbst der Ausgangspunkt der Touren und soll es zukünftig, nach der Rekonstruktion der Asphaltzufahrt bzw. der Siedlung selbst, auch wieder werden.

Nähere Informationen zu Linguaglossa finden Sie im Kapitel "Etna-Rundfahrt".

• *Übernachten/Camping* **Rifugio Brunek**, Berghütte auf etwa 1400 m Höhe an der Mareneve-Straße. Zwölf Schlafplätze. Übernachtung mit Frühstück p.P. 20–26 €; Località Bosco Ragabo, ✆ 095 643015.

Rifugio Ragabo, in der Nähe. Übernachtung mit Frühstück p.P. 26–29 €. Località Bosco Ragabo, ✆/✆ 095 647841.

* **Camping Clan dei Ragazzi**, ein einfach ausgestatteter Platz auf etwa 1550 m Höhe, wurde beim Ausbruch 2002 zerstört; Wiederaufbau unsicher. Aktuelle Infos beim Fremdenverkehrsamt Linguaglossa.

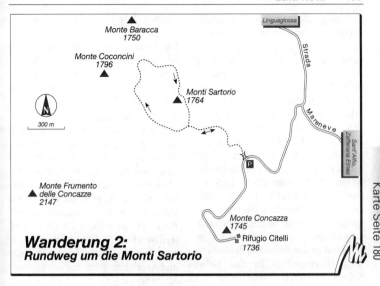

Wanderung 2:
Rundweg um die Monti Sartorio

Wanderung 2: Rundweg um die Monti Sartorio

Route: Die Wanderung folgt einem markierten Naturlehrpfad. **Reine Wanderzeit**: 1 Stunde. **Höhenunterschiede**: jeweils 100 Meter Auf- und Abstiege.

Charakteristik: Ein leichter Spaziergang, ideal auch für Kinder. Die sieben Eruptionskrater der Monti Sartorio liegen aufgereiht entlang einer vulkanischen Spalte. Sie entstanden während eines Ausbruchs im Jahr 1865 und tragen den Namen des deutschen Vulkanforschers Sartorius von Waltershausen. Aufgrund der Höhenlage von etwa 1600 Metern über dem Meer konnte die Vegetation hier erst zaghaft wieder Fuß fassen. Besonders stimmungsvoll sind die späten Herbsttage, wenn das Laub der Etna-Birken vor dem Hintergrund der schwarzen Vulkankegel golden aufleuchtet. Ein durch gelbe Holzpfosten markierter Naturlehrpfad führt durch diese faszinierende Vulkanlandschaft. Im nahen Rifugio Citelli (✆ 095 930000, Handy 0330 964734) kann man gut essen und sich weitere Wanderungen in der Umgebung empfehlen lassen; es besteht auch einfache Übernachtungsmöglichkeit.

Anfahrt: Bei Redaktionsschluss war die Anfahrt nur von Sant Álfio aus möglich, die Mareneve-Straße von Lingugalossa unterbrochen, doch dürfte sich dies bald wieder ändern. In jedem Fall nimmt man von der Strada Mareneve die kurze Stichstraße nach Süden zum Rifugio Citelli. Bereits nach wenigen hundert Metern parkt man das Auto rechter Hand an einer Forstschranke. Hier weist ein Schild den Weg zum "Sentiero Natura Monti Sartorio".

Verlauf: Von der Forstschranke führt ein breiter Sandweg in ein lichtes Birkenwäldchen. Nach wenigen Minuten gelangen wir auf eine erste

Lichtung, die schwarzen Schlackekegel der Monti Sartorio zu unserer Rechten. Zwischen den Bäumen hindurch sind links der mächtige Seitenkrater des Monte Frumento delle Concazze und dahinter die 2847 Meter hohen Pizzi Deneri zu erkennen. Diese Ausblicke begleiten uns, während der Weg etwas ansteigt und schließlich durch ein Gatter führt. Dann geht es leicht bergab und wir queren ein kleines Schmelzwassertal. Rechter Hand liegt ein aus Lavasteinen errichtetes Häuschen mit einem Schafspferch. Hier biegen wir rechts vom breiten Sandweg ab und gehen auf dem markierten Pfad in das Birkenwäldchen. Der Weg führt rechts in das kleine Schmelzwassertal hinein, dem wir für einige hundert Meter im absteigenden Talgrund folgen, bevor wir es nach rechts wieder verlassen. Über eine größere Lichtung steuern wir direkt auf die schwarzen Vulkankegel zu. Der Pfad steigt zwischen zwei Kegeln an und erreicht einen kleinen Sattel.

Vor dem Abstieg gehen wir wenige Meter nach links, bis zu dem Rand des Kraters, und genießen den Rundumblick: im Südwesten die Gipfelzone des Etna, im Nordwesten der Monte Nero und im Norden die Peloritani und Taormina. Vom Sattel steigen wir in Südrichtung, mit Blick auf das Rifugio Citelli ab und treffen wieder auf den breiten Sandweg. Diesem folgen wir nach links und erreichen kurz darauf unseren Ausgangspunkt.

Sant Álfio

Auf dem Weg nach Zafferana Etnea lässt sich ein Abstecher über das Dorf Sant Álfio mit seinem uralten Kastanienbaum einlegen.

Bekannt ist die recht ausgedehnte, mit schönem Panorama rund 550 Meter hoch über der Küste gelegene Ortschaft durch den *Castagno dei Cento Cavalli* etwas außerhalb des Dorfes, zu erreichen über die Straße Richtung Milo, dann rechts (beschildert). Der "Kastanienbaum der hundert Pferde" verdankt seinen Namen der Legende, im 13. Jh. habe Königin Johanna I. von Anjou mit ihrem gesamten Gefolge Schutz vor einem Unwetter gesucht und unter den extrem weit ausladenden Ästen auch gefunden. Zwar besteht die berühmte Kastanie aus mehreren Stämmen, doch versichert man vor Ort, es handele sich wirklich nur um einen einzigen Baum, der sich erst im Laufe der Jahrhunderte geteilt habe. Ob er nun wirklich 2000 oder gar 4000 Jahre alt ist, wie man es in Sant Álfio ebenfalls gern erzählt, mag dahingestellt sein. Der "größte Baum der Welt", zu dem ihn ein lokalpatriotischer Prospekt einmal erklärt hat, ist er nun aber wohl doch nicht.

- *Information* **Pro Loco**, am Domplatz Piazza Duomo 3, ✆ 095 968772.
- *Übernachten* **Agriturismo La Cirasella**, kleiner Betrieb mit nur vier Zimmern, weit oberhalb des Ortes auf rund tausend Meter Höhe. Freundliche Besitzer Laura und Maurizio, gute Vollwertküche. Telefonische Reservierung ein paar Tage vorab ist ratsam. Ganzjährig geöffnet, DZ knapp 60 €, Halbpension p.P. etwa 45 €. Contrada Finaita, Via Trisciala 13, Anfahrt vorbei am Castagno dei Cento Cavalli; ✆ 095 968000, ✉ 095 538767, www.cirasella.com.

Zafferana Etnea

Ein ausgedehntes, recht hübsches Etna-Dorf mit gemäßigtem Tourismus, an den Hängen oberhalb weite Kastanienwälder.

Der rund 7000 Einwohner zählende Ort, weithin bekannt für seinen Honig, ist für Autofahrer eine gute Basis für Touren am Etna: Von Zafferana sind *Etna-Süd* mit dem Rifugio Sapienza und (sobald die Mareneve-Straße komplett wiederhergestellt ist) *Etna-Nord* gleichermaßen schnell erreichbar. Beide Routen bieten sehr schöne Ausblicke auf die Küste.

Fast ein Opfer des Vulkans: Schon mehrfach hatte der Vulkan das Dorf bedroht. Beim großen Etnaausbruch 1991/92 wurde es jedoch sehr ernst. Im April legten die Lavamassen, die bis dahin nur langsam geflossen waren, an Tempo zu und drohten, Zafferana vollständig zu verschlingen. Tage- und wochenlang kämpften die Bewohner, von Sondereinheiten des Militärs unterstützt, gegen die stetig schneller werdenden Ströme, die sich unerbittlich mit zuletzt etwa zehn bis fünfzehn Metern pro Stunde näherten. Alles schien vergeblich: Weder Gräben noch von Hubschraubern abgeworfene Betonblöcke, nicht einmal Sprengsätze konnten die Lava stoppen. Vielleicht war es ja wirklich ein Bittgottesdienst, der dann zum Wunder verhalf: In letzter Minute brach oben am Etna ein weiterer Nebenkrater aus und wirkte so als Ventil – der Nachschub versiegte, die Lava stoppte 800 Meter vor den ersten Häusern. Das mögliche Ausmaß der Zerstörung belegen auch andere erstarrte Ströme des 92er-Ausbruchs, die beispielsweise hinter Milo, an der Straße nach Linguaglossa, gut zu sehen sind.

Noch einmal davongekommen: die Kirche von Zafferana Etnea

- *Information* **Pro Loco**, Piazza L. Sturzo 1, um die Ecke von der großen Marienkirche, ✆ 095 7082825; Rückkehr an den alten Standort in der nahen Via Garibaldi 321 möglich. Öffnungszeiten (häufige Änderungen): Mo–Sa 9–13, 16.30–20.30 Uhr.
- *Postleitzahl* 95019

- *Übernachten/Camping* Gleich mehrere Hotels oberhalb von Zafferana, an der Straße zum Rifugio Sapienza.

*** Hotel Primavera dell'Etna, das dem Ort am nächsten gelegene Hotel der Bergstraße. In mehreren Etagen ansteigender Komplex mit über 140 Betten, dank geschickter

Architektur und hübscher Dekoration aber nicht unpersönlich. Mehrere begrünte Terrassen. Sehr gepflegte und saubere, wenn auch etwas hellhörige Zimmer, teils mit Etna-, teils mit Meerblick. Mit Disco und Tennisplatz; gutes und erstaunlich preiswertes Restaurant. DZ/F etwa 60–80 €; im August nur mit HP. Ganzjährig geöffnet. Via Cassone 86, ✆ 095 7082348, ✉ 095 7081695, www.hotel-primavera.it.

*** **Hotel Airone**, ein Stück oberhalb und ebenfalls eine gute Adresse. Reizvolle Aussicht; der freundliche Service und die gute Küche wurden von mehreren Lesern gelobt. Viele Reisegruppen. DZ/F rund 120 €. Etwa von Anfang November bis Anfang Dezember geschlossen. Via Cassone 67, ✆ 095 7081819, ✉ 095 7082142. www.shr.it/airone.html.

*** **Hotel Del Bosco Emmaus**, noch ein Stück weiter oben und ein scheußlicher Betonklotz, innen jedoch durchaus angenehm und komfortabel; das Restaurant wurde gelobt. Von Salesianern betrieben. DZ/F etwa 100 €. Via Cassone 75, ✆ 095 7081888, ✉ 095 7081791.

Tenuta San Michele, ein Weingut mit Bed & Breakfast, außerhalb Nähe Santa Venerina gelegen. Ein Lesertipp von Marlies Kuhlmann: "Sehr schönes Anwesen in traumhafter Hanglage im Besitz des Barons von Murgo. Die Zimmer/Apartments sind groß und geschmackvoll eingerichtet. Ü/F p.P. ca. 35 €. Anfahrt von der Autobahnausfahrt Giarre zunächst Ri. Santa Venerina/Etna, dann der Beschilderung nach Milo folgen; nach zwei Kehren geht es auf der rechten Seite (Spitzkehre) zur Tenuta. Sie ist nicht ganz leicht zu finden, man kann sich aber durchfragen, der Barone del Murgo (der übrigens sehr gut Deutsch spricht) und das Weingut sind bekannt." ✆ 095 950520, ✉ 095 954713, www.murgo.it.

*** **Camping Mareneve,** 2 km vom Ortsrand an der Straße nach Milo (Richtung Linguaglossa). Teilweise bewaldetes Gelände, viele Dauercamper; Sanitäres o.k. In der HS Tennis, Schwimmbad und Restaurant-Pizzeria. Ganzjährig geöffnet; Preis für zwei Personen, Auto, Zelt bis über 20 €. ✆ 095 7082163, ✉ 0957083417.

• *Essen* **Ristorante Parco dei Principe**, edles und renommiertes Lokal, das besonders für seine hervorragenden Pilzgerichte bekannt ist. Menü ab etwa 25–30 €. Via delle Ginestre 1, ✆ 095 7082335, im Winter Di Ruhetag.

Rist. Moulin Rouge, schon außerhalb des engeren Ortsbereichs in Richtung Milo, 300 Meter hinter dem Ortsschild. Solide und recht preisgünstig.

Rist.-Pizzeria Porcino, unscheinbar, aber ebenfalls in Ordnung, üppige Portionen, günstige Preise. Natürlich gibt es hier auch die namensgebenden Steinpilze. Via Roma 14, fast am Ende der Parallelstraße zur Via Garibaldi in Richtung Catania.

• *Veranstaltungen* **Etnainscena**, Sommerprogramm aus Kino, Theater und Musik. Der Schwerpunkt der Aufführungen verteilt sich auf die Zeit zwischen Mitte Juli und Ende August.

Ottobrata, an jedem Sonntag im Oktober. Verkaufsausstellung typischer Produkte der Etna-Region, darunter Honig, Pilze, Kastanien, Pistazien etc. Achtung, an allen Zufahrtsstraßen nach Zafferana kommt es dann zu kilometerlangen Staus!

Erstarrte Gewalten: frischer Lavastrom bei Zafferana Etnea

Etna-Süd

Die viel genutzte Standardroute für die Auffahrt zum "Berg der Berge". Sie beginnt in Nicolosi, 15 Kilometer von Catania, und führt dann über eine kurvenreiche, gute Straße zur Station Rifugio Sapienza auf 1910 Meter Höhe. Weiter geht es per Seilbahn und Allradbus.

Nicolosi

Die 700 Meter hoch gelegene Kleinstadt hat sich voll auf den Etna-Tourismus eingestellt. Man hofft wohl noch auf Zuwachs, denn gebaut wird reichlich. Davon abgesehen, zeigt sich das Ortsbild von der eher unauffälligen Seite, wurde Nicolosi in der Vergangenheit doch mehrfach von Etna-Ausbrüchen und Erdbeben zerstört. 1886 allerdings gelang es dem Erzbischof von Catania, die abermals bedrohlich heranrückende Lava zu stoppen, indem er ihr den Schleier der Heiligen Agata entgegen hielt ... Nachzulesen bei Giovanni Verga. Hauptstraße des Ortes ist die *Via Etnea*; ihre Verlängerung führt zum Rifugio Sapienza. Vor der Weiterreise können sich Vulkanenthusiasten in der Infostelle erkundigen, ob das geplante Vulkan-Museum vielleicht schon seine Pforten geöffnet hat – allem Anschein nach wird es bis dahin aber noch eine Weile dauern. Ein beliebtes Ausflugs- und Wanderziel sind die Krater der *Monti Rossi*, etwa drei Kilometer oberhalb des Ortes. Sie entstanden beim verheerenden Ausbruch von 1669 und sind mittlerweile dicht mit Pinien bewachsen.

Information/Verbindungen/Touren

- *Information* **A.A.S.T.**, Via Garibaldi 63, in einer Seitenstraße der zentralen Piazza V. Emanuele, ✆ 095 911505. Öffnungszeiten Mo–Sa 9–13, 17–20 Uhr.
Parco Regionale Etna, Büro der Parkverwaltung, an der Hauptstraße Via Etnea 107, ✆ 095 914588. Hier auch Infos zu geführten Touren, bei denen Italienischkenntnisse aber sehr nützlich sind.
- *Postleitzahl* 95030

- *Verbindungen* **Busse** der AST nach Nicolosi von Catania (Nähe Bhf.) 14-mal täglich, auch Verbindungen ab Acireale. Je nach Saison verkehrt 1- bis 2-mal täglich auch ein **Direktbus** der AST von Catania zum Rifugio Sapienza, im Programm vor allem für die Beschäftigten dort. Ganzjährige Abfahrt, zuletzt 8.15 Uhr, Zwischenstopp in Nicolosi etwa eine Stunde später, dann Auffahrt; Rückfahrt zuletzt 16.30 Uhr.

Übernachten

- *Hotels* **★★★★ Hotel Holiday Palace**, in einem locker bebauten Wohngebiet im oberen Ortsbereich. 1999 eröffnete, vielleicht ein wenig groß geratenen Anlage mit 50 Zimmern und Pool. DZ/F 90–120 €, es gibt auch Apartments. Ganzjährig geöffnet. Via G. Leopardi 39, ✆ 095 7914001, ✉ 095 7918003, www.holidaypalacenicolosi.com.
★★★ Hotel Biancaneve, unschöner Bau etwa 1,5 km oberhalb von Nicolosi, mit Swimmingpool. Die Zimmer sind auch keine innenarchitektonische Meisterleistung, jedoch hinreichend komfortabel. DZ/F etwa 160 €, zur NS evtl. auch günstiger; ganzjährig geöffnet. Via Etnea 163, ✆ 095 911176, ✉ 095 911194.
★★★ Hotel Gemmellaro, ein Stück weiter Richtung Etna. Ausgedehnter Ziegelbau, Zimmer einfach, aber in Ordnung. DZ/F etwa 80 €, auch hier zur NS evtl. Rabatt. Ganzjährig geöffnet. Via Etnea 160, ✆ 095 911373, ✉ 095911071.

Ostküste – Etna-Region

Hotel/Jugendherberge Etna Garden Park Hostel, im östlichen Ortsbereich. 1996 eröffnet, sehr sauber und fast schon luxuriös, Küche, Bar, Einzelbäder... Der Herbergsvater Antonio Tommaselli erteilt Italienischkundigen gerne Auskunft über die Etna-Region. 30 Plätze, p.P. 16 €; DZ ohne Bad knapp 55 €. Aufnahme in die JH 8.30–9.30, 16–22 Uhr; Hotelgäste können natürlich jederzeit ankommen. Via della Quercia 7, gegenüber eines Supermarkts, ab dem Ortszentrum beschildert; ℡ 095 7914686, ℻ 095 7914707, www.etnagardenhostel.com.

• *Camping* **Camping Etna**, rund 200 Höhenmeter über dem Ort. Nahe der Monti Rossi, Abzweig beim Hotel Gemmellaro. Auf Wintercamping ausgelegt und gut ausgestattet mit Bar, Laden und Swimmingpool; Restaurant nur im Winter. Schattige Lage unter Pinien, Kleinbus für organisierte Etna-Ausflüge. Ganzjährig geöffnet; zwei Personen, Auto, Zelt rund 20 €. ℡ 095 7082163.

• *Essen* **Rist. Antico Orto dei Limoni**, hübsches, in einer alten Öl- und Weinmühle untergebrachtes Lokal etwas nordwestlich der Infostelle. Üppige Festpreismenüs vom Antipasto bis zum Nachtisch kosten 23 €. Via Grotte 4, ℡ 095 910808. Di Ruhetag.

Rist. Il Cotte e il Crudo, mit ähnlichem Konzept, ein Lesertipp von Kristina Rosenfeld: "Schräg rüber von der JH, zwei Minuten Fußweg. Im Preis von 30 € für zwei Personen ist alles inbegriffen, auch ein halber Liter Hauswein. Und alles ist superlecker und reichlich, schon die Antipasti hätten zum Sattwerden gereicht." Via della Quercia 42.

Pizzeria Antichi Proverbi, westlich unweit der Infostelle. Großer Innenhof, gute Pizza für etwa 7–8 €. Via Rufisardi 2.

▶ **Rifugio Sapienza**: Für Motorrad- und passionierte Autofahrer ist die kurvenreiche Strecke hinauf ein Hochgenuss. Oben dann Mordsrummel, Touristenbusse, Restaurants und Bars, Verleih warmer Kleidung und Schuhe für die Tour zum Vulkan. Wer dennoch nicht höher will, kann sich hier mit der Besichtigung der *Crateri Silvestri* begnügen. Es handelt sich um 1892 entstandene Vulkankrater, denen man wortwörtlich auf den Grund gehen kann. Auch das Gebiet von Rifugio Sapienza hat bei den letzten Ausbrüchen sehr gelitten, die Aufräumarbeiten sind jedoch kräftig im Gang.

Die Standardroute auf den Vulkan: Vom Rifugio führt eine Seilbahn bis zur Bergstation *La Montagnola* auf etwa 2500 Meter Höhe. Die Bahn wurde mehrfach zerstört (so auch bei den letzten Ausbrüchen) aber immer wieder aufgebaut – vielleicht ist es bereits mit Erscheinen dieser Auflage soweit, vielleicht auch erst kurz danach; alternativ übernehmen Allradbusse den Transport. Wer Lust und Kondition hat, kann vom Rifugio aus auch auf einer Piste in etwa vier Stunden auf- und absteigen. An der Bergstation La Montagnola warten Allradbusse für die Fahrt in höhere Regionen. Deren Tour endet im Normalfall bei der zerstörten Berghütte im Gebiet des *Torre del Filosofo* auf 2920 Meter Höhe, zu Füßen des Südostkraters und benannt nach dem griechischen Multitalent Empedokles: Der Philosoph soll sich in einen Krater des Etna gestürzt haben, um mit den Naturkräften zu verschmelzen. Ganz in der Nähe liegen neue Krater, die durch den Ausbruch von 2002/2003 entstanden sind. Unterwegs stoppt man am *Valle del Bove*, dem "Ochsental" mit seinen bis zu tausend Meter hohen Seitenwänden. Dieser wild zerklüftete, riesige Steileinbruch misst sieben mal fünf Kilometer und ist das Produkt einer prähistorischen Naturkatastrophe, die die Flanke des Etna aufriss. Ob sich die Fahrt lohnt, hängt nicht nur von den Erwartungen, sondern auch vom Wetter ab, außerdem vom Vulkan selbst: Als vor Jahren wegen verstärkter Aktivitäten des Etna alle Bereiche über 2700 Meter Höhe gesperrt waren, endete die Tour bereits am Valle del Bove, gerade mal

Nicolosi 191

zwei Kilometer Fahrtstrecke von der Bergstation entfernt. Der Preis allerdings wurde trotz dieser doch erheblichen Beeinträchtigung nicht gesenkt – erkundigen Sie sich deshalb besser vor Ort oder in den Infostellen der Region, was aktuell geboten ist.

• _Verbindungen_ **Busse** der AST 1- bis 2-mal täglich ab Catania via Nicolosi, siehe dort.

• _Übernachten_ **Rifugio Sapienza,** auf 1910 Meter Höhe. 140 Betten, Gemeinschaftsbäder. Zuletzt war das Rifugio in Renovierung, sollte aber mittlerweile wieder geöffnet haben. Ganzjährig offen, ✆ 095 911062.

*** **Hotel Corsaro,** 300 Meter vom Rifugio entfernt und der Nachfolger des einst von der Lava zerstörten Hotels gleichen Namens. 2003 komplett renoviert. Komfortable Ausstattung, freundlicher und englischsprachiger Besitzer. DZ/F 70–80 €. Piazza Cantoniera, Etna-Süd, auf 2000 Meter Höhe, ✆ 095 914122, 📠 095 911206, www.hotelcorsaro.it.

• _Bergtouren/Führer_ **Società funivia dell´ Etna,** das Büro der Seilbahngesellschaft in Zusammenarbeit mit den Guide Alpine, verantwortlich für die oben beschriebenen Standardroute. Büro in Nicolosi, Piazza Vittorio Emmanuele 45, ✆ 095 911158, www.funiviaetna.com. Alle Fahrten sind aber auch beim Rifugio Sapienza selbst zu buchen, ✆ 095 914141. Das Komplettprogramm (Seilbahn und/oder Allradbus, Führer) dauert normalerweise rund zwei Stunden und schlägt mit etwa 40 € zu Buche. Führer und Anschlussbus ließen sich bislang aber auch erst oben bei der Bergstation buchen, bei unklarer Wetterlage eventuell sinnvoll. Es gibt auch organisierte Ausflüge der FCE mit Busfahrt ab/bis Catania; Info und Buchung siehe FCE-Büros (Zug und Bus) Catania. Für schwierige Bergtouren außerhalb der Hauptstrecke Kontakt mit dem Club Alpino CAI, Piazza Scammacca 1, Catania, ✆ 095 7153515.

Etna Holiday in Nicolosi veranstaltet in Zusammenarbeit mit den Guide Vulcanologiche (Büro am Rif. Sapienza) weitere Touren. Der geführte Ausflug per pedes vom Rifugio Sapienza zum neuen, 2001 entstandenen Krater "La Montagnola 2" auf 2100 Meter Höhe dauert etwa zwei Stunden und kostet 12 €. Für konditionsstarke und höhenfeste Wanderer wird auch der Komplett-Gipfelsturm bis zu den Kratern auf

Rückeroberung: erster Pflanzenwuchs auf Lava

3300 Meter Höhe angeboten: Auffahrt ab Rifugio Sapienza (Transferbus ab Nicolosi) bis zum Torre del Filosofo, weiter zu Fuß hinauf zu den Zentralkratern (sofern zugänglich), dann Abstieg im Bogen zum Rifugio Sapienza. Diese anspruchsvolle Tour nimmt 6,5 Stunden in Anspruch und kostet 75 €; Anmeldung einen Tag vorab nötig: Etna Holiday, Via Roma 1 (nahe Piazza Vittorio Emanuele) in Nicolosi, ✆ 095 7918000, www.etnaholiday.it.

Unter dem Vulkan: Etna-Rundfahrt

Seine verschiedenen Seiten zeigt der Vulkan auf eindrucksvolle Weise bei einer Umrundung, die mit eigenem Fahrzeug oder dem Zug problemlos möglich ist. Die Fahrt führt in unterschiedlichen Höhen am Sockel des Etna entlang, daher auch durch verschiedene Klima- und Vegetationszonen, die hier eng beieinander liegen. Ebenso vielseitig gestaltet sich die Landschaft. An den sehr fruchtbaren, dicht besiedelten Hängen zur Meeresseite gedeihen Zitronen, Feigen und Mandelbäume, in den höheren Lagen Kastanien und Nussbäume. Im Westen dagegen grüßt Innersizilien mit seinen weiten Kornfeldern und sanft gewellten Hügeln.

Schmalspurbahn der FCE (Ferrovia Circumetnea): Für die etwa 110 Kilometer messende Umrundung des Giganten benötigt die Schmalspurbahn zwischen Giarre und Catania rund dreieinhalb bis vier Stunden; Verspätungen sind nicht selten. Die Züge sollte man sich besser nicht als schnuckelige Museumsbahn vorstellen. Sie haben eher das Ambiente eines (oft überfüllten) Straßenbahnwaggons – dennoch bleibt die Tour nicht nur für echte Eisenbahnfans reizvoll.

• *Frequenzen* Giarre-Catania 2 Züge werktäglich (Gegenrichtung nur 1-mal), mit Umsteigen in Randazzo 4-mal werktäglich (Gegenrichtung 3-mal), erträgliche Wartezeiten, Fahrpreis kaum über 5 €. Sonntags fahren keine Züge! Während der Schulzeit sind die Waggons nachmittags oft überfüllt. Für An- und Rückreise besteht in Catania und Giarre (nicht an der Endstation Riposto!) häufiger Anschluss an die Hauptlinie der Staatsbahn Messina-Catania, Details siehe jeweils unter Catania und Giarre/Riposto. www.circumetnea.it.

Auf der Straße: Fast parallel zur Bahnlinie umrunden die Staatsstraßen SS 120, SS 284 und SS 121 den Vulkan, eine genussreiche Route, unter Catanias Motorradfahrern die Wochenend- und Feierabendstrecke schlechthin. Die Beschreibung verläuft von Giarre entgegen dem Uhrzeigersinn und führt im Dreiviertelkreis bis Catania. Hinter Giarre zeigt sich die Strecke zunächst recht flach, dann folgt ein steiler Anstieg zum bereits 550 Meter hoch gelegenen Linguaglossa.

Linguaglossa

Das weit verzweigte Dorf ist auch als Ausgangspunkt für den Aufstieg zum Etna von der Nordseite her (siehe Kapitel "Etna-Nord") interessant.

Das Ortszentrum, das sich entlang der *Via Roma* (SS 120) erstreckt, glänzt nicht gerade mit besonderer Atmosphäre, ist aber ursprünglich geblieben. Trotz seiner Lage in 550 Meter Höhe am Beginn der Bergstraße *Mareneve* und des nahen Wintersportgebietes an den Hängen des Vulkans ist in Linguaglossa von Tourismus-Rummel kaum etwas zu spüren.

• *Information* **Pro Loco**, Piazza Annunziata 5, wenige Schritte von der Durchgangsstraße, geöffnet täglich 9–12.30 und 16–20 Uhr (Sommer) bzw. 16–19 Uhr (Winter). Angeschlossen ist ein kleines Museum der Etna-Region. ✆ und ✆ 095 643094; www.prolocolinguaglossa.it.

• *Postleitzahl* 95015

• *Verbindungen* **Zug**: FCE-Bahnhof am Beginn der Mareneve-Straße, vom Zentrum über die Via Umberto. Züge Richtung Catania 2-mal, bis Randazzo 5-mal täglich; Richtung Giarre an der FS-Hauptlinie Messina-Catania 4-mal täglich.
Bus: Lokalbusse der FCE nach Catania und Randazzo, Halt beim Bahnhof.

- Der „Garten Siziliens": Taormina
  An der Ostküste wachsen die dicksten Zitronen
- Imposant: Teatro Greco und Etna
  Tradition als Souvenir: Pupi am Kiosk

▲▲ „Tante Emma": auf Sizilien noch allerorten präsent
▲ Flink: Siziliens Mopedfahrer

▲ Lauschig: Trattoria in Taormina
Stimmungsvoll: Catanias Piazza Stesicoro

▲▲ Düster und bedrohlich: Krater am Etna
▲ Feurig: Eruption in einem Krater (Fotos: Gunter Quaißer)

- *Übernachten* Zu den Quartieren an der Mareneve-Straße siehe Kapitel "Etna-Nord".
- **Hotel Happy Day**, knapp einen Kilometer oberhalb des Zentrums an der Mareneve-Straße. Solide Zimmer und Bäder; Dachterrasse. Leser Christian Gerbich empfiehlt die Zimmer Nr. 40, 42 und 44 mit direktem Etna-Blick und lobt die Freundlichkeit der Verwalterin. Ganzjährig geöffnet, DZ rund 65–70 €. Via Mareneve 9, ✆/ 095 643484.

Bed & Breakfast Casa Etna, Mini-Apartments im Zentrum von Linguaglossa, nahe des Fremdenverkehrsamts; Infos bei Bedarf dort. Geräumige Zimmer, Klimaanlage, TV und Kühlschrank. Besitzer Nino Lo Giudice (Sohn des Ex-Bürgermeisters) gibt gerne Auskunft über Etna-Ausflüge und fungiert im Winter auch als Skitourenführer. DZ/F 60 €. Via Trento, ✆/ 095 643288.

Affittacamere Villa Refe, freundlicher Privatvermieter gegenüber des Hotels Happy Day, immer wieder von Lesern gelobt. Acht Zimmer, Küchenbenutzung. DZ/Bad etwa 40–45 €, ohne Bad noch etwas günstiger. Via Mareneve 42, ✆ 095 643926.

- *Bergtouren/Führer* **Star** ist zuständig für die Allradbusse nach Etna-Nord und für die Bergführer und wird sich mit der geplanten Rekonstruktion von Piano Provenzana auch wieder dort ansiedeln. Infos bis dahin im Fremdenverkehrsamt oder unter ✆ 347 4957091 (mobil).

Etna-Trekking, Via Roma 334, ✆ 095 647592, veranstaltet (auch mehrtägige) Wandertouren am Vulkan.

Organisierte Bustouren ab Taormina mit anschließender Fahrt mit Allradbussen und eventuell, je nach "Laune" des Etna, auch einer Kraterbesteigung, werden von diversen Reisebüros am Corso angeboten.

- *Einkaufen* **Enoteca Il Vino della Rosa**, freundlich geführtes Weingeschäft an der Hauptstraße gegenüber der Infostelle; im Angebot auch Liköre, Honig, Konfitüren etc. Via Roma 16.

Randazzo

Mit reizvoller Architektur und durchaus beachtenswerten Sehenswürdigkeiten bildet das kleine Städtchen den interessantesten Stopp an der Route rund um den Etna.

Obwohl immer wieder vom Vulkan bedroht, erreichten seine Ausbrüche Randazzo nie. Von Linguaglossa kommend, sieht man kurz vor dem Ort junge Lavaströme des Jahres 1981, die die Stadt nur knapp verfehlten. Treffsicherer als der Etna waren die Bomberpiloten des Zweiten Weltkriegs, doch wurden alle historischen Bauten detailliert wiederhergestellt. Das Ortsbild von Randazzo zeigt sich deutlich zweigeteilt: "Vulkanwärts" der SS 120 erstreckt sich die lebendige Neustadt, auf der anderen Seite der Durchgangsstraße beginnen die ruhigen Viertel der auf einen Felsen über dem Alcántara-Tal errichteten Altstadt. Ihre Häuser und die Reste der Stadtmauer bestehen aus schwarzer Lava, dem reichlich vorhandenen, bevorzugten Baumaterial der Gegend um den Etna. Randazzo besitzt gleich drei bedeutende Kirchen, kurioserweise allesamt jeweils Kathedralen – Erinnerung an das Mittelalter, als die Stadt von unterschiedlichen Volksgruppen griechischer, lateinischer und lombardischer Herkunft bewohnt wurde, die bis ins 16. Jh. drei verschiedene Dialekte sprachen und bis 1916 eben jeweils eine eigene Kathedrale besaßen.

Von Randazzo führt die wenig befahrene Panoramastraße *SS 120* (siehe Abschnitt "Inselinneres") bis Termini Imerese an der Nordküste. Eine Direktverbindung zur Nordküste bildet die SS 116 Randazzo-Capo d'Orlando, die mit *Floresta* das höchstgelegene Dorf (1275 m) Siziliens berührt.

- *Information* **Centro Visite Parco dei Parchi**, Via Umberto 195, im westlichen Bereich der Hauptgasse der Altstadt, ✆ 095 7991611. Infos über die Naturparks Etna und Nebrodi, natürlich auch über Randazzo selbst. Geöffnet täglich 8–14, 16–20 Uhr.
- *Verbindungen* **Zug**: FCE-Station in der Neustadt; 7-mal täglich nach Catania, 5-mal täglich nach Giarre.

Bus: Station in der Neustadt, Busse nach Catania und Linguaglossa mehrmals, nach Taormina 1-mal täglich.

• *Übernachten/Essen* ***** Hotel Scrivano**, in zentraler Lage etwas zurückversetzt an der SS 120, hinter einer Tankstelle. 1999 komplett renoviert, die 30 komfortablen Zimmer verfügen über TV, Klimaanlage, Telefon etc., zwei sind behindertengerecht. DZ/Bad knapp 55–80 €. Via Bonaventura 21, ✆ 095 921126 oder 095 921433 (auch 🖂).

Trattoria Veneziano, unweit der Busstation. Hässliches Dekor, im Ort jedoch viel gelobt für gute Küche mit Schwerpunkt auf Pilz- und Fleischgerichten, gleichzeitig Treffpunkt der lokalen Honoratioren. Menü ab etwa 25 €; Via dei Romano 8. So-Abend und Mo geschlossen.

Trattoria San Giorgi e il Drago, an der Piazza San Giorgio. Ebenfalls mit respektabler Küche, etwas preisgünstiger als das "Veneziano".

Pasticceria Santo Musumeci, in strategischer Lage direkt gegenüber der Kirche Santa Maria. Gutes Gebäck, aber auch leckere herzhafte Stückchen, mit den Tischen im Freien ein feiner Platz für einen kleinen Imbiss.

• *Veranstaltungen* **Settimana Santa**, die Karwoche mit aufwändigen Prozessionen vor allem am Karfreitag.

Festa Medievale an wechselnden Terminen Ende Juli, Anfang August. Mittelalterliches Fest, mit Musik und Theater auf den Plätzen der Stadt.

Vara, am 15. August, ein religiöser Umzug ähnlich dem von Messina, mit einem 18 Meter hohen Karren, der mit lebendigen "Figuren" in alten Kostümen geschmückt ist.

Mittelalterlich: Via degli Archi

Sehenswertes

Die Objekte des Interesses konzentrieren sich weitgehend in der Altstadt, und hier wiederum im Umfeld der Hauptgasse Corso Umberto.

Chiesa di Santa Maria: Das zwischen 1217 und 1239 errichtete latinische Gotteshaus, die heutige Kathedrale, steht im Osten des Corso Umberto. In späteren Zeiten mehrfach umgestaltet, stammen nur noch die Apsiden vom Original; die neogotische Fassade und der zentrale Glockenturm sind Anbauten des 19. Jh. Der Kontrast der dunklen Lava mit den weiß bemalten Partien ist sehr reizvoll. Im Inneren sind einige Kunstwerke des 16.–18. Jh. zu sehen.

Chiesa San Nicolà: An einer nördlichen Parallelstraße des Corso, von dort durch den mittelalterlichen Bogengang Via degli Archi (14. Jh.) zu erreichen. Früher war San Nicolà die Kirche des griechischen Bevölkerungsteils. Die ursprünglich im 14. Jh. errichtete Kirche zeigt sich heute im schwarz-weißen Barockkleid. Auch hier ist der Glockenturm eine späte Zutat (18. Jh.). Im Inneren eine Skulptur des Heiligen, die von Antonello Gagini stammt.

Chiesa San Martino: Im Südosten des Corso. Im 13. Jh. errichtet, wurde die Kirche der lombardischen Gemeinde ebenfalls mehrfach verändert. Original ist noch der ausgesprochen elegante, zweifarbige Glockenturm in normannischem Stil, der als schönster Campanile Siziliens gilt.

Castello Svevo: Gegenüber der Kirche San Martino steht das restaurierte Kastell von Randazzo, das zwei verschiedene Sammlungen beherbergt. Das bedeutende *Museo Archeològico Paolo Vagliasindi* verteilt sich auf fünf Säle und zeigt unter anderem Münzen, Bronzen sowie schöne Vasen des 5.–2. Jh. v. Chr. Im Keller des Kastells enthält die *Collezione di Pupi Siciliani* eine sehr hübsche Sammlung von insgesamt 22 sizilianischen Marionettenpuppen aus der Region um Catania, jede rund 1,30 Meter hoch; der Ankauf weiterer Puppen ist geplant.

⏱ Täglich 10–13, 15–20 Uhr, Eintritt für beide Ausstellungen etwa 1,50 €.

Museo di Scienze Naturale: Das Naturkundemuseum (Öffnungszeiten und Eintrittsgebühr wie oben) ist im Institut "Santa Giovanna Antida" an der Via Cesare Beccaria 1 untergebracht, unweit der Piazza Roma. Ausgestellt sind präparierte Tiere der Etna-Region, insbesondere Vögel und Schmetterlinge, aber auch Mineralien, Fossilien etc.

Weiterfahrt: Hinter Randazzo beginnt der wohl reizvollste Abschnitt der Reise. Die Landschaft öffnet sich, wird weiter und weniger dicht besiedelt. Richtung Inselinneres beherrschen hügelige Kornfelder die Szenerie, am Etna völlig kahle oder nur mit Macchia bewachsene Hänge. Weiter oben erstrecken sich Kastanienwälder. Gelegentlich passieren Bahn und Straße erstarrte Lavaflüsse, jung und unwirtlich oder schon älteren Datums und mit Wein bewachsen. Bei *Maletto* erreicht die Bahnlinie nahe der Tausendmeter-Grenze ihren höchsten Punkt.

Bronte

Steil staffelt sich das Städtchen vom höher gelegenen Zentrum hinab zu den neuen Siedlungen am Rand des Alcántara-Tals. Bronte war "Hauptstadt" des gleichnamigen Herzogtums unter dem englischen Admiral Nelson: Die Grafenwürde wurde ihm 1799 als Dank für englische Hilfe bei der Niederschlagung des neapolitanischen Aufstands von Bourbonenkönig Ferdinand IV. verliehen. Als sein Palast vorgesehen (Nelson hat ihn nie besucht) war das *Castello Maniace* an der SS 120, etwa zehn Kilometer nördlich. Das "Kastell" ist eigentlich eine ehemalige, 1174 gegründete Benediktinerabtei, die beim Erdbeben von 1693 weitgehend zerstört und dann wieder aufgebaut wurde. Nach länger andauernden Restaurierungsarbeiten sind das Innere und auch der schöne Park wieder zu besichtigen. Geöffnet ist die Anlage täglich 9–13.30, 15 Uhr bis Sonnenuntergang; der Eintritt ist frei.

• *Übernachten* ** **Hotel Parco dell'Etna**, sehr empfehlenswerte und angenehme kleine Anlage mit Etnablick. Gute regionale Küche, zu deren Spezialitäten hausgemachtes Pistazieneis zählt. Nur neun Zimmer, DZ knapp 65 €. Contrada da Borgonovo, an der Hauptstraße aus Richtung Randazzo links (beschildert), dann bald wieder links. ✆ 095 691907, ✉ 095 692678

Zwischen Bronte und Adrano zeigt sich die Landschaft wieder fruchtbarer: Auf alter Lava gedeihen hier vor allem Pistazienbäume, die ihre nussartigen Früchte nur alle zwei Jahre liefern, außerdem Feigenkakteen, Feigen- und Olivenbäume. Gelegentlich sieht man auch einen jüngeren, unbewachsenen Lavafluss, der mancherorts abgebaut und zu Bausand zermahlen wird.

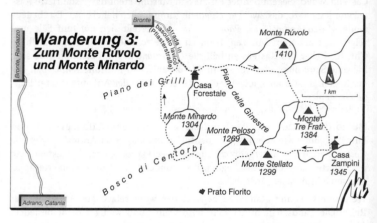

Wanderung 3: Zum Monte Ruvolo und Monte Minardo

Route: Casa Forestale – Monte Ruvolo – Case Zampini – Monte Minardo – Piano dei Grilli – Casa Forestale. **Reine Wanderzeit**: 3 Stunden. **Höhenunterschiede**: jeweils 190 Meter Auf- und Abstiege.

Charakteristik: Eine leichte Rundwanderung an den Hängen des Etna im Gebiet oberhalb von Bronte. Die Orientierung fällt nicht schwer, da die Wege von der Forstverwaltung gekennzeichnet wurden. Die beschriebene Wanderung kann beinahe beliebig verkürzt oder verlängert werden. In den Tourismusbüros der Provinz Catania erhält man, solange der Vorrat reicht, gratis die topografische Karte "Etna-Touring Club Italiano" im Maßstab 1:50.000. Auch wenn nicht alle Wege zuverlässig eingezeichnet sind, ist die Karte eine gute Hilfe beim Wandern.

Anfahrt: Der Ausgangspunkt der Wanderung liegt einige Kilometer außerhalb von Bronte und ist nur mit einem eigenen Fahrzeug zu erreichen. Aus Richtung Randazzo kommend, biegt man am nördlichen Ortsrand von Bronte von der SS 284 links ab, dem Hinweisschild zum Hotel Parco dell'Etna folgend, hält sich dann aber immer geradeaus. Auf dem Viale Kennedy verlässt man den Ort in Südrichtung, vorbei an einem Gewerbegebiet und einer rechts abzweigenden Lavapflasterstraße. Etwa 3,5 km hinter der Abzweigung von der SS 284 verwandelt sich der Asphalt in Lavapflaster, nochmals 4 km weiter endet die Straße bei einem verfallenen Forsthaus, einer ehemaligen *Casa Forestale*. Hier parken.

Verlauf: Über den Krater des Monte Ruvolo hinweg genießt man einen schönen Blick auf die Gipfelkrater des Etna. In diese Richtung verläuft auch

Begegnung en route: Forstarbeiter

die einspurige Forststraße, die an der Casa Forestale ihren Ausgang nimmt. Wir überschreiten die Lavamauer auf einer Holztreppe rechts vom Tor und folgen der breiten Sandpiste in der Verlängerung der Anfahrt geradeaus. Den Namen "Piano della Ginestra" verdankt die Hochebene den riesigen Etna-Ginsterbüschen. Vor uns breitet sich eine der schönsten Kraterlandschaften des Etna aus. Ältere, längst bewaldete Vulkankegel wechseln sich mit jungen, schwarzen Kratern ab. An einer Weggabelung unterhalb des *Monte Ruvolo* gehen wir rechts weiter und erreichen nach insgesamt einer halben Stunde eine beschilderte Kreuzung; hier ist ein Abstecher nach links in die Lava-Wüste des Ausbruchs von 1764 möglich. Für den Weiterweg hält man sich an der Kreuzung rechts auf die Piste, die zu den "Monti Tre Frati" führt. Nachdem die Piste ein breites Lavafeld gequert hat, führt sie in einen Eichenmischwald. Auf einer Lichtung gabelt sich der Weg. Wir steigen links auf und an der nächsten Gabelung gehen wir rechts weiter über eine lang gestreckte Lichtung. Von rechts mündet ein Weg ein, kurz darauf stößt von links ein weiterer Weg dazu. Die Gehrichtung beibehaltend, gehen wir halbrechts weiter. Der Weg verschmälert sich, behält aber Fahrspurbreite. Im leichten Auf und Ab durchschreiten wir einen Steineichenwald, bis wir auf Höhe der *Case Zampini* auf eine querende Forststraße stoßen (1 Std. 15 Min.).

Anstatt auf der breiten Forststraße abzusteigen, wählen wir den rechts davon verlaufenden alten Maultierpfad, der anfänglich von einem Holzgeländer begleitet wird. In kleinen Serpentinen geht es im Eichenmischwald bergab und von oben treffen wir wieder auf die querende Forststraße. Dieser folgen wir jetzt rechts weiter bergab und ignorieren den von links kommenden Weg. Unterwegs passieren wir einen von Forstleuten aufgerichteten, binsengedeckten Unterstand, einen sogenannten "Pagghiaru", der schon dicht mit Gras bewachsen ist. Auf einer Lichtung stößt von rechts eine Piste dazu, die von den Monti Tre Frati heranführt. Wir gehen geradeaus weiter und biegen nach 50 Metern an der nächsten Gabelung links ab. Die Forststraße führt jetzt zwischen Monte Peloso und Monte Sellato bergab, vorbei an einer Piste linker Hand, die vom Prato Fiorito kommt. Wir gehen rechts weiter. Eine weitere Piste mündet von rechts ein. An dieser Gabelung steht ebenfalls ein von Gras bewachsener "Pagghiaru". Unser Weg setzt sich nach links fort, bis wir wenige Minuten später rechts auf die beschilderte Piste in Richtung "Monte Minardo" abbiegen (2 Std.). Insgesamt leicht ansteigend, führt der Weg in einen Steineichenwald. Den Abzweig kurz darauf nach rechts lassen wir unbeachtet. Unser Weg fällt wieder leicht ab und führt aus dem Steineichenwald auf eine ginsterbestandene Ebene. In einem weiten Bogen umrunden wir den *Monte Minardo* im Uhrzeigersinn; hinter einem Mauerdurchlass (dort rechts) wird der Weg von einer alten Trockensteinmauer begleitet. Fünf Minuten weiter erreichen wir ein Holztor, das man rechts umgehen kann. Hinter dem Tor geht es zunächst geradeaus, vorbei an zwei Abzweigungen nach links; die erste zweigt schon nach etwa 50 Metern ab, die zweite rund 200 Meter weiter. Wir biegen aber erst in die dritte Abzweigung linker Hand ein, auf die wir etwa 5 min. hinter dem Tor treffen. Dieser Weg führt über einen älteren Lavafluss, den *Piano dei Grilli*, und anschließend durch einen Zaundurchlass und eine Eisenschranke bis auf die basaltgepflasterte Straße. Dieser folgen wir nach rechts, bis wir nach einigen hundert Metern wieder unseren Ausgangspunkt an der Casa Forestale erreicht haben.

Adrano

Ein recht hübsches Städtchen antiken Ursprungs, gegründet von *Dionysios I.* von Syrakus. Adrano liegt auf einer Lavaterrasse über dem Simeto-Tal und erfreut mit vielen Grünanlagen und einer ansprechenden Altstadt. Vor Jahren geriet Adrano durch seine Mafia-Clans, deren Beziehungen bis nach Süddeutschland reichten, in die Schlagzeilen deutscher Zeitungen – der Besucher wird davon aber nichts spüren. Zu fragwürdigem Ruhm kam der Ort auch durch einen absonderlichen Rekord, der ebenfalls in deutschen Boulevardblättern vermeldet wurde: Die jüngste Großmutter Adranos war bei der Geburt ihrer Enkelin 24 Jahre alt. Ein Stopp in dem Etnastädtchen lohnt sich besonders zur Besichtigung des mächtigen normannischen *Castello*, das im Zentrum ausgeschildert ist. Die im 11. Jh. errichtete und im 16. Jh. umgebaute Festung beherbergt ein Archäologisches Museum (täglich 9–13, 16–19 Uhr im Sommer bzw. 9–13, 15–18 Uhr im Winter; Eintritt frei) mit Funden aus sikulischer und griechischer Zeit.

Ponte Saraceno: Etwa sechs Kilometer nordwestlich von Adrano führt diese steile Brücke des 14. Jh. über den Fluss Simeto. Die Zufahrt ist ab dem westlichen Ortsrand von Adrano beschildert und führt zunächst über ein Asphaltsträßchen, das letzte kurze Stück dann über einen festen Sandweg.

Richtung Paternò lösen allmählich Orangen- und Zitronenhaine die Pistazienkulturen ab. Die Böden werden immer fruchtbarer, die Hänge des Etna grüner und dichter bewachsen.

Paternò

Eine recht langweilige, weit ausgedehnte Landstadt inmitten von Orangenplantagen. Die alten Bauten sind im Verfall begriffen, am Ortsrand wachsen Neubauviertel. Interessant ist einzig das auf einem Felsen lauernde, im 11. Jh. errichtete und später erweiterte *Normannenkastell* mit schöner Aussicht auf den Etna. Leider liegt es ein ganzes Stück vom FCE-Bahnhof entfernt. Hinter Paternò begleiten weiterhin Orangenbäume die Strecke. Bei *Misterbianco* werden sie allmählich abgelöst von den Vororten Catanias.

Catania

Bunt, aufregend, dynamisch und quicklebendig, wirtschaftlich den anderen Inselstädten um Längen voraus – die eine Seite von Catania. Die andere sind ausgedehnte Trabantenstädte, finstere Ecken und eine extrem hohe Kriminalitätsrate. Dennoch: Wer sich auf Catania einlässt, erlebt eine interessante Stadt.

Als Sitz einer großen Universität ist in Catania eine Menge los. Die Bevölkerung wirkt jugendlich, schließlich ist fast jeder sechste Einwohner Student. Lebendig zeigt sich Catania auch in kultureller Hinsicht, immerhin sieht man sich der Tradition der großen Söhne Giovanni Verga und Vincenzo Bellini verpflichtet. Das Stadtbild bestimmen breite, sich rechtwinklig kreuzende Straßen und eine Fülle an Barockbauten.

Catania, der nach Palermo zweitgrößte Ballungsraum Siziliens (offiziell 380.000 Einwohner im Stadtbereich) ist immer wieder "auferstanden aus Ruinen". Das war so in der Antike, als die *Katane* genannte Griechensiedlung 693 v. Chr. und erneut 122 v. Chr. zerstört wurde, und setzte sich in unserer Zeitrechnung fort. Schuld hatte meistens der Etna, dessen Lavaströme in den westlichen Randbezirken Catanias noch zu sehen sind. Wahrhaft dem Erdboden gleichgemacht wurde Catania im 17. Jahrhundert: Nachdem der Ausbruch von 1669 schon die halbe Stadt hinweg gefegt hatte, besorgte das große Erdbeben von 1693 den Rest. Planmäßig erfolgte der Neuaufbau nach dem Konzept des Stadtarchitekten *Vaccarini*. Als Material diente größteils das, was ohnehin reichlich zur Hand war: Lava! Seit 2002 ist Catania, wie andere vom Erdbeben zerstörte und nach Plan wieder aufgebaute Städte im Osten Siziliens, von der Unesco als Weltkulturerbe ausgewiesen.

Eine besonders heitere Note vermögen das dunkle Gestein und die allzu geraden Straßen der Stadt nicht zu geben. Wer Catania nicht im herkömmlichen Sinn "schön" finden kann, braucht sich nicht zu schämen. Erst auf den zweiten Blick fallen die kleinen Details der vielen Barockkirchen auf, realisiert man die befreiende Anlage der Plätze, die die strenge Straßenführung auflockern. Die Vitalität der Stadt, die sie für den einen so anziehend, für den anderen fast schon abschreckend macht, springt jedoch sofort ins Auge.

Ostküste

Mit dem Unternehmungsgeist, dem die Stadt den Beinamen "Mailand des Südens" verdankt, möchte man auch ein Manko angehen, das Catania schon lange plagt. Obwohl die Stadt über einen recht großen Hafen verfügt, hat sie sich bislang sehr deutlich vom Meer abgeschottet. Fabrikgebäude, viel befahrene Straßen und Bahngleise trennen das Zentrum so drastisch vom Wasser, dass man oft vergisst, in einer Küstenstadt zu sein. Künftig könnte sich das ändern. Die Stadtverwaltung möchte Catania dem Meer wieder öffnen – welch großen Gewinn an Attraktivität dies bringen würde, zeigt ja das Beispiel der Ex-Olympiastadt Barcelona. Ein Yachthafen könnte entstehen, Restaurants, Hotels und Kulturzentren in die weitgehend leer stehenden Industrieanlagen einziehen. Mit der Eröffnung des Kultur- und Ausstellungszentrums "Le Ciminiere" unweit des Bahnhofs hat Catania schon einmal einen Anfang gemacht.

Information

- *Information* **A.A.P.I.T.**, Via Cimarosa 10; ✆ 095 73062790, ✆ 095 316407. Etwas abseits der üblichen Routen, zu erreichen über einen Abzweig von der Via Etnea kurz vor dem Park Villa Bellini. Geöffnet Mo–Sa 8–20 Uhr, So 8.30–17 Uhr. Erhältlich u. a. die nützliche Zeitung "Ciao Catania". Hier auch Anmeldung zu den von Do–So stattfindenden, themenbezogenen (z.B. "Omaggio a Vincenzo Bellini") und sogar kostenlosen **Stadtrundgängen**.
A.A.P.I.T., Via Etnea 63, außen als "Punto Informazioni" beschildert; ✆ 095 7306233. Geöffnet wie oben.

A.A.P.I.T. im **Bahnhof**, Zweigstelle am ersten Bahngleis, nach Kräften hilfreich, recht gut ausgestattet und englischsprachig. Geöffnet wie oben, ✆ 095 7306255.
A.A.P.I.T. im **Flughafen**, geöffnet Mo–Sa 8–20 Uhr, So 9.30–14 Uhr, ✆ 095 7306266 und 095 7306277.
A.A.P.I.T. im Hafen, ✆ 095 7306209, geöffnet Mo–Sa 9–14 Uhr.
Internet: www.apt.catania.it, etwas langsam, aber voller guter Informationen.
- *Postleitzahl* 95100

Verbindungen

Catania ist der große Umsteigepunkt im Osten Siziliens. Dementsprechend gut sind die Anschlüsse in alle Richtungen, speziell per Bus.

- *Flugzeug* **Aeroporto Fontanarossa**, für die meisten Flugreisenden der Einstieg nach Sizilien und wohl einer der hässlichsten Flughäfen des Landes. Infostelle (s.o.), Geldautomat in der Haupthalle, breite Auswahl an Autovermietern etc. Gute Busverbindungen z.B. nach Taormina, Caltanissetta und Agrigento, relativ häufig auch in eine Reihe anderer Städte wie Messina, Siracusa, Ragusa, Gela, Enna, Piazza Armerina etc. Nach Milazzo, dem Fährhafen für die Eolischen Inseln, verkehrt von April bis September 1-mal täglich (zuletzt 16 Uhr) ein Direktbus der GIUNTABUS. Busverbindung von und zum Bahnhof besteht von 5–24 Uhr alle 20 min. mit ALIBUS 457, die Busse fahren auch ins Zentrum zur Piazza Duomo; Fahrtzeit je nach Route und Tageszeit 15–60 Minuten. Tickets nicht beim Fahrer, sondern in den Zigarettengeschäften Tabacchi oder dem Zeitschriftengeschäft im Flughafen.

- *Zug* **FS-Bahnhof** an der Piazza Papa Giovanni XXIII., östlich des Zentrums; Gepäckaufbewahrung vorhanden. Häufige Verbindungen nach Taormina, Messina und Siracusa, 6-mal tägl. auf der Linie über Enna nach Caltanissetta Xirbi (Knotenpunkt), nach Agrigento 4-mal täglich. Diverse Stadtbusse vom Bahnhof ins Zentrum (Piazza Duomo, etwa 2 km); Tickets in Tabacchi oder den Verkaufsstellen an der Piazza Duomo und am Bahnhofsplatz.
FCE-Etnabahn: Bahnhof Stazione Borgo Centrale weit im Norden an der Caronda 352 a, einer Parallelstraße der oberen Via Etnea, ✆ 095 54125. Verbindung ab FS-Bahnhof per U-Bahn "Metropolitana", Abfahrt am letzten Gleis (eine eigene Station ist jedoch geplant), Tickets in den Tabacchi. Züge bis Randazzo 7-mal, durchgehend bis Giarre/Riposto nur 1-mal täglich.

- *Bus* Nochmals sei es erwähnt: an Sonn- und Feiertagen stark eingeschränkte Fahr-

Catania

pläne, viele Linien liegen dann sogar völlig still! Abfahrt der meisten Gesellschaften rund um den Bahnhofsvorplatz.

SAIS, im nördlichen Teil, Via d'Amico: Palermo tagsüber etwa stündlich, Enna 7-mal, Agrigento 12-mal täglich, Messina tagsüber mindestens stündlich.

ETNA/INTERBUS, direkt neben SAIS: Giardini Naxos und Taormina etwa stündlich, Acireale 12-mal, Avola 8-mal, Gela 11-mal, Nicosia 5-mal, Piazza Armerina 6-mal, Ragusa 12-mal, Siracusa 16-mal, Noto 9-mal täglich.

AST, Via L. Sturzo, westlich des Platzes, Busse vor allem für die Provinz Catania. Busse in die Etna-Region, z.B. zum Rifugio Sapienza (Etna-Süd) 1- bis 2-mal morgens; nach Acireale mindestens stündlich, Caltagirone 14-mal, Piazza Armerina 3-mal täglich; außerdem Verbindungen in den Südosten: Siracusa 14-mal, Noto 7-mal, Módica 10-mal täglich.

FCE-Busse für den Etna-Bereich an der Hafeneinfahrt, Nähe Piazza San Francesco di Paola, etwa 1,5 km südwestlich vom FS-Bahnhof.

• *Stadtverkehr* **Stadtbusse** der AMT auf gutem Netz, Busplan bei den Infostellen und am FCE-Kiosk an der Piazza Duomo, Tickets in Tabacchi und an Kiosken. In der verkehrsberuhigten Innenstadt kann man auf Busse allerdings verzichten. Achtung, am 1. Mai ruht der Busverkehr in Catania.

Linea turistica (Circolare 410): Fürs Sightseeing nicht unpraktisch ist diese erst wenige Jahre alte, auch unter der Bezeichnung "Catania da vedere" firmierende Linie, die im Turnus alle wichtigen Sehenswürdigkeiten des Zentrums ansteuert. Haltestellen u. a. beim Bahnhof, am Domplatz, beim Castello Ursino und an der Piazza Stesicoro. Leider ist die Linie nur sporadisch in Betrieb, Infos am AMT-Kiosk an der Piazza Duomo oder unter ✆ 095 73060111.

Metropolitana: Catanias U-Bahn fährt im Bogen östlich ums Zentrum und ist für Reisende derzeit nur als Verbindung zwischen FS-Bahnhof und der Station der Etna-Bahn von Bedeutung, siehe dazu oben. Mit dem geplanten Ausbau bis zur Piazza Stesicoro, evtl. sogar weiter bis zur Piazza Duomo und dem Flughafen könnte die Metro interessanter werden, doch dürfte dies noch eine Weile dauern.

• *Auto* Nicht erfreulich! Echte Bruch-, sogar Diebstahlsgefahr, gelegentlich auch fixe Griffe in an der Ampel stehende Autos: Catanesi verstauen Handtaschen etc. unter dem Sitz! Außerdem ein undurchsichtiges Einbahnstraßensystem und ein Fahrstil, der Palermo zahm erscheinen lässt. Insgesamt problematisch, besonders wenn man übernachten will. Parkplätze sind ebenfalls Mangelware, im Zentrum am ehesten noch in der Mittagszeit zwischen 14 und 16 Uhr zu finden. Eine gute Idee für Autofahrer ist wohl ein Tagesausflug mit öffentlichen Verkehrsmitteln, der Zug von Taormina braucht z.B. nur rund eine Stunde.

• *Mietwagen* Fast alle internationalen und viele lokalen Verleiher haben Filialen am Flughafen. In der Stadt ist das Angebot deutlich dünner. Einige Adressen (komplette Liste bei den Infostellen): AVIS, Via S.G. La Rena 87, ✆ 095 347116; HERTZ, Via Tomaselli 16 c, ✆ 095 322560; MAGGIORE, Piazza Verga 48, ✆ 095 536927; MOTOSERVICE, auch Camper, siehe unten.

• *Zweiradvermietung* MOTOSERVICE hat neben Autos (und auf Vorab-Anfrage auch Wohnmobilen) auch Fahrräder, Motorroller und, eine Seltenheit auf Sizilien, auch Motorräder auf Lager; Preisbeispiel: Honda Hornet 600 pro Tag etwa 50 €, pro Woche 300 €. Piazza Cavour 12, ✆ 095 442720, www.motoservicect.it.

• *Schiff* Nach **Neapel** mit TTT-Lines, Abfahrten Mo–Sa 1-mal täglich (zuletzt um Mitternacht), Details im Kapitel "Anreise". Buchungsagentur im Hafen, Molo Vecchio, ✆ 095 7462187, www.tttlines.it.

Nach **Malta** mit den Luftkissen-Katamaranen von Virtu-Ferries, Abfahrt von Frühjahr bis Herbst je nach Saison 1- bis 5-mal wöchentlich; Preis hin und zurück nach Saison inkl. Hafensteuern etwa 110–140 €, bei Hin- und Rückfahrt am selben Tag saisonunabhängig knapp 85 €. Buchungsstelle im Hafen, Molo Centrale, ✆ 095 535711, www.virtuferries.com. Häufigere Abfahrten gibt es ab Pozzallo im Südosten, siehe dort.

Adressen

Deutsches Konsulat: Via Milano 10a, nahe Corso delle Province, ✆ 095 386928.

Schweizer Konsulat: Via Gabriele d´Anunzio 25, ebenfalls nahe des Corso delle Province, ✆ 095 445129.

Rettungsnotruf: ✆ 113
Carabinieri-Notruf: ✆ 112
Hospital: Ospedale Garibaldi, Piazza Santa Maria di Gesù, ✆ 095 312515.

202 Ostküste

Post: Via Etnea 215, ☉ Mo–Fr 8.30–19.30 Uhr, Sa 8.30–13 Uhr.
Internet-Zugang: Internet-Caffè Alta Mira, siehe im Kapitel "Essen".
Etna-Touren: Wer auf dem Vulkan ernsthafte Expeditionen mehrtägiger Natur beabsichtigt, erhält Infos beim CAI (Club Alpino Italiano), Piazza Scammacca 1, nahe Piazza Università, ✆ 095 7153515.

Übernachten

Die Auswahl ist groß, der Andrang auch. Manchmal muss man daher schon etwas suchen. Im Sommer, insbesondere im August, ist Vorausbuchung ratsam. Achtung: An Samstagen (Charterankünfte aus vielen Ländern) von Ostern bis Oktober ist Catania praktisch grundsätzlich ausgebucht, ohne Reservierung ist dann nichts zu bekommen!

• *Hotels/Pensionen* **** **Central Palace (8)**, wie der Name schon sagt: ein Tophotel in zentraler – und damit nicht immer leiser – Lage. Zuletzt in Restaurierung, DZ/F bis dato in der Preisklasse um 150 €. Via Etnea 218, ✆ 095 325344, 📠 095 7158939.

*** **Hotel Savona (24)**, gut geführtes Hotel mit ordentlichen, hellen Zimmern. Freundlicher und hilfsbereiter Direktor. 2001 renoviert und damit in die Dreisterne-Klasse aufgestiegen. Den Preis von rund 140 fürs DZ/F fanden einige Leser dennoch etwas hoch gegriffen. Via Vittorio Emanuele 210, Nähe Piazza Duomo; ✆ 095 326982, 📠 095 7158169. www.hotelsavona.it.

*** **Hotel Via Etnea 316 (1)**, hübsches kleines Hotel in immer noch recht zentraler (aber ebenfalls nicht ganz ruhiger) Lage unweit der Villa Bellini. Die zehn Zimmer verfügen über Klimaanlage und TV. DZ/F 110 €, auch Suiten. Via Etnea 316, ✆ 095 2503076, www.hoteletnea316.com.

*** **Albergo Moderno (21)**, modern nicht unbedingt, aber anständige Mittelklasse. Die Zimmer könnten etwas größer sein. Prinzipiell gute Lage im Barockviertel, stören könnte die laute Musikkneipe Nievski nebenan – das Management liegt im Dauerclinch mit den Besitzern. DZ etwa 95 €. Via Alessi 9, ✆ 095 326250, 📠 095 326674.

** **Hotel Royal (16)**, im Barockviertel Nähe Dom. Von außen wirkt das Haus des 18./19. Jh. eher unscheinbar, innen ist es aber sehr hübsch und geschmackvoll eingerichtet; Terrasse, Piano-Bar ... Nur neun Zimmer. Zuletzt in Restaurierung, Preisniveau bis dato etwa wie im Albergo Moderno. Via Antonio Sangiuliano 337, ✆ 095 313448, 📠 095325611.

** **Hotel Gresi (5)**, hübsches, freundlich geführtes und beliebtes Quartier in zentraler Lage, 2001 renoviert. Große, ansprechend möblierte Zimmer mit TV und Klimaanlage, zum Teil auch mit Stuck und Deckengemälden. Prima Preis-Leistungs-Verhältnis, DZ/Bad 65 €. Oft belegt, Reservierung ratsam. Via Pacini 28, eine Seitenstraße der Via Etnea bei Nr. 246, ✆ 095 322709. www.gresihotel.com.

* **Hotel Centrale Europa (26)**, Mittelklasse in äußerst zentraler Lage, nämlich praktisch direkt am Domplatz. Über 120 Jahre altes Hotel, vor wenigen Jahren komplett renoviert. Gute und gepflegte Zimmer, teilweise antikes Mobiliar, moderne Bäder. Das Personal allerdings wurde von Lesern nicht gelobt; offensichtlich ist es ratsam, sich den Preis genau bestätigen zu lassen. DZ/Bad etwa 75 €. Via Vittorio Emanuele 167, ✆ 095 311309, 📠 095 317531.

* **Hotel Rubens (9)**, gemütliches kleines Familienhotel, immer wieder von Lesern gelobt. Sieben geräumige Zimmer mit TV, Klimaanlage und Heizung, der freundliche Besitzer spricht perfekt Deutsch und Englisch und hilft auch bei der Parkplatzsuche. DZ/Bad 65–70 €, F inklusive. Zentral an der Via Etnea 196, ✆ 095 317073, www.rubenshotel.it.

* **Hotel Pensione Bellini (22)**, mitten in der Nightlife-Zone, die Zimmer zur Straße (nur drei von insgesamt sieben) sind deshalb nicht gerade ruhig. Ordentliche Ausstattung mit Klimaanlage und TV, freundlicher Chef. DZ/Bad mit F etwa 50 €. Via Landolina 41, ✆ 095 7150969, 📠 095 2500705, hotelbellini@rivacity.it.

* **Hotel Pensione Ferrara (3)**, in einer Seitenstraße der Via Etnea etwa auf Höhe der Villa Bellini. Von innen mit 24 Zimmern erstaunlich groß, hohe Räume, Salon mit TV. Die Zimmer nach hinten sind naturgemäß ruhiger. Am Pflegezustand wurde zuletzt deutliche Leserkritik geübt. DZ/Bad etwa 55 €, ohne Bad rund 45 €. Via Umberto 66, ✆ 095 316000, 📠 095 313060.

Affittacamere La Collegiata (17), in einer Seitenstraße der Via Etnea. Von der Ausstattung

Catania

Übernachten

1. Hotel Via Etnea 316
3. Hotel Pensione Ferrara
5. Hotel Gresi
8. Hotel Central Palace
9. Hotel Rubens
10. Aff.camere I Vespri
16. Hotel Royal
17. Aff.camere La Collegiata
20. Aff.camere Blue Moon
21. Albergo Moderno
22. Hotel Bellini
24. Hotel Savona
25. Aff.camere Holland Int.
26. Hotel Centrale Europa
29. JH Agorà Hostel

Essen & Trinken

2. Rist. da Rinaldo
4. Trattoria Don Turiddu
6. Trattoria Aldo
7. Trattoria Al Gabbiano
11. Pizzeria del Centro
12. Ristorante Metrò
13. Trattoria Il Mare
14. Taverna Coppola
15. Ant. Friggitoria Stella
18. Rist.-Pizzeria I Carbonari
19. Rist.-Pizzeria Turi Finocchiaro
23. Rist. Sicilia in Bocca da Giuseppe
27. Rist. Sicilia in Bocca alla Marina
28. Cantine del Cugno Mezzano

Ein Augenschmaus: Catanias Märkte

her auf Dreisterne-Hotelstandard, sehr hübsch gestaltet, komfortable und geräumige Zimmer in dunklem Holz, Klimaanlage. Die Räume zur Via Etnea allerdings können recht laut sein, nach hinten wird es ruhiger. DZ/F etwa 75 €. Via Vasta 10, ✆ 095 315256, lacollegiata@virgilio.it.

Affittacamere Holland International (25), eigentlich eher ein Einsternhotel, in einem 200 Jahre alten Palazzo. Das Mobiliar und die Einrichtungen sind vielleicht nicht mehr die jüngsten, hübsch dafür der Salon und die Deckengemälde in manchen der mit Klimaanlage ausgestatteten Zimmer. Der nette holländische Besitzer spricht Deutsch. Wer am Nachmittag kommt, findet mit etwas Glück einen Parkplatz im Hof. Oft voll, Reservierung oder telefonische Anfrage erbeten. DZ ohne Bad knapp 45 €, mit Bad 55 €. Via Vittorio Emanuele 8, Nähe Bhf.; ✆ 095 533605, www.hollandintrooms.it.

* **Affittacamere I Vespri (10)**, trotz der offiziellen Einstufung ebenfalls praktisch ein Hotel der Einsternklasse. Zentral, aber doch recht ruhig in einem frisch restaurierten Palazzo untergebracht. Sehr freundliches und hilfreiches junges Besitzerpaar (die Tochter des "Holland"-Besitzers und ihr englischsprachiger Mann), angenehme Atmosphäre. DZ ohne Bad knapp 45 €, DZ/Bad sind geplant. Via Montesano 5, ✆ 095 310036, www.ivesprihotel.it.

* **Affittacamere Blue Moon (20)**, schlichtes, aber brauchbares und preisgünstiges Quartier in einer Seitenstraße der Via Etnea, durch die nahen Kneipen am Wochenende nicht immer ganz ruhig. Nur zwei DZ à 40 €, vier EZ à 20 €, jeweils mit Gemeinschaftsbad. Via Collegiata 11, ✆ 095 327787.

● *Außerhalb* ** **Hotel Triangulo**, rund 20 Kilometer südlich des Zentrums Richtung Siracusa, noch etwa zwei Kilometer südlich der Abzweigung nach Lentini und bereits in der Provinz Siracusa. Ein Lesertipp von Edith Schlaich: "Am Strand Agnone Bagni, ein gutes Quartier mit gutem Restaurant. Empfehlenswert für alle, die zeitig am Flughafen von Catania sein müssen, 20 Minuten auf der Schnellstraße." Nur acht Zimmer, DZ/F etwa 65–80 €. Località Agnone Bagni, ✆ 095 994545.

● *Jugendherberge* **Agorà Hostel (29)**, in einer eher düsteren Gegend nahe der Bahnlinie und des Fischmarkts Pescheria. 70 Betten, nette internationale Atmosphäre, Wäscherei und Internet-Zugang. Ü/F im Schlafsaal 16 €, im Hochsommer knapp 18 €; kein JH-Ausweis nötig. Die beiden Doppelzimmer sind laut einer Leserzuschrift ihr Geld (45 €) allerdings nicht wert. Ein echter Clou ist dafür die bei jungen Einheimischen beliebte Bar, ein täglich geöffnetes Restaurant gibt es auch. Piazza Curró 6, ✆ 095 7233010, www.agorahostel.it.

Catania

- *Camping* Trotz mehrerer Plätze nur beschränkte Kapazitäten, viele Dauercamper. Mancher Platz ist in Wahrheit auch nur eine Bungalowsiedlung mit Stellfläche für ein paar Caravans. Die Campings in Acireale sind eine Alternative, ab dort gute Verbindungen nach Catania.

** Camping Jonio, bester Platz bei Catania, gelegen im nördlichen Nobelvorort Ognina. Schattig, viele Wohnwagen, teils mit angebauter Nasszelle. Hübsch gelegen, Lavastrand unterhalb, gute Sanitärs. Ganzjährig offen, zwei Personen, Auto, Zelt zahlen je nach Saison allerdings bis zu 24 €. ✆ 095 491139.

* Camping Internazionale La Plaia (✆ 095 340880), **** Camping Villaggio Europeo** (✆ 095 591026) und *** Camping Villagio Souvenir** (✆ 095 341166) liegen an der Strandstraße Viale Kennedy südlich der Stadt. Alle drei sind eher Bungalow- und Hüttendörfer, von vielen Dauerbewohnern belegt und am ehesten vielleicht noch für Wohnmobile geeignet. Der Strand reizt mit Blick auf den Hafen kaum zum Baden, der nahe Flugplatz sorgt für eine intensive Geräuschkulisse.

Essen (siehe Karte Seite 203)

Große Auswahl an preiswerten Trattorie um die Märkte herum, fast grundsätzlich gut und nicht teuer. An den diversen Kiosken kann man die lokale alkoholfreie Drink-Spezialität probieren: "Selz con Sale", Zitronensaft mit Salz – erstaunlich erfrischend! Ebenfalls in Catania heimisch sind die "Spaghetti alla Norma" mit Auberginen und Ricotta, die nach der Oper des hier geborenen Komponisten Bellini benannt sind.

- *Restaurants* **Ristorante Costa Azzurra**, Lokal der Oberklasse in Küche, Service und Preis. Am Meer im nördlichen Nobelvorort Ognina, bekannt für authentisch catanesische Küche, Schwerpunkt auf Meeresgetier. Menü ab etwa 30 € aufwärts. Via de Cristoforo 4, Ognina-Porto Ulisse; ✆ 095 494920. Mo geschlossen.

Ristorante Sicilia in Bocca da Giuseppe (23), nahe des Teatro Bellini und ein beliebter Treffpunkt der dortigen Akteure. Sizilianische Küche mit Schwerpunkt auf Fischgerichten, Menü ab etwa 30 €. Piazza Lupo 16, Reservierung obligatorisch, ✆ 095 7461361. Mi sowie September geschlossen.

Ristorante Sicilia in Bocca alla Marina (27), nach gewissen familiären Schwierigkeiten eröffnetes Konkurrenzunternehmen Nähe Dom. Auch hier wird auf hohem Niveau gekocht und gespeist, nach Meinung mancher Catanesi sogar besser als im Stammhaus. Preise wie oben, abends auch Pizza. Reservierung obligatorisch. Via Dusmet 27, ✆ 095 315472.

Ristorante Metrò (12), in der barocken Via Crociferi. Hübsches, geschmackvolles Ambiente und feine, marktabhängige sizilianisch-mediterrane Küche gehen hier eine glückliche Verbindung ein. Sehr umfangreiche Weinauswahl. Menü ab etwa 25 €. Via Crociferi 76, ✆ 095 322098. Sa-Mittag sowie So geschlossen.

Trattoria Al Gabbiano (7), nicht weit vom Markt Fera o Luni. Bekannt für gute maritime Küche, am Eingang eine Kühltheke zum Aussuchen des gewünschten Fisches. Menü ab ca. 25 €. Via G. Bruno 128, eine Seitenstraße der Via Ventimiglia, ✆ 095 537842. So und für zwei Wochen im August geschlossen.

Cantine del Cugno Mezzano (28), nicht weit vom Domplatz. Sehr gemütliche Weinstube mit rustikaler Einrichtung und relativ kleiner, aber erlesener Speisekarte. Große Weinauswahl. Menü ab ca. 20 €. Via Museo Biscari 8, eine Seitenstraße der Via Vittorio Emanuele II, ✆ 095 7158710. So sowie um Mitte August geschlossen.

Ristorante da Rinaldo (2), unweit des Corso Italia. Gute sizilianische Küche, Spezialität sind Fisch und Fleisch vom Grill. Vom etwas folkloristischen Dekor und den gelegentlich hier speisenden Reisegruppen sollte man sich nicht abschrecken lassen. Menü ab etwa 18 €. Via G. Simili 59, Di Ruhetag, im August geschlossen.

Trattoria Il Mare (13), ein Lesertipp von Hannelore Puck: "Gemütliches Fischrestaurant, vor allem von Catanesi besucht. Man sollte pünktlich um 20 Uhr dort sein, es hat sich sehr schnell gefüllt. Beim Aussuchen wird man am 'Fischtisch' beraten, es wird gewogen und die beste Zubereitung besprochen. Es stimmte einfach alles." Via S. Michele 7, Mo Ruhetag.

Rist.-Pizzeria Turi Finocchiaro (19), in einer Seitenstraße der Via Etnea, gleichzeitig direkt im Nachtleben Catanias. "Il più storico del centro storico", das älteste der Altstadt – gegründet 1900. Nette Atmosphäre. Spezialität sind Grillgerichte, es gibt aber auch Pizza, Salate etc. Menü ab etwa 12–15 €, Pizza ab 5 €. Via Euplio Reina 13, Mi Ruhetag. Im Umfeld noch reichlich weitere Lokale und Pubs.

Rist.-Pizzeria I Carbonari (18), nahe der Oper, ein Lesertipp von Dr. Friedrich Flendrovsky: "Eingang ganz unauffällig, dahinter ein großes, ungewöhnliches Lokal, das am ehesten noch an einen deutschen Bierkeller erinnert. Ausgezeichnetes Essen und sehr preiswert, ein heißer Tipp nach der Oper." Via Michele Rapisardi 12, am Rand des Nachtviertels. Mi Ruhetag, Mitte August für zwei Wochen geschlossen.

Taverna Coppola (14), ein paar Straßen weiter nördlich. Hübsches Interieur mit Gewölben, vielfältige Karte mit sizilianischer Küche, frischen Antipasti und Menüs ab ca. 18 €, freundlicher Service. Viele Einheimische. Mo Ruhetag, um Mitte August geschlossen. Via Coppola 49–51. Im Umfeld noch weitere interessante Lokale.

Trattoria Don Turiddu (4), nahe Markt Fera o Luni. Spezialität sind Fischgerichte, es gibt aber auch Fleisch vom Grill sowie köstliche Antipasti. Menü ab etwa 15–18 €, mit besonders edlem Fisch wird's eventuell etwas mehr. Mo und im August geschlossen. Via Musumeci 50.

Trattoria Aldo (6), ebenfalls in Marktnähe und beliebter Treff der Verkäufer. Großer Speisesaal im Obergeschoss, helles Holz und immer voll. Die Preise liegen noch unter "Don Turiddu". Man probiere "Sarde a beccafico", mit Weißbrot und Käse gefüllte Sardinen, oder "Spezzantino", eine Art Gulasch. Piazza Giuseppe Sciuti, nur mittags offen, So Ruhetag.

Antica Friggitoria Stella (15), klassischer sizilianischer Imbiss, allerdings nur zum Mitnehmen. Calzone, Arancine, Nudeln in diversen Variationen, auch Pizze – perfekt gemacht und billig. Abends ist die Gegend etwas rotlichtig-schwül angehaucht, dann wird's für die Mutigen erst richtig interessant. Via Monsignore Ventimiglia 66, ein paar hundert Meter vom Bahnhof. Mo Ruhetag. Vom Angebot her ähnliche Imbissbuden finden sich in der Via Plebiscito südlich des Castello Ursino.

Pizzeria del Centro (11), im Zentrum neben dem Affittacamere I Vespri. Pizza auch mittags, zum Verzehr am Tresen oder zum Mitnehmen, schon für 3–4 €. Via Montesano.

• *Cafés* **Internet-Caffè Alta Mira**, nahe der Piazza Giovanni Verga. Neben Kaffee, süßen Stückchen etc. gibt´s hier auch Internet-Anschluss. Mittags und abends geöffnet. Via E. Pantano 77, Fr-Abend, Sa- und So-Mittag sowie im August geschlossen.

Caffè Savia, an der Via Etnea auf Höhe der Villa Bellini. Tradition seit 1899. Berühmt sind die Cannoli, es gibt auch gutes Eis, Arancine etc. Via Etnea 300.

Caffè Spinella, direkt nebenan, ist vielleicht nicht ganz so vornehm, aber ebenfalls ein gutes Plätzchen.

Caffè Duomo, an der Piazza Duomo, sieht von außen zwar vielleicht etwas teuer aus, ist aber freundlich und relativ günstig.

Caffè Europa, besonders am Sonntagvormittag ein beliebter Treffpunkt der jungen, schönen und reichen Catanesi. Corso Italia 302.

Nachtleben/Einkaufen/Veranstaltungen

• *Nachtleben* Noch bis Mitte der 90er-Jahre waren die meisten Straßen im Zentrum nachts wie ausgestorben. Seitdem hat sich jedoch im Gebiet zwischen Piazza Università und Piazza Bellini ein richtiges nächtliches Zentrum etabliert, wohl das lebendigste Siziliens. Am Abend öffnen zwischen den alten Mauern mehrere Dutzend Bars, Pubs und Jazzschuppen ihre Pforten, spielen Live-Bands auf den Straßen, werden auf Großbildschirmen Fußballspiele und Videoclips gezeigt. Betrieb herrscht vor allem von Do–So; tagsüber ist nichts los, bis zum frühen Morgen um so mehr. Einen Überblick über das Angebot bietet das kostenlose Veranstaltungsmagazin "Lapis", erhältlich auch bei der Touristinfo. Die "In"-Adressen ändern sich natürlich häufig, hier deshalb nur einige schon länger eingeführte Lokale, die (mit Ausnahme der jungen Bar Agorá) allesamt zu den Pionieren der Nachtszene von Catania zählen.

Pierrot, eine beliebte, modern eingerichtete "American Bar". Hier gibt es auch Pizza, Nudeln, Säfte etc. Via Antonibo di Sangiuliano 188–194, eine Querstraße zur Via Etnea.

The Other Place Pub, gemütliche Kneipe mitten im Nachtviertel, Tische auf zwei Etagen und im Freien, Pizza und andere Snacks. Via Euplio Regina 18, Mo Ruhetag.

Nievski, in der Via Alessi neben dem Hotel Moderno, also etwas abseits der eigentlichen Nachtzone. Seit 1986 Treff der alternativen Szene, rammelvoll bis auf die Treppen draußen, oft Konzerte und andere Veranstaltungen, mittlerweile ganz modern mit Internet-Zugang. Es gibt auch gutes und günstiges Essen. Mo Ruhetag, in der zweiten Augusthälfte geschlossen.

Bar Agorà, die Bar der gleichnamigen Jugendherberge, siehe "Übernachten". Ein Besuch lohnt sich auch für Nichtgäste: Das Lokal birgt im Keller (Zugang nur abends) eine uralte Lavagrotte, durch die ein unterirdischer Frischwasserbach strömt. Nach Ansicht der Belegschaft wurde das Ensemble schon zu Zeiten der Römer als Teil einer Therme genutzt – ganz in der Nähe liegen tatsächlich die Ruinen einer römischen Badeanlage. Die Atmosphäre ist wirklich beeindruckend.

• *Einkaufen/Märkte* Alle Lebensmittelgeschäfte sind Mi-Nachmittag geschlossen!

Viale Venti Settembre: Catanias Haupteinkaufsstraße, eine östliche Seitenstraße der oberen Via Etnea, besitzt zahlreiche elegante Boutiquen, Schuhgeschäfte, Buchhandlungen etc. In der Via Etnea ist das Angebot auch gut.

Kaufhäuser: La Rinascente, Via Etnea 157. Coin, ziemlich am Anfang der Via Etnea.

Supermarkt: SMA, Corso Sicilia 50, nicht weit von der Piazza Stesicoro.

Märkte: Die beiden farbenprächtigen Märkte Catanias sind gleichzeitig echte Sehenswürdigkeiten der Stadt. Beide sind nur Mo–Sa vormittags geöffnet. Vorsicht vor Taschendieben, auf Wertsachen achten!

La Pescheria, großer Fisch- und Lebensmittelmarkt Nähe Piazza Duomo, Zugang über die Stufen in der Südwestecke. Von der Angebotsbreite an Frischfisch auf Sizilien fast konkurrenzlos, braucht er keinen Vergleich mit den Märkten von Palermo zu scheuen. Früh am Morgen hingehen!

Fera o Luni, ein ebenfalls sehr lebendiger Markt. Im Angebot ist alles mögliche, von Gemüse über Schuhe bis zu Kochtöpfen, billig. Zugang bei der Piazza Stesicoro/ Corso Sicilia.

• *Veranstaltungen* Im Sommer finden fast an jedem Wochenende Konzerte und Theater statt, gratis und im Freien, Infos bei den Fremdenverkehrsämtern und im Veranstaltungsblatt "Lapis".

Festa de Sant' Agata, 3.–5. Februar. Das Fest der Stadtheiligen, eines der bedeutendsten Siziliens. Hier dreht sich alles um die hl. Agata, die im 3. Jh. den Märtyrertod erlitt, weil sie die Avancen des römischen Konsuls Quintianus verschmähte. Die Heilige wird in Catania hoch verehrt und gilt auch als Schutzpatronin vor den Gefahren des Etna, dessen Lava ihr Tuch schon mehrmals aufgehalten haben soll – die Catanesi schwenken bei dem Fest deshalb auch weiße Tücher. Den Höhepunkt des Festes bilden die Prozessionen der "Vara"-Sänfte mit der juwelengeschmückten Büste der Heiligen, die sonst im Dom aufbewahrt wird, begleitet von den "Candelore": sechs Meter hohe Kerzenständer, die von den verschiedenen Zünften möglichst lange getragen werden müssen; wer am längsten aushält, gewinnt. Zum Sonnenaufgang am 6. Februar kehrt der Schrein der Heiligen in den Dom zurück.

Festa estiva di Sant'Agata, am 17. August, eine weitere Feier zur Ehren der Heiligen, diesmal zur Erinnerung an die Rückkehr ihrer Reliquien aus Konstantinopel am frühen Morgen des 17. August 1186. Damals sollen die Einwohner vor Freude im Nachthemd auf die Straße gerannt sein, weshalb sich zu den Festen der Patronin viele Catanesi in eine Art Nachthemden kleiden. Das Sommerfest ist auch eine nette Geste für die dann auf Heimaturlaub weilenden Emigranten, die beim Hauptfest nicht anwesend sein können.

Sehenswertes

Dass die Stadt nach Plan aufgebaut wurde, merkt man schnell. Grundprinzip sind zwei sich rechtwinklig schneidende Hauptachsen: die Via Vittorio Emanuele in Ost-West-Richtung, die Via Etnea von Nord nach Süd. Schnittpunkt ist die Piazza Duomo.

Gar nicht gut geplant war dagegen der Bau der Eisenbahn, deren Hochtrasse sich wie ein Riegel zwischen Stadt und Meer legt, doch ist diesbezüglich vielleicht in einigen Jahren Besserung in Sicht.

Piazza Duomo: Der Domplatz ist mittlerweile (zum Unmut vieler Catanesi, die seitdem weite Umwege fahren müssen) für den Verkehr gesperrt und hat dadurch sehr gewonnen; besonders schön anzuschauen ist die gelungene Barockkomposition des Stadtarchitekten *Vaccarini* nachts im Licht der Scheinwerfer. Der Dom im Osten des Platzes wurde ursprünglich im 11./12. Jh. als Kirchen-Festung von den Normannen errichtet, nach dem Erdbeben von 1693 dann in barockem Stil wieder aufgebaut. Er ist der Stadtheiligen *Sant'Agata* geweiht. Prächtig geschmückt präsentieren sich die 1998 renovierte Fassade und das von antiken Säulen gestützte, dreischiffige Innere. An der zweiten Säule rechts nach dem Eingang ist das Grab des großen, jung gestorbenen Komponisten *Bellini* (1801–1835) in den Boden eingelassen, des berühmten Sohns der Stadt. Einen Blick lohnen auch die aufwändig ausgestattete *Capella di Sant'Agata* sowie die *Capella della Madonna*, die Gräber der aragonischen Könige birgt.

Die **Fontana dell'Elefante** in der Mitte des Platzes zieht alle Blicke auf sich. Der drollige, "Liotru" (auch: Diotru) genannte Lavaelefant aus der Römerzeit ist das Wahrzeichen Catanias, auf seinem Rücken trägt er einen ägyptischen Obelisken aus Granit. Ursprünglich gehörten die beiden natürlich nicht zusammen – erst Vaccarini ließ die nach dem Erdbeben aus dem Schutt gefischten Antiquitäten zusammenfügen. Der Legende nach erinnert der verschmitzte Elefant an den Zauberer Eliodoro oder Diodoro, der im 8. Jh. in Catania lebte und den Elefanten, den er als sein Reittier benutzte, in Lava verwandelte. In späteren Zeiten wurde der Lava-Elefant dem Zauberer gleichgesetzt. Den Sockel der Säule zieren allegorische Statuen der Flüsse Simeto und Amenano.

Via Etnea: Die kilometerlange Nobelstraße ist mit teuren Geschäften, Gelaterias und Cafés die Hauptschlagader Catanias und seit einigen Jahren, man glaubt es kaum, bis auf Höhe des Botanischen Gartens tatsächlich für den individuellen Autoverkehr gesperrt. Zuletzt war sie in Umbau zu einer echten Fußgängerzone. Die Straße läuft direkt auf den Etna zu, wohl eine Art offensive Reaktion auf die vielen Zerstörungen, die von dem Vulkan ausgingen – bisher hat es gewirkt ...

Piazza Università: Dieser Platz an der Via Etnea folgt bald nach dem Domplatz und ist ebenfalls durchgängig in Barock gehalten. Vielleicht kommt manchem die Handschrift schon bekannt vor: Auch hier zeichnete wieder Stadtarchitekt *Vaccarini* für die Gestaltung verantwortlich.

Piazza Stesicoro: Noch ein Stück weiter nördlich liegt dieser weitläufige, leicht ansteigende Platz, heute der belebte Mittelpunkt Catanias. Während des

Sommers finden hier oft klassische Konzerte statt. Im linken Teil der Piazza sind Reste eines römischen *Amphitheaters* zu sehen, das einst das größte ganz Siziliens gewesen sein soll; was fehlt, ist überbaut worden. Auf Nummer 15 hat der ideenreiche Bauunternehmer und Kunstmäzen Antonio Presti, Initiator der "Fiumara d´Arte" an Siziliens Nordküste, seine *Casa Museo Devozione alla Bellezza* (Mo–Fr 18–21.30 Uhr) eröffnet, ein Haus mit zwölf Zimmern, die im jährlichen Wechsel von jungen Künstlern aus Sizilien gestaltet werden. Übrigens hegt Presti noch weitere Pläne mit Catania: Unter dem Motto "Librino é bello" (Librino ist schön) soll das unweit des Airports gelegene, dicht besiedelte und als Nährboden der Mafia übel beleumundete Stadtrandviertel Librino mit einer Art Museum aufgewertet werden.

Villa Bellini: Der schöne Stadtpark Catanias liegt gleich linker Hand der Via Etnea und ist eine Oase im Getümmel der Stadt. Dem Komponisten gewidmet, besitzt er natürlich auch eine Statue Bellinis, glänzt aber

Das Wahrzeichen der Stadt: Fontana dell'Elefante

vor allem mit uralten Bäumen und zwei Hügeln, die eine hübsche Aussicht bieten. Weiter stadtauswärts folgt der *Botanische Garten* (Mo–Sa 9–13 Uhr) der Universität, bereits 1788 gegründet und Heimat vieler seltener Pflanzenarten sowie eines neoklassizistischen Herbariums.

Teatro Bellini: Das 1890 erbaute Theater an der gleichnamigen Piazza wird als eins der schönsten Italiens gerühmt und ist im nostalgischen Inneren fast schon eine Zeitmaschine in die Vergangenheit. Besonders der Hauptsaal findet das Lob der Experten. Um ihn zu sehen, muss man sich allerdings einer Führung des Fremdenverkehrsamts A.A.P.I.T. (siehe "Information") anschließen oder eine Aufführung besuchen. Spielzeit ist nur im Herbst, Winter und zeitigen Frühjahr, Programme gibt's bei den Infostellen. Zwischen der Piazza Teatro und der Piazza Università erstreckt sich Catanias Nightlife-Zone mit einer Unmenge an Bars und Restaurants.

Via Crociferi: Die barocke Prachtstraße beginnt ab der Piazza San Francesco, Ecke Via Vittorio Emanuele, westlich der Piazza Duomo. Zuerst lohnt es sich jedoch, ein kleines Stück weiterzugehen und bei Haus Nr. 266 einen Blick in das *Teatro Romano* zu werfen, offiziell, aber nicht immer zuverlässig geöffnet von 9 Uhr bis eine Stunde vor Sonnenuntergang; Mo zu, Eintritt frei. Ursprünglich entstand das teils aus Lava, teils aus edlem Marmor errichtetete Amphitheater schon in der griechischen Zeit des 5. Jh. v. Chr., die Römer bauten es einige Jahrhunderte später dann aus. Zurück in der Piazza S. Francesco, steht auf Nr. 3 die *Casa Bellini*, das Geburtshaus des Komponisten, heute ein kleines Museum (Mo–Sa 9–13.30 Uhr, So 9–12.30 Uhr; gratis) mit persönlichen Besitzstücken, Instrumenten etc. des Meisters. In der von hier ansteigenden Via Crociferi folgt fast eine Barockkirche auf die nächste, alle aus dem 18. Jh. Man steht auf geschichtsträchtigem Boden, bei Bauarbeiten kamen hier überall römische Überreste zutage.

Chiesa di San Nicolò: Die nie fertig gestellte Riesenkirche erhebt sich an der Piazza Dante, von der Via Crociferi über die westlich abzweigende Via Gesuiti zu erreichen. Begonnen wurde der Bau bereits 1687. Nach dem zerstörerischen Erdbeben von 1693 wurden die Arbeiten fortgesetzt und 1780 eingestellt. Die Fassade mit den wuchtigen Säulen blieb unvollendet. Ein Blick ins Innere (tgl. 9–13 Uhr, Di/Do auch 15–18 Uhr) zeigt ungeahnte Perspektiven, denn die Ausmaße sind gewaltig: Der Innenraum misst hundert Meter Länge, die zuletzt in Restaurierung befindliche Kuppel ragt sechzig Meter hoch auf – nach Abschluss der Arbeiten wird man wieder hinaufsteigen und eine grandiose Aussicht auf die Stadt genießen können. Nicht mehr erhalten ist leider die gewaltige, 2916 Pfeifen umfassende Orgel, die schon Goethe Bewunderung ("erhabenes Instrument") abnötigte. Die Kirche gehört zum gleichnamigen *Benediktinerkloster*, einem ausgedehnten Komplex, der sich über eine Fläche von über 100.000 Quadratmeter erstreckt und uralten Siedlungsboden bedeckt: Bei Ausgrabungen wurden hier eine prähistorische Grabstätte, griechisch-archaische Baureste und römische Mauern und Fußböden freigelegt. Auch das Kloster wurde nach dem Erdbeben wieder aufgebaut. Beteiligt war einmal mehr Vaccarini, von dem die Bibliothek (Via Biblioteca 13, Mo–Fr 9–13.30, Mi auch 15–18 Uhr; gratis) und das Refektorium stammen. Heute sind im Kloster einige Fakultäten der Universität Catania untergebracht, der Pförtner lässt jedoch Neugierige gern passieren.

Castello Ursino: An der Piazza Federico di Svevia, gut 500 Meter südwestlich der Piazza Duomo, also schon etwas außerhalb des Zentrums und in einer recht heruntergekommenen Gegend. Das wehrhafte Kastell wurde im 13. Jh. für den Stauferkönig Friedrich II. erbaut, aus Lava, versteht sich. Ursprünglich stand es direkt am Meer: die glühenden Massen des Etnaausbruchs von 1669 wälzten sich dann aber an seinen Mauern vorbei, ohne es ernsthaft zu beschädigen (Lava gegen Lava!) und schoben die Küstenlinie weit hinaus. Im Inneren ist das Stadtmuseum Museo Civico untergebracht, dessen reiche Gemäldesammlung bisher erst teilweise der Öffentlichkeit zugänglich gemacht wurde. Daneben finden auch wechselnde Ausstellungen statt.
① Di–Sa 9–13, 15–18 Uhr, So 9–12 Uhr; Eintritt frei, außer zu besonderen Ausstellungen.

Centro Fieristico Culturale "Le Ciminiere": Am Viale Africa, Ecke Piazza Asia, im Gebiet nordöstlich des Hauptbahnhofs, liegt dieses Kulturzentrum, das seinen Namen "Die Schornsteine" nach den Schloten einer ehemaligen

Fabrikanlage trägt, die in die ansonsten moderne Struktur integriert sind. Neben Kongressen finden hier zum Teil überaus sehenswerte Wechselausstellungen statt, ebenso Aufführungen sizilianischen Puppentheaters; mittlerweile beherbergt der Bau auch das "Museo dello Sbarco" (Di–So 9–13, 16–20 Uhr; 3 €) das sich mit der alliierten Landung auf Sizilien 1943 beschäftigt. Von Juli bis September ist das Zentrum Schauplatz des Festivals "Le Ciminiere e le Stelle", bei dem Musik, Tanz und Theater geboten werden.

Öffnungszeiten zu Ausstellungen Wechselnd, in der Regel jedoch Di–So 10–21 Uhr.

Zwischen Catania und Siracusa

Eine Ecke, an der man Sizilien nicht messen sollte – wer hier schnell durchrauscht, tut sich nur einen Gefallen. Zunächst dehnen sich schier endlos die Vorstädte Catanias. Die anschließende *Piana di Catania* ist eine höchst fruchtbare Ebene, gebildet vom Schwemmland des Flusses *Simeto*, dessen Mündungsgebiet als wichtiges Vogelreservat unter Naturschutz gestellt wurde. Leider hat sich in ihrem südlichen Teil aber auch die Industrie breitgemacht: Lange dauert es nicht, bis erste Raffinerien in Sicht kommen. Die Luft ist voller Ruß und stinkt bisweilen erbärmlich, die zahlreichen Lkw-Kolonnen tun ein übriges (Autofenster zu!). Um die eigentlich nicht unansehnliche Stadt *Augusta* liegt das scheußlichste Industriegebiet Siziliens, wenn nicht Italiens. Riesige chemische Anlagen erstrecken sich entlang der Küste, entlassen Abwässer ins Meer. Nachts beleuchten die Fackeln der Raffinerien die gespenstische Szenerie. Laut einem im August 2003 erschienenen Bericht des "Spiegel" beträgt der Quecksilbergehalt des Meerwassers vor Augusta und Melilli das Zwanzigtausendfache des gesetzlichen Limits, liegt die Zahl missgebildeter Kinder in diesem Gebiet drei- bis viermal höher als im italienischen Durchschnitt. Wer hier wohnt, hat gute Chancen auf seinen frühen Tod. Im Jahr der letzten Recherche wurde gerade ein halbes Dutzend Direktoren und Techniker der hiesigen Fabriken verhaftet, weil sie zur Kostenersparnis hochgiftige Rückstände einfach ins Meer geleitet hatten. Die Strände der Gegend sollten da kaum jemanden mehr interessieren, doch erstaunlicherweise haben sich sogar in dieser Ödnis Campingplätze und Hotels angesiedelt.

Lentini und Carlentini

In der Vergangenheit ein berühmter Name: Das antike Leontinoi wurde um 729 v. Chr. als Kolonie der Griechensiedlung Naxos gegründet, wobei die Griechen die bis dahin hier ansässige sikulische Bevölkerung verdrängten. Später geriet die Siedlung unter den wechselnden Einfluss von Gela und Syrakus. Um 480 v. Chr. wurde in Leontinoi der begnadete Rhetoriklehrer *Gorgias* geboren, ein Philosoph, der sich als Gesandter in Athen mit flammenden Reden für Militärhilfe gegen den übermächtigen Nachbarn Syrakus einsetzte und dadurch die Kunst der Rhetorik von Sizilien ins griechische Mutterland gebracht haben soll.

Ein uraltes Siedlungsgebiet also, doch ist davon nicht mehr viel zu spüren. Lentini wurde beim Erdbeben 1693 zerstört und danach wieder aufgebaut.

Ostküste

Ähnlich erging es der südlichen Nachbarsiedlung Carlentini, die erst 1551 als Festung zum Schutz vor Piratenüberfällen gegründet und nach dem spanischen Herrscher Carlos V. (jener Karl V., in dessen Reich "die Sonne nicht unterging") benannt wurde. Heute sind beide Orte praktisch zusammengewachsen und bilden einen ausgedehnten, wenig attraktiven Siedlungsraum, der vorwiegend von der Landwirtschaft lebt, insbesondere von seinen Orangenkulturen. Das *Archäologische Museum* von Lentini mit Funden aus der Griechensiedlung war zuletzt wegen Restaurierung geschlossen.

• *Übernachten* **Agriturismo Casa dello Scirocco**, schönes altes Gutshaus, das in den Grundzügen bis in die Römerzeit zurückgeht und von 15 Hektar Orangenhainen umgeben ist. Die Anlage umfasst auch ein uraltes, schon in der Vorgeschichte bewohntes Höhlensystem, sogar ein Teil der Zimmer ist in Grotten untergebracht. Pool, Kochkurse, Ausflüge, Verkauf von Orangen, Orangenblütenhonig und Konfitüre. DZ/F etwa 70–80 €, HP p.P. etwa 50–60 €. Die Azienda liegt an der Straße zwischen Lentini und Carlentini und ist nicht leicht zu finden; in der Nähe erhebt sich ein Hügel mit einem Kreuz darauf. Contrada Piscitello, Carlentini, ✆/☏ 095 7836120, www.casadelloscirocco.it.

Agriturismo Tenuta di Roccadia, südlich von Carlentini, ein Lesertipp von E. Martin: "Das ehemalige Klostergebäude ist sehr stilsicher und geschmackvoll umgebaut worden, es gibt eine Vielzahl von Sportmöglichkeiten (Reiten, Bogenschießen, Schwimmen), sogar Keramikkurse werden angeboten. Das Essen ist ausgezeichnet, der große Speisesaal hat ein sehr hübsches Ambiente." DZ/F 70–90 €, HP p.P. 50–60 €. Contrada Roccadia, Carlentini, ✆/☏ 095 990362, www.roccadia.com.

Parco Archeologico di Leontinoi: Die Reste der Griechenkolonie erstrecken sich am südlichen Ortsrand von Carlentini. Im Inneren der Anlage, die man durch das sog. "Tor von Siracusa" betritt, finden sich Baureste der Griechenstadt aus dem 7.–3. Jh. v. Chr., daneben auch eine Nekropolis des 4.–3. Jh. v. Chr. sowie die Reste eines vorgeschichtlichen, hölzernen Hüttendorfs.

Augusta

An sich in toller Lage. Die Altstadt thront ähnlich wie Siracusa auf einer weit ins Meer reichenden Halbinsel, flankiert von zwei natürlichen Häfen – so weit die Theorie nach einem Blick auf die Karte. Die Praxis: Zementfabriken, Raffinerien, Petrochemie und der größte Militärhafen Siziliens. Als Kriegshafen hat Augusta Tradition, denn von hier lief 1571 die christliche Flotte zur berühmten Seeschlacht von Lepanto aus. Die barocke Altstadt, für Autos nicht zu empfehlen (besser an den Zufahrtsstraßen parken), ist zwar halbwegs intakt, bietet aber kaum besondere Sehenswürdigkeiten. Auch das wuchtige *Castello*, errichtet unter Friedrich II. und mehrfach umgebaut, reißt es da nicht mehr raus, zumal es derzeit ohnehin nicht zugänglich ist, da es auf seinen Umbau zum Militärmuseum wartet.

• *Übernachten* **** Hotel Kursaal Augusteo**, einfach ausgestattet, aber sauber und insgesamt ganz o.k. DZ/Bad rund 40 €, ohne Bad etwas günstiger. Piazza Castello 1, ✆ 0931 521782.

• *Camping* für Durchreisende und Wasserscheue. Die Plätze am Meer liegen zwar alle jenseits des Kaps; wenn man die Raffinerien erst mal gesehen hat, mag man an eine solch lokale Begrenzung der Verschmutzung jedoch nicht mehr glauben.

** Camping Baia del Silenzio, beim Örtchen Bruccoli, 8 km nördlich von Augusta. Riesengelände, zahlreiche Sportmöglichkeiten, auch sonst gut ausgestattet. Offiziell ganzjährig geöffnet, zur NS besser anrufen; zwei Personen, Auto, Zelt 21 €. ✆ 0931 981881, www.baiadelsilenzio.com.

** **Camping Happy Holiday**, nicht am Meer. Zu erreichen über die landeinwärts verlaufende Parallelstraße zur SS 114, von Catania kommend einige Kilometer vor Melilli. Mit Swimmingpool, Restaurant, Pizzeria, etc., 2003 renoviert. Geöffnet wie oben; zwei Personen, Auto, Zelt knapp 20 €. ✆ 0931 914082.

Megara Hyblea

Das küstennahe Kalkplateau, einige Kilometer südlich der Halbinsel von Augusta, war bereits in der Vorgeschichte besiedelt. Im 8. Jh. v. Chr. gründeten die Griechen hier eine Kolonie, vom damals herrschenden Sikulerkönig Iblon ausdrücklich willkommen geheißen. Megara Hyblea blühte fortan als Keramik- und Handelsstadt und errichtete später seinerseits mehrere Kolonien, unter ihnen das berühmte Selinunt im Westen der Insel. 483 v. Chr. wurde die Stadt von Gelon, dem Tyrannen aus Gela, der zwei Jahre zuvor schon Siracusa erobert hatte, überfallen und fast dem Erdboden gleichgemacht. Fortan spielte Megara Hyblea bis zu seiner endgültigen Zerstörung durch die Römer 214 v. Chr. kaum noch eine Rolle.

Im Blickfeld der Raffinerieanlagen von Augusta gelegen, von ihnen sogar praktisch umzingelt, sind von der einst so bedeutenden Griechenstadt noch die rechtwinklig aufgebauten Straßenzüge, einige Wasserleitungen sowie die Grundmauern von Wohnbezirken und Tempeln zu erkennen. Bereits bei der Anfahrt liegen rechter Hand die Reste der Stadtmauern mit Gräbern und aufgestellten Sarkophagen. Ein Stück weiter birgt ein kleines Museum einen Teil der hier gemachten Funde – die besten Stücke sind jedoch, wie üblich, ins Archäologische Provinzmuseum nach Siracusa verbracht worden.

• *Anfahrt und Öffnungszeiten* Mit dem Fahrzeug ist Megara Hyblea über die Ausfahrt Priolo der SS 114 zu erreichen, Richtung Faro, dann (schlecht) beschildert. Abenteuerlustige können versuchen, sich von der Station Megara-Giannalena einige Kilometer weit nördlich durchzuschlagen – wohl nur für archäologisch wirklich sehr interessierte Bahnreisende zu empfehlen. Öffnungszeiten des Geländes täglich von 9 Uhr bis eine Stunde vor Sonnenuntergang. Das Museum ist täglich 9–15 Uhr geöffnet; Eintritt 2 €.

Was haben Sie entdeckt?

Haben Sie *die* versteckte Bucht entdeckt, eine gemütliche Trattoria, ein empfehlenswertes Privatquartier? Was war Ihr Lieblingsrestaurant, in welcher Pension haben Sie sich wohlgefühlt? Und welcher Tipp war nicht mehr so toll?

Bitte schreiben Sie mir, wenn Sie Kritik, Verbesserungsvorschläge, Anregungen oder Empfehlungen haben:

Thomas Schröder

Stichwort "Sizilien"

c/o Michael Müller Verlag

Gerberei 19

91054 Erlangen

E-Mail: thomas.schroeder@michael-mueller-verlag.de

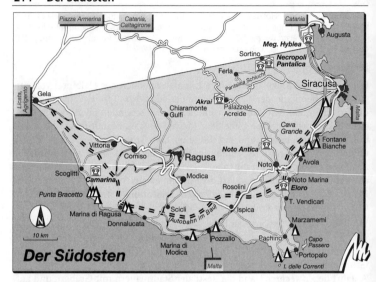

Der Südosten

Der Südosten wäre allein schon die Reise nach Sizilien wert: Seine lange Geschichte, die schönen Städte und eine atemberaubende Landschaft machen ihn zu einer der interessantesten und reizvollsten Regionen der gesamten Insel.

Absolutes Highlight ist *Siracusa*, einst eine der mächtigsten Städte der westlichen Welt, mit einer Fülle an Sehenswürdigkeiten und einer sehr sympathischen Altstadt. Auch die Barockstädte *Noto*, *Ragusa* und *Mòdica* lohnen einen Besuch. Nach dem verheerenden Erdbeben von 1693, das diese Ecke Siziliens besonders verwüstete, wurden sie aus einem Guss und sorgfältig geplant wieder aufgebaut. Seit 2002 sind diese und andere Städte der Region mit dem Unesco-Prädikat des Kulturerbes der Menschheit geadelt.

Das Hinterland mit den kargen, von steilen Schluchten zerrissenen Bergregionen der *Monti Iblei* ist für manch grandiose Aussicht gut, die einsame Totenstadt *Pantálica* am Rande des tiefen Anapo-Canyons das sicher spektakulärste Beispiel dafür.

Aber auch Badefans kommen auf ihre Kosten: Zwischen *Ávola* und dem *Capo Passero*, der äußersten Südspitze Siziliens, liegen einige schöne Sandstrände. Der Tourismus hat dort noch nicht voll zugeschlagen, und das Meer ist sauber. Westlich des Kaps verläuft die Küstenstraße Richtung *Gela* oft in unmittelbarer Meeresnähe, von kleineren Urlaubssiedlungen unterbrochen. Auch hier besteht an Bademöglichkeiten kein Mangel.

Verbindungen

▶ **Zug**: Bis Siracusa gute und schnelle Verbindungen an der Hauptstrecke Messina-Catania. Südlich der Provinzhauptstadt wird die Linie zwar zur Nebenstrecke, bietet aber dennoch relativ häufige Anschlüsse bis Mòdica, ebenso ab dort bis Gela. Die Gesamtstrecke Siracusa-Gela fahren nur verhältnismäßig wenig Züge. Ab Ávola verläuft der Schienenstrang abseits der Küste, einzige Ausnahme ist Pozzalo.

Bus: Dichtes und häufiges Netz zwischen den Städten. Im Gegensatz zur Bahn liegen die Haltestellen zudem generell im Zentrum. Ebenfalls recht gut sind die Verbindungen zwischen den Städten im Hinterland und den Strandorten. Entlang der Küste sieht es dagegen weniger erfreulich aus; meist muss man in der nächsten Inlandsstadt umsteigen.

Auto: Etwa ab Höhe Augusta verwandelt sich die SS 114 von Catania in eine vierspurige Straße, die Siracusa umgeht und als gebührenfreie Autobahn bis zur Ortschaft Cassibile südlich von Siracusa reicht. Die Planungen sehen jedoch einen Ausbau im Norden bis zum derzeitigen Ende der Autobahn von Messina bei Catania vor, während die Autostrada im Südosten bis nach Gela führen soll. Im Südosten sind, insbesondere auf dem Teilstück Cassibile-Rosolini, die Arbeiten schon recht weit fortgeschritten; wenn alles gutgeht, dürfte die Autostrada Siracusa-Gela etwa Ende 2005 oder Anfang 2006 eröffnen. Die Fertigstellung des nördlichen Abschnitts (Tangenziale Catania-Villasmundo), der die durchgehende Autobahnverbindung von Messina bis Gela komplettieren wird, ist gegenwärtig für 2007 projektiert.

Siracusa

"Wenn man von der Arethusaquelle aus das herrliche Panorama im Mondschein betrachtet, fühlt man den Schauer der Vergangenheit" (Gregorovius)

Ein großer, ein berühmter Name. Syrakus. Assoziationen von Dionysios und Archimedes, von Reichtum und Kultur, Grausamkeit und Geist. Die einmal mächtigste Kapitale der westlichen Welt fasziniert durch bedeutende Altertümer, facettenreiche Umgebung und eine der schönsten Stadtlandschaften Siziliens.

Spätestens an den Grenzen des heutigen Siracusa wird der Reisende zunächst aus allen romantischen Träumen gerissen. Industrie, Lagerhallen und brüllender Verkehr bestimmen die Szene. Auch die Neustadt wirkt nichtssagend; breite, geradlinig verlaufende Straßen und die reichlich vorhandenen Hochhäuser langweilen das Auge. Auf der Insel *Ortygia* (ital. Ortigia), dem uralten Kern von Siracusa, hat man dann die architektonischen Entgleisungen der Moderne hinter sich – und ist restlos versöhnt. Enge Gässchen, schmucke Palazzi und Kirchen, großzügige Plätze und viel Barock machen Ortigia zu einem wirklich liebenswerten Fleckchen. Mittlerweile sind allerdings viele Bewohner der kleinen, mit dem Festland durch einen Damm verbundenen Insel abgewandert, weshalb es an Wochentagen außerhalb der Sommersaison auf Ortigia abends schon mal ruhiger zugeht, als manchem lieb ist. Doch hat Siracusa noch mehr zu bieten als "nur" eine schöne Altstadt. Der *Parco Archeològico* umfasst einen ganzen ehemaligen Stadtteil mit zwei Theatern, einem gigantischen Altar und den Steinbrüchen mit dem legendären "Ohr des Dionysios".

Weitere Relikte der langen Vergangenheit der Stadt finden sich im Archäologischen Museum, das zu den besten Italiens zählt. Auch Freunde antiker Dramen werden in Siracusa beglückt: Im Griechischen Theater wurde die Tradition alter Schauspielkunst wieder aufgenommen – griechische Tragödien in lauer Sommernacht, wie bei der Uraufführung vor fast 2500 Jahren ...

Der Aufbau der Stadt zeigt sich mit der Vergangenheit fest verknüpft. Das heutige Siracusa besteht praktisch noch aus den gleichen Vierteln wie das Syrakus der Griechen, als die Stadt mit einer halben Million Menschen fast die fünffache Bevölkerungszahl von heute hatte. Auf dem Festland, mit Ortigia durch einen Damm und den breiten Corso Umberto verbunden, dehnt sich *Achradina* aus. Im Westen des etwas heruntergekommenen Viertels, in dem sich auch der Bahnhof befindet, liegen weite Flächen brach oder sind mit Autowerkstätten oder Einkaufszentren bepflastert. Im Norden von Achradina schließt sich *Neapolis* an. Die "Neustadt" der Griechen entstand erst relativ spät. Nach der griechisch-römischen Zeit wurden hier keine neuen Gebäude errichtet, ein Glücksfall, dem der ausgedehnte Parco Archeològico seine Existenz verdankt. Im Osten, von Achradina durch die Hauptstraße Corso Gelone getrennt, erstreckt sich *Tyche* bis ans Meer. Der schon zu griechischen Zeiten am dichtesten besiedelte Stadtteil beherbergt Katakomben und das Archäologische Museum. Westlich all dieser Viertel lag in den Glanzzeiten der Stadt das dicht besiedelte, weite Gebiet von *Epipolae*, um ein Mehrfaches größer als das Siracusa unserer Tage und heute fast völlig unbebaut.

Geschichte

Nicht einmal drei Jahrhunderte dauerte die Glanzzeit des antiken Syrakus. In dieser geschichtlich kurzen Zeit aber war es eine der größten und reichsten Metropolen des Mittelmeers.

Ortygia, die "Insel der Wachteln", ist der Ursprung des antiken Syrakus. Schon in der Steinzeit und später von Sikulern bewohnt, sprang die Insel um 734 v. Chr. siedlungswilligen Griechen aus Korinth ins Auge. Die Vorzüge Ortygias waren auch kaum zu übersehen, denn die Insel besaß zwei natürliche Häfen und eine Süßwasserquelle. Man baute einen Damm zum Festland, bald kam Wohlstand auf. Doch wo Geld, da auch Neider: *Gelon*, der Tyrann (damals wertfrei: Herrscher) von Gela, eroberte 485 v. Chr. die Siedlung. Syrakus gereichte das nur zum Vorteil, Gelon schlug 480 v. Chr. Karthago in die Flucht und widmete sich dann dem Ausbau der Stadt. Syrakus blühte auf, wurde zu einer der größten und mächtigsten Metropolen der Welt.

Auch Gelons Bruder und Nachfolger *Hieron I.* bewies ein glückliches Händchen als Schlachtenlenker und besiegte 474 v. Chr. die Etrusker. Gleichzeitig war er ein Schöngeist, der die berühmtesten Dichter der damaligen Zeit – wie *Aischylos*, *Pindar* oder *Simonides* - an seinen Hof holte. Der nächste Tyrann, *Trasibolos*, war weniger erfolgreich und musste 466 v. Chr. einer Demokratie weichen. Sie dauerte über fünfzig Jahre. Mittlerweile geriet Syrakus sogar Athen zu mächtig. 414 v. Chr. schaukelte die geballte Schiffsstreitmacht der griechischen Mutterstadt vor dem Hafen von Syrakus. Es wurde ein Desaster für Athen. Flotte und Landstreitkräfte wurden völlig aufgerieben, mehr als

7000 Athener starben als Sklaven in den Latomien, den berüchtigten Steinbrüchen. Doch auch Syrakus hatte Federn gelassen, und Karthago sah erneut seine Chance. So bedroht, besann man sich auf Bewährtes und berief 405 v. Chr. einen neuen Tyrannen. *Dionysios I.* – der, zu dem Damon schlich, "den Dolch im Gewande" (Schiller) – erwies sich als gute Wahl. 38 Jahre lang regierte er als mächtiger Herrscher, verstärkte die Festungsanlagen und erweiterte stetig den Machtradius von Syrakus.

Antike Autoren nennen für die damalige Stadt Einwohnerzahlen von 500.000 bis zu 1,5 Millionen Menschen! Auch der Kultur gegenüber zeigte sich Dionysios aufgeschlossen, Philosoph *Platon* wurde an den Hof geholt, der Herrscher selbst verfasste eigene, wenn auch mäßige Tragödien. Sein Sohn *Dionysios II.* erwies sich als schwacher Regent. Der aus Korinth herbeigerufene *Timoleon* übernahm 343 v. Chr. die Macht und sorgte für Reformen.

Hellhörig: das "Ohr des Dionysios"

Statt ständiger Ausdehnung stand nun Sicherung des Erreichten auf dem Programm. Nachfolger *Agathokles* war der erste Tyrann, der sich zum König ernannte; als Heerführer drang er bis nach Karthago vor, ohne die Stadt jedoch einzunehmen. Die folgenden Regenten blieben glücklos. Erst *Hieron II.*, der ab 275 v. Chr. Syrakus fast sechzig Jahre lang regierte, brachte noch einmal einen Aufschwung. In den *Punischen Kriegen* hatte er sich rechtzeitig auf die Seite der siegreichen *Römer* geschlagen. Das brachte Pluspunkte bei der neuen Macht, die allmählich nach Sizilien drängte. Syrakus behielt seine Selbständigkeit, prunkvolle Bauten wie das Griechische Theater und der Altar des Hieron entstanden. Immer noch war Syrakus eine Stadt der großen Geister, der Dichter *Theokrit* und der Mathematiker *Archimedes* wurden hier geboren. Doch nach Hierons Tod machte die Stadt einen entscheidenden Fehler: Karthago sollte neuer Bündnisgenosse gegen die allmählich erdrückend mächtigen Römer werden. Die ließen sich das nicht gefallen und standen ab 214 v. Chr. ante portas. Der geniale Archimedes konstruierte diverse Kriegsmaschinen, darunter auch große Sonnenspiegel, die die römische Flotte in Brand setzen sollten. Es half nichts. Nach zwei Jahren Belagerung stürmten die römischen Soldaten unter Marcellus die Stadt. Archimedes, der gerade geometrische Figuren in den Sand zeichnete, wurde gegen den Befehl des römischen Feldherrn von einem Legionär erschlagen – seine berühmten letzten Worte: "Störe meine Kreise nicht".

So begann der lange Abstieg von Syrakus. Von Rom zur Provinzhauptstadt degradiert, fristete es fortan ein politisch bedeutungsloses Dasein. Für die frühen Christen allerdings war Syrakus eine wichtige Stätte. Die von ihnen gegrabenen Katakomben auf dem Festland zeugen von den Repressalien, denen sie ausgesetzt waren. Arm war die Stadt immer noch nicht, *Vandalen, Byzantiner* und ab 878 n. Chr. auch die *Araber*, denen Syrakus lange widerstanden hatte, fühlten sich angezogen, eroberten und plünderten. Der strategischen Lage wegen blieb die Siedlung auch für das Militär interessant, *Friedrich II.* befand das byzantinische Kastell Maniace eines Ausbaus für würdig. Seuchen und mehrfache Erdbeben, besonders schlimm 1693, plagten das grausam geschrumpfte Syrakus. Noch einmal wurde die Stadt wieder aufgebaut, die noblen Barockensembles auf Ortygia entstanden. Für einen weiteren Aufschwung reichte es jedoch nicht mehr, sogar der Titel einer Provinzhauptstadt musste an Noto abgegeben werden. Erst im 20. Jahrhundert gelangte Siracusa wieder zu provinzieller Bedeutung, seines günstig gelegenen Hafens wegen – Bombenangriffe im Zweiten Weltkrieg waren das Resultat. Dennoch: Die Erinnerung an ihre glanzvollen Zeiten kann der "città d'arte", der "Stadt der Kunst", niemand nehmen.

Information

- *Information* A.A.S.T., zuständig für die Stadt, Infos aber auch über die Region; Via Maestranza 33, auf Ortigia, ℡ 0931 464255, ℻ 0931 60204. Brauchbarer Stadtplan, englischsprachige Stadtbroschüre, Veranstaltungstipps, etc. ✆ Mo–Fr 8–14, 15–19 Uhr, am Sa nur vormittags.

A.A.P.I.T., für die Provinz Siracusa, hilfreich ebenso für die Stadt. In Tyche, Via San Sebastiano 43, Nähe Katakomben San Giovanni; ℡ 0931 67710. ✆ Mo–Fr 8.30–13.30, 15.15–19.15, zur Saison manchmal auch Sa/So vormittags. **Internet-Infos**: www.apt-siracusa.it.

- *Postleitzahl* 96100

Verbindungen/Adressen

Siracusa ist ein günstiger Standort für Ausflüge in die Umgebung, das Hinterland und besonders die Barockstädte im Süden sind gut zu erreichen.

- *Verbindungen* **Zug**: Bahnhof weitab der Altstadt am Ende der Via Francesco Crispi in Achradina, nach Ortigia oder Neapolis je etwa 2 km. Gute Verbindungen nach Catania/Messina, Direktzüge bis Rom. Lokalverbindung 8-mal täglich nach Ávola/Noto/Mòdica, weiter bis Ragusa 3-mal täglich.

Bus: Abfahrt der meisten Busse am und um den Platz Riva della Posta, der auf Ortigia nahe dem Damm zum Festland liegt.

AST: Büro an der Piazza Posta nahe der Post, Busse nach Catania und Ávola/Noto tagsüber etwa stündlich, Mòdica 10-mal, Ragusa 8-mal, Gela 2-mal, Palazzolo Acreide 15 täglich, Anapo-Schlucht und Pantálica (Ferla 3-mal, Sortino 10-mal täglich) siehe dort.

INTERBUS: Büro in der Via Trieste 28, manche Abfahrten dort, z.T. auch am Corso Umberto jenseits der Brücke bzw. in dessen Seitenstraßen, besser genau nachfragen. Busse via Ávola und Noto nach Pachi-

no 9-mal täglich, davon 1-mal direkt bis nach Portopalo di Capo Passero. Nach Catania tagüber etwa stündlich, z.T. auch Catania-Flughafen; Palermo 3-mal täglich. Keine Direktbusse nach Agrigento; am schnellsten geht es via Catania, dort oft Direktanschluss.

Stadtbusse ebenfalls ab Riva della Posta. Zum Parco Archeològico (Corso Gelone, Ecke Viale Teocrito) die Nummern 1, 3, 4, 6, 10, 11, 12, 25. Busse zu den Campingplätzen siehe unter den Beschreibungen.

Schiff: Ab dem Molo Zanagora auf Ortigia starten Ausflugsschiffe (z.B. M/N Selene), die die Altstadt von der Seeseite zeigen.

Auto: Auf Ortigia besteht nächtliche Parkbeschränkung (Parken nur für Anwohner gestattet, Hotelgäste können vom Quartier eine Erlaubnis erhalten), doch wird's dort ohnehin knapp mit Parkplätzen, denn die engen Gassen lassen kaum Raum. Besser

Siracusa

liegen die Chancen auf einen Abstellplatz in den Uferstraßen vor dem Damm.
Mietwagen: Nützlich z.b., um für einen Tag die Anapo-Schlucht und die Nekropolen von Pantálica zu erkunden. AVIS, Via dei Mille 9, ✆ 0931 61125; MAGGIORE, Via Tevere 14, ✆ 0931 66548; SIRENT, Via San Simeone 13, ✆ 0931 415100.
Taxi: Standplätze an Piazza Archimede (Ortigia), Piazza Pancali (Ortigia), Bahnhof, Piazza Repubblica/Via Ticino (Abzweig Corso Gelone), Viale Zecchino.
• *Adressen* **Hospital**: In der Via Testaferrata, Erste Hilfe unter ✆ 0931 68555.
Post: Piazza della Posta, Ortigia; ⏰ Mo–Fr 8.30–17.30 Uhr, Sa 8.30–13 Uhr.
Internet-Zugang: Eureka Internet Point, Via Castello Maniace 22, nicht weit von der Fonte Aretusa.

Übernachten (siehe Karte Seite 221)

Die Qualität der hiesigen Hotellerie entspricht leider nicht immer den geforderten, relativ hohen Preisen. Im Sommer ist wie üblich Reservierung zu empfehlen.

• *In Siracusa* ****** Grand Hotel (6)**, auf Ortigia, in toller Lage am Hafen. Das schöne Haus vom Anfang des 20 Jh. erstrahlt nach seiner Komplettrestaurierung von 1995 in altem Glanz. Alle Zimmer genießen Meerblick, Restaurant auf der Dachterrasse, Pendeldienst zum Privatstrand. Leser Andreas Schefer fand sein DZ im dritten Stock angesichts des Preises allerdings "rekordverdächtig klein", vielleicht eine Ausnahme. Standard-DZ/F 220 €, für die Suiten kann man auch noch deutlich mehr anlegen. Viale Mazzini 12, ✆ 0931 464600, ✆ 0931 464611, www.grandhotelsr.it.

**** Grand Hotel Villa Politi (24), Villa der Zwanziger in ruhiger Lage bei den Latomie dei Cappuccini, im Nordosten von Tyche. Zimmer teilweise mit Stilmöbeln, schöne Aussicht, Swimmingpool. Vor einigen Jahren restauriert. DZ/F rund 190 €. Via M. Politi Laudien 2, ✆ 0931 4121121, ✆ 0931 36061. www.villapoliti.com.

**** Hotel Roma (17), im Herzen von Ortigia, nur zwei Schritte vom Domplatz. Elegantes Stadthotel in einem Gebäude von 1880, im Jahr 2001 unter respektvoller Beibehaltung der Bausubstanz vollständig restauriert. Komfortable Ausstattung, Parkmöglichkeit. DZ/F rund 185 €, es gibt auch Suiten. Via Roma 66, ✆ 0931 465626, ✆ 0931 465535, www.hotelroma.sr.it.

*** Hotel Domus Mariae (8), auf Ortigia und in seiner Klasse ein Tipp. 1995 eröffnetes kleines Hotel mit nur zwölf Zimmern, gegründet von Schwestern des Ursulinenordens, aber mit durchaus weltlicher Effizienz gemanagt – auch unverheiratete Paare müssen sich keine Sorgen machen, in zwei Einzelzimmer abgeschoben zu werden. Gute Lage, hübsche Räumlichkeiten und komfortable Zimmer, teilweise mit Meerblick; das zugehörige Restaurant genießt besten Ruf für seine sizilianischen Spezialitäten. DZ/F etwa 140 €. Reservierung dringend geraten, im Sommer einen Monat vorab. Via Vittorio Veneto 76, ✆ 0931 24854, ✆ 0931 24859. www.sistemia.it/domusmariae.

*** Park Hotel Helios (23), solides Mittelklassequartier in allerdings etwas abgeschiedener Lage im Nordosten der Stadt. Der Kette "Best Western" angeschlossen, von Lesern für seine Küche gelobt. Knapp 100 Zimmer, Pool. DZ/F 90–135 €. Via Filisto 80, ✆ 0931 412233, ✆ 0931 38096, www.bestwestern.com.

*** Hotel Bellavista (22), in ähnlicher Lage, dabei einen Hauch näher am Zentrum. Ebenfalls eine ordentliche Adresse, 1999 renoviert. Großer Parkplatz. DZ/F etwa 100 €. Via Diodoro Siculo 4, ✆ 0931 411355, ✆ 0931 37927, www.hotel-bellavista.com

*** Hotel Gran Bretagna (5), auf Ortigia, im Jahr 2000 komplett renoviert und mit Klimaanlagen etc. ausgestattet. Hübsch verwinkelte Herberge, Räume teilweise mit Stuckdecken etc. Im Erdgeschoss wurde eine mittelalterliche Mauer freigelegt. DZ/F 100 €. Via Savoia 21, ✆ 0931 68765, ✆ 0931 449078, www.hotelgranbretagna.it.

*** Hotel Como (27), durchschnittlich gute Mittelklasse direkt beim Bahnhof, für Spätankömmlinge eine Überlegung wert. 14 Zimmer, DZ/F etwa 95 €. Piazza Stazione 10, ✆ 0931 464055, ✆ 0931 61210. www.hotelcomo.it.

*** Hotel Gutkowski (4), am Lungomare von Ortigia etwas nördlich des Hotels Domus Mariae. Hübsch gestaltetes Interieur, Weinbar; recht gute Chance auf einen Parkplatz in der Nähe. Die Zimmer zum Lungomare sind lauter, aber auch heller und luftiger als die nach innen gelegenen. 15 Zimmer, eine Dependance mit weiteren elf Zimmern ist geplant. DZ/F 90 €. Lungomare Vittrini 26,

Der Südosten Karte Seite 214

Der Südosten

📞 0931 465861, 📠 0931 480505, raffinierte Webadresse: www.guthotel.it.

** Hotel Archimede (29), in Bahnhofsnähe, mit gefälliger Optik und recht ordentlicher Ausstattung inklusive Klimaanlage; gegen Gebühr Parkgarage. Oft voll, DZ/Bad 75 €, F inklusive, zur NS manchmal Spezialangebote. Via Francesco Crispi 67, 📞 und 📠 0931 462458. www.hotelarchimede.sr.it.

* Hotel Eurialo (28), in der Nähe und ein Tipp für Autoreisende. Erst 1998 eröffnetes Haus, Mobiliar etc. dementsprechend noch relativ jugendfrisch. Nur zehn Zimmer, Restaurant und eigene, für Gäste sogar kostenfreie Garage. Oft belegt, Reservierung ratsam. DZ/Bad 55 €. Via Francesco Crispi 92, 📞 0931 483413, 📠 0931 66041.

* Hotel Centrale (30), ebenfalls in diesem Gebiet, ein recht einfaches, aber freundlich geführtes Quartier. "Gut, sauber, nette Leute" (Leserbrief). DZ/Bad nach Saison etwa 40–60 €, ohne Bad günstiger. Corso Umberto 141, 📞 0931 60528, 📠 09131 61175.

* Pensione Pantheon (31), am Foro Siracusano, in der Nähe der modernen Kirche. In guter Lage, freundlich geführt und relativ einfach, aber insgesamt durchaus brauchbar ausgestattet. DZ/Bad knapp 45 €, ohne Bad etwas günstiger. Foro Siracusano 22, 4. Stock, Aufzug in Planung; 📞 0931 66114 o. 62266, 📠 0931 21010.

* Hotel Milano (2), in zentraler Lage am Corso Umberto, nicht weit von Ortigia, aber teilweise ausgesprochen laut. Die Zimmer fallen unterschiedlich aus; sehr ratsam, sich die Räumlichkeiten vorher anzusehen. Manche Leser waren durchaus zufrieden, andere übten deutliche Kritik. Für das Gebotene liegen die Preise relativ hoch, dennoch (und trotz immerhin zwanzig Zimmern) oft voll. DZ/Bad 60 €, ohne Bad 40 €. Corso Umberto 10, 📞 0931 66981. Gut fürs Frühstück ist die Bar "Oasis" gegenüber.

* Pensione Bel-Sit (26), einfache Etagenpension in einer Neubaugegend unweit des Bahnhofs. Zwölf geräumige Zimmer recht unterschiedlicher Qualität; Bäder ganz in Ordnung, Handtücher muss man laut einer Leserzuschrift allerdings selbst mitbringen. Dafür sind die Preise okay: DZ/Bad extra 35 €, ohne Bad kaum über 25 €. Via Oglio 5, 5. Stock; vom Corso Gelone über die westlich abzweigende Via Tirso, 📞 0931 60245.

Bed & Breakfast Artemide (12), eines der mittlerweile recht zahlreichen B&Bs von Ortigia. Die geschäftstüchtige Besitzerin Signora Valenti vermietet 18 Zimmer in mehreren Häusern, teilweise sehr hübsch eingerichtet. Manche Räume gehen auf einen Innenhof und sind deshalb ruhig, aber (da ohne oder nur mit kleinem Fenster) auch recht dunkel. Frühstück in einem von drei "Vertragscafés". DZ/F nach Lage und Ausstattung 60–100 €. Via Vittorio Veneto 9, 📞 0931 69005, www.bedandbreakfastsicily.com.

Bed & Breakfast dei Viaggiatori Viandanti e Sognatori (19), im südlichen Teil von Ortigia, nicht weit vom Domplatz. Besonderheit ist hier die schöne Dachterrasse mit Meerblick fürs Frühstück. Maria spricht fließend Englisch. DZ 55–70 €, eine besonders hübsches Zimmer mit Panoramafenster zum Meer 120 €. Via Roma 154, 📞 0931 24781, www.bedandbreakfastsicily.it.

• *Außerhalb des Zentrums* ***** Hotel Fontane Bianche**, komfortable Herberge im südlichen Badevorort gleichen Namens, günstig für Autoreisende (Busverbindung, siehe "Camping"); zur Hochsaison im August allerdings fast grundsätzlich belegt. DZ/F etwa 90 €; Via Mazzarò 1, 📞 0931 790611, 📠 0931 790571.

Azienda Agrituristica Limoneto, ein Landgut etwa neun Kilometer außerhalb in Richtung Canicattini. Sechs gute und geräumige Zimmer, DZ/F knapp 80 €, Halbpension p.P. 55 €, Essen "einfache Landküche, sehr reichhaltig" (Leserbrief). Biologischer Anbau von Zitrusfrüchten, Trauben, Gemüse; Verkauf von Limoncello (Zitronenlikör) und Olivenöl. Im November geschlossen. Via del Platano 3, zu erreichen über die S.P. 14 "Mare Monti", beschildert. 📞/📠 0931 717352, www.emmeti.it/Limoneto.

Azienda Agrituristica Case Damma, ebenfalls in diesem Gebiet, ein Lesertipp von Ina Lachmann: "Sehr schön und ruhig gelegene kleine Häuschen, alle individuell und geschmackvoll restauriert. Großer Garten, für Kinder geeignet." DZ/F etwa 65–80 €, HP p.P. etwa 50–60 €. Contrada Damma, Strada per Canicattini Bagni, km 9; 📞 0931 69751, www.casedamma.it.

Casa Vacanze Il Casale, reizvolle Anlage auf der Südseite der großen Bucht von Siracusa, freundlich geführt von der englischsprachigen Patrizia, die auch gute Tipps zur Gegend auf Lager hat. Insgesamt neun ordentliche Zimmer und Apartments, keines wie das andere. DZ/F 70–90 €, die (sehr hübschen) Apartments kosten etwas mehr. An der Küste liegen in etwa 1,5 km Entfernung mehrere gute Meeresfrüchterestaurants und Pizzerie, ebensoweit ist es

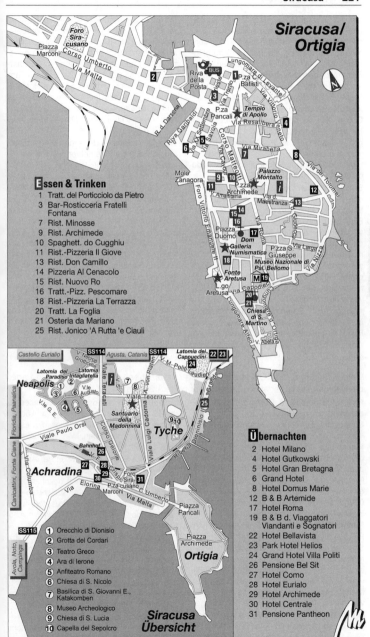

Siracusa/Ortigia

Essen & Trinken
1. Tratt. del Porticciolo da Pietro
3. Bar-Rosticceria Fratelli Fontana
7. Rist. Minosse
9. Rist. Archimede
10. Spaghett. do Cugghiu
11. Rist.-Pizzeria Il Giove
13. Rist. Don Camillo
14. Pizzeria Al Cenacolo
15. Rist. Nuovo Ro
16. Tratt.-Pizz. Pescomare
18. Rist.-Pizzeria La Terrazza
20. Tratt. La Foglia
21. Osteria da Mariano
25. Rist. Jonico 'A Rutta 'e Ciauli

Übernachten
2. Hotel Milano
4. Hotel Gutkowski
5. Hotel Gran Bretagna
6. Grand Hotel
8. Hotel Domus Marie
12. B & B Artemide
17. Hotel Roma
19. B & B d. Viaggiatori Viandanti e Sognatori
22. Hotel Bellavista
23. Park Hotel Helios
24. Grand Hotel Villa Politi
26. Pensione Bel Sit
27. Hotel Como
28. Hotel Eurialo
29. Hotel Archimede
30. Hotel Centrale
31. Pensione Pantheon

Siracusa Übersicht
1. Orecchio di Dionisio
2. Grotta dei Cordari
3. Teatro Greco
4. Ara di Ierone
5. Anfiteatro Romano
6. Chiesa di S. Nicolo
7. Basilica di S. Giovanni E., Katakomben
8. Museo Archeologico
9. Chiesa di S. Lucia
10. Capella del Sepolcro

Der Südosten — Karte Seite 214

bis zur Abfahrtstelle eines Bootspendeldienstes ("Vaporetto", nur etwa 15.6.–15.9.) nach Ortigia. Anfahrt auf der SS 115 Richtung Ávola/Noto, bei einer linker Hand gelegenen Q8-Tankstelle links ab Ri. Terrauzza/Plemmirio, dann beschildert. Contrada Isola, Via delle Fornaci 103, ℡ und ℻ 0931 721398, Mobil 339 2001287, www.ilcasalebb.com.

Agriturismo Villa Lucia, ebenfalls in diesem Gebiet, ein Lesertipp von Brigitte Canz: "Alter Landsitz mit parkähnlichem Garten, Pool, gut in Schuss. DZ in der Dependance 80 €, im Haupthaus 155 €, was uns allerdings zu teuer schien." Trav. Mondello 1, Contrada da Isola, ℡ 0931 721007, ℻ 0931 721587.

Bed & Breakfast Dolce Casa, über die gleiche Zufahrt zu erreichen, näher an der Stadt, aber weit entfernt vom Bootsdienst. Ein Lesertipp von Britta Susen: "Besonders toll war das Frühstück, je nach Wunsch gab es Käse, Schinken, Spiegeleier, selbstgemachten Kuchen oder Marmelade..." Ordentliche Zimmer, hübscher Garten. DZ/F etwa 75–85 €. Via Lido Sacramento 4 int. 5, meerwärts der SS 115; ℡/℻ 0931 721135, www.bbdolcecasa.it.

• *Camping* ** **Camping Fontane Bianche**, im gleichnamigen Badevorort von Siracusa. Rund 15 km entfernt, aber Busverbindung Nr. 27, 28 zur Riva della Posta. Ausgedehnter Platz, im Sommer trotzdem oft knüppelvoll. Relativ schattig, Sanitärs ganz in Ordnung, Warmduschen inklusive. Ausgestattet mit Restaurant, Bar, mehreren Geschäften. Für Camper eigene Badesektion am Privatstrand des angeschlossenen Hotels - für die Größe des Platzes vielleicht etwas dürftig. Geöffnet Mai–Oktober; zwei Personen, Auto, Zelt kosten knapp über 20 €. ℡ 0931 790333.

Tipp für Autoreisende: Einen viel schöneren Strand haben die beiden nur wenige Kilometer von Fontane Bianche entfernten, guten und familiär geführten Campingplätze nördlich von Ávola, Beschreibung siehe dort.

* **Camping Agriturist Rinaura**, etwa 6 km außerhalb der Stadt, Richtung Fonte Ciane, Abzweig von der SS 115 Richtung Ávola nach einer Tankstelle, dann beschildert; Busse Nr. 26 und 27 ab Riva della Posta. Nicht am Meer, weitläufiges, recht ödes Gelände; einfache Sanitärs, immerhin mit Warmwasser und neuen Duschen; kleiner Laden. Weitab vom Schuss und wenig los; falls keine Aufsicht da ist, kann man sich ruhig erst einmal einfach hinstellen. Ganzjährig offen; zwei Personen, Auto, Zelt rund 16 €, auch Bungalows (sehr einfach). ℡ 0931 721224.

Essen (siehe Karte Seite 221)

Viele Restaurants auf Ortigia. Die Preise entsprechen oft der touristischen Lage, die Kochkünste leider auch. Es gibt aber noch Ausnahmen...

Ristorante Jonico 'A Rutta 'e Ciauli (25), am Festland in der Nähe der Latomie dei Cappuccini. Beliebtes Feinschmeckerlokal, Veranda und Garten über dem Meer, viel Kunsthandwerk und Grünpflanzen. Seit langem im Besitz der Familie Giudice, Fisch- und Fleischgerichte sind exzellent, die Nachspeisen eine Sünde wert. Menü ab etwa 40 €. Di Ruhetag, Mitte August und über Weihnachten/Neujahr geschlossen. Riviera Dionisio il Grande 194, ℡ 0931 65540.

Ristorante Don Camillo (13), in einem alten Palast auf Ortigia, ein Restaurantklassiker von Siracusa. Spezialitäten sind Fisch und Meeresfrüchte aller Art, auf Vorbestellung gibt es Zuppa di Pesce. Umfangreiche Weinauswahl. Menü ab etwa 30 € aufwärts. So Ruhetag, Mitte August sowie jeweils zwei Wochen im November sowie im Juli geschlossen. Via Maestranza 96, ℡ 0931 67133.

Ristorante Minosse (7), in einer engen Gasse von Ortigia. Ebenfalls ein traditionsreiches, seit über 20 Jahren bestehendes Restaurant, in dem schon Papst Johannes II. tafelte. Auch hier regiert die Fischküche, Hausspezialität sind die Ravioli di Pesce. Preise etwa wie oben. Via Mirabella 6, ℡ 0931 66366. Mo Ruhetag.

Trattoria La Foglia (20), unweit der Arethusa-Quelle. Mit nur rund 50 Plätzen recht kleiner Familienbetrieb, originell dekoriert: Der Padrone ist auch Bildhauer. Sizilianisch-mediterrane Küche nach alten Rezepten, auch vegetarische Optionen. Ähnliches Preisniveau wie oben. Via Capodieci 21, ℡ 0931 66233.

Trattoria del Porticciolo da Piero (1), ganz im Norden von Ortigia, ein Lesertipp von Margrith Mähly: "Wurde uns vom Hotel Domus Mariae empfohlen. Ein hervorragendes Fischrestaurant, das auch von vielen Sizilianern aufgesucht wird." Menü ab etwa 30 €, Mo Ruhetag. Via Trieste 22.

Rist. Archimede (9), Nähe Piazza Archimede, von den großen Hinweisschildern nicht abschrecken lassen. Mehrfacher Gewinner kulinarischer Auszeichnungen. Hübsch dekoriertes Gewölbe in einem alten Stadthaus, feine sizilianische Küche, prima Auswahl an Antipasti. Menü ab etwa 25 €. Via Gemmelaro 6, im Winter So geschlossen.

Rist.-Pizzeria La Terrazza (18), in der Nähe der Arethusa-Quelle. Der Name ist Programm: Wegen der Terrasse zum Hafen ist das Lokal an heißen Sommerabenden sehr beliebt. Menü ab etwa 20 €, auch breite Auswahl an Pizza. Via P.Picherali 10.

Osteria da Mariano (21), ein weiteres Lokal in diesem Gebiet. "Antica Cucina dei Monti Iblei" steht hier auf dem Programm. Prima Antipasti, sehr gute hausgemachte Pasta und hausgemachter Amaretto; freundlicher Service durch den Chef. Menü ab etwa 15 €. Vicolo Zuccolà 9, Di Ruhetag.

Rist.-Pizzeria Il Giove (11), ein Lesertipp von Michaela Hesse: "Kleines gemütliches Restaurant in einer urigen Gasse ohne Durchgangsverkehr. Mindestens 30-seitige Speisekarte für jeden Geschmack und für jeden Geldbeutel, auch Pizza in Riesenauswahl. Sehr freundlicher Service." Zu suchen in einem Gässchen bei der Via Ruggero 12.

Trattoria-Pizzeria Pescomare (16), Nähe Domplatz, also in einer ausgesprochen "touristischen" Zone. Das Essen, insbesondere Fisch und Meeresfrüchte, ist jedoch gut und nicht übertreuert. In dem idyllischen, weinüberwucherten Innenhof mit kleinen Bäumen und ein paar Tischen sitzt man zudem recht nett. Menü ab etwa 18 €; Pizza wie üblich nur abends, auch zum Mitnehmen. Via Landolina 6, eine Verlängerung der Via Cavour, gleich beim Domplatz.

Ristorante Nuovo Ro (15), ganz in der Nähe, in einem gemütlichen, schattigen kleinen Hof. Freundlicher Service. Mehrere günstige Festpreismenüs ab etwa 11 €, auch Pizza. Via Landolina 14.

Pizzeria Al Cenacolo (14), praktisch um die Ecke, ein Lesertipp von Claudia Alsdorf:

Einladend: Café in Siracusa

"Pizzeria an nettem kleinen Platz mit Palmen und einer großen Auswahl an leckeren Pizzen. Via Consignio Reginale, Corte degli Avolio 9–10."

Spaghetteria do Cugghiu (10), unweit der Piazza Archimede. Beliebtes Lokal mit großer Spaghetti-Auswahl zu relativ bescheidenen Preisen (um 5–6 €), Fleisch und Fisch gibt es auch. Ebenfalls sehr preiswert ist der Wein aus der Karaffe. Via Scinà 11, Mo Ruhetag.

Bar-Rosticceria Fratelli Fontana (3), nahe der Bushaltestellen, günstig für den schnellen Hunger bei An- und Abreise. Gute Auswahl aus Vitrinen, nicht teuer. Via Trieste 12.

Einkaufen/Veranstaltungen

• *Markt* Mo–Sa, jeweils nur vormittags in der Via Trento Nähe Piazza Pancali. Im Angebot hauptsächlich Lebensmittel, vom Fisch bis zur Paprika.

• *Veranstaltungen* Hier nur ein kurzer Überblick, ausführliches Programm bei der Touristeninformation. Gelegentlich finden beispielsweise im Griechischen Theater Opernabende statt.

Festa di Santa Lucia, große Prozessionen zu Ehren der Stadtpatronin von Siracusa, jeweils am ersten Sonntag im Mai und vom 13.–20. Dezember.

Rappresentazione Classiche, Tragödien von Sophokles oder Aischylos im Griechischen Theater. Unbedingt lohnend, auch wenn man kein Wort Italienisch versteht – die Atmosphäre macht's. Von etwa Mitte/Ende Mai bis Anfang Juli; Karten ab ca. 10 € aufwärts. Infos bei Inda Sicilia, ℡ 0931 465831, ℡ 0931 21574,
www.indafondazione.org.

Der Nymphe Arethusa gewidmet: Fontana di Artemide

Ortigiafestival, im Juni und Juli. Noch junges Theaterfestival, erst 2002 begründet; Aufführungsorte sind z.B. das Griechische Theater, das Castello Maniace und das "Ohr des Dionysos" in den Latomie. Infos: Fondazione Teatro Ortigia, ✆ 0931 753388, www.ortigiafestival.it.

Rockkonzerte, gelegentlich im Römischen Theater, auch keine schlechte Szenerie.

Opera dei Pupi, sizilianisches Puppentheater der jungen Brüder Daniel und Alfredo Mauceri, auf Ortigia in der Via della Giudecca 17, einer Seitenstraße der Via Maestranza. Aufführungen zuletzt von September bis Mai Di/Do/Sa 21.30 Uhr, So 17 Uhr, von Juni bis August Mo/Mi/Fr 11 Uhr, Di/Do/Sa 21.30 Uhr, Ticket p.P. 5 €. Für Besuche ist das Theater täglich 10–13, 17–20 Uhr geöffnet. ✆ 0931 465540, www.pupari.com.

▶ **Baden**: In Siracusas direkter Umgebung nicht zu empfehlen, da reichlich Industrieabwässer, auch aus dem Golf von Augusta, das Meer verunreinigen. Nächster Strand ist *Lido Arenella*, zu erreichen per Stadtbus. Er liegt einige Kilometer südlich hinter der Halbinsel Maddalena und soll durch sie vor der gröbsten Verschmutzung halbwegs geschützt sein. Der Sandstrand erinnert allerdings im August an eine Sardinenbüchse, ist zudem fast völlig von gebührenpflichtigen Badeanstalten (Stabilimenti) belegt. Weiter südlich, an den freien Felsstränden, herrscht weniger Betrieb. Leider entsteht hier gerade, in einer bislang unberührten Landschaft im Bereich von *Asparano* bei Ognina, eine 2000-Betten-Anlage, die gegen alle Küstenschutzgesetze hochgezogen wird.

Ähnlich voll wie der Lido Arenella zeigt sich auch *Fontane Bianche*, eine lang gestreckte Strandsiedlung 15 Kilometer südlich der Stadt – Restaurants, Boutiquen und Hotels, den Sandstrand sieht man kaum. Nördlich des Ortes noch freie Strände, im Kern viele gebührenpflichtige Badeanstalten. Nach Fontane

Bianche fahren die Busse Nr. 27 und 28 ab dem Platz Riva della Posta auf Ortigia. Betrieb herrscht hier allerdings nur im Sommer ab etwa Juni. In der Nebensaison wirkt Fontane Bianche nahezu ausgestorben.

Sehenswertes

Zu sehen und erleben gibt es genug: Etwas Zeitaufwand verlangt Siracusa schon. Die Hauptsehenswürdigkeiten der Stadt verteilen sich auf die Altstadt Ortigia, den Archäologischen Park in Neapolis und den Stadtteil Tyche.

Sammel-Ticket für Museen und Ausgrabungsstätte

Für ihre zwei bedeutendsten Museen und den Archäologischen Park von Neapolis hat die Stadt ein "Biglietto cumulativo" eingeführt, das Besuchern vergünstigten Eintritt bietet. Es ist zwei Tage lang gültig.

Museo Archeològico + Museo Bellomo	5 €
Museo Archeològico + Zona Archeològica	6 €
Museo Archeològico, Museo Bellomo + Zona Archeològica	8 €

EU-Bürger unter 18 Jahren sowie über 60 Jahren genießen in den meisten Sehenswürdigkeiten freien Eintritt, für 18–25-Jährige ist der Preis oft halbiert.

Ortigia

Das alte Herz der Stadt birgt nicht nur zahlreiche Sehenswürdigkeiten, die heitere und romantische Atmosphäre verlockt auch zu planlosen Streifzügen durch die engen Gassen.

Verspielte Details gibt es genug zu entdecken, seien es schmiedeeiserne Balkongitter an den Palästen, Handwerksläden aus scheinbar längst vergangenen Tagen oder liebevoll begrünte, träumerische Innenhöfe. Die Insel ist klein, alles liegt in bequemer Fußgängerdistanz. Immer wieder blitzt das umgebende Meer zwischen den Mauern auf.

Piazza Pancali: Geschäftiges Ende des breiten, vom Festland kommenden Corso Umberto und Schnittstelle zwischen den alten und den modern überbauten Vierteln. An der Ostseite liegt hinter einem Gitterzaun der erst während des Zweiten Weltkriegs freigelegte *Apollotempel* aus den Anfängen des 6. Jh. v. Chr. Allzu beeindruckend sind die Reste dieses ältesten Tempels der Stadt leider nicht (verblieben sind nur Säulenstümpfe und Teile der Cella), denn er ist in seiner langen Vergangenheit oft überbaut worden: Mal stand eine Kirche, mal eine Moschee, später gar eine spanische Kaserne auf seinen Fundamenten.

Piazza Archimede: Mit der Piazza Pancali durch die Geschäftsstraße Corso Matteotti verbunden. Der runde Platz ist auch im geographischen Sinn der Mittelpunkt von Ortigia, ein beliebter Treffpunkt mit vielen Straßencafés und Restaurants. Spätmittelalterliche Gebäude geben ihm ein hübsches Aussehen; das einheitliche Bild wird allerdings durch den Neubau einer Bank beeinträchtigt. Die *Fontana di Artemide* in der Mitte der Piazza symbolisiert die Verwandlung der Nymphe Arethusa (ital. Aretusa) in die gleichnamige Quelle.

Das "Original" ist ein Stück weiter südlich am Meer zu sehen. Im Nordosten des Platzes führt ein schmaler Durchgang zum *Palazzo Montalto*, einem gotisch-katalanischen Prestigebau von 1397.

Piazza Duomo: Der schönste Platz der Stadt ist halbrund geschwungen und von prachtvollen Barock-Palazzi des 17. und 18. Jh. umgeben.

Il Duomo: Der Dom wurde im 7. Jh. um den griechischen *Athena-Tempel* herum gebaut – taktisches Kalkül der Kirche, die uralte Mythen gern ins Christliche transferierte. Es entstand eine ungewöhnlich gelungene Kombination, eine Mixtur verschiedener Architekturstile, die ihresgleichen sucht. Schon immer hatte der Ort religiöse Bedeutung: Bereits der Athena-Tempel, im 5. Jh. v. Chr. unter *Gelon* errichtet, wurde auf den Fundamenten eines älteren Heiligtums platziert. Er galt als einer der schönsten Tempel der Griechen und war prachtvoll geschmückt: Portale aus Gold und Elfenbein, im Inneren prangten großflächige Gemälde. Auf dem Dach stand die Statue der Athena, ihr weithin leuchtender, riesiger Schild aus purem Gold begrüßte die ankommenden Schiffe. Wie Cicero berichtet, soll sich in späterer Zeit der räuberische römische Statthalter *Verres* den Großteil der Kostbarkeiten unter den Nagel gerissen haben. Nach der römischen Periode übernahm die Kirche nicht nur den heiligen Platz, sondern auch die gut erhalten gebliebene Anlage des Tempels. Von außen ist die antike Bausubstanz am besten an der Nordseite zu erkennen, der freie Raum zwischen den äußeren Säulen wurde einfach zugemauert.

Im Inneren sieht man deutlich die Vorhalle und die Cella (Haupthalle) des Tempels. Letztere bildet heute das Mittelschiff des Doms; ihre Seitenwände wurden bogenförmig durchbrochen, um Durchgänge zu den beiden Seitenschiffen zu schaffen. Diese wiederum werden von den äußeren Säulenreihen des früheren Tempels begrenzt. Weitere Relikte der Griechenzeit sind der Tisch des Hochaltars, einst ein Steinblock im Eingangsbereich, und das Taufbecken im Baptisterium rechts neben dem Eingang. Die sieben bronzenen Löwen, auf denen es steht, stammen allerdings aus dem 13. Jahrhundert. Unverkennbar barocken Ursprungs ist die reich geschmückte Fassade des Doms. Die normannische Vorgängerin war beim Erdbeben von 1693 eingestürzt, Architekt Andrea Palma zeichnete 1728–1754 für den Neubau verantwortlich.

Galleria Numismatica: Eine sehenswerte Münzsammlung (Mo–Fr 9.30–13 Uhr, Mi auch 15.30–17 Uhr; gratis) schräg gegenüber des Doms. Die Münzen von Syrakus galten in der Antike als die schönsten der Welt! Reproduktionen sind heute in vielen Juweliergeschäften erhältlich.

Fonte Aretusa: Südlich des Domplatzes, am Meer. Die Süßwasserquelle direkt neben den salzigen Fluten ermöglichte es den Syrakusanern, längere Belagerungen ohne Wassermangel durchzustehen. Inzwischen allerdings dringt auch Meerwasser in das Becken ein; Ursache sind wahrscheinlich Risse im trennenden Fels. Um den von Enten und Fischen bevölkerten, heute in ein Becken gefassten Quellteich stehen dichte Papyrusstauden.

Die so nahe am Meer sprudelnde Quelle regte die ersten griechischen Siedler zur Mythenbildung an. Ihre Sage verknüpft Syrakus mit der alten Heimat: Auf dem Peloponnes hatte der lüsterne Flussgott *Alpheios* ein Auge auf die Nymphe *Arethusa* geworfen. Der ungebetene Freier verfolgte die keusch Fliehende bis ans Meer. Vor dem verzweifelten Sprung in die See flehte die Nymphe ihre Schutzgöttin *Artemis* um Hilfe an. Die hatte ein Einsehen und verwandelte das Mädchen in eine Quelle, Alpheios jedoch in einen Fluss bei Olympia. Alpheios erreichte dennoch sein Ziel: auch er stürzte sich ins Meer, verfolgte Arethusa und vereinigte sich auf Ortygia mit ihren Fluten. Arethusa wurde zum Wahrzeichen der neuen Kolonie, auf vielen Münzen aus Syrakus ist die Nymphe abgebildet. Einen handfesten Beweis für die flüssige Verbindung zum Mutterland wollen die Griechen übrigens auch beobachtet haben: Nach den Opferfesten vor den Olympischen Spielen soll sich die Quelle regelmäßig vom Blut der auf dem Peloponnes getöteten Stiere rot gefärbt haben.

Papyrus – das älteste Papier der Welt

"Papier" kommt von Papyrus. Schon im dritten Jahrtausend vor Christus wurden die Stauden von den alten Ägyptern zur Herstellung von Schreibmaterial verwendet. Aber Papyrus ist vielseitig nutzbar: Die Wurzeln dienten auch als Nahrungsmittel, aus den Schafthüllen wurden Körbe und ganze Boote geflochten. In Europa wachsen die zur Familie der Riedgräser gehörenden Pflanzen nur auf Sizilien. Die hiesige Art unterscheidet sich allerdings geringfügig von der ägyptischen. Die oft geäußerte Annahme, *Hieron II.* habe die ersten Stauden von *Pharao Ptolemäos II.* (übrigens auch ein Kolonialgrieche) erhalten, ist also eher zweifelhaft. Dennoch sind die in Siracusa an Souvenirständen erhältlichen Papyri praktisch durchgängig mit völlig unpassenden ägyptischen Motiven bedruckt. Wer sich näher mit der Materie befassen möchte, findet ein *Museo del Papiro* (Di–So 9–13.30 Uhr; gratis) im Viale Teocrito 66, unweit des Archäologischen Museums.

Papyrusstauden in der Fonte Aretusa

Aquarium: Ganz in der Nähe der Quelle, ein kleines und schon etwas älteres, aber liebevoll gestaltetes Aquarium mit diversen Becken und Fischen aus aller Welt, auch für Kinder eine interessante Sache.
<u>Öffnungszeiten</u> Täglich 10–20 Uhr; Eintrittsgebühr 2,60 €, Kinder 1,60 €.

Palazzo Bellomo: Via Capodieci 16, direkt östlich der Fonte Aretusa. Der Stauferpalast des 13. Jh. erhielt im 15. Jh. eine kosmetische Auffrischung, wie vieles auf Ortigia in gotisch-katalanischem Stil. Heute enthält der Palazzo das

Museo Regionale. Aus dem bunten Sammelsurium von Exponaten, darunter viele Gemälde, ragen besonders die "Verkündigung" von Antonello da Messina und das "Begräbnis der Heiligen Lucia" von Caravaggio heraus. Weiterhin geboten: alte Kutschen, Architekturfragmente, wertvolle Kirchengegenstände, islamische und sizilianische Keramik. Interessant die Krippenfiguren, liebevolle Darstellungen auch des täglichen Lebens der Arbeiter und Bauern.
Öffnungszeiten Di–Sa 9–13.30, So 9–12 Uhr; Eintritt 4,50 €, günstiger mit Sammelticket.

Basilika San Marino: Das Gotteshaus in der gleichnamigen Gasse gegenüber dem Palazzo, ist eine der ältesten Kirchen der Stadt. Schon im 6. Jh. errichtet, wurde sie im 14. Jh. umgebaut; sehenswert sind besonders das Portal und der dreiteilige Flügelaltar.

Castello Maniace: An der äußersten Südspitze von Ortigia. Ihren Namen bekam die Festung von dem byzantinischen Feldherrn *Maniakes*, der im 11. Jh. mit ihrem Bau beginnen ließ; ihr heutiges Aussehen verdankt sie allerdings *Friedrich II.*, unter dem sie verstärkt und erweitert wurde. Das elegante Kastell war zuletzt in Restaurierung, eine Besichtigung deshalb nur sporadisch möglich.

Achradina

Obwohl schon in der Antike besiedelt, hat der moderne Stadtteil dem Reisenden wenig zu bieten: Magere Ruinenreste werden von gesichtslosen Hochhäusern überragt. Zentrale Straße des Viertels ist der Corso Umberto, der die Verbindung zwischen Ortigia und dem Foro Siracusano bildet.

Foro Siracusano: Der einstige Marktplatz der Griechen ist heute ein verkehrsumbrandeter, manchmal etwas schmuddeliger Park, in dem nur noch einige Säulenreste an die Vergangenheit erinnern. Einen weit größeren Teil des Foro belegt ein Kriegerdenkmal des 20. Jahrhunderts.

Ginnasio Romano: Kein Gymnasium (im antiken Griechenland eine Sportstätte), sondern ein kleines römisches Theater wartet an der Via Elorina auf Besucher. Viel mehr als ein paar Sitzreihen und Reste der Bühne gibt es allerdings nicht zu sehen. Geöffnet ist Mo–Sa 9–13 Uhr, der Eintritt frei.

Neapolis

Das ausgedehnte Areal der griechischen "Neustadt" war in der Antike das kulturelle Zentrum der Stadt und bot reichlich Platz für religiöse und profane Aktivitäten.

Mittlerweile ist das hügelige Gelände mit den vielen antiken Monumenten bevorzugtes Ziel der Touristenbusse, die Siracusa als Schnellprogramm absolvieren. Im Eingangsbereich am Viale Augusto machen Souvenirgeschäfte, Eishändler und Pferdekutscher ihren täglichen Reibach. Etwas nach hinten versetzt steht die kleine Kirche *San Nicolo*. Die für das gesamte Gelände gültigen Eintrittskarten erhält man in einem Kiosk in der Mitte des Fußwegs.
Öffnungszeiten des Archäologischen Parks Täglich 9 Uhr bis zwei Stunden vor Sonnenuntergang; Eintrittsgebühr 4,50 €, günstiger mit Sammelticket.

Ara di Ierone II.: Links auf dem Weg zum Griechischen Theater, gut sichtbar, in der Regel aber nicht direkt zugänglich. Den riesigen, recht verwitterten Altar ließ *Hieron II.* errichten, zum Gedenken an die Befreiung vom Tyrannen *Thra-*

sybulos, die schon über zwei Jahrhunderte zurücklag. Er war dem Zeus Eleutherios ("Zeus der Freiheit") geweiht und zeigt in seinen Ausmaßen die ganze Gigantomanie, der das reiche Syrakus so gern huldigte: Länge fast 200 Meter, Breite 23 Meter. Von dem ungefähr 15 Meter hohen, tempelartigen Aufbau blieb nichts erhalten, die Spanier verwendeten die Steinquader für den Bau ihrer Paläste. Der bloße Unterbau bleibt eindrucksvoll genug. Am Jahrestag des Tyrannensturzes fanden hier große Volksfeste statt, bei denen 450 Stiere gleichzeitig geopfert und anschließend von den Bürgern verzehrt wurden.

Teatro Greco: Mit einer Kapazität von 15.000 Zuschauern und einem Durchmesser von fast 140 Metern war es das größte Theater der Antike und setzte lange Zeit Maßstäbe der Bühnenkunst. Schon im 5. Jh. v. Chr. ließen sich hier Volk und Adel unterhalten: Theater galt bei den Griechen jener Zeit noch als religiöse Zeremonie, ein Altar des Gottes Dionysos stand auf der Bühne. Im Jahr 472 v. Chr. fand die Uraufführung der "Perser" von *Aischylos* statt, nur wenig später erlebte das Teatro Greco die Geburt der Komödie: Als ihr Vater gilt *Epicharmos* aus dem nahen Megara Hyblea. Der Rahmen war damals allerdings noch deutlich kleiner, erst Hieron II. ließ die Spielstätte auf ihre heutige Größe erweitern. Die bald folgenden Römer, die von Schauspielkunst wenig, von Gladiatorenkämpfen aber umso mehr hielten, vergrößerten den Bühnenbereich, um Raum für ihre blutigen Spektakel zu schaffen. Von den ehemals 61 aus dem Fels gehauenen, konzentrisch ansteigenden Sitzreihen blieben nach dieser Maßnahme noch 46 übrig. Der hervorragenden Akustik tat der Umbau keinen Abbruch, was die Besucher der klassischen Theaterfestspiele zu schätzen wissen. Oberhalb des Teatro Greco liegt eine künstliche Grotte, das sogenannte *Nymphaeum*. Die in Resten erhaltene Wasserleitung diente wohl zur Versorgung von Darstellern und Zuschauern. Links davon beginnt die *Via dei Sepulcri*, eine von Votivnischen gesäumte Gräberstraße.

Latomie: Wegen lang andauernder Restaurierungsarbeiten sind die Latomie nicht komplett zu besichtigen; in den letzten Jahren war nur ein Teil der Latomia del Paradiso durchgehend geöffnet. Die Steinbrüche, aus denen der Rohstoff für Sirakusas antike Bauten stammt, wurden erstmals im 6. Jh. v. Chr. genutzt. Heute sind sie üppige, von Blumenpracht fast überwucherte Gärten, zwischen denen übrig gebliebene, bizarr geformte Felstürme stehen: eine einmalige Parklandschaft, bis zu 40 Meter tiefer als die Umgebung. Angesichts dieser Schönheit kann man sich nur schwer die unmenschlichen Lebensbedingungen vorstellen, unter denen die Sklaven von Syrakus hier die Blöcke aus dem Kalkstein brachen. Besonders die 7000 nach ihrer gescheiterten Expedition gefangenen Athener mussten sich, auf engstem Raum zusammengepfercht und halb verhungert, dort regelrecht zu Tode arbeiten.

Latomia del Paradiso: Neben dem Griechischen Theater liegt die – sofern wieder geöffnet – am häufigsten besuchte Latomia. Der Grund dafür ist die legendäre Grotte *Orecchio di Dionisio*, das "Ohr des Dionysios". Die fast 60 Meter lange, aus dem Fels gehauene Höhle besitzt eine derart fabelhafte Akustik, dass man behauptet, der Tyrann Dionysios habe hier seine gefangenen Feinde belauscht. Diese Mühe wird der Herrscher sich wohl kaum gemacht haben, aber tatsächlich wird jedes Flüstern laut verstärkt, kräftiges Fußstampfen klingt fast wie ein Pistolenschuss. In einer anderen künstlichen Höhle, der *Grotta dei Cordari* (zuletzt geschlossen) ein Stück weiter, wurden bis in die Neuzeit Seile hergestellt; das feuchte Klima sorgte für die nötige Konsistenz der Hanffasern. Im Nordosten der Latomia del Paradiso gelangt man, falls wieder zugänglich, zu der *Latomia Intagliatella* und weiter zur *Latomia di Santa Venera*, in deren Wände Nischen für Opfergaben eingeschlagen sind. Von hier führt ein Pfad wieder nach oben, zum Gräberbezirk *Necropoli Grotticelli*. Eine der Grabhöhlen, die aus griechischer bis byzantinischer Zeit stammen, wird als das Grab des Archimedes ausgegeben. Doch dafür gibt es keine ernst zu nehmenden Anzeichen, die letzte Ruhestätte des genialen Mathematikers und Physikers gilt als verschollen. Laut Cicero soll sie mit den "Standeszeichen" Kugel und Zylinder geschmückt gewesen sein.

Anfiteatro: Beim Hinausgehen aus dem Park rechts. Das römische Amphitheater in den geräumigen Ausmaßen von 140x199 Meter entstand in der Spätphase des Reichs, nämlich im 3. Jh. n. Christus; offensichtlich war die Bühne des Teatro Greco für die aufwändigen Gladiatorenkämpfe jener Zeit zu klein geworden. Der Großteil der Arena ist in griechischer Konstruktionsweise aus dem Fels gehauen. Man erkennt noch gut die Einlässe für die Gladiatoren und Kampftiere. Ob das Becken in der Mitte wirklich, wie manchmal behauptet, für nachgespielte Seeschlachten (Naumachie) diente, scheint bei seiner geringen Größe zweifelhaft; wahrscheinlicher war es zur Aufnahme des reichlich fließenden Blutes gedacht, das dann über einen Kanal abgeleitet werden konnte. – In den Sommermonaten wird die Arena durch Plastikstühle und einen Bühnenaufbau verfremdet; unter anderem finden hier dann Rockkonzerte statt.

Tyche
Wie Achradina ein moderner, geschäftiger Stadtteil, aber bestückt mit einigen durchaus hochkarätigen Sehenswürdigkeiten.

Die meisten von ihnen liegen in unmittelbarer Nähe des *Viale Teocrito*, der Verlängerung des vom Parco Archeològico kommenden Viale Augusto.

Basilica e Catacombe di San Giovanni: Etwa einen halben Kilometer von Neapolis entfernt. Syrakus war eine der ersten christlichen Gemeinden, stolz wird auf den dreitägigen Besuch des Apostels *Paulus* verwiesen. Die Basilika San Giovanni entstand schon im 3. Jh. und wurde unter Byzanz und den Normannen mehrfach umgebaut. Das Erdbeben von 1693 ließ sie großteils einstürzen. Unter den Resten der Kirche liegt die *Cripta di San Marziano*. Vor dem Altar in dem uralten Grabgewölbe soll Paulus gepredigt haben. Man sieht noch die Säule, an der der erste Bischof der Stadt, der *Hl. Martianus*, von den Römern zu Tode gefoltert wurde; sein Grab liegt in der Krypta.

Bekanntermaßen waren die frühen Christen bei den herrschenden Römern nicht gerade wohlgelitten, ihre Toten mussten sie in geheim gehaltenen unterirdischen Gewölben bestatten. So entstanden die *Katakomben* von Syrakus, ausgedehnter als die von Rom. Zu besichtigen sind derzeit nur die sehr beeindruckenden Katakomben von San Giovanni, die im 4. Jh. entstanden. Von einer "Hauptstraße" zweigen diverse Seitengänge ab, von denen einige zu kleinen Kapellen führen. An den Wänden sind Begräbnisnischen und teilweise auch noch Malereien zu sehen. Die Grabbeigaben fielen zum Großteil in die Hände von Räubern, immerhin fand man noch 1872 den kunstvollen *Sarkophag der Adelphia*, der jetzt im Archäologischen Museum (Sektion B) ausgestellt ist.

① Di–So 9–12.30, 14.30–16.30 Uhr; Eintrittsgebühr 3,50 €. Führungen sind obligatorisch, aber nicht immer informativ: "Unsere Führung bestand daraus, dass eine unfreundliche Frau mit uns durch die Katakomben hetzte, zwischendurch dreimal auf ein Fresko zeigte und das Wort 'Fresco' aussprach" (Leserbrief von Hans Georg Bier).

Museo Archeològico Paolo Orsi: Fast um die Ecke von San Giovanni liegt das Archäologische Museum im Park Villa Landolina am Viale Teocrito, gegenüber dem riesigen Pilzdach der Kirche Madonna delle Lacrime. Nach einer Bauzeit von über einem Jahrzehnt ist es ein Prachtstück geworden, das wohl schönste Museum Siziliens. Mustergültig präsentiert, mit vielen Querverweisen auf Fundstellen und Hintergründe (teilweise auch auf Englisch), wartet eine Unmenge an Exponaten auf den von solcher Fülle fast erschlagenen Besucher. Die Objekte sind auf drei Hauptbereiche verteilt.

Sektion A befasst sich mit der Vorgeschichte ab dem Paläolithikum. Eine geologische Ausstellung dokumentiert Siziliens Veränderungen im Lauf der Erdgeschichte, mit Schwerpunkt auf der Region um die westlich von Siracusa gelegenen Monti Iblei. Breiten Raum nehmen die frühen Kulturen ein, die vor der Kolonisation durch die Griechen die Insel besiedelt hatten. Zu sehen sind Stein-, Knochen- und erste Metallwerkzeuge, daneben Keramik und andere Grabbeigaben, darunter vieles aus Pantálica. Die Stücke werden durch Fotos und Karten der Ausgrabungsorte ergänzt.

Sektion B ist griechischen, römischen und christlichen Funden, hauptsächlich aus Syrakus und Megara Hyblea, gewidmet. Leider befindet sich das marmorne Glanzstück dieser Abteilung, die *Venus Anadyomene* (auch: *Landolina*), manchmal auf Reisen. "Die aus dem Meer Entstiegene", so die Übersetzung, wurde in der frühen Römerzeit nach hellenistischem Vorbild geschaffen. Die göttliche Dame zeigt nach griechischer Art etwas irdischen Hüftspeck, ein Meisterwerk ist die Gestaltung des Faltenwurfs ihres Umhangs. Leider fehlen ihr sowohl der Kopf als auch der rechte Arm, mit dem sie ihre Brüste bedeckt hielt – eine Haltung, die einer gewissen Koketterie nicht entbehrt. Beachtenswert weiterhin die Statue der *Großen Mutter*, die Zwillinge stillt, und mehrere *Kuroi*, Jünglingsstatuen aus verschiedenen Fundorten. Reproduktionen der Tempel von Apollo und Athena zeigen die beiden Heiligtümer auf Ortigia in vollständiger, längst entschwundener Schönheit.

Sektion C enthält unter anderem Exponate aus dem "Vorort" Eloro, den Subkolonien von Syrakus (Akrai, Kasmenai und Kamarina), sowie Funde aus Agrigento und Gela. Einen besonderen Kunstschatz stellt in dieser Sektion der *Ephebe von Mendolito* dar, eine zierliche bronzene Jünglingsstatue aus dem 5. Jahrhundert vor Christus. – Im Park des Museums ist das Grab des deutschen Dichters *August von Platen* zu sehen, der 1835 in Siracusa starb.

① Di–Sa 9–14 Uhr, letzter Einlass 13 Uhr. Die Öffnungszeiten wechseln aber recht häufig, gelegentlich ist auch am Nachmittag oder am Sonntag offen, Näheres bei den Infostellen. Eintrittsgebühr 4,50 €, günstiger mit einem der Sammeltickets.

Santuario Madonna delle Lacrime: Das futuristische, mit 80 Metern höchste Bauwerk von Siracusa beherbergt eine einfache Madonnenstatue aus Gips. Die stand 1953 noch in einer Arbeiterwohnung und soll bei einer schmerzhaften Geburt aus Mitgefühl mit der Mutter vier Tage lang Tränen vergossen haben – "wobei Wunder und außergewöhnliche Ereignisse stattfanden" (Prospekt des Fremdenverkehrsamtes). Pilger aus ganz Sizilien erhoffen sich von einer Wallfahrt hierher Heilung ihrer Gebrechen. Das Gebäude kann von 9–12 Uhr und von 16–19.30 Uhr besichtigt werden; nachmittags ist manchmal auch ein Besuch der riesigen Kuppel möglich. Zu sehen ist auch eine Dokumentation über das Wunder, sogar in deutscher Sprache.

Latomia dei Cappuccini: Schon etwas abseits, etwa einen Kilometer nordöstlich des Museo Archeològico gelegen. Dieser Steinbruch, wie die anderen Latomien eine ungewöhnliche Landschaft aus verwitterten und teilweise bearbeiteten Kalksteinfelsen, von vielfältiger Pflanzenpracht überwachsen, ist für die nächsten Jahre allerdings wegen Steinschlaggefahr gesperrt. Ein Ende der Sicherungsarbeiten ist leider nicht abzusehen.

Chiesa di Santa Lucia: Am gleichnamigen Platz, südöstlich der Kirche Madonna delle Lacrime. Die Kirche soll an der Stelle stehen, an der die spätere Stadtheilige *Santa Lucia* im 4. Jh. wegen ihres Glaubens geköpft wurde; lange Jahre war hier deshalb das berühmte "Begräbnis der Heiligen Lucia" von Caravaggio (heute im Palazzo Bellomo) untergebracht. Die Kirche selbst, ursprünglich ein Normannenbau des 12. Jh., präsentiert sich nach mehreren Umbauten überwiegend im Kleid des Barock. Das Grab der Hl. Lucia liegt in der nahen Cappella del Sepolcro. Zu den verzweigten Katakomben unter der Kirche ist kein Zugang möglich.

Umgebung von Siracusa

▶ **Fonte Ciane:** Der kleine Fluss Ciane entspringt etwa sieben Kilometer südwestlich von Siracusa und mündet nach einigen Kilometern ins Meer. An seinem Quellteich und den Flusslauf hinab wuchert ein Dickicht von wildem Papyrus. Der erste Eindruck ist etwas enttäuschend, die Quelle versteckt sich unter Bäumen und nur ein schwaches Rinnsal plätschert aus dem Boden. Nur wenige Meter weiter scheint dann die Idylle perfekt, umrahmen hohe Papyruspflanzen das klare Wasser des zweiten Quellteichs. Vor einigen Jahren noch war dieses schöne Bild durch Wasserentnahmen der Industrie bedroht. Umweltschützer kämpften jedoch erfolgreich gegen das Aussterben der letzten wildwachsenden Papyrusstauden Europas und erreichten die Ausweisung des Gebiets zur Riserva Naturale.

> **Von der Nymphe zur Quelle**
>
> Wie bei der Fonte Aretusa handelt es sich auch bei diesem Wässerchen um eine ehemalige Nymphe, nämlich Kyane. Sie hatte sich mit *Hades* angelegt und versucht, den Gott der Unterwelt am Raub ihrer Herrin *Persephone* zu hindern. Zwar landete die schöne Tochter *Demeters* trotz Kyanes Einsatz in Hades' Reich, doch der ob solcher Einmischung wütende Hades verwandelte die Nymphe zur Strafe in die Quelle.

Ein schmaler Fußweg führt den Fluss entlang Richtung Meer und Staatsstraße, das Papyrusdickicht ist durch einen Drahtzaun abgesperrt. Am südlichen

Flussufer liegt, in der Nähe der SS 115 nach Ávola und von dort zu erreichen, das *Olympieion*, der Tempel des olympischen Zeus. Im 5. Jh. v. Chr. errichtet, zerstörte ihm das Erdbeben von 1693 fast alle übrig gebliebenen Säulen – gerade zwei stehen noch.

• *Anfahrt* mit dem Auto von Siracusa zunächst Richtung Canicattini Bagni, nach knapp 4 km nach links der Beschilderung folgen. Am stimmungsvollsten ist natürlich eine Bootsfahrt zur Quelle. Das Boot von Signor Vella liegt meistens bei der Brücke der SS 115 über den Ciane unweit von dessen Mündung ins Meer (hier auch ein weiterer Zugang zum Naturreservat); falls niemand zu finden ist, kann man sein Glück auch unter ✆ 0931 39889 oder mobil unter ✆ 368 7296040 versuchen.

Castello Eurialio: Etwa neun Kilometer nordwestlich der Stadt. Bei der Anreise kann man sich ein Bild von der Größe des antiken Syrakus machen: bis zum Kastell reichten einst die Mauern der in der Antike so riesigen Stadt. Das Kastell selbst war der größte Verteidigungskomplex von Magna Graecia, wurde unter *Dionysios I.* errichtet und in späterer Zeit immer weiter ausgebaut. *Archimedes* soll von hier aus mit Hilfe von Brennspiegeln die römische Flotte in Brand gesteckt haben. Das unüberschaubare Gewirr von Kasematten, Verteidigungswällen, Türmen und Gräben scheint planlos und ist doch nach dem damals neuesten Stand der Militärarchitektur sorgfältig konstruiert. Gleichgültig, wieviel Interesse man solchen strategischen Finessen entgegenbringt: Der Blick von hier oben ist in jedem Fall grandios; bei guten Wetterverhältnissen sieht man sogar bis zum Etna. Wer das Kastell im Sommer gegen Abend besucht, kann sich anschließend im gleichnamigen, sehr beliebten Pizzeria-Restaurant unweit des Eingangs laben.

• *Anfahrt/Öffnungszeiten* per Auto ab Parco Archeològico über die Via Rizzo, rechts in die Via Necropoli Grotticelle, dann links in die Via Epipoli und immer geradeaus (rechtzeitig parken, Plätze sind allerdings rar); per Bus am besten mit Nummer 11 oder etwas umständlicher mit 25 oder 26, alle ab Riva della Posta. Geöffnet ist täglich von 9 Uhr bis eineinhalb Stunden vor Sonnenuntergang, Eintritt frei.

Pantálica und Anapo-Schlucht

Zwei hochinteressante Ausflugsziele im Hinterland von Siracusa, beide als Riserva Naturale Orientata unter besonderen Schutz gestellt. Inmitten einer wilden und großartigen Landschaft finden sich in der "Totenstadt" Pantálica über 5000 frühere Grabhöhlen. Die viel tiefer liegende Schlucht des Anapo bietet hervorragende Wandermöglichkeiten.

Pantálica: Das Hochplateau am Rande des mehrere hundert Meter tiefen Canyons, den sich der Fluss Anapo im Lauf von Jahrmillionen durch die Kalkfelsen der Monti Iblei gegraben hat, war in der Bronzezeit Lebensraum einer der frühen Kulturen Siziliens – *Sikuler* hatten Pantálica besiedelt. Von den Holzhäusern ihrer Hauptstadt blieb natürlich nichts erhalten, aber die in den Stein gehauene Totenstadt überdauerte die Zeiten. Anhand der Grabbeigaben (vieles im Archäologischen Museum Siracusa) lassen sich die ersten Ansiedlungen auf das 13 Jh. v. Chr. datieren. Das gut zu verteidigende Hochplateau bot ausreichend Sicherheit, nachdem das Leben an der Küste durch herandrängende Fremdvölker zu gefährlich geworden war. Den Zugang ans Meer gab man aber nicht ganz auf: Dem Stil der Grabbeigaben nach sind Handelsbeziehungen mit

Mykene auf dem Peloponnes wahrscheinlich. Es scheint auch ziemlich sicher, dass Pantálica identisch ist mit der legendären *Sikulerstadt Hybla*, auf deren Gebiet die griechische Kolonie Megara Hyblea entstand. Die letzten Spuren der Kultur von Pantálica stammen aus dem 8. Jh. v. Chr.; danach wurde die Stadt anscheinend verlassen. Menschenleer thronte das Plateau über dem Anapo, bis viel später wieder Leben einkehrte. Diesmal waren es byzantinische Christen, die sich im frühen Mittelalter nach Pantálica flüchteten, in den Grabhöhlen wohnten und einige davon in Kapellen umwandelten. Im Jahr 1903 wurde in einer der Höhlen ein großer Gold- und Silberschatz gefunden, den Christen vor den Arabern hierher gerettet hatten.

Pantálica besteht aus insgesamt vier Nekropolen, die sich über einige Kilometer erstrecken; die Zufahrt ist sowohl ab *Ferla* als auch ab *Sortino* möglich. Beide Siedlungen wurden beim Erdbeben von 1693 zerstört und danach wieder aufgebaut, und beide besitzen einen hübschen Ortskern mit zahlreichen Kirchen, Sortino daneben auch ein Museo dell'Opera dei Pupi (Piazza San Francesco, zuletzt geschlossen). Lohnend ist besonders die Straße ab Ferla, die ein eindrucksvolles Landschaftserlebnis bietet und die Möglichkeit, mehrere Nekropolen zu besuchen; über Sortino ist dagegen nur die von Pantálica Nord direkt zu erreichen. Eine durchgehende Autostraße zwischen den beiden Orten, wie sie auf den meisten Karten zu sehen ist, existiert nicht – über das Tal der Calcinara, einen Nebenfluss des Anapo, gibt es keine Brücke. Fußgänger allerdings können die Schlucht durchwandern (siehe unten, Wanderung 4).

Von Ferla bis ans Ende der Straße sind es etwa elf Kilometer; die Abzweigung im Zentrum ist beschildert. Zunächst noch durch Obstgärten und Felder führt die Strecke bald auf ein einsames, fast menschenleeres Hochplateau. Die Vegetation nimmt ab, an vielen Stellen schimmert der weiße Kalkstein durch. Nach etwa acht Kilometern erreicht man die erste Nekropole. Ein ausgeschilderter Fußweg führt vom Sattel Filliporto (Nekropole des 9–8. Jh. v. Chr.) zum *Villagio Bizantino San Miciario*, das auch auf Wanderung 4 berührt wird. Der Blick auf die tiefe, bewaldete Schlucht und die verkarsteten, oft nackten Höhen gegenüber ist grandios. Reihenweise sind die Felshöhlen in den Stein gemeißelt, kleinere Einzelgräber und größere Grüfte, in denen ganze Familien bestattet wurden. Einige, als christliche Kapellen ausgeschildert, unterscheiden sich durch nichts von ihren Nachbarn – nicht einmal ausgemeißelte Kreuze sind zu sehen. Das Gebiet wird durchzogen von verwitterten Treppen und schmalen Wegen.

Die Atmosphäre auf diesen einsamen Höhen ist von eigentümlichem, etwas düsterem Reiz, der durch die geradezu unheimliche Stille noch gesteigert wird. Man ist umgeben von den stummen Zeugen einer seit Jahrtausenden untergegangenen Kultur, der der Tod wichtiger schien als das Leben.

Weiter an der Fahrstraße gelangt man, etwa einen Kilometer vor dem Ende der Straße, zum Parkplatz unterhalb des ausgeschilderten *Anaktoron*, Ausgangspunkt von Wanderung 4, siehe unten. Der einzige Steinbau der Sikulersiedlung gehörte wohl dem Stammesfürsten und stand wahrscheinlich im Mittelpunkt der verschwundenen Stadt. Viel mehr als die massigen Grundmauern blieb nicht erhalten, dennoch konnten Experten auch hier Verbindungen zum mykenischen Baustil herstellen: ein weiterer Beweis für frühe Beziehungen zum Peloponnes.

Pantálica und Anapo-Schlucht 235

Abgeschieden: Totenstadt Pantálica

Noch ein Stück weiter an der Straße fallen linker Hand Hunderte von leeren Grablöchern ins Auge. *Pantálica Nord-Ovest* heißt diese Nekropole, der ganze Hang ist durchlöchert wie ein Schweizer Käse. Am Ende der Straße schließlich führen Treppen nach unten in die älteste der Totenstädte. Die ersten Höhlen von *Pantálica Nord* stammen aus dem 13. Jh. v. Chr. Die Nekropole erstreckt sich beiderseits der Schlucht des Flusses Calcinara, der unterhalb in den Anapo mündet. Auf dem gegenüberliegenden Hochplateau ist das Ende der Fahrstraße ab Sortino zu sehen, so nah und doch mit dem Fahrzeug fast 40 Kilometer entfernt. Steigt man zwischen den Höhlen in die Schlucht hinab, gelangt man in eine üppig wuchernde Flussoase, in der Oleander und Feigenbäume wachsen. An Sommerwochenenden ist hier einiges los; die Leute aus der Gegend kommen zum Planschen her und genießen das saubere Wasser. Auf der anderen Seite ist der Aufstieg zur Straße nach Sortino möglich, siehe Wanderung 4.

• *Praktisches* Mit dem **Auto** nach Ferla von Siracusa über die SS 124, Richtung Palazzolo Acrèide via Floridia/Solarino; etwa 14 km hinter Solarino Abzweigung nach rechts, ca. 11 km bis zum Ort, nochmals 12 km bis zum Ende der Straße. Nach Sortino zunächst die gleiche Route, in Solarino dann rechts, nach 2 km wieder links, noch ca. 14 km bis zum Ort, von dort nochmals 7 km bis zum Parkplatz am Straßenende.

Per **Bus** bietet sich eine Wanderung Sortino-Ferla oder umgekehrt an (knapp 20 km); Sortino-Pantálica und zurück sind auch schon 15 km, zudem weniger interessant. In jedem Fall legt man den größten Teil der Strecke auf der Straße zurück, Autoverkehr gibt es allerdings kaum. Wer wirkliche Einsamkeit sucht, sollte die Sommerwochenenden meiden. Die (wechselnden) Abfahrtszeiten der AST-Busse von Siracusa nach Sortino oder Ferla bzw. zurück ermöglichen normalerweise die Wanderung in zumindest einer Richtung; Details im AST-Büro in Siracusa oder bei den Touristeninformationen. Ferla wird 3-mal täglich bedient, Sortino (Fahrzeit etwa eine Stunde) relativ häufig. Verpflegung und reichlich Trinkwasser (!) nicht vergessen, unterwegs keinerlei Versorgungsmöglichkeiten.

- *Übernachten* **Azienda Agrituristica Pantálica Ranch**, rund acht Kilometer außerhalb von Sortino, rund um ein rekonstruiertes Landhaus. Zahlreiche Aktivitäten, Ausritte und geführte Wandertouren im Anapo-Tal. Unterkunft in gut ausgestatteten Bungalows mit je zwei Zimmern und Veranda, Restaurant mit Festpreis-Menüs. DZ/F rund 70 €, HP p.P. 50 €. Anfahrt aus Richtung Siracusa über die Straße Florídia-Solarino-Sortino, ab Solarino beschildert, noch etwa neun Kilometer. Sortino, Località Chianazzo, S.P. 28, km 8.9; ✆ und ✆ 0931 942069, Mobil 333 3258612, www.pantalicaranch.it.

Wanderung 4: Zu den Nekropolen von Pantálica

Route: Anaktoron – Filiportosattel – Bahnhof Pantálica – Anapo – Calcinaraschlucht – Anaktoron. **Reine Wanderzeit**: 4 Stunden. **Höhenunterschiede**: jeweils 300 Meter Auf- und Abstiege.

Charakteristik: Eine ausgesprochen reizvolle Rundwanderung durch die einsamen Nekropolen von Pantálica und hinab zur ehemaligen Bahnlinie im Tal des Anapo. Für ein erfrischendes Bad im Calcinara-Fluss sollte man unbedingt Badesachen einpacken! Unterwegs lässt es sich bestens picknicken, es gibt aber keinerlei Versorgungsmöglichkeiten. Festes Schuhwerk ist dringend erforderlich, nach Regenfällen können die Wege äußerst rutschig sein.

Anfahrt: Unsere Route beginnt am Anaktoron, anzufahren nur aus Richtung Ferla. Von dort folgt man der Ausschilderung "Pantálica" und parkt nach rund 11 Kilometern, noch etwa einen Kilometer vor dem Ende der Straße, unterhalb des beschilderten Anaktoron. Die Wanderung lässt sich jedoch auch aus Richtung Sortino beginnen (Einstieg dann an der Stelle "2 Std. 15. Min."), von dort ebenfalls der Ausschilderung "Pantálica" folgen und am Ende der Straße parken

Verlauf: Vom Parkplatz unterhalb des *Anaktoron* erreichen wir mit wenigen Schritten die kleine Anhöhe mit den Grundmauern dieses megalithischen Palastes. Wir schlagen den beschilderten Weg nach Osten in Richtung "Necropoli Sud. Villagio Bizantino" ein. Der Treppenweg führt leicht bergab und schwenkt dann zurück in Richtung Westen. Vorbei an einigen Kammergräbern (Grandi Tombe a Camera, 9.–8. Jh. v. Chr.), stößt aus dem Tal von links ein weiterer Weg dazu, später unser Rückweg. Ohne hier abzusteigen, gehen wir geradeaus weiter, in Richtung des Belvedere Necropoli Sud. Links liegt die Schlucht des Anapo. Wir erreichen eine Stelle (20 Min.), an der erneut ein Treppenweg links abzweigt, diesmal zu dem angekündigten Belvedere Necropoli Sud. Vor dem Abstieg geht es jedoch erst auf einem kurzen Abstecher zu dem byzantinischen Felsendorf S. Micidario und den Nekropolen von Filiporto. Wir folgen dazu ein kurzes Stück weit dem hangparallelen Weg und treffen bald auf eine Gruppe von Höhlenbehausungen, die sich in byzantinischer Zeit als Dorf um die Felsenkirche S. Micidario scharten. Nun führt der Weg durch den antiken, in den Fels geschnittenen Verteidigungsgraben, der das weite Plateau mit dem Anaktoron vor Angriffen aus dem Westen schützte, und somit zum *Sattel von Filiporto* (30 Min.). Über die Nekropolen hinweg öffnet sich ein grandioser Blick auf die Talschlucht des Anapo.

Zurück am Abzweig zum Belvedere Necropoli Sud, geht es nun über Felsstufen ins Tal. An der nächsten Gabelung biegen wir links ab – dieser

Wanderung 4: Zu den Nekropolen von Pantálica

Weg bietet die schönere Aussicht und fällt auch sanfter ab. Beim Holzschild "Percorsi Particolari C" treffen wir auf die Schotterstraße, die von oben bereits als weißes Band erkennbar war (1 Std.). Bis 1956 verlief hier eine Schmalspurbahn, die Siracusa mit Vizzini verband. Dem Flusslauf folgend, gehen wir nach links, vorbei am alten *Bahnhof Pantálica*, an dem es eine in Stein gehauene Überblickskarte des Naturschutzgebietes und nebenan ein Toilettenhäuschen gibt.

Wir folgen der Kiesstrasse weiter flussabwärts, vorbei an einem schönen Picknickplatz. Unterwegs zweigt linker Hand ein schmaler, beschilderter ("Percorsi Particolari D") Pfad ab, auf dem man, an der Felsenkirche S. Nicolicchio vorbei, wieder auf dem kürzesten Weg zum Anaktoron hochsteigen könnte. Wir setzen jedoch unsere Wanderung fort und folgen weiterhin der alten Bahntrasse, erst durch einen kurzen Tunnel, dann über eine Brücke. Vor dem nächsten Tunnel biegen wir links auf einen schmalen Pfad ab. Anfänglich von einem Holzgeländer begleitet, folgt der Weg dem Lauf des *Anapo*. Vorbei am Zusammenfluss von Anapo und Calcinara, umrunden wir den Berg im Norden. Kurz hinter einer Gruppe von Zitterpappeln biegen wir beim Schild "Sentiero Nº 1" links zum hier oasenähnlich überwachsenen Flusslauf ab. Trittsteine führen an das gegenüberliegende Ufer, bei höherem Wasserstand kommt man jedoch nicht umhin, hier die Schuhe auszuziehen. Am anderen Ufer angelangt, hält man sich zunächst hart links (parallel zum Wasser flussaufwärts) und biegt dann nach kaum zehn Metern rechts im 90-Grad-Winkel vom Flusslauf weg ab. Der Pfad ist anfangs von Baumzweigen geradezu tunnelartig überwuchert, öffnet sich jedoch bald und steigt an. In Serpentinen geht es nun aufwärts, rechts vorbei an einem verlassenen Gehöft und dort weiter bergan durch einen Hain aus Mandel- und Johannisbrotbäumen. Oben angekommen, überklettern wir auf einer Holzleiter den Zaun und treffen auf die von Sortino heranführende Asphaltstraße (2 Std. 15 Min.).

Nach links setzt sich die Straße ein kurzes Stück fort. Am Ende mündet sie in einen schmalen Weg, der zwischen Trockensteinmauern weiter abwärts führt. Vor uns liegt die *Schlucht des Calcinara.* Wie Bienenwaben perforieren die Grabhöhlen der Necropoli Nord-Ovest die steilen Kalkfelswände. Über Felsstufen steigen wir zum Talgrund des Calcinara (2 Std 45 Min.) ab. Das Wasser ergießt sich über kleine Kaskaden in Felsbecken, in denen man auch ein paar Züge schwimmen kann. Ab Ende Mai steht hier der Oleander in voller Blüte. Über Trittsteine erreichen wir das gegenüberliegende Ufer und steigen über Felsstufen wieder auf. Von der Aussichtsplattform oberhalb der Necropoli Nord-Ovest führt der Weg vorbei an einer vergitterten Höhle um den Sporn und trifft auf einen kleinen Parkplatz an der hier endenden Asphaltstraße (3 Std. 10 Min.).

Wir folgen der Asphaltstraße, die zurück nach Ferla führt, bis diese nach ein paar Minuten eine scharfe Rechtskurve beschreibt. Die Gehrichtung beibehaltend, verlassen wir die Straße und nehmen nun den schmalen Pfad, der in Serpentinen absteigt. Von oben treffen wir auf einen querenden Weg (Percorsi Particolari D), der von der ehemaligen Bahntrasse heraufführt. Nach rechts bergauf, stoßen wir auf einen weiteren querenden Weg und folgen diesem zunächst nach links, weiter aufwärts. Nach wenigen Metern geht es an der nächsten Kreuzung rechts. Der Abstecher nach links führt zu der byzantinischen Felsenkirche S. Nicolicchio. Auf dem Hauptweg weiter hinauf steigend, treffen wir unterhalb der großen Kammergräber auf einen querenden Weg, der uns rechts zurück zum *Anaktoron* bringt.

Badesachen nicht vergessen!

Die alte Bahnlinie durch die Anapo-Schlucht

Die Strecke entlang der stillgelegten Kleinbahnlinie Siracusa nach Palazzolo Acrèide und Vizzini, die auf einem Teilstück von Wanderung 4 benutzt wird, gibt auch für sich eine komfortable Wanderung ab, Einstieg entweder am alten

Bahnhof von Fusco Sortino im Osten oder am ebenfalls aufgelassenen Bahnhof von Cassaró. Erkundigen Sie sich aber sicherheitshalber vorab in den Touristeninformationen von Siracusa, ob die Strecke nicht z.b. wegen eines Erdrutsches gesperrt ist, wie es vor Jahren schon einmal geschah. Die etwa 20 Kilometer lange Route verläuft entlang des sehr fruchtbaren Flusstals, durch viele Tunnels und vorbei an der ehemaligen Bahnstation Pantálica (siehe oben unter Wanderung 4). Nicht umsonst wurde das Flusstal, zusammen mit Pantálica, unter Naturschutz gestellt, ist hier doch eine Fülle seltener Pflanzen- und Tierarten anzutreffen, darunter Eisvogel, Marder, Stachelschwein, Wildkatze, der rare Feldeggsfalke und der Siebenschläfer, der hier seinen südlichsten Lebensraum in Europa hat. Baden im Anapo sollte man sich allerdings besser verkneifen, denn der Fluss besitzt, auch wenn man es ihm nicht ansieht, nicht gerade Trinkwasserqualität; ein ungetrübtes Badevergnügen bietet der Seitenfluss Calcinara, siehe ebenfalls oben unter Wanderung 4.

• *Details* Die Schlucht ist für Privatfahrzeuge aller Art gesperrt, Übernachten streng verboten. Auch Fahrräder dürfen nicht bzw. nur nach vorheriger Anmeldung (mindestens zwei Tage vorab) bei den Forestali hinein. Den früheren Kleinbus-Pendeldienst durch die Schlucht gab es zuletzt nicht mehr; angedacht war dagegen das Projekt einer Art Straßenbahn auf Gummirädern, doch dürfte es bis zur Realisierung noch eine Zeitlang dauern. Unbedingt mitnehmen sollte man eine **Taschenlampe** (viele dunkle Tunnels), außerdem Marschverpflegung und Wasservorrat, denn unterwegs gibt es keine Versorgungsmöglichkeiten.

Eingang bei **Ferla**: von Solarino kommend etwa 5 km vor dem Ort, Busreisende lassen sich im Flusstal an der "Strada della Valle dell'Anapo" absetzen. Eingang bei **Sortino**: von Solarino kommend beim "Bivio Fusco", eine Kreuzung ca. 7 km vor dem Ort, dann noch ca. 1 km. Achtung, nicht alle Busse von Siracusa nach Sortino fahren über diese Kreuzung – vorher klären! Auskünfte aller Art, jedoch meist nur in Italienisch, bei den Forestali an den Eingängen; die Jungs bewachen die Schlucht Tag und Nacht und freuen sich bei diesem öden Job über jede Abwechslung.

Palazzolo Acrèide

Ein schläfriges kleines Bergstädtchen abseits der Touristenströme, im alten Kern viel Barock. Gleich am Ortsrand liegen die Ruinen einer syrakusischen Kolonie, im Zentrum wartet ein liebevoll gestaltetes Museum sizilianischen Landlebens.

Palazzolo Acrèide liegt etwa 45 Kilometer westlich von Siracusa. Der Besuch lässt sich für Autofahrer gut mit einem Abstecher nach Pantálica verbinden. Die auf einem Hügel knapp 700 Meter hoch gelegene Stadt ist griechischen Ursprungs und wurde im 7. Jh. v. Chr. unter dem Namen *Akrai* von Syrakus gegründet. Als der Stern der Griechen sank, entstand unterhalb der antiken Stadt eine neue Siedlung. Sie wurde beim Erdbeben von 1693 in großen Teilen zerstört und nachfolgend planmäßig wieder aufgebaut – nicht so prächtig wie andere Städte im Südosten, aber ebenso einheitlich in barockem Stil und deshalb in die Unesco-Liste des Weltkulturerbes mit aufgenommen. 1925 wurde in Palazzolo der Journalist und Schriftsteller Giuseppe Fava geboren, unter anderem Autor von Romanen und Theaterstücken, die sich mit dem Thema "Mafia" auseinandersetzen. Seine Kritik bezahlte Fava mit dem Tod: Am 5. Januar 1984 wurde er vor einem Theater, in dem sein Anti-Mafia-Werk "Die letzte Gewalttat" aufgeführt wurde, erschossen.

Der Südosten

Mittelpunkt von Palazzolo ist die *Piazza del Pòpolo*, Treffpunkt der alten Männer, die manchmal die einzigen Bewohner von Palazzolo zu sein scheinen. Direkt an der Piazza steht die etwas bemooste Barockkirche *San Sebastiano* (1609), eines der vielen Gotteshäuser der Stadt, von denen einige das Erdbeben überraschend gut überstanden haben. Von der Piazza führt die Fußgängerzone *Corso Vittorio Emanuele* zur Kirche *Immacolata*; von hier gelangt man über eine ansteigende Straße nach Akrai. In der Stadt selbst unbedingt sehenswert ist das *Museo di Antonino Ucello*, eine hochinteressante Dokumentation bäuerlichen Alltagslebens.

● *Information* **Pro Loco**, im Gemeindehaus Municipio an der Piazza del Pòpolo, Eingang am Corso Vittorio Emanuele; ✆ 0931 875895. Geöffnet Mo–Sa 9–13 Uhr, im Sommer auch an Nachmittagen von Dienstag bis Donnerstag sowie am Sonntagvormittag.

● *Verbindungen* **Bus**: Haltestelle an der Piazza Marconi, von der Piazza del Pòpolo in östlicher Richtung über die Via San Sebastiano. AST-Busse nach Siracusa 17-mal, nach Ferla 3-mal, Catania 5-mal und Piazza Armerina 1-mal täglich

● *Postleitzahl* 96010

● *Übernachten* ***** Hotel Senatore**, modernes Mittelklassehotel in einem neueren Ortsbereich, von der Durchgangsstraße her gut ausgeschildert. Freundliche Leitung. Im Sommer oft belegt, Reservierung ratsam. DZ etwa 65–85 €; Largo Senatore Italia, ✆ 0931 883443, 📠 0931 883444.

** Hotel Villa Claudia, ein Tipp in ländlicher Einsamkeit etwas außerhalb. Reizvolle Villa des 19. Jh., erst 1999 zur Herberge umgebaut. Nur acht hübsche Zimmer, zum Teil mit Terrasse und schöner Aussicht; die Besitzerin Claudia spricht gut Deutsch. DZ etwa 65–80 €. Contrada da Bibbinello, etwas abseits der Straße Richtung Solarino/Floridia. Bislang kein Schild, etwa einen Kilometer hinter der Abzweigung zum Restaurant Villa Bianca (siehe unten) links in den Feldweg, der rote Bau ist von der Straße gut zu erkennen. ✆/📠 0931 464187.

* Hotel Santoro, zentral nahe der Piazza del Pòpolo. Älteres Haus, Dachterrasse, Zimmer schlicht und etwas altmodisch möbliert, aber sauber, geräumig und mit TV und AC ausgestattet; eines ist behindertengerecht eingerichtet. Netter Besitzer. DZ etwa 60–70 € (vielleicht etwas viel fürs Gebotene), auch Drei- und Vierbettzimmer. Via San Sebastiano 21, im Zeitungsgeschäft nebenan melden, ✆ 0931 883855.

● *Camping* **** Villaggio Turistico La Torre**, auf einem Hügel etwa 1,5 km außerhalb der Stadt, unterhalb an Akrai vorbei. Einem kleinen Feriendorf angeschlossen, das sich rund um einen Gutshof des 16. Jh. erstreckt; Pool. Bei unserem letzten Besuch in der Nebensaison lag das Gelände allerdings völlig verwaist. Zwei Personen, Auto, Zelt etwa 17 €. Offiziell ganzjährig geöffnet, zur NS unbedingt vorher anrufen: ✆ 0931 882171, 📠 0931 883322.

● *Essen* **Ristorante Portico**, beim Hotel Senatore, also etwas außerhalb des Zentrums. Gute lokale Küche, Menü etwa 30 €. Largo Senatore Italia, Di Ruhetag.

Ristorante Valentino, im Ortskern. Solide Küche, Spezialität sind haus- und handgemachte Nudeln. Menü ab etwa 20 €. Zu suchen in der Via Ronco Pisacane 7.

Rist.-Pizzeria Andrea, kleines und stilvolles Ristorante, dessen Spezialität die "Sapori montani" sind: lokale Produkte der Iblei, besonders Fleisch und Pilze. Nicht teuer. Via Maddalena 24, eine Seitenstraße des Corso. Di Ruhetag.

Ristorante-Pizzeria Casa Bianca, sehr gutes Agriturismo-Restaurant etwas außerhalb. Terrasse und verglaster Speisesaal mit Fernblick, hausgemachte Pasta, leckere Antipasti. Üppige Portionen, nicht teuer, Grundkenntnisse in "Küchenitalienisch" sind nützlich. Auch Direktverkauf von Öl, Wein etc. Contrada da Bibbinello, zu erreichen über die Straße nach Solarino/Floridia, dann beschilderte Abzweigung nach rechts. Leider nur unregelmäßig geöffnet, Reservierung deshalb geboten: ✆ 0931 875602.

● *Feste & Veranstaltungen* **Studentisches Theaterfestival**, Ende Mai. Aufführungen im Teatro Greco, Eintritt frei. Ensembles und Publikum international und bunt gemischt, viel Betrieb und gute Stimmung, auch in der Stadt selbst.

San Paolo, 28./29. Juni, und **San Sebastiano**, 10. August, Feste der örtlichen Schutzheiligen.

Eine Nische für den Schutzpatron: Palazzolo Acrèide

Sehenswertes

Akrai: Die Ruinen der antiken Griechenstadt, beschildert als "Teatro Greco" oder "Zona Archeològica", sind längst nicht so ausgedehnt wie die der Mutterstadt Siracusa; es ist auch noch nicht alles freigelegt. Manchen erfreuen vielleicht die hübsche Hügellage und die Fernsicht sogar mehr als die Ausgrabungen selbst. Militärische Überlegungen steckten hinter der Gründung im 7. Jh. v. Chr., das Hinterland sollte geschützt und potenzielle Aggressoren sollten rechtzeitig erkannt werden.

Auffälligstes Bauwerk in Akrai ist das kleine *Teatro Greco*, das Hieron II. im 3. Jh. v. Chr. erbauen ließ. Etwa 6000 Personen fanden hier Platz, die Sitzreihen sind recht gut erhalten, davor Reste des Bühnenaufbaus. Südwestlich hinter dem Theater das *Bouleuterion*, einst Sitzungsort des hiesigen Senats, in der Nähe Reste der ehemaligen Hauptstraße. Kaum noch als solcher zu erkennen ist der *Tempel der Persephone* hinter dem Bouleuterion.

Vom Eingang kommend links hinter dem Theater trifft man auf die beiden Steinbrüche, in denen das Baumaterial gewonnen wurde, *Intagliata* und *Intagliatella*, in denen auch Grabhöhlen aus frühchristlicher Zeit liegen. Zwar sind sie nicht direkt zugänglich, doch eröffnet ein Fußweg einen gewissen Eindruck; von diesem aus erkennt man auch das berühmte Wandrelief der Intagliatella, das wahrscheinlich aus römischer Zeit stammt: Helden, wie sie speisen und opfern.

Im Südosten, schon außerhalb des Areals, liegen die mit Opfernischen ausgestatteten *Templi Ferali*, die leider ebenfalls häufig gesperrt sind. Gleiches gilt für die *Santoni* etwas unterhalb, die, wenn überhaupt, dann nur in Begleitung eines Führers (vorher am Eingang fragen, Trinkgeld) zu besichtigen sind. Die wohl im 3. Jh. v. Chr. aus dem Felsen geschlagenen "großen Heiligen" waren der *Kybele* geweiht, einer östlichen Fruchtbarkeitsgöttin ähnlich der griechischen Demeter oder der römischen Ceres.

Lage und Öffnungszeiten am südwestlichen Ortsrand von Palazzolo, beschildert, Öffnungszeiten tägl. 9 Uhr bis zwei Stunden vor Sonnenuntergang, gelegentlich auch mal von 13–15 Uhr geschlossen. Eintritt 2 €.

Casa Museo di Antonino Uccello: Ein Panoptikum bäuerlicher Lebensbedingungen auf Sizilien, unbedingt lohnend für den, der hinter die Kulissen sehen will. Der vor wenigen Jahren verstorbene Schriftsteller *Antonino Uccello* befasste sich in seinen Werken mit dem Alltag der Landbevölkerung. Weit abgelegen, nur über schlechte Wege mit der nächsten, oft mehr als ein Dutzend Kilometer entfernten Ortschaft verbunden, musste jeder Hof fast völlig autark sein. Die dazu nötigen Gerätschaften, aber auch die Kleinkunst, die das raue Dasein verschönerte, sind heute im Aussterben begriffen – Uccello, der das früh erkannte, hat in jahrzehntelanger Sammlerarbeit alles zusammengetragen, was ihm in aufgegebenen oder modernisierten Höfen in die Hände fiel.

Das Museum ist in passendem Rahmen untergebracht: Es handelt sich um das ehemalige Anwesen eines Großgrundbesitzers aus der Zeit vor dem verheerenden Erdbeben; an den Spitzbögen über den Fenstern ist noch der normannisch-arabische Baustil erkennbar. Im Erdgeschoss waren die Stallungen, Lagerräume und die Wohnung des Vorarbeiters, im ersten Stock residierte der Padrone selbst.

Zu sehen sind unter anderem Teile von bemalten Bauernkarren, eine Sammlung von Marionettenfiguren (Ritter, Polizisten, der böse Araber) und landwirtschaftliche Geräte wie Joche oder vorsintflutlich anmutende Eggen. Interessant die Arbeitsweise der Honigpresse: In Weidenkörben wurden die Waben mehrfach ausgepresst, der Honig floss ab, das verbliebene Wachs konnte noch zum Formen von Kerzen und Votivbildern dienen. Überhaupt wurde Religion großgeschrieben: Die ausgestellten volkstümlichen Krippen blieben das ganze Jahr über vor dem hofeigenen Altar stehen, an dem an Sonntagen ein "Wanderpfarrer" die Messe las – die nächste Kirche war oft zu weit weg.

① Täglich 9–13, 15.30–19 Uhr; Eintritt frei. In der Via Machiavelli 19, einer Seitenstraße der Via Carlo Alberto, die an der Piazza del Pòpolo beginnt. Am Eingang gibt es ein deutschsprachiges Flugblatt mit Erläuterungen zu den einzelnen Räumen.

Buscemi

Ein kleines Dorf auf einer Bergkuppe in fast 800 Meter Höhe, und doch etwas ganz Besonderes: In Buscemi ist man auf den Spuren des verschollenen Sizilien vergangener Zeiten.

Wer sich für archaische ländliche Lebensweisen interessiert, sollte einen Abstecher in dieses Dorf nicht versäumen. Buscemi liegt etwas abseits der SS 124, etwa sieben Kilometer nördlich von Palazzolo, und nennt sich nicht umsonst "Paese museo", Museumsdorf. Hier nämlich wurde vor einigen Jah-

Ländliches Lehrstück: alte Weinkellerei "parmientu" in Buscemi

ren ein sogenannter "Itinerario etnoantropologico" – etwa: volkskundlicher Lehrpfad – angelegt, der zu einer Reihe von Kirchen, vor allem aber zu mehreren uralten, heute nicht mehr benutzten Wohnungen und Werkstätten führt. Besucht werden dabei eine Schmiede (putia ro firraru), die in einer künstlichen Höhle untergebracht ist, eine Weinkelterei (parmientu), eine Ölpresse (trappitu), eine Schreinerei (putia ro falignami) und die Werkstätten eines Schusters und eines Tellerflickers (putia ro scarparu e r´appuntapiatti). Das recht komfortable Wohnhaus eines Bauern (casa ro massaru) zeigt deutlich den sozialen Rangunterschied zum Tagelöhner, in dessen Haus (casa ro iurnataro) sich sechs Personen zwölf Quadratmeter teilen mussten. Sehenswert sind auch die Gotteshäuser des nach dem großen Erdbeben von 1693 vollständig neu erbauten Dorfes, vor allem die Chiesa Madre am Ende des Corso Vittorio Emanuele.

• *Information, Anmeldung* **Centro di Documentazione/Ufficio informazioni**, Corso Vittorio Emanuele 25, in der oberen der beiden parallel verlaufenden Hauptstraßen des Ortskerns, ✆ 0931 878528. Geöffnet täglich 9–13 Uhr; hier auch eine Ausstellung, Fotos, Filme etc. Rundgänge auf dem "Itinerario etnoantropologico" nur mit Führer, deutschsprachige Führer vorhanden, p.P. 7 €. Wer sich einer italienisch geführten Tour anschließt, kommt mit 4 € günstiger davon. Gruppen können auch eine alte Wassermühle besichtigen, Näheres bei der Leitung. Kleiner Rundgang im Internet, sogar auf Deutsch: www.museobuscemi.org.

• *Verbindungen* **Busse** der AST ab Palazzolo 6-mal, ab Siracusa 4-mal täglich, auf Rückfahrtzeiten achten.

▶ **Weiterreise**: Wer sich auf der schönen Strecke über Caltagirone zur römischen Villa Casale bei Piazza Armerina schlängeln möchte, findet Informationen über Grammichele und Caltagirone im Kapitel "Inselinneres".

Tiefe Schluchten, steile Berge: die Monti Iblei im Hinterland von Ávola

Südostküste

Die Küstenlinie zwischen Siracusa, Capo Passero und der Industriestadt Gela im Westen zeigt Licht und Schatten. Erfreulich präsentiert sich das Meer: sauberes Wasser und viele Sandstrände, von Felsküste unterbrochen, in Strandnähe gelegentlich Lagunenseen.

Weniger angenehm ist der Großteil der Siedlungen an der Küste, die in der Regel schnell und billig hochgezogen sind, im August fast aus den Nähten platzen, sich außerhalb der Saison jedoch fast unbewohnt zeigen. Busreisende (eine Bahnlinie entlang der Küste existiert nicht, die Strecke nach Pachino ist stillgelegt) stehen zusätzlich vor dem Problem, dass fast alle Verbindungen auf die Städte im Hinterland zugeschnitten sind. Eine Fahrt von einem Küstenort in den nächsten bedeutet meistens einen aufwändigen Umweg über die nächst größere Stadt. Immerhin lässt es sich, erst einmal angekommen, auch im Ortsbereich meist ganz gut baden. Wer motorisiert ist, kann sogar einige noch fast unerschlossene Fleckchen finden.

Im bergigen Hinterland hingegen locken die wohnlichen Barockstädte, die diesen Teil Siziliens zu einem der Glanzlichter der Insel machen. Allesamt sind sie architektonisch sorgfältig geplant und in neuem Prunk auferstanden nach dem Erdbeben von 1693, das den ganzen Landstrich verwüstete. Den absoluten Höhepunkt bildet Noto, Siziliens schönste Barockstadt, die übrigen Städte sind im nächsten Kapitel separat beschrieben.

▶ **Cassibile**: Das lang gezogene Straßendorf an der SS 115 Siracusa-Ávola war 1943 Schauplatz des Waffenstillstands zwischen Italien und den Alliierten. Im

August fungiert der Ort als Schlaf- und Einkaufsbasis für die nahen Küstenstrände bei Fontane Bianche. Besonders abends ist an der langen Piazza dann einiges los. In den restlichen Monaten besteht das Dorfleben hauptsächlich aus alten Männern, die gelangweilt dem Verkehr zusehen. Zwischen hier und dem knapp 14 Kilometer entfernten Ávola verläuft die Staatsstraße etwas abseits der Küste durch viele Zitronenhaine. Stichstraßen ans Meer sind selten.

Ávola

Die erste in der Kette von Barockstädten; ein sympathischer, vom Tourismus kaum berührter Ort und ein bedeutendes landwirtschaftliches Zentrum. Gegen das prunkvolle Noto allerdings fällt es sehr ab.

Ausländische Touristen sind in Ávola recht selten zu sehen, man unternimmt auch keine großen Anstrengungen, sie anzulocken – echte Sehenswürdigkeiten existieren nicht, auch scheint die nahe Konkurrenz zu mächtig. Ávola lebt in erster Linie von der Landwirtschaft, produziert neben Wein und Zitrusfrüchten insbesondere auch Mandeln, die sich im hiesigen Eis und vielen Süßspeisen wiederfinden.

Nach dem Erdbeben von 1693 entstand das neue Ávola einige hundert Meter abseits der Küste. Nur wer sich näher mit der Stadt befasst und eine Weile herumläuft, erkennt den planmäßigen Aufbau. Der Architekt, der Jesuitenpater Angelo Italia, dachte sich das Zentrum als Sechseck, in dem ein großes Kreuz steht: Mittelpunkt der Stadt ist die *Piazza Umberto I.*, umgeben von weiteren vier je 200 Meter entfernten Plätzen. Die Verbindungen stellen die Hauptstraße *Corso Vittorio Emanuele*, etwa in Ost-Westrichtung verlaufend, und der *Corso Garibaldi* her. Optisch keine Freude sind die an die Stadt anschließenden Küstensiedlungen – *Marina di Ávola* im Süden besteht praktisch nur aus einem Hafen und ein paar Fischgeschäften ("Boutique delle Pesche" nennt sich eines ultraschick), *Lido di Ávola* im Nordosten ist eine triste Ansammlung von Neubauten, durchzogen von teils noch unfertigen Straßen.

- *Postleitzahl* 96012
- *Verbindungen* Alles, was von Siracusa aus nach Süden fährt, kommt zwangsläufig in Ávola vorbei. Die Verkehrsanbindung ist daher recht gut.

Zug: Bahnhof am westlichen Ende des Corso Vittorio Emanuele, etwa 1,2 km vom Zentrum. Gute Verbindungen nach Siracusa, Noto und bis Mòdica, weiter Richtung Ragusa und Gela seltener.

Bus: Mehrere Haltestellen, zum Beispiel an der Piazza Trieste, einem der vier "Randplätze" der Altstadt; Tickets in der Bar mitten auf dem Platz. Mit INTERBUS und AST häufige Verbindungen nach Siracusa, zum Teil mit Weiterfahrt nach Catania. In der Gegenrichtung nach Noto und Pachino etwa stündlich, Portopalo di Capo Passero direkt 2-mal täglich. Richtung Mòdica-Ragusa über Noto ebenfalls recht gute Verbindungen.

- *Übernachten* *** Hotel L'Ancora**, an der Uferstraße in Lido di Ávola. Klein und familiär, nur zwölf schlichte Zimmer, alle mit Bad. Das Gebäude selbst hätte allerdings eine Sanierung dringend nötig. Gutes Restaurant. DZ 45 €; im Juli/August HP obligatorisch. Ganzjährig geöffnet; Via Aldo Moro (Lungomare) 81, ✆ 0931 822875.
- *Camping* **** Camping Pantanello**, auch in Lido di Ávola. In einer stockhässlichen unfertigen Neubaugegend, der sehr kleine Platz selbst ist jedoch eine gut abgeschirmte Oase in Grün und der ganze Stolz des Besitzers. Gut gepflegte Sanitäranlagen, Wiesenboden im Hochsommer! Nicht weit zum Ortsstrand, leider keinerlei Versorgungsmöglichkeiten auf dem Platz – aber Ávola ist ja nicht weit. Geöffnet Mai bis Oktober, zwei Personen, Auto, Zelt etwa 18 €. ✆ 0931 823275.

246 Der Südosten – Südostküste

** Camping Sabbiadoro, empfehlenswerter Platz etwa 4 km außerhalb, beschildert an der Straße nach Siracusa. Schmale Zufahrt, laut einer Leserzuschrift für Wohnmobile über 7,5 Meter nicht geeignet. Ziemlich großes Gelände, teils Schatten durch Olivenbäume, die Terrassen zum Meer fast ein botanischer Garten; Bar mit kleinem Markt. Restaurant-Pizzeria geplant. Die Sanitäranlagen (Warmduschen gegen Gebühr) sind prinzipiell okay, aber zur HS zu klein und könnten auch sonst eine Auffrischung vertragen, was auch geplant ist; die Genehmigung steht allerdings noch aus. Schöner, unverbauter Sandstrand gleich unterhalb, deshalb für Autofahrer eine optimale Basis an diesem Teil der Küste: Noto 13 km, Siracusa 20 km. Zwei Personen, Auto, Zelt kosten 21 €, für die Leser dieses Handbuchs verspricht der Padrone (außer im August) 10 % Rabatt – und hält es auch. Ganzjährig geöffnet, ✆ 0931 822415.

* Camping Paradiso del Mare, am selben Strand wie Camping Sabbiadoro, zu erreichen jedoch über eine separate Zufahrt ein paar hundert Meter weiter Richtung Siracusa. Vorsicht bei der An- und Abreise, die Kreuzung mit der Hauptstraße ist gefährlich! Familiärer, kleiner und schattiger Platz, Sanitäres in Ordnung, Warmduschen gratis. Der freundliche Besitzer spricht Deutsch. Nur zur Saison geöffnet, zwei Personen, Auto, Zelt 17 €. ✆ 0931 5600025. www.paradisodelmare.com.

• *Essen* Allzuviel ist in der kulinarischen Halbwüste Ávola nicht geboten, wer mobil ist, weicht besser nach Noto aus. Am Lungomare liegen einige Ristoranti und Pizzerie, die hauptsächlich von Einheimischen besucht und außerhalb der Hochsaison und der Wochenenden oft völlig leer sind. Zu empfehlen ist das gute und günstige Restaurant des Hotels L´Ancora.
Taverna del Pescatore, in Marina di Avola bei einer ehemaligen Tonnara. Von einer Fischerfamilie betrieben, Spezialität deshalb natürlich frisches Meeresgetier. Solide Portionen, gute Weinauswahl. Menü ab etwa 25 €. Borgata Marina Nuova, ✆ 0931 562218.

Sehenswertes

So einheitlich gestylt wie manch andere Stadt der Region ist Ávola nicht. Zwar ist um die Plätze noch einiges an Barock erkennbar, in den umgebenden Straßen verfallen die ehrwürdigen Fassaden aber allmählich, moderne Neubauten schleichen sich zunehmend ins Ortsbild ein. An der *Piazza Umberto I.*, dem Mittelpunkt der Stadt, wartet im Museo Civico eine kleine archäologische Sammlung geduldig auf die Wiedereröffnung: vielleicht morgen, vielleicht auch erst in fünf Jahren, so genau weiß das niemand. Spektakuläres gibt es also nicht zu bewundern, doch immerhin vermittelt ein Spaziergang Eindrücke von einer touristisch unbeeinflussten sizilianischen Kleinstadt. Der Hauptplatz und die Piazza Teatro am Corso Garibaldi sind abendlicher Treffpunkt der älteren männlichen Bevölkerung. Die verschiedenen Grüppchen sind deutlich nach sozialem Status getrennt, die hohen Herren von der Bank halten sich betont abseits des übrigen Volks – einzig bei den Rentnern scheinen die Klassenschranken aufgehoben. Ein Erlebnis für sich ist die etwa zur selben Zeit stattfindende Passegiata der Jugend: Auf dem zum Strand führenden *Viale Lido* verläuft das abendliche Ritual nicht etwa zu Fuß, sondern per Moped und Vespa – die schnurgerade, kilometerlange Allee verwandelt sich dann in ein tosendes und stinkendes Verkehrsinferno sondergleichen.

▸ **Baden**: Im Ortsbereich keine reine Freude, für einen schnellen Sprung ins Wasser aber ausreichend. In Lido di Ávola entlang des Lungomare lange, recht schmale Sandstrände, im Hintergrund Neubauten. Schöner, wenn auch nicht immer ganz leicht zu finden, über Stichstraßen nördlich der Stadt, zum Beispiel beim Camping Paradiso del Mare, Zufahrt siehe dort.

Riserva Naturale di Cava Grande del Cassibile

Im Hinterland von Ávola versteckt sich in einer tief eingeschnittenen Schlucht der Monti Iblei ein äußerst reizvolles Naturschutzgebiet, das zum Glück nur etwas mühevoll zu Fuß zu erreichen ist. Der am Ende einer schmalen, kurvenreichen Straße gelegene Aussichtspunkt Belvedere bietet einen fantastischen Blick hinab in das Tal Cava Grande, auf dessen rund 250 Meter tiefer liegender Sohle der Fluss Cassibile eine Reihe von tiefen, wassergefüllten Becken ausgewaschen hat. An den gegenüberliegenden Hängen sind vorgeschichtliche Grabhöhlen ganz ähnlich denen der Schlucht von Pantálica zu erkennen, in denen wertvolle Keramikbeigaben gefunden wurden. Sie stammen aus der Zeit um etwa 1000 bis 800 v. Chr. und wurden wie die Gräber von Pantálica im frühen Mittelalter von byzantinischen Christen als Höhlenwohnungen genutzt.

Der gut halbstündige, weitgehend schattenlose Abstieg in den vielfältig mit Oleander, Büschen und Bäumen bewachsenen, seit 1984 unter Naturschutz gestellten Talgrund wird reich belohnt: Die kleinen, aber tiefen und miteinander durch Mini-Wasserfälle verbundenen, "laghetti" genannten Seen sind mit ihrem klaren, kalten und sauberen Wasser zum Baden einfach herrlich, im sommertrockenen Sizilien eine wahre Oase. Beim anschließenden Sonnenbad auf den aufgeheizten Felsen lassen sich Libellen, Fische und Frösche beobachten; es gibt aber auch Vipern, also etwas Vorsicht. Den steilen und anstrengenden Wiederaufstieg, für den man inklusive Pausen etwa eine knappe Stunde braucht, sollte man erst beginnen, wenn die Tageshitze etwas nachgelassen hat, die Temperaturen sind sonst mörderisch. Entdeckernaturen können unterwegs noch versuchen, dem Pfad zu folgen, der etwa auf halber Höhe quer zum Hang und zum Hauptweg verläuft und einem verdeckt fließenden Bewässerungskanal folgt, müssen im Anschluss aber wohl wieder auf derselben Route zurück.

• *Anfahrt/Abstieg* Von Ávola oder der Ortsumgehung Siracusa-Noto der Beschilderung Richtung "Ávola Antica" und "Cava Grande" folgen, zum Ort hinaus und auf der engen Serpentinenstraße, die letztlich zur SS 287 nach Palazzolo führt, den Berg hinauf. Nach etwa 10 km rechts zum beschilderten "Belvedere Cava Grande" abbiegen und dort parken, aber besser keine Wertgegenstände im Wagen lassen. Eine öffentliche Verkehrsverbindung besteht nicht. Am Parkplatz gibt es einen Infokiosk, und sofern die empfehlenswerte Bar-Trattoria (✆ 0931 811220) geöffnet ist, kann man sich dort auch mit Mineralwasser versorgen; ein Vorrat ist wichtig. Nötig sind auch gute Schuhe. An Wochenenden und im August besuchen relativ viele Einheimische die Cava Grande, an Wochentagen außerhalb der Saison hat man sie dagegen fast für sich. Die Cava Grande ist Naturschutzgebiet: Camping und das Mitbringen von Hunden sind verboten, keinen Abfall zu hinterlassen ist hoffentlich selbstverständlich. Am Eingang kontrollieren normalerweise Forstwächter die Besucher und erteilen einen Passierschein (deshalb Ausweis oder Führerschein mitnehmen) mit Registriernummer, der bei der Rückkehr wieder abgegeben werden muss. Diese Maßnahme dient in erster Linie der Sicherheit der Besucher und verhindert, dass unten jemand "verlorengeht".

Noto

Völlig zu Recht als "schönste Barockstadt Siziliens" bezeichnet und oft mit einem Bühnenbild verglichen. Überreich an Palästen und Kirchen, in seiner Pracht fast schon ein bisschen arrogant, staffelt sich Noto einen Ausläufer der Monti Iblei hoch – der weite Blick reicht bis zum Meer.

Das alte, zehn Kilometer landeinwärts liegende Noto fiel 1693 dem berüchtigten Erdbeben zum Opfer. Als reiche und blühende Stadt konnte es sich nach der Katastrophe einen ordentlichen Wiederaufbau leisten. Adel und Kirchenherren taten einen tiefen Griff in ihre wohlgefüllten Säckel, ließen einiges springen und orderten nur das Beste vom Besten. Auf die Chance, eine Stadt planmäßig aus dem Nichts zu schaffen, hatten die berühmtesten Architekten der Insel schon gewartet: Aus dem honigfarbenen Kalkstein der Gegend errichteten *Gagliardi*, *Sinatra* und *Labisi* eine Kulisse, die dem genießerischen und theatralischen Lebensgefühl des Barock angemessen war. In genialer Zusammenarbeit spielten sie mit raffinierten Details und ausgefeilten Blickwinkeln. Auch heute noch scheint Noto auf repräsentative Kutschen, reiche Grafen und schöne Lebedamen zu warten – doch die Aufführung ist vorbei und wird nicht wiederholt. Die Stadt wirkt ein wenig museal, Überalterung und Abwanderung der Einwohner haben der grandiosen Szenerie viele ihrer Darsteller geraubt.

Leider verschwindet immer mal wieder die eine und andere Fassade des Zentrums hinter Baugerüsten oder muss wegen Einsturzgefahr abgestützt werden. Der weiche Kalkstein, so leicht er sich bearbeiten ließ, hat den bei der Stadtgründung kaum vorhersehbaren Nachteil, nicht gerade abgasfest zu sein: Noto bröckelt. Am 13. März 1996 stürzte nach langen Regenfällen gar die Kuppel der Kathedrale ein; der Wiederaufbau, eine teure Angelegenheit, soll bis 2005 beendet sein. Doch trotz aller Misslichkeiten – entgehen lassen sollte man sich diese elegante Barockstadt nicht. Auch restaurierungsbedürftig bleibt der "Garten aus Stein" (Giardino di Pietra, so der Kunsthistoriker Cesare Brandi) beeindruckend genug. Zudem wurden in den letzten Jahren bereits viele Renovierungsprojekte in Angriff genommen und teilweise sogar schon abgeschlossen. Zu verdanken ist dies auch dem Prestige und den Finanzhilfen, die die Anerkennung als Weltkulturerbe durch die Unesco 2002 mit sich brachte.

Bei aller Raffinesse in der Ausführung ist der Grundriss des Zentrums recht simpel angelegt. Durch steile Gassen verbunden, ziehen sich drei parallel verlaufende Straßen quer den Hang entlang. Die mittlere von ihnen, *Corso Vittorio Emanuele*, stellt die Hauptstraße dar, an der sich die bedeutendsten Bauten und schönsten Plätze der Stadt reihen.

Information/Verbindungen/Veranstaltungen

• *Information/Reiseagentur* **A.P.T.**, Piazza XVI Maggio, im westlichen Teil des Corso, ✆ 0931 573779 und 0931 836744. Etwas versteckt hinter dem Brunnen unterhalb der Kirche San Domenico. Hier z.B. Stadtpläne, Öffnungszeiten und Infos über den neuesten Stand der Restaurierungsarbeiten und zu den zahlreichen Bed&Breakfasts von Noto. ☉ Mo–Fr 8.30–14, 15.30–18.30 Uhr, zur Saison auch Sa 8.30–14 Uhr und So 9.30–12.30 Uhr.

Allakatalla, eine junge, von mehreren Lesern empfohlene Kooperative, veranstaltet naturkundliche, historische und archäologische Führungen, Schiffsausflüge etc., vermietet auch Fahrräder und Scooter. Corso Vittorio Emanuele 47, ✆/✉ 0931 835005, www.allakatalla.it

• *Postleitzahl* 96017

• *Verbindungen* **Zug**, Bahnhof am Ende der Via Principe di Piemonte, von dort zum Zentrum gut 1,5 km bergauf. Anschlüsse Richtung Ávola-Siracusa und Mòdica je 8-mal, weiter nach Ragusa 3-mal täglich.
Bus, Abfahrt an der Südseite der Giardini Pubblici, gleich am östlichen Rand der Altstadt; Fahrpläne am dortigen Café Efirmedio. INTERBUS-Busse u. a. nach Ávola-Siracusa sowie nach Pachino etwa stündlich, Portopalo di Capo Passero direkt 2-mal, Catania 5-mal täglich. Mit AST recht gute Anschlüsse u. a. nach Mòdica und Ragusa sowie nach Catania. CARUSO-Stadtbusse ohne Nummern nach Lido di Noto, im Sommer recht häufig.

• *Post* Via Zanardelli, in einer Seitenstraße des östlichen Corso, geöffnet Mo–Fr 8.30–17 Uhr, Sa 8.30–13 Uhr.

• *Internet-Zugang* Internet-Point Arche, Via Ascenzo Mauceri 1, Nähe Convento Santissimo Salvatore; ✆ 0931 574790, Der einzige in Noto, deshalb etwas teuer.
www.archeservices.com.

• *Veranstaltungen* **Saluta alla primavera**, am 3. Wochenende im Mai. Samstagnacht werden die Straßen zur "Begrüßung des Frühlings" mit Blumenmustern ausgelegt, bis Sonntagnacht Musik, Tanz und Theater. Gleichzeitig findet **Il Corteo Barocco** statt,

Barockmonstren in Noto

für den sich etwa 200 Einwohner in Barockgewänder werfen und so das Noto vergangener Zeiten wieder auferstehen lassen.
I Cili di San Corrado, Kerzenprozession mit der Urne des Stadtheiligen und großen Standarten der Bruderschaften, Feuerwerk. Viermal jährlich: Am 19. Februar, dem Sonntag der Woche danach, dem letzten Sonntag im August sowie dem ersten Sonntag im September.

Übernachten (siehe *Karte Seite 251*)

• *In Noto-Stadt* Noch vor wenigen Jahren gab es kaum eine Handvoll Unterkünfte in Noto. Die Ernennung zum Weltkulturerbe hat jedoch einen wahren Gründungsboom ausgelöst, insbesondere auf dem Gebiet der Privatvermieter: An fast jeder Ecke trifft man nun auf ein "Bed&Breakfast"-Schild. Zentrale Quartiere haben das Problem, dass Parkplätze nur schwer zu finden sind.

*** Hotel della Ferla (18), nüchtern-funktionales, aber durchaus komfortables Quartier in einem Wohngebiet nahe beim Bahnhof, erst 2003 eröffnet. Geräumige Zimmer, solide Ausstattung mit Klimaanlage und Kühlschrank, gute Betten. Garage vorhanden, Parkplatz geplant; Dachterrasse. 15 Zimmer, DZ/F nach Saison 70–110 €. Via A. Gramsci 5, ✆ 0931 576007, ✉ 0931 836360, www.hotelferla.it.

** Hotel Fontanella (3), am nördlichen Rand der Altstadt. Ebenfalls erst 2003 eröffnetes Quartier mit 13 hübschen Zimmern und guter Ausstattung samt Klimaanlage etc. Die nahe Straße ist laut, weshalb die nach hinten liegenden Zimmer vorzuziehen sind. DZ/F 60–80 €, für die beiden schönen, ganz hinten gelegenen Mansardenstudios mit eigener Terrasse 10 € Aufpreis. Via Rosolino Pilo 3, ✆/✉ 0931 894724, www.albergolafontanella.it.

"Al Canisello" (13), Privatvermieter etwas abseits des Zentrums. Mehrere hübsche Zimmer bzw. kleine Apartments mit Bad in den Seitenflügeln eines restaurierten alten

Bauernhofs, romantischer Garten mit Sitzmöglichkeit. Privater Parkplatz. Geschäftstüchtiger Vermieter, die Preise varriieren nach Größe, DZ/Bad etwa 70–80 €; auch günstigere Übernachtung in den im Garten aufgestellten Holzhütten. Nicht ganz leicht zu finden: Richtung Noto Antica, dann bald wieder rechts in eine Wohnstraße, dort linker Hand, man kann sich aber vom Bahnhof oder der Busstation abholen lassen. ✆ 0931 835793, ℡ 0931 837700, www.villacanisello.it.

Rooms Ambra (9), auch in diesem Gebiet, etwa zehn Minuten Fußweg von der Altstadt. Neun Zimmer in einem großen Wohnhaus, unterschiedlich eingerichtet und dekoriert, allesamt jedoch gut möbliert, geräumig und mit Klimaanlage, Bäder modern. Dachterrasse mit Altstadtblick, familiäre Atmosphäre, Parken hinter dem Haus. Mehrere Leser waren sehr zufrieden. Besitzer Salvatore Pricone, "ein charmantes Schlitzohr" (Leserbrief – ist was dran), gibt gute Infos über Stadt und Region, veranstaltet Ausflüge aufs Land etc. und hat für die Zukunft noch große Pläne, darunter den Bau eines Hotels gleich nebenan und einer Land-Residence außerhalb. DZ/Bad mit gutem Frühstück 65–75 €. Via Francesco Giantommaso 14, nördlich von Al Canisello, ✆/℡ 0931 835554, www.roomsambra.com.

Rooms L´Arca (8), mitten in der Altstadt, nur ein paar Schritte vom Corso. Recht ruhige Lage in einem Hinterhof; die Zimmer fallen unterschiedlich aus, sind aber durch die Bank ordentlich, die Bäder modern. Nur vier Zimmer, oft belegt. DZ/Bad/F etwa 65 €. Via Rocco Pirri 14, ✆ 0931 894202, ✆/℡ 0931 573360.

Bed & Breakfast Neathon Rooms (11), gehobener Privatvermieter in einer kleinen Gasse am westlichen Altstadtrand. Komfortable, hübsch möblierte Zimmer mit Klimaanlage, TV und Kühlschrank; Garage, Dachterrasse. DZ/Bad/F etwa 70–80 €. Vico Pioppo, ein Gässchen bei der Via G. Vico. ✆/℡ 0931 835790, www.neathonrooms.com.

Bed & Breakfast Centro Stòrico (12), ebenda, nämlich nur ein paar Schritte von der Infostelle. Ein Lesertipp von Markus Stöger: "Sauber, ruhig im Hof und recht neu hergerichtet. Bei Antonietta und Giovanni Libra haben wir uns sehr wohl gefühlt." DZ/Bad etwa 50–60 €. Corso Vittorio Emanuele 64, ✆ 0931 573967, www.centro-storico.com.

JH Ostello per la Gioventù Il Castello (5), im Jahr 2000 eröffnete Jugendherberge (IYHF) in der Altstadt. Internet-Zugang. 68 Betten in sechs Schlafsälen, Ü/F p.P. 14,50 €. Kein Zugang von 10–16 Uhr. Geöffnet Mitte Februar bis Ende Oktober. Via Fratelli Bandiera 1, ✆ 0931 571534.

• *Außerhalb der Stadt* **Villa Teresa (1)**, etwa sechs Kilometer vom Zentrum an der Straße nach Palazzolo. Hübsche Villa mit großem Garten samt Pool, freundliche ältere Besitzer, die etwas Französisch und Englisch sprechen. Von mehreren Lesern sehr gelobt. Fünf DZ, davon drei mit eigenem Bad im Untergeschoss und zwei mit Bad auf dem Flur im Obergeschoss. DZ/F etwa 65–80 €. Achtung bei der Anfahrt, die Abzweigung von der Hauptstraße liegt in einer engen Rechtskurve und ist erst spät zu erkennen; besser, linker Hand auf das große Hinweisschild zur nahen Pizzeria Falco (gut!) zu achten. Contrada da Baronazzo (San Corrado di Fuori), ✆/℡ 0931 813065, www.notobarocca.com/villateresa.

Agriturismo Monte Alveria (2), ein Lesertipp von Ina Lachmann: "Direkt bei den Ruinen von Noto Antica. Ruhige Anlage mit einzelnen Häuschen, die über eine kleine Kochecke verfügen." Großer Speisesaal, Reitmöglichkeit. DZ/F 60 €, HP p.P. knapp 45 €. Via Cavour 146, Contrada da Noto Antica, ✆ 0931 810183, www.agriturismo.com/fattoriamontealveria.

Bed & Breakfast Sierra Vento (16), ein Lesertipp von Dr. Klaus Truöl: "Sieben Kilometer nordwestlich von Noto völlig frei auf dem 394 Meter hohen Serra del Vento gelegen. Vier DZ mit zwei Einzelbädern im separaten ersten Stock des Hauses, sehr neu und sauber, kostenloser Internetzugang. Freundliche junge Wirtsleute Vincenzo und Antonella, er spricht gut Englisch". DZ/F p.P. nach Saison etwa 45–55 €. Contrada da Serra del Vento, S.P. 24, Km 24; die Zufahrt zweigt außerhalb des Zentrums von der SS 115 Richtung Ragusa ab; ✆ 0931 573722, Mobil 339–8409325; www.sierravento.it.

• *In und um Noto Marina* In der Strandsiedlung findet sich gleich eine ganze Reihe von Hotels an der Uferstraße.

** **Hotel Villa Mediterranea (17)**, kleineres Hotel und ein echter Tipp in der Strandsiedlung. Hübsche Villa landeinwärts der Uferstraße, strandnah und doch ruhig. Komfortable, angenehme Zimmer mit Klimaanlage, üppiger Garten, kleiner Pool, Parkplatz. Von Lesern als "ideal für Kinder" empfohlen, Tunnel zum Strand. Der Hausverwalter spricht Deutsch. Geöffnet etwa März bis Mitte November, DZ/F etwa 65–105 €. Viale Lido, ✆/℡ 0931 812330, www.villamediterranea.it.

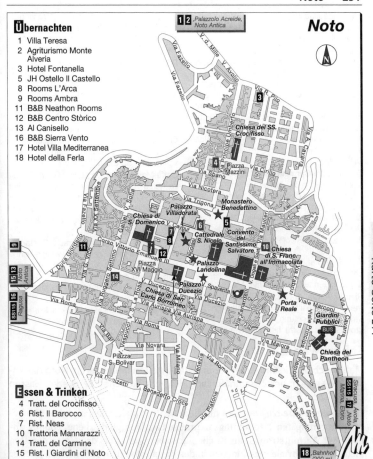

Essen/Einkaufen

Erstaunlich gute und günstige Möglichkeiten.

• *Restaurants* **Ristorante Neas (7)**, in einem alten Palazzo, gilt mit seinem edlen Ambiente und den recht hohen Preisen als das exklusivste der Stadt. Spezialität sind Fischgerichte, gute Beratung für Unentschlossene. Menü ab etwa 30 € aufwärts. Via Rocco Pirri 34, ✆ 0931 573538. Kein Ruhetag.

Ristorante Il Barocco (6), mit Innenhof und altem Gewölbe ebenfalls eines der gehobeneren Lokale – hierher gehen die Einheimischen, wenn sie etwas zu feiern haben. Menü ab etwa 20 €. Via Cavour, etwas zurückversetzt, kein Ruhetag.

Trattoria del Crocifisso (4), eine prima Adresse in der Oberstadt. Recht einfache Einrichtung, die an Marktlage und Jahreszeiten orientierte Küche ist jedoch erstaunlich gut und preiswert, was auch viele Einheimische zu schätzen wissen. Die Familie lebte lange in Deutschland, vor allem der

Sohn des Hauses spricht perfekt Deutsch. Menü ab etwa 18–20 €. Via Principe Umberto 48, Mi Ruhetag.

Trattoria Mannarazzi (10), ebenfalls in der Oberstadt, ein hübsches Lokal, das sich auf mehrere rustikal eingerichtete Räume verteilt. Sehr solide Küche, hausgemachte Pasta, täglich wechselndes Angebot. Eine Speisekarte gab es zuletzt (noch?) nicht, der Besitzer zählt auf, was es gibt – Kenntnisse in Küchenitalienisch sind also ratsam. Ähnliches Preisniveau wie oben. Vico Alderucci 2, Eingang auch in der Via Cavour 116. Di Ruhetag.

Trattoria del Carmine (14), traditioneller Familienbetrieb in der Altstadt. Immer gut besucht. Kein Geheimtipp mehr, in vielen Restaurantführern erwähnt, Diplome von der Accademia Cucina Italiana. Das Essen kann sich wirklich schmecken lassen (berühmt die Ravioli mit Ricotta), trotzdem sehr moderate Preise. "Das beste Preis-Leistungs-Verhältnis auf Sizilien", fand Leser Stefan Ehrhardt. Via Ducezio 1a, die unterhalb des Corso liegende Parallelstraße, Mo Ruhetag.

Rist. I Giardini di Noto (15), etwa drei Kilometer außerhalb, an der westlichen der Straßen in Richtung Noto Antica. Recht großes, trotz kürzlichen Besitzerwechsels vor allem im Sommer und an Wochenenden beliebtes Ausflugslokal der Einheimischen, viele Plätze im Freien. Juli bis September durchgehend geöffnet, sonst Mo Ruhetag. Contrada da Fiumara.

• *Cafés/Konditoreien* **Caffè Sicilia**, direkt am Corso. Es wurde bereits im Jahr 1899 gegründet und ist damit das traditionsreichste der Stadt. Hervorragende Kaffee-Granita. Corso Vittorio Emanuele 125.

Caffè La Vecchia Fontana, ebenfalls am Corso, auf Höhe der Piazza Immacolata. An den Tischen im Freien sitzt man hier etwas schöner als im Caffè Sicilia.

Caffè Mandolfiore, von Leser Georg Sütterlin gelobt: "Riesenauswahl hausgemachter Eissorten, Preise vernünftiger als an der 'Touristenmeile', zudem weniger frequentiert." Via Ruggero Settimo, gegenüber der Trattoria Carmine.

Artigianato del Dolce Corrado Costanzo, weithin berühmte Konditorei wenige Schritte unterhalb des Corso. Hervorragende Süßspeisen aus Mandeln (dolci di mandorla), absolut erstklassiges Eis. Via Silvio Spaventa 7–9.

Kennedy, Via Principe Umberto 100, in der Oberstadt. Fantastische Cannoli.

Sehenswertes

Mehr noch als die einzelnen Sehenswürdigkeiten begeistert in Noto das Ensemble an sich, der Zusammenklang der verschiedenen Bauwerke, Gassen und Plätze.

Ein planloser Streifzug mit Zeit für die vielen verspielten Details lohnt sich besonders am späten Nachmittag, wenn die Fassaden goldfarbene Tönung annehmen. Wermutstropfen für Kirchenliebhaber: Außer bei den Gottesdiensten bleiben viele Portale verschlossen, in der Regel muss man sich deshalb mit der Außenansicht begnügen.

Giardini Pubblici: Die Gartenanlage, schon etwas östlich des Zentrums, wird am Abend zu einem der Treffpunkte der Einwohner. Kioske offerieren Erfrischungsgetränke und Imbisse; an Sommerwochenenden finden oft kleinere Feste oder Jahrmärkte statt. Von hier gelangt man westwärts zum Stadttor *Porta Reale*, dem Eingang zur Altstadt. Gekrönt wird es von den drei Symbolen der Stadt: Turm, Schwan und Hund.

Corso Vittorio Emanuele: Die schnurgerade verlaufende Lebensader der Stadt, zwischen Porta Reale im Osten und der Piazza Bixio im Westen. Bereits kurz nach dem Stadttor liegt an der hübschen Piazza Immacolata die *Chiesa San Francesco dell' Immacolata* aus dem 18. Jh., mit ihrer schönen Freitreppe. Daneben erhebt sich der *Convento del Santissimo Salvatore*, gegenüber die Kirche

Spleenige Balkonkonsolen am Palazzo Villadorata

Santa Chiara, erbaut um 1730 nach Plänen des Architekten Gagliardi. Der Eingang an der Straßenecke führt zum *Museo Civico* (Di–So 9.30–12.30, 16–18 Uhr; 1 €) mit archäologischen Funden aus Noto Antica, das nach langen Jahren der Restauration jetzt wieder wenigstens teilweise zugänglich ist. Wenige Schritte weiter öffnet sich der Hauptplatz der Stadt.

Piazza Municipio: Das absolute Highlight der Stadt, eine wahre Orgie in Barock. Links steht der arkadengeschmückte *Palazzo Ducezio*, der heute das Rathaus Municipio beherbergt, nach dem der Platz benannt ist; das zweite Stockwerk des Gebäudes wurde erst im 20. Jh. aufgesetzt. Im Inneren zu besichtigen ist die Sala degli Specchi (tgl 9.-13, 15–19 Uhr; 1 €), der prunkvolle "Saal der Spiegel", in dem die standesamtlichen Trauungen stattfinden. Seinen Namen trägt der ovale Raum nach den beiden großen Spiegeln, die einander gegenüber angebracht sind und in denen man sich deshalb (theoretisch) bis in die Unendlichkeit spiegeln kann. Lohnend auch ein Blick auf die Deckenreliefs, die in Wahrheit gar keine sind, hat der Künstler doch die Dreidimensionalität nur per Gemälde vorgegaukelt.

Cattedrale San Nicolo: Notos einstiges und auch künftiges Prunkstück erhebt sich gegenüber des Palazzo Ducezio. Die breite, von zwei Türmen flankierte Fassade wird in der Mitte zweistöckig von Säulen geziert; Kunstexperten fühlten sich an die Kirche Notre Dame von Versailles erinnert. Fast 80 Jahre wurde an dem Dom gebaut, der noch im Jahr des Erdbebens begonnen wurde, sein Architekt ist unbekannt. 1771 setzte man noch die weite Freitreppe davor, der theatralischen Wirkung wegen – beim sonntäglichen Kirchgang war dem Adel der Bühneneffekt sicher. Das mächtige Bronzeportal zieren Szenen aus dem Leben von San Corrado, im Inneren wird der Silbersarg mit den Reliquien des Stadtheiligen aufbewahrt. Beiderseits der Kathedrale stehen der bischöfliche *Palazzo Vescovile* (rechts) und der *Palazzo Landolina* (links).

Chiesa di San Carlo Borromeo: Die 1730 erbaute Barockkirche, wegen ihrer Lage von den Einheimischen "San Carlo al Corso" genannt, ist eines der wenigen Gotteshäuser Notos, das regelmäßig geöffnet ist. Ein Blick hinein auf die üppige Innenausstattung lohnt sich. Wer möchte, kann gegen Gebühr die enge Treppe im Inneren des Campanile besteigen und von oben einen Blick über die Dächer von Noto werfen; allzu berauschend ist die Aussicht freilich nicht, da dem Turm dazu die nötige Höhe fehlt.

Oberstadt: Neben dem Palazzo Landolina führt die Via Nicolaci vom Corso bergauf. Der linker Hand gelegene Palazzo Villadorata (auch: Nicolaci) hat die verrückteste Balkondekoration der Stadt – Fratzengesichter, Fabelwesen und Ungeheuer stützen die Plattformen. Weiter aufwärts gelangt man in die nächste Etage des Stadtbilds, die Via Cavour. Auch sie ist reichlich mit Palästen versehen, die ganz großen Effekte bleiben hier aber aus. Noch weiter aufwärts kommt man, vorbei am Monastero Benedettino, zur Piazza Mazzini. In der dortigen *Chiesa del Santissimo Crocifisso* ist die Marmorstatue *Madonna della Neve* (1471) von Francesco Laurana zu sehen, die aus den Trümmern des zerstörten Noto Antica gerettet wurde; auch die beiden großen romanischen Löwen, die früher den Eingang bewachten und jetzt ebenfalls im Inneren der Kirche untergebracht sind, wurden in Noto Antica geborgen.

Piazza XVI. Maggio: Der zweite große Platz am Corso, ein Stück westlich des Doms, wird überragt von der edel geformten *Chiesa San Domenico*, die geradezu als Sinnbild des barocken Noto gilt. Die Fassade wurde erst fünf Jahre nach Fertigstellung der Kirche (1727) angebaut; für den Entwurf zeichnete Architekt *Gagliardi* verantwortlich. Gagliardi war seinerzeit der gefragteste Baumeister Siziliens; von ihm stammen noch mehrere Kirchen in Noto sowie in Mòdica und Ragusa. Das große *Teatro Communale Vittorio Emanuele* im Südwesten des Platzes wurde dagegen erst im Jahr 1870 errichtet; nach unlängst erfolgter Restaurierung wird es jetzt wieder bespielt und ist gegen geringe Gebühr (1 €) auch zu besichtigen. In dem kleinen Garten, der an den Platz anschließt, liegt das Häuschen der Touristeninformation. Direkt davor erhebt sich ein Brunnen mit einer antiken *Herkulesstatue*, der die Piazza ihren Zweitnamen "Piazza d'Ercole" verdankt.

Umgebung von Noto

Noto Antica

Eine landschaftlich schöne Rundtour führt zu den Überresten der beim Erdbeben von 1693 zerstörten Stadt. Anfahrt vom äußersten Norden Notos über die SS 287 Richtung Palazzolo Acrèide. Nach etwa zehn Kilometern zweigt links ein enges Sträßchen zum Wallfahrtskloster Convento di Scala ab. Die angegliederte Kirche ist beliebt für rauschende Hochzeiten, wie sie auf Sizilien besonders häufig im Juni stattfinden. Drei Kilometer weiter ist Noto Antica erreicht. Das Gebiet des Monte Alveria bildet einen uralten Siedlungsplatz, der schon von Sikulern (ihre Grabhöhlen sind noch zu sehen) und Griechen bewohnt war. Durch das Tor des verfallenen Kastells fährt man mitten in die Reste des Orts. Spektakuläre Sehenswürdigkeiten warten hier nicht, dafür kann man die friedliche, etwas melancholische Atmosphäre genießen. Wege und Mauerreste verschwinden fast unter Gestrüpp und kleinen Bäumen, das einzige Geräusch ist Fliegengesumm und das Rascheln der Eidechsen. Etwas abseits, in dem halbverfallenen Kloster *Eremo della Madonna*, ist ein kleines Museum untergebracht, meist ist ein Führer in der Nähe. Folgt man dem ursprünglichen, ganz gut befahrbaren Weg aus der Ruinenstadt hinaus, gelangt man auf schmaler Asphaltstraße durch Schluchten, später durch weite Oliven- und Obstgärten wieder nach Noto.

Südlich von Noto

Die Küstenstraße zwischen Noto und der Südecke Siziliens verläuft etwas abseits des Meeres durch landwirtschaftlich intensiv genutztes Gebiet. Wein, Oliven, Obst und Mandeln gedeihen hier prächtig. Autofahrern bieten sich kleine Abstecher zu Stränden an, die abseits liegen und außerhalb der Saison sehr ruhig sind – auch im Hochsommer hält sich der Rummel in Grenzen. Naturfreunde sollten einen Besuch der (ohne Fahrzeug sinnigerweise schwer zu erreichenden) Riserva Vendicari nicht versäumen, ein Ausflug, der sich bestens mit einem Badeaufenthalt kombinieren lässt.

Gescheiterte Hoffnung: Hotelskelett in Noto Marina

▶ **Noto Marina**: Die übliche Strandsiedlung, kilometerweit am Meer entlang gezogen und reichlich versehen mit Bars, Restaurants und Läden. Mit zahlreichen Hotels bildet Noto Marina eine Alternative zur Unterkunft in Noto-Stadt, Beschreibungen siehe dort. Der Sandstrand ist recht hübsch, das Wasser sauber, und zwischen den gebührenpflichtigen stabilimenti gibt es noch viele freie Strandabschnitte. Im August ist hier natürlich der Bär los.

▶ **Eloro**: An den Ruinen von Syrakus' südlicher "Vorstadt" wird noch eifrig ausgegraben, für Badelustige lohnt sich der Ausflug jedoch in jedem Fall. Das etwa acht Kilometer südöstlich von Noto gelegene Eloro wurde im 7. Jh. v. Chr. gegründet; die spärlichen Ausgrabungen umfassen die Reste des Theaters, der Stadtmauer und eines Demeterheiligtums. Ein Stück nördlich steht eine einzelne Säule aus dem 3. Jh. v. Chr., die "Colonna pizzuta". Weit anziehender als die archäologische Stätte selbst ist die schöne Bucht nebenan, die nur über einen anderen Weg zu erreichen ist – ein Felsabfall verhindert direkten Zugang. Der feinkörnige Sandstrand wird von Felsen umrahmt, und ist, da etwas abgelegen, auch in der Saison nicht so voll wie im nahe gelegenen Lido di Noto.

• *Anfahrt* von der Straße Noto-Lido di Noto rechts Abzweig, beschildert. Ein Stück weiter, bei einem Gehöft (in Sichtweite ein Tunnel und ein Ferienkomplex) erneut rechts. Beschildert ist der Weg u. a. mit "colonna pizzuta". Ein Stück weiter, genau in einer Rechtskurve, führt ein Feldweg geradeaus unter der ehemaligen Bahnlinie hindurch. Diesem folgen, bald zweigt links ein Pfad zu den Ausgrabungen ab. Geradeaus, noch etwa einen Kilometer weiter und vorbei an einigen wenigen Ferienhäusern zur Bucht.

▶ **Villa Romana del Tellaro**: Landeinwärts der Straße Noto-Pachino liegen unweit des rechten Ufers des Flusses Tellaro die Reste einer Villa aus der späten römischen Kaiserzeit des 4. Jh. Im Jahr 1971 auf dem Gelände eines Landguts entdeckt, fanden sich hier schöne, vielfarbige Mosaiken ähnlich denen der (freilich weit größeren) Villa Romana Casale von Piazza Armerina. Die Ausgrabungen dauerten mehr als zwei Jahrzehnte. Danach wurden die hochrangigen Arbeiten, die Freiluftbankette sowie Szenen der Jagd und der Mythologie zeigen, in Siracusa sorgfältig restauriert und sollen demnächst an ihren Fundort zurückkehren. Sobald das Gelände besuchertauglich hergerichtet ist (sogar an eine eigene Ausfahrt der künftigen Autobahn Siracusa-Gela denkt man), wird die Villa für die Öffentlichkeit freigegeben. Möglicherweise ist es bereits mit oder kurz nach Erscheinen dieser Auflage soweit, aktuelle Infos beim Fremdenverkehrsamt Noto.

Riserva Naturale Orientata Vendicari

Von Eloro im Norden bis einige Kilometer vor Marzamemi im Süden erstreckt sich eine eigenartige, vom Menschen nur wenig berührte Küstenlandschaft.

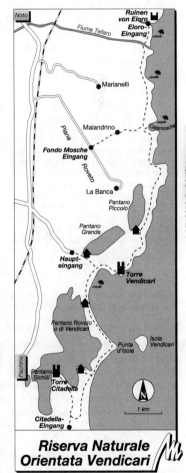

Auf vergleichsweise engem Raum finden sich hier Dünen, Waldgebiete, vor allem aber die "Pantani", mehrere ausgedehnte Lagunenseen, die ein ökologisch sehr wertvolles Feuchtgebiet bilden. Im Sommer häufig fast ausgetrocknet, füllen sich diese Lagunen durch die Regenfälle im Herbst und Winter jährlich neu. Vor allem für die selten gewordenen Wat- und Stelzvögel, aber auch für viele andere Vogelarten stellt die Region eine der letzten Rückzugsmöglichkeiten auf Sizilien dar. Mit etwas Glück lassen sich Flamingos, Reiher, Kraniche, Störche, manchmal sogar Weiße Löffler aus Afrika entdecken; besonders hoch ist die Zahl der Vogelarten zu den Wanderzeiten im Frühjahr und Herbst. An Säugetieren sind Kaninchen, Fuchs und Stachelschwein vertreten, an Reptilien verschiedene Natternarten und Sumpfschildkröten.

Seiner ökologischen Bedeutung wegen wurde Vendicari schon 1974 unter Landschaftsschutz gestellt. Dennoch ist es nur dem unermüdlichen Einsatz verschiedener Umweltorganisationen zu verdanken, dass der Plan, hier eine riesige Touristensiedlung mit über 5000 Betten zu errichten, 1983 aufgegeben wurde und Vendicari 1989 den Status eines Naturreservats erhielt. Erschlossen ist das rund 1450 Hektar große Gebiet durch eine Reihe eigens angelegter Wanderpfade, die aus Schutzgründen selbstverständlich nicht verlassen werden sollten. Empfehlenswert, den Spaziergang in die Morgen- oder Abendstunden zu legen, denn tagsüber wird es im Sommer sehr heiß, Schatten ist Mangelware. Im Gebiet der Torre Vendicari sind auch die Ruinen einer "Tonnara" (Thunfischfabrik) und ein alter spanischer Wachturm zu sehen, weiter südlich im Bereich der Torre Citadella eine verfallene byzantinische Kirche und eine Nekropolis. Diejenigen, die Vögel beobachten wollen, finden einige über das Gelände verstreute Unterstände ("Capanno"; Fernglas nützlich); die besten Besuchszeiten sind dann das Frühjahr und der Herbst.

Die meisten Italiener kommen allerdings wegen der ausgedehnten Sandstrände, die auch tatsächlich schon allein den Besuch wert sind; auf Anschwemmungen meist organischer Natur wie Seegras, Holz etc. sollte man sich aber einstellen, Getränke, Verpflegung und Sonnenschutz mitnehmen.

• *Praktisches* Der **Haupteingang** (Zugang täglich von 8–20 Uhr), etwa in der Mitte des Gebietes, ist über die Straße Noto-Pachino zu erreichen: etwa 11 km südlich von Noto, in der Nähe eines ehemaligen Bahnwärterhäuschens in spitzem Winkel auf einer Steinbrücke die alte Bahnlinie überqueren, noch 2 km schlechte Straße bis zur Sperre, dann 500 m zu Fuß. Irgendwann soll die Straße ausgebaut werden, um auch Bussen die Zufahrt zu ermöglichen. An einem Holzhäuschen bei der Sperre gibt es für wenig Geld eine gute **Karte** mit italienischsprachigen Erläuterungen zu kaufen, die auch für nicht sprachkundige Wanderer nützlich ist. Weitere (Sommer-) Eingänge liegen im Norden bei Eloro (vor dem Ausgrabungsgelände rechts ab, beschildert), ein Stück südlich bei Fondo Mosche und im Süden bei der Torre Cittadella. Bei Fondo Mosche wurde eine Autozufahrt zu einem gebührenpflichtigen Parkplatz unweit der Cala Mosche eingerichtet (✆ 0347 8587319, mobil), auf dem gegen Extrazahlung auch Wohnmobile übernachten dürfen; geöffnet ist er im Sommer ab Juni sowie an Feiertagen im Winter.

Mit öffentlichen Verkehrsmitteln ist das Gebiet leider nur schwer zu erreichen, beste Möglichkeit vielleicht noch: Am Abzweig zum Haupteingang ("Bivio per Vendicari") aus einem der recht häufigen Busse Noto-Pachino raus, zur Weiterreise hinterher dann versuchen, einen solchen anzuhalten – eine Garantie, dass das klappt, gibt es aber nicht. Ausdauernde können eventuell auch versuchen, sich von oder nach Noto Marina durchzuschlagen.

▶ **Pachino**: Eine typische sizilianische Landstadt ohne Tourismus und besondere Highlights, die in erster Linie vom Weinbau und Treibhauskulturen lebt. Ihr Zentrum erstreckt sich um die Piazza Vittorio Emanuele, bietet aber kaum Sehenswürdigkeiten, da über die Jahrhunderte hinweg (und bis in die jüngere Zeit) immer wieder Gebäudeabbrüche und Umbauten stattfanden. Keine Übernachtungsmöglichkeiten, für Busreisende ist Pachino Umsteigestation nach Portopalo di Capo Passero, recht häufige Verbindungen ab der Via Garibaldi.

Marzamemi: Die Küstensiedlung nördlich von Pachino erstreckt sich entlang zweier großer Hafenbuchten, in denen neben Sportschiffen auch zahlreiche Fischerboote schaukeln. Ihr Zentrum bildet eine ehrwürdige alte Tonnara (Thunfischfabrik), wie sie in dieser Gegend häufiger anzutreffen sind. An Wochenenden und zur italienischen Urlaubszeit sind die Restaurants von Marzamemi, von denen viele in urwüchsigen Gemäuern untergebracht sind, gut besucht; außerhalb der Reisesaison geht es hier jedoch sehr ruhig zu. Nach Norden reihen sich kilometerlang die Feriensiedlungen.

Gepflegt: der Strand von Marina di Ragusa

Küste zwischen Portopalo und Gela

Eine flache, oft windgepeitschte Landschaft; viele Gartenbaubetriebe und kleine Steinmäuerchen, die die einzelnen Felder abgrenzen.

Angebaut werden Wein, Tomaten und anderes Gemüse; Bäume fehlen weitgehend. Die Strandsiedlungen sind meist jüngeren Datums und entsprechend lieblos gebaut, an guten Bademöglichkeiten mangelt es dafür nicht. Meist handelt es sich um Sandstrände, unterbrochen von flachen Felspartien. Außerhalb der Ferienzentren ist noch nicht allzuviel los; größere Ortschaften gibt es kaum. In vielen Siedlungen herrscht nur zur italienischen Urlaubszeit Betrieb, während sie in der Nebensaison nahezu verwaist wirken. Eine Ausnahme bildet das hübsche Städtchen Portopalo di Capo Passero.

Treibhauskulturen in Südostsizilien

Jahrhundertelang verhinderten malariaverseuchte Sumpfgebiete, gleichzeitig aber auch eklatanter Wassermangel eine landwirtschaftliche Nutzung weiter Teile des Südostens. Heute reichen plastikbedeckte Treibhäuser in diesem Gebiet von der Küste bis in Höhen von rund zweihundert Metern, produziert die Region einen guten Teil der bei uns angebotenen Sorten an Frühobst und Frühgemüse. Die flächendeckende Treibhauskultur schafft aber einige ökologische Probleme. So sind die intensiv bewirtschafteten Monokulturen stark auf den Einsatz von Dünge- und Schädlingsbekämpfungsmitteln angewiesen; mit der Giftspritze wird denn auch nicht zimperlich umgegangen. Zudem laugt die nötige künstliche Bewässerung der Treibhäuser die Grundwasservorräte aus. Andererseits stützt der Anbau der gut bezahlten Frühsorten die kränkelnde Wirtschaft Siziliens nicht unerheblich ...

Portopalo di Capo Passero

Sympathischer, im Muster eines Schachbretts aufgebauter Ort unweit der äußersten Südspitze Siziliens. Portopalo zeigt sich vom Tourismus durchaus berührt, aber nicht verschlungen.

Man ist hier nicht auf die Urlaubsindustrie angewiesen, hat auch nicht unbedingt die schönsten Strände der Insel, dafür aber andere Möglichkeiten: Südlich liegt in einer weiten Bucht ein sehr großer Fischereihafen, in dem auch dickere Kähne ankern. Die Fischerei besitzt Tradition hier, wie die romantischen Mauern einer Tonnara (Thunfischfabrik) nördlich des Ortes an der Küstenstraße nach Marzamemi zeigen. Portopalo ist kein im Winter verlassenes Ferienghetto wie manch anderer Strandort im Süden, sondern ein gewachsenes und familiäres Städtchen. Die Hauptstraße *Via Vittorio Emanuele* beginnt an einem weitläufigen Platz mit Blick auf die Festungsinsel Isola di Capo Passero. An Sommerabenden wird sie für Fahrzeuge gesperrt, man promeniert oder sitzt vor den Häusern und sieht beim Promenieren zu. Angenehm fällt auf, dass immer noch eine ruhige und gelassene Atmosphäre in Portopalo vorherrscht, auch wenn schon die ersten Boutiquen und Galerien auf Kundschaft warten. Südlich von Portopalo liegt gegenüber der kleinen Isola delle Correnti Siziliens südlichster Punkt, südlicher als das afrikanische Tunis!

Adressen/Verbindungen

- *Verbindungen* Busse mehrmals täglich nach Pachino, dort umsteigen Richtung Ispica (Anschluss nach Ragusa) oder Noto-Siracusa (etwa stündlich). Wochentags zwei Direktbusse nach Noto-Ávola, allerdings sehr früh.
- *Postleitzahl* 96010

Essen/Übernachten

- *Übernachten* **Hotel Vittorio**, Nähe Meer, am Anfang der Hauptstraße. Ein ziemlich lang gestreckter Kasten. Die Zimmer sind ordentlicher Standard, viele verfügen über Meerblick. DZ etwa 55–85 €, im Juli/August wird man meist zu Halbpension verdonnert. Via Vittorio Emanuele, ✆ 0931 842181, ✉ 0931 844426.

  ** **Hotel Jonic**, in der Nähe und in ähnlicher Architektur. Leserin Ulrike Schlosser freute sich über "gepflegte, große Zimmer und den Balkon mit unverbautem Meerblick". DZ 40–65 €, ab Mitte Juli bis Ende August auch nur mit HP. Via V. Emanuele 19, ✆ 0931 842615, www.jonichotel.com.

  * **Hotel Thomas**, in einer Seitengasse des Corso, unweit der beiden obigen Hotels. Sympathischer Name, sympathisches Quartier ... Aber ernsthaft: erst 2000 eröffnet, gute und geräumige Zimmer (eines behindertengerecht ausgestattet) mit TV, Klimaanlage und teilweise mit Balkon; freundliche, hilfsbereite Leitung. DZ etwa 50–60 €, keine Pensionsverpflichtung. Via Europa 11, ✆ 0931 844233, ✉ 0931 844148.

  * **Hotel El Condor**, ebenfalls klein und familiär, wenn auch nicht ganz so komfortabel wie die Konkurrenz in dieser Klasse. Saubere, freundliche Zimmer in hellem Holz, moderne Bäder. Nettes Restaurant angeschlossen. DZ/Bad knapp 45–50 €, ohne Bad etwas günstiger. Via V. Emanuele 38, ✆ 0931 842016.

  * **Villaggio turistico Capo Passero**, Apartmentdorf im Ort, ausgestattet mit Animation, Pool, Tennis, etc., dabei kein Massenbetrieb. "Nicht unsympathisch, aber ganz schön heruntergekommen. In der Vorsaison ein Geisterdörfchen und eigentlich nur den Freunden des Skurrilen zu empfehlen" (Leserbrief von Michael Marti). DZ etwa 45–65 €. Via Tagliamento 22, eine Querstraße der Via V. Emanuele, ✆ 0931 842030. www.capopassero.it.

  * **Pensione Scala**, in einer Seitengasse meerwärts der Via V. Emanuele. Zimmer

Portopalo di Capo Passero

schlicht, aber in Ordnung, seit einigen Jahren mit eigenen Bädern und Klimaanlage aufgewertet; Dachterrasse mit Meerblick. DZ/Bad/F je nach Saison 40–45 €, im August 60 €. Bei Aufenthalt ab drei Tagen gibt es zur NS Rabatt. Gegenüber plant die freundliche Familie ein Zweisternhotel. Via Carducci 6, ✆ 0931 842133, www.pensionescala.com.

• *Camping* *** **Camping Capo Passero**, etwa 1,5 km westlich des Orts, am Meer, beschildert. Ausgedehnter Platz, ziemlich schattig, Bar mit Imbiss, Markt; Sandstrand in der weiten Hafenbucht. Geöffnet etwa Ostern bis Mitte Oktober, zwei Personen, Auto, Zelt 20 €. Es gibt auch Bungalows mit Küche und Bad, in der NS relativ günstige Wochenpauschalen. ✆ 0931 842333.

** **Camping Captain**, 6 km westlich von Portopalo, den Schildern "Isola delle Correnti" folgen, vorbei am Camping Capo Passero. Fast völlig kahler Platz, Schatten durch Mattendächer; reizvolle Atmosphäre der Marke "am Ende der Welt". Solide Bar mit Terrasse, gleichzeitig kleiner Laden für das Nötigste. Sanitäranlagen gut und gepflegt, hübscher Sandstrand mit Blick auf das vorgelagerte Inselchen. Geöffnet Mai–September, zwei Personen, Auto, Zelt kosten etwa 17 €. Einfache Bungalows, sog. "Tukul", 2 Pers. 25 €. ✆ 0931 842595.

• *Essen* Am Corso mehrere einfache Pasticcerie, in denen es oft auch Focacce, Arancine und Pizze gibt. Manche haben einige Stühle auf der Straße.

Ristorante-Pizzeria Al Faro da Corrado, an der Hauptstraße Richtung Hafen. Großer, spärlich dekorierter, hellhöriger Raum; verglaste Vorhalle. Feine Küche, von vielen Restaurantführern gelobt, Schwerpunkt natürlich Fisch, gute Antipasti. Menü um 30 €, auch Pizza. Via Vittorio Emanuele 209; Mi und im Dezember geschlossen.

Ristorante da Mauri 1987, unweit der Pensione Scala. Exzellente fangfrische Fischgerichte, Menü ab etwa 25 €. Via Tagliamento 22, Di Ruhetag.

Rist. Popeye, an der Aussichtspiazza ganz am Anfang der Hauptstraße. Auch hier gibt es prima Fisch, komplettes Menü etwa 20 €. Laut einer Leserzuschrift wird für gerade mal 7 € zudem ein Buffet angeboten, bei dem Meeresgetier ebenfalls nicht zu kurz kommt. Piazza Terrazza dei Due Mari.

Rist.-Pizzeria Fico d'India, am Ortsrand Richtung Capo Passero. Kleine Terrasse nach hinten, günstige Pizza und gute Fischgerichte. Menü ab etwa 18 €. Via Maucini 40.

Pizzeria La Bussola, drei Querstraßen landeinwärts der Hauptstraße auf Höhe der Pensione Scala. Nur innen. Hierher gehen die Einheimischen im Winter, wenn sie Pizza (und nichts sonst) essen wollen. Nicht teuer. Via Carducci 46.

▸ **Baden**: Der Ortsstrand gegenüber der Insel *Isola di Capo Passero* ist eng und schmal. Im Sommer fahren Fischerboote Badelustige gegen Gebühr zur Insel selbst, wo es sich gut schwimmen und tauchen lässt. Das Kastell hier stammt aus der der Spanierzeit des 16. Jh.

Schön sind auch die Strände vor der *Isola delle Correnti*, sechs Kilometer westlich. Auf dem Parkplatz nichts im Auto lassen, Einbruchgefahr! – Im gesamten Bereich von Portopalo sind Anschwemmungen von Seetang nicht selten.

Pozzallo

Das Städtchen, bereits in der Provinz Ragusa gelegen, lebt von Kleinindustrie und seinem Hafen; schon vor Jahrhunderten verschifften die Grafen von Mòdica ihr Getreide von hier. Pozzallos nüchternes Ortsbild wird bestimmt von weitgehend neuen, mehrstöckigen Häusern und breiten Straßen. Auch der Hauptplatz *Piazza della Rimembranza* fällt vielleicht ein wenig groß aus und wirkt tagsüber etwas trist. Bei abendlicher Beleuchtung macht er dagegen einen belebten, schmucken Eindruck, und dann füllen sich auch die nahen Lokale. Ebenfalls etwas Farbe in das Bild bringt der 1429 am Meer erbaute kriegerische Wachtturm *Torre Cabrera*, das Wahrzeichen des Orts. Östlich erstreckt sich ein langer, sandiger Stadtstrand.

262 Der Südosten – Küste zwischen Portopale und Gela

- *Verbindungen* **Bahn**: Die einzige Küstenstation der Linie Siracusa-Gela liegt am nördlichen Stadtrand; nach Siracusa und Mòdica recht häufig, weiter nach Ragusa eher selten. **Bus**: Haltestelle an der Piazza Rimembranza, im Sommer mehrmals täglich nach Marina di Ragusa. Gute Verbindungen ins Hinterland, nach Mòdica, Ragusa und Ispica; Richtung Noto sehr selten.
Schiff: Schnellboote der "Virtu Ferries" nach Malta, Abfahrten ganzjährig je nach Saison 2- bis 5-mal pro Woche, etwa 1,5 Std. Fahrt; Preis hin und zurück nach Saison inkl. Hafensteuern etwa 110–140 €, bei Hin- und Rückfahrt am selben Tag saisonunabhängig knapp 85 €. Auch organisierte Tagesausflüge, p.P. etwa 95 €. Nähere Infos im Büro der Linie, Via Studi 80 (ufernah im westlichen Ortsbereich), ✆ 0932 954062, ℡ 0932 954085. www.virtuferries.com.

- *Übernachten* ** **Hotel Villa Ada**, Nähe Piazza. Etwas altmodische, aber große Zimmer mit TV, geräumige, gut ausgestattete Bäder. Ganzjährig geöffnet, DZ nach Saison 45–80 €, im August HP obligatorisch. Corso Vittorio Veneto 3, ✆/℡ 0932 954022. www.villaada.it.

- *Camping* * **The King's Reef**, 2 km östlich der Stadt, oberhalb der Straße nach Portopalo. Kleiner Platz, mäßig Schatten durch Olivenbäume, einfache Sanitäranlagen; im Sommer Bar/Restaurant/Pizzeria. Zum schmalen Sandstrand über die Straße. Geöffnet Mai–September, manchmal bis in den Oktober; zwei Personen, Auto, Zelt etwa 15 €. ✆ 0932 957611.

▶ **Baden**: Der beste Strand in der Umgebung liegt Richtung Marina di Mòdica, zu erreichen über eine Ausfahrt hinter derjenigen zum Hafen (Porto). Es handelt sich um einen kinderfreundlich flach abfallenden Dünenstrand, der allerdings keinen Schatten bietet.

Marina di Mòdica

Wie das nahe Sampieri eine typische Feriensiedlung: außerhalb der kurzen Saison ein Geisterdorf, im August ein Rummelplatz. Entlang der weiten Bucht verstreute Häuser und Baustellen, ein abschreckendes Beispiel für Landschaftsvernichtung. Der Ortsstrand ist brauchbar, wenn auch recht voll. Ein schöner und weniger frequentierter Strand liegt westlich in Richtung Sampieri (nach den Ruinen eines Fabrikgebäudes Ausschau halten), ein weiterer bei Cava d'Aliga, wiederum einige Kilometer westlich von Sampieri.

- *Übernachten/Camping:* **La Perla di Sicilia**, Lesertipp von Sibylle Janssen: "Erschwingliche, winzig kleine Bungalowanlage, sehr nett geführt, eine Minute vom schönen Sandstrand. Auch die Bar am Strand ist ein Hit: Giuseppe Corallo hat alles. Seine Mutter kocht auf Bestellung, köstlichst." Via del Mare 2, ✆/℡ 0932 902490.

* **Camping Vita Vera**, auf der dem "Zentrum" gegenüberliegenden Seite der Bucht. Das "Wahre Leben" glänzt mit eigener Sanitärbox (nur kaltes Wasser) für jeden Stellplatz. Ansonsten: familiäre Atmosphäre, wenig Schatten, zum Meer 200 Meter, weder Bar noch Geschäft. Nur etwa Juli bis September geöffnet, zwei Personen, Zelt, Auto 18 €. ✆ 338 2207901 (mobil).

Donnalucata

Der Küstenableger der Gemeinde Scicli präsentiert sich ebenfalls als Ferienort, die Atmosphäre ist allerdings einen Hauch "dörflicher", die Gegend weniger zersiedelt. Zwischen hier und Marina di Ragusa verläuft die Straße knapp abseits der Küste, Stichstraßen führen ans Meer.

- *Essen* **Ristorante Vecchio Fienile**, ein Lesertipp von Gudrun Rosenstingl: "Circa vier Kilometer außerhalb von Donnalucata in Richtung Marina di Ragusa, bei einer Discothek. Hervorragendes Essen, nicht billig, aber seinen Preis wert. SP 18, km 4, ✆ 0932 850125." Im Winter Mi Ruhetag.

Nobel: "Stabilimento" in Marina di Ragusa

Marina di Ragusa

Ein ausgedehnter Badeort, die mit Abstand größte Küstensiedlung im weiten Umkreis. Der Ortskern ist dabei durchaus attraktiv. Im August Jubel, Trubel, Heiterkeit und fast nur italienische Gäste.

Wohl auch wegen der guten Verkehrsverbindungen zur Provinzhauptstadt zählt Marina di Ragusa immerhin offiziell etwa 3000 Einwohner. Wenn es im Sommer nur zehnmal soviele Besucher pro Tag sind, spricht man wahrscheinlich von einem schlechten Jahr. Das Zentrum rund um die Piazza *Duca degli Abruzzi* erweist sich als belebt und sogar ganz hübsch, beansprucht allerdings nur einen Teil der Ortsfläche: Von hier erstrecken sich ausgedehnte Feriensiedlungen ins Hinterland und entlang der Uferlinie. Im Osten bildet ein küstennahes Naturreservat eine Barriere für den Bauboom.

Mittelpunkt der Urlaubsfreuden ist der kilometerlange Lungomare, der Richtung Donnalucata verläuft und mit zunehmender Entfernung vom Ortskern immer leerer wird. Für Belustigung ist natürlich reichlich gesorgt, an Restaurants, Nachtclubs und Discotheken herrscht kein Mangel, die Disco "Koala Maxi" wirbt sogar damit, die "größte ganz Süditaliens" zu sein. Selbst ein Wasserpark Parco aquatico (seinerzeit der erste Siziliens) mit Schwimmbecken, allerlei Rutschbahnen etc. ist vorhanden. An Sommerwochenenden ist denn auch die halbe Einwohnerschaft der Städte des Hinterlands in Marina di Ragusa versammelt. Und auch zur Nebensaison wirkt das Städtchen immerhin nicht ganz so gottverlassen wie die anderen umliegenden Siedlungen, wenn auch von echtem Betrieb dann keine Rede sein kann und viele Bars und Restaurants geschlossen sind.

Der Südosten – Küste zwischen Portopale und Gela

- *Verbindungen* Im Sommer etwa stündlich Busverbindung mit Ragusa, außerdem mehrmals täglich nach Pozzallo.
- *Übernachten* ** **Hotel Miramare**, eines der wenigen Hotels im Ort – Tourismus spielt sich hier weitgehend in Ferienwohnungen ab. Freundliches, zentrums- und strandnah gelegenes Haus, im ersten Stock eine große Sonnenterrasse zum Lungomare. Geräumige Zimmer mit Klimaanlage, die Bäder schon etwas älter. Gutes, beliebtes Restaurant. Nur saisonal geöffnet, starke Preisschwankungen: DZ/F 70–100 €. Lungomare Andrea Doria 42, ✆/✉ 0932 615966, www.miramare-rg.com.
- *Camping* *** **Baia del Sole**, in Fußentfernung vom Zentrum am Lungomare, durch ihn vom Strand getrennt. Anhängsel eines Feriendorfes, trotzdem alles da: Bar, Restaurant/Pizzeria, Laden, Swimmingpool, Tennis, Vermietung von Bungalows, eigener Strandabschnitt. Schattig. Die Sanitäranlagen sind allerdings gerade nicht Durchschnitt. Ganzjährig geöffnet mit Ausnahme des Oktobers; zwei Personen, Zelt, Auto bis zu 24 €. ✆ 0932 239844, ✉ 0932 230341.

Weitere Plätze in ruhiger Lage und an schönem Sandstrand bei Punta Bracetto, etwa zwölf Kilometer westlich; siehe unten.

- *Essen* Eine Reihe von Bars, Cafés etc. liegt um den Hauptplatz.

Ristorante Lido Azzurro da Serafino, ein Klassiker des Ortes mit über 50-jähriger Tradition: gegründet 1953! Berühmt für Fischgerichte, Spezialität Zuppa di Pesce. Menü ab etwa 25 € aufwärts. Geöffnet April–September. Lungomare Andrea Doria, gleich gegenüber des Hotels Miramare.

Trattoria Da Carmelo, am Strand Nähe Camping. Holzbau mit Tischen fast direkt am Wasser, Spezialität ist natürlich auch hier Fisch nach Tagesfang. Menü etwa 25 €. Lungomare Andrea Doria, Mo Ruhetag.

Rist.-Pizzeria Imperial, am Lungomare nicht weit vom Hauptplatz. Effizient und vor allem als Pizzeria beliebt, ordentliche Pizze ab etwa 4 €. Lungomare Andrea Doria 18.

- *Veranstaltungen* **Addio all'estate**, an einem Wochenende in der ersten Septemberhälfte. Zum "Verabschieden des Sommers" herrscht noch einmal viel Betrieb, dann leert sich der Ort schlagartig.

Baden: Der Ortsstrand entlang des Lungomare ist zwar feinsandig, aber mit gebührenpflichtigen, zum Teil recht edlen Badeanstalten gespickt und im Juli und August natürlich brechend voll. Östlich, von der Straße Richtung Donnalucata, verlaufen Stichstraßen ans nur 100 Meter entfernte Meer, an dem sich flache Felsküste und hübsche Sandbuchten finden; auch hier herrscht in der Saison ziemlicher Betrieb, im Juni oder September ist es dagegen eher ruhig. In Richtung Westen ist die Gegend völlig zersiedelt, die Straße führt am Meer entlang, dementsprechender Füllungsgrad der Strandbuchten. Erst hinter Punta Secca wird es wieder etwas leerer, Zufahrten ans Meer sind aber rar.

Punta Braccetto

Eine winzige Feriensiedlung zwölf Kilometer westlich von Marina di Ragusa, nicht einmal mehr als Dörfchen zu bezeichnen. Punta Braccetto besteht aus weit verstreuten Häuser, zwischen denen sich Treibhauskulturen erstrecken. Im Sommer bringen die Campingplätze an der schönen Sandbucht reichlich Leben in die Bude, die Bäckerei (Focacce!) und der Lebensmittelmarkt, aus denen das "Zentrum" besteht, haben dann Hochkonjunktur.

- *Camping* Alle aufgeführten Plätze liegen ruhig an einem schönen Sandstrand.

*** **Camping Baia dei Coralli**, ausgedehnter Platz der oberen Kategorie, Bar, Rest./Pizzeria, Supermarkt, Swimmingpool, im Sommer Sportturniere und Feste. Schatten nur mittel, viele Wohnwagen, im hinteren Teil auch Plätze für kleine Zelte. Etwa 200 m vom Meer, ganzjährig geöffnet. Zwei Personen, Auto, Zelt rund 18 €. ✆ 0932 918192.

** **Eurocamping**, direkt daneben, weitaus kleiner und weniger opulent ausgestattet; Schatten durch überwucherte Mattendächer, breite Asphaltstraßen durch den Platz. Geöffnet Juni–September, zwei Personen, Auto, Zelt 18 €. ✆ 0932 918126.

** **Camping Rocca dei Tramonti**, recht großer Platz etwas abseits der übrigen drei. Schatten durch Bäume und Mattendächer. Gute Ausstattung, offen von Juni bis Sep-

tember; Preise wie oben. ✆ 0932 911757.
* **Camping Scarabeo,** klein und mit familiärer Atmosphäre, kaum Wohnwagen und Dauercamper. 2001 renoviert, von Lesern gelobt. Gut schattig, direkt am Strand. Geöffnet Mai/Juni bis September; zwei Personen, Auto, Zelt 16 €. ✆ 0932 918096 und 0932 962648, www.scarabeocamping.it.

Scoglitti

Eine Hafensiedlung, im Sommer jedoch vor allem ein belebter Ferienort, in dem fast so viel Trubel herrscht wie in Marina di Ragusa. Lange Sandstrände im Norden und Süden sorgen für seit Jahren anhaltende Bautätigkeit; etwas außerhalb der Stadt hat sich ein großes Touristendorf etabliert. In kilometerweitem Umkreis ist die Landschaft zersiedelt, ein Ende der Zerstörung nicht abzusehen. Etwa drei Kilometer südlich von Scoglitti liegen die Ausgrabungen der syrakusischen Kolonie Kamarina. Das dortige Museum ist einen Besuch wert.

● *Übernachten* *** **Hotel Al Gabbiano,** im Stil zum Ort passend: neu und modern. Komfortabel, Zimmer mit Aircondition, TV, Frigobar; eigene Strandsektion. DZ/F 75–90 €. Via Messina 100, ✆ 0932/ 980179, ✉ 980505.

** **Hotel Oasi,** ebenfalls ein neuerer Bau, nicht am Meer. Weniger Komfort, aber passable Zimmer, Leser waren durchaus zufrieden. DZ 40–50 €. Via Plebiscito 9 b, ✆ 0932 980457, ✉ 0932 980955.

● *Essen* **Ristorante Sakalleo,** renommiertestes Lokal unter den recht zahlreichen Restaurants des Ortes. Hübsche Einrichtung, feine Küche mit deutlichem Schwerpunkt auf Fischspezialitäten. Menü etwa 25–30 €. Piazza Cavour 12, ✆ 0932 871688, im Winter Mo Ruhetag.

Umgebung von Scoglitti

▶ **Kamarina:** Die spärlichen Reste der Griechenstadt liegen auf einer Hügelkuppe oberhalb der Küste, zu erreichen von der Straße nach Marina di Ragusa. Einwohner aus Syrakus gründeten im 6. Jh. v. Chr. die Kolonie, die bald Autonomiegedanken hegte und ob solcher Unbotmäßigkeit von der Mutterstadt angegriffen und zerstört wurde. Auch mit dem nahen Gela kam es des öfteren zu Reibereien, doch wurde Kamarina jeweils neu aufgebaut, bis die Römer den Schlussstrich setzten. Im 3. Jh. v. Chr. verwüsteten sie die Stadt gründlich. Zu sehen ist denn heute außer Grundmauern auch nicht viel: die Ruinen eines Athena-Tempels und Reste der Stadtumfriedung. Interessanter ist das *Museo Archeològico* von Kamarina. Grundmauern der Siedlung reichen bis in die Ausstellung, eine Rekonstruktion des Tempels ist ebenso zu sehen wie vorgeschichtliche Funde und eine riesige Amphorensammlung.
⏰ Täglich 9–13.30, 15–17.30 Uhr; Eintritt 2,5 €.

▶ **I Macconi:** Nördlich von Scoglitti zieht sich ein breiter Dünenstreifen Richtung Gela. Die intensive Bodenbewirtschaftung lässt sich an den reichlich vorhandenen Gewächshäusern erkennen. Des öfteren führen Stichstraßen zu hübschen Sandstränden am Meer, allerdings sprießen mittlerweile auch hier schon die ersten Feriensiedlungen aus dem Boden. Aus Richtung Gela ist die Abzweigung zur Küstenstraße leicht zu übersehen, sie liegt etwa zwölf Kilometer hinter der Stadt.

▶ **Weiterreise:** Zu Gela siehe im Kapitel "Südküste". Gela ist ein bedeutender Knotenpunkt öffentlicher Verkehrsmittel, wichtig für Reisen ins Inland, beispielsweise zu den Bodenmosaiken der Villa Casale bei Piazza Armerina oder nach Enna, dem "Nabel Siziliens".

Die Barockstädte im Hinterland

Nach der Erdbebenkatastrophe von 1693, die fast die ganze Region in einen Trümmerhaufen verwandelte, entstand wie Phönix aus der Asche eine Reihe neuer Städte. Geplant und erbaut wurden sie ganz im Zeichen des Barock.

Die traditionell landwirtschaftlich strukturierten Siedlungen des Hinterlands der Südostküste halten respektvollen Abstand zum Meer. Durch die günstige Lage an Bahnlinie, SS 115 und bald auch an der neuen Autobahn sind sie verkehrstechnisch gut erschlossen, wichtig für Bus- und Bahnreisende, die in diesem Teil Siziliens entlang der Küste kaum Verbindungen vorfinden. Nicht alle lohnen gleichermaßen den Besuch. Wer kein ausgesprochener Architekturfan mit viel Zeit ist, wird mit Ragusa und Mòdica gut bedient sein. Nicht auslassen sollte man in jedem Fall Noto, Siziliens Kapitale des Barock, die ein Kapitel weiter vorne beschrieben ist.

Die Landschaft der Gegend zeigt sich spektakulär. Flüsse haben tiefe Schluchten in die weichen Kalkschichten der Berge gefressen. In manchen gibt es natürliche und künstliche Höhlen, die zum Teil bereits in der Steinzeit bewohnt waren oder später als Kirchen und Grabstätten dienten. Am beeindruckendsten sind sicherlich die Grotten am nördlichen Ende der Cava d'Ispica.

Íspica

Ähnlich wie das nahe Rosolini ist Íspica noch stark landwirtschaftlich geprägt, liegt dabei aber reizvoller auf einem weißen Kalkplateau, von fruchtbarer Landschaft umgeben.

Von den vielen Kirchen des Ortes ist besonders die Basilica Santa Maria Maggiore am gleichnamigen Platz einen Blick wert. Innen ist sie aufwändig mit Stuck dekoriert, im Gewölbe finden sich Fresken von Olivio Sozzi. Die kleinen Behausungen um den Kirchplatz dienten in früheren Zeiten als Unterkunft für Pilger. Heute haben hier unter anderen auch kirchliche Jugendgruppen Quartier gefunden. Touristen sieht man im Städtchen eher selten, die meisten sind auf der Durchreise und machen allenfalls einen Abstecher zur Schlucht, der die Stadt ihren heutigen Namen verdankt.

Bis 1935 nämlich hieß Íspica noch Spaccaforno. Zur Namenspatronin wurde seitdem die sehenswerte, 13 Kilometer lange Schlucht *Cava d' Íspica*, die hier endet und in der die Siedlung bis zum großen Erdbeben auch lag. Ihre Wände sind, ähnlich wie in Pantálica, von Felshöhlen durchzogen. Am nordöstlichen Ortsrand liegt neben dem Zugang zur Schlucht der gut ausgeschilderte Parco Archeològico Forza. Zu sehen sind Grabhöhlen und Siedlungsreste, der Blick in die Schlucht ist beeindruckend. Die archäologisch interessanteren Grotten finden sich aber am anderen Ende der Cava, siehe unten.

- *Information* **Ufficio Turistico**, Kiosk im Parco Forza, ✆ 0932 951133. Geöffnet täglich 9–13.45 Uhr, am Nachmittag ab 16 Uhr je nach Saison bis 17, 19 oder 20 Uhr.
- *Verbindungen* **Zug**: Bahnhof unkomfortabel im Süden außerhalb der Stadt, gute Verbindungen Richtung Siracusa und bis Mòdica, Ragusa direkt seltener.
  Bus: Häufige Verbindungen Richtung Noto/Siracusa und Mòdica/Ragusa mit den Bussen der AST, die im Zentrum an der Piazza Regina Margherita halten.

Unterirdische Totenstadt: Larderia in der Cava d'Íspica

- *Übernachten* ** **Hotel Íspica**, südlich außerhalb des Zentrums an der Hauptstraße. Weder das schönste noch das ruhigste aller sizilianischen Hotels, DZ etwa 60–65 €. Contrada da Garzalla, ✆ 0932 951652, ✆ 0932 951670.

Parco Archeològico Forza: Das Gebiet des heutigen Archäologischen Parks (Öffnungszeiten wie Ufficio Turistico, gratis) war bereits in der Vorgeschichte bewohnt und beherbergte später eine Festung: *Fortilitium*, daher der heutige Name "Forza" für den südlichen Bereich der Schlucht. Bis zum Erdbeben bildete das Gelände den Eingang zur Stadt Spaccaforno. Zu den wenigen verbliebenen Resten der damaligen Siedlung zählen Wehrmauern des 15. Jh. sowie die Ruinen des Palastes *Palazzo Marchionale* (14.–17. Jh.) und der Kirche *Chiesa della S.S. Annunziata*, unter deren Boden Gräber liegen. Es gibt eine ganze Reihe von Grotten, von denen eine als Stallung (*scudería*) diente, außerdem ein kleines Museum. Interessant, aber leider nur von außen zu besichtigen, sind die *Centoscale* ("Hundert Stufen", in Wahrheit sind es 240), ein in den Fels gehauener Treppenweg unbekannten Alters hinab zur Talsohle, über den man im Belagerungsfall Wasser holen konnte.

Chiesa Rupestre di Santa Maria della Cava: Vom Parkplatz vor dem Archäologischen Park führt ein Fußweg hinab in die Schlucht, vorbei an einem originellen, jedoch nicht immer geöffneten Restaurant linker Hand. Unten angekommen, liegt jenseits des leider manchmal verdreckten Flussbetts der Eingang zur uralten Höhlenkirche Santa Maria. In ihrem Inneren ist eine Reihe von Fresken zu sehen, deren älteste bis ins 6. oder 7. Jh. zurückreichen; das Bildnis der Madonna mit dem Kind stammt vermutlich aus dem 12./13. Jh. Der Kustode der Kirche ist in der Regel während der Öffnungszeiten des Parks anwesend.

Cava d'Íspica

Der nördliche Abschnitt der Íspica-Schlucht ist landschaftlich vielleicht weniger beeindruckend als ihr südliches Ende bei Íspica, archäologisch allerdings weitaus interessanter.

Eigentlich bezieht sich der Name "Cava d´Íspica" ohnehin nur auf den nördlichen, zu Mòdica gehörenden Bereich der Schlucht, während der südliche, zu Íspica zählende Teil "Forza" heißt. Zu erreichen ist das Gebiet entweder direkt von Rosolini oder über einen beschilderten Abzweig von der SS 115 zwischen Íspica und Mòdica; von der Kreuzung sind es noch etwa fünf Kilometer.

Parco Archeològico: Der Archäologische Park umfasst eine ganze Reihe von Grotten, die teilweise schon in der Steinzeit aus dem Fels geschlagen wurden. Sie dienten den Sikulern als Grabhöhlen, in späterer Zeit als christliche Katakomben, Gebetsstätten und Wohnungen. Auch heute noch wird ein Teil von ihnen als Lagerräume genutzt. Ein Highlight sind die *Larderia* genannten Katakomben aus dem 4./5. Jh. Sie liegen unweit unterhalb des Eingangs und bestehen aus drei Korridoren, aus deren Boden und Seitenwänden in engstem Abstand Grabnischen gehauen wurden. Ein Doppelgrab wurde dabei so raffiniert konstruiert, dass die seitlichen vier Säulen die Decke zu stützen scheinen. Zu besichtigen sind auch der Komplex von *Camposanto*, zwei aneinander angrenzende Grabhöhlen (Taschenlampe nützlich), die ebenfalls aus dem 4./5. Jh. stammen, sowie die Höhlenkirche *Santa María*, vermutlich aus dem 11. Jh.; die *Grotte Cadute* im hinteren Bereich des Parks wurden hingegen wegen Einsturzgefahr gesperrt.

① Von April bis Oktober täglich 9–19 Uhr, sonst Mo–Sa 9–13.30 Uhr, Eintritt 2 €. Am Eingang ist eine englischsprachige Gratis-Broschüre erhältlich, die auf einer allerdings sehr schlechten Karte noch eine Reihe weiterer Ausgrabungsstätten der Umgebung verzeichnet; die Mehrzahl liegt im Gebiet hinter der alten Wassermühle (siehe unten).

Mulino museo Cavallo d´Íspica: Unweit des Archäologischen Parks lohnt sich ein Abstecher zu einer alten Wassermühle, die von einer Kooperative sorgfältig restauriert und als eine Art Volkskundemuseum eingerichtet wurde. Sie ist die letzte verbliebene von insgesamt sechs Mühlen, die einst in der Íspica-Schlucht arbeiteten, stammt aus dem 17./18. Jh. und war bis in die 50er-Jahre in Betrieb. Verblüffenderweise ist die Struktur von außen überhaupt nicht zu erkennen, da die gesamte Mühle in ein neueres Wohngebäude integriert wurde; der Sohn des Hauses übernimmt auch die Führung. Neben der Mühlenkonstruktion selbst, einst angetrieben durch Wasser aus einem einen Kilometer langen Kanal, der auch der Bewässerung diente (die Mühle arbeitete sechs Tage rund um die Uhr, am siebten wurden die Felder bewässert), gibt es mehrere schön restaurierte, Jahrhunderte lang genutzte Räumlichkeiten zu sehen: *L´Abitacolo*, ein mit teilweise originalen Requisiten ausstaffiertes Wohn- und Schlafzimmer, die Wäscherei *Lavanderia*, die das Mühlwasser auf ihre Art nutzte, einen ins Gebäude integrierten Stall etc. Italienischkenntnisse sind sehr nützlich, auch wenn die Vorführung notfalls pantomimisch über die Bühne geht.

• *Lage und Öffnungszeiten* Vom Eingang zum Archäologischen Park folgt man etwa 300 Meter weit der Straße nach Norden Richtung Rosolini, dann links die schmale Straße hinunter. Sie führt direkt auf das Haus zu, ein Schild gibt es bislang nicht.

Geöffnet ist täglich 9–13, 16–20 Uhr. Die ausgiebige (italienische oder pantomimische) Führung erfolgt gratis, am Ende wird jedoch zu Recht um einen Beitrag zum Unterhalt der Anlage gebeten, bei dessen Höhe man sich ab zwei, drei Personen an den Eintrittspreisen für Museen orientieren kann. Infos unter ✆ 0932 771048.

Barockes Mòdica: Blick auf die Oberstadt

Mòdica

Dramatisch am Schnittpunkt zweier Schluchten platziert. Enge Treppengassen und dicht gestaffelte Häuserreihen, die sich bis auf 450 Meter Höhe die Hänge hinauf ziehen: Schon bei der Anfahrt erfreut Mòdica das Auge und macht Appetit auf einen ausgedehnten Streifzug.

Bereits die Sikuler siedelten hier in ihrem *Motyka*, dann Griechen und Römer, die aber kaum nennenswerte Spuren hinterließen. Seinen Aufschwung als weitgehend selbständige Grafschaft nahm Mòdica zunächst unter der Dynastie Chiaramonte, später unter den verschwägerten spanischen Sippen Cabrera und Henriquez. Letztere intensivierten den Getreideanbau und verhalfen der Stadt so zu beträchtlichem Reichtum. Als das große Erdbeben Mòdica verwüstete, war genug Geld zur Stelle, um beim Wiederaufbau nicht knausern zu müssen.

Ganz so durchgehend prunkvoll wie in Ragusa-Ibla oder gar in Noto fiel das barocke Ergebnis zwar nicht aus. Dennoch ist Mòdica, von der Unesco zum Weltkulturerbe erklärt und von einer Kastellruine mit dem markanten Uhrturm überragt, eine sehr ansehnliche Stadt. Die gelungene Anpassung an die wildromantische Landschaft trägt stark zu ihrem Reiz bei. Gemäß den natürlichen Gegebenheiten präsentiert sich das Stadtbild deutlich abgestuft in Unter- und Oberstadt. Das geschäftige *Mòdica Bassa*, in den Talsohlen zweier Flüsse

Der Südosten – Barockstädte im Hinterland

gelegen, ist das Zentrum des täglichen Lebens. Entlang der Hauptstraße *Corso Umberto I.* und ihrer am Rand der Oberstadt abzweigenden Seitenstraße *Via Marchese Tedeschi*, beide über den zugeschütteten Flussläufen erbaut, liegen die meisten Geschäfte und Cafés der Stadt. Auch die Mehrzahl der Barockbauten findet sich hier. Das Gegenstück zur quirligen Welt des Tals bildet *Mòdica Alta*. Der vorspringende Bergklotz am Schnittpunkt der beiden Täler ist dicht an dicht bis oben bebaut; keine spektakuläre Architektur, sondern ein von Treppen, engen Gassen und winzigen Plätzen durchzogenes ruhiges Wohnviertel. In jeder Hinsicht herausragend in der homogenen Einheit der Oberstadt wirkt das Schaustück Mòdicas, die barocke Kathedrale *San Giorgio*.

- *Information* **Ufficio Turistico Comunale**, Piazza Monumento, in Mòdica Bassa am zentralen Corso Umberto Primo, ℡/℻ 0932 753324. Kleines, aber kompetent geführtes Büro, geöffnet täglich 9–13 Uhr, Mo–Sa auch 16–20 Uhr (Sommer) bzw. 15.30–19.30 Uhr (Winter). Hier auch Infos über die mittlerweile recht zahlreichen Bed&Breakfasts von Mòdica.

Ufficio Turistico Etnos, halbprivates Büro an der Hauptstraße, jedoch ein Stück außerhalb des Zentrums Richtung Ragusa, fast schon am Ortsrand und nahe einer Agip-Tankstelle. Corso Umberto 296, ℡ 0932 752747. Öffnungszeiten täglich 9–13 Uhr, sowie 15.30–19.30 Uhr im Sommer bzw. 15–19 Uhr im Winter.

- *Postleitzahl* 97015
- *Verbindungen* **Zug**: Bahnhof im Süden der Stadt, unkomfortable 1,5 km vom Zentrum. Verbindungen in Richtung Noto-Siracusa 8-mal, nach Ragusa 7-mal täglich.

Bus: Busstation am Ortsrand in Richtung Ragusa, noch stadtauswärts der Infostelle, Tickets in der Bar "Barycentro" gegenüber. Häufige AST-Busse Richtung Ragusa sowie nach Noto-Ávola-Siracusa und Pozzallo, nach Marina di Mòdica 5-mal und Gela 2-mal täglich.

- *Übernachten* ***** Hotel Principe d´Aragona (2)**, am Corso Umberto, ein kleines Stück stadteinwärts der Busstation. Das ehemalige Hotel Mòdica, zuletzt in groß angelegtem (und auch nötigem) Umbau, der bei der letzten Recherche noch nicht beendet war. ℡/℻ bis dato 0932 941077.

*** Hotel Bristol (10), in einem neueren Stadtbereich etwa 3 km außerhalb, vom Zentrum in Richtung Íspica/Siracusa. Nicht die beste Lage, sonst durchaus angenehm und komfortabel, Parkmöglichkeit. DZ/F etwa 70–90 €. Mòdica-Sorda, Via Risorgimento 8b, ℡ 0932 762890, ℻ 0932 763330. www.hotelbristol.it.

** Hotel Relais Mòdica (5), neues Quartier in recht zentraler Lage. Untergebracht in einem alten Palazzo, hübsche Zimmer mit Klimaanlage und TV, Dachterrasse mit Blick. Freundliche, engagierte und englischsprachige Besitzer. Kein Restaurant. DZ/F etwa 70–90 €. Via Tommaso Campailla 99, vom Corso Umberto Primo nahe des Teatro Garibaldi die Stufen hoch; ℡ 0932 754451, www.paginegialle.it/hotelrelaismodica.

Bed & Breakfast L´Orangerie (6), ein Edel-B&B in einem Gässchen oberhalb des zentralen Corso Umberto Primo. Ausgesprochen stilvolles Anwesen, sehr hübsche und geschmackvoll eingerichtete Zimmer, keines wie das andere, alle jedoch gut und komfortabel (Klima, TV, Minibar) ausgestattet, zum Teil auch mit Balkon oder Terrasse. DZ/F etwa 90 €, es gibt auch ein Miniapartment und eine Suite. Vico de Naro, ℡ 0932 943067, ℻ 0932 754840, www.lorangeria.it.

Affittacamere Casalbergo Garibaldi (4), beim Teatro Garibaldi. Frisch eröffnet, nette junge Besitzer, sechs ordentliche Zimmer (drei Einzel, drei Doppel) mit TV, fast alle auch mit Klimaanlage. DZ/Bad etwa 55–60 €. Via Ritiro 15, oberhalb des Corso Umberto Primo; ℡ 0932 751140, ℻ 0932 754691, casalbergogaribaldi@virgilio.it.

Casa per Ferie I Tetti di Siciliando (3), empfehlenswertes Quartier unweit des nördlichen Corso Umberto Primo. Eine Art Pension mit sehr freundlicher junger Leitung; Zimmer in hübschen Farben, sauber und geräumig, fast alle mit Bad, teilweise mit Aussicht; Klimaanlage. DZ/Bad 50 €, an Ostern und im Sommer 60 €, ohne Bad knapp 45–50 €; Frühstück jeweils inklusive. Einer Kooperative angeschlossen, die Mosaikkurse, Ausflüge etc. veranstaltet. Fahrradverleih. Via Cannata 24, am Corso Umberto Primo bei Nr. 292 die Treppen hoch, dann rechts; ℡ 0932 942843, www.siciliando.it.

- *Essen* **Ristorante Fattoria delle Torri (7)**, in einem Seitengässchen des zentralen Corso, Nähe Piazza Matteotti. Fantasievolle "neue" Küche, basierend auf alten lokalen Rezepten. Hausgemachte Nudeln, umfangreiche Weinkarte. Das renommierte Restaurant hat seinen Preis – 35 € für ein Menü kommen schon leicht zusammen. Vico Napolitano 17, ☎ 0932 751286; Mo Ruhetag.

Taverna Nicastro (1), in der Oberstadt. Traditionsreiches Lokal mit örtlicher Küche nach Marktangebot, viele Zutaten auch aus eigener Produktion. Menü ab etwa 15 €. Via Sant´Antonio 28, nicht ganz leicht zu finden; So/Mo geschlossen.

Trattoria L´Arco (9), im Zentrum, nicht weit vom Restaurant Fattoria delle Torri. Auch hier gibt es anständige örtliche Küche zu vernünftigen Preisen, Menü etwa 15 €. Piazza Corrado Rizzone 11, linker Hand am Anfang der Ausfallstraße Richtung Íspica/Siracusa. Mo-Mittag geschlossen.

Ristorante Il Barocco (8), ebenfalls etwas versteckt gelegen. Freundlicher, noch recht junger Familienbetrieb mit guter Küche auf Fleisch- und Fischbasis. Menü um die 18 €. Via Ruffino 57, in einem Seitengässchen der Via Vittorio Emanuele. Mi Ruhetag.

Elegant: San Pietro

- *Einkaufen* Mòdica ist bekannt für seine vielfältigen Süßwaren, darunter eine besonders herbe Schokolade (*Cioccolata*), die nach einem uralten Rezept der Spanier hergestellt wird, die es wiederum von den Azteken übernommen haben. Ebenfalls spanischer Herkunft sind die *Mpanatigghi* (oder Impanatiglie, wohl abgeleitet von den spanischen Empanadillas), eine Art süße Ravioli, die neben Schokolade, Mandeln und Gewürzen eine gewisse Menge Hackfleisch enthalten – keine Angst, man schmeckt es nicht. Für Leonardo Sciascia waren die Mpanatigghi das "Gebäck für die Reise" schlechthin. Weitere süße Spezialitäten der Stadt sind *Nucatoli* (S-förmige Plätzchen mit Feigen, Honig, Mandeln und Quittenmarmelade gefüllt), *Mustazzola* (ein hartes Ostergebäck mit zerstoßenen Orangen und Honig) sowie die weichen, mit Zitronenschale aromatisierten *Tarallucci*.

Antica Dolceria Bonaiuto, schräg gegenüber der Chiesa San Pietro. Traditionsreiche, bereits 1880 gegründete Konditorei mit allen süßen Leckereien, für die Mòdica berühmt ist. Corso Umberto Primo 159.

Rizza, in der Nähe auf der anderen Straßenseite, mit ebenfalls guter Auswahl und freundlicher Beratung. Corso Umberto 128.

Laboratorio Dolciario Artigianale "Don Giuseppe Puglisi", nahe des Bed & Breakfast L´Orangerie. Das Besondere hier: Alle Zutaten stammen aus "fairem" Handel (commercio equo). Vico de Naro 9.

Mòdica 273

Archäologische Sensation: byzantinisch-lateinische Fresken in San Nicolò

Sehenswertes

Mòdica Bassa: An die verstreut liegenden barocken Palazzi sollte man ruhig mal einen genauen Blick verschwenden, um die oft bis ins Groteske gehenden Verzierungen besonders der Balkone zu würdigen.

Chiesa di San Pietro: Am Corso Umberto steht der Dom der Unterstadt von Mòdica. Auch diese mächtige, ursprünglich bereits im 14. Jh. errichtete Kirche musste nach dem Erdbeben praktisch neu aufgebaut werden und erhielt dabei eine sehr elegante Fassade. Die beeindruckende Freitreppe zieren Barockstatuen der Zwölf Apostel, im Inneren sind Werke von Gagini zu sehen, darunter die "Madonna di Trapani".

Chiesa rupestre di San Nicolò inferiore: Unweit der Kirche San Pietro; von dort den Schildern "Casa Natale di Quasimodo" folgen, vor der Treppe dann rechts. Eine archäologische Sensation war die erst 1987 erfolgte Entdeckung dieser wahrscheinlich bereits seit dem großen Erdbeben vergessenen Höhlenkirche. Zufällig waren einem kleinen Jungen gemalte Gesichter unter dem Putz des früher als Stall und später als Lager genutzten, uralten Gebäudes aufgefallen, und ebenso zufällig erzählte er einem Erwachsenen davon. Und der war zufällig der Direktor des hiesigen Volkskundemuseums ... Seit 1996 können nun auch Laien die kleine Kirche mit ihrer ungewöhnlichen Geschichte besuchen. Sie birgt gleich drei Zyklen von Fresken. Die ältesten, nur schwer erkennbaren Gemälde stammen aus dem 12. Jh. und sind byzantinischen Ursprungs. Im 14. Jh. wurde die Kirche latinisiert, die bisherigen Fresken übermalt; deutlich sichtbar sind die lateinische Schrift und das lateinische Kreuz des Erzengels. Ganz rechts ist ein weiteres Gemälde zu sehen, das der Inschrift zufolge von 1594 stammt und das Martyrium des Heiligen Jakobus zeigt, des Nationalheiligen der Spanier, die damals ja Sizilien beherrschten. Bisher ist die Erforschung der Kirche nicht abgeschlossen, wer weiß, was die Archäologen hier noch finden.

Öffnungszeiten Tägl. 10–13, 17–20 Uhr (Winter 15.30–18.30 Uhr); So-Vormittag geschlossen. Eintrittsgebühr 1,50.

Casa Natale di Quasimodo: Ebenfalls der Öffentlichkeit zugänglich ist das Geburtshaus des Lyrikers Salvatore Quasimodo (1901–1968). Der Weg zur Wohnstatt des Literaturnobelpreisträgers von 1959 ist ab der Kirche San Pietro ausgeschildert. Öffnungszeiten und Eintrittsgebühr wie oben.

Chiesa di Santa Maria in Betlem: Das Gotteshaus in der Via Marchese Tedeschi wurde schon um 1400 errichtet und nach dem Erdbeben aufwändig restauriert. Für die Fassade wählte man den Stil der Spätrenaissance, im Inneren ist eine spätgotische Sakramentskapelle zu sehen. Der kleine Platz vor der Kirche war 1474 Zeuge eines Blutbads. Unter der Anklage, die Madonna beschimpft zu haben, wurden hier 360 Juden hingerichtet – Mord aus vorgeblich religiösen Motiven.

Museo Etnográfico Guastella: Weit im Süden der Stadt beherbergt der nahe des Viale Medaglie d'Oro gelegene *Palazzo dei Mercedari* ein sehenswertes Volkskundemuseum, dessen zahlreiche Exponate viel über das städtische und ländliche Leben des Mòdica vergangener Zeiten verraten.

Öffnungszeiten Tägl. 10–13, 17–20 Uhr (Winter 15.30–18.30 Uhr); So-Vormittag geschlossen. Eintrittsgebühr 2,50 €.

Mòdica Alta: Der schönste Weg in die Oberstadt führt über die 250 Stufen des *Treppenwegs*, der am Corso Umberto neben San Pietro beginnt und an der die Stadt dominierenden Kirche des hl. Georg endet.

Duomo San Giorgio: Von der weiten Freitreppe der Kirche bietet sich ein guter Überblick über das Häusergewirr von Mòdica Bassa. San Giorgio, der Dom der Oberstadt und das bedeutendste Gotteshaus von Mòdica, scheint ein frühes Werk des Baumeisters Gagliardi zu sein, von dem die gleichnamige Kirche in Ragusa-Ibla und weitere Sakralbauten in Noto stammen. Bewiesen ist das nicht, die Ähnlichkeit der Fassaden in Mòdica und Ragusa aber unverkennbar. Ebenfalls nicht gesichert ist die Herkunft der Gemälde am Flügelaltar; sie werden einem Schüler von Antonello da Messina zugeschrieben.

Umgebung von Mòdica

Scicli: An der Straße nach Donnalucata, knapp zehn Kilometer von Mòdica, Bahnstation an der Strecke nach Noto. Ein hübsches Landstädtchen am Schnittpunkt dreier Schluchten, nach dem Erdbeben von 1693 unter barockem Einfluss neu errichtet und von der Unesco in die Liste des Weltkulturerbes aufgenommen. Scicli besitzt mehrere schöne Kirchen, insbesondere im Umfeld des Hauptplatzes *Piazza Italia* und an der von zahlreichen Barockpalästen gesäumten Prachtstraße *Via Mormino Penna*. Glanzlicht des Ortes ist jedoch der in der Via Duca d'Aosta unweit der Piazza Italia gelegene *Palazzo Benventano*, dessen Balkonkonsolen mit absonderlichen Gestalten fantasievoll verziert sind. Eine besonders schöne Aussicht auf Scicli genießt man von der verlassenen Kirche *Chiesa Madre di San Matteo* oberhalb der Stadt.

Eine Fülle von Kirchen und Palästen: Blick auf Ragusa Ibla

Ragusa

Auch Ragusa wird von tiefen Schluchten im Kalkfels der Monti Iblei geprägt. Das Wachstum des Ortes musste sich über die Jahrhunderte mit den Gegebenheiten arrangieren. Entstanden ist eine geographisch und architektonisch dreigeteilte Stadt. Die älteste und kleinste Zone, das barocke Ibla, ist mit Abstand am eindrucksvollsten.

Offiziell besteht Ragusa aus nur zwei Ortsteilen, die erst im letzten Jahrhundert zu einer Stadtgemeinde zusammengefasst wurden: Ragusa und das tiefer gelegene Ibla. Wer per Bus oder Bahn in der Provinzhauptstadt eintrifft, landet in aller Regel in der abschreckenden *Neustadt* von Ragusa. Auf dem hoch gelegenen flachen Plateau, großteils erst im 19. und 20. Jh. besiedelt, erstrecken sich breite Straßen, gesäumt von Hochhäusern und Verwaltungsbauten, die im Stil fast an realsozialistische Architekturalpträume erinnern. Jenseits eines tiefen Tals, durch drei Brücken verbunden, liegt *Alt-Ragusa*, nach dem Erdbeben von 1693 erbaut. Der ältere Teil der Oberstadt ist von barocker Stadtplanung im damals beliebten Schachbrettmuster geprägt, aber nicht sonderlich glanzvoll. Die Verlängerung der abschüssigen Hauptstraße *Corso Italia* führt in Serpentinen hinab ins Tal des Flusses Irminio, an dessen Rand auf einem Hügel *Ibla* liegt. Die Keimzelle der Stadt war lange durch Abwanderung ein wenig verwaist. Spätestens seit der Aufnahme in die Unesco-Liste des Weltkulturerbes scheint hier aber das Leben wieder zurückzukehren, und immer mehr Hotels und Restaurants siedeln sich an. Für den Besucher liegt hier ohnehin der Mittelpunkt des Interesses: Seine Fülle barocker Kirchen und Paläste und eine sympathisch verstaubte Romantik machen Ibla zu einem liebenswerten Schatzkästlein.

Geschichte

Aus den Ruinen von Hybla erhob sich Ragusa (Inschrift im Stadtwappen)

Die ersten Spuren menschlicher Besiedlung auf dem Gebiet von Ibla stammen in der Tat von der Sikulersiedlung *Hybla Haerea*, die in der Bronzezeit entstand. Ab dem 6. Jh. v. Chr. geriet Hybla in die Machtsphäre der griechischen Küstenkolonie *Kamarina*. Irgendwann nach dem Untergang von Kamarina verschwand auch Ibla in der Bedeutungslosigkeit und wurde erst im 7. Jh. n. Chr. neu gegründet. Byzantinische Siedler ließen sich nieder; wahrscheinlich stammten sie aus dem heutigen *Dubrovnik*, damals Ragusa genannt: Ragusa Ibla war geboren. Nach arabischer und normannischer Herrschaft kam Ragusa 1282 zur Grafschaft Mòdica und damit unter die Herrschaft der Familie *Chiaramonte*. Die leichtsinnige Auflehnung gegen die spanische Herrschaft brachte 1392 das gewaltsame Ende der Dynastie; die spanischen Adelsherren der *Cabrera* und *Hendriquez* übernahmen für Jahrhunderte das Ruder. Sie führten das Schiff geschickt, zeigten sich den Bedürfnissen des Volkes gegenüber vergleichsweise fortschrittlich und liberal – anders als viele spanische "Kollegen". Die von ihnen eingeführte Intensivierung der Landwirtschaft mehrte den Wohlstand, auch Ragusa konnte sich am Reichtum der Grafschaft Mòdica erfreuen. Dank der guten Finanzlage ging es nach dem schweren Erdbeben schnell wieder aufwärts, die Stadt erstrahlte in neuem Glanz und griff bald auf den nahen Hang über – das Schachbrett des heutigen Ragusa entstand. Im 19. Jahrhundert entstanden die ersten Viertel jenseits der Talschlucht. Einen starken Schub erlebte die Stadtentwicklung in den 50ern mit der Entdeckung von Ölvorkommen südlich Ragusas; die unerfreulichen Ergebnisse des folgenden Baubooms sind in der Neustadt zu besichtigen.

Der Dom prägt Ragusa Ibla

Information/Verbindungen

• *Information* **A.A.P.I.T.** in Ragusa-Ibla, Via Capitano Bocchieri 33, 1. Stock; ✆ 0923 221529, ✉ 0923 623476. Untergebracht im Palazzo La Rocca aus dem 18. Jh., dessen große Säle Interessenten gerne gezeigt werden; auch die Balkonkonsolen sind einen Blick wert. ⏰ Mo–Fr 9–13.30 Uhr, Di auch 16–18 Uhr. www.ragusaturismo.it.
Pro Loco, ebenfalls in Ibla, Largo Camerina 5, geöffnet Di–So 9.30–10.30, 16–20 Uhr.

• *Postleitzahl* 97100

Ragusa

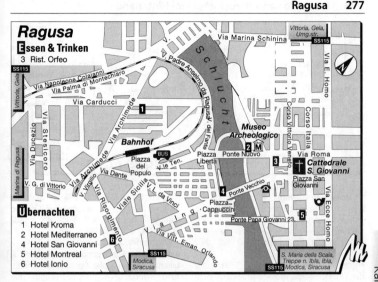

Ragusa
Essen & Trinken
3 Rist. Orfeo

Übernachten
1 Hotel Kroma
2 Hotel Mediterraneo
4 Hotel San Giovanni
5 Hotel Montreal
6 Hotel Ionio

• *Verbindungen* **Zug**: Bahnhof in der Neustadt, über die Piazza Libertà und den Ponte Nuovo in fünf Minuten nach Alt-Ragusa, nach Ibla ein ganzes Eck mehr. Die Station von Ibla selbst ist stillgelegt. Züge nach Mòdica 8-mal, Noto-Siracusa 7-mal, Vittoria/Gela 4-mal täglich.

Bus: Haltestellen beim Bahnhof. AST-Busse nach Mòdica 15-mal, Noto-Siracusa 7-mal, Pozzallo 2-mal, Gela (Anschluss Agrigento) ebenfalls 2-mal täglich. TUMINO-Busse nach Marina di Ragusa 14-mal täglich. ETNA-Busse nach Catania via Airport Catania 11-mal täglich.

Stadtbusse nach Ibla ab Bahnhof, unter anderem Bus Nr. 1 und 3.

Auto: In den modernen Vierteln der Oberstadt gibt es keine allzu großen Parkprobleme. In die engen Gassen der Altstadt und nach Ibla sollte man allerdings besser gar nicht erst hineinfahren.

• *Post* Alt-Ragusa, Piazza della Posta, am Corso Italia. ☼ Mo–Fr 8.30–17.30 Uhr, Sa bis 13 Uhr.

• *Telefon* An der Altstadtseite des Ponte Vecchio, ☼ Mo–Fr 9.30–12.30, 15.30–19 Uhr.

• *Feste* **San Giorgio**, am 29. August Prozession des Stadtheiligen mit Straßenmusik und großem Feuerwerk.

Übernachten (siehe auch Karte S. 278)

Mehrere Hotels in der Oberstadt. In Ibla sind weitere Quartiere geplant und werden in den nächsten Jahren eröffnen.

• *Oberstadt* ****** Hotel Mediterraneo Palace (2)**, am Ponte Nuovo, Via Roma 189. Großer Bau mit über 90 Zimmern, seit der Renovierung Anfang der Neunziger das erste Haus am Platz; Garage (wie üblich extra zu zahlen). DZ/F 135 €. Via Roma 189, ✆ 0932 621944, ✆ 0932 623799. www.mediterraneopalace.it.

*** Hotel Kroma (1), im Gebiet hinter dem Bahnhof. Mit 27 Zimmern recht familiär, 1996 renoviert und seitdem wieder durchaus eine Empfehlung; Garage. DZ/F etwa 105 €. Via G. D´Annunzio 60, ✆ 0932 622080, ✆ 0932 682600.

*** Hotel Montreal (5), modernes, gut geführtes Haus, ordentliche Zimmer. Oft voll belegt, Reservierung ratsam. Gutes Preis-Leistungs-Verhältnis; DZ/F etwa 85 €, im Sommer kleiner Aufschlag für Aircondition; Garage. In Alt-Ragusa, Via San Giuseppe 10, Ecke Corso Italia; ✆/✆ 0932 621133.

*** Hotel Ionio (6), ebenfalls in der Nähe des Bahnhofs, Parkplätze vor dem Haus. Ausstattung eher mäßig, laut, unfreundliches Personal. Für das Gebotene zu teuer: DZ/Bad 50 €. ohne Bad knapp 35 €. Via Risorgimento 48, ✆/✆ 0932 624322.

278   Der Südosten – Barockstädte im Hinterland

Essen & Trinken
7 Locanda Don Serafino
9 Rist. Il Barocco
10 Rist. U Saracinu
12 Rist. La Rusticana

Übernachten
8 Hotel Il Barocco
11 B&B Il Giardino di Pietra

Ragusa Ibla

*** **Hotel San Giovanni (4)**, günstig auf der Neustadtseite gleich bei der Ponte Vecchio gelegen. Zuletzt geschlossen, wie es heißt wegen Renovierung – die in der Tat auch sehr nötig ist. Via Trasportino 3, ✆/≋ 0932 621013.

• *Ibla* *** **Hotel Il Barocco (8)**, Trendsetter der Hotellerie von Ibla – mindestens zwei Hotels werden in den nächsten Jahren noch folgen. Ziegelrotes Haus, dem man nach dem Umbau sein Alter leider nicht mehr anmerkt; hübsche Zimmer mit Klimaanlage, TV und Kühlschrank. DZ/F etwa 90 €. Via Santa Maria La Nuova 1, ✆ 0932 663105, ≋ 0932 228913, www.ilbarocco.it.

Bed & Breakfast Il Giardino di Pietra (11), 2001 eröffnetes Quartier in einem Stadtpalast des 17. Jh. Vier Zimmer mit Deckengemälden und Antiquitäten, teilweise sehr geräumig. Zwei davon teilen sich ein Bad und eignen sich deshalb vor allem für Familien. Freundlicher Besitzer. DZ/F im Sommer 55 €, im Winter (wg. Heizung) 65 €. Chiasso Guerra 13, bei der Via XI. Febbraio, ✆ 0932 621808, Mobil 333 7085448, www.giardinodipietra.com.

• *Außerhalb* **Agriturismo Eremo della Giubiliana**, ein sehr edler Agriturismo in Richtung Marina di Ragusa. Befestigtes Ex-Kloster und Gutshof des 15. Jh., seit dem 18. Jh. in Familienbesitz. Liebevoll restauriert und seit 1997 als Agriturismo geöffnet. Exquisit dekoriert – kein Raum gleicht dem anderen. Hervorragende (Bio-) Küche, hohes Niveau in jeder Hinsicht: DZ/F etwa 240 €. Mancher Gast kommt tatsächlich mit dem eigenen Flugzeug, eine Landebahn samt Hangar ist vorhanden. Contrada da Giubiliana, etwa neun Kilometer außerhalb, Zufahrt rechter Hand der Straße nach Marina di Ragusa. ✆ 0932 669119, ≋ 0932 623891. www.eremodellagiubiliana.it.

Essen (siehe auch Karte S. 277)

In der Oberstadt ist das Angebot an Restaurants eher bescheiden. Eine gute Auswahl unter auch optisch reizvollen Lokalen bietet dagegen Ragusa-Ibla.

• *Oberstadt* **Ristorante Orfeo (3)**, in Alt-Ragusa. Kein besonders reizvolles Ambiente, die feine Küche und den guten Service wissen jedoch viele Einheimische zu schätzen, deshalb oft voll. Menü ab etwa 18 €. Via Santa Anna 117, eine Parallelstraße zum Corso Italia; Sa/So Ruhetage.

• *Ibla* **Ristorante Il Duomo**, eine Berühmtheit unter den hiesigen Lokalen – Chef Ciccio Sultano ist italienweit bekannt. Edle und kreative Küche, feine Weinauswahl und exzellente Nachspeisen. Zur Auswahl stehen drei Degustationsmenüs im Bereich von etwa 40–50 €, à la carte dürfte es etwa ebensoviel werden. Via Capitano Bocchieri 31, ✆ 0932 651265; Mo Ruhetag, außerhalb der Saison auch So-Abend; in der ersten Oktoberhälfte Betriebsferien.

Locanda Don Serafino (7), in einem alten Palazzo. Edles Interieur, gehobene Küche, ebenso gehobene Preise: Menü ab etwa 25 € aufwärts. Auch "American Bar" und Pizzeria. Via Orfanotrofio 31. Di Ruhetag.

Ristorante Barocco (9), ganz in der Nähe und ebenfalls in einem der hiesigen Palazzi untergebracht. Rustikale örtliche Küche, etwas preisgünstiger als der Nachbar und deshalb oft viel besser besucht. Menü ab etwa 18–20 €, auch Pizza. Via Orfanotrofio 25–27, Mi und im August geschlossen.

Ristorante La Rusticana (12), ein weiteres Restaurant in Ibla. Schönes altes Gewölbe, von der stuckverzierten Decke baumeln Kronleuchter, beflissener Service. Gute Küche, Menü ab etwa 18 €. Corso XXV. Aprile 68, zwischen Dom und Giardini Iblei.

Ristorante U Saracinu (10), nicht weit vom Dom in Ibla. Von Lesern gelobt, hübsches Ambiente, etwas touristisch, gelegentlich Gruppen; die Küche ist jedoch gut. Menü ab etwa 15 €. Via del Convento 9, Mi Ruhetag.

Sehenswertes

▸ **Alt-Ragusa**: Mit übermäßig vielen Sehenswürdigkeiten beeindruckt der ältere Teil der Oberstadt nicht gerade. Immerhin ist die Atmosphäre um einiges angenehmer als in der Neustadt und um einiges lebendiger als in Ibla – besonders abends ist am Corso durchaus etwas los.

Museo Archeològico: im Standa-Gebäude, unterhalb des Ponte Nuovo. Funde aus der Vorgeschichte und der griechisch-römischen Periode, speziell aus Kamarina und Hybla Heraea; viel Keramik.
◷ Mo–Sa 9–14, 15–18.30 Uhr; Eintritt frei.

Cattedrale San Giovanni: Die neu angelegte Oberstadt bekam bald ihre eigene Hauptkirche; 1706 wurde mit dem Bau begonnen. Sie zeigt zwar die übliche barocke Pracht, kann aber nicht mit San Giorgio in Ibla konkurrieren. Unterhalb der Terrasse lockt dafür das herrlich altmodische Cafe Italia.

Santa Maria delle Scale: An der Serpentinenstraße Corso Mazzini nach Ibla, die Verlängerung des Corso Italia. Benannt ist die bereits im 15. Jh. errichtete Kirche nach der Treppe, die von hier in 242 Stufen nach Ibla hinunter führt. Die Kirche wurde beim Erdbeben nicht völlig zerstört und konnte restauriert werden; die Portale und der Glockenturm sind original. Im Inneren ist, so geöffnet sein sollte, ein Terrakottarelief aus dem 16. Jh. zu sehen.

▸ **Ibla**: Wer nicht per Straße kommt, wählt am besten den malerischen Treppenweg neben Santa Maria zum Abstieg. So oder so trifft man an der *Piazza Repubblica* auf den Rand der Altstadt und auch gleich auf ein sehenswertes Barockensemble aus Kirchen und Palästen; besonders die verzierten Balkone des *Palazzo Cosentini* sind einen Blick wert. Von der Piazza Repubblica führt ein Gassengewirr in östliche Richtung; hier wird das heimelige, verträumte Flair der alten Sträßchen und Häuser deutlich, das den Reiz der Unterstadt ausmacht. Dabei haben es die Bewohner hier nicht leicht: Viele der Häuser stehen unter Denkmalschutz, nötige Renovierungsarbeiten werden dadurch sehr teuer – mancher zieht da lieber gleich weg. Früher oder später erreicht man schließlich den Domplatz, an dem die Kuppel von San Giorgio nicht zu übersehen ist.

Duomo San Giorgio: Das ab 1738 errichtete Bravourstück des sizilianischen Barockbaumeisters Gagliardi ist wirkungsvoll platziert. Am Ende des langgestreckten, palmenbewachsenen Domplatzes führt eine breite Freitreppe hinauf zur Kirche. Ihre elegant geschwungene Fassade wird auf drei Etagen von Säulen unterteilt. Die klassizistische Kuppel bringt so manchen Kunstexperten zur Raserei – sie wurde erst im 19. Jh. dem Dom aufgepflanzt.

Piazza Pola: Ein kleines Stück östlich des Domplatzes, zu erreichen über den Corso XXV. Aprile. Im *Palazzo Donnafugata* ist eine Gemälde- und Keramiksammlung untergebracht, darunter Werke von Antonello da Messina; leider nicht immer zugänglich, da der Palast zuletzt in Renovierung war. Die gegenüberliegende Kirche *San Giuseppe* weist in kleinerem Maßstab gewisse Ähnlichkeiten mit San Giorgio auf; ob ein Schüler kopierte oder Meister Gagliardi sich hier selbst zitierte, ist nicht geklärt.

Giardini Iblei: Am östlichen Ende des Corso XXV. Aprile. Die schöne Gartenanlage reizt zum Relaxen, an ihrem Ende hat man einen guten Ausblick auf das unterhalb liegende Tal des Fiume Irminio und die umgebenden Schluchten. Innerhalb des Parks Zugang zur *Chiesa dei Capuccini*, mit einem Flügelaltar des 17. Jahrhunderts. Ein kleines Stück südlich der Gärten steht einsam der *Portale di San Giorgio*, der letzte Rest des ansonsten beim Erdbeben völlig zerstörten Vorgängers des heutigen Doms.

Umgebung von Ragusa

▶ **Donnafugata**: Ein sehr lohnender Abstecher. Viele sehen in dem 16 Kilometer südwestlich Ragusas gelegenen Schloss den gleichnamigen riesigen Palast aus dem Roman "Der Leopard" von Giuseppe Tomasi di Lampedusa. Von den Ausmaßen her ist das durchaus möglich, immerhin zählt das Schloss 122 Zimmer! Ein Teil der prächtig ausgestatteten Räume kann besichtigt werden: bester Anschauungsunterricht, in welchem Luxus die adligen "Leoparden" Siziliens lebten. Umgeben ist das Anwesen von einem großen Park voll uralter Bäume und seltener Pflanzen, in dem sich auch ein Restaurant der oberen Güte- und Preisklasse befindet. Im Sommer finden in Donnafugata glanzvolle Konzertabende statt, Programm bei der Touristeninformation Ragusa.

• *Anfahrt/Öffnungszeiten* Beschilderter Abzweig von der Straße Ragusa-Santa Croce Camarina. Der Weiler Donnafugata hat auch eine eigene Bahnstation an der Linie Ragusa-Gela; allerdings hält hier kaum ein Zug. Nach jahrelanger Renovierung ist das Schloss jetzt wieder zugänglich, irgendwann wird dafür der Park für eine Rekonstruktion geschlossen werden müssen. Öffnungszeiten (Sommer) Di–So 9.30–12.30, 15.30–18.30 Uhr; Eintrittsgebühr 5 €. Am Eingang steht oft freundliches, mehrsprachiges Personal (meist Studenten) für Führungen bereit, Dauer ca. eine halbe Stunde. Trinkgeld wird natürlich erwartet.

▶ **Chiaramonte Gulfi**: Ein Tipp für Feinschmecker – das Bergstädtchen, etwa 20 Kilometer nördlich von Ragusa, ist seiner Würste wegen auf ganz Sizilien berühmt. Die hiesigen Gaststätten bieten zudem diverse andere Variationen von "Schweinernem" in solcher Qualität, dass sie einer bayerischen Zeitung glatt eine Extrameldung wert waren ...

• *Übernachten* ** **Hotel Villa Nobile**, erst 1996 eröffnetes Hotel am Rand des alten Stadtkerns. Geräumige Zimmer mit schöner Aussicht; Garten und Terrasse mit Fernblick, der bis zu den Madonie und zum Etna reicht. Sehr gastfreundliche Besitzer. DZ etwa 45 €. Corso Umberto 168, ✆ 0932 928537. www.albergovillanobile.com.

• *Essen* **Ristorante Majore**, der Klassiker des Ortes, 1896 eröffnet. Hier verherrlicht man das Schwein: "Qui si magnifica il porco". Korrekter Service, schweinisch gutes und üppiges Menü ab etwa 15 €, hausgemachte Wurst im Direktverkauf. Mo und in den ersten drei Juliwochen geschlossen. Via Martiri Ungheresi 12, ✆ 0932 928019.

Comiso

Comiso erstreckt sich an einem Hang am Rand des Ippari-Tals. Schön ist besonders die Anfahrt aus Richtung Ragusa, die zuletzt in Serpentinen hinunter in den Ort führt. Als kleines Landstädtchens besitzt Comiso eine Reihe von Barockbauten, die aber zumeist nicht mit denen der größeren und reicheren Siedlungen im Osten konkurrieren können. Das Ortszentrum bildet die gemütliche *Piazza Municipio* um den Brunnen der Diana, der allerdings aus dem letzten Jahrhundert stammt.

In die internationalen Schlagzeilen kam der Ort in den 80er-Jahren durch die Errichtung einer amerikanischen Militärbasis für Pershing-II-Raketen. Der Widerstand von Friedensinitiativen wurde durch die Polizei rigoros zusammengeknüppelt, durchaus im Sinne eines gewissen Teils der örtlichen und sizilianischen Gesellschaft, der sich von der US-Anwesenheit lukrative Bauaufträge versprach. Auch die Bevölkerung war großteils für die Stationierung, immerhin winkten gut bezahlte Arbeitsplätze. Doch seit die Ost-West-Diplomatie sich auf freundschaftliche Pfade begeben hat, ist der kurze Traum von Herrlichkeit in Comiso vorbei.

● *Verbindungen* **Zug**: Bahnhof unweit des Zentrums, unterhalb im Tal; Verbindungen nach Gela 5-mal, Ragusa 6-mal täglich.
Bus: Haltestelle etwa 1,5 km östlich des Zentrums an der Piazza Maiorana; tagsüber etwa stündlich Busse in die Nachbarorte Ragusa und Vittoria.

● *Übernachten* *** **Hotel Cordial**, an der SS 115 Richtung Vittoria, etwa 2,5 km vom Ort. Kastenförmiger Bau, recht laut, Zimmer jedoch o.k. DZ etwa 70 €. ✆ 0932 967866, ℡ 0932 967867.

Vittoria

Vittoria, auf einer Hochebene inmitten ausgedehnter Weinfelder und Olivenkulturen gelegen, ist das größte landwirtschaftliche Zentrum und gleichzeitig die jüngste Stadt der Provinz Ragusa.

Erst im Jahr 1607 nämlich wurde Vittoria gegründet. Gründerin und Namenspatronin war *Vittoria Colonna Hendriquez*, Tochter des spanischen Vizekönigs und Ehefrau des Grafen von Mòdica. Auf barocke Stadtplanung verweist neben mehreren Kirchen vor allem der geradlinige Grundriss in Form eines Schachbretts. Das lebendige und verkehrsgeplagte Zentrum von Vittoria erstreckt sich rund um die *Piazza del Popolo*, an der auch die bedeutendsten Bauten der Stadt liegen.

● *Verbindungen* **Zug**, Bahnhof etwa 2 km nordwestlich des Zentrums, Anschlüsse Richtung Ragusa 6-mal, Richtung Gela 5-mal täglich.
Bus: Haltestelle in der Via Matteotti 150, Nähe Piazza del Popolo. Gute Verbindungen nach Ragusa und Scoglitti; nach Gela 3-mal, nach Marina di Ragusa 2-mal täglich.

● *Übernachten* ** **Hotel Sicilia**, zentral, sauber und recht ordentlich, wenn auch ein wenig abgenutzt. Helle, freundliche Zimmer, gut ausgestattete Bäder. In der Nähe der Polizei, die in der Bar häufig zu Gast ist. DZ etwa 50 €. Via Cernaia 62, Ecke Via Matteotti 258; 300 m von der Piazza del Popolo; ✆ 0932 981087.
** **Hotel Europa**, 500 m stadtauswärts, auch über die Via Matteotti zu erreichen. DZ 45 €, in der Nähe eine komfortablere und etwas teurere Dependance. Via Generale Diaz 17; ✆ 0932 981493.

- *Essen* Der Küstenort Scoglitti, knapp 15 Kilometer entfernt, bietet bessere Auswahl.
Ristorante Opera, der örtliche Spezialist für Fisch und Meeresfrüchte. Menü ab etwa 30 € aufwärts. Via Carlo Alberto 133, im Juli nur mittags geöffnet, So und im August geschlossen.
- *Feste* Prozession zu Ehren des Stadtheiligen Giovanni Battista am 24. Juni.

Sehenswertes

Piazza del Popolo: Am quirligen Hauptplatz fällt zunächst das *Teatro Communale* ins Auge, 1869 im neoklassizistischen Stil erbaut. Die Strenge der zweigeschossigen Säulenreihen an der Fassade wird gemildert durch Statuen in Nischen und auf dem Dach. Ebenfalls auf dem Platz steht die Barockkirche *Santa Maria delle Grazie* von 1759, deren Inneres schöne Holzskulpturen beherbergt.

Basilica San Giovanni: Die 1706 erbaute Kirche des Stadtheiligen erhebt sich an der Piazza Ricca, südlich Piazza del Popolo. Bemerkenswert die auf einem Adler ruhende Kanzel: Der reich verzierte, schwere Holzaufbau wird nur von den Klauen des Vogels getragen.

Museo Civico: Am Anfang der Via Cavour, etwa 500 Meter südlich der Piazza del Popolo, liegt dieses kleine Museum mit einem ziemlichen Sammelsurium an Objekten. Besonders interessant sind die alten Geräuschmaschinen eines Theaters: sie simulieren einfach und perfekt Donner, Regen, Hagel, etc. Demonstrieren lassen! Leider ist das Museum nicht regelmäßig geöffnet; falls geschlossen, kann man sich an Signora Pannuzzo (✆ 0932 981467) wenden.

▶ **Weiterreise**: Von Vittoria sind es noch etwa 30 Kilometer nach Gela, wichtige Umsteigestation für Reisende mit öffentlichen Verkehrsmitteln und Sprungbrett ins Inland. Wer dort zum Beispiel die berühmte römische Villa Casale mit ihren ausgedehnten Bodenmosaiken besuchen möchte oder eine Stippvisite nach Enna plant, findet nähere Informationen im Kapitel "Inselinneres", in dem auch die wichtigsten Verbindungsstraßen beschrieben sind.

Was haben Sie entdeckt?

Haben Sie *die* versteckte Bucht entdeckt, eine gemütliche Trattoria, ein empfehlenswertes Privatquartier? Was war Ihr Lieblingsrestaurant, in welcher Pension haben Sie sich wohlgefühlt? Und welcher Tipp war nicht mehr so toll?

Bitte schreiben Sie mir, wenn Sie Kritik, Verbesserungsvorschläge, Anregungen oder Empfehlungen haben:

Thomas Schröder

Stichwort "Sizilien"

c/o Michael Müller Verlag

Gerberei 19

91054 Erlangen

E-Mail: thomas.schroeder@michael-mueller-verlag.de

Ihr Name erinnert an die Piratengefahr: Scala dei Turchi

Südküste

Die Küste zwischen Gela und der Mündung des Belice bei Selinunte ist nur dünn besiedelt. Außer vereinzelten Wein- und Olivenfeldern bestimmen vornehmlich brachliegende, verbrannte Hügelrücken das Bild. An Bademöglichkeiten besteht kein Mangel. Sehenswürdigkeiten sind jedoch eher rar, die strahlende Ausnahme ist Agrigento.

Das Meer bekommt der Autofahrer nur selten zu sehen, denn meist verläuft die Straße in einiger Entfernung landeinwärts – die vielen schönen Sandstrände, die die Südküste zum Badeparadies Siziliens machen, sind nicht immer leicht zu erreichen. Wo sie mit eigenem Fahrzeug über Stichstraßen anzufahren sind, stören zwar meist weniger schöne, nur in der Saison belebte Badesiedlungen die Idylle; wer dann ein Stück läuft, um den hochsommerlichen Massen auszuweichen, findet aber immer noch genügend Platz. Die Wasserqualität, von lokalen Ausnahmen wie *Porto Empedocle* oder dem horriblen *Gela* abgesehen, zeigt sich erfreulich. Unangenehm können höchstens die besonders gen Westen zu manchmal recht kräftigen Winde werden, die das Meer stark aufwühlen und hohen Wellengang hervorrufen, seltener auch Ölklumpen, die von den Tankerrouten im Süden stammen und durch die Strömungen an die Strände gespült werden.

Der Kultur auf der Spur ist man an der Südküste vornehmlich in Agrigento: das *Tal der Tempel* ist die bedeutendste griechische Ausgrabungsstätte Siziliens. Die Ruinen von *Eraclea Minoa* dagegen begeistern eher ob des nahen, wahrhaft paradiesischen Strands.

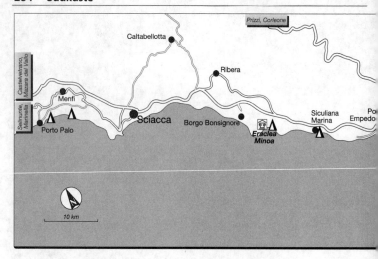

Verbindungen

▶ **Zug**: Die Bahn fährt nur noch zwischen Gela und Agrigento, verläuft dabei ab Licata in großem Bogen durchs Inland. Die auf älteren Karten noch eingezeichnete Linie westlich von Agrigento ist eingestellt.

▶ **Bus**: Gute Anschlüsse zwischen den Städten über die Hauptstraße SS 115. Die kleineren Küstenorte an den Stichstraßen sind schwieriger zu erreichen, oft sind einige Kilometer Fußweg ab der nächsten Kreuzung nötig.

Gela

Schon weit vor der Stadt grüßen die stinkenden Schlote der Chemie-Industrie und die Fackeln der Raffinerien. Trotzdem ist Gela für manche Touristen Pflichtprogramm: Archäologisch Interessierte locken die Ausgrabungen und das bedeutende Museum, Bus- und Bahnreisende die guten Verbindungen in alle Richtungen der Insel.

Die Industriestadt am gleichnamigen Golf, größte und fast einzige Küstensiedlung der Provinz Caltanissetta, ist wirklich alles andere als anziehend. 1956 wurden im Meer vor Gela Ölfelder entdeckt, und der bis dato recht verschlafene Ort erlebte einen Boom ersten Ranges. Mit dem Aufschwung kam zweifelhafter Ruhm. Was Umweltverschmutzung betrifft, braucht Gela sich kaum hinter Augusta zu verstecken, die Medienpräsenz in Sachen Mafia ist erheblich. Bauspekulanten erfreuten sich am neuen Reichtum Gelas und errichteten ausgedehnte Wohnviertel, die an Schäbigkeit kaum zu übertreffen sind. Der schlechte Ruf in Sachen Kriminalität ist sizilienweit unübertroffen. Insgesamt also eine Stadt, die man gerne hinter sich lässt ...

Wer bleibt: Die Orientierung fällt in Gela nicht schwer. Das immer noch kleinstädtisch wirkende Zentrum liegt etwas oberhalb der Küste auf einem Hügel; die

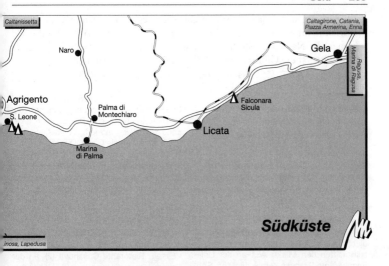

Hauptachse *Corso Vittorio Emanuele* verläuft parallel zum Ufer. Am Corso liegt auch der Mittelpunkt der Stadt, die *Piazza Umberto I.* mit der Kathedrale. Von hier zum sehenswerten *Museo Archeologico* ist es nur ein kurzer Spaziergang.

Die tödliche Schildkröte

"Das Ende des Dichters Aischylos war zwar kein freiwilliges, dennoch ist es wegen seiner Besonderheit bemerkenswert. Er machte einen Spaziergang außerhalb der sizilischen Stadt, in der er sich aufhielt, und setzte sich an einer sonnigen Stelle nieder. Da flog über ihm ein Adler mit einer Schildkröte in den Klauen, wurde durch den Glanz seines Kopfes getäuscht – er war nämlich von Haaren entblößt – und warf auf diesen, so als wäre er ein Stein, das Tier hinab, damit es zerschmettere und er seines Fleisches habhaft würde. Dieser Wurf tötete den Erfinder und Meister des höheren Trauerspiels."

Valerius Maximus, aus: "Sizilien", Eckart Peterich. Geschehen im Jahr 456 v. Chr. zu Gela. Von Aischylos stammt z.B. das Drama "Die Perser".

Geschichte

Das Gebiet von Gela war schon in der Bronzezeit bewohnt. Der Aufschwung zur reichen Stadt kam mit den Griechen. 689 v. Chr. gegründet, war Gela ihre fünfte Kolonie auf Sizilien, noch vor Agrigent und Selinunt. Die Siedlung nahm schnellen Aufschwung und war bald so mächtig, dass *Gelon I.* 485 v. Chr. Syrakus erobern konnte, das zu seiner neuen Residenz wurde. Gela gedieh trotzdem prächtig weiter, bis es 405 v. Chr. von *Karthago* zerstört wurde. Der kluge syrakusische Import-Tyrann *Timoleon* belebte die Siedlung für kurze Zeit erneut; von der gegen Syrakus rebellierenden Söldnertruppe der *Mamertiner* wurde sie jedoch 282 v. Chr. nachhaltig verwüstet. Von diesem

Schlag erholte sich Gela so schnell nicht mehr, erst 1230 n. Chr. wurde es von *Friedrich II.* unter dem Namen *Terrannova di Sicilia* reanimiert. 1927, als Gela seinen alten Namen wiederbekam, war es immer noch eine unbedeutende Kleinstadt; erst die Ölfunde von 1956 schufen neue Dimensionen.

- *Information* **A.A.S.T.**, Via G. Navarra Bresmes 48, nicht weit von der Piazza Umberto; ✆ 0933 923268.
- *Postleitzahl* 93012
- *Verbindungen* Bahnhof und Busstation liegen einander direkt gegenüber, etwa 1,5 km nordöstlich des Zentrums und jenseits der Umgehungsstraße.
Zug: Richtung Siracusa gute Verbindungen bis Mòdica, dann spärlicher. Nach Catania via Caltagirone 7-mal, nach Caltanissetta (Umsteigen nach Agrigento) 5-mal täglich.
Bus: An dieser Stelle sei's noch einmal gesagt: Sonn- und Feiertags besteht auf Sizilien so gut wie kein Busverkehr! Mo–Sa bedient in Gela eine ganze Reihe von Busgesellschaften den Markt: AST an der Linie Ragusa-Noto-Siracusa 2-mal täglich; SAL nach Agrigento 4-mal, SAIS an der Strecke Piazza Armerina-Enna-Palermo 3-mal täglich; ETNA nach Caltagirone 2-mal, Catania auf verschiedenen Routen 12-mal; ASTRA nach Caltanissetta (z. T. via Piazza Armerina) 7-mal, AST und ETNA nach Vittoria zusammen 3-mal täglich.

- *Übernachten* ***** Hotel Sileno (1)**, von der Umgehungsstraße Richtung Bahnhof, beschildert. Unpersönlicher Bau der 60er-Jahre, Ende der 80er renoviert. Vorwiegend Geschäftsreisende als Gäste. DZ/F 75–85 €. SS 117 bis, km 92; ✆ 0933 911144, ✉ 0933 907236.
** Hotel Sole (3), am Meer südöstlich des Zentrums, Nähe Piazza Trento. Zimmer mit Blick auf die brennenden Fackeln der Raffinerien und auf die Tanker, die weit draußen auf das Laden warten. 2001 renoviert und ganz passabel. DZ/Bad etwa 45 €. Via Mare 32, ✆ 0933 924440, ✉ 0933 925292, www.hotelsole.sicilia.it.
- *Essen* **Ristorante Casanova (2)**, an der Umgehungsstraße, etwa auf Höhe von Bahnhof und Busbahnhof. Solides Restaurant, zu den Spezialitäten zählen mit Fisch gefüllte Nudeln. Menü ab etwa 20–25 € bis Venezia 89, So-Abend und Mo geschlossen, im August Betriebsferien.

Sehenswertes

Museo e Parco Archeologico: Am östlichen Ende des Corso Vittorio Emanuele, zentrumsnah und nicht zu verfehlen. Das moderne, sehr gut bestückte Museum präsentiert Funde aus Gela (im Erdgeschoss) und der Umgebung von Caltanissetta. Die Exponate bestehen hauptsächlich aus Keramik: Wasserspeier mit Pferde- und Fratzenköpfen, Statuen und eine große Sammlung bemalter Vasen. Auf einem Terrakottafragment ist eine pornographische Szene zu sehen, die Akteure in ziemlich verrenkter Körperhaltung und mit entsprechend missvergnügtem Gesichtsausdruck.

An das Museum schließt sich ein großer archäologischer Park an. Die Grundmauern eines antiken Stadtteils und die Tempelreste bilden einen seltsamen Kontrast zu den Raffineriefackeln und Bohrtürmen des modernen Gela, die im Hintergrund sichtbar sind.

Öffnungszeiten von Museum und Park täglich 9–13, 15–18.30 Uhr, am letzten Mo im Monat geschlossen. Eintritt 3 €, Ticket auch gültig für die Fortificazione di Capo Soprano.

Bagni Greci: In der Nähe des Hospitals; an der Gabelung am westlichen Ende des Corsos links in die Via Manzoni, später rechts in die Via Europa. Die griechische Badeanlage stammt aus dem 4. Jh. v. Chr. und war mit Heizung und Kanalisation ausgestattet. In dem halbrunden Gebäude sind noch die Sitzwannen aus Terrakotta zu sehen.

Fortificazione di Capo Soprano: Im Westen der Stadt am Meer; vom Zentrum zunächst wie zu den Griechischen Bädern, dann aber die Via Manzoni (später:

Falconara 287

Via Scavone) immer geradeaus, insgesamt etwa 45 min. zu Fuß. Die ausgedehnte Verteidigungsanlage des antiken Gela, eine der am besten erhaltenen der Griechenzeit, war schon im 5. Jh. v. Chr. entstanden, dann von Karthago zerstört und unter *Timoleon* neu errichtet worden. Den Dünen, die sie verschüttet hatten, verdankt die Stadtmauer ihren teilweise noch guten Zustand. Erst 1954 fanden die Ausgrabungen statt. An manchen Stellen ist die Mauer fast acht Meter hoch, eine Verkleidung aus lichtdämpfendem Plexiglas schützt die Ziegel vor der Sonne. Mit etwas Phantasie sind noch Zu- und Aufgänge zu erkennen, im Inneren der Anlage einige Grundmauern von Militärgebäuden.

① Täglich 9 Uhr bis eine Stunde vor Sonnenuntergang, Eintritt mit Ticket des Archäologischen Museums und umgekehrt.

▶ **Baden**: Kaum zu glauben, aber wahr! Am Stadtstrand, der rein optisch auch gar nicht übel aussieht, wagen sich tatsächlich Menschen in die Fluten – vielleicht sind die Einwohner gegen Chemie ja mittlerweile resistent...

Falconara

Eigentlich gar kein Ort, sondern eine verstreute Ansammlung von Ferienvillen rund um ein am Meer liegendes Kastell aus dem 14. Jh.

Auch wenn das Kastell nicht zu besichtigen ist, wäre Falconara mit seinen von Felsen unterbrochenen, kilometerlangen Sandstränden doch immerhin ein guter Badeplatz. Leider steht es mit der Pflege jedoch nicht gerade zum Besten. An Sommerwochenenden und im August ist dennoch einiges los: Dann treten die Einwohner von Gela denen von Licata auf die Füße und umgekehrt.

• *Verbindungen* **Bahnstation** an der Linie Gela-Licata, nicht jeder Zug hält. Zum Meer etwa ein Kilometer.

• *Übernachten* Schmale Möglichkeiten und eher wenig beeindruckende Qualität. Insgesamt scheint Falconara in einem stetigen Abstieg begriffen. Im August trotzdem besser nicht mit den hiesigen Quartieren rechnen, meist ist alles voll. Nur: Von einem Monat Auslastung kann kein Hotel leben.

*** Hotel Stella Mediterraneo, Abzweigung ein Stück östlich in Richtung Gela. Trotz kleiner Schwächen die mit Abstand angenehmste Bleibe in der Gegend. Schöne Lage, freundliche Besitzer, geschmackvolle

Architektur. Liebevoll eingerichtet und begrünt, große Zimmer mit Meerblick. Über Treppen zum schmalen Sandstrand. DZ/F etwa 80–100 €; Juli/August meist nur mit Halbpension. Ganzjährig geöffnet; ℡ 0934 349004, ℻ 349007, www.stelladelmediterraneo.it.

* **Hotel Lido degli Angeli**, in Falconara, mit Restaurant, Bar, etc. für den Strandbetrieb; die Zimmervermietung ist nur ein Nebengeschäft. Eher etwas für den Notfall, DZ/Bad/F knapp 75 €. ℡ 0934 349054.

• *Camping* *** **Eurocamping Due Rocche**, am Meer, etwa 2 km westlich von Falconara. Moderner und sehr komfortabler, etwas steril wirkender Platz. Ordnungsbewusst in Reihen aufgeteilt, meist Familien und Dauercamper; vielfältig begrünt, Schatten trotzdem nur mittel. Schmaler, aber langer Sandstrand mit kleinem Felskap vor der Tür. Gute Ausstattung mit Restaurant, Bar und Geschäft; Warmduschen gratis. Zwei Personen, Auto, Zelt knapp 20 €. Ganzjährig geöffnet, ℡ 0934 349006, ℻ 349007.

Licata

Früher verdiente das Städtchen, das bereits zur Provinz Agrigento zählt, sein Geld hauptsächlich mit dem Fischereihafen, heute dagegen vor allem mit Chemieanlagen, die rund um Licata vor sich hinkokeln.

So heißt der Mittelpunkt der Stadt denn auch *Piazza Progresso*, Platz des Fortschritts. Gen Norden verläuft die geschäftige Hauptstraße *Corso Umberto I.*, nach Westen, ebenso geschäftig, der *Corso Roma*. Das recht hübsche Zentrum von Licata ist nicht ohne Charme, Sehenswertes allerdings gibt es kaum zu vermelden. Immerhin kann man zu dem auf einem Hügel gelegenen Kastell hochpilgern und von oben Stadtlandschaft und Hafen betrachten.

> ### Das Mädchen und die Hosen
>
> Italienweit bekannt wurde Licata Ende der Achtziger durch das Buch "Volevo i pantaloni" – ein Bekanntheitsgrad, auf den man hier sicher gern verzichtet hätte. In dem 1989 erschienenen autobiographischen Roman (deutsch: "Ich wollte Hosen") schilderte die damals 19-jährige Lara Cardella die erdrückende Doppelmoral der tiefen sizilianischen Provinz. Dabei ging es nicht nur um das elterliche Verbot enger Hosen oder heimlicher Küsse auf der Parkbank, sondern auch um sexuelle Gewalt in der Familie. Lara Cardella wurde mit dem Buch berühmt in Italien, in Licata freilich konnte sie sich nicht mehr auf der Straße blicken lassen.

• *Verbindungen* **Bahn**: Station nördlich des Zentrums, jenseits der SS 115. Nach Agrigento besser per **Bus**, der nicht den großen Bogen im Landesinneren fährt.

• *Übernachten* *** **Hotel Al Faro**, kastenartiger Bau, komfortabel und hafennah, in erster Linie wohl für Geschäftsreisende gedacht. Gutes, wenn auch teures Restaurant. DZ etwa 65 €. Via Dogana 6, ℡ 0922 775503, ℻ 0922 773087.

* **Hotel Roma**, im Zentrum. Einfache Einrichtung mit Stahlrohrbetten, sehr sauber, die Bäder blitzblank. Zimmer nach hinten, deshalb trotz lauter Umgebung ziemlich ruhig. DZ/Bad 50 €. Corso Serrovira 22, Nähe Kreuzung mit Corso Umberto, ℡0922 774075.

Museo Civico: An der Piazza Linares, beim Corso Umberto. Archäologische Funde aus der Umgebung, vor allem aus *Phintias*, das die Bewohner des zerstörten Gela im 3. Jh. v. Chr. auf dem Hügel des Kastells gegründet hatten.
🕐 Di-Sa 9–12.30, 16–19 Uhr, Eintritt frei.

▲ Bunt: Hafen von Ortigia (Siracusa) ▲▲ Barock: Notos Piazza Immaculata

▲▲ Badespaß im Süßwasser: Cava Grande (Ávola)
▲ Wie ein griechisches Theater: Ragusa-Ibla

▲ Abends beleuchtet: Agrigentos Tal der Tempel (Foto: Gunter Quaißer)

▲▲ Reizvolle Stopps im Binnenland: Sant Angelo Muxaro...
▲ und Prizzi – Details jeweils im Kapitel „Inselinneres" (Fotos: Peter Amann)

Zwischen Licata und Agrigento

Um Licata erstreckt sich eine weite Ebene, genutzt insbesondere zum Wein- und Kornanbau. Schafherden streifen durch die im Sommer teilweise versteppte Gegend. Am Meer westlich der Stadt liegen kleine Feriensiedlungen am langen Sandstrand, zu erreichen über die parallel zur SS 115 verlaufende Straße nach Torre di Gaffe. Später wird die Landschaft rauer, karstige und verwitterte Hügel kommen ins Blickfeld.

Palma di Montechiaro

Auf einem Höhenzug oberhalb der SS 115 liegt die Heimat von Giuseppe Tomaso di Lampedusa, Autor des "Leoparden".

Einer seiner Ahnen gründete 1637 die Stadt, und hier wurden auch Szenen des gleichnamigen Films gedreht. Das kleine Zentrum von Palma trägt barocke Züge, schön ist besonders die Kirche *Chiesa Madre* mit ihrer weiten Freitreppe. Der Großteil der Stadt zeigt allerdings die auf Sizilien fast schon allgegenwärtigen Spuren der Bauspekulation, ist im Verfall begriffen oder seit Jahren unfertig. Kein Wunder, dass die Mafia in Palma di Montechiaro regen Zulauf findet. Vor Jahren schaffte es das ausgedehnte Landnest sogar in deutsche Schlagzeilen: zum einen wegen der offensichtlich sehr regen Kontakte der hiesigen Mafia nach Deutschland, zum anderen wegen einer extrem hohen Rate "unnatürlicher" Todesfälle. Bei Kriegen zwischen den verschiedenen Clans gab es ab Mitte der 80er-Jahre innerhalb von sieben Jahren 58 Tote – kein einziger Mord wurde aufgeklärt.

Marina di Palma

Ebenfalls wild und hemmungslos verbaut, der typische kilometerlange Strandort mit Ferienvillen und billigen Apartmenthäusern.

Etwa zwei Kilometer westlich liegt hoch über dem Meer das *Castello di Montechiaro* aus dem 14. Jh.; unterhalb, aber nicht einfach zu erreichen, finden sich schöne Strandbuchten. Der in dieser Gegend mehrfach ausgeschilderte Camping "Gattopardo" existiert nicht mehr, die Anfahrt über den miserablen Feldweg kann man sich also sparen.

Naro

Ein gefälliges mittelalterliches Städtchen im Hinterland von Palma di Montechiaro, etwa 15 Kilometer nördlich der Stadt.

Über dem an einen Hügel gebauten Ort thront ein Kastell der Familie *Chiaramonte* aus dem 14. Jahrhundert. Schon unter den Arabern stand hier die Festung *Nar*, die dem Ort den Namen gab, und unter Friedrich II. war Naro Königsstadt. In der Altstadt unterhalb des Kastells wartet gleich eine ganze Reihe von Barockkirchen auf einen Besuch, zu den schönsten gehört die *Chiesa Sant'Agostino*. Reizvoll auch die Anfahrt beziehungsweise die Rückreise zur Küste, bei der sich schöne Ausblicke aufs Meer öffnen.

Agrigento

"Agrigent, Schönste der sterblichen Städte" (Pindar)

Das berühmte Tal der Tempel, weit größer als die heutige Stadt und eine der interessantesten archäologischen Stätten der Insel. Als Kulisse eine Skyline von Hochhäusern, die auf Sizilien ihresgleichen sucht. Unsichtbar dahinter das reizvolle, mittelalterlich und barock geprägte Zentrum. Agrigento hat viele Gesichter.

Die Busladungen von Touristen, die mal schnell die Tempel abhaken, bekommen "nur" die antike Seite der Provinzhauptstadt zu Gesicht. Die Reste des mächtigen griechischen *Akragas*, die beeindruckende Reihe von Tempeln inmitten einer heiteren, lichten Landschaft sind auch völlig zu Recht der Hauptanziehungspunkt der Stadt. So mancher Individualreisende lässt sich ebenfalls von dem modernen Betonwall im Hintergrund abschrecken und sucht am Ende seiner Tempeltour erschrocken das Weite. Dabei ist auch die malerische Altstadt mit ihren engen, steil ansteigenden Treppengässchen, den überwölbten Gängen und kleinen Plätzen einen Besuch wert. In Agrigento kann man also durchaus ein paar angenehme Tage verbringen – und das Meer liegt gleich in der Nähe ...

Obwohl die Stadt nur 55.000 Einwohner hat, wirkt sie durch ihre räumliche Ausdehnung viel größer. Bus- und Bahnreisende treffen am Rand der Altstadt ein, die im oberen Teil eines 350 Meter hohen Hügels liegt. Von hier sind es nur ein paar Schritte zur *Via Atenea*, Haupt- und Promenierstraße von Agrigento. Etwas südlich des Zentrums stehen die Hochhäuser der Neustadt. Zwar schon ein Stück tiefer, versperren sie aber trotzdem an vielen Stellen den Blick, wirken wie eine städteplanerische Schandtat erster Ordnung – wobei von Stadtplanung im eigentlichen Sinn aber keine Rede sein kann, ist Agrigento doch weithin durch die selbst für sizilianische Verhältnisse ungewöhnlich hohe Zahl (mehr als tausend sollen es sein) an Schwarzbauten berüchtigt. Unterhalb der Stadt, auf einem zum Meer hin abfallenden Plateau, erstreckt sich das weitläufige *Valle dei Templi*, das Tal der Tempel. Noch ein Stück weiter liegt *San Leone*, die Strandsiedlung von Agrigento und sommerliches Zentrum des Abendvergnügens.

Geschichte

Das Gründungsjahr von Akragas wird auf etwa 580 v. Chr. datiert. Einwohner von Gela waren es, die sich auf dem Hügelrücken zwischen den Flüssen Akragas (daher der Name) und Hypsas niederließen. Bald stießen neue Kolonisten aus Kreta und Rhodos zu der Siedlung. Um 570 v. Chr. riss ein gewisser *Phalaris* mit Gewalt die Herrschaft an sich und wurde zum Tyrann (damals wertfrei: Alleinherrscher) von Akragas. Er muss ein seltsam zwiespältiger Mensch gewesen sein, der sich gern mit Dichtern und Philosophen umgab, seine Feinde aber in einem bronzenen Stier zu Tode röstete. Nach einer flammenden Rede des angereisten Philosophen *Pythagoras*, des Herrn mit dem rechtwinkligen Dreieck, soll sein der Tyrannis überdrüssiges Volk ihn 555 v. Chr. gesteinigt haben. Das inzwischen zu Blüte und Wohlstand gekommene Akragas wurde nun demokratisch regiert, bis sich 488 v. Chr. *Theron* zum Tyrannen aufschwingen konnte. Anders als sein Vorgänger scheint er gerecht und weise regiert zu haben und war beim Volk beliebt. Geschickt knüpfte er familiäre Bande zum wichtigsten politischen Faktor auf Sizilien, verheiratete seine Tochter mit *Gelon* von Syrakus. Gemeinsam schlugen sie 480 v. Chr. bei Himera die Karthager. Akragas' Reichtum und Einfluss waren gesichert, die Stadt erlebte den Höhepunkt ihrer Macht. Über 200.000 Menschen lebten hier, manch antiker Autor spricht gar von 800.000 Einwohnern. Und man lebte nicht schlecht, Luxus, Dekadenz und Prunksucht breiteten sich aus. Damals entstand auch die Mehrzahl der heute noch bewunderten Tempel. Empedokles beschreibt seine Zeitgenossen so: *"Sie essen, als ob sie morgen sterben müssen, und sie bauen, als ob sie ewig leben sollten."*

25 Säulen stehen noch: Tempio di Giunone

Gerade das prunkvolle Wohlleben seiner Einwohner führte am Ende zum Niedergang von Akragas. 415 v. Chr. bewahrte man im Peloponnesischen Krieg zwischen Athen und Syrakus vorsichtige Neutralität. Als 406 v. Chr. Karthago erneut zuschlug und Akragas belagerte, hatte es Syrakus nicht eilig mit der Entsendung seiner Hilfstruppen. Schließlich überließen die verweichlichten Städter Akragas kampflos dem Feind und zogen nach Gela ab. Zwar wurde unter *Timoleon* von Syrakus die Stadt im 4. Jh. v. Chr. erneut besiedelt, aber die einstige Größe war unwiederbringlich verloren. Bald kamen die *Römer*, die die Stadt in *Agrigentum* umbenannten und zu einem ihrer Handelsplätze machten. Im 5. Jh. nach Chr. schlugen die *Vandalen* schnell und gründlich zu. Den *Arabern*, die 828 die verbliebene kleine Siedlung eroberten und ihr noch einmal zu bescheidenem Aufschwung verhalfen, folgten 1087 die *Normannen*. In den kommenden Jahrhunderten fristete das damals *Girgenti* genannte Städtchen ein armseliges Dasein; erst in unserem Jahrhundert gelangte es wieder zu Wohlstand und ab 1927 auch zum heutigen Namen.

Göttlicher Empedokles

Der um 490 v. Chr. in Akragas geborene *Empedokles* war ein echtes Multitalent: Philosoph, demokratischer Politiker, Arzt und Dichter. Von ihm stammt die These, die Welt bestehe aus den vier Grundelementen Feuer, Wasser, Luft und Erde. Durch die Urkräfte Liebe und Hass auf ewig in Bewegung gehalten, vermischten sich diese Elemente beständig – es gebe also kein Werden und Vergehen, sondern nur ständigen Wandel. Der Anhänger der Lehre von der Seelenwanderung war auch ein glühender Verfechter der Gleichheit aller Geschöpfe. Als Konsequenz forderte er die Abschaffung der Sklaverei und der Tieropfer. Bei der Bevölkerung höchst beliebt war er hauptsächlich seiner praktischen Ideen wegen: Die kollabierende Kanalisation von Selinunte brachte er durch Umleitung zweier Bäche in Schwung, und seine Heimatstadt befreite er vom Gestank der Sümpfe, indem er als Luftschneise eine künstliche Schlucht in den Hügel von Akragas schlagen ließ. Die Verehrung, die das Volk Empedokles entgegenbrachte, stellte ihn einem Gott gleich. Nicht gerade bescheiden sah er sich ebenso: *"Nicht mehr als Mensch, als unsterblicher Gott wandle ich unter euch, von allen geehrt, wie es sich gebührt..."* heißt es in einem seiner Lieder. Um seinen Tod reihen sich verschiedene Legenden; von Flammen umgeben soll er sich gen Himmel erhoben haben, einer anderen Version zufolge selbstmörderisch in den Krater des Etna gesprungen sein. Nüchterne Historiker allerdings lassen sein Leben um 430 v. Chr. im politischen Exil auf dem Peloponnes enden.

Information/Adressen

- *Information* **A.A.P.I.T.**, in einem Holzkiosk am Parkplatz beim Tal der Tempel. Eigentlich ein Privatunternehmen, jedoch im Auftrag der Provinz, durchaus engagiert. Piazza Agora, ✆ 0922 26191, geöffnet täglich 8.30–13, 15–19.30 Uhr
A.A.S.T., kleine Infostelle beim Hauptzugang zur Altstadt, geöffnet Mo–Fr 9–13, 16–20 Uhr, Sa 9–13 Uhr. Piazza Aldo Moro 1, ✆ 0922 403776.

- *Postleitzahl* 92100
- *Post* Piazza Vittorio Emanuele, am östlichen Rand der Altstadt.
- *Telefon* Telecom, Via de Gasperi, knapp östlich des Zentrums; ⊙ täglich 8–18.30 Uhr.
- *Internet-Zugang* Libreria multimediale, Altstadt, Via Celauro 7, ein Seitengässchen bergwärts der östlichen Via Atenea.

Verbindungen

Zug: Stazione Centrale, wirklich zentral an der Piazza Marconi, zur Altstadt links über die Treppen. Direktverbindung nach Palermo 11-mal, nach Caltanissetta (Umsteigen in den Osten) 8-mal, nach Catania 3-mal täglich.
Bus: Autostazione an der Piazzale Rosseli, schräg hinter der Post. Mit CUFFARO und CAMILLERI zusammen 9-mal täglich nach Palermo, SAL nach Gela 4-mal, SAIS nach Catania (Anschluss Siracusa) via Airport Catania 13-mal täglich. 3-mal täglich fährt die Agentur DITTA SALVATORE LUMIA die Küste entlang der SS 115 westlich, also u. a. Sciacca, Castelvetrano, Mazara und Marsala, Endpunkt ist Trapani. Teilstrecken der Linie häufiger, z.B. Sciacca 12-mal täglich.
Stadtbusse: Haltestellen entlang der Via Atenea und vor dem Bahnhof; Tickets nicht im Bus, sondern am Kiosk oder in den Tabacchi (Vorrat günstig!). Wichtige Linien: Nr. 1, 1/ (durchgestrichen), 2, 2/, 3 und 3/ zum Museo Archeologico im Valle dei

Agrigento

Templi; Nr. 2 und 2/ weiter zum Badevorort San Leone. Vor dem Bahnhof auch Abfahrt der Busse nach Porto Empedocle, etwa jede halbe Stunde.

Auto: Parken am besten am Rand der Altstadt, innen ist garantiert nichts zu finden. Engste Gassen und Einbahnregelung nerven zusätzlich. Im Tal der Tempel gebührenpflichtiger, bewachter Parkplatz.

Übernachten (siehe Karte Seite 295)

Die satten Zimmerpreise entsprechen dem Beliebtheitsgrad der Stadt und liegen etwa auf dem Niveau von Taormina. Wenigstens hat sich in den letzten Jahren durch Neueröffnungen und Renovierungen die durchschnittliche Qualität der Quartiere deutlich verbessert. Im August wird es eng, denn auch Italiener wollen ihre Kunstschätze entdecken – Reservierung ist dann sehr ratsam.

• *In Agrigento und dem Tal der Tempel*
**** Hotel Baglio della Luna (4), sehr schönes Hotel in einem ausgedehnten Landsitz, dessen ältester Bauteil, ein Wehrturm, noch bis ins 13. Jh. zurückgeht. 1995 eröffnet, wunderbarer Blick auf das Tal der Tempel, komfortable und stilvoll eingerichtete Zimmer. Gutes, wenn auch nicht billiges Restaurant, großer Garten etc. DZ/F rund 250–270 €. Contrada da Maddalusa, ✆ 0922 511061, ✆ 0922 598802, www.pregiohotel.com.

**** Hotel Villa Athena (3), berühmtestes Hotel der Stadt, eine Villa aus dem 18. Jh., von den Terrassen toller Blick, Swimmingpool. Traumlage im Tal der Tempel; oft ausgebucht. Laut mehreren Leserzuschriften entsprechen allerdings nicht alle Zimmer dem Standard, den man in dieser Kategorie erwarten könnte; sinngemäß soll das auch für den Service gelten. DZ/F 210 €; Via Passegiate Archeologice 33, ✆ 0922 596288, ✆ 0922 402180. www.athenahotels.com.

*** Hotel Pirandello (1), in einem neueren Stadtteil östlich des Zentrums, durch die jüngeren Quartiere dort etwas ins Hintertreffen geraten. Mit schönem Blick aufs Tal der Tempel, die Zimmer eher Durchschnitt, aber für örtliche Verhältnisse in Ordnung. Laut einer Leserzuschrift sorgt die im selben Haus untergebrachte Station der Finanzpolizei gelegentlich für Unruhe. DZ/F etwa 90 €. Via Giovanni XXIII., Nr. 9; ✆ 0922 595666, ✆ 0922 402497.

*** Hotel Amici (20), 2001 eröffnetes Hotel in der Nähe des Bahnhofs. Sehr ordentliches Quartier mit einem enthusiastischen jungen Chef, gut ausgestatteten Zimmern samt Klimanalage und TV sowie einem bewachten Gratis-Parkplatz. 26 Zimmer auf vier Etagen, DZ/F 60–70 €. Reservierung ratsam. Via Acrone 5, bei der Piazza Marconi, Autoanfahrt über die Via Esseneto, vor den Bahngleisen dann rechts in die Via Acrone; ✆/✆ 0922 402381, www.hotelamici.com.

*** Hotel L´Antica Foresteria Catalana (11), in der Altstadt. Ebenfalls erst 2001 eröffnet, hübsch dekorierte Zimmer mit Klimaanlage und TV, DZ/Bad 75 €. Piazza Lena 5, vom hinteren Teil der Via Atenea bei der Eden-Bar die steile Via BacBac rechts hoch; falls niemand anzutreffen ist, der bei der Rezeption im zugehörigen Hotel Bella Napoli fragen. ✆/✆ 0922 20435.

** Hotel Bella Napoli (12), gleich nebenan. Anfang 2002 komplett renoviert und zuletzt in Erweiterung. Auch hier besitzen die Zimmer Klimaanlage und TV; DZ 65 €. Piazza Lena 5, ✆/✆ wie oben, hotelbellanapoli@tin.it.

** Hotel Concordia (18), ebenfalls in der Altstadt. Bislang nicht gerade eine erstklassige Adresse, soll das Haus nach dem bereits vollzogenen Besitzerwechsel renoviert und dadurch deutlich verbessert werden. Noch fraglich, inwieweit sich die Preisniveau (zuletzt: DZ/Bad etwa 40 €) künftig erhöhen wird. Via San Francesco 11, eine Parallelstraße unterhalb der Via Atenea; ✆/✆ 0922 596266.

Bed & Breakfast Atenea 191 (15), freundlich geführtes, für die Kategorie recht großes Quartier direkt an der Hauptgasse der Altstadt. Hübsche Zimmer, zum Teil mit Aussicht; die Besitzerin stammt aus dem spanischen Cáceres. DZ/F 60–80 €, auch Vierbettzimmer. Via Atenea 191, ✆ 0922 595594, www.atenea191.it.

• *Außerhalb* Für Autofahrer erwägenswert.
**** Hotel Kaos (5), in der Hotelsiedlung "Villaggio Pirandello", einige Kilometer Richtung Porto Empedocle, beschildert. Nach ökologischen Grundsätzen renovierte Villa mit Wirtschaftsgebäuden, zum Hotel umfunktioniert. Schöne große Außenanlage, der Pool ist gigantisch; Tennis etc., Das Essen wurde von Lesern gelobt. DZ/F rund 130–155 €. ✆ 0922 598622, ✆ 0922 598770, www.athenahotels.com.

**** Hotel Dioscuri Bay Palace (10), am Anfang des Lungomare in der Strandsiedlung

Südküste Karte Seite 284/285

San Leone. Mehr als hundert Zimmer mit allem Komfort dieser Klasse, ein Highlight ist der große, dem Meer zugewandte Pool. DZ/F 140–200 €. Lungomare Falcone e Borsellino 1, ℡ 0922 406111, ℻ 0922 411297, www.framon-hotels.it.

** Hotel Akragas (6), kleineres Hotel an der Einfahrt nach San Leone. Etwas hellhörig, insgesamt aber ein solides, gut geführtes Haus, weshalb es zur HS auch schwer wird, Platz zu bekommen. Einige Parkplätze, Zimmer nach hinten wegen der nahen Straße vor allem im Sommer vorzuziehen. DZ etwa 65 €. Via Emporium 16, ℡ 0922 414082.

• *Camping* Zwei gut ausgestattete Plätze und eine inoffizielle Campingmöglichkeit, alles in San Leone, vom Bahnhof erreichbar mit den Bussen 2 und 2/ (durchgestrichen), die tagsüber halbstündlich fahren, So und abends seltener.

*** Camping Valle dei Templi, neuer Platz am Viale Emporium, etwas zentraler gelegen als die Konkurrenz. Großes, leicht geneigtes Gelände, bislang nur wenig Schatten; hübscher Pool mit Bar. Die Sanitärs sind in Ordnung, dürften aber bei voller Belegung etwas sparsam dimensioniert sein. Ganzjährig, zwei Personen, Auto, Zelt zur HS 23 €. ℡ 0922 411115, www.campingvalledeitempli.com.

*** Camping Internazionale Nettuno, im äußersten östlichen Bereich von San Leone, mit direktem Zugang zu einem schönen Sandstrand. In drei Ebenen angelegt, mittlerer bis guter Schatten. Bar, kleiner Markt und gut geführtes Restaurant mit freundlichem, deutschsprachigem Wirt. Zur HS wirken die Sanitäranlagen einer Leserzuschrift zufolge nicht immer gepflegt; das Duschmarkensystem ist etwas gewöhnungsbedürftig. An der Hauptstraße bei der Bushaltestelle alle Arten von Versorgungsmöglichkeiten, in der dortigen Bäckerei gute Pizze und Focacce. Preise etwa wie oben. Ganzjährig geöffnet, ℡ 0922 416268.

Camping Internazionale Bar Oasi, inoffizieller Platz an der Strandstraße, vom Zentrum San Leones kommend etwa 500 Meter vor dem Camping Nettuno, einer Strandbar angeschlossen. Schattig, Sanitäres jedoch ziemlich rudimentär. Preise etwa wie oben und damit für das Gebotene eindeutig zu teuer.

Essen & Trinken

• *In Agrigento* **Trattoria Da Giovanni (14)**, an einem hübschen kleinen Platz vor der Altstadt. Sehr nobles Lokal mit kleiner, aber feiner Karte und Schwerpunkt auf Fischspezialitäten. Menü à la carte ab etwa 30 €. Reservierung sehr ratsam. Piazzetta Vadalá 2, ℡ 0922 21110. So Ruhetag.

Ristorante Kalòs (17), ebenfalls in diesem Gebiet und eine mögliche Alternativadresse, allerdings nicht ganz so beliebt wie "Giovanni". Das Preisniveau liegt ähnlich. Piazza San Calogero, leicht zu übersehen, da im ersten Stock des Häuserblocks, ℡ 0922 26389. So Ruhetag.

Trattoria dei Templi (2), in einer Art Vorort nahe dem Tal der Tempel, mit einer kleinen Terrasse zur lauten Straße. Die Küche jedoch ist solide und typisch: hausgemachte Nudeln, frischer Fisch. Menü ab etwa 25 € aufwärts. Strada Panoramica dei Templi 15. Do Ruhetag.

Rist. Ruga Reali – Osteria del Teatro (13), im westlichen Bereich der Altstadt. Unweit des Theaters gelegen, genießt das angenehme Lokal auch unter den Schauspielern besten Ruf. Liebenswerter, weinkundiger Wirt; prima Cuscus. Menü ab etwa 20–25 €. Cortile Scribani 8, oberhalb der Piazza Pirandello; ℡ 0922 20370. Mi Ruhetag.

Rist.-Pizzeria Il Capriccio di Mare (19), nahe Bahnhof und von derselben Familie betrieben wie das gleichnamige, sehr empfehlenswerte Lokal in San Leone. Hübsches Interieur, auch einige wenige Tische mit Aussicht. Menü ab etwa 18 €, Pizza ab 4 €. Via Francesco Crispi 4, Mo Ruhetag.

Gelateria Insomnia (16), beliebtes Café an der Hauptgasse der Altstadt. Gute Auswahl an süßen und salzigen Stückchen, ein feiner Platz z.B. fürs Frühstück oder einen Bissen zwischendurch. Via Atenea 133.

Weinbar Tempio di Vino, ein Lesertipp von Alexandra & Dirk Thewes: "In dieser Enoteca, wunderbar mit Blick auf eine beleuchtete Kirche gelegen, haben wir guten Wein aus reichhaltiger Auswahl getrunken. Piazza San Francesco 11–13."

• *In San Leone* **Ristorante Leon d'Oro (7)**, angenehmes Restaurant der höheren Preisklasse, in San Leone an der Haupteinfahrtsstraße, unweit Hotel Akragas. Von außen eher unscheinbar, innen stilvoll eingerichtet. Vielseitige und traditionsbezogene Küche, gute Pasta- und Fischgerichte, große Weinauswahl. Menü etwa 20–25 €. Via Emporium, Mo und im November geschlossen.

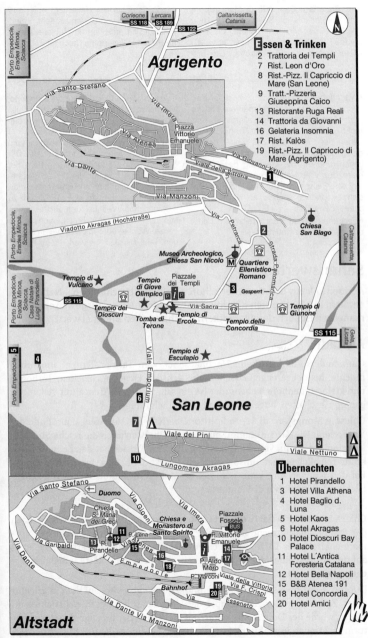

Rist.-Pizzeria Il Capriccio di Mare (8), im hinteren Bereich von San Leone. Gut und bei Einheimischen sehr beliebt, Pizza ab etwa 5 €. Viale Nettuno 27, noch etwa 200 Meter östlich des Jugendtreffs beim Balneario Aster. In der Nähe liegt auf Hausnummer 35 die von Lesern als sehr freundlich, gut und preiswert empfohlene **Trattoria-Pizzeria Giuseppina Caico (9)**.

Nachtleben/Einkaufen/Veranstaltungen

- *Nachtleben* Findet vornehmlich in San Leone statt, wo es auch mehrere Discos gibt; deren Eintrittspreise allerdings sind recht gesalzen. Beliebtester Treffpunkt ist neben der Promenade das weiter östlich gelegene Gebiet beim Balneario Aster. Hier liegen rund um die Kreuzung des Lungomare, des Viale Nettuno und des Viale dei Pini eine Reihe von Gelaterias und Bars, die sich besonders abends an Sommerwochenenden füllen.
- *Einkaufen* Markt jeden Freitag am Campo Sportivo in der Neustadt.
- *Veranstaltungen* **La Sagra del Mandorlo**, Mandelblütenfest mit internationalen Folkloregruppen, die vor den Tempeln auftreten, etwa in der ersten Februarhälfte.
San Calogero, Fest des Stadtheiligen, vom ersten bis zweiten Sonntag im Juli. Der dunkelhäutige Gottesmann hatte bei einer Pestepidemie Brot für die Armen gesammelt. Aus Angst, sich anzustecken, warfen die Spender es ihm aus sicherer Distanz zu – folgerichtig wird bei den Prozessionen auch seine Statue mit Brot beworfen. Die ganze Woche über diverse Veranstaltungen, Tanz, Musik, Feuerwerk, etc.

Sehenswertes

Agrigento kann den Besucher schon eine Weile beschäftigen... Neben den antiken, seit 1997 durch die Unesco als Weltkulturerbe ausgewiesenen Monumenten ist auch der Altstadtkern durchaus einen Bummel wert.

Altstadt

Ganz anders, als man beim Hochhausblick vom Tal der Tempel annehmen möchte: heimelige enge Gässchen, die sich den Hügel hochziehen, Torbögen und kleine Innenhöfe. Lebensader ist die schmucke Via Atenea mit vielen eleganten Geschäften, hügelwärts wird es deutlich ruhiger.

Chiesa e Monastero di Santo Spirito: Oberhalb der Via Atenea, am Ende der Via Fodera. Die Kirche stammt aus dem 13. Jh. Beachtlich die reiche Stuckdekoration des 18. Jh. von *Giacomo Serpotta*. Am Kloster hat der Zahn der Zeit schon reichlich genagt, umso malerischer wirkt der halb verfallene Kreuzgang. Bei den Nonnen hier kann man ein berühmtes, traditionsreiches Mandelgebäck kaufen, die Pasta di Mandorla.
Öffnungszeiten Mo–Sa 9–13 Uhr, Di/Do auch 15.30–17.30 Uhr.

Chiesa Santa Maria dei Greci: Im Gassengewirr oberhalb der Via Atenea, nach der Piazza Sinatra; nicht ganz leicht zu finden. Die dreischiffige kleine Normannenkirche des 13. Jh. ist auf einem viel älteren Heiligtum erbaut: Sie steht auf den Ruinen eines dorischen Tempels, von dem noch Reste unter der Kirche zu sehen sind.

Duomo: Ganz oben auf dem Altstadthügel von Agrigento, auf dem in griechischer Zeit ein großer Zeustempel die Umgebung beherrschte. Errichtet im 11. Jh., wurde der Dom später mehrfach umgebaut; der unvollendete Glockenturm steht noch in arabisch-normannischer Tradition, die mächtige Freitreppe entstammt wohl der Barockzeit. Die Fassade ist großteils (über-) renoviert worden; wo nicht, ist der weiche Kalkstein stark angefressen. Der Aufstieg lohnt sich schon allein wegen der weiten Aussicht.

Bestens erhalten: der Concordiatempel

Tal der Tempel (Valle dei Templi)

Die Reihe von Tempeln, die den Ruhm von Agrigento ausmacht, wird heute von der Via dei Templi in den westlichen und östlichen Bezirk geteilt. Ein besonders reizvolles Bild bietet sich nachts, wenn die Tempel angestrahlt werden; dann ist auch der Blick von der Aussichtsstraße Viale della Vittoria in der Oberstadt am schönsten.

Die Tagesvisite legt man am besten in die frühen Morgenstunden, wenn es noch angenehm kühl und relativ leer ist; später rollen zum einen die Reisebusse an, vor allem aber kann die Hitze wirklich mörderisch werden. Die Benennung der Tempel ist übrigens in der Regel willkürlich – Anzeichen, welcher Gott in welchem Tempel verehrt wurde, sind noch nicht aufgetaucht. Von manchen Tempeln (Herkules-, Concordiatempel) weiß man immerhin, dass sie in römischer Zeit ihren Namenspatronen geweiht waren; aus griechischer Zeit ist aber nichts bekannt. Auch darf man sich die Bauten nicht in dem einheitlichen Honiggelb denken, in dem sie heute dastehen; sie waren mit Stuck verkleidet und farbenfroh bemalt.

<u>Eintrittsgebühren</u> Tal der Tempel 4,50 €, Kombi-Ticket mit Archäologischem Museum 6 €.

Chiesa San Biagio und Felsheiligtum der Demeter: Etwas abseits, noch oberhalb des Tals und wenig besucht. Zu erreichen über die Via F. Crispi, die von der Viale della Vittoria in der Oberstadt abzweigt und hinab zur Via Demetra führt. Das Normannenkirchlein San Biagio steht auf den Resten eines Tempels, der vermutlich der Fruchtbarkeitsgöttin Demeter geweiht war. Nördlich der Kirche sind zwei runde Altäre zu sehen, auf denen Opfer dargebracht wurden. Unterhalb der Kirche und über eine Treppe zu erreichen, liegt das Felsheiligtum der Demeter, die älteste heilige Stätte von Agrigento – schon vor der griechischen Kolonisierung verehrten hier Sikuler ihre Götter. Hinter den Ruinen eines Tempels sind zwei Grotten weit in den Fels getrieben.

Kopie eines Telamons: Das Original wurde früher als Grillplatz missbraucht

Museo Archeologico Regionale: Nahe der Kreuzung Via Petrarca und Via dei Templi, Parken gebührenpflichtig. Neben den Museen von Siracusa und Palermo sicher das bedeutendste auf Sizilien. Die Fülle von Fundstücken aus Akragas und der Provinz ist bestens beleuchtet und in Szene gesetzt; der zeitliche Rahmen erstreckt sich von der Vorgeschichte bis zur Römerzeit. In mehreren Sälen ist eine sehr schöne Sammlung von Vasen zu sehen, bemalt mit Motiven aus Kampf, Sport, Religion und Musik. Das imposanteste Ausstellungsstück steht in Saal 6: einer der steinernen *Telamone* (Atlanten) aus dem 5. Jh. v. Chr., die den Oberbau des Tempels des Olympischen Zeus stützten. Mit einer Höhe von fast acht Metern beansprucht der stark verwitterte Gigant gleich zwei Etagen. Die Rekonstruktion des Zeus-Tempels im gleichen Saal macht das frühere Aussehen dieses Monumentalbauwerks anschaulich – das Original ist nur mehr ein Trümmerfeld. Berühmt ist die Statue eines *Epheben* (Jünglings) in Saal 10, sie stammt vom Anfang des 5. Jh. v.

Tal der Tempel 299

Chr. Ein ebenfalls interessantes Beispiel griechischer Kunst findet sich in Raum 15: ein *Krater* (Gefäß) aus Keramik, bemalt mit der Darstellung einer Amazonenschlacht.

☼ Täglich 9–13 Uhr; Di–Sa auch 14–19.30 Uhr, im Hochsommer durchgehend 9–22 Uhr; leider wechseln die Zeiten oft. Eintritt 4,50 €, günstiger mit dem Kombiticket.

Chiesa San Nicola: Direkt neben dem Museum. Das Kirchlein aus dem 13. Jh. besitzt ein schönes gotisches Portal; die Hauptsehenswürdigkeit steht jedoch in einer Seitenkapelle: der *Sarkophag der Phaedra*. An den Seiten wird in feinster bildhauerischer Arbeit die Geschichte der Phaedra erzählt. Die Gemahlin des Theseus hatte sich in ihren Stiefsohn Hippolytos verliebt, doch als Frauenverächter wollte der junge Mann nichts von ihr wissen. Die Verschmähte schwärzte ihn bei ihrem Mann an. Ob des wahren Motivs unwissend, ließ Theseus schließlich seinen Sohn umbringen.

☼ Die Kirche ist in der Regel nur zu Hochzeiten geöffnet. Am Eingang steht die Telefonnummer des Kustoden; falls er kommt, ist Trinkgeld wohl selbstverständlich. Der Sarkophag soll eventuell verlegt werden, im Museum fragen.

Quartiere Ellenistico-Romano: Die Reste eines griechisch-römischen Wohnviertels liegen schräg gegenüber des Museums; geöffnet 9–19 Uhr, Zugang mit der Eintrittskarte des Museums. Zu sehen sind noch die Grundrisse der Häuser und Teile der Kanalisation.

Westlicher Tempelbezirk: Zugang ab dem Parkplatz mit Infostelle, an dem sich auch eine Bar findet. Geöffnet ist das Gebiet von 8.30 Uhr bis eine Stunde vor Sonnenuntergang.

Templo di Giove Olimpico: Seine Ruinen liegen gleich hinter dem Eingang. Eine ausgedehnte Steinhalde ist alles, was heute vom einst monumentalen Tempel zu sehen ist. Karthagische Sklaven mussten ihn nach ihrer Niederlage bei Himera 480 v. Chr. als griechisches Siegesmonument errichten. 406 v. Chr. wurde er, noch vor seiner Fertigstellung, von den Karthagern zerstört. Erdbeben beschädigten die Ruine weiter, später diente sie als Steinbruch für den Bau des Hafens von Porto Empedocle. Der Tempel des Olympischen Zeus war einst einer der größten des Mittelmeerraums – Grundfläche über 110x50 Meter, die Säulen, die das Dach trugen, hatten eine Höhe von ca. 21 Metern! Kunstreisende früherer Epochen attestierten solchen Ausmaßen oft hochnäsige Gigantomanie, im Gegensatz zur bescheidenen Schlichtheit Griechenlands. Auch Goethe registrierte fast erschreckt, dass er "*mit beiden Schultern anstoßend*" in die Kannelierung (Rinnen) einer Säule hineinpasste. Dabei war der Aufbau des Zeus-Tempels durchaus gewitzt: Statt einen Kernbau mit umlaufender Säulenhalle zu versehen, verschloss man die Abstände zwischen den Säulen mit Wänden. Auf einem Wandvorsprung standen zwischen den Säulen steinerne Telamone (Atlanten), die das Gebälk stützten. An der Ostseite der Tempelruine prunkt ein Altar ebenfalls beachtlicher Größe (54x17 Meter). Auf dem Gelände ist auch der einzig erhalten gebliebene der Telamone zu sehen, allerdings eine Kopie: Picknickende Sizilianer hatten die Kerbe zwischen den Beinen zu oft als Grillstelle benutzt – soviel zum einheimischen Respekt vor der eigenen Geschichte … Das Original steht im Archäologischen Museum, wo man auch eine Rekonstruktion des Tempels sehen kann. Neben dem Zeus-Tempel liegt der *Tempio dei Dioscuri* aus dem 5. Jh. v. Christus. Die vier über

Eck stehenden Säulen wurden im 19. Jh. wieder aufgerichtet; sie bilden das viel fotografierte Wahrzeichen Agrigentos. Weiter westlich findet sich das sogenannte *Heiligtum der chtonischen Gottheiten*, eine schon zu sikulischen Zeiten benützte Kultstätte. Der *Tempio di Vulcano* ist jenseits des im Sommer ausgetrockneten Flussbetts zu sehen. Anfahrt über die SS 115 in westlicher Richtung, dann rechts in einen Feldweg, der auf eine Eisenbahnbrücke zuführt. Dort beginnt der Aufstieg. Außer Grundriss und einigen Säulenresten blieb nicht viel erhalten, Besucher kommen nur selten.

▶ **Östlicher Tempelbezirk**: Geöffnet wie oben. Vom Parkplatz geht es über die Straße, dann hoch zum *Tempio di Ercole*. Der Herkulestempel stammt aus dem 6. Jh. v. Chr. und ist damit der älteste der Via Sacra. Nach einem Erdbeben eingefallen, wurden die acht Säulen, die noch zu sehen sind, erst im 20. Jahrhundert wieder aufgestellt. Südwestlich, außerhalb des früheren Stadtbezirks, das sogenannte Grab des Theron, *Tomba di Terone*. Es handelt sich jedoch nicht um die letzte Ruhestätte des Tyrannen, sondern um einen viel später errichteten Grabbau römischer Zeit.

Concordiatempel: Wieder an der Via Sacra, vorbei an der Villa Aurea, in deren Garten Felsgräber zu sehen sind. Etwa 425 v. Chr. entstanden, gehört er zu den am besten erhaltenen griechischen Tempeln überhaupt. Zu danken ist diese Tatsache dem Bischof von Agrigento, der im 6. Jh. die Säulen mit Mauern verbinden ließ und den Tempel in eine christliche Kirche verwandelte. Erst 1748, die Antike kam allmählich durch die wachsende Zahl der Bildungsreisenden in Mode, riss man die Mauern wieder ein. So gestützt, überstanden die 34 mächtigen Säulen alle Erdbeben, die den anderen Tempeln zum Verhängnis wurden; nur das Dach ist eingefallen. Ein Stück weiter östlich steht auf einer Anhöhe der letzte Tempel der Reihe, der *Tempio di Giunone*, früher irrtümlich als Heiligtum der Hera oder Juno angesehen. Von dem gegen 450 v. Chr. erbauten Tempel blieben 25 Säulen erhalten. Die Brandspuren, die an manchen Stellen im Inneren zu sehen sind, stammen von den Karthagern, die den Tempel 406 v. Chr. nach kampfloser Einnahme der Stadt in Brand setzten; die Römer restaurierten ihn dann wieder. Unterhalb des Tempels erkennt man Reste der Stadtmauer und byzantinische Grabhöhlen. – Der *Tempio di Esculapio*, ein ganzes Stück südlich an der Straße nach Porto Empedocle, ist nur etwas für ganz gewissenhafte Besucher: Viel ist von ihm nicht erhalten geblieben.

▶ **Baden**: Bei der Strandsiedlung San Leone kilometerweite Sandstrände, zunächst durch die Hintergrundbebauung verschandelt, in östlicher Richtung dann optisch angenehmer. Trotz der relativen Nähe des Schmutzhafens Porto Empedocle soll das Wasser einwandfrei sein, die Stadt lässt es regelmäßig testen – in der Frage der Objektivität solcher Messungen muss man natürlich auf das Gute im Menschen hoffen.

Umgebung von Agrigento

▶ **Casa Natale di Luigi Pirandello**: Das Geburtshaus des Dichters und Literatur-Nobelpreisträgers von 1934 liegt etwas abseits der SS 115 Richtung Porto Empedocle-Trapani, im Ortsteil Caos. Heute ist hier ein Museum mit Erinnerungsstücken an das Leben des großen sizilianischen Dichters eingerichtet. Zu sehen sind hauptsächlich Gemälde, aber auch Porträts, alte Ausgaben seiner Romane, Photos und Theaterplakate.

Der 1867 geborene und 1936 verstorbene Schriftsteller Luigi Pirandello ist vor allem durch sein psychologisches Theaterstück "Sechs Personen suchen einen Autor" bekannt. Für Sizilienfans unbedingt lesenswert sind aber auch seine vielen Novellen. Der Film "Kaos" (benannt nach dem Ortsteil) der Brüder *Taviani* erzählt einige dieser Kurzgeschichten. Zum Inhalt haben sie meist das Leben der einfachen Leute, Bauern, Tagelöhner und Arbeiter. Eine von Pirandellos eindrucksvollsten Novellen ist wohl "Ciaula entdeckt den Mond", die Geschichte eines Jungen, der in den Schwefelminen arbeitet und zum ersten Mal in seinem Leben das Nachtgestirn sieht. Obwohl er hauptsächlich in Rom lebte, kam Pirandello oft in sein Geburtshaus zurück. Ein Pfad hinter dem Haus führt zum Lieblingsplatz des Dichters, einer markanten, vom steten Wind gebeugten Pinie mit schönem Blick aufs Meer. Unter ihr liegt er auch begraben.

⏲ Täglich 9–13, 16–19 Uhr, Eintrittsgebühr 2 €.

Harmlos: ein "Vulcanello"

▶ **I Vulcanelli di Macalubbe**: In der Umgebung des Dorfes Aragona, rund 15 Kilometer nördlich von Agrigento, versteckt sich ein Naturphänomen, das schon Goethe, Seume und Maupassant beschrieben haben – eine etwa einen Hektar große, graue Fläche ohne jede Vegetation, auf der winzige Schlamm-"Vulkane" vor sich hinblubbern. Die Aktivität der putzigen Minivulkane, rund vier Kilometer vom Ort entfernt, scheint Schwankungen ausgesetzt zu sein, manchmal

Südküste – Pelagische Inseln

sprudeln sie geradezu, manchmal ist das Gelände fast ausgetrocknet. Das Gebiet wurde mittlerweile als Naturreservat ausgewiesen, die Zufahrt ist nun endlich komplett asphaltiert.

• *Information* Pro Loco, in Aragona, Via Roma 1, ✆ 0922 37777. Nur vormittags von Mo–Fr geöffnet.

• *Anfahrt zu den Vulcanelli* Von der Straße Agrigento-Palermo Richtung Aragona abbiegen, kurz nach dem Ortseingang bei einem olivgrünen Haus linker Hand der (zuletzt von einer Palme überwucherten) Beschilderung nach links folgen, 300 Meter weiter erneut links. Nochmals 500 Meter weiter hält man sich an einer Gabelung links bzw. geradeaus, dann immer der Hauptstraße folgen, bis man nach etwa 2,5 Kilometern am Straßenende auf die Sperrung trifft. Nun zu Fuß geradeaus auf dem durch eine Kette versperrten Weg weiter, nach circa 300 Metern nach rechts auf die graue Kuppe zuhalten.

Porto Empedocle

Der naturliebende Philosoph Empedokles wäre wohl kaum damit einverstanden gewesen, ausgerechnet diese Stadt nach ihm zu benennen. Zementwerke, chemische Industrie, heruntergekommene Hochhäuser und verdrecktes Wasser machen Porto Empedocle zu einem echten Schandfleck der Küste. Der große Hafen, unter Zuhilfenahme von Steinquadern des Zeus-Tempels von Agrigento erbaut, wurde zum Verschiffen des Schwefels aus den Gruben bei Caltanissetta geschaffen. Heute ist er Sprungbrett zu den Pelagischen Inseln Lampedusa und Linosa – wohl das einzige Argument für einen Besuch in Porto Empedocle.

• *Verbindungen* Details zu Zeiten, Preisen etc. im Kapitel über die Pelagischen Inseln.
Siremar-Fähre, Tickets im Hafen bei der Siremar-Agentur, Via Molo 13, ✆ 0922 636683/85, ✆ 0922 530152, oder in Reisebüros in Agrigento. www.grupotirrenia.it/siremar.
Aliscafo Ustica Lines (Tragflügelboot), Agenzia Pietro Barbaro, Via IV Novembre 3, ✆ 0922 636110, ✆ 0922 636525, oder ebenfalls in Reisebüros in Agrigento. www.usticalines.it.
Bus: Haltestelle an der Piazza Italia, halbstündlich Busse nach Agrigento.

• *Übernachten* Zwei Hotels der Mittelklasse, beide etwas außerhalb am Meer, mit Pool und oft von Reisegruppen belegt.
*** **Hotel dei Pini**, Contrada San Calogero SS 115; DZ knapp 100 €. ✆ 0922 634844, ✆ 0922 632895.
*** **Hotel Tiziana Residence**, Località Durrueli; DZ etwa 80 €. ✆ 0922 637202, ✆ 0922 637363.

• *Camping* * **Camping Marinella Village**, 2,5 km westlich des Ortes, 150 m vom schmutzigen Meer. Ziemlich schattig durch dünne Eukalypusbäume, der Boden sehr staubig vom benachbarten Zementwerk. Sanitäres in Ordnung, Bar und Restaurant in der Nähe. Interessant, um bei einem Lampedusa-Abstecher Auto und evtl. Zelt gegen Gebühr stehen zu lassen, was zumindest in der Nebensaison ohne Probleme möglich sein müsste. Ganzjährig geöffnet; zivile Preise: zwei Personen, Auto, Zelt etwa 13 €; ✆ 0922 535210.

▶ **Scala dei Turchi:** Ein wirklich sehenswertes Naturmonument, gleichzeitig ein interessanter Badeausflug. Die "Türkentreppe", eine blendendweiße Kalkformation, deren schräg horizontal verlaufende Riesenstufen tatsächlich an Treppen erinnern, liegt etwa vier Kilometer westlich von Porto Empedocle, zu erreichen über die Küstenstraße bis zum Lido Majata, dann weiter zu Fuß am Strand entlang. Ihren Namen trägt sie daher, dass hier einst Piraten ("Türken") an Land gegangen sein sollen; heute wird das Ensemble gern als Hintergrund für Modeaufnahmen etc. genutzt. Westlich jenseits der Scala erstrecken sich unter einer atemberaubenden Steilküste lange Sandstrände, die bis zur Küstensiedlung Realmonte bei Siculiana reichen.

Karge Landschaft: im Inselinneren von Lampedusa

Pelagische Inseln

"Auf hoher See", so die Bedeutung des Namens, liegen sie näher an Afrika als an Sizilien: die zur Provinz Agrigento gehörende Inselgruppe ist Italiens südlichste Ecke. Lange verlassen, gilt die Hauptinsel Lampedusa inzwischen bei vielen Norditalienern als schickes Urlaubsziel.

Der Archipel besteht aus drei Inseln. Das über 200 Kilometer von Sizilien entfernte *Lampedusa* ist die größte von ihnen und liegt am weitesten südlich. *Linosa*, 42 Kilometer entfernt, hat gerade mal ein paar hundert Einwohner. Hier ist wirklich noch Ruhe zu finden – oder der Hund begraben, je nach Sichtweise. Nur von einem einsamen Leuchtturm bestanden ist das winzige Eiland *Lampione*.

Wer auf die Inselgruppe kommt, will vor allem baden, tauchen und flanieren. An Sehenswürdigkeiten ist nichts geboten. Wassersportler finden dagegen wirklich hervorragende Möglichkeiten vor, das Meer ist absolut sauber und glasklar, der Fischreichtum beeindruckend.

Zwar schon in der Steinzeit bewohnt, wurden die Inseln in der Antike verlassen; erst 1845 kamen erneut Siedler. Nach dem Zweiten Weltkrieg wurde die Einwohnerschaft um eine Kolonie politischer Häftlinge vergrößert. Heute trägt die amerikanische Militärbasis auf Lampedusa ihren Teil zur Bevölkerung bei und sorgt auch für Publicity: Der Vergeltungsangriff Ghaddafis nach der Bombardierung von Tripolis ging 1986 durch die Weltpresse, auch wenn seine Raketen weit vor der Insel ins Meer stürzten.

Lampedusa

Ein länglicher, flacher, fast völlig baumloser Kalkfelsen von gerade 20 Quadratkilometern Größe. Großteils steil abfallende Klippenküste, im Süden von tiefen Buchteinschnitten unterbrochen. Wenige, aber sehr schöne Sandstrände.

Lampedusa hat etwas über 5000 ständige Einwohner, die fast alle in Lampedusa-"Stadt" leben, außer der kleinen Siedlung *Guitgia* der einzige Ort der Insel. Neben Fischerei bildet der Tourismus die Haupteinnahmequelle, wobei italienische Gäste die absolute Majorität der jährlich rund 150.000 Besucher darstellen. In der Hochsaison zwischen Juli und Mitte September sieht man trotz eines Straßennetzes von vielleicht 20 Kilometern reichlich Nummernschilder aus Milano, Turin und anderen norditalienischen Städten, montiert oft an Jeeps, die samt der eigenen Villa einfach zum Ferienvergnügen der italienischen Jet-Set-Urlauber zu gehören scheinen. Lampedusa ist vornehmlich eine Insel der Reichen und Schönen, wobei sich ersteres deutlich in den Preisen niederschlägt. Auch einfache Lebensmittel sind teuer, schließlich muss ein großer Teil per Fähre von Sizilien herangeschafft werden.

Fluchtziel Lampedusa

Durch die Nähe zu Afrika bildet Lampedusa eines der Hauptziele professioneller Schlepperbanden, die Emigranten und Flüchtlinge ("Clandestini") von Tunesien aus ins Land zu schleusen versuchen. Bis zu 1000 Euro pro Kopf kassieren sie für eine nächtliche Passage in völlig überfüllten Kähnen – für afrikanische Verhältnisse ein wahres Vermögen, das oft ein ganzer Familienverband über Jahre hinweg gespart hat. Dabei wissen die meist jungen Männer und Frauen überhaupt nicht, auf welche Gefahren sie sich einlassen, geschweige denn, wohin die Fahrt geht; mancher soll sich nach Ankunft auf Lampedusa schon nach dem nächsten Bahnhof erkundigt haben. Wer die riskante Reise über 60 Seemeilen hinweg übersteht, landet in aller Regel in einem Auffanglager und hat damit noch Glück gehabt: Viele der maroden Boote kentern unterwegs, die Zahl der Ertrunkenen ist kaum zu ermitteln.

Landschaftlich beeindruckt der Großteil der Insel nicht übermäßig; kein Baum, kaum ein Strauch erfreuen das Auge, flache Mäuerchen umgrenzen Felder, auf denen nichts wächst außer Steinen und Kakteen. Die Südküste macht mit ihren teilweise schluchtartigen Buchten dagegen einen sehr reizvollen Eindruck; hier liegen auch die Badestrände der Insel. Im Norden finden sich Steilabstürze von fast 100 Metern Höhe.

Wunderschön eingefangen ist die karge Landschaft der Insel in dem neorealistisch inspirierten Film "Lampedusa" (Originaltitel: "Respiro") von Emanuele Crialese, der beim Filmfestival von Cannes 2002 kräftig abräumte: Er wurde mit dem Preis als Bester Film und gleichzeitig mit dem Publikumspreis ausgezeichnet; Hauptdarstellerin Valeria Golino erhielt den Preis als Beste Schau-

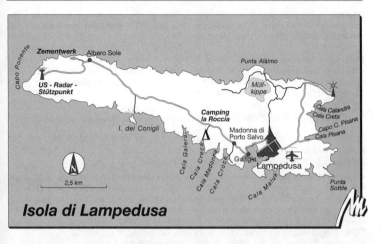

Isola di Lampedusa

spielerin. Die Insulaner, so hört man, sind freilich nicht so ganz glücklich mit dem Werk und fühlen sich, obwohl der Film ja deutlich in der Vergangenheit spielt, als rückständig und wenig tolerant dargestellt.

Bleibt noch die Frage zu klären, ob die Insel Lampedusa etwas mit dem Autor des "Leoparden" zu tun hat. Hat sie, prinzipiell: Schon 1667 geriet Lampedusa in den Besitz der Fürstenfamilie Tomasi, die sie 1840 jedoch wieder verkaufte. Giuseppe Tomasi di Lampedusa selbst ist nie auf der Insel gewesen.

Information/Verbindungen

• *Information* **Agenzia Le Pelagie**, ein privates Reisebüro, das aber viel Service bietet. Flug-, Schiffs- und Bahntickets, auch Vermittlung von Apartments etc. Via Roma 159, ✆ 0922 970170, ✉ 0922 971434, www.lepelagie.com.

• *Verbindungen* **Flug**: Flughafen etwa einen Kilometer außerhalb von Lampedusa-Stadt, ganzjährig tägliche Flüge von und nach Palermo, p.P. etwa 75 €. In manchen Jahren wird zur Subventionierung des Fremdenverkehrs ein Teil der Flugkosten erstattet, Infos in den Reiseagenturen mit Ticketlizenz.

Schiff: Agenturen jeweils in Porto Empedocle, siehe dort.

SIREMAR-Fähren ab Porto Empedocle von Juni–September 1-mal täglich, Rest des Jahres 6-mal/Woche, jeweils gegen Mitternacht. Preis pro Person einfach je nach Saison etwa 30–35 €. Gegen Aufpreis Kabine möglich, in HS unbedingt reservieren. Gleiches gilt für Pkw, Preis bei Länge bis 4 m rund 75 € einfach – viel kann man damit nicht anfangen, besser in einer Garage in Porto Empedocle abstellen. Dauer der Überfahrt etwa 8 Stunden, Seegang oft nicht zu knapp, es kann schon mal kräftig schaukeln. Wenn's ganz übel windet, ist auch völliger Ausfall der Fähre möglich – im Winter 2003/2004 musste Lampedusa sogar einmal per Luftbrücke versorgt werden, da die Schiffe mehr als eine Woche lang nicht anlegen konnten. Siremar-Agentur Lampedusa: Strazzera, Lungomare L. Rizzo, ✆ 0922 970003; Internet-Infos unter www.grupotirrenia.it/siremar.

USTICA LINES fährt mit schnellen Tragflügelbooten je nach Saison 2- bis 6-mal wöchentlich von Porto Empedocle auf die Inseln; Fahrtdauer etwa 4 bis 4,5 Stunden, Preis p.P. etwa 50 €. Bei schwerem Seegang fallen die Aliscafi allerdings noch wesentlich häufiger aus als die Fähren. Die Siremar-Agentur vertritt auch Ustica Lines. www.usticalines.it.

Südküste – Pelagische Inseln

Inselbus: 8- bis 9-mal täglich auf der einzigen Asphaltstraße, entlang der Südküste. Haltestelle an der Piazza Piave, Nähe Via Roma.

Mietwagen, Mietvespa, Motorboote: nicht unbedingt die neuesten Modelle, für die paar Kilometer reicht's aber leicht. In der NS sollte man ruhig etwas handeln, im Sommer oft Engpässe. Autonoleggio Dag, ✆ 0922 970755, vermietet Zweiräder und Autos. Daneben noch verschiedene weitere Vermieter, Adressen bei der Agentur "Le Pelagie", siehe oben.

Bootsverleih: Lo Verde, ✆ 0922 971986, und bei Autonoleggio Dag, siehe oben.

Übernachten/Camping/Veranstaltungen

Hotels reichlich, trotzdem in der Hauptsaison meist alles belegt: Schon vor der Abfahrt telefonisch anfragen. Preisniveau astronomisch, im Sommer fast immer Halbpension Pflicht. Außerhalb der Saison: Handeln!

- *Hotels* ***** Hotel Baia Turchese**, im Ortsteil Guitgia, westlich des Zentrums. Große geräumige Zimmer, teils mit Blick auf die Bucht. Zum Sandstrand über die Straße. DZ etwa 120–180 €; im Juli/August ist HP (p.P. 170 €) obligatorisch. Geöffnet Ende März bis Anfang Oktober, ✆ 0922 970455, ✆ 0922 970098.

*** Hotel Royal, im Zentrum. Freundliche Zimmer, nett dekoriertes Foyer, hübsche Bar fürs Frühstück, kein Pensionszwang. DZ etwa 115 €, zur NS auch schon mal günstiger. Via Maccaferri 3, eine Seitenstraße der Via Roma, ✆ 0922 970123; ganzjährig geöffnet.

*** Hotel Pelagie, ebenfalls im Zentrum, der gleichnamigen Agentur zugehörig. Solider Komfort, DZ etwa 75–130 €, im August nur mit HP. Via G. Bonfiglio, 11, ✆ 0922 970211, ✆ 0922 971045, www.lepelagie.com.

** Il Gattopardo, ein fast schon berühmtes Feriendorf aus kleinen, eher spartanischen Steinhäusern bei der Bucht Cala Creta. Im Pauschalpreis sind Vollpension, Schiffsausflüge, Autobenutzung etc. enthalten. Keine Gäste unter 18 Jahren, dafür viel Prominenz unter der Klientel. Nur pauschal über Veranstalter buchbar, Wochenpreis p.P. etwa 1100–1800 €, mit Meerblick noch darüber. Via Beta 6, Cala Creta. Informationen unter ✆ 0922 970051 oder direkt beim italienischen Edelveranstalter Equinoxe in Mailand, ✆ 022 9060242, ✆ 022 9060622, www.equinoxe.it.

** Hotel Belvedere, ein Betonklotz mit jedoch recht brauchbaren Zimmern, teilweise wirklich mit Blick auf den kleinen Hafen von Guitgia. DZ 65 €, im August nur mit HP. Piazza Marconi 2, ✆ 0922 970188; ganzjährig.

- *Camping* **** Camping La Roccia**, bei der Ankunft des Fährschiffs oft mit einem Kleinbus präsent. Etwa 3 km westlich des Ortes (Busverbindung), am Meer, Felsstrand. In mühevoller Kleinarbeit begrünt, Schatten trotzdem nur durch Mattendächer. Zeltverleih, notfalls findet sich auch ein Schlafsack. Hübsche Bar, Restaurant, Bungalowvermietung – Reservierung dringend angeraten. Zur HS nerven leider schon mal nächtliche Musikveranstaltungen. Preis p.P. 9 €, Rest inklusive. ✆ 0922 970055. Ganzjährig geöffnet.

Essen/Sport/Veranstaltungen

- *Essen* **Ristorante Gemelli**, das Feinschmeckerlokal der Insel, in vielen Gourmetführern lobend erwähnt. Feine Fischküche, Menü à la carte ab etwa 40 €. In gewisser Weise typisch für Lampedusa, dass es in Mailand ein gleichnamiges Schwesterlokal gibt. Via Cala Pisana 2, ✆ 0922 970699. Nur abends, von Mitte Oktober bis Mitte Mai geschlossen.

Ristorante Il Saraceno, ebenfalls nur zur Saison geöffnet. Schickes Ambiente mit Hafenblick, kreative Küche. Menü um die 30 €. Via Belvedere 7, nur abends, von November bis März geschlossen. ✆ 0922 971641.

- *Sport* **Tauchen**: Diving Center Forza Dieci, das renommierteste Tauchzentrum der Insel, ✆ 0922 975462.

- *Veranstaltungen* **Festa del Paese**, am 21./22.9. Musik, Tanz, Prozession auf der Inselhauptstraße, Feuerwerk.

Isola dei Conigli: Laichplatz für Meeresschildkröten

Inseltour

Den Norden der Insel, durchzogen von mehreren Staubwegen, kann man sich sparen, so man kein Freund von Müllplätzen ist. Im äußersten Nordosten führt eine Asphaltstraße zum Leuchtturm an einem Steilabfall, besonders berauschend ist's hier aber auch nicht.

Lampedusa-Stadt: Einförmig mit schnurgerader Hauptstraße Via Roma, dicht gesäumt von Geschäften, Restaurants und Bars. Die einzige "Sehenswürdigkeit" ist das Publikum, sehen und gesehen werden heißt die Devise. Im Bikini durch die Stadt, als Konzession an die "Sittlichkeit" noch ein Stretchmini drüber – in einer sizilianischen Stadt kaum denkbar, hier völlig normal. Wer zahlt, schafft eben an ...

Südküste: Westlich der Stadt zunächst der Vorposten *Guitgia*, eine kleine, neuere Siedlung mit Sandstrand, eigenem Hafen und vielen Hotels.

Cala Croce: die nächste Bucht, ein schmaler, etwa 100 m langer Sandstrand, türkisfarbenes Wasser und eingerahmt von Felsklippen. Zufahrt bei der Bushaltestelle und dem Hinweisschild zur Trattoria "Cala Croce".

Santuario Madonna di Porto Salvo: Ein Stück weiter westlich, der grünste Fleck der Insel. Das schmucklose Kirchlein ist umgeben von einem üppig blühenden Garten; Schilder bitten um "Betreten in dezenter Kleidung". Die farbenfroh gewandete Madonna stammt deutlich sichtbar von Laienhand. Direkt südlich liegt die Bucht *Cala Madonna* – wie die westlich anschließenden anderen Buchten felsig und nur mit etwas Kletterei zu erreichen.

Isola dei Conigli: Abzweig knapp fünf Kilometer hinter dem Heiligtum, vorbei an einer Radiostation und einer Trattoria. Links der "Kanincheninsel" liegt eine Felsbucht, in der oft beeindruckende Yachten ankern, rechts erstreckt sich ein wunderschöner Strand: lang und breit, mit hellgrünem, glasklarem Wasser und in der Saison entsprechend gut gefüllt. Auf der Insel selbst gibt es tatsächlich Kaninchen, bekannter ist sie aber für die Meeresschildkröten, die hier ihre Eier ablegen; in dieser Zeit wird sie für die Öffentlichkeit gesperrt. Taucher können vor der Kanincheninsel in 15 m Tiefe eine dort versenkte Madonnenstatue besuchen.

Albero Sole: Weiter westlich an der Hauptstraße liegt der "Gipfel" der Insel, mit der stolzen Höhe von 133 Metern. Hier steht eine italienische Radiostation; das Steilufer daneben fällt direkt zum Meer hin ab – ungesichert, nichts für nicht Schwindelfreie! Später teilt sich die Hauptstraße: Rechts ist bei einem Zementwerk Schluss, links kommt man zu einer Radarstation

Linosa

Klein, ruhig, wenig Tourismus – für Taucher und Ruhesuchende.

Die runde Form lässt es schon ahnen: Ein Vulkan schuf die Insel, geologisch ist sie also völlig anders aufgebaut als Lampedusa. Die fruchtbare Vulkanasche kam auch der Vegetation zugute, Linosa zeigt ein wenig mehr Grün als die große Schwester. Die Landschaft im Inselinneren wird von Hügeln geprägt, höchste Erhebung ist der Monte Vulcano mit 195 Metern.

Alle etwa 450 ständigen Bewohner der Insel leben im Ort Linosa, der einzigen Siedlung. Die Atmosphäre ist dörflich-entspannt, hübsch sind die teils bunten Häuschen. Die klippenreiche Felsküste erfreut weniger den Badegast als den Taucher, denn das Meer um Linosa besitzt eine sehr artenreiche Unterwasserwelt.

- *Verbindungen* Fähren ab Porto Empedocle, ähnliche Preise wie nach Lampedusa, siehe dort. Agentur für Siremar und Ustica Lines: Mare Viaggi, Via Re Umberto 70, ✆ 0922 972062. Pkw-Mitnahme ist unsinnig.
- *Übernachten* *** **Hotel Villaggio Linosa**, eine Art Ferienclub; ein Tauchzentrum ist angeschlossen. DZ 85 €, in Normalfall aber mit Vollpension, p.P. 100 €. Nur Juni bis September geöffnet. Contrada da Calcarella, ✆ 0922 972060, ✉ 0922 972060.
Privatzimmer und Ferienhäuser z.B. über das Restaurant Errera (siehe unten), Vincenzo La Russa (✆ 0922 972010) und Piero Bonadonna (✆ 0922 972077).
- *Essen* **Rist. Da Errera**, wie die halbe Insel nur zur Saison geöffnet. Sehr ordentliche lokale Küche, neben der Inselspezialität Linsensuppe natürlich vorwiegend Fischgerichte. Menü etwa im Bereich 20–30 €. Via Scalo Vecchio, ✆ 0922 972041. Von Oktober bis Mai geschlossen.
- *Sport* **Tauchen**: Marenostrum, Via Re Umberto, ✆ 0922 972042.

Weiter an der Südküste

Siculiana Marina

Der relativ ausgedehnte Hauptort Siculiana klebt auf einem Hügelrücken oberhalb der SS 115, die zugehörige Strandsiedlung liegt am Ende einer Stichstraße. Sie ist kaum mehr als eine bescheidene Häuseransammlung an einem langen, recht breiten Sandstrand, besonders schön in Richtung Westen, wo sich

Siculiana Marina

Schöne Lage: Strand von Siculiana Marina

schroffe Felsabstürze erstrecken. Da fast nur aus neueren Ferienhäusern bestehend, liegt die kleine, gar nicht unsympathische Siedlung außerhalb der Saison recht verwaist.

• *Übernachten* *** **Villa Sikania**, an der Fernstraße. 1999 eröffnet; helle, freundliche Zimmer mit Klimaanlage, TV, geräumiger Terrasse und Schallschutzverglasung; gepflegter Garten mit großem Pool. Freundlicher Service. DZ/F etwa 120 €, im Winter etwas günstiger. SS 115, km 169,3; ✆ 0922 817818, ✆ 0922 815751, www.villasikania.com.

** **Hotel Residence Paguro**, in der Strandsiedlung, gebaut nach dem Motto schmal, aber hoch. Die Zimmer fallen für Kategorie und Preis sehr schlicht aus. DZ/F 60 €, von Juni bis August ist Halbpension obligatorisch. Zusätzlich Vermietung von Apartments für max. 5 Personen, nur wochenweise. Geöffnet von April–September; ✆ 0922 815512.

Azienda Agrituristica Villa Capo, in schöner Lage etwas über dem Inlandsort Siculiana, der Blick reicht bis zum Meer. Gute, komfortable Zimmer im Hauptbau und im Nebengebäude eines alten Gutshofes, freundliche Leitung. DZ/Bad/F 70 €. Gute Küche, mehrere Leser waren sehr zufrieden; HP p.P. 50 €. Contrada da Capo, aus Richtung Agrigento am Ortseingang bei km 170 der SS 115 (Agip-Tankstelle) rechts, beschildert, noch 500 Meter den Berg hoch; ✆ 0922 817186, Handy 338 7409650, pasquale_mangione@virgilio.it.

• *Camping* * **Camping Canne**, östlich des Ortes, nach einem Tunnel links ab. Riesengelände, außerhalb der Saison trotzdem familiäre Atmosphäre. Junge Bäume, Schatten recht sparsam, sehr einfache Sanitäranlagen, Bar. Der Strand am Hafenbecken wenig überzeugend. Zwei Personen, Auto, Zelt 17 €. Geöffnet Mai–September; ✆ 339 7440778 (mobil).

* **Camping Herbesso**, am Ende der nach Westen führenden Stichstraße, ist seit Jahren geschlossen, könnte eines Tages aber dennoch wieder öffnen.

▶ Westlich von Siculiana geht es auf der Schnellstraße Richtung Sciacca durch eine karstige, kaum bewachsene, wildromantische Bergeinöde mit regelrechtem Westerncharakter – Karl May lässt grüßen.

Eraclea Minoa

Einer der schönsten Badestrände Siziliens, auch zur Hochsaison selten überfüllt. Die Ruinen der griechischen Siedlung oberhalb der Küste sind fantastisch gelegen, haben aber nicht das Format von Agrigento oder Selinunte.

Nur eine kompakte kleine Feriensiedlung liegt an der kilometerlangen, geschwungenen Strandbucht, ein Lebensmittelladen, zwei Bar-Restaurants und ein allerdings riesiger Campingplatz – das war's auch schon, keine Landschaftszersiedelung, keine Betonhotels. Der Strand selbst erstreckt sich über mehr als zehn Kilometer bis fast nach Siculiana Marina, außerhalb der von den Strandbars gepflegten Zonen muss man sich allerdings auf Anschwemmungen einstellen. In den letzten Jahren wurde der Sandstreifen zudem deutlich vom Meer angenagt und dadurch auffallend schmaler, doch kann sich dies auch wieder ändern. Platz bleibt ohnehin genug, selbst im August. Auch die Optik stimmt: grünblaues Meer, hellgelber Sand, im Hintergrund eine große Pinienaufforstung und westlich das Capo Bianco, weiße Kreideklippen, auf denen die griechischen Ruinen stehen; ein besonderes Schauspiel bietet sich in hellen Mondnächten, wenn die Klippen geradezu leuchten. Mit der Natur wird hier erstaunlich pfleglich umgegangen, die nahe Flussmündung *Foce del Fiume Platani* ist als Schutzgebiet eingezäunt und nicht zugänglich. Zu Recht, schließlich konnte an dem auch im Sommer Wasser führenden Fluss eine artenreiche Tier- und Pflanzenwelt überleben.

- *Verbindungen* Von Juni bis September verkehren 3- bis 4-mal täglich Kleinbusse der Gesellschaft CACCIATORE ab Cattolica Eraclea, letzter am frühen Nachmittag; nach Cattolica mit D.S. LUMIA ab Sciacca oder Agrigento. Sonst müssen Busreisende an der Kreuzung Bivio Eraclea Minoa aussteigen (dem Fahrer Bescheid sagen) und dann noch knapp 4 km marschieren. Bei der Weiterreise wird's schwieriger, ob der Bus trotz eifrigen Winkens wirklich hält, ist nicht gesagt.
- *Übernachten/Essen* Im Örtchen selbst ist es im August fast aussichtslos, eine Unterkunft zu finden, die Kapazitäten sind gering. In der Nebensaison stehen dafür an fast jedem Haus Schilder mit den Aufschriften "Affitasi" (zu vermieten), "Camere" oder "Rooms". Aber Achtung: "Manche Zimmervermieter platzieren offensichtlich Rentner vor Villen, die einem dort Visitenkarten mit respektablen Berufsbezeichnungen ("Professore") überreichen. Interessiert man sich dann für eine Bleibe, wird man von den schnuckligen Villen weggelotst zu drittklassigen Absteigen in halbfertigen Rohbauten" (Leserbrief von Dr. Wolfgang Engelhardt).

Ristorante-Pizzeria Sabbia d'Oro, bei der östlichen Gruppe von Strandbars. Gute Küche zu zivilen Preisen, auch Vermittlung von Apartments und Häusern im Ort. Ganzjährig geöffnet, ✆ 0922 846066, sabbia.oro@katamail.com.

Trattoria Sicilia Antica, in Cattolica Eraclea, ein Lesertipp von E. Martin: "Das Essen ist in seiner Vielfalt und Reichhaltigkeit absolut überwältigend. Dass nach den zehn bis zwölf Vorspeisen noch zwei Hauptgerichte aufgetragen wurden, 'erschreckte' uns fast. Nirgendwo auf Sizilien haben wir so gut und preiswert gegessen." Contrada Piana Crucitrazzera, ✆ 0922 847057. Mi Ruhetag.

- *Camping* *** **Camping Eraclea Minoa Village**, Riesengelände mit einer Kapazität von 1500 Personen! Dennoch ein sehr schöner Platz für ein paar Strandtage: Durch dichten Pinienwald fast völlig schattig, gute und gepflegte Sanitäranlagen, direkter Zugang zum Strand. Bar, Supermarkt, Restaurant/Pizzeria mit dem Charme einer Bahnhofsgaststätte (die Pizzeria im Ort ist gut ...). Besonders im August trotz der an sich guten Bewachung etwas auf Wertsachen aufpassen, der Platz ist seiner Größe wegen sehr anonym. Am Wochenende kommen oft Ausflügler, die den Camping als bezahlten Picknickplatz nutzen. Preis p.P. 9 €, Auto und Zelt inklusive. Auch Bungalowvermietung. Geöffnet ab Ostern bis Ende September. ✆ 0922 847310 oder 0922 846023. www.eracleaminoavillage.it.

Antikes Eraclea Minoa

Wie für ihre Theater, wählten die Griechen auch für ihre Städte gern landschaftlich schön gelegene Plätze. In Eraclea Minoa ist ihnen ein Volltreffer gelungen, der Blick vom hochgelegenen Kalkplateau, auf dem die Siedlung stand, ist atemberaubend. Natürlich trug auch der nahe Fluss Platani, der einen natürlichen Hafen bildet, zur Gründung im 6. Jh. v. Chr. bei. Eraclea Minoa war ein Außenposten von Selinunte, in dem später Spartaner siedelten.

Seiner günstigen Lage wegen wurde Eraclea Minoa bald von Akragas (Agrigent) und Selinunte, auch von den Karthagern gierig ins Auge gefasst. Zu kriegerischen Auseinandersetzungen größeren Umfangs kam es jedoch offensichtlich nicht. Erst ein Erdrutsch im 1. Jh. v. Chr. brachte das Ende der Stadt – ein großer Teil fiel ins Meer.

Außer Gebäuderesten und Teilen der Stadtmauer blieb vor allem das kleine *Theater* gut erhalten; die Sitze sind zum Schutz mit bräunlichem Plexiglas abgedeckt. Weitere Ausgrabungen sind in Arbeit. Am Eingang zur Ruinenstätte steht ein kleines *Museum* mit Funden aus Eraclea Minoa.

🕐 9 Uhr bis 1 Stunde vor Sonnenuntergang; zum Besuch des Museums etwas vor dem Schließtermin kommen. Ein Schild am Eingang des Geländes warnt vor Vipern, also etwas Vorsicht! Eintritt 2 €.

Reichlich Platz: Strand von Eraclea Minoa

Zu heiß gebadet

Die Legende sieht den Ortsnamen verknüpft mit dem kretischen König *Minos*, der den vor ihm geflüchteten *Daidalos* nach Sizilien verfolgt hatte und hier an Land ging. Das technische Genie Daidalos hatte des Königs Frau in eine künstliche Kuh gesteckt, so dass der Stier (!), in den sie sich verliebt hatte, sie bespringen konnte. Diesem seltsamen Akt entstammte der Menschen fressende Stiermensch Minotaurus. Das Minotaurus-Labyrinth, von Daidalos zur sicheren Verwahrung des Ungeheuers erbaut, wurde nach (gegen den Königswillen erfolgter) Vernichtung der Bestie zu des Erfinders Gefängnis. Doch der trickreiche Daidalos machte sich mit Sohn *Ikarus* bald aus dem Staub. Letzterem bekam die Flucht mittels selbstgebastelter Flügel aus Federn und Bienenwachs schlecht; euphorisch zu hoch an die warme Sonne geflogen, schmolz ihm das Wachs, Ikarus stürzte bei der deshalb heute Ikaria genannten griechischen Insel (nahe Samos) ins Meer. Auch Minos' Rachefeldzug endete übel: Der wahrscheinlich in Caltabellotta residierende Daidalos-Gastgeber und Sikanerkönig *Kokalos* nahm ihn scheinheilig-freundlich auf und ließ ihm ein schönes kochendes Bad bereiten, in dem der Kreter krebsrot verschied. Daidalos aber lebte auf Sizilien fortan glücklich und in Frieden und dankte seinem treuen Gastgeber durch viele kluge Erfindungen.

▶ **Borgo Bonsignore**: Kleine Siedlung auf der westlichen Seite des Platani; eigentlich mehr ein von Gebäuden umschlossener Platz. In der Umgebung wachsen allmählich Ferienhäuser aus dem Boden, bisher noch nicht allzu störend. Am etwa 500 Meter entfernten Meer erstreckt sich ein ähnlich schöner und vergleichsweise leerer Strand wie in Eraclea Minoa, es gibt allerdings keine Übernachtungsmöglichkeiten.

Ribera

Das einige Kilometer landeinwärts der Hauptstraße gelegene Städtchen schmückt sich mit dem Prädikat "Città dell'Arancine" und ist auch wirklich von weiten Orangenplantagen umgeben. Sonst hat Ribera allerdings nicht mehr zu bieten als schnurgerade Straßen in Schachbrettanordnung und einen Hauptplatz mit zerstörter Kirche.

• *Übernachten* ***** Hotel Miravalle**, vielleicht interessant mangels Küstenhotels in der Gegend, mit Garage und angeschlossenem Restaurant. Kürzlich renoviert, für die Zukunft hofft man auf vier Sterne. DZ etwa 90–100 €. Via Circonvallazione 2 (Umgehungsstraße); ✆ 0925 61383, ✆ 0925 61863.

• *Camping* **** Kamemi Village**, Zufahrt noch vor dem Ort, nicht am Meer. Großer, noch recht neuer Platz, gut ausgestattet, Pool, sogar eine Go-Kart-Bahn. Ganzjährig geöffnet, zwei Personen, Auto, Zelt etwa 21 €. Contrada Seccagrande, ✆ 0925 61635. www.kamemicamping.it.

Seccagrande: Die Strandsiedlung von Ribera ist ein abschreckendes Beispiel von Landschaftsvernichtung. Eine lang gezogene Scheußlichkeit, teils noch im Bau, keines der Häuser älter als zehn, zwanzig Jahre; im Hochsommer ein Rummelplatz, außerhalb der Saison wie ausgestorben.

Caltabellotta

Das verschlafene Bergdörfchen im Hinterland von Sciacca wird überragt von verwitterten Kalkfelsen. Der Blick von hier oben, aus fast 1000 Metern Höhe, ist schlicht grandios.

Caltabellotta hat eine große Vergangenheit: wahrscheinlich die Hauptstadt des sagenumwobenen Sikanerkönigs *Kokalos*, wurde es im Zweiten Sklavenkrieg Ende des zweiten Jh. v. Chr. zur Zufluchtsstätte der gegen die grausame Behandlung rebellierenden römischen Sklaven. Als die Armee näher rückte und keine Hoffnung mehr bestand, verübten die Überlebenden gemeinsam Selbstmord. Friedlicher verlief die zweite Episode, mit der Caltabellotta verknüpft ist; 1302, nach dem Volksaufstand der *Sizilianischen Vesper*, einigten sich die hierher geflohenen Franzosen mit den Spaniern auf einen friedlichen Abzug. Der Ortsname stammt von den Arabern, die hier ein später von den Normannen übernommenes Kastell hatten ("Qalat" = Burg). Reste sind oberhalb der Siedlung noch zu sehen. Im Dorf selbst lohnen neben der urtümlichen Atmosphäre einige schöne Kirchen den Besuch.

Sciacca

Schon die alten Griechen kurierten an den heilfördernden Quellen ihre Zipperlein, und bis heute ist das Städtchen ein in Italien recht bekannter Thermalort. Mit seiner interessanten Altstadt, einigen sehenswerten Bauten und schönen Stränden in der Umgebung hätte es eigentlich das Zeug zu mehr ...

So jedenfalls dachten es sich die Tourismusstrategen der sizilianischen Regierung, als sie in den 80er-Jahren den Plan ausbrüteten, Sciacca zu einem Fremdenverkehrszentrum erster Ordnung zu machen. Umgerechnet mehrere Millionen Euro wurden investiert, eine ganze Reihe von Hotels sollte entstehen. Die Sache lief jedoch anders als geplant, ein Teil der Gelder versickerte in dunklen Kanälen, auch die erwartete Nachfrage blieb schlicht aus – ganze zwei Hotels und ein Thermalschwimmbad waren schließlich das magere Ergebnis. Zum Nachteil der Individualreisenden geriet diese Entwicklung sicher nicht. Sciacca ist eine sympathische Kleinstadt geblieben, stärker vom Fischereihafen geprägt als durch den Kurbetrieb. Spielcasinos und mondäne Eleganz à la Baden Baden wird man hier vergebens suchen.

Das alte Zentrum von Sciacca ("Schacka" gesprochen) thront balkonartig über dem Meer, oberhalb des Hafens. Durch die Tore der teilweise noch erhaltenen Stadtmauer gelangt man auf die trubelige Hauptstraße *Corso Vittorio Emanuele*, die abends für den Durchgangsverkehr gesperrt und so zu Sciaccas Wohnzimmer wird. Am Mittelpunkt der Stadt öffnet sie sich zur schönen *Piazza Scandaliato*, von der man einen weiten Blick aufs Meer genießt, leider auch auf die Hochhäuser am Stadtrand. Oberhalb des Corsos wird's eng: schmalste Gässchen, Treppenwege, die im Sommer zur guten Stube der Einwohner werden, belebte kleine Plätze. Die Thermalanlagen liegen etwas östlich, außerhalb des Zentrums.

314 Südküste

Information/Verbindungen

- *Information* **Ufficio Turistico**, Via Roma, Eingang an der Via Vittorio Emanuele; ✆ 0925 86247. Städtisches Tourismusbüro, freundliche Mitarbeiter. ✆ Mo–Fr 8–14 Uhr, Di/Do sowie zur HS auch 15–18.30 Uhr. Hier auch Infos zu den zahlreichen Veranstaltungen des Städtchens.
A.A.U.S.T., die Kurverwaltung fast nebenan; guter Stadtführer in vier Sprachen erhältlich. Corso V. Emanuele 84, direkt an der Piazza Scandaliato; ✆ 0925 21182. ✆ Mo–Sa 8–14 Uhr.

- *Postleitzahl* 92019
- *Verbindungen* **Bus**: Haltestellen an und im Umfeld der Via Agatocle beim Stadtpark Villa Comunale, D. S. LUMIA nach Ribera-Agrigento 10-mal (Cattolica E. 5-mal), auf der Linie Castelvetrano-Marsala-Trapani 4-mal täglich. GALLO-Busse nach Palermo 11-mal täglich.
- *Adressen* **Post**: Via Incisa, Ecke Piazza M. Rossi; ✆ Mo–Sa 8.30–17 Uhr.
Telefon: Via Roma 38 (Nähe Ufficio Turistico); ✆ Mo–Sa 8–13, 16–20 Uhr, So 9–13 Uhr.

Übernachten/Essen/Veranstaltungen

- *Übernachten* Im August sind die wenigen Hotels oft durch Kurgäste belegt.
**** Grande Albergo delle Terme (10), ausgesprochenes Kurhotel mit entsprechender Kundschaft. Direkt bei den Thermalanlagen, gute Ausstattung, Pool und Meerblick. DZ etwa 100–140 €. Via delle Nuove Terme, ✆ 0925 23133, ✆ 0925 21746.
** Hotel Paloma Blanca (6), Nähe Piazza Friscia. Recht große Zimmer mit Klimaanlage, der Pflegezustand traf jedoch leider nicht den Geschmack aller Leser. DZ/Bad etwa 65 €, Mitte Juli bis Mitte September HP obligatorisch. Via Figuli 5, ✆ 0925 25130, ✆ 0925 25667.

- *Übernachten außerhalb* ****** Hotel Villa Palocla (1)**, in einem ehemaligen Karmeliter-Kloster, dessen Gebäudestruktur noch teilweise erhalten blieb. Die acht stilvollen Zimmer sind ehemalige Mönchszellen, die Bäder nachträglich eingebaut, weshalb die Räume nicht allzu groß ausfallen. Ansonsten elegant und komfortabel mit Klimaanlage und Frigobar. Pool. Gutes Restaurant. DZ/F etwa 115 €, im Juli/August 130 €. Etwa sechs Kilometer außerhalb von Sciacca Richtung Trapani; im oberen Bereich eines steil aufwärts führenden, in diesem Bereich mehrspurigen Teilstücks der SS 115 links ab (leicht zu übersehen), noch knapp zwei Kilometer. In der Gegenrichtung zweigt die Zufahrt etwa 600 Meter hinter der (linker Hand gelegenen) Weinkellerei Kronion ab. Contrada da Raganella, ✆ 0925 902812, www.villapalocla.it.
Agriturismo Azienda Montalbano (2), etwa acht Kilometer außerhalb, ein Landgut in ausgesprochen ruhiger Lage inmitten eines schönen Olivenhains. Insgesamt acht geräumige Apartments, jeweils mit Schlafzimmer, Küche und eigener Terrasse, Frühstück mit hausgemachtem Käse und Früchten aus eigenem Anbau. Großer, gepflegter Pool, nette Gastgeber. Verkauf von Olivenöl. Zwei Personen zahlen mit Frühstück etwa 55–60 €. Via Montagna Ferraro 6, località Scunchipani, Zufahrt wie oben, jedoch diesmal aus Richtung Sciacca nach rechts abbiegen, noch etwa vier Kilometer, beschildert. ✆/✆ 0925 80154.
Residence Tre Sirene, in der Ferienhaussiedlung San Giorgio, etwa acht Kilometer Richtung Agrigento. Vielleicht etwas eng beieinanderliegende, runde Beton-Bungalows für vier Personen, mit Kühlecke, Bad, einem Doppel- und einem Stockbett. Ein recht guter Strand liegt vor der Tür. Nur im Sommer geöffnet (ab Ende Mai). Bungalow pro Woche nach Saison etwa 260 bis 570 €. Contrada San Giorgio, SS 115, km 120, ✆ 0925 997242.

- *Essen* **Hostaria del Vicolo (4)**, in der Altstadt, nicht weit von den Infostellen. Hübsches Interieur, feine und variationsreiche Küche nach Marktangebot, Menü ab etwa 30 €. Vicolo Sammaritano 10, ✆ 0925 23071. Mo Ruhetag, in der zweiten Oktoberhälfte geschlossen.
Ristorante Il Faro (9), unten im Hafenviertel. Hoher Raum, Tische auch auf der mit Fischernetzen dekorierten Empore. Prima Küche, auf dem Teller Meeresgetier in allen Variationen. Menü ab etwa 20–25 €. Via Porto 2, So Ruhetag.
Rist.-Pizzeria Miramare (8), direkt an der Hauptpiazza. Schöne Lage mit dem namensgemäßen Blick aufs Meer, Menü ab etwa 20 €, auch Pizza. Piazza Scandaliato 6.

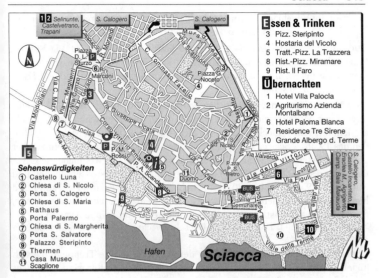

Recht nett ist auch die nebenan liegende, traditionelle Bar.

Pizzeria Steripinto (3), an einem kleinen, palmenflankierten Platz beim gleichnamigen Palast; Tische im Freien, lauschig am Abend, wenn der Corso gesperrt ist. Sehr gute, günstige Pizza, von mehreren Lesern gelobt, auch Kleinigkeiten wie Arancine oder Panini. Mo Ruhetag.

Tratt.-Pizzeria La Trazzera (5), ein paar Kilometer westlich. Eine Leserempfehlung von Gerhard Helmreich: "Die Küche ist 'alla casalinga' (auf Hausfrauenart) und vorzüglich. Das Lokal wird besonders am Wochenende bevorzugt von den Einheimischen aufgesucht." In der Contrada San Marco, von der Stadt Richtung Capo San Marco, ☏0925 991169.

• *Veranstaltungen* Berühmt ist der **Karneval** von Sciacca, mit Karrenumzügen und unter reger Beteiligung der Bevölkerung; **Festa della Madonna** am 15. August, Prozession mit Musik; diverse **Sommerfeste**, Programm in der Touristeninformation.

Sehenswertes

Porta San Salvatore: Ganz im Westen des Zentrums, ein im 16. Jh. errichteter Teil der alten Stadtmauer. Stadteinwärts gesehen, liegt auf der rechten Seite der Via Incisa die *Chiesa Santa Margherita* von 1342, im 16. Jh. umgebaut. Das schöne Portal stammt wahrscheinlich von *Francesco Laurana*.

Palazzo Steripinto: Nördlich der Porta San Salvatore. Das zinnengekrönte Schmuckstück der Stadt stammt aus dem 15. Jh. und ist in gotisch-katalanischem Stil gehalten. Die mit exakt geschnittenen, pyramidenförmigen Steinquadern geschmückte Fassade weckt bei manchem Assoziationen an Diamanten; prosaischere Naturen fühlen sich eher an ein gigantisches Waffeleisen erinnert. Ein Stück weiter im Norden steht ein weiteres Stadttor, die *Porta Palermo* aus dem 18. Jh.

Piazza A. Scandaliato: Der Mittelpunkt der Stadt liegt wie eine Terrasse hoch über dem Meer; am schönsten ist der Blick bei Sonnenuntergang, wenn auch die monströsen Hochhäuser der Peripherie Goldtöne annehmen und in den

Bäumen die Vögel lärmen. Im Norden beansprucht das ehemalige *Jesuitenkolleg* von 1613, heute das Rathaus, die ganze Breite des Platzes.

Duomo Santa Maria Maddalena: Einige Schritte östlich an der Via Vittorio Emanuele. Schon im 12. Jh. errichtet, wurde er im 16. Jh. wegen Einsturzgefahr modernisiert; im Innern sind Arbeiten der Brüder *Gagini* und von *Francesco Laurana* zu sehen.

Casa Museo Scaglione: Direkt neben dem Dom ist ein Palazzo des 18. Jh. als interessantes Museum eingerichtet worden. Sehenswert ist schon das Gebäude an sich, mit seinen Deckengemälden, Originalmöbeln und den Majolikafußböden des 19. Jh. – Sciacca war berühmt für seine Keramik. Daneben lohnen aber auch die verschiedenen Sammlungen einen Blick, die der wohlhabende Cavaliere Francesco Scaglione, Honorarinspektor für Altertumswissenschaften und Kunst, im 19. und frühen 20. Jh. zwischen Rom und Palermo ankaufte und hier in seinem Familiensitz aufbewahrte: viele Gemälde, archäologische Funde, rund tausend alte Postkarten und eine ganze Reihe von Krippenfiguren.

① Zuletzt nur Mo 9–13 Uhr, Di/Mi 9–13, 15–19 Uhr (wechseln häufig), Eintritt gratis, Trinkgeld für den Führer

Oberstadt: Ab dem kleinen Platz vor dem Dom führt eine Treppe in die sich hügelaufwärts ziehende Altstadt. Große Sehenswürdigkeiten sind hier nicht zu entdecken, ein Streifzug lohnt sich der romantischen Atmosphäre wegen aber allemal. Vorbei an der kleinen Kirche *San Nicolo*, aus dem 12. Jh., später aber mehrfach umgebaut, gelangt man zum *Castello Luna*, erbaut im 14. Jh. Zuletzt machte eine Kooperative den Besuch (tgl. 9–19 Uhr) der mittelalterlichen Festung möglich; ob dies Bestand hat, war jedoch ungewiss, Näheres in den Infostellen. Parallel zu der mit Häusern zugebauten Stadtmauer kommt man zur *Porta San Calogero* aus dem 16. Jh. Unterhalb liegt der Hauptplatz der Oberstadt. Die ausgedehnte *Piazza Noceto*, beherrscht von der *Chiesa di Santa Maria*, ist wochentags Schauplatz eines lebendigen Obst- und Gemüsemarkts. Hier wird nur kistenweise verkauft, alles andere wäre angesichts der äußerst niedrigen Preise Pfennigfuchserei. Unterhalb der Piazza beginnt der malerischste Teil der Altstadt, kleine Winkel, häusliche Plätzchen und Treppenstufen, die von den heimischen Artisten auf ihren Vespas mit lässigem Schwung genommen werden.

Villa Comunale: Der Stadtpark von Sciacca liegt am östlichen Rand des Zentrums, unterhalb der Piazza Friscia. Schattig, mit vielen Pflanzenarten und schönem Blick aufs Meer bietet er sich für eine Pause oder die Wartezeit auf den nächsten Bus (Haltestelle nahebei) an.

▶ **Baden:** In Stadtnähe sind die Strände ziemlich verbaut, schöner liegt sich's am Sandstrand San Giorgio, etwa sechs Kilometer östlich: Stabilimenti (gebührenpflichtige Badeanstalten), aber auch freie Abschnitte, im Sommer Stadtbusverbindung. Ein langer Sandstrand erstreckt sich auch einige Kilometer westlich der Stadt, hinter dem Capo San Marco; er reicht mit kleinen Unterbrechungen bis Menfi und Porto Palo.

• *Thermalschwimmbad* **Piscine Molinelli**, etwa drei Kilometer außerhalb der Stadt. Recht neue, großzügige Anlage, befüllt mit dem in Sciacca reichlich sprudelnden Thermalwasser. Anfahrt zunächst Richtung Agrigento, dann den Wegweisern nach Sciaccamare folgen, jetzt beschildert, in Meeresnähe.

Nur einige der vielen tausend "Kopfgeburten" des Filippo Bentivegna

Umgebung von Sciacca

- **Monte San Calogero**: Auf dem 390 Meter hohen Berg, acht Kilometer nordöstlich der Stadt, steht die gleichnamige Wallfahrtskirche mit toller Aussicht aufs Meer. Die berühmten, kürzlich renovierten Dampfgrotten *Stufe vaporose di San Calogero* (zugänglich nur mit ärztlichem Attest) waren Funden zufolge schon in der Steinzeit besiedelt; möglicherweise erfreuten sich schon die Höhlenmenschen an der heilsamen Wirkung der hier der Erde entfleuchenden heißen Wasserdämpfe. Oberhalb der Grotten ein *Antiquarium*, in dem die hiesigen Funde ausgestellt sind
  ⏱ Mi, Fr, Sa 9–13, 15–19 Uhr, So 9–19 Uhr.

- **Castello Incantato**: Das "Verzauberte Schloss" birgt eine bizarre Ansammlung modellierter und aus dem Fels geschlagener Köpfe, Ergebnis jahrzehntelanger hingebungsvoller Arbeit eines Sonderlings. Es liegt etwa vier Kilometer außerhalb der Stadt, zu erreichen über die alte Straße nach Ribera: den Corso immer geradeaus in östliche Richtung, beschildert; Stadtbus Nr. 4 Richtung Contrada San Antonio, Haltestellen am Corso.

Was genau *Filippo Bentivegna*, den 1967 verstorbenen "Filippo der Köpfe", wie er in Sciacca genannt wurde, zur Schaffung der skurrilen Häupter bewog, bleibt unklar. 1888 geboren, hatte er von 1908 bis 1912 bei der italienischen Marine gedient und war dann in die USA ausgewandert, wo er sich in eine Amerikanerin verliebte. Doch die Romanze endete unglücklich, Bentivegna wurde von einem Rivalen halb tot geschlagen und kehrte nach Sciacca zurück. Hier lebte er nun einsam und abgeschlossen fast ein halbes Jahrhundert lang

seiner seltsamen Passion. Mehrere tausend Köpfe verschiedener Größe und Form erwarten heute den erstaunten Besucher, der Großteil aus Stein und Keramik, andere in das Holz von Olivenbäumen geschnitzt. Bentivegna hatte jedem von ihnen einen Namen gegeben und sie als Teil seines "Königreichs" betrachtet. Die an vorgeschichtliche Kunstwerke erinnernden Gesichter haben selten einen fröhlichen Ausdruck, meist wirken sie melancholisch und ernst.
① Di–So 10–12, 16–20 Uhr, im Winter nur bis Sonnenuntergang. Eintritt frei.

Menfi

Große Weintanks am Ortsrand bezeugen die landwirtschaftliche Bedeutung des kleinen Städtchens. Menfi blickt von seiner Höhenlage über der SS 115 auf die zum Meer hin immer stärker zersiedelte Küstenebene und auf die Feriensiedlung am Lido di Fiori, am "Strand der Blumen". Hier finden sich die üblichen versprengten Villen und Apartmenthäuser, der Sandstrand immerhin ist wirklich ganz hübsch.

Camping * **Camping La Palma**, am Strand, recht schattig, Bar und kleines Geschäft. Zwei Personen, Auto, Zelt etwa 18 €, geöffnet April bis September. ✆ 0925 78392.

Porto Palo di Menfi

Gerade mal ein paar Dutzend Häuser, locker verteilt um den großen Hafen, im Hinterland immer mehr Neubauten. Porto Palo di Menfi ist in erster Linie eine Ferien- und Badesiedlung, außerhalb der italienischen Urlaubszeit ausgesprochen ruhig bis fast verwaist. Der kilometerlange, feine Sandstrand hat allerdings wirklich Klasse und ist einer der wenigen Strände Siziliens, die immer wieder mal mit der "Blauen Umweltflagge" ausgezeichnet werden. Wer zur Nebensaison mehr Betrieb braucht, muss eben weiter ins nahe Marinella bei Selinunte, das ebenfalls schöne Strände besitzt und eine im Vergleich deutlich lebendigere Siedlung ist.

• *Übernachten* **Ristorante-Affitacamere Vittorio**, direkt am Strand. Restaurant mit Zimmervermietung, nur neun geschmackvoll-schlichte Zimmer, drei davon zum Meer. DZ/Bad/F 60 €, im August nur mit HP – die Küche ist gut. Übernachtung nur von etwa April bis Oktober, das Restaurant ist mit Ausnahme der Zeit von Weihnachten bis Mitte Januar ganzjährig geöffnet; zur NS empfiehlt sich abends vorheriger Anruf. Via Friuli Venezia Giulia 9, am Ortseingang links, beschildert; ✆ 0925 78381, www.futuralink.it/vittorio.

• *Camping* *** **Camping Geser Club**, Abzweig von der Hauptstraße kommend 3 km vor dem Ort, dann nochmals 3 km, zuerst Asphalt, dann Sand. Umgeben von – ja richtig, einer weiteren Feriensiedlung. Karger, kaum bewachsener Platz, Schatten durch Mattendächer; Sanitäres und Strand gut. Geöffnet Mai bis September, zwei Personen, Auto, Zelt bis zu gut 16 €. ✆ 0925/74666.

▸ **Richtung Westen**: Die Strände entlang des Küstenstreifens bis Selinunte erreicht man alle über Stichstraßen von der parallel zum Meer verlaufenden Nebenstraße. Besondere Badegebiete sind durch die braunen Hinweisschilder "Zona balneare" gekennzeichnet.

Felsen, kahle Berge, glasklares Meer: Küste bei San Vito lo Capo

Der Westen

Eine verhältnismäßig selten besuchte Region. Viele Besucher Siziliens starten ab Selinunte geradewegs durch nach Palermo. Wenn, dann wird der Westen oft im Eilverfahren und im Sightseeing-Stil abgehakt – man tut ihm damit unrecht.

Im Landesinneren beherrscht hügeliges Wein- und Getreideland die Szenerie, gegen Westen zu dann völlig flache, stark landwirtschaftlich genutzte Ebene. Zwischen Mazara del Vallo und Trapani verlaufen die Straßen oft schnurgerade durch schier endlose Felder. Die Küste ist in diesem Bereich leider fast völlig zugebaut und mit hastig errichteten Feriensiedlungen verschandelt, die unansehnlichen Strände schrecken von einem Bad eher ab. Doch es gibt Plätze, die den Weg in den Westen absolut lohnen: etwa die ausgedehnten Tempelruinen der Griechenstadt *Selinunte*, deren Umgebung auch mit schönen Sandstränden aufwarten kann, das mittelalterliche Bergstädtchen *Erice* in faszinierender Höhenlage, der einsame Tempel von *Segesta*. Die *Egadischen Inseln* vor Trapani locken Taucher und Badelustige mit glasklarem Wasser und artenreicher Fischwelt, ebenso das vor der afrikanischen Küste liegende Pantelleria. Im Norden bewahrt der weite Golf von Castellammare mit dem *Naturpark Zingaro* ein letztes völlig unberührtes Stück Meeresküste: vielfältige Wandermöglichkeiten und fantastische Badebuchten, außerhalb der kurzen Saison noch relativ wenig frequentiert.

Der Westen

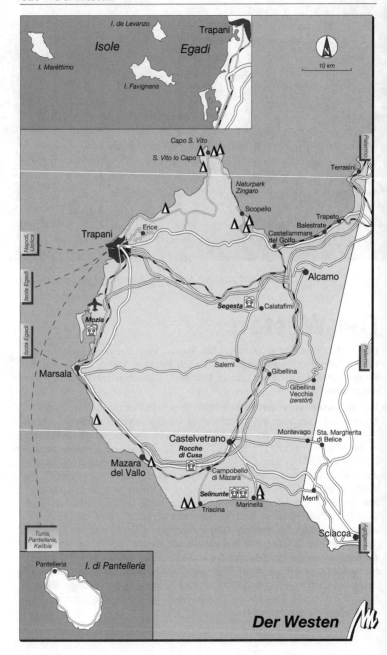

Verbindungen

Zug: Weitmaschiges Schienennetz. Die Züge auf der Rundverbindung Palermo-Alcamo-Castelvetrano-Mazara-Marsala-Trapani-Palermo fahren zum Teil nur im Schneckentempo, Umsteigebahnhof ist Alcamo Diramazione. Im Inland sind viele Bahnhöfe oft kilometerweit von den zugehörigen Städten entfernt, nur selten gibt es Zubringerbusse!

Bus: In diesem Teil der Insel der Bahn eindeutig überlegen – gute Verbindungen zwischen den Städten, Haltestellen meist im Zentrum.

Auto: Schnelle Inlandsstrecke über die A 29 von Mazara/Castelvetrano bzw. von Trapani nach Palermo. Autobahngebühr ist nicht zu zahlen, es gibt aber auch **keine Tankstellen!**

Selinunte und Marinella

Die weitläufigen Ruinen der einst mächtigen Griechenstadt liegen in verführerischer Nachbarschaft zum Ferien- und Fischerort Marinella, der mit schönen, weiten Sandstränden lockt.

Eine interessante Kombination: Obwohl großteils ein Ruinenfeld, gehören die Tempel der Griechenstadt Selinunte zu den bedeutendsten Siziliens. Marinella, Ausgangspunkt für die Besichtigung der antiken Stätten, macht einen sympathischeren Eindruck als die vielen schnell aus dem Boden gestampften Küstensiedlungen der Umgebung Selinuntes. Zwar vervielfältigen sich während der Monate Juli und August auch hier die Einwohnerzahlen, doch ist der kleine Ort noch nicht völlig zum Touristenghetto degeneriert. Die Einwohner Marinellas nehmen denn auch die alljährliche Invasion gelassen, stellen Stühle auf die Straße und sehen dem Treiben interessiert zu. In den Restaurants und Cafes der abends für den Verkehr gesperrten Uferpromenade ist dann bis spät in die Nacht der inneritalienische Bär los – die internationalen Besucher, hauptsächlich der Ausgrabungsstätte wegen gekommen, fallen im Trubel kaum auf. Außerhalb der Saison geht es sehr viel ruhiger zu in Marinella, völlig verwaist wie so manche Apartmentsiedlung an der Küste ist der Ort jedoch auch dann nicht.

Geschichte

Das antike Selinunt verdankt seinen Namen dem griechischen "Selinon", dem Wort für wilden Sellerie, der in der Umgebung reichlich wuchs. Siedler aus *Megara Hyblea* waren es, die 628 (oder 650) v. Chr. hier eine Tochterkolonie gründeten. Den Anstoß zum Bau der Siedlung lieferten wohl die beiden natürlichen Häfen, die das zum Meer hin abfallende Areal umgaben. Die Mündungen der Flüsse Gorgo di Cottone im Osten und Selinus (heute: Modione) im Westen präsentierten sich als ideale Ankerplätze; mittlerweile sind sie versandet.

Der jungen Siedlung war eine zwar prächtige, aber nur kurze Blütezeit vergönnt. Im 6. und 5. Jh. v. Chr. zählte Selinunt über 100.000 Einwohner, Landwirtschaft und Handel garantierten einen Reichtum, den man mit dem Bau aufwändiger Tempelanlagen dokumentierte. Doch das Wohlleben währte nicht lange. Als westlichste Griechenkolonie auf Sizilien lag Selinunt im Dauerclinch mit den Elymern aus *Segesta*. Dafür verstand man sich zunächst mit *Karthago* prächtig, kämpfte auch als einzige Griechenkolonie zusammen mit den Nordafrikanern gegen den Städtebund Syrakus, Gela und Akragas und bekam schließlich mit der Niederlage bei *Himera* 480 v. Chr. die Rechnung präsentiert.

Zum siegreichen Syrakus gewechselt, stand Selinunt 409 v. Chr. schon wieder auf der falschen Seite: Karthago, im Bündnis mit dem feindlichen Segesta, rächte sich mit Großangriff und fürchterlichem Gemetzel unter den Einwohnern – antike Geschichtsschreiber berichten von 16.000 Toten, 5000 Menschen wurden in die Sklaverei verschleppt. Von diesem Schlag erholte sich Selinunt nie mehr. Zwar wurde die Stadt schon in den nächsten Jahren wieder besiedelt, kam aber binnen kurzem erneut unter die Gewalt der Karthager. Endgültig zerstört wurde Selinunt, als 250 v. Chr. die Römer anrückten, worauf Karthago die Stadt schleifen und die restlichen Bewohner verschleppen ließ. Was an Resten verblieben war, fiel einem Erdbeben im 6. Jh. zum Opfer oder wurde als Baumaterial missbraucht. Erst im 19. Jh. begannen die archäologischen Ausgrabungen.

Information/Verbindungen

• *Information* **A.P.T.**, Parco Archeològico, am Kreisverkehr beim Eingang zum östlichen Tempelbezirk, ✆/🖷 0924 46251. Gut informiertes Büro, geöffnet Mo–Sa 8.15–13.50, 14.10–19.50, So 9–12, 15–18 Uhr.

• *Verbindungen* Marinella ist am besten über Castelvetrano zu erreichen, dort auch Bahnanschluss. Die Bushaltestelle in Marinella liegt an der Hauptstraße unweit des Tempelbezirks; SALEMI-Busse nach Castelvetrano 5-mal, im Winter nur 4-mal täglich.

• *Postleitzahl* 91022

Übernachten/Camping

Im August ist vor allem durch urlaubende Italiener in Marinella fast grundsätzlich alles besetzt, Reservierung dringend geraten.

• *Übernachten* ***** Hotel Garzia**, am westlichen Teil der Strandpromenade. 1985 im Stil einer Burg errichtet. Ungewöhnliche Architektur: zwei "Wohntürme", dazwischen ein gläserner Aufzug, manche Mauern künstlich auf alt getrimmt. Gut ausgestattete, wenn auch hellhörige Zimmer, üppiges Frühstück. Aber aufpassen, laut einer Leserzuschrift gibt es in einem Anbau Zimmer, die "eine Zumutung" seien. DZ/F etwa 90 €; im August Halbpension obligatorisch. Via Pigafetta 6, ✆ 0924 46024, 🖷 0924 46196.

*** Hotel Alceste, im östlichen Ortsteil, Nähe Post. Modernes Gebäude, einer Hotelkette angeschlossen; vor einigen Jahren renoviert, gute Zimmer. Große Gemeinschaftsterrasse, schöne Gartenbar zum Meer hin auf der anderen Straßenseite. Oft Reisegruppen. DZ/F 70–85 €, im August nur mit HP. Via Alceste 21, ✆ 0924 46184, 🖷 0924 46143, www.sicilyhotelsnet.it.

* Hotel Lido Azzurro, an der Strandpromenade. Angenehmes Haus, viele Gemälde an den Wänden. Die Zimmer fallen relativ schlicht aus, sind aber gepflegt und erfreuen zum Teil mit Meerblick und Balkon. DZ/F etwa 50 €. Auch Apartmentvermietung. Via Marco Polo 98, ✆/🖷 0924 46256.

Affitacamere Il Pescatore, nahe des ehemaligen Bahnhofs, in einem Wohnviertel jenseits (landeinwärts) der Schienen. Insgesamt sieben geräumige Zimmer, ordentlich möbliert und in Schuss; gutes und modernes Gemeinschaftsbad. Alles sehr sauber; Terrasse und Küche vorhanden. Der junge Besitzer Salvatore Coppola, von Beruf Fischer, ist freundlich, geschäftstüchtig und hilfreich. DZ/F ohne Bad knapp 40 €, mit Bad knapp 45 €. Auch zwei Apartments und, für Reisende mit sehr knappem Budget, einige Schlafplätze auf der Dachterrasse. Via Castore e Polluce, Hausnummer 31; von Castelvetrano kommend noch vor den Schienen links, die vierte Seitenstraße wieder links. Ganzjährig geöffnet, ✆/🖷 0924 46303.

Selinunte / Marinella 323

Verträumt: der Hafen von Marinella

Bed & Breakfast Holiday House, eine Straße östlich von Il Pescatore. Das freundliche, deutsch-italienische Ehepaar Russo führt seine kleine Pension schon seit vielen Jahren, das DZ/Bad/F ist mit etwa 30–40 € erfreulich günstig. Neuere Zimmer, deren zugehörige Bäder teilweise außerhalb auf dem Flur liegen, gibt es zu ähnlichem Preis in der Dependance, die der Sohn kürzlich gegenüber eröffnet hat. Die große Garage soll künftig vielleicht teilweise in ein Restaurant umgebaut werden. Via Apollonio Rodio 23, ✆/℻ 0924 46035.

• *Camping* *** **L´Oasi di Selinunte Club**, weit im Osten der Siedlung, der Pineta-Strand in Fußentfernung. Neuer Platz, einem ebenfalls neuen Feriendorf angeschlossen, das seine vorwiegend einheimischen Gäste mit Animation, Sportmöglichkeiten, Musikveranstaltungen etc. auf Trab bringt – im August proppevoll, außerhalb der Saison praktisch leer. Um Dauercamper wird geworben. Großer Pool, gute Sanitärs, allerdings wenig Schatten. Ganzjährig geöffnet, zwei Personen, Auto, Zelt bis zu 17 €. Via Pitagora, ✆ 0924 46885, ℻ 0924 941107, www.oasiselinunte.com.

* **Camping Athena**, wie auch der folgende Platz direkt an der Zufahrtsstraße von Castelvetrano. Zum östlichen Tempelbezirk ist es etwa ein Kilometer, zum Meer gut zwei Kilometer. Relativ einfache Ausstattung, Schatten durch einzelne Bäume; große Bar mit bekannt gutem und günstigem Restaurant. Ganzjährig geöffnet; zwei Personen, Auto, Zelt etwa 15 €. Auch recht solide Zimmer, DZ/Bad 45 €. ✆/℻ 0924 46132.

* **Camping Maggiolino**, von Castelvetrano kommend 200 m vor Camping Athena. Der "Maikäfer" ist von der Ausstattung her vergleichbar und ebenfalls ganzjährig geöffnet. Preise ähnlich wie oben, je nach Saison lohnt sich schon mal ein Vergleich. ✆ 0924 46044, www.campingmaggiolino.it.

Essen

Hohe Preise, große Auswahl – entlang der Strandpromenade reiht sich ein Restaurant ans nächste. Kleiner Auszug aus dem Programm:

Ristorante Pierrot, oberhalb der Promenade. Hübsche Dachterrasse, die zum Restaurant gehörende Bar auf der anderen Straßenseite ist im Sommer ein beliebter nächtlicher Treffpunkt der Jugend. Vorwiegend Fischgerichte und Meeresgetier, portionsweise oder nach Gewicht. Die Qualität der Küche wie auch des Service scheinen allerdings gewissen Schwankungen ausgesetzt. Menü ab etwa 20 €, auch Pizza, kein Ruhetag. Via Marco Polo 108.

Ristorante Agora, Zugang ebenfalls über die Promenade, jedoch meerwärts derselben, über dem Strand. Auf der gedeckten, verglasten Terrasse sitzt es sich an kühleren Abenden recht nett. Preise etwas günstiger als im Pierrot, auch Pizza. Via Marco Polo 51.

Piccolo Ristorante Africa da Bruno, etwas abseits der Restaurantmeile. Die Lage ist nicht die beste, das Essen jedoch gut. Italienisch-schweizerisches Besitzerpaar. Prima Antipasti-Auswahl vom Buffet, feiner Fischcuscus. Die Pizza ist laut Lesermeinung weniger zu empfehlen. Menü ab etwa 20 €. Zu suchen in der Via Alceste 20, Nähe Hotel Alceste; vom Bahnhof ostwärts bis zum Stoppschild, dann rechts.

Baffo's Lido Azurro, ausgesprochen großes Lokal unterhalb der Strandpromenade mit Terrasse zum Meer. Eine Filiale des Klassikers Buffo's Castle, siehe unten; auch hier deshalb gute Antipasti (nach Gewicht), üppige Portionen und prima Pizza. Menü ab ca 18 €. Via Marco Polo.

Rist.-Pizzeria Baffo's Castle, kurioser Bau etwas außerhalb. Sehr gutes Preis-Leistungsverhältnis, wird stark von einheimischen Gästen frequentiert; umfangreiches Antipasti-Buffet. An der Kreuzung SS 115 Marinella-Castelvetrano und Campobello-Menfi. Contrada da Martelluzzi.

Rist.-Pizzeria Athena, das Restaurant des gleichnamigen Campings; etwas abgelegen, aber den Weg wert. Großer Raum, gute und günstige Gerichte, Menü ab etwa 15 €. Preiswerte Pizza gibt's auch.

▶ **Baden:** Der Ortsstrand unterhalb der Promenade präsentiert sich feinsandig und mit Bars gut bestückt. Zur Nebensaison kaum besucht, ist er im Hochsommer ziemlich überfüllt; dennoch bleibt es auch dann ein ganz besonderes Gefühl, unter den Ruinen der Akropolis zu baden.

Spiaggia Mare Pineta: Etwa einen Kilometer östlich von Marinella. Von einem unter Naturschutz gestellten Pinienwald begrenzt und kilometerlang, bietet dieser Strand selbst bei hochsommerlichem Andrang genügend Platz; auch auf ein Bar-Restaurant muss man nicht verzichten. Leider sind die schattigen Plätzchen unter den Pinien manchmal durch Picknickabfälle verdreckt.

Das antike Selinunt

Ein ausgedehntes Gelände – die Verantwortlichen sind sogar sicher, dass es sich um den größten archäologischen Park ganz Europas handelt.

Die Gliederung der alten Griechenstadt ist immer noch deutlich erkennbar: Aus Richtung Castelvetrano kommend, liegt rechts der Straße, noch vor dem Ortskern von Marinella, der *Östliche Tempelbezirk*, der sich einst außerhalb der Stadtmauern befand. Etwa eineinhalb Kilometer südwestlich davon, zu erreichen über die Strada dei Templi, erhebt sich auf einem Hügel die *Akropolis* von Selinunt.

Nördlich der Heiligtümer stand einst die eigentliche *antike Stadt*; ihre Reste sind bisher noch nicht ausgegraben. Von den beiden Häfen, die links und rechts der Akropolis lagen, ist nichts mehr zu erkennen. Noch ein ganzes Stück weiter westlich findet sich das *Heiligtum der Demeter Malophoros*, zu dem man nur zu Fuß gelangen kann.

Die Steinbrüche *Cave di Cusa*, aus denen das Material für den Bau der Tempel stammt, sind von Campobello di Mazara aus zu erreichen. Von den Tempeln Selinunts blieben eine ganze Reihe von *Metopen* (Reliefplatten am Gebälk des Tempels) erhalten, die derzeit im Archäologischen Nationalmuseum von Palermo untergebracht sind. Sobald das seit Jahren geplante *Museum* tatsächlich fertig gestellt ist, sollen sie aber nach Selinunte zurückgeholt werden.

Selinunte / Marinella

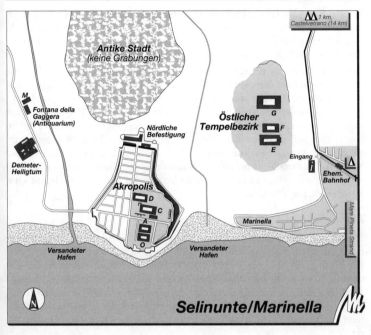

Zugang: Seit Mitte der Neunziger ist das Gelände durch einen großen Sichtschutzwall den neugierigen Blicken anreisender Besucher entzogen. Diese schwer nachzuvollziehende Maßnahme begründete man seinerzeit vor Ort etwas wolkig mit dem Wunsch, "Altes vom Neuen zu trennen"... Was es wirklich damit auf sich hatte, wusste nicht einmal das Personal. Mit dem abendlichen Blick auf beleuchtete Tempel ist es seitdem jedenfalls vorbei. Der einzige Eingang liegt an der SS 115/d, in der Nähe der ehemaligen Bahnlinie.

① Täglich 9 Uhr bis eine Stunde vor Sonnenuntergang; letzter Einlass zwei Stunden vor Sonnenuntergang. Eintrittsgebühr 4,50 €.

Östlicher Tempelbezirk

Die etwas trockene Bezeichnung der Tempel durch Buchstaben beweist Ehrlichkeit – von den meisten Heiligtümern weiß nämlich kein Mensch, welchen Göttern sie geweiht waren. Phantasienamen wie in Agrigento wollten die Archäologen jedoch vermeiden.

Tempel G ganz im Norden des Gebietes ist nur noch ein wild durcheinandergeworfener Steinhaufen – mit den Ausmaßen von 113x54 m war er einst einer der größten Tempel der gesamten Antike. Obwohl schon gegen Ende des 6. Jh. v. Chr. begonnen, war der Bau bei der Zerstörung der Stadt durch die Karthager 409 v. Chr. noch nicht abgeschlossen: an einigen Säulen fehlte die Kannelierung (eingeschlagene Rinnen). Einer Inschrift zufolge war er dem Gott Apollo geweiht.

Tempel F ist ebenfalls weitgehend verfallen. Der mittlere der drei Tempel ist der kleinste und älteste; er wurde um 530 v. Chr. errichtet. Architektonisch ungewöhnlich war die Verbindung der einzelnen Säulen durch Scherwände, so dass die Säulenhalle nur von vorne betreten werden konnte.

Tempel E wurde als einziger der Ostgruppe wieder aufgerichtet. In Zukunft sollen auch andere Tempel folgen; zumindest nach Ansicht der Gruppen, die in Selinunte mit Unterschriftslisten für dieses Vorhaben werben. Optisch wären die so wiederhergestellten Tempel sicher ein Gewinn. "Original" könnte man sie aber kaum nennen – zu viel ist verlorengegangen und müsste durch Nachbildungen ersetzt werden. Tempel E, gegen 450 v. Chr. fertig gestellt, gilt als der dem klassischen dorischen Ideal am nächsten kommende Tempel von Selinunt. Die Peristasis (umlaufende Säulenreihe) allerdings besitzt ein Säulenverhältnis von 6x15, das die Längsseite betont und den Tempel elegant und weniger wuchtig erscheinen lässt.

Akropolis

Ein Teil der Stadtmauern, die das auf einem Hügel liegende Areal umgaben, ist noch gut zu erkennen. Innerhalb verblüfft die schachbrettartig angelegte Straßenführung mit zwei sich rechtwinklig kreuzenden Hauptstraßen; ein für die damalige Zeit noch ungewöhnliches Beispiel planmäßiger Stadtentwicklung. Ähnlich aufgebaut war die nördlich gelegene "Wohnstadt". Die ersten Kultstätten auf der Akropolis entstanden schon bald nach der Gründung von Selinunt, die Tempel, deren Reste heute zu sehen sind, stammen jedoch aus späterer Zeit.

Tempel O und A, ganz im Süden der Akropolis gelegen, waren vom Aufbau her fast identisch; ein Grund für die spekulative Zuordnung zu den unzertrennlichen Zwillingen Kastor und Polydeukes (lat. Castor und Pollux), die nach ihrem Tod von Zeus ins Sternbild der Zwillinge verwandelt wurden. Von Tempel O blieb nur das Fundament erhalten, auch Tempel A, vor der Mitte des 5. Jh. v. Chr. erbaut, ist stark zerstört.

Tempel B liegt jenseits der in Ost-West-Richtung verlaufenden früheren Hauptstraße, bei der Südwestecke von Tempel C. Im 3. Jh. v. Chr., also über ein Jahrhundert nach dem verheerenden Angriff durch die Karthager erbaut, verdeutlicht der jüngste Tempel von Selinunt mit seinen vergleichsweise winzigen Ausmaßen den armseligen Zustand der Stadt kurz vor ihrem endgültigen Untergang.

Tempel C wurde als einziges der Heiligtümer auf der Akropolis teilweise wieder aufgerichtet. Er stammt aus der Mitte des 6. Jh. v. Chr. und ist der älteste Tempel der Akropolis. Beim Bau nahm man es mit Einzelheiten offensichtlich nicht allzu genau; manche Säulen wurden in einem Stück aus dem Stein gehauen, andere aus mehreren Säulentrommeln zusammengesetzt. Die Abstände zwischen den Säulen sind sehr ungenau und auch ihre Kannelierung fiel unterschiedlich aus: man findet Exemplare mit 16 und andere mit 20 Rinnen. Erhalten haben sich die Metopen, reliefierte Platten aus dem Gebälk, die jetzt im Archäologischen Nationalmuseum in Palermo zu sehen sind. Eine von ihnen zeigt Herakles mit den beiden gefangenen räuberischen Kerkopen.

Wieder aufgerichtet: Tempel E im östlichen Tempelbezirk

Tempel D liegt gleich nördlich von Tempel C, wurde nur wenig später erbaut und zeigt trotz einiger Weiterentwicklungen im Detail insgesamt recht große Ähnlichkeit mit diesem. Er ist völlig eingestürzt, einzig der fünfstufige Unterbau ist noch gut zu erkennen.

Nördliche Befestigung: Ganz im Norden, am Ende der in Nord-Süd-Richtung verlaufenden Hauptstraße, gelangt man zum Haupttor der Akropolis. Der dahinter liegende Verteidigungskomplex aus Wehrmauern, Türmen und Gräben stammt wahrscheinlich aus der Spätzeit von Selinunt. Man glaubt, dass die Anlage im 3. Jh. v. Chr. auf den Resten ihrer Vorgänger errichtet wurde. Weiter nördlich beginnt das Gebiet der eigentlichen, noch nicht ausgegrabenen Stadt.

Heiligtum der Demeter Malophoros

Etwa eine Viertelstunde Fußweg westlich der Akropolis, jenseits des Flusses Modione, wurde die "apfeltragende" (malophoros) Fruchtbarkeitsgöttin verehrt. Den Zugang zur Kultstätte bildet ein *Propylon*, eine säulenbestandene Eingangshalle. Gleich links, an die Umfassungsmauer angebaut, liegt das kleinere *Heiligtum der Göttin Hekate*, der ein eigener heiliger Bezirk geweiht war. Reste des Altars und zweier Häuser sind noch zu erkennen. Geht man vom Propylon geradeaus, stößt man zunächst auf einen kleinen, danach auf einen recht großen (16x3 m) Altar, auf dem man verkohlte Tierknochen fand. Ein Stück weiter liegen ein Brunnen und Teile eines Kanals zur Versorgung mit Frischwasser aus der außerhalb liegenden Quelle Fontana della Gaggera. Der *Tempel der Demeter Malophoros*, jenseits des Kanals, entstand um 550 v.Chr. auf den Fundamenten eines älteren Heiligtums. Sein Aufbau teilt sich in Vorhalle, Cella (Hauptraum) und das sogenannte Adyton, zu dem nur Priester Zugang hatten.

Nördlich des Demeter-Heiligtums: Ein kleines Stück nördlich des ummauerten Kultbezirks finden sich die mehrfach überbauten Reste der kleinen *Kultstätte* des "honigsüßen" *Zeus Meilichios*, mit zwei Altären und den Resten eines Tempels. Noch etwas weiter im Norden liegt die Quelle *Fontana della Gaggera*, aus der das Heiligtum mit Wasser versorgt wurde (sie sprudelt heute noch); das *Antiquarium* hier ist leider nicht immer geöffnet. Unweit nördlich davon erstrecken sich die Reste des *Tempels M*, der etwa Anfang des 6. Jh. v. Chr. errichtet wurde und mit einer Fläche von etwa 26x10 Metern relativ klein ausfiel; außer den Fundamenten ist nicht viel geblieben.

Castelvetrano

Ein von Landwirtschaft, Kleinindustrie und vielen Kirchen geprägtes Hügelstädtchen etwas abseits der Küste, für die meisten Bus- und Bahnreisenden das Sprungbrett nach Selinunte.

Auf den ersten Blick macht Castelvetrano einen etwas düsteren Eindruck. Schuld sind wohl die vielen halb eingestürzten und verfallenden Häuser am Rand der Altstadt. Das lebendige Zentrum um die *Piazza Garibaldi* zeigt sich mit einigen Renaissance- und Barockbauten dagegen von einer freundlicheren Seite. Eines kann man Castelvetrano sicher nicht vorwerfen, nämlich dass es vom Tourismus verdorben sei.

- *Information* **A.P.T.**, im Museo Civico, erster Stock, ✆ 0924 904932, ℻ 0924 932188. Geöffnet Mo–Sa 8.15–13.45, 14.15–19.45 Uhr; der freundliche Leiter Michele Indelicato ist aber manchmal auch außerhalb dieser Zeiten anwesend.
- *Postleitzahl* 91022
- *Verbindungen* **Zug**: Bahnhof etwa 1,5 km östlich des Zentrums; Züge Richtung Palermo 4-mal (hier ist der Bus vorzuziehen), nach Marsala-Trapani 15-mal täglich und schneller als die Busse. Zur Piazza Matteotti und weiter ins Zentrum die Via Vittorio Veneto hügelwärts, dort links auf die Via Vittorio Emanuele.

Bus: Unterschiedliche Haltestellen je nach Ziel. SALEMI-Busse nach Marinella/Selinunte ab Bahnhof via Bar Selinus (siehe unten) 5-mal, im Winter 4-mal täglich. SALEMI fährt auch nach Palermo, Start an der Piazza Matteotti (nicht weit vom Bahnhof) bei der Agenzia Castelviaggi. Mit der AST ab dem Stadtpark Villa Comunale (Piazza Regina Margherita/Piazza S. Giovanni) nach Gibellina 5-mal, Trapani 6-mal, Mazara/Marsala 3-mal täglich; Züge sind allerdings besser. Die Busse der Linie D. S. LUMIA, die zu den Städten entlang der SS 115 3-mal täglich Richtung Trapani/Agrigento unterwegs sind, stoppen bei der Bar Selinus, vom Zentrum Richtung Selinunte/Marinella, 500 Meter nach dem Bahnübergang bei einer Tankstelle.

Oliven, das flüssige Gold von Castelvetrano

Castelvetrano verdient sein Geld in erster Linie mit dem Anbau und der Verarbeitung von Oliven, deren Anbauflächen sich rund um die Siedlung über mehr als 6500 Hektar erstrecken. Die beliebteste Olivensorte der Region ist "Nocellara del Belice", verwendbar sowohl zur Herstellung von Öl als auch als Tafeloliven. Diese sind hier sogar durch eine eigene Herkunftsbezeichnung geschützt, die Denominazione di Origine Protetta, kurz D.O.P. Seit kurzem darf man auch für das qualitativ hochwertige "Native Olivenöl extra" (olio extra vergine) eine solche Herkunftsbezeichnung ausweisen, die "D.O.P. Valle del Belice".

Sehenswertes

Piazza Garibaldi: Das gefällige Zentrum von Castelvetrano, umgeben von einer Reihe kleinerer Plätze. Der Hauptplatz schmückt sich mit der im 16. Jh. erbauten *Chiesa Madre*. Außer dem schönen Portal sind besonders die Stuckdekorationen von Serpotta und Ferraro bemerkenswert. Gleich um die Ecke erhebt sich an der benachbarten Piazza Umberto der mehrstöckige Barockbrunnen *Fontana della Ninfa*, 1615 in eine Hauswand gebaut.

Via Garibaldi: Die Hauptstraße von Castelvetrano verläuft von der Piazza Garibaldi in etwa südlicher Richtung. Praktisch noch an der Piazza selbst steht das Teatro Selinus, 1873 in klassizistischem Stil errichtet und zuletzt in Restaurierung.

Museo Civico: Das städtische Museum steht an der Via Garibaldi etwa gegenüber der Hausnummer 65. Es präsentiert eine recht gute Sammlung griechischer Funde, vor allem Keramik und daneben Münzen, Metallarbeiten und Architekturfragmente. Stolz ist man auf die *Lamina Plumbea*, ein aus Selinunte stammendes Schriftstück auf Blei, entstanden im 5. Jh. v. Chr. und von einem Museum aus Los Angeles gestiftet. Absolutes Highlight des Museu Civico aber bleibt der weltberühmte *Ephebe von Selinunt*. Die Jünglingsstatue des 5. Jh. v. Chr., gefunden bei der antiken Stadt, hat eine wahre

Opulenter Barock: Fontana della Ninfa

Odyssee hinter sich, die teilweise einer gewissen Komik nicht entbehrt. Entdeckt nämlich wurde die Statue angeblich durch einen Bauern, der an dem aus dem Boden ragenden Arm immer seinen Esel anzubinden pflegte. Als er dem Bürgermeister davon erzählte, ließ dieser den Jüngling ausgraben und, ohne die wahre Bedeutung des Fundstücks zu erkennen, in seinem Büro im Rathaus aufstellen. Dort wurde die Figur denn auch 1962 geraubt. Erst einige Jahre später tauchte die Statue wieder auf, leider beschädigt. Nach ausgiebigen Restaurierungsarbeiten wurde der Jüngling zunächst ins Archäologische Nationalmuseum von Palermo und später nach Venedig verbracht. Seit dem Frühjahr 1997 schließlich ist der Ephebe wieder in Castelvetrano zu sehen.

① Täglich 9–13, 15–18.30 Uhr; Eintritt 2,5 €. Wer Glück hat, trifft die deutschsprachige Museumsangestellte Giusy Critti, die viel über Selinunte erzählen kann.

Chiesa SS. Trinità di Delia: Knapp vier Kilometer westlich der Stadt, südlich des Stausees Lago di Trinità, bei einem Gut, das bis in die Normannenzeit zurückgeht; beim Ristorante SS. Trinità do Delis ist auch der Schlüssel erhältlich. Das kleine Normannenkirchlein aus dem 12. Jh. zeigt sich mit seiner auf vier Säulen ruhenden Zentralkuppel und der ornamentalen Fensterdekoration deutlich arabisch beeinflusst. Das Mausoleum im Inneren der Kirche wurde dagegen erst von späteren Grundbesitzern errichtet.

Das Hinterland von Castelvetrano

Mitte Januar 1968 wurde das Gebiet um den Oberlauf des Flusses Belice von einem schweren Erdbeben verwüstet. Es gab Hunderte von Toten. Vor allem östlich von Partanna waren viele Ortschaften völlig zerstört.

Der Wiederaufbau geriet zu einem Skandal erster Ordnung. Die Bewohner ganzer Dörfer mussten bis in die späten 70er-Jahre unter miserablen sanitären Verhältnissen in Wellblechbaracken leben. An Geld für den Bau neuer Häuser fehlte es eigentlich nicht, denn die Regierung in Rom hatte umgerechnet über eine Milliarde Euro zur Verfügung gestellt. Ein Großteil davon verschwand jedoch in dunklen Kanälen, und so manches Mitglied der Mafia verdiente sich beim Grundstücksverkauf oder als zwielichtiger Bauunternehmer eine goldene Nase. In welcher Qualität da mit Staatsgeldern gebaut wurde, zeigt der Kollaps einer Kirche in Gibellina: Im Sommer 1994 stürzte der Bau ein. Menschen kamen nicht zu Schaden, weil die Kirche, die nach dem Erdbeben neu aufgebaut werden sollte, noch gar nicht völlig fertig war... Heute hat sich die allgemeine Situation gebessert, sind die weniger stark in Mitleidenschaft gezogenen Dörfer großteils restauriert. In anderen Ortschaften war nichts mehr zu retten, sie liegen heute noch in Trümmern; für die Bewohner wurden komplett neue Siedlungen errichtet.

Salemi

Das kleine Landstädtchen westlich der A 29 liegt zwar etwas außerhalb der am schwersten betroffenen Zone, dennoch wurden auch hier viele Häuser zerstört. Angeschlagen, mittlerweile aber wieder instand gesetzt, war selbst das wuchtige *Castello* aus dem 13. Jh., eine von Stauferkaiser Friedrich II. errichtete Burg. Im Inneren erinnert das *Museo di Cimelli del Risorgimento* (Di–Sa 9–13, 16–18 Uhr) an Salemis historische Stunde, als am 14. Mai 1860 Giuseppe Garibaldi hier die Diktatur über Sizilien ausrief.

Gibellina Nuova/Ruderi di Gibellina

Anders als seine ebenso betroffenen Nachbarn erfuhr das völlig zerstörte Dorf Gibellina die besondere Anteilnahme der Medien. Ursache des Interesses waren zahlreiche Künstler, die sich – eingeladen vom damaligen kommunistischen Bürgermeister Ludovico Corrao – tatkräftig für die weit vom alten Ort neu errichtete Siedlung einsetzten und eine ganze Reihe von Werken stifteten. Viele ihrer Skulpturen sind auf den Plätzen von Gibellina Nuova aufgestellt. Der neue Ort liegt gleich östlich der Autobahn, etwa auf Höhe von Salemi und kann nicht gerade als Schönheit bezeichnet werden, ist aber auf seine Weise durchaus interessant. Neben den großformatigen Kunstwer-

Gibellina Nuova/Ruderi di Gibellina

Mahnmal: mit Beton überzogene Gassen und Häuser des alten Gibellina

ken im Stil der 70er-Jahre, darunter der große Stahlstern "Stella" (Pietro Consagra) an der Durchgangsstraße, wird die weiträumige, planmäßig nach Art englischer Gartenstädte errichtete Siedlung stark von ähnlich unkonventioneller Architektur geprägt – ein seltsamer Anblick, der in dieser Ecke Siziliens besonders überrascht.

Das *Museo Civico d´Arte Contemporanea* im Viale Segesta am östlichen Ortsrand zeigt einen Teil der Künstlerspenden; im *Museo Etno-Antropològico* etwas außerhalb des Ortes ist Kunsthandwerk aus dem Belice-Tal ausgestellt.

<u>Öffnungszeiten des Museo Civico</u> Di–So 9–13, 16–19 Uhr; Eintrittsgebühr knapp 1,5 €. Hier auch Kontakt zum Besuch des Museo Etno-Antropològico.

Ruderi di Gibellina: Die Ruinen des alten Dorfes Gibellina Vechia liegen etwa 16 Kilometer östlich der neuen Siedlung und sind über die SS 119 Richtung Salapurata zu erreichen. Die Reste der in Schutt und Asche gefallenen Häuser stehen in eigenartigem, deprimierenden Kontrast zur idyllischen Landschaft. Doch übte sich die moderne Kunst auch an einem Teil des alten Gibellina: Nach einer Idee von Bürgermeister Corrao ließ Bildhauer *Alberto Burri* Straßen und Häuserreste weiträumig mit Beton verkleiden und formte so ein Kunstwerk von immensen Ausmaßen, den "Cretto", das zu sehen und erleben sich durchaus lohnt. Fast der gesamte Hang ist mit etwa 1,60 Meter hohen Betonwänden überzogen, zwischen denen Besucher herumgehen und so den Verlauf der alten Straßen und Gassen des untergegangenen Ortskerns nachvollziehen können. Zwischen Juli und September dienen die Ruinen als Kulisse für die von oft berühmten Regisseuren geleiteten, 1980 begründeten Theaterfestspiele der "Orestiadi di Gibellina"; Infos über die genauen Zeiten im Museo Civico in Gibellina Nuova oder bei den Infostellen in Mazara und Marsala.

Montevago/Terme Acqua Pia

Die Siedlung Montevago liegt im äußersten Westen der Provinz Agrigento, an der SS 188 rund 30 Straßenkilometer östlich von Castelvetrano und wenige Kilometer westlich von Santa Margherita di Belice. Auch Montevago wurde beim Erdbeben von 1968 zerstört und danach völlig neu errichtet. Bekannt ist die Gemeinde insbesondere durch die Terme Acqua Pia.

Terme Acqua Pia: Die rund 40 Grad warme, schwefel-, kalk- und magnesiumhaltige Quelle von Acqua Pia speist ein Thermalbad, das jedoch nicht nur von Heilungssuchenden, sondern auch von zahlreichen einheimischen Ausflüglern aufgesucht wird, die bis aus Palermo oder sogar Siracusa kommen. Im Sommer herrscht besonders an Wochenenden reichlich Trubel. Das Wasser ist absolut sauber und nicht radioaktiv, es gibt mehrere Becken, einen Bach, kleine Wasserfälle, einen Picknickplatz, natürlich auch Restaurants und sogar angegliederte Übernachtungsmöglichkeiten.

• *Öffnungszeiten:* Von April bis etwa Anfang, Mitte Oktober ist täglich geöffnet, sonst nur am Wochenende und an Feiertagen. Ganztageskarte 12 €, Übernachtung p.P. ab etwa 55 €, an Wochenenden und zur HS nur mit Halbpension; auch Stellplätze für Wohnmobile. Natürlich werden auch Massagen, Unterwassermassagen, Fangobehandlungen etc. angeboten. Località Acque Calde, ✆ 0925 39026, ✆ 0925 39130, Internet-Infos (z.T. auch auf Deutsch) unter www.termeacquapia.it.

Campobello di Mazara

Das Städtchen liegt hübsch von ausgedehnten Weinfeldern umgeben. Allerdings ist sonst wenig geboten, einzige Sehenswürdigkeit sind die griechischen Steinbrüche Cave di Cusa.

Im Sommer ist Campobello Versorgungsbasis für die ausgedehnten Urlaubssiedlungen am Meer. *Triscina* und *Tre Fontane* sind abschreckende Beispiele für die Zerstörung eines ehemals fast paradiesischen Fleckchens Küste: ausgedehnte, kilometerweit am Strand entlang hoch gezogene und nur im Sommer bewohnte Hausansammlungen, außerhalb der Saison völlig tot. Die Bauwut scheint hier keine Grenzen zu kennen. Von der Verschandelung erfreulicherweise verschont blieb einzig der ausgedehnte Sandstrand östlich von Triscina; auch dies nur dank des Einschreitens der Behörden. Motorradfahrer sollten in Campobello und Umgebung mit der Vorderradbremse sehr vorsichtig umgehen, der Asphalt ist stellenweise spiegelglatt!

• *Übernachten* ** **Hotel Aureus**, die ehemalige Pensione Lo Squalo, kürzlich zum solide ausgestatteten Zweisterner mit großem Restaurant umgebaut. Direkt am Strand von Triscina, zu Fuß zur Akropolis von Selinunte in etwa 30 Minuten am Meer entlang. DZ/F etwa 50–70 €. Via Diciassette 40, ✆ 0924 84017.

• *Camping* * **Camping Helios** und der örtliche Konkurrent * **Camping Lido Hawai**, beide in Triscina. Ersterer ist vielleicht der etwas angenehmere, gleichzeitig auch der preisgünstigere Platz: Zwei Personen, Auto, Zelt etwa 18 €. Geöffnet April/Mai bis Oktober; ✆ 0924 84301.

Cave di Cusa

Der Steinbruch (oft auch "Rocche di Cusa" genannt), aus dem das Baumaterial für die Tempel Selinunts stammt, sieht fast aus, als hätten die Arbeiter erst gestern das Werkzeug aus der Hand gelegt.

Wahrscheinlich wurde er abrupt verlassen, als sich 409 v. Chr. die feindlichen Truppen der Karthager näherten. Manche Säulentrommeln liegen herum, als warteten sie noch auf den Transport, einige sind gerade halb aus dem Kalkstein geschlagen, andere sind zwar fertig, aber noch nicht vom Untergrund gelöst. Der Raum zwischen aufrecht stehender Trommel und umgebendem Fels ist so knapp bemessen, dass ein Mensch sich gerade dazwischen hineinzwängen kann und Hammerschläge möglich waren. Sicher auch kein Vergnügen war der Transport ins über zehn Kilometer entfernte Selinunt; die bis zu 30 Tonnen schweren Trommeln wurden wohl mit Ochsengespannen gezogen.

- *Lage und Öffnungszeiten* Etwa drei Kilometer südlich von Campobello, vom Zentrum Richtung Süden bzw. Tre Fontane, dann beschildert. Wer gut zu Fuß ist: Campobello ist auch per Zug zu erreichen. Der Steinbruch ist immer zugänglich, keine Eintrittsgebühr.

Mazara del Vallo

Keine andere Stadt Siziliens hat so intensive Bindungen an Afrika. Hier landeten einst die Araber zur Eroberung der Insel. Heute arbeiten viele Tunesier in Mazara.

Ihren Lebensunterhalt verdienen sie sich zumeist auf Fangschiffen; die Stadt mit ihren etwa 40.000 Einwohnern besitzt einen der größten Fischereihäfen Italiens. Auch im Stadtbild fallen die Nordafrikaner auf. Sie stellen die Majorität der Einwohner des folgerichtig *Kasbah* genannten Viertels. Der Rest des Zentrums weckt eher wehmütige Erinnerungen an barocke Pracht: Palazzi, deren Erdgeschoss ganz profan in eine Garage umgebaut wurde, Marmorskulpturen, integriert in die Fassade eines neuzeitlich renovierten Hauses. Man konnte sich Prunk leisten, Mazara war bis ins 19. Jh. Hauptstadt einer großen Grafschaft. Heute geht es in der Altstadt eher ruhig zu; das Leben spielt sich vornehmlich an den Schnittpunkten zum geradlinig angelegten modernen Mazara und natürlich am Hafen ab.

Geschichte

Von *Phöniziern* gegründet, geriet Mazara mit dem Aufschwung *Selinunts* unter den Einfluss der griechischen Kolonie. Nach der Zerstörung durch die *Karthager* 409 v. Chr. dämmerte die Siedlung vor sich hin. Erst die *Araber* erlösten Mazara aus seinem Dornröschenschlaf. Im Jahr 827 hier gelandet, machten sie die Stadt bald zu einem ihrer Hauptstützpunkte auf Sizilien. Mazara blühte auf und behielt seine Bedeutung auch unter der Herrschaft der *Normannen*, die ab dem Ende des 11. Jh. begann. Als Hauptstadt der Grafschaft Val di Mazara ließ es sich bis zum Anfang des 19. Jh., als der politische Stern Mazaras sank, gut leben.

Information/Verbindungen

- *Information* **Ufficio turistico**, Piazza Santa Veneranda 2, ✆ 0923 941727. Engagiertes Büro in der Altstadt, Öffnungszeiten von April bis September Mo–Sa 9–20 Uhr, So 9–12 Uhr, sonst Mo–Sa 8–14 Uhr, So 9–12 Uhr.
- *Verbindungen* **Zug**: Bahnhof östlich unweit des Zentrums; Züge Richtung Marsala/Trapani (besser als der Bus) 15-mal, Richtung Palermo 4-mal täglich, nach Castelvetrano häufiger.
  Bus: Unterschiedliche Haltestellen, Lokalbusse ab Bahnhof, andere Linien 200 Meter entfernt im Umkreis der Piazza Matteotti. Verbindungen nach Palermo 11-mal, nach

Marsala 14-mal täglich, mit D. S. LUMIA zu den Städten entlang der SS 115, Richtung Agrigento und Richtung Trapani je 3-mal täglich.

Schiff: SIREMAR-Schnellboot "Guizzo" nach Pantelleria, Abfahrten etwa vom 24. Juni bis 15. September, dann tägl. außer Mi; p.P. etwa 35 €, Auto bis 4 Meter Länge etwa 65 €. Fahrtzeit knapp zwei Stunden. Buchungskiosk am Hafen, ✆ 0923 946205.

• *Postleitzahl* 91026

Übernachten/Camping

• *Übernachten* ***** Hotel D´Angelo Palace (7)**, auf der der Altstadt gegenüber gelegenen Seite des Flusses, aber noch relativ zentral. Erst im Sommer 2003 eröffnet, funktional-komfortable Zimmer, DZ/F nach Saison etwa 90–120 €. Lungomare Fata Morgana, ✆ 0923 944093.

*** Hotel Hopps (6), benannt nach einem englischen Weinhändler aus Marsala; von außen kaum als die gute Adresse zu erkennen, die es von Stil und Einrichtung her darstellt. Im Innenhof hübscher Palmengarten mit Pool und Bar. Ganzjährig geöffnet; DZ/F knapp 80–90 €. Lungomare Hopps 29, etwas östlich des Zentrums; ✆ 0923 94613, ✉ 0923 946075.

Casa per Ferie Foresteria San Michele (4), eine Art Jugendherberge mit Einzel- und Doppelzimmern sowie Schlafsälen. Übernachtung p.P. 15–24 €. Piazza San Michele, Eingang hinter der Kirche, ✆ 0923 906565.

• *Camping* ***** Sporting Camping Club**, in einem Sportgelände am östlichen Ortsrand, nahe einer Flussmündung und etwa 2,5 km vom Zentrum Richtung Castelvetrano. Gepflegtes Gelände, etwas Schatten, im Sommer Bar-Pizzeria-Restaurant; die nahe Bahn könnte gelegentlich stören. "Nichts für Ruhebedürftige und Kontaktscheue", wie die Leser Claudia Rindt und Tobias Brendler zu Recht schreiben: Mit viel Betrieb bis in die Nacht hinein ist zu rechnen, und ausländische Gäste sind noch eine bestaunte Seltenheit. Im Umfeld dafür echt sizilianisches Leben und zahlreiche Sportmöglichkeiten, z.T. gratis oder mit Rabatt. Ganzjährig, zwei Personen, Auto, Zelt zur HS bis zu 25 €, zur NS deutlich günstiger. Auch Miete von Bungalows, Miniapartments etc. möglich. Man spricht englisch. Anfahrt über die Uferstraße, beim Kreisverkehr an der Flussmündung dann beschildert. C. da Bocca Arena; ✆/✉ 0923 947230.

Essen/Veranstaltungen

• *Essen* Natürlich Fisch in allen Variationen; auch im Cuscus, der regionalen Spezialität der Provinz Trapani. Mehrere Restaurants direkt nebeneinander am Lungomare Mazzini, Tische im Freien und in umgebauten alten Lagerhallen, Menü jeweils um 20 €, abends auch Pizza.

Ristorante del Pescatore (2), außerhalb des Zentrums in Richtung Castelvetrano. Heller, luftiger Raum mit elegantem Dekor, zur Auswahl Fisch aufs Feinste. Menü ab etwa 35 €, breites Angebot auch regionaler Weine. Via Castelvetrano 191; Reservierung ratsam: ✆ 0923 947580. Mo Ruhetag.

Trattoria da Nicola (1), ebenfalls etwas abseits, auf der westlichen Seite des Flusses, zu erreichen über den Ponte Vecchio. Modernes Gebäude; großer, luftiger Hauptraum, als Dekoration ein ganzes Fischerboot. Auch hier: Fisch in den Vorspeisen, den Nudelgerichten, im Cuscus und "pur". Menü ab etwa 25 €, Mo Ruhetag. Via Emanuele Sansone 47; Reservierung am Wochenende anzuraten, ✆ 0923 942170.

Ristorante Alla Casbah (5), in der Altstadt unweit der Infostelle. Hübsch eingerichtet, Küche mediterran und nach der Art von Pantelleria, auch Cuscus in diversen Variationen. Menü ab etwa 20–25 €. Via Itria 10, Mo Ruhetag.

Ristorante La Bèttola (3), beim Bahnhof. Keine "Kneipe", sondern ein angenehmes, beliebtes Restaurant mit guter lokaler Küche, Schwerpunkt natürlich auf Fisch. Menü ab etwa 20 €. Von Lesern sehr gelobt. Via Maccagnone 32, ✆ 0923 946422; Sonntag Ruhetag, im Sommer wechselnde Betriebsferien.

• *Veranstaltungen* **Lu Fistinu di San Vitu**, zwischen zweitem und drittem Sonntag im August, zuletzt leider nur mehr unregelmäßig. Fest des Stadtheiligen, Prozessionen in historischen Kostümen, darunter die "früheste Prozession Italiens": Beginn 3.30 morgens, vor Sonnenaufgang dann Feuerwerk.

Übernachten
4 Casa per Ferie
  Foresteria San Michele
6 Hotel Hopps
7 Hotel D'Angelo Palace

Essen & Trinken
1 Trattoria da Nicola
2 Ristorante del Pescatore
3 Rist. La Bèttola
5 Rist. Alla Casbah

Sehenswertes

Corso Umberto: Die lebendige Hauptstraße Mazaras liegt am östlichen Rand der Altstadt, gesäumt von Geschäften aller Art. Sie endet in Meeresnähe an der Piazza Mokarta, auf der die spärlichen Reste des von Normannenkönig Roger I. erbauten *Kastells* zu sehen sind – die beste Figur machen sie nachts im Flutlicht. In den westlich anschließenden *Gärten* bieten große, alte Bäume erfrischenden Schatten.

Piazza della Repubblica: Das Herz der Stadt konnte sein einheitliches Aussehen im Stil des 18. Jh. zwar bis auf einen modernen Schandfleck bewahren, die Nutzung als Parkplatz ist dem Erscheinungsbild allerdings wenig förderlich. Vom Meer kommend, fällt zunächst der *Dom* ins Auge. Im 11. Jh. von den Normannen errichtet, wurde er im 17. Jh. dem barocken Zeitgeschmack angepasst. Etwas früher, 1594, entstand das Relief über dem Portal, das König Rogers Sieg symbolisiert: hoch zu Pferd reitet der Normanne einen Araber nieder. Im opulent geschmückten Inneren des Doms ist eine Skulpturengruppe des Bildhauers Antonello Gagini von 1537 zu sehen. An der Piazza Repubblica außerdem beachtenswert sind der *Palazzo Vescovile* und das Gebäude des bischöflichen *Seminars*; in seiner Nähe wurde vor einigen Jahren ein *Diözesanmuseum* eröffnet (Mo–Sa 8.30–13 Uhr; gratis), das in erster Linie kirchliche Kunst ausstellt.

Etwa 200 Meter westlich der Piazza Repubblica, an der Piazza Plebiscito, beherbergt ein großer Palazzo das *Museo Civico* (Mo–Fr 8–14 Uhr, Di/Do auch 15–18 Uhr, gratis) mit archäologischer Ausstellung; im Innenhof sommers oft abendliche Konzerte.

La Casa del Satiro: Das "Haus des Satyrs" ist der neue Stolz der Stadt. Es beherbergt die Bronzestatue eines Satyrs, die erst 1998 im Kanal von Sizilien einem Fischer ins Netz ging. Der tanzende Jüngling, den Kopf nach hinten geworfen, die Haare vom Windzug verweht, stammt vermutlich aus der Mitte des 4. Jh. v. Chr. und ist von hoher Eleganz. Neben diesem Prunkstück zeigt das Museum noch weitere maritime archäologische Funde.
Öffnungszeiten Juli–September tägl. 9–14, 15–22 Uhr, sonst bis 21 Uhr; Eintritt 4,50 €.

Hafen: Die günstige Lage an der Mündung des Fiume Mazaro war es wohl, die die Phönizier zur Stadtgründung ermunterte – seit damals legen hier die Boote zum Fang im Afrikanischen Meer ab. Auch wenn der Fischbestand in den letzten Jahren zurückgegangen ist, winkt den mehreren hundert Schiffen Mazaras immer noch reiche Beute. Etwas flussaufwärts liegt rechter Hand die kleine Kirche *San Nicolo Regale*, im 11./12.Jh. von den Normannen errichtet. Der würfelförmige Bau zeigt deutlich arabische Einflüsse.

Kasbah: Das traditionell hauptsächlich von Nordafrikanern bewohnte Viertel um die Via Bagno hat schon fast orientalisches Flair; aus manchem Haus dudelt arabische Musik, abends trifft sich die Männerwelt in Cafés, die auch in Tunis stehen könnten, sogar eine Moschee soll demnächst gebaut werden. Nach Einbruch der Dunkelheit soll das Viertel nicht ganz ungefährlich sein; tagsüber hat man normalerweise weniger zu befürchten – auf Fotoapparate und dergleichen sollte man bei einem Rundgang dennoch gut aufpassen. Größte "Gefahr" ist jedoch, die Orientierung zu verlieren: In dem Gewirr aus engsten Sträßchen und Torbögen verläuft man sich leicht, steht plötzlich in einer Sackgasse oder einem Wohnhof. Viele malerische Ecken der Kasbah sind leider einer Renovierung zum Opfer gefallen, die andererseits aber wohl nötig war, um das Viertel vor dem endgültigen Verfall zu retten.

Marsala

Ihr Wein machte die Stadt in der Welt berühmt. Der Besucher wird zumindest auf den ersten Blick etwas enttäuscht sein, die Anfahrt ist aus keiner Richtung besonders reizvoll.

Die Uferpromenade kann leider nur als trist und öde bezeichnet werden. Im Hintergrund recken sich billig gebaute Hochhäuser in den Himmel. Sie verbergen den Blick auf die kleine, aber eigentlich ganz schmucke, lebendige und seit einiger Zeit verkehrsberuhigte Altstadt, die im Zeichen des späten Barock steht. Ihr Mittelpunkt ist die *Piazza della Repubblica*.

Flankiert wird das Zentrum von ausgedehnten modernen Wohnvierteln, die breite, schnurgerade Straßen durchziehen. Auch heute noch lebt man in Marsala vorwiegend vom Wein. Speziell für interessierte Anhänger des hiesigen Rebensafts und seiner komplizierten Verarbeitung kann ein Besuch deshalb durchaus lohnend sein: die *bagli* oder *stabilimenti* genannten Weinkeltereien und ihre Lager dürfen besichtigt und ihre Erzeugnisse probiert werden.

Geschichte

Die ursprünglich wohl von Phöniziern gegründete Siedlung im äußersten Westen Siziliens nahm unter der Herrschaft Karthagos schnellen Aufschwung.

Stark befestigt widerstand die Stadt allen Eroberungsversuchen durch die Griechen. Mehr Erfolg hatten die Römer, denen man nach längerer Belagerung freiwillig die Tore öffnete.

Entwicklungshilfe: England und der Marsala-Wein

Einem Engländer verdankt Marsala seinen Ruhm und Reichtum. *John Woodhouse* war es, der 1773 auf die gewinnträchtige Idee kam, den hiesigen Weißwein mit Most und Branntwein zu versetzen, ihn nach England zu exportieren und so Portwein, Sherry und Madeira Konkurrenz zu machen. 1796 gründete er in Marsala eine Kellerei. Bei der Herstellung verwendete Woodhouse Verfahren, die er im andalusischen Málaga gelernt hatte, Heimat eines weiteren in England beliebten Süßweins. Die Idee hatte Erfolg, bereits im Jahr 1800 segelte Lord Nelsons Flotte nach Marsala, um hier ihre Weinvorräte aufzufüllen. Bald folgten Nachahmer wie Whitaker oder Hopps. Heute halten sizilianische und italienische Kellereien die Majorität der Produktion. Bekanntester Name ist die 1833 gegründete Firma Florio, die rund ein Drittel der jährlichen Produktion erzeugt. Das Herstellungsverfahren ist kompliziert, jede Kellerei hütet ihre eigene Rezeptur, wobei das Geheimnis vor allem im kunstgerechten Verschneiden der verschiedenen Rebsorten liegt. In den letzten Jahrzehnten war der Ruf des Marsala angekratzt, galt der meist mit Branntwein oder einer Mischung aus Most und hochprozentigem Alkohol aufgespritete Wein kaum noch als gut genug zum Kochen. Stark ist er wohl, der Marsala, 17 Prozent Alkohol aufwärts. Und süß, zumindest für den Export. Die Sizilianer bevorzugen ihn secco, trocken – und sie verstehen was vom Wein... Inzwischen haben lange Reifezeiten in Holzfässern und das 1987 erlassene Verbot der Hinzufügung von Aromen zu D.O.C.-Marsala das beschädigte Renommee deutlich verbessert. Immerhin kommen die feinen, mindestens fünf Jahre gelagerten *Vergine* völlig ohne Aufspritung aus, während *Soleras* durch das bei Sherry gängige Verfahren (Beimischung älterer Jahrgänge "erzieht" den jungen Wein) ihre hohe, stets gleichbleibende Qualität erzielen.

Klassifikation der Marsala-Weine

Je nach Alkoholgrad und Reifezeit wird Marsala in fünf verschiedene Qualitätsstufen eingeteilt. Die unteren Kategorien gelten als Dessertweine, die beiden oberen Qualitätsstufen sind jedoch feine Aperitifs und passen bestens zu Käse- oder Fischhäppchen.

Fine: Mit einem Alkoholgrad von über 17 Prozent muss ein Marsala dieser Kategorie mindestens ein Jahr reifen, bevor er in den Verkauf kommen darf.

Superiore: Schon besser. Dieser Marsala besitzt bereits einen Alkoholgrad von mehr als 18 Prozent und reift vor dem Verkauf mindestens zwei Jahre.

Superiore Riserva: Wie ein Superiore, jedoch mindestens vier Jahre gereift. Der Säuregehalt liegt zwischen 1,3 und 3,5 Gramm pro Liter.

Vergine/Soleras: Hier wird es edel. Alkoholgehalt über 18 Prozent, Säuregehalt über 3,5 Gramm pro Liter, Zuckergehalt unter vier Prozent, Reifezeit mindestens fünf Jahre.

Vergine/Soleras Stravecchio oder **Vergine Soleras Riserva**: Feinster Stoff. Wie oben, Reifezeit jedoch mindestens zehn Jahre.

Das römische *Lilybaeum* verdankte seine Bedeutung dem Hafen, der ab 827 unter arabischer Herrschaft zum Namenspatron wurde: *Marsa Ali*, Hafen Alis (Schwiegersohn des Propheten Mohammed) oder *Marsa-al-Allah*, Hafen Allahs; beide Deutungen haben ihre Anhänger. Marsalas Glanz verblasste im 16. Jh., als Spaniens Karl V. den schlecht geschützten Hafen zuschütten ließ, um die Landung von Seeräubern zu verhindern. Mit der "Erfindung" des Marsala-Weins im 18. Jh. kehrte auch die wirtschaftliche Prosperität zurück. In die politischen Schlagzeilen geriet die Stadt, als am 11. Mai 1860 Garibaldi mit seinem "Zug der Tausend" in Marsala erstmals sizilianischen Boden betrat.

Information/Einkaufen

- *Information* **Ufficio Turistico**, Via XI Maggio 100, in der Altstadt, ✆/✆ 0923 714097. ⏰ Mo–Sa 8–20 Uhr, So 9–12 Uhr. Gute Infos, auch zum Besuch der Kellereien.
- *Postleitzahl* 91025
- *Post* In der Hauptstraße Via Garibaldi; ⏰ Mo–Fr 8–18.30 Uhr, Sa 8–12.30 Uhr.
- *Einkaufen* Im August sind die meisten Geschäfte nur vormittags geöffnet.

Markt mit Obst, Gemüse, etc. Nähe Porta Garibaldi, geöffnet Mo–Sa bis 13 Uhr.
Straßenmarkt jeden Di beim Stadion am Ende der Via Giosanni Amendola.
Weinhandlungen zum Beispiel beim Kap Lilybeo an der Via Lungomare Boeo; im "La Ruota" spricht man Deutsch.

Verbindungen

Zug: Kleiner Bahnhof am Ende der Via Mazzini; Verbindungen nach Trapani 15-mal, Richtung Palermo 4-mal täglich (Castelvetrano häufiger), mit Umsteigen und dadurch geringem Zeitverlust auch über Trapani möglich.
Bus: Station an der Piazza del Popolo, oft auch Piazza Mazzini genannt. Busse nach Palermo 17-mal, nach Trapani 3-mal, nach Mazara 14-mal, mit D. S. LUMIA zu allen Städten an der SS 115 bis Agrigento 3-mal täglich. Zur archäologischen Insel Mozia (Motya) Linie "Museo del Sale" direkt zur Bootsanlegestelle, im Sommer 10-mal täglich, dann auch am Sonntag, sonst seltener und nur Mo–Sa.
Auto: Vorsicht! In Marsala sind einige Leute mit dem Brecheisen besonders schnell zur Hand, wie der Autor aus eigener unschöner Erfahrung bestätigen kann. Kaum bei der Polizei angekommen, tauchte auch schon ein Leidensgenosse auf, diesmal mit zerschlagener Seitenscheibe. Die hiesigen Carabinieri sehen Marsala übrigens als "la Bronx della Sicilia" ... Besonders beliebt für solche Änderung der Besitzverhältnisse sind die ruhigen Nachmittagsstunden, etwaige Beobachter (auch in Bars!) schauen meist lieber weg.
Schiff: USTICA LINES fährt mit Aliscafi 3- bis 5-mal täglich nach Favignana (p. P. knapp 6 €), zu den anderen Egaden seltener und nur im Sommer. Infos und Tickets direkt am Hafen, ✆ 348 3579863 (mobil).

Übernachten/Camping

Unerfreuliche Übernachtungssituation, auf Geschäftsleute zugeschnitten. Preisgünstige Quartiere gibt es praktisch nicht, die meisten Hotels liegen zudem etwas außerhalb.

- *Übernachten* ****** Hotel New Palace (8)**, in einem Park beim Sporthafen südlich unweit des Zentrums, Nähe Stabilimento Florio. Neueres, kleines Hotel in einem schön renovierten Palast des 19. Jh. mit imposanter Kuppel in der Halle. Nur acht Zimmer und zwei Suiten, sehr komfortabel ausgestattet, die Umgebung (Lagerhallen etc.) ist allerdings ziemlich öde. Exquisites Restaurant. DZ/F etwa 110–230 €. Lungomare Mediterraneo 57, ✆ 0923 719492, ✆ 0923 719496. www.newhotelpalace.com.
*** Hotel Delfino Beach (9), am Meer etwa acht Kilometer südlich des Zentrums. Groß-

Marsala

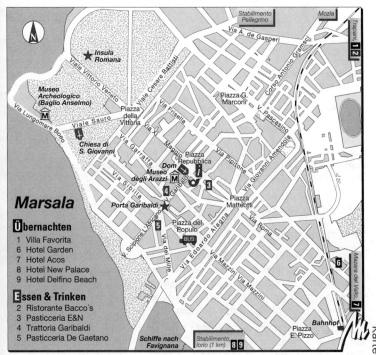

Marsala

Übernachten
1 Villa Favorita
6 Hotel Garden
7 Hotel Acos
8 Hotel New Palace
9 Hotel Delfino Beach

Essen & Trinken
2 Ristorante Bacco's
3 Pasticceria E&N
4 Trattoria Garibaldi
5 Pasticceria De Gaetano

zügige Anlage mit Pool und Unterkunft in verschiedenen Strukturen (DZ, Mini-Apartments etc.), zwei Personen etwa 70–110 €. Sehr gutes Restaurant. Viele Reisegruppen. Lungomare Mediterraneo 672, Contrada Berbaro (Petrosino), ✆ 0923 751076, ✉ 0923 751303, www.delfinobeach.com.

*** **Hotel Acos (7)**, an der Straße nach Mazara, etwa einen Kilometer hinter der Bahnlinie. Das ehemalige Motel Agip, 1996 renoviert und seitdem durchaus ordentlich. DZ/F etwa 75–130 €. Via Mazara 14, ✆ 0923 999166, ✉ 0923 999132. www.acoshotel.com.

** **Villa Favorita (1)**, halbkugelförmige Bungalows in parkähnlicher Anlage mit Swimmingpool. Bester Tipp in dieser Klasse, gepflegt und komfortabel. Das Restaurant im Hauptgebäude, einer alten Villa, offeriert für Hotelgäste ein recht preiswertes Festmenü. DZ/F 85 €, im Juli/August 110 €. Nicht gerade zentral und etwas versteckt gelegen: Vom Zentrum kommend Abzweigung nach links an der Straße nach Trapani, dann noch einige hundert Meter. Via Favorita 27, ✆ 0923 989100, ✉ 0923 980264, www.villafavorita.com.

** **Hotel Pensione Garden (6)**, kleiner Familienbetrieb Nähe Bahnhof; nur wenige Zimmer, oft ausgebucht. Beim Bahnhof über die Gleise, dann erste Straße links; Parken im Hof. DZ/Bad rund 50–55 €. Via Gambini 36, ✆ 0923 982320.

• *Camping* Im Stadtgebiet kein offizieller Platz, der nächstgelegene bei Petrosino. Weitere Campingmöglichkeiten gegenüber von Mozia, siehe dort.

*** **Camping Biscione**, bei der gleichnamigen Küstensiedlung Nähe Petrosino, etwa auf halbem Weg nach Mazara. Noch recht neuer, gut ausgestatteter und gepflegter Platz mit Rasen und Palmen. Zwei Personen, Auto, Zelt knapp 20 €. Offiziell ganzjährig geöffnet, zur NS besser abklären: ✆/✉ 0923 731444.

Gut (und hochpreisig) sind auch die Restaurants der Hotels New Palace und Delfino Beach.

Ristorante Bacco's (2), etwa drei Kilometer außerhalb des Zentrums. Stilvolles Lokal in einer alten Villa; prima Nudelgerichte, zur Fangsaison Thunfisch in vielen Varianten. Umfangreiche Auswahl lokaler Weine. Menü ab etwa 30 €. Contrada Santa Venera, Via Trieste 5; ✆ 0923 737262. Mo Ruhetag.

Trattoria Garibaldi (4), im Zentrum nahe der Via Garibaldi, gleich beim Stadttor. Die hübsche Trattoria in einem alten Gewölbe hat über vierzig Jahre Tradition − gegründet 1963. Gute Küche, Spezialitäten sind die Antipasti und Cuscus mit Fisch. Zuletzt wegen Renovierung geschlossen, Menü bis dato ab etwa 20 €. Piazza Addolorata 5, Sa Ruhetag.

Pasticceria E&N (3), mitten im Zentrum. Ein Klassiker des hiesigen Konditoreigewerbes, 1969 eröffnet. Im Angebot ist nicht nur Süßes in vielen Variationen, sondern auch eine ganze Reihe leckerer deftiger Happen. Via XI Maggio 130, nur ein paar Schritte vom Fremdenverkehrsamt.

Pasticceria De Gaetano (5), direkt vor dem Stadttor Porta Garibaldi. Ähnliche Offerte wie oben, neben köstlichen Backwaren auch Arancine etc. für den schnellen Hunger. Piazza Mameli 8.

Sehenswertes

Altstadt: An der Piazza della Repubblica, dem Hauptplatz der Stadt, fällt besonders der ursprünglich von den Normannen errichtete *Dom* ins Auge. Dass er so gar nicht normannisch wirkt, liegt an dem im 18. Jh. erfolgten Umbau im Barockstil. Im Inneren des dem Hl. Thomas von Canterbury geweihten Doms sind mehrere Gagini-Skulpturen zu sehen.

Schräg gegenüber steht der *Palazzo Comunale* aus dem 18. Jh., geschmückt mit Arkaden. Vom Platz führt die Via Garibaldi in südwestlicher Richtung zur *Porta Garibaldi*, im 17. Jh. entstanden und später zu Ehren des Anführers der Rothemden umbenannt. Unterwegs lohnt sich ein Abstecher ins *Museo degli Arazzi* in der Via Garraffa 57 (Di–So tägl. 9–13, 16–18 Uhr, 1 €), in dem eine Sammlung prachtvoller Wandteppiche aus dem 16. Jh. ausgestellt ist. Sie stammen aus Flandern und sind ein Geschenk der spanischen Krone.

Chiesa San Giovanni: Das kleine Kirchlein liegt am Viale Sauro, der vom Lungomare Boeo zur Piazza della Vittoria führt. In der Grotte unterhalb der Kirche ist ein römisches Mosaik zu sehen.

Museo Archeologico Baglio Anselmo: Das sehr sehenswerte archäologische Museum nahe des Capo Boeo, des westlichsten Punkts Siziliens, ist schon von der Gebäudestruktur des alten Weinkellers her interessant. Die vier Säle widmen sich vor allem der Geschichte der Stadt und ihrer unmittelbaren Umgebung. Glanzstück ist ein Exponat besonderer Art: die *Nave Punica*, ein etwa 35 Meter langes karthagisches Kriegsschiff, das wahrscheinlich im Ersten Punischen Krieg versenkt und 1971 unweit der Isola Longa geborgen wurde. Die Unterwasser- und Restaurationsarbeiten dauerten acht Jahre. Ausgestellt sind weiterhin Transport-Amphoren, Anker, Keramik, Stelen, Skulpturen etc., die teilweise an der Fundstelle des Schiffes entdeckt wurden, zum Teil aber auch aus Mozia und Lilybaeum stammen.

⏲ Täglich 9–13.30 Uhr; Mi, Fr und Sa/So auch 16–19 Uhr; Eintritt 2 €.

Insula (Villa) Romana: Die recht spärlichen Ausgrabungen des römischen Lilybaeum sind von der Via Vittorio Veneto aus zu erreichen. Interessant sind besonders die Reste der Thermen, die mit Mosaiken verziert sind.

① Mo–Sa 9–13 Uhr sowie 15 Uhr bis eine Stunde vor Sonnenuntergang; falls dennoch geschlossen, im Archäologischen Museum nachfragen. Eintritt frei.

Wein, Wein, Wein: Viele der Bagli oder Stabilimenti, in denen die berühmten Tropfen gekeltert werden, offerieren Besichtigungen, bei denen diverse Probeschlucke nicht fehlen dürfen. Das schöne, auch in seiner Architektur reizvolle *Stabilimento Florio* beispielsweise ist leicht zu finden. Es steht am Lungomare Mediterraneo im Süden der Stadt, nicht weit entfernt vom Bahnhof, und offeriert neben geführten Touren natürlich auch einen Verkaufsraum. Für Autofahrer günstig liegt auch das *Stabilimento Pellegrino*, an der Via del Fante 37 östlich des Capo Lilibeo Richtung Mozia, in dem ebenfalls geführte Besichtigungen stattfinden.

- *Führungen* **Stabilimento Florio** (✆ 0923 781111) Mo–Fr 11 und 15.30 Uhr, **Stabilimento Pellegrino** (✆ 0923 719911) Mo–Fr 9.30, 12.30, 15.30 und 17.30 Uhr. Die Zeiten wechseln allerdings gelegentlich, Infos im Fremdenverkehrsamt Marsala. Samstags finden Führungen, wenn überhaupt, meist nur vormittags statt, im August sind die Kellereien oft geschlossen.

Weinmuseum: Wer noch tiefer in die Materie "eintauchen" will, findet etwa fünf Kilometer Richtung Mazara das von einer Kellerei betriebene *Enomuseo* der Cantine Montalto, in dem auch probiert werden darf. Voranmeldung ratsam, ✆ 0923 969667, www.cantinemontalto.com. Angeschlossen sind ein Restaurant und ein Stellplatz für Wohnmobile.

Laguna dello Stagnone

Die größte Lagune Siziliens, am Festland von Salinen begrenzt. Mittendrin die "archäologische" Insel Mozia, einst eine frühe karthagische Kolonie.

Die Laguna dello Stagnone erstreckt sich zwischen dem Kap Lilibeo bei Marsala im Süden und der felsigen Punta di San Teodoro im Norden. Mit einer Fläche von über 2000 Hektar ist die flache, nur 20 Zentimeter bis maximal drei Meter tiefe Lagune die größte Siziliens. Sie bildet ein wichtiges Rückzugs- und Rastgebiet für zahlreiche seltene Spezies von Wat- und Wasservögeln, ebenso für viele Fischarten. Innerhalb der Lagune umfasst die Inselgruppe *Isole dello Stagnone* insgesamt vier Eilande; die größte, Isola Longa, schirmt die Lagune zum offenen Meer hin ab und wurde unter Naturschutz gestellt. Berühmter freilich ist das kleine Eiland *Mozia* (auch San Pantaleo genannt), das wegen seiner archäologischen Stätte Motya, aber auch aufgrund seiner beschaulichen Lage einen Ausflug wirklich wert ist. Vorher lohnt sich jedoch ein Besuch der am Festland gegenüberliegenden *Saline Ettore e Infersa* mit dem Mühlenmuseum.

- *Information* **Ufficio informazione**, beim Anleger Imbarcadero stòrico (siehe unten), ein Büro des Naturreservats, das aber durchaus auch touristische Auskünfte gibt; ✆ 0923 745301. Geöffnet tägl. 8–16 Uhr, im Sommer noch länger.
- *Anreise* Die Salinen und die beiden Abfahrtstellen nach Mozia sind über eine beschilderte Abzweigung von der in Lagunennähe verlaufenden Straße Marsala-Trapani ("Via del Sale") zu erreichen, **nicht** von der SS 115. Busse direkt zum Kai Molo Salina

Ettore ab Marsala, Details siehe dort. Bahnreisende haben ab dem Bahnhof Ragattisi etwa 2 km Fußmarsch vor sich.

• *Boote nach Mozia* Abfahrt zur Insel mittlerweile ab zwei Anlegestellen, der "Molo Salina Ettore" (www.motyaline.com) bei der gleichnamigen Saline sowie dem alten Ableger "Imbarcadero stòrico" ein paar hundert Meter südlich. Die Abfahrt der Boote zur Insel (Fahrtzeit 10 min.) ist mit den Öffnungszeiten des Museums abgestimmt: 16. Mai bis 15. September tägl. 9–12.45 Uhr, 15–18.45 Uhr, 16. März bis 15. Mai und 16. September bis 31. Oktober täglich 9–12.45, 15–18 Uhr, sonst tägl. 9–15 Uhr. Fahrpreis p.P. 3 € hin und zurück, Eintrittsgebühr für Insel und Museum 6 €, Museum ✆ 0923 712598.

• *Übernachten/Camping/Sport* **Locanda La Finestra sul Sale**, bei den Saline Ettore e Infersa, Infos auch im Mühlenmuseum und im Café. Ganz neues, offiziell als Privatvermieter eingestuftes Quartier mit nur drei Zimmern, gut ausgestattet mit TV, Klimaanlage etc. Ganzjährig geöffnet, gehobenes Preisniveau: DZ rund 130 €. Contrada Ettore Infersa 55, ✆ 0923 733003 oder 0923 966936.

Azienda Agrituristica Baglio Vajarassa, freundliches Landhaus südöstlich der Anlegestelle nach Mozia (10 Fußminuten), gute Basis für Exkursionen in diesem Bereich der Insel: nach Marsala 8 km, nach Trapani 21 km; in der Umgebung Bademöglichkeit. Übernachtung in drei stilvoll eingerichteten Zimmern, DZ 75 €, HP p.P. 50 €, Mindestaufenthalt 3 Tage, Vorbestellung ratsam; Campingmöglichkeit. Gute Küche, Verkauf von Wein und anderen lokalen Produkten, außerdem ein sehr liebevoll eingerichtetes Bauernmuseum "Museo della Civiltà Contadina", u. a. mit einem sizilianischen Karren der Zeit um 1860. Contrada Spagnola, Via Vajarassa 175, ✆ 0923 968628; in der absoluten NS Anruf ratsam. Etwas schwer zu finden, die direkte Zufahrt von Mozia ist für Pkw nicht ratsam, da zu eng. Von Marsala aus die Lagune entlang, Richtung Mozia, dann rechts ab (beschildert); aus der Gegenrichtung bei Spagnola meerwärts und an der Küste ein Stück nördlich, dann wie oben.

Privatvermieter warten manchmal am Ableger Imbarcadero stòrico, ihre Visitenkarten (z.B. "B &B Sicilia", ✆ 0923 745747) hängen dort aus; auch die Infostelle und die privaten Parkwächter wissen Bescheid. Für ein DZ/F sind ungefähr 60 € zu rechnen.

Camping-Surf Da Lucio, ein paar hundert Meter südlich des Imbarcadero stòrico. Kanu-, Kajak-, Segelbootverleih und schlich-

Stimmiges Bild: Windmühlen und Salzhügel an der Via del Sale

te Campingmöglichkeit mit sehr bescheidenen Einrichtungen, aber gewissem rustikalem Charme; zwei Personen zahlen 10 €.

Ganzjährig, ☏ 0923 745755, ☏ 320 2629258 (mobil).

La Via del Sale, die Salzstraße der Provinz Trapani

Zwischen Marsala und Trapani erstrecken sich entlang einer Distanz von etwa 30 Kilometern mehrere Salzgärten, miteinander verbunden durch die "Salzstraße" Via del Sale, die küstenwärts parallel zur SS 115 verläuft. Der Ursprung dieser Salinen geht möglicherweise bis auf die Phönizier zurück, schriftlich belegt ist ihre Existenz durch Plinius den Älteren im 1. Jh. n. Chr. Der hohe Salzgehalt (für Spezialisten: 3,5–4,5 Baumé) des Meerwassers, die geringen Niederschläge, hohen Temperaturen und häufigen Winde ermöglichen die Produktion von Salz während sechs Monaten im Jahr, etwa in der Zeit von März bis September.

Noch in den 30er-Jahren produzierten die damals 53 Salinen von Trapani 200.000 Tonnen Salz pro Jahr, beschäftigten dabei mehr als 1500 Arbeiter. Dann setzte ein langer Niedergang ein. Erst in den letzten Jahren hat sich das Gewerbe mit staatlicher Unterstützung wieder erholt: Heute arbeiten wieder insgesamt 27 Salinen entlang der Via del Sale, produzieren auf 800 Hektar Fläche pro Jahr rund 90.000 Tonnen Salz und geben dabei 100 Arbeitern eine ständige und weiteren 200 Kräften eine saisonale Beschäftigung.

Das Grundprinzip des Verfahrens ist einfach. Aus größeren, tieferen Becken mit dementsprechend kühlerem Wasser am Rand der Lagune wird das Salzwasser über Kanäle in immer kleinere, flachere Becken gepumpt, wo es sich in der Sonne erwärmt. Mehr und mehr Wasser verdunstet, der Salzgehalt steigt an. Das "gemachte" Wasser (acqua fatta, 25 Baumé) in den letzten Verdunstungsbecken nimmt eine rötliche Färbung an, bald zeigen sich die ersten Salzschichten. Zweimal pro Sommer wird das Salz geerntet, in Form kleiner Hügel rund um die Saline aufgeschichtet und zum Schutz vor Regen, Wind und Verunreinigungen mit Ziegeln bedeckt.

Seit Anfang der 90er-Jahre hat man viele der alten Salinen-Gebäude restauriert, darunter insgesamt fünf Windmühlen, die zum Pumpen des Wassers von einem Becken zum nächsten, aber auch zum Mahlen des Salzes dienten. Eine von ihnen, die Hauptmühle der Saline Ettore e Infersa, wurde als Museum eingerichtet, ein weiteres Salzmuseum findet sich in Nubia bei Trapani, siehe "Umgebung von Trapani".

Saline Ettore e Infersa: An den gegenüber von Mozia gelegenen Salinen stehen allein drei der insgesamt fünf restaurierten Windmühlen. Die größte, bereits im 16. Jh. errichtet, ist als Museum ausgebaut, in dem man unter anderem eine Videovorführung beobachten, eine archimedische Schraube (zum Transport des Salzwassers in die Verdunstungsbecken) und ein Modell des Herstellungsprozesses sehen kann; eine Verkaufsstelle für Salzprodukte ist angeschlossen. Aufstieg in den Turm der Mühle möglich, Führungen durch die Salinen bislang leider nur in Italienisch. Am Eingang der Salinen ein Bar-

Restaurant, einer der beiden Anleger für die Fahrt nach Mozia sowie ein Kanuverleih für genüssliche Fahrten in der ruhigen Lagune.

① Mitte März bis Oktober täglich 9.30 Uhr bis Sonnenuntergang, übrige Zeit Sa/So wie angegeben, Mo–Fr nur auf Vorbestellung; Eintritt (Führungen, Video etc.) 3 €. Bei gutem Wetter ist die Mühle selbst Mi und Sa 16–18 Uhr in Betrieb. www.cilastour.com.

Mozia (Motya)

Dem nur einen Quadratkilometer kleinen Inselchen traut man kaum zu, dass es einer der frühesten Stützpunkte Karthagos auf Sizilien war.

Schon im 8. Jh. v. Chr. hatten wahrscheinlich die Phönizier aus dem heutigen Syrien, vielleicht auch schon das von ihnen gegründete Karthago, hier eine Handelssiedlung errichtet. Das inzwischen mächtig gewordene Karthago jedenfalls rüstete die Insel ab dem 6. Jh. v. Chr. mit umfangreichen Verteidigungsanlagen zur Festung auf. Vergebens, Dionysios von Syrakus zerstörte 397 v. Chr. die Siedlung, die Überlebenden zogen nach Lilybaeum ab. Motya, wie die Fundstätte genannt wird, geriet in Vergessenheit. Erst im 19. Jh. begann die englische Weindynastie Whitaker, in deren Besitz die Insel seitdem ist, mit den Ausgrabungen.

▸ **Besichtigung**: Zur Anreise siehe weiter oben. Der schönen Atmosphäre wegen sollte man sich nicht auf das Abhaken der Ruinen beschränken, sondern auch ein längeres Picknick im Pinienwald einplanen. Baden allerdings kann man vergessen, die flache Lagune wirkt wenig einladend.

Auf der Insel angekommen, liegt geradeaus vom Steg eine kleine Häusergruppe. Außer einer Bar, in der man auch eine günstige englischsprachige Broschüre erstehen kann, findet sich hier auch ein Museum mit Funden der Stätte.

Museo Whitaker: Das sehr interessante Museum präsentiert Exponate von der Vorgeschichte bis zur griechischen Zeit. Zu sehen sind Schmuck, Votivstelen, Waffenreste und Keramik, darunter die oft auf Prospekten abgebildete grinsende Maske eines Mannes und ein geheimnisvoll lächelnder Frauenkopf. Prunkstück aber ist eine armlose Männerstatue mit raffiniertem, sehr fein gearbeitetem Faltenwurf des Gewands, über der die Fachwelt rätselt, ob sie einen phönizischen Ratsherren oder einen Gott darstellen soll.

Cothon: Geht man vom Museum aus in südwestliche Richtung, stößt man an der Lagune auf den sogenannten *Cothon*, einen gemauerten künstlichen Hafen, in dem noch das Wasser schwappt. Er war nur für kleinere Boote bis knapp 20 Meter Länge geeignet, das mutmaßliche Vorbild in Karthago war deutlich größer. Am Meer entlang zurück Richtung Anlegestelle liegt unweit des Ufers die *Casa dei Mosaici*. Es handelt sich um Reste einer Villa, deren Fußboden mit Tiermosaiken verziert ist.

Nordteil der Insel: Den nördlichen Inselbereich erkundet man am besten, indem man von der Anlegestelle aus weiterhin am Ufer entlang geht.

Zunächst sind linker Hand die Reste der Stadtbefestigung zu erkennen, nach etwa 600 Metern auch die eines größeren Turms. Nochmals gut 300 Meter weiter

Lange Tradition: Salinen bei Mozia

346 Der Westen

Fundstücke aus Mozia: im Hof des Museo Whitaker

sieht man links die Überreste des *Nördlichen Stadttors*. Von hier führte ein Damm hinüber zum Festland. Er existiert noch, liegt heute aber unter dem Meeresspiegel. Noch vor Jahren fuhren Ochsenkarren mit hohen Rädern auf ihm durch das Wasser der Lagune; sie brachten die Weinernte der Insel ans andere Ufer – bestimmt ein seltsamer Anblick. Zu Fuß, mit Bade- oder Turnschuhen versehen, können Mutige aber immer noch auf diesem Weg ans Festland gelangen. Durch das Nordtor führt die ehemalige Hauptstraße zum *Cappiddazzu* genannten Bezirk, wahrscheinlich eine heilige Stätte; Grundmauern von Gebäuden sind noch zu erkennen.

Nekropolis: Weiter am Ufer entlang kommt man zu einer Grabanlage. Hier entdeckte man die ältesten Funde von Motya, darunter eine Vielzahl von Urnen, gefüllt mit menschlicher Asche. Die Asche stammt von Totenverbrennungen, die etwa 300 Meter westlich stattfanden, links des Uferpfads. Wenn die bisherigen Theorien stimmen, dann liegt hier im *Tophet*, dem "Platz des Feuers", die grausigste Stätte Siziliens: Gängiger Meinung zufolge wurde mit der Brandopferung der erstgeborenen Kinder dem Baal gehuldigt – der schreckliche Gott konnte nur mit Menschenopfern, meist Babys, besänftigt werden; erst in späterer Zeit verlegte man sich auch in Motya auf das Opfern von Tieren. Mittlerweile haben eine ganze Reihe von Wissenschaftlern jedoch Zweifel an dieser Opfertheorie angemeldet: Ihrer Ansicht nach sind diese Tophets, wie es sie auch in Tunesien gibt, nichts anderes als Krematorien, in denen verstorbene Kinder feuerbestattet wurden. Vom Tophet führt ein Weg quer durch das Inselinnere zurück zum Museum und zur Anlegestelle.

Harter Job: Arbeiter in den Salinen von Trapani

Trapani

Die Egadischen Inseln, Pantelleria oder das afrikanische Tunis: die meisten Besucher haben schon ihr nächstes Ziel im Auge, wenn sie in die Provinzhauptstadt kommen. Viele steuern direkt den betriebsamen Hafen an. Aber auch als Basis für den Westteil Siziliens ist Trapani interessant.

Ausgedehnte, im Schachbrettstil angelegte Wohn- und Industrieviertel machen den größten Teil Trapanis aus. Die Altstadt zwängt sich auf eine schmale, weit ins Meer reichende Landzunge. Überwiegend im Barockstil gehalten, ist sie mit zahlreichen, etwas heruntergekommenen Palazzi und Kirchen, mit engen Winkeln und schmalen Gässchen die gute Stube Trapanis.

Spektakuläre Sehenswürdigkeiten allerdings fehlen, und in so mancher Lücke, die von den schweren Luftangriffen im Zweiten Weltkrieg gerissen wurde, macht sich der Betonklotz einer Bank oder eines Verwaltungsgebäudes breit. Auch die an der südlichen Altstadtseite liegende Hafenfront ist vorwiegend mit modernen Bauten bestückt. Der Atmosphäre tut das aber keinen Abbruch: ein Hauch von Fernweh, von "großer weiter Welt" wird hier spürbar. Reisende aus allen Kontinenten warten auf ihre Passage nach Tunesien, darunter viele Nordafrikaner. Zum schwarzen Kontinent hatte Trapani seiner Lage wegen schon immer eine besondere Bindung, auch nach dem Ende ihrer Herrschaft lebten noch viele Araber in der Stadt.

Der Hafen ist es auch, der einem großen Teil der 80.000 Einwohner Arbeit gibt; sei es direkt als Besatzungsmitglied auf einem der Personenschiffe oder

Ungewöhnliche Fassade: Palazzo della Giudecca

Fischdampfer oder indirekt in einer der Konservenfabriken, in denen die silbrige Meeresbeute, speziell Thunfisch, eingedost wird. Wirtschaftlich weniger bedeutend sind heutzutage die großen Salinen im Süden der Stadt. Das dort durch Verdunstung gewonnene Meersalz, das "weiße Gold" (Oro bianco), wurde jahrhundertelang in halb Europa teuer gehandelt. Heute können die Salinen von Trapani nur noch dank staatlicher Zuschüsse überleben.

Geschichte

Drepanon, "Sichel" hieß die Stadt in der Antike – angesichts der Form der Landzunge durchaus einleuchtend. Auf der vorher schon von *Sikulern* bewohnten Halbinsel richtete *Karthago* einen Kriegshafen ein. Nach der großen Seeschlacht bei den Egadischen Inseln 241 v. Chr. kam die Siedlung unter die Herrschaft der siegreichen *Römer*, die bis ins 5. Jh. n. Chr. anhielt. Einen echten Aufschwung erlebte die Stadt aber erst mit der Besetzung Siziliens durch die *Araber*. Der günstig gelegene Hafen sorgte auch unter den *Normannen* für regen Handel und Wohlstand. In späteren Jahrhunderten wechselten die Herren der Stadt entsprechend den politischen Verhältnissen auf Sizilien; Trapani mischte mit, spielte eine wichtige Rolle bei den Aufständen der *Sizilianischen Vesper* 1282 und der Revolte von 1848.

Information/Verbindungen

- *Information* **A.A.P.I.T.**; Altstadt, Piazzetta Saturno; ✆ 0923 29000, ✆ 0923 24004, ⏲ Mo–Sa 8–20 Uhr, So 9–12 Uhr. Wer Glück hat, trifft auf den gewissenhaften Signor Agostino Mighali. www.apt.trapani.it.
- *Postleitzahl* 91100
- *Adressen* **Hospital**, Ospedale, an der Via Cosenza, ✆ 0923 809111.
Post: Ein sehenswertes altes Gebäude im Liberty-Stil, ein Blick hinein lohnt sich. Piazza Vittorio Veneto; Öffnungszeiten Mo–Fr 8.30–19.30 Uhr, Sa 8–13 Uhr.
Telefon/Internet-Zugang: Phone & Internet, Piazza Garibaldi 26, nahe Stazione Marittima.
- *Verbindungen* **Flug**: Aeroporto Birgi (✆ 0923 842502) etwa 15 km in Richtung Marsala. Außer Flügen zum italienischen Festland mindestens 1-mal täglich nach Pantelleria, im Sommer Zusatzflüge. AST-Busse zum Flughafen mehrmals täglich ab Piazza Malta.

Trapani

Zug: Kleiner Bahnhof nahe der Altstadt; Verbindung nach Palermo via Calatafimi 8-mal tägl., vier davon halten bei Segesta. Über Marsala/Castelvetrano geht's auch, aber deutlich langsamer.

Bus: Station an der Piazza Malta, ums Eck vom Bahnhof. AST-Busse Richtung Süden nach Marsala/Mazara 3-mal, nach Castelvetrano 5-mal tägl.; Richtung Norden nach Erice 11-mal, San Vito lo Capo 10-mal, Castellammare del Golfo 3-mal täglich; mit TARANTOLA nach Segesta und Calatafimi 4-mal tägl., SEGESTA nach Palermo etwa stdl. (Airport Palermo 2-mal täglich) sowie LUMIA nach Agrigento 3-mal täglich.

Stadtbus Nr. 25 zum Museo Pepoli, Abfahrt an der Piazza Generale Scio am Beginn des Corso Vittorio Emanuele, Zusteigemöglichkeiten unterwegs in der Via Libertà, Via Garibaldi oder an der Hauptstraße der Neustadt, Via G. B. Fardella.

• *Schiffverbindungen* Abfahrten an der Mole bei der Piazza Garibaldi oder etwas östlich in Richtung des SIREMAR-Büros.

Egadische Inseln und Pantelleria: Fähren der SIREMAR, außerdem schnelle Aliscafi der SIREMAR und USTICA LINES. Details siehe jeweils in den Kapiteln zu den Inseln.

Tunesien-Fähren: Verbindungen nach Tunis mit der TIRRENIA 1-mal wöchentlich.

Weitere Verbindungen bestehen je 1-mal wöchentlich mit TIRRENIA nach Cagliari (Sardinien) sowie von Juni bis September mit Tragflügelbooten der USTICA LINES nach Ustica und Napoli.

Agenturen: Tickets für die Aliscafi gibt es auch an der Abfahrtsstelle. SIREMAR-Fähren, im Hafengebäude Stazione Marittima, Molo Sanità (✆ 0923 540515, www.gruppotirrenia.it/siremar); dort auch ein TIRRENIA-Büro. SIREMAR-Aliscafi an der Abfahrtsstelle, Via Ammiraglio Staiti 61/63, ✆ 0923 27780, USTICA LINES ebenfalls am Hafen, ✆ 0923 22200, www.usticalines.it.

• *Reiseagentur* **Egatour**, an der Hafenstraße Via Ammiraglio Staiti 15, weiß über so ziemlich alles Bescheid, was mit Transport per Bus, Schiff oder Flugzeug zu tun hat; Tickets und Infos für verschiedene Gesellschaften. ✆ 0923 21754 o. 21956, ✉ 0923 872263. www.egatourviaggi.it.

Übernachten (siehe Karte Seite 350/351)

• *Hotels* Für Ostern wegen der berühmten Prozessionen langfristige Vorbestellung nötig, sonst keine Chance!

**** Hotel Crystal (7), beim Bahnhof, einer Hotelkette angeschlossen. Nomen est omen: ein wahrer Kristallpalast mit 70 geräumigen, komfortablen Zimmern, das beste Hotel der Stadt. DZ etwa 120–155 €. Via San Giovanni Bosco 17, ✆ 0923 20000, ✉ 0923 25555, www.framon-hotels.com.

*** Hotel Vittoria (1), nicht weit vom Bahnhof. Recht modern, zwar etwas unpersönlich, aber sehr komfortabel, Zimmer mit AC und TV. DZ etwa 80 €. Via Francesco Crispi 4, an der Piazza V. Emanuele, ✆ 0923 873044, ✉ 0923 29870. www.hotelvittoriatrapani.it.

*** Hotel Nuovo Russo (9), vom Stil her etwas nostalgischer, was ja nicht unbedingt ein Nachteil sein muss, ansonsten auch sehr gepflegt und vor wenigen Jahren renoviert. AC, Garage. DZ etwa 80 €. Altstadt, Via Tintori 4, eine Seitenstraße des Corso V. Emanuele, ✆ 0923 22166, ✉ 0923 26623.

** Hotel Maccotta (11), kleines Hotel ums Eck von der Touristinformation. In seiner Klasse ein sehr angenehmes Altstadthotel, ausgesprochen sauber und empfehlenswert. Zimmer mit Klimaanlage. DZ/Bad etwa 55 €. Via degli Argentieri 4, eine Seitenstraße der Piazza S. Agostino, ✆ 0923 28418.

** Hotel Modemo (4), ein lange Zeit einsturzgefährdeter Altbau, Anfang der 90er-Jahre jedoch renoviert. Seitdem zwar immer noch nicht gerade modern, aber ganz passabel. Zentrale und relativ ruhige Lage in einem Hinterhof. DZ/Bad etwa 50 €, in der Einstern-Dependance auch Zimmer ohne Bad. Via Tenente Genovese 20, eine nördliche Parallelstraße zum Corso V. Emanuele, ✆ 0923 21247, ✉ 0923 23348.

* Hotel Messina (6), im Hinterhof eines alten Palazzo. Große Zimmer. Recht karges Mobiliar, insgesamt für Kategorie und Preise aber durchaus gut und deshalb oft voll belegt. DZ ohne Bad etwa 30–35 €. Corso Vittorio Emanuele 71, ✆ 0923 21198.

• *Camping* *** Camping Lido Valderice**, hinter Bonagia, etwa zwölf Kilometer nördlich der Stadt, Busse 6-mal täglich ab Piazza Malta. Offen Juni–Sept., zwei Personen, Auto, Zelt 17 €. ✆ 0923 573086.

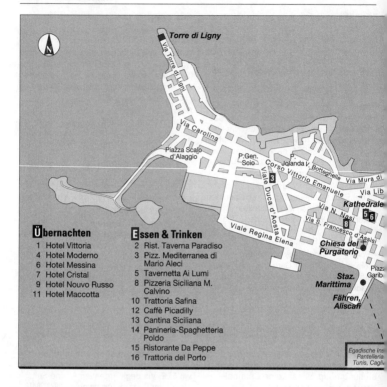

Essen

Die aus arabischer Zeit überlieferten Spezialitäten der Stadt heißen Cuscus, Cuscus und nochmal Cuscus. Auf Sizilien wird er traditionell mit Fischsuppe statt mit Fleisch zubereitet. Probieren!

Ristorante Taverna Paradiso (2), am sonst etwas öden Lungomare im Norden, geschmackvoll und hübsch eingerichtet. Aufmerksamer Service, exzellente Fischküche, Spezialität "Pasta con i Ricci", Nudeln mit Seeigeln, zur Saison auch Thunfisch. Menü ab etwa 30 €. Lungomare Dante Alighieri 22, So und im August geschlossen. ✆ 0923 22303.

Tavernetta Ai Lumi (5), unweit der Kathedrale. Beliebtes Lokal mit Gewölben im renovierten Teil des alten Palazzo. Zu empfehlen sind besonders Fisch und Cuscus. Menü ab etwa 20–25 €. Corso Vittorio Emanuele 75, neben dem Hotel Messina. So und im Juli geschlossen.

Trattoria del Porto (16), an der Hafenstraße nahe den Schiffsanlegern. Traditionsreiches Lokal, in dem neben Fisch und Meeresfrüchten auch der Fisch-Cuscus seinen festen Platz auf der Speisekarte hat. Menü ab etwa 20 €, Mo Ruhetag; Ende Dezember geschlossen.

Cantina Siciliana (13), ebenfalls etwas abseits der üblichen Rennstrecken, unweit des Palazzo Giudecca. Solide, bei den Einheimischen beliebte Trattoria mit guter Regionalküche, nicht übertuert: Menü ab etwa 18 €. Auch hier, wen wundert´s, sind Fisch und Cuscus gute Empfehlungen. Via Giudecca 34, Mo Ruhetag.

Ristorante Da Peppe (15), zwischen Busbahnhof und Altstadt, ein Lesertipp von Claudia Horni: "Familienbetrieb mit vielfältiger Gästestruktur; gute Nudeln und Fischgerichte". Kleine Terrasse neben der Stra-

Trapani 351

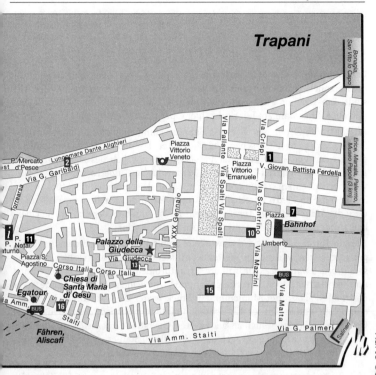

ße, Menü ab etwa 18 €; auch Pizza, sogar mittags. Via Spalti 54.

Trattoria-Pizzeria Safina (10), am Bahnhofsplatz. In der Nachbarschaft beliebt, einfach und nicht besonders gemütlich. Volksnahe Küche, Menü ab etwa 12 €, auch günstige Pizza. Piazza Umberto, Fr geschlossen.

Pizzeria Mediterranea di Mario Aleci (3), ein Tipp in der Altstadt. Von den Einheimischen sehr gut besucht, auch wenn die Preise etwas höher liegen. Sehr üppig belegte und in mundgerechte Stücke geschnittene Pizza. Viale Duca d´Aosta 15.

Pizzeria Siciliana M. Calvino (8), in der Qualität ähnlich wie Pizzeria Mediterranea, jedoch leider ohne die Möglichkeit, daußen zu sitzen. Via Nunzio Nasi 73, in einer südlichen Parallelstraße zum Corso.

Panineria-Spaghetteria Poldo (14), moderner Schnellimbiss an einem hübschen kleinen Kirchplatz unweit der Hafenstraße. Die schattigen Plätzchen unter den Sonnenschirmen sind ideal, um in der Mittagshitze Trapanis auf die Fähre zu warten. Nicht teuer. Via Torrearsa, einen Block hinter der Uferfront.

Caffè Picadilly (12), um die Ecke. Schickes Café mit guter Auswahl an Gebäck etc., beliebt auch schon zum Frühstück. Via Torrearsa 19.

Einkaufen/Veranstaltungen

• *Einkaufen* **Markt** an der Piazza Mercato di Pesce, am nördlichen Ufer der Altstadt. Hier gibt es nicht nur frischen Fisch, sondern auch Stände mit Wurst, Käse, etc.

• *Veranstaltungen* **Prozessione dei Misteri**, die weitaus berühmteste Osterprozession Siziliens. Sie beginnt am Karfreitag um 14 Uhr und dauert bis Karsamstag um 13 Uhr. Die verschiedenen Zünfte (Fischer, Salinenarbeiter, etc.) stellen Gruppen von Kapuzenmännern, die die Holzfiguren aus dem 18. Jh. durch die Stadt tragen.

Luglio Musicale Trapanese, ein Opernfestival im Stadtpark, alljährlich im Juli.

Prozessione della Madonna di Trapani, am 16. August, mit reichlich Rummel, um Mitternacht großes Feuerwerk am Hafen.

Sehenswertes

Villa Margherita: Der Stadtpark von Trapani liegt gegenüber der Piazza Vittorio Emanuele, am Schnittpunkt zwischen den neueren Vierteln und der Altstadt. Ein schöner Platz zum Ausruhen: Zikadengeschrei, mächtige Bäume und ein kleines Café. Im Juli finden hier Opernaufführungen statt.

Altstadt: Von Osten, aus Richtung Bahnhof kommend, gelangt man zunächst in ein Gewirr enger Gässchen, im Mittelalter das Viertel der Araber und Juden. In der Via Giudecca, einer Parallelstraße nördlich des zentralen Corso Italia, steht der gotisch-katalanische *Palazzo della Giudecca* aus dem 16. Jh., versehen mit einem stämmigen Turm mit Waffeleisenmuster. Ein Stück weiter, in der Via San Pietro unterhalb des Corso, ist in der Kirche *Santa Maria di Gesù* die *Madonna degli Angeli* aus dem 16. Jh. zu sehen; der marmorne Überbau, unter dem sie steht, stammt von Antonello Gagini.

Die Via Torrearsa trennt das verwinkelte arabisch-jüdische von dem geradliniger aufgebauten westlichen Viertel der Altstadt. Hauptstraße ist hier der *Corso Vittorio Emanuele*, eine frühere Prachtpromenade, heute Fußgängerzone und inzwischen etwas heruntergekommen. An seinem östlichen Ende steht der noble Palazzo del Municipio, ein Stück weiter die Kathedrale, beide aus dem 17. Jh. und im Barockstil. Geht man hinter der Kathedrale links in die Via Generale Giglio, stößt man an der zweiten Querstraße auf die *Chiesa del Purgatorio*. In der "Kirche des Fegefeuers" sind die 20 Statuen der "Misteri" untergebracht, die an Ostern durch die Stadt getragen werden.

Zu besichtigen sind die lebensgroßen Holzfiguren der Leidensgeschichte Christi täglich 16–18.30 Uhr; Interessierte können aber auch einen Termin ausmachen, ✆ 335 1412747 (mobil).

Museo di preistoria e Mare: Ganz an der nordwestlichen Spitze der Landzunge in der *Torre di Ligny*, einem Festungsturm der Spanier. Hier sind hauptsächlich Funde aus Vor- und Frühgeschichte zu sehen, darunter auch Fotos der Zeichnungen aus der Grotta del Genovese auf Levanzo. Zuletzt war das Museum leider wegen Restaurierungsarbeiten geschlossen.

Santuario dell'Annunziata/Museo Pepoli: In der Neustadt, etwa drei Kilometer östlich des Bahnhofs. Die Klosterkirche ist die wichtigste Sehenswürdigkeit der Stadt. Zwischen 1315 und 1332 errichtet, stammt nach mehreren Umbauten ihr heutiges Aussehen aus dem 18. Jh.; original ist nur noch die Fassade mit gotischem Portal und Rosette. In mehreren Kapellen ist eine Reihe von Kunstschätzen zu sehen. Die vielen Pilger interessieren sich ausschließlich für die *Madonna di Trapani* in der nach ihr benannten Kapelle, die für so manches Wunder verantwortlich sein soll. Sie wurde im 14. Jh. geschaffen, wahrscheinlich von Nino Pisano.

Museo Pepoli: Im ehemaligen Kloster nebenan sind Gemälde, Kunsthandwerk, Skulpturen und archäologische Funde ausgestellt, außerdem makabre Kuriositäten wie eine Guillotine. Das Erdgeschoss ist hauptsächlich der Bildhauerei gewidmet; in der Pinakothek im Obergeschoss verdient die *Pietà* des Neapolitaners Oderisio besondere Beachtung, außerdem Gemälde von Tizian und Caracci. Die seit Jahrhunderten in Trapani heimische Kunst der Verarbeitung von Korallen wird gleich in mehreren Räumen präsentiert; unter den schönen Stücken ist auch ein ganz aus dem edlen Material hergestelltes Kruzifix.

• *Lage und Öffnungszeiten* Kirche und Museum liegen an der SS 113 und sind über die Via G. B. Fardella und später über die Via A. Pepoli (Beschilderung Palermo und Marsala) zu erreichen, bzw. mit Stadtbus Nr. 25. Öffnungszeiten Museum: Di–Sa 9–13.30 Uhr, Eintritt 2,50 €. Die Kirche ist täglich bis 12 Uhr (So 13 Uhr) und von 16–19 Uhr (Sommer 20 Uhr) geöffnet.

▶ **Baden:** Zum Baden auf die Inseln! Möglichkeiten sonst nur im Norden der Stadt, die Salinen im Süden locken wirklich nicht. Auch der stadtnächste Strand, Lido di San Giuliano, ist eben zu stadtnah, um sauber zu sein. Besser, aber ebenfalls nicht gerade umwerfend, zeigt sich die Situation einige Kilometer weiter, zum Beispiel in Lido Valderice (Busverbindung).

Umgebung von Trapani

▶ **Salinen:** Das verzweigte Netz von Salztümpeln südlich der Stadt war im Mittelalter eine wichtige Quelle des Reichtums der Stadt. Auch heute noch sind rund 20 Familien im Salzgeschäft tätig, doch lohnt sich ihre Arbeit nur mehr dank staatlicher Unterstützung – für ein Kilo Salz lassen sich im freien Markt nur wenige Cent erlösen. Dennoch wird weiterhin zweimal jährlich, im Juli und im September, das "weiße Gold" geerntet. Wegen seiner Bedeutung vor allem für die Vogelwelt ist das Gebiet zur "Riserva naturale orientata Saline de Trapani e Paceco" unter Naturschutz gestellt worden. Hier beginnt auch die parallel zur Küste verlaufende "Via del Sale" Richtung Marsala, an der sich vor allem auf Höhe der Insel Mozia (siehe dort) weitere interessante Salinen finden. Tagsüber flirrt die Hitze über den blendend weißen Salzfeldern und schmalen Kanälen, die Gegend wirkt dann etwas öde. Bei Sonnenuntergang dagegen leuchten Teiche und Salzhügel in einem intensiven Farbenspiel zwischen Rosa und Violett, heben sich die Türme der Windmühlen wie Scherenschnitte vom Himmel ab – passionierte Fotografen sollten an Ersatzfilme denken.

Museo delle Saline: Im Örtchen Nubia, etwa fünf Kilometer südlich von Trapani, ist in einem alten Mühlhaus ein kleines, privates Museum (✆ 0923 867442) eingerichtet worden, das sich mit der Geschichte und Gegenwart der Salinen beschäftigt und über die Herstellung des Salzes informiert. Geöffnet ist es Mo–Fr von 9.30–13.30, 15.30–18.30 Uhr.

▶ **Bonagia:** Ein kleiner Fischerhafen unterhalb der Berglandschaft von Erice, etwa zwölf Kilometer nördlich von Trapani. Er konzentriert sich um die restaurierte Tonnara di Bonagia, eine der letzten noch aktiven Tonnare (Anlagen zum Thunfischfang) Siziliens. Die wehrhaft wirkende Anlage wurde zwar zum Hotel und Feriendorf umgewidmet, ist aber weiterhin jeden Frühsommer in Betrieb. Im angrenzenden, wuchtigen Sarazenenturm des 16./17. Jh. gibt es ein kleines Museum der Mattanza, das auf Führungen (Anfragen im Hotel) besichtigt werden kann.

• *Übernachten* ****** Hotel La Tonnara di Bonagia**, sehr ausgedehnte Anlage mit schön möblierten Zimmern, großem Pool, Tennisplatz etc. Exklusivität in Architektur und Ambiente, die ihren Preis hat: DZ/F etwa 110–250 €, zur HS nur mit HP. Auch zahlreiche Apartments, der Kongress-Saal fasst bis zu 400 Personen. Piazza Tonnara, Valderice, Loc. Bonagia, ✆ 0923 431111, ✉ 0923 592177, www.framon-hotels.com.

*** Hotel Saverino, ganz in der Nähe an der Uferstraße. Blau-weißer, erst 1997 errichteter Bau, über dessen Architektur (der Prospekt spricht von "modernem mediterranem Design") man geteilter Meinung sein kann – die 20 ebenfalls modern gestylten Zimmer jedoch sind sehr komfortabel und auch durchaus hübsch, und das Restaurant genießt für seine Fischküche besten Ruf. DZ/F etwa 90–120 €. Via Lungomare, ✆ 0923 592727, ℻ 0923 592388.

▶ **Weiterreise**: Das Bergstädtchen Erice, hoch oberhalb von Trapani, ist einen Ausflug wert. Im Folgenden sind dann die Egadischen Inseln und die Insel Pantelleria beschrieben, weiter an der Westküste geht es mit dem Badeort San Vito lo Capo.

Erice

Nur 15 Kilometer von Trapani entfernt, und doch eine andere Welt: Das bildhübsche Städtchen auf der Kuppe des 751 Meter hohen Monte Erice scheint aus Mitteleuropa in den tiefen Süden versetzt.

Fast heimatliche Gefühle kommen auf, wenn Nebel über den grauen Mauern hängt und den Besucher frösteln lässt. Selbst unter solch widrigen Bedingungen bewahrt Erice noch seinen Charme. Das gesamte Ortsbild, die gepflasterten engen Gassen, die Torbögen und blumengeschmückten Innenhöfe haben sich seit dem Mittelalter kaum verändert – ein sizilianisches Rothenburg o. d. Tauber. Parallelen auch in der touristischen Anziehungskraft: Im Sommer herrscht emsiger Besucherverkehr, reihen sich Blechschlangen auf der Zufahrt zu den Parkplätzen. Wer außerhalb der italienischen Feriensaison kommt, erlebt ein ganz anderes, verträumtes Erice. Kaum noch 2000 Menschen wohnen innerhalb der Stadtmauern, vorwiegend ältere Leute.

Allein die Anfahrt entlang der Serpentinenstraßen ist ein Vergnügen. Mit jeder Kehre reicht der Blick weiter, über Trapani, seine Salinen, die flache südliche Küste und die kahlen Berge im Norden. Man sieht die Egadischen Inseln, an klaren Tagen auch Pantelleria; sogar Afrika soll gelegentlich zu erkennen sein. Oben angekommen, kann es auch im Hochsommer recht kühl werden, denn auf dem Gipfel des Monte Erice fangen sich oft Wolken oder Nebel. Ein Pullover im Gepäck empfiehlt sich.

Geschichte

Egal, ob Karthager, Griechen oder Römer – beim Namen "*Eryx*" leuchtete ein ganz besonderer Glanz in den Augen der mediterranen Männerwelt. Grund war der schon seit Urzeiten hier praktizierte Liebeskult. Die Betonung liegt auf "praktiziert", denn ob die jeweiligen Göttinnen nun Astarte, Aphrodite oder Venus hießen, hatten ihre Priesterinnen doch eines gemeinsam: Sie unterstützten die Verehrung der Sinnesfreuden mit vollem körperlichen Einsatz. Die "*Hierodule*" genannten Mädchen und Frauen, die der Göttin auf so tatkräftige Weise dienten, kamen aus allen Teilen des Mittelmeers. Kein Wunder, dass der hiesige Tempel auf dem weithin sichtbaren Felsklotz über viele Jahrhunderte heiß ersehntes Ziel einer speziellen Art von Pilgerschaft war, zumal die Göttin, quasi im Nebenberuf, auch für den Schutz der Seefahrer sorgte. Heute ist vom einstigen Glanz des Liebestempels nur ein monogamer Schatten geblieben: Erice ist ein beliebter Ort für Hochzeiten und Flitterwochen ...

Der Legende nach war es ein Sohn der Aphrodite, der Stadt und Liebestempel gründete: König *Eryx*, ein rechter Raufbold, der erst im griechischen Halbgott Herakles seinen Meister fand. Als Baumeister hatte er sich das aus Kreta geflohene Multitalent Daidalos gesichert. Das antike Eryx war auch erste Zuflucht der trojanischen Frauen, die, der langen Irrfahrt überdrüssig, bei Drepanon (Trapani) die eigene Flotte in Brand gesteckt hatten.

Historiker sehen die Stadtgeschichte trockener: Von den Elymern gegründet, wurde Eryx später zum Zankapfel zwischen Karthago und Rom, wobei letzteres die Oberhand behielt. Im 9. Jh. fanden die Araber Gefallen an der hiesigen Aussicht. Ihnen folgten die Normannen; um etwaige heidnische Erinnerungen zu bekämpfen, brachten sie einen Heiligen ins Spiel und nannten die Stadt fortan *Monte San Giuliano*. Erst seit 1937 darf Erice wieder seinen legendenumwobenen Namen tragen.

Mittelalter pur: Bergstädtchen Erice

Information/Verbindungen

- *Information* **A.A.S.T.**, Via Guarrasi 14, zwei Schritte vom Hauptplatz Piazza Umberto I., ✆ 0923 869388, ✆ 0923 869544. Öffnungszeiten Mo–Fr 8–14 Uhr, im Sommer teilweise auch Sa/So.
- *Postleitzahl* 91016
- *Verbindungen* Die **Seilbahn** ist schon seit Jahren eingestellt, man munkelt jedoch von dem Projekt einer deutschen Gesellschaft, sie zu reanimieren.
Bus: Verbindungen von und nach Trapani (Piazza Malta) 11-mal täglich.
Auto: Großer Parkplatz nahe der Porta Trapani, unterhalb der riesigen Radartürme. Die Weiterfahrt ins Zentrum ist nur Einwohnern gestattet.

Übernachten (siehe Karte S. 356)

Teuer, teuer, außerdem oft voll; Reservierung nicht nur am Wochenende nützlich.

- *Hotels* ***** Hotel Elimo (9)**, ein hübscher alter Palazzo im Zentrum, die Zimmer sehr elegant und mit viel Geschmack eingerichtet. Von Juli–Sept. nur mit HP, sonst DZ/F etwa 170–250 €. Via Vittorio Emanuele 23, ✆ 0923 869377, ✆ 0923 869252, www.charmerelax.com.

*** Hotel Moderno (8), zwei Schritte weiter und ebenfalls in einem alten Palast des Zentrums. Schon seit dem 19. Jh. Hotel, gepflegte Zimmer mit Stilmöbeln, Restaurant mit bestem Ruf. DZ/F 95–115 €, im August HP obligatorisch. Via Vittorio Emanuele 63, ✆ 0923 869300, ✆ 0923 869139, www.pippocatalano.it.

*** Hotel Ermione (7), etwas außerhalb, zu erreichen über eine Abzweigung von der Zufahrtstraße etwa 800 m vor der Stadt.

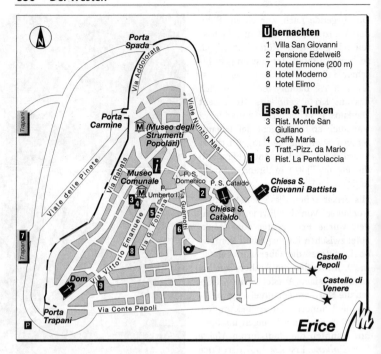

Spitzenaussicht, Swimmingpool. DZ/F 105 €; zur NS evtl. etwas günstiger, im August nur mit HP. Viale delle Pinete, ✆ 0923 869138, ✉ 0923 869587. www.ermionehotel.com.

** Hotel Edelweiß (2), zentral gelegen und Mitte der 90er-Jahre renoviert, seitdem leider auch ans Preisniveau der anderen Hotels angepasst: DZ/F etwa 85 €, im August HP meist Pflicht. Cortile P. Vincenzo, eine Seitengasse der Piazza San Domenico; ✆ 0923 869420, ✉ 0923 869158.

● _Kirchliche Pension_ Die **Villa San Giovanni (1)** steht durchaus auch Touristen offen. Voranmeldung geraten. Die Preise liegen hier etwas niedriger als in den Hotels, aber immer noch auf recht hohem Niveau: DZ/Bad etwa 65–70 €. Via Nunzio Nasi 12, Nähe Kirche San Giovanni, außen kein Schild; ✆ 0923 869171.

● _Außerhalb_ ***** Hotel Baglio Santacroce**, im unterhalb gelegenen Nachbarort Valderice. Reizvolles Gemäuer am Ortsrand an der SS 187, liebevoll hergerichtet mit schönen Gartenanlagen und Pool. Hübscher Blick, allerdings nicht aus den Zimmern. DZ/F etwa 100–115 €. Contrada Santa Croce, SS 187, ✆ 0923 891111, ✉ 0923 891192, www.bagliosantacroce.it.

*** Hotel Erice Valle, unter gleicher Leitung. Solides Mittelklassehotel, die Zimmer gruppieren sich um kleine, begrünte Innenhöfe. DZ/F etwa 80–90 €. Via del Cipresso 1, am Ende von Valderice in Richtung Trapani; ✆ 0923 891133, ✉ 0923 833178. www.bagliosantacroce.it.

Essen/Veranstaltungen

● _Essen_ **Ristorante Monte San Giuliano (3)**, edles Restaurant in einer schmalen Seitengasse unterhalb der Via Vittorio Emanuele. Hübsches Ambiente in einem alten Stadthaus, Garten. Gute Regionalküche, Menü etwa 30 €. Vicolo San Rocco 7, ✆ 0923 869595. Mo Ruhetag.

Ristorante La Pentolaccia (6), in einem ehemaligen Klostergebäude. Angenehmes, gepflegtes Ambiente, solide und traditions-

Erice

Oft nebelverhangen: der Dom von Erice

bewusste Küche. Menü à la carte ab etwa 20 €. Via G. F. Guarnotti 17, 0923 869099. Di Ruhetag.

Trattoria-Pizzeria da Mario (5), ein paar wacklige Tische auf schrägem Pflaster, umgeben von mittelalterlichen Mauern. Menü ab etwa 20 €, abends auch Pizza, Do Ruhetag. Via Giuseppe Fontana 3, eine östliche Parallelstraße zur oberen Via Vittorio Emanuele.

Caffè Maria (4), in der touristischen Flanierzone. Reizvolles Café im nostalgischen Stil, gute Auswahl an diversen Kaffees und Süßspeisen. Mehrere unterschiedlich eingerichtete Räume, kleine Panoramaterrasse mit Blick auf Trapani und die Egadischen Inseln. Via Vittorio Emanuele 112.

• *Veranstaltungen* **Osterprozession** mit sechs Gruppen von "Misteri" am Karfreitag von 14.30–19.30 Uhr, nicht ganz so lang und berühmt wie die von Trapani, aber ebenfalls sehr sehenswert.

Settimana Internazionale di Musica medievale e rinascimentale, ein Festival mit Musik des Mittelalters und der Renaissance, an unterschiedlichen Sommerterminen zwischen Juli und September.

Premio Internazionale "Venere d'Argento", im Juli/August. Die Verleihung der "Goldenen Venus" an Damen aus dem Kunst- und Kulturbusiness soll laut Fremdenverkehrsamt den "Mythos der Venus von Erice wachrufen". Na ja... Die Veranstaltung findet allerdings nicht jedes Jahr statt, sondern nur unregelmäßig.

Sehenswertes

Die ganze Stadt ist ein Gesamtkunstwerk – wer sich Zeit nimmt, wird immer neue Details entdecken. Aus der Luft betrachtet, sieht Erice aus wie ein fast gleichseitiges Dreieck. Von Trapani kommend, landet man in der linken unteren Ecke an der *Porta Trapani*, einem der drei Tore der römischen Stadtmauer. Hinter der Porta Trapani beginnt die Hauptstraße *Via Vittorio Emanuele*; rechts unterhalb des Tores verläuft die *Via Conte Pepoli*.

Duomo (Chiesa Regia Matrice): Gleich hinter der Porta Trapani. Der ab 1314 errichtete Dom ist Ergebnis mehrerer Um- und Anbauten und wurde teilweise aus Steinen errichtet, die ursprünglich zum Venustempel gehörten. Seine offene

Steinalt: Blick über die Dächer von Erice

Eingangshalle stammt aus dem 15. Jh., ebenso ein Teil der Kapellen; in einer ist die Statue einer Madonna mit Christuskind von Laurana zu sehen. Im 19. Jh. neu gestaltet wurde das Kircheninnere, man hielt sich an den gotischen Stil. Seltsam versetzt zum Dom steht der *Campanile* (Torre) davor: Er ist zwei Jahre älter und war ursprünglich als Wachturm gedacht. Gegen Gebühr kann man ihn besteigen und die Aussicht genießen.

Öffnungszeiten April bis September 10–18.30 Uhr (August noch länger), März und Oktober 10–15.30 Uhr, sonst 10–12.30 Uhr; Eintrittsgebühr 0,50 €, für den Campanile 1 €, für das angeschlossene Museum ebenfalls 1 €, alles zusammen 2 €.

Giardino del Balio: Der Stadtpark am östlichen Ende der Via Conte Pepoli beherbergt interessante Bauwerke. Vorbei an zwei mittelalterlichen Türmen gelangt man linker Hand zum *Castello Pepoli*, einem mächtigen, im 19. Jh. restaurierten Bau. Am äußersten Ende der Via Conte Pepoli liegt auf einem wuchtigen Felsklotz mit steil abfallenden Wänden das *Castello di Venere*. Das Kastell selbst ist ein Produkt der Normannen und diente lange Zeit (bis 1940!) auch als Gefängnis. Seinen schönen Namen aber hat es vom legendären *Venus-Liebestempel*, der einst hier stand und dessen (römische) Reste innerhalb der Mauern kaum noch zu erkennen sind – Gedenkminute einlegen, die Phantasie spielen lassen und dabei die wirklich grandiose Aussicht bewundern!

Öffnungszeiten Offiziell täglich bis eine Stunde vor Sonnenuntergang, mit Mittagspause; der Kustode (Trinkgeld) am Eingang geht bei wenig Betrieb aber auch schon mal früher.

Chiesa San Giovanni Battista: Nördlich des Stadtparks, etwas rechts der Ringstraße. Die Normannenkirche (geöffnet wie der Dom, 1 Euro) aus dem 13. Jh. enthält im Inneren mehrere Statuen der Bildhauersippe *Gagini*.

Piazza Umberto I.: Der zentrale Platz der Stadt dient als Treffpunkt der hiesigen Männerwelt, deren Vertreter zumeist schon ziemlich in die Jahre gekommen sind. Im *Museo Comunale* (offizielle Öffnungszeiten Di-So 9.30-13.30 Uhr, Sa/So auch 15.30-19.30 Uhr; gratis) an der Westseite der Piazza sind außer einer Verkündigungsgruppe von *Antonello Gagini* auch Münzen, Schmuck und Keramik von elymischer bis zur römischen Zeit zu sehen, darunter ein berühmter Kopf der Aphrodite; im ersten Stock eine Ausstellung von Kirchendevotionalien sowie eindeutig ägyptische Totenstatuetten aus dem 6. Jh. v. Chr., die in der hiesigen Gegend gefunden wurden – das antike Eryx hatte eben weit reichende Verbindungen. In nordöstlicher Richtung, zu erreichen über die Via Addolorata, liegen die eindrucksvollsten Reste der mächtigen antiken *Stadtmauern*, an denen im Lauf der Jahrhunderte Karthager, Römer und Normannen gebaut haben.

Museo Agroforestale: Einige Kilometer außerhalb, im Ortsteil San Mateo; zu erreichen über die Hauptstraße nach Trapani, beschildert. Neben bäuerlichem Arbeitsgerät sind hier auch Ausstellungen zur Flora und Fauna des Gebiets von Erice zu besichtigen.

Öffnungszeiten Täglich 8-14 Uhr; Eintritt frei.

Isole Egadi

Die drei kleinen Inseln Favignana, Levanzo und Marettimo liegen vor der Westküste, sind von Trapani aus schnell zu erreichen – und glänzen allesamt mit kristallklarem und fischreichem Meer.

Nicht einmal 5000 Menschen leben ständig auf den drei Inseln, ein Großteil davon auf Favignana. Zu dem komplett als Naturreservat ausgewiesenen Archipel gehören noch die unbewohnten Inselchen Formica und Maraone. Haupterwerbszweig der Isole Egadi ist die Fischerei, besonders die *Mattanza* (Näheres siehe im Kapitel zu Favignana) auf Thunfisch im Frühjahr. Im August geht eine andere Spezies ins Netz: Eine wahre Invasion von Badeurlaubern aus den nahen Küstenstädten strömt auf die Inseln. Um Ferragosto, also in der Woche um den 15. August, ist kaum noch eine Badewanne frei. Die Einheimischen schlafen in Garagen oder im Gartenhaus, jeder nutzbare Quadratmeter ist vermietet. Selbst an den Campingplätzen auf Favignana hängen die "Completo"-Schilder. Außerhalb der kurzen italienischen Saison geht es dagegen ruhig und beschaulich zu. Ausländische Reisende, ohnehin eher selten, sind dann besonders gern gesehene Gäste.

Für Taucher bilden die Inseln mit ihrer artenreichen Unterwasserwelt ein echtes Paradies. Wer "nur" baden will, wird sich über das saubere Wasser natürlich ebenso freuen, findet Sandstrände aber nur auf Favignana. Levanzo und Marettimo haben ausschließlich Felsküste zu bieten.

Geschichte

Wie Felszeichnungen auf Levanzo beweisen, war der Archipel schon in der Vorgeschichte besiedelt. Einen Platz in den Geschichtsbüchern sicherte ihm die Seeschlacht 241 v. Chr., als Rom bei der damals *Aegates* genannten Inselgruppe Karthago besiegte und damit den Ersten Punischen Krieg für sich entschied. Ab dem 13. Jh. wurden die Inseln planmäßig besiedelt. Außer dem

360 Der Westen – Isole Egadi

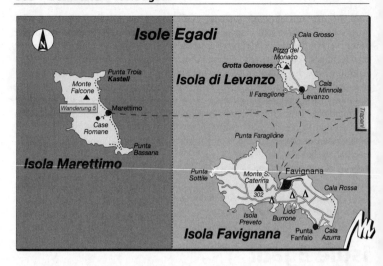

Thunfischfang brachte vor allem der Handel mit Korallen Geld in die Kassen. Unter bourbonischer Herrschaft wurde Favignana zur Endstation vieler politischer Gegner, sie verschmachteten in den Kerkern der Inselfestungen. Makabre Übereinstimmung unserer Tage: Noch heute steht auf der Urlaubsinsel ein schwerbewachtes Gefängnis, sinnigerweise ausgerechnet an der Via Libertà, der "Straße der Freiheit".

Verbindungen

Fähren/Schnellfähren der SIREMAR ab Trapani: von Juni bis September 5- bis 7-mal täglich nach Levanzo und Favignana, 1-mal täglich nach Marettimo. Von Oktober bis Mai 1- bis 2-mal täglich nach Levanzo und Favignana, selten auch nach Marettimo. Die Mitnahme von Autos lohnt sich höchstens aus Sicherheitserwägungen. Fahrzeit nach der Reihenfolge, in der die Inseln angelaufen werden, nach Levanzo und Favignana eine bis eineinhalb Stunden, nach Marettimo etwa drei Stunden. Agenturen jeweils am Hafen oder in unmittelbarer Nähe, Infos im Internet unter www.siremar.it.

• *Fahrpreise* Auf den gewöhnlichen Fähren ab Trapani nach Favignana und Levanzo p.P. knapp 3,50 €, Auto bis vier Meter Länge rund 17 €, nach Marettimo 7 €. Etwa jede zweite Fähre ist eine Schnellfähre ("Motortraghetto Veloce", Trapani-Favignana in 30 Minuten!), die fast doppelt soviel kostet wie die Normalfähren und damit auf dem Preisniveau der Aliscafi liegt.

Aliscafi ab Trapani und Marsala: Die schnellen, "Aliscafi" genannten Tragflügelboote werden von zwei Gesellschaften betrieben. Sie kosten nahezu das Doppelte der Fähre, dafür sind sie zwei- bis dreimal schneller. Die SIREMAR fährt ab Trapani von Juni bis September 10-mal täglich nach Levanzo und Favignana, von Oktober bis Mai bzw. nach Marettimo ganzjährig 3-mal täglich. Weitere Tragflügelboote bietet die Gesellschaft USTICA LINES (www.usticalines.it), die außer ab Trapani auch ab Marsala fährt.

Genutzt als Gemüsegarten und Parkplatz: alter Tuffsteinbruch

Favignana

Mit einer Länge von neun Kilometern die größte und am häufigsten besuchte Insel des Archipels. Favignana ist überschaubar und gleichzeitig recht quirlig.

Der Hauptort Favignana, an einer Bucht der Nordküste gelegen, erweist sich als eine richtig hübsche Kleinstadt, in der auch im Winter an die 4000 Menschen wohnen. Während der Saison konzentriert sich hier der Touristenstrom, an den Augustwochenenden scharren wohl Zehntausende von Urlauberfüßen über das Pflaster. Alles Nötige ist deshalb vorhanden, angefangen beim Supermarkt über die Diskothek bis hin zu den diversen Fahrradvermietungen, in denen man sich das Hauptverkehrsmittel der Insel leihen kann. Das Städtchen erschließt sich schnell: Fixpunkte sind die *Piazza Europa*, rechts vom Hafen; die *Piazza Madrice*, in deren Cafes sich abends der halbe Ort versammelt, und die Fußgängerzone Via Vittorio Emanuele zwischen den beiden Plätzen.

Die Insel selbst, ihrer Form wegen oft mit einem Schmetterling ("farfalla") verglichen, ist überwiegend bretteben und fast völlig kahl. Nur auf einem Teil des westlichen "Flügels", gleich hinter der Stadt, steigt der Hügelzug des Monte Santa Caterina auf 302 Meter Höhe an, gekrönt vom gleichnamigen, verlassenen Fort. Der Ostteil der Insel ist eine Kuriosität für sich; er wird von zahlreichen Tuffsteinbrüchen ("cave di tuffo") durchzogen, die Vergleiche mit gewissen Käsesorten aufdrängen. In der Cava Sant'Anna, noch im Bereich von Favignana-Stadt, finden im Sommer sogar Veranstaltungen statt.

Der Westen – Isole Egadi

Information/Verbindungen/Touren

• *Information* **Pro Loco**, Piazza Madrice 8, ✆ 0923 921647. Zuständig für alle Inseln; Schiffsverbindungen, Pläne von Stadt und Inseln, allgemeine Informationen. Geöffnet nur von etwa März bis Ende Oktober, Öffnungszeiten zur Saison Mo–Sa 9–12.30, 16.30–20 Uhr (August bis Mitternacht), So nur vormittags; in der NS eingeschränkt.
Internet-Infos www.isoleegadi.it, kommerzielle Site mit vielen Infos über die Inseln, darunter auch Hotels.
www.egadi.com ist im Inhalt ähnlich.
www.comeg.it/riservaegadi, Infos über den Naturpark Egadische Inseln.
• *Postleitzahl* 91023
• *Verbindungen* **Fähragenturen** der SIREMAR (✆ 0923 921368) und der USTICA LINES (✆ 0923 921277) jeweils am Hafen.
Inselbusse der Gesellschaft Tarantola ab dem Hafen, auf drei Linien Verbindungen über die gesamte Insel – zu den Campingplätzen, zum Lido Burrone, zur Cala Azurra und zur Cala Rossa. Ganzjährig.
Fahrrad- und Scootervermietung: Fahrräder sind ein beliebtes Fortbewegungsmittel; logisch, denn die Insel ist großteils flach. Bei den geringen Entfernungen kann man auf ein Auto auch gut verzichten So "frrrisch", wie einer der zahlreichen Verleiher an der Hauptstraße wirbt, sind die Räder nicht unbedingt, wer morgens kommt, hat die beste Auswahl. Mittlerweile sind auch Mountainbikes erhältlich. Preise pro Tag je nach Saison ab etwa 4–5 €, bei mehreren Tage Miete sollte ein Rabatt drin sein. Wer allerdings die ganze Insel an einem Tag entdecken möchte, ist mit einem Scooter besser bedient, Tagespreis etwa 20 €, im August deutlich mehr.
• *Bootstouren* Am Hafen Rundfahrtschiffe verschiedener Gesellschaften.
Bootsverleih bei Sea Taxi, Contrada da Calamoni (Nähe Lido Burrone), oder bei Locazione Barce Catalano, ✆ 0330 970456.
Touren mit Fischerbooten, am Hafen umhorchen (hier oft Abfahrten gegen 10/10.30 Uhr) oder gleich mit Joaquim bzw. Gioacchino Cataldo fahren, einem bärtigen, gut deutsch sprechenden Hünen, beliebtes Fotoobjekt bei der Mattanza und seit 1996 deren Anführer, genannt Rais. Abends ist Joaquim Stammgast in der Bar all' 81 am Hauptplatz, schräg gegenüber von Pro Loco, seine Handynummer ist 338 6363618. Die Preise variieren nach Dauer und Ziel, Richtwert etwa 30 € pro Kopf für eine achtstündige Tour inkl. Essen und Getränke. Beliebt sind Touren zu den Meeresgrotten nahe den Faraglione-Klippen.

Übernachten

Im August, besonders in der Ferragosto-Woche, sollten nur überzeugte Optimisten oder Spielernaturen die Insel ohne Zimmerreservierung betreten. In der restlichen Zeit bestehen keine Probleme bei der Quartiersuche.

• *Übernachten* ***** Villaggio Valturno**, riesige Ferienanlage im Osten der Insel, viele Sportmöglichkeiten. Läuft aber nicht so gut und wird deshalb immer wieder mal geschlossen, zuletzt erneut in Umbau.
** Hotel Aegusa, 1993 eröffnetes Hotel, untergebracht in einem renovierten, ehemaligen Palast. Angenehme, gut möblierte Zimmer, hübsches Restaurant im Innenhof. DZ/F 90–130 €, im Juli/August meist nur mit HP. Via Garibaldi 11, eine Abzweigung von der Fußgängerzone, ✆ 0923 922430, ℻ 0923 922440. www.aegusahotel.it.
** Hotel Egadi, im Zentrum. Neue Besitzer (die berühmten Schwestern Guccione sind im verdienten Ruhestand), komplett renoviert, nett dekorierte Zimmer mit TV etc. Zuletzt war Halbpension obligatorisch, p.P. 80 €, doch blieb die künftige Preispolitik, wie auch die Zahl der Sterne, noch unklar. Geöffnet Ostern bis September. Via Cristoforo Colombo 17, eine Seitenstraße der Piazza Madrice; ✆ 0923 921232, ℻ 0923 921636.
** Hotel Bougainvillea, am südlichen Ortsrand, gegenüber eines Wohnblocks. Einfache, helle und freundliche Zimmer. DZ/Bad 50–65 €, von Juni bis September ist auch hier HP obligatorisch. Via Cimabue 10, ✆ 0923 922033, ℻ 0923 922649.
* Hotel delle Cave, etwa zwei Kilometer östlich außerhalb des Orts, nahe der Nordküste und ohne Fahrzeug schwer zu erreichen. Die Einstufung zeigt klares Understatement – die Neueröffnung ist derzeit wohl das beste Hotel der Insel. Stilvoll-schlichte Zimmer mit Tuffwänden und komfortabler Ausstattung, Restaurant und Garten in einem Tuffsteinbruch; dort ist auch ein Pool geplant. DZ/F

Favignana

nach Saison etwa 85–180 €. Contrada Da Torretta (Scalo Cavallo), ☎ 0923 925423, ℻ 0923 925424, www.hoteldellecave.com.

Residence Villa Margherita, etwa im Zentrum des Ostflügels der Insel; Fahrzeug unabdinglich. Einzelne Häuschen mit bis zu sechs Betten in einer hübschen Gartenanlage samt Tuffsteinbruch; Pool. Geöffnet April–Oktober, zwei Personen 50–75 €, im August 95 €. Contrada Bue Marino, ☎ 0923 921501, ℻ 0923 922670, www.villamargherita.it.

Case per Vacanze Residence Marina, der Villa Margherita zugehörig, jedoch direkt am Hafen von Favignana-Stadt. Apartments mit einem oder zwei Schlafzimmern, teilweise mit Blick auf den Hafen und das Fort. Ganzjährig, zwei Personen je nach Saison und Ausstattung 50–85 €, im August 95–115 €. Largo Marina 4, ☎/℻ 0923 922070. www.villamargherita.it.

Vermittlung von Apartments und Privatzimmern über SUDOVEST, Via Nicotera 23, ☎ 0923 922030; auch die Infostelle gibt Telefonnummern heraus.

Bungalow- und Wohnwagenvermietung auf den Campingplätzen, außerhalb der HS preislich ganz interessant.

- *Camping* In der Zeit um Ferragosto (15.8.) riskiert man, abgewiesen zu werden. Falls dann keine Retour-Plätze mehr auf der Fähre oder dem Aliscafo zu kriegen sind (kommt vor!), drücken die Carabinieri beim "wilden" Zelten für eine Nacht mal ein Auge zu. Sonst ist es streng verboten. Alle Plätze sind vom Hafen aus mit etwas Beinarbeit zu Fuß zu erreichen.

**** Camping Villaggio Miramare, südlich der Stadt, an der "Taille" der Insel. Großes Gelände mit vielen Bungalows, Schatten durch Mattendächer, Bar, Restaurant. Zur Felsküste über die Straße. Tauchzentrum und Animation. Offen April–Oktober, pro Person je nach Saison etwa 9–15 €, alles inklusive. ☎ 0923 921330, ℻ 0923 922200.

*** Camping Egad, im Inneren des Ostflügels der Insel, zum Lido Burrone etwa 1,2 km, zur Cala Rossa 2 km. Gut ausgestatteter, schattiger Platz mit Bar, Restaurant, Zelt-, Fahrrad- und Scooterverleih, Animation und Disco; Wohnwagen- und Bungalowvermietung (Juli/August nur mit HP). Offen von Ostern-September, Anfang Oktober; zwei Personen, Auto, Zelt bis zu 20 €, in der NS deutlich günstiger; ☎ 0923 921555, ℻ 0923 539370. www.egadi.com/egad.

* Villaggio Camping Quattro Rose, der stadtnächste Platz, eher die Art kleines Feriendorf mit Apartmentvermietung, in dem auch gezeltet werden darf. Nur mittelprächtig schattig, junges oder sich jung fühlendes Publikum, off limits für Wohnwagen und Großfamilien. Köstlich anzusehen, wie die rührigen Besitzer, mittlerweile etwas gesetztere "Aussteiger", die Männerhaarmode auf Favignana geprägt zu haben scheinen. Gutes Restaurant, brauchbare Sanitäranlagen, zum Lido Burrone etwa 1 km. Geöffnet etwa März/April bis September/Oktober, preislich etwas günstiger als oben; Bungalowvermietung 2 Pers. etwa 50 €, zur HS nur mit HP. ☎ 0923 921223.

Essen

Ristorante Egadi, im gleichnamigen Hotel. Ende einer Institution: Die für ihre Fischgerichte weithin berühmten Schwestern Guccione, gelobt von der Accadèmia della cucina italiana, vom Michelin und sogar von der New York Times, haben sich in den Ruhestand begeben. Ihre Nachfolger aus Norditalien bemühen sich jedoch, den hohen Standard zu halten. Degustationsmenü auf Fischbasis etwa 40 €, künftig soll man auch à la carte bestellen können. Nur von Ostern bis September geöffnet.

Ristorante Il Pescatore, an der Piazza Europa. Der Name ist beim "Fischer" Programm: Im Interieur und in der Küche dreht sich (fast) alles um Fisch, gut auch der Cuscus. Menü ab etwa 30 €. Piazza Europa 43, von Dezember bis März geschlossen.

Trattoria Pizzeria Da Franco, direkt am Corso und mit Tischen zur Flaniermeile, die sich zur Saison allabendlich sehr schnell füllen. Pizza etwa 4–6 €, man kann aber auch deutlich mehr ausgeben. Via Vittorio Emanuele 32.

Pizzeria Salvador, zehn Meter vom Hauptplatz. Eine der ersten Pizzeria-Adressen vor Ort – wenn in der Nebensaison irgendwo Betrieb herrscht, dann hier. Tische auch im Freien, freundlicher Service, gute Pizze, unter anderem mit Salat als Belag – köstlich. Pizza inkl. Gedeck etwa 6 € aufwärts. Via Nicotera 7.

Bar/Tavola Calda Due Colonne, ein Lesertipp von Matthias Kröner: "Der Chef ist gelernter Koch und arbeitete früher auf den Malediven. Wechselnde Tagesgerichte nach Ansage, Primi 3–4,50 €, Secondi 4,50–8 € – das ist dann aber eine veritable Fischplatte mit Thunfisch, Schwertfisch etc. Piazza Madrice 76."

Eis am besten in der Gelateria in einer kleinen Seitengasse der Piazza Europa nach Süden. Abends sitzen die Leute aus der Nachbarschaft hier wie die Hühner auf der Stange.

La Mattanza – Schlacht um den Thun

Die traditionelle Jagd nach den großen Fischen, auf Favignana seit rund neun Jahrhunderten ausgeübt, findet von Ende April bis Anfang, Mitte Juni statt, wenn die riesigen Schwärme auf ihren uralten Wanderwegen zum Laichen ins Meer zwischen den Inseln und der afrikanischen Küste kommen. Schon im April werden vor Favignanas Nordküste die kilometerlangen, sich verjüngenden Netze ausgelegt und mit einer Verbindung zum Land gesichert. Sie bilden eine Reihe von sogenannten "Kammern" und münden in die "Todeskammer", aus der es für die Fische kein Zurück gibt. Sieben bis acht Mal in jedem Frühjahr ist es dann Zeit für das blutige Schlachten. Dabei wird um die Todeskammer ein zunächst noch offenes Viereck aus Fischerbooten postiert. Drei Schiffe sichern die Westseite, das vierte, mit der Mehrzahl der Männer besetzt, rückt nach Anweisungen des *rais* (arabisch: Führer), der in der Mitte des Getümmels von einem schwarzen Kahn aus die Operation leitet, von Osten heran und schließt so das Viereck. Gleichzeitig wird das Netz mehr und mehr aus dem Wasser gezogen. Den bedrängten Fischen wird der Raum knapp, das Meer schäumt von ihren Schwanzschlägen.

Dann beginnt das Schlachten, die mattanza. Der Name ("Gemetzel", "Massaker") stammt aus Spanien, wo diese Fangmethode ebenfalls seit vielen Jahrhunderten Tradition hat. Mit Harpunen stechen die Fischer die Tiere ab, das Wasser färbt sich blutrot. Die halbtote Beute wird mit Eisenhaken, die an langen Schäften befestigt sind, an Bord gehievt. Eine wirkliche Knochenarbeit. Die Anstrengung ist den nicht gerade schwächlich gebauten Fischern am Gesicht abzulesen: erst ab 100 Kilogramm spricht man von einem "großen" Fisch, und so mancher Tonno kommt gar auf sechs Zentner und mehr.

Das Recht, die Mattanza zu veranstalten, ist seit Jahrhunderten vertraglich geregelt. Die genuesische Familie Parodi, seit dem 19. Jh. Besitzer der Fangrechte, verpachtet diese an wechselnde Firmen, denen deshalb auch die wirtschaftliche Nutzung obliegt. Dabei muss sie sich heftiger Konkurrenz erwehren. In Favignana wartet man auf die Fischschwärme, in den internationalen Gewässern jedoch suchen große, häufig japanische Fangschiffe, unterstützt von Flugzeugen und Hubschraubern, regelrecht nach ihnen und schnappen so den Fischern von Favignana einen guten Teil der Beute schon weg, bevor sie überhaupt ankommt. Da abzusehen ist, dass sich der Aufwand eines Tages nicht mehr lohnen wird, wurde 1998 ein Gesetz zur Unterstützung der Mattanza verabschiedet, das helfen soll, den traditionellen Beruf zu bewahren. Favignana ist einer der letzten Orte Italiens, an denen noch das harte Handwerk ausgeübt wird. Dabei gab es allein auf Sizilien einmal mehr als 80 "Tonnare". Heute sind neben Favignana, das als die "Königin" der Tonnare gilt, nur noch Bonagia bei Trapani und die Tonnara von Capo Passero aktiv. In letzterer allerdings werden die Fische "di ritorno" gefangen, nämlich im Juli/August bei der Rückkehr nach dem Laichen, während man in Favignana und Bonagia die Jagd auf die anschwimmenden ("di corsa"), fetteren Tonni ausübt.

Rund sechzig Männer aus Favignana finden jährlich auf der Mattanza Arbeit. Ihr Vertrag läuft über mehr als hundert Tage, von etwa Anfang April bis Mitte Juli. Immerhin gilt es, gut hundert Kilometer Stahlseile, 3500 Schwimmer und neun Kilometer Netze vorzubereiten und auszulegen. Allein das dauert rund einen Monat; das Einholen und Lagern nimmt einen weiteren Monat in Anspruch. Stützpunkt der Arbeiter ist die aus dem 19. Jh. stammende *Camparia* bei der Tankstelle am Hafen, ein regelrechtes Industriedenkmal, das gegenwärtig restauriert wird. Ganz in der Nähe liegen die großen Kähne, deren pechschwarzer Anstrich sie archaisch und wahrhaft bedrohlich wirken lässt.

Im Durchschnitt der letzten zwei Jahrzehnte lag die Fangmenge bei etwa tausend Thunfischen pro Jahr. Das ist für die Einwohner zufriedenstellend, aber deutlich weniger als in den besten Zeiten: Mitte des 19. Jh. wurden in manchen Jahren Rekordfänge von über 10.000 Tieren erzielt. Veränderungen gab es auch beim Gewicht der gefangenen Fische. Sie sind im Schnitt kleiner als früher, ärgerlich für die Fischer, da Tiere über 50 Kilogramm Gewicht einen besseren Preis erzielen. Nicht zuletzt hat sich sogar der Beginn der Mattanza-Saison verlagert. Heute treffen die Schwärme fast zwei Wochen früher ein als noch vor dreißig Jahren. Zurückgeführt wird das auf die Erwärmung der Meere: Der Thun laicht bei einer Wassertemperatur von etwa 21, 22 Grad Celsius, ein Wert, der mittlerweile statt Anfang Mai oft bereits um den 20. April herum erreicht wird. In die lange Geschichte der Mattanza von Favignana wird 2003 übrigens als besonders unerfreuliches Jahr eingehen: Erstmals seit neun Jahrhunderten (abgesehen von einer durch amerikanische Bombenabwürfe verursachten Zwangspause im Kriegsjahr 1943) wurde kein einziger Thun gefangen – ein Containerschiff zerriss die bereits gefüllte Netzkonstruktion, alle Fische entkamen.

Etwa 85% des Fangs gehen direkt an japanische Käufer. Bekannt als Feinschmecker in Sachen Fisch, zahlen sie für den Roten Thun von Favignana beste Preise. Die Thunfischkonserven italienischer Fabriken stammen dagegen vom Weißen Thun, gefangen von Schiffen aus – Japan.

Zuschauer des blutigen und faszinierenden Schauspiels können, bislang noch kostenlos, auf den drei Schiffen der Westseite Platz finden, sollten aber nicht allzu zart besaitet sein; Infos bei Pro Loco. Veranstaltet werden auch organisierte Ausflüge ab Trapani und Palermo, Näheres jeweils bei den dortigen Fremdenverkehrsämtern.

Nachtleben/Veranstaltungen/Einkaufen

• *Nachtleben* **Camarillo Brillo**, beliebte, weil einzige Music-Bar am Corso; der Name lässt wohl darauf schließen, dass der Besitzer ein Fan von Frank Zappa ist. Im hinteren Teil, auch von der Parallelstraße erreichbar, liegt eine Weinbar. Via Vittorio Emanuele 18. Sonst ist nachts nicht viel los.

Der Westen – Isole Egadi

- *Einkaufen* Spezialitäten der Insel sind Thunfischrogen (bottarga) sowie geräucherter Thunfisch und Schwertfisch (tonno affumicato beziehungsweise pesce spada affumicata). Auch Kapern sind gut und günstig erhältlich.

- *Veranstaltungen* **Settimana delle Egadi**, in der letzten Maiwoche, aber leider nicht in allen Jahren. Folklore, Musik und großes Thunfischgrillen auf der Piazza.
Festa del SS. Crocifisso, am 14. September. Prozession des Inselheiligen, mit Feuerwerk, Musik etc.

Strandtouren

Östlicher Teil: Der flache östliche Bereich von Favignana besitzt die schönsten Strände der Insel. Folgt man, am besten per Fahrrad, vom östlichen Stadtrand der Beschilderung zum Camping Quattro Rose und biegt nach dem Platz rechts in die Einbahnstraße ein, gelangt man zum *Lido Burrone* (Strandbar), dem längsten und bestbesuchten Sandstrand von Favignana.

Ein gutes Stück weiter, hinter der Feriensiedlung Punta Fanfallo, liegt tief unten die *Cala Azurra* (Bar, Duschen), eine Bucht mit schmalem Sandstreifen. Zwischen hier und dem Leuchtturm an der Südostspitze der Insel flache Klippen, von denen man gut ins Wasser kommt. Nördlich wird dann die Fortbewegung per Rad schwierig; zunächst noch brauchbarer Feldweg, bei einem asphaltierten Stück auch noch eine gute Bademöglichkeit, dann zerfranst sich der Weg aber und wird schwer zu befahren. Weiter in nördlicher Richtung kann man ja notfalls ein Stück schieben und erreicht dann bald die Bucht Cala Rossa, die schönste Bucht der Insel. Das felsige Ufer bietet zwar nur eingeschränkte Liegemöglichkeiten, doch verzaubert bereits der Blick vom Feldweg auf das fast tropisch-türkisfarbene Wasser tief unterhalb und entschädigt für alle Mühen der Anfahrt.

Im **westlichen Teil** von Favignana stören gelegentliche Tanganschwemmungen die Badefreuden. Taucher allerdings finden gute "Jagdgründe" um das Inselchen *Preveto* (östlich ein Schiffswrack auf dem Meeresboden). Vom Camping Miramare führt eine Asphaltstraße an mehreren Felsbuchten vorbei zum anderen Leuchtturm der Insel bei *Punta Sottile*, an der Gabelung links halten. Von hier aus kann man gut Marettimo erkennen, nördlich liegt ein wenig frequentierter Kiesstrand. Hält man sich an besagter Gabelung rechts und fährt am Ende der Asphaltstraße auf der Naturpiste weiter, stößt man am Kap bei *Punta Faraglione* auf einige winzige Kiesbuchten, in denen nicht viel Betrieb ist. Wer sich hier gänzlich einsam wähnt, sei gewarnt: Beobachter kommen auch von der Seeseite, denn die nahen Meeresgrotten ein Stück stadtwärts ziehen oft Ausflügler auf Fischerbooten an.

Monte Santa Caterina: Vom Gipfel des 302 m hohen Berges hat man einen sehr reizvollen Blick über die Insel und sieht gleichzeitig bis Marettimo und Levanzo, bei klarer Luft sogar bis zum Monte Erice hinter Trapani. Der Weg beginnt an den Ruinen der Thunfischfabrik im Süden des Hafens. Das Kastell ist mittlerweile nicht mehr militärisches Sperrgebiet, sondern verlassen und leer. Wer zu Fuß unterwegs ist, kann auch den Sattel erklimmen, auf der anderen Bergseite Richtung Punta Sottile absteigen und an der Straße auf einen Inselbus retour warten – vor einer solchen Tour empfiehlt es sich jedoch, im Pro Loco die Abfahrtszeiten zu klären.

Dümpelnde Boote, weiße Würfelhäuser: Levanzo

Levanzo

Assoziationen an Griechenland werden wach: eine Handvoll weißer Häuschen in einer kleinen Hafenbucht, ein paar bunte Fischerboote – das ist Levanzo, die einzige Siedlung der gleichnamigen Insel.

Gerade 200 Menschen leben hier. Selbst in der Hochsaison bewahrt das Inselchen dank eingeschränkter Übernachtungsmöglichkeiten eine ruhige Atmosphäre; bis Anfang Juli und ab Mitte September sind Besucher fast eine Rarität. Die Küste um die kleinste der Egadischen Inseln (Länge fünf Kilometer) besteht durchgehend aus Fels und Klippen, im Inneren erhebt sich der Pizzo del Monaco auf immerhin 278 Meter Höhe. Weithin bekannte Attraktion von Levanzo ist die *Grotta del Genovese*, zwei miteinander verbundene Höhlen, in denen vorgeschichtliche Felszeichnungen mit menschlichen und tierischen Motiven zu sehen sind. Ihr Alter wird auf zehn- bis zwölftausend Jahre geschätzt.

- *Verbindungen* **Schiffsagenturen** SIREMAR (✆ 0923 924003) und USTICA LINES (✆ 348 8042681, mobil) nahe der Anlegestelle.

- *Übernachten* Die beiden einzigen Hotels von Levanzo liegen nahe der Anlegestelle.

** Pensione dei Fenici, das hintere der beiden Gebäude. Langer Bau, trotzdem nur zehn Zimmer, die jedoch durchaus komfortabel sind. 1998 renoviert. Im Sommer ist HP obligatorisch. Vielleicht lässt man außerhalb der Höchstsaison mit sich reden, ein DZ sollte dann 50–60 € kosten. ✆/℻ 0923 924083.

* Pensione Paradiso, ebenfalls ein ordentliches Quartier, das auch mit sehr feiner Küche und Terrasse zum Meer glänzt. Im Sommer ist hier ebenfalls HP obligatorisch, außerhalb der Saison kostet das DZ "pur" etwa 65–75 €. ✆ 0923 924080.

Privatzimmer gibt's auch, im August meistens belegt. Herumfragen im Hafen oder in den Bars.

> **Inseltouren**: Die Grotta Genovese kann nur in Begleitung des zuständigen Kustoden betreten werden. Signor Natale Castiglione heißt der Mann und wohnt zwei Türen dorfeinwärts der SIREMAR-Agentur, ✆ 0923 924032. Seine Bootsexkursionen (Mindestteilnehmerzahl zwei Personen) zu den Höhlen dauern etwa eineinhalb Stunden und kosten pro Nase um die 13 €; man kann die Höhlen aber auch per Landrover oder (günstiger) zu Fuß erreichen.

Westlich des Hafens kann man zunächst über eine Asphaltstraße, später über schmale Kletterwege bis in die Nähe der Cala Genovese vorstoßen. Unterhalb liegen immer wieder kleinere Felsbuchten, gute Schnorchelmöglichkeiten gibt es beim vorgelagerten Inselchen Faraglione.

Im Inselinneren führt eine Fahrstraße, die in der Nähe des Ristorante Nautilus abzweigt, zum Leuchtturm an der Nordspitze beim Capo Grosso. Unterwegs ist der Aufstieg auf den Pizzo del Monaco oder ein Abstecher linker Hand zur Grotta Genovese möglich – eine hübsche Halbtageswanderung, so gut wie kein Verkehr, an Wasser denken.

Östlich des Hafens, etwa eineinhalb Kilometer entfernt, liegt nach einem Pinienwäldchen die schönste zu Fuß zu erreichende Bucht der Insel, die Cala Minnola. Eine Betonplattform lädt zum Sonnenbaden ein, an der nahen Landzunge lässt es sich gut schnorcheln.

Marettimo

Die von der sizilianischen Küste am weitesten entfernte Insel ist ein steil ansteigender und gezackter Felsklotz, der im 638 Meter hohen Monte Falcone gipfelt.

Marettimo, vierzig Kilometer vor der Küste gelegen und von der Welt abgeschieden, während der Winterstürme auch mal abgeschnitten, besteht praktisch nur aus Gebirge, von dem nur ein Teil bewaldet ist – wegen ihrer schroffen Felslandschaft wird die Insel auch schon mal als "Dolomiten des Mittelmeers" bezeichnet. Durch die Einsamkeit im Inneren führen nur schmale Pfade, auf denen man stundenlang laufen (und kraxeln) kann, ohne einer Menschenseele zu begegnen. Die Felsberge fallen steil und zerklüftet ins Meer ab und bilden dort zahlreiche Grotten. Weite Teile der Küste sind nur per Boot zu erreichen. Marettimo hat seinen eigenen Reiz, wirkt viel wilder als die Nachbarinseln.

Marettimo-Ort ist an die einzige einigermaßen flache Stelle der Insel gebaut, hat an die 800 ständige Einwohner und macht im Vergleich zu Levanzo fast schon einen "städtischen" Eindruck. Alles Nötige ist vorhanden, entlang der Hauptstraße Via Umberto I. gibt es einige Bars, verschiedene Geschäfte und Restaurants. Das Urlauberaufkommen hält sich jedoch in Grenzen – kein Wunder, es gibt gerade mal ein einziges Hotel.

- *Information im Internet*
www.marettimoresidence.it, die Homepage der neuen Apartmentanlage, bietet auch viel generell Wissenswertes über Marettimo. Zahlreiche gute Links.

- *Verbindungen* **Schiffsagenturen** der SIREMAR (✆ 0923 923144) und der USTICA LINES (✆ 0923 923103).

- *Übernachten* ****** Marettimo Residence**, am Meer gleich südlich des Ortskerns. Erst

1999 eröffnete Anlage im Inselstil, nach ökologischen Grundsätzen errichtet und auch sonst ökologisch engagiert: Zwei Prozent der Einnahmen gehen in einen Fonds für den Umweltschutz der Insel. Komfortable, gut ausgestattete Apartments, Tauchkurse, Bootsausflüge etc. Zwei-Personen-Apartment pro Woche 360–640 €, im August 920 €. Località Spatarello, ✆ 0923 923202, 📠 0923 923386, Website siehe oben.

• *Privatzimmer/Apartments* Es gibt eine ganze Reihe von Anbietern, zur NS sind oft auch ganze Ferienhäuser zu mieten. Anfragen am besten in den Geschäften, Bars und Restaurants oder bei:
Associazione Marettimo, Via Campi 3, ✆ 0923 923000. Die engagierten Mitglieder helfen nicht nur bei der Suche von Privatunterkünften, sondern können auch gute Wandertipps geben.

• *Essen* **Trattoria-Osteria Il Veliero**, ein Spezialist für Fischküche (wie sie natürlich auch in den anderen Restaurants der Insel angeboten wird); der Chef fischt selbst. Besonders gut die Zuppa di Pesce. Rustikales Ambiente. Menü etwa 20–25 €. Corso Umberto 22. Außerhalb der Saison Mo Ruhetag.
Trattoria Il Timone, mit durchaus ähnlich gutem Angebot und vergleichbarem Preisniveau. Via Garibaldi 18.

• *Bootstouren* Die bizarren Grotten der Küste sind nur per Boot zu erreichen; Rundfahrten ab Hafen. Richtwert inkl. Essen an Bord etwa 20 €.

• *Feste* **San Giuseppe**, am 19. März, das Fest des hl. Josefs, des Inselpatrons, mit zahlreichen Emigranten, die dafür oft bis aus Übersee in ihre frühere Heimat zurückkehren Am 18. abends findet die "Adduminaria" statt, ein großer nächtlicher Feuerzauber, bei dem auch ein ausgedientes Fischerboot verbrannt wird, am 19. ein Mysterienspiel und eine Prozession.

▶ **Punta Troia:** Etwa eineinhalb Stunden Fußweg sind es vom Ort bis zur Punta Troia, einem Felsbrocken im Meer, der von den Resten eines Araberkastells gekrönt wird und bestiegen werden kann: Lohn ist ein schöner Blick über die gesamte Ostküste. Vom Zentrum geht es die Via Umberto in nördliche Richtung, an der Post vorbei und immer geradeaus. Die Straße wird bald zum schmalen Pfad, der ein gutes Stück oberhalb der Küste verläuft. Schon vor dem Abstieg zur Punta Troia finden sich einige kleine Kiesbuchten, in denen es sich ganz gut baden lässt.

Wanderung 5: Auf den Monte Falcone

Route: Scalo Vecchio – Case Romane – Monte Falcone – Case Romane – Scalo Vecchio. **Reine Wanderzeit:** 3,5 Stunden. **Höhenunterschiede:** jeweils 686 Meter Auf- und Abstieg.

Charakteristik: Marettimo ist ein wahres Wanderparadies. Wasserreichtum, eine stark gegliederte Landschaft und 600.000 Jahre Isolation von Sizilien haben hier eine einzigartige Vegetation entstehen lassen. Die schroffen Kalkfelsen bieten nicht nur seltenen Pflanzen Zuflucht, mit etwas Glück kann man außer Falken auch Adler entdecken. Die Forstverwaltung hat eine ganze Reihe von Wegen anlegen lassen, auf denen man tagelang auf Entdeckungsreise gehen könnte. Den schönsten Überblick bietet naturgemäß der mit 686 Metern höchste Inselgipfel Monte Falcone.

Verlauf: Von der alten Hafenmole Scalo Vecchio aus verlassen wir den Ort über die Via Campi und die Via Pepe. Oberhalb eines Trinkwasserbrunnens stoßen wir auf einen breiten Schotterweg und folgen ab hier den Holzschildern "Case Romane" und "Pizzo Falcone" bergauf. Der Weg gewinnt rasch an Höhe, bald bietet sich ein Blick auf die gesamte Bergkette der Insel. Über offene Weideflächen führt der Weg in den Halbschatten von Kiefern. Nach etwa 45 Minuten haben wir ein verlassenes Gehöft mit eindrucksvollen Mauerresten aus römischer Zeit erreicht, die Case Romane. Ein Brunnen spendet frisches Wasser. Tief unten drängen sich dicht an dicht die schneeweißen Würfelhäuser des kleinen Ortes.

Weiter zum Monte Falcone geht es auf einem schmaler werdenden, westwärts ansteigenden Pfad. Vorbei an bizarren Felsformationen und über zistrosenüberzogene Hänge erreichen wir den Sattel zwischen dem Pizzo del Capraro und dem Monte Falcone. Durch ein scharf eingeschnittenes Tal fällt der Blick hinunter auf die wild zerklüftete Westküste. Nach einem letzten kurzen Anstieg stehen wir auf der höchsten Inselspitze, dem Monte Falcone (1 Std. 45 Min.).

Der Rundumblick ist großartig. Eine in Metall gravierte Karte hilft bei der Orientierung: Bei klarer Sicht kann man im Süden die Insel Pantelleria und im Südwesten sogar das Cap Bon in Tunesien erkennen. Auf jeden Fall aber lässt es sich von hier oben nach weiteren lohnenden Wanderwegen Ausschau halten. – Der Abstieg erfolgt auf dem gleichen Weg wie der Aufstieg.

Wanderung 5:
Auf den Monte Falcone

Verspielte Laune der Natur: Arco Elefante

Pantelleria

Eine landschaftlich sehr schöne und vielseitige Insel. Bewaldete Berge, weite und fruchtbare Ebenen, Dampfgrotten und ein Salzwassersee. Zum perfekten Urlaubsparadies fehlt Pantelleria nur eine Kleinigkeit: Sandstrände am Meer wird man vergebens suchen.

Das ist auch ganz gut, andernfalls wäre die Insel längst zu einem der bevorzugten Ziele mittel- und nordeuropäischer Charterbomber geworden. So kommen nur wenige Individualisten. Eine Ausnahme macht wieder einmal der August, wenn besonders Norditaliener hier auf Entdeckungsreise gehen. Beliebt ist Pantelleria auch bei Prominenten, die die hiesige Abgeschiedenheit natürlich zu schätzen wissen. So besitzt Giorgio Armani hier ein Haus, und auch Eric Clapton und Sting sollen sich gelegentlich blicken lassen. Letzterer lobt die Insel sogar in den höchsten Tönen: "Kein Ort auf dieser Welt ist stärker."

Pantelleria liegt zwischen den Kontinenten, 110 Kilometer von Sizilien entfernt, von Afrika nur 70 Kilometer. Die Insel ist – leicht zu erkennen – ein Produkt des Vulkanismus. Zwar erlosch der Hauptkrater auf der Montagna Grande (836 Meter) schon vor geraumer Zeit, doch der vulkanische Untergrund arbeitet weiter, heizt Höhlen zur natürlichen Sauna und an einigen Stellen auch das Meer auf. Die Lava an Küsten und im Inneren kontrastiert prächtig mit den überall präsenten Weingärten, Feigenkakteen und Kapernsträuchern – eine Farbsymphonie in Schwarz und Grün. Schwarz sind auch die *Dammusi*, die traditionellen, überkuppelten Inselhäuser mit den meterdicken Wänden.

Wo viel Licht, da auch viel Schatten: Pantelleria ist nicht gerade billig, der Preis der meisten Lebensmittel wird vom Wegzoll der Fähre von Sizilien kräftig in die Höhe getrieben. Wer ohne Fahrzeug kommt, sollte auch gleich die relativ niedrigen Kosten für einen Mietwagen oder eine Vespa einkalkulieren, denn die schönsten Winkel der Insel liegen allesamt etwas abseits. Der Hauptort Pantelleria-Stadt, in dem die Mehrzahl der 8000 Inselbewohner lebt, gehört sicher nicht dazu. Vorwiegend unschöne moderne Häuser, andere halb zusammengefallen – das lässt kaum Begeisterung aufkommen. Aber, wie gesagt, die Insel selbst ... Natur pur.

Geschichte

Während man in unseren Breiten noch Keulen schwingend hinter Mammuts herlief, baute man auf Pantelleria den Toten mächtige Steingräber. Und das äußerst solide: Die in der Jungsteinzeit errichteten rundlichen *Sesi* bei Mursia sind immer noch bestens in Schuss.

Die ersten Kolonisatoren der Insel waren Phönizier; ihren Spuren folgten die Karthager. In den Punischen Kriegen griff Rom freudig zu, ab 217 v. Chr. gehörte das damalige *Cossyra* den Herren vom Tiber. Aus jenen Zeiten stammt auch die (inklusive Nase!) sehr gut erhaltene Cäsarenbüste aus Marmor, die im August 2003 in einer Zisterne entdeckt wurde. Im 8. Jh. eroberten *Araber* die Insel und metzelten fast die gesamte Bevölkerung nieder. Als sie im 12. Jh. von den Normannen vertrieben wurden, hinterließen sie die Kunst, Dammusi zu bauen – und den poetischen Grundstein für den heutigen Namen der Insel: *bent el rion*, "Tochter des Windes". In späteren Zeiten wechselte Pantelleria, sizilianischer Tradition gemäß, die Herren wie unsereins die Hemden; der abgelegenen Position wegen mischten auch noch Türken und algerische Piraten mit. Im Zweiten Weltkrieg zerstörten alliierte Luftangriffe auf die damalige deutsche Flottenbasis weite Teile der Hauptstadt.

Information/Verbindungen/Internet

- *Information* **Pro Loco**, Piazza Cavour 1, ✆ 0923 911838. Nur sporadisch geöffnet. Ganz gute Infos auch beim Fremdenverkehrsamt Trapani.
Reisebüro: "La Cossira", Via Borgo Italia 77, an der Hafenstraße. Infos und Vermittlung von Flügen, Fähren, Mietwagen, Apartments, Dammusi etc. ✆ 0923 913629, 🖷 0923 911566; www.lacossira.com.
- *Internet-Infos* www.pantelleria.it, sehr umfangreiche Site mit vielen Informationen. Wer Italienisch beherrscht, kann sich hier online z.B. einen Dammuso mieten.
- *Verbindungen* **Flug**: Tägliche Flugverbindung mit Palermo und Trapani. Preis etwa 75 €, Flugzeit etwa 35 min., Flughafenbus in die Stadt. In manchen Jahren wird zur Subventionierung des Fremdenverkehrs ein Teil der Flugkosten erstattet. Infos in Reiseagenturen. Bei starkem Wind Ausfall des Flugs möglich.
Schiff: SIREMAR ab Trapani und Mazara. Ab Trapani von Juni–Sept. 1-mal täglich um Mitternacht, sonst täglich außer Sa. Preis p. P. ab 23 €, Auto bis 4 m rund 50 €. Fahrzeit etwa 6 Stunden. Siremar-Schnellboot ab Mazara, Abfahrten etwa vom 24. Juni bis 15. September, dann 6-mal wöchentlich (Mi nicht), p.P. etwa 35 €, Auto bis 4 Meter Länge etwa 65 €; Fahrtzeit knapp zwei Stunden. Oft stürmische See, dann wird im Hafen bei Scauri angelegt oder gar umgedreht. Siremar-Agentur an der Hafenstraße Via Borgo Italia 12, ✆ 0923 911120.
USTICA LINES betreibt Aliscafi ab Trapani, von Mitte Juni bis Mitte Oktober 1-mal täglich, Fahrzeit gut 2 Std., Preis 34 €; Tickets im Reisebüro La Cossira, siehe oben.

Pantelleria

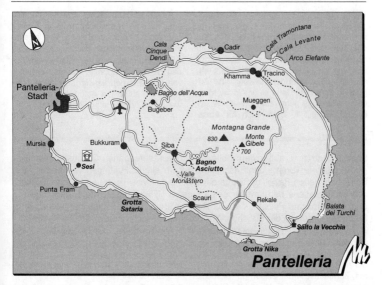

Inselbus: Abfahrt an der Piazza Cavour (östlich des Hafens) bei der Kirche. Keine Inselrundfahrten; recht häufige Verbindungen an der Nordküste bis Tracino, gen Süden bis Scauri bzw. Rekale. Die Küste im äußersten Süden wird nicht angefahren.

Mietwagen, Mietvespa: Recht gute Auswahl, in der Hochsaison dennoch überall schnell ausgebucht.
L'AGENZIA, Via Punta Croce, ✆ 0923 912836.
PANTELRENT, Via Taranto 5, ✆ 0923 913636.

Übernachten

Herbes Preisniveau, im August der übliche Andrang. Besser schon von Trapani aus telefonisch klären, ob Platz ist. Achtung: In den Hotels läuft kein Trinkwasser, sondern aufbereitetes Meerwasser aus den Hähnen. In Privatunterkünften und Dammusi sollte man fragen, ob das Zisternenwasser trinkbar ist.

● *Pantelleria-Stadt* ***** Hotel Khamma**, neuerer Bau am Hafen, laut, aber gut ausgestattet. DZ etwa 65–115 €, im Normalfall keine Pensionsverpflichtung. Via Borgo Italia 24, ✆ 0923 912680, ✉ 912570.

*** Port'Hotel, am Hafen neben Khamma. Laut, Balkons zur Promenade, sonst ganz in Ordnung. Zuletzt in Renovierung, sollte aber mit Erscheinen dieses Führers wieder in Betrieb sein; Preise bis dato ähnlich wie im Hotel Khamma. Ganzjährig geöffnet. Via Borgo Italia 6, ✆ 0923 911299, ✉ 0923 912203.

** Hotel Miryam, oberhalb der östlichen Hafenpromenade, 1997 renoviert, ähnliches Preisniveau wie oben. Ganzjährig geöffnet. Corso Umberto I., ✆ 0923 911374.

● *Hotels außerhalb* ***** Hotel Papuscia**, reizvolle, rund zwei Jahrhunderte alte Struktur im Nordküsten-Weiler Tracino, in rund 200 Meter Höhe oberhalb der etwa einen Kilometer entfernten Küste. Gutes Restaurant, Garten. Nur elf Zimmer, HP ist üblich, p.P. 60–90 €. Geöffnet etwa März bis Anfang November. Contrada Sopra Portella 28, ✆/✉ 0923 915463, www.papuscia.com.

*** Hotel Cossyra und **Hotel Mursia**, große Ferienhotels in der Siedlung Mursia, die praktisch nur aus den beiden Hotels besteht, drei Kilometer von Pantelleria-Stadt. Selber Besitzer, beide mit Pool und diversen Sportmöglichkeiten samt Tauchzentrum; gebaut in runden Formen, die die Wucht der Anlagen etwas mildern sollen. Geöffnet April–Oktober, DZ etwa 55–100 €, im August nur mit Halbpension. ✆ für beide 0923 911154 und 0923 911217, ✉ 0923 911026.

- *Ferienhäuser, Privatzimmer* **Dammusi**, die traditionellen Inselhäuser, gibt auch für nur zwei Personen. Ausgestattet mit Küche, Bad und Zisterne, sind sie außerhalb der Saison schon ab etwa 20 € pro Kopf und Tag zu haben; Mitte Juli–Mitte Sept. ab etwa 35 €, zur Höchstsaison Mitte August ab etwa 50 €. Unter einer Woche Mietdauer allerdings geht kaum etwas. Dieses Preisniveau gilt in etwa auch für Apartments und Privatzimmer. Bei der Vermittlung hilft die Touristeninformation Trapani oder, falls wieder in Betrieb, das hiesige Fremdenverkehrsamt.
- *Camping* Kein offizieller Platz, Wildcampen ist verboten. Einige wenige Vermieter von Privatzimmern lassen aber auch Zelte im Garten aufstellen, natürlich am liebsten, wenn ihre Zimmer schon belegt sind.

Essen/Sport

Spezialitäten sind, außer dem obligatorischen Meeresgetier, Cuscus (Afrika lässt grüßen) sowie Tumma, ein Frischkäse, der für allerlei Füllungen verwendet wird. Beliebt sind auch Ravioli di Ricotta e Menta, gefüllt mit Ricotta und Minze. Schließlich ist Pantelleria berühmt für seine starken (17%) Dessertweine, den Moscato und den Moscato Passito, der aus Rosinen der Zibbibo-Traube hergestellt wird. Eine Weinhandlung der örtlichen Winzergenossenschaft liegt in der Via Catania.

- *Pantelleria-Stadt* **Ristorante/Pizzeria Il Cappero**, Nähe Kirche und Piazza Cavour. Zwei Räume, im vorderen der Pizza-Ofen, Spezialität unter anderem Ravioli mit Tumma. Zumindest in der Saison gut besucht. Menü ab etwa 20–25 €. Von Mitte Oktober bis Mitte Mai geschlossen. Via Roma 31.

Trattoria Il Dammuso, am Hafen, Nähe Hotel Miryam, mit schöner Aussicht aufs Wasser. Preisniveau etwas niedriger als im "Il Cappero". Via Catania 2, ganzjährig, Mi Ruhetag.

- *Außerhalb* **Ristorante I Mulini**, im Weiler Tracino an der Nordküste, tatsächlich in einer schön restaurierten alten Mühle untergebracht. Gute Lokalküche mit Schwerpunkt auf Fisch nach Tagesfang, täglich wechselnde Karte. Menü ab etwa 30 €. Geöffnet etwa von Ostern bis Oktober, zur Nebensaison Di Ruhetag. Via Kania 12, ✆ 0923 915398.

Trattoria-Pizzeria La Nicchia, in Scauri Basso an der Südküste. Rustikales Lokal mit ebenfalls feiner, auf Meeresgetier basierender Küche; es gibt auch Pizza. Verkauf lokaler Produkte wie Kapern, Wein und Öl. Menü ab etwa 25 €. Geöffnet etwa Ostern bis Oktober, nur abends. Außerhalb der Hochsaison Mi Ruhetag. ✆ 0923 916342.

- *Sport* **Tauchzentrum Centro Sub Dive-X**, Via Milano 16, ✆ 339 1051878 (mobil).

▶ **Wandern**: Gute Möglichkeiten bestehen im Inselinneren, zum Beispiel die Halbtagestour von Scauri durch das fruchtbare Valle Monastero nach Siba. Ganztageswanderungen von Tracino aus führen über Mueggen entlang den Hängen der Montagna Grande nach Siba oder unterhalb des Monte Gibele nach Rekale. In allen Fällen ist die Hin- und Rückfahrt per Bus möglich. Wanderkarten, detailliert, aber sehr unübersichtlich, in der Buchhandlung Valenze im Gebäude des Port´Hotel.

Rund um die Insel

Für eine Inselumrundung auf der 40 Kilometer langen Küstenstraße sollte man mindestens einen halben Tag einplanen, ohne Badezeiten, versteht sich.

Pantelleria-Stadt: Der Schandfleck auf der sonst so attraktiven Insel. Ein wüstes Durcheinander von geschmacklosen Neubauten. Dazwischen wenige ältere Häuser, teilweise im Verfall begriffen oder noch von den Spuren der Luftangriffe des Zweiten Weltkriegs gezeichnet; im Westen des Ortes Militäranlagen und Industriegebäude, gen Osten ausgedehnte Müllhalden neben der Straße. Optisch etwas erträglicher, wenngleich auch keine Schönheit, ist die Hafen-

Immer noch bestens in Schuss: einer der Sesi bei Mursia

promenade. Hier, am Treffpunkt der Stadt, konzentrieren sich Cafés, Hotels und Geschäfte, flanieren die Urlauberströme bis in die Nacht.

Sesi: Verlässt man Pantelleria-Stadt gen Westen, gelangt man durch besagte Militär- und Industrieviertel, vorbei am Fußballplatz, zur Hotelsiedlung *Mursia*. Etwa 1,3 Kilometer weiter zweigt links ein holpriger Pfad zu den Sesi ab. Die steinzeitlichen Grabmäler sind in Kuppelform aus Lavasteinen aufgeschichtet. Mit mehreren kleinen Öffnungen dienten sie wohl jeweils einer Familie als letzte Ruhestätte. Einer der Sesi liegt direkt am Ende des Feldwegs, ein zweiter ein Stück landeinwärts. Mutige können auf dem Bauch hineinkriechen, zu sehen allerdings gibt es innen nichts.

Punta Fram: Das ehemalige Hotel, jetzt ein Ferienclub, steht etwa einen Kilometer südlich der Sesi. Unterhalb findet sich ein hübscher Badeplatz, Lavafelsen und recht starke Brandung machen Badeschuhe nötig.

Grotta Sataria: Etwa drei Kilometer weiter, beschildert. In der Grotte am Meer entspringen warme Thermalquellen, die in kleine Becken gefasst wurden. Von der Betonplattform vor der Grotte guter Zugang ins Meer.

Scauri: Unterhalb des Orts ein großer Hafen, Ausweichstelle für Fähren bei hohem Seegang. Das Dörfchen selbst ist klein und verschlafen. Hinter Scauri wird die Landschaft wilder, man sieht kaum noch Häuser.

Salto la Vecchia: Vom sogenannten "Sprung der Alten" (bei einer kleinen Kapelle) hat man ein fantastisches Panorama auf die knapp 250 Meter tiefer liegende, einsame Südküste und einige sehr ansprechende Buchten.

Balata dei Turchi: Einer der schönsten Badeplätze der Insel, fast unterhalb des Salto la Vecchia. Die kleine Felsbucht hat ihren Namen von den türkischen

Nur durch einen Hügelrücken vom Meer getrennt: Bagno dell'Acqua

Seeräubern, die auf ihren Beutezügen in früheren Jahrhunderten hier anlandeten. Etwas kompliziert zu erreichen: Abzweigung rechts von der Hauptstraße etwa drei Kilometer hinter Salto la Vecchia, dann geht es den Feldweg entlang wieder südwärts zurück. Unterwegs liegen einige kleine Buchten und ein Leuchtturm, zur Balata dei Turchi vom Ende des Wegs ist es noch ein Stück zu Fuß weiter.

Khamma und **Tracino**: Zwei ineinander übergehende, lang gezogene Straßendörfer, zu erreichen über eine Abzweigung links von der Küstenstraße. Hält man sich an der Kreuzung rechts, gelangt man zu den durch ein kleines Kap geteilten Felsbuchten *Cala Tramontana* und *Cala Levante*, in denen man auch gut baden kann. Wahrzeichen der Cala Levante ist der *Arco Elefante*, ein Fels, der wirklich stark an einen Elefantenkopf mit Rüssel erinnert.

Gadir: Ein wahrhaft winziges Hafendorf, von der Küstenstraße über eine steile Serpentinenstrecke zu erreichen. Hinter dem Ende der bei Sonnenanbetern beliebten Uferbefestigung finden sich kleine warme Thermalquellen, die direkt am Meer entspringen.

Bagno dell'Acqua: Der grünblau schimmernde, leicht salzhaltige See wird auch romantisch *Specchio di Venere*, "Spiegel der Venus", genannt. Das vom Meer durch einen Hügelrücken getrennte Naturkuriosum wird aus unterirdischen Quellen gespeist. Rund um den See läuft ein Fahrweg, im südlichen Teil heiße Quellen und Fangoschlamm. Gute Bademöglichkeiten, schon früh im Jahr angenehm temperiertes Wasser und die einzigen Sandstrände der Insel. An einigen Stellen ist der Grund allerdings sehr schlammig. Vom oberhalb gelegenen Weiler *Bugeber* hat man den optimalen Fotoblick auf See und Meer.

Das Inselinnere

Montagna Grande: Ein nur bei gutem Wetter ratsamer Ausflug. Oft ertrinkt der Berg im Nebel, und man sieht keine hundert Meter weit. Anfahrt von Pantelleria-Stadt über den Flughafen zum kleinen Dörfchen *Siba*. An der pittoresken, weiß gekalkten Kirche vorbei verläuft ein asphaltiertes, aber sehr schmales Sträßchen zum Gipfel – Autofahrer sollten vor den Kurven Hupsignale geben. Der Weg führt durch eindrucksvolle Landschaft und dichte Wälder, an verschiedenen Stellen weites Panorama. Von der Radarstation auf dem 830 Meter hohen Gipfel hat man einen tollen Blick über die ganze Insel: unterhalb das fruchtbar-grüne *Valle Monastero*, gegenüber die Spitze des 700 Meter hohen *Monte Gibele*. Bei ganz klarer Luft soll man von hier gleichzeitig bis nach Afrika und nach Sizilien sehen können.

Bagno Asciutto: Das "trockene Bad", auch "Sauna naturale" genannt, eine von heißen Dämpfen aufgeheizte kleine Felshöhle, liegt in der Nähe von *Siba*. Schwierig zu finden und nicht beschildert: von Pantelleria-Stadt kommend vor der Kirche rechts abzweigen, dann geradeaus, im Zweifelsfall eher rechts halten. Unterwegs erst schlechte Straße, dann ein Stück gepflegter Asphalt, sogar mit Leitplanken versehen. Am Ende parken und den Feldweg hoch, an den beiden folgenden Gabelungen rechts. Hinter der zweiten Gabelung (links in einiger Entfernung ein einsames Haus) noch etwa einen Kilometer den Feldweg entlang. Nach einem bergab führenden, grob gepflasterten Teilstück auf weiße Pfeile an den Steinen achten; die Grotte liegt etwa 50 Meter oberhalb des Wegs unter einem großen Felsen. Nicht zu lange drinbleiben, denn die feuchte Hitze schwächt ganz schön!

Weiter im Westen

Nordöstlich von Trapani ist zunächst wenig geboten, das zum Aufenthalt reizen würde: Kleinindustrie, vereinzelte Siedlungen, eher triste Strände. Deutlich reizvoller wird es wieder im Gebiet um das Capo San Vito.

Golf von Castellammare

Anders als in den sonst weitgehend flachen Küstenregionen im Westen Siziliens reichen hier mächtige Küstenberge zum Teil direkt bis ans Meer.

Die westliche Seite des Golfs ist nur wenig besiedelt und besitzt mit dem *Naturpark Zingaro* einen der letzten absolut intakten Küstenstreifen der Insel. Die Orte *San Vito lo Capo* im Norden und *Scopello* im Süden des Naturparks sind von völlig unterschiedlichem Charakter, nicht ohne gewissen Charme und bieten beide gute Bademöglichkeiten. Östlich des Hauptorts *Castellammare del Golfo* wird die Gegend flacher, die Besiedelungsdichte nimmt deutlich zu. Die früheren Fischerdörfer dieser Gegend wie *Balestrate* oder *Terrasini* haben sich heute in Ferienorte verwandelt, die fast nur von Gästen aus dem nahen Palermo besucht werden und dementsprechend außerhalb der kurzen Saison recht ruhig sind. Das landwirtschaftlich geprägte Hinterland des Golfs

Betriebsamer Badeort in toller Lage: San Vito

um die Städtchen *Alcamo* und *Calatafimi* wartet mit einer kunstgeschichtlichen Sehenswürdigkeit ersten Ranges auf: dem Tempel der Elymerstadt *Segesta*, einsam in grünbrauner Hügellandschaft.

San Vito lo Capo

Ein Badeort der angenehmen Art. Statt Betonburgen weiß gekalkte Häuser, viele mit nur zwei Stockwerken. Schöner Strand, reizvolle Umgebung, verkehrsberuhigtes Zentrum. Im Juli und August gut besucht, zeigt sich San Vito in der Nebensaison von der ruhigen Seite.

Die Anziehungskraft des weitläufigen Dorfs beruht nicht nur auf seinem vergleichsweise unverbauten Ortsbild. Die Besucher kommen – und im Sommer kommen sie reichlich – vor allem des langen Sandstrands wegen. Im Juli und besonders im August füllen sich die schnurgeraden, breiten Straßen mit Urlaubern, bummelt man in Bikini oder Badehose. Die Einwohner haben sich längst an solche auf Sizilien doch eher ungewöhnlichen Sitten gewöhnt. Schließlich bleibt am Ende jedes Sommers einiges in der Kasse hängen, ob sie nun in einem Souvenirgeschäft, Self-Service oder Schuhladen steht.

Trotz des Andrangs lässt es sich auch zur Hauptsaison in San Vito ganz gut aushalten. Die Atmosphäre ist betriebsam-fröhlich, und der Strand hat genug Platz für alle. Die schöne Lage unterhalb kahler Felsgipfel, fern jeder Industrie und nah beim Nationalpark Zingaro tut ein übriges. Fein raus ist natürlich, wer im Juni oder September kommen kann; alles ist geöffnet, und der Trubel hält sich in Grenzen. Während der restlichen Monate wird es dann für manchen fast schon zu ruhig in San Vito.

San Vito lo Capo

Einfach gestaltet sich die Orientierung: Ein paar Quer-, ein paar Parallelstraßen, alles hübsch rechtwinklig – das war's auch schon. Im Zentrum (Parkkontrollzone) verwandelt sich die Zufahrtsstraße in die Fußgängerzone *Via Savoia*, die sich zum Hauptplatz *Piazza Santuario* erweitert. Hier erhebt sich das mittelalterliche Kastell *Santurario-Fortezza San Vito Marti*, heute eine Kirche, die im Sommer gegen Gebühr (1 Euro) besichtigt werden kann.

Information/Verbindungen

- *Information* **A.A.P.I.T.**, Via Savoia 57, ℘ 0923 972464. Gut informiertes Büro Nähe Hauptplatz, geöffnet Mo–Sa 9–13 Uhr, von Juli bis September täglich 9–13, 16–23 Uhr. Angeschlossen ein kleines Museum für Meeresarchäologie, Eintritt frei.
- *Postleitzahl* 91010
- *Verbindungen* **Busse** halten an mehreren Stellen der Via B. Napoli, der zweiten Parallelstraße westlich der Via Savoia. Anschlüsse von und nach Trapani 7-mal tägl. (zur HS bis zu 10-mal), Castellammare del Golfo 2- bis 3-mal, Palermo 2- bis 4-mal täglich, je nach Saison.

  Minibusse zum Zingaro-Naturpark über das Büro Maremonti, Via Amodeo 15, eine Querstraße der Via Savoia und der Via B. Napoli; nur zur Hochsaison.

  Schiffsausflüge in den Park mit der "Nautilus", Abfahrten von etwa Juni bis September 3-mal täglich, p.P. je nach Saison 13–16 €, Infos unter ℘ 347 5766391 (mobil).
- *Post* Via Savoia 64, ⏲ Mo–Fr 8–13.30 Uhr, Sa 8.30–12.30 Uhr.

Übernachten

Insgesamt 26 (!) Hotels, trotzdem im Juli, besonders im August Vorbestellung angeraten, ebenso zum Cuscusfest Ende September, bei dem die Preise nochmal anziehen. Im Juli und August besteht fast überall Verpflichtung zur Halbpension, die hier relativ teuer ausfällt und pro Person bis zu einem Fünftel über dem DZ-Preis liegt. Die meisten Hotels haben ganzjährig geöffnet.

- *Hotels* ***** Hotel Egitarso**, wie die Mehrzahl der Hotels östlich des Zentrums. Direkt am Strand eine der wenigen architektonischen Schandtaten – es gibt aber Schlimmeres auf Sizilien. Viele Zimmer mit Balkon und Meerblick. DZ/F etwa 60–135 €, es gibt auch eine neue Dependance mit identischen Preisen. Via Lungomare 94, ℘ 0923 972111, ℘ 0923 972062, www.hotelegitarso.it.

  ** Hotel Piccolo Mondo, in einer der östlichen Parallelstraßen zur Via Savoia. Quadratischer weißer Bau, kleine Terrasse und sehr angenehme, gut ausgestattete Zimmer mit Klimaanlage, TV und Kühlschrank. Freundlicher, engagierter Chef Vito Vultaggio, der Lesern dieses Handbuchs kostenlosen Strandservice (Sonnenschirm etc.) verspricht. Geöffnet März bis Oktober, DZ/F 55–85 €, im Juli und August nur mit Halbpension; macht nichts, die Küche ist nachgerade exzellent. Via Nino Bixio 7, ℘/✆ 0923 972032, www.piccolomondohotel.net.

  ** Hotel Gardenia, in der Nähe des Egitarso, zum Strand gerade mal 50 Meter. Moderne Einrichtung, ein Teil der solide ausgestatteten Zimmer mit Balkon und Meerblick. DZ etwa 45–95 €. Via Dante Alighieri, ℘ 0923 972188.

  ** Hotel Costa Gaia, an der Zufahrtsstraße zum Zentrum, 200 m oberhalb der Sperre. 2002 renoviert und seitdem um einen Stern aufgestiegen. DZ/F 75 € (für die Lage ziemlich viel), zur Saison wie üblich nur mit Halbpension. Via Savoia 123, ℘ 0923 972268.

  * Hotel Ocean View, in einer Parallelstraße zur Fußgängerzone, östlich des Hauptplatzes. Solider Familienbetrieb mit passablen Zimmern zu vernünftigen Preisen, DZ/F 40–55 € (Cuscus-Fest 70 €), Juli/August nur mit Halbpension. Strandservice. Falls geschlossen, in der unten genannten Dependance fragen. Via G. Arimondi 19, ℘ 0923 972613, ✆ 0923 972508.

  * Hotel Ocean View Dipendenza, um die Ecke. Anständige Zimmer, Essen im Innenhof; einige Leser waren durchaus zufrieden. Preise wie oben. Via Santuario 49, ℘/✆ 0923 972508.
- *Privatzimmer* Mehrere Vermieter zum Beispiel in der Via del Mulino, die im oberen Bereich der Via Savoia ostwärts abzweigt.

Affittacamere Eden, relativ preisgünstig und recht nett. Geöffnet April bis September, DZ ohne Bad knapp 35–45 €. Via del Mulino 62, ☎ 0923 972460.

Affittacamere Bouganville, ein paar Häuser weiter und gleichfalls empfehlenswert, aber etwas teurer. Geöffnet Juni bis September, DZ ohne Bad 40–50 €. Via del Mulino Nr. 51, ☎ 0923 972207,

Camping

Alle Plätze im August gestopft voll, bis hin zum "Besetzt"-Schild!

**** Camping El Bahira, Abzweigung etwa drei Kilometer außerhalb in Richtung Trapani. Eine gigantische Zeltstadt (80.000 qm!) mit allen Vor- und Nachteilen solcher Größe. Von der Ausstattung her einer der besten Plätze Siziliens: musikbeschallter Pool, diverse Sportmöglichkeiten, Animation, Disco etc.; Schatten mittel, Felsstrand mit Betonplattformen. Geöffnet Juni–September, Stellplatz inkl. zwei Personen bis zu rund 28 €, in der NS günstiger. ☎ 0923 972577, ☏ 0923 322696.

*** Camping La Pineta, etwa 1,5 km östlich des Orts; zum Strand etwa 300 m. Ebenfalls recht luxuriös, Pool, Tennis, Disco; Restaurant und Laden in dieser Klasse ohnehin fast selbstverständlich. Der vor über einem Jahrzehnt angepflanzte Pinienwald bietet mittlerweile ganz guten Schatten. Geöffnet ganzjährig außer im November; Stellplatz inkl. zwei Personen bis zu 25 €, zur NS günstiger; ☎ 0923 972818, ☏ 0923 974070. www.campinglapineta.it.

*** Camping Soleado, östlich in Ortsnähe, zum Strand etwa 300 m. Laden und Restaurant, Sanitäres akzeptabel, Schatten eher schwächlich. Ganzjährig, Preise zur HS etwas günstiger als La Pineta; ☎ 0923 972166, ☏ 0923 974051.

*** Camping La Fata, relativ zentral im Ort, westlich der Hauptstraße. Gepflegter Platz mittlerer Größe, viele Dauercamper, Schatten auf einem Teil des Platzes ganz in Ordnung. Moderne Sanitäranlagen, winzige Bar. Im Sommer Erweiterung auf Nachbargelände. Ganzjährig geöffnet, zwei Personen, Auto, Zelt 22 €, mit Iglu-Zelt kurioserweise 24 €; ☎ 0923 972133.

Essen/Sport/Veranstaltungen

Großes Angebot in allen Variationen, oft aber satte Preise, mit denen die Qualität nicht immer Schritt hält. Um den Hauptplatz Piazza Santuario und in der westlichen Parallelstraße Via Duca degli Abruzzi ein Ristorante fast neben dem nächsten; Spezialität ist auch hier oftmals Cuscus.

• *Essen* **Ristorante Alfredo**, etwas außerhalb der Stadt, gilt als der örtliche Spezialist für frischen Fisch. Feine Küche, wenn auch nicht billig; Menü ab etwa 30 €. Contrada Valanga 3, vom Zentrum Richtung Trapani, dann links ab; ☎ 0923 972366. Außerhalb der Saison Mo Ruhetag.

Ristorante Tha'am, in besagter Via Duca degli Abruzzi, 32. Mal was anderes: arabisch-marokkanische Küche, auf Sizilien gar nicht so unpassend. Gekonnte Zubereitung, exquisite Süßspeisen. Tische zur Straße, innen orientalisch angehaucht. Menü ab etwa 20–25 € aufwärts; Mi Ruhetag. Übrigens: Tha'am heißt schlicht "Speise".

Ristorante Piccolo Mondo, das Restaurant des gleichnamigen Hotels. Feine Küche, die mittlerweile schon die Aufmerksamkeit mancher Gourmetführer gewonnen hat. Guter Cuscus di Pesce (mit Fisch), beliebt auch die Nudeln "Busiate al Pesto Sanvitese". Menü etwa 18–20 €.

Ristorante-Pizzeria Sicilia in Bocca, meerwärts unweit vom Hauptplatz. Die ehemalige "Antica Trattoria Cosenza" ist ein traditionsreiches Lokal, dem man sein ehrwürdiges Alter nicht auf den ersten Blick ansieht. Ende der Neunziger haben zwar Eigentümer und Name gewechselt, das Essen ist jedoch weiterhin gut. Solides, von Lesern gelobtes Touristenmenü à etwa 16 €, ordentliche Pizze ab 5–6 €. Via Savoia 24.

Trattoria-Pizzeria La 'Gna Sara, ein paar Schritte meerwärts des Tha'am. Gut und ausgesprochen beliebt, an Sommerabenden oft lange Warteschlangen urlaubender Italiener. Nette Terrasse mit Holzdach und viel Grün, große Auswahl an Pizze ab 4 €. Via Duca degli Abruzzi 8.

• *Sport* **Tauchzentrum Nautisub**, Via Faro 26 (am Hafen), ☎ 0923 974263.

• *Veranstaltungen* Im Sommer breites Programm, aktuelle Daten in der Infostelle.

Patronatsfest des hl. Vito am 15. Juni.

Ursprünglich als Kastell errichtet: Wehrkirche in San Vito lo Capo

Cuscus-Fest, an wechselnden Terminen in der letzten oder vorletzten Septemberwoche. Noch einmal Hochsaison in San Vito – unter dem Motto "Musik, Meer und Köstlichkeiten" gibt es Straßenkonzerte, einen Wettbewerb im Cuscus-Kochen etc. Natürlich darf auch probiert werden. www.couscousfest.it.

▶ **Baden:** Vom Zentrum schwingt sich ein breiter, gut zwei Kilometer langer Sandstrand in weitem Bogen nach Osten. In der Saison herrscht viel Betrieb, bieten Luftmatratzenverkäufer, Verleiher von Sonnenschirmen, Tretbooten etc. ihre Dienste an. Trotzdem tritt man sich nicht auf die Füße, der Strand hat viel Platz.

Von San Vito zum Naturpark Zingaro

Rund zwölf Straßenkilometer in südöstlicher Richtung sind es von San Vito zum nördlichen Eingang des Naturpark Zingaro (siehe Karte zu Wanderung 6). Die Zufahrtsstraße, praktisch die Verlängerung der Strandpromenade, führt vorbei an den Campings Soleado und La Pineta und schraubt sich dann bergwärts. Bald tauchen in dem weitgehend kahlen Gelände die ersten Zwergpalmen auf. Dann passiert die Straße den Abzweig zu einem tief unten liegenden Feriendorf, wenig später einen der insgesamt fünf alten Wachtürme um San Vito. Wenige Kilometer weiter ist der Eingang zum Park (Eintrittsgebühr 3 €, siehe auch unten) erreicht. Besucher erhalten hier gute Kartenkopien mit Wanderbeschreibungen. Der meistbegangene Weg führt oberhalb der Küste entlang Richtung Eingang Scopello, insgesamt rund sechs Kilometer, für die man eineinhalb bis zwei Stunden einkalkulieren sollte. Wer nur baden möchte, muss nicht so weit laufen: Kurz nach dem Eingang bereits findet sich eine kleine Kiesbucht mit türkisfarbenem Wasser; gut einen Kilometer weiter liegt unterhalb der Felshöhle *Grotta d´Uzzo* eine größere, ebenso schöne und relativ wenig besuchte Bucht.

Scopello

Ein winziges Dörfchen in kahler Berglandschaft oberhalb der Küste. Steinmauern, gepflasterte Wege, ein lauschiger Hauptplatz, Oleanderbüsche. Perfekte Idylle – außerhalb der Saison.

Im Hochsommer dagegen Fahrzeugschlangen auf der Zufahrtsstraße, überfüllte Parkplätze am Meer, verzweifelte Wendemanöver von Wohnmobilen. Scopello ist in Mode. Wer keine Villa in der Umgebung sein eigen nennt, wer nicht auf einem der Campingplätze oder in den wenigen Pensionen wohnt, kommt dann eben direkt aus Palermo, bevorzugt am Wochenende. Im August ist ein Besuch hier wirklich nur bedingt zu empfehlen. In den übrigen Monaten aber kann man den Ort getrost zu den angenehmsten Flecken Siziliens zählen.

Doch die Idylle ist bedroht. Ginge es nach den erst unlängst bekanntgewordenen Plänen des Bürgermeisters von Castellammare, der auch für Scopello zuständig ist, so würde der Küstenstrich zwischen den beiden Orten bald praktisch komplett zugebaut. Diese "Cementificazione" der Küste (so die Gegner) sollte 39.000 neue Betten schaffen, rund das Dreifache der gegenwärtigen Einwohnerzahl von Castellammare; Grund genug für die überregionale Zeitung Corriere della Sera und den WWF, diesen Wahnsinn in ihrer gemeinsamen, gegen die Bauspekulation gerichteten Kampagne "Bruttaitalia" (Hässliches Italien) anzuprangern. Zumindest vorerst hatten die vereinten Bemühungen der Umweltschützer auch Erfolg, derzeit scheinen die Pläne vom Tisch zu sein. Bleibt abzuwarten, was die Zukunft bringt ...

Wichtigste Attraktion bei Scopello ist der *Naturpark Zingaro*, der kurz hinter dem Dorf beginnt, ein auf Sizilien einzigartiges Reservat seltener Flora und Fauna. Am Beginn des Naturschutzgebiets ist für Fahrzeuge übrigens Endstation: das in der Luftlinie nur 14 Kilometer entfernte San Vito lo Capo kann mit dem Auto von Scopello aus nur über einen happigen Umweg von fast 45 Kilometer Länge erreicht werden.

• *Verbindungen* **Bushaltestelle** beim Tor zum Hauptplatz. RUSSO-Busse von und nach Castellammare del Golfo 4-mal täglich. Von Mitte Juni bis Mitte September kann man beim Baglio Scopello etwas außerhalb des Orts auch zur TARANTOLA-Linie Zingaro-Castellammare-Segesta zusteigen, die 2- bis 4-mal täglich fährt.
Auto: Am Ortseingang ein gebührenpflichtiger Parkplatz – da die Durchfahrt offiziell gesperrt ist, wird man zumindest zur HS wohl in den sauren Apfel beißen müssen. Auf die "Bewachung" sollte man sich nicht verlassen.

• *Übernachten/Essen* Mehrere gemütliche kleine Pensionen, die familiäre Atmosphäre und herzhaft-rustikale, hervorragende Küche bieten. Auch wer nur zum Essen kommt, ist fast überall ein gern gesehener Gast. Im Juli/August wird es schwierig, ein freies Bett zu ergattern, Ausweichmöglichkeiten in der näheren Umgebung fehlen – vorher anrufen! Im August ist in der Regel auch Halbpension obligatorisch. Viele Quartiere sind ganzjährig geöffnet, schließlich wohnen die Besitzer meist hier.

*** Hotel Torre Benistra**, zuletzt noch in Bau. Anstelle der ehemaligen Pension entsteht derzeit ein Komforthotel mit 21 Zimmern, das wohl zur ersten Adresse im Ort avancieren wird. Schöne Aussicht. Auch das Restaurant dürfte wieder interessant werden, der Eigentümer fischt selbst. Besitzer Nino Lentini informiert gerne telefonisch über den Fortgang der Arbeiten. Via Natale di Roma 19, ✆ 0924 541128.

* **Pensione Tranchina**, an der "Hauptstraße". Zimmer hübsch eingerichtet, vier grö-

Von alten Türmen bewacht: Bucht bei Scopello

ßere Zimmer speziell für Familien. Man spricht Englisch. DZ/F 65 €, Mitte Juli bis Mitte September nur mit HP, p.P. etwa 50–60 €. Küche (nur für Pensionsgäste) und Service wurden von Lesern sehr gelobt. Via Armando Diaz 7, 91010 Scopello; ✆/≈ 0924 541099.

* Pensione La Tavernetta, ganz in der Nähe. Gute Zimmer mit Aircondition (viele mit Blick), die den Beifall mehrerer Leser fanden. Stolz ist man hier auch auf die nach traditioneller Art hausgemachten Nudeln. Laut einer Leserzuschrift werden auch funktionelle Mansardenzimmer (leider mit kleinen Bädern) in einer 200 Meter entfernten Villa mit riesiger Terrasse angeboten. Geöffnet etwa März bis Anfang November, DZ/F 65 €, an Ostern und im August ist HP obligatorisch, p.P. 65–80 €. Via Armando Diaz 2, ✆ 0924 541129.

Affittacamere Vito Mazzara, schönes altes Haus, vor einigen Jahren renoviert, mit Garten und Parkmöglichkeit. Zimmer und Apartments unterschiedlicher Größe und Lage, am besten vorher ansehen. Keine Pensionspflicht, DZ 55 €, Apartment für vier Personen 100 €. Via Monte Grappa 6, rechter Hand der wieder aus Scopello herausführenden Straße, Anfragen auch im kleinen Alimentari in der Via Monte Grappa. ✆ 0924 541135.

Azienda agrituristica da Camillo, freundlicher Agriturismo in schöner, ruhiger Lage in den Bergen hoch über Scopello, gut fünf Kilometer vom Ort entfernt – ohne Fahrzeug schwierig. Geführt von der Deutschen Annemarie und ihrem sizilianischen Mann Camillo. Reizvolle Aussicht auf die Küste, geräumige und blitzsaubere Studios und Apartments mit Kochmöglichkeit und Kühlschrank. Gäste können mit der Familie essen, nicht nur die Pizze sind berühmt. Immer wieder von Lesern gelobt: "Hier kommt man als Gast und geht als Freund. Man sollte mindestens eine Woche bleiben." Zwei Personen nach Saison inkl. Frühstück etwa 50–60 €. Reservierung sehr geraten. Beste Anfahrt von der Straße Trapani-Castellammare, in Balata di Baida küstenwärts ab und vorbei am ruinenhaften, aber interessanten Castello di Baida, dann nach ein paar hundert Metern rechts. Weitere Anfahrtmöglichkeiten von der Hauptstraße nach Scopello, anfangs beschildert, jedoch etwas schwieriger zu finden. Contrada Baida Molinazzo, ✆/≈ 0924 38051. www.camillofinazzo.com.

Ristorante Cantuccio, rechter Hand auf dem Weg zu Vito Mazzara, ein Lesertipp von Dr. Annegret Winter: "Der Liebhaber von Fischgerichten findet bei Gaspare Frumento ein wahres Zuhause. Der Stammgast kann mit ihm schon morgens in der Bar an der Piazza über die Fischauswahl sprechen und für abends bestimmte Fische reservieren. Allerdings: Es gibt hier wirklich nur Fisch, Fisch und wieder Fisch. Pasta mit Fisch, Muscheln, Salate – wunderbar!"

● *Bars* **Baglio Isonzo**: Sehr romantisch sitzt es sich in den Bars dieses mitten im Ort gelegenen Landguts des 13. Jh. mit seinem großen, gepflasterten Hof. Drei Kneipen stehen zur Auswahl.

● *Camping* *** **Lu Baruni**, von Castellammare kommend den zweiten Abzweig von der SS 187 nehmen. Kleinerer Platz, recht schattig, zum Meer etwa zwei Kilometer, nach Scopello vier Kilometer. Bar und kleines Geschäft, Sanitäres in Ordnung. Geöffnet von April bis Oktober, zwei Personen, Auto, Zelt bis zu 22 €; ✆ 0924 39133.

*** **Baia di Guidaloca**, dorfnächster Platz, etwa drei Kilometer vor dem Ort. Weitläufiges Gelände in kleinem Tal, durch die Straße von einer hübschen Kiesbucht getrennt. Bar, Restaurant, Geschäft, gute Sanitäranlagen. Offen von April–September; Preise etwa wie oben; ✆ 0924 541262.

** **Camping Ciauli**, von Castellammare kommend an der ersten Zufahrtsstraße; zum Meer etwa zwei Kilometer, nach Scopello vier Kilometer. Großes, etwas ödes Gelände, auch in der Hochsaison viel Platz, aber wenig Schatten. Sanitäranlagen sehr gepflegt, kleine Bar. Nur im Sommer geöffnet, günstiger als die beiden anderen Plätze. ✆ 0924 39049.

● *Sport* **Tauchzentrum Cetaria**, Via Marco Polo 3, ✆ 0924 541177. www.cetaria.com.

▶ **Baden:** Eine besonders hübsche Bucht liegt bei der ehemaligen Thunfisch-Fabrik *Tonnara* unterhalb des Ortes – bizarre Felsnadeln im Wasser (die so genannten Faraglioni), Betonplattformen zum bequemen Liegen, im Sommer Tretbootverleih. Im nahen Nationalpark Zingaro lockt die wunderschöne Kiesbucht *Cala della Capreria*, etwa einen Kilometer Fußmarsch vom Parkplatz. Im August ist sie wie das gesamte Gebiet um Scopello gut besucht, sonst ruhig. Weiter nördlich finden sich weitere interessante Buchten, traumhaft auch für Schnorchler.

Riserva Naturale dello Zingaro

Erster Naturpark Siziliens, 1981 auf öffentlichen Druck hin eingerichtet, wildschöne, felsige Berglandschaft. Gute Wandermöglichkeiten.

Das etwa 5,5-mal 2,5 Kilometer große Gebiet steigt von der Küste bis zum Gipfel des *Monte Speziale* auf immerhin 913 Meter Höhe an. Wie das Reservat von Vendicari wurde auch das Gebiet des Zingaro lange von Bauspekulation bedroht. Erst 1980 sorgte ein wahrer Volksaufstand, initiiert von einer Reihe von Umweltgruppen, für die Ausweisung als Schutzgebiet. Der Zingaro wurde so quasi zum Vorreiter der großen sizilianischen Naturparks, die alle erst nach ihm eingerichtet wurden.

Die urwüchsige Landschaft wird geprägt von steilen Kalkbergen, brüsken Felsabstürzen und karger, fast steppenähnlicher Vegetation. Auch die Küste ist großteils felsig und unzugänglich, die wenigen Sand- und Kiesbuchten aber sind von fast paradiesischer Schönheit. Eine Besonderheit des Parks sind die hier sehr häufig vorkommenden Zwergpalmen ("palma nana"), im Volksmund *giumarra* genannt. Normalerweise nur kniehoch, bildet diese einzige einheimische Palme Europas an geschützten Stellen des Zingaro Büsche von bis zu zwei Meter Höhe. Daneben wachsen weitere 700 verschiedene Pflanzen hier, darunter endemische Arten, die nur im Nordwesten Siziliens vorkommen, und auch viele Orchideen, die meist von März bis Mitte Mai blühen. Die Tierwelt ist arm an Säugetieren (Stachelschweine, Füchse, Fledermäuse), aber

▲ Arabische Anklänge: die Kasbah von Mazara ▲▲ Elegantes Ensemble: der Domplatz in Erice
Im Frühjahr blüht selbst der karge Westen

Schneeweiß: Salzhügel der Salinen bei Mozia

▲ Knochenarbeit: die Mattanza von Favignana (Foto: Cesare Tini)
Glasklares Wasser: Lido Burrone (Favignana)

▲ Wandern und Baden gut: Naturpark Zingaro (Foto: Peter Amann)

Riserva Naturale dello Zingaro

reich an Vögeln, von denen 39 Arten gezählt wurden, darunter einige seltene Greifvogelarten. Sehr vielfältig zeigt sich die Unterwasserfauna. Schnorchler und Taucher finden hervorragende Möglichkeiten; nicht umsonst fanden im Park schon einmal die Weltmeisterschaften in Unterwasserfotografie (auch das gibt's also) statt. Beim Herumstreifen ist übrigens etwas Vorsicht geboten: Auch Vipern leben im Zingaro.

• *Eingänge zum Park/Öffnungszeiten* Der Nordeingang liegt etwa zwölf Kilometer südöstlich von San Vito lo Capo (siehe dort; Kleinbusverbindung nur im Hochsommer); der Südeingang dagegen nur etwa einen Kilometer nordöstlich von Scopello und so- mit für Busreisende weit günstiger. Hier im Sommer auch eine Eisbude für eine letzte Stärkung. Zugänglich ist der Park ganzjährig, von April bis September 7–21 Uhr, sonst 9–16 Uhr. Die Eintrittsgebühr beträgt 3 € und gewährt auch Zugang zu den Museen.

Museen: Gleich vier Museen gibt es mittlerweile im Zingaro, die Eintrittsgebühr ist im Ticketpreis des Parks enthalten. Kurz nach dem Eingang hinter Scopello wartet das Besucherzentrum *Centro Visitatori* (Sommer: 7.30–19 Uhr), unter anderem mit einer Ausstellung von Körben, Schnüren und Besen, die die Bewohner der Gegend aus den überall im Park vorkommenden Zwergpalmen fertigen. Ganz in der Nähe liegt das *Museo Naturalistico* (10.15–16.15 Uhr), das sich der Pflanzen- und Tierwelt des Parks widmet. Unweit der Grotta dell'Uzzo erinnert das *Museo della Civiltà Contadina* (10.15–16.15 Uhr) an die ländlichen Lebensbedingungen vergangener Zeiten. Nahe des San-Vito-Eingangs schließlich, in der alten Tonnarella dell'Uzo, präsentiert das *Museo della Attività Marinara* (7.15–19.15 Uhr) Exponate zum Fischfang, speziell zur Mattanza, der Jagd auf den Thunfisch.

Wanderungen: Siehe auch unten unter Wanderung 6. An den beiden Eingängen liegen Gratis-Fotokopien guter Wanderkarten im Maßstab 1:25.000 aus, alle Wege sind zudem beschildert. Die einfachste und auch für Kinder geeignete Route verläuft auf rund sechs Kilometern Länge oberhalb der Küste bis zum jeweils anderen Ende des Parks und zurück, Dauer einfach etwa eineinhalb bis zwei Stunden, ohne Aufenthalt in einer der schönen Buchten, versteht sich. Unterwegs lassen sich diverse Abstecher einlegen, zum Beispiel zur Höhle *Grotta dell'Uzzo*, die als erste prähistorische Ansiedlung Siziliens gilt, schon zur Steinzeit bewohnt wurde und später als Versteck von Briganten diente; auch der legendenumwobene "Freiheitskämpfer" Salvatore Giuliano (siehe Montelepre) soll hier Zuflucht gefunden haben. An Alternativrouten im Inneren des Parks herrscht kein Mangel. Leider muss wegen der relativ häufigen Buschbrände immer mal wieder ein Teil des Zingaro gesperrt werden.

Rücksichtnahme: Dass Abfälle nur in den entsprechenden Behältern zu deponieren sind, versteht sich von selbst; verboten ist auch das Verlassen der Wege, das Mitbringen von Hunden, Feuermachen, Fischen und Jagen, Zelten, Sammeln von Steinen, Mineralien, Pflanzen etc.

Bootsfahrten: Im Sommer tägliche Abfahrten der "Leonardo da Vinci" und der "Penelope" ab Castellammare del Golfo; die Route führt entlang der Küste bis San Vito und zurück. Unterwegs wird ein Aufenthalt im Naturpark eingelegt; Details siehe Castellammare del Golfo. Ab San Vito (siehe dort) startet die "Nautilus" zu ähnlichen Fahrten.

Wanderung 6: Rundweg durch die Riserva dello Zingaro

Route: Südeingang der Riserva bei Scopello – Pizzo del Corvo – Contrada Sughero – Baglio Cosenza – Grotta dell'Uzzo – Contrada Zingaro – Südeingang bei Scopello. **Reine Wanderzeit**: 5 Stunden. **Höhenunterschiede**: jeweils 600 Meter Auf- und Abstieg.

Charakteristik: Eine ausgedehnte Tour zwischen majestätisch aufragenden Kalkbergen, entlang wunderschöner Badebuchten am türkisblauen Meer und durch subtropische Vegetation. Badesachen gehören genauso selbstverständlich zur Ausrüstung wie feste Wanderschuhe und eine gut gefüllte Wasserflasche. Der Südeingang der Riserva lässt sich von Scopello aus auch zu Fuß erreichen.

Verlauf: Vom Parkplatz am *Südeingang der Riserva* gehen wir auf der Straße zunächst wieder ein Stück in Richtung Scopello zurück und biegen nach etwa 500 Metern rechts in eine schmale Straße ein. Vorbei an einer kleinen Häusergruppe steigt diese steil an und trifft schließlich auf ein grünes Eisentor (30 min.), das die Durchfahrt versperrt. Für Fußgänger gibt es einen Durchlass im Zaun. Wir folgen der Fahrspur, bis diese vor einem kleinen Haus endet und biegen dann links auf den deutlich erkennbaren Pfad ab, der schräg den verkarsteten Felshang hoch führt. Die hellen Kalkfelsen stehen in schönem Kontrast zu den roten Böden und den Farbtönen der immergrünen Büsche. Im Frühjahr, aber auch im Herbst überrascht der Zingaro mit seiner üppigen Blütenpracht. Einen wenig begangenen Abzweig lassen wir unterwegs links liegen und folgen dem deutlicheren Pfad nach rechts. Wir queren eine Tallinie, ignorieren auch den nächsten undeutlichen Abzweig nach links und erreichen dann eine kleine Hochfläche. Der Weg führt hier über den Sattel zwischen dem Pizzo Passo del Lupo und Pizzo del Corvo. Für den kurzen Abstecher auf den über 400 Meter hohen Gipfel des *Pizzo del Corvo* (1 Std.) werden wir mit einem herrlichen Ausblick belohnt: Scopello und der Monte Inici im Süden, im Osten der Golf von Castellammare und vor uns der gesamte Parco dello Zingaro. Im Norden sind bereits die Contrada Sughero und der Baglio Cosenza auszumachen, zwei verlassene Ansiedlungen, an denen unser Weg später vorbei führt.

Dem Weg nach Norden folgend, steigen wir mit Blick auf die Häuser von

Vielleicht doch noch eine Badepause?

Wanderung 6   387

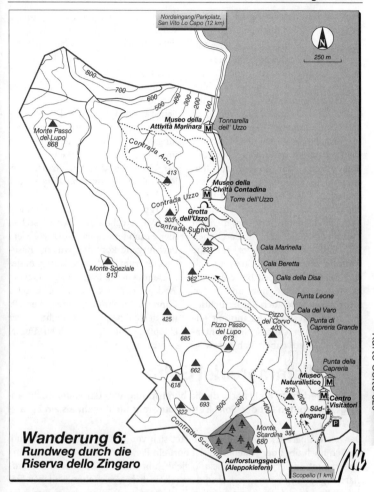

Wanderung 6:
Rundweg durch die Riserva dello Zingaro

Sughero ab und queren unterwegs zwei Taleinschnitte. Die hohen Büschel des Mauretanischen Riesengrases und die Zwergpalmen beherrschen das Landschaftsbild. An verwilderten Mandel- und Olivenhainen vorbei, verläuft der Weg eben durch die *Contrada Sughero* (1 Std. 40 Min.). Die nach rechts abzweigenden Pfade führen alle hinab zu dem küstennahen Hauptwanderweg. Wir jedoch steigen auf der Höhe des letzten im Norden gelegenen Hauses links in Serpentinen wieder auf. Über einen Pass und eine flach geneigte Hochebene gelangen wir zum *Baglio Cosenza* (2 Std. 30 Min.), dem mit 455 Metern höchsten Punkt unserer Wanderung. Die Landschaft hier wirkt rau, beinahe nordisch. Bis in die 60er-Jahre bewohnt und bewirtschaftet, stehen die Häuser des Baglio heute verlassen da. Lediglich die Weideflächen werden noch genutzt.

Nach einer wohlverdienten Rast folgen wir vom Baglio aus der Fahrspur nach Norden bis zu dem Taleinschnitt und biegen in der Talsohle rechts auf einen Pfad, der in die Contrada Uzzo hinabführt, vorbei an der Grotta Mastro Peppe Siino. In Meeresnähe beschreibt der Pfad einen weiten Rechtsbogen und schwenkt in Südrichtung. Wir treffen auf den querenden Hauptweg und biegen rechts ab. Die Contrada Uzzo empfängt uns als eine grüne Oase, ein Mandelhain umgeben von dichtem Zwergpalmengebüsch. In der hohen Felswand öffnet sich vor uns die *Grotta dell'Uzzo* (3 Std. 30 Min.). Seit vorgeschichtlicher Zeit bot die große Höhle Menschen Schutz und in den 50er-Jahren fand auch der berüchtigte Bandit Salvatore Giuliano mit seiner Bande hier Unterschlupf. Unterhalb der Grotte gabelt sich der Weg. Links erreicht man in wenigen Minuten die Cala dell'Uzzo, eine der herrlichen Badebuchten des Naturparks.

Vorbei an der Grotta dell'Uzzo setzt sich unsere Wanderung auf dem küstenparallelen Hauptweg fort, der in leichtem Auf und Ab zurück zum südlichen Parkeingang führt. Dieser letzte Wegabschnitt ist besonders abwechslungsreich. Immer wieder bietet sich unterwegs die Möglichkeit, zu einer der einsamen Buchten abzusteigen. Reizvoll ist die *Contrada Zingaro*, der die Riserva den Namen verdankt. Die Zwergpalmen (Chamaerops humilis), das Wahrzeichen des Parkes, stehen hier besonders hoch. Kurz vor dem Parkausgang kommen wir am Besucherzentrum und dem Naturkundemuseum vorbei. Hier zweigt auch ein Pfad ab, der links zu der Cala della Capreria hinabführt, einer ebenfalls wunderschönen Badebucht. Der Hauptweg führt durch einen Tunnel zurück auf den Parkplatz.

Castellammare del Golfo

Eine ausgedehnte Kleinstadt, die halbkreisförmig von der Hafenbucht ansteigt. Im größten Ort des Golfs ist der Tourismus nicht mehr als ein Zusatzgeschäft.

Der beste Überblick über die Stadt bietet sich von der SS 187 nach Trapani. Östlich hoch über der Hafenbucht ist dort ein Parkplatz mit tollem Panorama eingerichtet, in der Nähe Picknickmöglichkeit in einem Wäldchen. Castellammare liegt an der Grenze zwischen dem relativ dicht besiedelten östlichen Teil des Golfs und den steil ansteigenden Felsbergen im Westen, deren Ausläufer bis fast in den Ort hinein reichen. Als Umschlagplatz für die Erzeugnisse der Region besitzt die betriebsame Stadt gute Verkehrsanschlüsse in alle Richtungen – angenehm für Reisende mit öffentlichen Verkehrsmitteln. Von der Umgehungsstraße Trapani-Palermo zieht sich die Hauptstraße *Corso Umberto* quer durch Castellammare bis hinunter zur Hafenbucht, die von einem auf einer Landzunge gelegenen Kastell bewacht wird. Der wuchtige Bau war zuletzt in Restaurierung, sollte aber mittlerweile fertig gestellt sein. Das Zentrum Castellammares liegt rund um die Quattro Canti, die "vier Ecken", die der Corso mit den Querstraßen Via Marconi und Corso Mattarela bildet. Meerwärts von hier führen Treppenwege hinunter zur kleinen Altstadt, die noch stark vom Alltagsleben der Fischer und Händler bestimmt ist. Von Tourismus

Castellammare del Golfo

Sizilianische Kleinstadt, hübsch anzusehen: Castellammare del Golfo

ist wenig zu spüren, die ausgedehnten Sandstrände der zersiedelten Küstenebene, die die Massen aus Palermo und Umgebung anziehen, beginnen erst einige Kilometer östlich.

Verbindungen

- *Verbindungen* **Zug**: von Palermo kommend letzte Station der Küste. Der Bahnhof liegt ungünstig etwa drei Kilometer östlich des Zentrums, es gibt aber Stadtbusse. Gute Verbindungen Richtung Palermo (10-mal tägl.), ebenso zum Umsteigebahnhof Alcamo Diramazione.
Bus: Abfahrtsstelle an der Piazza della Repùbblica, im oberen Ortsbereich beim Poliambulatorio. Busse nach Palermo 6-mal, Trapani 3-mal, San Vito lo Capo 4-mal täglich, im Lokalverkehr 4-mal täglich nach Scopello.

Schiff: Bootsfahrten entlang des Zingaro-Naturparks nach San Vito lo Capo mit der "Leonardo da Vinci". Nur etwa vom 20. Juni bis Anfang September, Abfahrten 1- bis 2-mal täglich, unterwegs Aufenthalte in einer Bucht im Park sowie in San Vito. Preis etwa 22 €, zur Höchstsaison im August 26 €, Agentur in der Via G. Medici 75, ✆ 0924 34222; am Hafen Nähe Guardia Finanza bzw. Bar Marina Grande. Ähnlich verläuft das Programm der konkurrierenden "Penelope", Infos unter ✆ 339 8494082 (mobil) oder im Hotel Cala Marina; www.penelopetour.com.

Essen/Übernachten

- *Übernachten* ***** Hotel Al Madarig**, in der kleineren Bucht östlich des Kastells. Komfortables Quartier, sehr angenehme Zimmer mit Klimaanlage und Minibar. Einzig die etwas triste Umgebung könnte stören. DZ/F etwa 95–100 €. Piazza Petrolo 7, 91014 Castellammare, ✆ 0924 33533, ✆ 0924 33790. www.almadarig.com.

*** Hotel Cala Marina, im westlichen Hafenbereich. Frisch eröffnetes Hotel mit ebenfalls sehr ordentlich ausgestatteten, hübschen Zimmern und Organisation diverser Ausflüge; Garage. DZ/F nach Lage und Saison 65–80 €. Via Don Leonardo Zangara 1, ✆ 0924 531841, www.hotelcalamarina.it.

** Hotel Punta Nord Est, an der Umgehungsstraße im östlichen Teil von Castellammare. Unschöner Kastenbau, immerhin 2001 renoviert. DZ/F 90–100 €, es gibt auch Superior-Zimmer und Suiten; ✆ 0924 30511, 📠 0924 30713. www.puntanordest.com.

** Hotel Belvedere Oasi del Golfo, oberhalb der Stadt, Abzweig von der SS 187 nach Trapani Nähe Panorama-Parkplatz. Tatsächlich mit tollem Blick, etwas relativ einfach, aber "sehr empfehlenswert" (Leserbrief). Parkplatz und Restaurant. DZ/F ca. 65–75 €, im Juli/August oft belegt; ✆/📠 0924 33330. www.hotelbelvedere.net.

• *Camping* ***** Camping Nausicaa**, etwa 4 km östlich des Zentrums, am Sandstrand. Kleiner Platz, ein paar Bäume, sonst Mattendächer. Bar/Restaurant. Geöffnet Juni–Sept., zwei Personen, Auto, Zelt zur HS bis zu 26 € und damit deutlich überteuert. ✆ 0924 33030, 📠 0924 35173.

• *Essen* **Ristorante La Cambusa**, am hübschen Hafen von Castellammare. Tische auch im Freien, gute Küche, freundlicher, von Lesern gelobter Service. Menü ab etwa 18 €, manchmal Cuscus. Im Umfeld noch einige nette Bars wie das "Cuba Libre", untergebracht in schönen alten Gewölben.

Da Giacomo, am Hafen unterhalb des Kastells. Schlichte Imbissbude, ein paar Stühle am Kai, im Angebot einfache Genüsse aus dem Meer: gekochter Krake, Muscheln etc. Nur abends geöffnet.

▸ **Baden**: Im Stadtbereich nicht zu empfehlen. Zwar aalen sich einige Unerschrockene in der Hafenbucht, stürzen sich gelegentlich auch in die Fluten, das Wasser aber ist trübe und nicht frei von Plastiktüten. Besser sind die langen Sandstrände einige Kilometer östlich.

Abstecher ins Inland

Das hügelige, von Weingärten und Kornfeldern geprägte Hinterland von Castellammare ist einen Ausflug schon wert. Das Glanzlicht des Gebiets bilden die Reste der Elymerstadt Segesta.

Alcamo

Eine kleine Landarbeiterstadt auf einer Anhöhe inmitten von Weingärten; der Ortsname ist auf vielen Flaschenetiketten zu finden. Kaiser Friedrich II. ließ das ursprünglich von Arabern besiedelte Städtchen neu gründen. Entlang der Hauptstraße *Corso VI. Aprile* stehen einige schöne Barockkirchen, darunter *San Francesco d'Assisi* und *Badia Grande*, in denen Werke der Bildhauerfamilie *Gagini* zu sehen sind. Von Alcamo führt eine Fahrstraße auf den Gipfel des 825 m hohen Monte Bonifato; die Auffahrt wird von einem weiten Blick über den ganzen Golf von Castellammare gekrönt.

• *Verbindungen* **Zug**: Zwei Bahnhöfe, beide weit außerhalb der Stadt und ohne Busverbindung. **Alcamo Diramazione** liegt etwas näher und ist außerdem ein wichtiger Umsteigepunkt, denn hier teilt sich die Strecke von Palermo in die Direktlinie nach Trapani und die Südroute Castelvetrano-Mazara-Trapani. Wer warten muss, findet in Fußwegentfernung Bademöglichkeit in den Terme Gorga, siehe unten.
Bus: Deutlich günstiger, da die Haltestelle im Zentrum liegt. Verbindungen nach Calatafimi, Castellammare, Trapani und Palermo.

• *Übernachten/Essen* *** Hotel Miramare**, schlichtes, aber ganz passables Quartier, die Zimmer geräumig und sauber; Parkmöglichkeit. Laut einem Leserbrief gibt es manchmal Schwierigkeiten mit der Warmwasserversorgung – vielleicht eine Ausnahme. DZ/Bad etwa 40 €. Corso G. Medici 72, ✆ 0924 21197.

* Hotel Terme Gorga, ebenda und schon im Gemeindebereich von Calatafimi. Einfache Ausstattung, Preise etwa wie oben. Località Gorga, ✆ 0924 23842.

Bar Gambiano, schräg gegenüber des Hotels Miramare. Ein Lesertipp von Kristina Rosenfeld: "Hier gibt es alles – Antipasti, Pasta, Fisch und Fleisch, Sandwichs und auch Wein zu einem sehr moderaten Preis. Corso G. Medici 31."

Schauplatz italienischer Geschichte: Calatafimi

▶ **Terme Gorga**: Etwa 400 Meter vom Bahnhof Diramazione. Heiße Thermalquellen, in einem winzigen Pool gefasst, nichts Berühmtes, für eine entspannende Pause aber brauchbar. Im Umfeld provinzieller Kurbetrieb im Kleinformat, Sauna und Fangopackungen. Weitere heiße Quellen mit Bademöglichkeiten bei den *Terme Segestane*; zu erreichen über die SS 113 Richtung Calatafimi, dann der Abzweigung Richtung Castellammare del Golfo folgen.

Calatafimi

Das kleine, von Landwirtschaft geprägte Städtchen in hügelreicher Umgebung wäre an sich nicht weiter bemerkenswert. Trotzdem kennt jedes italienische Schulkind den Namen: Calatafimi war am 15. Mai 1860 Schauplatz des ersten Gefechts zwischen Garibaldis *Zug der Tausend* und den weit besser ausgerüsteten bourbonischen Truppen. Die rebellischen Rothemden siegten, der Weg nach Palermo und zum Anschluss ans Königreich Italien war geebnet. Auf dem Hügel, der das Zentrum der Schlacht bildete, steht heute ein Denkmal, der sogenannte *Ossario*; Abzweigung von der SS 113 Richtung Trapani südlich des Orts.

• *Verbindungen* **Zug**, Bahnhof gut 3 km nördlich, Züge von und nach Alcamo-Palermo und Trapani, in beide Richtungen 9-mal täglich.
Bus: Im Ort Abfahrten nach Alcamo, Castellammare, Trapani und Palermo.

• *Übernachten* *** Hotel Mille Pini**, kleines Hotel, das nicht nur schön liegt, sondern auch über eine gute Küche verfügt. Die Zimmereinrichtung ist leider nicht auf dem neuesten Stand, dafür sind die Besitzer sehr freundlich. Abends durch die Dorfjugend bzw. deren Mopeds häufig etwas unruhig, insgesamt aber ein brauchbares Standquartier für Segesta. DZ/ Bad etwa 50 €, ohne Bad günstiger. Piazza Vivona 2, ✆ 0924 951260, ✆ 0924 950223. Anfahrt am besten über die (allerdings etwas schmale)

südliche Zufahrt nach Calatafimi, dann links in Richtung Kastell halten. Das Hotel liegt hinter der großen Kirche.
• _Essen_ **La Trattoria**, ein Lesertipp von Angelika Franz: "Einfache, typische Trattoria, in der sich die Geschäftsleute zum Pranzo treffen, vorne Theke mit verschiedenen Imbissen. An der Hauptstraße Via Segesta 55."

Segesta

Der berühmte dorische Tempel und ein Amphitheater, beide wunderbar in die hügelige Landschaft gefügt. Sehr sehenswert.

Tempel und Theater gehörten zu einer der größten Städte der _Elymer_, von der heute nur wenige Grundmauern erhalten blieben. Viele Rätsel ranken sich um dieses Volk, das zu den frühen Einwohnern der Insel zählte. Der Legende zufolge waren sie Nachfahren derjenigen Trojaner, die des langen Herumreisens müde in _Eryx_ zurückblieben, während Aeneas mit seinen Getreuen auf der Suche nach der ihm prophezeiten neuen Heimat weitersegelte. Allerdings hatte Aeneas nach der Überlieferung nur Alte und Frauen zurückgelassen ... Historiker vermuten, dass die Elymer eine Mischung einheimischer Stämme mit Trojanern, Phöniziern und anderen Völkern darstellten. Aus dem Schatten der Geschichte trat das antike _Egesta_ ab dem 6. Jh. v. Chr. durch den permanenten Zwist mit den griechischen Kolonien, besonders mit Selinunt. Einflüssen der griechischen Kultur zwar durchaus nicht abgeneigt, wollte man Ansprüche auf das eigene Herrschaftsgebiet jedoch nicht hinnehmen. Beim Versuch, die westwärts drängenden Kolonisten zu stoppen, setzte Egesta oft aufs falsche Pferd. Mit Athen verbündet, erlebte dieses 413 v. Chr. gegen Syrakus sein Desaster. Hinfort vertraute die Stadt sich Karthago an. Die Nordafrikaner klärten auch wirklich das Problem Selinunt durch dessen vollständige Vernichtung 409 v. Chr. Den Preis zahlte Egesta ein Jahrhundert später. Im langen Ringen zwischen Syrakus und Karthago waren wieder einmal die Griechen am Drücker, eroberten 307 v. Chr. die Stadt und versklavten die Überlebenden. Bedeutungslos geworden, wartete die Siedlung auf eine neue Chance. Sie kam mit der sizilianischen Herrschaft der Römer, die sich – welch glücklicher Zufall – auch auf trojanische Abstammung beriefen und ihren "Verwandten" für einige Jahrhunderte einen neuen Aufschwung sicherten. Mit dem Niedergang des römischen Reiches ging es auch mit Egesta bergab. Den Schlusspunkt setzten Vandalen und Araber, die die Stadt dem Erdboden gleichmachten.

Die Geschichte von Segesta ist damit jedoch noch nicht zu Ende. Jüngste Grabungen brachten am Monte Barbaro eine weitere Siedlungsphase zutage, die aus dem Mittelalter stammt. Die Reste einer Moschee und eines Dorfes weisen darauf hin, dass der Berg zur Normannenzeit Anfang des 12. Jh. zunächst von einer muslimischen Bevölkerungsgruppe wieder besiedelt wurde. Gegen Ende des Jahrhunderts ließ dann ein christlicher Feudalherr an der höchsten Stelle des Monte Barbaro ein zweigeschossiges Kastell errichten, gleichzeitig entstand auf halbem Weg zum Theater eine dreischiffige Basilika. Die junge Siedlung dehnte sich offensichtlich rasch aus, doch war ihr keine lange Lebenszeit beschieden – vielleicht aufgrund von Streitigkeiten zwischen den verschiedenen Religionsgruppen wurde das Dorf bereits Mitte des 13. Jh. wieder aufgegeben. Gegen Mitte des 15. Jh. entstand zwar noch eine einzeln stehende kleine christliche Kirche, erneut besiedelt wurde das Gebiet jedoch nie wieder.

Nie fertig geworden: der Tempel von Segesta

Von einer skurrilen Baumaßnahme der Neuzeit bleibt der Monte Barbaro hoffentlich auch weiterhin verschont: Um Ausflugsbusse anzulocken, wollte der Gemeinderat von Calatafimi an seinem Fuß, in Sichtweite des Tempels von Segesta und nahe einer Ausgrabungsstätte, einen so genannten "Parco Mistico" nebst Megaparkplatz errichten lassen. Geplant waren riesige Zementskulpturen des Papstes (20 Meter hoch!), des in Süditalien hoch verehrten Padre Pio (15 Meter) und der Mutter Theresa aus Kalkutta (12 Meter). Zum Vergleich: Die Köpfe der Präsidenten am amerikanischen Mount Rushmore sind 18 Meter hoch. Nach lauten Protesten der Bevölkerung wurde es zuletzt zum Glück still um das irrwitzige Projekt, für das Baukosten von rund fünf Millionen Euro veranschlagt waren.

Der Tempel: Ein griechischer Tempel in einer Elymerstadt – seltsam. Noch seltsamer, dass das 61x26 Meter große Heiligtum mit den 36 Säulen nie zu Ende gebaut wurde. Der Rätsel mögliche Lösung ist in der Geschichte Egestas zu suchen. Der Tempel entstand wahrscheinlich zur Zeit der Allianz mit Athen. Anlass für den plötzlichen Baustopp könnte somit durchaus der Schock über die Vernichtung der verbündeten Flotte gewesen sein, und später wollte man vielleicht die neuen Freunde aus Karthago nicht durch Anhänglichkeit an griechisches Erbe verprellen.

So oder anders, wenn man den Tempel aus einiger Entfernung zum ersten Mal sieht, wirkt er einfach großartig. Perfekt in den Proportionen, scheint er Teil der Landschaft zu sein und drückt ihr gleichzeitig seinen Stempel auf. Erst aus der Nähe lässt sich erkennen, dass der Bau tatsächlich nie beendet wurde: aus den Steinquadern der Stufen ragen noch die Zapfen, die dem Transport dienten und später abgeschlagen werden sollten; von der üblichen

Kannelierung (Rinnen) der Säulen keine Spur. Doch trotz seiner Unfertigkeit, vielleicht auch gerade deswegen, hat der Tempel von Segesta eine ganz eigene Faszination.

▶ **Das Amphitheater**: Östlich, dem Tempel gegenüber, erhebt sich der 431 Meter hohe *Monte Barbaro*, an dessen Hängen einst die Häuser des antiken Egesta standen. Nur vereinzelte Grundmauern blieben. Vom Tal aus führt eine für öffentlichen Verkehr gesperrte Asphaltstraße (Busdienst 1,20 Euro) hinauf auf den Gipfel und zum *Anfiteatro* auf der Nordseite des Berges. Das im 3.–2. Jh. v. Chr. errichtete hellenistische Theater wurde später von den Römern umgebaut. Den Panoramablick, der heute bis zum Golf von Castellammare reicht, hatten die damaligen Zuschauer nicht. Man muss sich das abschließende Bühnengebäude, also die Skene, schon dazudenken – wegdenken sollte man sich dagegen die tiefer liegende Autobahn. Oberhalb des Theaters gelangt man zur christlichen Basilika und zum Kastell des 12. Jahrhunderts. Beim Wiederabstieg vom Theater zu Fuß bietet sich ein reizvoller Blick auf den Tempel.

• *Öffnungszeiten* Möglichst am frühen Morgen kommen, bevor die Reisebusse anrollen; die sommerlichen Hundertschaften sind der Atmosphäre nicht eben förderlich. Geöffnet theoretisch 9 Uhr bis 1 Std. vor Sonnenuntergang, morgens Zugang aber früher möglich, Eintritt 4,50 €. Gebührenpflichtige Busse zum Anfiteatro ab Parkplatz, reizvoll ist der Abstieg zu Fuß.

• *Veranstaltungen* Von etwa Mitte Juli bis Anfang September finden in Segesta Theaterabende, Konzerte etc. statt. Aktuelle Informationen in allen größeren Fremdenverkehrsämtern Westsiziliens und in Palermo oder im Netz unter www.calatafimisegesta.com.

• *Anreise* Auto: Anfahrt über die A 29, Ausfahrt Segesta, bzw. über die SS 113 Richtung Calatafimi, dann jeweils beschildert.

Zug: Bahnhof Stazione Segesta etwa 1,5 Kilometer unterhalb der Ausgrabungsstätte, vom Bahnhof (Fahrradverleih, s.u.) kommend links unter der Autobahnbrücke hindurch. Der Bahnhof wurde von privat mustergültig restauriert, mit dem erfreulichen Ergebnis, dass die Station ab Trapani und Palermo 4-mal täglich bedient wird. Im Sommer ist der Weg etwas schweißtreibend, denn Segesta liegt höher als der Bahnhof.

Bus: Bequemste Anreise per TARANTOLA-Bus ab Trapani (4-mal tägl.) und Palermo (3-mal), es bestehen auch saisonale Busverbindungen mit Scopello; Details siehe jeweils dort.

• *Essen* **Rist.-Pizzeria-Bar Stazione di Segesta**, im restaurierten Bahnhofsgebäude. Ambitioniertes touristisches Projekt; Tische im Freien und im Inneren, als Bar rund um die Uhr geöffnet, an warmen Sommerabenden als Pizzeria beliebt. Angeschlossen ein kleines Keramikmuseum, Souvenirverkauf sowie Fahrradverleih. ☏ 0924 951355.

Weiter am Golf

Balestrate

Zwischen Castellammare und Balestrate erstrecken sich lange Sandstrände, die Umgebung wird durch verstreute Feriensiedlungen und die küstennahe Bahnlinie aber nicht gerade verschönt. Der Ort selbst, bereits in der Provinz Palermo gelegen, hat bis auf eine fast mexikanisch wirkende Kirche optisch auch wenig zu bieten.

• *Übernachten* **Fattoria Manostalla/Villa Chiarelli**, ein Agriturismo-Betrieb, empfohlen von Leserin Andrea Kreppenhofer: "Schöne Zimmer, ausgezeichnete Küche, sehr nette Leute. Nicht von der Lage fast unter der Autobahn abschrecken lassen, sie ist nicht hörbar! Von der Autobahn bei Balestrate abfahren, dort Richtung Partinico, es ist dann bald angeschrieben." HP pro Kopf etwa 50 €. Contrada da Manostalla, ☏ 091 8787033, www.villachiarelli.it.

- *Camping* **Camping Miramare**, nicht weit vom Meer, nur etwa von Mitte Juni bis Anfang September geöffnet. Zwei Personen, Auto, Zelt kosten etwa 15 €. Contrada Forgitella, ✆ 091 8786802.

Trappeto

Ein freundliches Fischerdorf mit brauchbarem Sandstrand, geradlinigen Straßen und einigen Grünanlagen. Wie die anderen Küstenorte der Umgebung ist Trappeto in den Sommermonaten ein beliebtes Ausflugsziel der Einwohner von Palermo; besonders an Wochenenden ist dann der Bär los.

- *Information* **Pro Loco**, Via XXIV Giugno 67, ✆ 091 8788147. An der Hauptstraße, schwankende Öffnungszeiten, beste Chancen Mo–Fr vormittags.
- *Übernachten/Essen* **Hotel Sirenella**, am westlichen Ende der Hauptstraße XXIV. Giugno; Meernähe. Familienunternehmen, deutschsprachiger Wirt; helle, freundliche Zimmer mit Balkon, von Lesern gelobt. Großes Restaurant angeschlossen, abends auch Pizza. DZ/F nach Saison und Ausstattung etwa 45–55 €. ✆ 091 8989336, ✆ 091 8788356.

Danilo Dolci, "Ghandi von Sizilien"

Trappeto war eine der Wirkungsstätten des Sozialreformers und Schriftstellers Danilo Dolci, geboren 1924 im norditalienischen Triest. Dolci, ein gelernter Architekt und streitbarer Katholik, kämpfte mit fantasievollen Aktionen gegen die Mafia und gegen das Elend im Süden, verdiente sich durch seinen zivilen Ungehorsam den Beinamen "Gandhi von Sizilien". Häufig legte er sich dabei mit den Mächtigen an. Berühmt wurde der "umgekehrte Streik von Partinico", bei dem Dolci mit zwei Hundertschaften von Arbeitslosen eine löchrige Straße flickte und dies mit einem Gefängnisaufenthalt bezahlte – es war nicht sein einziger. In Trappeto förderte er den Kampf gegen Analphabetismus, half den Einwohnern beim Bau eines Krankenhauses, einer Bewässerungsanlage, eines Kindergartens. Danilo Dolci starb Ende 1997 in Palermo. Für Aldous Huxley war er "das Ideal eines Heiligen des 20. Jahrhunderts".

Terrasini

Ausgedehntes Dorf im üblichen Schachbrettstil, vom Ortsbild her nichts Besonderes, sonst aber sympathisch und lebendig.

Politisch gibt sich Terrasini aufgeschlossen und kritisch, hat in den letzten Jahren viele Straßen und Plätze nach großen Persönlichkeiten im Kampf gegen die Mafia benannt. Das Zentrum liegt rund um die gemütliche *Piazza Duomo*, die mit vielen Cafés und Bars auch als abendlicher Treffpunkt fungiert. Ein kurzer Stopp lohnt sich in Terrasini besonders der vielseitigen Museen wegen. Auch die Sandstrände sind brauchbar, allerdings in der Saison stark frequentiert.

Information/Verbindungen

- *Information* **Presidio turistico**, an der meerwärts gewandten Seite der Piazza Duomo, ✆ 091 8686733. Auskunftsfreudiges Büro, das nicht viele ausländische Besucher zu Gesicht bekommt. Auch Infos zu "Case Vacanze", der hiesigen Form von Privatvermietern. ⏱ Mo–Fr 9–13, 15–19 Uhr.

Hübscher Hauptplatz, frisch umdekoriert: in Terrasini

- *Verbindungen* **Zug**: Bahnhof Cinisi-Terrasini östlich des Ortes; gut einen Kilometer vom Zentrum. Verbindungen nach Palermo 8-mal, nach Trapani direkt 9-mal, zum Umsteigebahnhof Richtung Süden Alcamo Diramazione 12-mal täglich.
Bus: AST nach Palermo 12-mal täglich, Abfahrt an der Via Rufino, nahe Domplatz; SEGESTA fährt ab der Via Palermo 31 4-mal täglich nach Palermo.

Übernachten/Essen

- *Übernachten* ***** Hotel Cala Rossa**, nahe der gleichnamigen Bucht südwestlich etwas außerhalb von Terrasini. Komfortables Quartier mit großem Pool und funktionalen, gut ausgestatteten Zimmern, DZ/F etwa 105–130 €. Ganzjährig geöffnet. Via Marchesa di Cala Rossa, ✆ 091 8685153, ✉ 091 8684727, www.hotelcalarossa.com.

*** Hotel Villagio Città del Mare, Lesertipp von Piero Pedrazzini: "Für Leute, die zwischendurch etwas Spezielles genießen wollen. Eine richtige Ferienstadt (Anmerkung: 1630 Betten!) auf einem Hochplateau über dem Meer mit Top-Einrichtungen, sehr vielen Sportmöglichkeiten und viel (teilweise erstklassiger) Unterhaltung. Vorteilhaft ist Halbpension, das Essen wirklich erstaunlich. Der Spaß ist aber teuer." In der Tat, vor allem zur Hochsaison: HP p.P. 60–125 €. Pauschal gebucht kommt man billiger davon. SS 113, km 301,1; ✆ 091 8687111, ✉ 091 8687500, www.cittadelmare.it.

** Hotel Villagio agli Androni, nordöstlich außerhalb bei Villagrazia di Carini. Vergleichsweise kleine (62 Zimmer), sehr schön begrünte Ferienanlage mit Pool und Sportmöglichkeiten. DZ/Bad nach Saison etwa 45–90 €; im August Pension obligatorisch.

- *Essen* **Ristorante Primafila**, in luftiger Lage über dem Hafen, der Name "In vorderster Linie" soll aber auch auf die Ambitionen der Küche hinweisen. Elegantes Ambiente, Spezialität Fischgerichte. Menü ab etwa 30 € aufwärts. Via Benedetto Saputo 8. Mo Ruhetag, im November geschlossen. ✆ 091 8684422.

Pizzeria Trattoria Casablanca, an der Uferstraße. Mittleres Preisniveau, nur abends geöffnet. Spezialitäten sind Meeresfrüchte und Pizza, zur letzteren gibt es deutsches Bier, gebraut allerdings in Italien. Lungomare Praiola 5.

Pizzeria Arabesque, vom Domplatz hundert Meter Richtung Meer. Preiswert und gut, von Lesern gelobt. Via V. Madonia 100.

Sehenswertes

Museo Civico: Terrasini besitzt gleich drei interessante Museen, die nach vielen Jahren Bauzeit endlich im "Palazzo d'Aumale" an der Uferstraße südwestlich des Zentrums zusammengefasst sind. Glanzpunkt der *Sezione Naturalistica* ist die ornithologische Ausstellung, mit über 6000 präparierten Vögeln eine der größten Europas. Die *Sezione Etno-Antropologica* ("Museo del Carretto Siciliano") prunkt mit einer großen Sammlung der bunten sizilianischen Eselskarren – eine einzigartige Dokumentation dieser verspielten Volkskunst, die mancherorts mit der Bemalung der motorisierten "Ape"-Dreiräder ihre moderne Fortsetzung findet. In der *Sezione Archeològica* ("Antiquarium") liegt der Schwerpunkt auf Unterwasserarchäologie. Außer restaurierten römischen Schiffen ist auch eine gut bestückte Amphorenausstellung zu sehen.

Öffnungszeiten Täglich 9–13 Uhr; Di, Mi, Fr und Sa auch 15–19 Uhr. Eintrittsgebühr 4,50 €.

Baden: Der westliche Ortsstrand liegt pittoresk zwischen verwitterten Klippen, ist aber nicht besonders gepflegt. Weit stärker besucht wird die weite Sandbucht im Nordosten des Ortes; an der optischen Beeinträchtigung durch den Neubau eines großen Hotelkomplexes scheint sich niemand zu stören.

"Die 100 Schritte" – Cinisi und das Kino

Ein kleiner, mit relativ geringem Budget gedrehter Kinofilm bringt Cinisi, einem Nachbarort von Terrasini, unangenehme Erinnerungen zurück. In "I Cento Passi" (Die 100 Schritte), erzählt Regisseur Marco Tullio Giordana die Geschichte eines jungen Mannes aus dem Städtchen, das nur einen Steinwurf von Palermos Flughafen liegt. Es sind die 70er-Jahre, und Giuseppe Impastato, genannt Peppino, rebelliert wie viele andere gegen die bestehenden Verhältnisse. Er kandidiert für eine linke Partei, organisiert Protestkundgebungen. Aber er sucht sich das falsche Ziel aus: Peppino wagt es, den örtlichen Mafiaboss Gaetano Badalamenti ("Don Tano") anzugehen, dessen Haus nur "100 Schritte" von seinem entfernt ist, und ihn im Radio zu verspotten. Sein Vater, selbst Mitglied der "Ehrenwerten Gesellschaft", wirft Peppino daraufhin hinaus. In der Nacht des 8. Mai 1978 stirbt Peppino im Alter von dreißig Jahren. Man findet seine Leiche auf den Gleisen der Bahnlinie, zerfetzt von einer Bombe – der Untersuchungsbericht spricht von "Tod durch Selbstmord". Bei der Beerdigung begleiten 1500 junge Leute den Sarg.

Die Geschichte hat sich tatsächlich so ereignet. Mehr als zwei Jahrzehnte lang stand Peppinos Tod als "Suizid" in den Akten. Nur dem zähen Kampf seiner Familie und Freunde ist es zu verdanken, dass der Fall doch noch vor Gericht kam. Der Mafiaboss Tano Badalamenti, schon hoch in den Siebzigern und bereits wegen anderer Delikte in den USA im Gefängnis, erhielt als Auftraggeber des Mordes lebenslange Haft. Und die "100 Schritte" wurden bereits kurz nach ihrer Premiere im Jahr 2000 mehrfach prämiert, unter anderem mit einem Preis bei den Filmfestspielen von Venedig für das beste Drehbuch.

Die "goldene Muschel": Blick vom Monte Pellegrino

Palermo

Siziliens Hauptstadt mag man lieben oder hassen: Laue Neutralität lässt Palermo nicht zu. Die Metropole vereinigt in sich alle Fragwürdigkeit, alles Elend, aber auch alle Farbenpracht und Vielfalt der Insel. Palermo besitzt, gleichgültig, wie man zu der Stadt sonst steht, eine spezielle Faszination – und hat sich in den letzten Jahren deutlich zu seinem Vorteil verändert.

Die Begeisterung der Reisenden früherer Jahrhunderte (Goethe war hingerissen) versteht am besten, wer sich Palermo übers Meer nähert. Gerade vom Schiff und aus einiger Entfernung betrachtet, trägt die Bucht von Palermo ihren schwärmerischen Namen auch heute noch zu Recht: *La Conca d' Oro*, die "goldene Muschel". Einst erstreckte sich hier eine fruchtbar grüne, mit Zitronen- und Orangenplantagen bestandene Ebene, flankiert vom Kalkklotz des Monte Pellegrino im Norden und dem Capo Mongerbino im Osten.

Erst im Näherkommen wird deutlich, dass die durch starke Landflucht angewachsene "Perle" Palermo die Muschel heute völlig ausfüllt. Palermo ist die sechstgrößte Stadt Italiens, zählt weit über 700.000 Einwohner; zusammen mit den umgebenden, mit der Metropole längst zu einem Großraum zusammengewachsenen Vororten sind es sogar eine Million. An Stelle der berühmten Obstgärten steht ein ausgedehnter Ring von Neubauvierteln, billig erstellte Wohnwaben, die mit künstlich hoch getriebenen Grund- und Baukosten vor allem den Profit der "ehrenwerten Gesellschaft" vermehrt haben.

All die krassen Gegensätze, die Palermo prägen, sammeln sich in der Innenstadt, gleich hinter den Hochhäusern der Hafenfront. Elegante Boutiquen an lebendigen Geschäftsstraßen, Restaurants mit befrackten Obern und glänzende Theateraufführungen sind eine Seite Palermos. Die Stadt besitzt reich ausgestattete Museen und eine Vielzahl prachtvoller Gebäude aus verschiedenen Epochen. Nur ein paar Schritte weiter glotzen leere Fensterhöhlen, öffnen eingestürzte Fassaden den Blick auf Unkraut, das in einstigen Wohnzimmern wächst – die Ruinen ehemaliger Paläste, von Fliegerangriffen des Zweiten Weltkriegs zerstört und bis heute nicht restauriert. Einen Steinwurf entfernt dann wieder pralles Leben: die berühmten Märkte von Palermo, auf denen vom Anzug über die Bohrmaschine bis zur Seebarbe alles zu haben ist. Das grelle Durcheinander von Farben und Gerüchen kommt einem orientalischen Basar schon sehr nahe; hier scheint ein wenig vom Palermo der Araberzeit überlebt zu haben. Nordafrikanisches Temperament bricht sich auch im Stadtverkehr seine Bahn, was durchaus wörtlich zu nehmen ist. Fast rund um die Uhr sind Palermos Straßen ein einziger Hexenkessel. Etwas ruhiger wird es nur am Nachmittag, spät in der Nacht und sonntags. Kilometerlange Blechschlangen, Abgaswolken und infernalischer Lärm gehören einfach zum Alltag.

Diese widersprüchliche, faszinierende Großstadt sollte man als Sizilienreisender nicht versäumen, zumal Palermo in den letzten Jahren das drückende Joch der Mafia abgeschüttelt und sich deutlich zu seinem Vorteil verändert hat. Die Bedrückung und der Fatalismus, die jahrzehntelang die Bevölkerung gelähmt und Initiativen verhindert hatten, sind einem neuen Gemeinschaftsgefühl gewichen. Die Stadt befindet sich in Aufbruchstimmung, will an ihr reiches Erbe erinnern und verfallenden Monumenten zu ihrer früheren Schönheit zurückverhelfen. Vor allem in den alten, heruntergekommenen Vierteln werden Wohnungen saniert, verwandeln sich halb verfallene Paläste und Klöster in kulturelle Stätten. Schüler "adoptieren" morsche Denkmäler und Kirchen. Im Zentrum haben viele neue Bars und Restaurants eröffnet, auch die Straßen wirken nachts nicht mehr gar so ausgestorben wie einst. Palermo hat zu seiner Vitalität zurückgefunden.

Zu verdanken ist der Umschwung, der natürlich noch viele Hindernisse zu überwinden hat, in erster Linie einem Mann: Palermos berühmtem Bürgermeister Leoluca Orlando. Orlando war bereits einmal Stadtoberhaupt, doch hatte ihm seine eigene christdemokratische Partei 1990 die Unterstützung entzogen. Fortan machte er als Gründer und Vorsitzender der landesweiten Anti-Mafia-Partei La Rete Furore und erhielt bei den folgenden Parlamentswahlen rund ein Viertel der Stimmen Palermos. 1994 und noch einmal 1998 wurde Orlando jeweils mit großer Mehrheit zum Bürgermeister der Stadt gewählt. Eine weitere Amtsperiode ließ das Gesetz nicht zu.

Besuch bei einer Legende: Leoluca Orlando

Anmerkung: Der folgende Text des Theodor-Wolff-Preisträgers Philipp Maußhardt entstand im Sommer 2000. Seitdem hat sich einiges geändert. Orlando kandidierte tatsächlich als Präsident des sizilianischen Regionalparlaments, wurde aber von Salvatore Cuffaro von Berlusconis Forza Italia deutlich geschlagen. Zuletzt war Leoluca Orlando Europaabgeordneter und Oppositionsführer im Parlament Siziliens.

400 Palermo

Dass es nicht einfach werden würde, ihn zu treffen, war mir klar. Denn Leoluca Orlando, der Bürgermeister von Palermo, ist nicht nur in seiner Stadt ein viel gefragter Mann. Auch in Rom, Brüssel oder Washington wollen Politiker, Polizeioffiziere, Kriminalhistoriker und Journalisten ständig von ihm wissen: "Wie hast du das nur gemacht, Leoluca?" Palermo, einst die Hochburg der Cosa Nostra, ist in seiner Regierungszeit quasi zur mafiafreien Zone geworden. Gab es 1990 noch 240 erschossene, erstochene, in Salzsäure aufgelöste oder in Schnellzement eingegossene Mafia-Leichen, waren es im vergangenen Jahr null. "Doch, es gab hier sieben Morde", sagt Leoluca Orlando am Schreibtisch seiner Villa Virgina in der Via Dante sitzend. "Aber entschuldigen Sie, wenn ich sage: Es waren 'normale' Morde, die nichts mit der Mafia zu tun hatten."

Um dem legendären Mafia-Jäger endlich gegenübersitzen zu können, hatte ich von München aus per Fax um einen Termin gebeten und war schon einmal nach Sciacca gereist, das nur eine Stunde von Palermo entfernt liegt. Carlotta, die Angestellte im Pressebüro der Stadt Palermo, hatte mir Hoffnungen gemacht: "Es ist zwar sehr, sehr schwierig, einen Termin zu bekommen, aber ich werde alles versuchen und rufe Sie sofort an, wenn es klappt." Am Zeitungskiosk von Sciacca kaufe ich "La Sicilia" und warte auf den Anruf aus Palermo. Ich lese: In der Nacht zuvor waren in einem Nachbarstädtchen 17 Männer verhaftet worden, die einer Mafia-Bande angehörten, die seit Jahren die öffentlichen Bauaufträge unter sich verteilte. Die Bauunternehmer hatten in den Rathäusern ihre Verbindungsleute sitzen. Tags darauf berichtet "La Sicilia", dass Giuseppe Vetro, einer der meistgesuchten Mafia-Bosse Siziliens, in der Nacht zum Samstag festgenommen wurde. Der 46-jährige "Super-Boss" aus dem Städtchen Favara hatte sich in einem Bunker unter einem als unbewohnt getarnten Bauernhaus versteckt. Vier Jahre lang hatte die Polizei seine Frau beschattet, bis sie ihm auf die Schliche kam. In Raffadali, so entnehme ich dem Lokalteil an einem der nächsten Tage, wurde der Fiat Punto eines Polizisten durch Brandstiftung zerstört. Im gleichen Dorf war einen Tag zuvor der 20-jährige Salvatore Oreto als verkohlte Leiche neben seinem Lastwagen gefunden worden. Ein Anrufer hatte ihn zu einem abgelegenen Bauernhaus gelockt. Warum? Das stand nicht dabei. Nur, dass sein Vater auch schon von Unbekannten erschossen wurde und sein Bruder wegen Mordes zu lebenslanger Haft verurteilt ist.

Signora Carlotta, deren Stimme mir seit einer Woche vertraut ist, hat eines Morgens einen anderen Tonfall am Telefon: "Bitte halten Sie sich stündlich bereit." Doch dann wird wieder nichts aus dem Treffen, Orlando musste überraschend nach Rom. Der Zeitungsverkäufer kennt mich nun schon und reicht mir wie einem alten Bekannten "La Sicilia" über den Ladentisch. In Catania haben Carabinieri den "russischen Ingenieur" gefasst, der unter diesem Namen Geschäftsleute seit Jahren mit Schutzgelderpressungen drangsalierte. In einem anderen Ort wurden neben den Baumaschinen einer norditalienischen Firma Streichhölzer und Molotowcocktails gefunden — Warnungen à la Mafia an missliebige Konkurrenten.

"Kommen Sie morgen früh", sagt Carlotta eines Tages. "Das wird zwar schwierig werden, weil auch der deutsche Bundespräsident in Palermo erwartet wird, doch kommen Sie schon zwischen sieben und acht Uhr in die Wohnung des Bürgermeisters." Ich bin schon früher da. Polizisten haben das Haus in der Via Dante umstellt, in dem Orlando noch schläft. Ohne Ausweiskontrolle und Körpervisite lassen sie mich passieren. Orlando öffnet schlaftrunken: "Kommen Sie herein." Sein Deutsch hat er als Student in Heidelberg gelernt. "Es war eine Revolution, die in Palermo in den vergangenen zehn Jahren stattfand. Aus der Stadt der Schande ist eine Stadt der Ehre geworden." Orlando redet sich allmählich in Fahrt: "Wir sind in Europa angekommen, und unsere große Vergangenheit wird unsere Zukunft sein, denn Palermo war und ist eine Stadt der Toleranz und ein Beispiel für den ganzen Mittelmeerraum." Orlando, dessen Amtszeit nach zwei Wahlperioden unweigerlich 2001 endet, hat eine Vision. Er will Präsident der Region Sizilien werden (was er öffentlich noch nicht zugibt). Dann will er "ganz Sizilien mit dem Palermo-Virus infizieren". Plötzlich fährt er auf: Er hat den Termin mit dem Bundespräsidenten vergessen. Im Rausrennen drückt er mir noch eine CD-Rom in die Hand: "La Mafia" steht auf dem Titel. "Steht alles drin!", ruft er noch. Schon ist er weg. Immerhin: Johannes Rau musste auch ein paar Minuten warten. (*Von Philipp Maußhardt*)

Geschichte

Aus der von Phöniziern im 7. Jh. v. Chr. gegründeten Siedlung machte Karthago ein Jahrhundert später seinen größten Kriegshafen auf Sizilien. Die ideale Lage erweckte die Gier der griechischen Intimfeinde, die die von ihnen *Panormos* ("Ganz-Hafen") genannte, gut befestigte Stadt jedoch trotz vieler Versuche nicht erobern konnten. Erfolgreich war erst König Pyrrhos von Epiros, der Panormos ab 276 v. Chr. für kurze Zeit besetzt hielt.

An den mächtigen Verteidigungsanlagen hatten auch die Römer zu knabbern, konnten aber 254 v. Chr. nach längerer Belagerung schließlich einmarschieren; mehrere Rückeroberungsversuche Karthagos schlugen fehl. Die neuen Herren brachten einen weiteren Aufschwung, das römische *Panhormus* gehörte für einige Jahrhunderte zu den bedeutendsten Städten der Insel. Mit dem Machtverfall des römischen Reichs ging es dann zunächst bergab. Ab 440 n. Chr. kamen Vandalen und Ostgoten, von deren Zerstörungsorgien die Siedlung sich auch im 6.–9. Jh. unter Byzanz kaum erholte.

Das glanzvollste Kapitel der Stadtgeschichte begann 831 mit der Eroberung durch die Sarazenen. Die aufgeklärten Araber revolutionierten die Landwirtschaft durch effektive Bewässerungssysteme und Einführung neuer Nutzpflanzen wie Zitronen- und Orangenbäume, Reis, Baumwolle. Das arabische *Balerm* löste Syrakus als Inselhauptstadt ab und prunkte bald mit Kanalisation, öffentlichen Bädern, prächtigen Moscheen und Gärten; Wissenschaft und Kunst fanden großzügige Förderung.

Dank der religiösen Toleranz der Emire wurde die Stadt zu einem Schmelztiegel, in dem eine Vielfalt von Volksgruppen in friedlicher Koexistenz lebte. Auf dem Höhepunkt dieser glücklichen Epoche stand Balerm in einer Reihe mit den großen arabischen Kapitalen, war eine der wohlhabendsten und blühendsten Städte der Welt.

Palermo

Mit der Eroberung Palermos durch die Normannen Roger und Robert Hauteville im Jahr 1072 änderte sich an diesem fruchtbaren Klima nur wenig. Nachdem Sizilien erst einmal von der muslimischen Herrschaft befreit war, zeigten sich die neuen Befehlshaber in Glaubensfragen ebenso tolerant wie ihre Vorgänger und waren klug genug, sich die fähigen arabischen und jüdischen Wissenschaftler Palermos als Berater zu sichern.

Immer wieder umgebaut: Palermos Kathedrale

Auch in Kunst und Architektur ließen sich die Normannen vom Orient inspirieren. Die Mosaiken von Monreale, die Cappella Palatina und mehrere Kirchen sind Zeugnis dieses normannisch-arabischen Stilgemischs, in dem auch byzantinische Elemente eine Rolle spielen; von den Bauten der Sarazenen selbst ist nichts erhalten.

Als die Normannen ohne direkte Erbfolge blieben, fiel Sizilien 1194 an die Staufer. Unter deren legendärem Kaiser *Friedrich II.* liefen Kunst und Wissenschaft in Palermo noch einmal zu Hochform auf; am Hof des in den Orient verliebten Herrschers wirkten Gelehrte und Dichter aus Ost und West.

Nach der systematischen Ermordung der letzten Staufer 1266 durch Karl von Anjou sank der Stern von Palermo. Neapel war neue Hauptstadt geworden, es ging wirtschaftlich bergab.

Das ausgebeutete und hungernde Volk verschaffte sich blutige Genugtuung: am Ostermontag, dem 30. März 1282, entfesselte die *Sizilianische Vesper* ein entsetzliches Gemetzel und bewirkte den Abzug der Franzosen.

Ihre Nachfolger aus dem Haus Aragón und später die spanischen Vizekönige machten sich auch nicht beliebter. Mit religiöser Toleranz war es vorbei, die Inquisition hielt Einzug, Juden wurden von der Insel gejagt. Unter der langen spanischen Herrschaft, deren Regenten meist weit von Sizilien entfernt residierten, machte sich eine neue Kaste breit: ein Heer von Adelsfamilien regierte auf seinen riesigen Ländereien fast nach eigenem Gutdünken. Die Barone, Grafen und Herzoge blieben auch unter den Bourbonen (ab 1730) die eigentlichen Herren der Insel; der Klerus, dessen höhere Ränge oft ebenfalls mit Adligen besetzt waren, mischte eifrig mit. Horrende Steuern wurden erhoben, reformatorische Absichten einiger wohlmeinender Vizekönige geschickt hintertrieben. Die Bevölkerung war der Willkür der Feudalherrscher völlig ausgeliefert.

Mafia

Den aus zahllosen Filmen bekannten Mafia-Paten "alter Schule", den von allen geachteten "uomo di rispetto", gibt es vielleicht noch in Landstädten Westsiziliens, in Palermo jedenfalls nicht mehr. Die Mafia hat sich den Erfordernissen der modernen Zeit angepasst. Nicht mehr die traditionelle Schutzgelderpressung, das Inkasso von Wasserrechten oder die Überwachung der Prostitution – obwohl jeweils als Zusatzgeschäft gerne mitgenommen – bringen heute das große Geld, sondern Drogenverarbeitung und -handel, Waffengeschäfte und die Kontrolle ganzer Industriezweige. Und wenn auch die alte Garde verschwunden ist, funktioniert das bewährte System immer noch ganz gut: Verflechtung mit Organen des Staates, "kleine Geschenke" und Gefälligkeiten gegen Schutz und Protektion, Einschüchterung undnotfalls auch Ermordung standhafter Politiker und Richter.

Erinnerung an Mafia-Morde: der Gedenkbaum für Falcone und seine Leibwächter

Die Stimmung jedoch ist seit Anfang der Neunziger umgeschlagen. Eine immer wahnwitziger mordende Mafia, die den Tod von Frauen und Kindern in Kauf nahm oder sogar bewusst zur Einschüchterung einsetzte, hat seitdem an Respekt verloren: die "Ehrenwerte Gesellschaft" hat sich in den Augen des Volkes selbst entehrt. Bestes Beispiel für die Verehrung, die statt dessen die Kämpfer gegen die Mafia genießen, ist der dem ermordeten Giovanni Falcone gewidmete, mit Fotografien, Blumen und Spruchbändern geschmückte Baum nahe seiner Wohnung in der Via Notarbartolo 23.

Während der Rest der Insel verelendete, flossen in Palermo die Gelder reichlich. Die adligen Blutsauger steckten die Erträge ihrer Güter in Prachtpaläste und pompöses Luxusleben. Aufstände des verzweifelten Volks blieben ohne Wirkung, die Revolten in den Jahren 1647, 1773, 1821 und 1873 wurden ebenso

Ritter Roland rettet die Königin: Werbung für die Opera dei Pupi

blutig niedergeschlagen wie der Republikanerputsch von di Blasi 1795. Die von Ruggero Settimo 1848 proklamierte *Republik Unabhängiges Sizilien* wurde ein Opfer der Kanonenpolitik von *Ferdinand II.* und interner Zwistigkeiten. Einige Jahre später war es dann endlich soweit: im Mai 1860 befreite Garibaldi mit seinen "Rothemden" Palermo und Sizilien von der Bourbonenherrschaft.

Im Zweiten Weltkrieg rissen schwere Bombenangriffe tiefe, teils bis heute sichtbare Lücken in die Altstadt. 1947 wurde Palermo Hauptstadt der neuen, teilautonomen Region Sizilien.

Orientierung

Der *Corso Vittorio Emanuele*, üblicherweise *Cassaro* genannt, ist die traditionelle Hauptachse der Stadt. Er verläuft von der alten Hafenbucht La Cala in etwa südwestlicher Richtung zur Piazza Indipendenza am Rand des Zentrums und als Corso Calatafimi weiter auf Monreale zu.

Die *Quattro Canti* ("Vier Ecken") bilden nicht nur den ungefähren Mittelpunkt der Innenstadt, sondern sind auch eine gute Orientierungshilfe. Sie liegen an der Kreuzung des Cassaro mit der ihn rechtwinklig schneidenden *Via Maqueda*. Letztere ist ein Produkt des Ordnungssinns spanischer Herrscher, die im 17. Jh. eine Schneise durch das Gassengewirr der Altstadt schlagen ließen. Meerwärts parallel zur Via Maqueda verläuft die *Via Roma*, an deren Beginn der Bahnhof liegt. Im Laufe der letzten Jahrhunderte hat sich Palermo immer weiter nach Nordwesten ausgedehnt; als Grenze der Innenstadt kann man die drei Plätze *Piazza Castelnuovo*, *Piazza Ruggero Settimo* und *Piazza Don Sturzo* betrachten, die sich an der Via Maqueda und der Via Roma fast aneinander reihen. Von hier verläuft in Richtung Meer die *Via Amari*, an deren Ende der

Verbindungen von und nach Palermo

Hafen liegt. Leider ist das Hafengebiet kein Platz für romantische Spaziergänge, sondern eine zweckbetonte, nicht eben schöne Anlage: Wie viele andere sizilianische Städte scheint sich auch Palermo vom Meer abzuwenden. – In nordwestlicher Richtung erstrecken sich die bebauten Zonen von Palermo noch fast zehn Kilometer weit bis zum Vorort Sferracavallo.

Information

A.A.P.I.T, Piazza Castelnuovo 34, 90141 Palermo; ✆ 091 6058351 oder 091 583847, ✆ 091 586338. Stadtbus 101 fährt ab Bahnhof zur nahen Piazza Politeama. Es gibt Stadtpläne, Veranstaltungshinweise, Hotelverzeichnis etc., oft auch sehr schön gemachte Wanderkarten zur Umgebung. ⏲ Mo–Fr 8.30–14, 15–19 Uhr (Winter bis 18 Uhr), im Sommer auch Sa 9–13 Uhr.

A.A.P.I.T-Zweigstellen auch im Bahnhof (✆ 091 6165914, geöffnet wie oben) und am Flughafen (✆ 091 591698, geöffnet Mo–Fr 8.30–24 Uhr, Sa/So 8–20 Uhr).

Punti d'Informazione, Infokioske der Stadt an vielen touristisch interessanten Punkten: beim Bahnhof, an der Piazza Bellini, am Hafen (Molo Piave), beim Politeama-Theater, der Via Cavour (Nähe Via Maqueda), der Via Vittorio Emanuele (Nähe Palazzo dei Normanni), Piazza Noce und Piazza Marina. Neben allgemeinen touristischen Infos gibt es hier auch gute Stadtpläne. Geöffnet sind alle täglich 9–13, 15–19 Uhr

- *Internet* www.palermotourism.com, mit vielen Infos, leider nur in Italienisch.
- *Postleitzahl* 90100

Verbindungen von und nach Palermo

- *Flug* **Aeroporto Falcone e Borsellino**, der nach seiner Lage früher "Punta Raisi" benannte Flughafen, liegt etwa 30 km westlich, gebührenfreies Telefon der Zentrale: ✆ 800 541880, www.gesap.it. Viele Autovermieter, auf Livello 3 ein Internet-Zugang. Zug- und Busverbindungen sind auf die Flüge abgestimmt. Etwa stündliche Zugverbindung zum Hauptbahnhof Stazione Centrale via Stazione Notarbartolo mit dem "Trinacria Express", Fahrtdauer 45 min, 4,50 €; Busverbindung mit PRESTIA & COMANDE vom/zum Bahnhof und Politeama-Theater (Nähe Piazza Castelnuovo); Fahrtdauer etwa 50 min., Fahrpreis 4,65 €. Ein Taxi kostet etwa 40 €. Mindestens 1-mal tägl. Flüge nach Pantelleria und Lampedusa, daneben zahlreiche Verbindungen zum italienischen Festland, zu vielen deutschen Flughäfen über Mailand oder Rom. Alitalia-Agentur in der Via Mazzini 59 (Nähe Piazza Castelnuovo), ✆ 1478 65643; Air Sicilia in der Via Sciuti 180, ✆ 091 6252510.

- *Schiff* Alle Verbindungen ab der Stazione Marittima, die in gemäßigter Fußwegentfernung von der Altstadt liegt.

Fähren nach Napoli mit TIRRENIA und neuerdings auch der SNAV je 1-mal täglich, im Sommer auch mit den schnellen "Jet"-Schiffen der SNAV. Mit GRANDI NAVI VELOCI nach Genova (6- bis 7-mal wöchentlich) sowie nach Civitavecchia bei Rom (3-mal wöchentlich); nach Cagliari auf Sardinien mit TIRRENIA (1-mal wöchentlich). Alle Details im Kapitel "Anreise".

Aliscafi (1- bis 3-mal tägl.) und Fähren (5- bis 7-mal wöchentlich) nach Ustica der Gesellschaft SIREMAR. Von Juni bis September Aliscafi der SNAV zu den Eolischen Inseln; Näheres jeweils in den Inseltexten.

Agenturen: TIRRENIA, direkt im Hafen, Via Molo, ✆ 091 6021111. GRANDI NAVI VELOCI im Hafen, beschildert mit Grimaldi, den Namen der Reederei, ✆ 091 587404. SIREMAR, Via Francesco Crispi 118, ✆ 091 582403. SNAV, im Hafen (nördlicher Bereich), ✆ 091 6317900.

- *Zug* **Bahnhof** (Info: ✆ 091 6031111) am südlichen Altstadtrand, am Beginn der Via Roma. Moderne elektronische Zugauskunft im Self-Service-Verfahren, Gepäckaufbewahrung etc. Generell gilt: Für die Nordküste bis Messina sowie nach Zentralsizilien ist der Zug vorzuziehen, für den Westen dagegen der Bus. Direktverbindungen nach Messina 12-mal täglich, Catania 2-mal, Agrigento 12-mal, Trapani 8-mal und Caltanissetta-Centrale 3-mal. Zusätzliche Möglichkeiten über die wichtigen **Umsteigebahnhöfe** Caltanissetta Xirbi (für den Osten und Südosten) und Alcamo Diramazione (Südwesten). Direktverbindungen zum Festland: Napoli und Rom je 6-mal täglich.

Palermo

- *Bus* Von Palermo aus in fast alle Ecken Siziliens, zu den meisten Städten weit schneller als per Zug. Ein Wermutstropfen ist das Fehlen eines zentralen Busbahnhofs; die einzelnen Gesellschaften starten an unterschiedlichen Abfahrtstellen. Immerhin liegt die Mehrzahl der Agenturen im Umfeld des Bahnhofs. Angesichts der zahllosen Verbindungen und der häufigen Änderungen kann hier nur eine Übersicht über die wichtigsten Gesellschaften und Destinationen aufgeführt werden; bei anderen Zielen können die Infostellen der A.A.P.I.T. weiterhelfen. Eine rechtzeitige Anfrage bei einem der Fremdenverkehrsämter empfiehlt sich ohnehin, da immer wieder mal eine Gesellschaft ihren Standort wechselt. An dieser Stelle sei's noch einmal gesagt: Sonntags auf ganz Sizilien generell stark **eingeschränkter** oder gar **kein** Busverkehr. Ab Palermo existieren keine Direktverbindungen nach Milazzo, dafür gibt es häufige Züge.
- *Wichtige Haltestellen und Gesellschaften* Nicht alle Gesellschaften betreiben an den Abfahrtstellen eine eigene Agentur. Die Konkurrenten vor Ort wissen meist aber auch Bescheid.

Via Rosario Gregorio/Via Balsamo: Parallel- bzw. Querstraßen an der östlichen Seite des Bahnhofs. Gesellschaften: AST (Via Rosario Gregorio), CAMILLERI (Via Rosario Gregorio), CUFFARO (Via Balsamo); GALLO (Via Balsamo); SALEMI (Via Rosario Gregorio); SAIS (Via Balsamo); SEGESTA/INTERBUS (Via Balsamo).

Corso Re Ruggero: Etwas abgelegen im Südwesten des Zentrums. AST-Busse, die hier starten, fahren in der Regel auch in der Via Rosario Gregorio vorbei bzw. umgekehrt.

Piazza Marina: RUSSO fährt via Politeama nach Castellammare und San Vito lo Capo.

- *Einige wichtige Ziele* Agrigento (CUFFARO 7-mal tägl.; CAMILLERI 4-mal), Catania (SAIS, tagsüber stündlich, z.T. auch Flughafen Catania), Caltanissetta (u. a. SAIS 12-mal), Castellammare (RUSSO 5-mal), Cefalù (SAIS, 3-mal), Enna (SAIS, 8-mal), Gangi (SAIS, 8-mal), Marsala (SALEMI, 15-mal), Mazara del Vallo (SALEMI, 10-mal), Messina (SAIS, 8-mal), Nicosia (SAIS, 4- bis 5-mal), Piazza Armerina (SAIS, 7-mal), Ragusa (AST 4-mal), Segesta (TARANTOLA, ab Ecke Bahnhofsplatz/Via Lincoln 3-mal), Siracusa (SEGESTA/INTERBUS, 3- bis 4-mal), Trapani (SEGESTA/INTERBUS, 6–21 Uhr stündlich).

Stadtverkehr

- *Stadtbusse* Ein ausgedehntes Liniengeflecht der orangen AMAT-Busse durchzieht Palermo und reicht auch bis in die umliegenden Ortschaften wie Monreale, Mondello und Sferracavallo. Tickets zu 1 € (auch verbilligte 20er-Blocks) und Tageskarten zu etwa 3,50 € in vielen Tabacchi und bei den Verkaufsstellen am Bahnhof, an der Piazza Castelnuovo Ecke Via Libertà und an der Piazza Verdi, nicht jedoch in den Bussen selbst! Bei den AMAT-Verkaufsstellen gibt es auch ein Ganztages-Ticket "Centro Stòrico" für kaum über 50 Cent, doch gilt dieses nur in den Minibussen, siehe unten. Das Bussystem von Palermo ist zwar anfangs etwas verwirrend, da die meisten Linien für Hin- und Rückfahrt wegen der vielen Einbahnstraßen unterschiedliche Routen benützen oder Umwege fahren – nach einer Weile gewöhnt man sich aber gut daran und spart so dann manchen Fußweg. Eine Fahrplanübersicht ist bei den Fremdenverkehrsämtern erhältlich.
- *Einige wichtige Stadtbuslinien der Innenstadt* Ab **Bahnhof** Nr. 101 und 102 Richtung Piazza Politeama, Nr. 109 zur Piazza Indipendenza, Nr. 139 zur Via Francesco Crispi am Hafen.

Entlang des **Cassaro**, also des Corso Vittorio Emanuele: Zwischen Piazza Indipendenza und Porta Felice Nr. 105, von der Piazza Indipendenza zur Via Roma auch Nr. 104, dann weiter Richtung Politeama.

- *Minibusse* der AMAT drehen im Zentrum auf drei Linien ihre Runden: Die rote Linie **Linea Rossa** fährt über die Via Roma bis zum Giardino Inglese und über die Via della Libertà und Via Maqueda zurück, die gelbe Linie **Linea Gialla** beschreibt eine Art Kreis, auf dem u. a. die Kalsa, Quattro Canti und Ballarò angefahren werden; Schnittpunkt beider Linien ist der Bahnhof. Die grüne **Linea Verde** fährt ab der Piazza Indipendenza die Via Vittorio Emanuele auf und ab.
- *Metropolitana* Eine Art S-Bahn, Start am Corso Re Ruggero, dann via Bahnhof in weitem Bogen über den Vorort-Bahnhof Notarbartolo zur Piazza Giacchery im westlichen Hafenbereich. Sinnvoll nur als schnelle Verbindung zum Parco della Favorita.
- *Tram* Palermo soll künftig auch drei Straßenbahnlinien erhalten, deren Streckenfüh-

Stadtverkehr

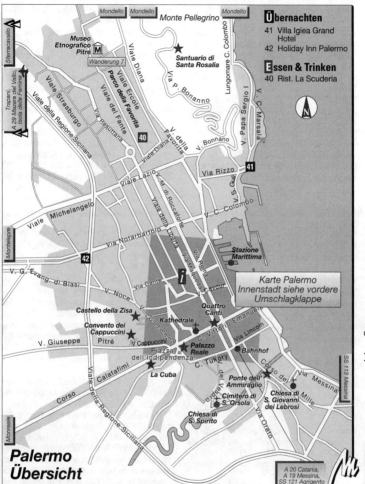

Palermo Übersicht

Karte Umschlagklappe vorne und Seite 407

Palermo

rung in die westlichen und südlichen Vororte jedoch für Reisende im Normalfall keine Bedeutung haben wird.

• *Mit dem Auto* Wenn es sich vermeiden lässt, verzichte man besser auf Stadtfahrten. An den absolut chaotischen und hektischen Verkehr kann man sich vielleicht noch gewöhnen, die permanenten Staus, verwirrenden Einbahnstraßenregelungen und der Mangel an Parkplätzen, von denen viele in den letzten Jahren zudem gebührenpflichtig wurden, fallen aber sehr auf die Nerven.

Wenn es doch sein muss, etwa um zum Hotel zu fahren: am besten sehr früh am Morgen, in den ruhigeren Nachmittagsstunden zwischen 14 und 16 Uhr oder sonntags in die Stadt. **Nichts** im abgestellten Fahrzeug lassen (CD-Player raus! Handschuhfach offen!), bei Stadtfahrten Wertsachen unter den Sitzen verstauen – so machen's auch die Palermitaner. Sicherer steht das Auto in gebührenpflichtigen Garagen oder bewachten Parkplätzen, zum Beispiel in der Via Guardione 81 am Hafen oder an der

408 Palermo

Piazzale Ungheria (günstige Nachtpauschalen) nördlich vom Teatro Massimo.

• *Autoverleih* Das größte Angebot Siziliens, teilweise sehr unterschiedliche Preislagen, Vergleiche können sich lohnen. Die Mehrzahl der Agenturen liegt in Hafennähe. AVIS, Via Francesco Crispi 115, ✆ 091 586940. EUROPCAR, Bahnhof Notarbartolo, ✆ 091 301825. HERTZ, Via Messina 7, ✆ 091 323439. HOLIDAY, Via E. Amari 83, ✆ 091 325155. ITALY BY CAR, Via F. Crispi 120, ✆ 091 6057111. RENTAL SICILY, Via Carella 64, ✆ 091 320717. SICILY BY CAR, relativ günstig, Via M. Stabile 6a, ✆ 091 581045. Viele der Firmen haben Dependancen am Flughafen.

• *Motorrollerverleih* SICILY BY CAR, Via M. Stabile 6a, ✆ 091 581045.

• *Fahrradverleih* CANNATELLA, Via Papireto 14, ✆ 091 322425.

• *Taxi* Preise prinzipiell niedriger als bei uns, Einschaltgebühr etwa 2 €, per Kilometer 0,70 €, Wartezeit pro Stunde 13 €, Minimalgebühr 3,10 €. Alle Werte gelten natürlich nur, falls die Uhr eingeschaltet wird: Bestehen Sie darauf! Nicht über die vielen Zuschläge wundern (bei Anruf, nachts, feiertags, für Gepäck etc.) Für die Fahrt zum Flughafen sind rund 8 € Aufschlag fällig. Bei längeren Fahrten (Mondello, etc.) Preis vorher festmachen. Standplätze u. a. am Bahnhof, Piazza Ruggero Settimo (Politeama), Piazza Indipendenza. Funktaxis unter ✆ 091 513311, 091 513198, 091 513374 (Autoradio Taxi) oder 091 225455, 091 225460, 091 6825441 (Taxi Trinacria).

*A*dressen

• *Allgemeiner Notruf* ✆ 113
• *Carabinieri-Notruf* ✆ 112

Hospital: Ospedale Cicico Regionale; Via Carmelo Lazzaro, ca. ein Kilometer südwestlich des Bahnhofs; ✆ 091 6661111.

Touristenpolizei: Ufficio stranieri, Via San Lorenzo Colli 271, ✆ 091 6725356.

• *Aci-Pannendienst* ✆ 116

• *Konsulate* **Deutsches Konsulat**: Viale Francesco Scaduto 2 d, Nähe Piazza Unità d´Italia, weit im Norden der Via della Libertà, ✆ 091 6254660. Sprechzeiten: Mo, Mi, Fr 9.30–12 Uhr.

Österreichisches Konsulat: Viale Leonardo da Vinci 145, an der Verlängerung der Via Notarbartolo, ✆ 091 6825696. Sprechzeiten Mo–Fr 16.30–18.30 Uhr.

Post: Hauptpost, unübersehbar im gigantomanischen "Mussolini"-Stil, an der Via Roma 322; ⏱ Mo–Fr 8.15–19.30 Uhr, Sa 8.15–13.30 Uhr. Etwas kürzere Öffnungszeiten hat die Bahnhofsfiliale.

• *Internet-Zugang* **Internet-Café Candelai**, Via Candelai 65, von den Quattro Canti die Via Maqueda nach Norden, zweite Querstraße links. Einem kulturellen Zentrum angeschlossen, geöffnet ab 19 Uhr, Mo zu. www.candelai.it.

Internet-Point, Via Dante 5 (Politeama), Mo–Sa 9–20 Uhr.

Aboriginal Internet Café, Via Spinuzza 51, eine Seitenstraße hafenwärts der Via Maqueda Höhe Teatro Massimo.

• *Goethe-Institut* Deutsche Zeitungen, Zeitschriften und Bücher, Veranstaltungen (Monatsprogramm dort erhältlich). Cantieri Culturali alla Zisa, Via Paolo Gili 4. Nähe Castello Zisa, ✆ 0916528680

• *Infos für Bergtouren* Club Alpino Siciliano (CAS), Via Paolo Paternostro 43, bei der Piazza Castelnuovo, ✆ 091 581323.
Club Alpino Italiano (CAI), Via Garzilli 59, ✆ 091 329407. Bei beiden Organisationen Routentipps, Infos zu Schutzhütten, etc.

• *Agriturismo* "Ferien auf dem Bauernhof", auch in den Bergen der Madonie. Infos und Anbieterlisten bei: *Agriturist*, Via Alessio Di Giovanni 14, ✆ 091 346046, ✎ 091 323200, und Turismo Verde, Via Remo Sandron 63, ✆ 091 308151, ✎ 091 348061.

*Ü*bernachten (siehe *K*arten *U*mschlagklappe vorne und auf *S*eite 407)

An Hotels besteht kein Mangel. Trotzdem ist es ratsam, zu reservieren oder zumindest schon früh am Tag mit der Suche anzufangen. Zur Siestazeit ist in manchen der einfacheren Hotels kein Mensch zu erreichen.

• *Stadtrand* ***** **Villa Igiea Grand Hotel (41)**, nördlich des Zentrums in Meeresnähe; im Rücken der Monte Pellegrino, unterhalb die Conca d'Oro. Eines der Top-Hotels Siziliens; eine Villa mit Jugendstileinrichtung, umgeben von einem großzügigen Park. 2001 teilrenoviert, eine Rundum-Überholung ist vorgesehen. DZ/F nach Saison und Ausstattung etwa 185–230 €, es gibt auch Superior-DZ mit Terrasse, Suiten etc.

Via Belmonte 43, ✆ 091 6132111, ℻ 091 547654, www.thi.it.

**** Holiday Inn Palermo (42), das ehemalige "Motel Forte Agip", an der Umgehungsstraße, Ecke Via Notarbartolo. Günstig, um nicht mit dem Auto in die Stadt zu müssen – angesichts der Preise kommt es aufs Taxi auch nicht mehr an. DZ/F offiziell etwa 145–230 €, bei Internet-Buchung oft günstiger. Viale della Regione Sicilia 2620, ✆ 091 6983111, ℻ 091 408198. www.holidayinn.com/italypalermo.

• *Altstadt* ****** Hotel Centrale Palace (3)**, Nähe Quattro Canti – zentraler geht's wirklich nicht. Ein Adelspalast aus dem 17. Jh., später Jesuitenkloster, jetzt schon über 80 Jahre lang Hotel. Dachterrasse mit toller Aussicht, Säulen, hohe Säle, Kronleuchter... Seit den Renovierungen der späten Neunziger wieder eine erstklassige Adresse. DZ/F etwa 250–280 €. Corso Vittorio Emanuele 327, ✆ 091 336666, ℻ 091 334881, www.centralepalacehotel.it.

**** Jolly Hotel del Foro Italico (39), an der Uferstraße Foro Umberto I. (Foro Italico), Nähe Botanischer Garten. Größtes Hotel der Stadt, 2001 renoviert. Ein luxuriöser Betonklotz mit großem Parkplatz und – eine Seltenheit in Palermo – sogar einem Swimmingpool. Die Zimmer nach hinten sind deutlich ruhiger. DZ/F rund 135–170 €. Foro Umberto I. 22, ✆ 091 6165090, ℻ 091 6161441, palermo@jollyhotels.it.

*** Hotel Massimo Plaza (6), gleich beim Teatro Massimo und ein bei dessen Akteuren sehr beliebtes Quartier. Schönes altes Haus, 1998 zum kleinen Hotel mit nur elf Zimmern umgebaut, gut und freundlich geführt. Der Kette "Charming Hotels" angeschlossen; sehr angenehme, geräumige Zimmer mit Schallschutzfenstern. Service wird groß geschrieben, das Frühstück in den Zimmern serviert. Parkmöglichkeit in der Nähe. DZ/F etwa 185 €. Via Maqueda 437, ✆ 091 325657, ℻ 091 325711, www.massimoplazahotel.com.

*** Grande Albergo Sole (9), in ausgesprochen zentraler Lage am Cassaro, nur wenige Schritte von den Quattro Canti gelegen. Großes, 2002 renoviertes Hotel mit über 250 Betten und sehr schönem Blick von der Dachterrasse, DZ/F etwa 180 €. Corso Vittorio Emanuele 291, ✆ 091 6041111, ℻ 091 6110182, www.ghshotels.it.

** Hotel Posta (25), in einer Seitenstraße der Via Roma gegenüber der Post. Von außen unscheinbar, innen jedoch modern

Nobel: Hotel Centrale Palace

und zweckmäßig eingerichtet; 2001 komplett renoviert. Angenehme Atmosphäre, Parkmöglichkeit und als kleiner Clou ein Privatstrand in Mondello. Durch eine Häuserzeile vom Straßenlärm weitgehend abgeschirmt. DZ/F 100 €. Via A. Gagini 77, ✆ 091 587338, ℻ 091 587347.
www.hotelpostapalermo.it.

** Hotel Villa Archirafi (35), unweit des Bahnhofs, neben dem Botanischen Garten. Hübsches und gut eingerichtetes kleines Hotel, die Zimmer zur Straße hin etwas laut, dennoch von Lesern gelobt. 2001 renoviert, Parkmöglichkeit. DZ/F 90–110 €. Via Abramo Lincoln 30, ✆ 091 6168827, ℻ 091 6168631.

** Hotel Sausele (4), ordentliches Haus, ebenfalls in Bahnhofsnähe. In Schweizer Besitz, mit viel Nippes hübsch hergerichtet. Die Zimmer könnten allerdings langsam eine kleine Auffrischung vertragen. Garage gleich um die Ecke. DZ/F etwa 90 €. Via V. Errante 12, eine Seitenstr. der Via Oreto, die eine südöstliche Verlängerung der Via Maqueda ist; ✆ 091 6161308, ℻ 091 6167525.

** Hotel del Centro (14), an der Via Roma, erst 2001 eröffnet und dementsprechend gut in Schuss. Solide ausgestattet und komfortabel, gegen Gebühr Parkmöglichkeit. Die

Palermo

Zimmer zur Straße sind nicht ganz ruhig, es gibt aber auch viele Räume nach hinten. Gutes Preis-Leistungs-Verhältnis, DZ/F etwa 75–85 €. Via Roma 72, ℡ 091 6170376, 📠 091 6173654, www.hoteldelcentro.it.

* Hotel Letizia (32), ein sehr angenehmes, freundlich geführtes Haus. Ruhige Lage in einer Seitenstraße des Cassaro, Nähe Piazza Marina. In den letzten Jahren komplett durchrenoviert, mit dem Ziel, mindestens eine Kategorie aufzusteigen. Schön eingerichtete, zum Teil sehr geräumige Zimmer mit Klimaanlage etc., kleine Innenterrasse fürs Frühstück. DZ ("Superior") 85 €, Standard-DZ (nur zwei) 75 €; auch eine Suite gibt es. Via Bottai 30, ℡/📠 091 589110, www.hotelletizia.com.

* Hotel Sicilia (8), ein kleines, liebevoll eingerichtetes Hotel mit 20 Zimmern, nicht weit vom Bahnhof an der lauten Via Maqueda – Zimmer nach hinten nehmen. Einrichtung und Bäder gepflegt, die Zimmer besitzen Klimaanlage, TV und Kühlschrank; gegen Gebühr Parkmöglichkeit. Insgesamt eine gute Wahl, wie zufriedene Leser immer wieder bestätigen. DZ/Bad rund 75 €. Via Divisi 99 (Ecke Maqueda), ℡ 091 6168460, 📠 091 6163606, www.albergosicilia.com.

* Hotel Alessandra (8), im gleichen Haus, ebenfalls mit Parkmöglichkeit und etwas älteren, aber noch ganz ordentlichen Zimmern. DZ/Bad etwa 60 €, nach der geplanten Renovierung dürften die Preise steigen. ℡ 091 6173958, 📠 091 665180.

* Hotel Elena (16), direkt neben dem Bahnhof, etwas angegraut, aber insgesamt für Spätankömmlinge noch durchaus brauchbar, wenn auch etwas teuer für das Gebotene: DZ/Bad 65 €, ohne Bad 50 €. Piazza G. Cesare 14, ℡ 091 6162021, 📠 091 6162984.

* Hotel Concordia (14), im selben Gebäude wie das Hotel del Centro und in seiner Klasse eine gute Wahl. An der lauten Via Roma, viele Räume liegen jedoch nach hinten. 2002 komplett renoviert, geräumige Zimmer mit Stuckdecken und TV. Prima Preis-Leistungs-Verhältnis: DZ/Bad 65 €, ohne Bad 55 €. Via Roma 72, ℡/📠 091 6171514.

* Hotel Cortese (1), in zentraler Lage Nähe Ballarò-Markt, kaum Verkehrslärm. Schönes, unverwinkeltes altes Haus, in dem einst "Graf" Cagliostro lebte. Freundliche Führung, Terrasse. 2002/2003 renoviert. Insgesamt immerhin 27 solide Zimmer mit Lärmschutzfenstern, recht hübsch herausgeputzt und künftig wohl auch mit Klimaanlage. Einziger Haken der an sich sehr empfehlenswerten Herberge ist die Lage in einem Gebiet, das nachts etwas ungemütlich wirken könnte. DZ/Bad etwa 60 €, ohne Bad 45 €. Via Scarparelli 16, von der Via Maqueda über die Via della Università; ℡/📠 091 331722. www.hotelcortese.net.

* Hotel Cavour (26), sehr nah beim Bahnhof, trotzdem recht ruhig. Einfache, aber geräumige und saubere Zimmer, viele mit Klimaanlage; der Chef spricht etwas deutsch. Mehrere Leser waren durchaus zufrieden, einer schwärmte angesichts der Stuckdecke seines Zimmers sogar vom "Highlight aller Unterkünfte auf Sizilien" ... DZ/Bad 55 €, ohne Bad 35 €; Via Manzoni 11, eine Seitenstraße der Via Lincoln; ℡ 091 6162759.

* Hotel Orientale (5), bahnhofsnah an der Via Maqueda. In einem echten alten Palazzo, Mobiliar zum Teil schon älter, die 21 Zimmer aber gut gegen Verkehrslärm abgeschirmt und deshalb für hiesige Verhältnisse ruhig. DZ/Bad/Klimaanlage 60 €, ohne alles 40 €. Die Umgebung ist allerdings nicht besonders schön. Via Maqueda 26, ℡ 091 6165727.

* Hotel Rosalia Conca d'Oro (12), ebenfalls in diesem Gebiet. Kleine Familienpension mit gerade mal sieben Zimmern und zwei Bädern, nach einem Besitzerwechsel aufgepeppt. Geräumige Zimmer mit Stuckdecke, für den Preis durchaus in Ordnung: DZ ohne Bad 40 €. Via Santa Rosalia 7, ℡ 091 6164543, 📠 6175852, albergorosaliaconcadoro@virgilio.it.

● *Jenseits der Via Cavour* ****** Grande Albergo & Des Palmes (19)**, auch unter dem italienischen Namen "Grande Albergo e delle Palme" bekannt. Ein traditionsreicher Hotelpalast an der Via Roma, Palmen am Eingang, Palmen im Foyer, der Rest Jugendstil de luxe. Richard Wagner beendete hier seinen "Parsifal", zeitweise diente das Haus auch als Stützpunkt von "Lucky" Luciano. Eigene Garage, sehenswerte Bar. Manche der Zimmer fallen allerdings weniger prächtig aus als die allgemein zugänglichen Räumlichkeiten, eine Generalüberholung ist vorgesehen. DZ/F etwa 205 €. Via Roma 396, ℡ 091 583933, 📠 091 331545, www.thi.it.

**** Hotel President (34), komfortables Haus in Hafennähe, bequem für An- und Abreise. Komplett ausgestattete, Ende der Neunziger renovierte Zimmer; Parkmöglichkeit. DZ/F rund 130 €. Via Francesco Crispi 228, ℡ 091 580733, 📠 091 6111588. www.hotelpresidentpalermo.it.

Camping

*** Hotel Mediterraneo (11), in einer ruhigen Seitenstraße zwischen Via Roma und Via Ruggiero Settimo, bzw. zwischen Piazza Verdi und Piazza Castelnuovo. Gemütliches Haus, große, gut ausgestattete Zimmer mit teilweise schon etwas älteren Möbeln; hoteleigene Garage. DZ/F etwa 105 €. Via Rosolino Pilo 43, ℡ 091 581133, ℻ 091 586974. www.abmedpa.com.

*** Hotel Joli (27), Nähe Piazza Don Sturzo. Moderne und geräumige Zimmer, vor wenigen Jahren renoviert. Recht ruhige Lage, teilweise Schallschutzfenster, freundliche Einrichtung – eine gute Wahl in dieser Klasse. DZ 90–110 €. Via Michele Amari 11, eine Seitenstr. der Via Enrico Amari, ℡ 091 6111765, ℻ 091 6111766, www.hoteljoli.com

Via Mariano Stabile 136 (13), Ein Doppelhochhaus mit einer ganzen Reihe von Hotels, zwischen Piazza Verdi und Piazza Castelnuovo. Nicht die schlechteste Wahl, denn die hohe Lage sorgt für angenehme Entfernung vom Straßenlärm und teilweise auch gute Aussicht. Zimmervergleich lohnt sich, sie fallen auch innerhalb der einzelnen Hotels unterschiedlich aus. Gegen Gebühr ist meist ein Platz in der Parkgarage erhältlich.

** Hotel Boston, zu erreichen über den ersten Eingang. Insgesamt nur sieben Zimmer, alle mit Klimaanlage etc. 1999 renoviert, DZ 80 €; ℡ 091 580234, ℻ 091 335364. Unter gleicher Führung, Adresse und Telefonnummer und mit identischen Preisen: **** Hotel Madonia**.

** Hotel Elite, ebenfalls erster Eingang. 2002 renoviert, gut ausgestattete Zimmer mit Klimaanlage; nette Wirtin. DZ 80 €; ℡ 091 329318, ℻ 091 588614. www.elitehotel.net.

** Hotel Gardenia, erster Eingang. Zimmer in Ordnung und mit Klimaanlage, vor einigen Jahren renoviert. DZ 85 €. ℡ 091 322761, ℻ 091 333732. www.gardeniahotel.it.

• *Jugendherberge* **Ostello della Gioventù Baia del Corallo**, küstennah im Vorort Sferracavallo gelegen, zur Anreise siehe gleich unten unter "Camping". 40 Betten in Doppel- und Viererzimmern mit eigenem Bad, Ü/F p.P. 18 €. Ganzjährig geöffnet. Sferracavallo, Via del Plauto 27, ℡ 091 6797807, ℻ 091 6912376, ostellodipalermo@libero.it.

Camping

Wohnmobilfahrer finden einen entsprechend ausgestatteten Parkplatz im Stadtbereich. Die beiden zentrumsnächsten Campingplätze liegen im nordwestlichen Vorort Sferracavallo, gut zehn Kilometer vom Zentrum, siehe auch "Palermos Umgebung". Häufige *Busverbindung* ab Bahnhof: zunächst mit Linie 101, dann entweder ab Station Vittorio Veneto weiter mit Linie 616, oder aber ab der Endstation De Gasperi Stadio weiter mit Linie 628. Man kann als kleinen Abstecher auch über Mondello fahren, siehe dort. *Autofahrer*, die von Osten kommen, nehmen am einfachsten die Stadtautobahn/Umgehungsstraße Richtung Flughafen und Trapani bis zur Ausfahrt Isola delle Femmine, dann in der Gegenrichtung entlang der Küste zurück bis Sferracavallo. Weitere Campingplätze liegen bei Isola delle Femmine (Bahnverbindung, siehe "Palermos Umgebung"), allerdings weiter entfernt.

** Camping Trinacria, östlicher Ortsrand, durch die Uferstraße vom (unschönen) Felsstrand getrennt. Ausgedehntes, recht trauriges Gelände, Schatten durch Mattendächer; im Sommer Restaurant und Laden. Bungalowvermietung. Ganzjährig geöffnet, zwei Personen, Auto, Zelt zur HS etwa 16 €. ℡ 091 530590.

* Camping degli Ulivi, der weitaus angenehmere Platz. In einer Wohngegend (rechts der Straße von Palermo), zum Meer etwa 600 m. Klein und familiär; der freundliche Besitzer Totò nebst Anhang sorgt für blitzsaubere Anlagen und hat auch behindertengerechte Sanitärs installiert. Etwas Schatten durch Olivenbäume, hübsche Terrasse zur allgemeinen Nutzung, internationales Publikum. Einkaufsmöglichkeiten, Restaurants und das pralle Leben eines palermitaner Vororts in der Nähe. Ganzjährig geöffnet, pro Person rund 6,50 €, alles – auch Warmduschen – inklusive. Bungalowvermietung, 2er 21 €, 4er 37 €. ℡/℻ 091 533021.

Camper Service, Piazzale Giotto, an der Via Giotto nördlich der Via Notarbartolo, beste Zufahrt von der Umgehungsstraße Viale della Regione Sicilia. Ein Parkplatz der Verkehrsbetriebe AMAT, alle nötigen Einrichtungen, Wasser- und Stromanschluss etc. Stellplatz inklusive Tages-Busticket für zwei Personen etwa 20 €. Infos in Italienisch bei der AMAT-Servicenummer ℡ 091 6902690.

Palermo

Essen (siehe Karten Umschlagklappe vorne und auf Seite 407)

Auch in kulinarischer Hinsicht gibt sich Palermo für italienische Verhältnisse relativ preiswert. Ein berühmter Klassiker der lokalen Küche ist "Pasta con le Sarde", Nudeln mit Sardinen, wildem Fenchel und Pinienkernen. Mit die preiswertesten und sehr bodenständige Lokale finden sich rund um den Markt Vucciria, der auch ein Paradies für sizilianischen Imbiss ist. Sonntags haben Hungrige schlechte Karten in Palermo, viele Restaurants sind dann geschlossen.

• *Gehoben* **Ristorante La Scuderia (40)**, weit in der Neustadt, Nähe Park Favorita. Schon optisch eins der schönsten Lokale Palermos; Blumenpracht, Terrasse und Springbrunnen. Die Küche steht da nicht nach; sie gilt als eine der besten der Stadt. Menü ab etwa 40 €; Viale del Fante 9, ✆ 091 520323. Sonntagabend und während der zweiten Augusthälfte geschlossen.

Ristorante Friend's Bar, im Vorort Borgo Nuovo. Nun wirklich keine Bar, sondern ein Restaurant der feinen Art. Das Essen, sizilianisch-traditionell und erfindungsreich verfeinert, ist exzellent, das Lokal demzufolge immer krachvoll. Menü ab etwa 30 €. Via F. Brunelleschi 138, zu erreichen über den Viale Michelangelo, ✆ 091 201401. Montag und in der zweiten Augusthälfte geschlossen.

Ristorante Capricci di Sicilia (18), an der verkehrsumtosten Piazza Sturzo, nur ein paar Schritte von Politeama-Theater. Unscheinbarer Eingang, jedoch bekannt gute palermitanische Regionalküche. Freundlicher Service, berühmte Desserts. Menü ab etwa 30 €. Piazza Sturzo, ✆ 091 327777. Im August variable Betriebsferien. Sa/So geschlossen.

Osteria dei Vespri (21), laut Eigenwerbung eine "Weinstube mit Restaurant", gelegen an einem hübschen kleinen Platz nur wenige Schritte meerwärts der Via Roma. Feine Küche, Menü ab etwa 30 €. Piazza Croce dei Vespri 6, ✆ 091 6171631; So und um Mitte August geschlossen.

Ristorante La Cuccagna (24), nur ein paar Schritte abseits der nördlichen Via Roma, nicht weit vom Hotel Joli. Gehobene Küche, sehr netter Service. Für ein Menü sind etwa 25 € aufwärts zu rechnen. Via Principe Granatelli 21 a, ✆ 091 587267. Mo geschlossen.

Trattoria La Cambusa (33), eines der vielen Lokale an der Piazza Marina, die sich in den letzten Jahren zur beliebtesten Restaurantzone der Innenstadt entwickelt hat. La Cambusa zählte lange zu den alteingesessenen, beliebten Treffs der Nachbarschaft, wird aber zunehmend auch von Touristen besucht. Die Antipasti und Fischgerichte (Fisch am Tresen aussuchen) werden immer wieder von Lesern gelobt, an der "Pasta con le Sarde" gab es einmal deutliche Kritik. Menü etwa 20–25 €, Sonntag Ruhetag.

Trattoria Piccola Napoli (28), im urwüchsigen Viertel Borgo Vecchio. Berühmt für marktfrische Fischspezialitäten. Menü ab etwa 20 €, man kann aber auch deutlich mehr ausgeben. Piazza Mulino a Vento, ✆ 091 320431. Nur mittags geöffnet, am Wochenende auch abends, So Ruhetag, in der zweiten Augusthälfte geschlossen

• *Preisgünstig* **Ristorante-Pizzeria I Beati Paoli (37)**, etwa an der gegenüberliegenden Seite der Piazza Marina. Gemütliches und sehr beliebtes Lokal, Tische auch im Freien. Menü um die 20 €, es geht (z.B. bei Pizza) auch günstiger. Der Name erinnert übrigens an eine legendenumrankte Geheim-Bruderschaft des frühen 18. Jh., Thema einer Novelle von Luigi Natoli. Piazza Marina 50, Mi Ruhetag.

Pizzeria Pergameno (36), gleich daneben. Auch hier sitzt man hübsch neben Palmen und alten Palazzi. Der Service vielleicht etwas irritierend (das Gewünschte muss auf einem Zettel angekreuzt werden), die Pizze sind jedoch ordentlich und mit 5–6 € auch nicht teuer. Wie auch in so manch anderem Lokal scheint der günstige Tarif freilich über den Bier-Preis subventioniert zu werden ... Piazza Marina 48.

Ristorante-Pizzeria Bellini (10), an der Piazza Bellini, nahe Quattro Canti, mit Terrasse. Die schöne Lage, von Kirchen und alten Gebäuden umgeben, schlägt gar nicht so stark auf die Preise durch (Menü ab 18 € aufwärts). Man kann's aber auch bei einer Pizza für durchschnittlich 5–6 € belassen, die dank des dicken Belags ihr Geld durchaus wert ist. Bis drei Uhr morgens geöffnet, Mo Ruhetag.

Trattoria Primavera (2), ebenfalls ganz in der Nähe der Quattro Canti. Trotz der zentralen Lage eine Trattoria vom alten Schlag, am Wochenende zahlreich von der Nachbarschaft besucht. Gute sizilianische Küche, hübsche kleine Terrasse. Festpreismenü mit breiter Auswahl an Antipasti, Primi und

Essen

Seit 1834 in Betrieb: Antica Focacceria San Francesco

Secondi für rund 16 €. Piazza Bologni 4, Fr Ruhetag.

Trattoria-Pizzeria La Vecchia Locanda (17), an der zentralen Via Roma. Gute Fischgerichte, auch Pizza, die hier im Normalfall wortwörtlich meterweise verkauft wird. Gelegentlich Aufführungen von Musikgruppen etc., jedoch wohl eher für die Nachbarschaft gedacht. Menü ab etwa 18 €. Piazzetta delle Messinese, etwas zurückversetzt von der Hauptstraße.

Trattoria da Ciccio (15), ebenfalls in diesem Gebiet. Ein Lesertipp von Bettina & Armin Wolf: "Etwa zehn Tische und fünf weitere auf der Terrasse. Freundliche familiäre Atmosphäre mit einem guten Service und einer hervorragenden Küche. Sehr gutes Preis-Leistungsverhältnis und große Portionen, Antipasti vom Buffet. Via Firenze 6, So geschlossen."

Ristorante Il Mirto e la Rosa (23), früher ein überwiegend vegetarisches Restaurant, das mittlerweile aber auch Fleisch und Fisch serviert; guter Cuscus. Edel in alten Gewölben, sparsam eingesetzte Jugendstildekoration, ruhige Atmosphäre; auch mittags beliebt. Komplettes Festmenü ab etwa 15 €, à la carte ab 18 €. Via Principe Granatelli 30, eine Seitenstraße der Via Roma zwischen Via Cavour und Piazza Don Sturzo. Sonntag Ruhetag, im August geschlossen.

Trattoria dal Maestro del Brodo (22), am Rand der Vucciria und beliebter Treff der Marktleute. Hoher Speisesaal, kreisende Ventilatoren, einfache Einrichtung, durch große Fenster Blick auf die Küche. Menü ab etwa 18 €. Nur mittags geöffnet. Via Pannieri, ein Seitengässchen des Cassaro, meerwärts der Kreuzung mit Via Roma.

Ristorante Shangai (20), mitten in der Vucciria. Kein Chinese, wie der Name vermuten lassen könnte, sondern durchaus sizilianisch. Tolle Balkonterrasse direkt über dem Hauptplatz der Vucciria, Spitzenblick auf das Getümmel. Mehrere Leser waren sehr angetan. Preislich gemäßigt. So Ruhetag.

Trattoria Stella (29), im palmenbestandenen Innenhof eines alten, abblätternden Palazzo, des früheren Hotels "Patria". Der romantischen Atmosphäre wegen beliebt bei Palermos "Kunstwelt". Komplettes Menü ab etwa 15–18 €. In der Nähe der Piazza Rivoluzione (Kalsa-Viertel, unweit Bahnhof), nach dem Ex-Hotel Patria fragen, dort auch der Eingang. Via Alloro 104, So-Mittag und Mo geschlossen.

Trattoria Mama Carmelo (31), im Marktviertel Borgo Vecchio, eine Trattoria mit dem gewissen altsizilianischen Flair. Eben diese Atmosphäre suchen auch die (meist kleineren) Reisegruppen, die manchmal Mama Carmelo besuchen, und die ein wenig für

Veränderung zu sorgen scheinen: "Allerdings ist Mama doch recht freigiebig bei der Erstellung der Rechnung, die sie nur im Kopf aufmacht und die zum einen recht happig, zum anderen erstaunlich glatt war." (Leserbrief von Michaela Gey & Andreas Poldrack). Via Principe di Scordia, Ecke Via Ciollegio di Santa Maria.

Trattoria-Pizzeria Enzo (7), gleich beim Bahnhof. Freundliches, familiäres Lokal mit Freiterrasse, das wegen der angenehmen Preise auch bei der Nachbarschaft sehr beliebt ist. Pizza schon unter 4 €, auch die Primi und Secondi sind günstig. Via Maurolico 17–19.

Antica Focacceria San Francesco (30), bei der gleichnamigen Kirche, in einer Seitengasse des Cassaro. Palermos traditionsreichster Imbiss, 1834 gegründet! Seit dem letzten Facelift Tische auch am Platz vor der nachts angestrahlten Kirche. Großes Angebot an sizilianischem "Fast-Food" wie Arancine (gefüllte Reiskugeln), Pani ca´ meusa (Brötchen mit gekochter Milz und/oder Lunge) oder eben Focacce (pikant gefüllte Teigkrapfen). Auch bei viel Hunger sollte man schon für etwa zehn Euro satt werden. "Die Nachspeisenkarte ist der Kellner selbst, der ein Tablett von Tisch zu Tisch zur Auswahl bringt" (Leserbrief). Immense Auswahl an Biersorten, allerdings relativ teuer. Insgesamt einen Besuch unbedingt wert! Via A. Paternostro, Abzweig vom Cassaro bei Haus Nr. 176; Montag Ruhetag.

Pani ca´ meusa (38), noch weit bodenständiger ist diese Kneipe an der Hafenbucht La Cala, in der praktisch nur die namensgebenden Brötchen (siehe oben) serviert werden. Gegründet 1943, zwar renoviert, aber wie ein Schild sagt, "die Tradition setzt sich fort".

• *Cafés und Gelaterie* Wie Catania rühmt sich auch Palermo, das Speiseeis erfunden zu haben ...

Caffè Mazzara, eine Art Institution, hervorragendes Eis, auch Granite etc. Via Generale V. Magliocco 15, zwischen Piazza Verdi und Piazza Ungheria.

Antico Caffé Spinnato, traditionelles Café, bereits 1860 gegründet. Tische auch im Freien in einer Fußgängerzone. Mittags bestens besucht. In der Umgebung noch ein paar weitere Freiluft-Cafés. Via Principe Belmonte, Ecke Via Maqueda.

Da Ilardo, in punkto Eis eine lokale Berühmtheit in Palermo. Allerdings ewas abgelegen am Foro Italico 12, am Ende der Via Alloro, Nähe Palazzo Abatellis – abends nicht die gemütlichste Gegend.

Gelateria da Ciccio Adelfio, ebenfalls sehr gutes Eis und weitaus zentraler: Corso dei Mille 73, praktisch um die Ecke vom Bahnhof und den Bushaltestellen.

D´Orleans, Lesertipp von Martin Dolezal: "Äußerst große Auswahl an Eissorten. Von der Rückseite des Palazzo Reale (Eingang zur Capella Palatina) nur einige Schritte die Treppen hinunter und über die Straße zur Piazza della Pinta 7."

Nachtleben

Viele Jahre lang waren in Palermo nachts die Bürgersteige hochgeklappt. Auch heute noch trifft man sich im Hochsommer vor allem außerhalb der Stadt, besonders im Vorort Mondello, der mit vielen Bars und Open-Air-Discos dann den Fixpunkt nächtlicher Aktivitäten bildet. Seit einigen Jahren haben sich jedoch auch im Zentrum einige wenige Gebiete als Nightlife-Zonen etabliert. Am meisten Betrieb herrscht natürlich am Wochenende zur Semesterzeit.

• *Nightlife-Zonen* **Piazza Olivella**, der kleine Platz vor dem Archäologischen Regionalmuseum. Eine Reihe von Bars und Kneipen mit Tischen zum Platz, gemischtes Publikum auch älterer Jahrgänge, oft viel Betrieb.

Via Candelai, Via Gelso: Seitenstraßen der Via Maqueda nahe der Quattro Canti. Von der Via Maqueda kommend zunächst ganz ruhig, dann jedoch mehrere Music-Bars, Tische im Freien, Live-Musik. Publikum jung bis sehr jung.

• *Bars und Clubs* **Cambio Cavalli**, eine ehemalige Poststation des 17. Jh., daher der Name ("Pferdewechsel"); Pub und (teures) Restaurant. Besonders beliebt am Sonntag-Nachmittag. Via Giuseppe Patania 54, Nähe Archäologisches Museum.

La Cuba, orientalisch inspiriertes Lokal in der schönen Villa Sperlinga und deren üppigem Garten. Fantastisches Ambiente, beliebt bei der schickeren Jugend Palermos. Lounge, Restaurant etc. Viale Francesco Scaduto 12, Nähe Notarbartolo-Bahnhof. ✆ 091 390201. www.lacuba.com.

Candelai, nicht nur ein Internet-Café (siehe dort), sondern auch Kulturzentrum, Konzertbühne etc. Zentrale Lage in der Via Candelai 65, siehe oben.

Malox, ebenfalls in diesem Gebiet. Alternative Atmosphäre mit Live-Musik, in aller Regel im Freien. Piazzetta della Canna (Via San Biagio), bei der Via del Gelso.

C.C.P. Agricantus, eine Art Kulturkooperative, in der Rock-, Folk und Jazzkonzerte, Theateraufführungen etc. stattfinden. Mit Restaurant, Bar bis drei Uhr morgens geöffnet. Via Nicolo Garzilli 89, nahe Giardino Inglese.

Grilli Giù, zentral nördlich der Vucciria. Beliebte, lebendige Bar mit gemischtem Publikum, nette Atmosphäre neben alten Mauern. Largo Cavalieri di Malta 2.

Kandisky Florio Club (kein Druckfehler), in der ehemaligen Thunfischfabrik Tonnara Florio, in Meeresnähe etwas stadtauswärts des Hotels Villa Igiea gelegen. Sehr reizvolles Ambiente, oft Livemusik. Discesa Tonnara 4.

Il Castello, die schönste Disco in der Umgebung von Palermo, untergebracht in mittelalterlichen Mauern am Meer. Bei Trabia, etwa 30 Kilometer östlich, nur von Juni bis September geöffnet. Piazza Tonnara 1, San Nicola L'Arena.

Einkaufen

Auch Palermo hat natürlich seine Discounter, die sich vornehmlich entlang der Umgehungsstraße Viale della Regione Sicilia angesiedelt haben. Auf den farbigen Märkten der Stadt ist das Einkaufsvergnügen aber weitaus höher. Es gibt eine ganze Reihe davon, die ersten vier der unten beschriebenen gelten jedoch als die traditionellen Märkte Palermos.

• *Märkte* Außer bei Lebensmitteln ist Feilschen auf den Märkten geradezu Pflicht. Vucciria, Ballarò und Via Bandiera/Sant' Agostino haben auch am späten Nachmittag und frühen Abend geöffnet; in der Siesta-Zeit und am Sonntag ist dagegen alles dicht. Am meisten los ist in der Regel vormittags. Auf allen Märkten Vorsicht vor Taschendieben!

Vucciria: Der berühmte "Bauch Palermos" unterhalb der Piazza San Domenico und nahe der Kreuzung Via Roma/Cassaro steht natürlich an erster Stelle. Auf dem kleinen Platz und in den Gässchen wird eine bunte Fülle an Lebensmitteln angeboten. Fisch und Meeresgetier sind reichlich vertreten, daneben Obst und Gemüse aller Formen und Farben, enthäutete Kaninchen und Zicklein, Kaffee, Käse, Würste ... In den letzten Jahren zeigt gerade die Vucciria jedoch einen deutlichen Abstieg, wie die anderen Märkte auch in ihrer Existenz bedroht durch die Konkurrenz der großen Einkaufszentren in den Außenbezirken.

I Lattarini: Von der Vucciria aus gesehen jenseits des Cassaro, ein kleines Stück meerwärts der Via Roma. Sein Name leitet sich ab vom arabischen "Souk-el-Attarin" (Heilkräutermarkt), heute finden sich hier jedoch hauptsächlich Campingartikel, Militärkleidung, Lederjacken etc.

Capo: Zentrum des Capo ist das Gebiet zwischen dem oberen Ende der Via Sant' Agostino und der Porta Carini, hier hauptsächlich als Hausrat- und Lebensmittelmarkt. "Dort gibt es auch einen Grillstand, an dem man sich für wenig Geld gekauftes Fleisch oder Fisch über Holzkohle grillen lassen kann. Dahinter eine Weinstube, wo man alles bei einem guten Weißen verzehrt" (Lesertipp von Dieter Meicht). Entlang der Via Sant'Agostino und ihrer östlichen Verlängerung Via Bandiera erstrecken sich bis hinab zur Piazza San Domenico bei der Vucciria auf insgesamt mehr als einem Kilometer zahlreiche Stände, die überwiegend Schuhe und preiswerte Kleidung offerieren.

Ballarò: Etwas weniger bekannt als die Vucciria, zeigt er sich vielleicht auch deshalb noch bunter und pittoresker. Viel Obst und Gemüse ist hier im Angebot, teilweise aber auch Second-Hand-Ware. Der Markt erstreckt sich rund um den gleichnamigen Platz und die nahe Piazza Casa Professa; zu erreichen über die Via del Bosco, die unweit des Bahnhofs von der Via Maqueda abzweigt.

Mercato delle Pulci: "Flohmarkt" an der Piazza Peranni, nahe der Kathedrale. Hier finden sich (nicht immer echte) Antiquitäten und allerlei Krimskrams.

Mercatino di Piazza Marina: Jeden So-Nachmittag auf der Piazza Marina; Antiquitäten, Kunsthandwerk etc.

• *Zeitungen, Zeitschriften* Der Laden im Bahnhof ist nicht besonders gut bestückt. Mehr Glück hat man evtl. bei folgenden Kiosken: Piazza Castelnuovo, Piazza Verdi (Teatro Massimo), Piazza Vittoria (Kathedrale), Via Maqueda 326.

• *Bücher, Landkarten* **Flaccovio**, Via Ruggero Settimo 37, und **Dante**, Via Maqueda 172 (Quattro Canti), besitzen eine recht gute Auswahl an Reisebüchern und Landkarten.

Hort sizilianischer Volksmusik: Teatrino Ditirammu

Feste/Puppentheater/Volksmusik

An Ausstellungen, Theateraufführungen und Konzerten herrscht kein Mangel. Palermo ist schließlich auch kulturell die Hauptstadt Siziliens, allerdings hart bedrängt von Catania. Ein monatlicher Programmkalender über alle Aktivitäten ist bei den Büros der A.A.P.I.T. erhältlich.

- *U Fistinu di Santa Rosalia* am 15. Juli. Das bedeutendste religiöse Fest der Stadt beginnt aber in Wahrheit schon einige Tage vorher. Der Ausdruck "das Festchen" ist vornehme Untertreibung – eine große Prozession, Hafenfeuerwerk und Straßenmusik sorgen für gewaltiges Remmidemmi in der Stadt. Ruhiger ist die Prozession, die am 4. September zur Wallfahrtsstätte führt.

- *Opera dei Pupi* Ein Vergnügen besonderer Art ist ein Besuch in einem der volkstümlichen Puppentheater. Über Jahrhunderte hinweg erregten vor allem die heldenhaften Kämpfe der Paladine Karls des Großen gegen die Sarazenen die Gemüter der Sizilianer. Die Fortsetzungsgeschichten erstreckten sich über Monate hinweg, hingen an immer dem gleichen Erzählfaden und wurden je nach Erfindungsgeist des "Puparo" mit Love-Storys, Intrigen und anderen Menschlichkeiten ausgeschmückt. Die uralte Tradition war dem Aussterben nahe; es ist wohl auch dem Tourismus zu verdanken, dass sie nicht völlig von der Bildfläche verschwand. Bei Vorführungen wichtig zu wissen: die "guten" Paladine betreten stets von links die Bühne, die "bösen" Sarazenen von rechts. Absoluter Star ist der Ritter Orlando (Roland), kenntlich an einem Adler auf dem Helm.

  Gelegentliche Aufführungen finden im Museo delle Marionette und im Museo Etnográfico Pitrè statt. Volksnäher sind jedoch die unregelmäßigen Spektakel der wenigen verbliebenen originalen Pupari. Vor allem die Familie Cuticchio hält noch die Fahne dieses Gewerbes hoch. Aktuelle Termine der Aufführungen in den Museen sowie Informationen über Auftritte der Cuticchios gibt es bei den Infostellen.

  Teatro Ippogrifo, Vicolo Ragusi 6, ✆ 091 329194 und 091 6110209; zu erreichen von den Quattro Canti Richtung Kathedrale, zweite Seitengasse rechts. Hier spielt auch Anna Cuticchio, die erste weibliche "Pupara".

  Mimmo Cuticchio, Via Bara all Olivella 95, Nähe Archäologisches Museum, ✆ 091 323400. Im Sommer ist hier in der Regel geschlossen. www.pupi-siciliani.com.

- *Volksmusik* **Teatrino Ditirammu**, ein Musiktheater, das die traditionelle Volksmusik pflegt, den "Canto Popolare". Der Diminuitiv "-ino" ist berechtigt: Mit 25 Plätzen zählt es zu den kleinsten Theatern Italiens. Untergebracht ist das "Theaterchen" in einem alten Palast des Kalsa-Viertels, meerwärts der Galleria Regionale und in einer Parallelstraße zum Foro Itálico. Via Torremuzza 6, Infos über die wechselnden Aufführungen: ✆ 091 6177865. www.teatrinoditirammu.it.

Sehenswertes

Zentraler Orientierungspunkt in Palermos Innenstadt sind die *Quattro Canti*, offiziell Piazza Vigliena genannt, an der Kreuzung der Via Maqueda mit dem Cassaro, also der Via Vittorio Emanuele.

Die Quattro Canti bilden den Schnittpunkt von vier traditionellen Vierteln: Auf der dem Meer abgewandten Seite der Via Maqueda erstrecken sich südlich des Cassaro das Viertel *Albergheria* und nördlich des Cassaro das Viertel *Capo*; zum Meer hin liegen südlich des Cassaro *La Kalsa*, im Norden das Viertel um die *Vucciria*. Fast alle Monumente und die meisten Museen liegen innerhalb dieses Bereichs, für trainierte Waden in Fußwegentfernung von den Quattro Canti. Die folgende Beschreibung verläuft im Uhrzeigersinn. Beginnend an den Quattro Canti, könnten so theoretisch alle Sehenswürdigkeiten der Innenstadt in einem Rundgang aufgesucht werden – in der Praxis wird man selbst für eine strenge Auswahl wohl mindestens zwei Tage veranschlagen müssen.

Die absoluten "Musts" in Palermo

Der *Normannenpalast* mit der wunderschönen *Cappella Palatina* und die *Kathedrale*; die Kirchen *La Martorana*, *San Cataldo*, *San Giovanni degli Eremiti* und *Santa Maria della Catena*, sowie die *Oratorien del Rosario* und *di San Lorenzo*. Unter den Museen sind besonders das *Museo Archeológico*, die *Galleria Regionale di Sicilia* und das *Museo Etnográfico Pitrè* im Parco della Favorita unbedingt einen Besuch wert. In der Umgebung nimmt der *Normannendom von Monreale* mit seinen weltberühmten Mosaiken die herausragende Stellung ein.

Um die Quattro Canti

Der Mittelpunkt der Innenstadt ist ein Opfer des Straßenverkehrs – fast rund um die Uhr tobt hier das Chaos.

Trotzdem sollte man dem im 17. Jh. angelegten Platz einen Blick gönnen: In den Nischen an den konkav gewölbten "vier Ecken" stehen von oben nach unten jeweils die Statuen einer Stadtheiligen, eines spanischen Königs und die Symbolfigur einer Jahreszeit; alle sind sie von den Abgasschwaden schon recht angenagt. An der südlichen Ecke der Quattro Canti erhebt sich die Barockkirche *Chiesa di San Giuseppe dei Teatini*, zwischen 1612 und 1645 nach Plänen des Theatinermönchs *Giacomo Besio* errichtet. Von außen eher schmucklos, zieren das Innere des dreischiffigen Baus aufwändige Fresken an Decken und Gewölben.

418 Palermo

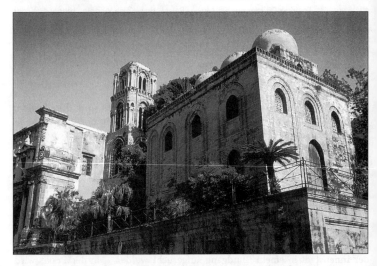

Normannische Kirchen im Zentrum: La Martorana und San Cataldo

Piazza Pretoria: An der Via Maqueda Richtung Bahnhof, nur ein kleines Stück von den Quattro Canti. Einen Großteil des Platzes nimmt die *Fontana di Piazza Pretoria* ein. Ursprünglich war der riesige Brunnen – sein Umfang beträgt über 130 Meter! – für eine Villa in Florenz bestimmt. Nachdem die kuriose Komposition aus Dutzenden von marmornen Nymphen, Göttern und Fabelgestalten dort keinen Anklang fand, wurde sie 1574 zum Sonderpreis nach Palermo verkauft. Die hiesige Bürgerschaft zeigte sich von den nackten Gesellen ebenfalls wenig begeistert, nannte die Piazza Pretoria bald "Platz der Schande" und reagierte auf ihre Weise – bevor 1858 der Gitterzaun errichtet wurde, hatte man den männlichen Götterfiguren außer ihren Nasen des öfteren auch andere edle Körperteile abgeschlagen ... Im Süden der Piazza Pretoria steht das 1463 errichtete und mehrfach umgebaute Rathaus *Palazzo del Municipio*, im Osten die nur selten zugängliche *Chiesa di Santa Caterina* (16. Jh., Eingang an Piazza Bellini) mit schönem Freskenschmuck im Inneren.

▶ **La Martorana und San Cataldo**: Die beiden kleinen, kunsthistorisch sehr bedeutsamen Kirchlein liegen nebeneinander an der *Piazza Bellini*, nur einen Katzensprung südlich der Piazza Pretoria.

La Martorana wurde 1143 von Georg von Antiochien, einem Admiral Rogers II., unter dem Namen *Santa Maria dell'Ammiraglio* als griechisch-orthodoxes Gotteshaus gestiftet. Sie wird zu den bedeutendsten Werken der normannischen Kunst gezählt, eine Einschätzung, die vor allem auf der Qualität der Mosaiken im Inneren beruht. Äußerlich wurde der im byzantinischen Stil geplante Zentralkuppelbau mehrfach bis zur Unkenntlichkeit verändert. Noch im 12. Jahrhundert entstanden Vorhalle, ein in späterer Zeit überbauter Vorhof und der schöne, viergeschossige Campanile, durch den man das Kircheninnere betritt; seine Kuppel wurde bei einem Erdbeben zerstört. Im 16. und 17. Jh. wurden Fassade und mittlere Apsis dem barocken Zeitgeschmack "angepasst", wobei man auf die normannischen Mosaiken der Apsis keine Rücksicht nahm. Die Innenausstattung bildet eine etwas wunderliche, aber durchaus attraktive Mixtur normannischer Mosaike und barocker Gemälde. Neben dem Eingang sind die Bildmosaiken "Georg von Antiochien zu Füßen Marias" (links) und "Christus krönt Roger II." (rechts) zu sehen. Im Kernbau dominiert das leuchtende Gold, das als Hintergrundfarbe der Mosaiken gewählt wurde. Der Bilderzyklus gilt als ältester Siziliens; in der Kuppel ist Christus als Pantokrator dargestellt, in den Seitenschiffen die Apostel.

La Chiesa di San Cataldo, gegenüber von La Martorana, blieb von Umbauten weitgehend verschont. An der Konstruktion der um 1160 errichteten Kirche ist die Verbindung normannischer und arabischer Stilelemente deutlich erkennbar: ein rechteckiger Grundriss, geschmückt von umlaufenden Zinnen, darüber drei rote Kuppeln in orientalischer Tradition. Der Innenraum ist, vom Mosaikfußboden abgesehen, recht schmucklos, glänzt aber gerade deshalb mit seiner edlen Architektur und dem schönen Spiel des Lichts.

① La Martorana Mo–Sa 8–13, 15.30–17.30 Uhr, So und in der ersten Augusthälfte nur 8.30–13 Uhr. San Cataldo Mo–Fr 9–15.30 Uhr, Sa 9–12.30 Uhr, So 9–13 Uhr. Eintritt jeweils frei.

Kombi-Tickets für Museen und Monumente

Für eine Reihe von Museen und anderen Sehenswürdigkeiten der Stadt und ihrer Umgebung werden Sammeltickets ("Biglietti cumulativi") zu vergünstigtem Eintrittspreis angeboten. Die teuersten sind zwei Tage gültig.

Museo Archeològico Regionale + Galleria Regionale della Sicilia	6,20 €
Museo Archeològico Reg., Galleria Reg. d. Sicilia + Palazzo Mirto	7,75 €
Museo Archeològico Regionale + Palazzo Mirto	5,16 €
Galleria Regionale della Sicilia + Palazzo Mirto	5,16 €
San Giovanni d. Eremiti, Zisa, Cuba, Kreuzgang Monreale	7,75 €

EU-Bürger unter 18 Jahren sowie über 60 Jahren genießen in den meisten Sehenswürdigkeiten freien Eintritt, für 18–25-Jährige ist der Preis oft halbiert.

Albergheria-Viertel und Normannenpalast

Das alte, im Krieg schwer getroffene Viertel südwestlich der Via Maqueda beherbergt in seinen Randbezirken einige bedeutende Sehenswürdigkeiten.

Höhepunkte sind das Kloster San Giovanni degli Eremiti und der Palazzo dei Normanni, dessen Cappella Palatina zweifellos das schönste Schatzkästlein Palermos darstellt. Ein Bummel dorthin, quer durch die Albergheria, bereitet zusätzliches Vergnügen. Der Weg führt direkt durch die bunten Märkte des Viertels, die reichlich Gelegenheit für einen schnellen und preiswerten Imbiss bieten. Auch allerlei Krimskrams vom Schnürsenkel bis zum Dosenöffner ist zu finden; dazwischen breiten Verkäufer auf umgekippten Obstkisten geschmuggelte Ami-Zigaretten aus.

Chiesa del Gesù: An der Piazza Casa Professa, zu erreichen über die Via Ponticello, eine Seitenstraße der Via Maqueda schräg gegenüber der Piazza Bellini. Die auch *Chiesa di Casa Professa* genannte Jesuitenkirche entstand 1564 und wurde später im Barockstil umgebaut. Beim überreichen Innendekor aus Stuck, Marmor, Gold und Gemälden musste an nichts gespart werden, waren die Jesuiten doch ausgesprochene Lieblinge der spanischen Herrscher.

① Täglich 8.30–12 Uhr, Mo/Mi/Fr auch 16–19 Uhr. Keine Besuche während der Messe.

Vor der Kirche beginnt das Marktviertel der Albergheria, das sich zur *Piazza Ballarò* fortsetzt. Ein kleines Stück weiter westlich steht an der gleichnamigen Piazza die barocke *Chiesa del Carmine* (zuletzt wegen Renovierung geschlossen), berühmt für die wertvolle, mit Kleid und barockem Silbermantel versehene "Madonna del Carmine" (16. Jh.) im Inneren. Von der Piazza Ballarò gelangt man über die lange Via Mongitore zum Kloster San Giovanni.

San Giovanni degli Eremiti: Die 1132 durch den Normannen Roger II. errichtete Klosterkirche steht auf den Resten einer arabischen Moschee und eines noch älteren Benediktinerklosters. Sie ist ein weiteres Beispiel für das schöpferische Zusammenwirken normannischer und islamischer Architekturtradition. Der schmucklose Unterbau in Form eines sogenannten "Antonius-Kreuzes" und der Campanile werden von fünf roten Kuppeln gekrönt. Das Schönste an San Giovanni ist jedoch der romantische *Kreuzgang* aus dem 13. Jahrhundert – die im islamischen Stil verzierten Säulen und Bögen ergänzen sich aufs prächtigste mit der üppigen südlichen Pflanzenpracht des Klostergartens.

① Mo–Sa 9–19 Uhr, So 9–12.30 Uhr. Eintrittsgebühr 4,50 €.

Palazzo dei Normanni: Auch Palazzo Reale genannt, ein kleines Stück nordwestlich von San Giovanni. Mit der fantastischen *Cappella Palatina* birgt er die mit Abstand größte Sehenswürdigkeit der Stadt. Die kleine Anhöhe, auf der sich der Palast erstreckt, ist der älteste Teil Palermos und war ursprünglich von Phöniziern besiedelt. Die Araber wählten das Areal für ihren Herrscherpalast *Al-Kasr*, Namenspatron des von hier meerwärts verlaufenden "Cassaro", der Via Vittorio Emanuele. Die Grundzüge des heutigen Gebäudes stammen von der prachtvollen Residenz der Normannen, die auf den Ruinen des arabischen Palastes entstand. Unter Stauferkaiser Friedrich II. wurde sie zum Schmelztiegel orientalischer und westlicher Kunst und Wissenschaft. Nach dem Untergang des Stauferreiches begann der verlassene Bau zu bröckeln. Jahrhunderte vergingen, bis sich die spanischen Vizekönige daran machten, das heruntergekommene Prachtstück zu sanieren. Heute ist der Palast Sitz des sizilianischen Regionalparlaments. Äußerlich erinnert kaum etwas an normannische Zeiten. Die Umbauten des 16.–18. Jh. verwandelten den riesigen Palast in eine verwirrende Mixtur verschiedener Stilrichtungen. Seine wahren Werte zeigen sich erst im Inneren.

Cappella Palatina: Zwischen 1132 und 1140 errichtet. Die ursprünglich frei im Hof stehende, zweigeschossige Privatkapelle Rogers II. verschmolz im Lauf der Zeit mit den umgebenden Gebäuden. Der Zugang erfolgt jetzt über eine Treppe in den ersten Stock. Im Dämmerlicht schimmert die gesamte dreischiffige

Mittelpunkt Palermos: die "Vier Ecken": Quattro Canti

Kapelle in schier märchenhafter Pracht. Arabische, byzantinische und normannische Einflüsse vereinigen sich in unübertrefflich harmonischer Weise. Eingelegte Marmorfußböden und antike Granitsäulen bilden den Rahmen für die berühmten goldglänzenden Mosaiken. Am ältesten und wohl von byzantinischen Meistern geschaffen sind die Mosaiken der Apsiden und der Kuppel; letztere zeigen Christus als Pantokrator (Weltenherrscher), umgeben von Engeln und Heiligen. Ein für eine Kirche sehr ungewöhnliches Ausstattungstück ist die geschnitzte arabische Holzdecke im Mittelschiff, wie sie sonst in manchen Moscheen anzutreffen ist. In ihre Stalaktitenform sind, mit dem bloßen Auge kaum erkennbar, menschliche Figuren eingearbeitet – auch die Araber sprangen also über ihren Schatten, verbietet der Koran doch Abbildungen solcher Art. Weitere Glanzstücke der Cappella Palatina sind der Hochaltar, ein über vier Meter hoher marmorner und reich verzierter Kerzenhalter und der Thron Rogers II.

Apartamenti Reali: Die Privaträume des Königs liegen einen Stock höher und sind nur mit Führung (gratis) zu besichtigen. Interessant ist hier vor allem die *Sala di Ruggero*. Die Wände des Saals bedecken schöne Mosaiken aus dem 12. Jh., die Jagdmotive darstellen.

• *Zugang* Der Eingang liegt in der Südwestecke des Palastes. Vom Zentrum über die Via Vittorio Emanuele kommend über die Porta Nova, links ein Stück den Corso Re Ruggero entlang, dann linker Hand.

① **Cappella Palatina** geöffnet Mo–Fr 9– 11.45, 15–16.45 Uhr, Sa 9–11.45 Uhr, So 9– 9.45, 12–12.45 Uhr. Die Zeiten wechseln oft. Auch unter der Woche finden gelegentlich heilige Messen statt, die man nicht der Kunstbesichtigung halber stören sollte. Man bittet um "christliche" Kleidung, also kein Zugang in Shorts, mit tiefem Ausschnitt, etc. Eintritt frei, Blitzlichtfotos gestattet, Stativ dagegen nicht.

Apartamenti Reali: Sie sind nur Mo, Fr, So von 9–12 Uhr zu besichtigen und auch dann nur, wenn keine wichtigen Regierungsangelegenheiten entgegenstehen.

Porta Nuova: Das kuriose Stadttor neben dem Palazzo dei Normanni bildet den Abschluss des Cassaro und entstand im 16. Jhr. Den von der Piazza Indipendenza hereinbrandenden Straßenverkehr begrüßen vier würdevolle Araberfiguren. Im stadteinwärts liegenden Park Villa Bonanno sind einige wenige Überreste römischer Häuser zu sehen – mehr Anziehungskraft üben wohl die schattigen Palmen aus, die den Park fast afrikanisch anmuten lassen.

Capo-Viertel

Das belebte Gebiet nördlich des Cassaro, auf der meerabgewandten Seite der Via Maqueda, ist nicht so dicht mit Sehenswürdigkeiten gespickt wie die anderen Viertel.

Die einzige Ausnahme bildet die Kathedrale, die am Rand des Viertels liegt. Immerhin hat aber auch der Capo seinen gleichnamigen, traditionsreichen Markt, der sich von der Piazza Monte di Pietà über die Via San Agostino bis zur Via Maqueda erstreckt.

Cattedrale: Am Cassaro, also der Via Vittorio Emanuele. Hinter einem weiten Vorplatz erstreckt sich die Südflanke des riesigen Gebäudes. Bereits im 6. Jh. stand an dieser Stelle eine christliche Kirche, die zur Zeit der Araberherrschaft in eine Moschee verwandelt wurde. Die Normannen schließlich gaben 1170 den Auftrag zum Bau der Kathedrale, der 1185 beendet war. Leider waren spätere Generationen mit dem Ergebnis nicht zufrieden. Nachdem schon im 15. Jh.

Capo-Viertel

eine gotisch-katalanische Vorhalle an die Südfassade gesetzt wurde, pfropfte man dem geplagten Gebäude im 17./18. Jh. die völlig unpassende große Kuppel auf. Bei aller Monumentalität ergibt sich deshalb der unschöne Eindruck einer gewissen Flickschusterei. Wie reizvoll die Kathedrale ohne diese Verunzierungen aussehen würde, lässt sich am besten von der stadteinwärts weisenden Ostseite aus beurteilen. Hier nämlich zeigt sich der normannische Ursprungsbau mit der wuchtigen, zinnengekrönten Mittelapsis noch im reinen Stil.

Auch das Innere der dreischiffigen Kirche (Öffnungszeiten Mo–Sa 7–19 Uhr, gelegentlich über Mittag geschlossen; So 8–13.30, 16–19 Uhr) wurde bei den Umbauten des 18. Jh. nicht verschont und langweilt jetzt im klassizistischen Stil. Ausgesprochen sehenswert sind immerhin die *Herrschergräber*. In zwei Seitenkapellen linker Hand des Eingangs ruhen die sterblichen Überreste der Crème normannischer und staufischer Kaiser und Könige: In der ersten Reihe links der von Löwen gestützte Sarkophag des großen Friedrich II. Als anlässlich seines 800. Geburtstags Forscher ein winziges Loch in den Sarkophag schlugen und eine Endoskopie-Kamera einführten, stießen sie auf Spuren mehrfachen rabiaten Grabraubs. Das Grabgewand war jedoch in gutem Zustand. Geradezu sensationell war die Entdeckung, dass neben dem großen Herrscher noch weitere Bestattete in seinem Sarkophag ruhen, dort beigesetzt allerdings fast hundert Jahre nach Friedrichs Tod. Weitere Untersuchungen ergaben auch, dass der Herrscher, entgegen früheren Theorien, nicht vergiftet wurde. – Rechts in der ersten Reihe steht der Sarkophag von Friedrichs Vater *Heinrich VI*. Hinten rechts der Sarg seiner Ehefrau (und Mutter Friedrichs), der normannischen Prinzessin *Konstanze* – durch ihre Heirat ging die Erbfolge von den Normannen auf die Staufer über. Links der Sarg ihres Vaters *Roger II.*, des ersten Königs von Sizilien. Ganz rechts außen ist das Grab der jung verstorbenen ersten Frau Friedrichs, *Konstanze von Aragón*, in die Wand eingelassen.

Der **Domschatz** lohnt die Besichtigung. Das Schmuckstück der Sammlung ist die reich verzierte goldene Krone der Konstanze von Aragón, daneben sind hauptsächlich Zeugnisse kirchlicher Prachtentfaltung zu sehen. Der Zugang liegt rechts des Eingangs (Mo–Sa 9.30–17.30 Uhr; geringe Eintrittsgebühr).

Das **Museo Diocesano** im Bischofspalast gegenüber der Kathedrale ist wegen Renovierung schon seit vielen Jahren geschlossen; wann die Sammlung kirchlicher Kunst wieder zur Besichtigung freigegeben wird, ist noch ungewiss.

Chiesa di San Agostino: Die im 14. Jh. von den Adelsfamilien Chiaramonte und Sclàfani gestiftete Kirche (Mo–Mi, Fr/Sa 10–12, 16–18 Uhr) liegt an der belebten Marktstraße Via Sant' Agostino, im Herzen des Capo-Viertels. Auch sie wurde im 17./18. Jh. umgebaut; die schöne Rosette über dem Haupteingang ist allerdings original. Der Innenraum steht ganz im Zeichen von *Giacomo Serpotta*, des Meisters der Stuckdekoration.

Teatro Massimo: An der Piazza Giuseppe Verdi, dem nordöstlichen Eckpunkt des Viertels. Das gegen Ende des 19. Jh. im klassizistischen Stil errichtete Opernhaus gehört zu den größten Europas, nimmt mit seinen 1300 Plätzen hinter Paris und Wien den dritten Rang ein. Nach einer Restaurierungszeit von über zwanzig (!) Jahren und geschätzten Kosten von umgerechnet etwa 50 Millionen Euro wurde es im Mai 1997 mit einem Konzert der Berliner Philharmoniker eröffnet und als Symbol für die Wiedergeburt Palermos gefeiert. Vor dem Teatro Massimo stehen zwei schöne Jugendstil-Kioske, die Tabakwaren etc. verkaufen – sie stammen von Ernesto Basile, demselben Architekten, der auch das von seinem Vater Giovan Battista Basile begonnene Theater fertigstellte.

Führungen Di–So 10–16 Uhr, Dauer etwa 20 Minuten, Gebühr 3 €. Falls Proben stattfinden, fallen die Führungen aus. Infos im Internet: www.teatromassimo.it.

Piazza Castelnuovo und Umgebung

Jenseits der Piazza Verdi und der meerwärts führenden Via Cavour beginnt Palermos eher langweilige Neustadt. Statt verwinkelter Gassen bestimmen schachbrettartig angelegte Straßenzüge das Bild.

Das belebte Zentrum – wenn auch nicht in geographischem Sinn – der sich noch weit in nordwestliche Richtung erstreckenden Neustadt sind die einander gegenüberliegenden Plätze Piazza Castelnuovo und Piazza Ruggero Settimo, ausgedehnt und von hektischem Verkehr umflossen.

Teatro Politeama Garibaldi: An der Piazza Ruggero Settimo liegt mit dem Politeama ein weiterer klassizistischer Theaterbau. Im Inneren ist auch die *Galleria d'Arte Moderna* (Eingang in der Via F. Turati 10) untergebracht. Neben Werken des 19. und 20 Jh. sind hier gelegentlich auch internationale Wanderausstellungen zu sehen.

① Di–Sa 9–20 Uhr, So 9–13 Uhr; Eintrittsgebühr 3,10 €.

Villa Malfitano: Schon ein gutes Stück außerhalb der Innenstadt, an der Via Dante 167 westlich der Piazza Castelnuovo, erstreckt sich dieser schöne, einem botanischen Garten ähnelnde Park mit der gleichnamigen Villa. Das 1865 errichtete Haus ist im Besitz der durch den Marsala-Handel zu Wohlstand gekommenen Familie Whitaker und kann mit seiner Originaleinrichtung und interessanten alten Fotos besichtigt werden.

Führungen Mo–Sa 9–13 Uhr, Eintrittsgebühr 3 €.

Um die Vucciria

In dem kleinen Viertel zwischen dem Cassaro, der Via Maqueda, der Via Cavour und dem Meer bestimmen vor allem Straßenverkauf und Kleingewerbe das Bild.

Auf der *Vucciria*, dem bekanntesten Markt Palermos, und in den umgebenden Seitengassen drängen sich von Montag bis Samstag allerlei Stände und Verkaufskarren, mancherorts musikalisch untermalt vom Plärren der bis zum Anschlag aufgedrehten Kassettenrecorder. Sonntags ist hier allerdings vergleichsweise der Hund begraben, denn dann verirren sich nur wenige Menschen auf die Straße. Obwohl mit Restaurierungsarbeiten begonnen wurde, sind Teile der Vucciria noch von Verfall gezeichnet, müssen manche Häuser abgestützt werden. Insgesamt zeigt sich das Bild aber weniger dramatisch als im nahen Kalsa-Viertel.

Einen Fremdkörper im Viertel bildet die breite *Via Roma*, eine langweilige, von Boutiquen und Wohnblocks gesäumte Verkehrsader, die erst im 19. Jh. durch das Gassengewirr gebrochen wurde.

▶ **Museo Archeològico Regionale:** In einem ehemaligen Kloster an der Piazza Olivella, nahe der Hauptpost an der Via Roma. Das Archäologische Regional-

Wie vor 50 Jahren: Fischhändler im Herzen der Vucciria

museum bildet eines der wichtigsten Museen seiner Art in Italien. Mit Funden aus vielen bedeutenden archäologischen Stätten Siziliens ist es wie geschaffen für Vorbereitung oder Nachlese einer Inseltour. Das Museum gliedert sich in drei Stockwerke.

Erdgeschoss: Eingang durch den *Kleinen Kreuzgang*, in dem hauptsächlich Funde aus gesunkenen Schiffen präsentiert werden. In zwei Seitensälen finden sich Objekte, die den frühen Kontakt zum östlichen Mittelmeer belegen: phönizische Sarkophage und Plastiken sowie der sogenannte "Stein von Palermo", eine Aufzählung ägyptischer Pharaonen in Hieroglyphenform. Über den *Großen Kreuzgang* gelangt man in die Museumsräume. In den ersten drei Sälen finden sich griechische Inschriften, Doppelstelen vom Demeter-Heiligtum in Selinunte und Architekturfragmente. Die anschließende *Sala Marconi* enthält unter anderem sehr schöne Wasserspeier (5. Jh. v. Chr.) in Form von Löwenköpfen aus dem Tempel von Himera.

Absolutes Highlight des Museums ist der *Salone di Selinunte* mit den berühmten Metopen (Reliefplatten am Gebälk) der dortigen Tempel. Besondere Beachtung verdienen die Metopen der linken Wand und der Rückwand. Hauptstücke der linken Wand, alle vom Tempel C (um 550 v. Chr): Apollo, Artemis und Leto im Pferdewagen; Herakles schultert die gefangenen diebischen Kerkopen; Perseus, unterstützt von Athena, tötet Medusa. Künstlerisch ausgereifter sind die Darstellungen an der Rückwand, die vom jüngeren Tempel E (um 450 v. Chr.) stammen: Herakles im Kampf mit einer Amazone; "Beginn der Hochzeitsnacht" von Zeus und Hera; die Hunde der Artemis töten Aktaion; Athena kämpft mit dem Giganten Enkelados. Die berühmte Jünglingsstatue des "Epheben von Selinunt" ist seit einigen Jahren nicht mehr hier in

Palermo, sondern im Städtischen Museum von Castelvetrano zu sehen. – Angrenzend vier weitere Säle mit etruskischen Fundstücken aus der Toskana.

Erster Stock: Zugang vom Kleinen Kreuzgang. Eine überwältigende Menge an Exponaten erwartet hier den Besucher, darunter allein etwa 12.000 Terrakottafiguren vom Demeter-Heiligtum in Selinunte. Trotz der etwas ermüdenden Fülle sollte man den Gang in den *Saal der Bronzen* nicht versäumen. Der dortige Bronzewidder aus Siracusas Castello Maniace (3. Jh. v. Chr.) entzückte schon Goethe – damals noch in paarweiser Ausfertigung, sein Zwilling wurde bei der Revolution von 1848 zerstört.

Zweiter Stock: Sein Glanzlicht bilden die Kopien der steinzeitlichen Felszeichnungen aus den Grotte dell'Addaura am Monte Pellegrino, die im Original derzeit nicht zu besichtigen sind. Die um 15.000 v. Chr. entstandenen Zeichnungen zeigen neben verschiedenen Wildtieren ungewöhnlicherweise auch Tänzer. Weiterhin beachtenswert sind das Orpheus-Mosaik, gefunden in einer römischen Villa Palermos, sowie eine Sammlung griechischer Keramik.
① Täglich 9–13 Uhr, Di, Mi und Fr auch 15–18.15 Uhr; Eintrittsgebühr 4,50 €.

Oratorio di Santa Cita: Im meerwärts liegenden Teil des Viertels, an der Via Valverde, Nähe Via Sqarcialupo; eine recht heruntergekommene Gegend. Unbedingt sehenswert ist die Kapelle (zuletzt leider wegen Restaurierung geschlossen) speziell des Innenraums wegen, in dem sich Stuckspezialist *Giacomo Serpotta* so richtig austobte. Höhepunkt der üppigen Dekoration ist eine plastische Darstellung der Seeschlacht bei Lepanto.

Piazza San Domenico: Die gewaltsame Schaffung der benachbarten Via Roma im 19. Jh. hat dem Platz seine frühere Grandezza geraubt; dank der anschließenden Vucciria wirkt er an der hektischen und öden Verkehrsstraße dennoch wie eine belebte Oase. In der Mitte des Platzes steht die *Immaculata-Säule* von 1726, gestiftet durch Kaiser Karl VI.

Chiesa di San Domenico: Die riesige Dominikanerkirche entstand im 14. Jh. und wurde im 17. Jh. im Barockstil komplett umgebaut. Neben einer Reihe von Arbeiten der Bildhauerfamilie *Gagini* enthält sie Gräber, deren Aufschriften sich wie ein Who's Who sizilianischer Vergangenheit lesen: Francesco Crispi, Ruggero Settimo und viele andere bekannte Größen sind hier bestattet.
① Täglich 9–11.30 Uhr, Sa/So auch 17–19 Uhr.

Museo del Risorgimento: Das Museum des Befreiungskampfs nördlich von San Domenico stellt Material zur italienischen Unabhängigkeitsbewegung des 19. Jh. gegen die Bourbonenherrschaft aus – wohl nur für speziell Interessierte lohnend.
① Mo, Mi, Fr 9–13 Uhr; gratis. Im August geschlossen.

Oratorio del Rosario di San Domenico: In der 1578 errichteten Kapelle (zuletzt wegen Restaurierung geschlossen) hinter San Domenico beeindruckt einmal mehr die prächtige Innenausstattung von Stuckkünstler Giacomo Serpotta. Sehenswert auch das Altargemälde, 1628 geschaffen von *Van Dyk*: eine "Rosenmadonna" mit San Domenico und den Stadtheiligen.

Vucciria: Sicher die lebendigste Sehenswürdigkeit Palermos, auch wenn der Markt in den letzten Jahren durch die Konkurrenz der Discounter ein wenig ins Hintertreffen geraten ist. Von der Piazza San Domenico taucht man über eine Treppe direkt ins bunte Marktgetümmel ein. Der zentrale Platz der Vucciria ist großteils in den Händen der Fischverkäufer. Rote Sonnensegel schützen die verderbliche Ware, nackte Glühbirnen erhellen das Zwielicht, halbe Schwertfische hängen neben Kisten mit streichholzkurzen Silberlingen. In den Seitengassen liegt das Dorado der Obst- und Gemüsehändler, der Metzger und Bäcker. Die Vucciria ist gleichzeitig eine der besten Adressen Palermos für einen Imbiss; ein größeres Angebot an mundfertigen Köstlichkeiten wird man auf Sizilien nicht finden. In den kleinen Bars am Rand des Marktes wird Wein und Bier auch gläserweise ausgeschenkt. Schon morgens beliebt ist die auch bei uns bekannte Mischung aus Bier, Cola und diversen Schnäpsen – vor dem Trunk bekreuzigt man sich fatalistisch ...

La Cala: Der von den Griechen so begehrte frühere Hafen von Palermo reichte ein ganzes Stück weiter landeinwärts als heute. Mit fortschreitender Versandung verlor er an Bedeutung und ist jetzt nur noch Ankerplatz für kleine Fischer- und Sportboote.

Chiesa di Santa Maria della Catena: Jenseits der Uferstraße. Der Beiname der hübschen Kirche (Mo–Fr 9–13 Uhr) stammt von der eisernen Kette (= Catena), mit der man von hier aus die Hafenzufahrt sperren konnte. Das im 15. Jh. errichtete Gebäude ist eine Kombination gotisch-katalanischen Stils mit den Formen der Renaissance. In der Vorhalle sind an den Portalen Reliefs von V. Gagini zu bewundern.

La Kalsa

Die Gegend meerwärts der Via Maqueda und südlich des Cassaro war in früheren Jahrhunderten eine der feinsten Adressen Palermos. Im Zweiten Weltkrieg von Bombenangriffen schwer getroffen, hat sich der einstige Glanz heute ins Gegenteil verkehrt.

La Kalsa ist wohl das ärmste, sicher das am meisten heruntergekommene Gebiet der Stadt. Noch immer liegen weite Flächen in Trümmern oder brach. Von vielen einst prachtvollen Palazzi stehen nur mehr die Außenmauern, die Mehrzahl der Häuser ist baufällig. Gleichzeitig ist die Kalsa aber auch das Viertel, in dem die Stadt die größten Anstrengungen zur Restaurierung macht. Bis die Ergebnisse deutlich werden, dürften allerdings noch viele Jahre ins Land gehen. Nicht verwunderlich deshalb, dass die Atmosphäre in mancher Straße der Kalsa immer noch einen düsteren und gelegentlich unterschwellig gefährlichen Eindruck macht. Je näher man dem Meer kommt, desto stärker wird das Gefühl, als unwillkommener Eindringling angesehen zu werden – eine verständliche Reaktion der Bewohner, die ihr Elend nicht vor Touristen ausgebreitet wissen wollen. Von einem Besuch des Viertels, natürlich möglichst in den belebten Tagesstunden, sollte man sich dennoch nicht abhalten lassen, schließlich hat La Kalsa trotz aller Zerstörungen einige hochkarätige Sehenswürdigkeiten zu bieten.

Porta Felice: Das barocke Stadttor mit der sehr langen Bauzeit (1582–1644) markiert das untere Ende des Cassaro, der uralten Hauptachse Palermos.

Verfallene Herrlichkeit: Palazzo im Kalsa-Viertel

Museo Internazionale delle Marionette: In der Via Butera 1, fast ums Eck von der Porta Felice. Ein Fest für Fans der sizilianischen *Opera dei Pupi* (siehe auch "Veranstaltungen"). Marionetten von Ritter Orlando nebst Konsorten sind in diversen Variationen ebenso zu sehen wie seine dunkelhäutigen Gegenspieler; außerdem eine Sammlung bemalter Bühnen sowie orientalische Puppen – insgesamt über dreitausend Ausstellungsstücke. Ob und wann man die Puppen "live" in Aktion erleben kann, erfragt man am besten vorab bei den Fremdenverkehrsämtern.

⌚ Mo–Fr 9–13, 16–19 Uhr (läuten, falls geschlossen); Mitte August etwa eine Woche Betriebsferien. Eintrittsgebühr 3 €.

Palazzo Chiaramonte: Der ab 1307 für die mächtige Adelsdynastie *Chiaramonte* errichtete Palast war auch Zeuge ihres Niedergangs: Andrea Chiaramonte, letzter Baron der Familie, wurde 1396 vor dem Gebäude wegen Rebellion gegen das Königshaus hingerichtet. In späteren Zeiten diente der Palast als Residenz, Sitz der Inquisition und Gericht. Der gotische, streng wirkende Bau (auch "lo Steri" genannt) liegt in der Ostecke der Piazza Marina.

Piazza Marina: Der hübsche Platz gleich neben dem Cassaro hat sich zu einem beliebten abendlichen Treffpunkt entwickelt und lockt mit Bars, Cafés und Restaurants aller Couleur, von der Hühnerbraterei bis zum feinen Ristorante. Mittelpunkt der Piazza ist der nach 1860 angelegte Park Giardino Garibaldi. Unter den dortigen Tropenpflanzen beeindruckt besonders ein riesiger Gummibaum, dessen kurios geformter Stamm von einem Dutzend Männer wohl nicht zu umfassen ist.

Palazzo Mirto: An der Via Merlo, nur ein paar Schritte von der Piazza Marina. Der Palast war viele Jahrhunderte lang im Besitz einer reichen Palermitaner

Familie und gelangte nach dem Tod der letzten Angehörigen in die Hände der Region Sizilien, die ihn der Allgemeinheit öffnete. Ein Rundgang durch die prunkvollen Gemächer zeigt sehr anschaulich den einstigen Lebensstil der sizilianischen Oberschicht.
① Mo–Sa 9–19 Uhr, So 9–13 Uhr; Eintritt 2,50 €.

Galleria Regionale di Sicilia: Siziliens bedeutendste Sammlung von Gemälden und Skulpturen birgt Objekte vom Mittelalter bis zum 17. Jahrhundert. Untergebracht ist sie im *Palazzo Abatellis* (Via Alloro 4), einem gut erhaltenen Adelspalast an der Schwelle der Gotik zur Renaissance, 1495 erbaut. Zugang zur Galerie über den Hof.

Erdgeschoss: Der Bildhauerei gewidmet. Wichtigste Werke: "Der Triumph des Todes" in Saal 2, das einzige Gemälde dieser Etage und bereits den Eintritt völlig wert – der Tod als reitender Jäger, seine Opfer stammen aus allen Schichten der Bevölkerung. Ein unbekannter Meister, vielleicht ein Flame, schuf zu Beginn des 15. Jh. dieses monumentale Werk. Die "Büste der Eleonore von Aragón" und die "Madonna mit Kind", beide Saal 4, stammen von *Francesco Laurana* (15. Jh.). Die Säle 5 und 6 enthalten hauptsächlich Arbeiten der Bildhauersippe *Gagini* (16. Jh.).

Erster Stock: Hauptsächlich Gemälde sizilianischer und flämischer (Saal 13) Künstler ab dem 13. Jahrhundert. Einen Ehrenplatz nimmt die Sammlung des *Antonello da Messina* (15. Jh.) in Saal 10 ein; als sein Meisterwerk gilt das sanfte Marienbild "L'Annunziata", die Verkündigung.
① 9–14 Uhr, So nur bis 13 Uhr, Di/Do auch 15–20 Uhr. Eintritt 4,50 €.

Chiesa della Gancia: Nur ein paar Schritte weiter in der Via Alloro. Die zu Ende des 15. Jh. errichtete Franziskanerkirche ist nur noch teilweise original. Im Inneren sind dafür Werke der Familie *Gagini*, des Stukkateurs *Serpotta* und eine schöne Holzdecke zu sehen.
① Mo–Sa 9–12, 15–18 Uhr, So 10–12.30 Uhr.

Chiesa di Santa Maria dello Spasimo: Am südlichen Rand des Kalsa-Viertels, Zugang über die Via dello Spasimo. Durch den Hof eines ehemaligen Ospedale gelangt man zu einem der symbolträchtigsten Bauten für die allmählichen Veränderungen des Kalsa-Viertels. Die Anfang des 16. Jh. errichtete, nie fertig gestellte und Jahrhunderte lang aufgegebene Klosterkirche steht völlig ohne Dach da, und in ihrem Inneren wachsen Bäume. Vor einigen Jahren wurde die beschauliche gotische Ruine, die im 17. Jh. auch mal als Hospital diente, mit Installationen aufgepeppt und dient seitdem als Schauplatz von Theateraufführungen, Konzerten etc. Ein romantischer Ort von ungewöhnlichem Reiz, offen tägl. von 9–22.30 Uhr

Chiesa di San Francesco d'Assisi: An der gleichnamigen Piazza; am besten zu erreichen über die Via Paternostro, eine Seitenstraße des Cassaro. Die ab 1255 erbaute Kirche wurde nach einem Bombardement im Zweiten Weltkrieg restauriert. Außer mit ihrem hübschen Portal samt Rosette glänzt sie mit Arbeiten von *Laurana* (vierte Kapelle links) und mit acht allegorischen Statuen von *Serpotta* im Mittelschiff.
① Mo 9–12 Uhr, Di–Fr 9–16 Uhr, Sa 9–12 Uhr.

Oratorio di San Lorenzo: Die links neben San Francesco liegende Kapelle aus dem 16. Jh. mit meisterhaft prächtigem Stuck von *Serpotta* (was muss der Mann gearbeitet haben...) ist seit ihrer Renovierung vor einigen Jahren jetzt wieder Mo–Fr von 9–12 Uhr geöffnet. Vor oder nach einem Besuch empfiehlt sich ein Abstecher in Palermos schönsten Imbiss, die seit 1834 bestehende "Antica Focacceria" (siehe "Essen") direkt gegenüber von San Francesco d'Assisi – die nahrhafteste Sehenswürdigkeit der Stadt.

Piazza Rivoluzione: Der brunnengeschmückte kleine Platz am Ende der Via Paternostro trägt seinen Namen absolut zu Recht. 1848 war die Piazza Keimzelle der (fehlgeschlagenen) Revolution gegen das Bourbonenregime. *Garibaldi*, erfolgreicher und traditionsbewusst, wählte den Ort für seine erste öffentliche Ansprache nach Eroberung der Stadt im Jahr 1860.

Orto Botanico: Der botanische Garten am östlichen Rand der Kalsa (Anfang Via Lincoln) gilt als einer der schönsten Europas. Schon im 19. Jh. gegründet, beherbergt er heute eine kaum überschaubare Anzahl exotischer Gewächse; allein die hier gedeihenden Palmenarten zählen nach Dutzenden. Ein wunderschöner Platz zum Ausspannen. Eine grüne Ausweichmöglichkeit mit südlichem Flair bietet der benachbarte Stadtpark *Villa Giulia*, ebenfalls eine Oase der Ruhe. In jedem Fall sollte man sich vor einem Besuch mit Getränken, evtl. auch einem Imbiss eindecken, denn innerhalb der Gärten gibt es keine Versorgungsmöglichkeiten.

① Orto Botanico: Mo–Fr 9–18 Uhr, Sa/So 8.30–13 Uhr, häufige Änderungen; Eintritt 3,50 €.

Äußere Stadtbezirke

San Giovanni dei Lebbrosi: Die bereits 1071 errichtete kleine Kirche gehört zu den ältesten normannischen Bauwerken der Insel. Das dreischiffige, originalgetreu renovierte Gebäude zieren rote Kuppeln in arabischer Manier.

Lage südöstl. des Zentrums am Corso dei Mille (Piazza Scaffa), der von der Via Lincoln abzweigt, vom Bahnhof ca. zwei Kilometer oder per Stadtbus. ① Mo–Sa 9.30–11, 16–17 Uhr.

Ponte dell'Ammiraglio: Die "Admiralsbrücke" am Corso dei Mille, ein Stück vor San Giovanni, wurde 1113 von Admiral *Georg von Antiochien* gestiftet, der später auch die Kirche La Martorana bauen ließ. Heute liegt die schöne Brücke "trocken", denn der Fluss Oreto verläuft mittlerweile anders.

Chiesa di Santo Spirito: Die 1173 errichtete und später umgebaute Normannenkirche war ein wichtiger Schauplatz sizilianischer Geschichte: Hier begann am Ostermontag des Jahres 1282 der blutige Massenaufstand *Sizilianische Vesper*, der schließlich das Regime der *Anjou* von der Insel vertrieb und der Kirche den Beinamen *dei Vespri* verschaffte. Auslösendes Moment war die Belästigung einer Sizilianerin durch einen Franzosen während des nachmittäglichen Vesper-Gottesdienstes.

Lage und Öffnungszeiten Im Friedhof Cimitero di Sant'Orsola; vom Bahnhof knapp 2 km über den Corso Tukory und die Via del Vespro (Stadtbusse). ① täglich 9–12 Uhr.

La Cuba: Einst lag das normannische Schlösschen in einem von Arabern geschaffenen Park mit aufwändigen Wasserspielen und künstlichen Seen; heute umgibt es tristes Armeegelände – so ändern sich die Zeiten. Der 1180 erstellte

Äußere Stadtbezirke 431

kubische Bau ist von spitzbogigen Blindfenstern gegliedert; die Architekten kamen wohl, den arabischen Schriftzeichen am Dachfries nach, aus orientalischen Gefilden. In ähnlichem Stil gebaut, aber weit kleiner ist La Cubula, ein überkuppelter Pavillon, der heute in einem weniger schönen Wohngebiet liegt.

• *Lage und Öffnungszeiten* La Cuba liegt links des Corso Calatafimi (Verlängerung Cassaro), etwa 800 m von der Piazza Indipendenza. ☉ Mo–Sa 9–18.30, So 9–13 Uhr, Eintritt 2 €. La Cubula liegt rechts des Corso Calatafimi, noch etwa einen Kilometer.

Convento dei Capuccini: Die makaberste "Sehenswürdigkeit" Siziliens ist nichts für Sensible – von der höchst fragwürdigen Ethik, die im Zurschaustellen toter Menschen liegt, ganz abgesehen. Rund achttausend mumifizierte Leichname warten in den Katakomben unter dem Kapuzinerkloster auf die Ewigkeit. Bis ins Jahr 1881 wurden die mit verschiedenen Verfahren (Trocknen, Tränken in Kalk oder Arsenik) konservierten Körper hier bestattet. Voll bekleidet stehen und liegen sie, Frauen und Männer getrennt und nach Berufen geordnet, in Glassärgen oder Wandnischen. Ein schauerliches Bild, schief hängende Köpfe, verzerrte Gesichter oder deren Überreste, mumifizierte Kleinkinder. Das zweijährige Mädchen Rosalia kam noch 1920, als diese Bestattungsform eigentlich schon längst verboten war, in das Schreckenskabinett. Mit einem nicht mehr bekannten Verfahren behandelt, scheint das tote Kind in seinem Sarg nur zu schlafen.

• *Lage und Öffnungszeiten* An der Piazza Cappuccini, von der Piazza Indipendenza etwa einen Kilometer über den Corso Cappuccini, dann rechts in die Via Pindemonte. ☉ täglich 9–12, 15–17.30 Uhr; Eintrittsgebühr 1,50 €. Im Umfeld etwas Vorsicht: Ein Leser warnte vor motorisierten Handtaschenräubern auf dem Platz.

Castello della Zisa: Der Name kommt vom Arabischen Al-Aziz, was etwa "glänzend" oder "großartig" bedeutet. Wie La Cuba lag auch dieses etwa zwischen 1160 und 1167 errichtete Normannenschloss in einem weiten Park, von Fischteichen und Quellen umgeben. Der kubische Bau mit Zinnen und Scheinfenstern ist nach jahrelanger Restaurierung wieder zu besichtigen. Im Inneren zeigt ein Museum Zeugen des arabischen Einflusses auf Sizilien, darunter Keramik des 11.–13. Jh. sowie sehr schöne durchbrochene Fenstergitter.

• *Lage und Öffnungszeiten* Piazza Zisa; von der Piazza Indipendenza etwa 1,5 km über die Via Colonna Rotta, später die Via Guglielmo il Buono, an der Piazza Sacro Cuore dann links. ☉ Mo–Sa 9–18.30 Uhr, So 9–13 Uhr. Eintritt 2,50 €.

Museo Etnografico Pitrè: Das Volkskundemuseum liegt im hinteren Teil des *Parco della Favorita*, Palermos größtem und etwas verwildertem Stadtpark, der sich im Norden der Stadt unterhalb des Monte Pellegrino erstreckt. Siziliens bedeutendstes Museum dieser Art beherbergt neben einer Sammlung bunter Karren auch Marionetten nebst dazugehörigem Theater, Krippenfiguren, Trachten, landwirtschaftliche Geräte und vieles mehr – ein kompletter Überblick über ausgestorbene und noch existierende Details des Alltagslebens der Insel. In der Nähe des Museums steht die *Pallazina Cinese*, ein Palast des aus Neapel geflohenen Bourbonen Ferdinand IV., der auch den Park bauen ließ.

• *Lage und Öffnungszeiten* Zugang nahe der Piazza Niscemi am Viale del Fante; gut fünf Kilometer von den Quattro Canti entfernt (Stadtbusse). ☉ täglich außer Fr 9–20 Uhr; Eintritt 5 €. An Feiertagen geschlossen.

Monte Pellegrino

Der markante, 606 Meter hohe Klotz fällt bei der Anreise per Schiff schon von weitem ins Auge.

Goethe beschrieb ihn als "das schönste Vorgebirge der Welt", den Palermitanern ist der Berg spätestens seit dem 17. Jahrhundert heilig. In der Nähe des Grand Hotels Villa Igiea zweigt die Panoramastraße Via Bonnano ab, die in vielen Serpentinen über den Berg und nach Mondello führt – für Motorradfahrer ein echter Genuss.

> ### Santa Rosalia, Pestheilige Palermos
>
> Das junge Mädchen Rosalia, eine Nichte des Normannen Wilhelm II., hatte gegen 1160 allen weltlichen Versuchungen den Rücken gekehrt und sich für ein Leben in frommer Einsamkeit entschieden. In der abgelegenen Höhle irgendwann gestorben, geriet sie bald in Vergessenheit. Jahrhunderte später, am 15. Juli 1624, wurden ihre sterblichen Überreste entdeckt; aufgrund einer Erscheinung, wie man sagt. In Palermo tobte gerade eine fürchterliche Pestepidemie. Das Übel endete schlagartig, als die Gebeine des Fräuleins durch die Straßen getragen wurden. Fast ebenso schnell wurde Rosalia zur Stadtheiligen ernannt. Schon im nächsten Jahr feierte Palermo sein "Fistinu di Santa Rosalia", das erste einer langen Reihe von Festen, die bis heute andauert.

Santuario di Santa Rosalia: Das Heiligtum, mit dem Auto, zu Fuß (siehe unten, Wanderung 7) oder auch per Bus zu erreichen, ist ein beliebter Wallfahrtsort mit entsprechendem Rummel und Souvenirkitsch. Hinter einer Kapelle liegt die 25 Meter tiefe Höhle, in der die Gebeine Rosalias entdeckt wurden. Die heute verehrte liegende Heiligenfigur stammt aus dem 18. Jh. Den vielen Pilgern gilt das an den Wänden herabfließende und in Metallrinnen gesammelte Wasser als wundertätig. Die Pinienwälder der Umgebung sind ein beliebtes Ziel für sonntägliche Picknicks, zu denen die Großfamilien in Massen anreisen; während der Woche geht es hier oben deutlich ruhiger zu.

Wanderung 7: Von Palermo zum Santuario di Santa Rosalia

Route: Parco della Favorita (Ex Scuderie Reali) – Vallone del Porco – Santuario di Rosalia – Piazza Generale Cascino. **Reine Wanderzeit**: 3 Stunden. **Höhenunterschiede**: 330 Meter Auf-, 380 Meter Abstieg.

Charakteristik: Die Palermitaner pilgern auch heute noch fleißig zur Felsgrotte ihrer Stadtpatronin Santa Rosalia unterhalb des Gipfels des Monte Pellegrino – mit dem Auto. Das als Riserva Naturale Orientata unter Naturschutz gestellte Massiv kann man aber auch zu Fuß erklimmen und wird für die Mühe mit schönen Ausblicken belohnt.

Anfahrt: Ausgangs- und Endpunkt der Wanderung lassen sich vom Stadtzentrum aus mit den städtischen AMAT-Bussen erreichen. Von der Piazza Politeama startet der Bus 806 in Richtung Mondello; er hält unterwegs im Parco della Favorita vor den Ex Scuderie Reali. Von der Piazza Generale Cascino fährt u. a. der Bus 139 ins Stadtzentrum zurück.

Wanderung 7: Von Palermo zum Santuario di Santa Rosalia

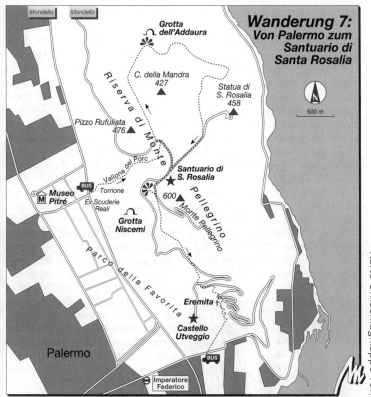

Als Variante kann man auch direkt auf dem alten, steingepflasterten Pilgerweg von der Piazza Generale Cascino aus zum Sanktuarium aufsteigen. Anschließend kehrt man wie beschrieben auf dem selben Weg zurück.

Verlauf: Von der Bushaltestelle an den *Ex Scuderie Reali* biegen wir rechts der Straße in den Fußweg, der vorbei an einem runden Pulverturm auf den Taleinschnitt des *Vallone del Porco* zuführt. Direkt vor uns erheben sich die steilen Kalkfelswände des Monte Pellegrino und zur Rechten liegen die Ex Scuderie Reali, ehemals königliche Stallungen aus der Bourbonenzeit, die heute als "Casa Natura" für das Naturreservat dienen. Während wir auf dem schmalen Pfad zwischen Felsblöcken aufsteigen, bleibt die Stadt mit ihrem Lärm rasch hinter uns zurück. Nach einem ersten steilen Abschnitt setzt sich der Anstieg im Schatten von Kiefern und Eukalypten sanfter fort. Seitlich von Steinen gesäumt, führt der Pfad schließlich zu einem verfallenen Gebäude. Nun geht es links auf der eben verlaufenden Forststraße weiter bis zu der querenden Asphaltstraße (50 Min.). An dieser Stelle ließe sich die Wanderung abkürzen, indem man der Asphaltstraße nach rechts folgt und wenige Minuten später das Sanktuarium der Santa Rosalia erreicht.

Wir nehmen jedoch die längere Variante, queren dazu die Asphaltstraße und biegen am Gatter in die links wegführende Forststraße ein. Nach einem Rechtsbogen gabelt sich der Weg, hier links halten und anschließend an der trocken gefallenen Tränke vorbei weiter geradeaus. Die Forststraße führt in eine Talsohle, und an der nächsten Wegkreuzung biegen wir rechts ab. Bald darauf beschreibt die Forststraße einen Rechtsbogen (1 Std. 10 Min.). Hier lohnt ein kurzer Abstecher nach links: Bereits nach wenigen Schritten öffnet sich ein atemberaubender Blick. Doch Vorsicht, die Felswände fallen an dieser Stelle mehrere hundert Meter senkrecht ab! Wir befinden uns direkt oberhalb der Grotte dell'Addaura (Abgüsse der steinzeitlichen Ritzzeichnungen sind im Archäologischen Museum zu bewundern) und blicken auf den Badeort Mondello, das Capo Gallo und das Meer. An klaren Tagen reicht der Blick bis zur Insel Ustica.

Die Forststraße führt nun durch ein Gatter aus dem Wald auf eine verkarstete Hochebene, von der sich mit etwas Glück im Osten die Eolischen Inseln erkennen lassen. Aus einer Talsohle steigt der Weg wieder an, von links stößt eine Fahrspur dazu. Nach rechts weiter aufsteigend, treffen wir einige Minuten später auf eine Asphaltstraße, auf der wir rechts abbiegen. Bald ist der mit Imbissbuden und Souvenirständen versehene Parkplatz des *Santuario di Rosalia* (2 Std. 5 Min.) erreicht. Treppenstufen führen hinauf zu dem Grottenheiligtum der Santa Rosalia. Goethe, allgemein fasziniert vom schönen Geschlecht, widmete der Statue der Heiligen in seiner "Italienischen Reise" einige liebevolle Zeilen.

Vom Fuß der Treppe folgen wir der Asphaltstraße nach links und biegen gleich darauf in die links ansteigende Straße ein. Auf dem Scheitelpunkt der Via al Santuario angekommen, folgen wir dem kalksteingepflasterten Pilgerweg geradeaus, während die Asphaltstraße sich links bis zu den Antennen auf dem Gipfel fortsetzt. Mit schönen Ausblicken auf Palermo und die Conca d'Oro steigen wir ab, queren dabei unterwegs mehrfach die Asphaltstraße, den eigentlichen "Pilgerweg" der frommen, aber fußfaulen Palermitaner. Der Weg endet am südlichen Fuß des Monte Pellegrino an der *Piazza Generale Cascino*.

Monte Pellegrino: alter Pilgerweg zum Santuario di Rosalia

Palermos Umgebung

Vielfältig wie die Stadt selbst. Vom "Mafiadörfchen" bis zum betriebsamen Badeort ist für jeden etwas dabei – absolutes Highlight allerdings ist Monreale mit seinem weltberühmten Normannendom.

Mondello

Die Sommerfrische der sizilianischen Hauptstadt wurde bereits zu Beginn des 20. Jh. von reichen Palermitanern "entdeckt". Zahlreiche hübsche Villen sind das Ergebnis.

Das einstige Fischerdorf liegt etwa zwölf Kilometer nördlich des Zentrums. Heute ist das sommerliche Mondello Palermos proppenvolles Strandbad und Fixpunkt des Nachtlebens zugleich. Am gut zwei Kilometer langen, feinsandigen Strand reihen sich die *stabilimenti*, gebührenpflichtige Badeanstalten, deren Gebäude zum Teil noch aus der Zeit des Jugendstils stammen. Glaubt man "offiziellen" Messungen, ist die Wasserqualität dieser Stabilimenti gut, während an den freien Stränden der Umgebung teilweise Badeverbot herrscht; ein fürwahr seltsames Ergebnis. In jedem Fall ist es amüsant, Mondello in einer Sommernacht zu besuchen, wenn sich auf der Piazza, in Bars, Cafés und vor den vielen Imbissständen die Menschen drängen und aus den Discos laute Musik dröhnt – die Frage, warum Palermo nachts oft so menschenleer wirkt, klärt sich dann von selbst.

● *Verbindungen* **Stadtbus** 812 ab Politeama/Piazza Sturzo direkt nach Mondello, oder Nr. 101 vom Bahnhof bis Endstation De Gasperi Stadio, weiter mit Linie 603. Von Mondello nach Sferracavallo fährt Bus Nr. 936.

● *Übernachten* Nur gehobene Quartiere mit entsprechenden Preisen. Praktisch alle Hotels sind im August völlig ausgebucht.

**** Hotel Mondello Palace, nostalgisches Prachthotel unweit der auffälligen zentralen Badeanstalt Antico Stabilimento. Hübscher Garten mit Pool, hoteleigener Strandbereich. Parkplatz. DZ/F etwa 185 €. Viale Principe di Scalea, ✆ 091 450001, ✉ 091 450657.

*** Hotel Conchiglia d'Oro, etwas weiter landeinwärts. Ein vergleichsweise jüngerer

Bau mit rund hundert Betten; ruhige Lage, gute Zimmer, Pool und Parkmöglichkeit. DZ mit Frühstücksbuffet etwa 95 €. Viale Cloe 9, ✆ 091 450359, 🖷 091 450032.

** Hotel Villa Esperia, angenehmes kleineres Hotel in einer hübschen Jugendstilvilla, charmante Zimmer. DZ/F etwa 95–135 €. Via Margherita di Savoia 53, an der Hauptstraße Richtung Palermo, ✆ 091 6840717, 🖷 091 6841508, www.hotelvillaesperia.it.

• *Essen* **Ristorante Charleston Terrazze**, früher ein Ableger des jetzt geschlossenen Nobelrestaurants in Palermo. Edler Rahmen in der herrlich nostalgischen alten Badeanstalt Antico Stabilimento Balneare, feine Küche, gehobene Preislage: Menü ab etwa 50 €. Anfang/Mitte Januar bis Anfang/Mitte Februar geschlossen; im Winter Mo Ruhetag. Reservierung sehr ratsam, ✆ 091 450171.

Bye Bye Blues, berühmtes und sehr beliebtes Lokal, von zahlreichen Restaurantführern begeistert gefeiert. Kreative, marktabhängige Meeresküche, prima Süßspeisen. Menü ab etwa 35 €. Via del Garofalo 23, auch hier Reservierung sehr empfehlenswert: ✆ 091 6841415. Nur abends geöffnet, außer an Feiertagen, im Sommer täglich, sonst Di Ruhetag. Variable Betriebsferien im Winter.

Trattoria di Lauretta d'Angelo, ein Lesertipp von Bernhard Rüppel: "Hier haben wir das beste Essen der Tour genossen, der Fisch war frisch und günstig. Via Mondello 21."

Sferracavallo

Der kleine Küstenort ist mittlerweile mit Palermo fast zusammengewachsen, bewahrte sich aber trotzdem in gewisser Weise seinen eigenständigen Charakter.

Sferracavallo, von kahlen Felsbergen bewacht, liegt etwa zwölf Kilometer nordwestlich der Innenstadt. Im Zentrum an der Uferstraße beherrscht hektischer Verkehr die Szenerie, in den Seitengassen findet das ruhigere Alltagsleben der Vorstadt seinen Platz. Abends ist einiger Betrieb an der nicht unbedingt geschmackvoll neu gestalteten Hauptpiazza direkt oberhalb der Küste. Gleich mehrere steinerne Pavillons verkaufen hier Seeigel (ricci), Miesmuscheln (cozze) und gekochte Kraken (polpi), aber auch belegte Brötchen und ähnliches. Die Felsstrände westlich der Stadt reizen allerdings wenig zum Baden, sie sind messerscharf geschliffen und nur schwer begehbar. Sferracavallo besitzt die Palermo am nächsten gelegenen Campingplätze, siehe dort im entsprechenden Kapitel.

• *Verbindungen* **Stadtbus** Nr. 101 ab Bahnhof bis zur Station Vittorio Veneto, weiter mit Linie 616; alternativ ab der Endstation De Gasperi Stadio weiter mit Linie 628. Auch die Anreise via Mondello (siehe oben) ist möglich, von dort weiter mit Nr. 936.

• *Essen* **Ristorante Al Delfino**, eines der gehobenen Restaurants. Spezialität ist, wie überall hier, Seegetier. Gute Küche, dabei preiswert: Reichliches Festpreis-Menü mit vielen Fischgängen etwa 21 €. Von Lesern gelobt. Zu suchen an der Hauptstraße bei der Piazza. Via Torretta 80, ✆ 091 530282; Mo Ruhetag.

Andrea & Marianna, einer der Pavillons an der Küsten-Piazza. Die Portion Frutti di Mare kostet etwa 5–7 €, es gibt auch Spaghetti etc.

Isola delle Femmine

Das Dorf am *Golfo di Carini* nordwestlich von Palermo ist aufgrund seiner geringen Entfernung (15 Kilometer) zur Hauptstadt ein beliebtes Wochenendziel der Palermitaner. Obwohl man meinen sollte, dass das nördlich gelegene Capo Gallo Palermos Abwässer zurückhielte, ist Untersuchungen zufolge auch hier die Wasserqualität nicht immer die beste.

• *Verbindungen* **Zug**: Der Bahnhof liegt zentrumsnah. Laufend Züge nach Palermo, häufig auch nach Trapani.

Bus: Noch im Bereich der Stadtbusse (Nr. 101 bis Endstation, dann Nr. 628), aber aufpassen: Für manche Busse ist schon in Sferracavallo Endstation!

Saisonbeginn: Frühjahrsputz im Antico Stabilimento Balneare

• *Camping* ** **La Plaia**, wie der Name schon sagt, in Strandnähe. Mit Bar und Einkaufsmöglichkeit; geöffnet Ende März bis Oktober. Freundliche, hilfsbereite und deutschsprachige Führung. Zwei Personen, Auto, Zelt zur HS bis zu 21 €. ✆ 091 8677001.
* **All'Aria Aperta**, einfach ausgestatteter Platz westlich bei Capaci. Normalerweise nur für italienische Jugendgruppen geöffnet. ✆ 091 8671042.

Montelepre

Das kleine Bergnest fände kaum Beachtung, wäre seine Geschichte nicht verknüpft mit dem Namen einer der schillerndsten Banditenfiguren des 20. Jahrhunderts.

Jedermann auf der Insel kennt Montelepre, etwa 25 Kilometer südwestlich der Hauptstadt gelegen, als Geburtsort und heimlichen Stützpunkt des legendären und berüchtigten *Salvatore Giuliano*. In Montelepre gilt Salvatore heute noch als großer Held des Ortes. Der Sarkophag mit seinem Foto ist auf dem hiesigen Friedhof zu besichtigen, in der Nähe liegt das Grab Pisciottas. Auch ein "Salvatore-Giuliano-Restaurant" fehlt natürlich nicht. Wen das Thema näher interessiert, der sollte sich bei Gelegenheit *Francesco Rosis* "Wer erschoss Salvatore G.?" ansehen, den ehrlichsten Film über den Banditen. Salvatore ist zwar auch Held des verfilmten Bestsellers "Der Sizilianer" von *Mario Puzo*, Buch und Film schönen das Leben des vorgeblichen Revolutionärs jedoch gewaltig.

• *Verbindungen* Busse der AST ab Palermos Corso Re Ruggero 4x täglich.

• *Übernachten* *** **Hotel Castello di Giuliano**, in der Architektur tatsächlich einer mittelalterlichen Burg nachempfunden. Recht hübsche, komfortable Zimmer, DZ/F etwa 70–80 €. Via Pietro Merra 1, ✆ 091 841006, ✆ 091 8941095, www.castellodigiuliano.it.

** **Hotel Rose Garden**, an der Umgehungsstraße. Einfaches, preisgünstiges Quartier mit nur zehn Zimmern, Bar und Restaurant. DZ/F um die 40 €. Via Circonvallazione 120, ✆ 091 8784360.

Salvatore Giuliano, Freiheitsheld und Massenmörder

Die kriminelle Karriere des von vielen Sizilianern bejubelten Banditen begann 1943 mit dem Mord an einem Polizisten. In die unwegsamen Berge geflohen, sammelte der damals erst 21-jährige "Turi" bald andere Outlaws um sich. Überfälle auf reiche Grundbesitzer verschafften ihm den Mythos eines modernen Robin Hood, der einen Teil seiner Beute den Armen zukommen ließ. Von der Bevölkerung unterstützt, wechselte Salvatore ständig seine Bergverstecke. Gegen die machtlose Polizei führte er einen blutigen Kleinkrieg, griff mit seiner Bande ganze Kasernen an. Als der ursprünglich gegen die Mafia eingestellte Bandit sich dann doch mit der "Ehrenwerten Gesellschaft" einließ, erhielten seine Raubzüge einen politischen Anstrich: Salvatore erklärte sich zum Freiheitskämpfer, der für ein selbständiges Sizilien eintrat; ganz im Sinne der mächtigen Familien, die dann noch ungestörter hätten agieren können. Die damals aktuelle Separatistenbewegung hatte ihren neuen Helden. Auch die internationalen Medien begannen sich für den gut aussehenden jungen Mann zu interessieren, der die Spezialeinheiten der römischen Polizei so geschickt ausmanövrierte. Wie naiv Salvatores politische Einstellung in Wirklichkeit war, zeigt sich an einem Brief, in dem er dem amerikanischen Präsidenten Harry Truman allen Ernstes Sizilien als 49. Bundesstaat der USA andiente.

Ein schreckliches Blutbad, dem auch Frauen und Kinder zum Opfer fielen, brachte seinem Image als Volksheld tiefe Schrammen und sorgte für Ablehnung auch bei einstigen Sympathisanten: Wohl auf Wunsch der Mafia schossen Salvatore und seine Bande am 1. Mai 1947 bei *Portella della Ginestra* eine friedliche Maikundgebung nieder. Elf Tote und über 50 Schwerverletzte waren das Ergebnis.

Am 5. Juli 1950 wurde Salvatore Giuliano in einem Hinterhof in Castelvetrano erschossen. Wie um sein Leben, ranken sich auch um seinen Tod zahlreiche Legenden. Die Mafia, auf deren Hilfe er sich so lange stützen konnte, hatte ihn fallengelassen und war wohl auch für seine Ermordung verantwortlich. Zwar hefteten sich die Carabinieri das Verdienst seines Todes an; vieles spricht aber dafür, dass Salvatores Jugendfreund und "General" Gaspare Pisciotta der Schütze war. Pisciotta selbst hat dazu nichts mehr zu sagen. Nachdem er angedroht hatte, über Drahtzieher und Hintermänner auszupacken, starb er im Ucciardone, dem Hauptgefängnis von Palermo, an vergiftetem Kaffee.

Monreale

Das Bergstädtchen ist der unbestrittene Star unter den Ausflugszielen in der Umgebung Palermos. Und das völlig zu Recht, bildet doch der hiesige Normannendom mit seinen prachtvollen Mosaiken einen Anziehungspunkt allererstens Ranges.

Monreale liegt am Hang des Monte Caputo in etwa 300 Meter Höhe, acht Kilometer südwestlich der Hauptstadt. Besonders morgens eröffnet sich bei der Anfahrt über die Serpentinenstraße ein weiter Überblick über Palermo und die Conca d'Oro. Später am Tag verschwimmt das Panorama dagegen oft im Dunst. Der Ort Monreale, "Königsberg", wuchs erst im späten Mittelalter rund um den zuvor erbauten Dom. Das Gotteshaus markiert den Mittelpunkt des ansonsten eher unscheinbaren Städtchens.

- *Information* **Ufficio Informazioni**, Piazza Vittorio Emanuele, am Domplatz; ✆ 091 6398011. ⏰ Mo–Sa 9–13 Uhr, Di/Do auch 15–18 Uhr. Meist ist hier ein Faltblatt "Duomo di Monreale" mit einer detaillierten mehrsprachigen Beschreibung der Mosaike erhältlich.
- *Verbindungen* Vom Bahnhof Stadtbus 109 zur Piazza Indipendenza, weiter mit Stadtbus 309 ins Zentrum von Monreale oder mit 389 direkt zum Domplatz.
- *Übernachten* *** **Carrubella Park Hotel**, relativ komfortabel und mit hübscher Aussicht, aber oft belegt. Eine Leserzuschrift lobte die geräumigen Zimmer, eine andere bemängelte die Betten – ratsam also, sich die Räumlichkeiten vorab anzusehen. DZ/F etwa 100–110 €, im Winter etwas günstiger; Via Umberto I. 233, ✆ 091 6402188, ✉ 091 6402189.
- *Essen* **Taverna del Pavone**, wenige Schritte vom Domplatz. Frische sizilianische Küche zu vernünftigen Preisen, auch an Werktagen viele italienische Gäste. Menü ab etwa 20 €. Vicolo Pensato 18, ✆ 091 6406209, Mo Ruhetag, in der zweiten Junihälfte Betriebsferien.

Pizzeria Da Totò, wenige Meter von der Westfassade des Doms. Nichts außer Pizza und Salaten, aber: "die beste Pizza unserer Reise", so der Leserbrief von Dr. Gilbert Lupfer. Chiasso C. Menotti 6, Mi Ruhetag.

Der Dom

Normannenkönig Wilhelm II. ("Wilhelm der Gute") ließ die mächtige Kathedrale ab 1174 in nur wenigen Jahren erbauen. Der Anlass soll eine Marienerscheinung gewesen sein, die ihm das Versteck eines Schatzes seines Vaters ("Wilhelm der Böse") zeigte – mit der Bitte, das Vermögen für gottesfürchtige Zwecke auszugeben.

Falls Wilhelm nur ehrgeizig die Kathedralen von Palermo und Cefalù übertrumpfen wollte, so ist ihm auch das gelungen: Der Dom von Monreale wurde mit einer Grundfläche von 102x40 Metern die größte Kirche Siziliens und dank der von Mosaiken schier überquellenden Innendekoration auch die mit Abstand prächtigste. Als Baumeister des Prachtstücks gelten fatimidische Architekten aus dem Orient. Leider wurde in späteren Jahrhunderten viel am Äußeren des Doms herumgebastelt. Zwischen zwei Türmen – der linke blieb unvollendet – erhebt sich zurückgesetzt die Fassade; die Vorhalle über dem sehenswerten Bronzeportal von 1186 ist ein Anbau des 18. Jahrhunderts. Aus späterer Zeit stammt auch die lang gestreckte Vorhalle der linken Domseite, in der sich der heutige Haupteingang mit einer ebenfalls interessanten Bronzetür befindet. Völlig original ist nur noch die schöne Ostseite, deren Spitzbögen sich mit eingelegten Ornamenten aus Lava und Kalkstein schmücken.

⏰ Dom täglich 8–12.30, 15.30–18 Uhr, häufige Änderungen. Der Sonntag Vormittag ist wegen des Gottesdienstes eine ungünstige Zeit für Besichtigungen; Eintritt frei, zu den Terrassen Terrazze 1,60 €. Der Kirchenschatz Tesoro (2,10 €) ist nur bis 12 Uhr zugänglich.

Kircheninneres: Erfreulicherweise kaum verändert, einzig das Dach wurde nach einem Brand 1811 gekonnt restauriert. Im Dämmerlicht des dreischiffigen, von antiken Säulen unterteilten Inneren fallen sofort die weltberühmten *Mosaiken* ins Auge. Goldglänzend bedecken sie den gesamten Innenraum, insgesamt über 6000 Quadratmeter Fläche! Im Stil orientieren sich die Mosaiken an byzantinischen Vorbildern, angelegt wurden sie aber von sizilianischen und venezianischen Künstlern in der erstaunlich kurzen Zeit von nur vier Jahren. Gedacht war die Bilderpracht als eine Art Bibel in Comic-Form, verständlich auch für das "einfache Volk". Wächter über die Geschichten aus Altem und Neuem Testament ist die monumentale Darstellung des Christus als Weltenherrscher in der Mittelapsis. Die rechte Hand allein hat eine Größe von zwei Metern! Im folgenden nur ein kleiner Auszug aus dem riesigen Bilderzyklus; vor Ort sind bebilderte Führer erhältlich, die das gesamte Mosaikenwerk einzeln aufschlüsseln.

Nördliches Seitenschiff (Eingangsseite): verschiedene Wunderheilungen Jesu, Jesus säubert den Tempel und wirft einen Tisch mit Geld um (Nordwand), Wunderheilungen (West- und Ostwand).
Mittelschiff/Nordwand: der Sündenfall, Kain und Abel (oben), Abraham, Isaak und Jakob (Mitte), verschiedene Wunder (unten).
Westwand (Hauptportal): Erschaffung Evas, Adam und Eva (oben, li. und re. des Fensters), Zerstörung Sodoms (re. darunter), Motive der Heiligen Cassius, Castus und Castrense.
Südwand: die Schöpfung (oben), Arche Noah in ausführlicher Darstellung, Abraham und die drei Engel (Mitte), verschiedene Wunder (unten).
Südliches Seitenschiff: Wunderheilungen, außerdem Speisung der Fünftausend (Westwand), Jesu Wandel auf dem Wasser (Mitte Südwand).
Querschiff: die beiden sich gegenüberstehenden Throne für Bischof und König sollten wohl Eintracht weltlicher und kirchlicher Herrscher bezeugen; über den Thronen ist Wilhelm II. bei der Krönung durch Christus und beim symbolischen Überrei-

chen der Kirche an Maria zu sehen.
Nördlicher Teil: Kreuzigung (Westwand oben), Abnahme vom Kreuz, Grablegung, Auferstehung, die Jünger erkennen Christus, Himmelfahrt (Nordwand); an einem Pfeiler die Krönung Wilhelm II. durch Jesus.
Mittelteil: die drei Weisen aus dem Morgenland, Kindermord auf Befehl des Herodes, die Hochzeit zu Kanaa, Taufe Jesu (Nordwand). Die Geburt Jesu, Jesus als Junge im Tempel (Westwand); Zacharias, Verkündigung an Maria, Josefs Flucht nach Ägypten (Südwand).
Südlicher Teil: Wunderheilungen, Einzug in Jerusalem, Abendmahl, Jesus und Pilatus (Westwand); Versuchungen Jesu, Jesu Verklärung und die Erweckung des Lazarus, Gebet auf dem Ölberg und Judaskuss (Südwand). An einem Pfeiler Wilhelm II., an der Ostwand (Seitenapsis) Martyrium des Petrus.
Mittelapsis: in der Kuppel Monumentalbild des Christus Pantokrator (Weltenherrscher), umgeben von Heiligen und Engeln.
Nördliche und südliche Seitenapsiden: Szenen aus der Lebensgeschichte der Apostel Paulus (Nord) und Petrus (Süd).

Neben den prächtigen Mosaiken verdienen auch der eingelegte Marmorfußboden und der kunstvolle Dachstuhl besondere Beachtung. Gegen Eintrittsgebühr kann man zudem über den Turm im rechten Seitenschiff der Kirche aufs Dach steigen oder den Domschatz besichtigen, dessen Zugang sich in der Nähe der nördlichen Seitenapsis befindet.

Chiostro dei Benedettini: Der Kreuzgang, einzig unversehrt erhaltener Rest des etwa zeitgleich mit dem Dom errrichteten Benediktinerklosters, ist eine Oase der Schönheit und Ruhe. Arabisch beeinflusst, erinnert er ein wenig an den bezaubernden Palast Alhambra im spanischen Granada: Spiele von Licht und Schatten, aus einem Brunnen rinnt träge das Wasser, eine Atmosphäre fast wie aus Tausendundeiner Nacht. Hier kann man sich gut vorstellen, wie die Normannenherrscher in ihren Lustschlössern unten in Palermo wohnten.

Arabischer Einfluss: Der Kreuzgang des Benediktinerklosters erinnert an die Alhambra von Granada

Die durch Spitzbögen verbundenen Doppelsäulen sind durchweg unterschiedlich gestaltet. Ihre insgesamt 228 Kapitele schmücken Fabelwesen, Menschen, Monstren, Tier- und Pflanzendarstellungen. Die 19. Säule der Westseite zeigt Wilhelm II., der Maria symbolisch die Kirche überreicht; ein Pendant zum Mosaik im Querschiff.

① Mo–Sa 9–18.30 Uhr, So 9–13 Uhr (wechseln oft), Eintritt 4,50 €.

San Martino delle Scale

Das über eine Serpentinenstraße zu erreichende Dörfchen liegt zehn Kilometer oberhalb von Monreale. Aufgrund seiner Höhenlage und der grünen Umgebung ist es eine beliebte Sommerfrische der Palermitaner und bietet eine tolle Aussicht auf die Conca d'Oro. Im Ortskern prangt die große Benediktinerabtei *Abazia di San Martino*, die schon im 6. Jh. gegründet worden sein soll. Ihre heutigen Gebäude stammen allerdings aus dem 18. Jh.

Übernachten *** Hotel Ai Pini**, vier Kilometer oberhalb der Ortsmitte. Nur 18 Zimmer; eigenes Restaurant. Ein wenig dunkel und recht einfach, aber ruhig und freundlich. Preiswert: DZ/F etwa 45–55 €, eines der (wenigen) Zimmer ohne Bad noch etwas günstiger. Villaggio Montano, ✆ 091 418198 oder 091 418019.

* Hotel San Martino, ein Lesertipp von Dr. Klaus Truöl: "An der von Monreale kommenden Straße (Busverbindung von dort) und näher zur Ortsmitte als 'Ai Pini'. Freundliche ordentliche Zimmer, großer Balkon, schöner freier Blick auf die umliegenden Berge. DZ/F 50 €." Viale Regione Siciliana, ✆ 091 418149.

San Cipirello und Antica Iato

Ein schon etwas weiter von Palermo entferntes Ausflugsziel. Die schöne Landschaft, die guten Wandermöglichkeiten und die Ausgrabungsstätte auf dem Monte Iato sind den Weg jedoch wert.

San Cipirello liegt etwa 25 Kilometer südlich von Monreale, zu erreichen über die mittlerweile sehr gut ausgebaute SS 624 Richtung Sciacca. Das schachbrettartig aufgebaute Landstädtchen ist mit seinem Nachbarort San Giuseppe Iato fast zusammengewachsen. Beide liegen im fruchtbaren Tal des Fiume Iato, dessen Wasserreichtum den Bau zahlreicher Mühlen ermöglichte, die zum Teil bis in die 60er-Jahre hinein in Betrieb waren. San Cipirello ist der Ausgangspunkt für die Besichtigung des antiken Iato auf dem über 850 Meter hohen Berg gleichen Namens, einer mehr als zwei Jahrtausende lang durchgehend bewohnten Siedlung, deren Ausgrabungen erst vor kurzem der Öffentlichkeit zugänglich gemacht wurden.

Zona Archeològica Antica Iato: Wohl aufgrund seiner günstigen Lage im Durchgangsgebiet von der Conca d´Oro zum Inneren und dem Süden Siziliens gab es auf dem Plateau des Monte Iato bereits im 10. oder 9. Jh. v. Chr. eine menschliche Ansiedlung. Wie Funde belegen, bestanden ab der Mitte des 6. Jh. v. Chr. Handelsbeziehungen mit Selinunt, die rasch zu einer Hellenisierung des Dorfes führten. Bald entstand ein Tempel, der Aphrodite geweiht. Ende des 4. Jh. war *Ietas* so reich geworden, dass es in griechischem Stil komplett neu errichtet und mit einer Festungsmauer gesichert werden konnte – der Hauptplatz Agora und die in Ost-West-Richtung verlaufende, gepflasterte Hauptstraße jener Zeit sind heute noch gut zu erkennen. Auch unter den Römern gedieh die Stadt zunächst weiterhin. Dann setzte jedoch ein allmählicher Niedergang ein, der durch den Einfall der Vandalen 440 n. Chr. noch beschleunigt wurde. Dennoch blieb die Siedlung auch in byzantinischer und arabischer Zeit weiterhin bewohnt, war als *Giato* unter den Normannen sogar Sitz einer großen arabischen Gemeinde. Erst die Staufer besiegelten endgültig das Schicksal der Stadt: Im Kampf gegen aufständische Araber ließ Friedrich II. Giato 1246 völlig zerstören.

Neben den Resten des Aphrodite-Tempels, der Agora und der Hauptstraße sind in Antica Iato auch die Ruinen eines typisch griechischen, zweistöckigen Wohngebäudes ("*Peristylhaus*") zu sehen, das um einen Säulenhof errichtet worden war. Erbaut gegen 300 v. Chr., zählt es mit einer Fläche von mehr als 800 Quadratmetern zu den größten und ältesten griechischen Privathäusern. Das eindrucksvollste Relikt der Griechenstadt ist jedoch das *Theater* mit seinem wunderbaren Panorama. Es stammt ursprünglich aus der Zeit des Neuaufbaus der Siedlung im 4. Jh. v. Chr., wurde jedoch in den folgenden Jahrhunderten mehrmals umgestaltet. Die 35 gestuften Ränge boten Platz für etwa 4400 Zuschauer. Mehrere zwei Meter hohe Statuen, die Mänaden und Satyre darstellen und einst das Bühnenhaus stützten, sind provisorisch im *Antiquarium* von San Cipirello untergebracht; es liegt an der Via Roma, unweit der Hauptkirche des Ortes.

• *Anfahrt/Öffnungszeiten* Von der SS 624 über die Ausfahrt San Cipirello, dann der Beschilderung bis zum Parkplatz folgen. Die Ausgrabungsstätte ist täglich 9–14 Uhr geöffnet, Di, Do und Sa auch 15–18 Uhr; Eintritt 2 €. Öffnungszeiten des Antiquariums in San Cipirello: Mo–Sa 9–13 Uhr, Di/Do/Sa auch 16–20 Uhr.

• *Wandern* Eine sehr begrüßenswerte Initiative – in und um das Iato-Tal wurde eine Reihe zum Teil uralter Fußwege restauriert und markiert. Beschrieben sind sie in der deutschsprachigen Broschüre "Wege durch Geschichte und Natur des Iato-Tals", die unter Mithilfe der rührigen A.A.P.I.T. Palermo herausgebracht wurde, erhältlich (solange der Vorrat reicht) in deren Filialen und der Hauptstelle an der Piazza Castelnuovo.

Piana degli Albanesi

In dem hübsch gelegenen Städtchen lebt eine ethnische Minderheit: albanische Christen, im 15. Jh. vor den Türken hierher geflüchtet.

Bis heute haben sie sich hier ihre heimische Sprache und ihre Bräuche bewahrt. Und auch an ihrem orthodoxen Glauben halten sie fest, der Ort ist Sitz des albanischen Bischofs für Sizilien. Bei Hochzeiten und Taufen sowie an kirchlichen Festtagen (6. Januar, Ostern, Pfingsten, hl. Georg am 23. April, Madonna Odigitria am 2. September) legen die Einwohner immer noch ihre alten Trachten an – nicht als Touristenspektakel, obwohl mittlerweile viele Besucher kommen, sondern aus Tradition.

Piana degli Albanesi liegt etwa 24 Kilometer südlich von Palermo und nahe eines Stausees. Der kleine Pass *Portella della Ginestra*, vier Kilometer südwestlich des Ortes Richtung San Cipirello, war Schauplatz eines scheußlichen Massakers. Am 1. Mai 1947 beschoss die Bande von Salvatore Giuliano (siehe oben unter Montelepre) die friedlichen Teilnehmer einer Kundgebung zum Tag der Arbeit und tötete elf Menschen.

- *Information* **Pro Loco**, Via Giorgia Castriota 56, ✆ 091 8574331. Hier gibt es Adressen von Paese Albergo (Privatvermietern), der einzigen Unterkunftsmöglichkeit vor Ort. Vermittlung auch über die Gemeinde, ✆ 091 8574144; in der "Biblioteca" weiß man Bescheid.
- *Verbindungen* **Busse** der PRESTIA E COMANDE ab Palermos Via Balsamo (beim Bahnhof) 9x täglich.
- *Essen* **Trattoria San Giovanni**, familiäre Trattoria mit köstlichen hausgemachten Nudeln, hervorragenden Lammgerichten und gutem Hauswein, Menü ab 18 €. Via Matteotti 32, ✆ 091 8571070; kein Ruhetag.

Wanderung 8: Zu den Schneegruben von Piana degli Albanesi

Route: Chiesa dell'Odigitria – Portella del Garrone – Abbeveratoio della Targia – Piano Fratantoni – Piano Niviere – Chiesa dell'Odigitria. **Reine Wanderzeit**: 3,5 Stunden. **Höhenunterschiede**: jeweils 700 Meter Auf- und Abstieg.

Charakteristik: Die hier vorgestellte Tour ist eine der vielen Routen, die auf der Wanderkarte "Wege durch Geschichte und Natur des Iato-Tals" (siehe auch oben) verzeichnet sind. Aus einer rauen Bergwelt bieten sich weite Ausblicke auf die Conca d'Oro, Palermo und das Meer. In diesen kühlen Höhen wurde früher der Schnee in den "Niviere" genannten Gruben gesammelt und zu Eis gepresst, um dann in palermitanischen Adelshäusern zur Erfrischung gereicht zu werden.

Anfahrt: Der Ausgangspunkt der Wanderung, die Chiesa dell'Odigitria, kann von der Ortsmitte in 15 Minuten zu Fuß erreicht werden. Dabei folgt man einfach den rot-weißen Markierungen des SI (Sentiero Italia) bergauf. Mit dem Auto fährt man in Piana den Corso bergauf und durch die engen

Früher ein Rohstoff zur Eisherstellung: Schneeflecken oberhalb von Piana degli Albanesi

Wanderung 8

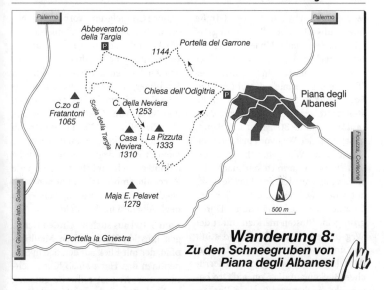

Wanderung 8: Zu den Schneegruben von Piana degli Albanesi

Straßen des Ortes in Richtung Portella della Ginestra, biegt am Ortsende rechts in die Via Carlo Marx ein (Schild: "17: Percorso P. degli Albanesi-Pizzuta"; hier auch ein Brunnen mit gutem Wasser), hält sich an der nächsten Gabelung links bergauf und nochmals 600 m weiter hart links aufwärts, erreicht so nach insgesamt 2,5 km den Parkplatz bei der Kirche.

Verlauf: Am Kiesparkplatz unterhalb der *Chiesa dell'Odigitria* ist eine Tafel mit einer Wanderkarte des Iato-Tals aufgestellt. Wir folgen zunächst dem rot-weiß markierten Fernwanderweg SI, dem Sentiero Italia. Rechts an der kleinen Kirche vorbei (Schild: "Sentiero della Pizzuta"), steigen wir auf der Schotterstraße in gerader Linie steil den Berg hinan, seitliche Abzweige zu den Gehöften bleiben dabei unbeachtet. Über die Hangfüße ziehen sich Weideflächen und Obsthaine, ein schmaler Gürtel des ehemaligen Eichenmischwaldes schließt sich an. Stellenweise wurde mit Kiefern aufgeforstet, darüber erheben sich die steilen Berghänge. Der Weg führt durch ein Gatter und über Felsen auf einen Sattel, die *Portella del Garrone*.

Nach einer kurzen Rast und einem Blick zurück auf Piana degli Albanesi öffnet sich im Westen ein neues Panorama: Eine wilde Berglandschaft und ausgedehnte Weideflächen breiten sich aus. Der rot-weiß markierte Pfad quert den Talkessel in Richtung Westen. Rechter Hand sieht man hinab zur Conca d'Oro mit Monreale und Palermo. Wir überschreiten einen Drahtzaun und halten auf ein ziegelgedecktes Haus zu. Auf Höhe des Hauses treffen wir auf eine einspurige Schotterstraße, der wir nach links folgen. Nach wenigen Schritten haben wir die Wegkreuzung oberhalb des *Abbeveratoio della Targia* erreicht. Hier ist wieder eine Wanderkarte aufgestellt, und an der Tränke gibt es gutes Trinkwasser.

Wir steigen nun auf der Forststraße links aufwärts, dem Wanderweg "N 15 Percorso delle Niviere" folgend, und umgehen das grüne Eisentor der Forstverwaltung. Innerhalb des "Demanio Forestale", des umzäunten Forstgebietes, setzt sich die Straße steil ansteigend fort. Am *Piano Fratantoni* (1 Std. 30 Min.) angelangt, gabelt sich der Weg vor einem großen Wassertank. Wir gehen links weiter und zweigen unmittelbar nach der Kreuzung von der Forststraße links auf einen Waldweg ab. Die "Niviera Grande" ist ausgeschildert. Durch grün-gelbe Pfosten markiert, führt der Weg in Serpentinen hoch und stößt von unten wieder auf die Forststraße, der wir nach links folgen. Mit herrlichen Blicken auf die Conca d'Oro beschreibt die Forststraße einen Rechtsbogen und führt in den Taleinschnitt zwischen Pizzuta und Cozzo della Niviera. An der nächsten Gabelung (2 Std.), gehen wir links weiter. Anfänglich noch der Forststraße folgend, überschreiten wir an geeigneter Stelle den Zaun zu unserer Linken und steigen auf einem Pfad in gerader Linie im Valle delle Niviere weiter an. Seitlich des Weges können wir die kreisrunden Gruben erkennen, die früher zum Sammeln des Schnees dienten. Wir erreichen den *Piano Niviere*. Unser Pfad führt links an der größten Schneesammelgrube vorbei, der "Niviera Grande". Wir durchqueren den Stacheldrahtzaun und folgen, unsere Gehrichtung beibehaltend, den gelbgrünen Pfosten auf einem schmalen Pfad über die Felsplatten. Zur Rechten sehen wir auf S. Giuseppe Iato und den Golf von Castellamare hinab. Vom Sattel (2 Std. 30 Min.) unterhalb der Pizzuta erkennt man den Stausee Lago di Piana degli Albanesi und die dahinter sich mächtig erhebende Rocca Busambra. Hier kommen auch wieder die ersten Häuser von Piana degli Albanesi ins Blickfeld.

Vom Sattel aus suchen wir den richtigen Einstieg für den alten Maultierpfad, der mit Blick auf den See in Serpentinen den Hang hinab führt. Achtung, der Weg ist teilweise rutschig und Brombeerranken wirken wie Fußangeln! Wir verlassen den lockeren Kiefernforst durch einen Drahtzaun und queren mit Blick auf Piana degli Albanesi den Hang nach links. Am Fuße der Felswände stehen Gruppen von Steineichen. Nun überqueren wir einen weiteren Zaun und folgen dem Weg am Fuße der Felswand, bis uns das Schild "Percorso N 15" durch ein Gatter nach rechts weist. Über ginsterbewachsene Weiden und vorbei an Obstgärten geht es wieder hinab zur *Chiesa dell'Odigitria*.

Bagheria

Palermos ehemals erste Adresse, 15 Kilometer östlich der Hauptstadt gelegen, war noch im 19. Jh. ein reiner Villenort.

Heute bildet Bagheria eine Trabantensiedlung und hässliche Vorstadt, gezeichnet von der Bauspekulation: bröckelnde Hochhäuser, verkommene Zitronengärten, Armut, trostlose Lebensbedingungen. Einzig das Zentrum entlang des schnurgeraden Corso Umberto I. besitzt gewissen Charme. Sehenswert ist Bagheria aber vor allem aufgrund der wenigen Überbleibsel seiner Belle Epoque – noble Villen, bei deren Bau sich Schönheitssinn und Spleen der damaligen Oberklasse austobten.

- *Information* **Centro Informazioni Turistiche**, Piazza IV. Novembre, in einem Pavillon am Corso Umberto I.; ✆ 091 909020. Nur sporadisch in Betrieb.
- *Verbindungen* **Zug**: Der Bahnhof liegt nördlich der Stadt, ins Zentrum über den Corso Butera. Tagsüber mehrmals stündlich Züge ab Palermo, Fahrtdauer kaum über zehn Minuten.
Bus: Mindestens stündlich Busse der AST ab Palermos Via Balsamo beim Bahnhof.
Auto: Man verfährt sich leicht in dem unübersichtlichen Siedlungsgebiet; empfehlenswert deshalb, öfter mal nach dem Weg zu fragen.

Sehenswertes

Villa Cattolica: Die 1736 erbaute Villa liegt am nördlichen Stadtrand an der SS 113, meerwärts der Bahnlinie und nahe beim Bahnhof. In dem Haus, das zum Besitz der Gemeinde zählt, ist eine Galerie zeitgenössischer Kunst untergebracht. Gegründet hat sie der in Bagheria geborene und 1987 verstorbene Maler *Renato Guttoso*, von dem auch ein Teil der hier ausgestellten Bilder stammt.
⏰ Di–So 10–20 Uhr, im Winter 9.30–19 Uhr; Eintrittsgebühr 4 €.

Villa Palagonia: Die ziemlich zentral gelegene Villa ist das amüsante Ergebnis skurriler Phantasie. Goethe, der das Anwesen besucht hatte, zeigte sich dagegen entsetzt und humorlos. Grund für seine Erregung waren die vielen grotesken Figuren, die der exzentrische Prinz Ferdinand rund um die 1715 erbaute Villa hatte anbringen lassen: Krüppel, Zwerge, Nymphen, Monstren, halb Mensch, halb Tier – ein Kuriositätenkabinett in völlig verzerrten Größenverhältnissen. Die Villa selbst, erbaut von Architekt Tommaso Napoli, zeigt sich in der leicht angestaubten Pracht vergangener Jahrhunderte. Die großen Säle und die bemalte Spiegeldecke wirken recht normal. Da und dort, wie beispielsweise in der etwas schräg anmutenden Ahnengalerie, blitzt jedoch wieder die schrille Eigentümlichkeit des seltsamen Hausherrn auf.

- *Lage und Öffnungszeiten* an der Piazza Garibaldi; vom Bahnhof ca. ein Kilometer über den Corso Butera und den Corso Umberto I., oder, sehr schön zum Verständnis der Anlage, über den Corso Butera und die Via Palagonia, die in der direkten Verlängerung der Zentralachse der Villa verläuft. Die Villa ist Privatbesitz und täglich von 9–13 Uhr geöffnet; im Sommer zusätzlich von 16–19 Uhr, im Winter von 15.30 bis zum Einbruch der Dunkelheit. Falls eine Privatgesellschaft hier feiert, wird geschlossen, deshalb evtl. vorher anrufen: ✆ 091 932088. Eintrittsgebühr 3 €. www.villapalagonia.it.

Villa Trabia und **Villa Valguernara** sind weitere sehenswerte Villen aus Bagherias Glanzzeit. Sie liegen beim unteren Corso Umberto und sind, da bewohnt, nur von außen zu besichtigen.

Solunto

Oberhalb des hübschen Fischerstädtchens Porticello, etwa drei Kilometer nordöstlich von Bagheria, erstrecken sich in fantastischer Aussichtslage die weitläufigen Ruinen der antiken Stadt Solus.

Vieles in der Geschichte von Solus bleibt bis heute rätselhaft. Die ursprüngliche, abseits gelegene Siedlung der Phönizier war im 4. Jh. v. Chr. von Syrakus zerstört und an der jetzigen Ausgrabungsstätte auf den kargen Hängen des *Monte Catalfano* neu gegründet worden. In die Hände der Römer fiel Solus 254 v. Chr., Anfang des 3. Jh. n. Chr. wurde die Stadt aus ungeklärten Gründen aufgegeben. Gleich am Eingang liegen zwei *Museen* mit Funden aus dem

Gebiet; die besseren Stücke sind jedoch nach Palermo gewandert. Solus war nach griechisch-römischem Muster streng geometrisch aufgebaut. Eine Hauptstraße mit parallel verlaufenden Nebenstraßen führt hinauf zum Hauptplatz *Agora*, von kleineren Gassen rechtwinklig gekreuzt. Außer den gut erhaltenen Grundrissen und teilweise noch mannshohen, mit Stuck und Farbresten versehenen Wänden der Häuser gibt es Reste von Altären, einige Mosaikfußböden, Zisternen und die Ruinen eines Theaters zu sehen. Auch des tollen Blicks wegen lohnt sich der Weg: Die Stätte bietet eine weite Aussicht auf die östlich verlaufende Küste, besonders schön am Morgen, bevor der Mittagsdunst aufkommt. Ein Besuch am Morgen oder Abend empfiehlt sich ohnehin, da das Gelände keinerlei Schatten aufweist.

- *Lage und Öffnungszeiten* Nächster Bahnhof in Santa Flavia, von dort etwa 20 Minuten zu Fuß, beschildert. Geöffnet Mo–Sa 9–18.30 Uhr (letzter Einlass 17.30 Uhr) bzw. im Winter bis eine Stunde vor Sonnenuntergang, So 9–14 Uhr (Winter 13 Uhr), Eintritt 2 €. Am Eingang ist auf Nachfrage eine deutschsprachige Gratis-Broschüre über Solus erhältlich.
- *Essen* **Antica Pizzeria Solunto**, nahe der Ausgrabungsstätte. "In eine Wunderschöne panoramische Lage eingestellt, auf die fabelhaft Schertz von der Seeweiller von Porticello (...) Ziel von alle der nicht nur eine gute Pizza sondern auch eine sehr gute Küche verderben möchten" (Eigenwerbung, schon ein paar Jahre alt). Aber im Ernst: Die Aussicht ist toll und die Pizze sind wirklich sehr gut; viele Gäste kommen extra aus Palermo. Pizza nur abends, So auch mittags. Im Sommer täglich offen, sonst Do Ruhetag. **Ristorante La Grotta**, ein Stockwerk tiefer, ebenfalls mit Blick. Renommiertes Lokal, Tradition seit 1958, Spezialität sind Meeresfrüchte aller Art, Menü ab etwa 25–30 €. Ruhetage wie die Pizzeria.

Ústica

Das kleine Inselchen, etwa 60 Kilometer nordwestlich von Palermo gelegen, ist vulkanischen Ursprungs und geologisch verwandt mit den Eolischen Inseln. Das glasklare Wasser und der große Fischreichtum von Ustica ziehen vor allem Taucher an.

Mit einer Ausdehnung von gerade 4,5 mal 2,5 Kilometern gehört Ustica zu den Inselzwergen um Sizilien. Fast alle der 1200 Einwohner leben im Hauptort Ustica an der Ostküste. Höchste Erhebung ist mit 238 Metern der *Monte Guardia dei Turchi*. Die Küste besteht aus steilen Felsabstürzen und kleinen Klippenbuchten, im Inselinneren leuchten Weinfelder und schmale Obstgärten zwischen dunkler Lava. Dem schwarzen Vulkangestein verdankt die ursprünglich wohl von *Phöniziern* besiedelte Insel auch ihren Namen: Schon die *Römer* nannten sie Ustica, "die Verbrannte", nach dem lateinischen *ustum*. Bis ins 18. Jh. war Ustica ein berüchtigter Piratenstützpunkt, später Verbannungsort politischer Gefangener. Mit fantastisch artenreicher Unterwasserwelt und vielen Meereshöhlen gilt Ustica als echtes Dorado für Sporttaucher; im Sommer findet das jährliche Treffen "Rassegna Internazionale delle Attività Subacquee" statt. Das Meer rund um die Insel ist in Schutzgebiete unterschiedlicher Priorität eingeteilt; den höchsten Schutz genießt als *Riserva naturale marina* ein Küstenstreifen im Westen der Insel.

- *Information* **Pro Loco Ustica**, Piazza Umberto I., ℡ 091 8449456.
- *Verbindungen* **Autofähren** und **Aliscafi** (Tragflügelboote) der SIREMAR ab Palermo; Autofähren 1x täglich; Preis pro Person zur HS etwa 11 €, Wagen (unnötig) bis 4 m etwa 28 €. Aliscafi je nach Saison 1–3x täglich; pro Person etwa 16 €. Im Sommer gibt

Ústica

es auch Aliscafi der USTICA LINES nach Napoli und nach Trapani via Favignana (Egadische Inseln).

• *Übernachten* Am besten schon von Palermo aus telefonisch reservieren. Im Juli und August ist Ustica oft ausgebucht. Dann besteht auch praktisch immer Pensionspflicht zu teilweise exorbitant hohen Preisen.

**** Hotel Grotta Azurra, ein paar Fußminuten außerhalb. Luxuriöses Hotel in toller Panoramalage an der Steilküste, mit Pool über dem Meer, Tauchzentrum und einem guten Restaurant. DZ/F etwa 140–235 €. Località San Ferlichio, ✆ 091 8449048, ℻ 091 8449396, www.framon-hotels.com.

*** Hotel Clelia, im Ort nahe Hauptplatz. 2003 komplett renoviert und solide ausgestattet. Komfortable Zimmer, Internet-Zugang, Scooterverleih, Restaurant mit Schwerpunkt auf Fischspezialitäten. DZ/F 60–110 €. Via Sindaco I. 29, ✆ 091 8449039, ℻ 091 8449459. www.hotelclelia.it.

** Hotel Ariston, ebenfalls im Ort. Mit nur elf Zimmern recht familiär und ein guter Ansprechpartner für Interessenten an Schiffstouren und der Miete eines Boots. DZ/F etwa 75–90 €, im Juli und August besteht in der Regel Pensionsverpflichtung. Via della Vittoria 3, ✆ 091 8449042, ℻ 091 8449335.

* Hotel Diana, südlich außerhalb des Orts. Schöne und ruhige Lage mit Blick, die Zimmer relativ schlicht und nicht besonders geräumig, aber gut in Schuss und mit großen Aussichtsbalkonen. DZ/F etwa 60–75, zur HS meist Pensionsverpflichtung. Spezialangebote für Taucher bzw. längeren Aufenthalt. Geöffnet März bis Oktober; Contrada San Paolo, ✆/℻ 091 8449109, www.hoteldiana.too.it.

Privatzimmer und Apartments sind reichlich vorhanden, Vermittlung beispielsweise über Pro Loco.

Camping verboten, ein Platz existiert nicht.

• *Essen* **Ristorante Mamma Lia**, eine der ersten Adressen im Ort. Untergebracht im ersten Stock eines alten Hauses, sehr gute lokale Küche mit Schwerpunkt auf Fischspezialitäten, beliebt auch der Cuscus. Menü ab etwa 35 €. Via San Giacomo 1, von Oktober bis März geschlossen. Reservierung ratsam: ✆ 091 8449594.

Ristorante Da Mario, kleines, aber feines Restaurant mit ebenfalls prima Fischküche, zum Beispiel Spaghetti mit Seeigeln (Ricci di Mare). Menü etwa 20–30 €. Piazza Umberto I. 21. Im Winter Mo Ruhetag.

• *Sport* **Tauchzentrum Barracuda**, Contrada Spalmatore, ✆ 091 8449132, www.barracudaustica.com.

Scubatour, Via Vittorio Emanuele, ✆ 091 8449533, www.scubatour.net.

• *Veranstaltungen* **Rassegna Internazionale delle Attività subacquee**, ein Tauchermeeting mit jahrzehntelanger Tradition (begründet 1959) und zahlreichen Aktivitäten. Alljährlich an wechselnden Terminen, meist im Juni oder September.

Ustica-Ort: Vom Hafen steigen die Häuser zum Hauptplatz mit der Kirche hin an. Viele Wände sind bunt bemalt, Ergebnis eines jährlich stattfindenden Wettbewerbs. Ustica, im Winter ein völlig verschlafenes Nest, ist ab Juni bis Ende September gut besucht. Im Juli und August brechen Heerscharen von Urlaubern über die Insel herein, in der Mehrzahl Sporttaucher. Ansonsten ist Ustica ein recht hübsches Örtchen mit schmalen Gassen und blumengeschmückten Häusern. Ein guter Überblick bietet sich oberhalb des Dorfes von den Ruinen des *Castello Saraceno*, eines ehemaligen Forts der Araber. Im *Museo Archeologico* (17–19 Uhr, zur NS Glückssache), untergebracht im wehrhaften Wachtturm Torre de Santa Maria südlich des Orts, sind Funde aus versunkenen Schiffen ausgestellt.

▶ **Inseltouren**: Der 238 m hohe *Monte Guardia dei Turchi* kann vom Ort aus in einer Dreiviertelstunde bequem bestiegen werden. Das seltsame Bauwerk auf dem Gipfel ist eine Radarstation. Einmal rund um die Insel zu laufen, dauert ungefähr sechs Stunden; der Weg führt an der Küste entlang und ist nicht zu übersehen. Beliebt sind Touren mit Fischerbooten zu den Meeresgrotten der Ostküste, wie die *Grotta Azzurra* oder *Grotta delle Barche* – ein interessantes, nicht ganz billiges Vergnügen.

Wehrhafte Festung: Bergdorf Cáccamo

Nordküste

Mit ihren steil ins Meer hin abfallenden Bergen, den fruchtbaren Zitronen- und Orangenhainen und den abwechslungsreichen Stränden gehört Siziliens nördliche Küste zu den schönsten Landstrichen der Insel.

Östlich von Palermo trüben allerdings zunächst Umweltverschmutzung und Bauwut das Bild. Bis hinter Termini Imerese ist das Meer geradezu verseucht, immer wieder tauchen Industrieansiedlungen auf. Zwischen der Tourismuskapitale *Cefalù* und *Milazzo* wartet dann der attraktivste Teil der Nordküste. Einige Gebiete leiden zwar unter starker Zersiedelung, es finden sich aber auch noch ruhigere Plätzchen. Die Küste glänzt teils mit langen Sand- und Kiesstränden, teils mit felsgerahmten kleinen Badebuchten. Höhepunkt des nassen Vergnügens sind sicher die Lagunenstrände unterhalb des alten und neuen Heiligtums *Tindari*. Milazzo ist auch Hauptfährhafen für die *Eolischen (Liparischen) Inseln*, sieben kleine und freundliche Inselchen, jede mit ihrem eigenen, unverwechselbaren Stil. Im Hinterland der Nordküste bieten die Gebirgszüge der *Madonie* und der *Nebrodie* (oder: *Caronie*) frische Bergluft, Wandermöglichkeiten und alpines Ambiente – ein völlig anderes Sizilienbild als das der verbrannten Erde.

Verbindungen

▶ **Zug**: Für Reisende mit öffentlichen Verkehrsmitteln die beste Wahl. Häufige Verbindungen, immer dicht an der Küste entlang, schöne Panoramen, falls nicht gerade einer der zahlreichen Tunnels die Sicht nimmt.

- **Bus**: Aufgrund der starken Schienenkonkurrenz sehr mäßige Verbindungen, selbst die Strecke Palermo-Cefalù wird gerade dreimal täglich bedient – zum Vergleich: Züge zwischen den beiden Orten verkehren rund zwanzigmal täglich. Die Dörfer der Madonie und Nebrodie sind dagegen nur per Bus zu erreichen, die Frequenzen allerdings auch hier recht mager. Gut versorgt ist an der Nordküste nur die Strecke Milazzo-Messina.
- **Auto**: Die gebührenpflichtige Autostrada A 19/A 20 Palermo-Messina war im Bereich etwa zwischen Cefalù und Sant'Agata di Militello viele Jahre lang in Bau. Die endgültige Fertigstellung ist nun für die Zeit kurz nach Erscheinen dieses Reisehandbuchs avisiert. Bleibt zu hoffen, dass der Terminplan eingehalten werden kann und der landschaftlich sehr reizvollen Küstenstraße dadurch bald die nervigen Lkw-Kolonnen erspart bleiben. Auch die Radfahrer dürfen sich dann freuen.

Termini Imerese

Ein Kuriosum: Termini Imerese ist Kur- und Industriestadt zugleich. Während in den Außenbezirken die Schlote der Fabriken, Raffinerien und chemischen Anlagen die Luft verpesten, behandeln in den seit der Antike bekannten Thermen die Kurgäste ihre Zipperlein.

Trotz aller Industrie kann man der Stadtanlage einen gewissen Reiz nicht absprechen. Termini Imerese ist zweigeteilt, gliedert sich in Ober- und Unterstadt. Die ruhige, ältere *Oberstadt* liegt auf einer Terrasse am Hang des Monte San Calogero, der im Hintergrund bis auf 1326 Meter Höhe ansteigt. Ihr Zentrum gruppiert sich um die Piazza Duomo, in deren Umkreis sich die Mehrzahl der Sehenswürdigkeiten befindet. In weiten Treppenstufen führt die Via Roma, die "gute Stube" der Stadt, hinab zum Corso Umberto. Der Corso markiert die Hauptstraße der lebendigen *Unterstadt*. In ihren engen Gassen findet das Alltagsleben von Termini statt, drängen sich auf den kleinen Plätzen vormittags die Marktstände. In der Unterstadt liegen auch die Thermen, die fast ausschließlich von italienischen Gästen besucht werden.

Der Name Termini Imerese verweist auf die Geschichte der Stadt. Die Thermen wurden wohl schon von den Sikanern, den ersten Siedlern, genutzt. Seinen Beinamen erhielt Termini, als sich nach der Zerstörung des nahen *Himera* (s. u.) im 5. Jh. v. Chr. die überlebenden Einwohner hierher zurückzogen. Der Aufstieg zum Kurort *Thermae Himerenses* schließlich begann mit der Herrschaft der *Römer*.

Nordküste Karte Seite 452/453

- *Verbindungen* **Zug**: Der Bahnhof liegt etwas abseits in der östlichen Unterstadt; zur Oberstadt vom Ausgang rechts, nach etwa 300 Metern geradeaus, die Hauptstraße biegt rechts ab. Laufend Züge nach Palermo und Cefalù/Messina, ins Inland zum Umsteigebahnhof Caltanissetta Xirbi 7x täglich.
  Bus: Haltestelle gleich vor dem Bahnhof, RANDAZZO fährt 8x täglich nach Cáccamo, 2x nach Cefalù. Außerdem (seltene) Busse in die Bergdörfer der Madonie.
- *Postleitzahl* 90018

- *Veranstaltungen* **Karneval**, das berühmteste Fest von Termini Imerese, von Samstag bis Dienstag. Die Masken von "U Nannu" und "La Nanna" (Großvater und Großmutter), die bei den Umzügen getragen werden, sind über hundert Jahre alt.
- *Übernachten* *** **Hotel Tonnara di Trabía**, bei Trabía, etwa fünf Kilometer westlich von Termini Imerese, zehn Fußminuten vom dortigen Bahnhof. Eine frühere Thunfischfabrik aus dem 16. Jh., 1995 zum Hotel umgebaut. Direkt am Meer, Pool, kleines

452   Nordküste

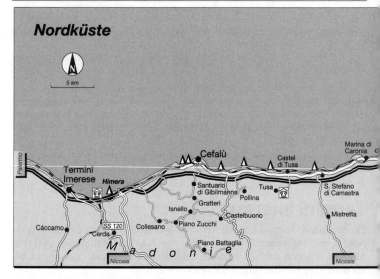

Hallenbad; zum Teil sehr großzügige Zimmer und Apartments. Überwiegend pauschal gebucht, Individualreisende zahlen für das DZ/F etwa 110–150 €, bei wenig Betrieb zur NS geht´s vielleicht auch mal günstiger. SS 113, Largo di Tonnara, ✆ 091 8147976, ✉ 091 8124810.
** Hotel Il Gabbiano, Neubau am Ortsausgang von Termini Imerese Richtung Cefalù (alte Straße). In einer Seitengasse, moderne, komfortable Zimmer, die Umgebung allerdings etwas laut und recht trostlos. Für eine Zwischenübernachtung ist das Quartier dennoch brauchbar, eigener Parkplatz. DZ mit Aircondition kosten rund 60-80 €; in der * **Dipendenza** (hier auch Zimmer ohne Bad) liegen die Preise günstiger. Via Libertà 221, ✆ 091 8113262, ✉ 091 8114225.

• *Camping* ** **Himera**, bei Buonfornello (Nähe Himera–Tempel), etwa 14 km östlich; meerwärts des Bahnhofs Buonfornello. Einem mit allen Schikanen ausgestatteten Feriendorf angeschlossen. Die Industrieanlagen von Termini reichen allerdings bis in die Nähe, deshalb höchstens als Übernachtungsplatz zu empfehlen. Zwei Personen, Auto, Zelt kosten zur HS bis zu 30 (!) €. ✆ 091 8140175, ✉ 091 8159206.
* **Torre Battilamano**, Zufahrt 500 Meter weiter östlich. Ebenfalls in Meeresnähe, schattig, Ausstattung nicht perfekt, sonst ganz sympathisch. Offiziell ganzjährig geöffnet (zur NS besser anrufen), kleiner und preislich günstiger als Camping Himera. ✆/✉ 091 8140044.

Sehenswertes

Piazza Duomo: Der Hauptplatz, wie alle folgenden Sehenswürdigkeiten in der Oberstadt gelegen, wirkt trotz einiger Palmen etwas öde. Der *Dom* selbst entstand im 15./16. Jh., die Fassade ist aus jüngerer Zeit. Im weiten Inneren lohnt ein Blick auf das beidseitig kunstvoll bemalte Holzkreuz aus dem 15. Jh. (ganz hinten, Mitte) von *Ruzzolone*.

Belvedere: Vom Aussichtspunkt am Ende einer Palmenallee nordöstlich des Domplatzes bietet sich ein weiter Blick über Unterstadt und die Küste. Der hässliche Hafen trübt die Optik allerdings etwas.

Villa Palmieri: Im schattigen Stadtpark nördlich der Piazza Duomo lässt sich ganz gut eine Pause einlegen. Die Reste des römischen *Amphitheaters* kann man dabei quasi im Vorbeigehen betrachten: Viel blieb wirklich nicht erhalten.

Cáccamo 453

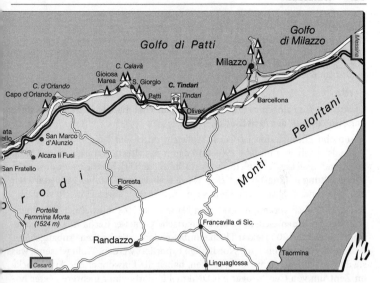

Museo Civico: Das Stadtmuseum (Di–Sa 9–13, 16–18.30 Uhr, So 9–12.30 Uhr; gratis) liegt in einer Parallelgasse zur Treppenstraße Via Roma, etwas unterhalb der Piazza Duomo. Prunkstück der Sammlung sind einige Wasserspeier in Form eines Löwenkopfs, die vom Tempel in Himera stammen.

▶ **Baden**: Ein Ortsstrand ist nördlich des Hafens vorhanden, das Meer um die Stadt aber so verseucht, dass das Baden nicht zu empfehlen ist.

Umgebung von Termini Imerese

So zwiespältig sich die Küste um Termini Imerese zeigt, so reizvoll gibt sich das bergige, dünn besiedelte Hinterland. Ein hübscher Abstecher führt nach Cáccamo mit seiner großen Festung; Gourmets sollten zur entsprechenden, bis in den Frühsommer reichenden Saison einen Ausflug in die Artischocken-Hochburg Cerda nicht versäumen.

Cáccamo

Das ausgedehnte Bergstädtchen liegt auf gut 500 Meter Höhe, etwa zehn Kilometer südlich von Termini Imerese, und ist auf einer schönen, wenn auch kurvigen Panoramastraße zu erreichen.

Bereits von weitem sichtbar ist das wehrhafte *Castello*, das sich auf einer Felsklippe erhebt. Schon die Karthager hatten die strategische Lage zu schätzen gewusst; das heutige, mehrfach umgebaute Kastell stammt in seinen Grundzügen von der Adelsdynastie Chiaramonte. Die Säle, Wälle und Kerker der mächtigen Verteidigungsanlage wurden restauriert und können jetzt wieder besucht werden (Öffnungszeiten Di–So 9–12.45, 15–18.45 Uhr; Eintritt frei). Attraktiv zeigt sich auch der Ortskern des 8000-Einwohner-Städtchens, dessen mittelalterliche Straßenführung bis heute unverändert blieb.

- *Verbindungen* **Busse** der Gesellschaft RANDAZZO von/nach Termini Imerese 10x tägl., seltener auch Anschlüsse derselben Gesellschaft von/nach Palermo.
- *Übernachten* **Hotel Spiga d'Oro**, neuerer Bau am Rand des Ortskerns. Die "Goldene Ähre" glänzt mit modernen, komfortablen Zimmern und guter Küche im angeschlossenen Restaurant. DZ/F etwa 65 €. Ganzjährig geöffnet. Via Margherita 74, ✆/📠 091 8148968.

Cerda

Ein Ausflug für Feinschmecker: Das an sich unscheinbare Landstädtchen steht ganz im Zeichen der Artischocke.

Automobil-Enthusiasten ist Cerda vielleicht durch die *Targa Florio* bekannt, erstmals abgehalten im Jahr 1906 und damit das älteste Autorennen der Welt. 1973 fand die letzte "echte" Targa Florio statt, doch erlebte die traditionsreiche Veranstaltung in jüngster Zeit eine Wiedergeburt: Im Oktober 2000 starteten in Cerda rund 150 klassische Rennwagen zum ersten "Targa Florio Revival".

Sizilianer freilich verknüpfen mit dem Namen des 5000-Einwohner-Städtchens in erster Linie den Gedanken an kulinarische Genüsse: Cerda ist die "Hauptstadt" eines rund 300 Hektar Fläche umfassenden Artischocken-Anbaugebiets, dessen Erzeugnisse bis nach Norditalien exportiert werden. Wohl wissend, was sie dem stachligen Gemüse verdanken, haben die Einwohner der Artischocke im Zentrum von Cerda sogar ein Denkmal in Form einer mehrere Meter hohen Statue gesetzt.

> **Gesundes Gemüse – Disteln als Delikatesse**
>
> Die Artischocke (Cynara scolymus), auf Italienisch *Carciofo* genannt, galt schon den Römern als teures Luxusgemüse. Die Pflanze aus der Familie der Korbblütler ist mit der Distel verwandt und braucht Wärme und Trockenheit: Temperaturen unter vier bis fünf Grad Celsius sind ihr ebenso ein Graus wie dauerfeuchte Böden. Artischockenstauden erreichen Höhen zwischen 50 und 150 Zentimeter; gegessen werden jedoch nur Teile des Stiels sowie vor allem die grünen bis violetten Blütenknospen. Der köstliche Geschmack der Artischocke geht auf den Bitterstoff Cynarin zurück, der ausgesprochen wohltuend auf Galle, Magen und Leber wirkt und auch den Cholesterinspiegel senken soll. Daneben enthält das Stachelgemüse große Mengen Vitamin C, Vitamin B 1, Provitamin A sowie Kalzium, Eisen, Magnesium und Phosphor – eine wahre Apotheke im Kleinformat also. Damit nicht genug, schreibt mancher der Artischocke gar aphrodisierende Eigenschaften zu ... Angst vor Fettleibigkeit braucht der Genießer dabei nicht zu haben: Artischocken wirken nicht nur verdauungsfördernd, sie enthalten pro 100 Gramm auch nur ganze 22 Kilokalorien.

Zur Saison, die von etwa Dezember bis Mai, Anfang Juni reicht, wird Cerda fast zum Wallfahrtsort für Gourmets, findet sich in den hiesigen Restaurants und Tavernen doch eine breite Auswahl an Artischocken-Gerichten aller Art – kalt, lauwarm, heiß, frittiert, süßsauer, mit oder ohne Fleisch, im Omelett, in der Pasta ... Dann ist das Vergnügen erst einmal wieder vorbei: Artischocken müssen bald nach der Ernte verzehrt werden, halten sich selbst bei hoher

Luftfeuchtigkeit und Temperaturen knapp über dem Gefrierpunkt nur etwa einen Monat.

• *Essen* **Trattoria La Nasca 1**, im Zentrum von Cerda und Ausgangspunkt des kleinen Nasca-Imperiums, das mittlerweile bis nach Cefalù reicht. Einfache Trattoria mit langer Tradition, bereits in den 20er-Jahren gegründet und in mittlerweile dritter Generation geführt von einer charmanten Chefin. Zur Saison gibt es hier Artischocken satt, doch auch in den übrigen Monaten speist man deftig und günstig: das komplette Menü kostet etwa 11 €, beinhaltet dabei jeweils Getränke, Antipasti, Pasta, Auswahl aus mehreren Sorten Fleisch oder Fisch sowie Dessert. Piazza Merlina 2, ✆ 091 8992828. Di Ruhetag.

Trattoria La Nasca 2, von der Küste kommend rechter Hand am Ortseingang von Cerda. Schmuckloser Speisesaal, Küche und Preise jedoch genau wie oben. Contrada Canna, ✆ 091 8992716. Mo Ruhetag.

▶ **SS 120**: Cerda liegt an der Staatsstraße 120, einer der schönsten Panoramastrecken Siziliens. Da in einiger Entfernung parallel die Autobahn verläuft, ist sie kaum befahren – ein echtes Schmankerl für Auto- und Motorradfahrer, die an die Ostküste bei Taormina wollen. Gleich hinter Cerda geht es kurvenreich und steil hinauf in die Berge, Details zur Weiterreise im Kapitel "Inselinneres".

Denkmal für die Distel: Artischocken-Statue in Cerda

Zwischen Termini Imerese und Cefalù

An der Küste trifft man zunächst auf Industrieanlagen, östlich von Buonfornello dann verstärkt auf landwirtschaftlich genutztes Gebiet.

Bei vereinzelten Feriensiedlungen, an denen immer noch viel gebaut wird, führen Stichstraßen durch die Zitronenplantagen ans Meer und zu den grobkiesigen Stränden. Das Wasser allerdings ist durch die Industrieansiedlungen noch weit hinter Termini Imerese belastet, ein Stopp lohnt sich deshalb höchstens bei den Ruinen von Himera.

• *Camping* Der Platz * **Mar Roccella** (Handy 0368 3594314), im Gemeindegebiet von Campofelice di Roccella, ist aus obigem Grund für einen Badeaufenthalt wohl nicht zu empfehlen. Besser, auf einen der weiter östlich gelegenen Plätze bei Cefalù-Ogliastrillo auszuweichen, siehe unten.

▶ **Himera**: Die Ruinen der griechischen Stadt liegen in Küstennähe, etwa 14 Kilometer östlich von Termini Imerese bei Buonfornello. Schon gegen 650 v. Chr. gründete das griechische *Zankle* (Messina) hier eine Tochterkolonie – ein weit vorgeschobener Außenposten gegen die Karthager, die Anstalten machten, sich im Westen Siziliens festzusetzen. Im Jahr 480 v. Chr. war Himera Schauplatz jener großen Schlacht, die Siziliens Schicksal lange beeinflussen und Griechenlands Anspruch auf die Insel festigen sollte. Karthagos gesammelte Truppen unter ihrem Feldherrn Hamilkar standen den vereinigten Heeren der Griechenstädte Syrakus und Akragas (Agrigento) gegenüber, die von ihren Tyrannen Gelon und Theron angeführt wurden. Die Nordafrikaner erlebten ein militärisches Desaster, Hunderttausende von ihnen wurden getötet oder in die Sklaverei verschleppt. 71 Jahre später versuchte das wieder erstarkte Karthago sein Schlachtenglück erneut – und hatte Erfolg. 409 v. Chr. wurde das längst zu einer wohlhabenden Großstadt gewachsene Himera von karthagischen Truppen völlig zerstört. Ihr Anführer *Hannibal*, ein Enkel des so schmählich untergegangenen Hamilkar, hatte die Familienehre wieder hergestellt.

Die von Karthago angerichteten Verwüstungen waren so gründlich, dass von der antiken Stadt heute kaum mehr etwas zu sehen ist. Auch der nach dem glorreichen griechischen Triumph errichtete *Siegestempel* liegt in Ruinen – bei seiner Zerstörung hatten die Nordafrikaner wohl besonders viel Vergnügen. Zu sehen sind nur noch das Fundament und Bruchstücke von Säulen, die berühmten Löwenkopf-Wasserspeier sind in den Museen von Palermo und Termini Imerese untergebracht. Dafür gibt es am Hang neben den Ausgrabungen ein gutes *Antiquarium*, das andere Funde aus Himera zeigt.

• *Lage und Öffnungszeiten* Der Tempel liegt meerwärts der Küstenstraße SS 113 und der Bahnlinie, von der aus er gut zu sehen ist. ⌚ Mo–Sa 9–17.30 Uhr bzw. bis eine Stunde vor Sonnenuntergang, So 9–12.30 Uhr; in der Praxis oft jedoch nur dann, wenn auch Arbeiter auf dem Gelände sind. Eintrittsgebühr 2 €.

Cefalù

Der Pauschalreisenden liebstes (und einziges) Kind an der Nordküste, nach Taormina das zweitgrößte Tourismuszentrum der Insel. Ein Besuch lohnt sich dennoch: Cefalù glänzt mit seinem eigenen Flair zwischen Trubel und Fischer-Romantik.

Klar abgegrenzt von den neueren Ortsteilen drängt sich die pittoreske Altstadt mit ihren gepflasterten Gassen und engen Bogendurchgängen zwischen dem Meer und dem wuchtigen, 270 Meter hohen Felsen *Rocca di Cefalù*. Neben diesem gigantischen Klotz schrumpft selbst der mächtige *Normannendom*, der im Ortskern alles überragt, auf Spielzeugmaße. Im Westen erstreckt sich eine kilometerlange Bucht mit feinem Sandstrand, im Hinterland bieten die Berge der *Madonie* Abwechslung und gute Ausflugsmöglichkeiten – beim Poker um die Gunst der Urlaubsgäste besitzt Cefalù gute Karten. Und man spielt sie geschickt aus: Ähnlich wie in Taormina sind die Häuser der Altstadt ebenso gefällig restauriert wie die romantischen Barockkirchlein, die am Ende mancher Sackgasse stehen. Das Straßenpflaster glänzt blitzblank, der Strand wird täglich von Putzkolonnen gesäubert.

Abends flaniert denn auch viel internationales Publikum über den *Corso Ruggero*, die zentrale Gasse der Altstadt, und die Cafés am Domplatz brauchen über Mangel an Kundschaft nicht zu klagen. Der Tourismus hat die frühere Haupteinnahmequelle Fischfang längst auf den zweiten Platz verwiesen. Die Saison ist lang; sie reicht von Mai bis in den Oktober hinein. Außer während der absoluten Spitzenzeiten im Juli und August, wenn sich neben den etwa

Eingeklemmt zwischen Meer und Felsen: die Altstadt von Cefalù

15.000 Einwohnern noch bis zu 40.000 Urlauber in und um Cefalù drängen, hält sich der Rummel jedoch in Grenzen. Wer in den übrigen Monaten kommt, erlebt ein sympathisches und charmantes Städtchen, in dem man sich wohl fühlen kann.

Geschichte

Bis in die Vorgeschichte zurück reichen die Siedlungsspuren auf der Rocca di Cefalù. Der geheimnisvolle riesige Kalkfelsen wurde zum Namenspatron der Stadt. *Kefa* beziehungsweise *Kephalos* – beides bedeutet "Kopf" – nannten ihn seiner Form wegen Phönizier und Griechen, und als *Kephaloidion* fand Cefalù 396 v. Chr. erste urkundliche Erwähnung. Damals hatte sich die Siedlung auf die Seite von Karthago gestellt. 305 v. Chr. wurde sie von Syrakus erobert, 254 v. Chr. von den Römern. In byzantinischer Zeit sank Kephaloidion auf den Status eines winzigen Provinznests herab; erst mit der Herrschaft der Araber ab 857 nahm die Stadt einen gewissen Aufschwung. Unter den Normannen schließlich kam Cefalù wieder zu Bedeutung. König *Roger II.* hatte im Jahr 1131, auf stürmischem Meer in Seenot treibend, ein Gelübde abgelegt: Falls er jemals wieder festen Boden unter die Füße bekäme, würde er zum Dank an der Stelle seiner Landung eine prächtige Kirche errichten. So geschah es dann auch – in Cefalù glücklich an Land gespült, ließ er alsbald mit dem Bau des Doms beginnen.

Information/Verbindungen

• *Information* **A.A.S.T.**, Corso Ruggero 77, in der Altstadt; ℡ 0921 421050, ✆ 0921 422386; www.cefalu-tour.pa.it. Von Juli bis September geöffnet Mo–Sa 8–20 Uhr, So 8–14 Uhr, im restlichen Jahr Mo–Fr 8–14.30, 15.30–19 Uhr, Sa 9–13 Uhr. Manches Provinzialbüro

Nordküste

könnte sich am Service dieser städtischen Stelle orientieren: kompetentes Personal (leider nicht immer fremdsprachig), Stadtpläne, Hotellisten, Busabfahrtszeiten, Wanderkarten der Madonie etc.

- *Postleitzahl* 90015
- *Verbindungen* Zug: Bahnhof zehn Fußminuten südwestlich des Zentrums in der Neustadt. Tagsüber mindestens stündlich Züge Richtung Palermo und Messina. Nach Palermo ist es nur etwa eine Stunde Fahrt, Cefalù also auch ein guter Ausgangspunkt für die Besichtigung der Kapitale.

Bus: Abfahrt der meisten Busse am Bahnhofsvorplatz. Entlang der Küste kaum Verbindungen (Palermo 2x täglich), etwas besser sieht's Richtung Madonie aus: LA SPISA nach Gibilmanna 3x, nach Lascari 7x täglich; SAIS nach Castelbuono 7x, Polizzi Generosa, Petralia Sottana und Gangi je 1x täglich; LOMBARDO Richtung Pollina 3x täglich.

Stadtbus: Drei Ringlinien erschließen Stadt und Umgebung; Schnittpunkt aller Linien ist der Bahnhof. Am interessantesten ist die blaue Linea 1, die die Hotelsiedlung Caldura, den neuen Hafen, die Via Vittorio Emanuele und die Piazza C. Colombo (Strand und Altstadtrand) verbindet. Fahrpläne gibt es im Fremdenverkehrsamt.

Auto: Parken am besten in den neueren Stadtvierteln oder an der Uferstraße (dort allerdings mittlerweile gegen Gebühr, Tickets à eine oder zwei Stunden in Tabacchi oder von Parkwächtern vor Ort); ein Parkhaus liegt an der Via Verga, einer südlichen Seitenstraße der Via Roma. Die Gassen der Altstadt sind eng, Parkplätze gibt's dort nicht. Zu bestimmten Zeiten ist der Corso ohnehin gesperrt.

Aliscafi: Tragflügelboote der SNAV zu den Eolischen Inseln; Abfahrten zuletzt erweitert: von Juni bis September 1x täglich, sonst 3x wöchentlich; Änderungen möglich. Als erste Insel wird Alicudi angelaufen, dann Filicudi, Salina, Lipari und Vulcano; die Rückfahrt erfolgt in umgekehrter Reihenfolge; für Tagesausflüge zu den größeren Inseln eignet sich diese Linie aufgrund der langen Fahrtzeiten dorthin nur bedingt. Info und Buchung beim Reisebüro Barbaro, Corso Ruggero 82, ✆ 0921 421595; Abfahrt im kleinen Hafen östlich der Altstadt.

Adressen

Autoverleih: EUROPCAR, im Reisebüro Ariete Viaggi, Via Roma 78, ✆ 0921 921743. RENTCAR, Via V. Cavallaro 13, ✆ 0921 421354. KEFAUTOSERVIZI, Via Bagni di Cicerone 6, ✆ 0921 922024. MAGGIORE, Via Prestisimone 4, ✆ 0921 923393. MEDITRAVEL, Via Vittorio Emanuele 57, ✆ 0921 420785. SICILTRAVEL, Piazza Garibaldi 9, ✆ 0921 420090.

Scooterverleih: ALL AROUND SICILY, Via Umberto I. 68, ✆ 0921 925862. 50er-Roller pro Tag 30 €, Mehrtagesmiete günstiger. Außerdem bei MEDITRAVEL, siehe oben.

Fahrradverleih: ALL AROUND SICILY, siehe oben, sowie im Hotel Kalura, siehe unter "Übernachten".

Taxi: Standplatz am Bahnhof, ✆ 0921 422554.

Hospital, Contrada da Pietrapolastra, Erste Hilfe unter ✆ 0921 424544

Guardia Medica, ärztlicher Notdienst, Via Mazzini 8, ✆ 0921 423623.

Post: Via Vazzana 2, in der Neustadt. ⏰ Mo–Fr 8–17 Uhr, Sa 8–13 Uhr.

Telefon: Versicherungsbüro Agenzia San Mauro, schräg gegenüber der Post. ⏰ Mo–Sa 9–13, 16–19.30 Uhr.

Internet-Zugang: Bacco Online, ein Delikatessengeschäft am Corso Ruggero 38.

Übernachten (siehe Karte S. 461)

In Cefalù gibt es überwiegend Ferienhotels, kleine Pensionen sind selten. Die schon immer hohen Preise haben in den letzten Jahren nochmals kräftig zugelegt. Außerhalb der Hauptsaison verläuft die Quartiersuche meist problemlos, im Juli/August ist dagegen mit meist voll belegten Häusern und Pensionsverpflichtung zu rechnen.

- *Stadtgebiet* *** **Hotel Villa Belvedere (21)**, etwa einen Kilometer südwestlich des Zentrums. Ruhige Lage, kleiner Garten, großer Pool, Dachterrasse mit Blick; relativ viele Gruppen. Nicht verschwiegen werden soll, dass es in den letzten Jahren zu kaum einem anderen Hotel in diesem Buch derart zahlreiche und vor allem konträre Zuschrif-

In manchem Winkel noch ein Fischerstädtchen: Cefalù

ten gab. Eine Reihe von Lesern war sehr zufrieden, lobte Ambiente und Personal; andere wiederum übten deutliche Kritik an Hellhörigkeit und Ausstattung der Räume und waren auch vom Service nicht begeistert. In jedem Fall sind die Zimmer zum Pool den zur Straße hin gelegenen vorzuziehen. Man spricht Deutsch. DZ/F etwa 75–120 €, im August HP obligatorisch. Ganzjährig offen. Via dei Mulini 43 (Seitenstr. Via Roma), ✆ 0921 421593, ✉ 0921 421845. www.kefa.it/belvedere.

*** Hotel Riva del Sole (14), zentrumsnah an der Strandstraße. Vor wenigen Jahren renoviert, recht geräumige und komfortable Zimmer, solide Holzmöbel, teils Meerblick. DZ knapp 90–100 €; zur Hochsaison mit HP deutlich mehr. Zwischen Mitte Oktober und Mitte Dezember geschlossen. Via Lungomare 25, ✆ 0921 421230, ✉ 0921 421984.

*** Hotel Astro (18), nahe der Via Roma, 500 m östlich vom Bahnhof. Nicht besonders ruhige Lage. Insgesamt jedoch o.k.; Preise allerdings für das Gebotene recht hoch: DZ/F rund 80–110 €, in den beiden Wochen um Mitte August nur mit HP. Via Nino Martoglio 8, ✆ 0921 421639, ✉ 0921 423103, www.astrohotel.com.

** Hotel La Giara (6), in guter, zentraler Lage in der Altstadt. Im Sommer 2002 komplett renoviert, 21 gute Zimmer, schöne Dachterrasse mit Aussicht; Parkgarage. DZ/F etwa 75–90 €, zur HS nur mit HP. Via Veterani 40, ✆ 0921 421562, ✉ 0921 422518.

** Hotel delle Rose (22), an der Straße zum Heiligtum, etwa einen Kilometer vom Zentrum. Der Chef spricht Deutsch. Zwar hellhörig und etwas laut, aber sehr sauber und mit einem für hiesige Verhältnisse günstigen Preis: DZ/Bad mit gutem Frühstück etwa 55–70 €. Zur HS besteht allerdings auch hier Pensionspflicht. Nur zehn Zimmer, deshalb besser vorher anrufen. Ganzjährig geöffnet; Via Gibilmanna, ✆/✉ 0921 421885.

Congregazione Suore Collegine della Sacra Famiglia (3), neue, kirchliche Unterkunft in einem Nonnenkloster des 15. Jh., direkt am alten Fischerhafen. Dieser Lesertipp von Margit Wiesel traf leider erst nach abgeschlossener Recherche ein und hört sich wirklich hochinteressant an: "Vermietet werden Einzel- und Doppelzimmer sowie Apartments. Die Atmosphäre ist herzlich, es gibt auch Mittag- und Abendessen. Zimmer mit Blick aufs Meer, von der Dachterrasse herrliche Aussicht." DZ/Bad 65–80 €, HP p.P. zusätzlich 15 €. Drei- und Vierbettzimmer sind auch vorhanden. Am Ende der Via Vittorio Emanuele, ✆/✉ 0921 421229,

460 Nordküste

☎ 329 1411371 (mobil; man spricht Deutsch), www.conventisicilia.it.

Locanda Cangelosi (15), an der Grenze der Alt- zur Neustadt. Fünf einfachst und altertümlich eingerichtete Zimmer gruppieren sich um einen Gemeinschaftsraum; vier sind zu vermieten, im fünften wohnt die Wirtin selbst. Sehr oft belegt. DZ ohne Bad (Gemeinschaftsbad) nach Saison im Bereich von gut 30–35 €, Duschen geht extra. Via Umberto I. 28, ☎ 0921 421591.

Studios und Apartments: Vermittlung über Reisebüros, zum Beispiel "Barbaro", Corso Ruggero 82, ☎ 0921 421595. Zweierapartments pro Woche etwa 350–1500 €, je nach Ausstattung und Saison.

• *Hotelsiedlung Caldura* **(19)**, rund zwei Kilometer östlich, Busverbindung:

*** Hotel Le Calette, größere Anlage in angenehmer Architektur mit maximal zwei Etagen, hübsche und große Zimmer mit Holzmöbeln; Swimmingpool, Sauna, diverse Sportmöglichkeiten. Leider verläuft die stark frequentierte Bahnlinie direkt hinter dem Hotel. HP je nach Saison und Lage des Zimmers 80–130 € p.P. Geöffnet April–Oktober, ☎ 0921 424144, ✆ 0921 423688, www.lecalette.it.

*** Hotel Kalura, ziemlich großer, dabei jedoch sehr komfortabler Komplex in schöner Lage über dem Meer. Deutsch-italienischer Besitzer, hervorragende Küche, Internet-Bar, Sprachkurse. Für Radfahrer wohl das Hotel auf Sizilien schlechthin: Bike-Station für geführte Touren in die Madonie, Vermietung von Mountainbikes, viele Tourentipps. Kleiner Sandstrand, Swimmingpool, verschiedene Sportmöglichkeiten, darunter eine deutsch geführte Tauchschule und seit neuestem eine Kletterwand. DZ/F 135 €. ☎ 0921 421354, ✆ 0921 423122. Sehr informative Website: www.hotel-kalura.com.

** Pink Hotel, an der lauten SS 113. Die einzelnen Etagen des tatsächlich pinkfarbenen Gebäudes sind jeweils etwas zurückversetzt, so dass sich für jedes der gut eingerichteten Zimmer eine eigene Terrasse ergibt. Kleiner Swimmingpool. Seit einigen Jahren gehört das Haus zum Hotel Kalura und wird von dort als Ausweichquartier genutzt, die Preise sollten allerdings immer noch deutlich unter denen des Kalura liegen. Località Caldura, ☎ 0921 422275, ✆ 0921 423122.

• *Außerhalb* ***** Hotel Baia del Capitano (17)**, etwa fünf Kilometer westlich der Altstadt. Gefällige Anlage, ordentliche Zimmer, beleuchteter Tennisplatz und Zugang zu eigenem Strandabschnitt. Üblicherweise nur mit HP, p.P. 70–120 €. Località Mazzaforno, ☎ 0921 420005, ✆ 0921 420163.

*** Villa Palamara (20), einige Kilometer östlich, ein Lesertipp von Albert und Erika Limmer: "Ein früheres kleines Kloster bzw. Landhaus in exklusiver Lage östlich von Cefalù, in einem Olivenhain 90 m über dem Meer (oberhalb Camping Plaia degli Uccelli). Total sanierte Apartments, Pool. Das italienisch-slowenische Besitzerpaar ist äußerst freundlich und korrekt. Privates Restaurant für HP falls gewünscht. Kein Straßenlärm, Zug kaum. ☎ 0921 922832, Daniroviaggi@interfree.it." Ein 2er-Apartment kostet je nach Saison etwa 350–950 € pro Woche.

Azienda Agrituristica Arione (15), guter Agriturismo in den Ausläufern der Madonie, etwas landeinwärts der Küste, insgesamt etwa 15 Kilometer von Cefalù entfernt. Biologische Landwirtschaft, Essen ganz überwiegend aus Eigenproduktion, Pool und vor allem Reitmöglichkeit. Hübsche Zimmer im alten Getreidespeicher. Mehrfach von Lesern gelobt, zur Küchenqualität gab es unterschiedliche Meinungen. DZ/F etwa 55–75 €, HP pro Kopf um die 45–60 €. Ganzjährig geöffnet. Anfahrt von der SS 113: zunächst Richtung Làscari, dann bald auf die SP 128 Richtung Collesano abbiegen, noch wenige Kilometer, beschildert. Contrada da Pozzetti, im Gemeindegebiet von Collesano, ☎/✆ 0921 427703, www.agriturismoarione.it.

Camping

Angesichts der satten Hotelpreise eine überlegenswerte Alternative.

• *Richtung Palermo* Die Cefalù nächstgelegenen Plätze liegen direkt nebeneinander im Ortsteil Ogliastrillo, gut drei Kilometer außerhalb. Busverbindung besteht etwa 7x täglich, der letzte Bus fährt allerdings schon gegen 19 Uhr. Abfahrt wechselweise ab Bahnhof und ab der großen Piazza Colombo im Ort, Nähe Strand, am Ende der Via Cavour. Von beiden Campingplätzen Zugang zu einer hübschen Sand-Kies-Bucht, begrenzt von Felsen, ein feines Schnorchelrevier.

Cefalù

Übernachten

- 3 Congr. Suore Coll. d. Sacra Famiglia
- 6 Pensione La Giara
- 14 Hotel Riva del Sole
- 15 Locanda Cangelosi
- 17 Hotel Baia del Capitano Azienda Agrituristica Airone
- 18 Hotel Astro
- 19 Hotelsiedlung Caldura Hotel Le Calette, Hotel Kalura, Pink Hotel
- 20 Villa Palamara
- 21 Hotel Villa Belvedere
- 22 Pensione delle Rose

Essen & Trinken

- 1 Rist.-Pizz. Lo Scoglio
- 2 Rist.-Pizz. Il Trappitu
- 4 Rist.-Pizz. L'Antica Corte
- 5 Tratt. La Botte
- 7 Tratt.-Pizz. Nna Principi
- 8 Rist. La Vecchia Marina
- 9 Rist. La Brace
- 10 Rist.-Pizz. La Tavernetta
- 11 Be Bop Bar
- 12 Rist. La Kentia
- 13 Rist.-Pizz. Ragno d'Oro
- 16 Tratt. La Nasca 3

*** **Camping Costa Ponente**, weitläufiger Familienplatz, Kiesboden, mittlerer Schatten durch Bäume oder Mattendächer. Außer besagter Bucht auch eigener Felsstrand. Gut ausgestattet, Besitzerfamilie perfekt deutschsprachig. Im Sommer Pizzeria, Restaurant und Laden, außerdem ein Swimmingpool in traumhafter Lage über dem Meer; Tennisplatz. Viele Dauercamper und Wohnwagen. Geöffnet von März bis Oktober; zwei Personen, Auto, Zelt zur HS bis zu 23 €. ✆ 0921 420085.

** **Camping San Fillipo**, der bei Reisenden mit kleinen Zelten beliebteste Platz bei Cefalù, auch in der Nebensaison einigermaßen belebt. Terrassenförmig bis hinunter zur Bucht angelegt, an vielen Stellen gut schattig. Freundliches älteres Besitzerpaar, Einkaufsmöglichkeit (viel gibt's nicht), Sanitäres o.k. Offen bis April bis Anfang Oktober; preislich günstiger als der größere Nachbar. ✆ 0921 420184.

• *Richtung Milazzo* *** **Camping Rais Gerbi**, noch recht neuer, sehr komfortabler Ferienplatz beim Örtchen Finale, etwa 14 km östlich; vom Bahnhof Polina ca. 2,5 km durch den Ort. Recht anonymes Riesengelände; Schatten durch Mattendächer, da noch junge Bäume. Exzellente Ausstattung, Swimmingpool, Tennis, Laden, in HS auch Restaurant; Sanitäres 1a. Unterhalb des Platzes mehrere Fels- und Kiesbuchten. Ganzjährig, zwei Personen, Auto, Zelt kosten bis zu 26 €. ✆ 0921 426570, www.raisgerbi.it.

** **Camping Plaia degli Uccelli**, etwa 6 km östlich des Zentrums. Familienplatz an weiter Bucht, Mattendächer sorgen für Schatten. Einkaufsmöglichkeit und Restaurant. Am Strand grobe Kiesel, im Rücken die laute Bahnlinie. Preise ähnlich denen von Rais Gerbi; geöffnet Mai–Oktober. ✆ 0921 999068.

Essen/Nachtleben (siehe Karte Seite 461)

Wie nicht anders zu erwarten, bewegen sich auch in den Restaurants die Preise auf hohem Level. Die Qualität hält zwar nicht überall Schritt, doch findet sich auch eine Reihe durchaus angenehmer und erfreulicher Speisestätten. In vielen werden Festmenüs angeboten, die zum Teil gar nicht übel ausfallen.

- *Restaurants* **Ristorante La Brace (9)**, ein gemütliches Lokal im Bistro-Stil. Der nette holländische Chef lebt seit über 20 Jahren in Cefalù. Sehr gute und einfallsreiche, sizilianisch geprägte Küche, festes Menü rund 17 €, à la carte muss man etwas mehr anlegen, das umfangreiche Degustationsmenü schlägt mit über 25 € zu Buche. Via XXV Novembre 10, Mo Ruhetag. ✆ 0921 423570.

Ristorante La Kentia (12), in einer Seitengasse des Corso, Tische zur Gasse und im Garten. Feine Küche, zur Saison von Dezember bis etwa Anfang Juni gute Artischockengerichte. Die verschiedenen Festmenüs sind nach Lesermeinung weniger zu empfehlen, à la carte speist man ab etwa 25 € jedoch recht ordentlich. Via N. Botta 15–17.

Ristorante La Vecchia Marina (8), auf maritime Genüsse spezialisiert, mit kleiner Terrasse zum Meer. Menü à la carte ab etwa 20 €, das Festpreismenü liegt auf ähnlichem Preisniveau. Via Vittorio Emanuele 75, nur ein paar Schritte vom alten Waschhaus Lavatoio entfernt.

Trattoria La Botte (5), in einer Seitenstraße des nördlichen Corso, beim Hotel La Giara. Klein, eng, gemütlich und mit solider sizilianischer Küche, Schwerpunkt Fischgerichte. Von Lesern gelobt. Menü à la carte ab etwa 20 €; Via Veterani 8. Mo Ruhetag.

Ristorante-Pizzeria Lo Scoglio Ubriaco (1), am Ende des Corso. Gutes Essen, reizvolles Ambiente in ehemaligen Lagerräume, hübsch und edel umgebaut: Spitzbögen und Kreuzkuppeln, Terrasse direkt über dem Meer. Menü ab etwa 18 €, auch Pizza. Di Ruhetag.

Ristorante-Pizzeria Il Trappitu (2), mit ähnlich schöner Architektur wie Lo Scoglio, auch hier eine reizvolle Terrasse zum Meer, ein hübscher Platz besonders am Abend. Festes Menü mit Fisch 22 €, mit Fleisch 17 €, auch Pizza. Via Bordonaro 96.

Ristorante-Pizzeria L'Antica Corte (4), recht romantisch in einer Art Innenhof gelegen und von Lesern gelobt. Selber Besitzer wie Lo Scoglio, Küche ähnlich. Festes Menü 12 €, à la carte etwa 18 €. Hier gibt es auch Cuscus mit Fisch (9 €) sowie ganz gute Pizza. Cortile Pepe, fast am nördlichen Ende des Corso.

Trattoria-Pizzeria Nna Principi (7), gleich gegenüber. Hier wird auch schon mittags leckere Pizza angeboten. Freundliche, mehrsprachige Bedienung durch die Padrona, normale Preise. Corso Ruggero 192.

Ristorante-Pizzeria La Tavernetta (10), in weniger prominenter Lage etwas außerhalb beim neuen Hafen. Beliebt bei den Einheimischen, große Terrasse, flinker Service und anständige Küche; Menü ab etwa 18 € (mit Fisch mehr), sehr gute Pizza schon für unter 5 €.

Ristorante/Pizzeria Ragno d'Oro (13), an der Strandstraße, ein Lesertipp von Doris Meyer: "Einfacher Laden, nette Bedienung und gutes Essen". Mittleres Preisniveau.

Trattoria La Nasca 3 (16), etwas außerhalb des Zentrums an der Meerseite der Via Roma, gegenüber eines Kirchleins und rund zehn Fußminuten vom Bahnhof. Das dritte Lokal der kleinen "Nasca"-Kette, touristischer als seine Schwestern im Artischocken-Städtchen Cerda (siehe oben), gelegentlich Reisegruppen. Das Essen ist jedoch ebenso üppig wie in den anderen Filialen, die Preise gleichfalls günstig: komplettes Menü (Fleisch/Fisch) gerade mal 12 bzw. 14 €. Und natürlich gibt's auch hier zur Saison bis Anfang Juni Artischocken satt. Via Roma, Ecke Via Bellini, Mo Ruhetag.

Be Bop Bar (11), für Freunde der Musikrichtung sicher einen Abend wert. Musikerfotos an den Wänden, sehr schön begrünter Innenhof; zu essen gibt es Kleinigkeiten wie Panini, Crêpes und Salate. Via N. Botta 7, eine Seitenstraße meerwärts des Corso.

- *Gelaterie* **Antica Gelateria di Sicilia**, ein gutes "handwerkliches" Eis vieler Geschmacksrichtungen. Piazza Bagno Cicerone 4, die strandnahe Verlängerung der Via Vittorio Emanuele.

Gelateria Al Solito Posto, Contrada Kalura, hat ebenfalls prima Eis.

- *Nachtleben* Außerhalb der Höchstsaison im August ist Cefalù ein ruhiges Pflaster.

Ogliastrillo, im gleichnamigen Ortsteil an der SS 113, rund 3 km Richtung Palermo. Bei der einheimischen Jugend beliebter Club, im Sommer jedes Wochenende (Fr/Sa) geöffnet.

Disco Le Calette, im gleichnamigen Hotel, ebenfalls nur an Sommerwochenenden geöffnet, im August allerdings fast täglich.

Einkaufen/Veranstaltungen/Sport/Sprachkurse

• *Einkaufen* **Straßenmarkt** jeden Samstagvormittag, mit Kunsthandwerk, Keramik, Kleidung etc. in der Via Cirrincione südlich des Bahnhofs.
Supermärkte in breiter Auswahl an der Durchgangsstraße der Neustadt.

• *Veranstaltungen* **Estate Cefalùdense**, Sommerprogramm im Juli und August, mit Theateraufführungen und klassischen Konzerten des Teatro Massimo in Palermo, außerdem Folklore, Jazz etc.; Programm bei der A.A.S.T.
Festa del Santissimo Salvatore, in der ersten Augustwoche. Fest des Stadtheiligen, außer Prozession und Feuerwerk die sogenannte "N'Tinna a Mare": Am Ende eines rutschigen, über dem Meer schwebenden Baumstamms von zehn Meter Länge wartet ein Geschenk auf den geschickten Kletterer - die Mehrzahl der Aspiranten plumpst allerdings ins Wasser.

• *Sport* **Reitmöglichkeit** in der Azienda Agrituristica Arione, **Tauchkurse** bei der deutsch geführten Barrakuda-Tauchbasis im Hotel Kalura, siehe jeweils oben unter "Übernachten". **Mountainbiker** und **Tourenradler** finden eine Reihe von Tourenvorschlägen auf der sehr gut gemachten Website des Hotels Kalura.

• *Sprachkurse* Siehe auch das Einleitungskapitel A–Z, Stichwort "Sprachschulen". Beide Institute liegen in der Altstadt, Unterkünfte werden vermittelt.
Kulturforum, Corso Ruggero 55, ✆/📠 0921 923998. www.kulturforum.it.
Solemar Sicilia, Via San Pasquale 13, ✆ 0921 424461. www.solemar-sicilia.com.

Sehenswertes

Aus arabischen Zeiten stammt noch der Grundriss der Altstadt, die Mehrzahl der Häuser dagegen aus dem 16. Jh. Die Hauptachse bildet der *Corso Ruggero*, der sich von der *Piazza Garibaldi* bis an die Fassaden der nördlichen Uferfront hinzieht. Die äußere Häuserreihe der Altstadt drängt sich dicht ans Wasser, so dass man das Meer nur an wenigen Stellen zu Gesicht bekommt – fast scheint es, als hätte das einstige Fischerstädtchen sich von seinem früheren Brötchengeber abschotten wollen.

Osterio Magno: Am Corso Nr. 75, gegenüber der A.A.S.T. Der einstige Palast des Normannenkönigs *Roger II.*, von dem nur noch Teile der Mauern und einige Fenster erhalten blieben, wurde vielleicht ein wenig überrestauriert, ist aber dennoch einen Blick wert. Im Eingangsbereich sind unter Glas die Reste einer Zisterne zu sehen, eine Dokumentation der Restaurierungsarbeiten und eine kleine archäologische Sammlung schließen sich an. Geöffnet ist der Bau nur zu Ausstellungen und anderen kulturellen Veranstaltungen, die allerdings recht häufig stattfinden.

Duomo: An der Piazza Duomo, dem abendlichen Treffpunkt im hinteren Teil des Corso. Ab 1131 ließ Roger II. die mächtige, im Grundriss 90 mal 40 Meter messende Kirche erbauen. Später verlor er jedoch – trotz seines Gelübdes – wohl das Interesse daran: Die Fassade wurde erst ein gutes Jahrhundert später vollendet, Teile der Außendekoration sind sogar noch immer unfertig. An den Seiten der Eingangsfront verleihen zwei trutzige Türme dem Dom ein fast festungsähnliches Aussehen; die Vorhalle ist ein Anbau des 15. Jh. Weitgehend

464 Nordküste

Der Dom bewacht die Badenden

original erhalten ist der dreischiffige normannische Bau noch am Querhaus und an den Apsiden, die sich fast schon an die Felswand der Rocca anlehnen. Im teilweise noch durch Restaurationsarbeiten beeinträchtigten Kircheninneren ziehen vor allem die großflächigen *Mosaiken* die Blicke auf sich. Die ältesten Arbeiten sind in Chor und Hauptapsis zu sehen: im Mittelpunkt Christus als Weltenherrscher, in der linken Hand die Bibel; darunter Maria mit zwei Erzengeln, eine weitere Reihe tiefer die zwölf Apostel. Diese Mosaiken entstanden ab 1148 und stammen wahrscheinlich von Künstlern aus Byzanz, dem heutigen Istanbul. Die restlichen Mosaiken sind jüngeren Datums und weniger kunstvoll ausgeführt.

① Täglich 8–12, 15.30–19 Uhr (Winter 18.30 Uhr); angemessene Kleidung erwünscht.

Museo Mandralisca: In der Via Mandralisca 13, Abzweig vom Corso gegenüber Piazza Duomo. Ein "Gemischtwarenladen" (Antiquitäten, Keramik, Münzen, große Muschelsammlung), in dem besonders zwei Stücke Beachtung verdienen: eine *griechische Vase*, die einen Thunfischverkäufer beim Feilschen mit einem Kunden zeigt, und vor allem das ausdrucksvolle, rätselumwobene "*Bildnis eines unbekannten Mannes*" von Antonello da Messina (um 1470). Kurioses Detail des Gemäldes, das als Reproduktion in vielen Schaufenstern des Städtchens hängt: Die Augen des Unbekannten scheinen dem Betrachter direkt ins Gesicht zu blicken und ihn überallhin zu verfolgen, gleich, in welche Richtung er sich wendet – ausprobieren.

① Täglich 9–19 Uhr, im Hochsommer bis 23 Uhr; häufige Änderungen. Eintritt 4,15 €.

Lavatoio: An der Via Vittorio Emanuele, meerwärts des Museo Mandralisca. Das viele Jahrhunderte lang genutzte Waschhaus ist eines der wenigen sizilianischen Relikte aus arabischer Zeit; den Normannen erschien es wohl zu praktisch, um es zu zerstören. Aus Löwenköpfen, die aus einem unterirdischen Bach gespeist werden, fließt das nur leicht salzhaltige Wasser in verschiedene Becken.

Fortificazione arcaiche: Nicht besonders beeindruckend sind die Reste der aus großen Steinblöcken zusammengesetzten antiken Befestigungsmauer, die nahe der Via Porpora und auch an der Piazza Garibaldi zu sehen sind. In der Nähe verspricht ein *Belvedere* gute Aussicht auf die weit geschwungene Strandbucht und die Häuserfront am Meer.

Aleister Crowley, Bürgerschreck von Cefalù

Gar nicht gern hört man in Cefalù die Frage nach der Villa des Engländers Edward Alexander Crowley (1875–1947), genannt Aleister und Zentralfigur des Bestsellers "Der Magier" von W. Somerset Maugham. "Er stimmt nicht ganz mit der sizilianischen Moral überein", heißt es vorsichtig. Der geheimnisumwobene Schwarzmagier war ein eingefleischter Drogenfreak, aber auch ein weit gereister Fotograf, Maler und Schriftsteller. In späterer Zeit, als Crowley durch abstruse Blutrituale ins Abseits geraten war, stellte sich allerdings die Frage, ob er noch alle Sinne beieinander hatte.

Zu Beginn der 20er-Jahre gründete Crowley in Cefalù die "Abtei von Thelema", in der er einem ganz speziellen Kult nachging, der nach seinen Vorstellungen irgendwann das Christentum als Religion ablösen sollte, Motto: "Tu, was Du willst. Dies sei Dein Gesetz." So weit, so gut. Empört waren die braven Städter von Cefalù jedoch, als sie zu ahnen begannen, was Mr. Crowley darunter verstand. Der Exzentriker war mit gleich zwei Frauen und mehreren Kindern angereist. Schon wenig später herrschte in der Villa ein reges Kommen und Gehen von Personen fast ausschließlich weiblichen Geschlechts. Man munkelte von geheimnisvollen erotischen Riten unter der Aufsicht einer rothaarigen Hohepriesterin. 1924 hatte der Spaß ein Ende: Die Faschisten begannen, sich für die Kommune zu interessieren, auch auf Wunsch des besorgten Bischofs von Cefalù. Crowley wohne zusammen mit "mindestens fünf relativ jungen und gut aussehenden Frauen", außerdem mit "drei Kindern, davon eines schwarz oder ein Mulatte", berichtet ein im Auftrag Mussolinis angefertigter Polizeireport vom 15. Juli 1924. Und, unerhört: Frauen, Kinder und Crowley selbst "wurden gesehen, wie sie sich nackt sonnten". Bei einem weiteren Besuch entdeckten die Inspekteure in der Villa Gemälde, die nicht nur "seltsame Positionen der Vereinigung" zeigten, sondern auch "jene Teile des menschlichen Körpers enthüllten, die der Anstand bedeckt und unerwähnt wünscht". Zuviel für die Faschisten: Sie wiesen Crowley und Konsorten aus. Auch sein Testament mit der Verfügung, auf der Rocca beim Dianatempel begraben zu werden, wurde abgelehnt.

Der "Mann, der mit den vielen Frauen lebte", ist manchen der älteren Bewohner Cefalùs vom Hörensagen durchaus noch bekannt, und die meisten von ihnen verhehlen ihre Empörung über solch seltsame Praktiken nicht. Die Villa, in der sich alles abspielte und deren Wände "mit nicht ganz schicklichen Fresken bedeckt sind" (Prospekt des Fremdenverkehrsamtes), liegt östlich der Stadt in der Nähe des Friedhofs, ist aber als Privatbesitz nicht zu besichtigen. Zwar möchte die Gemeinde das Haus kaufen und in ein Museum verwandeln, doch zieren sich die Eigentümer noch.

Zinnengekrönte Mauern: Burgberg von Cefalù

Wanderung 9: Auf den Burgberg von Cefalù

Route: Piazza Duomo – Dianatempel – Aussichtspunkt – Rocca di Cefalù – Piazza Duomo. **Reine Wanderzeit**: 1,5 bis 2 Stunden. **Höhenunterschiede**: jeweils 270 m Auf- und Abstiege.

Charakteristik: Der markante Felsklotz der Rocca di Cefalù war schon in vorgeschichtlicher Zeit Siedlungs- und Kultstätte. Von hier genießt man einen herrlichen Blick auf den imposanten Dom und das ziegelrote Meer der Altstadtdächer, an klaren Tagen reicht die Sicht sogar bis zu den Eolischen Inseln. Der Besuch von Cefalù wäre ohne diese einfache, aber sehr schöne Wanderung unvollständig – ein Ausflug der sicher auch Kindern Spaß macht! Ideal ist der Burgberg auch für ein Picknick, alles Nötige findet sich in den gut sortierten Lebensmittelläden von Cefalù.

Verlauf: Von der *Piazza Duomo* aus schlendern wir auf dem Corso Ruggero ein kurzes Stück nach Süden, vorbei am Fremdenverkehrsamt und dem aus normannischer Zeit stammenden Osterio Magno. Anschließend biegen wir links in den Viccolo dei Saraceni. Ein gelbes Metallschild weist zum "Tempio di Diana". Über eine eiserne Treppe und auf der ansteigenden Treppenrampe verlassen wir den Ort. Nach wenigen Schritten steigt links ein Treppenweg in Serpentinen rasch zum Burgberg an; hier ist auch eine Übersichtskarte aus Metall aufgestellt. Im Taleinschnitt durchqueren wir mehrere Verteidigungsringe, dann gabelt sich der Weg auf der Höhe einer großen Zisterne. Wir gehen links weiter aufwärts, vorbei an Mauerresten, Zisternen und einem Backhaus. Auf einer kleinen Verebnung angekommen, halten wir uns geradeaus, weiter in Richtung Norden, bis wir rechter Hand die Mauerreste des sogenannten *Diana-Tempels* sehen. Welche archaischen Götter in dem megalithischen Heiligtum verehrt wurden, ist unklar; Diana war es wohl kaum, stammen die aus klobigen Steinquadern aufgebauten Wälle zum Teil doch schon aus dem 9. Jh. v. Chr. Bemerkenswert ist neben dem aus großen Blöcken gefügten Mauerwerk auch der aus feinem Muschelkalk gearbeitete Architrav.

Nach diesem kleinen Abstecher gehen wir noch ein kurzes Stück in Richtung Norden, bis zu dem wunderschönen *Aussichtspunkt* (30 Min.). Über Mauerzinnen hinweg blicken wir auf die Altstadt und den mächtigen Dom herab – ein herrliches Plätzchen für eine Rast!

Im Uhrzeigersinn lässt sich nun der Burgberg weiter umrunden. Mit schöner Aussicht auf die Nordküste folgen wir in leichtem Auf und Ab dem schmalen Weg an der Verteidigungsmauer entlang. Auf der Westflanke des Berges angekommen, treffen wir auf einen querenden Pfad. Bevor wir nach links absteigen, lockt erst der Gipfel der *Rocca di Cefalù*, und in wenigen Minuten erreichen wir die Ruinen des Kastells (1 Std. 15 Min.). Die trutzig wirkende Burg stammt aus normannischer Zeit und wurde unter den Staufern weiter ausgebaut. Vom Gipfel steigen wir zu der Weggabelung auf Höhe der großen Zisterne hinab und folgen von da dem bereits bekannten Treppenweg durch die Bastionen nach unten. Bald stehen wir wieder am Rand des Städtchens. Ohne hier die Eisentreppen zum Corso hinabzugehen, biegen wir rechts ab. Die schmale Gasse führt am Fuße der Steilwand direkt zum Dom (2 Std.).

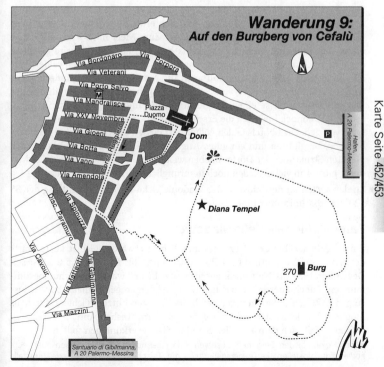

Wanderung 9: Auf den Burgberg von Cefalù

▶ **Baden:** Der kilometerlange feine Sandstrand, der sich vom Rand der Altstadt westwärts erstreckt, ist Cefalùs sorgsam gehütetes Kapital. Östlich der Stadt liegen dagegen Fels- und dunkle Schotterstrände. In den späten 80er-Jahren ergaben Untersuchungen der Wasserqualität erhöhte Konzentrationen an Kolibakterien – ein wenig verkaufsförderndes Ergebnis, das manchen Reiseveranstalter ins Nachdenken brachte. Die Stadt reagierte schnell und investierte in eine neue Kläranlage. Auch deren Kapazität reicht während der Höchstsaison um Ferragosto zwar nicht immer völlig aus, in der übrigen Zeit ist das Wasser, wie regelmäßige Untersuchungen beweisen, jedoch in Ordnung. Der Strand wird ohnehin penibel gepflegt. Achtung: Bei hohem Wellengang ist das Baden mit Vorsicht zu genießen (oder besser bleiben zu lassen), da sich dann Strömungen bilden, die schon zu Unglücksfällen führten; bei ruhiger See ist das Vergnügen dagegen ungefährlich.

Das Hinterland von Cefalù – die Madonie

Wintersport und hochalpine Wanderungen sind auf Sizilien nicht nur am Etna möglich. Die Höhenzüge der Madonie steigen auf fast 2000 Meter an und sind ein beliebtes Naherholungsgebiet der Palermitaner.

Das Kerngebiet der Madonie bilden die beiden Berge *Pizzo Carbonara* (1979 m) und *Monte San Salvatore* (1912 m), die sich etwa zwischen den Ortschaften Castelbuono und Polizzi Generosa erheben. Zum Meer hin wirken die Hänge recht karg und sind meist mit Macchia bedeckt; auf der Südseite gedeihen dagegen noch ausgedehnte, artenreiche Steineichen- und Buchenwälder. Wie alle Bergregionen Süditaliens sind auch die Madonie von Abwanderung betroffen. Allerdings hat der von Palermo ausgehende Wochenendtourismus hier in gewisser Weise einen Ausgleich bewirkt und einige Arbeitsplätze geschaffen. Dennoch hielt sich die Erschließung in Grenzen und ging erstaunlich sanft vor sich. Großhotels fehlen völlig, statt dessen existieren kleine Familienbetriebe, Berghütten und ein gutes Angebot an Agriturismo-Betrieben. Auch die alten Strukturen der Dörfer blieben weitgehend unangetastet – in den Madonie gibt es an vielen Stellen noch ursprüngliches Sizilien zu entdecken.

▶ Zu den Orten an der Südseite der Madonie siehe im Kapitel "Entlang der SS 120" im Abschnitt über Innersizilien.

Parco Regionale delle Madonie

Ein erheblicher Teil des Bergzuges, nämlich in etwa das Gebiet küstenwärts der Linie von Caltavuturo über Polizzi Generosa bis Petralia Soprana, ist seit Dezember 1989 als Naturpark ausgewiesen. Bisher waren die Schutzbestimmungen jedoch eher lasch, das heißt, sie wurden so gehandhabt. So war bislang das Zelten außerhalb weniger besonders geschützter Gebiete durchaus möglich. Das kann sich jedoch jederzeit ändern, weshalb Interessenten sich auf jeden Fall nach dem aktuellen Stand der Dinge erkundigen sollten.

• *Information* In den Bergorten existieren nur wenige Infostellen, die Tourismusbüros in Palermo und Cefalù wissen aber recht gut Bescheid. Eine engagierte Infostelle

Das Hinterland von Cefalù – die Madonie

Das Heiligtum vom "Mannaberg": Santuario di Gibilmanna

der Parkverwaltung gibt es in Petralia Sottana (siehe Kapitel "Innersizilien", Abschnitt "Entlang der SS 120"). Mit Glück ist in den Büros die "Carta dei Sentieri del Paesaggio" erhältlich, eine gute Karte mit Wanderwegen und Adressen. Für längere Bergtouren lohnt ein Kontakt mit den Alpenvereinen CAI oder CAS in Palermo oder der Parkverwaltung in Petralia Sottana, Adressen siehe jeweils dort.

• *Internet-Info* www.parcodellemadonie.it
• *Verbindungen* Ideal erschließt sich das Gebiet natürlich mit Auto oder Motorrad. Busse fahren ab Cefalù (LA SPISA; SAIS) und Palermo/Termini Imerese (SAIS; AST), allerdings nicht gerade häufig. Von Dorf zu Dorf wird's noch schwieriger. Mit öffentlichen Verkehrsmitteln überhaupt nicht zu erreichen ist das Kerngebiet um Piano Zucchi und Piano Battaglia – hier hilft nur marschieren. Trampen ist mangels Verkehrs fast aussichtslos.
• *Übernachten* **Hotels** und **Berghütten**, die sogenannten "Rifugi", siehe Ortsbeschreibungen. Bei den Rifugi lohnt sich vorherige telefonische Anfrage, ob Platz vorhanden und geöffnet ist!

Agriturismo/Privatvermieter: Adressen von Agriturismo-Betrieben und Privatvermietern ("Affittacamere") stehen im Unterkunftsverzeichnis der Provinz Palermo, das in allen Fremdenverkehrsämtern der Provinz erhältlich sein sollte. Agriturismo-Adressen gibt es auch bei den beiden Dachorganisationen in Palermo, siehe dort. Die im folgenden unter "Reiten" genannten Betriebe bieten oft ebenfalls Übernachtungsmöglichkeiten und Verpflegung, natürlich auch für Nicht-Reiter.

Camping: Einziger offizieller Platz der Region ist derzeit "Le Zaghere sul Mare" (✆ 0921 935422) im Gebiet von Collesano, Contrada Gatto. Für freies Zelten sollen irgendwann feste Zonen mit Wasseranschluss eingerichtet werden. Erkundigen Sie sich vorab, am besten im Naturpark-Büro von Petralia Sottana.

• *Reiten* Die Madonie sind Siziliens Hauptgebiet des "Equiturismo". Mehrere Reitställe bieten Unterrichtsstunden sowie reizvolle, teils mehrtägige Ausflüge zu Pferd an – sattelfest sollte man da schon sein. Die Ställe liegen in der Regel etwas abseits der Ortschaften.

Collesano: "Azienda Agrituristica Arione", an den küstenwärtigen Ausläufern der Madonie, ein ganzes Stück meerwärts von Collesano selbst, ✆/🖷 0921 427703. Siehe auch im Text zu Cefalù, Stichwort "Übernachten".

Gratteri: "Fattoria Pianetti", Contrada da Pianetti, Nähe Santuario di Gibilmanna, kurz hinter der Abzweigung dorthin die Straße

Richtung Gratteri nehmen, dann nach 500 Metern rechts, ✆ 0921 421890. Kleine, hübsche Zimmer mit Terrasse, HP p.P. etwa 45 €. Mehrere Leser waren von Anlage und Essen durchaus angetan, ein Brief allerdings übte deutliche Kritik an Küche und Personal – vielleicht ein Ausrutscher.

Santuario di Gibilmanna

Das Marienheiligtum erreicht man von Cefalù über eine sehr schöne Panoramastraße, die es in sich hat – Höhenunterschied 800 Meter auf einer Strecke von knapp 14 Kilometern! Gibilmanna ist ein häufig besuchter Wallfahrtsort, den Höhepunkt bildet der 8. September jeden Jahres, wenn wahre Heerscharen von Gläubigen zur Madonna pilgern. Selbige stammt, wie könnte es anders sein, von der Bildhauersippe der Gagini. Der Blick vom Heiligtum über die Küste lohnt allein schon die Anfahrt; bei klarem Wetter sieht man bis zu den Eolischen Inseln. Der Name "Gibilmanna" übrigens leitet sich aus dem Arabischen ab: *Gebel Manna*, "Mannaberg". Heute noch wird in einigen Gebieten der Madonie Manna gewonnen, indem die Rinde einer Eschenart angeritzt wird. Bei den herausquellenden Tropfen handelt es sich allerdings nicht um eine Götterspeise, sondern um ein höchst irdisches mildes Abführmittel.

Museo Frà Gianmaria da Tusa: Dem Kapuzinerkloster angeschlossen ist ein schönes Museum mit Exponaten aus dem Leben und Wirken der Brüder. Die Kapuziner sind ein sympathischer Orden, der aus den Franziskanern hervorging und, ganz im Gegensatz zur damaligen Praxis der Kirche, das Leben in Einfachheit und Armut propagierte. Sie fertigten alles selbst (so auch die Ausstellungsstücke im Museum) und entwickelten eine Apotheken- und Heilkunst, die sie dem Volk zugute kommen ließen. Ferner gibt es eine Bibliothek mit Kulturzentrum sowie Katakomben, deren Nischen einst konservierte Leichname bargen, ganz ähnlich denen von Palermos Kapuzinerkonvent – heute sind darin Kunstgegenstände untergebracht.

Öffnungszeiten Tägl. 10–12.30, 15.30–19 Uhr (Winter bis 17 Uhr); Eintritt 1 €; ✆ 0921 421815.

Gratteri: Ein "Dorf mit Blick" – die Höhenlage (657 Meter) garantiert prächtige Aussicht. Der malerische Ortskern blieb in seiner mittelalterlichen Anlage völlig erhalten. Verwunderlich deshalb, dass das Dorf angesichts der relativen Nähe zu Cefalù noch nicht von Ferienwohnungen umzingelt ist. Unterkunft gibt es bislang nur bei Privatvermietern und Agriturismo-Betrieben (siehe auch oben unter "Reiten").

Isnello: Das kleine Dorf im Tal des gleichnamigen Flusses bildet den Ausgangspunkt für die Hochebenen Piano Zucchi und Piano Battaglia. Für Busreisende ist in Isnello, alternativ in Collesano, Endstation. Von beiden Orten sind es noch etwa 14 Kilometer bis Piano Zucchi.

Piano Zucchi

Das teilweise baumbestandene Hochplateau liegt auf rund 1100 Meter Höhe. Piano Zucchi ist zum einen ein Wintersportgebiet mit Möglichkeiten zum Skilanglauf, zum anderen eine gut besuchte Sommerfrische, in der es sich auch wandern lässt.

• *Übernachten/Essen* Alle Hotels und das Rifugio besitzen eigene Restaurants. Pension ist empfehlenswert, da es außer Selbstversorgung sonst keine anderen Möglichkeiten gibt.

Castelbuono 471

*** **Hotel Baita del Faggio**, abseits der übrigen Hotels auf 1250 Meter Höhe, Richtung Piano Battaglia. Ordentliches Quartier mit gut ausgestatteten Zimmern und gemütlichem Restaurant, DZ/F 65–75 €. Località Acque del Faggio, ✆/☏ 0921 662194, www.baitadelfaggio.it.

*** **Hotel La Montanina**, links der Straße nach Piano Battaglia, 1100 Meter hoch gelegen. 42 Zimmer, Restaurant. Preise auf ähnlichem Niveua wie oben. ✆ 0921 662030, ✆ 0921 662752, www.albergolamontanina.it.

Rifugio Luigi Orestano, rechts oberhalb der Hauptstraße. In der Regel Mehrbettzimmer, eventuell auch DZ möglich; alle mit eigenem Bad. Übernachtung pro Person 16 €, Pension knapp 45 €; ✆/☏ 0921 662159.

Piano Battaglia

Piano Battaglia liegt eine Etage höher als Piano Zucchi, nämlich auf 1680 Metern – hoch genug, um neben dem Etna das einzige Skigebiet Siziliens zu sein. Es gibt drei Lifte, eine sichere Schneelage kann man vor allem im Februar erwarten. Gleichzeitig bildet Piano Battaglia das "Basislager" für die Besteigung des *Pizzo Carbonara*, mit 1979 Meter der zweithöchste Berg der Insel.

• *Übernachten/Essen* Beide Rifugi besitzen ein Restaurant. Pension ist empfehlenswert, da weder weitere Restaurants noch Einkaufsmöglichkeiten vorhanden sind.

Rifugio Ostello della Gioventù Piero Merlino, dem Namen zum Trotz keine Jugendherberge, sondern eine Berghütte des italienischen Alpenvereins CAI. Mehrbettzimmer, jeweils mit eigenem Bad. Übernachtung pro Person 16 €, Pension kanpp 45 €. Località Mandria Marcate, ✆ 0921 649995.

Rifugio Giuliano Marini, etwas einfacher eingerichtet. Mehrbettzimmer mit Bad. Übernachtung 13 €, Pension pro Kopf knapp 30 €. ✆ 0921 649994.

Castelbuono

Die wichtigste und größte Siedlung der Madonie liegt in 420 Meter Höhe an den nordöstlichen Ausläufern des Pizzo Carbonara.

Mit zehntausend Einwohnern und viel Betrieb ist Castelbuono schon eine richtige Kleinstadt und das Versorgungszentrum der umliegenden Bergregionen. Im hübschen, mittelalterlich geprägten Ortskern mit den Hauptplatz *Piazza Margherita* verlocken enge Pflastergassen und kleine Plätze zu Streifzügen. Das Städtchen blickt auf eine lange Vergangenheit zurück, die sich im Dunkel der Geschichte verliert. Bis ins 14. Jh. wurde die Siedlung "Ypsigro" genannt, ein Name, der sich aus dem Griechischen ableitet. Seinen Aufschwung nahm der kleine Weiler ab 1316, als Francesco Ventimiglia hier ein wuchtiges Kastell errichten ließ, um das allmählich ein Dorf wuchs: Castelbuono, die "gute Burg". Bis ins 19. Jh. blieb die mächtige Adelsfamilie der Ventimiglias bestimmend für die Geschicke des Städtchens; ihr Mausoleum liegt in der Kirche San Francesco ganz im Süden der Altstadt.

• *Information* **Ufficio Turistico**, Corso Umberto Primo 77, in der Altstadt, ✆ 0921 673467. Geöffnet täglich 9–13, 15–19 Uhr, gelegentlich am Vormittag oder Nachmittag geschlossen.

Ufficio Turistico, Parco delle Rimembranze, im Park am Nordrand der Altstadt, geöffnet Mo–Fr 9–13 Uhr. Englischsprachig. ✆ 0921 677100.

• *Postleitzahl* 90013

• *Verbindungen* **Busse** der SAIS nach Cefalù 7x täglich, Palermo 4x, Gangi 1x täglich, mit AST nach Isnello 6x täglich.

• *Übernachten* *** **Hotel Milocca**, außerhalb des Städtchens, schon recht weit oben an der nach Südwesten führenden Stichstraße auf den 1300 Meter hohen Piano Sempria. Groß, komfortabel und mit Swimmingpool. DZ/F etwa 85 €, HP vergleichsweise günstig. Località S. Guglielmo, ✆ 0921 671944, ✆ 0921 671437, www.albergomilocca.com.

Nordküste

*** Hotel Ariston,** einziges Hotel im Städtchen selbst, sehr einfach. Nur acht Zimmer, Gemeinschaftsbad. DZ ohne Bad etwa 25 €. Via Vittimaro 20, ✆ 0921 671321.

Obiettivo Madonita, eine Kooperative, die Apartments in der Altstadt und der Peripherie von Castelbuono vermittelt. Contrada da Scondito, ✆ 0921 672994, Infos auch im Ufficio Turistico.

Rifugio Francesco Crispi, außerhalb des Orts, ganz oben auf dem 1300 Meter hohen Piano Sempria. Eine Berghütte des italienischen Alpenvereins CAI; einfache Mehrbettzimmer, Übernachtung pro Person rund 10 €. Pension um die 35 €, bekannt gute Küche. Auffahrt über schlechte Asphaltstraße möglich, Fußgänger (ab Castelbuono gut zwei Stunden Aufstieg) sollten vorsichtshalber vorab anrufen: ✆ 0921 672279. Die Leser Bernd und Gaby Fricke empfehlen: "Von dort aus in die Berge aufsteigen und bei schönem Wetter die fantastische Aussicht auf den schneebedeckten, rauchenden Etna genießen" – siehe dazu auch Wanderung 10.

• *Essen* Castelbuono ist auch kulinarisch die Hauptstadt der Madonie, die bekannt sind für köstliche Lamm- und Ziegenbraten, wilden Spargel und die feinen Pilzgerichte im Herbst.

Ristorante Nangalarruni, in einer Seitengasse des Corso Umberto Primo, unweit der Piazza Margherita. Hübsches Interieur, gute Lokalküche. Degustationsmenü knapp 30 €, à la carte ab etwa 25–30 €. Via Confraternite 5, Mi Ruhetag. Zur Pilzsaison im Herbst, aber auch sonst, empfiehlt sich Reservierung: ✆ 0921 671428.

Ristorante Vecchio Palmento, am Altstadtrand, direkt neben der Hauptzufahrt. Untergebracht in einer alten Weinpresse, deftige Bergküche, auch hier zur Saison Pilze. Preise etwa wie oben. Via Failla 2, ✆ 0921 672099; Mo Ruhetag.

Trattoria La Lanterna, ein Lesertipp von Natalie Cusenza: "In der Nähe der Matrice Nuova, in einer Seitenstraße zur abendlich aufblühenden Piazza. Die Trattoria überzeugt durch ihre typisch sizilianischen Platten; Spezialität sind frische Pilze und Pesce Spada, doch auch die Fleischteller machen jeden satt. Salita al Monumento 11, im Winter Di Ruhetag."

▶ **Sehenswertes:** Castelbuono besitzt zahlreiche Kirchen mit teilweise wertvoller Ausstattung. Bei einem Bummel durch die Altstadt lassen sich aber auch andere interessante Entdeckungen machen. So steht am Corso Umberto Primo ein hübscher *Venusbrunnen* des 15./16. Jh., den ein unbekannter Künstler aus verschiedenen Zutaten komponiert hat: Die Venus im Zentrum wurde wohl von ihm selbst geschaffen, die Nymphe Andromeda ganz oben und die wahrscheinlich wesentlich älteren Reliefs unten stammen jedoch von anderen Gebäuden.

Chiesa Matrice Vecchia: Die Alte Marienkirche am Hauptplatz Piazza Margherita stammt aus dem 14. Jh. und erhielt im 15. Jh. ein viertes Schiff. Ihr Inneres beherbergt zahlreiche wertvolle Kunstwerke, herausragend jedoch das Polyptychon am Hauptaltar, das 1520 von Simone Ventimiglia in Auftrag gegeben wurde. Einen Besuch lohnt auch die Krypta, deren Fresken des 16. Jh. in volkstümlicher Weise die Passion Christi zeigen.

Castello dei Ventimiglia: Nördlich der Piazza Margherita gelegen, wurde das mächtige Kastell der Ventimiglia so häufig umgebaut, dass die einzelnen Entstehungsphasen kaum noch zu erkennen sind, zumal es auch beim Erdbeben von 1820 schwere Schäden erlitt. Seit kurzem restauriert, kann das Innere wieder besucht werden. Glanzlicht ist die Kapelle der Stadtheiligen Sant'Anna, die 1683 komplett mit Stuckdekoration von Giuseppe Serpotta, Bruder des bekannteren Giacomo, ausgeschmückt wurde; der Altar birgt in einem Silbergefäß die Reliquie der Heiligen. Ein kleines *Museum* bewahrt die Austattung der Kapelle.

⏲ Täglich 9–12.45, 16–19.45 Uhr. Geringe Eintrittsgebühr.

"Pagghiaru": Schutzhütte für Forstarbeiter

Wanderung 10: Riesen-Stechpalmen am Piano Pomo

Route: Piano Sempria – Piano Pomo – Cozzo Luminario – Piano Imperiale – Piano Sempria. **Reine Wanderzeit:** 1,5 Stunden. **Höhenunterschiede:** jeweils 325 Meter Auf- und Abstieg.

Charakteristik: Das Rifugio Francesco Crispi, eine Berghütte (siehe oben unter "Übernachten") mit empfehlenswerter Küche auf dem 1300 Meter hohen Piano Sempria, bildet eine gute Ausgangsposition für Wanderungen in diesem Gebiet. Die hier beschriebene Wanderung führt auf einem Naturlehrpfad zum Piano Pomo mit seinen jahrhundertealten Riesen-Stechpalmen und weiter bis auf den Gipfel des Cozzo Luminario, der zu den schönsten Aussichtsbergen der Madonie zählt. Einen Prospekt des Naturlehrpfades ("Sentiero Natura Piano Sempria-Piano Pomo") und eine topographische Karte der Madonie erhält man, solange der Vorrat reicht, zum Beispiel bei den Touristenämtern der Provinz Palermo.

Anfahrt: Das Rifugio Francesco Crispi lässt sich nur mit dem eigenen Fahrzeug erreichen. In Castelbuono folgt man zunächst der SS 286 Richtung Geraci Siculo, um kurz vor dem südlichen Ortsende rechts auf die Stichstraße in Richtung "S. Giuglielmo" abzubiegen. Vorbei am Restaurant "Romitaggio" und dem Hotel "Milocca" endet die im letzten Abschnitt schlecht asphaltierte Straße nach 11 Kilometern auf dem Piano Sempria.

Verlauf: Eine Tafel auf der Lichtung am *Piano Sempria* zeigt die Route des markierten Naturlehrpfads Sentiero Natura. Auf Höhe des Rifugio biegen wir rechts auf einen Pfad, der in Serpentinen im Buchenwald bergauf führt. Alpenveilchen und Mäusedorn sind im Unterwuchs zu entde-

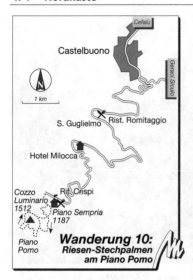

Wanderung 10: Riesen-Stechpalmen am Piano Pomo

cken. Unterwegs queren wir die vom Piano Sempria aufsteigende Forststraße; hier steht am Wegesrand eine mächtige Flaumeiche, deren Alter auf über 800 Jahre geschätzt wird. Der Pfad steigt weiter an, quert eine Längsschneise und führt in einen niedrigen Steineichenwald. Flechten hängen von den Bäumen, die moosbewachsenen Felsen verleihen dem Wald eine märchenhafte Atmosphäre. Von einer Lichtung oberhalb des Vallone Gonato genießen wir einen ersten schönen Ausblick: Im Süden erhebt sich der Monte S. Salvatore, während im Osten Geraci Siculo, die Bergkette der Nebrodi und der Etna zu sehen sind. Der Pfad führt zunächst mit schönem Blick entlang der Geländekante. Wir stoßen erneut auf die Forststraße und folgen ihr nun durch das Gatter nach links bis auf den *Piano Pomo* (30 Min.).

Auf der Weidefläche steht ein langer "Pagghiaru", ein steinerner, binsengedeckter Unterstand, wie ihn früher die Hirten errichteten. Dieser Pagghiaru dient heute den Forstarbeitern als Schutzhütte, einer der Räume steht auch Wanderern jederzeit offen. Den Pagghiaru im Rücken, überqueren wir den Zaun nach rechts und gelangen mit wenigen Schritten in einen zauberhaften Wald aus riesigen Stechpalmen, immergrünen Bäumen, die sich ab November mit leuchtend roten Beeren überziehen. Diese Relikte der letzten Eiszeit sind ein in Europa einzigartiges Naturdenkmal. Die Stechpalmen in der Talmulde zurücklassend, steigt der Pfad nach rechts unter Buchen und Eichen rasch den Hang hoch. An moosbewachsenen Felsen vorbei erreichen wir den Grat mit dem felsigen Gipfel des *Cozzo Luminario* (50 Min.). Die Aussicht ist fantastisch. Vor uns breiten sich die höchsten Gipfel der Madonie aus, im Norden erstreckt sich das Tyrrhenische Meer. Deutlich lassen sich die Piazza und das trutzige Kastell von Castelbuono erkennen.

Vom Grat steigen wir nach Norden ab, folgen dabei dem durch Pfähle markierten Pfad und treffen an der Karstsenke des *Piano Imperiale* (1 Std.), der auch "Piano Cantagidebbe" genannt wird, auf eine querende Fahrspur, an der wir uns rechts halten. Wieder im Buchenwald, beginnt die Forststraße in Serpentinen abzusteigen. An der nächsten Kreuzung können wir zwischen zwei Abstiegsvarianten wählen: Während die Forststraße nach links steil bergab führt, geht es rechts in wenigen Minuten wieder zum Anschluss an den Naturlehrpfad, dem wir diesmal bergab folgen. Beide Wege enden am Rifugio Francesco Crispi.

Zwischen Cefalù und Milazzo

Östlich von Cefalù beginnt der landschaftlich attraktivste Abschnitt der Tyrrhenischen Küste, an dem sich große und kleinere Sand- und Kiesbuchten abwechseln.

Die Landschaftsverbauung hält sich – außer in der Ecke zwischen Sant'Agata und Brolo sowie in einem großen Teil des Golfs von Patti – noch in Grenzen. Bis kurz vor der Industriestadt Barcellona ist das Meer fast durchgängig sauber; von dort gen Osten ist dann allerdings mit einer drastischen Zunahme der Wasserverschmutzung zu rechnen. Gleich hinter dem mit Zitronenplantagen bestandenen Küstenstreifen steigen die steilen Höhenzüge der Nebrodi (auch Caronie) an, einer spärlich besiedelten Berglandschaft, die schöne Wandermöglichkeiten bietet und bis jetzt kaum erschlossen ist.

Pollina

Wie ein Adlernest klebt das mittelalterliche Dorf, von der Küste gut sichtbar, 760 Meter hoch auf einem Felsen. Eine schmale Apshaltstraße führt Schwindel erregend hinauf, die letzten, steilen 300 Meter aber muss man zu Fuß gehen. Das einzig neue Bauwerk zwischen den engen, schattigen und steilen Gassen ist die Piazza, die erst Anfang der 90er-Jahre in Form eines Amphitheaters angelegt wurde. Von den Sitzbänken aus Naturstein öffnet sich ein weiter Rundumblick in die Madonie und über das Meer – dieses Panorama allein ist schon den Abstecher wert.

Finale di Pollina: Der Küstenableger des Bergdorfs Pollina besteht aus kaum mehr als zwei Reihen von Häusern entlang der SS 113. Durchgängig handelt es sich um Neubauten, von denen einige schon wieder ganz schön alt aussehen. Alles Nötige wie Post, Bank und Lebensmittelgeschäfte ist immerhin vorhanden. Östlich von Finale beginnt die Provinz Messina.

- *Verbindungen* Bahnstation (nur Lokalzüge halten) etwa 1,5 Kilometer östlich.
- *Übernachten/Camping* **Hotel Apollonia**, in der Architektur dem Ort angepasst und in recht lauter Lage. DZ/F etwa 55–75 €. Via Libertà 18, ✆ 0921 426227.
  *** Camping Rais Gerbi, etwa einen Kilometer in Richtung Cefalù, siehe dort.

Castel di Tusa

Eine kleine, sympathische Siedlung – dicht zusammengedrängte Häuser auf einer Anhöhe über der Küste, winklige und enge Gassen.

Am Meer liegen die Reste des namensgebenden Kastells, östlich des Örtchens erstreckt sich ein kleiner Sand- und Kiesstrand. Der Tourismus ist bislang wenig ausgeprägt. Für eine besondere Art von Touristen ist Castel di Tusa mittlerweile jedoch zu einer Art Wallfahrtsort geworden: Das ungewöhnliche Hotel L'Atelier sul Mare und der Skulpturenpark der Fiumara d'Arte ("Flusstal der Kunst"), beides Projekte des Mäzens und Bauunternehmers Antonio Presti, locken kunstinteressierte Besucher aus aller Welt an.

- *Verbindungen* Zug: Bahnhof (nur Lokalzüge) etwa ein Kilometer östlich.
- *Camping* **Camping Lo Scoglio**, familiärer kleiner Platz ca. drei Kilometer außerhalb Richtung Cefalù. Zwei Reihen von Standplätzen, direkt am Meer (Kiesstrand), Schatten durch Mattendächer; Bar und Geschäft. Manko des sonst hübschen Platzes ist die laute Lage unterhalb von Küstenstraße und Bahnlinie. Ganzjährig; zwei Personen, Auto, Zelt bis zu 27 €, zur NS deutlich günstiger. ✆ 0921 334345.

L'Atelier sul Mare – Devozione alla Bellezza:
Ein Hotel als Kunstmuseum

Hotelzimmer von zeitgenössischen Künstlern konzipieren zu lassen, jedes als Unikat – diese Idee des Unternehmers Antonio Presti entsprang vielleicht auch der Frustration über die Querelen um seine Fiumara d'Arte (siehe unten). Sizilien jedenfalls ist seither um ein Hotel reicher, das seinesgleichen nicht hat. Da gibt es ein kreisrundes Zimmer, dessen Dach sich elektrisch öffnen lässt und so den Blick auf den Sternenhimmel freigibt. Ein anderer, dem Regisseur Pasolini gewidmeter Raum,

erinnert mit seinen Wänden aus Lehm und gehäckseltem Stroh an Arabien. Ein weiterer bezieht sich, mit zahlreichen Dreiecken bestückt, auf Sizilien (Trinacria!). Und in der von Videokünstler Fabrizio Plessi gestalteten "Stanza del mare negato", dem mit antiken Schranktüren verkleideten "Zimmer des geleugneten Meeres", ist die See samt Brandungsrauschen auf sechs Monitoren ständig präsent. Wohlhabende Anarchisten werden vielleicht, ganz im Sinne des provokativen Presti, auf dem Zimmer bestehen, das von Renato Curcio, dem ehemaligen Chef der Roten Brigaden, zusammen mit dem Künstler Agostino Ferrari gestylt wurde.

Ein "Museum lebendiger Kunst" nennt Presti sein Hotel, dessen 44 Zimmer nach und nach allesamt in bewohnbare Kunstwerke verwandelt werden sollen. Derzeit gibt es 16 der Kunstzimmer, weitere sind in Vorbereitung. Bald sollte auch der Aufzug fertig sein, der (eine Idee Prestis) durch spirituellen Gesang in Betrieb gesetzt wird; Nervöse sollten wohl besser die Treppe nehmen ... Außen zeigt ein Licht die Gesangsstärke an, so kann man "mit den Augen hören". Hier zu wohnen ist ein echtes Erlebnis, und dies nicht einmal ganz so teuer, wie man glauben sollte. Das Hotel bietet auch diverse Sportmöglichkeiten und Töpferkurse unter Leitung renommierter Künstler an.

*** Hotel L'Atelier sul Mare, Via Cesare Battisti, 98079 Castel di Tusa; ✆ 0921 334295, ℻ 0921 334283; im Internet: www.ateliersulmare.it. Ganzjährig geöffnet; DZ/F etwa 120 € für die "normalen" Zimmer, die es wohl noch für eine ganze Reihe von Jahren ebenfalls gibt. "Künstlerische" Zimmer ("Doppia d´Arte") kosten etwa 180 € pro DZ/F, in der NS lohnt es sich eventuell, zu handeln. Interessant, dass man bei mehrtägigem Aufenthalt jede Nacht in einem anderen Kunstzimmer verbringen kann. Zur HS ist Vorbestellung ratsam.

Sizilianische Kontraste: ein Hirte rastet auf der "Energia mediteranea"

Fiumara d'Arte – Kunst in der Landschaft

Das "Flussbett der Kunst" ist ein schönes Beispiel für die kleinen Wunder, die die Initiativen von engagierten Privatpersonen mittlerweile auch auf Sizilien bewirken können.

Biegt man ein paar hundert Meter östlich von Castel di Tusa von der Küstenstraße nach Milazzo auf die Nebenstraße ins Inselinnere ein, so fesselt bald schon eine große Skulptur den Blick: Mitten im sommertrockenen Bett des Flüsschens Tusa erhebt sich, mittlerweile von der Autobahnbrücke leider deutlich überragt, das Kunstwerk *La materia poteva non esserci* achtzehn Meter hoch in den Himmel. Geschaffen wurde der schwarzweiße Koloss aus Stahlbeton von dem sizilianischen Maler und Bildhauer Pietro Consarga. Die Anregung und Finanzierung des Projekts jedoch geht auf den Kunstmäzen Antonio Presti zurück.

Nach dem Tod seines Vaters hatte Presti, Jahrgang 1957, dessen Bauunternehmen geerbt und daraufhin sein Ingenieurstudium aufgegeben. Soweit nicht ungewöhnlich – bis Presti beschloss, seinem Vater ein Denkmal zu setzen. Die 1986 fertig gestellte Skulpur mit den fließenden Formen und dem rätselhaften Namen "Die Materie konnte dort nicht sein" blieb nicht das einzige Kunstwerk im wilden Hinterland der Küste zwischen Castel di Tusa und Santo Stefano di Camastra. *Fiumara d'Arte: Devozione alla Bellezza* ("Flussbett der Kunst: Widmung an die Schönheit") nennt der agile Presti seinen von verschiedenen internationalen Künstlern geschaffenen Skulpturenpark, der mittlerweile mehr als ein halbes Dutzend Werke umfasst. Antonio di Palma schuf eine riesige "Mediterrane Energie" (*Energia mediteranea*) in Wellenform, deshalb auch "Onda mediterranea" genannt; sie liegt im Norden des Bergdorfes Motta d´Affermo. Der Japaner Hidetoshi Nagasawa versenkte das "Zimmer des goldenen Bootes" (*Stanza di barca d'oro*) wie eine Gruft in die Flanke eines Berges; am Strand von Villamargi bildet das "Monument an einen toten Dichter" (*Monumento ad un poeta morto*) von Tano Festa ein riesiges blaues Fenster auf die Unendlichkeit des Meeres. Am stärksten unter all diesen und anderen Werken beeindruckt vielleicht das begehbare Labyrinth *Arianna* von Italo Lanfredini, das den Mutterleib repräsentieren soll – Zeit genug, über seine Ursprünge nachzudenken, hat der Besucher jedenfalls, legt er doch zwischen hohen Wänden rund einen Kilometer zurück, bis er das Kunstwerk wieder verlässt.

Die grandiose Landschaftskunst fand nicht nur Freunde. Presti, der den Bau der Skulpturen nur mündlich mit den Bürgermeistern der betreffenden Orte abgeklärt hatte, wunderte sich sehr, als ihm der italienische Staat wegen "Verletzung der Bauvorschriften" einen Strafbefehl präsentierte – dies auf Sizilien, sozusagen in Sichtweite Hunderter illegal errichteter und landschaftszerstörender Villenkomplexe, um die sich bisher keine Behörde ernsthaft gekümmert hat. Schlimmer noch als die Androhung einer Haftstrafe war für den Kunstliebhaber, der alle Skulpturen aus eigener Tasche bezahlt hatte, die Verfügung, dass die Werke samt und sonders abgerissen werden sollten.

Unterstützung fand Presti jedoch nicht nur bei der nationalen und internationalen Presse, sondern auch bei Siziliens Umweltorganisationen – immerhin schützt ein quasi staatlich legitimierter Skulpturenpark das Flusstal und seine Umgebung vor wirklich zerstörerischen Bauprojekten. Und tatsächlich half die große Publicity, die der Fiumara d'Arte zuteil wurde: Nach langem Hin und Her, nach diversen Prozessen und Instanzen zeigte sich die Bürokratie wider Erwarten einsichtig – die Werke, zu denen sinnigerweise auch eine keramikverkleidete Kaserne der Carabinieri (*Arethusa*) zählt, bleiben Sizilien erhalten. Dennoch erklärte Presti im Juni 2000, nach mehr als einem Jahrzehnt ermüdender Auseinandersetzungen, den Zyklus der Fiumara d´Arte für abgeschlossen. Die "Stanza di barca d'oro" ließ er aus Protest gegen sture Politiker gar versiegeln und verfügte in einem Testament, dass der Zugang des 25 Meter langen Tunnels zum Kunstwerk erst in hundert Jahren wieder geöffnet werden solle – Vertreter der Politik dürfen, ebenfalls laut Testament, an dieser Aktion nicht teilnehmen ...

Inzwischen hat Presti sein Aktionsgebiet nach Catania verlagert. An der Piazza Stesicoro eröffnete eine "Casa Museo Devozione alla Bellezza", deren Zimmer von jungen sizilianischen Künstlern gestaltet werden. Ebenfalls in Catania ist eine Art Museum geplant, das das übel beleumundete Viertel Librino aufwerten und in den nächsten Jahren öffnen soll.

• *Besichtigung* Alle Werke (mit Ausnahme der "Stanza di barca d'oro" natürlich) sind frei zugänglich. Ein eigenes Fahrzeug ist jedoch unabdinglich, denn die Distanzen zwischen den einzelnen Skulpturen sind recht groß – bei einer Rundfahrt legt man immerhin an die 50 Kilometer zurück, und wegen der vielen Serpentinen muss man schon mit einem halben bis dreiviertel Tag rechnen; die Durchfahrt zur "Mediterranen Energie" durch den Ort Motta d´Affermo ist laut einer Leserzuschrift mit dem Wohnmobil nicht ratsam. Das gigantische "Monument an einen toten Dichter" können Reisende quasi im Vorbeifahren auch von Zug und Bus aus bewundern.

Fiumara d'Arte – Kunst in der Landschaft 479

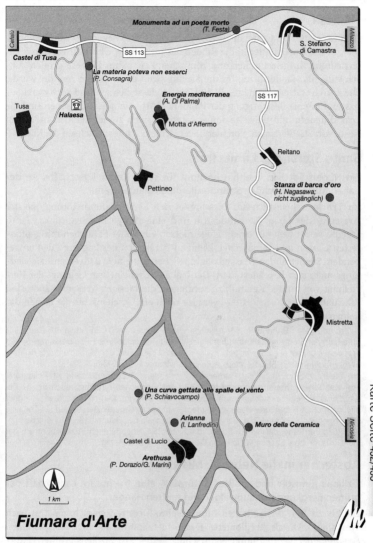

- *Übernachten* **Azienda Agrituristica Bosco**, ein Lesertipp von Dr. Eva-Ulrike und Alexander Kinast: "Ein Demeter-Bio-Bauernhof Nähe Pettineo, umgeben von Olivenbäumen, mit einem wunderbaren Blick über das Tal. Herr Russo ist um seine Gäste äußerst bemüht. Das Essen ist ausschließlich aus eigenen Produkten und solchen der umliegenden Biobauern hergestellt, sehr reichlich und sehr, sehr gut. Die Zimmer sind sehr schön, geräumig und sehr sauber." HP pro Kopf knapp 45 €, Mindestaufenthalt offiziell drei Tage. Anfahrt von Pettineo Richtung Motta d´Affermo, dann beschildert. ✆/≋ 0921 336056, ✆ 347 8025324 (mobil).

Halaesa

An der Straße von Castel di Tusa zum Bergdorf Tusa liegen, etwa drei Kilometer von der Küste entfernt, die Ruinen der im 5. Jh. v. Chr. gegründeten Sikulersiedlung. In griechischer und römischer Zeit nahm Halaesa großen Aufschwung als Handelsplatz, bis die Siedlung von den Arabern zerstört wurde. Die antike Stätte (geöffnet 9–17.30 Uhr; 2 €) lässt sich gut und auch durchaus passend in eine Besichtigung der Fiumara d'Arte einbauen. Zu sehen sind die Grundmauern und teilweise aufgerichteten Säulen zweier Tempel, außerdem Reste von Straßenzügen. Von hier bietet sich ein schöner Blick auf die Küste.

Santo Stefano di Camastra

Ein Hügelstädtchen, weithin bekannt für seine Keramikgeschäfte. An der nahen Küste sind schöne Strände allerdings Mangelware.

Im Trockental westlich des Orts breitet sich Landschaftszerstörung übelster Art aus: Kiesabbau, Kleinindustrie und eine riesige Straßenbrücke. Santo Stefano selbst liegt auf einem Hügelrücken, ein nettes Städtchen mit gepflasterten Gassen und gemütlichen kleinen Plätzen, von der Lage und den umgebenden Steinstränden (Basketballgröße!) her für einen Badeaufenthalt allerdings nicht gerade prädestiniert. Der halbe Ort scheint sein Geld mit der Herstellung von bunter Keramik zu verdienen, die hiesigen Verkaufsstände sind Pflichtstopp der Reisebusse – wer also noch ein Geschenk für die Lieben daheim sucht ...

- *Verbindungen* **Bahnhof** in Meeresnähe unterhalb der Stadt, ins Zentrum über einen Treppenweg. Fast alle Züge halten.
- *Übernachten* ** **Hotel La Plaja Blanca**, am Meer; Abzweig nahe der Palmenallee am westlichen Ortsrand. Architektonisch recht ansprechend, in sich abgeschlossen; ein Haupt- und mehrere Nebengebäude, Swimmingpool. Störend die Bahnlinie in unmittelbarer Nähe, der "weiße Strand" besteht aus groben Steinen. Offen von Mai bis September; DZ/F etwa 105 €. Im Juli und August nur mit HP, die zwanzig Betten sind dann aber ohnehin belegt. Via Fiumara Marina, ✆ 0921/31248, ✉ 331373.
- *Essen* **Trattoria/Pizzeria Al Pescatore**, am westlichen Ortsrand, auch als "U Cucinu" bekannt. Karger Speiseraum, schöner auf der strohgedeckten schattigen Terrasse oberhalb der Hauptstraße. Menü schon unter 15 €, abends auch Pizza. Außerhalb der Saison Mi Ruhetag.

Abstecher in die Nebrodi: Mistretta

Siziliens jüngster und größter Naturpark, eine fruchtbare Landschaft der grünen Bergkuppen, Laubwälder und sanften Hänge.

Die bis zu 1847 Meter hohen Monti Nebrodi erstrecken sich von Ost nach West über mehr als 70 Kilometer. Das Gebiet, erst im Sommer 1993 als *Parco Regionale dei Nebrodi* unter Naturschutz gestellt, ist Siziliens größter Naturpark, mit einer Fläche von 85.000 Hektar gleichzeitig eines der ausgedehntesten Naturschutzgebiete Europas. Ein Kennzeichen der Nebrodi sind die tief eingegrabenen Furchen der sommertrockenen Bachläufe "Fiumare", ein anderer die ausgedehnten Wälder aus Buchen und verschiedenen Eichenarten. Die grüne, an Quellen und sogar an Seen reiche Bergwelt steht in deutlichem Gegensatz zum verbreiteten Sizilien-Klischee. Mit ihren Hochebenen, weiten Tälern und abgerundeten Bergkuppen präsentiert sich die Landschaft sanft und

▲ Palermos Innenhöfe: mal halb verfallen, mal durchaus elegant
Nicht immer wohlgelitten: Fontana di Piazza Pretoria (Palermo)

▲▲ Eine bunte Welt: Palermos Märkte
▲ Traditionsbewusst: Verkaufsstand für Knabberwaren

▲ Prachtvolle Mosaiken: Dom von Monreale (Foto: Gunter Quaißer)

▲▲ Kunst im Flussbett: Fiumara d´Arte
▲▲ Sagenumwoben: Lagunen von Tindari

Keramik satt: Studio in Santo Stefano

harmonisch. Nur im Osten des Gebirgszugs bestimmt der bizarr verwitterte, oft in senkrechten Wänden abfallende Dolomit-Kalkstein das Bild.

Mistretta selbst, der etwa 10.000 Einwohner zählende größte Ort der Bergkette, liegt in waldreicher Umgebung etwa 17 Straßenkilometer landeinwärts von Santo Stefano di Camastra, westlich knapp außerhalb des eigentlichen Schutzgebietes. Der Ausflug lohnt allein schon wegen der Anfahrt und Aussicht, sehenswert ist aber auch der alte und gut erhaltene Ortskern von Mistretta. In der Umgebung bieten sich zudem gute Wandermöglichkeiten.

- *Information* **Parco Regionale dei Nebrodi**, Büro der Parkverwaltung im Ort Alcara li Fusi, siehe dort. Infos auch im Internet unter www.parks.it.
- *Verbindungen* **Busse** nach Mistretta ab Santo Stefano und Nicosia.
- *Übernachten* * **Hotel Sicilia**, mit Restaurant. Einfach und nur 9 Zimmer. DZ/Bad (wenige) knapp 45 €, ohne Bad günstiger. Mistretta, Via Libertà 128, ✆ 0921 81463.
- *Feste* **Marienprozession** am 8. September, mit den Riesenfiguren eines Kriegers und einer Amazone.

▶ **SS 117**: Von Mistretta führt die ausgesprochen schöne Panoramastraße SS 117 über den 1107 Meter hohen Pass *Colle de Contrasto* nach Nicosia an der SS 120 (siehe dort) und ermöglicht so die Weiterfahrt zur Ostküste.

Caronia Marina

Fischerboote am Kiesstrand, ruhige Atmosphäre – außerhalb der Saison wirkt die lang gezogene Strandsiedlung des Bergdorfs Caronia noch recht ländlich. Im August sorgt die Besatzung der vielen Ferienhäuser dagegen für reichlich Trubel. Um den Ort herum herrscht rege Bautätigkeit, die ihn kaum zu seinem Vorteil verändern wird.

- *Übernachten* **Hotel Za'Maria**, an der Hauptstraße im fünf Kilometer entfernten Canneto. 2001 renoviert und gut eingerichtet, aber laut, da zwischen Hauptstraße und Bahnlinie gelegen – für eine Zwischenübernachtung o.k. DZ 100 €, im Juli/August ist HP obligatorisch. Via Nazionale 113, ℡ 0921 331203, ℻ 0921 337063.

Torre del Lauro

Eine reine Feriensiedlung – außerhalb der Saison ist der winzige Ort völlig tot. Der saubere und von der SS 113 schnell zu erreichende Kiesstrand präsentiert sich dann absolut leer: Für Autofahrer kein schlechter Zwischenstopp für einen schnellen Sprung in die Fluten.

- *Übernachten* **Hotel Globus**, in wahrhaft scheußlicher Betonarchitektur, immerhin direkt am hier sehr grobkiesigen Strand. Für ein DZ/Bad sind etwa 45 € zu rechnen. Im Juli/August ist HP obligatorisch, das Haus dann aber ohnehin häufig belegt. ℡ 0921 335147, ℻ 0921 335385.

San Fratello

Das Bergstädtchen, in fantastischer Lage an einen Felsen gebaut, erfreut mit toller Aussicht und dem gut erhaltenen mittelalterlichen Kern. In der Karwoche findet ein sehr ungewöhnliches Fest statt.

San Fratello, etwa 14 Straßenkilometer landeinwärts der Küste, ist über die SS 289 zu erreichen, die kurz vor Sant'Agata abzweigt. In der Karwoche (Dienstag bis Karfreitag) ist der Ort Schauplatz eines ganz besonderen Spektakels: Bei der Festa dei Giudei, dem "Judenfest", lassen die Männer den Teufel raus. Feuerrot und langschwänzig als solcher kostümiert, amüsieren sie sich unter infernalischem Trompetengeheul mit Unfug und derben Scherzen aller Art – ein heidnisch anmutendes Ritual, zu dessen Besuch allein reisende Frauen keine allzu sensiblen Nerven mitbringen sollten.

- *Verbindungen* **Busse** der ISEA einmal täglich von und nach Sant'Agata.
- *Übernachten* *** Hotel Monte Soro**, einfaches Quartier mit nur acht Zimmern, zwei Gemeinschaftsbäder; Restaurant. Für Ostern langfristig vorbestellen. DZ, z. T. mit Bad, etwa 40–45 €; Via Latteri 1, ℡ 0941 794120.
- *Essen* **Ristorante-Pizzeria Il Vecchio Carro**, Lesertipp von Emil Bernard: "Sehr bemüht um gute Speisen und Service." Via Latteri 100, ℡ 0941 799098.

▶ **SS 289**: Eine schöne, serpentinenreiche Bergstraße, die mitten durch die Wälder im Herz der Nebrodi führt. Über die 1524 Meter hohe Portella Femmina Morta ("Pass der toten Frau") erreicht sie schließlich Cesarò an der SS 120.

Hoch in den Bergen, knapp jenseits des Passes, gibt es eine gute Übernachtungsmöglichkeit in einer originellen Berghütte. In deren Umfeld beginnt auch unsere Wanderung 15, siehe jeweils unter der Beschreibung von Cesarò im Kapitel "Inselinneres", ganz hinten im Buch.

Sant'Agata di Militello

Sant´Agata ist keine Schönheit: ein lang gezogenes Straßenstädtchen, im Westen ein großer, moderner Fischereihafen.

Auch die "Uferpromenade" wirkt eher öde, obwohl im Bereich des Zentrums einige spärliche Grünanlagen versuchen, das Erscheinungsbild zu retten. Gen Osten flankieren altertümliche Industrieanlagen und Schrottplätze den

Küstenstreifen, an manchen Stellen herrscht Badeverbot. Doch so reizlos die Küste sein mag, das Hinterland präsentiert sich wieder einmal von der besten Seite.

- *Verbindungen* **Zug**: Bahnhof zentrumsnah; fast alle Züge halten.
Schiff: Im Sommer 1-mal täglich (morgens) Aliscafo auf die Liparischen Inseln. Infos und Buchung bei der Agentur Chida, Via Medici 383, ✆ 0941 701318.
- *Übernachten* ** **Hotel Parimar**, für eine Zwischenübernachtung brauchbar. Kastenarchitektur im 70er-Jahre-Stil am östlichen Ortsrand, DZ etwa 50 €. Via Medici 1, ✆ 0941 701888.
Giardino di Sicilia, eine noch junge Sprachschule (siehe auch Kapitel A-Z, Stichwort "Sprachkurse"), die auch für andere Gäste Quartier bietet. Der ausgedehnte Olivenhain erstreckt sich in schöner Panoramalage vier Kilometer hoch über dem Ort; bei gutem Wetter reicht der Blick bis zu den Liparischen Inseln. Unterkunft in originellen Halbkugelbungalows. Leiterin Margherita Calderone spricht gut Deutsch. Auch Essensmöglichkeit, "Margherita kocht selber, fantastisch" (Leserbrief). DZ/F etwa 80 €, ab zwei Tagen 70 €. Contrada da Cuntura, Richtung Militello/Alcaro, ab der LKW-Umgehung gut beschildert; ✆ 0941 703672, ✆ 328 7074615 (mobil), www.giardinodisicilia.com.

Östlich von Sant'Agata verläuft die SS 113 etwas abseits der Küste, meist durch Zitronenplantagen. Ans Meer führen nur wenige Stichstraßen, die Strände sind aber vielfach verbaut oder liegen voll Schutt. Besser wird es erst kurz vor Capo d'Orlando.

Alcara li Fusi

Ein kleines Bergdorf in spektakulärer Landschaft, rund 15 kurvenreiche Kilometer inseleinwärts von Sant´Agata di Militello.

Alcara li Fusi, auf vierhundert Meter Höhe gelegen, geht auf eine arabische Gründung zurück. Die Marienkirche des etwa 3000 Einwohner zählenden Ortes birgt einige Kunstschätze, interessanter ist jedoch die umgebende Landschaft: Bei Alcara weicht die sanfte Landschaft der westlichen Nebrodie dem steil abfallenden, harten Dolomit, perfekt verkörpert im wuchtigen Felsklotz der 1315 Meter hohen Rocche del Castro, die direkt über dem Dorf aufragt und Ziel unserer Wanderung 11 ist.

- *Information* **Parco Regionale dei Nebrodi**, Büro der Naturparkverwaltung, in dem es auch Wanderkarten gibt. Via Ugo Foscolo 1, ✆ 0941 793904, ✉ 0941 793240.
- *Übernachten/Essen* **Hotel Castelturio**, im Ort, einfach und unprätentiös, aber durchaus passabel, allerdings nur vier Zimmer. DZ je nach Ausstattung und Saison etwa 30–40 €. Ein Restaurant ist angeschlossen. Ganzjährig geöffnet. Via della Rinascita 20, ✆ 0941 793788.
Agriturismo La Margherita, bei Galati Mamertino östlich der Rocche di Crasto. Betrieben von dem jungen Paar Giovanna und Pippo. Sieben saubere, große Zimmer; ausgezeichnete bodenständige Küche, abends auch Pizza. DZ 50–60 €, Halbpension p.P. 40–50 €. Die Direktzufahrt ab Alcara erfolgt über schmale, holprige Asphaltstraßen, die bislang nur in wenigen Karten verzeichnet sind, vorbei am Startpunkt der Wanderung 11. Contrada Sciara, 3 km nördlich von Galati Mamertino in Richtung Capo d' Orlando, am Ortseingang von Galati links halten; ✆ 0941 434975, ✉ 0941 436121.
Baracca Portella Gazzana, am gleichnamigen Pass, gut sieben Kilometer südöstlich von Alcara, Ausgangspunkt von Wanderung 11. Schlichtes, bei der örtlichen Bevölkerung sehr beliebtes Lokal mit hervorragender Küche; deftige Fleischgerichte, zur Saison auch Pilze. Menü ab etwa 20 €. ✆ 0941 485648.

Felsige Einsamkeit, mit lautem Gebell verteidigt: Rocche del Crasto

Wanderung 11: Auf die Rocche del Crasto

Route: Portella Gazzana – Rocche del Crasto – Portella Gazzana. **Reine Wanderzeit**: 2 Stunden. **Höhenunterschiede**: jeweils 330 Meter Auf- und Abstieg.

Charakteristik: Der Aufstieg auf den oberhalb von Alcara fast senkrecht aufragenden Kalkfelsen wird mit prächtigen Panoramen belohnt. Startpunkt ist die Baracca Portella Gazzana (siehe oben), eines jener typischen Nebrodi-Lokale, die nach wenig aussehen, in denen man aber vorzüglich essen kann. Die Möglichkeit eines Verdauungsspaziergangs auf die Rocche del Crasto kommt da wie gerufen.

Anfahrt: Die Baracca ist nur mit dem eigenen Fahrzeug zu erreichen. Das Lokal liegt direkt am Sattel der Portella Gazzana, von Alcara li Fusi etwa sieben Kilometer auf einer schlecht asphaltierten Straße nach Südosten in Richtung Galati Mamertino bzw. Longi.

Verlauf: Vom Sattel der *Portella Gazzana*, die gleichnamige Baracca im Rücken, gehen wir auf der Kiesstraße in nordwestlicher Richtung bergauf. Ohne von der Piste seitlich abzuweigen, folgen wir dem Grat, der sich bis zu den Rocche del Crasto hinzieht. Die Fahrspur verläuft unterhalb einer (legalen) Mülldeponie und nach einer halben Stunde am Bosco Soprano vorbei. Dann beginnt die Piste in Serpentinen stärker anzusteigen, führt oberhalb einer Tränke vorbei und schwenkt nach links auf das landwirtschaftlich genutzte Hochplateau. Folgt man der Fahrspur an der einsamen Schäferhütte vorbei bis an den Rand der Geländekante, bietet sich eine schöne Aussicht in das Tal des Rosmarino und hinunter nach Alcara li Fusi. In den steilen Felswänden der gegenüberliegenden Rocca Calanna nisten Adler. Wendet man sich wie-

Capo d'Orlando

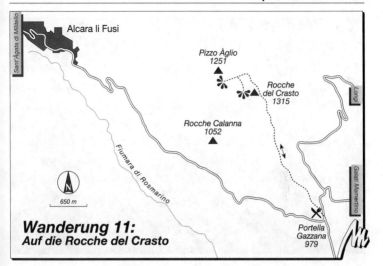

Wanderung 11:
Auf die Rocche del Crasto

der um und quert, die Schäferhütte im Rücken, das Gelände an einem Acker vorbei nach rechts, lässt sich ohne große Anstrengungen der Gipfel der *Rocche di Crasto* erklimmen. Auf dem gleichen Weg kehren wir zurück. Über das Tal zu unserer Linken blicken wir auf Galati Mamertino, und vor uns breiten sich der Pizzo Mueli, der Bosco di Mangalaviti und der Monto Soro aus. Im Osten erhebt sich majestätisch der Etna.

San Marco d´Alúnzio

Wie Alcara li Fusi gibt auch San Marco einen interessanten Abstecher von der Küstenstraße ab. Das Dorf ist über ein kurviges Sträßchen zu erreichen, das etwa fünf Kilometer nordöstlich der Kreuzung nach Alcara li Fusi abzweigt, dann noch etwa acht Kilometer. Die kleine Ortschaft liegt an der Stelle einer uralten Siedlung, die im 4. Jh. v. Chr. hellenisiert wurde. An die Zeit der Griechen erinnert noch die Kirche *San Marco* am unteren Ortsrand, eigentlich ein Herkulestempel, der im späten Mittelalter umgebaut wurde, aber noch Spuren der ursprünglichen Struktur zeigt. Daneben besitzt das Dorf eine Reihe von Kirchen teilweise byzantinischen Ursprungs sowie das ungewöhnlich reizvoll arrangierte *Museo della Cultura e delle Arti Figurative Bizantine e Normanne*, das neben archäologischen Funden der Region auch sehr schöne Fresken ausstellt.

<u>Öffnungszeiten des Museums</u> Täglich 9.15.–13.15, 15.30–19.15 Uhr, Eintrittsgebühr 1,55 €.

Capo d'Orlando

Ein bei italienischen Urlaubern sehr beliebtes Städtchen mit grobem Sandstrand. Während der Saison herrscht reichlich Trubel.

Dementsprechend exzessiv gestaltete sich die bis heute anhaltende Bautätigkeit in und um den Ort: im Zentrum um die Piazza Matteotti sieben- bis achtstöckige Mietschachteln, nach Westen hin kilometerweite Villenvororte. Im

486 Nordküste

Runde Felsen, grober Sand: Strand hinter Capo d'Orlando

Ortskern freilich bemühte man sich durchaus erfolgreich um Auflockerung durch Grünanlagen und eine kleine Fußgängerzone. Reizvoll zeigt sich auch der Strand östlich des kleinen, von einem Leuchtturm bewachten Kaps am Ostrand des Städtchens, der mit seinen rund geschliffenen Felsen ein wenig an die Seychellen erinnert.

In die Schlagzeilen internationaler Zeitungen geriet Capo d'Orlando Anfang der 90er-Jahre durch die Weigerung einiger hiesiger Hoteliers und Händler, weiterhin "Schutzgelder" an die Mafia abzuführen. Damals wurden, eine ausgesprochene Seltenheit, auch Zahlen genannt: Rund 15 % des Umsatzes zweigte die "Ehrenwerte Gesellschaft" für sich ab. Die Aktion des von den widerspenstigen (und daraufhin unter Polizeischutz gestellten) Unternehmern gegründeten "Gegenvereins" scheint erfolgreich gewesen zu sein – von Anschlägen war nichts zu hören.

• *Information* **A.A.S.T.**, Via Amendola 14, 100 m südlich der Piazza Matteotti; ✆ 0941 912784. ✆ Mo–Fr 8.30–13.30, 16–19 Uhr, Sa 8.30–12.30 Uhr.

• *Postleitzahl* 98071

• *Verbindungen* **Zug**: Bahnhof zentrumsnah südwestlich des Ortskerns; häufige Anschlüsse Richtung Palermo und Messina.
Bus: Haltestelle südlich des Zentrums an der Piazzale Sardo; mit mehreren Gesellschaften insgesamt 9-mal täglich Anschlüsse nach Messina.
Schiffsausflüge: Im Sommer häufige Tagesfahrten zu den Liparischen Inseln, die ja in Sichtweite von Capo d'Orlando liegen.

Preis je nach Dauer und Entfernung der besuchten Inseln etwa 30–65 €, Infos und Buchung in den Reisebüros, z.B. bei Orlandino Viaggi, Via Piave 116, ✆ 0941 902350.

• *Übernachten* Während der Hochsaison im Juli und im August ist Halbpension fast überall obligatorisch.
*** Hotel La Tartaruga, im Villen- und Fischerdorf San Gregorio östlich des Kaps. Weißer Klotz mit umlaufenden Balkonen, vom Meer durch die Straße getrennt. Gutes Restaurant, Disco. DZ etwa 95–105 €, zur Hochsaison manchmal nur mit HP. ✆ 0941 2955012, ✆ 0941 2955056.

*** **Hotel Santa Lucia**, an der Hauptzufahrt von Westen, nicht weit vom Zentrum. Kleines Hotel mit nur zehn hübschen, gut ausgestatteten und mit Klimaanlage und Kühlschrank versehenen Zimmern. Unbedingt Räume nach hinten (dort auch ein großer Parkplatz) verlangen, die Straße ist laut! DZ/F nach Saison 75–95 €. Via Consolare Antica 161, ✆ 0941 918227, ✉ 0941 903217, www.santaluciahotel.net.

** **Nuovo Hotel Faro**, am östlichen Ortsrand in Meeresnähe, nur ein paar Schritte vom Zentrum. 2001 renoviert, viele Zimmer neu möbliert, seitdem wieder durchaus ordentlich und von Lesern gelobt. Freundliche Leitung. DZ etwa 80 €. Via Libertà 7, ✆ 0941 902466.

Mare d´amare, ein "Meer zum Verlieben": Ferien bei den Fischern im nahen Küstennest San Gregorio, die statt der früheren zerstörerischen Fangmethoden jetzt auf "sanfte Fischerei" und aktiven Umweltschutz setzen und sich mit dem Fremdenverkehr ein Zubrot verdienen. Natürlich kann man, gegen Gebühr, auch mit auf Fischfang gehen. Es gibt Wochenpauschalen (Unterkunft bei Viererbelegung p.P. 135–200 €) und Wochenendangebote (Fr–So, p.P. 55 €), sowie diverse Ausflugsangebote. Carlo Vinci, der Verantwortliche, spricht Englisch. ✆ 0941 955157, www.agatirno.it/sea2love.

Bed&Breakfast della Fonte, ein Lesertipp von Margit Wiesel: "Ein großzügiges, zentral gelegenes Apartment mit 3 Schlafräumen, Wohnzimmer, zwei Bädern und Küche. Die Signora bereitet selbst das Frühstück und unterhält sich gerne. Ü/F p.P. 25 €. Via della Fonte 12, ✆ 0941 911937."

● *Camping* *** **Santa Rosa**, etwa fünf fast durchgehend verbaute Kilometer westlich des Zentrums. Küstennah gelegen, der steinige Strand aber wenig begeisternd. Geöffnet Mitte Juni bis Mitte September; zwei Personen, Auto, Zelt 20 €. ✆ 0941 901723, ✉ 0941 912384.

● *Essen* **Ristorante-Pizzeria Uletta**, eine Piazza östlich der zentralen Piazza Matteotti. Beliebt besonders wegen der sehr ordentlichen Pizze aus dem Holzofen, inklusive Gedeck ab etwa 7 €. Auch das übrige Essen (Spezialität Fisch) kann sich schmecken lassen, Menü ab etwa 20 €. Piazza Duca degli Abruzzi.

Ristorante-Pizzeria Da Enzo, kleines Familienlokal, Muttern kocht selbst. Kürzlich umgezogen, und leider "mit dem Umzug deutlicher teurer geworden mit nicht mehr stimmigem Preis-Leistungsverhältnis" (Leserbrief von Helmut Wider). Menü ab etwa 20 €. Via Umberto I. 20, unweit der Piazza Matteotti.

Museo Fondazione Famiglia Piccolo di Calanovella: Einige Kilometer westlich außerhalb des Ortes beherbergt eine Villa des 19. Jh. dieses Privatmuseum, das den Besucher in ein Sizilien vergangener Zeiten entführt. Umgeben von einem schönen Park, finden sich hier die Früchte der Sammelleidenschaft der Adelsfamilie Piccolo, darunter Gemälde, Keramiken (auch aus Asien), alte Waffen, Bücher etc. Zu sehen ist auch ein Brief von Giuseppe Tomasi di Lampedusa, der mit der Familie verwandt war, hier eine Zeitlang lebte und an seinem "Gattopardo" schrieb.

Lage und Öffnungszeiten Contrada Vina, Zufahrt etwa bei km 109 der SS 113, geöffnet Mo–Sa 9–12 Uhr sowie 16.30–18.30 Uhr (Frühling), 17–19.30 Uhr (Sommer) bzw. 16–18 Uhr (Herbst und Winter). Eintrittsgebühr zur Führung 3 €. ✆ 0941 957029.

▶ **SS 116**: Die reizvolle Panoramastraße durch den östlichen Teil des Nebrodi-Gebirges zweigt bei Capo d'Orlando von der Küstenstraße ab und führt nach Randazzo an der SS 120 (siehe dort). Unterwegs passiert man Floresta, das auf 1259 Meter Höhe das höchstgelegene Dorf Siziliens ist.

Brolo

Um das Städtchen liegen viele Zitronen- und Orangenplantagen, dazwischen verstreute Feriensiedlungen. Organisch gewachsen wirkt der Ort nicht gerade – im Zentrum irritiert eine merkwürdige Mischung aus Hochhäusern und flacheren Bauten das Auge, an der tristen Uferpromenade stehen Hotels neben Lagerschuppen. Der schmale Kiesstrand des Ortes macht auch keinen sehr einladenden Eindruck. Ambiente bewahrt einzig das kleine Viertel um das mittelalterliche Kastell, das leider nur selten zu besichtigen ist.

• *Übernachten* *** **Hotel Gattopardo Sea Palace**, ein siebenstöckiger Betonklotz am Lungomare, im Jahr 2002 renoviert; großer Pool. DZ etwa 80 €. Im Juli/August besteht meist Pflicht zur Vollpension. Via Marina 69, ℅ 0941 561412.

Gioiosa Marea

Das auf einem Hügelrücken über der Küste gelegene Städtchen ist bislang noch weniger vom Bauboom betroffen als seine Nachbarn.

Gioiosa blieb trotz einiger Neubauten eine harmonische Kleinstadt, in der der Tourismus noch lange nicht die Hauptrolle spielt. Von der Hochsaison abgesehen, gibt sich der Ort ausgesprochen ruhig; abends scheint hier der Hund begraben. Auch im August hält sich der Rummel in Grenzen. Westlich des Städtchens erstreckt sich ein langer Kies- und Sandstrand, landschaftlich durch die nahe Bahnlinie allerdings etwas beeinträchtigt.

• *Verbindungen* Zug: Bahnhof westlich unterhalb des Zentrums in Strandnähe. Nur Lokalzüge halten.

• *Übernachten* *** **Capo Skino Park Hotel**, am östlichen Ortsrand, Kastenbau in allerdings toller Aussichtslage über dem Meer. DZ etwa 80 €. Contrada Skino, ℅ 0941 301167, ℻ 0941 301340.

* **Hotel Puglia**, an der SS 113 im östlichen Stadtgebiet von Gioiosa. Ganz und gar nicht mehr das jüngste, altertümlich im Stil, aber freundliche Atmosphäre. Mit 34 Zimmern recht groß, außer im August, wenn viele Stammgäste kommen, gibt es keine Probleme, ein Bett zu finden. DZ/Bad etwa 30–40 €. Via Umberto I. 285, ℅ 0941 301177.

• *Camping* Besonders schön liegen die Plätze bei Capo Calavà, siehe unten.

** **Camping Calanovella**, bei einer seit Jahren wachsenden Feriensiedlung etwa zwei Kilometer westlich des Orts. Ausgedehntes Gelände zwischen Bahnlinie und ganz hübschem Kiesstrand, durch Bäume und Büsche in Parzellen aufgeteilt; Restaurant und Geschäft. Die beiden Sanitärblocks könnten bei vollem Augustandrang überfordert sein. Geöffnet von Juni bis September; zwei Personen, Auto, Zelt zur HS rund 24 €. ℅ 0941 585258, www.calanovella.it.

Capo Calavà

Der herbe Felsklotz des Kaps Calavà schiebt sich weit ins Meer. In der Nähe liegen einige schwer zu erreichende kleine Kiesstrände.

Besser steht es zwischen dem Kap und Gioiosa Marea: Etwa drei Kilometer östlich des Städtchens führt eine schmale Serpentinenstraße hinab zu einer etwa einen Kilometer breiten, gut eingegrünten Bucht mit einem schönen, sauberen Kiesstrand und glasklarem Wasser. Das fast paradiesische Fleckchen teilen sich eine Hotelsiedlung, die ganz gut in die Landschaft eingefügt ist, und zwei Campingplätze. Ab Mitte Juli und August herrscht hier natürlich reichlich Betrieb. Der Zugang zum Strand ist auch für Nichtgäste möglich.

• *Übernachten* ** **Villaggio Club Baia Calavà**, ein voll ausgestattetes Urlaubsdorf mit recht angenehmer Architektur, diversen Sportmöglichkeiten, Tennis, Disco etc. In der Regel nur Wochenpauschalen mit VP, im "Minibungalow" für zwei Personen oder größeren Gebäuden für Familien. Nur zur Saison geöffnet, ℅ 0941 301888, ℻ 0941 302539, baiacalava@esperia.it.

• *Camping* ** **Camping Gioiosa**, gut ausgestatteter Platz. Gepflegte Sanitäranlagen, sehr schattig durch hohe Bäume, zum Strand über die Straße. Geschäft, Restaurant, Pizzeria, jeweils nur zur Saison. Geöff-

Schöner Strand, sauberes Meer: am Capo Calavà

net Juni bis September. Zwei Personen, Auto, Zelt zur HS etwa 24 €. ✆ 0941 301523.
** Camping Tirreno, fast daneben, in Niveau und Preisen ähnlich. Swimmingpool und Sportmöglichkeiten; geöffnet wie oben. ✆ 0941 301028.

San Giorgio

Das weitflächige Dorf liegt östlich des Kaps Calavà und besteht zum überwiegenden Teil aus Ferienhäusern. Außerhalb der Saison ist hier deshalb auch kaum ein Mensch zu sehen.

• *Übernachten/Camping* **** Camping Cicero**, 800 m vom Ort Richtung Patti, zum Meer über die Straße. Mehr ein Bungalowdorf mit Campingabteilung; gut schattig; Störung durch die nahe Bahnlinie. Geöffnet von April bis Oktober, in der Hauptsaison Einkaufsmöglichkeit und Bar; zwei Personen, Auto, Zelt zur HS rund 24 €. Auch Bungalows für vier Personen, Miete normalerweise nur wochenweise. ✆ 0941 39551, ✉ 0941 39295. www.ilcicero.it.

Patti

Ein ausgedehntes Städtchen etwas landeinwärts der Küste, am Meer die zugehörige Strandsiedlung Marina di Patti.

Zwischen den beiden Ortsteilen liegen unter einer Autobahnbrücke die Reste der Villa Romana (tägl. 9 Uhr bis eine Stunde vor Sonnenuntergang; gratis). Die verbliebenen Grundmauern und ornamentalen Fußbodenmosaiken des römischen Palastes sind allerdings weit weniger eindrucksvoll als die von Piazza Armerina.

• *Übernachten/Camping* ***** Hotel Club Park Philip**, vor wenigen Jahren komplett renoviertes Haus am Lungomare von Marina di Patti. Ordentliche Zimmer, Pool. Unterkunft normalerweise nur auf Basis von HP, p.P. je nach Saison 45–75 €, der Kauf einer Clubkarte ("Tessera", ca. 25 €) ist außerdem obligatorisch – vielleicht lässt man ja zur Nebensaison mit sich reden. Via Zuccarello 55, ✆ 0941 361332, 📠 0941 361184, www.parkphiliphotel.it.

*** Hotel La Playa, ein Lesertipp von Jutta und Dr. Ernst-Otto Cuntze: "Am Strand östlich von Marina di Patti, angenehm, wenn man von Tindari kommend ein Quartier sucht. Gute Atmosphäre, ausgedehntes Schwimmbecken". DZ offiziell 115 €, zur HS nur mit Halbpension. Geöffnet April bis Mitte Oktober. Via Playa 3, ✆ 0941 361398, 📠 0941 361301.

*** Hotel Sacra Famiglia, in sehr schöner Aussichtslage über dem Zentrum des Altorts Patti; Busdienst zum Strand. Wie der Name schon vermuten lässt im Besitz der Diözese, angeschlossen ein einfaches, aber ordentliches Restaurant. Solide DZ/F etwa 60–75 €. Via Dante Alighieri 1, ✆ 0941 241622, 📠 0941 243072, www.sacrafamiglia.it.

Tindari

Kristallklare Lagunen und alte Legenden

Seit Tausenden von Jahren ist der markante Felsklotz hoch über dem Meer Sitz heiliger Stätten. Schon Griechen und Römer verehrten hier ihre Götter, in christlicher Zeit strandete unterhalb gar eine wundertätige Madonnenstatue in den Meeresfluten.

Dass letzteres ausgerechnet hier passierte, lässt vermuten, dass die Kirche, die ja gern heidnische Heiligtümer umfunktionierte, dabei wohl etwas nachgeholfen haben mag. Wie dem auch sei: Tindari gehört seitdem zu den meistbesuchten Wallfahrtsorten der Insel. Der Abstecher zu dem etwa zehn Kilometer östlich von Patti gelegenen Heiligtum lohnt sich auch für diejenigen, die für Madonnenverehrung wenig übrig haben. Die Aussicht von hier oben ist grandios, zudem warten in unmittelbarer Nähe der Wallfahrtskirche die Ruinen der antiken Stadt Tyndaris. Und natürlich die blendenden Strände des Mare Secco unterhalb bei Oliveri – einer der schönsten Badeflecken Siziliens.

Geschichte

Bereits in der Vorgeschichte war der leicht zu verteidigende Felsen besiedelt. Die hiesige Kultur stand auf einer recht hohen Stufe und schuf bemerkenswerte Keramiken; Funde bis hin nach Pantelleria belegen den regen Handelsverkehr der damaligen Zeit. Neu gegründet wurde Tyndaris durch Dionysios I. von Syrakus im Jahre 396 v. Chr.; es diente als militärischer Vorposten gegen die allmählich ostwärts drängenden Karthager, die wenige Jahre vorher schon das weiter westlich gelegene Himera zerstört hatten. Schnell auf die Größe einer Kleinstadt herangewachsen, geriet Tyndaris 254 v. Chr. in die Hände der Römer, unter deren Herrschaft es weiter aufblühte. Im Jahr 836 zerstörten die Araber Tyndaris völlig.

- *Information* **A.A.S.T.**, in der Nähe der Ausgrabungsstätte, im Sommer täglich 9–19 Uhr geöffnet, im Winter 9–14 Uhr. Via Teatro 15, ✆ 0941 369184.
- *Verbindungen* Beschilderte Abzweigung von der SS 113. Die Zufahrt zum Heiligtum selbst wird zur HS oft gesperrt (Zubringerbusse ab Sperre bzw. knapp ein Kilometer zu Fuß). Busse verkehren ab Patti, selten auch ab Milazzo. Für Zugreisende existiert ein schweißtreibender Fußpfad ab dem Bahnhof von Oliveri, siehe dort.
- *Übernachten* Vor Ort bestehen keine Möglichkeiten, Campingplätze und Hotels in Oliveri und Marina di Patti.
- *Essen* **Restaurant Tyndaris**, gegenüber der Wallfahrtskirche. Von den Tischen im Garten schöne Aussicht, auch die Sandbänke unterhalb des Kaps sind von hier zu sehen. Menu à la carte ab etwa 20 €, Mo Ruhetag.

Sehenswertes

Santuario: Für den Großteil der Besucher zuständig, die Reste der antiken Stadt interessieren kaum einen der vielen Pilger. Höhepunkt der Saison ist der 8. September, wenn halb Sizilien sich auf den Weg zur Madonna macht, zum Teil kommen die Leute bis aus Kalabrien. An Geldmangel scheint die hiesige Kirchenleitung übrigens nicht zu leiden: Auf den Hängen jenseits der SS 113 ist der Bau einer "heiligen Stadt" geplant, die die Pilgerscharen aufnehmen soll. Schon weit vor der Kirche der übliche Wallfahrtsrummel; Stände mit Andenken und Madonnenkitsch flankieren den Weg. Oben angekommen, steht man auf der Piazza Belvedere, die ihren Namen absolut zu Recht trägt: Der Blick reicht über weite Teile der Küste und bis zu den Eolischen Inseln. Die schönen Lagunenstrände unterhalb sind vom Garten des Restaurants Tyndaris aus jedoch besser zu erkennen (falls Sie dann den fast unvermeidlichen Appetit aufs Baden bekommen: Zugang über Oliveri, siehe unten). Die neue, erst in den Siebzigern fertig gestellte Kirche ist, gelinde ausgedrückt, uninteressant. Nicht versäumen sollte man trotzdem einen Besuch der uralten Madonna im Inneren, die aus dem 8. Jh. stammen soll.

Ramsch am Heiligtum: Budengasse vor der Kirche

"Schwarz bin ich, aber schön"

Mit der *Madonna Nera* ist natürlich eine Legende verknüpft. Das Schiff, das sie wahrscheinlich vor dem Bilderstreit in Byzanz (Ablehnung der Bilderverehrung) in Sicherheit gebracht hatte, strandete an der hiesigen Küste und konnte erst flottgemacht werden, nachdem die Muttergottes von Bord gebracht war – die Madonna hatte ihr Plätzchen gewählt und wollte offenbar in Tyndaris bleiben ...

Bald kamen die ersten Pilger, darunter eine von weither angereiste Mutter mit ihrem Kind. Von der dunklen Dame gar nicht angetan, schimpfte sie lauthals drauflos. Die Madonna konterte kühl: "Schwarz bin ich, aber schön". Und sie zeigte sich versöhnlich. Als bald darauf das Kind der mürrischen Mutter vom Felsen fiel, erhoben sich weiche Sandstrände aus dem Meer und fingen es unversehrt auf – das erste einer Kette von Wundern, die, wie jeder Wallfahrer fraglos bestätigen wird, bis heute nicht abreißt.

Kontraste: die römische "Basilika" vor dem modernen Santuario

Antike Stadt: Schon an der Straße zum Heiligtum liegen Reste der griechischen Stadtmauer. Die Ruinenstätte selbst befindet sich etwa 200 m westlich der Piazza Belvedere. Sie ist unvollständig, da ein Teil der Stadt einem Erdrutsch zum Opfer fiel und ins Meer stürzte. Gleich hinter dem Eingang stellt ein kleines Museum Funde aus Tyndaris aus; die besseren Stücke sind allerdings in Palermo zu sehen. Unterhalb des Museums verläuft die Hauptstraße (Decumanus) der antiken Stadt, dahinter Häusergrundrisse, Reste der schachbrettartig angelegten Straßen und die Reste einer Thermenanlage. Am linken Ende des Decumanus erhebt sich das Theater. Es wurde zwar in römischer Zeit umgebaut, ist aber unverkennbar griechischen Ursprungs; die einmalige Aussicht, die sich von hier bietet, ist Indiz genug – wo immer möglich, reservierten die Griechen ihren Theatern die besten Plätze. Unter den Römern versperrte hingegen die heute nicht mehr vorhandene Skene, der steinerne Bühnenabschluss, einen Teil des Panoramas. Am anderen Ende des Decumanus stehen die Ruinen der Basilika, eines römischen Ratsgebäude des 1. Jh. n. Christus, dessen Bauweise ebenfalls noch griechische Einflüsse zeigt.

⏱ 9 Uhr bis 18 bzw. 19 Uhr, je nach Jahreszeit, Eintritt 2 €.

Oliveri

Das unscheinbare, dabei ganz sympathische Örtchen liegt in der Nähe eines der ungewöhnlichsten und reizvollsten Strände Siziliens.

Besonders in der Vorsaison zeigt sich das "trockene Meer" Mare Secco als ein wahrer Traum: Direkt unter dem Felsen von Tindari verläuft sichelförmig eine breite Sandbank, die mehrere flache, "Laghetti" genannte und unter Naturschutz gestellte Lagunenseen umschließt. Heller Sand leuchtet im Kontrast zum tiefen Türkis des Wassers... Angeschwemmte Seeigel stören allerdings gelegentlich die Idylle, in der Nachsaison leider auch mal zurückgelassene Abfälle.

Angesichts dieses natürlichen Kapitals setzte Oliveri verhältnismäßig spät auf den Tourismus, wobei zu hoffen bleibt, dass größere Bausünden und Riesenhotels auch in Zukunft vermieden werden. Die meisten Häuser entstanden

Oliveri

erst vor relativ kurzer Zeit, der neue Dorfkern in Meeresnähe ist planmäßig angelegt, dabei jedoch nicht hässlich. Am Lungomare mit seinen jungen Palmen wird noch gebastelt – malerisches Ambiente ist da natürlich nicht zu erwarten. Trotzdem empfiehlt sich ein Stopp allein schon des fantastischen Strands wegen, zumal Oliveri auch für Bahnreisende günstig gelegen ist.

• *Postleitzahl* 98060

• *Verbindungen* Zug: Bahnhof derzeit noch unweit der Küste, allerdings sollen die Schienen verlegt werden. Nur Lokalzüge halten.

• *Übernachten/Essen* Mittlerweile entstanden zwar mehrere Feriendörfer, doch sind die Kapazitäten immer noch relativ gering. Deshalb ist die Hotelsuche in der Hochsaison etwas problematisch und auch meist mit Pensionszwang verbunden. Mehrere Quartiere und auch der Campingplatz waren bislang erheblichen Lärmbelästigungen durch die Bahnlinie ausgesetzt, doch ist Besserung in Sicht: Künftig soll die Linie zweispurig ausgebaut, der Schienenstrang dabei hinter die Autobahn verlegt werden.

Residence La Tonnara, in einer ehemaligen Thunfischfabrik 200 Meter landeinwärts der Küste. Ausgedehnte, überwiegend pauschal gebuchte Ferienanlage mit allen Einrichtungen, Pool etc., zur Hochsaison Animation. Privatbuchung nur wochenweise (Sa-Sa), Apartment für zwei Personen zur NS ab 200 €/Woche, im Hochsommer bis 670 €. Via del Mare 2, ✆ 0941 313122, ✆ 0941 313123.

* **Hotel Aquarius**, einfach ausgestattetes Quartier in der Strandsiedlung, Nähe Campingplatz, Zimmer teilweise zum Meer. DZ etwa 50 €, zur HS nur mit mindestens Halbpension. Contrada Marinello, ✆ 0941 313448.

* **Locanda La Ruota**, gleich gegenüber. Nur fünf Zimmer, schlicht, aber ausreichend möbliert und mit Klimaanlage; jedes mit eigenem Bad, das teilweise aber außerhalb des Zimmers selbst liegt. Restaurant. DZ/F nach Saison 40–45 €, ab Mitte Juli und im August nur mit HP. Contrada da Marinello, ✆ 0941 313356.

Rosticceria-Pizzeria Donna Rosa, eines der wenigen echten Restaurants im Ort. Mit hübschen Plätzchen im Innenhof, von mehreren Lesern gelobt. Menü ab etwa 15 €, abends auch Pizza. An der Hauptstraße Via Roma 27, Di Ruhetag.

• *Camping* ** **Camping Villagio Turistico Marinello**, offiziell bereits im Gemeindegebiet von Patti. Ganz hinten an der Uferstraße und direkt am Strand; von Oliveri-Bahnhof etwa 500 Meter. Weitläufiges, ebenes und bewaldetes Gelände; gut ausgestattet: Tennis, Windsurfkurse, Restaurant, Bar und Laden. Sanitäres einwandfrei. Die Autobahn und vorläufig auch die Bahnlinie könnten auf einem Teil des Platzes für Unruhe sorgen. Offen von Ostern bis Oktober (ganzjährige Öffnung geplant); zwei Personen, Auto, Zelt zur HS rund 24 €; außerdem Vermietung von Bungalows und Miniapartments, zur HS nur mit HP, sonst auch "blank". ✆ 0941 313000, ✆ 0941 349195.

* **Baia del Principe**, einfach ausgestatteter Platz, offiziell ganzjährig geöffnet. Zwei Personen, Auto, Zelt zur HS etwa 14 €. Via Lungomare, ✆ 0941 313302.

• *Sport* Durch die Sandbank unterhalb von Tindari ist das Meer dahinter bei Nordwind sehr gut geschützt, ideal auch für Windsurfer. Verleihstationen bzw. -schulen (wie im Camping Marinello) sind aber nur zur echten Hochsaison in Betrieb.

Baden: Der Strand bei Oliveri selbst ist durchaus in Ordnung, reizvoller sind aber natürlich die Lagunenstrände unterhalb von Tindari. Etwa eine halbe bis eine dreiviertel Stunde ist man zu den hellen Stränden aus Sand und feinem Kies allerdings schon unterwegs, doch der Weg lohnt sich. Verpflegung und Getränke muss man mitnehmen, möglichst auch Sonnenschutz – es gibt weder Einkaufsmöglichkeiten noch Schatten.

▶ **Aufstieg nach Tindari:** Voraussetzung ist festes Schuhwerk, der Weg zudem sehr anstrengend und schweißtreibend. Beginn im Ortsteil Marinello; zwischen Camping Marinello und dem (derzeitigen) Bahnhof unter der Eisenbahnlinie und Autobahn hindurch, dann rechts halten. Nach 300 Metern links hoch; bei dem halb verfallenen Bauernhof rechts, dann dem Weg folgen. Nach etwa 30 bis 40 Minuten ist Tindari erreicht.

Zwischen Oliveri und Milazzo

Östlich von Oliveri nimmt die Besiedelungsdichte drastisch zu, die Strände sind meist verbaut. Abstecher an die Küste lohnen sich also kaum, zumal sich hinter dem eigentlich ganz freundlichen Örtchen Falcone allmählich auch die Abwässer der Industriestadt Barcellona bemerkbar machen.

- *Übernachten* *** Hotel Quattro Stagioni**, in Falcone und eine Alternative zu den Quartieren im nahen Oliveri. Ein Lesertipp von Dr. Alfred Markowetz: "Schöne Zimmer, neu renoviert, tolle Möbel (Vermieter ist nebenbei Möbelrestaurateur), gemütlicher Speiseraum und Veranda, prima Essen (Gattin kocht). Der Vermieter ist supernett, spricht Deutsch." DZ/Bad knapp 50 €. Via Fiume 7, ✆ 0941 34274.
- *Camping* ****** Camping Bazia Residenzial**, bei Furnari Marina, etwa sieben Kilometer östlich von Oliveri. Gute Ausstattung, viele Sportmöglichkeiten. Offen Juni–September; zwei Personen, Auto, Zelt 21 €. ✆ 0941 800130.

** Centro Vacanze Cantoni, östlich von Barcellona am Meer. Schattig und nicht schlecht ausgestattet, aber in einer Zone hoher Wasserverschmutzung. Offen Juni bis Mitte/EndeSeptember; zwei Personen, Auto, Zelt etwa 22 €. ✆ 090 9710165.

Castroreale

Das kleine Bergstädtchen oberhalb von Barcellona zeigt sich im schmucken Kleid des Mittelalters, mit gepflasterten Gassen und kleinen Plätzen. Die Höhenlage garantiert für weite Aussicht auf die Bucht und – bei klarem Wetter – bis zu den Eolischen Inseln.

- *Verbindungen* **Busse** ab Barcellona 4-mal täglich. Der Busbahnhof liegt an der Hauptstraße; vom Bahnhof geradeaus, zweite Ampel links, noch etwa 300 m.
- *Übernachten* **Ostello della Gioventù delle Aquile** (Jugendherberge/IYHF), in altem Kastell am Ende der Hauptstraße Corso Umberto I. Klein und gemütlich, freundliche Leitung. Pro Person 10 €. Theoretisch geöffnet April bis Oktober; falls zu dieser Zeit geschlossen, im einzigen Restaurant des Ortes nachfragen. ✆ 090 9746398.

Milazzo

Den Hauptfährhafen zu den Eolischen Inseln sehen viele Reisende nur als Durchgangsstation. Sie tun dem Städtchen damit unrecht – gar so unattraktiv, wie der erste Augenschein suggeriert, ist Milazzo nämlich durchaus nicht.

Die gut 30.000 Einwohner zählende Siedlung am Anfang der schmalen Felshalbinsel des *Capo di Milazzo* schreckt bei der Anreise zunächst tatsächlich ziemlich ab. Aus welcher Richtung man sich Milazzo auch nähert, das Bild bestimmen brutale Zersiedelung, reichlich vorhandene Industrieanlagen und die qualmenden Schlote der Raffinerien.

Die vielstöckigen Mietskasernen und Bürobauten der Hafenstraße wirken gleichfalls wenig anziehend. Von einer hübscheren Seite zeigt sich Milazzo jedoch ein wenig versteckt hinter den Hafenanlagen. Lebendig, betriebsam und kleinstädtisch überschaubar präsentiert sich das großteils erst im 19. Jh. entstandene Zentrum zwischen *Via Umberto* und dem Lungomare. Richtung Kap liegen die weniger belebten älteren Viertel, deren Gassen den Hügel des Castello hinaufkriechen. Das Kap selbst, demnächst vielleicht als Naturschutzgebiet ausgewiesen, bietet hervorragende Schnorchelmöglichkeiten, eignet sich dank der in den letzten Jahren angelegten Wege aber auch gut für kleinere Wanderungen.

Geschichte

Dank des fruchtbaren Bodens war das Gebiet von Milazzo schon früh besiedelt. Bevor das griechische Zankle (Messina) 716 v. Chr. hier seine Tochterkolonie *Mylai* gründete, lebten schon die Sikuler auf der Halbinsel. Später war Mylai seiner strategischen Lage wegen immer wieder heftig umkämpft. Wichtigstes kriegerisches Ereignis war wohl der Sieg des römischen Konsuls Caius Duilius über die Flotte der Karthager 260 v. Chr. – erstmals hatten die Römer sich auch als Seemacht behauptet. In der Neuzeit errang Garibaldi am 20. Juli 1860 mit der Erstürmung des von den Bourbonen besetzten Kastells einen seiner größten militärischen Erfolge.

Information/Verbindungen

• *Information* **A.A.S.T.**, am Hauptplatz Piazza Caio Duilio 20, ✆ 0941 9222865. Öffnungszeiten Mo–Fr 9–13, 15–18 Uhr, Sa 9–13 Uhr. Wer Glück hat, trifft den perfekt deutschsprachigen Mitarbeiter Giuseppe Ciraolo. Gute Website: www.aastmilazzo.it.

• *Postleitzahl* 98057

• *Verbindungen* **Zug**: Milazzos Bahnhof liegt etwa fünf Kilometer außerhalb der Stadt, nur über eine breite Schnellstraße ohne Gehsteig zu erreichen, für Fußgänger kein Vergnügen. Dies natürlich zur Freude der Taxifahrer, die für die Fahrt ins Zentrum gern exorbitante Summen berechnen - vorher nach dem Preis fragen. Es gibt aber auch orange Stadtbusse der AST, die Mo–Sa etwa halbstündlich, So etwa stündlich verkehren (letzter jeweils gegen 20.30 Uhr). Tickets am Bahnhofsschalter, am besten auch gleich für die Rückfahrt mitkaufen. Züge nach Messina fahren tagsüber fast stündlich, nach Cefalù/Palermo alle ein bis zwei Stunden; zur Mittagszeit jeweils etwas seltenere Abfahrten.

Bus: Haltestellen bei der Tankstelle am Fährhafen und etwas weiter nördlich an der Piazza Repùbblica; Achtung, nicht immer werden beide Stopps bedient. Nach Messina mit GIUNTABUS 15-mal täglich, ein Teil davon deutlich schneller via Autostrada. Die Gesellschaft fährt von April bis September auch 1-mal täglich direkt zum Flughafen Catania, in der Regel gegen 8.30 Uhr, exakte Zeit jedoch besser im A.A.S.T. checken.

Auto: Wer den Wagen nicht zu den Eolischen Inseln mitnehmen will, findet mehrere Garagen zum Abstellen, z. B. gleich zwei in der Via Giorgi Rizzo, der ersten Parallelstraße zur Hafenstraße, Hausnummer 32 und 58. Kostenpunkt etwa 12–15 € pro Tag, finanziell lohnend nur bei kurzem Aufenthalt auf den Inseln. Alternative: für einen Kurztrip können Camper zumindest in der NS sicher eine Absprache mit der Platzleitung treffen.

Schiff: Als Hauptfährhafen für die Eolischen Inseln besitzt Milazzo ganzjährig gute Verbindungen mit Autofähren und den schnelleren und teureren Aliscafi-Tragflügelbooten. Agenturen im Umfeld der Abfahrtsstellen am Hafen: SIREMAR (Aliscafi und Fähren, auch nach Napoli), ✆ 090 9283242; NGI (Fähren), ✆ 090 9283415; SNAV (Aliscafi, im Sommer auch nach Napoli), ✆ 090 9287821. Details zu den Verbindungen im folgenden Kapitel "Eolische Inseln".

Schiffsausflüge: TAR.NAV (Taranto Navigazione) veranstaltet Tagesausflüge auf die Liparischen Inseln. Diese "Minikreuzfahrten" kosten p.P. je nach Ziel etwa 35–60 €. Buchungsstelle an der Hafenstraße Via dei Mille 40, ✆ 090 9223617, www.minicrociere.com.

• *Post* am Anfang der Via Medici, ⏱ Mo–Sa 8–18.30 Uhr.

Nordküste

Übernachten

Im Juli und vor allem im August kann es Kapazitätsprobleme und Engpässe geben, da Milazzo bei Italienern als Ferienort recht gefragt ist. Weitere Hotels sind in Planung.

*** Petit Hotel (9), direkt an der Hafenstraße unweit der Agenturen. 2002 eröffnetes, recht charmantes und komplett nach ökologischen Kriterien ausgebautes Quartier: Klimaanlagen mit filtrierter und ionisierter Luft, Latexmatratzen, deaktivierbare elektrische Leitungen, Bio-Restaurant etc. Freundlicher Service. Nur neun Zimmer (also wirklich "petit", nach hinten ruhiger. Schöne Dachterrasse. DZ nach Saison 100–195 €. Via dei Mille 37, ✆ 090 9286784, ✆ 090 9285042, www.petithotel.it.

*** Hotel Lido Riviera (1), etwa zwei Kilometer außerhalb an der Küstenstraße zum Kap. Komfortabler, cremefarbener Kasten direkt über dem Meer, von den meisten Zimmern Blick auf den Golf – und die Raffinerien. DZ um die 80 €; Strada Panoramica, ✆ 090 9283456, ✆ 090 9287834.

** Hotel La Bussola (10), in Hafennähe unweit südlich des Petit Hotel. Solides Quartier mit ordentlich ausgestatteten Zimmern inklusive Klimaanlage; Garage gegen Gebühr. "Der Service ist wortkarg, aber nicht unbedingt unfreundlich" (Leserbrief). DZ/F 80 €. Via XX. Luglio 29, ✆ 090 9282955, www.hotelabussola.it.

** Jack's Hotel (12), im südlichen Stadtgebiet, etwa 400 Meter vom Hafen entfernt. Ganz passabel eingerichtet, alle Zimmer mit TV. DZ etwa 70 €, zur Nebensaison günstiger. Via Colonello Magistri 45, ✆ 090 9283300, ✆ 090 9287219.

* Hotel Capitol (11), recht empfehlenswertes Haus in Hafennähe. Hell und luftig, viele Grünpflanzen, Zimmer und Bäder sehr sauber, freundliche Besitzer. Störend vielleicht die etwas hohen Preise: DZ/Bad rund 60 €, auch hier geht´s außerhalb der HS schon mal für weniger. Via G. Rizzo 91, die erste Parallelstraße zur Hafenstraße, ✆ 090 9283289.

* Hotel Central (8), in der Tat im Zentrum. Hell und freundlich, Zimmer in Größe und Einrichtung sehr unterschiedlich, teils schöne alte Möbel. Nur Gemeinschaftsbäder, die jedoch gepflegt sind. DZ etwa 30–40 €. Via del Sole 8, ✆ 090 9281043.

* Hotel California (7), ebenfalls im Zentrum. Freundliche, familiäre Atmosphäre; Zimmer und Bäder in Ordnung. DZ/Bad etwa 45 €. Via del Sole 9, ✆ 090 9221389.

Camping

Alle Plätze am sechs Kilometer entfernten Capo di Milazzo, Stadtbusverbindung.

* Camping Centro Turistico Cirucco, Abzweigung von der Straße am Ostufer des Kaps. Weitläufiges Gelände in einem Olivenwäldchen, unterhalb eine kleine Bucht mit feinem Kiesstrand. Im Sommer Restaurant und Laden, Disco; Sanitäres gut ausgestattet. Offiziell geöffnet von Mitte Juni bis Oktober, manchmal aber auch schon früher; zwei Personen, Auto, Zelt zur HS rund 24 €. Auch Bungalowvermietung. ✆ 090 9284746.

* Camping Villaggio Turistico Riva Smeralda, direkt daneben. Kleineres, terrassiertes Gelände, sonst in der Ausstattung ähnlich. Offiziell ganzjährig geöffnet; Preise allerdings noch höher als nebenan. ✆ 090 9282980.

* Camping Agriturist, zu erreichen von der Straße zum Camping Paradiso, nicht am Meer. Mit Pizzeria und Direktverkauf eigener Produkte. Etwas günstiger als die Konkurrenz, nur Juni–September geöffnet. ✆ 090 9282838.

Essen/Nachtleben/Veranstaltungen

Entlang der Uferstraße mehrere Restaurants unterschiedlicher Qualität.

● *Essen* **Ristorante Piccolo Casale (5)**, eines der renommiertesten Lokale des Städtchens. Von außen unauffällig, innen jedoch elegant und mit hübscher Terrasse. Das Degustationsmenü "Sapori di Scilia" kommt auf rund 30 €, à la carte legt man leicht ebensoviel hin. Via Ricardo d´Amico 12, nur abends (außer So), Mo Ruhetag. ✆ 090 9224479.

Ristorante al Pescatore (2), an der Uferstraße Richtung Kap, im äußeren Stadtbereich. Mit Topfpflanzen umgrünte Terrasse,

Milazzo

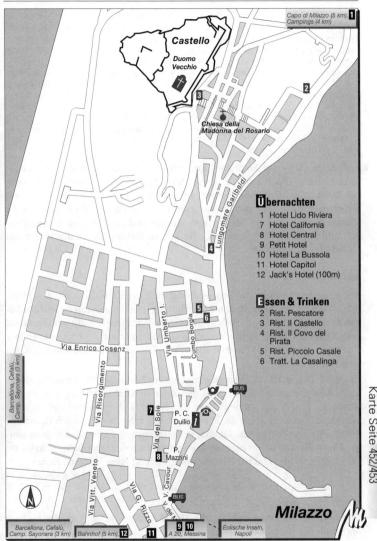

Übernachten

1 Hotel Lido Riviera
7 Hotel California
8 Hotel Central
9 Petit Hotel
10 Hotel La Bussola
11 Hotel Capitol
12 Jack's Hotel (100m)

Essen & Trinken

2 Rist. Pescatore
3 Rist. Il Castello
4 Rist. Il Covo del Pirata
5 Rist. Piccolo Casale
6 Tratt. La Casalinga

innen dunkel, recht eng, Bootslampen als Dekoration. Fisch in allen Variatonen, Menü ab ca. 25 €. Lungomare Garibaldi 176, Do Ruhetag. ℘ 090 9286595.

Ristorante Il Covo del Pirata (4), von außen keine echte "Piratenhöhle", sondern in einem großen Wohnhaus untergebracht. Spezialität ist auch hier Fisch, Preislage ähnlich wie oben. Lungomare Garibaldi 48, Mi Ruhetag. ℘ 090 9284437.

Ristorante Al Castello (3), ebenda, vom Ortskern ein ziemlich anstrengender Aufstieg. Reizvolles Ambiente sowohl innen als auch auf der Treppengasse draußen. Gute Küche, natürlich auch hier maritim geprägt, hausgemachte Nachspeisen. Menü um 25 €, Di Ruhetag. Via Federico di Svevia 20, ℡ 090 9282175.

Trattoria La Casalinga (6), manchen Einheimischen auch noch als "Speisesaal" (kein Schreibfehler) bekannt. Guter Tipp, die Küche arbeitet vielseitig auf Basis von Fisch und Meeresfrüchten – man probiere die "Spaghetti ai Ricci di Mare" mit Seeigeln. Hübsche Lage in einer kleinen Gasse. Menü ab etwa 15–18 €. Zu suchen in der Via Ricardo d´Amico, einer Seitengasse des Lungomare Garibaldi etwa bei Hausnummer 14. So-Abend geschlossen.

Nachtleben Im Hochsommer herrscht am westlichen Stadtstrand reichlich Betrieb. Ein paar Music-Bars finden sich im hübschen "Borgo antico", dem alten Viertel gleich unterhalb des Kastells.

• *Veranstaltungen* **Milazzo Arte Spettàcolo**, Sommerprogramm von Juli bis September mit Theater, Sportturnieren, klassischen und Rockkonzerten (teils im Kastell); Details in der A.A.S.T.

Santo Stefano, Patronatsfest am ersten Sonntag im September.

▸ **Baden**: Im Osten der Stadt wird man wohl nicht einmal den Zeh ins Wasser halten wollen. Das Wasser des langen Strands im Westen jedoch, im Sommer bei italienischen Urlaubern beliebt, ist nicht nur klar, sondern soll wegen der Strömungsverhältnisse auch sauber sein. Ebenfalls absolut in Ordnung ist die Wasserqualität am Kap. Die dortigen Strände sind allerdings schwer zugänglich und bestehen meist aus Fels oder großen Steinen, sind dafür jedoch ein Dorado für Schnorchler.

Sehenswertes

Mit besonders bedeutenden Sehenswürdigkeiten prunkt Milazzo nicht, schließlich ist ein Großteil der Stadt noch recht jung. Die interessanten Gebäude liegen denn auch in der von Abwanderung stark betroffenen älteren Oberstadt Borgo antico. Obwohl sich in den alten Gemäuern schon die eine oder andere Kneipe eingenistet hat, wirken die engen Gassen und Treppenwege doch ziemlich verwaist.

Castello: Die mächtige Verteidigungsanlage, heute als Nationalmonument ausgewiesen, entstand schon unter den Arabern. Umkämpft wie Milazzo war, wurde das Kastell von den jeweiligen Herren der Stadt immer wieder um- und ausgebaut. Die Grundzüge der heutigen Anlage gehen auf Friedrich II. zurück, die Spanier errichteten den äußeren Befestigungswall. Neben den Ruinen einiger älterer Bauten ist im Inneren des Kastells auch der Duomo Vecchio zu sehen, 1608 errichtet und zur Zeit und wohl noch für Jahre in Restaurierung.

① Nur mit Führung (3,10 €) zu besichtigen. Zeiten: täglich 10, 11 und 12 Uhr. Oktober–Februar zusätzlich 9, 14.30 und 15.30 Uhr; März–Mai und September zusätzlich 15, 16 und 17 Uhr; Juni–August zusätzlich 17, 18 und 19 Uhr. Mo geschlossen.

Chiesa della Madonna del Rosario: Die ehemalige Dominikanerkirche liegt unterhalb des Kastells und ist über einen Treppenweg zu erreichen. 1538 gegründet, blickt sie als Sitz des Tribunals der Inquisition auf eine unrühmliche Vergangenheit zurück. Im Inneren des dreischiffigen Gebäudes ist besonders ein Holzaltar aus dem 16. Jh. bemerkenswert.

▸ **Weiterreise**: Wen es nicht auf die Eolischen Inseln (siehe nächstes Kapitel) zieht, der ist gut damit beraten, gleich nach Messina oder ans nordöstliche Kap durchzustarten: Östlich von Milazzo reiht sich eine Siedlung an die nächste, Industrie und fehlende Kläranlagen verursachen hochgradige Wasserverschmutzung – absolut keine Gegend, die zum Aufenthalt reizt.

Badebucht mit Blick Cala Junco auf Panarea

Eolische (Liparische) Inseln

Ein Urlaubsparadies par excellence. Sieben reizende Inselchen bilden den vom Massentourismus noch verschonten Archipel – und jede besitzt ihren eigenen Charakter. Gemeinsam ist ihnen der vulkanische Ursprung, eine fantastische, abwechslungsreiche Landschaft und kristallklares, absolut sauberes Wasser.

Gute Gründe also, die Eolie bei einer Sizilienreise nicht links liegen zu lassen – sie eignen sich auch durchaus, einen kompletten Urlaub zu bestreiten. Langeweile kommt dabei bestimmt nicht auf, denn die Inseln bieten echte Vielfalt. Flotte Aliscafi und behäbige, aber preiswertere Fähren verbinden die "sette perle" ("Sieben Perlen") im Nordosten Siziliens untereinander, mit Sizilien und dem italienischen Festland. Lipari ist als Hauptinsel die lebendigste und am meisten besuchte, gleichzeitig landschaftlich höchst abwechslungsreich. Grün und fruchtbar präsentiert sich Salina, eine relativ wenig besuchte Insel für Individualisten. Panarea zieht vor allem gut betuchte Ästheten an; wer Einsamkeit und Ruhe schätzt, begebe sich nach Alicudi oder Filicudi. Auf Vulcano dampft und brodelt es allerorten, aus dem Inneren der Erde drängt sich Schwefelgeruch durch die Ritzen im Gestein. Dramatischer zeigt sich der vulkanische Charakter auf Stromboli, für viele der Höhepunkt der Eolie. Einen Vulkan, der mit schöner Regelmäßigkeit mehrmals pro Stunde leuchtende Lavafontänen Hunderte von Metern hoch in die Luft schleudert und sich dabei relativ gefahrlos in den glühenden Rachen schauen lässt, sieht man schließlich wirklich nicht alle Tage.

> **Ehre und Verpflichtung: Die Inseln in der Liste des Welterbes**
>
> Seit November 2000 sind die Liparischen Inseln in die berühmte Unesco-Liste des kulturellen und natürlichen Welterbes der Menschheit aufgenommen. Als bislang einziges Gebiet ganz Italiens wurde die Inselgruppe in die Kategorie des Weltnaturerbes eingeordnet. Diese hohe Ehre erfahren nur "einzigartige Naturlandschaften, deren Untergang ein unersetzlicher Verlust für die gesamte Menschheit wäre", wie es die Unesco formuliert. Ausschlaggebend waren in erster Linie die vulkanischen Phänomene der Inseln und ihre Bedeutung für die Forschung einst und heute. Erfreulicherweise bringt die prestigeträchtige Auszeichnung auch Auflagen mit sich, verpflichtet sich der betreffende Staat (in diesem Fall also Italien) doch zu fortdauernden Schutz- und Erhaltungsmaßnahmen. Und einen kleinen Beitrag leistet auch jeder Reisende: Von April bis Oktober wird auf alle Schiffspassagen vom Festland zu den Inseln der (bescheidene) Aufschlag von einem Euro erhoben, eine Art insulare Ökosteuer gewissermaßen.

Insgesamt also ein bunt gemischter Inselcocktail, der kaum Wünsche offen lässt. Nur sollte man nach Möglichkeit nicht zwischen Mitte Juli und Ende August kommen, wenn sich allein auf Lipari 30.000 meist italienische Feriengäste zu den knapp 10.000 Einheimischen gesellen und um Plätze in Hotels, Restaurants und auf dem Camping konkurrieren. Außerhalb der Hochsaison dagegen ist jede der Inseln ein Gedicht, sind Unterkunftsprobleme ein Fremdwort und die Strände weitgehend leer. Mittel- und nordeuropäische Reiseveranstalter fanden zum Glück bisher wenig Gefallen an den Eolie: zu kompliziert die Anreise, zu weit entfernt die nächsten Flughäfen. Allenfalls kleine Grüppchen verschlägt es gelegentlich auf die Inseln.

Geschichte

Einige hunderttausend Jahre ist es her. Damals erhob sich unter gewaltigen Dampfwolken der heute erloschene Vulkan von Panarea aus den Fluten – die erste Insel der Eolie war geboren. Nesthäkchen im Verein ist das Inselchen Vulcanello vor Vulcano, das sich 183. v. Chr. aus dem Meer reckte. Spuren menschlicher Besiedelung reichen auf den Eolie bis in die graue Vorzeit Ende des 5. oder Anfang des 4. Jahrtausends v. Chr. zurück. Ergiebige Vorkommen von Obsidian sorgten auf Lipari für üppigen Wohlstand, hohe Siedlungsdichte und florierende Handelsbeziehungen: Vor Entdeckung der Metalle war das harte, glasartige Vulkangestein, das sich in scharfe Schneiden brechen lässt, im ganzen Mittelmeerraum für Äxte und Messer begehrt. In der Bronzezeit ließen sich Kolonisten mehrerer Völker auf den für Handelsgeschäfte günstig gelegenen Eolie nieder. Unter den neuen Siedlern waren auch Ausonier aus Mittelitalien; ihr Anführer, der sagenumwobene König Liparos, wurde zum Namenspatron der Hauptinsel. Seine Tochter wiederum heiratete, immer der Legende zufolge, einen gewissen Äolus. Der griechische Herr der Winde hatte sich die Insel Äolia (Lipari? Vulcano?) als Sitz gewählt und gab dem Archipel seinen Namen – und Odysseus den berühmten Sack voller Winde.

Geschichte

Vom Nachteil der Neugier

Dem sterblichen Äolus (griech. Aiolos) war von Göttervater Zeus die Herrschaft über die Winde verliehen worden. Zufrieden lebte er mit Frau Kyane und den jeweils sechs Töchtern und Söhnen, die in aller Unschuld dem Inzest pflegten ("Und er gab die Töchter den Söhnen zum Weibe", Homer). Der gestrandete Odysseus erfuhr freundliche Hilfe. Ein milder West blies sein Schiff zuverlässig vor die Küste der Heimat Ithaka, im Gepäck als kleine Gabe ein Sack voller Winde. Doch ach, als Odysseus schlief, öffneten die neugierigen Genossen das Geschenk des gütigen Äolus. Die entfesselten Winde trieben das Schiff zurück nach Äolia – der König, wütend über soviel Dummheit, wollte diesmal allerdings von den Griechen nichts mehr wissen. Die Odyssee nahm ihren Lauf.

Zu Griechenland standen die Beziehungen der Eolie bestens. Geschätzte Handelspartner waren vor allem die peloponnesischen Mykener, deren kunstvolle Vasen (zu sehen im Archäologischen Museum Lipari) reißenden Absatz fanden. Verwunderlich daher, dass die Inseln von den Griechen erst relativ spät kolonisiert wurden; man fürchtete wohl Händel mit den Etruskern, die diesen Teil des Mittelmeers für sich beanspruchten. Erst 580 v. Chr. setzten sich Dorer aus Rhodos und Knidos auf den Eolie fest. In Syrakus fanden sie einen mächtigen Verbündeten. Im langen Ringen der Griechen und Karthager um Sizilien wurden die Inseln mehrfach von den Nordafrikanern erobert und befanden sich auch beim Ausbruch des Ersten Punischen Kriegs in deren Händen. Erst 252 v. Chr. konnten die Römer den wichtigen Flottenstützpunkt einnehmen.

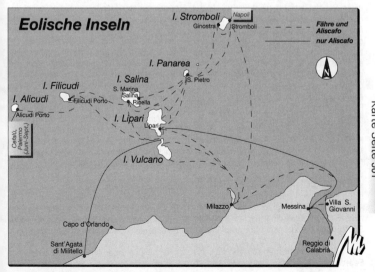

502 Eolische Inseln

Im Mittelalter teilten die Eolie das Schicksal Siziliens, fielen in die Hände der Araber, später in die der Normannen. Immer wieder von Piraten bedroht, wurde 1544 fast die gesamte Bevölkerung von dem türkischen SeeräuberAriadeno Barbarossa in die Sklaverei verschleppt. Die seitdem trotz erneuter Ansiedlung durch Karl V. von Spanien nur spärlich bewohnten Inseln dienten später den Faschisten unter Mussolini als Verbannungsort für politische Gefangene und Kriminelle. Aufschwung und Wohlstand brachte erst der seit den Fünfzigern einsetzende Tourismus. Erster Auslöser war der Film "Stromboli" von Roberto Rossellini, mit Ingrid Bergman in der Hauptrolle.

Information

Sich daheim schon detailliertes Material über die Eolie zu beschaffen, ist problemlos möglich. Um ein Hotelverzeichnis, Schiffsfahrpläne und einen bebilderten Inselführer anzufordern, braucht man sich nicht in Italienisch abzuquälen. Ein deutschsprachiger Brief genügt:

- *A.A.S.T. delle Isole Eolie* Via Vittorio Emanuele 231, 98055 Lipari, Italien. Telefon ab der Heimat: 0039 090 9880095, Telefax 0039 090 9811190.
- *Internet* www.aasteolie.info, die Seite des Fremdenverkehrsamts, mit Fahrplänen, aktuellem Übernachtungsverzeichnis etc.

www.portaledelleeolie.it, umfangreiches Portal mit zahlreichen Links zu Hotels, Apartments, Restaurants, Verleihern von Mietfahrzeugen, Reisebüros etc.

www.tirrenia.it, die Muttergesellschaft der Fähragentur Siremar, zu deren Fahrpreisen und Tarifen man sich durchklicken kann.

www.snav.it, die Site der Snav, die ausschließlich mit Aliscafi (Tragflügelboote) die Inseln bedient.

www.stromboli.net, die Site schlechthin für alle, die sich für den Stromboli interessieren. Fantastische Fotos, aktuelle Meldungen, virtuelle Gipfeltour und vieles mehr.

Verbindungen

- *Schiff* Mangels Flughafen kommt man an einer Schiffsüberfahrt nicht vorbei. Mittel der Wahl sind die preiswerteren und gemütlichen, aber langsamen Autofähren (nur ab Milazzo oder Napoli) der SIREMAR und NGI oder die doppelt so schnellen und auch fast doppelt so teuren Seerenner Aliscafi der SIREMAR und der SNAV (die im Gegensatz zur Siremar laut einer Leserzuschrift auch Fahrräder transportieren soll). Preiswertester Abfahrtshafen, zugleich der mit den ganzjährig besten Verbindungen, ist Milazzo. Vorbuchungen sind hier in der Regel nicht erforderlich, Fähren und Aliscafi fahren häufig genug; Tickets sind am Hafen erhältlich. Interessant für die direkte An- und Abreise von und nach Mitteleuropa sind die Autofähren und Aliscafi ab Napoli, siehe im Anreisekapitel "Fähren ab Neapel". Auto- und Motorradfahrer sollten sich vor einer Buchung unbedingt nach eventuellen **Sperrungen** der Zielinsel für Fremdfahrzeuge erkundigen, siehe dazu auch im folgenden Text. Außerhalb der Zeit von Juni bis September fallen die Fahrpläne deutlich dünner aus, was sich besonders auf den abgelegeneren Inseln bemerkbar macht. Inselprofis sammeln in den Agenturen bei der ersten Gelegenheit alle bereitliegenden Fahrpläne ein. Eine gute Übersicht ist bei der A.A.S.T. Lipari erhältlich. Lipari ist auch das Drehkreuz der Inselverbindungen, ab dort ergeben sich viele zusätzliche Anschlüsse zu den anderen Inseln. Wichtig: Da verschiedene Reedereien die Eolie bedienen, Ticket nur bis Lipari lösen und vor Ort nach der schnellsten Verbindung forschen – die Tickets gelten nur für die jeweilige Gesellschaft. Wichtig: Die unten genannten Frequenzen beziehen sich auf Werktage (Mo-Sa), an Sonntagen ist das Angebot besonders zur Nebensaison eingeschränkt.

Achtung: Bei hohem Seegang, wie er zum Beispiel beim Südwind Scirocco häufig auftritt, kann es durchaus zum Ausfall der Aliscafi, aber auch der stabileren Fähren kommen. Erkundigen Sie sich deshalb rechtzeitig nach dem Wetterbericht und berechnen Sie bei Ihrer Abreise lieber ein gewisses Zeitpolster ein, um den Rückflug nicht zu verpassen.

Reisepraktisches

Autofähren (Traghetti) ab Milazzo, Gesellschaften SIREMAR (℡ 090 9283242) und NGI (℡090 9283415), beide an der Hafenstraße Via dei Mille.

Nach	Juni–Sept.	Okt.–Mai	Preis p. Person
Lipari	6- bis 8-mal/Tag	3- bis 4-mal/Tag	6,50 €
Vulcano	5- bis 7-mal/Tag	2- bis 3-mal/Tag	6,50 €
Salina	4- bis 6-mal/Tag	1- bis 2-mal/Tag	8,50 €
Panarea	8-mal/Woche	4-mal/Woche	8 €
Stromboli	8-mal/Woche	4-mal/Woche	10,50 €
Filicudi	7-mal/Woche	3-mal/Woche	11,50 €
Alicudi	6-mal/Woche	3-mal/Woche	12,50 €

Fahrzeiten der Autofähren: Vulcano 1,5 Std., Lipari 2 Std., Salina 3,5 Std., Panarea 5 Std., Stromboli 7 Std., Filicudi 5 Std., Alicudi 6 Std. Flotter geht es mit der etwas teureren Schnellfähre "Isola di Stromboli" der Siremar, die aber nur zwischen Milazzo, Lipari und Salina eingesetzt wird. Die langen Fahrzeiten zu den entfernteren Inseln beruhen vor allem auf der zeitraubenden Abfertigung in den Häfen – wer es eilig hat, nehme ein Aliscafo: Stromboli 2,5 Std.!

Fährpreise für Pkw (bis 4 m/4,5 m): Lipari und Vulcano etwa 25/35 €; Salina etwa 28/42 €. Zu den übrigen Inseln lohnt sich die Mitnahme nicht bzw. ist gesetzlich stark eingeschränkt.

Tragflügelboote (Aliscafi) ab Milazzo, Gesellschaften SIREMAR (℡ 090/9283242) und SNAV (℡ 090/9284509), beide am Aliscafo-Terminal am Hafen.

Nach	Juni–Sept.	Okt.–Mai	Preis p. Person
Lipari	16- bis 18-mal/Tag	13-mal/Tag	11,50 €
Vulcano	13- bis 17-mal/Tag	13-mal/Tag	10,50 €
Salina	12- bis 16-mal/Tag	11-mal/Tag	13 €
Panarea	6- bis 7-mal/Tag	2- bis 3-mal/Tag	13,50 €
Stromboli	6- bis 7-mal/Tag	2- bis 3-mal/Tag	16,50 €
Filicudi	3-mal/Tag	1-mal/Tag	17,50 €
Alicudi	3-mal/Tag	1-mal/Tag	21,50 €

• *Weitere Aliscafo-Häfen* Alle von der SNAV und zum Teil nur im Sommer bedient: Reggio di Calabria, Cefalù, Palermo, Messina. Ab Sant´Agata di Militello fährt die COVEMAR. Lipari wird von allen diesen Häfen aus angelaufen, Preise je nach Entfernung von ungefähr 17 € (Messina) bis etwa 32 € (Palermo); zusätzlich teilweise auch Verbindungen zu den anderen Inseln.

• *Anreise per Flugzeug und Schiff* Günstigster Flughafen für den Besuch der Inseln ist Catania. Vom Airport Catania-Fontanarossa verkehrt von April bis September 1-mal täglich (i.d.R. um 16 Uhr) ein Direktbus der Firma GIUNTABUS nach Milazzo, dort Fähr- und Aliscafo-Anschluss. Andernfalls per Bus nach Messina und dort in den Milazzo-Bus umsteigen. Die Zuganreise ist wegen der ungünstigen Lage des Bahnhofs von Milazzo weniger zu empfehlen.

504 Eolische Inseln

Zweitbeste Möglichkeit sind Charterflüge nach Napoli (siehe unten). Hier schlagen allerdings die anschließenden Fähr- und besonders die Aliscafo-Verbindungen preislich stärker zu Buche. Exotischere und teurere Anreisevarianten sind die Flughäfen Palermo und Reggio di Calabria, dann jeweils weiter per Bus und Aliscafo (jedoch nur von Juni bis September) oder per Zug nach Milazzo. Auch der kalabrische Charterflughafen Lamezia-Terme im Gebiet südlich von Cosenza zählt zu den eher ungewöhnlichen Anreisestationen; preislich interessant, wenn man einen der billigen und relativ oft angebotenen Last-Minute-Flüge dorthin erwischt. Weiter geht es dann mit dem Bus oder dem Taxi zum Bahnhof Lamezia-Terme und von dort per Zug entweder nach Reggio di Calabria (siehe oben) oder, einfacher und preiswerter, über Villa San Giovanni nach Milazzo.

- *Anreise ab Neapel* Wer seine Sizilien-Tour über die Eolischen Inseln beginnen möchte, ist mit der Anreisestation Neapel trotz höherer Schiffspreise insgesamt nicht schlecht bedient. Alle Details, Busverbindungen vom Flughafen etc. vorne im Buch im Anreiseteil für Sizilien, siehe das Kapitel "Fähren ab Neapel".
- *Auto* Einigermaßen lohnend höchstens für Lipari und Salina; auf Vulcano existiert praktisch nur eine einzige Straße. **Sperrungen für Fremdfahrzeuge** gab es auf einigen Inseln schon immer. Nach Stromboli und Panarea ist die Fahrzeugmitnahme von Mai bis Oktober verboten, nach Alicudi von Juli bis Oktober. Von Juli bis September besteht auch eine gesetzliche Beschränkung für Lipari, Vulcano und Filicudi: Zugelassen werden dann nur Fahrzeuge, deren Halter eine Bestätigung über die Reservierung ("prenotazione") eines Hotels, Campingplatzes etc. mit einer Aufenthaltsdauer von mindestens 7 Tagen vorweisen können! Diese Beschränkungen wird jeder verstehen, der einmal die im August völlig zugeparkten Inselstraßen gesehen hat. Für Salina gelten sie derzeit zwar noch nicht, doch könnte sich dies zukünftig ändern. Man wird jedoch davon ausgehen können, dass die Fährgesellschaften über die aktuelle Lage informiert sind und nur dann Tickets für inselfremde Fahrzeuge verkaufen, wenn diese auch mitgenommen werden können. Generell gilt: Außer zerbeulten Uraltautos sollte man wegen Diebstahlgefahr weder auf Sizilien noch in Napoli den Wagen unbeaufsichtigt stehen lassen. In Milazzo existieren mehrere bewachte Garagen, siehe dort. Allerdings wird ab einer Aufenthaltsdauer von mehr als drei, vier Tagen (je nach Garagenpreisen, Fahrzeuglänge etc.) die Fährpassage auch finanziell interessant. Auf den Inseln stehen leere Autos ebenfalls sicher, und der Vorteil der Mobilität ist dann gratis.

Übernachten

Vorweg: Im Juli und August, teilweise auch außerhalb dieser Monate, drücken fast alle Betriebe mit Restaurant dem Gast mindestens Halbpension aufs Auge. Außerhalb dieser beiden Monate zeigen sich viele Hoteliers dann wieder verhandlungsbereit. Zur HS wird es in punkto freie Betten zudem sehr eng auf den Inseln. Wer nicht reserviert hat, mache sich wenigstens früh am Morgen auf Quartiersuche – bei durchaus möglichen Fehlschlägen ist dann wenigstens noch die Rückfahrt nach Sizilien zeitlich drin.

- *Privatzimmer und Apartments* sind auf allen Inseln zu finden. Die Preise für Privatzimmer liegen je nach Saison und Ausstattung zwischen etwa 40 und 100 € fürs DZ und sind so zur NS mittlerweile niedriger als die der B&B von Sizilien; Zweier-Apartments kosten ab etwa 50 bis weit über 100 €, wobei die Höchstpreise jeweils im August fällig werden. Per Gesetz ist die Mindestmietdauer bei Privatunterkünften auf sieben Tage festgelegt; so eng sieht man das aber nur selten. Hilfreich bei der Vermittlung ist das Büro der A.A.S.T. auf Lipari, dort bemüht man sich sehr und verschafft auch Unterkünfte auf den anderen Inseln. Viele der zahlreichen Reisebüros auf den großen Inseln vermitteln ebenfalls Unterkünfte; nicht zuletzt kann man auch durch Herumfragen in Bars, am Hafen etc. fündig werden.

Grandios: Blick von Liparis Belvedere Quattrocchi

506   Eolische Inseln

Camping/Jugendherberge

Offizielle Campingplätze finden sich auf Lipari und Salina, einen inoffiziellen, aber seit vielen Jahren betriebenen Platz gibt es auf Vulcano, siehe jeweils dort. "Wild" zelten ist verboten und auch nicht ratsam, will man nicht eine ganze Menge Ärger bekommen. Eine (private) Jugendherberge gibt es nur im Ort Canneto auf Lipari.

Essen

Man isst gut auf den Eolie, keine Frage. Fisch und Meeresgetier sind – wen wundert's – Trumpf, das Preisniveau allerdings liegt ausgesprochen hoch. Zu kulinarischen Erlebnissen unbekannterer Art verführt die vielfältige Verarbeitung von Oliven und besonders von Kapern, die als eine ausgesprochene Spezialität der Inseln gelten und in Saucen, Nudelgerichten und im Salat auftauchen. An flüssigen Besonderheiten können die Eolie mit dem hauptsächlich auf Salina gekelterten Malvasia aufwarten, einem sehr süßen und starken Dessertwein.

Kurze Tipps

- *Postleitzahlen* 98055 für Lipari, für alle übrigen Inseln 98050
- *Reisezeit* Generell von März bis Oktober, im Juli und August mit den bekannten Einschränkungen. Die Karwoche (bis Ostermontag) gilt vielfach als Hochsaison mit entsprechenden Preisen! Die engere Saison läuft von Mai bis Ende September; fast alle Hotels und Restaurants halten in diesem Zeitraum geöffnet. In den übrigen Monaten ist vor allem auf den kleineren Inseln wenig los – ideal für Ruhesuchende, die dann aber auf manchen Gebieten Versorgungsengpässe einkalkulieren sollten. Am besten auf Reisende außerhalb der Saison eingestellt ist man noch auf Lipari, auch auf Salina haben mehrere Hotels ganzjährig geöffnet.
- *Gesundheit* ein Hospital existiert nur auf Lipari; die anderen Inseln sind nur mit Erste-Hilfe-Stationen ("Pronto Soccorso") oder einem Notdienst ("Guardia Medica") versehen. Apotheken sind mit Ausnahme von Filicudi und Alicudi auf allen Inseln zu finden.
- *Geld* Bankautomaten gibt es mittlerweile auf allen Inseln mit Ausnahme von Filicudi und Alicudi. Vor allem in der Nebensaison können sie schon mal außer Betrieb sein, weshalb auf kleineren Inseln ein gewisser Bargeldvorrat sinnvoll ist. Banken gibt es auf Lipari und Salina, die Filiale auf Vulcano öffnet nur im Sommer.
- *Einkaufen* Badeartikel, Tauchutensilien, auch Sonnenmilch und Filme sind auf den Inseln übermäßig teuer – von daheim mitbringen. Richtung Heimat: Klassisches Souvenir ist der Inselwein Malvasia; Hobbyköche beglückt man am besten mit den fantastischen Kapern, die es in Salz (köstlich) oder Essig pfundweise zu erstehen gibt – billiger und um Welten besser als bei uns.
- *Landkarten* Vor allem in punkto Wegenetz hinken alle Karten hinterher – neue Wege sind nur selten verzeichnet, dafür manche, die schon seit Jahren oder Jahrzehnten überwuchert sind. Davon abgesehen, sind sowohl die Kompaß Wanderkarte Nr. 693, "Isole Eolie o Lipari" (1:25.000) als auch die "Carta Turistica e Nautica" (1:25.000) recht empfehlenswert. Beide sind im deutschen Fachhandel erhältlich, letztere Karte auch in vielen Geschäften der Inseln.

▸ **Baden:** Absolut klares und sauberes Meer – die Eolie waren der Zeitung Giornale di Sicilia den "Oscar für Wasserqualität" wert. Die Saison läuft von Mai bis Oktober, wobei das Wasser im Herbst wärmer ist als im Frühjahr. Grenzen setzt dem Badevergnügen ein gewisser Mangel an Stränden: um die Inseln vielfach Steilküste oder Felsen, die wiederum die Taucher erfreuen. Die besten Strände finden sich auf Stromboli, Lipari (Kies) und, mit der Einschränkung saisonaler Überfüllung, auf Vulcano. Aber: Ist die Wasserqualität selbst auch bestens, so ärgert doch gelegentlich der in Küstennähe herumschwimmende Abfall. Missetäter sind meist die Besatzungen von Yachten – oft genug wird der Müll einfach über Bord gekippt.

Pulieri, bisuolu und bagghiu – die Architektur der Inseln

Die Eolischen Inseln besitzen eine eigene, traditionelle Architektur, die ganz deutlich durch die beschränkten örtlichen Ressourcen geprägt ist. Grundform fast aller Inselhäuser ist, beginnend beim einfachen Einzimmer-Haus, der Kubus: Die Würfelform ist nicht nur besonders erdbebensicher, sondern bietet auch die Möglichkeit, bei Bedarf besonders leicht weitere Wohn- oder Lagerräume anbauen zu können. Noch erleichtert wird dies dadurch, dass der Zugang zu jedem Raum von außen erfolgt, nämlich von der Terrasse aus, und nicht von innen – Korridore als Verbindungen zwischen den Räumen gibt es normalerweise nicht. Die Dächer sind flach und so konstruiert, dass das kostbare Regenwasser aufgefangen und in die Zisterne geleitet werden kann. Die Baumaterialien werden vor Ort beschafft. Vorherrschend ist deshalb Lavagestein, schweres Material für Fundamente und Grundmauern, leichteres für die Seitenwände. Holz ist auf den Inseln rar und teuer. Es wird nur sparsam verwendet, dient in erster Linie dazu, Decken abzustützen. Die Außenwände werden alljährlich im Frühjahr neu gekalkt: Weißer Kalk wirkt nicht nur desinfizierend, sondern reflektiert auch die Sonnenstrahlen, hält das Innere der Häuser deshalb kühl. Gelegentlich werden aus dekorativen Gründen steinerne Türstöcke, Schwellen und Fensterbretter von der Bemalung ausgenommen. Ein besonders reizvolles Merkmal der Inselarchitektur ist die den Wohnräumen vorgelagerte Terrasse. Im örtlich-sizilianischen Dialekt *bagghiu* genannt, dient sie nicht nur als gesellschaftlicher Treffpunkt, sondern auch als Arbeitsplatz für häusliche Tätigkeiten, zum Trocknen von Tomaten etc. Umgeben ist die Terrasse von runden Säulen (*pulieri*), die ein Schatten spendendes Dach aus Schilfrohr oder Weinblättern tragen. Entlang der Säulenreihe verläuft eine erhöhte Stufe (*bisuolu*), die als Sitzgelegenheit dient. Gelegentlich ist diese mit kostbaren, bunt bemalten Kacheln verziert, die im Inneren mancher Häuser auch als Fußböden Verwendung finden. Mit ihren meist geometrischen, manchmal auch floralen Motiven stammen sie in der Regel aus Sizilien, sind aber möglicherweise ein spanisches Erbe. Vervollständigt wird das Ensemble rund um die Terrasse von einem Waschplatz und dem typischen, halbkugelförmigen Ofen *furnu*.

Lipari

Die größte der Inseln (37,6 qkm) kann als einzige mit einer Ansiedlung aufwarten, die die Bezeichnung "Stadt" verdient – einer ausgesprochen hübschen und lebendigen dazu. Im Juli und August herrscht hier reichlich Remmidemmi.

Auch in den übrigen Monaten ist auf der Insel mehr los als auf ihren Nachbarn. Dennoch ist Lipari keine Touristenhochburg wie Taormina und Cefalù. Gut so. Der gleichnamige Hauptort hat sich trotz reichlich vorhandener Boutiquen und Souvenirgeschäfte seine Identität weitgehend bewahrt. Architektonische Exzesse sind ausgeblieben, die weißen Häuser wachsen nicht mehr als höchstens drei Stockwerke in den Himmel. Ruhiger gibt sich die zweitgrößte Siedlung der Insel. Das drei Kilometer entfernte Canneto ist zwar vom Ambiente her mit Lipari-Stadt nicht zu vergleichen, verfügt aber über den einzigen Campingplatz Liparis und liegt auch näher an den meisten Stränden.

Im Inselinneren zeigt sich Lipari bergig und von karger Macchia bewachsen. Die Küste fällt besonders im Westen steil ab; im Osten und Norden finden sich dagegen auch flache Zonen und die Mehrzahl der Strände. Neben Lipari-Stadt und Canneto existieren noch eine ganze Reihe kleinerer Ortschaften. Sie liegen meist entlang der Insel-Ringstraße, die im Osten und Norden küstennah, im Westen dagegen inseleinwärts und hoch über dem Meer verläuft. Eine Tour entlang dieser Ringstraße gestaltet sich höchst abwechslungsreich und ist unbedingt zu empfehlen!

Schöne Panoramen bietet die Insel gleich im Dutzend. Weithin bekannt ist die Aussicht vom Belvedere Quattrocchi ("Vier Augen") auf das benachbarte Eiland Vulcano. Mindestens ebenso reizvoll ist jedoch der Blick auf die Meerenge und die Krater vom weit weniger frequentierten Alten Observatorium an der Südspitze der Insel, von der Hauptstadt auf einer angenehmen Nachmittagswanderung oder auch mit dem Fahrzeug leicht zu erreichen. Und im Norden lockt an mehreren Aussichtspunkten ein Panorama, das gleich fünf der sechs Nachbarinseln umfasst. Lipari – ein Fest fürs Auge.

Lipari-Stadt

Mit seinen etwa 5000 Einwohnern ist Lipari klein genug für schnelle Orientierung und kurze Wege, andererseits ausreichend groß, um auch außerhalb der Saison ein eigenes Stadtleben aufzuweisen.

Einerlei, ob man sich per Fähre oder per Aliscafo dem Städtchen nähert, bereits der erste Anblick ist bezaubernd: Lipari schmiegt sich um einen mächtigen, 60 Meter hohen Felsklotz aus Lavagestein, der einem Bühnenbild gleich fast senkrecht aus dem Meer aufsteigt und die wuchtigen Mauern des alten Kastells aus spanischer Zeit trägt. Hier, auf dem schon in der Vorgeschichte besiedelten und seit Jahrtausenden durchgehend bewohnten Stadtberg, liegen die Wurzeln der Siedlung, und hier oben findet sich auch die größte Sehenswürdigkeit der Inseln: Das Archäologische Museum Museo Eolio Archeologico gehört von der Präsentation und den Exponaten her zu den schönsten Museen Italiens. Das Alltagsleben findet dagegen eine Etage tiefer statt. Der dann für den Verkehr gesperrte Corso erwacht allabendlich aus seinem Nach-

Lipari 509

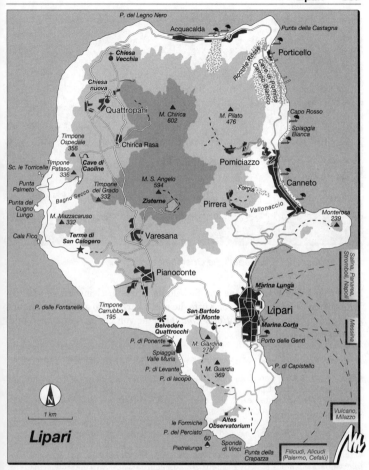

mittagsschlummer, sobald die passeggiata einsetzt, der rituelle italienische Spaziergang. Später am Abend trifft man sich am kleinen Hafen Marina Corta, dessen Bars bis in die Nacht geöffnet haben. Auch an Restaurants und Geschäften herrscht kein Mangel. Viel Flair bietet das Städtchen abseits der Hauptwege: enge Gassen, in denen Oleanderbüsche blühen, stille kleine Kirchplätze, hübsch mit Blumen geschmückte Hausfassaden.

Erste Orientierung: Lipari-Stadt besitzt gleich mehrere Häfen. Fährschiffe landen an der zweckbetonten *Marina Lunga* (auch: Porto Sottomonastero) im Norden. Aliscafi legten bislang an der belebten *Marina Corta* im Süden des Felsens an, doch wird auch ihr Terminal bald wahrscheinlich zur Marina Lunga verlegt werden. Als Hafen für Sport- und Ausflugsschiffe bleibt die Marina Corta jedoch sicher erhalten. Der dritte Hafen *Porto Pignataro*, der etwas außerhalb des Ortes in der Nähe des Tunnels nach Canneto liegt, ist nur für

510 Eolische Inseln

Seit Jahrtausenden besiedelt: die Oberstadt von Lipari

Fischer und Sportbootkapitäne von Bedeutung. Etwas inseleinwärts der beiden Haupthäfen verläuft parallel zur Küste die meist kurz *Corso* genannte, schnurgerade Hauptstraße *Corso Vittorio Emanuele*, die von Cafés, Restaurants und Boutiquen gesäumt wird.

Information/Verbindungen

• *Information* **A.A.S.T.**, am Corso Via Vittorio Emanuele 202, 98055 Lipari; ✆ 090 9880095, ℻ 090 9811190, www.aasteolie.info. Gut ausgestattetes Büro, beste Informationsquelle auch für die übrigen Inseln des Archipels. Neben einem Hotelverzeichnis und Übersichten der Abfahrtszeiten von Fähren und Aliscafi etc. sind hier auch Details über Verkehrsverbindungen auf Sizilien erhältlich. ⊙ von Juni bis September Mo–Sa 8–14, 16.30–22 Uhr, sonst Mo–Fr 8–14, 16.30–19.30 Uhr.

Centro Servizi Turismo CST, "Informations- und Sevicezentrum für Tourismus", Via Maurolico s/n, Nähe Kasbah Café; ✆ 090 9813542, ℻ 090 9813546. Ein privates Büro, das in Zusammenarbeit mit dem Fremdenverkehrsamt und mit finanzieller Hilfe der EU die Inseln präsentieren und neue Investitionen fördern soll. Mitarbeiterin Loredana spricht Deutsch. Gute Wanderkarte für Filicudi erhältlich. Geöffnet Mo–Fr 9–13, 15–19 Uhr. Filialen auf Vulcano (nur August) und Salina sind geplant.

• *Schiff* Als Drehkreuz des Schiffsverkehrs zwischen den Eolie bietet Lipari hervorragende Verbindungen zu allen anderen Inseln. Eine Fahrplanübersicht ist bei der A.A.S.T. erhältlich. Die Agenturen der Reedereien liegen jeweils nahe der Abfahrtstellen und haben ihre (manchmal kurzfristig geänderten) Fahrpläne ausgehängt.

Fähren der SIREMAR (✆ 090 9811312) und NGI (✆ 090 9811955) legen an der Marina Lunga, dem großen, auch "Porto Sottomonastero" genannten Hafen nördlich des Zentrums an.

Aliscafi der SIREMAR (✆ 090 9812200) und der SNAV (✆ 090 9812448) fuhren bisher ab der hübschen Marina Corta im Süden der Stadt, doch wird auch der Aliscafo-Anleger vielleicht zur Marina Lunga verlegt werden, möglicherweise schon kurz nach Erscheinen dieser Auflage. Bleibt abzuwarten, ob durch den Umzug die manchmal etwas verkehrsgeplagte Marina Corta gemütlicher oder nur langweiliger wird.

• *Schiffsausflüge* Eine gute Gelegenheit, die vielfältigen, von Land aus zum Teil unzugänglichen Küstenstriche des Archipels kennen zu lernen. Mehrere Agenturen besitzen hölzerne Buchungskioske an der Marina Corta. Sie veranstalten Ausflugsfahrten zu den anderen Inseln und Rundtouren um Lipari; Badestopps in abgelegenen Buchten sind meist eingeplant. Einige Preisbeispiele: Vulcano 13 €, Salina inklusive Lipari-Umrundung 20 €, Stromboli 25 €, Filicudi und Alicudi etwa 30 €. Mittlerweile werden auch Touren nach Stromboli angeboten, die mit einer geführten Vulkanbesteigung kombiniert sind, p.P. ab etwa 50 €. Erkundigen Sie sich in diesem Fall jedoch unbedingt genau über die aktuelle Lage auf Stromboli, nicht alle Unternehmen weisen auf etwaige Einschränkungen (Sperrungen etc.) hin. Buchung jeweils bei den Agenturen an der Marina Corta oder über Reisebüros. Beim Vergleich sollte man nicht nur auf die Preise achten, sondern sich auch über den schwimmenden Untersatz informieren: Eine Stromboli-Tour per Schlauchboot (das bei starkem Wind zwar als sehr sicher gilt) lässt sich im Komfort kaum mit der Fahrt auf einem 20-Meter-Schiff vergleichen. Erkundigen Sie sich zudem möglichst bei neutraler Stelle (Vermieter etc.) nach den Wetterverhältnissen: Auch wenn Scirocco vorhergesagt ist, denkt kaum eine Agentur daran, deswegen auf den Kartenverkauf zu verzichten, ebensowenig aber auch an eine Rückerstattung für den (nicht unwahrscheinlichen) Fall, dass die Fahrt dann abgebrochen werden muss.

Gruppo di Navigazione Regina, neuer Zusammenschluss zweier Gesellschaften um die bewährten, recht großen Ausflugsschiffe "Viking" und "Regina dei Mari"; je nach Ziel und Nachfrage werden auch kleinere Schiffe eingesetzt. Buchungsagentur an der Marina Corta, ✆ 338 6407572 (mobil) und 338 3694404. www.navigazioneregina.it.

Ausflüge mit Fischerbooten sind eine intensivere Form des Küstenerlebnisses, gehen in aller Regel aber auch mehr ins Geld. Eine gute Adresse sind die "Amici della Costa", die ebenfalls eine Agentur an der Marina Corta betreiben. Bei Privat-Fahrten mit Fischern gilt es, Fahrtziel, Route, Badestopps und Dauer vorher möglichst genau festzulegen. Alle späteren Abweichungen können zusätzlich kosten, ebenso wie die manchmal angebotenen Picknicks in abgelegenen Buchten.

Inselverkehr

- *Busse* **Urso Guglielmo** betreibt einen sehr effektiven und preiswerten Bus-Service. Abfahrt Nähe Fährhafen Marina Lunga, Fahrpläne im dortigen Büro, bei der Esso-Tankstelle am nördlichen Ende des Corso, ✆ 090 9811262, 📠 090 9811835, www.netnet.it/urso. Häufige Busse von und nach Canneto (zur HS auch nachts), weiter zur Spiaggia Bianca und nach Acquacalda 9-mal täglich, von Juli bis September noch häufiger; zum Inlandsdörfchen Pirrera 3-mal täglich. Busse Richtung Quattrocchi, Pianoconte und Quattropani fahren 10-mal täglich. Sonntags ist der Fahrplan besonders zur NS eingeschränkt. Generelles Manko: keine Verbindung zwischen Acquacalda und Quattropani – Rundtouren sind also nicht bzw. nur mit einem Fußmarsch von rund sechs Kilometern entlang der Straße möglich. Im Sommer werden jedoch 3-mal täglich Inselrundfahrten angeboten. Wenn sich mindestens 6 Personen zusammenfinden, ist auch das Chartern eines Kleinbusses möglich. Tickets beim Fahrer oder im Büro, auch Mehrfahrtentickets.

- *Taxi* für Lipari-Stadt sind Taxis unnötig und angesichts der kurzen Distanzen absolut übertreuert. Der Preis für Inselrundfahrten ist Verhandlungssache und auch von der Dauer der Tour abhängig. Standplätze finden sich an der Marina Corta, ✆ 090 9811195 und am Corso, ✆ 090 9811110.

- *Auto* Parkplätze im Stadtzentrum sind rar, zumal der Corso und manche Seitenstraßen zu bestimmten Zeiten für den Verkehr gesperrt werden – besser in den Außenbezirken parken. Bei der Via Cappuccini gibt es ein gebührenpflichtiges Parkhaus.

- *Fahrzeugvermietung* Im Juli und besonders im August nach Möglichkeit schon Tage vorher festmachen. Ratsam, den Zustand der Fahrzeuge zu prüfen (Bremsen!). Besonders Fahrräder sind oft in schlechtem Zustand.

Roberto Foti bietet in zwei Filialen ein breites Angebot an Fahrzeugen. Preisbeispiele zur Nebensaison: Fiat Panda, für die paar Kilometer voll ausreichend, pro Tag ab etwa 35 €; Automatic-Scooter mit 50 ccm pro Tag ab etwa 15 €; Motorboote je nach Größe, Power und Saison ab 50 € pro Tag. Fahrräder gibt es ab etwa 6 € pro Tag. Die meisten Mieter sollen allerdings wegen der satten Höhenunterschiede an der Küstenstraße schon nach einer halben Stunde wieder zurück sein... Zur HS steigen die Preise deutlich, ein Scooter ist im August nicht unter 40 € zu haben. Bei längerer

512 Eolische Inseln

Anmietung außerhalb der Hochsaison kann man dagegen mit Rabatt rechnen, bei einer Woche z.B. etwa 20 Prozent. Ganzjährig geöffnet. Via Francesco Crispi 31, an der Uferstraße nördlich des Zentrums, ✆ 090 9812352, ✉ 090 9811627, und Via Roma 47, nahe Marina Corta, ✆ 090 9811411. Internet: www.robertofoti.it.

Einige weitere Vermieter: Aveden, Via Capuccini, bei der Esso-Tankstelle und dem Urso-Busunternehmen, auch Apartmentvermietung; ✆ 090 9811026, ✉ 090 9811835, www.netnet.it/urso/aveden.

Da Marcello, direkt am Fährhafen, von Leserin Anja Merk als "sehr freundlich und preiswert" empfohlen, Via Tenente M. Amendola, ✆ 090 9811234.

Pit Stop, noch recht junges Unternehmen, das ebenfalls am Fährhafen liegt. Vicolo Meligunis 8, ✆ 090 9880344.

Da Tullio, am Hafen neben dem NGI-Büro, ✆ 090 9880540. Filiale beim Affittacamere Le Terrazze, siehe "Übernachten".

Adressen

• *Ärztliche Versorgung* **Hospital**, Via Santa Anna, im Gebiet südwestlich des Zentrums, ✆ 090 98851. **Erste Hilfe**: Pronto Soccorso, ✆ 090 9885267.

Guardia Medica, ärztlicher Notdienst, in der Via Garibaldi, Nähe Aufstieg zum Kastell, ✆ 090 9885226.

• *Post* Via Vittorio Emanuele 207; geöffnet Mo–Fr 8–18.30 Uhr, Sa nur 8–12.30 Uhr.

• *Internet-Zugang* **Netc@fe**, Via Garibaldi 61, Nähe Via Maurolico, einer Bar-Paninoteca angeschlossen. www.netcafelipari.com. **Internet-Point**, trockener Bürocharme, kein Café. Corso Vittorio Emanuele 51.

• *Einige Reisebüros* **Costa Meligunte Travel**, Corso Vittorio Emanuele 123, ✆ 090 9811870, ✉ 090 9812391.

Menalda Tours, Corso Vittorio Emanuele 235, ✆ 090 9813131, ✉ 090 9880159. www.menaldatours.it.

Übernachten

Nochmals sei geraten, zumindest im Juli und August nach Möglichkeit schon vorher alles klarzumachen, zum Beispiel telefonisch ab Milazzo, oder wenigstens am Morgen anzureisen, um genug Zeit für die Suche zu haben.

• *Hotels* ****** Hotel Villa Meligunis (22)**, Nähe Marina Corta und das Spitzenhaus der Eolie. Untergebracht in einem restaurierten Palazzo des 18. Jh., der mit Stilmöbeln und allem Komfort ausgestattet ist. Die besonders am Abend sehr lauschige Dachterrasse bietet eine ausgesprochen reizvolle Aussicht auf die Akropolis, und auch von den meisten der nur 32 Zimmer genießt man einen schönen Blick. Gute Küche, Pendeldienst zum Strand von Canneto. DZ/F rund 290 €. Angeschlossen die etwas günstigere "Agave Residence". Via Marte, ✆ 090 9812426, ✉ 090 9880149, www.villameligunis.it.

**** Hotel Tritone (25), brandneues Hotel in Fußentfernung außerhalb des Zentrums, zuletzt noch in Bau, mit Erscheinen dieser Auflage aber wohl bereits eröffnet. Im Besitz des "Filippino"-Imperiums, das seinen Ausgangspunkt im gleichnamigen Restaurant (siehe unten) hat. Clou der Anlage ist die eigene, 47 Grad warme Thermalquelle, die einen Pool und ein Wellnesscenter speist. Die Preise der rund 40 Zimmer standen schon fest: DZ/F nach Saison 80–160 €, im August 220 €. Ganzjährig. Via G. Rizzo, Buchungszentrale ✆ 090 9814824, ✉ 090 9812878, www.bernardigroup.it.

**** Hotel A'Pinnata (3) (Piccolo Hotel), hoch über dem Fischer- und Sporthafen Porto Pignataro, etwa 1,5 km außerhalb des Zentrums. 2002 eröffnet und unter selbem Besitz wie das "Tritone". Zehn Zimmer, komfortabel-schlicht eingerichtet, alle mit kleiner Terrasse und Blick über das Meer auf die Altstadt. Die Aussicht ist prima, ein eigenes Fahrzeug allerdings wohl zu empfehlen. DZ/F nach Saison 80–160 €, im August 200 €. ✆ 090 9811697, ✉ 090 9814782, www.pinnata.it.

*** Hotel Carasco (28), im Süden des Ortes, hoch oberhalb der Küste hinter dem kleinen Stadtstrand Porto delle Gente. Weitläufiger Bau in schöner Lage, von den meisten Zimmern reizvolle Aussicht aufs Meer, hübscher und ungewöhnlich geformter Meerwasserpool. Englisch-italienische Besitzerfamilie. Geöffnet Mitte April bis Mitte Oktober, DZ/F nach Saison, Lage und Aufenthaltsdauer 110–220 €. Insgesamt 89 Zimmer. Via Porto delle Gente, ✆ 090 9811605, ✉ 090 9811828, www.carasco.it.

Lipari 513

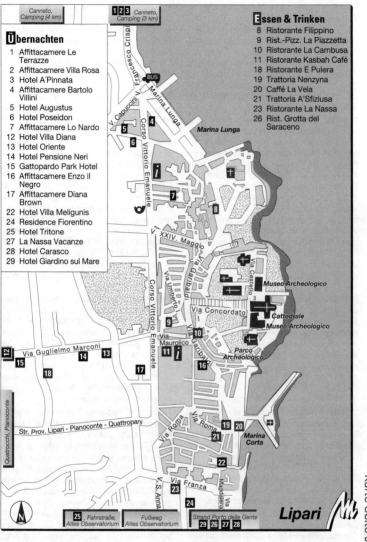

*** Gattopardo Park Hotel (15), etwas oberhalb des Zentrums, noch in Fußwegentfernung. Geschmackvolle und geschickt möblierte Anlage um eine Villa des 18. Jh., aufgelockert mit viel Grün. Großer Pool. Teilweise schöner Blick aufs Kastell. Zimmer in Bungalows oder im Haupthaus. Das engagierte Management spricht Deutsch. Geöffnet März bis Oktober, 53 Zimmer, HP mit Menü à la carte nach Saison p.P. etwa 55–120 €. Località Diana, ✆ 090 9811035, ✆ 090 9880207. www.netnet.it/hotel/gattopardo.

*** Hotel Giardino sul Mare (29), architektonisch akzeptabler Neubau Nähe Marina Corta. Der "Garten über dem Meer" glänzt seinem Namen gemäß mit schöner Lage

Eolische Inseln

über der Küste und viel Grün. Meerzugang, Salzwasserpool und diverse Terrassen. Auch von einem Teil der insgesamt 41 Zimmer genießt man einen tollen Blick. Geöffnet ab etwa einer Woche vor Ostern bis Anfang November; fast durchgängig ist HP obligatorisch, p.P. nach Zimmerlage und Saison 65–125 €, in der Dependance günstiger. Via Maddalena 65, ✆ 090 9811004, ℻ 090 9880150, www.netnet.it/conti.

** Hotel Villa Diana (12), ein echter Tipp, was das Preis-Leistungs-Verhältnis betrifft, von mehreren Lesern gelobt. Oberhalb der Stadt in toller Lage, etwa 200 Meter vom Hotel Gattopardo entfernt. Alte Villa und Nebengebäude, Stilmöbel, viele Gemälde, Dachbalken. Freundliche Leitung. Superblick von der großen Terrasse in Gesellschaft der wohl an die zwei Dutzend Katzen, die sich in und um das Haus tummeln. Außen herum ein großes Gartengelände, in dem irgendwann ein Anbau entstehen soll. DZ/F 70–95 €, im August 125 €. Keine Pensionsmöglichkeit bzw. -verpflichtung, geöffnet April bis Oktober. Località Diana-Tufo, ✆/℻ 090 9811403, www.netnet.it/villadiana.

** Hotel Augustus (5), ausgesprochen zentral in einer Seitenstraße des nördlichen Corso. Verschachtelte Anlage um einen üppig begrünten, palmenbestandenen Innenhof; aber Achtung, die Zimmer nach hinten zur Straße sind laut. Keine Pensionsverpflichtung; DZ/F nach Saison etwa 69–90 €, im August 160 €. Offen von März bis Oktober. Via Ausonia 16, ✆ 090 9811232, ℻ 090 9812233, www.villaaugustus.it.

** Hotel Poseidon (6), ganz in der Nähe des Hotels Augustus. Gefällige, verwinkelte Anlage, zwei Terrassen, Innenhof. Die geschmackvoll möblierten Zimmer fallen in der Größe sehr unterschiedlich aus. Kein Restaurant – kein Pensionszwang. DZ/F knapp 75–110 €, im August 150 €. Geöffnet März bis Oktober. Via Ausonia 7, ✆ 090 9812876, ℻ 090 9880252, www.hotelposeidonlipari.com.

** Hotel Oriente (13), etwas westlich des Zentrums. Hübsches Hotel mit großem Garten, in dem einige Bungalows stehen; Parkplatz. Dass der englischsprachige Besitzer Antiquitätenfan ist, merkt man an den Gemeinschaftsräumen, die Zimmer sind eher zweckmäßig eingerichtet. Kein Pensionszwang. DZ/F etwa 75–95 €, im August satte 130 €. Offen von Ostern bis Anfang November. Via G. Marconi 35, eine Seitenstraße des südlichen Corso, ✆ 090 9811493, ℻ 090 9880198, www.hotelorientelipari.com.

** Hotel Pensione Neri (14), in der Nähe des Hotels Oriente, eine Jugendstilvilla aus den 30er-Jahren. In den Gemeinschaftsräumen stehen noch Originalmöbel, "ein wahres Jugendstil-Schatzkästlein" (Leserbrief). Teilweise recht geräumige Zimmer, solide eingerichtet. DZ/F 70–100 €, im August 120 €. Via G. Marconi 43, ✆ 090 9811413, ℻ 090 9813642, www.pensioneneri.it.

• *Ferienhäuser, Apartments* **La Nassa Vacanze (27)**, dem gleichnamigen Restaurant zugehörig. Vermietung hübscher Apartments für zwei bis sechs Personen unweit des Stadtstrands Porto delle Gente, Apartment für vier Personen pro Woche nach Saison etwa 420–1000 €, Halbpension im Restaurant La Nassa ist möglich. Pauschalangebote für Taucher. Besitzer Bartolo Matarazzo vermietet zudem Villen und Häuser, hat beispielsweise zwei schöne Altstadthäuser komplett restauriert. Infos im Restaurant La Nassa, Via Franza 36, ✆ 090 9811319, ℻ 090 9812257, oder auch im "Welcome Point La Nassa" an der Marina Corta (Umzug möglich), Salita San Giuseppe 2. www.eolieturismo.com.

Villa Fiorentino (24), schöne kleine Anlage, relativ zentral Nähe Marina Corta, dennoch ruhig, mit Garten. Im Jahr 2000 komplett renoviert, Preis für Zweierapartments je nach Saison etwa 50–130 € pro Nacht, tägliche Reinigung inklusive. Via G. Franza 9, ✆ 090 9812136, ℻ 090 9880159. Zu buchen auch über das Reisebüro Menalda Tours, siehe oben im Abschnitt "Reisebüros". www.villafiorentinolipari.it.

• *Privatzimmer/Studios* In der NS warten viele Vermieter bereits am Hafen auf Kundschaft. Auch die Vermittlung über die A.A.S.T. oder Reisebüros ist möglich.

Enzo il Negro (16), Nähe Marina Corta. Einer der größeren Privatvermieter, sehr komfortabel. Acht blitzsaubere Zimmer mit Bad, Kühlschrank, TV und Klimaanlage, ausgesprochen schön gelegene Dachterrasse mit prima Aussicht. Ganzjährig geöffnet mit Ausnahme des Dezembers, DZ ab etwa 50 € aufwärts, im Juli und August bis 90 €. Via Garibaldi 29, ✆ 090 9813163, www.enzoilnegro.altervista.org.

Affittacamere Le Terrazze (1), neuerer Bau an der Uferstraße im Norden, vom Hafen etwa 700 Meter Richtung Canneto; die Vermieterin ist meist mit ihrem Kleinbus bei Ankunft der Fähren und Aliscafi präsent. Ordentliche Zimmer und Apartments mit Aircondition, jeweils mit Terrasse oder kleinem Balkon;

Lipari 515

wegen der nahen Straßen bis etwa Mitternacht nicht ganz ruhig. DZ/Bad oder Zweier-Apartment nach Saison 40–100 €, auch Drei- und Vierbettzimmer; laut einer Leserzuschrift kann sich Handeln schon mal lohnen. Ein Scooterverleih ist angeschlossen. Via Francesco Crispi 135, ℡ 090 9812386.

Affittacamere Villa Rosa (2), direkt benachbart und den "Terrassen" verwandtschaftlich verbunden: Die beiden Besitzerinnen sind Schwestern. Geräumige Zimmer, ordentliche Bäder, insgesamt etwas einfacher und etwas günstiger als "Le Terrazze": DZ/Bad 40–75 €. Auch Drei- und Vierbettzimmer. Via F. Crispi 134, ℡ 090 9812217, www.net.it/lipari/villarosa/index.

Affittacamere Lo Nardo (7), im Ortskern nahe Fährhafen. In dieser Kategorie ein Tipp: Sechs sehr gepflegte, moderne und blitzsaubere Zimmer mit Klimaanlage und Kochmöglichkeit, sehr freundliche Leitung durch die Besitzerin Maria Lo Nardo, Dachterrasse mit schöner Aussicht. Ruhige Lage in einem Gässchen. DZ/Bad 40–50 €, im August 70 €. Ganzjährig geöffnet, beliebt und oft belegt, Reservierung ratsam. Vico Ulisse 34, ℡ 090 9880431, ℡ 368 3605136 (mobil), www.lonardo.it.

Affittacamere Bartolo Villini (4), fast direkt am Hafen Marina Lunga. Mehrere Studios mit Klimaanlage/Heizung, nach vorne mit Lärmschutzfenstern, auch einige ruhigere Räume nach hinten. Große Dachterrasse mit schönem Hafenblick, Tischen und Stühlen. Ganzjährig, DZ/Bad 40–50 €, im August 80 €. Via Tenente M. Amendola 8. Bartolo Villini selbst wohnt am Corso Vittorio Emanuele 233, im Hof schräg gegenüber der Infostelle, ist bei Schiffsankunft aber oft am Hafen anzutreffen. ℡ 090 9812720, ℡ 368 675400 (mobil), www.bartolovillini.it.

Affittacamere Diana Brown (17), in einem winkligen Gässchen inseleinwärts des Corso. Insgesamt zwölf zentral gelegene und ruhige Zimmer mit Klimaanlage und Heizung, manche auch mit Kochmöglichkeit. DZ/Bad ab etwa 35 €, im Juli etwa 50 €, im August 100 €. Vico Himera, ℡ 090 9812584, dbrown@netnet.it. Die freundliche Mrs. Brown, Mitinhaberin der Schiffsgesellschaft "Gruppo di Navigazione Regina" ist meist im entsprechenden Buchungsbüro bei der Marina Corta anzutreffen.

• *Jugendherberge* Der Minibus der privaten JH im nahen Ort Canneto (siehe dort) steht oft schon bei Ankunft der Schiffe im Hafen bereit.

• *Camping* ** **Camping Baia Unci**, im etwa drei Kilometer nördlich liegenden Canneto, siehe dort. Busverbindung nach Canneto mit Urso Guglielmo.

Essen (siehe Karte Seite 513)

Für einen doch relativ kleinen Ort ist die Auswahl an guten Restaurants erstaunlich groß. Enttäuschungen kann man manchmal am Corso und um die Marina Corta erleben, insbesondere zur Hauptreisezeit, wenn es überall recht hektisch zugeht. Die angenehmeren Lokale liegen meist etwas abseits der Rennstrecken. Generell gilt: Gutes Essen hat seinen Preis.

• *Restaurants* **Ristorante Filippino (8)**, an der dem Stadtberg nördlich vorgelagerten Piazza Mazzini. Das Traditionsrestaurant der Inseln – 1910 gegründet und in zahllosen Gourmetführern begeistert erwähnt. Die Küche ist tatsächlich hervorragend, und auf der Terrasse vor dem alten Haus sitzt es sich, umsorgt von einer ganzen Armada von Kellnern, durchaus angenehm. Menü mit Fisch ab etwa 30 € aufwärts, mit Fleisch etwas günstiger. Ganzjährig offen, im Winter Mo Ruhetag; ℡ 090 9811002.

Ristorante La Nassa (23), ebenfalls eine erste Adresse für Feinschmecker, von diversen Restaurantführern gepriesen. Besitzerin Donna Teresa bietet "das Beste aus dem Meer", so die nicht einmal übertriebene Eigenwerbung, aber auch die Gerichte auf Gemüsebasis können sich schmecken lassen – fantasievolle Küche mit Pfiff. Hübsche Terrasse. Gute Weinauswahl, exquisiter Malvasia, preislich etwa wie oben. Bei ihrem Sohn Bartolo Matarazzo kann man auch Häuser und Apartments mieten, siehe "Übernachten". Via Franza 36, ℡ 090 9811319.

Ristorante E Pulera (18), etwas westlich außerhalb des Zentrums, ab dem Corso beschildert. Die Tochter von Filippino führt dieses lauschige Restaurant und empfiehlt es besonders für "verliebte Pärchen". Die sitzen dann unter Bastdächern in einem dichten grünen Garten, umgeben von Kakteen, Hibiscus und Pampelmusenbäumen und freuen sich an sizilianischer Live-Musik (2- bis 3-mal wöchentl.) und an der köstlichen Küche. Auch der Atmosphäre wegen immer wieder von Lesern gelobt. Die Preise fürs Menü (Fisch! Süßspeisen!) liegen etwa wie oben. Geöffnet Mai bis Oktober; nur abends und dann bis nach Mitternacht. Besser reservieren: Loc. Diana 51, ☎ 090 9811158.

Ristorante Grotta del Saraceno (26), ein Lesertipp von Ingrid Schulte: "Ein Traum ist die riesige Restaurantterrasse an der Steilküste mit Blick aufs offene Meer und die Marina Corta. Der Service ist nett, aufmerksam und bemüht, die Preise sind wie überall auf der Insel, wenn man gut essen möchte (Anmerkung: also nicht gerade niedrig). Sehr nett sind auch die zugehörigen Apartments gegenüber, neben denen von La Nassa." Via Maddalena 69, Richtung Stadtstrand Porto delle Genti.

Ristorante-Pizzeria La Piazzetta (9), an einem kleinen Platz nahe des Corso. Hübsch herausgeputzt, optisch fast schon Richtung "Touristenfalle", im Inneren zahlreiche Autogramme italienischer Prominenz. Die Küche ist gut, insbesondere der Pizzabäcker versteht sein Handwerk. Hier sollte jeder seine Lieblingspizza finden – es gibt 40 Sorten. Menü à la carte ab etwa 25 € aufwärts. Piazza Luigi Salvatore d´Austria.

Ristorante Kasbah Café (11), nur ein paar Schritte vom Corso in der Via Maurolico. Früher ausschließlich ein orientalisch angehauchtes In-Café, jetzt auch Restaurant. Nach hinten finden sich feine Plätzchen in einem lang gezogenen, idyllischen Garten, wie man ihn hier in der Stadt kaum vermuten würde. Sehr gute Küche, feine Antipasti. Menü à la carte ab etwa 25 €, auch Pizza. Nur abends geöffnet, dann aber lange. Mo Ruhetag, im Winter geschlossen.

Caffè La Vela (20), eines der zahlreichen Lokale an der Marina Corta, ein Lesertipp von Irmi Breinbauer: "Eine echte Oase für den Vitaminhunger. Riesensalat-Teller unterschiedlichster Art, die echt schmecken und satt machen für jeweils zehn Euro." Nähe Salita San Giuseppe.

Ristorante La Cambusa (10), auf dem Weg von der Marina Corta ins Zentrum. Ein paar kleine Tische auf der Straße, gut besucht und oft belegt. Ordentliche sizilianische Küche mit Schwerpunkt auf Fischgerichten, Menü à la carte ab etwa 20 €. Via Garibaldi, etwa auf Höhe Nr. 60.

Trattoria Nenzyna (19), in der Via Roma, nur ein paar Schritte von der Marina Corta. Ein angenehmer kleiner Familienbetrieb, zwei Räume beiderseits der Straße, schmackhafter Fisch vom Grill. Menü à la carte ca. 18-20 €.

Trattoria A'Sfiziusa (21), ebenfalls nahe Marina Corta. Einfach und preiswert; an der Gasse ein paar Blechtische, Plastikstühle. Menü à la carte ab etwa 15 €. Via Roma 29, im Winter Fr Ruhetag.

Ristorante Pizzeria Pescecane, direkt am Corso, mit Tischen im Freien auf der gegenüberliegenden Straßenseite. Als Pizzeria trotz der Lage eine echte Empfehlung, gute und große Pizze ab etwa 6 €. Corso Vittorio Emanuele 223, im nördlichen Bereich.

• *Imbiss* **Rusticcheria Vecchia Lipari**, eine Weinhandlung (Eolvini, siehe "Einkaufen"), die in ihrem kleinen Garten seit kurzem auch Kleinigkeiten zu essen anbietet, darunter Arancine, Bruschette etc. Als Imbiss nur zur Saison in Betrieb. Via Vittorio Emanuele 43, am oberen Corso.

Mancia e Fui bietet eine gute Auswahl an leckeren Pizze, Calzone, Arancine etc. zum Mitnehmen an. Via Vittorio Emanuele 94.

Pizza (nach Gewicht) verkaufen auch mehrere Bäckereien am Corso.

• *Eis/Süßes* Gute Cafés, beliebt besonders am Abend, auch an der Marina Corta.

Caffè Il Gabbiano, ebenda, neben La Vela. Zu empfehlen sind hier das prima Eis, die exquisite Granita in vielen unterschiedlichen Geschmacksrichtungen und all die anderen süßen Happen. Freundlicher Besitzer, der (wie die halbe männliche Bevölkerung) natürlich Bartolo heißt.

Mezzapica, in der Via F. Mancuso, einer westlichen Parallelstraße zum Corso, von außen nur am Schild "Caffè Diamante" zu erkennen. Hier gibt es das vielleicht beste Eis der Stadt.

Pasticceria Oskar, am oberen Corso, Ecke Via Maurolico, bietet bestes Eis und eine große Auswahl an Süßem.

*N*achtleben/*E*inkaufen/*T*auchen/*V*eranstaltungen

• *Nachtleben* Liparis Nachtleben ist zwar das intensivste des Archipels, echter Betrieb herrscht allerdings auch hier nur im Sommer. Relativ viel los war bisher immer in den Straßencafés an der Marina Corta, die bis etwa gegen Mitternacht geöffnet haben.

Kasbah Café, nicht nur ein gutes Restaurant (siehe oben), sondern auch weiterhin eine beliebte Music-Bar. Lange Öffnungszeiten, im Sommer bis drei Uhr morgens, breite Auswahl an Alkoholika, empfehlenswerte Cocktails, oft Live-Musik. Via Mauro-

Kunst oder Kitsch – Laden an der Marina Corta

lico 25, nur zur Saison geöffnet, Mo Ruhetag.
Wine Bar L´Approdo, gleich gegenüber. Der "Landungsplatz" bietet eine gute Auswahl verschiedener Weine auch im Glas und veranstaltet gelegentlich entsprechende Themenabende; es gibt auch Snacks. Innen dank Klimaanlage schön kühl, die Terrasse ist aber begehrter.
Chitarra-Bar, an der Marina Corta. Lange eingeführtes Lokal, in dem Lucio Dalla während seiner Lipari-Urlaube Stammgast sein soll. Angenehme Atmosphäre. Gute Musik, teils live, und ebenfalls bis in den Morgen geöffnet. Ein paar Tische an der Gasse, nachts geht's manchmal ins Innere, um Konflikte mit der Nachbarschaft zu vermeiden.

• *Einkaufen* Für die Verhältnisse auf den Inseln bietet die Stadt breite Auswahl: Wer etwas Bestimmtes sucht und hier nicht fündig wird, dürfte nirgendwo auf dem Archipel Erfolg haben.
Supermarkt "UPIM" mit gutem Angebot (auch Kapern etc.) und vergleichsweise moderaten Preisen am Corso Vittorio Emanuele 212, nahe der A.A.S.T.
Eolvini da Gino, Weinhandlung mit Verkauf von Malvasia, seit kurzem auch Imbiss. Im südlichen Bereich der Hauptstraße, Via Vittorio Emanuele 43.
Buchhandlung: "La Stampa", am Corso gegenüber der Post. Große, gut sortierte Buchhandlung, das deutschsprachige Angebot allerdings noch ausbaufähig.
Deutschsprachige Presse: Zeitungen und Zeitschriften aus der Heimat in der Buchhandlung La Stampa oder in der Zeitschriften-Filiale an der Via Garibaldi 9, nahe der Marina Corta.

• *Tauchen* **La Gorgonia**, Salita San Giuseppe 8, bei der Marina Corta, ✆/✆ 090 9812060, ✆ 335 5717567 (mobil).
Lipari Diving Center, an der Straße Richtung Canneto, ✆ 339 6472272 (mobil).

• *Veranstaltungen* **La Settimana Santa**, die Osterwoche. Feierliche Prozessionen unter Leitung der verschiedenen Bruderschaften am Karfreitag und Ostersonntag.
Estate Eoliana, von Juli bis September. "Eolischer Sommer" mit Theater, Jazz, Klassik, Folklore etc. im Amphitheater auf dem Stadtfelsen; Eintritt bislang noch frei. Zum Programm gehört auch das Filmfest "Un Mare di Cinema" im Juli und August, das ebenfalls im Amphitheater stattfindet.
Festività Patrono San Bartolomeo, Fest des Inselheiligen, an mehreren Tagen um den 24. August, an dem eine große Prozession stattfindet. Weitere Feierlichkeiten zu Ehren von San Bartolomeo am 13. Februar, 5. März und 16. November.
Settimana Enogastronomica Eoliana, die "Woche des Weins" an wechselnden Terminen im Oktober.

Sehenswertes

Die Highlights von Lipari-Stadt konzentrieren sich – wie praktisch – auf dem Stadtberg, der antiken Akropolis.

Hier oben erfüllte sich der Traum jedes Archäologen. Über die Zeiten hinweg hatte der Wind, der von den umgebenden Höhen heranwehte, große Mengen von Sand abgelagert, der die Relikte einer kulturellen Epoche nach der anderen zudeckte und konservierte. Die Funde aus den verschiedenen Schichten ergaben eine lückenlose chronologische Dokumentation der Lebensbedingungen vom 4. Jahrtausend vor Christus bis in die Römerzeit. Sie bilden den größten Schatz des hiesigen Museums.

Il Castello: Die heutige Festung entstand zum Großteil im 16. Jh. unter den Spaniern. Viele Grundmauern und einige Türme sind jedoch weit älter, reichen bis in römische und teilweise sogar griechische Zeiten zurück – einer der Türme stammt aus dem 4. Jh. v. Christus. Oben angekommen, braucht es nicht viel Phantasie, um sich die Anlage der antiken Stadt vorzustellen, die aus Nord-Süd-Achsen (decumani) und rechtwinklig dazu stehenden Ost-West-Achsen (cardini) aufgebaut war.

La Cattedrale: Das mächtige Gotteshaus ist die wichtigste und größte der insgesamt fünf überwiegend säkularisierten und teilweise in den letzten Jahren restaurierten Kirchen des Burgbergs. Geweiht ist sie dem Inselheiligen San Bartolo (Bartolomeo), Namenspatron etwa der halben männlichen Bevölkerung. Die heutige Kathedrale steht an der Stelle ihrer 1084 unter den Normannen errichteten Vorgängerin, die 1544 durch die Piraten Barbarossas weitgehend zerstört worden war. Im 17. Jh. wurde die Kirche erneut aufgebaut und im 19. Jh. mit einer neuen Fassade versehen. Das barocke Innere glänzt in Schmuck aus Fresken und Stuck des 18. Jh. Durch einen Zugang rechts des Hauptportals gelangt man in den normannischen *Kreuzgang* aus dem 12. Jh., der – seinerzeit eine archäologische Sensation – erst in den 70ern wiederentdeckt wurde und einst einen Teil des von Abt Ambrogio gegründeten Klosters bildete. Wie sich herausstellte, wurde bei seinem Bau Material der griechischen Stadtmauern und Teile römischer Häuser verwendet – keine der Säulen gleicht der anderen.
Öffnungszeiten Kathedrale und Kreuzgang täglich 9–13 Uhr; Eintritt zum Kreuzgang 0,50 €.

Museo Regionale Eoliano Luigi Bernabò Brea

Die mit weitem Abstand interessanteste Sehenswürdigkeit der Stadt verteilt sich auf mehrere Gebäuden, die alle im Umfeld der Kathedrale liegen.

• *Öffnungszeiten* (Sommer): Mo–Sa 9–13.30 Uhr. Nachmittags von 15–19 Uhr sowie sonntags von 9–13, 15–19 Uhr ist leider oft nur die klassische Sektion geöffnet. Die Eintrittsgebühr beträgt 4,50 €.

Prähistorische Sektion (Säle 1–10): Im Bischofspalais des 17. Jh., rechts (südlich) der Kathedrale gelegen, sind hauptsächlich Funde aus der reichen Vorgeschichte des Stadtbergs untergebracht. Zu sehen sind Werkzeuge, Waffen, Keramik, Schmuck, Statuetten etc., datiert von der Altsteinzeit bis zum 6. Jh. v. Chr., außerdem einige griechische und römische Exponate. Vom Garten gelangt man in den Saal 11, die Epigraphische Sektion. Wer den Besuch chronologisch fortsetzen möchte, sollte als nächstes die Klassische Sektion besichtigen.

Lipari 519

Wuchtige Mauern auch zur Meerseite: Liparis Stadtberg

Epigraphische Sektion (Saal 11): Zahlreiche Inschriften griechischer und römischer Herkunft auf Säulen und vor allem auf Grabsteinen, die in der Nekropole im Ortsteil Diana entdeckt wurden.

Sektion der kleineren Inseln (Säle 12–15): Im Gebäude gegenüber der Prähistorischen Sektion. In der erst jüngst modernisierten Abteilung sind Funde des Neolithikums und der Bronzezeit versammelt, die von den "Isole minori" Panarea, Filicudi, Alicudi, Salina und Stromboli stammen.

Museo Alfredo Rittmann: Die vulkanologische Sektion des Museums ist leider nicht immer für die Öffentlichkeit zugänglich, darf häufig nur von Gruppen besucht werden. Benannt ist sie nach Alfred Rittmann (geboren 1893 in Basel, gestorben 1980 in Piazza Armerina auf Sizilien), einem der großen Pioniere der Vulkanologie. Nach langen Jahren des Aufbaus vorläufig fertiggestellt, gliedert sich die Sektion in drei Stockwerke. Im Erdgeschoss findet sich neben einem Verkaufsstand auch eine Sammlung vulkanischer, vom Menschen genutzter Produkte wie Obsidian, Schwefel oder Bimsstein. Der erste Stock befasst sich mit allgemeinen Phänomenen des Vulkanismus. Im zweiten Stock ist jeder der Inseln ein eigener Raum gewidmet, in dem anhand von Fotografien, Tabellen, Karten etc. die vulkanische Entstehungsgeschichte und Gegenwart der einzelnen Eilande dargestellt wird.

Klassische Sektion (Säle 16–26): Die reizvollste und reichste Abteilung liegt nördlich der Kathedrale, untergebracht in einer umgebauten, ehemaligen Haftanstalt für politische Gefangene aus der Zeit Mussolinis. Der Name "Klassische Sektion" führt etwas in die Irre, wurden hier doch auch vorgeschichtliche Fundorte, darunter ein Friedhof mit mehreren Gräbern, detailgetreu nachgestellt. Wirklich klassisch ist dagegen die Sammlung wunderschöner Vasen im Obergeschoss, die aus der griechisch-römischen Nekropole im Ortsteil

Amphoren im Museo Archeològico

Diana stammen. Wie die wertvollen Grabbeigaben zeigen, erreichte die Griechensiedlung im 4. Jh. v. Chr. den Höhepunkt ihrer Blüte. Aus jenem Jahrhundert stammen unter anderem eine Schale mit der Darstellung einer Episode der Odyssee, eine Schauspielszene mit dem auch für das Theater zuständigen Gott Dionysios als Zuschauer und eine weitere Schale, die den Mythos des Hippolytos zeigt. Herausragend sind auch die farbenprächtigen Arbeiten jenes unbekannten und deshalb schlicht als "Meister von Lipari" bezeichneten Künstlers, der in der zweiten Hälfte des 4. Jh. v. Chr. auf der Insel lebte. Ebenfalls im Obergeschoss liegt das bedeutendste Glanzstück des Museums: eine weltweit einmalige Sammlung von Theatermasken und kleinen Theaterstatuetten aus griechischer Zeit, die Figuren aus Stücken von Sophokles, Aristophanes und Euripides darstellen, darunter solche aus mittlerweile verschollenen Komödien und Tragödien. Sie sind zum Teil in kleinen Bühnen angeordnet und für jeden Liebhaber des griechischen Theaters eine interessante Demonstration. Im Saal für Unterwasserarchäologie beeindruckt besonders eine große Amphorensammlung, die aus verschiedenen gesunkenen Schiffen stammt.

Archäologische Zone: Gegenüber der klassischen Sektion liegt eine Ausgrabungsstätte mit Resten von Bauwerken, die von der Bronzezeit bis zur römischen Ära reichen und auf Schautafeln an den Schutzmauern klassifiziert sind. Gut zu erkennen ist die unterschiedlich hohe Schichtung der Grundmauern.

Parco Archeològico: Am südlichen Ende der Via Castello, die zwischen den einzelnen Abteilungen des Museums hindurchführt. In dem hübsch begrünten Areal sind einige griechische und römische Sarkophage aufgestellt. Außerdem steht hier der Nachbau eines antiken Theaters, der bei Aufführungen und Kinoabenden, wie sie hier unter anderem im Rahmen des "Eolischen Sommers" stattfinden, einen wirklich hübschen Hintergrund abgibt. Noch reizvoller freilich ist die Aussicht, die man vom Rand des Parks auf die tief unten liegende Marina Corta und auf den südlichen Bereich der Siedlung genießt. Das hübsche Kirchlein und die kleine Insel dort tragen übrigens den anheimelnden Namen "del Purgatorio" – "des Fegefeuers".

<u>Öffnungszeiten des Parks</u> Wie das Museo Regionale Eoliano, Eintritt frei.

Spaziergänge um Lipari-Stadt

Altes Observatorium: Hoch über der Südspitze der Insel, etwa vier Straßenkilometer südlich des Zentrums, besetzt das ehemalige Geophysikalische Observatorium einen fantastischen Aussichtsposten, der ein schönes Ausflugsziel abgibt und auch von Einheimischen gern aufgesucht wird. Besonders im Abendlicht ist der Blick von hier hinüber nach Vulcano, auf die Meerenge zwischen den beiden Inseln und in die Krater von Vulcanello und Vulcano einfach berückend. Zu späterer Stunde sollte man sich hier jedoch vielleicht nicht mehr aufhalten, aus Rücksicht auf die Pärchen, die sich an diesem Treffpunkt für Verliebte gern "in die Büsche schlagen". Zu erreichen ist das Observatorium über die südwärts aus Lipari in Richtung des Weilers Capistello führende Straße. Kurz vor dem Ende des Asphalts zweigt rechter Hand eine sehr steile Zementstraße ab, an deren Ende das unscheinbare Gebäude steht.

Fußweg zum Observatorium: Etwa zwei Stunden sollte man für diesen Ausflug schon einkalkulieren. Am oberen Ende des Corso hält man links auf die Via Roma zu, dort rechts und gleich wieder links in die Via Santa Anna, über die Via Franza hinweg und dem Gässchen geradeaus folgen, vorbei am Hospital, zunächst Richtung Hotel Carasco. An einer Gabelung bei einer Art Gewerbebetrieb geht es schräg rechts in einen Sandweg (das Schild "Einfahrt verboten" war zuletzt demontiert), der bald die besagte Straße von Lipari nach Süden unterquert und leicht ansteigend in ein grünes Tal hineinführt. Ein Leser warnte vor vielen halbwilden Hunden in diesem Gebiet und empfahl, zur Beruhigung "Steine bereitzuhalten" – wir haben hier allerdings, auch bei der letzten Recherche, nie einen frei laufenden Hund gesehen. Nach insgesamt etwa 20 Min. hält man sich an einer Gabelung links bergauf (rechts geht es zu einem Steinbruch) und trifft schließlich auf die Asphaltstraße. Knapp 50 Meter weiter zweigt rechts die steile Zementstraße zum Observatorium ab.

San Bartolo al Monte: Ein kleines Kirchlein an den Hängen westlich oberhalb der Stadt, auf einer Höhe von 157 Metern über dem Meer. Das schlichte Gotteshaus birgt keine kunsthistorischen Schätze, bietet aber eine wunderbare Aussicht auf Lipari-Stadt und Umgebung. Der direkte Weg von der Stadt führt über einen Treppenpfad, der bei einem Neubaugebiet südlich der Hauptstraße nach Pianoconte beginnt. Auf dieser Hauptstraße geht es zunächst stadtauswärts, in einer scharfen Rechtskurve dann links abwärts, durch die Wohnsiedlung hindurch, unten rechts und nach etwa hundert Metern links in den Weg. Folgt man der schmalen Asphaltstraße rechter Hand des Kirchleins Richtung Belvedere Quattrocchi (siehe "Rund um die Insel"), lässt sich in insgesamt etwa einer anstrengenden Stunde von Lipari-Stadt aus auch der Strand Spiaggia Valle Muria (siehe "Badestrände auf Lipari") unterhalb des Belvedere erwandern, kürzer und sicher angenehmer als auf der Hauptstraße. Wer San Bartolo mit dem Fahrzeug anfahren möchte, nimmt die umgekehrte Richtung: Man biegt stadtwärts des Belvedere Quattrocchi von der Inselringstraße in den asphaltierten Fahrweg ein und folgt diesem bis zur Kirche.

Forgia Vecchia: Beim Dörfchen Pirrera (Busverbindung) oberhalb der Siedlung Canneto liegen die Überreste eines alten Obsidianstroms, der sich auf einer maximalen Breite von 700 Metern steil hangabwärts Richtung Meer wälzte, es aber aufgrund seiner Zähflüssigkeit nicht erreichte. Der leicht rötliche, über die Zeiten verwitterte Strom ist mit wehrhaftem Gestrüpp bewachsen, aus dem scharfkantige Klippen ragen – es wirkt, als habe ein Riese mit Gesteinsblöcken Kegeln gespielt. Begehbar ist dieses Durcheinander kaum, man belässt es besser bei einem Blick vom Rand des Stroms. Die Anfahrt erfolgt von Lipari-Stadt über die alte Straße nach Canneto, also nicht über die Verbindung durch den Tunnel. Hinter einem kleinen Pass zweigt die Straße nach Pirrera ab. Dort parkt man am besten bei der Kirche und folgt der Straße bergwärts, bis wenig später kurz vor dem Ortsende rechter Hand der beschilderte und ganz neu hergerichtete Weg zur Forgia Vecchia abzweigt, dem man noch etwa einen Kilometer weit bis zu einer Aussichtsplattform folgt. Unterwegs bieten sich, wieder einmal, bezaubernde Panoramen. Wer mit dem Bus gekommen ist, könnte laut mehreren Leserzuschriften auch auf einem alten Fußweg entlang des "Vallonaccio" nach Canneto absteigen und dort auf einen der häufigen Busse nach Lipari warten.

Badestrände auf Lipari

Um Lipari-Stadt sind die Möglichkeiten nicht so anziehend wie an anderen Stellen der Insel. Der schmale, kiesige *Porto delle Genti* im Süden, etwa fünf Fußminuten von der Marina Corta, ist der einzige echte Stadtstrand, jedoch schmal und leider oft verdreckt. Wer schönere Fleckchen sucht, muss sich schon in den Bus begeben, ein Fahrzeug mieten oder marschieren. Die meisten reizvollen Badeplätze liegen im Osten der Insel. Da die Strände in der Regel aus ziemlich kantigem Kies bestehen, können Badeschuhe und eine Iso-Matte als Unterlage nicht schaden. Hier eine Kurzbeschreibung der Inselstrände, die gegen den Uhrzeigersinn verläuft.

Canneto: Ortsstrand aus Kies, mit Fischerbooten gesprenkelt, im Rücken die Häuserzeile und die Uferstraße. Es gibt nettere Strände auf Lipari, für ein paar Stunden Sonnenbad und einen kurzen Sprung in die Fluten ist der hiesige Strand aber allemal ausreichend.

Spiaggia Bianca: Der Hauptstrand von Lipari liegt etwa einen Kilometer nördlich des Ortsrands von Canneto und ist über Treppen ab der Küstenstraße zu erreichen (Busverbindung); es gibt jedoch auch einen Fußweg ab Canneto, der ganz am hinteren Ende der Uferstraße beginnt. Die Spiaggia Bianca leuchtet nicht etwa weiß, wie der Name suggeriert, sondern besteht aus dunklem Kies, teilweise mit Sandpartien durchsetzt – der leichte weiße Bimsstein, dem er seinen Namen verdankt, wurde schon längst weggeschwemmt. Trotzdem trägt auch die Disco, die hier im Sommer öffnet, den Namen "White Beach". Begrenzt wird der Strand von Felsen, ein gutes Revier für Schnorchler. Im Norden liegen einige winzige Buchten, die nur schwimmend zu erreichen sind.

Porticello: Kleiner Kiesstrand am nördlichen Ende des Bimsgebietes, die Umgebung immer noch weiß. Der Strand ist in der Saison recht voll, zwei urige Bars bieten Speis und Trank.

Acquacalda: Lang gezogener Ortsstrand aus dunklem Kies, sauberes Wasser und schöner Blick hinüber nach Salina, im Rücken allerdings Häuser und Küstenstraße. Hinter Acquacalda sieht es mit Badefreuden dann eher düster aus.

Badestrände auf Lipari 523

Bequem: Barnj schippert von Lipari-Stadt zur Spiaggia Valle Muria

Die Straße verläuft abseits der Küste, wer sich auf Feldwegen vorpirscht, wird an Steilabstürzen unsanft gestoppt – das Meer liegt unerreichbar ein ganzes Stück tiefer.

Spiaggia Valle Muria: Des Autors Favorit auf Lipari erstreckt sich unterhalb des Belvedere Quattrocchi. Ein kurzer Fußmarsch führt hinab zu einer schmalen, halbmondförmig ausgedehnten Bucht, die teils mit fußballgroßen Steinen, teils mit Lavakieseln, an einigen Stellen auch mit feinem dunklen Lavasand bestückt ist – nach den Winterstürmen sieht der Strand in jedem Frühjahr anders aus. Der findige Liparote Giuseppe Manfrè, genannt "Barnj", hat hier in einer aus dem Fels geschlagenen Höhle eine kleine Bar eröffnet, vermietet im Hochsommer Kajaks und Tretboote, betreibt einen Bootspendeldienst vom Fährhafen und veranstaltet auch empfehlenswerte Ausflugsfahrten. Ab und an, auf Vorbestellung auch für kleinere und größere Gruppen, grillt Barnj sogar mal Fisch nebst Beilagen, und dies gar nicht einmal teuer. Am Strand selbst vermitteln einige Stroh-Sonnenschirme (Gebühr) fast Hawaii-Feeling, den tollen Blick auf die Steilküste und auf Vulcano gibt es umsonst – den anstrengenden Aufstieg zurück zur Straße auch.

- *Wegbeschreibung* Von Lipari (Busverbindung) kommend etwa 300 Meter vor dem Belvedere Quattrocchi links und der Zementstraße folgen. Bei einem kleinen Parkplatz rechts den steilen Weg bergab, noch etwa ein Kilometer. Der Aufstieg retour ist nicht ganz leicht, dafür ist unten auch in der Saison relativ wenig Betrieb.

- *Bootsdienst* Barnjs grün gestrichenes Schiff, die "Valle i Muria", liegt am Fährhafen Marina Lunga, etwa auf Höhe der Bushaltestelle. Abfahrten von Mitte Mai bis etwa Mitte/Ende Oktober, je nach Wetterlage, einfach 4 €, hin und zurück 6 €. Barnj veranstaltet auch Schiffstouren, zum Beispiel eine sehr schöne Fahrt entlang von Liparis Nordwestküste, Preis p.P. 7,50 €. Zu erreichen ist er unter Mobiltelefon 360 330560 und 339 8221583.

Rund um die Insel

Canneto

Die zweitgrößte Siedlung der Insel ist nicht direkt eine Schönheit, wirkt aber sympathisch und besitzt eine gute Infrastruktur.

Canneto liegt etwa drei Kilometer nördlich von Lipari-Stadt und ist von dort am schnellsten durch einen Straßentunnel zu erreichen. Das Ortsbild stellt an sich keine Offenbarung dar. Doch hat man sich in den letzten Jahren deutlich bemüht, Canneto aufzuwerten. Der Hauptplatz und ein Teil der Uferstraße wurden gepflastert, neue Quartiere und Restaurants eröffnet, eine Anlegestelle für Ausflugsschiffe gebaut. Zudem besitzt die Siedlung auch ein gewisses Alltagsleben. Wer gerne strandnah wohnt, ist hier deshalb an der richtigen Adresse, zumal auch die schöne Spiaggia Bianca noch in Fußentfernung liegt.

• *Übernachten* *** **Hotel Casajanca**, erst 1998 eröffnetes, praktisch direkt am Hauptplatz gelegenes Haus. Sehr hübsche, familiäre Anlage mit nur zehn Zimmern, engagiert und freundlich geführt. Komfortabel und stilvoll eingerichtete, geräumige Zimmer, zwei sind behindertengerecht ausgestattet. Insgesamt ein sehr angenehmes Quartier mit ausgesprochen persönlicher Note. Ganzjährig geöffnet, DZ/F nach Saison etwa 105–150 €, im August 180 €. Marina Garibaldi 15, ✆ 090 9880222, ✉ 090 9813003, www.casajanca.it.

** **Hotel Mocambo**, einige Parallelstraßen landeinwärts der Uferfront. Gut in Schuss gehalten, jährlich renoviert. Geöffnet April bis Oktober, DZ/F 65–90 €, im August allerdings 160 €. Via C. Battisti 192, ✆ 090 9811442, ✉ 090 9811062, www.hotel-mocambo.it.

Affittacamere Giallo Rosso, an der Uferstraße im Zentrum. Geräumige Zimmer und Apartments (letztere i.d.R. nur wochenweise) mit Klimaanlage, die Einrichtung nicht mehr ganz neu, aber solide und je nach Etage unterschiedlich. Geführt von einer deutsch-italienischen Familie, Sprachprobleme gibt es mit dem jungen Vermieter Marco Scoglio nicht. Stören könnte einzig das Glockengeläute (vom Band!) der nahen Kirche. Geöffnet April bis Oktober, wenn jemand anwesend ist, auch im Winter. DZ nach Saison etwa 35–50 €, im August 80 €, dann aber durch Stammgäste stets belegt. Via Marina Garibaldi, Rezeption um die Ecke in der Via Risorgimento, ✆ 090 9811298, ✉ 090 9811358, www.netnet.it/ giallorosso.

Jugendherberge Ostello Baia Unci, direkt neben dem gleichnamigen Camping und von dessen freundlichen früheren Eigentümern betrieben. 2001 eröffnete halbprivate JH, kein offizieller Ausweis nötig. Geöffnet März bis Oktober, Bett im Schlafsaal p.P. nach Saison 13–18 € (zur NS sind die Bungalows auf dem Camping einen Preisvergleich wert), DZ mit Bad und Küche etwa 35–50 €; es gibt auch Apartments für bis zu sechs Personen. ✆ 090 9811540 oder 090 9812527, ✉ 090 9814323, www.liparicasevacanze.it.

• *Camping* ** **Camping Baia Unci**, am südlichen Ortsrand, durch die Uferstraße vom Meer getrennt. Hübscher Platz; eben, sehr schattig, gepflegte Sanitäranlagen, ordentliches Restaurant, in der Umgebung gute Einkaufsmöglichkeiten. Auch in der Nebensaison herrscht meist lebendiger Betrieb, im Hochsommer wird es oft sehr voll. Nach dem Besitzerwechsel 2001 hat sich einiges geändert: Kochen vor dem Zelt ist tabu (nur noch im Bereich der großen Bar gestattet), und die Sanitäranlagen wurden renoviert und mit Duschen-Stehtoiletten-Kombinationen ausgestattet, die zwar durchaus hygienisch, aber dennoch gewöhnungsbedürftig sind. Jeder Gast ist zudem nun verpflichtet, permanent ein buntes Plastikarmband ("braccialetto") à la All-Inclusive-Hotel zu tragen, das nicht abgenommen werden kann – vielleicht helfen ja immer wiederkehrende Proteste gegen diese Unsitte. Offen etwa von Mitte März bis Mitte Oktober, je nach Geschäftsgang. Preis p.P. inkl. kleinem Zelt je nach Saison 7–12 €. Mit großem Zelt/Wohnmobil etc.

Schmaler Häuserschlauch am Kiesstrand: Canneto

p.P. 7–10 €, zuzüglich 9–12 € für den Stellplatz. Auch Vermietung kleiner Bungalows, zur NS recht günstig. ✆ 090 9811909, 📠 090 9811715.

• *Essen* Auch das Camping-Restaurant "Al Pescator" lohnt einen Versuch. Außerhalb der Saison bleibt allerdings so manche Restauranttür verschlossen.

Ristorante-Pizzeria La Bussola, etwa in der Mitte der Uferstraße. Das gehobenste Restaurant des Ortes, erst vor wenigen Jahren eröffnet. Zur Auswahl ein festes Menü für etwa 13 €, à la carte muss man mit mindestens 25 € deutlich mehr anlegen. Auch Pizza. Via Archimede 2, ✆ 090 9880881.

Ristorante-Pizzeria Calandra, an der Uferstraße im äußersten nördlichen Ortsbereich, auch in der NS meist geöffnet. Relativ kleine Terrasse, innen viel Platz. Menü ab etwa 20 €, auch ganz passable Pizze.

Bar Tavola Calda Papisca, an der Uferstraße zwischen Zentrum und Camping. Leckere Kleinigkeiten, die traditionsreichen hiesigen Süßwaren gelten gar als die besten der ganzen Insel. Man kann aber auch zu recht günstigen Preisen komplette Vorspeisen und Hauptgerichte bekommen, ebenso nahrhafte Focacce und Ähnliches.

Piccolo Bar, direkt am Hauptplatz. Freundliche kleine Bar, in der es auch Kleinigkeiten zu essen gibt, ein beliebter Treffpunkt und auch in der Nebensaison ganz gut besucht.

➤ **Weiter an der Hauptstraße:** Hinter Canneto steigt die Küstenstraße in Serpentinen an und führt durch die kleine Häusersiedlung oberhalb des hübschen Strands *Spiaggia Bianca* (Badepause ...) und erreicht dann die weißen Bimssteinhügel des Campo Bianco. Etwa einen Kilometer nördlich der Spiaggia Bianca ändert sich das Landschaftsbild plötzlich. Hier durchquert die Straße das Gebiet der Cave di Pomiche ("Bimssteingruben"), die an den zum Meer hin abfallenden Hängen des Monte Pilato liegen. Hier wurde Bimsstein im Tagebau gewonnen, der praktisch die gesamte Ostseite des Bergs angefressen hat. Genannt wird diese Zone treffend Campo Bianco – "Weißes Feld". Mittlerweile haben sich die Abbauarbeiten allerdings mehr ins Inselinnere verlegt.

Lipari und der Bimsstein

Fast ein Viertel (22,4 %, entspricht 8,4 qkm) der Inseloberfläche Liparis besteht aus dem weißen, porösen Material, das so leicht ist, dass es im Wasser schwimmt. Bimsstein ist wie Obsidian ein vulkanisches Produkt, entstanden aus saurem, beim Auswurf durch Gasbläschen stark aufgeschäumtem und glasigem Magma. Der Bimsstein, früher ein begehrter Exportartikel, wird auch heute noch abgebaut, wenn auch in wesentlich geringerem Umfang als noch in den 70er-Jahren. Verwendung findet er in erster Linie als Polier- und Schleifmittel für Metalle, Stein, Glas, Holz, Leder oder andere Materialien, ebenso als Filterstoff. Viele Putz- und Scheuermittel enthalten ebenfalls feinen Bimsstaub, und auch die "Stone-Washed"-Optik mancher Jeans ist auf den Einsatz dieses Materials zurückzuführen. Bimsstein isoliert jedoch auch sehr gut und ist gleichzeitig relativ elastisch, weshalb er sich auch als Baumaterial bestens eignet. Der deutliche Rückgang des Abbaus auf Lipari wird die Gesundheitsämter freuen – der feine Staub, der beim Abbau entsteht, ist nämlich für eine spezifische Lungenkrankheit verantwortlich: Die Silikose (eine Form der Staublunge), auch "Liparose" genannt, brachte einst vielen Arbeitern der Bimssteinwerke den frühen Tod.

Hinter dem Ende des Bimsgebiets durchquert die Straße die "Roten Felsen" Rocche Rosse. Es handelt sich um einen leicht rötlichen bis dunklen Obsidianstrom des Monte Pilato, der auf einer maximalen Breite von knapp einem Kilometer fast bis zum Dorf Acquacalda reicht.

Acquacalda

Das "warme Wasser" liegt an der Nordküste Liparis, mit schönem Blick auf Salina und Panarea, mit Glück auch auf Stromboli. Das Örtchen, direkt an einem feinen schwarzen Kieselstrand, besteht aus nicht viel mehr als einer lang gezogenen Reihe von Häusern, einem weiteren Bimswerk samt Anleger und einer Kirche.

- *Essen* **Ristorante Da Lauro**, kurz nach dem Ortseingang oberhalb der Straße. Ein Feinschmeckertipp: üppige Vorspeisen, hausgemachte Nudeln, hervorragender Fisch je nach Tagesfang. Zum Nachtisch vielleicht eine der guten Süßspeisen oder einen der vielen bunten und selbstproduzierten Kräuterliköre. Freundlicher Wirt ("Lauro" eben); Innenraum in kühler Eleganz, strohgedeckte Terrasse mit schönem Blick. Menü um 25 €, im Winter Mo Ruhetag. Gruppen ab etwa vier Personen können sich im Sommer kostenlos in Lipari abholen lassen. ✆ 090 9821026.

Hinter Acquacalda steigt die Küstenstraße wieder an. In einer Kurve, hier auch ein kleiner Parkplatz, weites Panorama: Bei klarem Wetter sieht man alle anderen Inseln außer Vulcano. Ab hier verläuft die Straße inseleinwärts; die Küste ist zwar über Feldwege zu erreichen, fällt aber steil ab.

Quattropani

Ein weitläufig zersiedeltes Dorf, zwischen den einzelnen Häusern erstreckt sich viel landwirtschaftlich genutztes Gebiet. Von Quattropani führt eine zunächst sehr breite, dann schmaler werdende Straße zur frisch renovierten

Chiesa Vecchia von 1646, die in ihrer weißen Schlichtheit fast kykladisch wirkt. Vom kleinen Kirchplatz genießt man einen fantastischen Ausblick auf die Küste und die umgebenden Inseln.

- *Übernachten/Essen* **Agriturismo Tivoli**, in ruhiger Lage am Ortsrand in Richtung Acqucalda. Erster Agriturismo der Insel, 1997 eröffnet, ein Landwirtschaftsbetrieb mit Tierhaltung etwas abseits der Wohngebäude. Drei solide eingerichtete, geräumige Zimmer und mehrere Apartments; in letztere muss man Bettwäsche und Handtücher selbst mitbringen. Übernachtung für zwei Personen im DZ/F 40–60 €, im Apartment (ohne F) 35–60 €, HP kostet p.P. 45–50 €. Gegessen wird bei gutem Wetter auf einer fantastisch gelegenen Terrasse mit herrlichem Panorama; viele Zutaten sind aus eigener Produktion, die Portionen üppig. Wer nur zum Essen kommt, zahlt komplett etwa 20 €, sollte sich aber vorher anmelden. Achtung, die Zufahrt ist sehr schmal und wird immer schmaler, besser oben am Rand der Kurve am Ortsausgang parken. Via Quartara, ✆ 090 9886031, Handy 339 2630876, www.netnet.it/tivoli.

Ristorante Pizzeria A Menza Quartara, an der Hauptstraße im südlichen Siedlungsbereich, der mit einem kleinen Laden, zwei Bars und eben diesem Restaurant quasi das Ortszentrum bildet. Relativ großes Lokal, kleinere Terrasse mit schönem Panorama aufs Meer. Zu den Spezialitäten zählen "Antipasto locale" und Kaninchen süß-sauer (coniglio agrodolce), beides nur auf Vorbestellung; abends gibt es auch Pizza. Menü etwa 20 €, Di Ruhetag, zur NS Sa/So geöffnet. ✆ 090 9886236. Direkt nebenan liegt eine kleine Bar mit wenigen Tischen, von denen man z.T. ebenfalls eine schöne Aussicht genießt.

◆ **Cave di Caolino**: Küstenwärts des südlichen Siedlungsteils von Quattropani liegt einer der ungewöhnlichsten Orte Liparis. Es handelt sich um eine ehemalige Abbaustätte von Porzellanerde (Kaolin), die in der keramischen Industrie, aber auch zur Herstellung von Katalysatoren etc. Verwendung findet. Der kleine, wenig besuchte Talkessel in etwa 300 Meter Höhe über dem Meer ist von bizarrer Schönheit. Dampfende Fumarolen zeugen von vulkanischer Aktivität, das geschichtete Gestein leuchtet in Tönen, die von fast Weiß über Sandfarben, Gelb und Ocker bis hin zu Orange, Purpur, Zinnober und sogar tiefem Schwarz reichen. Im Frühsommer setzt blühender Ginster zusätzliche Akzente. Das beschilderte Nebensträßchen zu den Kaolingruben zweigt im südlichen Ortsbereich, hinter einem Taleinschnitt kurz nach dem Restaurant "A Menza Quartara", in einer Linkskurve rechter Hand ab, dann geht es etwa einen Kilometer weit immer geradeaus, über eine Kreuzung hinweg.

Wanderung 12: Von den Kaolingruben zu den Terme di San Calogero

Route: Quattropani – Cave di Caolino – Terme di San Calogero – Inselrundstraße/Pianoconte. **Reine Wanderzeit:** etwa 2,5 Stunden. **Höhenunterschiede:** 300 Meter Ab- und 100 Meter Aufstieg.

Charakteristik: Eine Wanderung durch den dramatischen "Wilden Westen" Liparis, fern aller Ansiedlungen. Landschaftlich ungemein reizvoll, bietet sie fantastische Ausblicke auf die zerklüftete Küstenlinie mit ihren vorgelagerten Inselchen; geologisch geschulte Augen werden zudem eine Reihe von interessanten Phänomenen entdecken. Gutes Schuhwerk ist ein Muss, verlaufen kann man sich mit etwas Orientierungssinn kaum.

Anfahrt: Da es sich nicht um eine Rundwanderung handelt, bietet sich zur An- und Rückreise der Inselbus an. Wer sein Fahrzeug in Quattropani geparkt hat, kann jedoch auch entlang der normalerweise wenig befahrenen Inselrundstraße dorthin zurückgehen; die Distanz verlängert sich ab der Hauptstraße von Pianoconte dadurch um etwa vier Kilometer.

Verlauf: Vom Restaurant "A Menzo Quartara" in *Quattropani* geht man zunächst Richtung Lipari. Nachdem die Straße ein enges Tal überquert hat, wendet sie sich nach links. Hier zweigt im Scheitelpunkt der Kurve das beschilderte Sträßchen zu den Cave di Caolino nach rechts ab; auf Wunsch halten die Inselbusse auch genau an dieser Stelle. Man folgt dem Fahrweg immer geradeaus, über eine Kreuzung hinweg, und erreicht nach etwa einer Viertelstunde das Gebiet der Kaolingruben *Cave di Caolino* (siehe oben). Dort setzt sich das Sträßchen als steil bergab führender und mit scharfkantigen Steinen gespickter Schotterweg fort, der sich in Serpentinen Richtung Küste schlängelt. Unten auf etwa 50 Metern Höhe über der Küste angekommen, hält man sich an der Gabelung links – rechts und bald darauf wieder küstenwärts links abzweigend, ließe sich ein Abstecher zur Punta Palmeto unternehmen, benannt nach den zahlreichen Zwergpalmen, die dort wachsen. Der Weg verläuft nun ohne große Höhenunterschiede immer etwa parallel zum Meer durch karg bewachsene, aber grandiose Landschaft landeinwärts etwas oberhalb der Küste. Hier herrschen Ruhe und tiefer Frieden. Gelegentlich kreist ein Bussard oder ein Rabe in den Lüften, manchmal weiden Ziegen oder Schafe auf den nur im Frühjahr saftig grünen Hängen, vielleicht holpert einem auch ein alter Fiat 500 mit einem wagemutigen Lenker entgegen, der die für Ortsfremde ganz sicher nicht zu empfehlende Auffahrt hinauf zu den Gruben unter die Räder nehmen will. Etwa auf Höhe der Bucht Cala Fico wendet sich der Weg wieder inseleinwärts und verwandelt sich schließlich

Wanderung 12

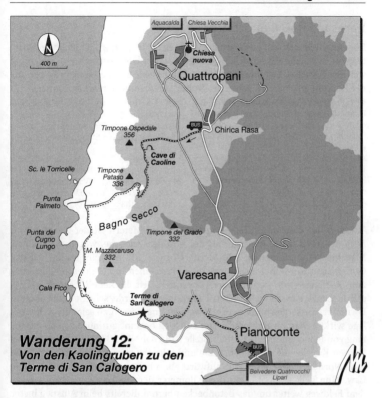

Wanderung 12:
Von den Kaolingruben zu den Terme di San Calogero

in eine Zementstraße, die bald die *Terme di San Calogero* (s. u.) erreicht. Diese sind von Mai bis September zwar als Stopp der Inselbusse ausgewiesen, verlassen sollte man sich darauf jedoch sicherheitshalber nicht: Mancher Fahrer spart sich gern mal den Schlenker hinab zu den Thermen. Besser, man steigt noch die etwa zwei Kilometer hinauf bis Pianoconte: Gleich hinter dem Wendeplatz beginnt rechts ein alter Pflasterpfad, markiert durch einen gelben und einen roten Punkt. Er steigt in weiten Serpentinen durch Olivenhaine an, verwandelt sich nach einer knappen Viertelstunde in einen Betonweg und führt bald an einem einzelnen Haus vorbei. Kurz darauf beschreibt die Betonpiste in einem Talkopf eine deutliche Rechtskurve und erreicht fünf Minuten später vor einer hohen Mauer eine Gabelung; hier geht es rechts. Immer geradeaus gehend, erreicht man in gut zehn Minuten und nach einem letzten steilen Anstieg schließlich die Hauptstraße von Pianoconte. Direkt an der Kreuzung ist die Bushaltestelle; für Wartezeiten empfiehlt sich die 50 Meter linker Hand gelegene und mit einem auffälligen Wandgemälde versehene Bar "Cin Cin".

Varesana und Pianoconte

Ein ausgedehntes, fast zusammengewachsenes Doppeldorf, ähnlich wie Quattropani stark landwirtschaftlich geprägt. Aufgrund der fruchtbaren Umgebung war das Gebiet von Pianoconte schon früh besiedelt – die hiesigen Funde aus der Zeit um 2500 v. Chr. gaben der Kultur von Piano Conte ihren Namen.

• *Übernachten/Essen* **Agriturismo U Zu Peppino**, neben der Hauptstraße im nördlichen Siedlungsbereich von Pianoconte, aus Richtung Quattropani kurz hinter dem Ortsanfang rechts. Fünf gute Zimmer, zwei Apartments (Bettwäsche vorhanden), Ü/F für zwei Personen 60–70 €. Reitmöglichkeit. Prima Küche, Käse und viele andere Sachen selbst hergestellt, HP p.P. 45–50 €. Auswärtige Essensgäste zahlen etwa 20 € (ohne Wein), müssen aber reservieren haben. Via Quattropani 21, ✆/🕾 090 982233, Handy 338 5241593.

Ristorante Le Macine, an der Hauptstraße von Pianoconte, ein Stück ortseinwärts des Agriturismo. Hübsches Restaurant in einem alten Anwesen, sehr gute lokale Küche nach alten eolischen Rezepten, Menü um die 30 €. Auch Pizza. Via Stradale, ✆ 090 9822387. Im Winter nur am Wochenende geöffnet, außerhalb der HS Di Ruhetag.

▶ **Aufstieg auf den Monte San Angelo**: Mit 592 Metern ist der zweithöchste Berg der Insel kaum niedriger als der nördlich gelegene, wegen der dichten Macchia kaum zu besteigende Monte Chirica (602 m). Ein großer Teil des Gipfelhangs wurde betoniert und mit Ablaufrinnen in eine riesige "Zisterne" zum Auffangen von Regenwasser verwandelt. Seit die neue Meerwasser-Entsalzungsanlage in Canneto in Betrieb genommen wurde, scheint man auf diese Form der Wassergewinnung jedoch weniger angewiesen zu sein, denn die Anlage wirkt etwas vernachlässigt. Der Aufstieg beginnt am nördlichen Ortsanfang von Pianoconte, eine Bushaltestelle ist in der Nähe. Hier geht man bei der kleinen Kapelle auf die Nebenstraße und folgt ihr etwa 800 Meter weit Richtung Norden, biegt dann rechts aufwärts ab, vorbei an einem Verbotsschild für Lkw. Nun geht es noch rund drei Kilometer dem Betonweg nach, dann auf dem Feldweg weiter um das Betonbecken herum. Bereits beim Aufstieg bietet sich ein weites Panorama auf Lipari-Stadt und Vulcano, bei gutem Wetter bis nach Sizilien. Vom Gipfel selbst, der mit großen Sendemasten bestückt ist, reicht der "Fünf-Inseln-Blick" bis Alicudi, Filicudi, Salina, Panarea und Stromboli; gut zu erkennen sind auch die Bimsabbaugebiete an den Hängen des Monte Pilato im Nordosten von Lipari.

Terme di San Calogero

Die berühmten Thermen von San Calogero wurden Jahrtausende lang genutzt und liegen in sehr schöner Landschaft. Zu erreichen sind sie über eine Nebenstraße, die von Pianoconte abzweigt, von dort etwa zwei Kilometer. Eine uralte Kuranlage – die frühesten Funde in mykenischem Stil datieren aus der Zeit um 1500 v. Chr.! Teile des über einer heißen Quelle errichteten Kuppelbaus entstanden in griechischer Zeit, die Römer haben die Thermen dann erneut nutzbar gemacht. Ihren Namen hat die Quelle von dem Heiligen, der sie nach ihrem Versiegen im Mittelalter auf wundersame Weise wieder sprudeln ließ. Neben dem historischen Thermalbad wurde 1867 ein neues Kurhaus errichtet, das jedoch seit fast drei Jahrzehnten außer Betrieb ist. Zwar wurde das Gebäude restauriert und macht von außen mittlerweile wieder einen einwandfreien

Grandiose Landschaft: Liparis wilder Westen

Eindruck, doch wagt auf Lipari kein Mensch mehr zu sagen, wann (und ob überhaupt) es wieder eröffnet werden wird. Für einen geregelten Kurbetrieb scheint die Quelle nicht mehr genug Wasser zu liefern, Gerüchten zufolge soll in dem Bau irgendwann eine Schönheitsfarm eingerichtet werden. Die Restaurierung des alten Kuppelbaus lässt leider ebenfalls seit vielen Jahren auf sich warten, weshalb das Gelände eingezäunt und der Zugang verboten ist. Zur Saison warten trotzdem oft ein oder zwei findige Liparoten am Parkplatz, die gegen ein Trinkgeld (illegale) Führungen anbieten. Auch amtlicherseits gestattet ist es dagegen, den teilweise ausgebauten, hübschen Spazierweg zu nutzen, der von den Kuranlagen in Richtung der Steilküste verläuft und in seiner Verlängerung schließlich zu den Kaolingruben bei Quattropani (siehe Wanderung 12) führt.

Belvedere Quattrocchi

Einer der schönsten und meistbesuchten Aussichtspunkte der an solchen gewiss nicht armen Insel liegt etwa fünf Kilometer vor Lipari (Bushaltestelle). Der Name soll daher rühren, dass man sich bei diesem Panorama zwei zusätzliche Augen wünscht – sagt man jedenfalls auf Lipari. Besonders bei Sonnenuntergang bietet sich hier tatsächlich ein Bild fast märchenhafter Schönheit: Über zweihundert Meter tiefer verläuft die gezackte Steilküste, Segelyachten kreuzen auf dem tiefblauen Wasser zwischen den Faraglioni-Klippen. Im Hintergrund dampft der Krater von Vulcano, und am Horizont erstreckt sich, soweit das Auge reicht, Sizilien – einer jener Momente, die man nicht so leicht vergisst. In Ruhe verarbeiten lässt sich das Gesehene am schönsten Strand Liparis, der tief unterhalb des Aussichtspunktes gelegenen Spiaggia Valle Muria, die im Kapitel "Badestrände auf Lipari" näher beschrieben ist.

Aussicht auf Lipari: Blick über den Rand des Gran Cratere

Vulcano

Schon an der Anlegestelle weht Schwefelgestank um die Nase. Anzeichen vulkanischer Aktivität allerorten. Der auffällig rauchende Gran Cratere ist ein beliebtes Kletterziel.

Auf der Sizilien nächstgelegenen Insel brodelt es im Meer, strömt Dampf aus Erdspalten, schwitzt der Boden Schwefel aus. Der Vulkan, der all dies verursacht, ruht nur und kann jederzeit wieder ausbrechen.

Die letzte Eruption (1888–1890) liegt schon über hundert Jahre zurück. Mancher Vulkanologe erwartet deshalb bald einen erneuten und dann sicher verheerenden Ausbruch, vielleicht schon in den nächsten Jahren oder Jahrzehnten. Dennoch entstanden seit den 70er-Jahren ganze Kolonien von Hotels und Ferienhäusern – die Lockung der Lavasandstrände überwiegt offensichtlich die Furcht vor der drohenden Gefahr. Zu den Urlaubern gesellt sich eine große Zahl an Tagesbesuchern. Der starke Fremdenverkehr blieb nicht ohne Auswirkungen auf das Inselleben. Noch vor 25 Jahren war Vulcano eine Insel der Bauern und Winzer. Heute findet sich kaum jemand mehr, der diese mühsamen Tätigkeiten ausüben will, der Tourismus bringt mehr und schnelleres Geld.

Eine deutsche Urlauberin, die Vulcano schon seit Jahrzehnten besucht, brachte die allmählichen Veränderungen einmal so auf den Punkt: "Damals gab es hier Dutzende von Eseln und ein Auto. Heute gibt es Dutzende von Autos und einen Esel." Dass das Geschäft mit den Fremden zum Haupterwerbszweig wurde, merkt man schon am Hafen von Porto di Levante. Der Ort ist eine einzige Anhäufung von Boutiquen, Schnellrestaurants, Souvenirgeschäften und Hotels; im Winter eine Geisterstadt, im Sommer ein Rummelplatz. Nach Westen wuchern großflächige Siedlungen von Ferienhäusern, verbunden durch ein Netz schachbrettartig angelegter Straßen nach Norden.

Doch gibt es auch Flecken, die zumindest einen Tagesausflug nach Vulcano absolut lohnen. Der Aufstieg auf den Gran Cratere garantiert fast surrealistische Atmosphäre und weiten Blick, der schwarze Strand bei Porto di Ponente gehört zu den schöneren der Inseln, das Dörfchen Piano liegt auf einer grünen, fast mitteleuropäisch anmutenden Hochebene. Nicht zuletzt interessieren auch die Fumarolen am Strand von Porto di Levante – heiße Gas- und Dampfquellen, die das Meerwasser zum Kochen bringen.

Die Rache des Vulkans

Ab Beginn des 19. Jh. wurden auf Vulcano Schwefel (Streichhölzer, Schießpulver) und Alaun (zum Gerben) abgebaut. 1876 erwarb der Schotte James Stevenson einen ausgedehnten Teil der Insel, den er später durch weitere Käufe noch vergrößerte. Bauern und Verbannte, zum Abbau der Bodenschätze eingesetzt, behandelte der Brite in Kolonialmanier als Leibeigene. Sein schwer bewachter, sorgfältig eingezäunter Besitz durfte von keinem Fremden betreten werden. Diese für die Arbeiter wohl gar nicht witzige Provinzposse beendete der verheerende Ausbruch von 1888 schlagartig. Alle Fördereinrichtungen wurden zerstört. Verschreckt ob solcher Gegenwehr von unerwarteter Seite wandte sich der edle Herr zurück gen Schottland. Seine einstige Prachtvilla, im Gebiet nahe des Schlammtümpels Vasca di Fanghi gelegen und "Castello Inglese" genannt, beherbergt heute unter anderem eine Disco.

Angesichts der vielfältigen Phänomene wundert es nicht, dass die Elektrizitätsgesellschaft ENEL sich ausgerechnet Vulcano als Experimentierfeld für alternative Energien ausgeguckt hat. Neben einer geothermischen Anlage ist auch ein allerdings kleines Sonnenkraftwerk in Betrieb, das auf der Hochebene von Piano errichtet wurde.

Information/Verbindungen

• *Information* A.A.S.T., 98050 Porto di Levante, zuletzt im auffälligen Gebäude des ehemaligen ENEL-Pavillons, ✆ 090 9852028. In der Vergangenheit musste das Büro jedoch wiederholt den Standort wechseln, was auch diesmal nicht ausgeschlossen ist. Nur von etwa Juli bis September in Betrieb, zuletzt Mo–Sa 8–14 Uhr.

• *Verbindungen* **Schiff**: Agenturen nahe des Hafens, alle im Umkreis von 50 m. Fähren der NGI (✆ 090 9852401) und SIREMAR (✆ 090 9852217); Aliscafi der SNAV (✆ 090 9852230) und der SIREMAR.

Inselbusse: Abfahrt nahe beim NGI-Schalter, zur Sommersaison Abfahrten nach Piano 7-mal, Gelso 3-mal täglich.

• *Leihfahrzeuge* Auch hier gilt der Rat, die Fahrzeuge vor Anmietung unbedingt auf ihren Zustand zu überprüfen (Bremsen!). Wer auf die Hochebene oder gar nach Gelso will, ist mit einem Scooter besser bedient als mit einem Rad.

Da Paolo, in Porto di Levante, Nähe NGI-Büro, ✆ 090 9852112, vermietet Fahrräder für 4–5 € und Automatic-Scooter für etwa 15 € (August: 35 €!) pro Tag, bei Miete ab drei Tagen Rabatt. Ein weiterer Vermieter ist **Noleggio Sprint**, um die Ecke von Paolo, ✆ 090 9852208, ähnliches Preisniveau.

534 Eolische Inseln

- *Geldautomat* Der Geldautomat nahe der Cantina Stevenson ist ganzjährig in Betrieb. Vorsichtshalber sollte man dennoch genügend Bargeld mitführen, auch wenn Lipari nur ein paar Aliscafo-Minuten entfernt liegt.

- *Bootsverleih/Tauchen* **Vulcano Mare**, Porto Ponente, am Strand Nähe Camping Togo Togo. Flaschenservice, Tauchkurse, Mietboote etc. ✆ 090 9853064, ✆ 347 6314074 (mobil).

Übernachten/Camping

Ganzjährig haben nur ganz wenige Hotels geöffnet, die Mehrzahl der Quartiere dagegen nur von April bis Oktober. Halbpension ist im Juli/August fast überall obligatorisch. Angesichts der hiesigen Preise dürften die Hoteliers von Lipari vor Neid erblassen – die meisten Besucher belassen es deshalb auch bei einem Tagesausflug. Wasser ist Mangelware auf Vulcano: Bei hoher Auslastung tröpfelt so manche Dusche deshalb nur oder stellt gar für eine Weile den Betrieb ein.

- *Hotels* ****** Les Sables Noirs**, das Tophotel von Porto di Ponente, neben der Straße Richtung Vulcanello. Hübsch angelegter Komplex mit geringer Zimmerzahl, eigenem Strandabschnitt, Pool, Panoramarestaurant etc. DZ nach Ausstattung etwa 150–250 €. In der Zeit um Mitte August liegt die Mindestbuchungsdauer bei einer Woche. Geöffnet Ostern bis in den Oktober, ✆ 090 9850, 📠 090 9852454, www.framon-hotels.com.

*** Hotel Garden Vulcano, in hübscher verwilderter Gartenlandschaft abseits vom Trubel. 1997 nach längerer Zeit wieder in Betrieb genommen, teilrenoviert. Oft Gruppen. Die Zimmer haben alle Terrasse, fallen aber recht nüchtern aus. DZ/F je nach Saison etwa 70–105 €, im August bis zu 170 €. Geöffnet von Ostern bis Oktober. Vom Hafen zunächst rechts, der nördlichen der beiden Hauptstraßen folgen, nach einem Kilometer dann rechts Richtung Porto di Ponente. ✆ 090 985202, 📠 090 9852359.

** Hotel Rojas, kleines Hotel mit nur zwölf Zimmern, in zentraler Lage unweit des Schlammbads Vasca di Fanghi. Erst wenige Jahre alt, Zimmer mit teilweise recht großer Terrasse. Nur von Juni bis September geöffnet, DZ/F etwa 70–100 €, im August bis zu 140 €. ✆ 090 9852080, www.netnet.it/rojashotel.

* Hotel Torre, das frühere "Agostino", eine erfreuliche Ausnahme angesichts der Preistreiberei auf Vulcano. Acht einfache, aber ordentliche und in Schuss gehaltene Zimmer mit guten Bädern, Klimaanlage, TV und Heizung. DZ 40–55 €, im August knapp 80 €, dann aber natürlich meist belegt. Ganzjährig geöffnet außer zu Restaurierungsarbeiten im Winter. In einer Seitengasse etwa 200 m nordwestlich der Anlegestelle, bei einem Supermarkt und einer Apotheke. Reservierung ratsam. Via Favaloro, ✆/📠 090 9852342, www.netnet.it/hoteltorre.

* Pensione La Giara, an der von Piano kommenden Einbahnstraße Via Provinciale. Nur zehn Zimmer, hübsch, aber teilweise recht eng, manche sind mit Stockbetten versehen. Klimaanlagen oder Ventilatoren sorgen für Kühlung, die Bäder sind in Ordnung. Offen von Ende März/Anfang April bis Mitte Oktober, DZ/F etwa 55–70 €, im August bis zu 115 €. Auch wochenweise Vermietung von Apartments. ✆ 090 9852229. www.netnet.it/pensionelagiara.

Selfotel Eden Park, im hinteren Bereich von Porto di Ponente, teilweise als Campingplatz ausgeschildert. Einfache, aber relativ preiswerte Studios, immerhin mit Küche und Bad. Internationale, kommunikative Atmosphäre; der hilfreiche und humorvolle Besitzer Rino Giuffrè spricht Deutsch. Zweier-Apartments nach Saison etwa 50–70 €, im August 120 €. Weiterhin gibt es sehr einfache "Economic"-Zimmer mit Stockbetten, DZ 30–35 €, im August bis 50 €. Der Besitzer legt Wert auf ruhige Gäste, die oben genannten Preise dienen deshalb auch der "Abschreckung" – wer die aktuelle Ausgabe dieses Reisehandbuchs vorweist, erhält 20 Prozent Rabatt. Im gepflegten Garten besteht auch Campingmöglichkeit für einige wenige Zelte, einfache Sanitärs vorhanden. ✆/📠 090 9852120, www.isolavulcano.it.

- *Privatzimmer* Offiziell nur wenige Vermieter, tatsächlich jedoch schon einige mehr. Lassen Sie sich aber nicht einfach vom Hafen abschleppen, viele Privatquartiere sind fast über Nacht errichtete Schwarzbauten und bieten nur miese Qualität. Am besten in Geschäften, Bars etc. herumfragen und sich das Zimmer vor Anmietung ansehen. Zur Hochsaison sind allerdings selbst die Problemfälle fast grundsätzlich belegt.

Vulcano 535

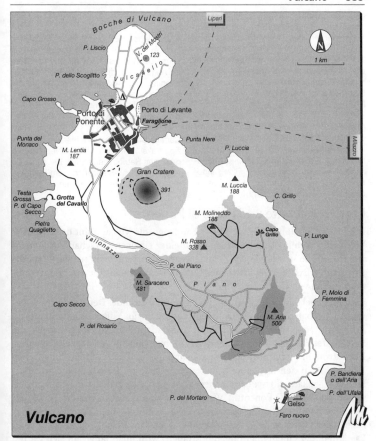

- *Camping* Offiziell ist Camping auf Vulcano wegen angeblich möglicher Schwierigkeiten bei der Evakuierung im Fall eines Ausbruchs verboten. Der derzeit einzige echte Platz kann also jederzeit geschlossen werden, existiert unter diesem Vorzeichen aber schon seit einer ganzen Reihe von Jahren.

Camping Togo Togo, inoffizieller, recht schön gelegener Platz an der Bucht von Porto di Ponente. Schwarzer Lavasandboden, nur teilweise Schatten durch Eukalyptusbäume. Sanitäres zumindest zur Hochsaison nicht erhebend; Restaurant, Bar mit Lebensmittelverkauf. Zum Meer 50 m. Offen von April bis September; p. P. 10,50 €, Zelt und Auto inklusive. Auch Bungalowvermietung. ✆ 090 9852303.

Essen/Nachtleben

Dank der Tagesausflügler reiche Auswahl an Lokalen, darunter viele Self-Services.

- *Essen* **Ristorante Da Maurizio**, an der Querstraße zwischen den beiden Hauptstraßen, in Hafennähe. Weitläufiger, hübscher Garten, die Tische von einzelnen Schirmen überdacht, besonders schön am Abend. Innen großzügige Raumaufteilung. Der Wirt Maurizio überwintert in Goa, was nicht ohne Einfluss auf die Küche bleibt; es gibt aber auch eolische Sachen. Viel Gemüse im Essen, Maurizio hat auch für Vegetarier ein Herz. Mehrere Leser waren durchaus zufrieden. Degustationsmenü 21 €, leichter "Tagesteller" 10,50 €; Menü à la carte mit Fisch ab etwa 25 €. Offen von Ostern bis Mitte November.

Ristorante Da Vincenzino, in der Nähe von Maurizio, neben dem ehemaligen ENEL-Zeltpavillon. Großer Betrieb, kein besonderes reizvolles Ambiente, dafür jedoch ordentliche Küche mit Schwerpunkt auf Fisch. Menü à la carte ab etwa 20 €.

Pizzeria A Zammara (da Conti), in Strandnähe beim Hotel Conti. Gute Pizza, angenehme Atmosphäre und vor allem besonders lange Öffnungszeiten: Im Sommer schließt A Zammara erst gegen zwei Uhr morgens.

• *Nachtleben* Ein Nachtleben im üblichen Sinn existiert auf Vulcano nur zur italienischen Urlaubssaison. Im Juli und vor allem im August sind die Nightlife-Spots **La Capannina** und **Il Castello** (Open Air bei der Schottenvilla Castello Inglese) auch bestens besucht. Außerhalb dieser Zeiten ist dagegen meist wenig los – sofern überhaupt geöffnet wird.

Cantine Stevenson, in Hafennähe. Das einzige Lokal, in dem auch zur Nebensaison gewisser Betrieb herrscht. Über 80 Cocktails, freundliche Bedienung, gemütliche Atmosphäre. Via Porto di Levante.

Porto di Levante und Porto di Ponente

Die beiden Siedlungen liegen an der Landenge, die Vulcano mit der Halbinsel Vulcanello verbindet und sind längst zu einer einzigen Ortschaft zusammengewachsen. So etwas wie ein Zentrum wird man vergebens suchen – auf die einstmalige Existenz verschiedener Orte weisen allenfalls die zwei Konzentrationspunkte von Geschäften hin.

Baden: So belanglos die Orte, so interessant die Strände. Der von Porto di Levante ("Osthafen") könnte aus einem Lehrbuch für Vulkanologen stammen: Aus dem Boden dampft es, die Steine glänzen von bunten Ablagerungen, die Luft "duftet" bedenklich nach Schwefel. An manchen Stellen brodelt das Meer. Dort strömen Fumarolen Gase und Dampf aus und erhitzen das umgebende Wasser bis an den Siedepunkt: Badeschuhe sind an diesem Strand wichtig... Frei von vulkanischen Phänomenen zeigt sich dagegen der schönste Inselstrand bei Porto di Ponente ("Westhafen"). Eine Bucht in weitem Halbkreis, der feine Sand entstammt schwarzer Lava. Schön ist auch der Blick hinüber nach Lipari. Man genieße ihn, solange es geht. Die Ablenkung in Form eines Passanten, der einem über die Füße stolpert, wird nicht lange auf sich warten lassen – im Sommer ist der Strand gnadenlos voll.

Vasca di Fanghi: Dieser warme Schlammtümpel liegt nur knapp abseits des Strandes von Porto di Levante. Irgendwie erinnern die Urlauber, die sich dort suhlen und den Schlamm über den ganzen Körper verteilen, an gewisse Borstentiere – in jedem Fall ein amüsantes Schauspiel. Der spaßige Anblick hat einen therapeutischen Hintergrund: Das Schlammbad und die Fangopackungen besitzen eine heilfördernde Wirkung bei Hautkrankheiten, Rheuma, Arthritis und anderen Leiden. Wer sich auch einmal so richtig nach Herzenslust suhlen will, sollte darauf achten, den schwefelhaltigen Schlamm nicht in die Augen zu bekommen (er brennt wie Feuer) und bedenken, dass ein allzulanger Aufenthalt im Tümpel ungesunde Auswirkungen nach sich ziehen kann. Kinder und Schwangere sollten auf ein Bad völlig verzichten. Auch auf Schmuck aus Leder, Silber und manchen anderen Metallen hat der Schlamm höchst verderbliche Auswirkungen, während der Schwefelgeruch sich ausdauernd an der Badekleidung und auch der Haut festsetzt. Wegen anderer "Beimischungen"

Bizarre Formen: Lavafelsen bei Porto Ponente

braucht man sich weniger zu sorgen, denn der Inhalt des Fangotümpels erneuert sich innerhalb einer Stunde komplett.

① Geöffnet ist der Schlammtümpel täglich 6.15 Uhr bis 20.30 Uhr, Eintrittsgebühr 1,50 €. Am Eingangskiosk kann man gegen Gebühr auch sein Gepäck lagern.

Il Faraglione di Levante: Gleich hinter dem Fangotümpel erhebt sich dieser 56 Meter hohe Vulkanfelsen, der im Laufe der Zeiten durch die in der Umgebung ausströmenden heißen Gase in seiner Zusammensetzung völlig verändert wurde und nun hauptsächlich aus bunt leuchtenden Schwefelverbindungen besteht. Die geringe Anstrengung des Aufstiegs wird durch einen guten Überblick auf das Treiben im Schlammpfuhl und in der angrenzenden Fumarolenzone im Meer belohnt.

Aufstieg Nur mit Führung, von 9–13 Uhr und von 14.30 Uhr bis etwa Sonnenuntergang jede halbe Stunde. Gebühr 2 € bzw. 0,50 € Aufschlag auf die Eintrittsgebühr zur Vasca di Fanghi.

Vulcanello

Die kleine Halbinsel hat, erdgeschichtlich gesehen, erst gestern das Licht der Welt erblickt. Wie Plinius der Ältere berichtet, tauchte sie 182 v. Chr. unter gewaltigem Prusten als Inselchen aus dem Meer auf, und erst gegen 1550 hatte sie sich mit dem größeren Nachbarn durch die allmähliche Anhäufung von Lavaschlacke verbunden.

Seit damals hat sich einiges geändert: Die grüne Halbinsel wurde zum bevorzugten Baugrund für Ferienhäuser der noblen Kategorie. An Exkursionen bietet sich auf Vulcanello der leichte Aufstieg zum gleichnamigen, nur 102 Meter hohen Kraterchen mit seinen bunten Ausfärbungen an; der steile, rutschige Erdweg hinauf zweigt rechter Hand des Sträßchens zum Valle dei Mostri ab, kurz hinter dem letzten Haus.

Valle dei Mostri: Eine weitere Attraktion von Vulcanello ist dieses Tal im Nordosten, zu erreichen über die Verlängerung der Straße, die an der Abzweigung zum Camping Togo Togo vorbeiführt und dann zwischen edlen, abgeschirmten Grundstücken ansteigt. Im Umfeld einer Ferienwohnanlage führt schließlich ein Fußpfad hinab in das "Tal der Monster". Es verdankt seinen Namen den bizarren Lavafiguren, die der Phantasie reichen Spielraum lassen – wer sich den Weg sparen will, findet die fotogensten Formationen, darunter auch den bekannten "Bären", an jedem Postkartenstand.

Wanderung 13: Auf den Gran Cratere

Route: Porto di Levante – Straße Richtung Piano – Krater; zurück auf demselben Weg. **Reine Wanderzeit:** etwa 2 Stunden. **Höhenunterschiede:** jeweils 390 Meter Auf- und Abstieg. Der Zugang kostet 3 € Gebühr, die u. a. für die Instandhaltung des Wegs verwendet werden.

Charakteristik: Der Aufstieg zum 391 Meter hohen Vulkan bildet natürlich den Höhepunkt eines Besuchs auf Vulcano. Nicht nur der Blick hinein in den Krater, auch die weißen Dampffahnen und schwefelgelben Ablagerungen der Fumarolen lohnen den Weg. Und die Aussicht hinab auf Vulcanello und hinüber nach Lipari ist einfach fantastisch. Bei gutem Wetter erkennt man sogar Alicudi, Filicudi, Salina, Panarea und Stromboli. Die Tour hinauf dauert bei gemächlichem Tempo knapp eine Stunde, der Abstieg nur eine halbe Stunde. Für die Umrundung des Kraterrandes sollte man eine weitere halbe Stunde rechnen, inklusive etwaiger Aufenthalte insgesamt also rund 2,5–3 Stunden. Besondere bergsteigerische Erfahrung ist für den Aufstieg nicht vonnöten. Etwas kraxeln muss man aber schon, weshalb sich feste (Turn-)Schuhe auszahlen. Die beste Zeiten für die Exkursion sind der frühe Morgen und der späte Nachmittag, da es tagsüber ungemütlich heiß werden kann. Besondere Risiken muss man nicht befürchten: Der Vulkan wird ständig überwacht, sein Zugang bei erhöhter Aktivität gesperrt, weshalb der Aufstieg ungefährlich ist, sofern man die im Zweifelsfall deutlich erkennbaren Absperrungen nicht ignoriert.

Putzig: der Bär im Valle dei Mostri

Verlauf: Vom Hafen aus hält man sich links, entlang der Hauptstraße, und folgt der Straße gegen die Einbahn-Richtung. Am Ortsrand trifft man auf eine einzeln stehende große Pinie (15 min.). Hier zweigt bei ei-

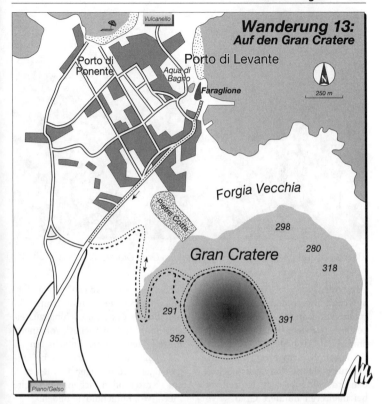

Wanderung 13: Auf den Gran Cratere

nem Schild, das vor den Gefahren des Vulkans warnt, links der Weg zum Krater ab. Er führt über offenes Gelände, anfangs zwischen kugeligen, im Frühjahr herrlich gelb blühenden Ginsterbüschen hindurch, später über Aschefelder. Zunächst bleibt der Anstieg mäßig, nach der ersten Spitzkehre geht es dann steiler bergan bis zum Kraterrand. Unterwegs wechselt an einer Stelle die Farbe des Felsens schlagartig von grauschwarz zu einem Rotbraun, das in der Abenddämmerung fast à la "Ayers Rock" leuchtet, später dann ebenso rapide wieder zu schwarzbraun. Schließlich erreicht der Pfad den Grat (1 Std.), der sich rings um den Krater zieht. Der Gran Cratere ist geradezu ein Bild von einem Vulkan. Etwa 500 Meter Durchmesser misst der kreisrunde Höllenschlund, in den noch ein kleinerer, während der letzten Ausbrüche der Eruptionsphase von 1888–1890 entstandener Krater eingeschnitten ist. Bei genauem Hinsehen erkennt man im Osten auch die Reste des älteren, mittlerweile durch Erosionsmaterial weitgehend aufgefüllten Vorgängers, der ersten Fossa.

Oben auf dem Grat und auf den nördlichen Kraterhängen dampft es gen Osten besonders kräftig: Hier vor allem treten die heißen Gase der

Bedrohlich: dampfende Schwefelspalten am Gran Cratere

Fumarolen an die Oberfläche, die aufgrund ihrer chemischen Zusammensetzung auch als Solfataren bezeichnet werden, benannt nach den ähnlichen Gasquellen von Solfatara bei Pozzuoli, Nähe Neapel. Die Temperatur in den schwefelgelb leuchtenden Erdspalten bewegt sich zeitweise bei mehreren hundert Grad – Vorsicht vor Verbrennungen! Sollte man in den Qualm geraten, ist es ratsam, die Luft anzuhalten oder notfalls durch ein Taschentuch zu atmen, denn das Zeug beißt kräftig in den Lungen. Hinsetzen sollte man sich besser nicht: Der Schwefel frisst beachtliche Löcher in die Kleidung, die sich erst nach einiger Zeit zeigen.

Unbedingt verzichten sollte man darauf, entgegen des Verbots zum ebenen Boden des Kraters hinabzusteigen und, wie mancher Vorgänger, mittels Steinen dort Botschaften an die Menschheit auszulegen – bei ungünstigen Bedingungen können sich am Kraterboden lebensgefährliche "Seen" von Kohlendioxid bilden.

Der mit 391 Metern höchste Punkt des Kraterrands (1 Std. 30 min.) wird in seinem Südosten erreicht. Von hier oben ist die Sicht besonders berückend: Sie reicht bei klarem Wetter bis nach Sizilien, bei sehr guten Verhältnissen sogar bis zum Etna. Nach der kompletten Kraterumrundung geht es auf demselben Weg zurück.

Inselinneres

Ein völlig ungewohntes Bild von der sonst recht kahlen Insel bietet sich bei einem Ausflug nach *Piano*. Das weitläufige Dorf liegt auf einer grünen, landwirtschaftlich genutzten Hochebene, auf der es sich gut wandern lässt. Autos sieht man kaum, Schafe und Hühner dagegen reichlich. Hinter Piano fällt die Straße durch meterhohes Schilf und in schier unzähligen Serpentinen zur Südküste der Insel ab. Der dortige Weiler *Gelso* besteht gerade mal aus ein paar

- *Übernachten/Essen* **Trattoria Affittacamere Maria Tindara**, an der Hauptstraße, sozusagen im Zentrum von Piano. Recht großes, dennoch familiäres Restaurant. Prima Küche mit Schwerpunkt auf hausgemachten Tagliatelle, Lamm und Kaninchen, Fisch gibt es aber auch. Zu vermieten sind sechs ordentliche Zimmer mit Bad, schlicht und sauber. DZ/F etwa 50–70 €. Ganzjährig geöffnet. Via Provinciale 38, ✆ 090 9853004, ✆ 090 9853011.

Ristorante Belvedere, am südlichen Rand der Hochebene, neben der Straße Richtung Gelso, beschildert. Auf rund 400 Meter Höhe gelegen, macht das weithin gerühmte Lokal seinem Namen Ehre, bietet eine schöne Aussicht aufs Meer und die Nachbarinseln. Spezialität sind auch hier lokale Fleischgerichte, gewürzt mit wilden Kräutern. Komplettes Menü mit Inselwein etwa 30 €. Außerhalb der Hochsaison kann sich eine Anfrage lohnen, ob überhaupt geöffnet ist: ✆ 090 9853047. Im Dezember und Januar geschlossen.

Salina

Die zweitgrößte Insel der Eolie ist eine Ausnahmeerscheinung: Wasserreich, grün und fruchtbar, kann Salina seine gerade 2300 Einwohner selbst versorgen. Tourismus spielt, auch mangels Stränden, höchstens die zweite Geige.

Die Griechen gaben der Insel den Namen Didyme, "Zwilling". Die Bezeichnung stammt von den markanten Zwillingsgipfeln des 860 Meter hohen Monte dei Porri im Westen und des Monte Fossa delle Felci im Osten. Letzterer ist mit 962 Metern die höchste Erhebung der ganzen Inselgruppe. Beide Berge sind vulkanischen Ursprungs, der Vulkanismus ist aber erloschen. Das mit Macchia, Kastanien-, Pinien- und Steineichenwäldern üppig begrünte Gebiet um die beiden Gipfel steht seit 1981 unter Naturschutz und bietet Gelegenheit zu schönen Wanderungen. Zwischen den beiden Bergen erstreckt sich der Sattel Valdichiesa, aus dessen Weingärten der goldgelbe Malvasia stammt. Weitere landwirtschaftliche Produkte Salinas sind Oliven, Obst und die reichlich gedeihenden Kapern.

Vor allem im Süden und Westen bestimmen steile Felsabstürze das Küstenbild der Insel. Strände sind rar und bestehen fast ausschließlich aus mehr oder weniger groben Steinen. Eine Badeinsel ist Salina gewiss nicht, Taucher kommen jedoch im fischreichen Meer voll auf ihre Kosten. Der Mangel an Stränden besitzt auch seine Vorzüge, hat er doch Salina vor einer übermäßigen Erschließung à la Vulcano bewahrt. Die durch eine U-förmige Straße verbundenen Gemeinden Santa Marina Salina, Malfa und Leni konnten ihre Eigenständigkeit

542 Eolische Inseln

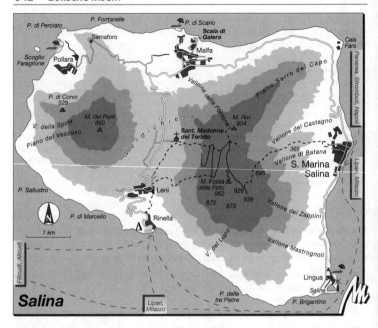

erhalten – der Fremdenverkehr ist nicht mehr als ein angenehmes Zubrot. Gerade deshalb ist die Insel für den, der für ein paar Tage auf ausführliches Strandleben verzichten kann, eine angenehme Abwechslung. Sonst hat Salina viel zu bieten: schöne Landschaften, freundliche Leute und weitgehend unverfälschtes Inselleben. Und wenn man sich auch nicht am Sandstrand aalen kann: Ein kurzer Sprung ins kühle Nass ist allemal drin.

Besonders stolz ist man auf Salina übrigens auf seine Unabhängigkeit. Bereits 1867, also nur kurz nach dem "Risorgimento", der Vereinigung Italiens im Jahr 1860, pochte man hier auf seine Selbständigkeit, wollte sich nicht der Verwaltung Liparis unterwerfen. Und während alle anderen sechs Inseln des Archipels unter Führung der Hauptinsel gerade mal eine einzige Gemeinde bilden, zählt Salina seit 1911 gleich deren drei, auch wenn sie zu den kleinsten ganz Italiens gehören. Auf Lipari verstand man diese Unabhängigkeitserklärung seinerzeit als deutlichen Affront, bis heute Grund für das schon traditionell gespannte Verhältnis zwischen den beiden größten Inseln der Gruppe.

• *Verbindungen* **Schiff**: Salina besitzt zwei Häfen, die von Autofähren und manchen Aliscafi nach dem Entweder-Oder-Prinzip angelaufen werden. Also vorher aufpassen, wo man landet! Der größere von beiden liegt im Hauptort Santa Marina Salina an der Ostküste, der andere im winzigen Dörfchen Rinella, an der Südküste unterhalb von Leni.

Bus: Ganzjährig gutes Busnetz der Firma CITIS, abgestimmt auf die Fahrpläne der Aliscafi. Zur HS ab Ende Juli/Anfang August fahren die Busse bis nach Mitternacht; Fahrpläne hängen in den Bars, Alimentari und am Hafen aus. Den Bus per Handzeichen zu stoppen ist problemlos möglich. Zusätzliche Verbindungen zwischen Santa Marina und Rinella bestehen per Aliscafo: flott, aber etwas teurer als der Bus.

Fahrzeugvermietung in Santa Marina und Malfa, siehe jeweils dort, im Sommer auch Rollerverleih in Rinella. Autofahrer finden Tankstellen in Santa Marina (vom Hafen Richtung Lingua) und in Malfa.

• *Übernachten* Erfreulich das Fehlen von Bettenburgen, die Hotels sind klein und angenehm. Im Juli/August wie überall auf den Eolie ausgelastete Kapazitäten und fast generell Pflicht zur Halbpension. Nach der Hochsaison ist die touristische Jahresernte eingefahren, mancher Hotelier deshalb verhandlungsbereiter. Viele der Hotels haben ganzjährig geöffnet. Privatvermietung ist verbreitet, Vermittlung über die A.A.S.T. in Lipari; alternativ über Didyme Viaggi in Santa Marina. Oft kommen die Vermieter auch direkt zum Hafen.

• *Camping* Ein ganz ordentlicher Platz liegt in Rinella, geöffnet etwa März bis Oktober.

Santa Marina Salina

Im Vergleich zu Lipari-Stadt wirkt das gepflegte Dorf zumindest außerhalb der Saison absolut verschlafen. Der angenehmen Atmosphäre ist das durchaus förderlich, Trubel würde hier nur stören.

Von der Hauptstraße Via Risorgimento ziehen sich schmale Seitengassen Richtung Meer und Berghang. Zwischen den kleinen Häusern leuchten Blumenbeete und Gemüsegärten, ein paar alte, halb verfallene Villen verschwinden fast unter wuchernden Pflanzen. Romantiker werden sich in Santa Marina wohlfühlen. Auch der neue Sporthafen, nach jahrelangen Bauarbeiten endlich fertig geworden, stört die ruhige Szenerie kaum.

Information/Verbindungen/Diverses

• *Information* Eine Infostelle der A.A.S.T. bestand zuletzt nicht mehr.
Didyme Viaggi, eine Alternative. Kompetenz in allen Fragen betreffend Salina, von der Vermittlung von Privatzimmern, Apartments und Häusern über Ausflüge mit Fischerbooten bis zu Busfahrplänen, außerdem Zugreservierung und Flugtickets. In der Hauptstraße Via Risorgimento, der ersten Parallelstraße oberhalb des Hafens, ✆ 090 9843310, ✆/✆ 090 9843078, didymeviaggi@tiscalinet.it.

• *Verbindungen* **Schiff**: beide Agenturen an der Piazza Marina vor dem Hafen: SIREMAR, ✆ 090 9843004; SNAV und NGI, ✆ 090 9843078.
Bus: CITIS-Busse fahren nach Malfa 11-mal, Pollara 7-mal, Leni/Rinella 10-mal und Lingua 11-mal täglich, zur HS noch häufiger. Die Route über Pollara und zurück gibt eine schöne Inselrundfahrt ab. Abfahrt bei den Fährbüros in Hafennähe.

• *Fahrzeugvermietung* **Antonio Bongiorno**, 200 m südlich des Hafens, oberhalb der Tankstelle an der Straße nach Lingua. Ganzjährig geöffnet, guter Service, im Notfall Betreuung rund um die Uhr. Richtpreise, über die man ruhig ein wenig verhandeln kann: Scooter ab etwa 26 €/Tag, einer der wenigen Leihwagen ab etwa 50 €/Tag, Mountainbikes ab etwa 8 €/Tag – die Schaltung wird man angesichts der reichlichen Höhenunterschiede gut gebrauchen können ... Von Juni bis September liegen die Preise etwas höher, ab einer Mietdauer von drei Tagen aufwärts gibt es Rabatt. Via Risorgimento 240, ✆ 090 9843409, ✆ 090 9843656.

• *Medizinische Versorgung* Pronto Soccorso, ✆ 090 9844005 oder 090 843064.

• *Geldautomaten* Zwei EC-Automaten, bei der Banca Antonveneta in der Nähe des Siremar-Büros und bei der Banca di Sicilia an der Hauptstraße Via Risorgimento.

Übernachten/Essen/Feste/Baden

• *Übernachten* Recht hohes Preisniveau, wie fast überall auf Salina. Preisgünstigere Alternativen im südlichen "Vorort" Lingua, siehe dort.
*** Hotel Bellavista, über dem Sporthafen, vom Zentrum ein paar hundert Meter Richtung Lingua. Recht großer, 1980 errichteter und 1995 renovierter Bau. Angenehme Atmosphäre, das freundliche deutsch-italienische Besitzerpaar Eva und Oreste Buccafusca ist sichtlich stolz auf sein Haus. 14 komfortable Zimmer, teilweise mit Terrasse

und Meerblick, die nach hinten gelegenen Räume dafür mit Klimaanlage; Sonnenterrasse auf dem Dach. DZ/F nach Saison 85– 160 €. Geöffnet etwa April bis September, ✆/℡ 090 9843009.

Hotel Mamma Santina, mitten im Ort, geführt vom englischsprachigen Besitzer Mario Cullo. Hübsches Gebäude im traditionellen Stil, mehrere Terrassen, Garten. Bei Redaktionsschluss im Umbau von der gemütlichen (aber bereits nicht billigen) Pension zum Hotel mit Pool, für das die Dreisterneklasse avisiert wird. Die angegebenen Preise liegen schon auf entsprechendem Niveau: DZ/F nach Saison und Lage 80–140 €, im August bis 180 €; HP (bislang häufig obligatorisch) p.P. 25 € Aufschlag. Das Restaurant bietet ordentliche Küche: Pasta aus Topf und Ofen, Fisch nach Fang und Coniglio (Kaninchen) alla Mamma. Via Sanità 40, der beschilderten Abzweigung im hinteren Teil der Via Risorgimento bergwärts folgen. ✆ 090 9843054, ℡ 090 9843051, www.mammasantina.it.

* Hotel Punta Barone, am Ortsrand an der Uferstraße nach Malfa. Der weiße Würfel ist nicht zu übersehen. Nur neun Zimmer, alle mit Bad und großteils mit Meerblick; überdachte und verglaste Speiseterrasse. Das DZ/F kostet je nach Saison etwa 70– 140 €, wird im Juli/August aber nur mit HP vergeben. Ganzjährig geöffnet; Lungomare Giuffrè, ✆ 090 9843172, ℡ 090 9843161, www.netnet.it/puntabarone.

Catena e Salvatore de Pasquale vermieten ganzjährig recht hübsche Zimmer mit Bad und Küche, meist auch mit eigener Terrasse, für etwa 40–65 €. Via Francesco Crispi 15, eine Seitenstraße bergwärts im nördlichen Bereich der Via Risorgimento, noch hinter der Abzweigung zum Hotel Mamma Santina. ✆ 090 9843094.

Giovanna Jacono, gleich nebenan, hat gepflegte Zimmer in ähnlicher bis günstigerer Preislage, überwiegend ohne Bad. Via Francesco Crispi 13, ✆ 090 9843096.

● *Essen* **Ristorante Portobello**, am Hafen Nähe La Cambusa, mit Terrasse und reizvoller Aussicht. Der "Schöne Hafen" gilt als das feinste Restaurant des Ortes, weshalb ein Menü auch kaum unter etwa 25–30 € zu haben ist. Die lokal gefärbte Küche kann sich aber auch wirklich schmecken lassen. Via Bianchi 1, ✆ 090 9843125, im Winter Mi Ruhetag.

La Cambusa, Multifunktionsunternehmen oberhalb des Hafens. Große Terrasse. Restaurant, Pizzeria, Tavola Calda etc. Ein beliebter Platz, um auf die Fähre zu warten.

● *Feste* **Festa di Santa Marina**, am 17. Juli.

● *Baden* Ein ganz passabler schwarzer Kiesstrand liegt am nördlichen Ortsende in Richtung Malfa, in der Nähe des Friedhofs.

Von Santa Marina Richtung Malfa: In der Nordostecke der Insel liegt mit Capo Faro ein edles Siedlungsfleckchen. Sophia Loren pflegt hier ihre Ferien zu verbringen, auch der verstorbene Vittorio Mezzogiorno besaß hier ein Haus.

Lingua

Ein winziges Dörfchen etwa drei Kilometer südlich von Santa Marina. Wegen seines schmalen Kiesstrands ist Lingua im Sommer relativ belebt, im Winter dagegen nahezu menschenleer. Der etwas angegammelte Salinenteich, aus dem früher Salz gewonnen wurde, gab der Insel ihren heutigen Namen. Wer hierher kommt, sollte nicht vergessen, in der kleinen Bar da Alfredo eine Granita (Mandeln!) zu schlürfen, die beste der ganzen Insel. Im August wird in Lingua ein Open-Air-Kino eingerichtet; die gezeigten Filme sind zwar nicht die neuesten, die Atmosphäre aber ist toll.

● *Übernachten/Essen* *** Pensione A Cannata**, in der Nähe der Hauptstraße und der Kirche. Acht Zimmer, teilweise mit Gemeinschaftsbädern, ganzjährig geöffnet. Freundliches Personal. DZ je nach Saison und Ausstattung 45–60 €, im Juli und August nur mit HP, p.P. etwa 60–80 €, auch Vermietung von Apartments. Gute Nudel- und Fischgerichte, Menü ab etwa 25 €. ✆/℡ 090 9843161.

* Pensione Il Delfino, gleich um die Ecke, direkt am Lungomare. Sechs große, saubere Zimmer, zum Teil mit Meerblick und von Lesern gelobt; Preise einen Tick höher als oben, im Juli und August auch hier nur mit Halbpension. Ansprechendes Menü mit vielen Zutaten aus Eigenproduktion ab etwa 25 €, unter anderem zu empfehlen die Tintenfische "Calamaretti al Malvasia". ✆ 090 9843024.

Urgewalten: ein Ausbruch des Stromboli (Foto: Michel Volka)

▲▲ Eindrucksvoll: Blick von Liparis altem Observatorium
▲ Majestätisch: Salinas Monte dei Porri

▲ Einst Schneeweiß: Campo Bianco (Lipari)
Fest für das Auge: Panarea

▲▲ Grandiose Lage: Pollara und sein Strand (Salina)
▲ Maultier der Neuzeit: „Ape"

▲▲ Bronzezeitliche Siedlung: Capo Milazzese (Panarea)
▲ Es dampft und brodelt: der Stromboli am Morgen

Museo Civico: Das gemeindeeigene Museum, vor einigen Jahren von Santa Marina nach Lingua umgezogen, liegt in der Nähe der Saline. Nach dem Motto "klein, aber fein" gliedert es sich in eine vulkanologische, eine archäologische und eine volkskundliche Sektion, in der unter anderem eine alte Ölpresse zu sehen ist.

① Mo–Sa 10–13, 17–20 Uhr – soweit die offiziellen, im Sommer gültigen Zeiten. Falls geschlossen, kann man sich in der Pizzeria Marinara (bei der Saline) nach dem Kustoden Tobia erkundigen. Eintritt frei, Spende für den Unterhalt gern gesehen.

Wanderung 14: Auf den Monte Fossa delle Felci

Route: Santa Marina Salina – Monte Fossa delle Felci (962 m) – (Valdichiesa) – Leni – Rinella. **Reine Wanderzeit**: etwa 5–6 Stunden. **Höhenunterschiede**: jeweils 960 Meter Auf- und Abstieg.

Charakteristik: Der höchste Berg der Liparischen Inseln verlockt natürlich zum Aufstieg. Es gibt eine ganze Reihe von Möglichkeiten, den ehemaligen Vulkan anzugehen. Die hier beschriebene Route ab Santa Marina steigt teilweise fast in der Direttissima an und verlangt deshalb reichlich Kondition und Ausdauer. Zwar muss nirgendwo richtig geklettert werden, doch ist dieser Abschnitt wegen des starken Anstiegs und des teilweise rutschigen Bodens dennoch nicht ganz unproblematisch: Vor Jahren verbrachte ein Wanderer hier mit gebrochenem Bein drei ungemütliche Tage, bis ihn die Suchmannschaften entdeckten. Aus denselben Gründen ist diese Route als Abstieg nicht zu empfehlen. Vom Gipfel geht man stattdessen hinab zu dem im Hochtal von Valdichiesa (Bushaltestelle) gelegenen Heiligtum Santuario della Madonna del Terzito und weiter nach Leni und Rinella, wo man entweder ein Schiff oder einen Bus zurück nach Santa Marina besteigen kann. Eine kürzere (3,5–4 Stunden) und deutlich leichter zu begehende Variante dieser Tour beginnt auch den Aufstieg beim Heiligtum der Madonna del Terzito, das immerhin auf rund 300 Meter Höhe liegt. Wichtig sind in jedem Fall gutes und festes Schuhwerk, Sonnenschutz, Proviant und vor allem ein reichlich bemessener Wasservorrat. Auch wegen der Hitze sollte man früh aufbrechen.

Steil: Aufstieg hinter Santa Marina

546   Eolische Inseln

Verlauf: In Santa Marina Salina geht es zunächst in etwa nördlicher Richtung entlang der Hauptstraße Via Risorgimento. Etwa 50 Meter hinter dem zum Hotel "Mamma Santina" weisenden Schild und nach der Filiale eines Lebensmittelgeschäft mit dem hübschen Namen "Alimentari Carpe Diem" (es gibt zwei davon im Ort) hält man sich links in die Via Francesco Crispi und dort ein ganzes Stück geradeaus aufwärts, über eine asphaltierte Querstraße hinweg. Nun kann man dem Hinweisschild "M. Fossa" folgen oder sich weiter an die Via Francesco Crispi halten, die am Ende in einen Steinweg übergeht; beide Varianten treffen später zusammen. In vielen Serpentinen steigt der mal steinige, mal felsige Pfad nun steil zwischen Brachland und terrassierten Olivenhainen an, geht später in eine Art Erdweg über, in den kleine Stufen gegraben sind. Dieser Abschnitt ist wieder etwas angenehmer zu gehen, zumal er noch relativ spät am Morgen im Schatten liegt. Rechter Hand bietet sich ein schöner Blick in das tiefer gelegene Tal Vallone del Castagno. An einer Gabelung hält man sich links, passiert kurz darauf eine einzeln stehende Kiefer. Nun wird es noch steiler, geht fast direkt den Hang hoch; zum Teil besteht der Untergrund hier aus losem Geröll, später wieder aus Erde, in die Stufen gehauen sind. Erfreulich immerhin, dass der Pfad überwiegend im Schatten der hier gut drei bis vier Meter hohen Macchia verläuft. Nach insgesamt gut 2,5 Stunden trifft man auf einen breiteren Forstweg, dem man nach rechts folgt, bis er 10 Minuten später eine große Kreuzung erreicht. Von hier sind es nach links (beschildert) auf einem breiten Fahrweg noch etwa 20 Minuten bergwärts; bei einer

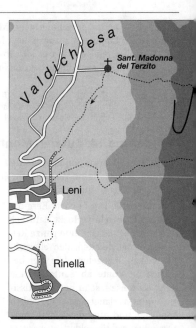

Gabelung im Umfeld einiger Sendeanlagen hält man sich an den aufsteigenden Weg und erreicht kurz darauf das Gipfelkreuz (3 Std.).

Besonders weit reicht die Aussicht vom 962 Meter hohen Gipfel in Richtung Westen, vorbei am Kegel des Monte dei Porri bis nach Filicudi und Alicudi. Wegen eines fast gleichhohen Bergrückens im Süden ist der Blick nach Lipari teilweise versperrt, gut zu erkennen dagegen Vulcano. An klaren Tagen sieht man leicht bis zur sizilianischen Küste, mit viel Glück sogar bis zum rauchenden Etna.

Beim Abstieg folgt man dem Fahrweg talwärts und hält sich nach knapp 30 Minuten dann links Richtung Valdichiesa (beschildert), vorbei an einem Rastplatz mit Tischen und Bänken, wenig später auch an einem Steinhaus der Forstwächter, bei dem sich ebenfalls eine Rastmöglichkeit bietet; hier gibt es laut einer Leserzuschrift

Salina 547

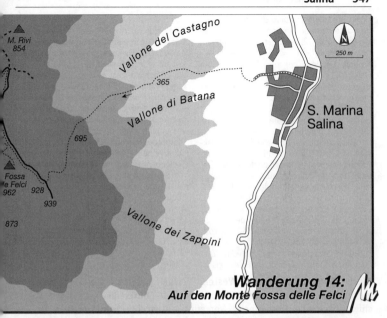

auch eine Pumpe mit gutem Trinkwasser. Etwa 15 Minuten weiter besteht beim Schild "Val di Chiesa" die Möglichkeit, den Forstweg steil nach rechts unten zu verlassen und so in etwa einer Stunde die Wallfahrtskirche Santuario della Madonna del Terzito zu erreichen (Bushaltestelle an der Hauptstraße; von der Kirche selbst gibt es auch einen Fußweg nach Leni, der parallel zur Hauptstraße verläuft). Will man dagegen direkt nach Leni absteigen, folgt man dem in weiten Kurven verlaufenden Forstweg noch für etwa 25 Minuten, bis in einer Rechtskurve der beschilderte Fußweg hinab abzweigt. Bis zum Ortsrand von Leni sind es nun noch 45 Minuten steiler Abstieg. Erst einmal auf Asphalt angekommen, hält man sich meerwärts bergab, lässt den Ortskern von Leni rechts liegen und folgt für eine Weile der linken Seite eines Bewässerungskanals. Am Knick der Straße nach rechts geht man weiterhin geradeaus und gelangt so auf den alten Pflasterpfad hinab nach Rinella, dessen Hafen nach weiteren etwa 20 Minuten erreicht wird.

Malfa

Mit knapp 900 Einwohnern bildet Malfa die größte Siedlung der Insel, dank der hiesigen Bank, einer Tankstelle und einem kleinen Supermarkt auch das lokale Zentrum der Nordküste. Der Ort ist recht locker gebaut. Die einzelnen Häuser wahren respektvollen Abstand zueinander, und den freien Raum füllen landwirtschaftlich genutzte Grundstücke aus. In der Nähe des Kaps Punta di Scario liegt ein hübscher kleiner Strand mit schwarzem Lavakies; ein Felsstrand findet sich beim Fischerhafen.

548 Eolische Inseln

- *Mietfahrzeuge* **Antonio Bongiorno**, Filiale des Unternehmens in Santa Marina Salina. Via Provinciale 12, nahe der Banca Antonveneta an der Zufahrt z. Ort, ✆ 090 9844143.
Tourist Service, bei der Tankstelle. Via Roma 112 a, ✆ 090 9844034.
- *Übernachten/Essen* *** **Hotel Signum**, im oberen Ortsteil, wohl das schönste Hotel der Insel. Eine ausgesprochen reizvolle, dezentrale Anlage, mehrere Häuschen in einem großzügigen Garten, toller Blick. Pool. Die Besitzerin Clara Rametta fungiert praktisch als inoffizielle Tourismusmanagerin Salinas, kennt ihre Insel bestens und bemüht sich um den Ausbau des immer noch sehr bescheidenen Fremdenverkehrs. Geöffnet etwa von Mitte März bis Oktober. DZ/F nach Saison und Lage etwa 100–155 €, Ende Juli bis Anfang September bis zu 200 €. Via Scalo 11 bis, ✆ 090 9844222, ✉ 9844102, www.hotelsignum.it.
** **Hotel Punta Scario**, nicht weit vom Hotel Signum entfernt. Verschachtelte Anlage in wunderbarer Lage hoch über dem Meer beim gleichnamigen Kap; Treppen zum Strand. Die meisten der Zimmer besitzen umlaufende Balkone, von denen sich ein fantastisches Panorama bietet. Zuletzt stand hier ein Besitzerwechsel an, die bisherigen Preise (DZ/F ca. 70–95 €, im August nur mit HP) und Öffnungszeiten (April bis Oktober) sind deshalb nur bedingt aussagekräftig. ✆ 090 9844139, ✉ 090 9844077, www.puntascario.it.
Ristorante Pizzeria A´Lumeredda, oben im Ort, in einem Gässchen unterhalb der Agip-Tankstelle. Hübsche Terrasse, gute Küche mit Schwerpunkt auf Gemüsegerichten, exquisite hausgemachte Antipasti; Kapern, Cucunci (Kapernfrüchte) auch zum Mitnehmen. Menü ab etwa 18 €. Besitzer Renato Galletta vermietet auch Privatzimmer und Apartments, p.P. etwa 20–35 €, zur NS Verhandlungssache. Geöffnet etwa April bis Oktober, ✆ 090 9844130, zu Hause 090 9844047, ✉ 090 9809269.

Weiter Richtung Süden und Westen: Westlich außerhalb von Malfa teilt sich die Straße. Die Hauptroute führt hier gen Süden durch das Hochtal von Valdichiesa nach Leni und Rinella. Vor einem Abstecher zum Dörfchen Pollara sollte man sich mit Vorräten eindecken: Dort gibt es nicht einmal ein Geschäft oder eine Bar, nicht zu reden von Restaurants. Noch vor Pollara selbst erhebt sich in 280 Meter Höhe das burgartige, Anfang des 20. Jh. errichtete und vor Jahren aufgegebene "Semaforo", ein ehemaliger Beobachtungsposten der Marine, der einen wunderbaren Ausblick bietet und künftig zum Naturkundemuseum ausgebaut werden soll.

Pollara

Das weitläufige Dörfchen liegt am Ende einer Panoramastraße, die von der Hauptstraße Malfa-Rinella abzweigt. Die für ihre Kapernfelder bekannte Siedlung hat sich in fantastischer Lage in dem zum Meer hin offenen ehemaligen Krater des Monte dei Porri eingenistet. Pollara war, worauf die Bewohner rechtschaffen stolz sind, Drehort des Films "Il Postino" (Der Postmann) mit dem leider verstorbenen Massimo Troisi und Philippe Noiret. Das Haus, in dem Pablo Neruda im Film wohnte, kann man von der neu Richtung Meer gebauten Straße aus sehen, die mittlerweile auch offiziell "Via Massimo Troisi" heißt. Unterhalb liegt ein etwas mühsam anzusteuernder, aber umso schönerer, von einer steilen Felswand begrenzter Strand. Allerdings ist hier, wie ein Blick schnell zeigt, durchaus Vorsicht vor Steinschlag geboten, also aufpassen! Etwas nördlich findet sich eine weitere, felsige Bademöglichkeit mit steinernen Unterständen von Fischern, ein besonders romantisches Fleckchen. Klettert man hier vorsichtig und gut beschuht um die Ecke, sieht man den vielleicht schon von Postkarten bekannten Felsbogen im Meer, eines der Wahrzeichen Salinas. Verwunderlich und schade, dass es in Pollara außer wenigen Privatvermietern keine Übernachtungsmöglichkeiten gibt.

- *Feste* La Sagra del Cappero, das Kapernfest von Pollara, wird in der Regel am ersten Wochenende im Juni abgehalten. Zwar gibt es auch in anderen Inselorten dann ähnliche Veranstaltungen, das Fest bei der Kirche von Pollara bildet mit mehreren hundert Teilnehmern jedoch den Höhepunkt. Neben einer Art Messe, auf der sich die im Kaperngeschäft tätigen Kapazitäten austauschen, findet auch ein Gottesdienst statt, gefolgt von Musik und Tanz sowie einem riesigen Schmaus, bei dem eine Fülle von Kaperngerichten natürlich nicht fehlen darf.

Valdichiesa

Die Hauptanbauzone des Malvasia-Weins und das landwirtschaftliche Zentrum Salinas – der Sattel zwischen den beiden Bergen ist fruchtbares Gebiet. Die kleine Kirche Madonna del Terzito links der Straße wurde 1630 erbaut und bildet ein beliebtes Ziel von Wallfahrern der Eolie. Links neben dem Kirchlein beginnt der gut sichtbare Weg zum Krater des Monte Fossa delle Felci, der von hier wesentlich schneller zu erreichen ist als von Santa Marina, Näheres dazu siehe Wanderung 14.

- *Feste* Festa di Santissima Maria del Terzito, am 23. Juli, eventuell auch am nächstliegenden Wochenende – erkundigen sie sich vorab, jeder auf Salina weiß Bescheid, die Infostellen auf Lipari ebenfalls. Großes Fest, zu dem Wallfahrer auch von anderen Inseln kommen, viele Verkaufsstände, Kapelle, Feuerwerk etc.

Leni und Rinella

Ein Doppeldorf in sehr unterschiedlichen Höhenlagen, dessen beide Teile durch eine steile Panoramastraße miteinander verbunden sind. Leni ist der obere Ortsteil und Gemeindesitz, ein noch recht traditionell wirkendes Dorf, in dem sich das Alltagsleben der Bewohner abspielt. Östlich des Ortskerns beginnt ein alter Treppenweg, der in vielen Stufen hinab nach Rinella führt. Dieser touristisch geprägte Küstenableger von Leni besteht zwar nur aus einer Handvoll teilweise recht hübscher älterer Häuser sowie einigen Bars und Restaurants, doch stellt Rinella dank des Hafens das sommerliche Zentrum der Gemeinde dar. Mittlerweile gibt es hier zur Saison sogar einen kleinen Roller-Verleih und in den Lokalen sitzt es sich oft recht hübsch mit Blick aufs Meer.

- *Verbindungen* Schiff: Die Fährschiffe der NGI laufen Rinella nicht an, Siremar und Snav dagegen schon. Agenturen am Hafen: SIREMAR, ✆ 090 9809170 und SNAV, ✆ 090 9809233.

Fahrzeugverleih: Eoliana Servizi, am Hafen von Rinella, ✆ 090 9809263.

- *Übernachten/Essen* ** Hotel L'Ariana, in Rinella. Elegante Patriziervilla aus den Anfängen des 20. Jh., geräumige und hübsch eingerichtete Zimmer, Terrasse mit Blick aufs Meer, schöne Bar mit etwas gestyltem Publikum, gute lokale Küche. Ganzjährig geöffnet. DZ/F zuletzt 60–110 €, von etwa Mitte Juni bis Mitte September nur mit Halbpension; mit der vorgesehenen Komplettrenovierung dürften die Preise jedoch steigen. ✆ 090 9809075, ✆ 090 9809250; www.hotelariana.it.

Pension Seaside (Affittacamere Pittorino Vincenzo), familiärer Privatvermieter beim Hafen. DZ je nach Saison etwa 40–70 €, zur HS aber nur mit Halbpension. Vincenzo spricht Englisch und vermittelt, falls belegt, auch an andere Zimmervermieter. Reservierung unter ✆ 090 9809023.

Pizzeria da Marco, oberhalb des Hotels L' Arianna, macht sehr gute Pizza zu zivilen Preisen. Besonders empfehlenswert ist die "Pizza Monte Fossa".

- *Camping* * Camping Tre Pini, in Rinella. Der einzige Platz der Insel, im August trotz beachtlicher Größe oft überfüllt, in der Nebensaison nahezu leer. Recht guter Schatten durch Mattendächer und Bäume; auch Leihzelte und Bungalows. Große Pizzeria, Laden, Rollerverleih. Sanitäres ganz in Ordnung. Unterhalb ein Strand mit mächtigen

Steinbrocken, westlich führt ein neuer Edel-Fußweg in zehn Minuten zu einem schön gelegenen, ebenfalls steinigen Strand. Offen von März bis Oktober. Preis pro Person 8 €, Stellplatz inklusive; ✆ 090 9809155 oder 090 9809000, www.tre-pini.com.

• *Tauchen* **Centro Nautico Salina**, am Hafen, Via Rotabile 2; Handy 338 4728921. Im Sommer Tauchschule; außerdem Tauchexkursionen, Verleih von Ausrüstung und Booten, Flaschenservice; deutschsprachige Leitung.

Filicudi

Abseits der Hauptreiserouten führen die kaum 300 Einwohner von Filicudi ein ruhiges Leben. Wegen der recht eingeschränkten Übernachtungsmöglichkeiten besuchen nur wenige Touristen die Insel.

Viel los ist auf Filicudi nicht, selbst in der Hochsaison hält sich der Andrang sehr in Grenzen. Außerhalb dieser Zeit schrumpfen dann die ohnehin spärlichen Versorgungsmöglichkeiten in fast spartanische Bereiche – etwas Bereitschaft zum Konsumverzicht sollten Besucher schon mitbringen.

Aus der Luft betrachtet, erinnert die knapp zehn Quadratkilometer große Insel entfernt an eine Hühnerkeule. Im Südosten liegen die beiden kleinen Hafenorte *Filicudi Porto* und *Pecorini a Mare*, höher am Berg die verstreute Hauptsiedlung *Valle Chiesa*; der größte Teil der Insel aber ist unbewohnt. Es gibt nur eine einzige Asphaltstraße, die die einzelnen Ortschaften miteinander verbindet. Gut erhalten, zum Teil auch erst vor wenigen Jahren mit großem Aufwand restauriert, sind dafür die alten Treppenwege, die das bergige Gelände durchziehen und die man sich am besten von den Einheimischen zeigen lässt; ab und zu hält auch ein freundlicher Ape-Fahrer und nimmt den müden Wanderer mit.

Wie alle ihre Schwestern ist auch Filicudi vulkanischen Ursprungs. Der 774 Meter hohe Kegel der Fossa delle Felci und die beiden kleineren Vulkane La Montagnola und Il Terrione erloschen allerdings schon vor über 70.000 Jahren. Anders als in der Antike, als die Insel *Phenicusa* ("die Farnenreiche") hieß, zeigt sich die Vegetation heute eher spärlich. Die vielfach unzugängliche Küste besteht fast ausschließlich aus Felsklippen, die wenigen Strände meist aus mittelgroßen Steinen. Das schnell in große Tiefen abfallende Meer gilt als äußerst fischreich und ist ein Paradies für Taucher. Eine besondere Attraktion sind die zahlreichen Meeresgrotten, die nur vom Boot aus zu erreichen sind.

• *Verbindungen* Fähren der SIREMAR, selten auch der NGI, sowie Aliscafi von SNAV und SIREMAR; die meisten legen in Filicudi Porto an. Fahrzeugmitnahme ist für Nicht-Insulaner von Juli bis September verboten. Von Juni bis September bestehen interessante SNAV-Aliscafi zur Nordküste: Die Fahrt nach Cefalù (zuletzt sogar ganzjährig an mehreren Wochentagen möglich) zum Beispiel kostet weniger als die Aliscafo-Verbindung nach Milazzo, und wer etwa 10 € drauflegt, ist schon in Palermo. Außerhalb der Sommermonate schrumpft die Schiffsfrequenz beträchtlich. Dann verkehrt auch die Fähre nach Milazzo nur mehr 4-mal pro Woche. Agenturen an den Häfen: SNAV, ✆ 090 9889984; SIREMAR, ✆ 090 9889960.

Filicudi Porto

Die "Metropole" der Insel – wem schon Filicudi Porto zu ruhig erscheint, der sollte wohl besser gleich wieder das Schiff besteigen. Schließlich findet sich hier, neben einer Handvoll Häuser, die sich parallel zur Küste erstrecken, auch die umfangreichste Infrastruktur: Immerhin gibt es außer gleich zwei Lebens-

Filicudi 551

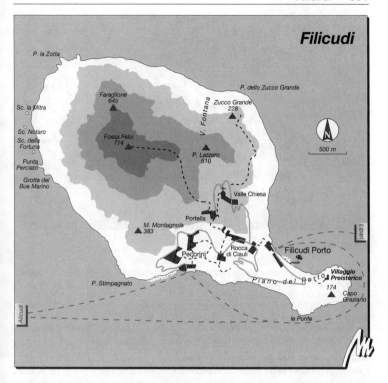

mittelgeschäften auch einen Tabakladen und eine Apotheke ... Das hiesige Hotel freilich hat den größten Teil des Jahres geschlossen, und in der Nebensaison wird es sogar schwierig, etwas zu Essen zu bekommen, sofern man nicht zur Selbstversorgung übergehen möchte. Der lange Strand ist ziemlich steinig, das Wasser jedoch herrlich klar.

● *Übernachten/Essen* ***** Hotel Phenicusa**, nahe des Hafens von Filicudi Porto. 1972 eröffnet und mit knapp 70 Betten das einzige größere Hotel der Insel, ein rechter Klotz, offiziell nur von Mai bis Ende September in Betrieb – in Wahrheit sind die Öffnungszeiten meist sogar noch etwas enger. In der Regel besteht Pensionspflicht; wer Glück hat und ein DZ "blank" bekommt, sollte mit etwa 60–95 € rechnen, im August bis zu 150 €. ✆ 090 9889946, ✉ 090 9889955.

*** Hotel La Canna, im Bezirk Rocca Ciauli, hoch über Filicudi Porto. Wesentlich charmanter als die Konkurrenz in dieser Klasse. Lange Zeit eine gemütliche Pension, geführt von einer tatkräftigen Familie, jetzt mit Pool zur Dreistern-Hotelkategorie aufgestiegen. Etwa eine knappe halbe Stunde Fußweg oberhalb des Hafens, sofern man den Treppenweg nimmt, der dort zwischen der Apotheke und dem Siremar-Büro beginnt und oberhalb des Hotels Phenicusa vorbeiführt; entlang der Straße ist die Distanz wesentlich größer. Schöne Lage am Hang mit herrlicher Aussicht auf die Küste; ausgesprochen gute Küche und deshalb auch als Restaurant ein Tipp. Gute, geräumige Zimmer; wer es etwas abgeschiedener liebt, kann die beiden Zimmer wählen, die mit eigener Terrasse etwas abseits des Hauptgebäudes liegen. DZ 60–120 €, im Juli und August in der Regel jedoch nur mit HP. Via Rosa 43, ✆ 090 9889956, ✉ 090 9889966, www.lacannahotel.it.

Bescheiden und ruhig: Filicudi Porto

Pensione Villa Rosa, ebenfalls im Gebiet von Rocca Ciauli, nur ein paar Meter oberhalb von La Canna. Mit Einkaufsmöglichkeit, sommerlicher Open-Air-Disco, Bar und einem der wenigen ganzjährig geöffneten Restaurants der Insel ein lokales Kommunikationszentrum. Ordentliche Zimmer in zwei etwas abseits des Hauptgebäudes liegenden Häusern, teilweise mit schöner Aussicht. Sehr gute, auch von Restaurantführern gelobte Küche. Halbpension p. P. etwa 45–65 €. ✆ 090 9889965, ℻ 090 9889291, www.villarosa.it.

• *Tauchen* **Apogon Diving Center**, Via Porto, ✆ 090 9889960, www.apogon.it.

Capo Graziano: Auf der schmalen Halbinsel im äußersten Südosten von Filicudi wurden Überreste einer bronzezeitlichen Siedlung des 17.–13. Jh. v. Chr. entdeckt. Die Grundmauern der Häuser sind noch gut zu erkennen, die hier gefundenen Keramiken im Archäologischen Museum von Lipari ausgestellt. Der Fußweg vom Hafen ist kaum zu verfehlen und nimmt etwa eine halbe Stunde in Anspruch.

Monte Fossa delle Felci: Die Besteigung des höchsten Inselberges beginnt im Umfeld von Valle Chiesa, einer Häusergruppe auf 280 Meter Höhe oberhalb von Filicudi Porto. Anhaltspunkte sind eine Telefonzelle und eine Votivkapelle etwas südlich der Kirche. Hier führt ein Weg hinein in die Häusergruppe von Portella, den man an der zweiten Abzweigung nach rechts verlässt, um sich am westlichen Rand der kleinen Siedlung erneut rechts zu halten. Nach einigen Serpentinen folgt der Weg nun weitgehend einem Grat, ist aber oft bröckelig und durch häufig abzweigende Pfade nicht immer eindeutig zu bestimmen. Festes Schuhwerk, Sonnenschutz und genügend Wasser sind für die mindestens dreistündige Tour, auf der man keineswegs allein gehen sollte, unabdinglich.

Pecorini

Die kleine Ortschaft gliedert sich in zwei Siedlungsbereiche. Pecorini Alta liegt etwas oberhalb der Küste und besteht aus einer Handvoll Häuser, die sich um eine Kirche scharen. Bei dem Gotteshaus beginnt ein alter Maultierpfad, der in etwa einer Viertelstunde hinab zum unteren Teil des Dorfes führt. Pecorini a

Mare, auch Pecorini Porto genannt, bildet den zweiten Hafen der Insel, an dessen kleinem Kai gelegentlich auch Fähren und Aliscafi anlegen. Weiterhin gibt es eine Carabinieri-Station und nebenan die mittlerweile schon berühmte Bar namens "Saloon", deren Öffnungszeiten je nach Laune des Besitzers schwanken. Wie auch in Filicudi Porto präsentiert sich der hiesige Strand arg steinig, bietet dafür aber klares Wasser und gen Westen genügend Platz. Hungrige haben außerhalb der Hauptsaison schlechte Karten, denn die beiden Restaurants "Invidia" (℡ 090 9889998) und "La Sirena" (siehe unten) öffnen nur im Sommer einigermaßen regelmäßig ihre Pforten.

- *Übernachten/Essen* **Pension La Sirena**, in Pecorini a Mare direkt am Meer. Angenehme, mit Antiquitäten eingerichtete Zimmer, sehr gute Küche. DZ 60 €, HP (im Juli und August obligatorisch) kostet p.P. etwa 55–80 €. Auch wochenweise Vermietung von Häusern. Ganzjährig geöffnet. Via Pecorini Mare, ℡ 090 9889997, ℡ 090 9889207, www.pensionelasirena.it.
- *Fußweg nach Pecorini a Mare* Leserin Martina Rudolf empfiehlt diese Abkürzung vom Hafen nach Pecorini a Mare: "Vom Hafen der Straße folgen, vorbei am Hubschrauber-Landeplatz. Nach ca. einem Kilometer Aufstieg zweigt in einer scharfen Rechtskurve bei einem Trafohäuschen linker Hand der Eselspfad Richtung Meer ab. Dem Weg bis zu einer Gabelung folgen, dort führt der linke Weg nach kurzer Zeit zu den steilen Treppen hinunter nach Pecorini a Mare."

▶ **Bootsausflüge:** Eine interessante Sache, die man sich nicht entgehen lassen sollte: Die bizarre Lavaküste von Filicudi lässt sich nur vom Wasser aus entdecken. In der Regel starten die Fischerboote ab dem Hafen von Pecorini. Einer der Höhepunkte ist die *Grotta del Bue Marino*, eine tiefe Höhle, in die man auch mit dem Boot hineinfahren kann – die früher hier lebenden Mönchsrobben (ital. "Seeochsen"), denen die Grotte ihren Namen verdankt, sind mittlerweile wie an so vielen Stellen im Mittelmeer leider ausgestorben. Gleich ums Eck steht die *Punta del Perciato*, eine Art natürlicher Triumphbogen. Etwa 1,7 Kilometer von der Küste entfernt steigt *La Canna*, ein 85 Meter hoher, schlanker Lavafelsen aus dem Meer, gut zu erkennen auch bei der Überfahrt nach Alicudi.

Alicudi

Die abgelegenste Insel der Eolie, 57 Kilometer von Lipari entfernt und von kaum mehr als hundert Menschen bewohnt.

Wer sich hier wohl fühlen will, muss schon sehr viel für "splendid isolation" übrig haben und über reichlich Selbstgenügsamkeit verfügen. Das 5,2 Quadratkilometer kleine Inselchen besteht praktisch nur aus dem erloschenen Vulkan *Timpone della Montagnola*, der sich vom Meeresspiegel aus bis zur respektablen Höhe von 675 Metern erhebt. Besiedelt ist nur der Südosten. Über dem Hafenort Alicudi Porto verstreuen sich kleine Häuser über die Hänge. Elektrizität gibt es erst seit 1991, eine Straßenbeleuchtung existiert ebensowenig (Taschenlampe!) wie Straßen überhaupt. Einzig Treppenwege verbinden die einzelnen Häuser und kleinen Gehöfte. Die größte Attraktion von Alicudi ist denn auch die beschauliche Ruhe, die auf dem Inselchen herrscht.

- *Verbindungen* Schiffsverkehr wie nach Filicudi, siehe dort. Das urige SIREMAR-Büro (℡ 090 9889795) fungiert gleichzeitig als Telefonzentrale. SNAV-Büro: ℡ 090 9889912.
- *Übernachten* **Pensione Ericusa**, etwas südlich des Hafens, vom Anleger ca. 200 m nach links. Einzige Pension der Insel, Zimmer und Restaurantterrasse zum Meer ausgerichtet, freundlicher Wirt. Nur Juni bis September geöffnet. 12 Zimmer, DZ etwa

554　Eolische Inseln

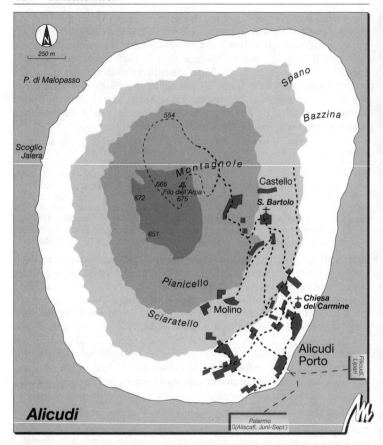

65–75 €, im Juli und August nur mit HP, p.P. 55–70 €. Gute Küche, Menü etwa 25 €. Das Angebot, Schwerpunkt ist natürlich Fisch, hängt vom Tagesfang ab. Gelegentlich gibt es Langusten, eine Spezialität Alicudis, die natürlich ihren Preis hat. Località Perciato, ℡ 090 9889902, ℡ 090 9889671.

Privatzimmer gibt es daneben durchaus, Anlaufstelle für Nachfragen sind das Siremar-Büro und die beiden Läden.

Inseltouren

▸ **Timpone della Montagnola**: Einmal zumindest sollte man auf den Gipfel des Inselberges gestiegen sein, was etwa zwei Stunden in Anspruch nimmt. Folgt man dem nach oben führenden Treppenpfad, ist der Weg nicht zu verfehlen. Unterwegs bieten sich reizvolle Ausblicke auf die von Trockenmauern umgebenen Terrassen, die die Hänge für die Landwirtschaft nutzbar machen. Schön sind auch die kunstvoll angelegten Wege und Stufen.

▸ **Bootstouren**: Wie Filicudi glänzt auch Alicudi mit klippenreicher Küste und allerdings weniger spektakulären Meeresgrotten. Vielleicht kann man ja am Hafen ein Fischerboot für eine Rundfahrt chartern.

Panarea

Die kleinste Insel der Eolie, wunderschön und bei norditalienischen Millionären sehr gefragt. Entsprechend gestalten sich die Preise.

Man kann aber auch ohne dicke Brieftasche Spaß an Panarea haben – am besten bei einem Tagesbesuch. Für Ästheten ist die Insel ohnehin Pflichtprogramm: Enge Gässchen, weiße Häuser, die Fenster und Türen in Blau abgesetzt, kubische und runde Formen und überall Blumen, Blumen, Blumen ... Eine heile Welt dazu, kaum ein mehrstöckiges Gebäude, alles fast klinisch rein, die Taxis und selbst das Streifenmobil der Carabinieri sind mit Elektromotor unterwegs und nachts herrscht Fahrverbot für alle.

Bewohnt ist nur der Osten der Insel, und das schon seit Urzeiten. Die Siedlungsreste am Capo Milazzese stammen aus der Bronzezeit und gehören zu den wichtigsten archäologischen Stätten der Eolie. Heute gehen die Inseldörfer fast fugenlos ineinander über; die Grenzen werden jeweils von einer Kirche markiert. Hafenort und größte Siedlung ist San Pietro, im Norden liegt Ditella, im Süden Drauto. Der Westen Panareas besteht aus unzugänglicher Steilküste, an der Süd- und Ostseite finden sich einige teils sehr schöne Kiesstrände. Auffällig sind die vielen kleinen Inselchen im Umkreis; sie entstammen wie Panarea selbst einem unterseeischen Vulkan. Gewisse vulkanologische Phänomene lassen sich auch heute noch entdecken. Die recht schwachen Fumarolen von Calcara im Norden Ditellas sind mit denen von Vulcano aber nicht zu vergleichen.

Verbindungen/Diverses

- *Verbindungen* Panarea wird zwar auch von Autofähren angelaufen, Fahrzeugmitnahme ist für Nicht-Insulaner jedoch von Mai bis Oktober verboten und angesichts der engen Gassen auch unnötig. Agenturen der SIREMAR, ✆ 090 983007 und der SNAV, ✆ 090 983009, am Hafen.

- *Geldautomaten* Bankautomaten z.B. beim Hotel Cincotta und beim Hotel Lisca Bianca. Zur NS sollte man sich aber vielleicht vorsichtshalber nicht darauf verlassen, dass sie auch in Betrieb sind – und Panarea ist teuer ...

- *Tauchen* Amphibia, direkt oberhalb des Hafens, ✆ 090 983311.

Übernachten/Essen

Beides verquickt sich oft, da viele Restaurants auch als Vermieter agieren. Die Preise entsprechen der Kaufkraft der meisten Gäste und sind dementsprechend die höchsten der Eolie. In der Hochsaison wird dann noch ein kleiner Aufschlag verlangt ... Pensionen und Hotels liegen ausschließlich im Hafenort San Pietro.

Eolische Inseln

*** Hotel Cincotta, zentral gelegene Bungalowanlage in angenehmer Architektur, Swimmingpool in Traumlage; hübsche Zimmer, Terrassen mit tollem Blick. Geöffnet Ostern-September, DZ/F nach Saison und Saison 120–240 €, HP nicht obligatorisch. Via San Pietro, südlich des Hafens, ✆ 090 983014, ℻ 090 983211.

** Hotel Raya, südlich des Hafens. Die zwei Sterne stapeln tief, denn das berühmte "Rochen" zählt eindeutig zu den hiesigen Spitzenadressen, ist tatsächlich fast schon eine Art "Kulthotel" und beliebtester Treffpunkt der Reichen und Schönen. "Raya ist wer es geschöpft hat", verriet dazu früher einmal der Hausprospekt. Der Hauptkomplex mit Rezeption, Bar, Disco, einer bekannten Boutique etc. liegt Nähe Hotel Cincotta; die Zimmer in einer Gartenanlage am Hang ein Stück weiter. DZ/F nach Saison und Zimmerstandard etwa 230–420 (!) €, in der Dependance etwas günstiger. Geöffnet von etwa Mitte April bis Mitte Oktober; ✆ 090 983013, ℻ 090 983103, www.hotelraya.it.

** Hotel Tesoriero, oberhalb des Hafens. Elf geräumige, ordentliche Zimmer, alle mit Terrasse oder Balkon. Keine Pensionsverpflichtung. DZ/F nach Saison etwa 80–150 €. Geöffnet Mai bis Oktober. ✆ 090 983098, im Winter 090 983144, ℻ 090 983007, www.hoteltesoriero.it.

** Hotel Hycesia, an der Hauptgasse von San Pietro. Angenehmer Familienbetrieb mit elf freundlichen Zimmern in einem Bungalowgebäude hinter dem Haupthaus. Man spricht Deutsch. DZ/F nach Saison etwa 80–190 €. Das Restaurant hat eine hübsche große Terrasse, Menü ab etwa 30–35 €. Geöffnet von Ostern bis Mitte Oktober, ✆ 090 983041, ℻ 090 983226, www.hycesia.it.

* Hotel O'Palmo, gegenüber vom Hotel Tesoriero, teilweise mit hübscher Aussicht. Vor einigen Jahren kräftig erweitert, nunmehr 16 schlicht-schöne Zimmer mit Terrassen. DZ/F nach Saison 80–190 €, im angeschlossenen Affittacamere etwas günstiger. Ganzjährig geöffnet. Via Peppe Maria, ✆ 090 983155, ℻ 090 983262.

* Pensione Da Pina, in einem Seitengässchen oberhalb der Hauptgasse, Nähe Hotel Hycesia. Das zugehörige Restaurant zählt mit jahrzehntelanger Tradition und sehr fantasievoller Küche zu den besten der Insel; einen Versuch wert ist hier auch der selbstgemachte Zitronenlikör Limoncello. Menü ab etwa 40 €. Zwölf komfortable, frisch renovierte Zimmer, DZ 100–250 €. Via San Pietro, ✆ 090 983030, ℻ 090 983147, www.dapina.com.

● *Kneipen/Nachtleben* Abendliche Treffpunkte sind die Bars der Nobelherbergen, z.B. die Bar des Hotels Lisca Bianca, später dann die Discos der Hotels Raya und Cincotta. Eine angenehme Alternative ist die "Bar Naif" zwischen Hafen und Hauptstraße: hübsche Terrasse, Musik und warme Snacks für den schmaleren Geldbeutel. Gute Cocktails gibt es in der "Bar da Carola" am Hafen.

▶ **Baden**: An der Ost- und Südküste einige nette Möglichkeiten. Der Norden und Westen dagegen wehren sich mit Steilküsten. Nördlich von Ditella liegt eine ganz passable Kiesbucht; der schweißtreibende Abstieg garantiert zumindest in der Nebensaison weitgehende Ruhe. Viel besuchter Hauptstrand ist die Caletta dei Zimmari westlich von Drauto. Doch wer schon bis hierher marschiert ist, tue ein übriges und wandere weiter zur Cala Junco (ab San Pietro eine knappe Stunde): eine von einem gekrümmten Felsriegel abgeschottete, traumhafte Doppelbucht mit fantastischen Möglichkeiten auch für Schnorchler. Die Lage am Capo Milazzese begeisterte schon in der Bronzezeit ...

● *Essen* **Trattoria Bar alla Spiagetta**, beim Strand Caletta dei Zimmari. Romantisches Plätzchen mit hübschem Blick. Komplettes Menü ab etwa 25–30 €, man kann es aber auch nur bei Salat und einem Teller Spaghetti belassen, was freilich auch schon seinen Preis hat... Ganzjährig geöffnet außer zur Weihnachtszeit.

Capo Milazzese: Auf dem gut zu verteidigenden Felssporn zwischen den beiden Buchten stand in der mittleren Bronzezeit (genauer: 1400–1270 v. Chr.) ein Dorf aus Steinhütten. Die ovalen Grundrisse der knapp zwei Dutzend Hütten sind noch gut erhalten. In der Siedlung, die erst im 20. Jahrhundert entdeckt wurde, machten die Archäologen eine Reihe von Aufsehen erregenden

Funden, die dieser Epoche den Namen "Zivilisation von Milazzo" eintrugen – zu besichtigen sind sie im Archäologischen Museum von Lipari. Vom Kap bietet sich ein schöner Blick in die Badebucht Cala Junco sowie in die nebenan liegende, zu Fuß jedoch unerreichbare Felsbucht, in der meist ein paar Yachten vor Anker liegen.

Basiluzzo: Wer am Hafen zu halbwegs akzeptablem Preis ein Boot auftreiben kann, sollte sich zum Nachbarinselchen Basiluzzo schippern lassen. Das immerhin 165 Meter hohe Eiland war bis in die Römerzeit bewohnt; Überreste von Bauten sind noch zu erkennen. Bei ruhigem Meer kann man die inzwischen versunkenen Reste der römischen Hafenanlage sehen.

Einfach schön: Gasse in San Pietro

Stromboli

Wooouummm!!! Fontänen glühender Lava fauchen hoch in den Nachthimmel. Der Boden bebt, Donnergrollen lässt die Eingeweide erzittern. Mehrmals stündlich liefert der Vulkan ein Schauspiel, das in Europa seinesgleichen sucht – mit etwas Mühe ist man live dabei.

Etwa drei bis vier Stunden muss man sich schon bergauf quälen, um die Vorführung aus der Nähe zu betrachten. Die notwendige Übernachtung eingeschlossen, könnte man das Kapitel Stromboli also in zwei Tagen abhaken. Das allerdings wäre schade, locken hier doch wirklich schöne Strände aus pechschwarzem, feinen Lavasand.

Stromboli ist ganz Vulkan. Sichtbar ist nur die Spitze des Giganten, der sich aus einer Tiefe von 2000 Meter unter dem Meeresspiegel bis auf 924 Meter Höhe erhebt. Der antike *Strongyle* ("Der Runde") ist seit zweitausend Jahren ununterbrochen tätig und diente mit seinen fast regelmäßigen Eruptionen den Seefahrern des Altertums als natürlicher Leuchtturm. Sich auf einer nächtlichen Fahrt mit der Fähre dem Feuer spuckenden Berg zu nähern, zählt zu den herausragenden Erlebnissen einer Reise auf die Liparischen Inseln, übertroffen nur noch durch den Blick auf den Krater selbst. Verwunderlich, dass eine solch außergewöhnliche Insel nicht schon viel früher unter besonderen Schutz gestellt wurde – erst seit 1997 ist Stromboli, vom Gebiet der Ortschaften abgesehen, als Naturreservat "Riserva Naturale Orientata" ausgewiesen. Einen besonders hohen Schutz genießt das Inselchen Strombolicchio, das als "Riserva Naturale Integrale" ausgezeichnet ist und nicht betreten werden darf. Bei den Einwohnern allerdings hat sich der besondere Status von Stromboli noch kaum herumgesprochen.

558 Eolische Inseln

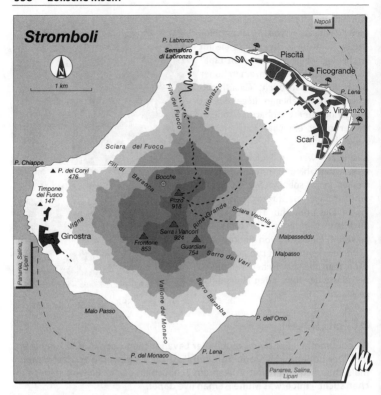

Anfang der 50er-Jahre begann auf Stromboli der Tourismus, angeheizt durch die Aufnahmen eines Vulkanausbruchs im sonst eher mäßigen Melodram "Stromboli, Terra di Dio" von Roberto Rosselini. Das Haus, in dem Hauptdarstellerin Ingrid Bergman während der Dreharbeiten wohnte, ist noch zu sehen. Heute leben die knapp 600 Einwohner Strombolis fast ausschließlich vom Fremdenverkehr – geschadet hat es der Insel kaum. Die weißen Häuser passen sich harmonisch der Umgebung an, architektonische Missetaten sind selten, und die wenigen Ausnahmen wirken nicht einmal übermäßig störend. Viel Platz für Siedlungen bieten die schwarzkahlen, zerfurchten Hänge des Vulkans ohnehin nicht. Gemeinsam ist ihnen ein gewisser rustikaler Charakter, angefangen beim Fehlen der Straßenbeleuchtung (Taschenlampe!) bis hin zu der recht beschränkten Auswahl an Einkaufsmöglichkeiten. Der Hauptort Stromboli dehnt sich in der flacheren Nordostecke der Insel aus, das winzige Ginostra drängt sich an die Ausläufer des Westhangs.

Ginostra

Seine weltabgeschiedene Lage bescherte dem winzigen Örtchen eine illustre und treue Gästeschaft der Marke Nobel-Freak, die sich in den kleinen Häuschen teilweise dauerhaft eingerichtet hat. Doch die beschauliche Idylle scheint auf längere Sicht gefährdet: Vor einigen Jahren wurden Pläne bekannt, nach denen in dem Dörfchen, das bislang damit kokettiert, "der kleinste Hafen der Welt" zu sein, ein großer Fährhafen entstehen soll. Die Bevölkerung ist überwiegend dagegen, befürchtet man doch wohl zu Recht den verstärkten Einfall von Tagestouristen, die viel Müll und wenig Geld bringen. Bislang ist freilich nichts geschehen – und so genießt Ginostra wohl noch eine Weile seine Isolation.

• *Verbindungen* Ausbootung von den Fähren und Aliscafi nur bei ruhiger See möglich. Bei hohem Wellengang kann es dagegen sehr wohl passieren, dass man länger in dem kleinen Ort bleibt, als eigentlich geplant: Gelegentlich ist Ginostra schon mal ein paar Tage vom Rest der Welt abgeschnitten. Der in manchen Karten noch eingezeichnete Fußpfad von Scari ist durch eine Reihe von Erdrutschen zerstört und praktisch unpassierbar.

• *Übernachten* In der HS die Quartierfrage unbedingt schon vorab klären (A.A.S.T. Stromboli oder Lipari, die auch Privatzimmer vermitteln). In der NS kann man sich auch vor Ort nach Privatunterkünften erkundigen.

* **Locanda Petrusa**, gerade mal drei Zimmer mit Gemeinschaftsbad. DZ etwa 60–80 €. Ganzjährig geöffnet, Via Sopra Pertuso, ✆ 090 9812305.

Mario lo Schiavo vermietet fünf Privatzimmer und hilft, falls ausgelastet, auch bei der Suche nach einer Unterkunft. Via Piano, ✆ 090 9812880.

Stromboli-Ort

Das weit größere und bedeutendere der beiden Inseldörfer ist aus mehreren früher eigenständigen Siedlungen zusammengewachsen.

Stromboli-Ort erstreckt sich im Nordosten der Insel und besteht praktisch nur aus zwei halbwegs parallel verlaufenden Sträßchen und einigen steilen Verbindungsgassen. Dennoch beansprucht die Siedlung einigen Raum. Neben der teilweise sehr lockeren Bebauung liegt dies auch daran, dass sich Stromboli aus mehreren Ortsteilen zusammensetzt, die früher einmal eigenständige Dörfer bildeten.

Scari, der am weitesten südöstlich gelegene Ortsteil, bildet das Umfeld der Schiffsanlegestelle. Von hier verläuft ein küstennahes Sträßchen im Linksbogen durch einen von Gewerbegebäuden und dem Hubschrauberlandeplatz geprägten Siedlungsbereich, den Ortsansässige schon mal mit bitterer Ironie als "Industriegebiet der Liparischen Inseln" charakterisieren. Hinter dieser in der Tat wenig attraktiven Zone beginnen die schwarzen Strände von Ficogrande, das zusammen mit dem westlich angrenzenden und ebenfalls durch viele Gärten aufgelockerten *Piscità* die Mehrzahl der Hotels beherbergt. Hinter Piscità liegt ein weiterer schöner Strand, inseleinwärts die kleine Häusergruppe von *San Bartolo*, die mit der gleichnamigen Kirche noch ein wenig den Eindruck eines selbständigen Weilers vermittelt. Bei Piscità und San Bartolo beginnt auch der zwar mühsame, aber unbedingt lohnende Aufstieg zum Vulkangipfel.

San Vincenzo, auf einer Anhöhe über Scari gelegen und von dort über die steil ansteigende Via Roma zu erreichen, ist jedoch das eigentliche Zentrum der Siedlung Stromboli. Die hiesige, ebenfalls San Vincenzo genannte Kirche bewacht einen der am schönsten gelegenen Plätze des Archipels: Von seiner luftigen Höhe genießt man einen weiten Blick über die schwarzen Sandstrände tief unterhalb, das Meer und auf die bizarr geformte Mini-Insel Strombolicchio. Ein reizvoller kurzer Ausflug führt von San Vincenzo zunächst nach

560 Eolische Inseln

Westen Richtung San Bartolo, in der Nähe der Bäckerei dann jedoch links bergwärts und, vorbei am neuen Friedhof, zur alten Begräbnisstätte der Siedlung. Viele der überwucherten Gräber hier, insgesamt über fünfzig an der Zahl, sind mit schönen alten Keramikkacheln geschmückt, wie sie auch in manchen der Inselhäuser zu finden sind.

Verbindungen/Diverses

• *Verbindungen* Schiffsanleger in Scari, ins Zentrum geht es den Berg hoch. Agenturen im Umfeld: SIREMAR, ✆ 090 986016, auch für die Fähren nach Napoli; SNAV, ✆ 090 986003, auch für die Aliscafi nach Napoli. Achtung, die Hafenmole liegt völlig ungeschützt, bei schlechtem Wetter fallen Aliscafi und auch Fähren häufig aus!

• *Erste Hilfe* **Guardia Medica**, in der Nähe der Kirche, ✆ 090 986097. Auch die Rettungskolonne "Misericordia d´Italia", die bei Notfällen auf dem Stromboli helfen kann, ist am besten über die Guardia Medica zu erreichen.

• *Geldautomat* Ein Bankautomat steht an der Via Roma beim Supermarkt, doch sollte man sich nicht völlig auf ihn verlassen.

• *Ausrüstungsverleih/Internetzugang* **Totem**, ein Geschäft am Kirchplatz, verleiht Bergstiefel und andere Ausrüstung für den Aufstieg zum Vulkan, informiert auch über Führer. Geöffnet ist von April bis Oktober sowie über Weihnachten und Neujahr. Piazza San Vincenzo 4, ✆/✉ 090 9865752, Hier auch Internetzugang.

• *Tauchen* **La Sirenetta Diving Center**, dem gleichnamigen Hotel zugehörig. Via Marina 33, ✆ 090 986025.
Sotto l´aqua del Vulcano, Via Marina, Scari, der dortigen Agentur "Strombolania" angeschlossen; ✆ 090 986390.

• *Windsurfen, Segeln, Kanuverleih* **Centro Mare Stromboli**, unterhalb des Hotels Villagio Stromboli in Piscità. Via Vito Nunziante, ✆ 090 986156.

• *Bootsverleih* **Strombolania**, im Gebäude der Hotels Ossidiana in Scari, ✆ 338 5051543 (mobil), verleiht Boote mit und ohne Skipper, die **Società Navigazione Pippo** am Hafen, ✆ 090 986135, nur solche für Selbstfahrer. Daneben gibt es noch eine ganze Reihe weiterer Adressen.

Übernachten

Recht vielfältige Möglichkeiten. Neben den Hotels gibt es zahlreiche Privatvermieter, die in der Nebensaison zum Hafen kommen und Interessenten oft mit umgebauten Vespa-Dreirädern (Ape) zum Quartier bringen – am besten, man erkundigt sich gleich, ob auch der Rücktransport nach dem Aufenthalt so gastfreundlich erfolgt ... Zur Nebensaison kann es sich auch lohnen, ein wenig über den Preis zu verhandeln. Im Sommer dagegen sollte man wegen der starken Nachfrage unbedingt reservieren. Wie auch überall sonst auf den Inseln ist ein Besuch zur Hochsaison, insbesondere im August, gewissen Einschränkungen unterworfen: Der starke Andrang italienischer Gäste sorgt für hohe Preise, zudem besteht dann vielfach Pensionsverpflichtung.

• *Hotels* **** **La Sirenetta Park Hotel**, an der Strandstraße von Ficogrande. Das erste Hotel auf Stromboli, gegründet bereits 1952, was man ihm freilich in keiner Weise ansieht, und mittlerweile in der Viersterne-Kategorie. Geräumige, gut möblierte Zimmer in einer hübsch verwinkelten und gut begrünten Bungalowanlage; großer Meerwasser-Swimmingpool. Beliebte Bar, Amphitheater für Aufführungen. DZ/F nach Saison, Lage und Ausstattung etwa 120–280 €, zur Nebensaison gelegentlich Spezialangebote. Während der ersten drei Augustwochen Mindestaufenthalt eine Woche. Geöffnet von April bis Oktober, ✆ 090 986025, ✉ 090 986124, www.lasirenetta.it.

*** **Hotel Villaggio Stromboli**, zwischen Ficogrande und Piscità. Zimmer leicht angekitscht, aber ordentlich eingerichtet; zudem in sehr schöner Lage über dem Meer – unten ein kleiner Sandstrand in Schwarz. Keine Pensionsverpflichtung; DZ/F 85–150 €. "Achtung, für den freundlichen Ape-Abholservice vom und zum Hafen werden 10 € extra berechnet" (Leserbrief). Geöffnet von Ostern bis Oktober, ✆ 090 986018, ✉ 090 986258, www.netnet.it/hotel/villaggiostromboli.

Stromboli

Meist von einer Rauchwolke gekrönt: der Stromboli

*** **Hotel Ossidiana**, in Scari am Hafen. Weiß verputzter, klobiger Kasten; Rundungen, Winkel und Bögen nehmen die Schwere etwas weg. Nach mehrfachen Besitzerwechseln zuletzt renoviert, geräumige Zimmer mit Kühlschrank. In wenigen Jahren soll auf einem nahen Grundstück eine kleine Thermalanlage entstehen. DZ/F nach Saison 100–160 € Geöffnet von Ostern bis Oktober, ✆ 090 986006, ℻ 090 986250, www.hotelossidiana.it.

* **Hotel Miramare**, an der Strandstraße von Ficogrande. Hübsche kleine Anlage, in Stufen den Hang hochgebaut, mehrere Terrassen. Angenehme Zimmer, in der Preisklasse ein Tipp; mehrere Leser waren sehr zufrieden, auch mit der Küche. DZ/F etwa 75–120 €. In der Dependance "Casa Limone" sind die Zimmer etwas preisgünstiger. Geöffnet von April bis Mitte Oktober, ✆ 090 986047, ℻ 090 986318, www.netnet.it/miramare.

* **Hotel Villa Petrusa**, hübsche, verwinkelte Anlage etwa auf halbem Weg zwischen Ficogrande und Piscità, ein paar hundert Meter westlich der Locanda Stella. Frisch renoviert, Zimmer mit Kühlschrank, Klimaanlage etc.; neue Dependance. DZ/F etwa 80 €, von Mitte Juli bis Ende August 140 €. Geöffnet ist Ostern bis Oktober, ✆ 090 986045, ℻ 090 986126.

* **Locanda Stella**, in San Vincenzo; an der inseleinwärts liegenden Straße nach Piscità. Hübsche Terrasse. Einfache, große Zimmer (Rauchverbot) mit karger Möblierung; ein Haus, aus dem sich mehr machen ließe. Zur NS recht preisgünstig: DZ/Bad nach Saison 40–65 €, im August bis 80 €; ohne Bad 30–60 €, im August 70 €. Geöffnet Mai–Oktober; Via Vittorio Emanuele 14, ✆ 090 986000.

● *Privatzimmer/Apartments/Ferienhäuser*
Vermittlung auch über die A.A.S.T. Lipari möglich. Eine Alternative ist es, sich in Bars und Geschäften zu erkundigen. Viele Privatvermieter auf Stromboli nennen sich übrigens "Pensione".

Pensione La Nassa, angenehme kleine Anlage in Ficogrande. Zwölf hübsche, unterschiedlich ausfallende Zimmer in eolischem Stil; alle mit Terrasse, fast alle mit guten Bädern, viele mit Meerblick. Freundlicher Besitzer. DZ/Bad je nach Saison 45–60 €, im August 75 €. Zu suchen oberhalb der Strandstraße, gegenüber Ristorante Punta Lena. Offen von Ostern bis Mitte Oktober. Via Fabio Filzi, ✆ 090 986033.

Pensione Roma, Restaurant mit Zimmervermietung in San Vincenzo. Nicht unbedingt besonders freundlich, Zimmer zum Teil recht eng, ansonsten brauchbar, manche auch mit Terrasse und schönem Blick.

562 Eolische Inseln

DZ/Bad je nach Saison 40–75 €, auch günstigere Zimmer ohne Bad. Geöffnet von März bis Oktober; in der Via Roma nahe Kirchplatz, im zugehörigen Ristorante "Da Luciano" fragen. ✆ 090 986088.

Pensione Aquilone, unweit von San Vincenzo. Geleitet von drei geschäftstüchtigen Brüdern, von denen einer auch Bergführer ist. Einfache, nicht durchgängig geräumige Zimmer auf einen schönen, den Gästen zugänglichen Garten; Aussichtsterrasse. DZ mit Bad 40 € (das Frühstück lohnt den Aufpreis nicht), im Juli und August nur mit Halbpension, p.P. 60–75 €. Mückenschutzmittel ratsam. Via Vittorio Emanuele 29, hinter dem Ristorante La Lampara, ✆ 090 986080, www.aquiloneresidence.net.

Pensione Brasile, in Piscità unweit des Hotels "La Sciara Residence" und gleich unterhalb der Kirche San Bartolo. Hübsche, weitläufige Anlage, 1999 komplett renoviert, sehr ordentliche Zimmer und Bäder. Schöne Gemeinschaftsdachterrasse mit herrlichem Blick, besonders reizvoll am Abend. DZ/Bad/F knapp 60 €, von Mitte Juni bis Anfang September nur mit HP, p.P. 50–60 €; gegen Aufpreis auch "Suiten" mit eigener Dachterrasse. Geöffnet April bis Oktober. Via Soldato Cincotta, ✆/✆ 090 986008, www.pensionebrasile.it.

Pensione Casa del Sole (2), ganz in der Nähe. Ein einfaches, aber reizvolles Quartier, das sich vor allem an junge Kundschaft wendet. Großes, deutlich über hundert Jahre altes Haus; ausgedehnter Innenhof mit Tischen und Stühlen. Die Zimmer sind schlicht, aber teilweise recht hübsch möbliert, die sanitären Gemeinschaftsanlagen gepflegt. Küchen- und Kühlschrankbenutzung möglich, keine Pensionsverpflichtung. DZ o. Bad nach Saison 30–50 €, auch Mehrbettzimmer. Zuletzt in Renovierung, vier Zimmer sollen dann über ein eigenes Bad verfügen. Geöffnet Ostern bis Oktober. Besitzerin Graziella vermietet auch eine ganze Reihe von Apartments und schön restaurierten Häusern, Prospekt und Infos unter ✆ 090 986017 oder unter www.italyone.com, Abteilung "Turismo e Viaggi".

Essen/Kneipen & Nachtleben

Die Mehrzahl der Lokale öffnet nur von Mai/Juni bis September/Oktober, manche auch nur für einen Sommer ... Die folgenden Restaurants bestehen aber bereits seit Jahren.

• *Essen* **Ristorante Barbablu**, einer der schickeren Treffs. Hübsch dekorierter Innenraum, Terrasse. Venezianisch-internationale Küche; nur wenige, ausgewählte Gerichte. Für ein Menü im "Blaubart" muss man mit etwa 40 € aufwärts rechnen. An der inseleinwärts gelegenen Straße von San Vincenzo nach Piscità, Nähe Locanda La Stella. Auch Vermietung einiger Zimmer, hübsch, aber ebenfalls nicht gerade preisgünstig. Via Vittorio Emanuele 17.

Ristorante Da Zurro, am Hafen, neben dem Hotel Ossidiana. Eines der edelsten und besten Restaurants der Insel, hübsche Terrasse im ersten Stock über der zugehörigen Bar. Feine Küche, berühmte Antipasti aus Fisch und Meeresfrüchten, gut auch die hausgemachten schwarzen Tagliatelle mit Krabben, schwarzgefärbt von der Tinte des Tintenfischs. Menü ab etwa 30 € aufwärts. Geöffnet April bis September. Via Marina, zur Saison Reservierung ratsam, ✆ 090 986283.

Ristorante Canneto, gleichfalls in Hafennähe. Ebenfalls gute Küche, Service gelegentlich etwas gelangweilt. Spezialität sind hier die pikanten Spaghetti "Strombolana" sowie Involtini di Pesce Spada. Geöffnet von April bis in den Oktober, Preisniveau etwa wie oben. Via Roma, ✆ 090 986014.

Ristorante Punta Lena, am östlichen Rand der Bucht von Ficogrande, mit sehr hübschem Ambiente in einem typischen Inselhaus, von dessen Terrasse sich ein toller Blick auf das Inselchen Strombolicchio bietet. Besitzer Stefano Oliva liebt lokale Rezepte und kocht mit viel Gemüse und Kräutern, weshalb hier neben Fischliebhabern auch Vegetarier glücklich werden können. Menü ab etwa 30 €, prima Preis-Leistungs-Verhältnis, immer wieder von Lesern gelobt. Geöffnet etwa von Juni bis Mitte Oktober, ✆ 090 986204.

Ristorante-Pizzeria La Lampara, in San Vincenzo, Nähe Locanda La Stella. In seiner Klasse ein echter Tipp. Tische und Stühle im Freien auf großer, überdachter Terrasse; im Sommer trubelige Atmosphäre. Sehr gute und ausgesprochen üppig dimensionierte Pizze um die 8 €. Freundlicher Service.

Bar/Rist./Pizzeria L'Osservatorio: Siehe im Abschnitt "Auf den Vulkan".

Der Treffpunkt der Insel: Bar Ingrid Club am Kirchplatz von San Vincenzo

• <u>Kneipen & Nachtleben</u> **Bar Ingrid Club** (woher wohl der Name stammt ...?), der Haupttreffpunkt, mit fantastischer Aussicht am Kirchplatz von San Vincenzo gelegen – hier kommt im Laufe des Tages jeder mal vorbei. Es gibt eine Auswahl guter Snacks, Süßes, Eis, auch Granite, alles im Selbstbedienungsverfahren an der Theke zu holen.

Il Malandrino, eines der nobleren Lokale am Hafen, beliebter Treffpunkt. In der Nähe weitere Bars, darunter die **Beach Bar**, günstig, um auf die Fähre zu warten.

Tartana Club, die Bar des Sirenetta Park Hotels, ist die wichtigste abendliche Anlaufstelle am Strand von Ficogrande.

Discos öffnen und schließen häufig, wechseln immer mal wieder Adresse und Besitzer, weshalb man sich über den aktuellen Stand am besten vor Ort erkundigt.

▶ **Baden**: Ein Großteil der Küste Strombolis besteht aus steilen Felsabstürzen. Aber: Von Scari bis hinter Piscità erstrecken sich immer wieder hübsche Strandabschnitte, teils feiner Kies, teils Sand – immer aber, der vulkanischen Herkunft getreu, in Schwarz. Der schönste Abschnitt mit von Felsen unterbrochenem feinem Sand liegt hinter Piscità, am Aufstieg zum Vulkan. Ebenfalls sehr reizvoll sind die Strände südlich von Scari, insbesondere der Bereich unterhalb der Sciara Vecchia. In diesem Gebiet halten sich manche Besucher an FKK, was nach Auskunft langjähriger Stromboli-Besucher die Einwohner nicht stören soll; im Gegenteil kämen auch junge Leute von Stromboli selbst hierher. An den Familienstränden ist dagegen auch "oben ohne" nicht gerne gesehen.

▶ **Bootsausflüge**: Organisierte Touren mit Fischerbooten starten am Hafen von Scari und am Strand von Ficogrande. Beliebtestes Ziel ist die Feuerrutsche *Sciara del Fuoco*, über deren völlig kahle Hänge die rotglühenden Lavaschlacken des Vulkans ins Meer poltern – nachts ein spektakuläres Schauspiel. Ebenfalls reizvoll gestaltet sich der Ausflug zum bizarr geformten, steil aus dem Meer aufsteigenden Inselchen *Strombolicchio*, auch Fahrten rund um Stromboli sind im Programm.

Eolische Inseln

- *Information, Preisbeispiele* Organisierte Touren starten am Hafen von Scari und am Strand von Ficogrande. Im Sommer stehen an beiden Orten Infokioske der Veranstalter. Zur Saison bestehen auch feste Abfahrtstermine; ansonsten ist die Angelegenheit Verhandlungssache. Preisbeispiele: Inselrundtour (2,5 Stunden) etwa 20 €, nächtliche Bootsfahrten zur Sciara del Fuoco 15 €. Ein seit vielen Jahren bestehender Veranstalter ist die Società Navigazione Pippo (SNP), ✆ 090 986135.

Auf den Vulkan

Ein nächtlicher Blick in den mehrmals pro Stunde Feuer speienden Krater des Stromboli gehört mit Sicherheit zu den faszinierendsten Erlebnissen, die auf Reisen innerhalb Europas möglich sind.

Jede Eruption folgt derselben Dramaturgie. Erst ein allmählich einsetzendes Fauchen, danach tiefes Donnern, wie aus dem Mittelpunkt der Erde – dann erglüht der Dampf im Krater, jagen purpurrote Lavafontänen in den Himmel, verzweigen sich zu leuchtendem Sprühregen. Sekundenlang scheint die Luft zu brennen, scheint ein Stück Hölle aus der Glut des Kraters. Ein Urerlebnis...

Etwas Kondition (ersatzweise: eisernen Willen) braucht man für die drei bis vier Stunden schweißtreibenden Aufstieg jedoch schon, schließlich beginnt die Tour auf Meeresniveau und führt auf steile 918 Meter Höhe. Um Enttäuschungen zu vermeiden: Selten, ganz selten, bricht der Stromboli nicht annähernd uhrwerksgleich aus, stellt sogar manchmal für eine ganze Nacht die Tätigkeit ein. Dies ist dann kein gutes Zeichen, deutet eventuell auf einen stärkeren Ausbruch hin. Bislang kam jedoch nahezu jeder, der einmal oben war, völlig begeistert vom Gipfel zurück.

Sicherheit und Ausrüstung

Die früher immer wieder mal diskutierte Frage "Mit oder ohne Führer?" hat sich spätestens seit den Ausbrüchen von 2002 und 2003 wohl von selbst erledigt. Zum einen scheint es derzeit unwahrscheinlich, dass der (streng genommen bereits seit 1990 illegale, aber bis zu den letzten schweren Eruptionen dennoch geduldete) Aufstieg bis zur Gipfelregion auf eigene Faust wieder freigegeben wird, zum anderen ist man mit Führer einfach auf der sichereren Seite. Die Guides kennen ihren Berg, wissen über die aktuelle Wetterlage Bescheid und sind im Notfall auch in der Lage, schnellstmöglich Hilfe zu organisieren – auch dies ein wichtiges Argument.

Ganz ohne Risiko ist ein Besuch des Gipfels nämlich nie. So heftige Ausbrüche wie die im Kasten geschilderten sind zwar sehr selten. Häufiger, nämlich durchschnittlich immerhin etwa zweimal pro Jahr, kommt es zu Eruptionen nur leicht erhöhter Intensität, bei denen gleichwohl glühendes Material bis in Bereiche geschleudert werden kann, in denen sich Besucher aufhalten. 2001 wurde eine deutsche Touristin am Kopf getroffen; sie starb später im Krankenhaus von Messina. Vulkanologen raten, im Fall einer stärkeren Eruption Ruhe zu bewahren, nicht zu flüchten, sondern stattdessen die Flugbahnen der Gesteinsbrocken genau zu beobachten, um gegebenenfalls ausweichen zu können. Der verständliche Reflex zur Flucht birgt zudem ein hohes Verletzungspotenzial. Zur Beruhigung sei gesagt, dass sich viele (nicht alle!) dieser etwas stärkeren Eruptionen durch eine ungewöhnlich lange Phase verdächtiger Ruhe

Stromboli – Auf den Vulkan

quasi ankündigen. Zudem wird der Stromboli von den Vulkanologen im Geophysikalischen Institut von Lipari permanent überwacht und bei entsprechenden Anzeichen gesperrt, wie es immer wieder mal der Fall ist. Absolute Sicherheit gibt aber auch das nicht – der Vulkan bleibt unberechenbar.

Nach den schweren Ausbrüchen von 2002 und 2003

Schon ab Mitte 2002 hatten Forscher am Vulkan eine Phase deutlich erhöhter Aktivität festgestellt. Am 28. Dezember 2002 öffnete sich in 600 Meter Höhe eine große Spalte, aus der mehrere ungewöhnlich schnelle Lavaströme ins Meer flossen. Nach einer kurzen Ruhephase bildete sich am 30. Dezember ein neuer Strom. Dieser verursachte an der Sciara del Fuoco zwei riesige Bergstürze, bei denen Millionen von Kubikmeter Lavagestein ins Meer gerissen wurden. Die daraus resultierenden, mehrere Meter hohen Flutwellen (Tsunamis) führten zu schweren Schäden an Schiffen und Gebäuden in Ginostra und Stromboli-Ort. Es gab sechs Verletzte. Die Tsunamis waren auch auf den Nachbarinseln deutlich spürbar und erreichten sogar den 60 Kilometer entfernten Hafen von Milazzo. Für Stromboli wurde ein Besuchsverbot erlassen, Hunderte Einwohner verließen freiwillig die Insel und kehrten erst Anfang Februar zurück. In den folgenden Monaten dauerten die Lavaströme und (kleineren) Bergstürze an. Am 5. April 2003 ereignete sich dann plötzlich und ohne jede Vorwarnung durch die Überwachungsinstrumente der Vulkanologen eine außergewöhnlich starke Explosion. Über dem Gipfel stand eine rund einen Kilometer hohe Rauchwolke. Lavageschosse beschädigten in Ginostra zwei Häuser, verletzten aber zum Glück niemanden. Wäre diese Explosion an einem Spätnachmittag im Sommer 2002 erfolgt, hätte es am Berg sicher Dutzende, wenn nicht Hunderte von Toten gegeben. Die Lavaströme flossen noch bis weit in den Juli 2003, dann beruhigte sich der Stromboli. Bei Redaktionsschluss schien der Vulkan wieder zu seiner üblichen, strombolianischen Tätigkeit mit mehreren kleineren Ausbrüchen pro Stunde zurückgekehrt zu sein.

Als Konsequenz aus den Ereignissen war der Aufstieg auf den Vulkan auf eigene Faust zuletzt nur bis zu einer Höhe von 290 Metern (Ende des Maultierpfads "Mulatteria") und mit autorisierten Bergführern bis auf 400 Meter Höhe gestattet, Zuwiderhandlungen mit hohen Strafen bedroht. Auch auf 400 Metern bietet sich bereits ein guter Blick auf die Eruptionen. Die Guides glauben jedoch, dass bei anhaltender normaler Aktivität bald, wahrscheinlich schon mit Erscheinen dieser Auflage des Reisehandbuchs, für geführte Gruppen wieder der komplette Aufstieg freigegeben werden wird. Die folgenden Ausführungen beziehen sich auf diesen Fall, doch bleiben natürlich Unwägbarkeiten. So war bis zuletzt unklar, ob die ursprüngliche, unten beschriebene und durch die jüngsten Ausbrüche sicher leicht veränderte Aufstiegsroute beibehalten oder ein komplett neuer Pfad ab San Vincenzo angelegt werden soll.

Aktuelle Internet-Informationen **www.stromboli.net**, die beste Site zum Thema. Auch auf unserer Homepage www.michael-mueller-verlag.de ("Reiseinfos" und dann "Reise-News" klicken) werden wir Sie auf dem Laufenden halten.

Eolische Inseln

Nicht zu unterschätzen sind die Gefahren bei Auf- und Abstieg. Beim Gipfelsturm ohne Führer ereigneten sich früher nahezu jährlich schwere Unfälle. Fast immer war Leichtsinn die Ursache. Immerhin handelt es sich bei der Besteigung um eine ausgewachsene Bergtour; die Führer verpassen ihren Kunden beim Aufbruch deshalb auch einen Helm. Die Wetterlage in den höheren Regionen ist instabil, der Pfad an einigen Stellen schlecht erkennbar, plötzlich auftretende Wolken können zu Orientierungsverlust führen. Eine Besteigung bei schlechtem Wetter macht ohnehin keinen Sinn, da man in der Suppe oben dann kaum etwas sieht. Wegen der hohen Gefahr von Blitzschlag ist es zudem sehr gefährlich, sich bei Gewitter auf dem Gipfel aufzuhalten.

Prinzipiell kann jeder, der bei guter Gesundheit ist und über einigermaßen passable Kondition verfügt, an der Exkursion teilnehmen. Menschen mit Herz-Kreislauf-Erkrankungen oder Asthma jedoch ist in jedem Fall vom Aufstieg abzuraten. Kontaktlinsenträger könnten Probleme mit der feinen Asche bekommen und sollten deshalb besser eine Brille aufsetzen. Und natürlich gibt es auch immer solche, die nach der Rückkehr "alles ganz easy" fanden ...

Mitnehmen: An Kleidung benötigt man Pullover, Windjacke und ein Hemd zum Wechseln – oben sind die Klamotten garantiert durchgeschwitzt, es pfeift ganz schön und die Temperaturen liegen deutlich niedriger als an der Küste, Faustregel: pro hundert Höhenmeter ein Grad. Unterwegs freut man sich, auch am späten Nachmittag, über einen Sonnenhut oder eine Mütze; Sonnenmilch mit hohem Lichtschutzfaktor ist ohnehin zu empfehlen. Prima, wer Bergschuhe hat, feste Trekkingschuhe tun es aber auch. Bei der Verpflegung sind ausreichende Wasservorräte wichtig, zwei Liter sollten es schon mindestens sein. Wegen des hohen Salzverlusts freut sich der Körper über stark gesalzene Lebensmittel wie beispielsweise Oliven. Getragen wird das Ganze im Rucksack, denn an manchen Stellen muss man die Hände zu Hilfe nehmen. Sehr nützlich ist auch ein Bergstock, der insbesondere beim Absteigen die Gelenke entlastet. Eine kräftige Taschenlampe plus Ersatzbatterien gehört aus Sicherheitsgründen unbedingt ins Gepäck.

- *Bergführer* **Guide al Cratere AGAI**, Piazza San Vincenzo, ein Büro unterhalb der Bar Ingrid am Kirchplatz; ✆ 090 986211, ℻ 090 986263, www.stromboliguide.it. Ein schon lange bestehender Zusammenschluss mehrerer Führer, die auch eine Art Info-Kiosk beim Hafen von Scari betreiben.

Magmatrek, vergleichsweise junge Organisation, deren Büro zwischen der Kirche San Vincenzo und dem "Ingrid-Bergman-Haus" liegt. Freundlich und vielsprachig, auf Wunsch auch Touren für Einzelpersonen. ✆ 090 9865752, informative Website: www.magmatrek.it.

- *Führungen* Von März bis Oktober sind die Besteigungen genau geregelt, wer jedoch völlig außerhalb der Saison kommt, wird eventuell über Zeiten etc. verhandeln müssen. Mindestteilnehmerzahl etwa 15 Personen; Einzelreisende werden zu Gruppen zusammengefasst oder solchen zugeteilt. Je nach Organisation kommen zur Hochsaison auf einen Führer oft viele Dutzend Teilnehmer, eine zumindest fragwürdige Praxis – fragen Sie bei der Buchung deshalb nach der voraussichtlichen Teilnehmerzahl. Abmarsch in der Regel am Abend vor Sonnenuntergang, Aufstieg teilweise, Abstieg über den Südosthang (Versante Sud Est) nach San Vincenzo völlig im Dunkeln. Aufenthalt am Gipfel etwa eine bis eineinhalb Stunden, Preis bei voller Gruppenstärke etwa 25 €. Zur HS finden mehrmals wöchentlich auch nächtliche Besteigungen statt; Aufstieg ab etwa 0.30 Uhr, Abstieg bei guten Verhältnissen über die Sciara Vecchia zum Strand, p.P. rund 35 €. Die Führer achten auf die richtige Ausrüstung, ein Leih-Helm ist im Preis inbegriffen, Taschenlampen nebst Ersatzbatterien sind

Stromboli – Auf den Vulkan

Schutz vor dem Wind: Steinmauern auf dem Gipfelgrat

mitzubringen oder, ebenso wie Bergschuhe, gegen Gebühr zu mieten.

- *Internet-Site* **www.stromboli.net**, die Site von Stromboli on-line. Tolle Seite mit vielen aktuellen Informationen, prima Fotos, virtuelle Exkursionen, Live-Cam. Internet-Zugang auf Stromboli ist beim Trekking-Ausrüster "Totem" am Kirchplatz möglich.
- *Blick von unten* **Bar-Rist.-Pizzeria L'Osservatorio**, in der ehemaligen Marinestation Semaforo di Labronzo und in etwa 30 Fußminuten von Piscità auf der anfangs recht bequemen Hauptstrecke zu erreichen. Von dem Lokal bietet sich bereits ein guter Blick auf die nächtlichen Ausbrüche. Seit der Übernahme durch die junge Generation hat sich auch das Essen deutlich verbessert, mancher Einwohner rühmt die hiesige Pizza als "die beste Strombolis" – die Preise (auch für Getränke) haben allerdings deutlich angezogen. Zur Saison kann man sich gegen Entgelt vom Kirchplatz mit dem Ape (Vespa-Dreirad) hinkutschieren lassen, für den Rückweg per pedes ist eine Taschenlampe nötig. Im August wird es voll hier, Reservierung unter ✆ 090 986013 oder Handy 337 293942. Bei Besuchen komplett außerhalb der Saison empfiehlt sich auch eine Anfrage, ob überhaupt geöffnet ist.

▶ **Der Weg auf den Vulkan:** Der Aufstieg beginnt am Ende der Hauptstraße des Ortsteils Piscità, vom Hafen aus muss also der gesamte Ort durchquert werden. Hinter den letzten Häusern führt ein zunächst recht kommoder, gepflasterter Ziehweg (an einer Gabelung rechts halten, nicht links bergauf) in Richtung des Restaurants L' Osservatorio, das in der ehemaligen Marinestation an der Punta di Labronzo untergebracht ist. Der Weg biegt vor dem Anwesen links bergwärts ab und führt dann in Serpentinen durch zunächst dichtes Schilf bergauf. Die "Abkürzungen" zwischen den Kehren sorgen nur für vorzeitige Erschlaffung; später wird's ohnehin noch schweißtreibend genug. Der im weiteren Verlauf nur noch fußbreite Mauerpfad weicht einem rutschig-steilen Erdweg durch Macchia und lose Steine. Es wird steil und steiler, und dann kommt es noch steiler: Fast in der Direttissima zieht sich die Route den Hang hoch; an manchen Stellen geht es auf dem weichen Lavaboden nur nach dem

Schneller Abstieg: Versante Sud Est

Prinzip "zwei Schritte bergan, einen wieder zurückgerutscht" vorwärts – das längste und zugleich übelste Stück. An einigen Punkten muss man auch etwas klettern, bzw. auf Händen und Füßen hoch. Spätestens hier bereuen die Raucher unter uns jede einzelne Zigarette ihres Lebens, doch sorgt das allmählich deutlicher hörbare Donnern der Vulkanausbrüche für psychologische Unterstützung.Schließlich, man wagt es kaum zu glauben, ist dann das Schlimmste überstanden. Nach einem relativ kurzen Kletterstück erreicht man einen Aussichtspunkt, der nach einer längeren Rast förmlich schreit – westlich das riesige Aschenfeld der *Sciara del Fuoco*, gleichzeitig ein erfrischendes Lüftchen und weite Aussicht aufs Meer. Von hier sind es bei gemächlicher Gangart nur noch etwa fünfzehn Kletterminuten zum Gipfelgrat.

▶ **Die Eruptionen**: Vom Gipfel *Pizzo* sieht man nach Norden in die etwa 150 Meter tiefer liegenden Krateröffnungen des heutigen Vulkans. In diesen so genannten *Bocche*, die ihre Zahl, Lage und Form immer wieder mal ändern, raucht und brodelt es gewaltig. Lange muss man nicht warten, bis sich die nächste Eruption ankündigt. Sehr anschaulich beschreibt der Vulkanologe Hans Pichler (Italienische Vulkangebiete III, 1981) das Schema der Ausbrüche: "Trotz des starken Wechsels der Intensität und des Rhythmus der Tätigkeit bleibt der Ablauf einer Eruption mehr oder weniger gleich: Zuerst setzt ein immer stärker werdendes Zischen ein, Asche wird hochgewirbelt, der sich bald gröberes detritisches Material beimengt. Das Zischen verstärkt sich zu einem mächtigen Brausen, das rasch in Donnern übergeht. Der ausbrechende Gasstrom wird stärker und wirbelt die immer dichter werdende Aschenwolke pinienförmig empor. In das Donnern mischt sich das Prasseln der meist in die Bocca zurückfallenden Gesteine. Erst nachdem der Ausbruch eine gewisse Stärke erreicht hat, werden rotglühende Schlacken und Lavafetzen ausgeworfen, die mit klirrenden und platschenden Geräuschen zu Boden fallen. Hierauf klingt der Ausbruch rasch ab, nur die graubraune Aschenwolke wird höher gewirbelt und vom Wind abgetrieben. Die Wurfhöhe der Projektile beträgt 200–300 m, die Aschenwolke erreicht etwa die doppelte Höhe. Die Dauer der Ausbrüche liegt durchschnittlich zwischen 3 und 15 Sek., sie erfolgen abwechselnd und in unregelmäßigen Intervallen aus verschiedenen Bocchen."

▶ **Abstieg auf dem Südosthang (Versante Sud Est)**: Die Standardroute für den geführten Abstieg verläuft über das Aschenfeld der *Rina Grande* und bietet den Vorzug, deutlich kürzer zu sein als der Abstieg über die Aufstiegsroute. Ohne Ortskenntnis wäre dieser Weg, erst recht im Dunkeln, freilich viel zu gefährlich. In dem weichen Material der ehemaligen Lava-Abflussrinne wird der Abstieg mehr zum Springen im Laufschritt, wodurch flott 400 Höhenmeter überbrückt werden. Eine Gruppe von Vulkanologen ist hier schon mit (alten) Skiern heruntergefahren. Als Aufstieg taugt der Weg, auf dem man bei jedem Schritt bis über die Knöchel einsinkt, naturgemäß nicht. Vom Pizzo geht es zunächst hinab in die "Fossiciedda" genannte Senke zwischen dem Pizzo und dem noch etwas höheren Gipfelmassiv Serra i Vancori (924 m), dann über den Sattel der Portella di Croci in etwa östlicher Richtung bergab. Nun geht es an allen Abzweigungen links und schließlich durch ein ausgedehntes Schilfdickicht zur Via Soldato Francesco Natoli und weiter zum Kirchplatz von San Vincenzo.

Abstieg zum Strand: Der Direktabstieg zum Meer über die Sciara Vecchia (auch Forgia Vecchia genannt), die "Vorgängerin" der heutigen Sciara del Fuoco, ist eine Variante des oben beschriebenen Abstiegs, die auch von den erfahrenen Führern nur bei optimalen Verhältnissen begangen werden kann, da bei schlechtem Wetter auf den steilen Hängen die Gefahr plötzlicher Erdrutsche besteht. Der Weg verläuft zunächst wie oben, doch geht es an einer Abzweigung auf der Rina Grande rechts küstenwärts. An einem Felsabbruch in etwa 400 Meter Höhe muss etwas gekraxelt werden. Unten angelangt, ist vor der Rückfahrt per Boot ein erfrischendes Bad im Meer Lohn der Mühen.

Was haben Sie entdeckt?

Haben Sie *die* versteckte Bucht entdeckt, eine gemütliche Trattoria, ein empfehlenswertes Privatquartier? Was war Ihr Lieblingsrestaurant, in welcher Pension haben Sie sich wohlgefühlt? Und welcher Tipp war nicht mehr so toll?

Bitte schreiben Sie mir, wenn Sie Kritik, Verbesserungsvorschläge, Anregungen oder Empfehlungen haben:

Thomas Schröder

Stichwort "Sizilien"

c/o Michael Müller Verlag

Gerberei 19

91054 Erlangen

E-Mail: thomas.schroeder@michael-mueller-verlag.de

Sanfte Hügel, Wälder und Felder: Landschaft zwischen Enna und Piazza Armerina

Inselinneres

Eine Welt für sich – fast menschenleere Landschaften, weite Berge, Hügel und Hochebenen. Im zeitigen Frühjahr ist das Inselinnere ein grünes, blühendes Paradies, im Sommer eine kahle, menschenfeindliche Wüstenei.

Graue, gelbe und braune Farben herrschen vor, die wenigen Ortschaften kleben in der Art von Adlerhorsten auf den Kuppen der Berge: eine monotone und gleichzeitig großartige Szenerie. Vieles wirkt hier noch so archaisch, als wäre die Antike erst seit gestern vorbei, und allzuviel hat sich auch nicht verändert.

Noch immer leben hier viele Menschen als Tagelöhner, die gerade mal drei bis vier Monate im Jahr Arbeit haben, oder als kleine Pächter unter Bedingungen, die an Sklaverei grenzen. Die Emigrationsrate ist denn auch die höchste der Insel. In vielen Orten scheint es nur alte Menschen und Kinder zu geben. Touristen verirren sich nur selten ins Inselinnere – die öffentlichen Verkehrsverbindungen sind mäßig, und mit Übernachtungsmöglichkeiten steht es auch nicht zum Besten. Unbedingt lohnend und relativ gut zu erreichen: die Bergstadt Enna und die römische Villa Casale bei Piazza Armerina, eine der archäologisch wichtigsten Sehenswürdigkeiten Siziliens.

> Eingeteilt ist dieses Kapitel in folgende Abschnitte:
> **Der Westen**: Die Region zwischen Agrigento und Palermo
> **Zentralsizilien**: Das Gebiet um Caltanissetta, Enna und Piazza Armerina
> **Entlang der SS 120**: Die Dörfer und Städtchen an der Panoramastraße

Verbindungen

▶ **Zug**: Das Schienennetz ist weitmaschig, Hauptlinie die Strecke Palermo-Enna-Catania. Unterwegs gibt es zwei Knotenpunkte mit Nebenlinien: Roccapalumba (Abzweigung nach Agrigento) und Caltanissetta-Xirbi (für Caltanissetta Centrale, Agrigento und den Südosten bis Siracusa). Hoher Erlebniswert, Manko beim Reisen mit dem Zug ist jedoch die Tatsache, dass viele der Bahnhöfe weitab der zugehörigen Ortschaft liegen – eine Busverbindung besteht längst nicht immer.

▶ **Bus**: Für die Städte zu empfehlen, da die Haltestellen in der Regel zentral liegen und die Verbindungen gut sind. Schlechter zu erreichen sind die kleineren Ortschaften, denn das Busnetz verläuft sternförmig von den Provinzhauptstädten aus, so dass man sich oft erst dorthin bemühen muss. Die Fahrpläne orientieren sich großteils an den Bedürfnissen der Dorfbewohner: morgens in die große Stadt, nachmittags und am Abend zurück.

▶ **Auto**: Grundsätzlich auf ausreichend Spritreserve achten, denn die einzelnen Ortschaften – und damit die Tankstellen – liegen oft weit auseinander. Sinngemäß gilt das auch für die gebührenfreie A 19 Termini Imerese-Catania.

Der Westen:
Zwischen Agrigento und Palermo

Eine entlegene, dünn besiedelte Region, landschaftlich besonders dann reizvoll, wenn man sich nicht auf die Hauptroute beschränkt.

Die schnellste Verbindung von Agrigento nach Palermo erfolgt zweifellos über die gut ausgebaute Hauptstraße SS 189/121. Mehr von der Fahrt hat man jedoch auf der weiter westlich verlaufenden, landschaftlich deutlich schöneren und wenig befahrenen Bergstraße SS 118 über das rund tausend Meter hoch gelegene Prizzi und über Corleone. Schwer tun sich Reisende mit öffentlichen Verkehrsmitteln: Die sehenswerten Orte liegen alle abseits der Hauptstrecken und sind mit Bussen nur sehr umständlich, teilweise überhaupt nicht zu erreichen.

Sant'Angelo Muxaro

Das landwirtschaftlich geprägte Bergdorf am Rand des Platani-Tals ist über Nebenstraßen von Raffadali (SS 118) oder Aragona (SS 189) aus zu erreichen. In der Umgebung von Sant'Angelo liegen Nekropolen mit Felsgräbern aus der Zeit des 11.–5. Jh. v. Chr. Die runden, überkuppelten Grabkammern betritt man durch eine kleine Vorkammer, die hier gefundenen Votivgaben sind im Archäologischen Museum von Siracusa ausgestellt.

San Biágio Platani

Etwa sieben bergige Kilometer nördlich von Sant´Angelo, bereits jenseits des Flusses Platani, liegt dieses kleine Dorf, das durch seine Osterfeierlichkeiten bekannt ist. Die Einwohnerschaft errichtet dabei in einer Art Wettstreit rivalisierender Gruppen ("Madunnara" und "Signurana") entlang der Hauptstraße riesige Bögen aus Schilfrohr, die mit landwirtschaftlichen Produkten detailreich geschmückt werden. Bis zu fünf Wochen nach Ostern bleiben diese farbenprächtigen Kunstwerke aufgebaut.

Trutzig: Manfredonico

Mussomeli

Zu erreichen über einen Abzweig von der SS 189 nach Osten, etwa 35 Kilometer nördlich von Agrigento, dann noch gut zwölf Kilometer auf einer Nebenstraße. Das im 14. Jh. von der Dynastie der Chiaramonte gegründete Städtchen konnte sich sein mittelalterliches Ambiente weitgehend erhalten; im Zentrum finden sich einige interessante Kirchen und Paläste. Etwa zwei Kilometer östlich, bei der Straße nach Villalba, klebt auf einem unglaublich steilen Felssporn das Castello Manfredonico (zugänglich Sa/So 9–12 Uhr), ebenfalls von den Chiaramontes erbaut – allein schon die Lage dürfte jeden Angreifer von einem Eroberungsversuch abgeschreckt haben.

Cammarata / San Giovanni Gemini

Das Doppelstädtchen liegt etwa sechs Kilometer westlich der SS 189, am Hang des *Monte Cammarata*. Der 1578 m hohe Berg bildet die höchste Erhebung der sich nach Westen ziehenden Bergkette Monti Sicani. Eine serpentinenreiche Straße führt auf den Gipfel; Abzweig von der Nebenstraße nach San Stefano Quisquina, etwa zwei Kilometer hinter San Giovanni, hinter der Pizzeria noch 7 km weit bis ganz hinauf – ein durchaus lohnender Abstecher, denn die Aussicht von hier oben ist grandios. Ebenfalls über die Nebenstraße nach San Stefano Quisquino zu erreichen ist das etwas abseits gelegene Kloster *Santa*

Rosalia alla Quisquina. In die dortige Höhle (Taschenlampe ratsam) soll sich die hl. Rosalia zurückgezogen haben, als sie nicht den für sie vorgesehenen Mann heiraten wollte. Die liegende Marmorstatue der Heiligen ist stets mit Blumen geschmückt.

- *Übernachten* ** **Hotel Rio Platani**, an der SS 189. Mit Bar und Restaurant. DZ/ Bad etwa 40 €. Cammarata Scalo, Via Scalo Ferroviario, ✆/✉ 0922 909051.

** **Hotel Falco Azzurro**, Cammarata. Einfach, von Lesern aber als sauber und angenehm gelobt, schöner Blick. Elf Zimmer, Bar, Pizzeria mit rund 70 Sorten. Ebenfalls recht günstiges Preisniveau. Via Venezia 66, ✆ 0922 970784.

Lercara Friddi

Ein Landstädtchen etwas abseits der SS 189, das als Geburtsort eines bekannten Mafioso zweifelhafte Berühmtheit genießt.

Lucky Luciano hieß der Mann, der seine kriminelle Karriere als Immigrant in Amerika begonnen hatte. Nachdem Luciano dort wegen Zuhälterei im großen Stil ins Gefängnis gewandert war, besannen sich die Amerikaner anlässlich der bevorstehenden Invasion Siziliens 1942/43 seiner Kontakte zur alten Heimat. Luciano war gern bereit, im Tausch gegen die Freiheit seine Verbindungen zu "Paten" wie Genco Russo und "Don" Calogero Vizzini spielen zu lassen. Die freuten sich über die amerikanischen Pläne, wurden sie doch von den Faschisten, die das Gewaltmonopol für sich beanspruchten, arg in ihren Geschäften behindert. Als die amerikanischen Truppen landeten, fanden sie den Boden denn auch gut bereitet: Statt mit Schüssen wurden sie mit jubelnder Begeisterung empfangen. Viele eingefleischte Faschisten hatten klugerweise plötzlich ihre Freiheitsliebe entdeckt und die Seiten gewechselt – wer nicht mitzog oder zu mächtig war, verschwand von der Bildfläche. Dass die Anwesenheit der US-Truppen für die "Ehrenwerte Gesellschaft" gleichzeitig eine hervorragende Arbeitsgrundlage für Schieber-Geschäfte war, versteht sich von selbst.

Prizzi

Dicht an dicht staffeln sich die Häuser des hübschen, mehr als tausend Meter hoch gelegenen Bergstädtchens den Hang hinauf.

Ganz besonders lohnt sich ein Besuch in Prizzi an Ostern. Am Ostersonntag nämlich ist das Städtchen Schauplatz des "Ballo dei Diavoli" (Tanz der Teufel). Zwei rot maskierte Teufel und der Tod, die Vertreter des Bösen, versuchen dabei, das Zusammentreffen der beiden Prozessionen von Maria, die ihren Sohn sucht, und Jesus zu verhindern – selbstredend trägt das Gute in diesem Kampf letztlich den Sieg davon. Auch viele Kinder des Ortes verwandeln sich am Ostersonntag in maskierte kleine Teufel: Besucher müssen damit rechnen, in eine Bar entführt und erst nach Bezahlung eines süßen "Lösegeldes" in flüssiger oder fester Form wieder auf freien Fuß gesetzt zu werden.

Palazzo Adriano

Manchem Besucher wird Palazzo Adriano vielleicht auf eine seltsame Weise bekannt vorkommen: Hier wurde der sehenswerte Kino-Klassiker "Cinema Paradiso" gedreht.

Das 3000-Einwohner-Städtchen liegt etwas abseits der Hauptrouten, rund zehn Kilometer südwestlich von Prizzi. Palazzo wurde im 15. Jh. von griechischalbanischen Flüchtlingen gegründet, und ähnlich wie in Piana degli Albanesi (siehe "Palermos Umgebung") haben auch hier viele ihrer alten Traditionen überlebt. Das Herz des strahlenförmig angeordneten Ortes ist die große Piazza Umberto I., schlicht "Piazza Grande" genannt.

Bekannt wurde Palazzo durch den oskarprämierten, 1990 erschienenen Film "Cinema Paradiso" von Giuseppe Tornatore. Die Hauptrolle spielte Philippe Noiret, den kleinen Salvatore ("Totò") ein Junge des Ortes, Salvatore Cascio. Viele andere Einwohner von Palazzo fungierten als Statisten. Damals glaubte man im Städtchen, dass der Film für einen Anstieg im Fremdenverkehr sorgen würde, doch hat sich diese Hoffnung nicht erfüllt – selbst das einzige Hotel war zuletzt geschlossen. Schade, der hübsche Ort und die reizvolle umgebende Landschaft wären es wert.

Corleone

Inmitten weiter Weizenfelder gelegen, bildet Corleone das Versorgungszentrum der landwirtschaftlich geprägten Umgebung.

Corleone, dessen Name von "Löwenherz" abgeleitet ist, zwängt sich pittoresk zwischen Felsen und zählt immerhin etwa 12.000 Einwohner. Das Städtchen gilt als Inbegriff der Mafia-Hochburg, nicht umsonst gab der Bestsellerautor Mario Puzo seinem "Paten" den Namen "Don Corleone". Diese Einschätzung, die jedoch für viele Orte der Region ebenso zutreffend wäre, beruht zum einen auf Corleones Rolle als Verschiebe- und Verwertungsstation von gestohlenem Zuchtvieh direkt nach dem Zweiten Weltkrieg. Zum anderen war Corleone bis in die jüngere Vergangenheit tatsächlich Heimat wirklich bedeutender Capi: Von hier stammen der 1974 inhaftierte Luciano Liggio, der 1993 geschnappte Salvatore "Totò" Riina und dessen Nachfolger Bernardo Provenzano, der sich seit Jahrzehnten auf der Flucht befindet. Salvatore Riina, der von Polizei und Staatsanwaltschaft verzweifelt gesuchte mutmaßliche "Boss der Bosse", hatte rund 20 Jahre lang unbehelligt und in seiner Bewegungsfreiheit kaum eingeschränkt in Corleone residiert, seine Familie lebt heute noch hier. Die Einwohnerschaft freilich hat anscheinend genug davon, immer mit der Mafia in Verbindung gebracht zu werden. So wurden kürzlich Pläne bekannt, eben deshalb ein Referendum zur Änderung des Ortsnamens abzuhalten: Aus Corleone soll wieder "Cuor di Leone" werden.

Wer auf "Mafia-Sightseeing" hofft, wird von Corleone allerdings ohnehin enttäuscht sein. Auch wenn die Mafia natürlich immer noch eine Rolle spielt, haben sich die Zeiten doch selbst hier gewandelt. Zu verdanken ist dies nicht zuletzt dem ehemaligen Bürgermeister Giuseppe Cipriani, dem es als Vertreter der "Linken Demokraten" 1993 erstmals gelang, der jahrzehntelang regierenden Democrazia Cristiana das Amt abzujagen. Cipriani war es, von dem die Initiative zur unten erwähnten Benetton-Kampagne ausging, und von ihm stammt auch die Anregung, in Corleone ein Mafia-Dokumentationszentrum einzurichten, das im Dezember 2000 eröffnete. Das "Centro Documentazione Antimafia di Corleone" versteht sich freilich nicht als blutrünstiges "Horrormuseum", sondern als internationales wissenschaftliches Zentrum zum Thema.

Corleone

- *Verbindungen* **Busse** der Gesellschaften AST und GALLO fahren 15-mal täglich von und nach Palermo.
- *Übernachten* ***** Hotel Belvedere**, 1990 eröffnetes Quartier etwas außerhalb des Ortes in Richtung Prizzi. Schöner Blick. Geräumige, vielleicht etwas nüchterne, aber komfortable Zimmer mit Kühlschrank und Klimaanlage, großer Pool (im Sommer), gutes und preiswertes Restaurant. Freundlicher, von Lesern gelobter Service. DZ etwa 40–75 €. Contrada Belvedere, ✆ 091 8464944, ✆ 091 8464000. www.hotelbelvederecorleone.com.

"Vom Symbol der Mafia zum Symbol für Erneuerung und Zivilcourage"

Es ist mittlerweile zwar schon einige Jahre her, das Thema jedoch weiterhin aktuell. 1997 widmete der umstrittene Benetton-Fotograf und Art Director Oliviero Toscani der Jugend Corleones das Frühjahrs- und Sommerheft der "United Colors of Benetton". In Dutzenden von Bild- und Textporträts erzählten die damals 10- bis 20-Jährigen von ihren Wünschen und Träumen, aber auch von ihren Frustrationen und den Schwierigkeiten, mit dem Ruf des Städtchens zu leben. Die Jugendlichen nahmen dabei kein Blatt vor den Mund: "Die Mafia gibt es nicht nur in Corleone, sondern an vielen anderen Orten auch", so der 18-jährige Giovanni. Und schon der 13-jährige Biagio wusste, wie leicht es ist, in entsprechende Kreise zu geraten: "Wenn du mit einem spazierengehst, der hinkt, fängst du selber zu hinken an." Insgesamt zeigte sich die örtliche Jugend aber optimistisch: "Ich bin sicher, dass es mit der nächsten Generation ein neues Corleone geben wird, denn wir jungen Leute wollen das Dorf wirklich verändern", glaubte der 19-jährige Luca. Und so wird Corleone eines Tages vielleicht wirklich "vom Symbol der Mafia zum Symbol für Erneuerung und Zivilcourage" (Toscani) werden. Gar nicht glücklich waren die Jugendlichen übrigens mit der üblichen Berichterstattung über ihr Städtchen, in der Corleone nicht nur als Mafia-Kapitale, sondern auch als Inbegriff der Rückständigkeit gezeichnet wird. So beschwerte sich die 15-jährige Rosalia: "Jedesmal wenn Corleone im Fernsehen gezeigt wird, sieht man Maultiere, aber hier gibt es gar keine Maultiere mehr. Das heißt, eines lebt noch, und das gehen sie jedesmal extra holen. Wir hassen dieses Maultier."

▶ **Bosco della Ficuzza**: Nahe der SS 118, knapp 20 Kilometer nordöstlich von Corleone, liegt das einstige Jagdrevier der Könige Siziliens; das große Jagdschloss Ferdinands III. ist noch zu sehen. Die Landschaft hier wird beherrscht von der Felswand der 1613 Meter hohen Rocca Busambra, eines mächtigen Kalkberges, dessen entlegene Schluchten lange als "Friedhof der Mafia" galten. Das Gebiet des Bosco della Ficuzza selbst umfasst mehrere tausend Hektar Wald und Wiesen: ein gutes Terrain für ausgedehnte Wanderungen und Lebensraum für viele selten gewordene Tier- und Pflanzenarten. Gelegentlich sieht man hier sogar Steinadler und Gänsegeier ihre Kreise ziehen. Von Ficuzza sind es noch 17 Kilometer zum Albanerstädtchen Piana degli Albanesi (siehe "Umgebung von Palermo") und gut 40 Kilometer bis Palermo.

Zentralsizilien

Das Städtedreieck Caltanissetta-Enna-Piazza Armerina kann mit den bedeutendsten Sehenswürdigkeiten des Inselinneren aufwarten.

Enna klebt auf einer Bergkuppe und begeistert mit toller Atmosphäre, vielen mittelalterlichen Gebäuden und weitem Blick bis zum Etna. Die römische Villa Casale bei Piazza Armerina bietet ein einzigartiges Ensemble von Bodenmosaiken, die erst vor wenigen Jahrzehnten ausgegraben wurden und eine Fläche von 3500 Quadratmetern bedecken. Caltanissetta fällt dagegen etwas ab, besitzt aber immerhin einige ganz interessante Museen. Im Südosten wartet das malerische Städtchen Caltagirone auf Besucher, die ein Faible für Keramik haben.

Caltanissetta

Ausgedehnte moderne Wohnviertel umgeben die betriebsame Hauptstadt der gleichnamigen Provinz, die mit gut 60.000 Einwohnern auch die größte Ortschaft Innersiziliens ist.

Um Caltanissetta (aus dem Arabischen: "Burg der Frauen") zieht sich ein verwirrendes Chaos von Umgehungs- und Schnellstraßen, treffen hier doch die wichtigsten Strecken des Inlands zusammen. Bus- und Bahnreisende landen westlich des Zentrums bei den scheußlichen Wohnwaben der Neustadt, in der noch viele Flächen brachliegen. Die Altstadt dagegen wirkt anheimelnd, ohne Spektakuläres zu bieten. Ihren Mittelpunkt bildet die Piazza Garibaldi, an der Schnittstelle der beiden Hauptstraßen: der leicht gekrümmt in Nord-Süd-Richtung verlaufende Corso Umberto I. ist die Flanierzone Caltanissettas, während sich durch den etwa rechtwinklig schneidenden Corso Vittorio Emanuele der Durchgangsverkehr wälzt. Rund um diese Kreuzung liegen die engen Gassen der meist im Schachbrettmuster angelegten Altstadtviertel. Größere Sehenswürdigkeiten sind hier nicht zu erwarten, "typisches" Alltagsleben schon eher. Ein bisschen Aufmerksamkeit ist allerdings angebracht: In Sachen Kleinkriminalität genießt die Stadt nicht den besten Ruf.

Seine Blütezeit erlebte Caltanissetta im 19. Jh. als Welthauptstadt des Schwefels. Die in der Umgebung überall verstreuten, inzwischen zumeist aufgelassenen Gruben lieferten damals an die 80% des Weltbedarfs. Die Arbeitsbedingungen, unter denen die Chemikalie gefördert wurde, grenzten an Sklaverei, schon Kinder mussten Tag für Tag für Hungerlöhne schuften – nachzulesen unter anderem in den Novellen von Luigi Pirandello. Mit dem Entdecken leichter zu erreichender Vorkommen in den USA kam dann der Einbruch, doch fördern einige wenige Gruben noch heute.

Information/Verbindungen/Feste

- *Information* **A.A.P.I.T.**, Viale Conte Testasecca 20, die westliche Verlängerung des Corso Vittorio Emanuele, im ersten Stock eines querstehenden Hochhauses, ✆ 0934 21089. ⏱ Mo–Fr 9–13 Uhr, Mi auch 16–18 Uhr. www.aapit.cl.it.

- *Postleitzahl* 93100
- *Verbindungen* **Zug**: Stadtbahnhof Caltanissetta Centrale, ausnahmsweise wirklich relativ zentral; zur Piazza Garibaldi (in nordöstliche Richtung halten) etwa ein Kilometer. Züge, teilweise mit Umsteigen in Calta-

Caltanissetta

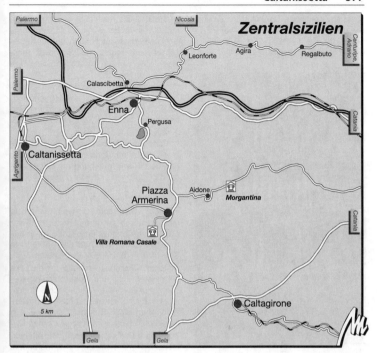

nissetta-Xirbi, nach Palermo, Enna und Catania je 7-mal, Ragusa (z.T. via Gela) 5-mal, Agrigento 8-mal täglich.

Bus: Busstation schräg gegenüber des Bahnhofs, neben dem Museo Civico. Für Enna wegen der stadtfernen Lage des dortigen Bahnhofs in jedem Fall günstiger; Verbindungen allerdings nur 4-mal täglich mit SAIS. Häufige SAIS-Busse nach Palermo, nach Catania 12-mal und Agrigento 13-mal täglich. ASTRA fährt 5-mal täglich nach Piazza Armerina und 7-mal nach Gela.

• *Post* Via Francesco Crispi, eine Seitenstraße am westlichen Ende des Corso Vittorio Emanuele; ◷ Mo–Fr 8–13 Uhr, Sa 8–12.30 Uhr. Die Hauptpost liegt weit außerhalb in der Via Leone XIII.

• *Veranstaltungen* **La Settimana Santa**, die Osterwoche, mit zahlreichen Prozessionen. Beginn am Mittwoch vor Ostern. Berühmt ist vor allem "La Processione delle Vare" am Abend des Gründonnerstags, begangen seit 1780. Die "Vare" sind 16 Prozessionswagen mit lebensgroßen Statuengruppen aus Pappmaché, die Szenen aus der Passion Christi abbilden und von den Bruderschaften der einzelnen Berufe patroniert werden. Die Wagenprozession dauert fast die ganze Nacht. Am Karfreitag dann Trauerprozession des "Schwarzen Christus", so benannt nach einem rußgeschwärzten Kruzifix, das den Mittelpunkt der Prozession bildet.

Übernachten/Essen

Nur höherklassige und dementsprechend recht teure Hotels.

• *Übernachten* ****** Hotel San Michele**, 1990 eröffnetes, komfortables Haus mit Pool, der in der Sommerhitze des Inneren sicher willkommen ist. Gutes Restaurant. Im Nordwesten der Stadt, DZ/F etwa 120 €.

Via Fasci Siciliani, ✆ 0934 553750, ✉ 0934 598791. www.hotelsanmichelesicilia.it.

*** Hotel Plaza, das ehemalige "Europa", gut renoviert, modern und sehr zentral; DZ/F rund 70 €. Via Berengario Gaetani 5,

direkt am westlichen Corso Vittorio Emanuele, nur einen Katzensprung von der Piazza Garibaldi. ✆/≈ 0934 583877.
www.hotelplazacaltanissetta.it.

Der Neptunbrunnen am Hauptplatz

*** **Hotel Giulia**, ebenfalls mitten im Zentrum. Kleineres Hotel mit nur 18 komfortablen Zimmern, recht hübsch und in netten Farben eingerichtet. 2002 komplett renoviert. DZ/F 65 €. Am nördlichen Corso Umberto I., Nummer 85;

*** **Hotel Helios**, etwa acht Kilometer westlich bei San Cataldo, im Jahr 2000 renoviert. DZ/F etwa 85 €. Contrada da Zubbi San Leonardo, ✆ 0934 573000, ≈ 0934 588208. ✆ 0934 542927, ≈ 0934 543237.

** **Park Hotel Ambassador**, etwa 20 Kilometer Richtung Agrigento. Preisgünstigstes Haus in der Umgebung von Caltanissetta, 2002 renoviert und von Lesern gelobt. DZ/F 55 €. Contrada Grotta Rossa, ✆/≈ 0934 931610.

• *Essen* **Ristorante Cortese**, außerhalb des Zentrums Richtung Palermo, Nähe Hauptpost. Renommiertes Lokal mit mediterraner Küche, Menü ab etwa 20 €. Viale Sicilia 166, ✆ 0934 591686. Mo Ruhetag.

Ristorante-Pizzeria L´Archetto, um die Ecke vom Hotel Giulia und diesem angeschlossen. Spezialität sind hausgemachte Nudeln mit Fisch und Meeresfrüchten, Touristenmenü mit Fleisch 10 €, mit Fisch 15 €, à la carte deutlich mehr. Via Nicolò Palmeri 10.

Trattoria Il Delfino Bianco, in der Altstadt. Netter Familienbetrieb; Marmorboden, weiße Wände, Gemälde. Große Antipasti-Auswahl, hausgemachte Nudeln. Menü um 15 €, Fisch nach Gewicht. Via Gaetano Scovazzo, eine Seitenstraße des nördlichen Corso Umberto; So Ruhetag.

Sehenswertes

Piazza Garibaldi: Der Hauptplatz schmückt sich mit dem großen Neptunbrunnen aus jüngerer Zeit, der Kirche San Sebastiano und dem Dom. Das barocke Bauwerk des 16. Jh., von außen eher schlicht, ist innen umso aufwändiger dekoriert. An der Decke prangen prächtige Fresken des Flamen Borremans.

Corso Umberto: Besonders der Bereich nördlich der Piazza Garibaldi glänzt als gute Stube der Stadt mit beeindruckenden Gebäuden. Noch an der Piazza liegt das Municipio (Rathaus), dahinter der große Barockpalast Palazzo Moncada aus dem 17. Jh. Ebenfalls aus dem 17. Jh. stammt die Kirche Sant' Agata, die mit schmuckem Innenleben und weiter Zugangstreppe prunkt.

Museo Civico: Das Stadtmuseum liegt in der Nähe des Bahnhofs und präsentiert Archäologisches aus den Fundstätten der Umgebung. Zu sehen sind prähistorische Statuetten aus der Nekropole von Gibil Gabib und Gorgonenköpfe aus Sabucina, daneben Schmuck, viele Vasen und andere Keramik. Beeindruckend ist auch ein antikes Modell eines Tempels und der martialische Bronzehelm aus dem 6. Jh. v. Chr. in einem der hinteren Säle.

Umgebung von Caltanissetta   579

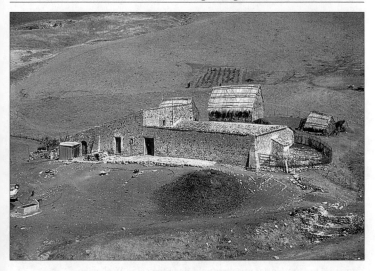

Wie vor 200 Jahren: Bauernhof in Zentralsizilien

Lage und Öffnungszeiten Via Colajanni 3, die Verlängerung der Via Cavour; vom Bahnhof zunächst geradeaus, dann rechts. Geöffnet täglich 9–13, 15.30–19 Uhr, am letzten Mo im Monat geschlossen. Eintritt 2 €.

Museo Mineralogico: Das Mineralkundemuseum widmet einen breiten Raum seiner Ausstellung natürlich dem Schwefel. Zu sehen sind aber auch viele Mineralien, außerdem eine Fotodokumentation über den Bergbau in der Region.

Lage und Öffnungszeiten In einem Institutsgebäude an der Viale della Regione, westlicher Stadtrand. Offiziell geöffnet Mo–Sa 9–13 Uhr, die Öffnungszeiten werden aber nicht immer eingehalten.

Museo del Folklore – "Le Vare": Die großen Pappmaché-Figuren für die Osterprozession sind in der modernen Kirche Chiesa di San Pio X (Via Colajanni) untergebracht. Für eine Besichtigung (gratis) ist allerdings die vorherige Anmeldung in der AAPIT nötig.

Umgebung von Caltanissetta

▶ **Gibil Gabib**: Der "Todesberg" der Araber, so benannt nach den hiesigen Nekropolen, liegt etwa vier Kilometer südöstlich der Stadt, Abzweig von der SS 191 nach Pietraperzia. Von der von Sikulern gegründeten und von Griechen übernommenen Siedlung ist außer ein paar Mauerresten nicht mehr allzuviel zu sehen. Zuletzt war das Gelände geschlossen.

▶ **Sabucina**: Eine weitere archäologische Stätte, etwa acht Kilometer nordöstlich von Caltanissetta, zu erreichen über eine Abzweigung der SS 122 nach Enna. Das Gebiet war bereits zur Bronzezeit besiedelt und geriet im 6. Jh. v. Chr. unter griechischen Einfluss. Im 5. und 4. Jh. v. Chr. mehrfach zerstört und wieder aufgebaut, wurde die Siedlung um 310 v. Chr. endgültig aufgegeben.

Erkennbar sind noch eine Nekropole aus der frühen Bronzezeit, die runden Grundrisse von Hütten des 10.–12. Jh. v. Chr. sowie hellenische Stadtmauern und Häuserreste.

🕐 Mo–Sa 9–18 Uhr, So 9–13 Uhr; Eintrittsgebühr 2 €.

Enna

In Enna liegt dem Besucher Sizilien zu Füßen. Die Provinzhauptstadt hockt auf dem Gipfelkamm eines schroffen, fast tausend Meter hohen Berges und geizt nicht mit schönen Panoramen. Auch die gut erhaltene Altstadt erfreut das Auge.

Die Lage im Mittelpunkt der Insel brachte Enna das Attribut "Nabel Siziliens" ein – und natürlich die Besitzgier diverser Eroberer. Wer die Stadt besaß, überwachte ohne Schwierigkeiten das Inselinnere. Die fantastische Fernsicht begeistert, auch ohne militärische Ambitionen, noch heute. Tief unten erstrecken sich geometrisch sauber abgegrenzte Felder, einzelne Höfe, kleine Wäldchen – und das Netz aus Fernstraßen und Autobahn. In der Ferne wellt sich schier unendlich die Hügellandschaft Innersiziliens in den sommerlichen Farben ocker, braun und gelb; darüber thronen kleine Bergdörfer auf felsigen Kuppen. Und am Horizont schmaucht der Etna seine Wölkchen.

Mit seinen nur 30.000 Einwohnern macht Enna einen weitaus weniger hektischen Eindruck als Caltanissetta – manchmal wirkt es sogar ziemlich verschlafen. Zentrum des mittelalterlichen Stadtkerns mit seinen Pflastergassen ist die Piazza Vittorio Emanuele. Von hier erstreckt sich die lange, allmählich ansteigende Hauptstraße Via Roma, in deren Umgebung sich die Mehrzahl der Sehenswürdigkeiten befindet. An ihrem Ende beherrscht die mächtige Festung Castello di Lombardia Stadt und Insel.

Geschichte

Ein Platz in solcher Lage zog Siedler natürlich magisch an, und so suchten schon die Sikuler hier Schutz. Das antike *Henna* war Zentrum ihres Fruchtbarkeitskults; eine Tradition, der auch die Griechen unter dem Namen ihrer entsprechenden Göttin Demeter huldigten. Die strategische Position sorgte in vielen Lagern für reges Interesse an der Stadt. Syrakus, Karthago und Rom rauften sich um die Herrschaft. Die Römer, ab 258 v. Chr. erfolgreich, mussten sich 135 v. Chr. mit einem völlig unerwarteten Gegner auseinandersetzen: Unter Führung des Syrers Eunus brach in Henna der große Sklavenaufstand aus, der auf die ganze Insel übergriff. Fast drei Jahre lang konnten die Revolutionäre die Stadt halten – sie fiel durch Verrat, der Aufstand endete im Blutbad.

Nach vorübergehender Ächtung durch Rom wurde Henna wieder gesellschaftsfähig. Auch die nach dem Zusammenbruch des Reiches folgenden Byzantiner nahmen die natürliche Festung gerne in ihren Besitz.

Das wollten auch die Araber, die sich 20 Jahre lang die Zähne ausbissen, bevor sie Henna – erneut durch Verrat – 859 in ihren Besitz brachten und in *Kasrlanna* umbenannten.

Fantastische Fernsicht: Blick von Enna auf den Nachbarort Calascibetta

Mit dem Ende der Araberherrschaft auf Sizilien bekundeten natürlich die Normannen Interesse. Sie hatten schneller Glück, denn die Araber zogen kampflos ab, und aus Kasrlanna wurde *Castrogiovanni*. Die Stadt teilte fortan die Geschicke Siziliens. Stauferkaiser Friedrich II. erweiterte das Kastell; der Spanier Friedrich III. ließ sich hier zum König über Sizilien krönen. Seit 1926 heißt die Stadt wieder, (fast) wie früher, Enna.

Information/Verbindungen/Veranstaltungen

• *Information* **A.A.P.I.T.**, Via Roma 413; ✆ 0935 528228. Zuständig für Stadt und Provinz. ◷ Mo–Sa 8.30–13.30, 15–19 Uhr, So 9–13 Uhr. www.apt-enna.com.
A.A.S.T., für die Stadt, an der Piazza Colajanni neben dem Hotel Sicilia; ✆ 0935 500875. Etwas engere Öffnungszeiten.

• *Postleitzahl* 94100

• *Verbindungen* **Zug**: Bahnhof einige Kilometer nördlich im Tal, die Bergstraße ist keine Freude für Fußgänger; 6-mal täglich Busverbindung der SAIS. Nach Palermo 6-mal, Catania 7-mal, Caltanissetta Centrale 7-mal, Agrigento 7-mal täglich, zum Teil mit Umsteigen in Caltanissetta Xirbi. Wer von oder nach Caltanissetta reist, kann an der Stazione Villarosa das **Museo di Arte Mineraria e Civiltà Contadina** (Di–So 9.30–12, 16.30–20 Uhr, 1 €; ✆ 0935 31126) besuchen, das eine Sammlung zur Volkskunde und zur Eisenbahnhistorie sowie eine Ausstellung zum Schwefelabbau zeigt.
Bus: Station im äußersten Nordwesten der Altstadt, am Viale Diaz. SAIS-Busse nach Palermo 4-mal, Catania 10-mal, Caltanissetta 4-mal, Sperlinga/Gangi 1-mal, Aidone 2-mal, Piazza Armerina 11-mal täglich. Nach Nicosia mit der Gesellschaft ISEA; oder in Leonforte umsteigen, dorthin mit INTER-BUS 8-mal täglich.
Auto: In der Altstadt herrscht extreme Parkplatznot, viele enge Gassen und Einbahnregelungen – meiden! Parkplätze am Castello Lombardia (beschildert), über die Via Roma nicht zu erreichen, da teilweise gesperrt.

• *Post* Via Volta, beim Belvedere; ◷ Mo–Fr 8.30–18.30, Sa 8.30–13 Uhr.

• *Veranstaltungen* **La Settimana Santa**, die Karwoche. Prozessionen der verschiedenen Bruderschaften (Zünfte), die mit ihren Kapuzen Mitgliedern des Ku-Klux-Klan ähneln. Höhepunkt ist am Karfreitag.

582 Inselinneres

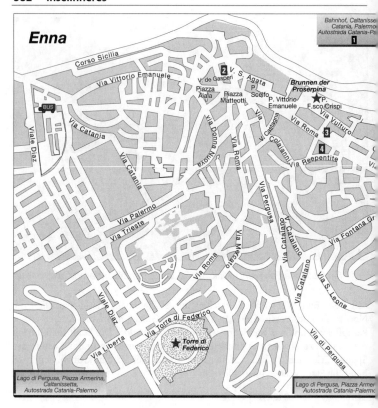

Übernachten/Essen

In der Stadt selbst gibt es gerade mal ein Hotel. Ausweichmöglichkeiten am Lago di Pergusa (siehe unten), die Atmosphäre dort ist mangels Gästen allerdings manchmal recht trostlos, zudem sind die Busverbindungen am Abend sehr spärlich.

• *Übernachten* ***** Grande Albergo Sicilia (7)**, zur Zeit das einzige Stadthotel. Äußerlich recht schmuckloser Kasten, die Zimmer jedoch überwiegend in Ordnung und von Lesern gelobt, manche mit Aussicht; Garage vorhanden. DZ etwa 85–95 €. Piazza Colaianni 5, nahe der Via Roma; ✆ 0935 500850, ✉ 0935 500488. www.hotelsiciliaenna.it.

Bed&Breakfast Da Pietro (1), ein Lesertipp von Jürgen Maier und Anette Sander: "Wunderbare Übernachtungsalternative für Autoreisende, an der Straße zum kleinen Nachbarort Calascibetta, etwa 10–15 Autominuten entfernt. Die Einrichtung ist sehr gepflegt, das Bad modern und großzügig. Erwähnenswert auch das Frühstück mit frisch gepresstem Blutorangensaft." DZ/F etwa 45 €. Contrada da Longonbardi, etwa 2 km vom Bahnhof Enna Richtung Calascibetta; ✆ 0935 33647, ✆ 340 2765763 (mobil).

• *Essen* **Ristorante Ariston (3)**, mit dem Ruf des besten Restaurants der Stadt. Traditionelle sizilianische Küche, Menü ab etwa 20 €, mit Fisch mehr. Via Roma 357, in einer Passage, ✆ 0935 26038. Sonntag Ruhetag, im August Betriebsferien.

Ristorante Centrale (4), ebenfalls von Restaurantführern hoch gelobt. Auch mehrere Leser waren von der lokal geprägten Küche und dem freundlichen Service sehr ange-

Enna

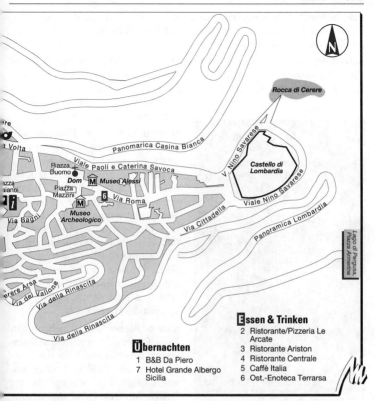

Übernachten
1. B&B Da Piero
7. Hotel Grande Albergo Sicilia

Essen & Trinken
2. Ristorante/Pizzeria Le Arcate
3. Ristorante Ariston
4. Ristorante Centrale
5. Caffè Italia
6. Ost.-Enoteca Terrarsa

tan. Relativ ruhige Lage in der Altstadt, abends auch einige Tische vor der Tür. Preislich etwas günstiger als das "Ariston". Piazza VI. Dicembre 9, in einer Seitengasse.

Ristorante-Pizzeria Grotte delle Arcate (2), in altem Palast des 19. Jh. Der U-förmige Anbau aus Betonsäulen um den sonst hübschen Innenhof hätte nicht sein müssen; trotzdem ein attraktiver Platz. Menü mit Schwerpunkt auf Fleischgerichten ab 15 €, auch sehr gute Pizza. Via dei Gasperi 4, nordwestlich unweit der Piazza Matteotti, Mi Ruhetag.

Osteria-Enoteca Terrarsa (6), Nähe Museo Alessi. Kleines, hübsches Lokal in einem alten Gewölbe, 2001 eröffnet. Solide Küche, angenehme Preise – Menü schon ab etwa 12–15 €. Via Roma 440. Mo Ruhetag.

Caffè Italia (5), ums Eck von der ersten Infostelle. Elegantes Café mit feinen süßen und salzigen Stückchen, in dem man auch recht preiswert zu Mittag essen kann, beliebt bei den Angestellten der umliegenden Büros. Piazza Garibaldi.

Sehenswertes

Piazza Vittorio Emanuele: Der Hauptplatz Ennas ertrinkt mittags im Verkehr, abends im Menschengewimmel. Die Chiesa di San Francesco an der Nordseite wurde mehrfach umgebaut; einzig ihr Glockenturm stammt aus dem 15. Jh. Früher war er, wie alle Kirchtürme der Stadt, in das Mauersystem des damals noch viel größeren Kastells eingebunden. In der Nordostecke des Platzes schließt sich die Piazza Francesco Crispi an. Dort steht ein Brunnen, der den mythischen Raub der Proserpina (Persephone) am Lago di Pergusa darstellt, die Kopie eines Bernini-Originals.

Belvedere: Östlich der Piazza Francesco Crispi. Der Blick von hier ist in der Tat schön. Gegenüber sitzt auf einem Felsklotz das Schwesterstädtchen Calascibetta, von den Arabern während der zwanzigjährigen Belagerung Ennas gegründet, und im Hintergrund erkennt man die Gipfel der Madonie.

Duomo: 1307 von Eleonore von Aragonien gestiftet, brannte er 1446 fast völlig aus und wurde im 16. Jh. in barockem Stil erneuert. Das Innere (täglich 9–13, 16–19 Uhr) ist reich ausgestattet. Schwarze, verzierte Alabastersäulen stützen die drei Kirchenschiffe, viele Gemälde und eine schöne Holzdecke ergänzen den prachtvollen Eindruck. Das Gitter vor dem Taufbecken stammt aus den arabischen Zeiten des Castello – damals diente es zum Absperren des Harems ...

Museo Alessi: Direkt neben dem Dom. Es enthält vor allem den Domschatz, darunter eine Fülle von Kostbarkeiten aus Gold und Silber, unwahrscheinlich filigran gearbeitete Stücke. Außerdem sind eine sehenswerte Münzsammlung, Gemälde und antike Arbeiten aus Keramik und Bronze ausgestellt.

Torre di Federico: der astronomische Turm Friedrichs II.

⏲ Täglich 8–20 Uhr; Eintrittsgebühr 2,60 €.

Museo Archeològico Varisano: Schräg gegenüber des Museo Alessi im Palazzo Varisano, an der hinteren Seite der Piazza Mazzini. Die Funde (Vasen, Statuetten, Masken und Schmuck) stammen aus der näheren Umgebung und sind bis auf einige vorgeschichtliche Stücke griechischen Ursprungs oder zumindest griechisch beeinflusst. Auch einige Skarabäen haben den Weg übers Mittelmeer gefunden.
⏲ Täglich 9–18.30 Uhr, Eintrittsgebühr 2,10 €.

Castello di Lombardia: Am Ende der Via Roma. Trotz vieler Zerstörungen – nur noch sechs der ursprünglich 20 Türme stehen – immer noch ein gewaltiger Bau. Die heutige Anlage ist großteils auf Friedrich II. zurückzuführen; manche Strukturen gehen aber bis zur byzantinischen Zeit zurück. Durch den erst 1939 angelegten nördlichen Zugang (der alte liegt im Süden) gelangt man ins Innere und zum Innenhof Piazzale degli Armati; auf diesem

"Platz der Bewaffneten" finden an Sommerabenden gelegentlich Theateraufführungen unter freiem Himmel statt. Ein Stück weiter liegt die Torre Pisana. Den höchsten der erhalten gebliebenen Türme kann man besteigen und sich am Panorama erfreuen.
① Täglich 9–13, 15–17 Uhr, Eintritt frei.

Rocca di Cerere: Der verwitterte Felsen nördlich des Kastells war schon zu Zeiten der Griechen Pilgerziel: Hier stand der Tempel ihrer Fruchtbarkeitsgöttin Demeter. Die Römer setzten den Kult mit Demeters Äquivalent Ceres fort, deren hiesiges Heiligtum zu den berühmtesten der Göttin zählte. Vom Tempel erkennt man kaum noch etwas, der Ausblick dafür ist wieder mal sagenhaft.

Torre di Federico: Etwas abseits in einem Park innerhalb neuerer Stadtteile gelegen. Den achteckigen, strengen Turm ließ Friedrich II. erbauen, um seiner Leidenschaft Astronomie nachgehen zu können; zudem soll er zur Vermessung Innersiziliens gedient haben. Auch dieser Turm gehörte einst zum Verteidigungssystem der Festung. Geöffnet ist er täglich 9–17 Uhr, der Zugang gratis.

Umgebung von Enna

Lago di Pergusa: Der ovale See, etwa acht Kilometer südlich an der Straße nach Piazza Armerina, ist ein erschreckendes Beispiel von Umweltzerstörung: Rund um die Ufer des Gewässers hat man einen Drahtzaun gezogen und eine Autorennbahn gebaut. Nachdem der Lago di Pergusa vor wenigen Jahren zur "Riserva Naturale Speciale" ernannt wurde, ist man jedoch selbst in Enna ins Grübeln gekommen und überlegt, die Rennstrecke zu verlegen. Von solchen Themen unserer Tage abgesehen, hat der vulkanische See auch noch eine sagenhafte Vergangenheit: Hier entstanden die Jahreszeiten.

Ein Frauenraub und die Folgen

Schon lange war *Hades*, Gott der Unterwelt, in Liebe entbrannt – die angebetete *Persephone*, schöne Tochter der *Demeter*, wollte jedoch von ihm nichts wissen. In seiner Not wandte er sich an Bruder *Zeus*. Der Göttervater lockte die Blumen pflückende Persephone mit einer besonders schönen Narzisse von ihren Freundinnen weg, einzig die Nymphe *Kyane* blieb bei ihr. Da griff Hades zu und verschleppte Persephone in die Unterwelt. Kyane, die ihre Herrin verteidigte, wurde von ihm in eine Quelle (Fonte Ciane bei Siracusa) verwandelt. Als Demeter vom Schicksal ihrer Tochter erfuhr, weinte sie bittere Tränen, aus denen der See wurde. Demeter, als Fruchtbarkeitsgöttin verantwortlich für die Landwirtschaft, grämte sich lange – zu lange, die Erde trocknete aus, das Getreide verdorrte. Schließlich musste Zeus eingreifen. Er zwang seinen Bruder zu einem Kompromiss: Acht Monate lang darf Persephone auf der Erde bleiben, und ihre glückliche Mutter sorgt für Wachstum allerorten. Vier Monate jedoch muss sie in der Unterwelt verbringen – der Winter war "erfunden".

Die Mystik ist dahin, und mit ihr scheint auch der See allmählich zu sterben. In manchen Jahren droht das einst bis zu vier Meter tiefe Gewässer völlig auszutrocknen. Zuletzt war der See zwar wieder voll gelaufen, doch darf bezweifelt werden, dass dieser Zustand von Dauer sein wird.

- *Verbindungen* **Stadtbus** Nr. 5 etwa stündlich ab Enna-Busbahnhof und Via S. Agata, weniger häufig mit manchen der Busse Richtung Piazza Armerina.
- *Übernachten/Essen* Mehrere Hotels, bei Rennen voll belegt, außerhalb der Hauptreisezeit dagegen oft verwaist.

*** **Hotel Riviera**, an der Westseite des Sees, direkt oberhalb der Rennstrecke. Architektonisch nicht erbaulich, Zimmer prinzipiell solide möbliert, aber etwas abgewohnt. Swimmingpool. Pizzeria im Haus. DZ/F etwa 85–105 €, bei Rennen etc. bis zu 140 €. Via Autodromo Pergusa, ✆ 0935 541267, ℻ 0935 541521. www.hotelriviera.sicily-hotels.net.

*** **Park Hotel La Giara**, an der Ostseite des Sees, direkt neben der Straße nach Piazza Armerina. Zimmer in seitlichem Anbau, teils mit Etna-Blick. Swimmingpool. DZ/F etwa 90–125 €. Via Nazionale 12, ✆ 0935 541687, ℻ 0935 541521.

*** **Hotel Villa Giulia**, kleineres Hotel mit ebenfalls guter Zimmerausstattung. DZ/F etwa 55–95 €. Villaggio Pergusa, ✆ 0935 541043, ℻ 0935 542213, www.hotelvillagiuliaen.it.

** **Hotel Miralago**, etwas abseits, von Enna kommend ein Stück vor dem See. Zuletzt stillgelegt, Renovierung im Gespräch, aber noch nicht begonnen. Via Nazionale, Contrada Staglio, ✆ 0935 541272.

Leonforte

Der "Starke Löwe", ein Örtchen an der SS 121 etwa 20 Kilometer nordöstlich von Enna, wäre kaum eine Erwähnung wert, verfügte das Dorf mit der Viehtränke La Gran Fonte nicht über eine höchst fotogene Attraktion. Der riesige Brunnen mit seinen 24 Wasserspeiern entstand 1651 und ist in verspieltem Barock gehalten – ob die früher hier saufenden Esel das zu schätzen wussten?

Ab Leonforte hat man zur Weiterreise die Qual der Wahl: Über die SS 117 nach Nicosia an der Panoramastraße SS 120 oder über die nicht minder schöne SS 121 via Agira ins Etna-Gebiet. Wie man sich auch entscheidet, die Villa Casale bei Piazza Armerina sollte man vorher gesehen haben.

Verbindungen Busse der INTERBUS von/nach Enna 8-mal täglich, außerdem mehrmals täglich Verbindungen nach Nicosia sowie über Agira nach Catania.

Centuripe

Ein Städtchen mit schönem Etna-Blick im äußersten Osten der Provinz Enna, das eine bedeutende Vergangenheit besitzt. Centuripe, heute abseits aller Hauptrouten einige Kilometer südlich der SS 121 gelegen, ist uraltes Siedlungsgebiet. Von Sikulern gegründet, entwickelte sich Centuripe unter den Griechen und Römern zu einer wohlhabenden Etappenstation auf dem Weg zwischen Catania und den Bergen Innersiziliens. Neben verschiedenen Ausgrabungsstätten dokumentiert vor allem die Sammlung des sehenswerten *Museo Archeologico Civico* (Via del Santo Crocifisso 2, geöffnet Di–So 9–19 Uhr; 2,60 Euro) die lange Geschichte des Städtchens. Zu sehen sind Marmorstatuen aus dem nahen, zur römischen Kaiserzeit errichteten und "Augustali" genannten Gebäude ebenso wie schöne vielfarbige Vasen, Keramik-Statuetten und Begräbnisurnen.

Piazza Armerina

Viele Besucher interessieren sich nur für die (in der Tat fantastischen) Bodenmosaiken der sechs Kilometer entfernten römischen "Villa Casale". Doch damit tun sie dem Städtchen unrecht. Auch Piazza Armerina selbst hat schöne Seiten.

Das Gebiet um die Landstadt zeigt sich erstaunlich grün und fruchtbar, es gibt sogar Laubwälder und ausgedehnte, als Aufforstungsmaßnahme angelegte Eukalyptushaine. Piazza Armerina selbst ist auf drei Hügeln erbaut. Wer aus Richtung Enna kommt, trifft zunächst auf moderne Stadtviertel in einfallsloser Betonarchitektur. Zentrum der Neustadt ist die lang gestreckte *Piazza Generale Cascino*. Von hier ist es über die *Via Garibaldi* nicht weit in die gemütlichen alten Viertel. In den hübschen, zum Bummeln einladenden Sträßchen finden sich reihenweise barocke Palazzi und eine ganze Reihe von Kirchen – Piazza Armerina nennt sich stolz "Stadt der hundert Kirchen". Das ist dann zwar doch etwas übertrieben, mehr als 40 Gotteshäuser sind aber auch schon eine stolze Zahl für eine Stadt dieser Größe.

Auch wenn Piazza Armerina oft nur als Durchgangsstation zur Villa Casale betrachtet wird, so avanciert das Städtchen Mitte August doch zum Hauptziel: Dann feiert man hier zur Erinnerung an den Sieg der Normannen über die Araber die farbenprächtigen Reiterspiele *Palio dei Normanni*, ein sehenswertes Spektakel in alten Kostümen.

Information/Verbindungen/Veranstaltungen

- *Information* **A.S.T.**, Via Generale Muscarà 47, 2. Stock; in einem neueren Ortsteil an der Zufahrt aus Richtung Enna; ✆ 0935 680201. Nur Mo–Fr 9–13 Uhr geöffnet.
Centro Informazioni Turistiche, wesentlich zentraler an der Piazza Santa Rosalia, Nähe Piazza Garibaldi; ✆ 0935 683049. Geöffnet Mo–Fr 9–13.30 Uhr, Di/Do auch 15–18 Uhr.
- *Postleitzahl* 94015
- *Verbindungen* **Bus**: Alle Busse starten an der Piazza Generale Marescalchi in der Nähe des ehemaligen Bahnhofs (die Bahnlinie ist aufgelöst) im Norden der Stadt; mit AST und ETNA nach Catania 7-mal; AST nach Siracusa 1-mal täglich, ETNA nach Aidone 10-mal täglich. Mit SAIS (Info und Tickets im Caffè Mirus, Via Generale Cascino 8, nahe der gleichnamigen Piazza) 9-mal täglich von/nach Enna, teilweise über den Lago di Pergusa; für Tagesbesucher: letzter Retourbus nach Enna und Pergusa gegen 17 Uhr. SAIS-Busse auch nach Palermo (6-mal) und Caltagirone (6-mal), dorthin auch seltener mit ETNA und AST.

Verbindungen zur Villa Casale: die Villa liegt etwa sechs Kilometer südwestlich von Piazza Armerina und ist aus Richtung Enna gut, in der Gegenrichtung praktisch nicht beschildert. Zwischen Mai und September verkehren 6-mal täglich orangefarbene städtische Kleinbusse der CSA; sie stoppen u. a. an der Piazza Generale Marescalchi (Bushaltestellen AST etc.) und der zentraleren Piazza Generale Cascino, beide in der Neustadt. Andere Möglichkeit: Einer der seltenen Lokalbusse nach Mazzarino, an der Kreuzung zur Villa aussteigen, noch ein Kilometer. Sonst bleibt außer ausgiebigem Fußmarsch nur das Taxi: Standplatz an der Piazza Generale Cascino, Preis je nach Dauer des Aufenthalts.

- *Veranstaltungen* **Madonnenprozession** am 2./3. Mai mit diversen Spielchen, darunter das Erklimmen eines eingefetteten Baumstamms und das Zerschlagen eines geschenkgefüllten Keramiktopfs mit verbundenen Augen – das spanische Erbe lässt grüßen ...

Palio dei Normanni, am 13./14. August. Die Reiterspiele sind das wichtigste Fest der Stadt und haben auf Sizilien nichts Vergleichbares: über 500 als Normannen verkleidete Darsteller; Burgfräulein, Schildknappen, Fahnenschwenker und Ritter, an ihrer Spitze "Ruggero" alias Roger I. Die Wettkämpfe werden von den vier traditionellen Vierteln der Stadt geführt. Vereinfacht gesagt, geht es darum, an einem riesigen schwarzen Pappsarazenen in vollem Galopp seine Fertigkeit mit der Lanze zu beweisen. Erlebenswert ist auch das ganze Drumherum mit Umzügen und Festivitäten.

Übernachten
1 Park Hotel Paradiso
5 L'Ostello del Borgo
7 Hotel Villa Romana
8 Hotel Mosaici
10 Agriturismo Il Gigliotto
11 Azienda Agrit. Savoca

Essen & Trinken
2 Ristorante Al Fogher
3 Rist.-Pizzeria del Teatro
4 Trattoria La Tavernetta
6 Tratt.-Pizzeria Pepito
9 Trattoria La Ruota

Übernachten/Camping

Für die Zeit des Palio ist schon auf Monate im Voraus alles ausgebucht.

*** Park Hotel Paradiso (1), zwei Kilometer nordwestlich der Stadt, beschildert. Große, gut eingerichtete Zimmer, Swimmingpool, Tennis und gelegentlich Disco. Die Stelzenstraße in einiger Entfernung stört die ruhige Lage im Grünen etwas. DZ/F etwa 110 €. Contrada Ramaldo, ✆ 0935 680841, ✉ 0935 684908.

*** Hotel Villa Romana (7), an der Durchgangsstraße im Zentrum, bei der Abzweigung zur Villa Romana Casale. Vor einigen Jahren teilrenoviert, die Bäder seitdem modern, die Zimmereinrichtung antik bis antiquiert – nicht ohne Stil, aber teilweise mit deutlichen Gebrauchsspuren. DZ/F etwa 75–85 €. Via A. de Gasperi 18, ✆ 0935 682911, ✉ 095 682911.

** Hotel Mosaici (8), nahe der Villa Casale, direkt an der Abzweigung von der Landstraße. Großes Restaurant mit kleinem Hotel, schön möblierte Zimmer, gut in Schuss und von mehreren Lesern gelobt – insgesamt wohl mit die beste Hotelwahl bei Piazza Armerina. Über das Restaurant gab es hingegen geteilte Meinungen. DZ/F 55 €. Contrada Paratore, ✆/✉ 685453.

* L'Ostello del Borgo (5), in einem alten Benediktinerkloster des Zentrums. Eine prima Adresse ist diese Einrichtung der kirchennahen Salesianer Don Boscos, in der jeder willkommen ist, unter den Gästen viele junge Leute, Radreisende etc., auch unverheiratete Pärchen haben keine Probleme.

Piazza Armerina

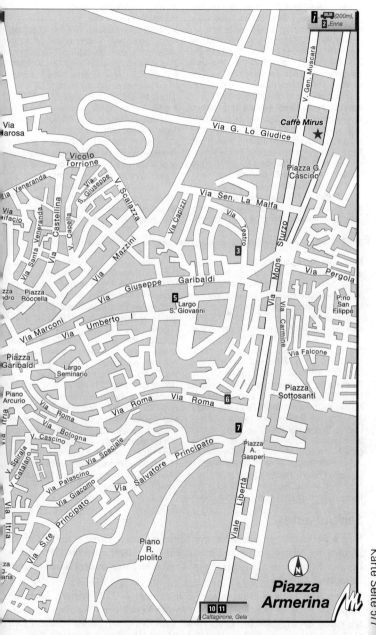

Kircheninteressierte Besucher können fragen, ob sie die Fresken (16. Jh.) der zugehörigen Klosterkirche San Giovanni bewundern dürfen. 15 Zimmer, z.T. sehr hübsch möbliert, zum Teil mit Stockbetten, DZ/Bad/F etwa 60 €, ohne Bad 45 €. Largo San Giovanni 2, am Ende der Via Umberto I., beschildert. Reservierung ratsam, ✆ 0935 687019, ℻ 0935 686943. www.ostellodelborgo.it.

Azienda Agrituristica Savoca (11), einige Kilometer außerhalb. Sehr angenehme Zimmer, zum Teil mit Küche, in den alten Nebengebäuden eines Gutshofs; Pool. DZ/Bad/F 80 €, HP p.P. 70 €. Von Piazza Armerina auf der S.P. 16 Richtung Südosten nach Mirabella Imbáccari, Einfahrt rechter Hand nach ca. drei Kilometern. Contrada da Polleri, ✆/℻ 0935 683078. Falls hier alles belegt ist, bleibt noch die neuere "Filiale" in einem alten Bauernhaus in der zehn Kilometer entfernten Contrada da Gigliotto. www.agrisavoca.com.

Agriturismo Il Gigliotto (10), ein Lesertipp von Brigitte Canz: "Frisch renoviertes landwirtschaftliches Anwesen mit hübschen Zimmern und riesigem Restaurant. Anfahrt: Auf der SS 117 von Piazza Armerina Richtung Gela bei km 60 rechts ab." DZ/F Saison 80–90 €, HP p.P. 60–65 €. SS 117 bis Km 60, Ausfahrt nach Mirabella Imbáccari, ✆/℻ 0933 970898, ✆ 335 8380324 (mobil). www.gigliotto.com.

● *Camping* **Trattoria La Ruota**, Zeltmöglichkeit etwa 800 Meter vor der Villa Casale, gegenüber dem Hotel Mosaici, siehe auch "Essen". Wenig Platz, im Hochsommer oft voll, kein Schatten; Sanitäres sehr einfach (kaltes Wasser), aber gepflegt. Immer offen; zwei Personen etwa 10 €, Zelt und Auto inklusive. ✆/℻ 0935 680542.

Essen

Ristorante Al Fogher (2), einige Kilometer außerhalb an der Abzweigung nach Aidone. Feine, fantasievolle sizilianisch-internationale Meeresküche nach Marktlage, angenehme Atmosphäre. Gutes Preis-Leistungs-Verhältnis, Menü ab etwa 25 € aufwärts. Contrada Bellia, Anfahrt zunächst Richtung Enna, dann nicht auf die SS 117 bis, sondern noch 500 Meter geradeaus, dann rechter Hand. ✆ 0935 684123; So-Abend und Mo geschlossen, variable Betriebsferien im Sommer.

Trattoria La Tavernetta (4), in der Altstadt Nähe A.S.T. Rustikal, mit Stroh verkleidete Holzdecke, an den Wänden Fotos des Piazza Armerina aus Großmutters Tagen. Hausgemachte Nudeln, der stolze Chef kocht selbst, Spezialität ist Fisch. Mehrfach von Lesern gelobt. Menü ab etwa 20 €. Via Cavour 14; Januar/Februar geschlossen, So Ruhetag.

Trattoria-Pizzeria Pepito (6), nahe des Hotels Villa Romana. Tagsüber gelegentlich Anlaufstelle für Neckermann & Co. – das Essen ist trotzdem gut. Viele Stierkampfplakate, der deutschsprachige Wirt war lange in Spanien. Menü ab etwa 18 €, manchmal auch Pizza. Via Roma 140, im Winter Di Ruhetag.

Ristorante-Pizzeria del Teatro (3), ebenda, auf der Altstadtseite, Nähe Piazza Generale Cascino. Wie "der Italiener" bei uns: Roh gekalkte Wände und Holzdecke. Auch abends, wenn woanders schon zu ist, meistens gut besucht. Menü schon ab etwa 12–15 €. Via Teatro, eine Seitenstraße der Via Garibaldi; Mi Ruhetag.

Trattoria La Ruota (9), siehe auch oben unter "Camping". Ein echter Tipp – nahe der Villa Casale gelegen, bietet die in einer alten Mühle untergebrachte Trattoria tatsächlich die "echte Hausmannskost", mit der sie wirbt. Traditionelle Küche, hausgemachte Nudeln, Mamma am Herd. Schöne Plätzchen auch im Freien, Menü mit Wein ab etwa 18 €. Nur mittags geöffnet.

Sehenswertes

Piazza Garibaldi: Seit alters her der Mittelpunkt des Ortes – alle wichtigen Straßen der Altstadt treffen sich an diesem Platz. Heute dient die Piazza Garibaldi freilich in erster Linie als Parkplatz. Von hier steigen die Gassen an zum Domplatz.

Duomo: Der barocke Dom erhebt sich an dem mit 721 Metern höchsten Punkt der Stadt. Er wurde im 17. Jh. über den Resten eines Vorgängers errichtet; einzig dessen gotischer Glockenturm aus dem 15. Jh. blieb erhalten. Den Neubau mit seiner mächtigen Kuppel stiftete die reiche Adelssippe Trigona die eine wichtige Rolle in der Stadtarchitektur spielte; der *Palazzo Trigona* (18. Jh.) südlich des Doms ist nur einer von zahlreichen Bauten dieser Familie. Vom Domplatz bietet sich ein weiter Blick auf die grünen Hügel der Umgebung. Über dem Hauptaltar im Inneren des Gotteshauses steht die *Madonna delle Vittorie*, die "Madonna der Siege", der Überlieferung zufolge ein Geschenk des Papstes an Roger I.

Via Monte: Die "Bergstraße" gilt als der älteste Straßenzug der Stadt. Heute ist die Via Monte eher barock gefärbt, gesäumt von einer Reihe von Palästen, von denen viele – natürlich – von der Familie Trigona errichtet wurden. Über die Via Crocifisso oder die Via Mairoana gelangt man zur Kirche *Ciesa di San Martino*, bereits 1163 errrichtet.

Castello: Südlich der Via Monte erhebt sich an der Piazza Castello das Kastell von Piazza Armerina, von 1392 bis 1396 unter aragonischer Herrschaft erbaut. Als Privatbesitz ist es leider nur von außen zu besichtigen und wenig spektakulär.

Villa Romana Casale

In den "Top Ten" von Siziliens Hauptsehenswürdigkeiten nimmt die römische Villa einen der oberen Plätze ein.

Genauer gesagt liegt sie dank rund 600.000 Besuchern jährlich auf Platz drei nach Agrigentos Tal der Tempel und Taorminas Teatro Greco. Nicht umsonst wurde die Villa Casale von der Unesco in die ehrwürdige Liste des "Kulturerbes der Menschheit" aufgenommen. Um an einer Besichtigung Spaß zu haben, braucht es kein besonderes Interesse an Archäologie und Ruinen – die über 3500 Quadratmeter Mosaikfußböden, die Hunderte farbenreiche und lebendige Geschichten aus Mythologie und Jagd erzählen, sind Attraktion genug. Nicht stören lassen darf man sich natürlich von den zahllosen Reisegesellschaften, den Souvenirbuden und Getränkeverkäufern: Die Villa ist Pflichtprogramm der Touristenbusse, der Rummel entsprechend. Auch die Gewächshäusern ähnelnden Bauten über den Mosaiken sind vielleicht nicht jedermanns Sache, für den Schutz der Kunstwerke aber sicher unabdingbar.

Errichtet wurde die Villa im 4. Jh. n. Christus, also in der Spätphase des Römischen Reiches. Der hervorragende Zustand der Mosaiken ist unter anderem einem Erdrutsch zu verdanken, der sie für lange Zeit mit Schlamm bedeckte. Erst im 20. Jahrhundert wurde man wieder auf die Villa aufmerksam, ab 1950 begannen die systematischen Ausgrabungen.

Bis heute Gegenstand zahlreicher Spekulationen ist die Person des Bauherrn. Die frühere Theorie, Kaiser *Maximianus Herculius*, Herrscher des Westreichs, habe die Villa als Jagdhaus errichten lassen, verliert immer mehr an Boden. Wissenschaftler gehen mittlerweile eher von einem hohen Staatsbeamten aus. Arm war er sicher nicht. Ans Licht kamen bisher fast 50 Räumlichkeiten, darunter eine komplette, raffiniert aufgebaute Thermenanlage mit Swimmingpool und Fußbodenheizung, außerdem Empfangssäle, Gästezimmer etc. Noch nicht einmal ausgegraben sind die Wirtschaftsgebäude und die Wohnungen der Diener und Sklaven. – Von den Motiven der Mosaiken her zu schließen, muss der Bauherr außerdem ein besonderes Faible für die Jagd und für Afrika

Die Bikini-Mädchen: wohl das bekannteste Mosaik

gehabt haben. Die Künstler, die die Bilder innerhalb von nur fünf Jahren gelegt haben sollen, stammten ihrem Stil nach wohl auch vom Schwarzen Kontinent.

Die Mosaiken: Eine komplette Beschreibung würde den Rahmen sprengen, hier deshalb nur ein Auszug der prächtigsten Motive. Bebilderte Führer für speziell Interessierte sind am Eingang erhältlich. Der Haupteingang lag im Südosten; heute gelangt man zunächst zur ausgedehnten Anlage der *Thermen*. Von hier betritt man das von Säulen umgebene *Peristyl* der Villa. In der Mitte des 38-mal 18 Meter messenden Innenhofs steht, von Pflanzen umgeben, ein schöner Brunnen. Über einen Gang erreicht man die sogenannte *Palaestra*, eine Art Turnhalle. Auf dem Boden ist ein Wagenrennen im Circus Maximus dargestellt, vom Start über die Wendepunkte bis ins Ziel. Die verschiedenen Farben der Fahrer stellen die einzelnen Stadtteile Roms dar: Grün macht schließlich das Rennen und wird mit einem Palmzweig belohnt.

Zurück aus der Palaestra, liegen links und etwas erhöht die Gästezimmer, geschmückt mit Tanzszenen, fischenden Eroten, einer personifizierten Darstellung der vier Jahreszeiten etc. Besonders schön sind die Jagdszenen im *Raum der kleinen Jagd*, die einen Jagdausflug mit Picknick und Brandopfer an die Jagdgöttin darstellen. Weit spektakuläreres Wild wird im *Korridor der großen Jagd* erbeutet. Auf insgesamt 60 Meter Länge zeigen die Mosaike den kompletten Ablauf einer Großwildjagd in Afrika – die Löwen, Tiger, Gazellen, Elefanten und anderen Tiere werden lebend gefangen, auf Karren abtransportiert und schließlich auf Schiffe verladen. Vielleicht sollten sie einen Hauszoo bereichern oder waren für die Arena bestimmt. Am Ende des Korridors ist Afrika personifiziert: eine lockige schwarze Schönheit, umgeben von Elefant, Tiger und Vogel, in der Hand einen Stoßzahn.

Villa Romana Casale

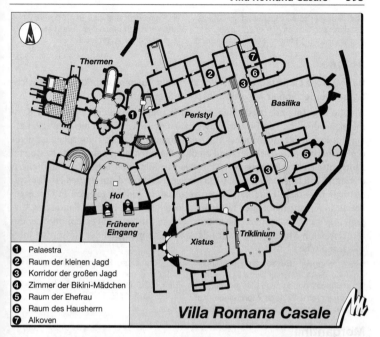

① Palaestra
② Raum der kleinen Jagd
③ Korridor der großen Jagd
④ Zimmer der Bikini-Mädchen
⑤ Raum der Ehefrau
⑥ Raum des Hausherrn
⑦ Alkoven

An den Korridor schließen sich weitere Zimmer an, darunter das vielleicht berühmteste der Villa. Im *Zimmer der Bikini-Mädchen* sieht man neun Grazien bei Spiel und Sport, die tatsächlich so etwas wie Bikinis (in Wahrheit wohl eine Art Unterwäsche) tragen; eine zehnte ist zerstört, darunter blitzt ein älteres Mosaik hervor. Führer weisen hier gern auf die "ersten Bikinis der Geschichte" hin – ähnliche Darstellungen in ägyptischen Gräbern sind allerdings mindestens tausend Jahre älter. Ein Nachbarraum zeigt den Sänger *Orpheus* im Kreis der Tiere des Waldes.

Südlich außerhalb des Korridors folgen der sogenannte *Xistus*, ein offener Hof, und das *Triklinium*, der Speisesaal. Die Mosaiken behandeln die Heldentaten des Herkules, darunter eine schöne Darstellung der von seinen Pfeilen getroffenen Giganten.

Östlich des Korridors begann der private Bereich des Hausherrn und seiner Familie. Im *Raum der Ehefrau* ist die Sage von Arion zu sehen; der *Raum des Hausherrn* schmückt sich mit Szenen von Odysseus und dem Zyklopen: Odysseus bietet ihm den Wein an, der ihn betrunken machen soll. Etwas verwirrend ist die Darstellung des Zyklopen, der drei Augen besitzt. An den Raum schließt sich ein *Alkoven* mit einer "erotischen Szene" an, wahrscheinlich das Schlafzimmer des Herrn – die Darstellung ist übrigens absolut jugendfrei ...

• *Praktisches* zu den Verbindungen von und nach Piazza Armerina siehe dort. Geöffnet ist täglich 8–18.30 Uhr bzw. bis Sonnenuntergang, Einlass bis eine halbe Stunde davor. Eintritt 4,50 €, unter 18 J. und über 65 J. mit Ausweis frei. Gebührenpflichtiger Parkplatz – ob die Herren Parkwächter wirklich so offiziell sind, sei dahingestellt.

Aber: Italiener zahlen auch, und die Arbeitslosigkeit auf Sizilien ist hoch; also nicht murren. Hungrige finden selbstverständlich ein Restaurant und eine Bar – besser ist allerdings die Trattoria "La Ruota" an der Zufahrtstraße, 800 m entfernt.

Aidone

Das hübsche Landstädtchen ist vor allem ein Ausgangspunkt für die Besichtigung der reizvollen Ausgrabungsstätte Morgantina.

Aidone liegt in einer friedvollen, bäuerlich geprägten Region etwa zehn Kilometer nordöstlich von Piazza Armerina, zu erreichen über eine teilweise kurvige und steile Straße. Aidones Zentrum um den belebten Hauptplatz ist nicht ohne Charme. Interessanter sind freilich die nur wenig bekannten Reste von Morgantina, einer Ruinenstätte, die etwa vier Kilometer östlich des Städtchens an der SS 288 liegt und erst seit 1955 ausgegraben wird. Im *Museo Archeologico* (täglich 8–18.30 Uhr; 3,10 €), zentrumsnah in Aidone gelegen und untergebracht in einem ehemaligen Kapuzinerkloster, sind die reichen Funde der Ausgrabungen gut präsentiert, darunter mehrere Büsten der Persephone aus deren Tempel in Morgantina – vor oder nach einem Besuch der Stätte eine interessante Sache.

- *Verbindungen* **Busse** der Gesellschaft ETNA ab Piazza Armerina 10-mal tägl., jedoch keine Busverbindung nach Morgantina.

- *Übernachten* ** **Hotel Morgantina**, nur ein paar Schritte vom Hauptplatz von Aidone. Gute Lage, Parkmöglichkeiten in der Nähe, von den Balkonen zum Teil schöner Blick. DZ/F etwa 60–80 €. Via Adelasia 42, ℡ 0935 88088, 📠 0935 87941.

Morgantina

Die Ruinen der bedeutenden Stadt der Sikuler, Griechen und Römer werden nur wenig besucht, sind einen Abstecher aber allemal wert.

Bereits im 11. Jh. v. Chr. gab es hier eine Siedlung der Sikuler, die ab dem 5. Jh. v. Chr. unter griechischen Einfluss geriet und zeitweise zum Imperium von Syrakus gehörte. Schnell angewachsen und zu Wohlstand gekommen, verbündete sich die Stadt 212 v. Chr. mit Karthago gegen die Römer, wurde von diesen aber schon 211 v. Chr. erobert. Später wurde Morgantina als landwirtschaftliches Zentrum von Rom gefördert und blühte noch einmal auf, wurde aber irgendwann im 1. Jh. v. Chr. von seinen Einwohnern verlassen. In Anspielung auf seine schöne Lage wird das Gebiet gern der "Balkon Siziliens" genannt.

Die einstige Bedeutung der Stadt ist auch den imposanten Resten noch anzusehen. Das Zentrum erstreckte sich um die *Agora*, den schönen, ausgedehnten Hauptplatz. Er verläuft über zwei Ebenen, die durch eine Treppe verbunden sind. Der höher gelegene Bereich war an drei Seiten von Gebäuden umgeben, darunter die sogenannte *Stoà*, ein 87 Meter langer Bau, der als Schule und Gerichtsgebäude diente. Direkt benachbart liegt das *Prytaneion*, Sitz des Magistrats. Das Zentrum des höher gelegenen Bereichs bildet das quadratische *Macellum*, eine römischen Markthalle, die einer ganzen Reihe von Läden Platz bot. Unterhalb der Verbindungstreppe gelangt man zum *Heiligtum der Demeter und Persephone*, die wahrscheinlich die Schutzgöttinnen von Morgantina waren. Ganz in der Nähe liegt das in den Hang gegrabene *Theater* aus dem 4. Jh. v. Chr., dessen Reihen mehr als tausend Zuschauern

Platz boten. Etwas abseits der Agora, in den Ruinen einer Wohnsiedlung, bewahrt das *Haus des Ganymed* ein teilweise zerstörtes Fußbodenmosaik, das die Entführung Ganymeds darstellt.

① Häufige Wechsel, zuletzt täglich von 8 Uhr bis eine Stunde vor Sonnenuntergang, manchmal über Mittag geschlossen. Eintritt 3,10 €, Tickets im Gebäude unterhalb des Parkplatzes; Einlass zur Stätte 500 Meter weiter, der Steinstraße abwärts folgen.

Caltagirone

Ganz im Zeichen des Töpferhandwerks steht die auf drei Hügeln erbaute Stadt etwas abseits der SS 417 von Gela nach Catania. Keramik also beherrscht die Szenerie, sogar ein Museum ist der bunten Ware gewidmet.

Seit alters her ist Caltagirone, im äußersten Südwesten der Provinz Catania gelegen, für seine Keramikwerkstätten bekannt. Rund 6000 Töpfer sollen hier zu Anfang des 20. Jh. beschäftigt gewesen sein. Bis heute spielt die Töpferei eine bedeutende Rolle, lockt zahlreiche Reisebusse mit vorwiegend italienischen Insassen in das Städtchen. Insgesamt fertigen noch an die 80 Werkstätten die tönerne Ware, zu begutachten und natürlich auch zu erstehen in zahlreichen spezialisierten Galerien. Ebenso häufig ist Keramik auch im Stadtbild zu finden: Viele Fassaden und sogar eine lange Treppe sind mit Kacheln geschmückt. Gleichfalls berühmt sind die seit einigen Jahren wieder produzierten Majolika-Fußböden, die als Souvenir in vielen Läden erhältlichen Spielzeugfiguren "Fischietti", von denen es insgesamt 80 traditionelle Varianten gibt, sowie die tönernen Krippenfiguren von Meistern aus Caltagirone, die unter anderem im hiesigen Keramikmuseum zu bewundern sind.

Das Gebiet von Caltagirone war schon zu Zeiten der Sikuler besiedelt, der Stadtname stammt jedoch aus arabischen Zeiten: Qalat al-ghiran, "Burg über

Höhlen". Die Orientalen brachten Caltagirone die polychrome glasierte Keramik in ihren üppigen Farben, bei denen Gelb und Blau vorherrschen. Von ihnen stammt auch der auf der ganzen Insel verbreitete Brauch, Fassaden und Portale von Palästen und Kirchen mit farbigen Kacheln zu schmücken. Die später folgenden Normannen hinterließen keine Spuren im Stadtbild. Vom 15. bis ins 17. Jh. erlebte Caltagirone seine Blütezeit, besaß ein berühmtes Krankenhaus und sogar eine weithin bekannte Universität. Nach zwei Erdbeben, 1542, und, verheerender noch, 1693, lag die Stadt in Trümmern. Ein neues Caltagirone entstand, wie fast ganz Südostsizilien im Stil des Barock, der immer noch die Gassen und Plätze der alten Oberstadt bestimmt; und wie andere berühmte Städte der Region ist auch Caltagirone seit 2002 als Weltkulturerbe ausgewiesen. Optisch weniger erfreulich als der alte Ortskern präsentiert sich die neuere, südöstlich des alten Ortskerns gelegene Unterstadt von Caltagirone, in der der Bahnhof und die Hotels liegen.

- *Information* **A.A.S.T.**, Volta Libertini 3, in einem alten Palazzo, der in einem Seitengässchen unweit der zentralen Plaza Umberto steht; ✆ 0933 53809, ✆ 0933 54610. Geöffnet ist tägl. 9–13, 15.30–19.30 Uhr.
- *Postleitzahl* 95041
- *Verbindungen* **Zug**: Bahnhof in der Neustadt, etwa 1,5 km zum Zentrum, Stadtbusverbindung zur Piazza Umberto. Anschlüsse nach Catania 8-mal, nach Gela 9-mal täglich. **Bus**: Alle Abfahrten ab dem Bahnhof, teilweise auch Stopps in der Oberstadt. AST-Busse nach Catania 11-mal, ETNA nach Gela 2-mal, SAIS nach Piazza Armerina 6-mal täglich, weitere Verbindungen dorthin mit AST und ETNA.
- *Übernachten* ****** Villa San Mauro**, im Bereich der Unterstadt. Gut ausgestatteter, aber nicht allzu schöner Komplex der Oberklasse. Aller Komfort, Aircondition, Swimmingpool inkl. DZ rund 135–200 €. Via Porto Salvo 18, Nähe Hospital, ✆ 0933 26500, ✆ 0933 31661. www.framon-hotels.com.
** Hotel Monteverde, die preiswertere Alternative. Noch recht junges Hotel mit ordentlichen, gut möblierten Zimmern, stadtauswärts der Villa San Mauro gelegen. DZ/F etwa 80 €. Via delle Industrie 11, ✆ 0933 53682, ✆ 0933 53533.
Affittacamere La Scala 2, im Herzen der Oberstadt. Nicht ganz ruhig, die Zimmer jedoch modern und anständig möbliert, die Gemeinschaftsbäder auch in Ordnung. DZ ohne Bad 40 €, in einem anderen Haus auch DZ/Bad für 50 € sowie Zimmer mit privatem Bad, das jedoch außerhalb der Räume selbst liegt, DZ dann 45 €. Piazza Umberto Primo 1, ✆/✆ 0933 57781, oder im Ristorante La Scala (siehe unten) fragen.
- *Übernachten außerhalb* ***** Hotel Pomara**, im Ort San Michele di Ganzaria, an der SS 124 etwa zwölf Kilometer in Richtung Piazza Armerina. Angenehmes Quartier mit komfortablen Zimmern und teilweise hübscher Aussicht; großer Pool. Ein sehr gutes Restaurant mit feiner Lokalküche ist angeschlossen. DZ/F etwa 80–100 €. Via Vittorio Veneto 84, ✆ 0933 976976, ✆ 0933 977090. www.hotelpomara.com.
- *Essen* **Trattoria La Scala**, direkt an der berühmten Treppe, acht Stufen hoch. Auch nach dem Besitzerwechsel eine gute Adresse: hübsche Dekoration, feine sizilianische Küche, zu den Spezialitäten zählen das "Antipasto rustico" sowie hausgemachte Nudeln und Desserts. Nettes Detail: Unter Glas fließt ein Quellwasserbach durch das Lokal in eine fünf Meter tiefe Zisterne. Menü ab etwa 18 €, festes Tagesmenü schon unter 10 €. Scala Santa Maria del Monte 8, ✆ 0933 57781, Mi Ruhetag.
Ristorante Trinacria, ein Lesertipp von Brigitte Canz: "Bei der Treppe in einer rechten Seitenstraße. Gemütliches Restaurant in einem Kellergewölbe, gehobene italienische Küche zu mäßigen Preisen. Man spricht Deutsch. Sehr empfehlenswert! Via Sturzo 21."
Bar Iudica Salvatore, ebenfalls in der Altstadt. Pasticceria und Tavola Calda, prima für einen süßen oder herzhaften Imbiss. Breite Auswahl, Tische auch im Freien. Corso Principe Amadeo 22, zwischen Piazza Umberto Primo und der Treppe.
- *Veranstaltungen* **La Festa di San Giacomo Apostolo**, 24.–25.7.; Fest des städtischen Schutzpatrons, mit Trachtenprozession und vor allem einer grandiosen Festbe-

Die berühmte Treppe: La Scala, im Mai und Juni mit Blumen geschmückt

leuchtung der berühmten Treppe. La Scala erstrahlt dabei im Glanz von tausenden, "coppi" genannten kleinen Papierlaternen, die von insgesamt einer halben Tonne (!) Olivenöl gespeist werden. Aufgestellt sind sie nach einem jährlich wechselnden Muster unter Leitung eines Meisters, dessen Amt innerhalb der Familie vererbt wird.

Sehenswertes

Museo Regionale della Ceràmica: Im "kleinen Theater" Teatrino, an der Via Roma zwischen Bahnhof und Oberstadt. Keramik satt, von der Frühgeschichte bis zum 20. Jh. Griechische Keramik, arabische Keramik, normannische Keramik ... Immerhin gilt das Museum als eines der bedeutendsten seiner Art in ganz Italien.
① Täglich 9–18.30 Uhr, Eintritt 2,50 €.

Giardino Pubblico: Auch der Stadtpark Caltagirones, dem Keramikmuseum benachbart und nach dem Vorbild englischer Gärten angelegt, glänzt mit schönen Beispielen der Töpferkunst.

Balcone Ventimiglia: Etwa einen Häuserblock stadteinwärts des Museums, an der gegenüberliegenden Seite der Via Roma. Der berühmte Balkon wurde geschaffen vom Töpfermeister Ventimiglia, der im 18. Jh. in diesem Haus wohnte.

Museo Cívico: Ebenfalls an der Via Roma, nur noch ein paar Schritte von der zentralen Piazza Umberto entfernt. Im ehemaligen Gefängnis der Bourbonen ist ein rechtes Sammelsurium ausgestellt: erneut Keramik, Gemälde, Archäologisches und Architektonisches.
① Di–So 9.30–13.30 (So bis 12.30 Uhr), Di sowie Fr–So auch 16–19 Uhr; Eintritt 2,60 €.

Piazza Umberto I.: Oberhalb, nahe beim Museo Cívico. Der Hauptplatz der Stadt beherbergt natürlich den neuzeitlich umgebauten Dom des 18. Jh., außerdem den *Palazzo Corte Capitaniale* aus dem 17. Jh. Etwa 300 Meter westlich, zu erreichen über die Via Vittorio Emanuele, liegt *San Giacomo*. Die dreischiffige Kirche stammt ebenfalls aus dem 17. Jh.; in ihrem Inneren sind Arbeiten des Bildhauers *Gagini* zu sehen.

Piazza Municipio: Östlich neben dem Domplatz. Neben dem Rathaus und der Barockkirche *Chiesa del Gesù* ist vor allem die *Galleria Don Sturzo* interessant, benannt nach dem berühmtesten Sohn der Stadt, dem Priester und Politiker Luigi Sturzo (1871–1959). Hier ist zur Abwechslung mal – Keramik ausgestellt.

La Scala: Die lange Treppe beginnt an der Piazza Municipio und führt in 142 Stufen zur Kirche *Santa Maria del Monte*. Nach dem Erdbeben von 1693 zunächst als Straße von der Kirche hinab zum Ortskern konzipiert, erwies sich die Verbindung bald als zu steil und wurde deshalb zur Treppe umgestaltet. Die einzelnen Stufen sind bunt mit Kacheln verkleidet, jede einzelne in unterschiedlichem Design, wobei die einzelnen Kacheln freilich erst aus den frühen 50er-Jahren stammen. Zu Ehren der Maria Santissima di Conadomini wird die Treppe alljährlich vom 22. Mai bis zum 30. Juni mit Blumen geschmückt, und zum Fest des heiligen Giacomo (siehe "Veranstaltungen") leuchtet sie im Widerschein von etwa 4000 kleinen Papierlaternen. Wer mit sehr viel Glück den Küster der Kirche findet, sollte ihn bitten, auf den Turm steigen zu dürfen; die Fernsicht soll grandios sein.

Östlich von Caltagirone

▶ **Grammichele**: An der SS 124 Richtung Palazzolo Acreide, 15 Kilometer von Caltagirone. Das Bauernstädtchen beeindruckt mit sorgfältig geplantem Grundriss. Nach dem Erdbeben von 1693 gaben barocke Baumeister dem Ort die Struktur eines Sechsecks. Am besten erkennt man den symmetrisch strahlenförmigen Verlauf der sechs Straßen an der Hauptpiazza, wo sie ihren Ursprung nehmen. Viel zu bieten hat Grammichele ansonsten nicht, die Atmosphäre wirkt verschlafen und dörflich. Etwa zwei Kilometer außerhalb des Städtchens liegen in schöner Umgebung die Reste der beim Erdbeben zerstörten Häuser der Vorgängersiedlung *Occhiolà*.

▶ **Militello in Val di Catania**: Eine Kleinstadt etwa 30 Kilometer nordöstlich von Grammichele, die nur über schmale Straßen zu erreichen ist. Militello war lange ein eher unbekannter Fleck auf der Landkarte Siziliens, doch hat sich das gründlich geändert: Die Siedlung, beim großen Erdbeben 1693 weitgehend zerstört und danach in einheitlichem Barockstil wieder aufgebaut, wurde 2002 in die Unesco-Liste des Weltkulturerbes aufgenommen und steht nun in einer Reihe mit Noto und den anderen berühmten Barockstädten des Südostens. Auch in Militello erfreut eine Fülle an Palazzi und Kirchen das Auge. Herz des Städtchens ist die Piazza Municipio mit dem ehemaligen Benediktinerkloster *Abazia di San Benedetto*, noch vor dem Erdbeben erbaut und heute Sitz der Gemeinde; die Klosterkirche (Mo–Fr 16.30–19 Uhr, Sa 17–19 Uhr, So 9.30–10.30 Uhr) besitzt eine reiche Innenaustattung. Einen Besuch lohnt auch das *Museo di San Nicolò* (Mi–Mo 9–13, 17–20 Uhr bzw. im Winter 16–19 Uhr; 2,50 Euro) in der gleichnamigen Kirche an der Via Umberto I., dessen gut präsentierte Sammlung u. a. üppige Kirchengewänder, wertvolle liturgische Objekte aus Gold und Silber sowie eine Reihe von Gemälden umfasst. Stolz ist man in Militello jedoch nicht nur auf Kunst und Architektur, sondern auch auf die hiesigen Konditoreien, deren wichtigste Spezialität die "Mostarda" ist, hergestellt aus Feigenkakteen und alljährlich an einem Wochenende Mitte Oktober bei der "Sagra della Mostarda e del Fico d'India" gebührend gefeiert.

Bis heute bewohnt: Höhlenhäuser in Sperlinga

Entlang der SS 120

Eine der schönsten Panoramastraßen Siziliens verbindet die Nordküste bei Termini Imerese mit der Ostküste unterhalb von Taormina. Durch die Autobahn, die in einiger Entfernung parallel verläuft, wird sie vom Fernverkehr entlastet und bietet so herrlichen Landschaftsgenuss.

Die Route führt etwas abseits der südlichen Ausläufer der Bergketten Madonie und Nebrodi durch die weichen Wellen der sommertrockenen Hügellandschaft Innersiziliens und streift schließlich die Flanken des Etna. An und neben der Strecke verlocken ursprüngliche Bergdörfer zu Entdeckungen und Abstechern. So ist die SS 120 eine sehr schöne und genussreiche Alternative zur eher langweiligen Autobahn oder zur viel befahrenen und hektischen Küstenstraße. Für Motorradfahrer bildet die insgesamt etwa 225 Kilometer lange Panoramaroute ohnehin fast ein "Muss".

Verbindungen

▶ **Auto**: Der Straßenbelag ist an manchen Stellen arg verschlissen. Durch winterliche Frostaufbrüche hervorgerufene, oft nur schlampig zugekleisterte Schlaglöcher und Risse lassen vorausschauende Fahrweise ratsam erscheinen. Wer es wirklich eilig hat, ist – auch nach Taormina – mit der gebührenfreien Autobahn A 19 nach Catania besser bedient. Übrigens: Zwischen der Abzweigung von der SS 113 bei Termini Imerese und Polizzi Generosa ist mit Ausnahme des Artischocken-Städtchens Cerda (siehe Kapitel "Nordküste") wenig geboten. Wer hier die Autobahn nimmt und bei Scillato wieder verlässt, versäumt kaum etwas. Achtung, an der SS 120 gibt es nur relativ wenige Tankstellen, an die nachmittäglichen Ruhezeiten denken!

▶ **Bus**: Auf der Strecke Palermo-Nicosia fährt die SAIS bzw. INTERBBUS in beide Richtungen 4- bis 5-mal täglich, hält dabei in fast allen wichtigen Orten. Teilstrecken werden häufiger bedient. Östlich von Nicosia sieht es dagegen gar nicht gut aus.

Inseldurchquerung an einem Tag: Ab Nicosia bestehen mit INTERBUS und ISEA 7-mal täglich Anschlüsse nach Catania. Die Kombination mit der Linie Palermo-Nicosia ermöglicht eine landschaftlich hoch interessante Verbindung zwischen Palermo und Catania und lässt sich bei richtigem Timing in beiden Richtungen normalerweise in einem Tag schaffen – wer in Nicosia nicht nur umsteigen will, muss allerdings früh aus den Federn. Empfehlenswert ist, vorher die genauen Abfahrts- und vor allem Anschlusszeiten in den Bus-Büros von Palermo oder Catania einzuholen.

Polizzi Generosa

In fantastischer Lage sitzt das rund 920 Meter hoch gelegene Städtchen auf dem Grat eines steil ansteigenden Felsklotzes.

Polizzi Generosa liegt knapp fünf Kilometer nördlich der SS 120. Das Städtchen wuchs im Mittelalter rund um ein Kastell, das 1076 durch Roger I. errichtet wurde. Den Beinamen "Generosa" ("die Großmütige") erhielt es unter Friedrich II., wohl aufgrund des Reichtums, den Polizzi seinen fruchtbaren Böden verdankte. Stolz ist man hier auch darauf, dass der Ort früher Strom besaß als Palermo, nämlich schon 1900 statt 1903. Das Städtchen glänzt mit einem schmucken Ortskern und ist ein beliebtes Ausflugsziel der Palermitaner. In der hiesigen *Chiesa Madre* sind ein hübscher Flügelaltar eines unbekannten Flamen aus dem 15. Jh. sowie verschiedene Reliefs der Gagini-Sippe zu sehen. Das etwas verstaubt wirkende *Museo Ambientalistica delle Madonie* (M.A.M., tägl. 9–13 Uhr, 4 Euro) an der Piazza Castello präsentiert eine erstaunlich große Zahl präparierter Exemplare der hiesigen Tierwelt, darunter auch Luchs und Stachelschwein. Eine Bergstraße führt von Polizzi zu den etwa 15 Kilometer entfernten Hochebenen *Piano Zucchi* und *Piano Battaglia* im Herzen der Madonie, siehe im Kapitel zur Nordküste.

• *Verbindungen* **Bus**: Da etwas abseits der SS 120, wird Polizzi weniger oft angefahren als die anderen beschriebenen Orte. SAIS-Busse bis Nicosia nur 2-mal täglich, häufiger mit Umsteigen z.B. in Petralia Sottana. Busse Richtung Palermo 5-mal, von und nach Cefalù 1-mal täglich.

• *Übernachten* **Foresteria del M.A.M. "Ai Templari"**, ganz oben im Ort, dem Museum angeschlossen. Offiziell als "Affittacamere" klassifiziert, nur vier Zimmer in einem ehrwürdigen alten Gebäude, gemütlich eingerichtet und mit modernen Bädern; schöner Garten. Ganzjährig, DZ/F etwa 60 €. Piazza Castello, ✆ 0921 649478, ✆ 338 9713504 (mobil).

Giardino Donna Lavia, etwa fünf Kilometer außerhalb des Zentrums, geführt von der deutsch-italienischen Familie Karin und Luigi Frascona. Von mehreren Lesern empfohlen – zu Recht. Schönes, ruhig gelegenes

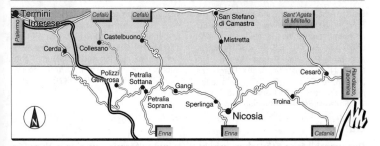

Anwesen um einen mittelalterlichen Wachtturm, der später als Sommerresidenz für Mönche diente; der große Hof war vielleicht einmal ein Kreuzgang. Gute und abwechslungsreiche Küche, am Sonntag viel Restaurantbetrieb, Bio-Produkte. Hübsche Zimmer mit TV und Heizung, DZ/F 70 €, HP p.P. 50 €, die Turmzimmer 10 € Aufschlag; bei längerem Aufenthalt geht es evtl. auch mal günstiger. Contrada Donna Laura, von Polizzi Richtung Collesano, nach knapp 5 km dann links (beschildert), noch 500 m. ✆ 0921 551037, ✉ 0921 551104, www.giardinodonnalavia.com.

Petralìa Sottana und Petralìa Soprana

Die beiden Ortschaften liegen nicht so nah beieinander, wie man es wegen ihrer Namen vermuten könnte, denn ein Berggipfel trennt sie.

Petralìa Soprana, "die Obere", ist die ältere der beiden Siedlungen, wurde bereits im 3. Jh. v. Chr. unter dem Namen "Petra" (Fels) erwähnt. Heute zeigt sich das Dorf jedoch weit ruhiger als sein Pendant, viele Bewohner sind weggezogen. Petralìa Soprana liegt auf fast 1150 Meter Höhe, die Auffahrt wird mit weitem Blick über die Madonie und zum Etna belohnt.

Petralìa Sottana, "die Untere", erstreckt sich auf einem Felssporn und entstand erst um das in der Normannenzeit errichtete Kastell. Das kleine Städtchen macht einen gemütlichen und auch recht lebendigen Eindruck, ist zudem ein guter Ausgangspunkt für Exkursionen in die Madonie. Die hübsche Altstadt besitzt mehrere interessante Kirchen, darunter die *Chiesa Matrice* aus dem 15. Jh.

● *Information* **Ufficio Informazione Turistiche**, Corso Paolo Agliata 100, an der Hauptstraße des Ortskerns von Petralìa Sottana, Nähe Hotel Madonie. Frisch dorthin umgezogen, Telefonnummer und Öffnungszeiten standen noch nicht fest.

Ente Parco delle Madonie, Infostelle der Naturparkverwaltung, Corso Paolo Agliata 16, weiter vorne im Ort, ✆ 0921 684011. Engagiertes Büro, auch Infos über Zeltmöglichkeiten in den Madonie. Keine festen Öffnungszeiten.

CAI, ebenfalls in derselben Straße, eine Zweigstelle des italienischen Alpinclubs. Corso Paolo Agliata 154, ✆ 0921 641028.

● *Verbindungen* **Busse** der SAIS nach Nicosia 4-mal täglich, an Schultagen häufiger. Richtung Palermo 5-mal, von/nach Cefalù 1-mal täglich.

● *Übernachten/Essen* * **Hotel Madonie**, ebenfalls an der Hauptstraße des Ortskerns von Petralìa Sottana. Sehr angenehmes, hübsch renoviertes Quartier, einst das erste Hotel der Provinz außerhalb von Palermo, erbaut 1906 für das Rennen Targa Florio. Freundliches junges Personal, hübsche Zimmer mit Klimaanlage und TV. Reizvoll gelegenes Panorama-Restaurant im dritten Stock, gute Küche. DZ/F etwa 70 €. Corso Paolo Agliata 81, ✆ 0921 641106. www.albergomadonie.it.

Casa Albergo Farinella, eine Art private Jugendherberge, keine Ausweispflicht, jeder ist willkommen. Knapp abseits der SS 120, aus Richtung Palermo kommend noch vor der Abzweigung zum Ortskern, hundert Meter vor dem Hospital rechter Hand. 50 Betten in 20 Zimmern, DZ/Bad etwa 40–55 €.

Es ist nicht immer jemand anwesend, der Besitzer wohnt in der Via Pirilla 12, im Supermarkt fragen. Via Garibaldi s/n, ✆ 0921 680548 oder 0921 641101, ✆ 347 1032857 (mobil).

Ristorante-Pizzeria Petrae Lejum, am Corso Nähe Infostelle. Solide Bergküche (Fleisch, zur Saison auch Pilze), nicht teuer: Menü ab etwa 15 €. Corso Paolo Agliata 105, Ecke Via Roma. Fr Ruhetag.

• *Übernachten außerhalb* **Hotel Pomieri**, etwa zehn Kilometer von Petralìa Sottana an der Straße zum Piano Battaglia, auf rund 1300 Meter Höhe. Ende der Neunziger reoviert, im angeschlossenen Restaurant gute Küche. DZ/F etwa 70 €. Località Piano Pomieri, ✆ 0921 649998, ✆ 0921 649855, hotelpomieri @abies.it.

Gangi

Das verschlafene Städtchen erhebt sich kuppelförmig auf einem Hügel in über tausend Metern Höhe, bietet deshalb weite Ausblicke.

Gangi ist möglicherweise eine Gründung der Sikuler und wurde auch in griechischer Zeit nicht kolonisiert. Einige der von den Ureinwohnern stammenden Höhlen sollen, verdeckt durch Hausfassaden, heute noch bewohnt sein. In früheren Zeiten war Gangi eine Hochburg der Briganten, die in den versteckten Grotten des Ortes einen perfekten Unterschlupf vor der Staatsgewalt fanden.

• *Übernachten/Essen* **Hotel Miramonti**, 70er-Jahre-Bau an der SS 120, mit Restaurant. DZ/Bad 55 €, ohne Bad 45 €. Via Nazionale 19, ✆ 0921 644424, ✆ 0921 644900.

Hotel Ventimiglia, im 15 Kilometer entfernten Geraci Siculo an der SS 286 für Durchreisende ein Lesertipp von Emil Bernard: "Gartenanlage am Ortsrand von Geraci, sehr angenehm, gute lokale Küche, freundlicher Wirt." DZ/F knapp 60 €. Viale della Liberta 15, ✆/✆ 0921 643240.

Villa Rainò, in ländlicher Einsamkeit nördlich von Gangi, etwa vier Kilometer außerhalb der Stadt. Gehobenes Quartier in einem alten Gutshof, offiziell als "Affittacamere" klassifiziert und geführt vom freundlichen Besitzer Aldo. Schöne Zimmer, großer Pool. Das Restaurant ist bei den Bewohnern der Umgebung beliebt und am Wochenende bestens besucht. DZ/F 75 €, HP p.P. 60 €. Aus Richtung Palermo noch vor Gangi links ab (beschildert), aus Richtung Gangi knapp einen Kilometer hinter dem Ortsschild bei einer Tränke rechts, dann jeweils beschildert, noch rund zwei Kilometer auf einem Beton- und Feldweg. ✆ 0921 644680, www.villaraino.it.

Agriturismo Capuano, ein Lesertipp von E. Martin: "Absolut ruhig, grandiose Aussicht, familiäre und nette Atmosphäre. Etwa acht Kilometer von Gangi, Richtung Gangivecchio (Anmerkung: s.u.), dann gut ausgeschildert." Halbpension p.P. etwa 45–50 €. Contrada Capuano, ✆ 0921 644132 und 0921 689291, ✆ 0921 641771.

Azienda Agricola Tenuta Gangivecchio, ein weiterer Agriturismo-Betrieb. In den Nebengebäuden eines alten, bereits 1363 von Benediktinern gegründeten Klosters. Geschmackvolle Zimmer, bekannt gute Küche. Halbpension p.P. 55 €. Im "alten Gangi" Gangivecchio; in Gangi nach der Tankstelle rechts den Berg hinab, den Schildern nach Gangivecchio folgen, noch etwa vier Kilometer. Unter der Woche bleibt der Herd gelegentlich kalt – also unbedingt vorher anrufen: ✆ 0921/689191

Sperlinga

Wahrzeichen des kleinen, kaum mehr als tausend Einwohner zählenden Städtchens ist das wuchtige Kastell, das auf einem steilen Sandsteinfelsen geradezu zu schweben scheint.

Bereits in der Vorgeschichte diente diese natürliche Festung als Siedlungsstätte. Die imposante Burg selbst wurde 1082 durch den normannischen Herrscher Roger I. errichtet. Im 14. und im 15. Jh. zählte sie zum Feudalbesitz der mächtigen Familie Ventimiglia. Über dem zweiten Tor des Kastells (täglich 9.30–13.30, 14.30–18.30 Uhr; 1,60 €) erinnert eine Inschrift an die wichtigste Episo-

Wie aus dem Fels gewachsen: Kastell von Sperlinga

de der Ortsgeschichte, als Sperlinga 1282 als einzige Siedlung den nach dem Volksaufstand der Sizilianischen Vesper flüchtenden Franzosen Obdach gewährt hatte: *Quod Siculis placuit sola Sperlinga negavit* – "Was Sizilien wollte, wurde nur von Sperlinga abgelehnt". Innerhalb der Burg ist eine Reihe von Treppen, Lagerräumen, Stallungen und Kerkern in den Fels gehauen; auch ein kleines Museum gibt es.

Den weichen Sandstein nutzten nicht nur die Baumeister des Kastells. Unterhalb der Festung wurde ein ganzer Ortsteil aus dem Fels gegraben. Manche der Höhlen werden heute als Werkstätten und Lager genutzt, andere sind immer noch bewohnt. So unkomfortabel, wie sich mancher das vorstellen mag, sind diese Höhlenwohnungen nicht einmal – zumindest das Raumklima, das im Sommer herrlich kühl, im Winter dagegen relativ warm ist, zeigt sich von der sehr angenehmen Seite. Manche dieser Höhlen müssen uralt sein, stammt von ihnen doch der Name der Siedlung Sperlinga: *Spelunca*, lateinisch für "Höhle".

Nicosia

Der mit 15.000 Einwohnern größte und lebendigste Ort an der SS 120 ist eine malerische, auf vier Felsklötzen erbaute Kleinstadt.

Das Städtchen liegt auf 724 Meter Höhe in den südlichen Nebrodie und gehört zur Inlandsprovinz Enna. Der Überlieferung zufolge soll die Siedlung als *Engyon* von den mit König Minos nach Sizilien gekommenen Kretern gegründet worden sein; eine Legende, die allerdings auch das weiter südöstlich gelegene Troìna für sich in Anspruch nimmt. Der heutige Ort entstand im frühen Mittelalter um das mittlerweile zerstörte Kastell. Durch seine günstige Lage auf halbem Weg von Palermo nach Messina entwickelte sich Nicosia schnell

Der Etna im Blick: an der SS 120, kurz vor Cesarò

zu einem wichtigen Zentrum, in dem sich nach der Eroberung durch die Normannen auch Lombarden und Piemontesen ansiedelten, Erklärung für den besonderen Dialekt, der noch heute im Ort gesprochen wird.

Nicosias Zentrum konnte sich seinen mittelalterlichen Charakter und Charme weitgehend bewahren. Mitten in der Altstadt steht die im 14./15. Jahrhundert errichtete, leider restaurierungsbedürftige Kathedrale *San Nicola* mit Skulpturen der Bildhauerfamilie Gagini; ihre Holzdecke ist mit herrlichen, farbenprächtigen und originellen Gemälden aus den ersten Jahrzehnten des 15. Jh. geschmückt, die wegen des schlechten Bauzustands derzeit jedoch nicht zu besichtigen sind. Die Kirche *Santa Maria Maggiore* auf einem der vier Hügel beherbergt mit einem schönen marmornen Flügelaltar ein weiteres Werk der Gaginis; außerdem das stolz präsentierte Andenken an den größten Tag der Stadtgeschichte: Auf dem "Thron" in der Kirche soll 1535 Kaiser Karl V. gesessen haben.

- *Verbindungen* **Bus**: SAIS/INTERBUS-Haltestelle an der Piazza San Francesco di Paola, westlich knapp außerhalb des Zentrums; Tickets und Infos ein paar Schritte weiter in der Bar "3 Stelle", Via Nazionale. Verbindungen nach Palermo 5-mal täglich, Teilstrecken Richtung Westen an Schultagen häufiger. Mehrmals täglich auch Anschlüsse nach Catania.
- *Übernachten* Leider liegen die einzig verlässlichen Quartiere etwas außerhalb.

*** Hotel Pineta, etwa eineinhalb Kilometer westlich des Zentrums, und, wie der Name schon sagt, im Pinienhain. Baulich keine Schönheit, jedoch komfortabel. Bar und Restaurant; DZ/F etwa 95–105 €. Località San Paolo 35a, Anfahrt Richtung Hospital, ✆/✉ 0935 647002.

** Motel La Vigneta, noch ein ganzes Stück weiter von der Stadt entfernt, nämlich gut sechs Kilometer außerhalb Richtung Mistretta, ab der SS 120 beschildert. Freundliche Leitung, ganz ordentliche Zimmer, das Restaurant wurde von Lesern sehr gelobt. DZ etwa 45–60 €. Contrada San Basilio, ✆ 0935 646074.

SS 117: Eine sehr schöne Panoramastraße, die von Nicosia über den 1107 Meter hohen Pass *Colle de Contrasto* nach Mistretta und weiter nach San Stefano Cammastra an der Nordküste führt.

Troìna

Das Bergstädtchen in den südlichen Nebrodi bietet aus seiner respektablen Höhe von 1121 Metern prächtige Panoramen.

Vom alten Ortskern, in der Bevölkerung nur schlicht "Piazza" genannt, erfasst der Blick im Osten den Etna und im Norden die Gebirgszüge der Nebrodi und Madonie; bei sehr guten Wetterbedingungen erkennt man sogar den Golf von Gela an der Südküste. Trotz seiner festungsähnlichen Lage war Troìna eine der ersten sizilianischen Ortschaften, die im Kampf gegen die Araber von den Normannen erobert wurden. Von hier begann Roger I. seinen Siegeszug über die Insel.

- *Übernachten* **La Cittadella dell' Oasi**, unterhalb von Troìna in Richtung Catania. Großer Komplex, bestehend aus dem Dreisterne-Hotel Floreal und dem Viersterne-Hotel Costellazioni. Beide gehören einer gesundheitlich orientierten Nonprofit-Organisation, für Durchreisende ist aber auch meist Platz. DZ/F im Dreisterner 95 €, im Viersterner entsprechend mehr. Località San Michele, ✆ 0935 653966, ✉ 0935 653660, www.oasi.en.it.

Cesarò

Ein ruhiges Landstädtchen, etwa zwanzig Kilometer von Troìna entfernt und etwas abseits der SS 120 gelegen.

Bei Cesarò, das bereits zur Provinz Messina zählt, zweigt die landschaftlich eindrucksvolle Panoramastraße SS 289 ab, die über den Pass der Portella Fémmina Morta zur Nordküste bei Sant'Agata di Militello führt und dabei die Nebrodi durchquert. Vom Pass bieten sich gute Wandermöglichkeiten, siehe auch unten unter Wanderung 15.

Cesarò selbst, nur noch knapp außerhalb des Nebrodi-Parks gelegen, ist gar kein schlechter Stützpunkt für Touren in diesem Gebiet. Von dem beschaulichen Ort selbst bietet sich ein feiner Blick auf den hier schon recht nah erscheinenden Etna. Hinter Cesarò sind es auf der SS 120 noch knapp 30 Kilometer bis zum Städtchen Randazzo an den Hängen des Vulkans, und von dort weitere 45 Kilometer bis Taormina.

- *Übernachten* ** **Hotel Nebrodi**, direkt im Zentrum von Cesarò. Einfach, das Mobiliar aber ganz in Ordnung, ein Teil der Zimmer mit schönem Blick ins Landesinnere. Zwölf Zimmer, freundliche Leitung durch zwei ältere Damen, preiswerte Essensmöglichkeit für Gäste. "Einrichtung und Führung aus fast vergangener Zeit, herzlich und sehr liebenswürdig. Sehr empfehlenswert" (Leserbrief von Markus Fischer). DZ/Bad 30 €, ohne Bad 25 €, im Winter wegen der Heizkosten eine Kleinigkeit mehr. Via Margherita 30, ✆ 095 696107.

** **Rifugio Villa Miraglia**, gut 15 Kilometer von Cesarò an der SS 289, kurz vor dem Pass Portella Fémmina Morta. Ein echter Übernachtungstipp ist diese hübsche Berghütte inmitten von Wäldern, kurios bis stilvoll eingerichtet, in der Atmosphäre irgendwo zwischen Alpen und Schwarzwald. Originelle Volkskunstsammlung an den Wänden; beste lokale Küche mit hausgemachten Nudeln, Grillfleisch und im Herbst mit Pilzen. Verleih von Mountainbikes, Reitmöglichkeit. Nur fünf Zimmer, telefonische Reservierung geraten! HP p. P. knapp 50 €; Camping ist gratis, wenn man im Haus isst. Für ein Menü à la carte sind etwa 18–20 € zu rechnen. SS 289, km 34, Locatitá Porta Miraglia, ✆ 095 7732133. www.villamiraglia.it.

Wanderung 15: Zum Bergsee Lago Biviere

Route: Portella Fémmina Morta – Portella Calacudera – Lago Maulazzo – Portella Biviere – Lago Biviere und zurück. **Reine Wanderzeit:** 4,5 bis 5 Stunden. **Höhenunterschiede:** jeweils 250 Meter Ab- und Aufstiege.

Charakteristik: Von der Berghütte Villa Miraglia (siehe oben) lässt sich eine Reihe schöner Wanderungen unternehmen. Als idealer Ausgangspunkt bietet sich der ca. 500 Meter nördlich der Villa Miraglia an der SS 289 gelegene Bergpass Portella Fémmina Morta an. Diese längere, insgesamt aber leichte Tour führt auf Forststraßen durch die ausgedehnten Buchenwälder der Nebrodi. Wir treffen auf Seen, kleine Wasserläufe und auf Lichtungen, auf denen Rinder und "Sanfratellani" weiden. Bei letzteren handelt es sich um eine lokale, halbwild lebende Pferderasse, die im 11. Jahrhundert von den Normannen auf Sizilien eingeführt wurde.

Anfahrt: Am besten natürlich mit dem eigenen Fahrzeug, Parken dann an der Gabelung der Portella Calacudera. Es existiert auch ein Linienbus der ISEA zwischen Catania und Sant' Agata di Militello, der nach Bedarf direkt vor der Villa Miraglia hält, aber nur einmal täglich verkehrt.

Verlauf: Vom Pass Portella Fémmina Morta führt eine asphaltierte Straße hinauf zu den Antennen am dem Gipfel des Monte Soro. Fahrzeugbesitzer können dieser Straße 1,5 km bis zur Gabelung an der Portella Calacudera folgen und dort parken, Fußgänger steigen vom Pass in etwa 15 min. auf der rechts der Straße parallel verlaufenden alten Forststraße auf. An der Gabelung setzt sich die asphaltierte Straße, von zwei Betonpfosten flankiert, in Richtung Gipfelantennen fort, während eine breite, geschotterte Forststraße nach links zum Lago Maulazzo hinab führt – das ist unser Weg. Auf dieser gekiesten Forststraße, die sanft im Buchenwald abfällt, erreichen wir in einer halben Stunde das Ufer des Lago Maulazzo und halten uns an der nächsten Kreuzung rechts. Die Forststraße verläuft nun am nördlichen Ufer des schön eingewachsenen Stausees. Den nächsten kleinen Abzweig nach rechts, der über die Dammkrone des Stausees führt, lassen wir unbeachtet und folgen weiterhin der Forststraße am linken Ufer des Torrente Calacuderi entlang. Unterwegs geht es an einem Trinkwasserbrunnen vorbei. Im Wald öffnen sich eine Reihe von Lichtungen. Das Gras ist

"See der Tränke": Lago Biviere

Wanderung 15

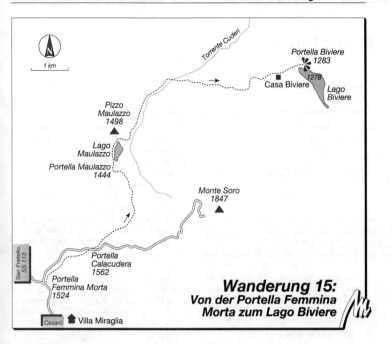

**Wanderung 15:
Von der Portella Femmina Morta zum Lago Biviere**

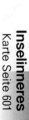

abgeweidet, die Buchen und Stechpalmen sind vom hungrigen Vieh zu bizarren Formen zurechtgestutzt. Nach einer Weile gabelt sich die Kiesstraße. Hier biegen wir rechts ab, dabei den Torrente Cuderi querend. In leichtem Auf und Ab setzt sich der Weg im lockeren Buchenwald fort und bald öffnen sich die ersten Blicke nach Norden auf Alcara li Fusi und die Rocche del Crasto (siehe Wanderung 11). An der Gabelung auf Höhe der Casa Biviere halten wir uns rechts und haben bald darauf den Pass Portella Biviere erreicht. Hier bietet sich eine schöne Aussicht auf Alcara li Fusi, die Rocche del Crasto und das Meer, ein guter Platz für eine Rast.

Direkt unter uns erstreckt sich der Lago Biviere. Dieser natürliche See liegt am Fuße des Monte Soro, in eine sanfte Hügellandschaft eingebettet. An klaren Tagen spiegelt sich auf seiner Oberfläche der Etna. Hierher kommt das Vieh zum Saufen, daher der Name "See der Tränke". Der Lago Biviere ist aber auch einer der wichtigsten Rastplätze für Wasservögel im Landesinneren Siziliens und als solcher leidenschaftlichen Vogelbeobachtern wohl bekannt. Von der Portella Biviere setzt sich die Forststraße, immer dem Hauptkamm der Nebrodi folgend, mit schönen Blicken auf den Etna in Richtung Floresta fort – je nach Kondition ließe sich die Wanderung also beliebig fortsetzen. Auf dem gleichen Weg kehren wir anschließend wieder zurück zur Portella Calacudera beziehungsweise zur Portella Fémmina Morta.

Etwas Italienisch

Aussprache

Einige Abweichungen von der deutschen Aussprache:

c: vor e und i immer *"tsch"* wie in *rutschen*, z. B. *centro* (Zentrum) = *"tschentro"*. Sonst wie *"k"*, z. B. *cannelloni* = *"kannelloni"*.

cc: gleiche Ausspracheregeln wie beim einfachen **c**, nur betonter: *faccio* (ich mache) = *"fatscho"*; *boccone* (Imbiss) = *"bokkone"*.

ch: wie *"k"*, *chiuso* (geschlossen) = *"kiuso"*.

cch: immer wie ein hartes *"k"*, *spicchio* (Scheibe) = *"spikkio"*.

g: vor e und i *"dsch"* wie in *Django*, vor a, o, u als *"g"* wie in *gehen*; wenn es trotz eines nachfolgenden dunklen Vokals als *"dsch"* gesprochen werden soll, wird ein i eingefügt, das nicht mitgesprochen wird, z. B. in *Giacomo* = *"Dschakomo"*.

gh: immer als *"g"* gesprochen.

gi: wie in *giorno* (Tag) = *"dschorno"*, immer weich gesprochen.

gl: wird zu einem Laut, der wie *"lj"* klingt, z. B. in *moglie* (Ehefrau) = *"mollje"*.

gn: ein Laut, der hinten in der Kehle produziert wird, z. B. in *bagno* (Bad) = *"bannjo"*.

h: wird am Wortanfang nicht mitgesprochen, z. B. *hanno* (sie haben) = *"anno"*. Sonst nur als Hilfszeichen verwendet, um c und g vor den Konsonanten i und e hart auszusprechen.

qu: im Gegensatz zum Deutschen ist das u mitzusprechen, z. B. *acqua* (Wasser) = *"akua"* oder *quando* (wann) = *"kuando"*.

r: wird kräftig gerollt!

rr: wird noch kräftiger gerollt!

sp und **st**: gut norddeutsch zu sprechen, z. B. *specchio* (Spiegel) = *"s-pekkio"* (nicht *schpekkio*), *stella* (Stern) = *"s-tella"* (nicht *schtella*).

v: wie *"w"*.

z: immer weich sprechen wie in *Sahne*, z. B. *zucchero* (Zucker) = *"sukkero"*.

Die Betonung liegt meistens auf der vorletzten Silbe eines Wortes. Im Schriftbild wird sie bei der großen Mehrzahl der Wörter nicht markiert. Es gibt allerdings Fälle, bei denen die italienischen Rechtschreibregeln Akzente als Betonungszeichen vorsehen, z. B. bei mehrsilbigen Wörtern mit Endbetonung wie *perché* (= weil, warum).

Elementares

Frau ...	*Signora*	Hallo/Tschüss	*Ciao*
Herr ...	*Signor(e)*	Wie geht es Ihnen?	*Come sta?/Come va?*
Guten Tag, Morgen	*Buon giorno*	Wie geht es dir?	*Come stai?*
Guten Abend (ab nachmittags!)	*Buona sera*	Danke, gut.	*Molto bene, grazie/ Benissimo, grazie*
Guten Abend/ gute Nacht (ab Einbruch der Dunkelheit)	*Buona notte*	Danke!	*Grazie/Mille grazie/ Grazie tanto*
		Entschuldigen Sie	*(Mi) scusi*
Auf Wiedersehen	*Arrivederci*	Entschuldige	*Scusami/Scusa*

Sprachlexikon

Entschuldigung, können Sie mir sagen ...?	Scusi, sa dirmi...?
Entschuldigung, könnten Sie mich durchlassen/mir erlauben ...	Permesso...
ja	si
nein	no
Ich bedaure, tut mir leid	Mi dispiace
Macht nichts	Non fa niente
Bitte! (im Sinne von *gern geschehen*)	Prego!
Bitte (als Einleitung zu einer Frage oder Bestellung)	Per favore...
Sprechen Sie Englisch/Deutsch/Französisch?	Parla inglese/tedescso/francese?
Ich spreche kein Italienisch	Non parlo italiano
Ich verstehe nichts	Non capisco niente
Könnten Sie etwas langsamer sprechen?	Puo parlare un po' più lentamente?
Ich suche nach...	Cerco...
Okay, geht in Ordnung	va bene
Warte!/Warten Sie!	Aspetta/Aspetti!
groß/klein	grande/piccolo
Es ist heiß	Fa caldo
Es ist kalt	Fa freddo
Geld	i soldi
Ich brauche ...	Ho bisogno ...
Ich muss ...	Devo ...
in Ordnung	d'accordo
Ist es möglich, dass ...	È possibile ...
mit/ohne	con/senza
offen/geschlossen	aperto/chiuso
Toilette	gabinetto
verboten	vietato
Was bedeutet das?	Che cosa significa?
Wie heißt das?	Come si chiama?
zahlen	pagare

Fragen

Gibt es/Haben Sie...?	C'è ...?
Was kostet das?	Quanto costa?
Gibt es (mehrere)	Ci sono?
Wann?	Quando?
Wo? Wo ist?	Dove?/ Dov'è?
Wie?/Wie bitte?	Come?
Wieviel?	Quanto?
Warum?	Perché?

Smalltalk

Ich heiße ...	Mi chiamo ...
Wie heißt du?	Come ti chiami?
Wie alt bist du?	Quanti anni hai?
Das ist aber schön hier	Meraviglioso!/Che bello!/Bellissimo!
Von woher kommst du?	Di dove sei tu?
Ich bin aus München/Hamburg	Sono di Monaco/di Amburgo
Bis später	A più tardi!
Wo ist bitte...?	Per favore, dov'è..?
... die Bushaltestelle	...la fermata

Orientierung

... der Bahnhof	...la stazione
Stadtplan	la pianta della città
rechts	a destra
links	a sinistra
immer geradeaus	sempre diritto
Können Sie mir den Weg nach ... zeigen?	Sa indicarmi la direzione per...?
Ist es weit?	È lontano?
Nein, es ist nah	No, è vicino

Bus/Zug/Fähre

Fahrkarte	*biglietto*	Abfahrt	*partenza*
Stadtbus	*bus*	Ankunft	*arrivo*
Überlandbus	*pullman*	Gleis	*binario*
Zug	*treno*	Verspätung	*ritardo*
hin und zurück	*andata e ritorno*	aussteigen	*scendere*
Ein Ticket von X nach Y	*un biglietto da X a Y*	Ausgang	*uscita*
Wann fährt der nächste?	*Quando parte il prossimo?*	Eingang	*entrata*
... der letzte?	*...l'ultimo?*	Wochentag	*giorno feriale*
		Feiertag	*giorno festivo*

Auto/Motorrad

Auto	*macchina*	Reifen	*gomme*
Motorrad	*moto*	Kupplung	*frizione*
Tankstelle	*distributore*	Lichtmaschine	*dinamo*
Volltanken!	*Il pieno, per favore!*	Zündung	*accensione*
Bleifrei	*benzina senza piombo*	Vergaser	*carburatore*
Diesel	*gasolio*	Mechaniker	*meccanico*
Panne	*guasto*	Werkstatt	*officina*
Unfall	*incidente*	funktioniert nicht	*non funziona*
Bremsen	*freni*		

Baden

See	*lago*	sauber	*pulito/netto*
Strand	*spiaggia*	tief	*profondo*
Stein	*pietra*	Ich gehe schwimmen	*Faccio il bagno*
Kies	*ghiaia*	braungebrannt	*abbronzata (f)/ abbronzato (m)*
schmutzig	*sporco*		

Bank/Post/Telefon

Geldwechsel	*cambio*	ein Telegramm aufgeben	*spedire un telegramma*
Wo ist eine Bank?	*Dove c'è una banca*	Postkarte	*cartolina*
Ich möchte wechseln	*Vorrei cambiare*	Brief	*lettera*
Ich möchte Reiseschecks einlösen	*Vorrei cambiare dei traveller cheques*	Briefpapier	*carta da lettere*
		Briefkasten	*buca (delle lettere)*
Wie ist der Wechselkurs	*Qual'è il cambio?*	Briefmarke(n)	*francobollo/i*
		Wo ist das Telefon?	*Dov'è il telefono?*
Postamt	*ufficio postale*	Ferngespräch	*communicazione interurbana*

Camping/Hotel

Haben Sie ein Einzel/Doppelzimmer?	C'è una camera singola/doppia?	mit Dusche/Bad	con doccia/ bagno
Können Sie mir ein Zimmer zeigen?	Può mostrarmi una camera?	ein ruhiges Zimmer	una camera tranquilla
Ich nehme es/wir nehmen es	La prendo/ la prendiamo	Wir haben reserviert	Abbiamo prenotato
Zelt	tenda	Schlüssel	la chiave
kleines Zelt	canadese	Vollpension	pensione (completa)
Schatten	ombra	Halbpension	mezza pensione
Schlafsack	sacco a pelo	Frühstück	prima colazione
warme Duschen	docce calde	Hochsaison	alta stagione
Gibt es warmes Wasser?	C'è l'acqua calda?	Nebensaison	bassa stagione
		Haben Sie nichts Billigeres?	Non ha niente che costa di meno?

Zahlen

der erste	il primo	halb	mezzo
zweite	il secondo	ein Viertel	un quarto di
dritte	il terzo	ein Paar	un paio di
einmal	una volta	einige	alcuni
zweimal	due volte		

0	zero	13	tredici	60	sessanta
1	uno	14	quattordici	70	settanta
2	due	15	quindici	80	ottanta
3	tre	16	sedici	90	novanta
4	quattro	17	diciassette	100	cento
5	cinque	18	diciotto	101	centuno
6	sei	19	diciannove	102	cento e due
7	sette	20	venti	200	duecento
8	otto	21	ventuno	1.000	mille
9	nove	22	ventidue	2.000	duemila
10	dieci	30	trenta	100.000	centomila
11	undici	40	quaranta	1.000.000	un milione
12	dodici	50	cinquanta		

Uhr & Kalender

Uhrzeit

Wie spät ist es?	Che ore sono?
mittags	mezzogiorno (für 12 Uhr gebräuchlich)
Mitternacht	mezzanotte
Viertel nach	... e un quarto
Viertel vor	... meno un quarto
halbe Stunde	mezz'ora

Sprachlexikon

Tage/Monate/Jahreszeit

Tag	*giorno*
Woche	*settimana*
Monat	*mese*
Jahr	*anno*
halbes Jahr	*mezz'anno*
Frühling	*primavera*
Sommer	*estate*
Herbst	*autunno*
Winter	*inverno*

Wochentage

Montag	*lunedì*
Dienstag	*martedì*
Mittwoch	*mercoledì*
Donnerstag	*giovedì*
Freitag	*venerdì*
Samstag	*sabato*
Sonntag	*domenica*

Monate

Januar	*gennaio*
Februar	*febbraio*
März	*marzo*
April	*aprile*
Mai	*maggio*
Juni	*giugno*
Juli	*luglio*
August	*agosto*
September	*settembre*
Oktober	*ottobre*
November	*novembre*
Dezember	*dicembre*

Gestern, heute, morgen ...

heute	*oggi*
morgen	*domani*
übermorgen	*dopodomani*
gestern	*ieri*
vorgestern	*l'altro ieri*
sofort	*subito*
später	*più tardi*
jetzt	*adesso*
der Morgen	*la mattina*
der Nachmittag	*il pomeriggio*
der Abend	*la sera*
die Nacht	*la notte*

Maße & Gewichte

ein Liter	*un litro*	100 Gramm	*un etto*
ein halber Liter	*un mezzo litro*	200 Gramm	*due etti*
ein Viertelliter	*un quarto di un litro*	Kilo	*un chilo, due chili*
ein Gramm	*un grammo*		

Einkaufen

Haben Sie	*Ha...?*
Ich hätte gern...	*Vorrei...*
etwas davon	*un poco di questo*
dieses hier	*questo qua*
dieses da, dort	*questo là*
Was kostet das?	*Quanto costa questo?*

Geschäfte

Apotheke	*farmacia*
Bäckerei	*panetteria*
Buchhandlung	*libreria*
Fischhandlung	*pescheria*
Laden, Geschäft	*negozio*
Metzgerei	*macelleria*

Reinigung (chemische)	*lavanderia/lavasecco*
Reisebüro	*agenzia viaggi*
Touristen-information	*informazioni turistiche*
Schreibwarenladen	*cartoleria*
Supermarkt	*alimentari, supermercato*

Drogerie/Apotheke

Seife	*sapone*
Tampons	*tamponi, o.b.*
Binden	*assorbenti*
Waschmittel	*detersivo*
Shampoo	*shampoo*
Toilettenpapier	*carta igienica*
Zahnpasta	*pasta dentifricia*
Schmerztabletten	*qualcosa contro il dolore*
Kopfschmerzen	*mal di testa*
Abführmittel	*lassativo*
Sonnenmilch	*crema solare*
Pflaster	*cerotto*

Arzt/Krankenhaus

Ich brauche einen Arzt	*Ho bisogno di un medico*
Hilfe!	*Aiuto!*
Erste Hilfe	*pronto soccorso*
Krankenhaus	*ospedale*
Schmerzen	*dolori*
Ich bin krank	*sono malato*
Biss/Stich	*puntura*
Fieber	*febbre*
Durchfall	*diarrea*
Erkältung	*raffreddore*
Halsschmerzen	*mal di gola*
Magenschmerzen	*mal di stomaco*
Zahnweh	*mal di denti*
Zahnarzt	*dentista*
verstaucht	*lussato*

Im Restaurant

Haben Sie einen Tisch für x Personen?	*C'è uno tavolo per x persone?*
Die Speisekarte, bitte	*Il menu/la lista, per favore*
Was kostet das Tagesmenü?	*Quanto costa il piatto del giorno?*
Ich möchte gern zahlen	*Il conto, per favore*
Gabel	*forchetta*
Messer	*coltello*
Löffel	*cucchiaio*
Aschenbecher	*portacenere*
Mittagessen	*pranzo*
Abendessen	*cena*
Eine Quittung, bitte	*Vorrei la ricevuta, per favore*
Es war sehr gut	*Era buonissimo*

Speisekarte

Extra-Zahlung für Gedeck, Service und Brot	*coperto/pane e servizio*
Vorspeise	*antipasto*
erster Gang	*primo piatto*
zweiter Gang	*secondo piatto*
Beilagen zum zweiten Gang	*contorni*
Nachspeise (Süßes)	*dolci*
Obst	*frutta*
Käse	*formaggio*

Getränke

Wasser	*acqua*
Mineralwasser	*acqua minerale*
mit Kohlensäure	*con gas (frizzante)*
ohne Kohlensäure	*senza gas*
Wein	*vino*
weiß	*bianco*
rosé	*rosato*
rot	*Rosso*
Bier	*birra*
hell/dunkel	*chiara/scura*
vom Fass	*alla spina*
Saft	*succo di...*
Milch	*latte*
heiß	*caldo*
kalt	*freddo*
(einen) Kaffee	*un caffè*
(das bedeutet Espresso)	
(einen) Cappuccino	*un cappuccino*
(mit aufgeschäumter Milch, niemals mit Sahne!)	
(einen) Kaffee mit wenig Milch	*un latte macchiato*
(einen) Eiskaffee	*un caffè freddo*
(einen) Tee	*un tè*
mit Zitrone	*con limone*
Cola	*coca*
Milkshake	*frappè*
(ein) Glas	*un bicchiere di...*
(eine) Flasche	*una bottiglia*

Essen und Trinken

Alimentari/Diversi – Lebensmittel, Verschiedenes

aceto	*Essig*	olive	*Oliven*
bombolone	*Pfannkuchen*	Olivenöl	*olio di oliva*
brodo	*Brühe*	pane	*Brot*
burro	*Butter*	panino	*Brötchen*
frittata	*Omlett*	saccarina	*Süßstoff*
gnocchi	*kleine Kartoffelklöße*	salame	*Salami*
marmellata	*Marmelade*	salsiccia	*Frischwurst*
minestra/zuppa	*Suppe*	l'uovo/le uova	*Ei/Eier*
minestrone	*Gemüsesuppe*	zabaione	*Wein-Eier-Creme*
olio	*Öl*	zucchero	*Zucker*

Erbe – Gewürze

aglio	*Knoblauch*	prezzemolo	*Petersilie*
alloro	*Lorbeer*	rosmarino	*Rosmarin*
basilico	*Basilikum*	sale	*Salz*
capperi	*Kapern*	salvia	*Salbei*
origano	*Oregano*	senape	*Senf*
pepe	*Pfeffer*	timo	*Thymian*
peperoni	*Paprika*		

Preparazione – Zubereitung

affumicato	geräuchert	frutta cotta	Kompott
ai ferri	gegrillt	cotto	gekocht
al forno	überbacken	duro	hart/zäh
alla griglia	ü. Holzkohlefeuer	fresco	frisch
con panna	mit Sahne	fritto	frittiert
alla pizzaiola	Tomaten/Knobl.	grasso	fett
allo spiedo	am Spieß	in umido	im Saft geschmort
al pomodoro	mit Tomatensauce	lesso	gekocht/gedünstet
arrosto	gebraten/geröstet	morbido	weich
bollito	gekocht/gedünstet	piccante	scharf
alla casalinga	hausgemacht	tenero	zart

Contorni – Beilagen

asparago	Spargel	finocchio	Fenchel
barbabietole	Rote Beete	insalata	allg. Salat
bietola	Mangold	lattuga	Kopfsalat
broccoletti	wilder Blumenkohl	lenticchie	Linsen
carciofo	Artischocke	melanzane	Auberginen
carote	Karotten	patate	Kartoffeln
cavolfiore	Blumenkohl	piselli	Erbsen
cavolo	Kohl	polenta	Maisbrei
cetriolo	Gurke	pomodori	Tomaten
cicoria	Chicoree	riso	Reis
cipolla	Zwiebel	risotto	Reis mit Zutaten
fagiolini	grüne Bohnen	sedano	Sellerie
fagioli	Bohnen	spinaci	Spinat
funghi	Pilze	zucchini	Zucchini

Pasta – Nudeln

cannelloni	gefüllte Teigrollen	tagliatelle	Bandnudeln
farfalle	Schleifchen	tortellini	gefüllte Teigtaschen
fettuccine	Bandnudeln	tortelloni	große Tortellini
fiselli	kleine Nudeln	vermicelli	Fadennudeln ("Würmchen")
lasagne	Schicht-Nudeln	gnocchi	(Kartoffel-) Klößchen
maccheroni	Makkaroni		
pasta	allg. Nudeln		
penne	Röhrennudeln		

Pesce e frutti di mare – Fisch & Meeresgetier

aragosta	*Languste*	pesce spada	*Schwertfisch*
aringhe	*Heringe*	polpo	*Krake*
baccalà	*Stockfisch*	razza	*Rochen*
calamari	*Tintenfische*	salmone	*Lachs*
cozze	*Miesmuscheln*	sardine	*Sardinen*
dentice	*Zahnbrasse*	seppia/totano	*großer Tintenfisch*
gamberi	*Garnelen*	sgombro	*Makrele*
granchio	*Krebs*	sogliola	*Seezunge*
merluzzo	*Schellfisch*	tonno	*Thunfisch*
muggine	*Meeräsche*	triglia	*Barbe*
nasello	*Seehecht*	trota	*Forelle*
orata	*Goldbrasse*	vongole	*Muscheln*
ostriche	*Austern*		

Carne – Fleisch

agnello	*Lamm*	lombatina	*Lendenstück*
anatra	*Ente*	maiale	*Schwein*
bistecca	*Beafsteak*	maialetto	*Ferkel*
capretto	*Zicklein*	manzo	*Rind*
cervello	*Hirn*	pernice	*Rebhuhn*
cinghiale	*Wildschwein*	piccione	*Taube*
coniglio	*Kaninchen*	pollo	*Huhn*
fagiano	*Fasan*	polpette	*Fleischklöße*
fegato	*Leber*	trippa	*Kutteln*
lepre	*Hase*	vitello	*Kalb*
lingua	*Zunge*		

Frutta – Obst

albicocca	*Aprikose*	limone	*Zitrone*
ananas	*Ananas*	mandarino	*Mandarine*
arancia	*Orange*	mela	*Apfel*
banana	*Banane*	melone	*Honigmelone*
ciliegia	*Kirsche*	more	*Brombeeren*
cocomero	*Wassermelone*	pera	*Birne*
dattero	*Dattel*	pesca	*Pfirsich*
fichi	*Feigen*	pompelmo	*Grapefruit*
fragole	*Erdbeeren*	uva	*Weintrauben*
lamponi	*Himbeeren*		

Verlagsprogramm

Unsere Reisehandbücher im Überblick

Deutschland
- Allgäu
- Altmühltal
- Berlin & Umgebung
- *MM-City* Berlin
- Bodensee
- Franken
- Fränkische Schweiz
- Mainfranken
- Nürnberg, Fürth, Erlangen
- Ostseeküste – von Lübeck bis Kiel
- Schwäbische Alb

Niederlande
- *MM-City* Amsterdam
- Niederlande
- Nordholland – Küste, IJsselmeer, Amsterdam

Nord(west)europa
- England
- Südengland
- *MM-City* London
- Schottland
- Irland
- Island
- Norwegen
- Südnorwegen
- Südschweden

Osteuropa
- Baltische Länder
- Polen
- Polnische Ostseeküste
- *MM-City* Prag
- Westböhmen & Bäderdreieck
- Ungarn

Balkan
- Mittel- und Süddalmatien
- Kroatische Inseln & Küste
- Nordkroatien – Kvarner Bucht
- Slowenien & Istrien

Griechenland
- Amorgos & Kleine Ostkykladen
- Athen & Attika
- Chalkidiki
- Griechenland
- Griechische Inseln
- Karpathos
- Kefalonia & Ithaka
- Korfu
- Kos
- Kreta
- Kreta – der Osten
- Kreta – der Westen
- Kykladen
- Lesbos
- Naxos
- Nord- u. Mittelgriechenland
- Paros/Antiparos
- Peloponnes
- Rhodos
- Samos
- Santorini
- Skiathos, Skopelos, Alonnisos, Skyros – Nördl. Sporaden
- Thassos, Samothraki
- Zakynthos

Türkei
- *MM-City* Istanbul
- Türkei – gesamt
- Türkei – Mittelmeerküste
- Türkei – Südküste
- Türkei – Westküste
- Türkische Riviera – Kappadokien

Frankreich
- Bretagne
- Côte d'Azur
- Elsass
- Haute-Provence
- Korsika
- Languedoc-Roussillon
- *MM-City* Paris
- Provence & Côte d'Azur
- Südfrankreich
- Südwestfrankreich

Italien
- Apulien
- Chianti – Florenz, Siena
- Dolomiten – Südtirol Ost
- Elba
- Gardasee
- Golf von Neapel
- Italien
- Italienische Riviera & Cinque Terre
- Kalabrien & Basilikata
- Liparische Inseln
- Marken
- Oberitalien
- Oberitalienische Seen
- *MM-City* Rom
- Rom & Latium
- Sardinien
- Sizilien
- Südtirol
- Südtoscana
- Toscana
- Umbrien
- *MM-City* Venedig
- Venetien & Friaul

Nordafrika u. Vorderer Orient
- Sinai & Rotes Meer
- Tunesien

Spanien
- Andalusien
- *MM-City* Barcelona
- Costa Brava
- Costa de la Luz
- Ibiza
- Katalonien
- Madrid & Umgebung
- Mallorca
- Nordspanien
- Spanien

Kanarische Inseln
- Gomera
- Gran Canaria
- *MM-Touring* Gran Canaria
- Lanzarote
- La Palma
- *MM-Touring* La Palma
- Teneriffa
- *MM-Touring* Teneriffa

Portugal
- Algarve
- Azoren
- Madeira
- *MM-City* Lissabon
- Lissabon & Umgebung
- Portugal

Lateinamerika
- Dominikanische Republik
- Ecuador

Österreich
- *MM-City* Wien

Schweiz
- Genfer-See-Region
- Tessin

Malta
- Malta, Gozo, Comino

Zypern
- Zypern

Aktuelle Informationen zu allen Reiseführern finden Sie im Internet unter www.michael-mueller-verlag.de

Gerne schicken wir Ihnen auch das aktuelle Verlagsprogramm zu.

Michael Müller Verlag GmbH, Gerberei 19, 91054 Erlangen, Tel. 0 91 31 / 81 28 08-0; Fax 0 91 31 / 20 75 41; E-Mail: mmv@michael-mueller-verlag.de

Sach- und Personenregister

A
Affittacamere 110
Agriturismo 110
Aischylos 47, 216, 285
Alleanza Nazionale 61
Angeln 136
Anreise 68
Apotheken 122
Araber 50
Archimedes, Mathematiker 217
Ärztliche Versorgung 121
Auslandsschutzbrief 70
Autobahngebühren 71
Automobilclub 96
Autoreisezug 69

B
Baden 122
Bahn (Anreise) 81
Banken 127
Bäume 25
Bed &Breakfast 108
Berlusconi, Silvio 61
Borsellino, Paolo 66
Bourbonen 56
Byzanz 49

C
Camping 111
Carretti 35
Casa Natale di Luigi Pirandello 300
Cava Grande del Cassibile 247
Charibdys 150
Chartergesellschaften 87
Cosa Nostra 63
Crispi, Francesco 59
Crowley, Edward Alexander 465
Cùpola 64

D
Daidalos 312
Dalla Chiesa 64
Dammusi 371
Diebstahl 73
Diebstahl aus dem Auto 97
Dionysios I. 47, 217
Dolci, Danilo 395
Drogen 124

E
Ebenen 21
Eis 117
Elymer 44
Emigration 59
Empedokles 292
Erste Hilfe 122
Essen 113

F
Fahrpläne 83
Fahrrad, Mitnahme im Flugzeug 88
Fahrradfahren auf Sizilien 99
Fahrradmitnahme im Bus 102
Fahrradtransport mit der Bahn 83
Fahrzeugpapiere 70
Falcone, Giovanni 66
Fava, Giuseppe 239
Feiertage 125
Ferdinand II. 58
Ferien auf dem Bauernhof 110
Ferienhäuser 108
Ferrovia Circumetnea 192
Feste 125
Fischfang 32
Fischgerichte 116
FKK 124
Fleischgerichte 117
Flüsse 21
Franzosen 54
Französische Revolution 56
Frauen gegen die Mafia 65
Friedrich II. 52

G
Gabellotti, Steuereintreiber 58
Gagini, Domenico 55
Garibaldi, Giuseppe 58
Garigue 26
Geleng, Otto 155
Gelon I. von Syrakus 47, 216, 285
Geographie 19
Getränke 119
Giuliano, Salvatore 438
Goethe, Johann Wolfgang 141, 164
Gorgias 211
Gregorovius 215
Griechen 45

H
Haustiere 127
Hotel-Klassifizierung 106
Hunde 127

I/J
Imbiss 118
Industrialisierung 22
Industrie 33
Information 128
Inquisition 56
Internet 129
Jugendherbergen 110

K
Karl von Anjou 54
Karren 35
Klima 131

Sach- und Personenregister 619

Putzig: Marionetten im Museo di Antonio Uccello

Königreich beider Sizilien 56
Kreditkarten 127
Kriminalität 133
Küche 113
Kulturpflanzen 27

L

Landkarten 134
Landschaft 19
Landwirtschaft 31
Lärm 23
Last Minute 88
Laurana, Francesco 55
Lega Nord 61
Liberty-Stil 59
Linienflüge 87
Literatur 36
Low-Cost-Airlines 87
Luciano, Lucky 59, 573

M

Macchia 26
Mafia 63
Mani Pulite 60
Marionettentheater 34
Marsala-Wein 337
Mattanza 364
Messina, Antonello da 55
Mezzogiorno 58
Mietfahrzeuge 99
Minos 312
Motorradfahren auf Sizilien 97
Motorradtreffen 98
Mussolini, Benito 59

N

Natur 22
Naturschutzgebiete 24
Normannen 51

O

Odysseus 150, 179
Öffnungszeiten 134
Ölbaum 28
Omertà 64
Opera dei Pupi 34, 416
Orlando, Leoluca 65, 399

P/Q

Panne 73
Papiere 135
Peloponnesischer Krieg 47
Pentiti 66
Pflanzenwelt 25
Phönizier 44
Pindar 47, 216
Pirandello, Luigi 301
Pisciotta, Gaspare 438
Platon 217
Platzkarten 83
Post 135
Postsparbuch 127
Privatzimmer 108
Prodi, Romano 62
Punischer Krieg 48
Pythagoras 291
Quasimodo, Salvatore 274

R

Reisebüros 135
Reiseschecks 127
Reiten 136

Restplatzbörsen 88
Rete, La 399
Risorgimento 58
Roger I. 51
Roger II. 51
Römer 48

S

Sarazenen 50
Schwarzbauten 22
Scirocco 131
Seen 21
Separatismus 59
Sicilianità 34
Sikaner 44
Sikuler 44, 233
Simonides 216
Sizilianische Vesper 54
Sklavenaufstände 48
Skylla 150
Souvenirs 125
Spanier 55
Sport 136
Strände 123
Straße von Messina 149
Strom 137
Süßspeisen 117

T

Tankstellen 73
Targa Florio 454
Tauchen 136
Taxis 102
Telefonieren 137
Tennis 136
Theokrit 217
Theron von Akragas 47
Tourismus 23, 33
Trinakria 20
Troisi, Massimo 548

U

Übernachten 105
Unesco 500
Unfall 73

V

Vittorio Emanuele 58
Vollkaskoversicherung 70
von Gloeden, Wilhelm 155

W–Z

Waldbrände 22
Wälder 25
Wassertemperaturen 123
Wein 119
Welterbe 500
Windsurfen 136
Wirtschaft 31
Xerxes 47
Zigaretten 138

Geographisches Register

A

Achradina (Siracusa) 228
Aci Castello 179
Aci Trezza 179
Acireale 175
Acquacalda 522, 526
Adrano 198
Agira 586
Agrigento 290
Aidone 594
Akrai 241
Albero Sole (Lampedusa) 308
Alcamo 390
Alcara li Fusi 483
Alí Terme 151
Anaktoron 234
Anapo-Schlucht 233
Antica lato 442
Antikes Eraclea Minoa 311
Aragón 55
Aragona 572

Arco Elefante 376
Asparano 224
Ätna 180
Augusta 212
Ávola 245

B

Bagheria 446
Bagni di Cefalà 51
Bagno Asciutto 377
Bagno dell'Acqua 376
Balata dei Turchi 375
Balestrate 394
Barcellona 494
Belice 330
Bologna 75
Bonagia 353
Borgo Bonsignore 312
Bosco della Ficuzza 575
Brolo 487
Bronte 195
Bruccoli 212

Buonfornello 455
Buscemi 242

C

Cáccamo 453
Cala Croce 307
Cala della Capreria 384
Cala Junco 556
Cala Rossa 366
Calascibetta 584
Calatafimi 391
Calcara 555
Caltabellotta 313
Caltagirone 595
Caltanissetta 576
Caltanissetta-Xirbi 571
Cammarata 572
Campobello di Mazara 332
Canneto 524
Caos 300
Capo Calavà 488
Capo di Milazzo 496

Geographisches Register 621

Im Hintergrund die Punta Troia: Küste von Marettimo

Capo d'Orlando 485
Capo Faro 544
Capo Graziano 552
Capo Milazzese 556
Capo Mongerbino 398
Capo Passero 214
Capo Peloro 150
Capo Vaticano 80
Cappella Palatina 420
Cariddi 150
Carlentini 211
Caronia Marina 481
Caronie 475
Cassibile 244
Castel di Tusa 475
Castelbuono 471
Castellabate 80
Castellammare del Golfo 388
Castello Eurialio 233
Castello Incantato 317
Castello Manfredonico 572
Castello Maniace 195
Castelmola 154, 166

Castelvetrano 328
Castiglione di Sicilia 174
Castroreale 494
Catania 199
Cava d'Ispica 268
Cave di Cusa 332
Cefalù 456
Centuripe 586
Cerda 454
Cesarò 605
Chiaramonte Gulfi 280
Chiesa SS. Trinità di Delia 329
Cinisi 397
Civitavecchia 91
Comiso 281
Convento di Scala 255
Corleone 574
Crateri Silvestri (Etna) 190

D

Ditella 555
Donnafugata 280
Donnalucata 262
Drauto 555

E

Eloro 256
Enna 580
Eraclea Minoa 310
Eremo della Madonna 255
Erice 354
Etna 180

F

Falconara 287
Falcone 494
Faraglione di Levante 537
Favignana 361
Ferla 234
Ficogrande 559
Filicudi 550
Filicudi Porto 550
Finale 461
Finale di Pollina 475
Fiumara d'Arte 477
Fiumefreddo di Sicilia 184
Florenz 85
Floresta 193, 487
Fontane Bianche 224

Fonte Ciane 232
Forgia Vecchia 521
Formica 359
Forza d'Agro 152
Fossa delle Felci 550
Furnari Marina 494

G

Gadir 376
Gangi 602
Ganzirri 150
Gela 284
Gelso 540
Giardini Naxos 169
Giarre/Riposto 174
Gibellina Nuova 330
Gibellina Vechia 331
Gibil Gabib 579
Ginostra 558
Gioiosa Marea 488
Gola d'Alcántara 173
Golf von Castellammare 377
Golfo di Carini 436
Grammichele 598
Gran Cratere 538
Gratteri 470
Grotta Azzurra 449
Grotta del Bue Marino 553
Grotta del Genovese 367
Grotta delle Barche 449
Guitgia 304

H

Halaesa 480
Himera 455

I

Ibla 275
Il Terrione 550
Isnello 470
Isola dei Conigli 308
Isola delle Correnti 261
Isola delle Femmine 436
Isola di Capo Passero 261
Isole dello Stagnone 341

Íspica 266
Itála 151

K

Kamarina 265
Kelibia 347
Khamma 376
Korsika 94

L

La Canna 553
La Montagnola 550
Lago di Bolsena 78
Lago di Pergusa 585
Laguna dello Stagnone 341
Lampedusa 304
Lampione 303
Leni 549
Lentini 210, 211
Leonforte 586
Lercara Friddi 573
Letojanni 152
Levanzo 367
Licata 288
Lido Arenella 224
Lido di Ávola 245
Lido di Fiori 318
Lido Isolabella 163
Lido Mazzaro 162
Lido Spisone 162
Lingua 544
Linguaglossa 192
Linosa 308

M

Macconi 265
Madonie 468
Maletto 195
Malfa 547
Maraone 359
Mare Secco 492
Mareneve (Straße) 184
Marettimo 368
Marina di Ávola 245
Marina di Mòdica 262

Marina di Palma 289
Marina di Patti 489
Marina di Ragusa 263
Marinella 321
Marsala 336
Marzamemi 258
Mazara del Vallo 333
Mazzaro 154
Melilli 213
Menfi 318
Messina 141
Milazzo 494
Militello in Val di Catania 598
Misterbianco 199
Mistretta 481
Mòdica 269
Mondello 435
Monreale 438
Montagna Grande 377
Monte Barbaro 394
Monte Bonifato 390
Monte Cammarata 572
Monte Caputo 438
Monte dei Porri 541
Monte Erice 354
Monte Falcone 368
Monte Fossa delle Felci 541, 545
Monte Gibele 377
Monte Guardia dei Turchi 448
Monte San Angelo 530
Monte San Calogero 317
Monte San Salvatore 468
Monte Santa Caterina 366
Montevago 332
Monti Iblei 214
Monti Sicani 572
Morgantina 594
Mortelle 149
Motya 341, 344
Mozia 344
Mussomeli 572

Geographisches Register

N

Napoli 86
Naro 289
Naturpark Etna 181
Naxos 172
Neapolis (Siracusa) 228
Nebrodi 475
Nicolosi 189
Nicosia 603
Nizza di Sicilia 151
Noto 248
Noto Antica 255
Noto Marina 256

O

Occhiolà 598
Oliveri 492
Ortigia 225
Orvieto 78
Ostküste 140

P

Pachino 258
Paestum 80
Palazzo Adriano 573
Palazzolo Acrèide 239

Palermo 398
  Alberghería-Viertel 418, 419
  Castello della Zisa 431
  Cattedrale 422
  Chiesa del Gesù 420
  Chiesa della Catena 427
  Chiesa della Gancia 429
  Chiesa di San Agostino 423
  Chiesa di San Francesco d'Assisi 429
  Chiesa di Santa Maria dello Spasimo 429
  Chiesa di Santo Spirito 430
  Conca d'Oro 398
  Convento dei Capuccini 431
  Galleria d'Arte Moderna 424
  Galleria Regionale di Sicilia 429
  La Cala 427
  La Cuba 430
  La Martorana 418
  Monte Pellegrino 432
  Museo Archeològico Regionale 424
  Museo Etnografico Pitrè 431
  Museo Internazionale delle Marionette 428
  Oratorio di San Lorenzo 430
  Oratorio di Santa Cita 426
  Orto Botanico 430
  Palazzo Chiaramonte 428
  Palazzo dei Normanni 420
  Parco della Favorita, 431
  Piazza Bellini 418
  Piazza Castelnuovo 424
  Piazza Pretoria 418
  Piazza Rivoluzione 430
  Piazza San Domenico 426
  Ponte dell'Ammiraglio 430
  Porta Felice 427
  Porta Nuova 422
  Quattro Canti 404
  San Cataldo 418
  San Giovanni degli Eremiti 420
  San Giovanni dei Lebbrosi 430
  Teatro Massimo 423
  Teatro Politeama Garibaldi 424
  Villa Giulia 430
  Villa Malfitano 424
  Villa Palagonia 447
  Vucciria 426

Palinuro 80
Palma di Montechiaro 289
Panarea 555
Pantálica 233
Pantelleria 371
Pantelleria-Stadt 374
Parco Regionale dei Nebrodi 480
Partanna 330
Paternò 199
Patti 489
Pecorini a Mare 550, 553
Pecorini Alta 552
Pelagische Inseln 303
Peloritani 151
Petralìa Sottana/Petralìa Soprana 601
Piana degli Albanesi 443
Piana di Catania 211
Piano 540
Piano Battaglia 471
Piano Provenzana 184
Piano Zucchi 470
Piazza Armerina 587
Pietraperzia 579
Pirrera 521
Piscità 559
Pizzo Carbonara 468
Polina 461
Polizzi Generosa 600
Pollara 548
Pollina 475
Ponte Saraceno 198
Portella della Ginestra 438
Portella Fémmina Morta 482
Porticello 522
Porto di Levante 536
Porto Empedocle 302
Porto Palo di Menfi 318
Porto Ponente 536
Portopalo di Capo Passero 260
Pozzallo 261
Pozzillo 175
Prizzi 571
Punta Bracchetto 264
Punta di Scario 547

Geographisches Register

Q/R

Quattrocchi 531
Quattropani 526
Raffadali 571
Ragusa 275
Randazzo 193
Realmonte 302
Reggio di Calabria 149
Ribera 312
Rifugio Sapienza 189
Rina Grande 569
Riserva Naturale dello Zingaro 384
Riviera dei Ciclopi 179
Rocca di Cefalù 466
Roccapalumba 571
Rom 86
Ruderi di Gibellina 331

S

Sabucina 579
Salemi 330
Saline Ettore e Infersa 343
San Bartolo 559
San Bartolo al Monte 521
San Biágio Platani 572
San Cipirello 442
San Fratello 482
San Gimignano 77
San Giorgio 489
San Giovanni Gemini 572
San Giuseppe Iato 442
San Leone 290
San Marco 172
San Marco d´Alúnzio 485
San Martino delle Scale 442
San Pantaleo 341
San Pietro 555
San Stefano Quisquina 572
San Vito lo Capo 378
Sant Álfio 186
Santa Maria la Scala 175
Santa Marina Salina 543
Santa Rosalia alla Quisquina 573
Sant'Agata di Militello 482
Sant'Angelo Muxaro 571
Santo Stefano di Camastra 480
Santuario di Gibilmanna 470
Santuario di Santa Rosalia 432
Sardinien 94
Sávoca 151
Scala dei Turchi 302
Scari 559
Scauri 375
Sciacca 313
Sciara del Fuoco 563
Scicli 274
Scilla 150
Scoglitti 265
Scopello 382
Seccagrande 312
Segesta 392
Selinunte 321
Sferracavallo 436
Siba 377
Siculiana Marina 308
Siena 77
Siracusa 215
Soluto 447
Sortino 234
Sperlinga 602
Spiaggia Bianca 522
Spiaggia Mare Pineta 324
Spiaggia Valle Muria 523
SS Pietro e Paolo d´Agro 152
Stretto 149
Stromboli 557
Stromboli (Ort) 559
Strombolicchio 563
Südküste 283
Südosten 214

T

Taormina 153
Terme Acqua Pia 332
Terme di San Calogero 530
Terme Gorga 391
Terme Segestane 391
Termini Imerese 451
Terrasini 395
Timpone della Montagnola 553
Tindari 490
Tonnara di Bonagia 353
Torre del Filosofo 190
Torre del Lauro 482
Torre Faro 150
Tracino 376
Trapani 347
Trappeto 395
Tre Fontane 332
Triscina 332
Troìna 605
Tropea 80
Tunis 347
Tyche 230

U/V

Ústica 448
Valdichiesa 549
Valle Chiesa 550
Valle dei Mostri 538
Valle Monastero 377
Varesana/Pianoconte 530
Vendicari 257
Venedig 77
Via del Sale 343
Villa Romana Casale 591
Villa Romana del Tellaro 256
Villagio Bizantino San Miciario 234
Viterbo 78
Vulcanelli di Macalubbe 301
Vulcanello 537
Vulcano 532

Z

Zafferana Etnea 187
Zingaro 384
Zyklopenküste 179